書名：文武星案（上）：文武星案（下）
作者：〔明〕陸位
系列：心一堂術數珍本古籍叢刊　星命類

主編、責任編輯：陳劍聰
心一堂術數珍本古籍叢刊編校小組：陳劍聰　素聞　梁松盛　鄒偉才　虛白盧主

出版：心一堂有限公司
地址／門市：香港九龍尖沙咀東麼地道六十三號好時中心 LG 六十一室
電話號碼：(852)6715-0840
網址：www.sunyata.cc
電郵：sunyatabook@gmail.com
網上書店：http://book.sunyata.cc
網上論壇：http://bbs.sunyata.cc/

版次：二零一二年五月初版
平裝

定價：港幣　六百八十元正
人民幣　六百八十元正
新台幣　二千六百八十元正

國際書號：ISBN 978-988-8058-94-5

香港及海外發行：利源書報社
地址：香港新界大埔汀麗路 36 號中華商務印刷大廈地下
電話號碼：(852)2381-8251
傳真號碼：(852)2397-1519

台灣發行：秀威資訊科技股份有限公司
地址：台灣台北市內湖區瑞光路七十六巷六十五號一樓
電話號碼：(886)2796-3638
傳真號碼：(886)2796-1377
網路書店：www.govbooks.com.tw
www.bodbooks.com.tw
經銷：易可數位行銷股份有限公司
地址：新北市新店區中正路 542 之 3 號 4 樓
電話號碼：(886)82191500
傳真號碼：(886)82193383
網址：http://ecorebooks.pixnet.net/blog

中國大陸發行・零售：心一堂書店
深圳地址：中國深圳羅湖立新路六號東門博雅負一層零零八號
電話號碼：(86)0755-82224934
北京地址：中國北京東城區雍和宮大街四十號
心一堂官方淘寶流通處：http://shop35178535.taobao.com

心一堂術數古籍珍本叢刊 總序

術數定義

術數，大概可謂以「推算、推演人（個人、群體、國家等）、事、物、自然現象、時間、空間方位等規律及氣數，並或通過種種『方術』，從而達致趨吉避凶或某種特定目的」之知識體系和方法。

術數類別

我國術數的內容類別，歷代不盡相同，例如《漢書・藝文志》中載，漢代術數有六類：天文、曆譜、無行、蓍龜、雜占、形法。至清代《四庫全書》，術數類則有：數學、占候、相宅相墓、占卜、命書、相書、陰陽五行、雜技術等，其他如《後漢書・方術部》、《藝文類聚・方術部》、《太平御覽・方術部》等，對於術數的分類，皆有差異。古代多把天文、曆譜、及部份數學均歸入術數類，而民間流行亦視傳統醫學作為術數的一環；此外，有些術數與宗教中的方術亦往往難以分開。現代學界則常將各種術數歸納為五大類別：命、卜、相、醫、山，通稱「五術」。

本叢刊在《四庫全書》的分類基礎上，將術數分為九大類別：占筮、星命、相術、堪輿、選擇、三式、讖緯、理數（陰陽五行）、雜術。而未收天文、曆譜、算術、宗教方術、醫學。

術數思想與發展——從術到學，乃至合道

我國術數是由上古的占星、卜蓍、形法等術發展下來的。其中卜蓍之術，是歷經夏商周三代而通過「龜卜、蓍筮」得出卜（卦）辭的一種預測（吉凶成敗）術，之後歸納並結集成書，此即現傳之《易經》。經過春秋戰國至秦漢之際，受到當時諸子百家的影響、儒家的推崇，遂有《易傳》等的出現，原本是卜蓍術書的《易經》，被提升及解讀成有包涵「天地之道（理）」之學。因此，《易・繫辭傳》曰：「易與天地準，故能彌綸天地之道。」

漢代以後，易學中的陰陽學說，與五行、九宮、干支、氣運、災變、律曆、卦氣、讖緯、天人感應說等相結

合，形成易學中象數系統。而其他原與《易經》本來沒有關係的術數，如占星、形法、選擇，亦漸漸以易理(象數學說)為依歸。《四庫全書・易類小序》云：「術數之興，多在秦漢以後。要其旨，不出乎陰陽五行，生尅制化。實皆《易》之支派，傅以雜說耳。」至此，術數可謂已由「術」發展成「學」。

及至宋代，術數理論與理學中的河圖洛書、太極圖、邵雍先天之學及皇極經世等學說給合，通過術數以演繹理學中「天地中有一太極，萬物中各有一太極」(《朱子語類》)的思想。術數理論不單已發展至十分成熟，而且也從其學理中衍生一些新的方法或理論，如《梅花易數》、《河洛理數》等。

在傳統上，術數功能往往不止於僅僅作為趨吉避凶的方術，及「能彌綸天地之道」的學問，亦有其「修心養性」的功能，「與道合一」(修道)的內涵。《素問・上古天真論》：「上古之人，其知道者，法於陰陽，和於術數。」數之意義，不單是外在的算數、歷數、氣數，而是與理學中同等的「道」、「理」——心性的功能，北宋理氣家邵雍對此多有發揮：「聖人之心，是亦數也」、「萬化萬事生乎心」、「心為太極」。《觀物外篇》：「先天之學，心法也。……蓋天地萬物之理，盡在其中矣，心一而不分，則能應萬物。」反過來說，宋代的術數理論，受到當時理學、佛道及宋易影響，認為心性本質上是等同天地之太極。天地萬物氣數規律，能通過內觀自心而有所感知，即是內心也已具備有術數的推演及預測、感知能力；相傳是邵雍所創之《梅花易數》，便是在這樣的背景下誕生。

《易・文言傳》已有「積善之家，必有餘慶；積不善之家，必有餘殃」之說，至漢代流行的災變說及讖緯說，我國數千年來都認為天災，異常天象(自然現象)，皆與一國或一地的施政者失德有關；下至家族、個人之盛衰，也都與一族一人之德行修養有關。因此，我國術數中除了吉凶盛衰理數之外，人心的德行修養，也是趨吉避凶的一個關鍵因素。

術數與宗教、修道

在這種思想之下，我國術數不單只是附屬於巫術或宗教行為的方術，又往往已是一種宗教的修煉手段——通過術數，以知陰陽，乃至合陰陽(道)。「其知道者，法於陰陽，和於術數。」例如，「奇門遁甲」術中，即分為「術奇門」與「法奇門」兩大類。「法奇門」中有大量道教中符籙、手印、存想、內煉的內容，是道教內丹外法的一種重要外法修煉體系。甚至在雷法一系的修煉上，亦大量應用了術數內容。此外，相術、堪輿術中也有修煉望氣色的方法；堪輿家除了選擇陰陽宅之吉凶外，也有道教中選擇適合修道環境（法、財、侶、地中的地）的方法，以至通過堪輿術觀察天地山川陰陽之氣，亦成為領悟陰陽金丹大道的一途。

易學體系以外的術數與的少數民族的術數

我國術數中，也有不用或不全用易理作為其理論依據的，如楊雄的《太玄》、司馬光的《潛虛》。也有一些占卜法、雜術不屬於《易經》系統，不過對後世影響較少而已。

外來宗教及少數民族中也有不少雖受漢文化影響（如陰陽、五行、二十八宿等學說）但仍自成系統的術數，如古代的西夏、突厥、吐魯番等占卜及星占術，藏族中有多種藏傳佛教占卜術、苯教占卜術、擇吉術、推命術、相術等；北方少數民族有薩滿教占卜術；不少少數民族如水族、白族、布朗族、佤族、彝族、苗族等，皆有占雞（卦）草卜、雞蛋卜等術，納西族的占星術、占卜術，彝族畢摩的推命術、占卜術…等等，都是屬於《易經》體系以外的術數。相對上，外國傳入的術數以及其理論，對我國術數影響更大。

曆法、推步術與外來術數的影響

我國的術數與曆法的關係非常緊密。早期的術數中，很多是利用星宿或星宿組合的位置（如某星在某州或某宮某度）付予某種吉凶意義，并據之以推演，例如歲星（木星）、月將（某月太陽所躔之宮次）等。不過，由於不同的古代曆法推步的誤差及歲差的問題，若干年後，其術數所用之星辰的位置，已與真實星辰的位置不一樣了；此如歲星（木星），早期的曆法及術數以十二年為一周期（以應地支），與木星真實周期十一點八六年，每幾十年便錯一宮。後來術家又設一「太歲」的假想星體來解決，是歲星運行的相反，週期亦剛好是十二年。而術數中的神煞，很多即是根據太歲的位置而定。又如六壬術中的「月將」，原是立春節氣後太陽躔娵訾之次而稱作「登明亥將」，至宋代，因歲差的關係，要到雨水節氣後太陽才躔娵訾之次，當時沈括提出了修正，但明清時六壬術中「月將」仍然沿用宋代沈括修正的起法沒有再修正。

由於以真實星象周期的推步術是非常繁複，而且古代星象推步術本身亦有不少誤差，大多數術數除依曆書保留了太陽（節氣）、太陰（月相）的簡單宮次計算外，漸漸形成根據干支、日月等的各自起例，以起出其他具有不同含義的眾多假想星象及神煞系統。唐宋以後，我國絕大部份術數都主要沿用這一系統，也出現了不少完全脫離真實星象的術數，如《子平術》、《紫微斗數》、《鐵版神數》等。後來就連一些利用真實星辰位置的術數，如《七政四餘術》及選擇法中的《天星選擇》，也已與假想星象及神煞混合而使用了。

隨着古代外國曆（推步）、術數的傳入，如唐代傳入的印度曆法及術數，元代傳入的回回曆等，其中我國占星術便吸收了印度占星術中羅睺星、計都星等而形成四餘星，又通過阿拉伯占星術而吸收了其中來自希臘、巴比倫占星術的黃道十二宮、四元素學說（地、水、火、風），並與我國傳統的二十八宿、五行說、神煞系統並存而形成《七政四餘術》。此外，一些術數中的北斗星名，不用我國傳統的星名：天樞、天璿、天璣、天權、玉衡、開陽、搖光，而是使用來自印度梵文所譯的：貪狼、巨門、祿存、文曲，廉貞、武曲、破軍等，此明顯是受到唐代從印度傳入的曆法及占星術所影響。如星命術的《紫微斗數》及堪輿術的《撼龍經》等文獻中，其星皆用印度譯名。及至清初《時憲曆》，置潤之法則改用西法「定氣」。清代以後的術數，又作過不少的調整。

術數在古代社會及外國的影響

術數在古代社會中一直扮演着一個非常重要的角色，影響層面不單只是某一階層、某一職業、某一年齡的人，而是上自帝王，下至普通百姓，從出生到死亡，不論是生活上的小事如洗髮、出行等，大事如建房、入伙、出兵等，從個人、家族以至國家，從天文、氣象、地理到人事、軍事，從民俗、學術到宗教，都離不開術數的應用。如古代政府的中欽天監（司天監），除了負責天文、曆法、輿地之外，亦精通其他如星占、選擇、堪輿等術數，除在皇室人員及朝庭中應用外，也定期頒行日書、修定術數，使民間對於天文、日曆用事吉凶及使用其他術數時，有所依從。

在古代，我國的漢族術數，甚至影響遍及西夏、突厥、吐蕃、阿拉伯、印度、東南亞諸國、朝鮮、日本、越南等地，其中朝鮮、日本、越南等國，一至到了民國時期，仍然沿用着我國的多種術數。

術數研究

術數在我國古代社會雖然影響深遠，「是傳統中國理念中的一門科學，從傳統的陰陽、五行、九宮、八卦、河圖、洛書等觀念作大自然的研究。……傳統中國的天文學、數學、煉丹術等，要到上世紀中葉始受世界學者肯定。可是，術數還未受到應得的注意。術數在傳統中國科技史、思想史，文化史、社會史，甚至軍事史都有一定的影響。……更進一步了解術數，我們將更能了解中國歷史的全貌。」（何丙郁《術數、天文與醫學 中國科技史的新視野》，香港城市大學中國文化中心。）

可是術數至今一直不受正統學界所重視，加上術家藏秘自珍，又揚言天機不可洩漏，「（術數）乃吾國科學與哲學融貫而成一種學說，數千年來傳衍嬗變，或隱或現，全賴一二有心人為之繼續維繫，賴以不絕，其中確有學術上研究之價值，非徒癡人說夢，荒誕不經之謂也。其所以至今不能在科學中成立一種地位者，實有數困。蓋古代士大夫階級目醫卜星相為九流之學，多恥道之；而發明諸大師又故為惝恍迷離之辭，以待後人探索；間有一二賢者有所發明，亦秘莫如深，既恐洩天地之秘，複恐譏為旁門左道，始終不肯公開研究，成立一有系統說明之書籍，貽之後世。故居今日而欲研究此種學術，實一極困難之事。」（民國徐樂吾《子平真詮評註》，方重審序）

現存的術數古籍，除極少數是唐、宋、元的版本外，絕大多數是明、清兩代的版本。其內容也主要是明、清兩代流行的術數，唐宋以前的術數及其書籍，大部份均已失傳，只能從史料記載、出土文獻、敦煌遺書中稍窺一鱗半爪。

術數版本

坊間術數古籍版本，大多是晚清書坊之翻刻本及民國書賈之重排本，其中豕亥魚魯，或而任意增刪，往往文意全非，以至不能卒讀。現今不論是術數愛好者，還是民俗、史學、社會、文化、版本等學術研究者，要想得一常見術數書籍的善本、原版，已經非常困難，更遑論稿本、鈔本、孤本。在文獻不足及缺乏善本的情況下，要想對術數的源流、理法、及其影響，作全面深入的研究，幾不可能。

有見及此，本叢刊編校小組經多年努力及多方協助，在中國、韓國、日本等地區搜羅了一九四九年以前漢文為主的術數類善本、珍本、鈔本、孤本、稿本、批校本等千餘種，精選出其中最佳版本，以最新數碼技術清理、修復版面，更正明顯的錯訛，部份善本更以原色精印，務求更勝原本，以饗讀者。不過，限於編校小組的水平，版本選擇及考證、文字修正、提要內容等方面，恐有疏漏及舛誤之處，懇請方家不吝指正。

心一堂術數古籍珍本叢刊編校小組

二零零九年七月

《文武星案》提要

《文武星案》。全稱《新編分類當代名公文武星案》。〔明〕陸位輯撰。全六卷首一卷。書初成於明萬曆四十四年（一六一六）並於是年刊刻梓行，四年後明泰昌元年庚申（一六二零）續補。本書底本是據泰昌元年續補後之版本清理重刊。

陸位，字斗南，浙江蘭谿人。生卒不詳，約生於明代嘉靖、隆慶年間，主要活動於明代萬曆年間。善天文、曆法、星命、占卜等術。輯著有《新編遵依司天臺經緯曆書》六卷、《星學綱目正傳》二十卷〔今佚〕、《文武星案》六卷首一卷、《張果星宗命格大全》十卷〔附《鄭氏星案》、《杜氏星案》〕（《古今圖書集成》輯本分作十九卷）、《新編評注易占四要》等。其學傳姪陸繼美（字仰南）等。

明清兩代，我國各地流行之星命學主流是星平學，即主要以星學（即五星、又名七政四餘）及子平學（徐子平之八字學）合參，或單獨以星學、子平學論命。本書雖以星學論命，然其星盤仍列八字，卷六中仍列八字格局，為星平合參在明代已成主流之佐證。

本書是我國星命學中星學的主要經典《張果星宗》輯校者陸位，繼《張果星宗》之後的姊妹篇力作。陸氏窮四十多年採集的明代「名公巨卿」的星盤命例（星案），達千餘圖，結集成書。而且據陸氏言，絕大部份的星盤命例俱是陸氏曾「面晤」才採用，並非道聽途說所得。書中卷首為起例入門，卷一至卷五所收星案，由明代弘治至泰昌六朝的皇帝、到王、後、妃、公、侯、伯等；及各等官員如文武狀元、榜眼、探花、尚書、侍郎、禦史等，以至駙馬、太監、錦衣衛等俱全；卷六列八字同、雙生、壽夭、成刑、殘疾、意外身亡等。

星案中詳列星圖、八字、籍貫、科第、官職、科第、卒年、富貴壽夭、成刑等；引星學經書之論、喜忌、年限證之。陸氏信奉佛教，借用佛教的「緣法」學說，看命時又發明「內親緣法」及「外親緣法」之論。

《張果星宗》及本書《文武星案》二書，據陸氏言前者是斷訣，後者是看法，「須則兩書全閱，始可得其明而入。」可惜本書自明代後，皆未重刊。自清代以來幾近失傳，研究星學者只知有《張果星宗》而未聞有本書《文武星案》，更遑論「兩書全閱」。

此書除是研究星學（七政四餘）學者必讀之書外，因書中詳細紀錄了明代王室、王親、官員等的生卒及科甲資料，也成為研究其他星命學、明代歷史等珍貴文獻。

本書除卷五首四頁因所據底本原已缺頁外，餘皆基本完整。為令此稀見刻本不致湮沒，特以最新數碼技術清理版面精印，一以作星命術資料保存珍藏，一以供史學研究之用。

昭代文武星案序

夫人有生。稟於命也。命之所賦本諸天也。是以觀上天之星象。可驗在人之禍福。其間至貴顯者則經緯躔次。必超等夷。以成粹局。此所以有非常之人。必有非常之命。予自弱冠。潜心斯術。遨遊湖海。數十年餘。廣詢博採。裒集昭代名宦星格。爲圖若干。首列帝王公侯伯馬總戎次之元魁宰輔尚書橋梓昆玉諸顯職。與夫富壽封贈。榮辱刑戍。及其孤貧疾夭。僧道娼妓。諸類等局。析為六卷總名之曰文武星案仍於每圖。引證群經。畧綴臆見俾閱之者則知某有某格冝擢巍科某有某局冝躋膴仕某何爲而發身於文某何爲而奮跡於武若燭照龜卜昭然其不爽矣嘗聞先者後之鑑也是以

造曆者。尚求其故於千歲。況祿命之學。所挾其成術以驗生平之履歷乎。初學者旁而通之。觸類而長之。其有得於牝牡驪黃之外者幾希。區區一得之愚。弗敢以自私。謹從儀之以公同志。

高明者肯誨其所未知。好事者

攺增其所未備。不佞茲厚幸矣。

丙辰歲逸客丰南陸位題于

金陵文德橋之河房。

星案凡例

一海內名公巨卿瑰琦疊出猶如麟鳳龜龍聞多見少是集安能悉載且又不敢以道聽途說者混入恐踈漏之罪未贖唐突之罪又加焉非畧也實由未面晤也惟高明士大夫海涵爲幸

一是集目錄由天潢以及諸縉紳由諸縉紳以及士庶冨壽誥封貧殀分門有類品級有階俾閱者翻序校者識循開卷自有春秋稽考咸知岐路恐未

登華嶽未觀海渤者宜乎不知余意

一星盤定格咸尊諸家五星內取不敢私意於局是也第一七政在內四餘列外名曰文武兩班須文東武西爲妙或文上武下亦可第二五曜環陽四餘拱陰須晝生命隨陽夜誕命向月者貴第三四令環日月四餘拱季土以土爲用神者晝生尤奇第四晝生日而金水相從夜誕月而火羅侍衛要掌身命福祿三元經緯驛馬文魁官印爵祿催官

等用者合格第五計羅攔截晝喜截諸星於東南夜宜截衆曜於西北或晝漏日木土夜漏火金月咸謂得體已上等格是皆棟梁之材廟堂之器雖然如是又不可一槩而論合前諸貴格倘身命失陷官祿羸弱日月沉淪諸曜背馳此謂格高星闇苗而不秀秀而不實外有餘而內不足如羊質虎皮而已矣其餘星格皆準此類而驗之

一帝王命與公侯伯相似者有之一元輔冢宰與九

卿命彷彿者有之。會狀與甲科異途。與正路殊相
似有之。余屢試屢同。而卒然難定其品格。如欲窮
究以何格爲帝王公侯。何局爲元輔九卿。何星得
捷會狀甲科。何宿而辨異路正途。此又拘於庸術
一曲之談也。且有星格微而位尊。有格局顯而官
甲。有八字同前六十年而貴賤迥別。有同年月日
時生者。而貧富不等。有同胞時刻者。竟相懸隔。由
是推之。命將末矣。殊不知其間有六關鍵。有大機

括存焉其關鍵機括不在南北生人之辨不在富貴豪門之論不在風水有無之間不在積德善惡之報不在父教師嚴之功不在寒牕苦讀之責然則以何看法而卓見之噫曰其生有異而禀受不同堪嘆世人一向夢中吾今提醒發人所未發明人所未明所謂道在邇求諸遠前所謂關鍵根源機括來歷者重在一家六親命上湊合看有緣法無緣法而已矣故諺云一人有福挈帶一屋懸謂

并一人孳帶一星實一星人孳帶一人而已星經云子有喪敗父犯惡孽并子之喪敗是父之惡孽所致也夫受官班婦當命服雖然夫之列官爵實妻當受命婦也如是之類屢試屢驗重在緣法三字不可忽畧目之耳又云一子受皇恩全家受天祿倘一人無福决不能受享有之此謂無緣法也

一緣法上設一譬喻且如一源泉體也奔流四出用也源頭則一流派不同奔於河海者成河海水流

於溝瀆者成溝瀆水所謂大以成大緣法深也小以成小緣法淺也喻大者曰榮曰富凑合而已譬小者或貧或賤遭際如此所以隨寓而安隨所而得實緣法凑合所致非人力爲之耳

一古語云一緣二命三風水四積陰功五讀書此二句乃五件事却重在一、緣字蓋緣者有緣分有緣法有緣由有因緣釋經云有一大因緣故有緣必有因因往推來而莫逃乎其數也孔聖云命之理微微者亦緣也緣微之義包括無窮之妙而人生榮枯得失咸在一緣字盡矣又云緣者福也夫緣有大因緣小因緣有天緣地緣人緣有內外緣得一緣則有一緣之福失却一緣則缺一緣之助談及此緣緣中暗合星命難得而知之

一余遍考諸縉紳中鮫龍鳳起者實皆秀鍾于內親外戚之星命中而後位尊祿重封蔭全家此即天因緣也如或內親外戚之中缺一緣則彼缺者必

不能享此天祿。看其命運星限亦然必須去其無福而後發此小因緣也。今夫天緣者如垂釣渭水抱膝隆中之謂地緣者如陶氏牛眼孫氏風威之謂人緣者交結金蘭千里難逢萍水相逢傾蓋如故之謂內緣者家庭父母兄弟妻子之謂外緣者父黨母黨妻黨六親之謂與夫古今國戚入贅螟蛉不由本根反能兼天地緣之造化惟人緣最[illegible]總而言之謂星命因果包括在內得之者昌失之

者亾然則諸福緣豈能外此人緣者哉
一內親緣法如餘姚新建伯王公壬辰生命星格去
曜震雷門加人命垣氣象規模迥然異衆又加癸
狀元尚書子貴封拜此實大緣法中寓天地緣也
陽明先生爲兒時胡僧一見摩其頂曰此跨竈之
兒適父尚書公見徐謂僧曰別竈可跨余竈似難
僧曰正能跨大人之竈始謂跨竈也孰謂非大因
緣中寓天地緣法者

一內親緣法如子中昂甲拜相必先父母命極貴湊合此謂之有緣法即楊州興化閣老李石麓庚午生命星格如進士詳父母命俱癸丑者子宮格局過如元輔非獨誥命重重且告養親享餘年此謂緣法深封君夫人星圖列六卷

一內親緣法如父母命高而子星格微此謂有緣法也如福建浦城都憲徐檄吾己酉生星局似鄉科推父母命俱壬辰格局勝過子疊誥封章此謂緣

法深也。父母星格載六卷。

一內親緣法如徽州婺源州首李應蔚同前開府徐檢吾命而父母早逝。此謂緣法淺也。官雖甲子舉存。所謂與其角者缺其齒。然徐公官尊家富。子中科卒續。後母逝而自終於丙辰年矣。李公遐美

一內親緣法如子貴必須雙親命顯起。此謂有緣法見在受封重誥。孫又接武。百年有贈。此謂緣法深。即宜與大衆愈定所之父母也。子養洪父子會魁

星載五卷六卷

文如見子中苐坎男文捷孫枝列衆未受封而卒者此謂緣法淺也即金壇周春臺之二親也卒後四子皆第受贈亦是命也此謂陰命從卒後筭起筭到某年行某某度好當受皇恩之贈也古云未歸三尺土難保一生身既歸三尺土難保百年墳如張太岳相公并父母坟之謂云云蓋謂陰命度數坎坷故耳

一內親緣法古有一術士卜一命謂四十四歲當死六十八歲腰金衆皆哂之謂既死那能腰金此拘儒之譚其人果死于四十四其子官至大叅遇恩封贈而死者受封之年正六十六歲誰謂星命緣法無驗哉

一外親緣法與內親緣法斯論不同所謂外親父黨親伯父母叔父母偕堂兄弟等衆也母黨親外公婆偕母舅表兄弟等類也妻黨親妻父母偕妻舅

等列也。已上外親但凡與吾平日久處往來相孚相信。患難扶持貧窘周濟者彼命若好我當必發。此謂有緣法也。如朋友故舊恩人相知亦可以類推試他命造化我中必然皆謂有緣法也。倘有貴人遭逢我捷渠命必低此理必然也。

一內親緣法如青衿周太華諱元立者係常州無錫人貌偉淸奇素有文望。椎才倚馬吐氣成龍識于於戊子年。示以丁巳命金水從陽於東升孤月獨朗於西沉。君官祿臨田宅。人人以大魁期之。予謂金水冬生。未免孤寒之嘆。寒月单行。非顯達之士。其父傍曰。人謂今科決中。余曰。更有內外六親緣法。湊合幇助可也。汝其試乎。即以一家之命囑余辨析。余曰。受廕無封君。齊福無兄弟。承家無公子。冠珠無夫人。擁傳無奴僕。賢郎偉器。足下恐不生雲矣。二十載後凋喪。果然。此又內外人緣全缺者也。

一內親緣法如子貴夫貴必須母妻二造貴先狀元錢御泠浙江嘉善人命乙亥生星格似科第詳太夫人辛亥生男女宮出奇長男士升狀元次子王晉進士此謂有緣法也結髮夫人丁丑命群星朝北闕衆曜拱夫宮星格過於良人此謂緣法深也設使夫子不中會甲而母子之命不符矣

一內親緣法如父高捷子先貴起此謂有緣法也會魁虞來初辛巳生乙巳年命于推筭庚酉戌鄉會

虞曰此時中也不遲我去歲生一子看看可養得余見愕然公來歲高捷尚擬連登虞公笑曰我靠兒子做官余曰令郎像公子你若不中子命不驗果午未聯捷此乃緣法深也

一是集王公貴戚將相名儒星格限度俱已引證于星盤之左右聊以名公發明經旨緣法以俟同志者叅考其餘富貴窮通秘奧淵源難以一一揭曉在智者觸類而長之或有紕漏希補正爲幸

一凡閱星案者如程墨時文可觀覽而不知斷法讀星宗者如四書本經知斷訣而不知看法須則兩書全閱始可得其門而入則星盤品格了然於胸中矣張果星宗文武星案悉余校著姑並覽之

一欽召元輔八員而星盤未及一聯或載於及第翰林或序之喬梓昆玉宜檢閱爲是余衰斯集四十餘年可謂恒心矣梓行在丙辰續補於庚申且當道品級不次陞遷凡閱者須流通可也

凡欲排星者以此盤[illegible]

所忌星格		月日生道		所喜星格

天經 地緯 天馬 地驛 職元 局星

天祿 地祿 人祿

金星

祿元 馬元

天祿 天暗 天福 天耗 天蔭

文星 魁星 科名 科甲 官星 印星

催官 祿神 喜神

[illegible]星

仁元 壽元

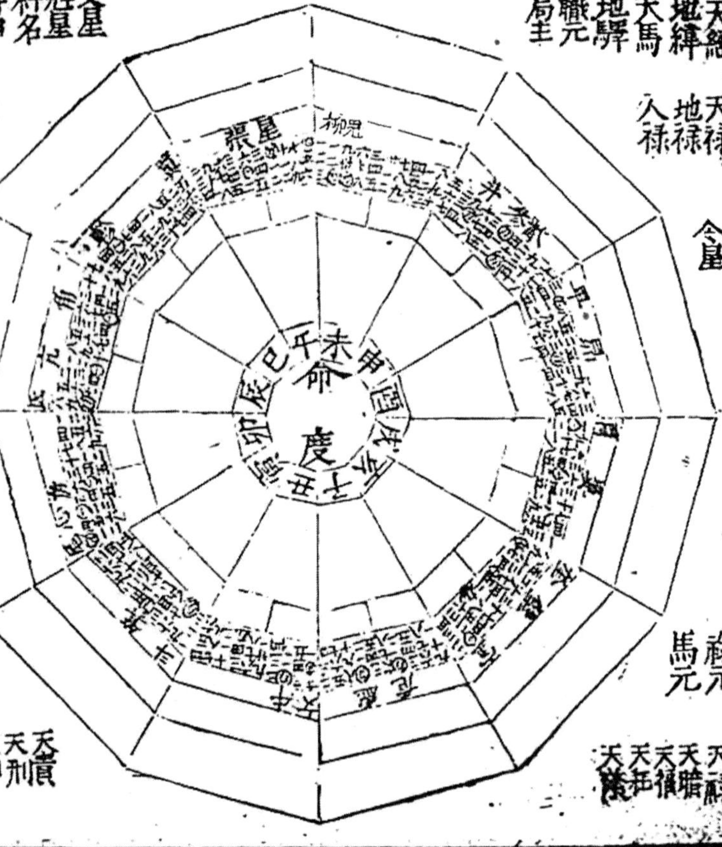

天貴 天刑 天印 天囚 天權

未 午 巳 辰 卯 寅 丑 子 亥 戌 酉 申

命度

柳鬼 張星 井參觜

新編分類當代名公文武星案卷之首

逸客　斗南　陸位　著
書林　猶龍　金鑑　閱

凡學者閱此起例看法
就能譚星知命君子也

入門起例

如甲子乙丑是金對宮甲午乙未亦是金其餘丙寅丁卯火對宮丙申丁酉亦是火餘倣此

六甲納音屬

甲子乙丑(金)　丙寅丁卯(火)　戊辰己巳(木)　庚午辛未(土)
壬申癸酉(金)　甲戌乙亥(火)　丙子丁丑(水)　戊寅己卯(土)
庚辰辛巳(金)　壬午癸未(木)　甲申乙酉(水)　丙戌丁亥(土)
戊子己丑(火)　庚寅辛卯(木)　壬辰癸巳(水)　甲午乙未(金)
丙申丁酉(火)　戊戌己亥(木)　庚子辛丑(土)　壬寅癸卯(金)
甲辰乙巳(火)　丙午丁未(水)　戊申己酉(土)　庚戌辛亥(金)
壬子癸丑(木)　甲寅乙卯(水)　丙辰丁巳(土)　戊午己未(火)

庚申辛酉(木)　壬戌癸亥(水)

(天干) 黃帝祭圜丘天降天干帝命大撓氏作地支以配之

甲陽　乙陰　丙陽　丁陰　戊陽　己陰　庚陽　辛陰　壬陽　癸陰　地支同

(地支) 子　丑　寅　卯　辰　巳　午　未　申　酉　戌　亥

(方位) 東南西北中謂之方所

(東)方甲乙寅卯(木)　(南)方丙丁巳午(火)

(西)方庚辛申酉(金)　(北)方壬癸亥子(水)　中央戊己辰戌丑未(土)

(卦宮) 乾坎艮震巽離坤兌謂之卦位

(乾)居戌亥(坎)子宮　(艮)立丑寅(震)卯中

(巽)在辰巳(離)午位　(坤)占未申(兌)酉同

(年)上起(月) 此起八字法

甲己起丙寅　乙庚起戊寅　丙申起庚寅　丁壬起壬寅

戊癸起甲寅　如甲年五月生即正月起丙寅順数五月庚午是也餘做此例

日上起時　此起四柱例

甲己起甲子　乙庚起丙子　丙辛起戊子　丁壬起庚子

戊癸起壬子　如己日卯時生即子時起甲子順輪卯時是丁卯也餘做此推

宮分所屬　子丑土爲合寅亥木爲合卯戌火爲合辰酉金爲合午未日月合巳申水爲合

子土寶瓶齊青位　丑土磨竭越楊州　寅木人馬燕幽地

卯火天蝎宋豫求　辰金天秤鄭兗分　巳水雙女楚荆丘

午日三河周獅子　未月巨蟹秦雍晋　申水益魏陰陽位

酉金趙冀是金牛　戌火白羊魯徐郡　亥木雙魚衛幽妆

度數所屬　熟記此段可知度數所屬此依授時曆推之非古例

角木蛟十二　亢金龍九度　氐土貉十六　房日兎五屬

六宿心月狐　十八尾火虎　箕水豹九兮　廿四斗木獬
牛金牛亦六　十數女土蝠　九度虛日鼠　危月燕十五
室火豬十七　壁水㺄九兮　十八奎木狼　婁金狗十二
胃土雉十五　昴日雞十止　十六畢月烏　觜火猴借半
參水猿數十　井木犴卅一　三度鬼金羊　十二柳土獐
星日馬六度　張月鹿十六　翼火蛇十九　軫水蚓十七

度數所在（熟記此段可起五星六曜　此依授時曆過宮非古例）

角亢氐初總在辰　氐一房心尾卯存　尾三箕斗在寅位
斗四牛女丑宮眞　女二虛危同在子　危十二度亥宮行
室壁奎兮都在亥　奎一婁胃戌宮親　胃三昴畢同躔酉
畢六觜參井在申　井八鬼柳俱在未　柳三星張午位迎
張十五兮翼軫巳　軫十還歸在於辰

太陽行度 以節氣推或前或後差一二度有之此特大約而已

立春虛一起　雨水危七求　驚蟄室六度　春分壁三遊
清明奎九下　穀雨婁六留　立夏胃八過　小滿昴八收
芒種畢十一　夏至參九頭　小暑井十三　大暑井念九
立秋柳十度　處暑張五有　白露翼二立　秋分翼十七
寒露軫十三　霜降角十及　立冬氐二行　小雪房二至
大雪尾六臨　冬至箕四逼　小寒斗十連　大寒牛一直

太陰行度 以月分推或前或後差一度有之此舉大約而已

欲識太陰行度時　正月之節起於危　每日常行十三度
三日兩宮次第移　二奎三胃四從畢　五井六柳張居七
八月箕宿以爲初　龍角秋季任遊歷　十月房宿作元辰
建子箕星細錄覓　丑月牽牛切要知　周天之度無差忒

晨昏度論 朔後爲昏度望後爲晨度務求晨昏度明白方知身度主之的

昏度者酉宮也凡初一至十五六日生皆從酉上起每一時挨一度酉戌亥三時順數申未午巳辰卯寅丑子九時逆數晨度者卯宮也凡十五六至三十日生皆從卯宮起每一時挨一度卯辰巳午未申酉戌亥九時順數寅丑子三時逆數

初一至初四日　月行最疾　一晝夜行十四度有餘

初五至初八日　月行平　一晝夜行十三度有餘

初九至十九日　月行遲　一晝夜行十二度有餘

二十至廿三日　月行小疾　一晝夜行十三度有餘

二十四至卅日　月行大疾　一晝夜行十四度有餘

星曜行度

太陽一日行一度一月行一宮一年行一周天 太陽乃日也日主貴

李安溪先生曰
木十二日行一度
土廿八日行一度
火二日行一度
金水一日行一度

太陰一日行十三度。兩日半行一宮。一月行一周天。太陰乃月也，月主夜

歲星順或五日行一度。大約一年一宮。十二年一周天。歲星木也，主春三月令

熒惑順或日半行一度。大約兩月一宮。二年行一周天。熒惑火也，主夏三月令

鎮星順或十日行一度。大約二十八月一宮。二十八年一周天。鎮星土也，主四季令

太白順或一日行一度。大約一月一宮。一年一周天。太白金也，主秋三月令

辰星順或一日行一度。大約一月一宮。一年一周天。辰星水也，主冬三月令

紫氣二十九日行一度。大約二十九月一宮。二十九年一周天。紫氣木之餘

月孛九日行一度。九個月一宮。九年一周天。月孛水之餘

羅睺十八日行一度。十八月一宮。十八年一周天。羅睺火之餘

計都十八日行一度。十八月一宮。十八年一周天。計都土之餘

已上日月木火土金水炁孛九星。順行度逆行宮也。惟羅計二星順行宮逆行度也。凡木火土金水總有遲留伏逆晨夕

次見之論於中太陰躔度有朔後行昏度望後行晨度宜仔細推詳。遲則行緩也留則不行也伏則不見也逆則退行也 晨度卯宮起昏度酉宮數 月為身星○又月躔某度即身之度主也

安命度法

以生時加太陽宮順數遇卯即是命宮也 如太陽在子宮酉時生人以酉時加在子宮順數到午遇卯即是命宮也蓋日出在卯故以卯為命宮

以太陽之度對着命宮之度即是命度也 如太陽躔子宮虛六度對着午宮星五度即為命度 如日躔女三度對着午宮柳四度是也餘同此例

十二宮例 命宮 財帛 兄弟 田宅 男女 奴僕 妻妾 疾厄 遷移 官祿 福德 相貌

凡定十二宮者逆數輪轉如命宮在寅財帛在丑兄弟在子田宅在亥男女在戌奴僕在酉妻妾在申疾厄在未餘同此

定限度法 凡起限度者順行宮逆行度也如子至丑為順如角至軫為逆

以命度在其宮第幾行則知某歲行限也 如命躔星五度在星盤中午宮係五行上則是十五歲行限如命躔三四五度下則是十一歲行限○如命躔張十二了三十

四度則是二十歲行限矣大抵行限早以十一歲起行限須亂
二十歲止以星盤度數上起限更便以量天尺尤難

年分訣

命宮十五貌宮十　福德妻妾宮十一詳　官祿十五最高位
遷移止有八年粮　疾厄七兮共六十六　財帛兄弟五年强
田宅子孫并奴僕　四年之半定毫芒

行度訣

命宮行度隨淺深　相貌一年三度立　官祿一年兩度過
遷移三載共一十　疾厄一年四度強　三年之上同加一
福德妻妾三度移　三年減一為端的　奴僕男女并田宅
一年七度三減一　財帛兄弟各五年　一年六度行不失
但能依此論行年　分明歲歲知凶吉

已上限度年分之法俱照前例從命宮十五年者乃古之法則不可拘執此例如十二歲起限者命宮止管十年或零三度以

三年餘行一度也○如二十歲起限者命官又管十九年約有二十六七度以一年半行一度也其餘倣此推之

定小限例 先看小限宮兼論小限主

以生年支加在命宮逆數至太歲宮是

如甲子年是壬辰太歲寅宮坐命郎以子年加在寅上逆數至戌遇辰是是其年小限宮也本人生于五月就從戌上起五月六月酉七月申八月未九月午十月巳十一月辰十二月卯正月寅二月丑三月子四月亥所謂小限宮中起生月

定童限例歌 先看童限宮兼論命度主

一命二財三疾厄　四妻五福各宮值　六歲官祿順行流
十五還歸本命宅　十九起限任三年　二十行限四年畢

巳上小限童限二例未聞果老言也惟鄭希誠兼諸家五星有大小二限之說以此姑並存之後學者但能精明限度限宮二主的當兼流星往來生尅并太歲會合殺刃輕重何如則吉凶驗於此也

入門看法

星者謂日月木火土金水炁孛羅計兼文魁名甲官印經緯驛馬

三元四元。催官祿神喜神爵星。十干化曜等星

煞者謂祿勳歲駕。天乙玉堂。斗杓卦氣唐符國印。并陽刃劍鋒。天雄地雌。飛廉的殺劫殺亡神四耗四符等煞。

宮主謂子丑宮(土)寅亥宮(木)卯戌宮(火)辰酉宮(金)巳申宮(水)午宮(日)未宮(月)宮分拼合以布七曜

度主謂角斗奎井度(木)氐女胃柳度(土)房虛昴星度(日)心危畢張度(月)尾室觜翼度(火)箕壁參軫度(水)度宿所屬以布七政

強宮謂命宮官祿田宅妻妾男女福德財帛。又云財帛次弱。與其命宮相違故耳。居強宮者旺

弱宮謂兄弟奴僕疾厄相貌遷移。又云遷移近強。與其命宮相向故也。臨弱宮者衰

體者靜也。又曰原守。星盤排下七政四餘原守。身命官福田財妻

嗣及文魁經緯三元四元等星（原守者當生本年星宿也）

【用】者動也，又曰流行，周天行度，主大小二限，主流年十一曜、太歲、輪宮煞（流行者流動星辰行度也）

【生】者相生也，謂木生火，火生土，土生金，金生水，水生木，如身命官福田財妻嗣等星，須是他來生我者吉（謂他生我之星，即父母之類）

【剋】者相剋也，謂木剋土，土剋水，水剋火，火剋金，金剋木，如身命田財妻嗣官福等主，切忌他來剋我者也（剋者他剋我也，如官鬼之例）

【制】者乃相剋也，謂金剋木得火制，火剋金得水制，水剋火得土制，土剋水得木制，木剋土得金制云云（謂制伏其傷我之大）

【化】者乃相生也，謂金剋木得水化，水剋火得木化，木剋土得火化，火剋金得土化，土剋水得金化之類（謂化惡歸善於我也）

【對】者對照也，如子午對照，丑未對照，寅申對照，卯辰對照，辰戌對

照巳亥對照對照吉則吉對照凶則凶（此謂沖之類）

合者合拱也申子辰合拱寅午戌合拱巳酉丑合拱亥卯未合拱合拱吉則吉合拱凶則凶（此謂合之類）

向者諸星向朝也如日月向朝如官福向朝如田財向朝如文魁向朝如經緯向朝如三元滿川向朝如一王專權向朝（向者有情凶星又怕向）

背者衆曜背躔也如計羅截諸星於東南而命限歷於西北如羅計截衆曜於西北而命限在於東南又日月背躔諸星沉淪是也

前後者有二論如子宮爲中以丑宮爲前以亥宮爲後乃宮之前後也如角度爲中以亢度爲前軫度爲後乃度之前後也論行限者以宮之前後決吉凶談星格者以度之前後定禍福又有同宮前後之分又有同度前後之論（尅我之星宜其前行）

後經云日月同宮月要占於日前如月躔井日躔畢是也又曰金

水會垣水忌遐於金後如水躔井金躔畢是也又有相尅前後之分如土在井水在畢爲禍輕如土在畢水在井則禍重大抵生我之星宜在後尅我之星宜在前餘倣此推生我之星宜其後至

迎者星在前也如命限在寅而卯上有星謂之隔宮迎如命限在箕而尾度上有星謂之隔度迎隔宮者輕隔度者重迎凶則凶迎吉則吉

送者星在後也如命限在寅丑上有星謂曰隔宮送如命限在箕而斗度上有星謂之隔度送隔宮者遠隔度者近送吉則吉送凶則凶

明者晝生日木土水炁計孛夜生月火金羅謂之向明爲身命田財官福經緯驛馬三元祿等星爲奇明者光明之謂也

晦者夜生日木土水炁計孛晝生月火金羅謂之背曜或掌身命田財官福或文魁名甲星等俱失次也晦者暗昧之謂也

升者日在東方宜寅卯辰巳午未時生人日在南方宜申酉戌亥

子丑時生人（升者得其体也）

沉者。占在西方。而夜生月在東方。而晝生兼爲官福身命田財妻嗣等用者。謂曰失梳。（沉者失其用也）

順者。五星自北而西。自南而東。順度相生。而無諸星駁雜爲美。如木火土金水次第相生則吉。（諸星順行扶生者吉）

逆者。五星自北而東。自南而西。逆度相尅。又有衆曜混雜爲忌。如水火金木土相逢尅戰則凶。（衆曜逆行戰尅者凶）

衰者。春土夏金秋木冬火四季水。又衰病死絶胎養宫爲衰。巳上等星宫位忌掌用神坐衰地尤甚。（衰者無力）

旺者。春木夏火秋金冬水四季土。又長生冠帶帝旺爲旺。巳上等星宫位宜掌用神臨旺地尤切。（旺者有氣）

掩者。羅計掩蔽也。或晝掩諸星於西北。或夜蔽衆星於東南也。

【餌】者日月同羅計也以朔日晝生望月夜誕遇羅計則餌忌坐命安身於日月度也日月遇羅計謂之餌

【衝】者對宮冲尅也如火在子水在午又如木在丑金在未對照冲尅乃為不吉餘可類推也吉星冲照吉凶星冲照凶

【制】者用星受制也如木為用星被金所制又土為用神被木所制用星者即身命官福田財妻嗣等主是也受他星尅制不吉

【朝】者相向也如衆曜拱南南方坐命如群星朝北北方坐命又如計羅截諸星於東命坐於東截諸星於西命坐於西皆謂之朝也吉星朝向者吉凶星朝向凶

【拱】者三合也如日月拱身命拱官福拱田財拱妻子又如福祿拱身命拱官福拱田財拱妻子又如田財拱身命拱官福拱妻子

【夾】者兩傍也如日月夾身命夾官福夾田財夾妻子又如福祿夾

身命夾官福夾田財夾妻子又如田財夾身命夾官福夾妻子有情夾者吉 無情夾者凶

輔者輔弼也如身命主輔弼日月之前後又官福星輔弼日月之左右又田財妻嗣等主得日月挈提者皆爲合格吉神輔弼者吉 凶神輔佐者凶

分者羅計截諸兩跲也或分截文武兩班或分截文東武西或分出日月並明或分出官福清健分出貴格者貴 分出賤格者賤

會者諸星聚一宮一度也如十一曜會聚身命如十一曜會聚官福或會聚田財且諸星順度相生無尅戰爲妙會成貴格者貴 會成賤格者賤

引者在前也引宜度遠如日月引從官福引從田財引從妻嗣引從或文魁引從名甲引從官印引從得地者佳吉星引從者吉 凶星引從者賤

從者在後也從宜度近如金水引從宜水前金後木火引從要火前木後土金引從宜金前土後蓋後能生前也前不能生後故

耳（引從相生者吉 引從相尅者凶）

截者羅計攔截也或截諸星於東南又在晝生或截衆曜於西北又是夜生又如羅計中分截出文東武西（截諸星不背者貴）

漏者截出吉星也或晝生漏出日木土水炁計於陽宮陽度或夜生漏出月火羅金於陰宮陰度（漏出無用星者賤）

守者身命住宮也所住之宮與諸星相會以定貴賤（守吉星則吉 守凶星則凶）

岐者兩岐隔界也如尾二在卯尾三過寅乃隔宮同度岐界也又如子上虛九與危初度是同宮而度岐界也但凡身命官福等星坐度宜深不宜躔兩岐隔界之度也（兩岐隔界者乃交過度也）

已上入門起例看法乃星家綱領學者模範宜熟玩自得于心矣

起例入門畢

星案目錄

目錄畢

新編分類當代名公文武星案卷之一上　禮集

帝王

后妃

逸客　斗南　陸位　著
書林　循龍　余應虬　閱

五曜從陽	嘉靖 李太后	東宮世子	日月夾拱	東宮后 泰昌	楚王	衆曜拱南	萬曆 楚王
四餘拱陰	天啓		羅計攔截			群星朝北	魯王 福王
七政在內	鄭妃		晝生木土	正德		戴天履地	
四餘列外			夜誕火金	隆慶 潞王	東宮次子	出乾入坤	
四陽環月			陰陽得體	益王		天地開明	
四餘拱主			福官明健			山澤通氣	
文武兩班	鄭妃		五曜連珠			水火既濟	
君臣慶會	弘治		二星合璧	弘治		風雷鼓舞	

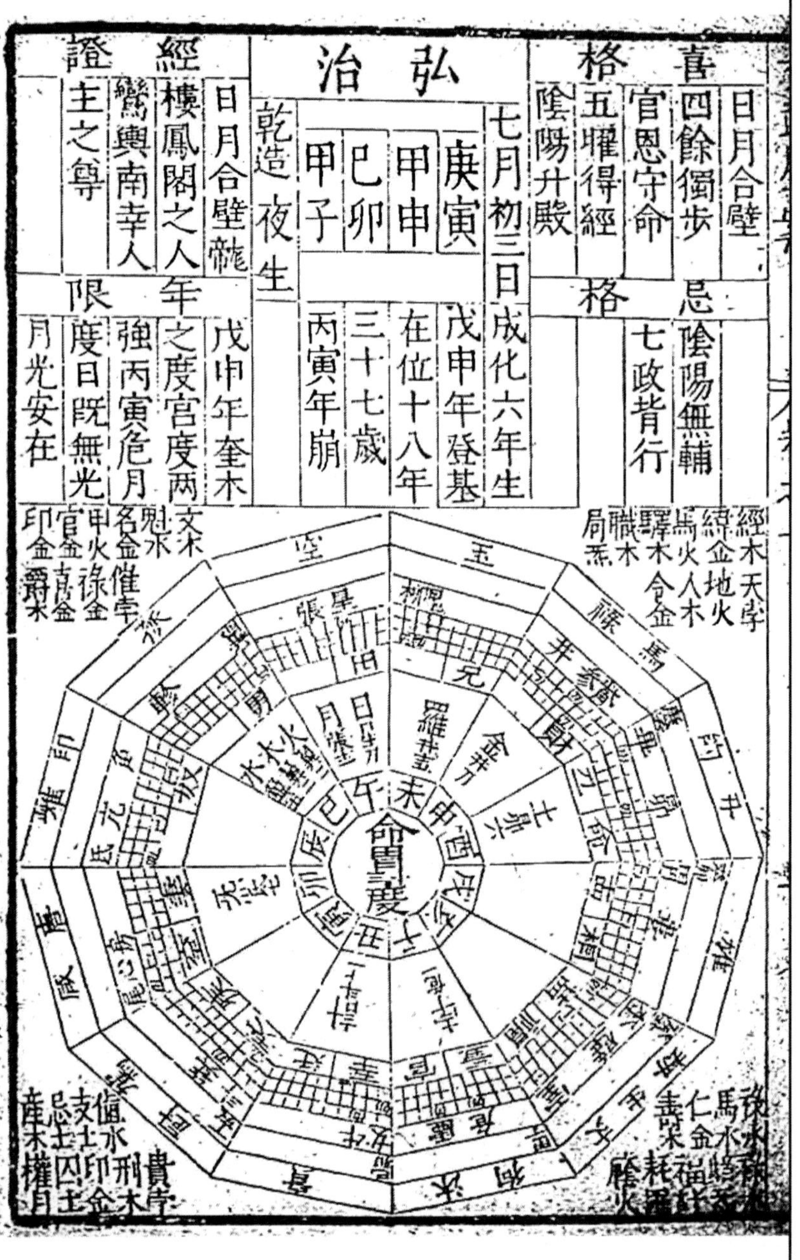
喜格
日月合壁
四餘獨步
官恩守命
五曜得經
陰陽升殿
忌格
陰陽無輔
七政背行
弘治
七月初三日成化六年生
庚寅
甲申
己卯
甲子
戊申年登基
在位十八年
三十七歲
丙寅年崩
乾造夜生
經證
日月合壁龍
樓鳳閣之人
鸞輿南幸人
主之尊
年限
戊申年奎木
之度宮度兩
強丙寅危月
度日既無光
月光安在
經木天孛
緯金地火
馬火人木
驛木合金
職木
局炁
文木
魁水
名金催孛
甲火祿金
官金喜金
印金爵木
貴孛
值水刑木
支土印金
忌土囚土
產木權月
命實度

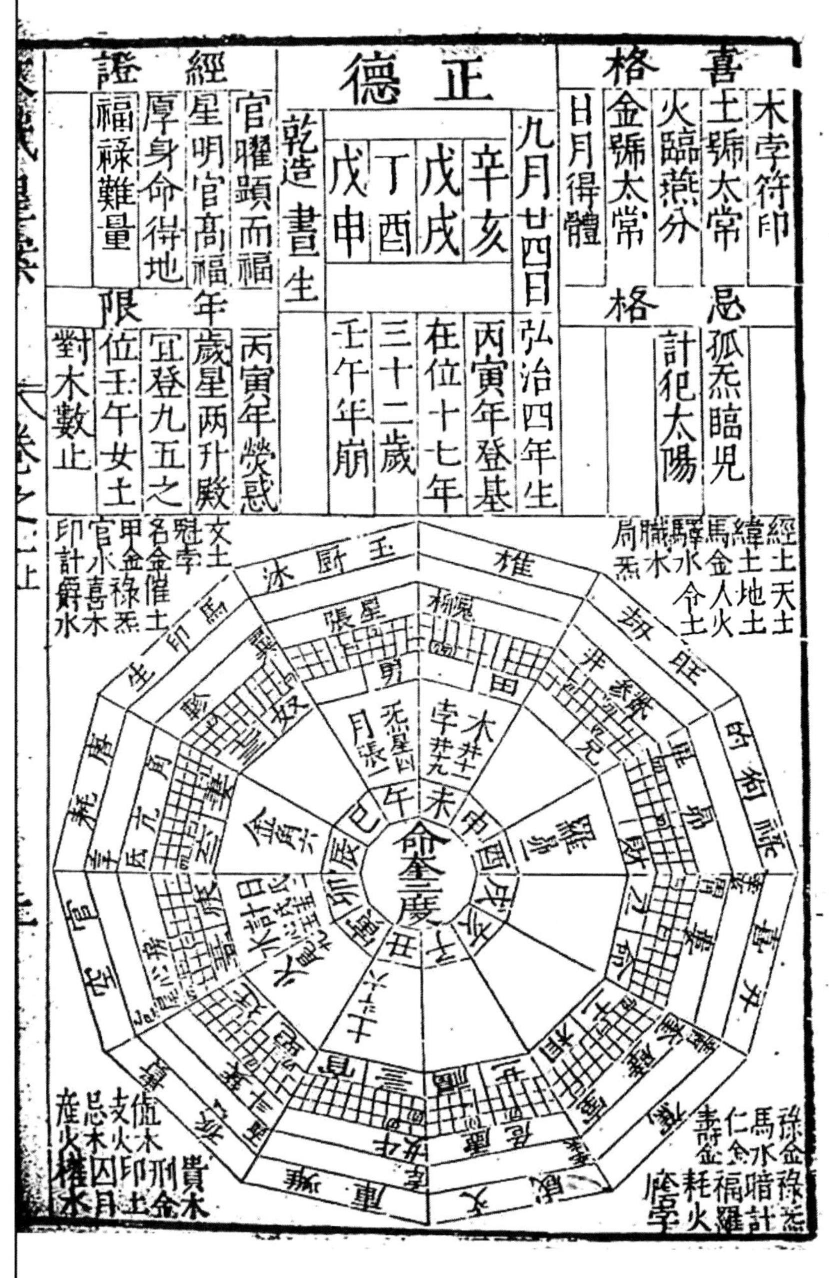

正德

乾造　書生

九月廿四日弘治四年生

辛亥	戊戌	丁酉	戊申
丙寅年登基	在位十七年	三十二歲	壬午年崩

喜格：木孛符印　土號太常　火臨燕分　金號太常　日月得體

忌格：孤炁臨兒　計犯太陽

經證：官曜顯而福星明官高福厚身命得地福祿難量

年限：丙寅年榮慼歲星兩升殿宜登九五之位壬午女土對木數止

經土　天土　緯土　地土　馬金　人火　驛水　令土　職木　局炁

文土　魁孛　名金　催土　甲金　祿炁　官水　喜木　印計　爵水

祿金　祿炁　馬水　暗計　仁金　福羅　壽金　耗火　蔭孛

貴木　刑金　印土　囚月　權水

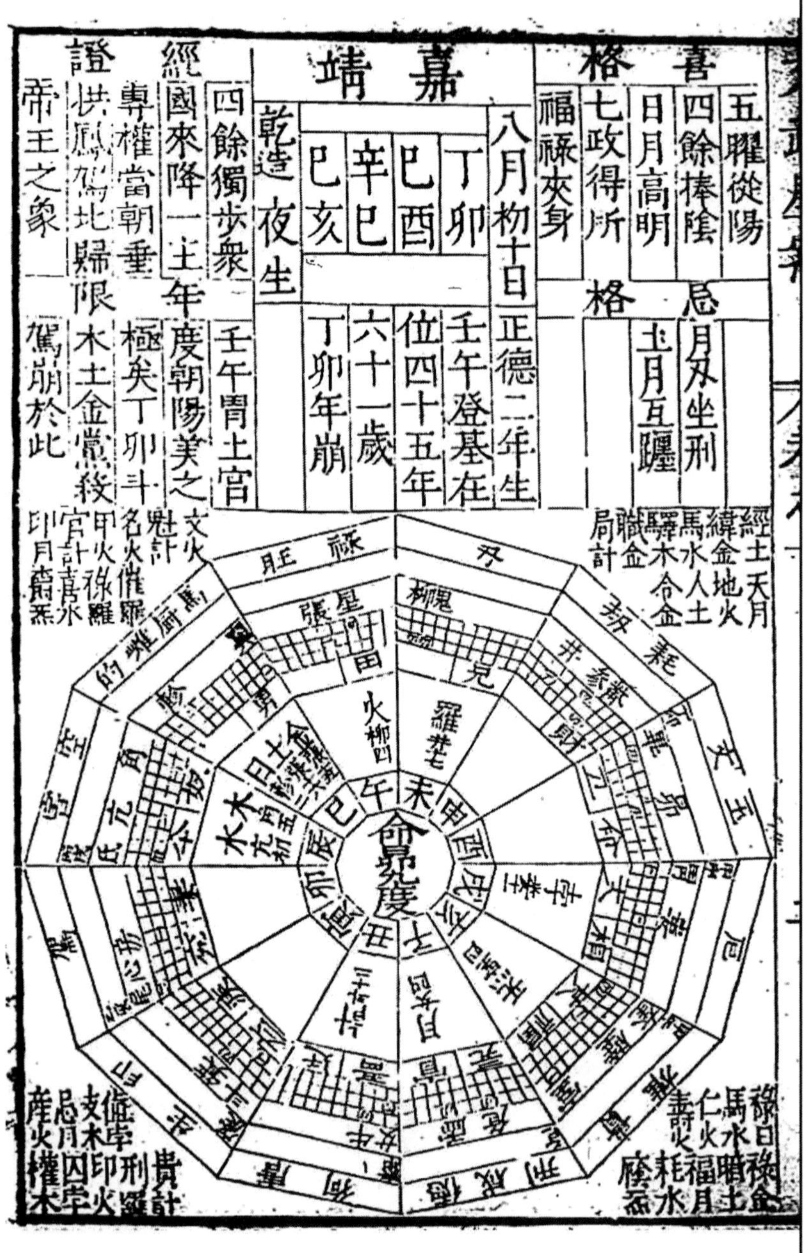

嘉靖
喜格
五曜從陽
四餘捧陰
日月高明
七政得所
福祿夾身
忌格
月刃坐刑
土月互躔
八月初十日 正德二年生
丁卯 壬午登基在
己酉 位四十五年
辛巳 六十一歲
己亥 丁卯年崩
乾造 夜生
四餘獨步衆 壬午胃土宮
經國來降一王年 度朝陽美之
專權當朝垂 極矣丁卯斗
證拱爲偽地歸限 木土金當殺
帝王之象 駕崩於此
經土 天月
緯金 地火
馬水 人土
驛木 命金
職金
局計
命
度

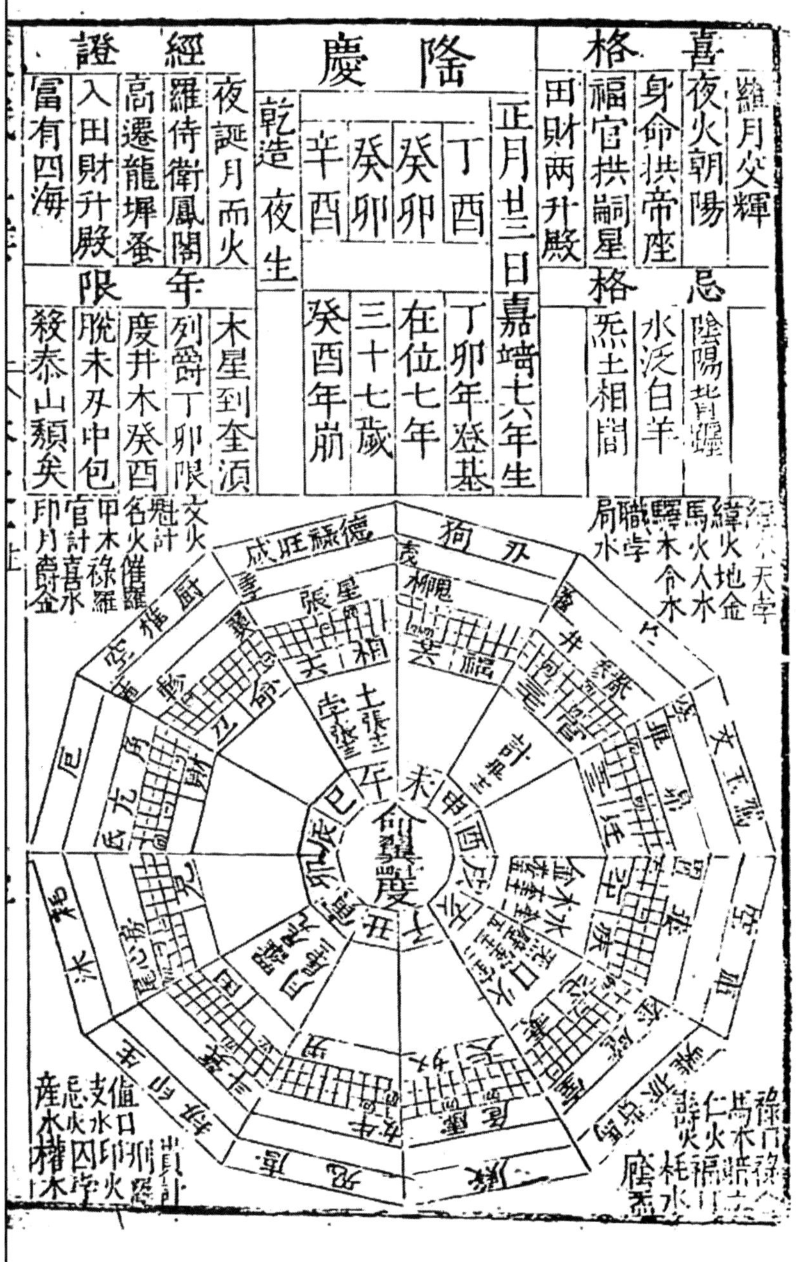
喜格
雖月交輝
夜火朝陽
身命拱帝座
福官拱嗣星
田財兩升殿
忌格
陰陽背蹕
水泛白羊
炁土相間
隆慶
正月廿二日嘉靖十六年生
丁酉
癸卯
癸卯
辛酉
乾造夜生
丁卯年登基
在位七年
三十七歲
癸酉年崩
經證
夜誕月而火
羅侍衛鳳閣
高遷龍墀登
入田財升殿
富有四海
年限
木星到奎須
列爵丁卯限
度井木癸酉
脫未及中包
殺泰山頹矣

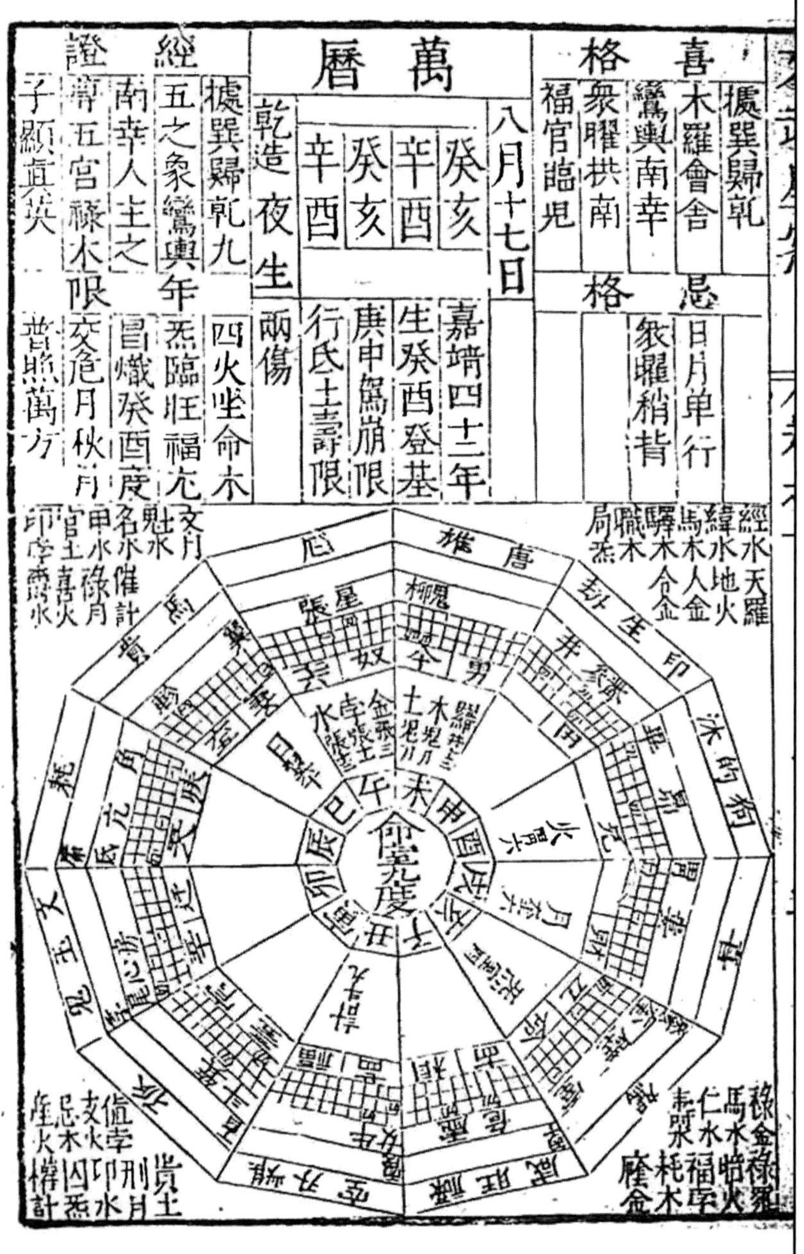
喜格
攙巽歸乾
木羅會合
鸞輿南幸
衆曜拱南
福官臨鬼
忌格
日月单行
象曜稍背
萬曆
八月十七日
癸亥
辛酉
癸亥
辛酉
乾造夜生
嘉靖四十二年
生癸酉登基
庚申駕崩限
行氐土壽限
兩傷
經證
攙巽歸乾九
五之象鸞輿年
南幸人主之
齊五宮祿木限
子顯真英
四火坐命木
炁臨旺福元
昌熾癸酉度
交危月秋
普照萬方
命宮亢度

經證	泰昌	喜格
鑾輿南幸人 主之尊鳳駕 北歸帝王之 象諸星分布 均停尤奇	八月十一日 壬午盛萬曆十年生 巳酉世庚申即位 丙申明一月駕崩 乙未君 乾造晝生	星布均停 鳳駕北歸 大月當斗 金躔鬼宿 日月拱嗣
年限		忌格
尾火犯羅奴 氐土炁魁度 皆非善境且 木掌劫併及 雄值難尤甚		火犯羅奴 福元失次

經水 天羅
緯土 地水
馬木 人金
驛木 命金
職火
局月

文日
魁炁
名水 催月
甲月 祿日
官月 喜孛
印水 爵水

命 土七度

祿木 祿計
馬水 暗羅
仁水 福火
壽木 耗孛
廕木

貴金
刑土
值孛 印月
支水 四水
忌火
産木 權炁

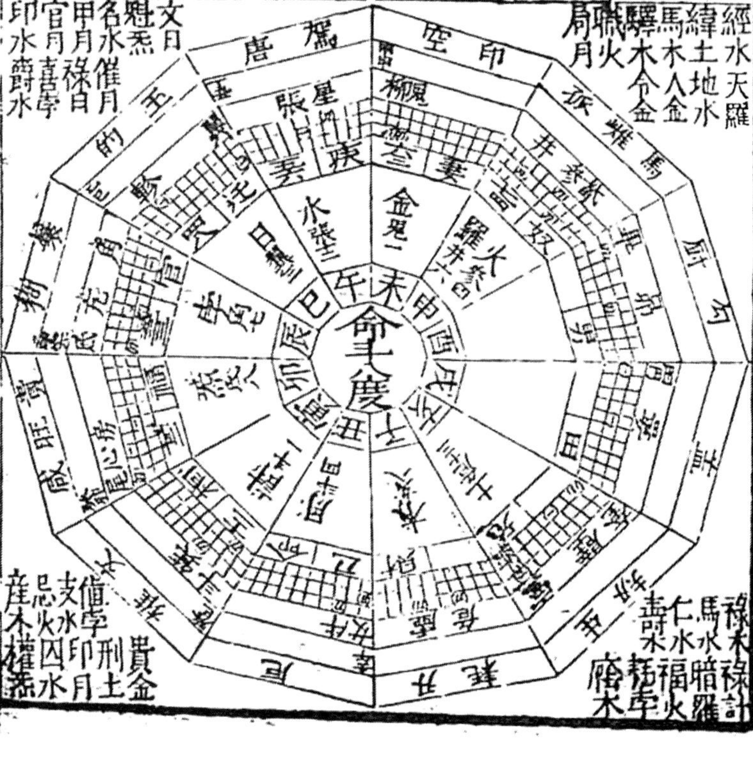

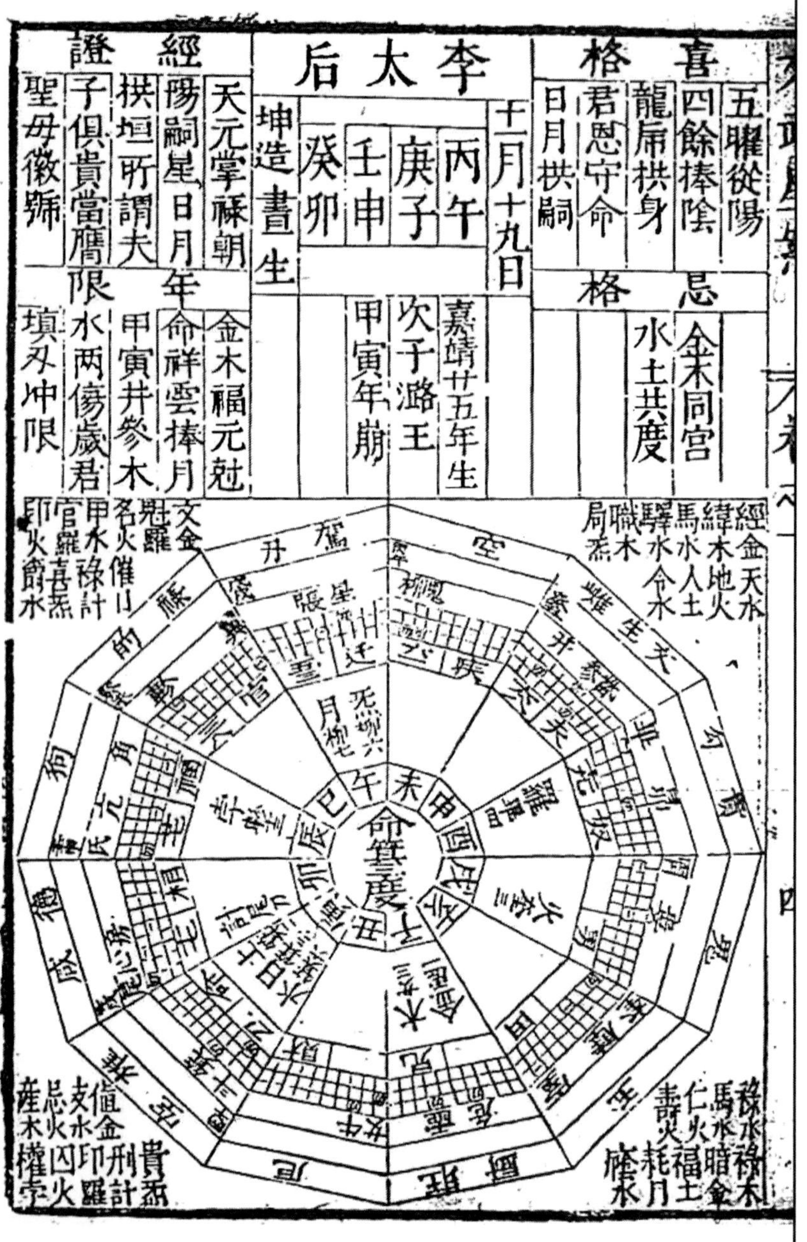

喜格
五曜從陽
四餘捧陰
龍扉拱身
君恩守命
日月拱嗣
忌格
金木同宮
水土共度
李太后
十月十九日
丙午
庚子
壬申
癸卯
坤造晝生
嘉靖廿五年生
次子潞王
甲寅年崩
經證
天元掌祿朝
陽嗣星日月
拱垣所謂夫
子俱貴當膺
聖母徽號
金木福元魁
年命祥雲捧月
甲寅井參木
限水兩傷歲君
塡刃冲限
命

喜格	萬曆后	經證
計羅截斷 漏炁清孤 祠祿夾命 田財夾主 夫嗣星高	十月初四日 甲子 乙亥 癸酉 壬子 坤造夜生双	命主夜火朝 陽身星月坐 祿馬田財官 福夾命歸垣 兼令爲最
忌格		年限
計都侶月 孛間七政	嘉靖四十三年 生庚申年逝限 奎對金宮主坐	娟娟月色土 計爲防所以 嗣出偏宮限 至奎度數恐 止此

經綸 天水
緯火 地金
馬水 人土
驛水 令水
職炁
局木

文羅
魁月
名木 催金
甲七 祿木
官炁 喜羅
印木 爵土

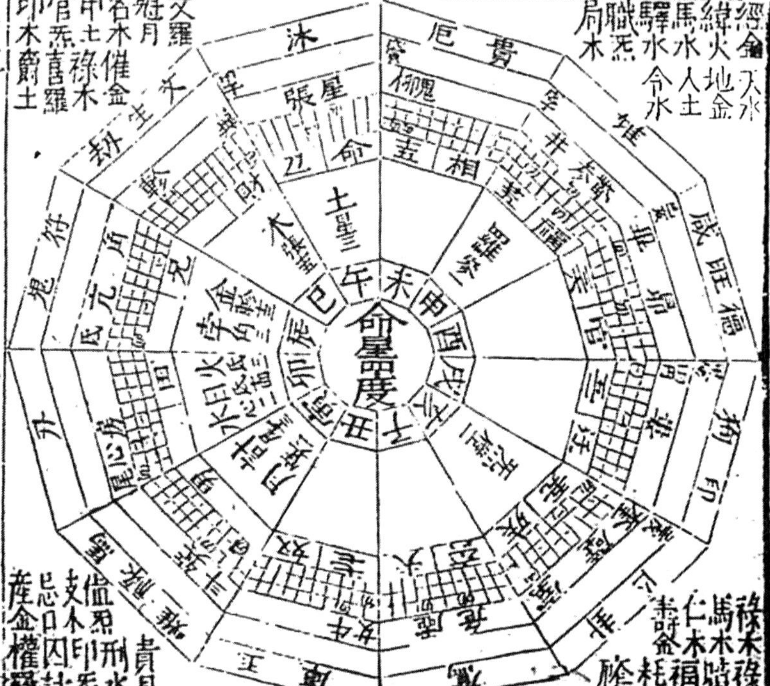

命星四度

祿木 祿火
馬木 貽孛
仁木 福木
壽金 耗金
蔭土

貴月
刑水
傷炁
文木 印炁
忌日 囚計
產金 權羅

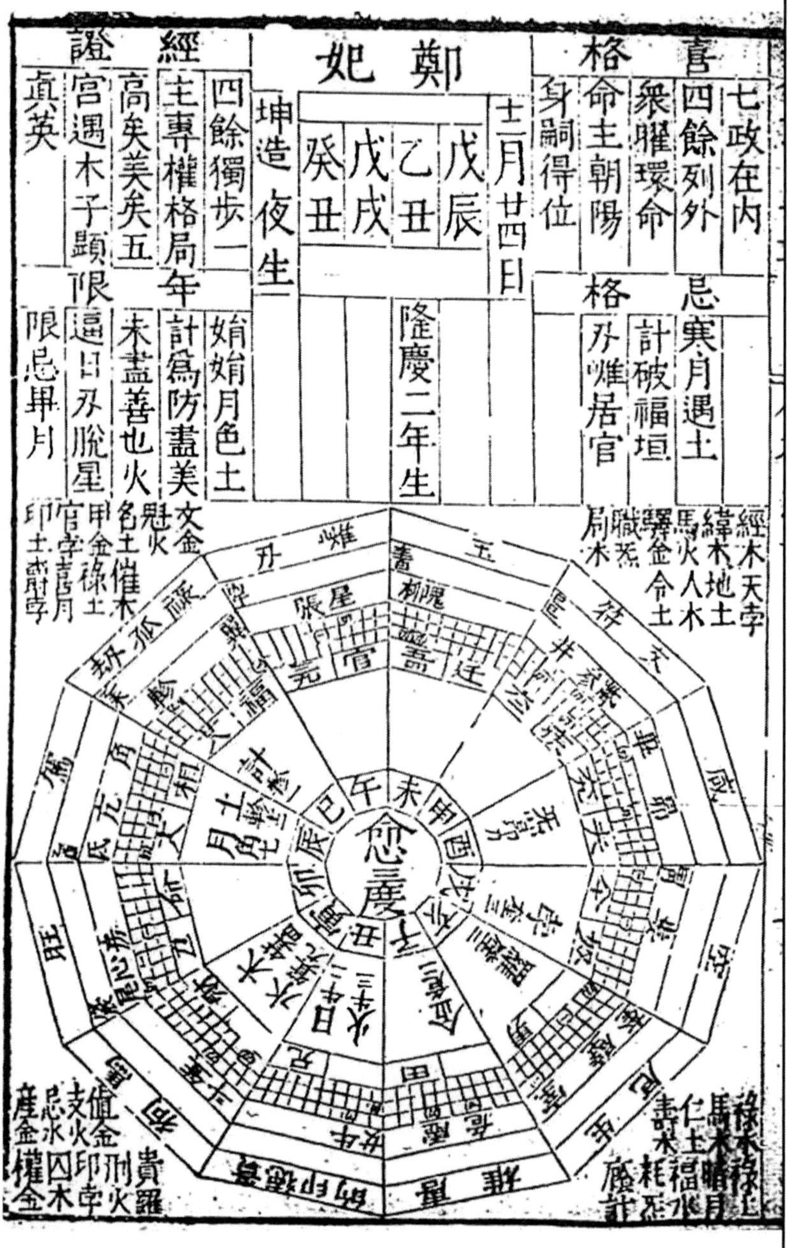
鄭妃
喜格
七政在內
四餘列外
桒曜環命
命主朝陽
身嗣得位
忌格
寒月遇土
計破福垣
孖雄居官
十二月廿四日
戊辰
乙丑
戊戌
癸丑
隆慶二年生
坤造夜生
經證
四餘獨步一主專權格局年
娟娟月色土計爲防盡美未盡善也火
高矣美矣五宮遇木子顯限
逼日孖脫星
眞英
限忌畢月
經木 天孛
緯木 地土
馬火 人木
驛金 命土
職炁
局木
文金 魁火
名土 催木
甲金 祿土
官孛 吉月
印土 爵孛
祿木 祿土
馬木 暗月
仁土 福水
壽木 耗炁
廢計
值金 貴羅
支火 刑火
忌水 印孛
產金 囚木
權金

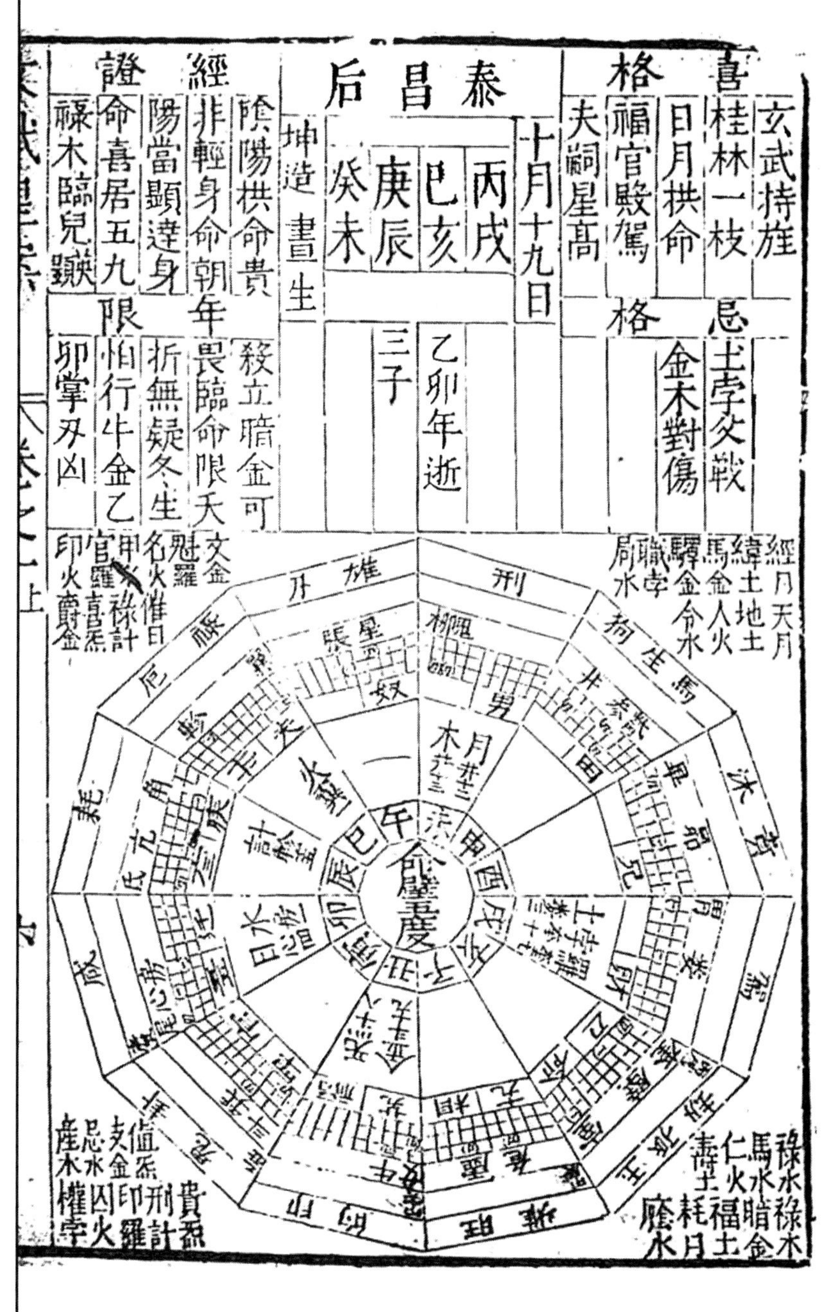
喜格
玄武持旌
桂林一枝
日月拱命
福官骖駕
夫嗣星高
忌格
土孛交戰
金木對傷
泰昌后
十月十九日
丙戌
巳亥
庚辰
癸未
乙卯年逝
三子
坤造
書生
經證
陰陽拱命貴
非輕身命朝
陽當顯達身
命喜居五九
祿木臨兒躔
年限
殺立陪金可
畏臨命限天
折無疑冬生
怕行牛金乙
卯掌刃凶
刑
雄
刃
祿
危
耗
咸
命宮
慶
午
巳
辰
卯
寅
丑
子
亥
戌
酉
申
未
祿水祿木
馬水暗金
仁火福土
壽土耗月
廕水
貴孛
刑計
印羅
囚火
權孛

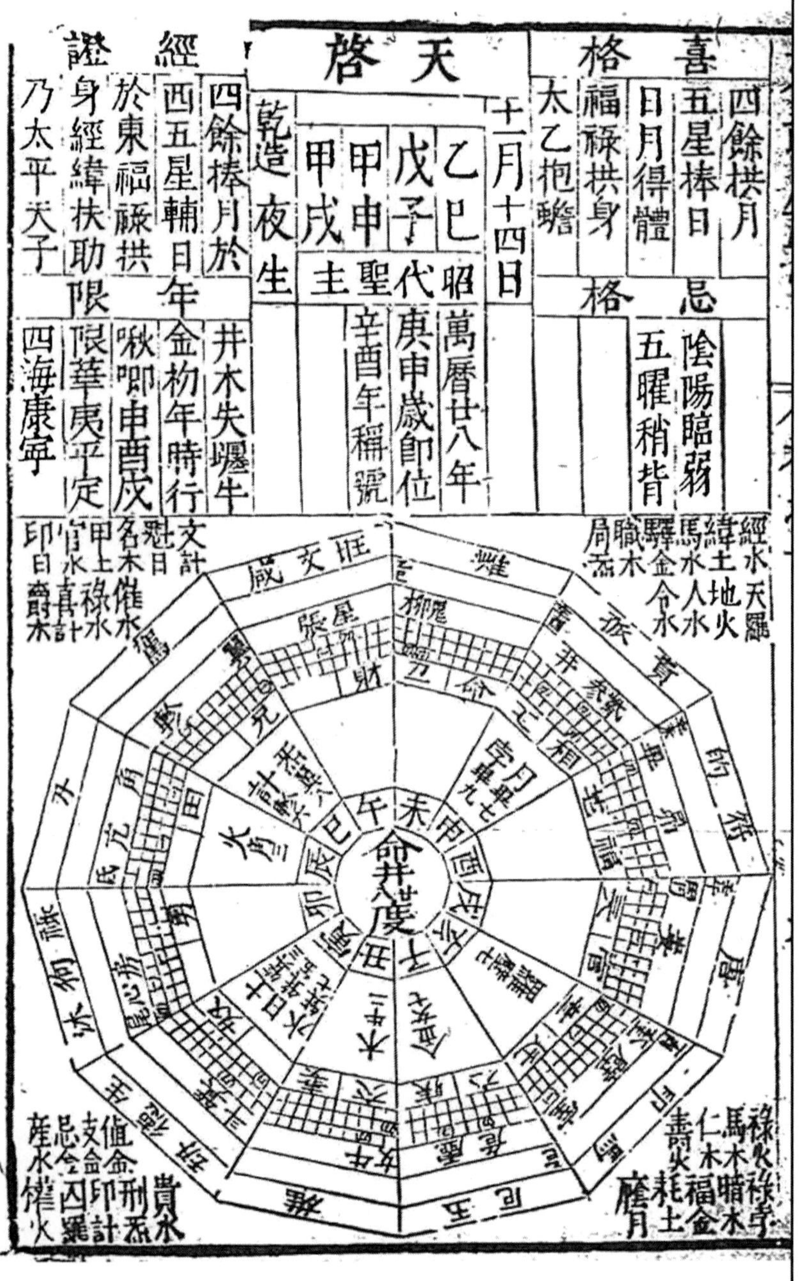
喜格
四餘拱月
五星棒日
日月得體
福祿拱身
太乙抱蟾
忌格
陰陽臨弱
五曜稍背
天啓
十一月十四日
乙巳
戊子
甲申
甲戌
乾造夜生
昭代聖主
萬曆廿八年
庚申歲即位
辛酉年稱號
經讖
四餘棒月於
西五星輔日
於東福祿拱
身經緯扶助
乃太平天子
年限
井木失躔牛
金杓年時行
啾唧申酉戌
限華庚平定
四海康寧
命井八度

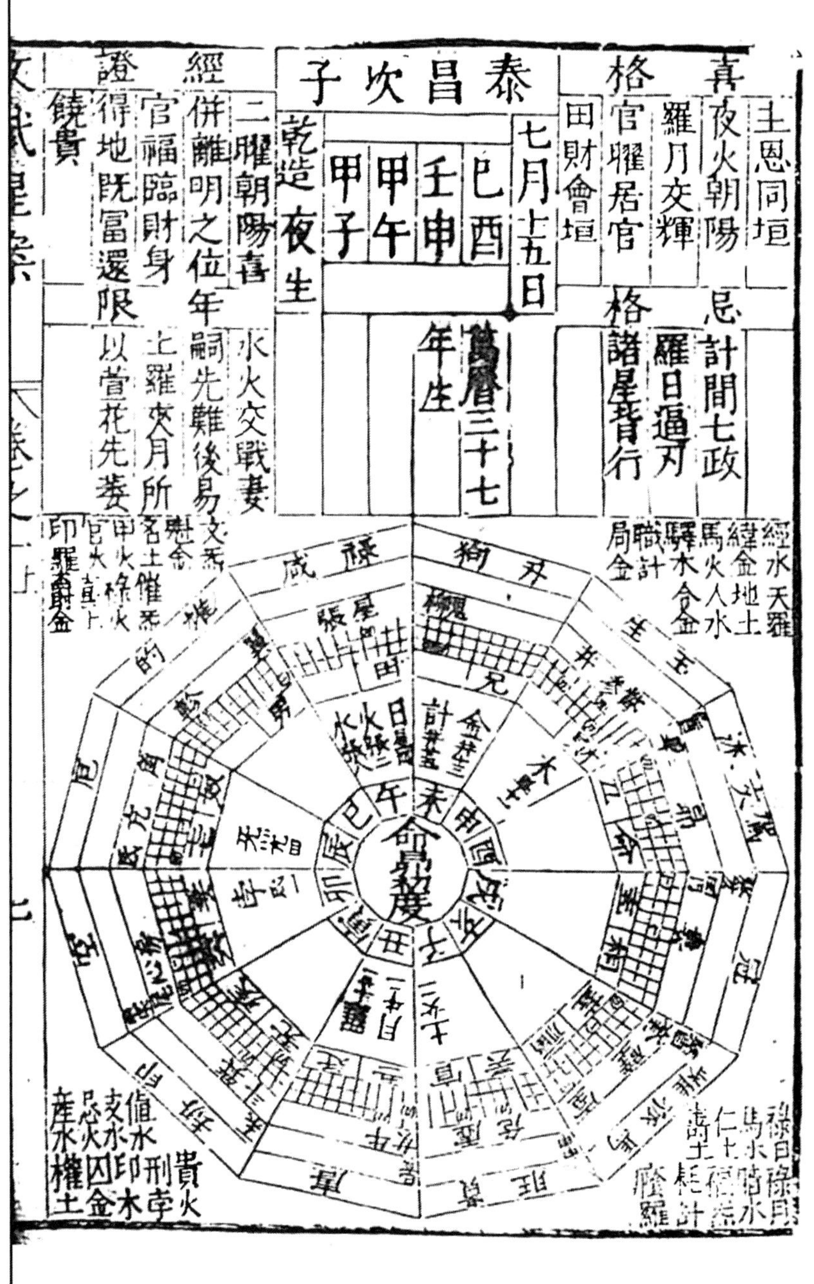
泰昌次子
真格
土恩同垣
夜火朝陽
羅月交輝
官曜居官
田財會垣
忌
計間七政
羅日逼刃
格
諸星背行
七月十五日
萬曆三十七年生
乾造夜生
巳酉
壬申
甲午
甲子
經證
二曜朝陽喜
併離明之位年
官福臨財身
得地既富還限
饒貴
水火交戰妻
嗣先難後易
土羅夾月所
以萱花先萎
經水天羅
緯金地土
馬火人水
驛木合金
職計
局金
祿日祿月
馬火時水
仁土福炁
壽土耗計
廕羅
貴火
刑孛
印水
囚金
權土
催水
支水
忌火
産水

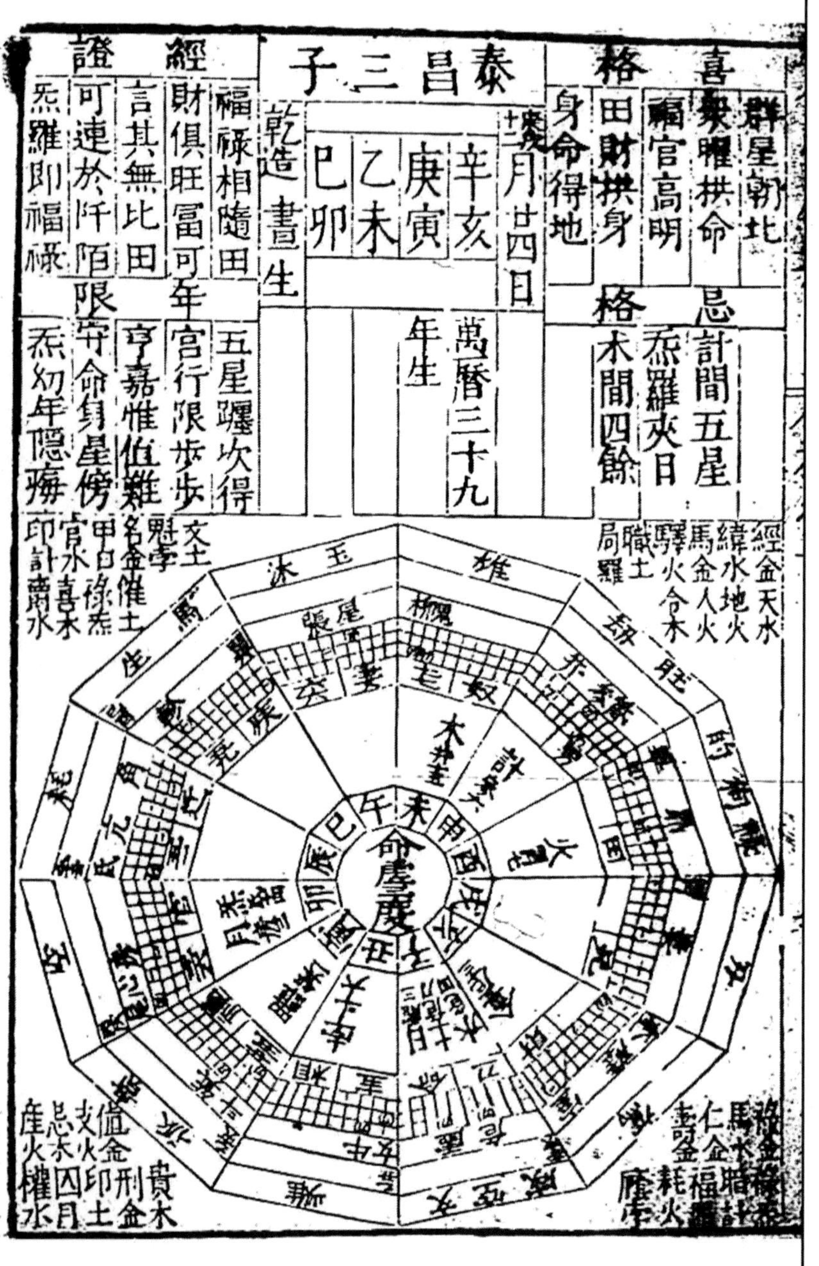

喜格
群星朝北
衆曜拱命
福官高明
田財拱身
身命得地
忌格
計間五星
炁羅夾日
木間四餘
泰昌三子
月廿四日
辛亥
庚寅
乙未
己卯
乾造書生
萬曆三十九
年生
經證
福祿相隨田
財俱旺富可
言其無比田
可連於阡陌
炁羅則福祿
限年
五星躔次得
宮行限步步
亨嘉惟值難
守命身星傍
炁幼年隱晦
經金天水
緯水地火
馬金人火
驛火合木
職土
局羅
命度

天啓后

喜格

日月夾官福
日月夾夫田
計羅中分
濕出命祿
衆曜向朝

忌格

土月同宮
及鋒臨嗣
火金失次

十月十六日

丁未　河南父監生
辛亥　張國紀
乙丑　張大姐中宮
癸未

坤造晝生

經證

計羅截出命官，危月及中包煞，謂之一主專權，年自十五至二旬，敢掌當朝之事，未見盡美。此後況衆曜向拱，限限一路春光到白頭，慶識為女中堯舜。

文火　魁計　名火　催羅　甲水　祿羅　官計　喜水　印月　爵火

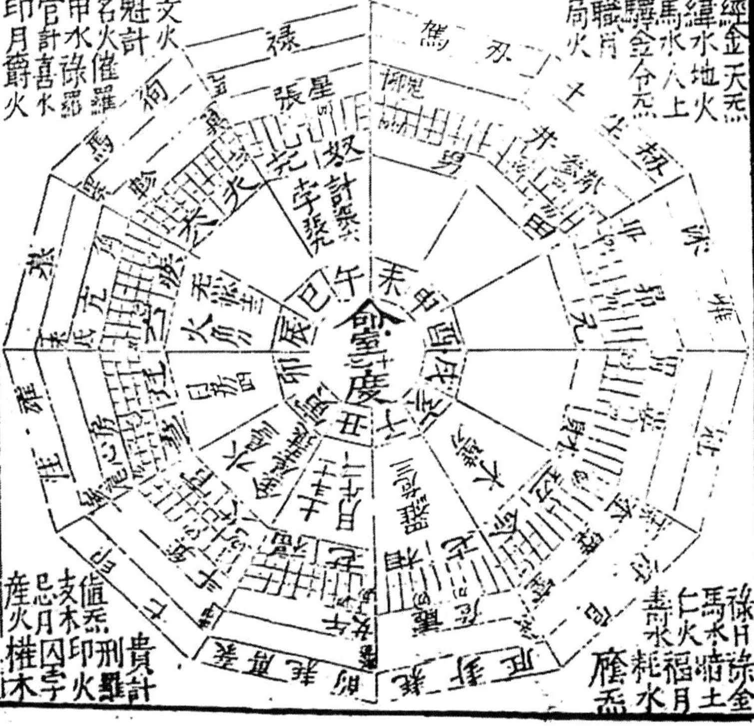

經金　天炁　緯水　地火　馬水　八上　驛金　分炁　職月　局火

貴計　刑羅　印火　值炁　因孛　支木　權木　忌月　產火

祿日　孫金　馬水　暗土　仁火　福月　壽水　耗水　蔭炁

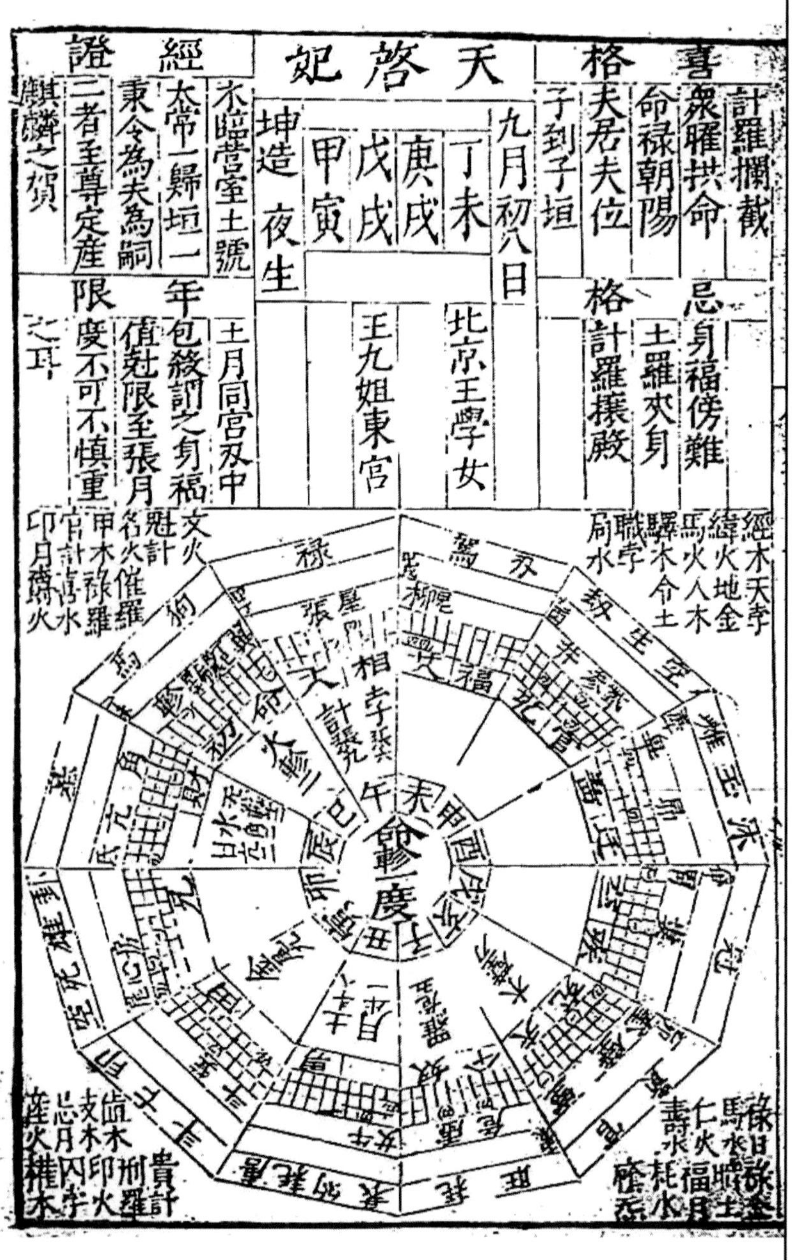
書格
計羅攔截
衆曜拱命
命祿朝陽
夫居夫位
子到子垣
忌身福傍雜
土羅夾身
格
計羅攘殿
天啓妃
九月初八日
丁未
庚戌
戊戌
甲寅
坤造　夜生
北京王學女
王九姐東宮
經證
木臨營室土號
太常一歸垣一
東令為夫為嗣
二者至尊定產
麒麟之貌
年限
土月同宮双中
包殺訂之身福
值魁限至張月
度不可不慎重
之耳
經木天孛
緯火地金
馬火人木
驛木命土
職孛
局水
文火
魁計
催羅
甲木
祿羅
印月
命
度

天啓妃

四月十五日

丁未 乙巳 丁未 乙巳

南京段舍人女

段二姐西宮

坤造晝生

喜格

金水從陽
木羅會舍
土孫太常
火歸坤地
月居天秤

忌

日月背行
月火晝晦

格

命坐刃鋒

經火 天金
緯土 地土
馬金 人火
難命 仁火
職金
刃計

經證

晝生日而金水相從更身命臨年

參水畢月昴日胃土婁金奎木壁水室火自十

田田財居福夫

元土孫太常嗣

是火歸坤地 晝善 晝喜

限

六七至三旬居乎

四五旬 俱隔福金造

甲土祿羅

官計吉木

卯月爵火

命 井 六度

貴計
催月 刑羅
支木 印火
忌月 因孛
產火 權木

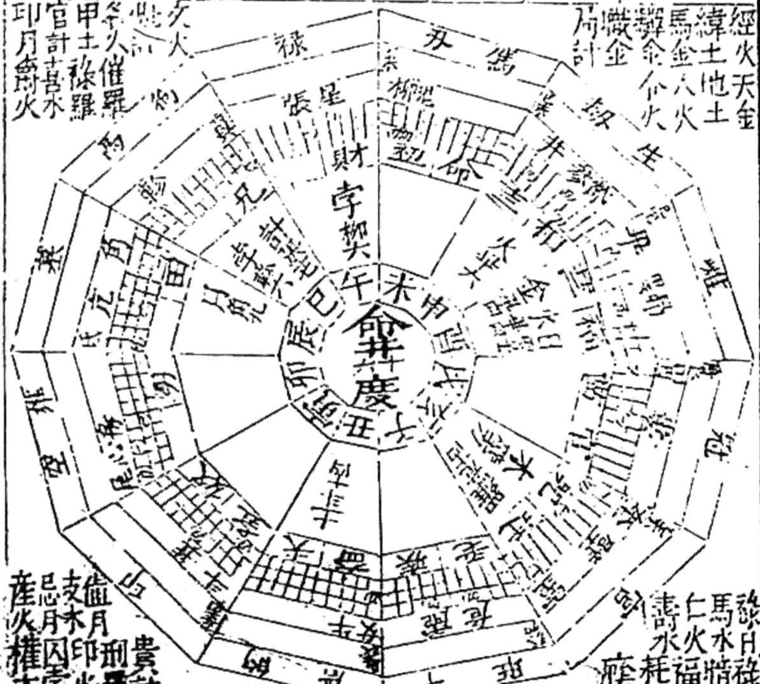

殺日 祿金
馬水 精土
仁火 福月
壽水 耗水
病炁

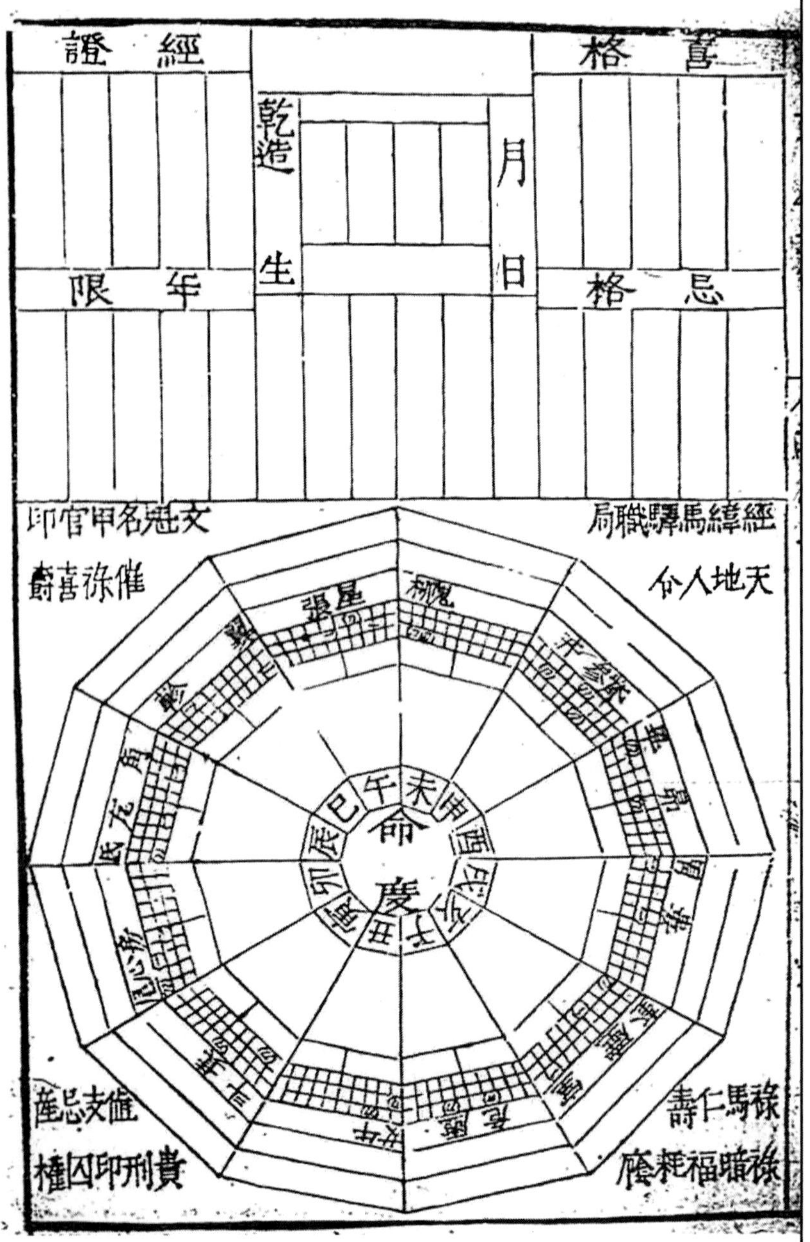

經證
喜格
乾造
月
生
日
年限
忌格
文魁名甲官印
經緯馬驛職局
催祿喜爵
天地人命
命
度
巳
午
未
申
酉
戌
亥
子
丑
寅
卯
辰
催支忌產
祿馬仁壽
貴刑印囚權
祿暗福耗蔭

潞王

喜格

羅月交輝
水陽朝天
福祿夾身
官福拱財
主居八殺

忌格

炁羅夾月
陰陽失輝
土埋雙女

二月初五日

戊辰
乙卯
乙酉
戊寅

乾造夜生

隆慶二年生
萬曆親弟
甲寅年逝
有子

經證

官福拱財身
得地既冨還年
饒貴左右吉
星來拱主福限
祿夾身爲貴

氐土木炁太
旺日夯拱限
甲寅流木併
夯疊限

經木 天火
緯水 地金
馬木 人金
驛火 令木
職土
局羅

文金
魁火
名上 催木
甲日 祿七
官孛 喜月
印土 壽孛

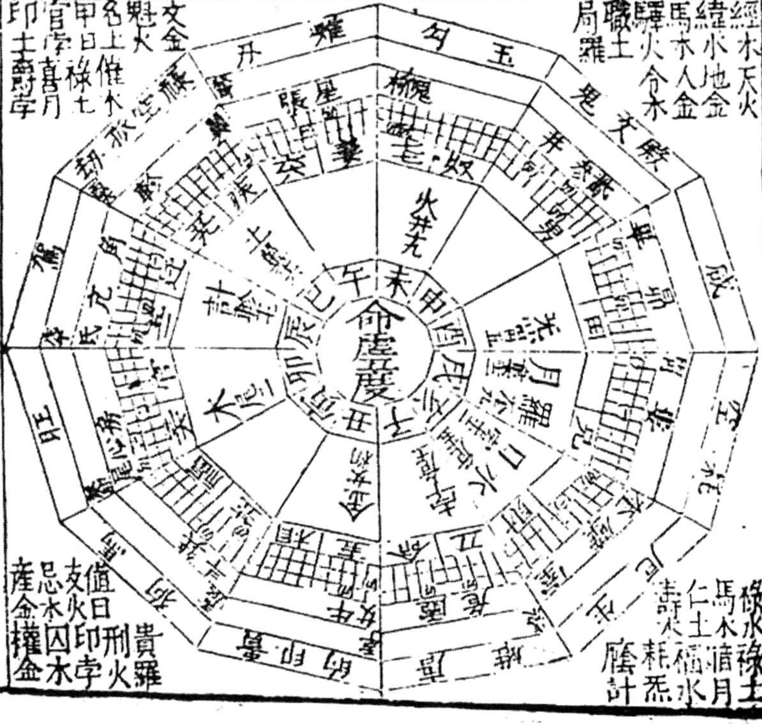

祿水 祿土
馬木 淸月
仁土 福水
壽火 耗炁
蔭計

値日 貴羅
支火 刑火
忌木 印孛
產金 囚木
權金

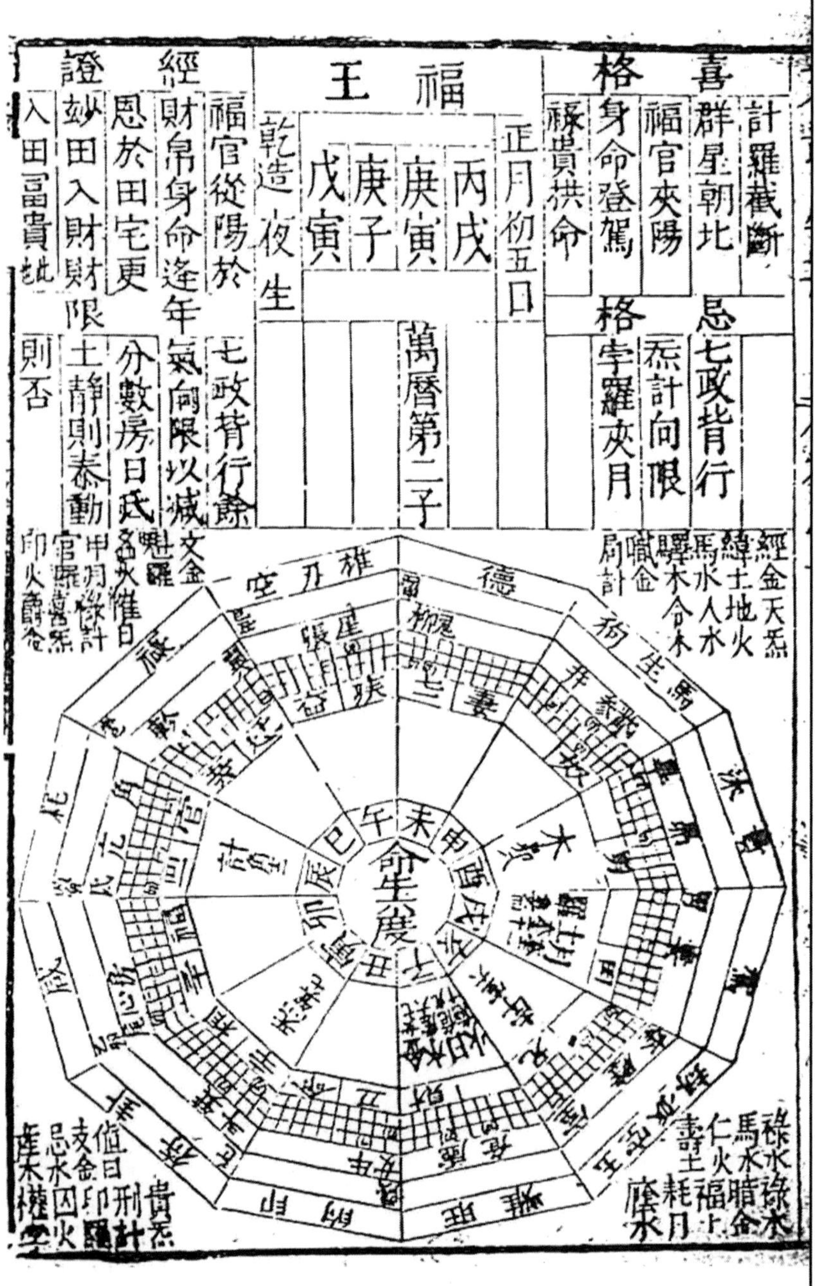
喜格
計羅截斷
群星朝北
福官夾陽
身命登駕
祿貴拱命
忌格
七政背行
炁計向限
孛羅夾月
福王
正月初五日
丙戌
庚寅
庚子
戊寅
乾造夜生
萬曆第二子
經證
福官從陽於七政背行餘
財帛身命逢年氣向限以減
恩於田宅更分數房日氏
妙田入財財限土靜則泰動
入田富貴雖則否
命度生

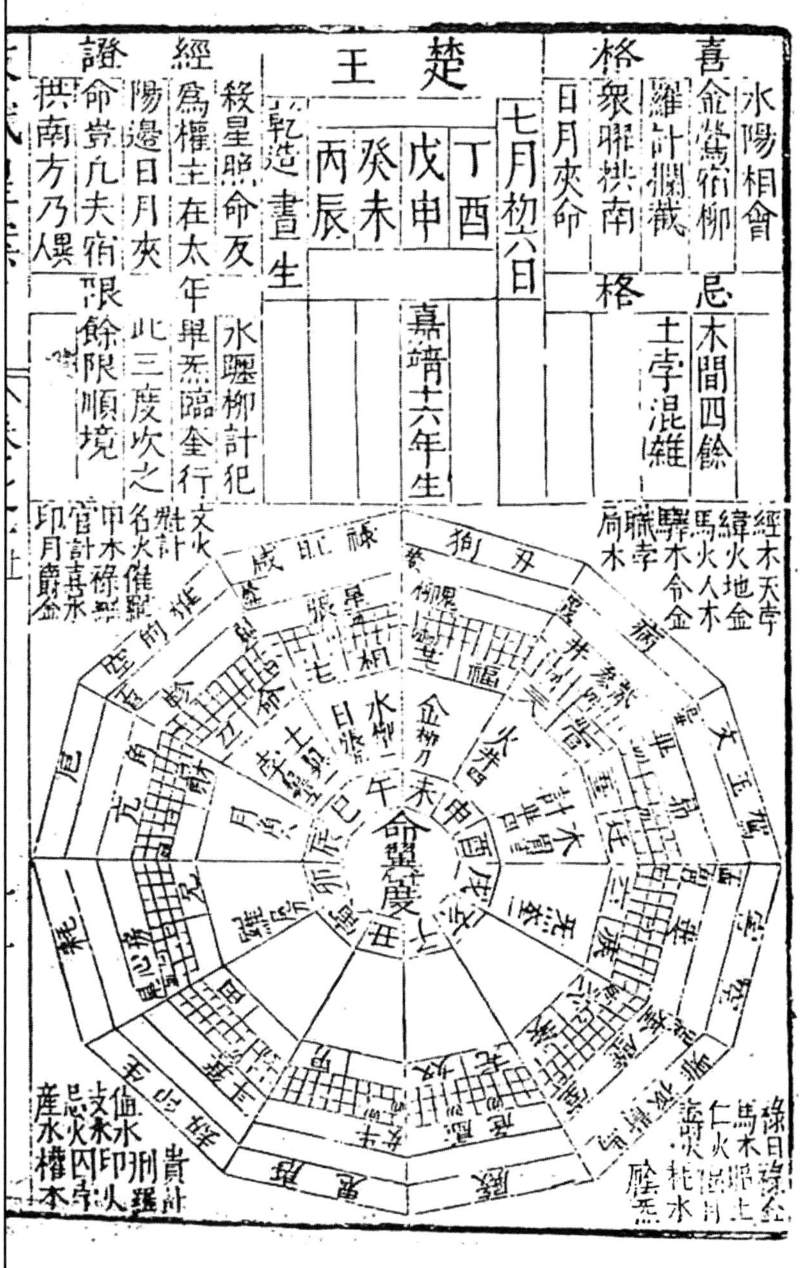
喜格
水陽相會
金鶯宿柳
羅計擱纖
衆聯拱南
日月夾命
忌格
木間四餘
土孛混雜
楚王
七月初六日
丁酉
戊申
癸未
丙辰
乾造晝生
嘉靖十六年生
經證
殺星照命反
爲權主在太年
畢炁臨奎行
水躔柳計犯
陽邊日月夾
此三度坎之
命當凡夫宿
限餘限順境
拱南方乃偎
命

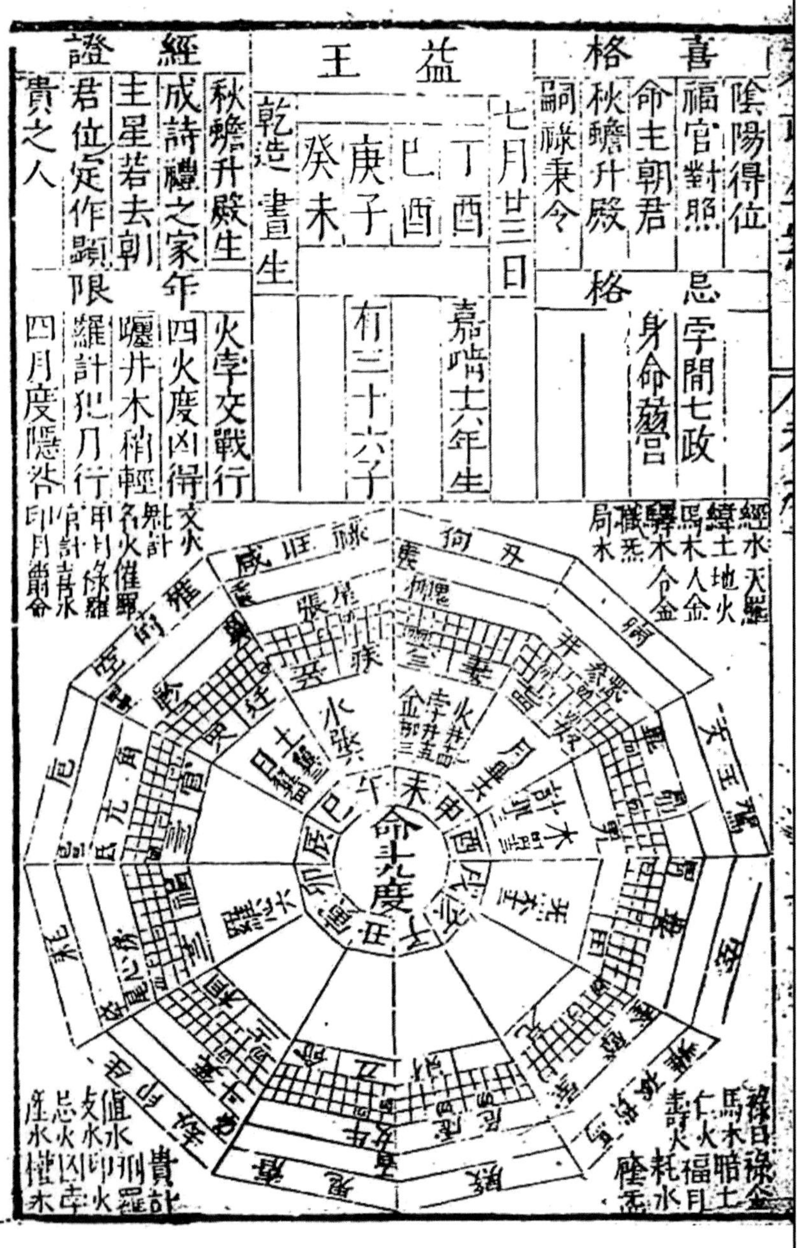
喜格
陰陽得位
福官對照
命主朝君
秋蟾升殿
嗣祿秉令
忌格
孛閒七政
身命落宮
益王
七月廿三日
丁酉
己酉
庚子
癸未
乾造　晝生
嘉靖十六年生
有三十六子
經證
秋蟾升殿生
成詩禮之家
主星若去朝
君位定作顯
貴之人
火孛交戰行
四火度凶得
躔井木稍輕
羅計犯刃行
限
四月度隱咎
命土九度

喜格

水奕天池

火臨燕分

太乙抱蟾

土金得位

木臨營室

忌格

忌衆曜背行

計月同躔

身福掌刄

二月廿六日

嘉靖三十八年

蜀王

己未

戊辰

戊辰

庚申

乾造書生

經證

五星分躔得經日月夾命官朝天福祿田財無一不升殿歸垣

年限

大凡星星得局曜曜歸經生平享用無窮處世安然福祿

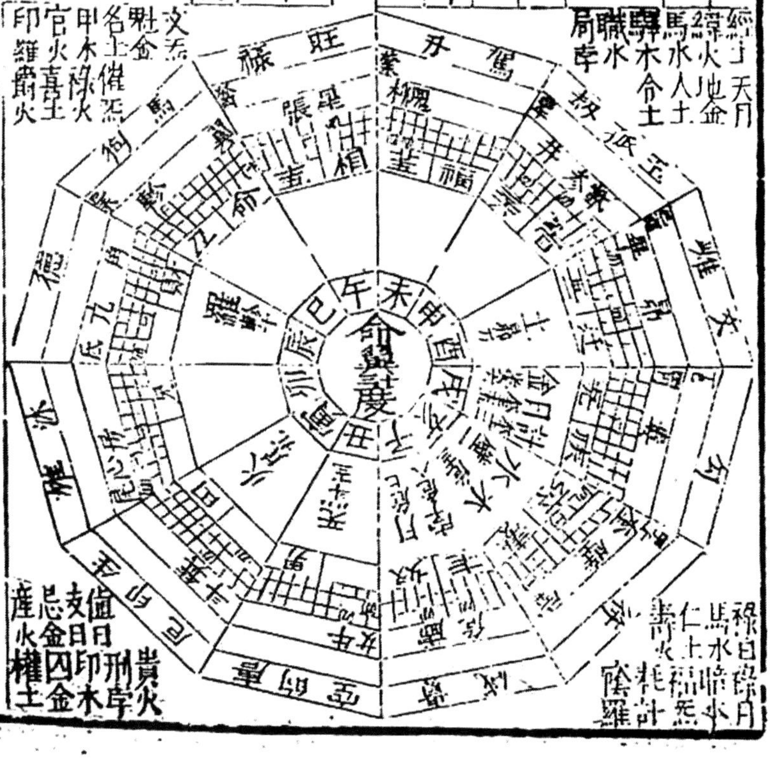

經丁 天月

緯火 地金

馬水 人土

驛木 命土

職水

局孛

文炁

財金

名土 催炁

甲木 祿火

官火 喜土

印羅 爵火

命躔度

祿日 孛月

馬水 臨水

仁土 福炁

壽火 耗計

陰羅

值月 貴火

支日 刑孛

忌金 印木

產水 囚金

權土

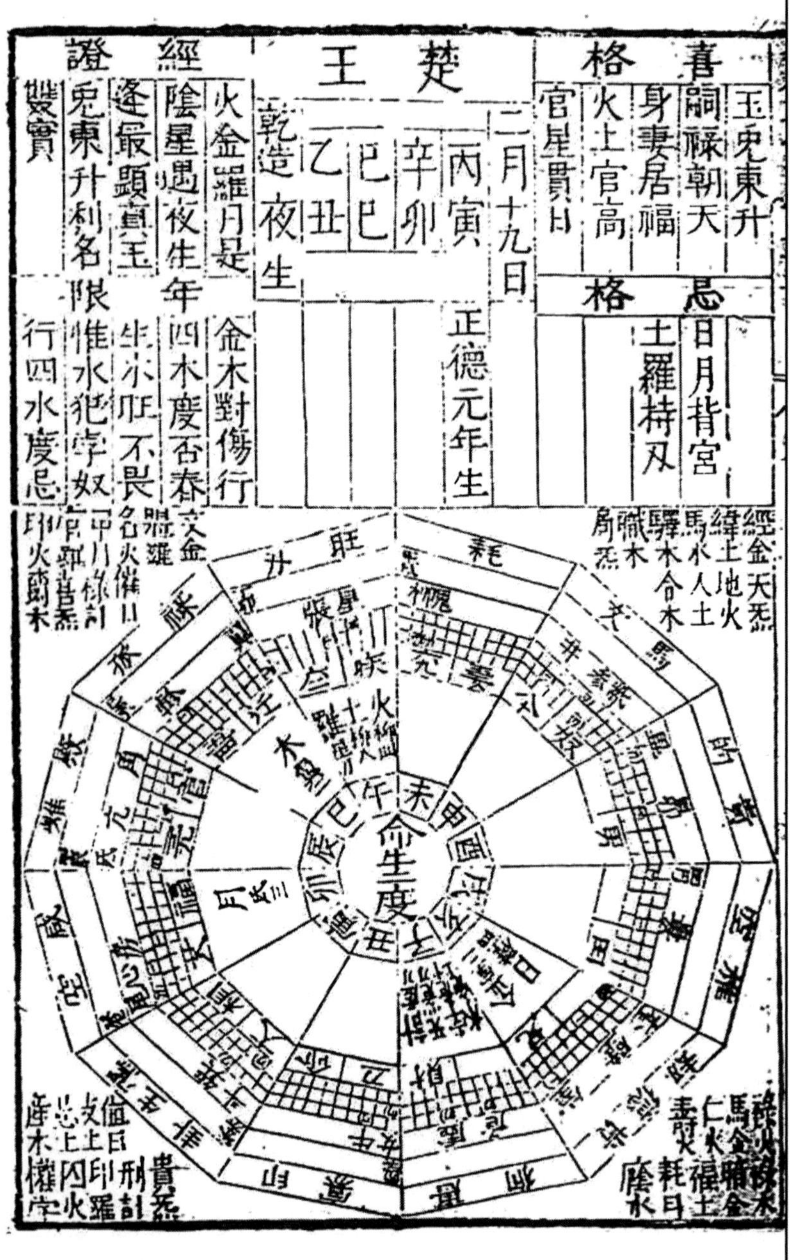

喜格

玉兔東升
祠祿朝天
身妻居福
火土官高
官星貫日

忌格

日月背宮
土羅持刃

楚王

二月十九日
丙寅
辛卯
己巳
乙丑
乾造夜生

正德元年生

經證

火金羅月是
陰星遇夜生年
逢最顯貴玉
兔東升利名限
發實

金木對傷行
四木度否春
生水旺不畏
惟水犯字奴
行四水度忌

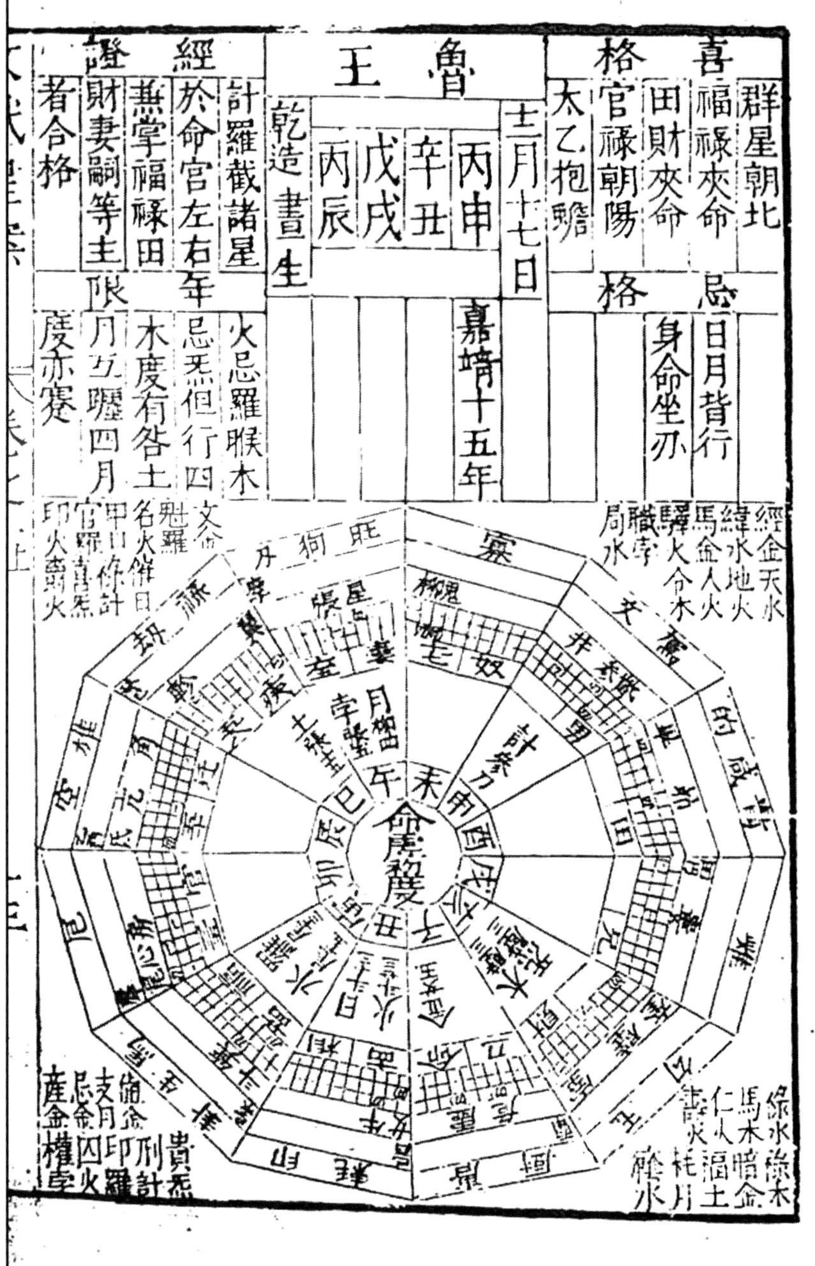

喜格
群星朝北
福祿夾命
田財夾命
官祿朝陽
太乙抱蟾
忌格
日月背行
身命坐亦
魯王
十二月十七日
丙申
辛丑
戊戌
丙辰
乾造書生
嘉靖十五年
經證
計羅截諸星
於命宮左右年
無學福祿田
財妻嗣等主
者合格
限
火忌羅睺木
忌炁但行四
木度有咎土
月立曜四月
度亦蹇
經金天水
緯水地火
馬金人火
驛火命木
職孛
局水
命

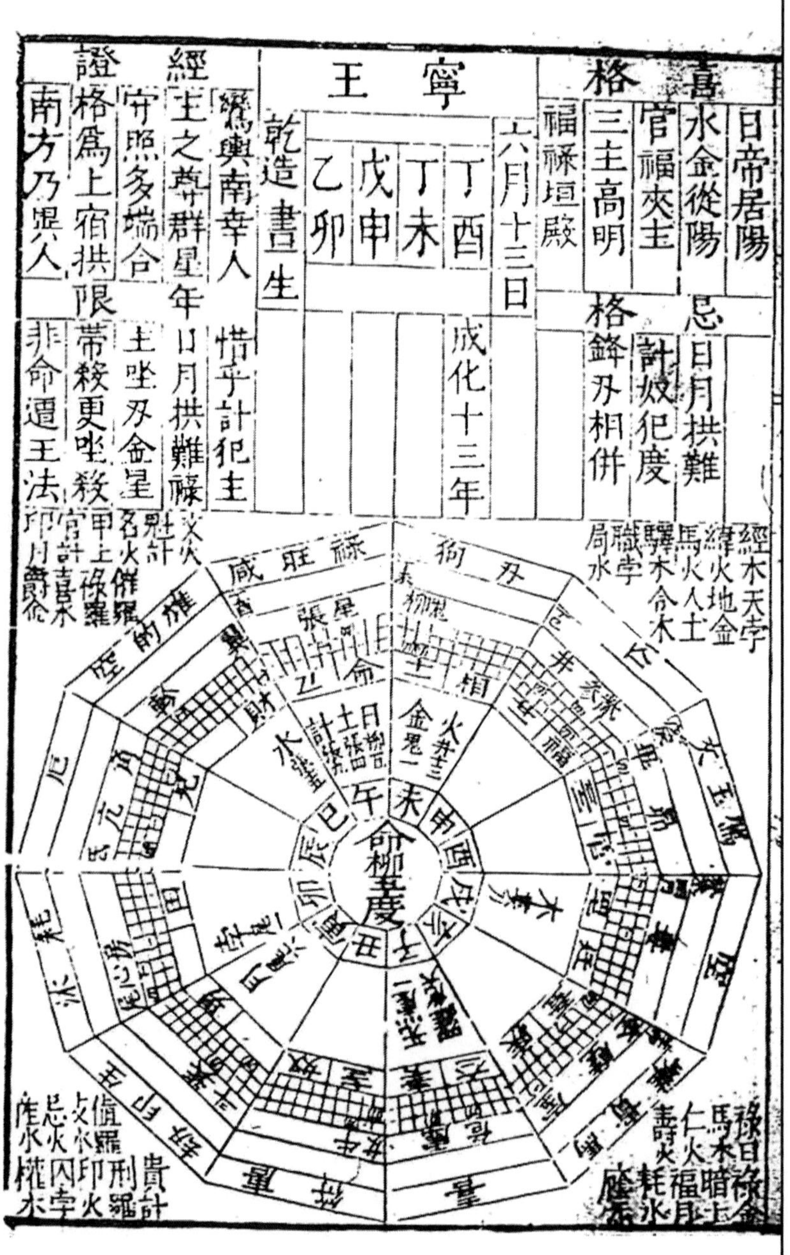

喜格
日帝居陽
水金從陽
官福夾主
三主高明
福祿垣殿
忌日月拱難
計炁犯度
格鋒刄相併
寧王
六月十三日
成化十三年
丁酉
丁未
戊申
乙卯
乾造書生
緣與南幸人
惜乎計犯主
經主之尊群星年日月拱難祿
守照多端合
主坐刄金星
證格爲上宿拱限帶殺更坐殺
南方乃貴人
非命遭王法
命柳三度

遼王

乾造晝生

五月初十日

乙酉	壬午	戊辰	庚申

嘉靖四年生

喜格

水金夾陽

火月同宵

木孛符印

計羅截斷

漏出身命

忌格

火金晝晦

土間四餘

經證

水陽福官火

四木四火二

月身命咸拱年度不無喜中

田宅其榮富之惧

者此也

限

經土 天月

緯木 地金

馬水 八土

驛金 今火

職計

局金

文計

魁日

名木 倚水

甲金 祿水

官水 喜計

印日 尊金

貴水

刑炁

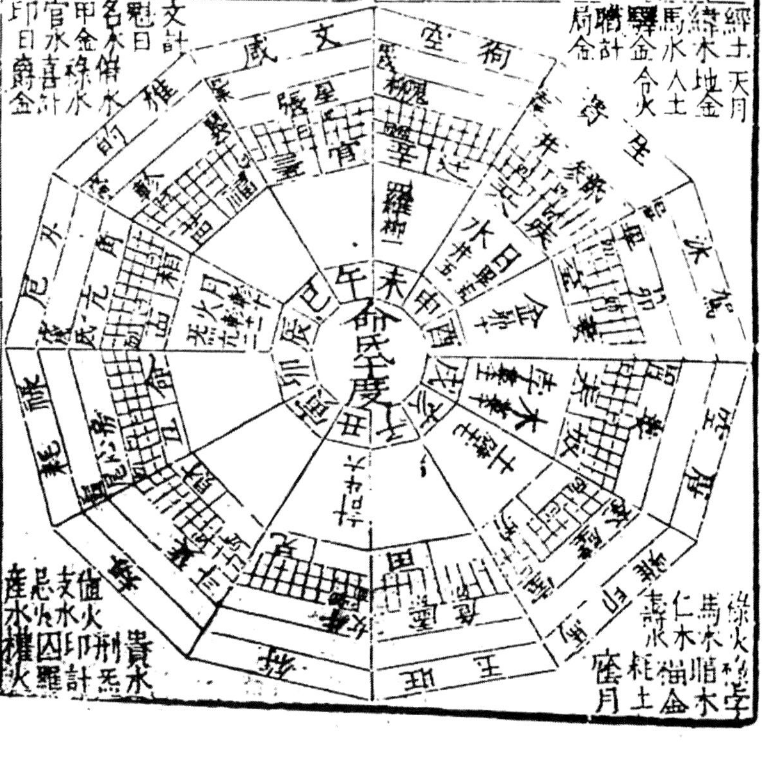

值火 印計

支水 四羅

忌火

產水 權火

祿火 科孛

馬木 貼木

仁水 猫金

壽水 杜土

蔭月

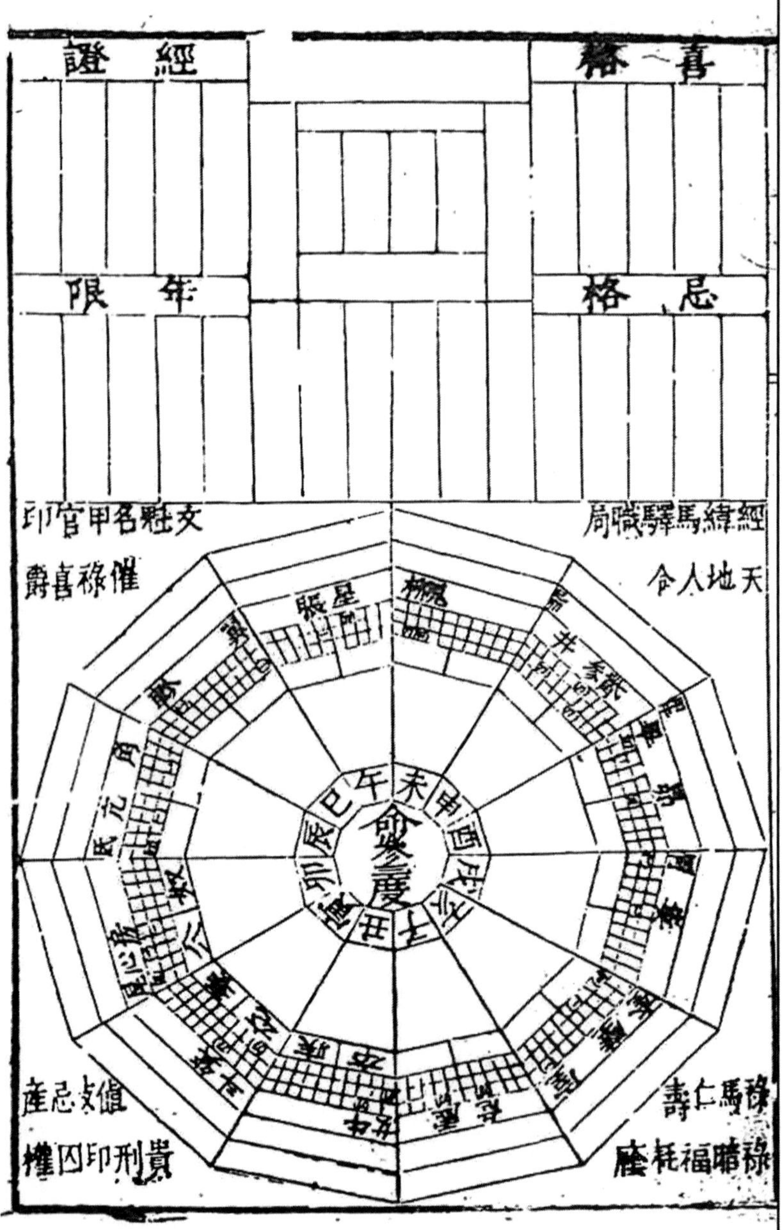
經證
喜格
年限
忌格
文魁名甲官印
催祿喜爵
經緯馬驛職局
天地人命
祿馬仁壽
祿暗福耗蔭
值攵忌產
貴刑印囚權
午未申酉戌亥子丑寅卯辰巳
命宮度

新編分類當代名公文武星案卷之一　下禮集

公　侯　伯　附馬　逸客　斗南　陸位　著

太監　錦衣　総督武元　書林　循龍　余應虬　閱

四令引陽　衍聖公

諸星拱命　定西侯　顧大禮

四餘獨步　遂安伯　王昺

朱雀乘風　惠安伯

文武特旌　張成

文東武西　馬繼武

出乾入巽　陳舜

月中仙桂　孫如律

日月朝斗　淮臨侯

計羅截斷　恭順侯　安遠侯

月到金牛　東寧伯

四季環月　忻城伯

官星貫日　劉朝用

太乙抱蟾　于嵩　陳舜

君后拱駕　李廸

長庚伴月　董永遂

五曜環陽　鎮遠侯

日遇白羊　平江伯

戴天履地　崇信伯

七曜鎮宮　新建伯

龍虎夾命　呼良朋

土縣太常　李成梁

月照履寒　郭[illegible]

七政連茹　[illegible]

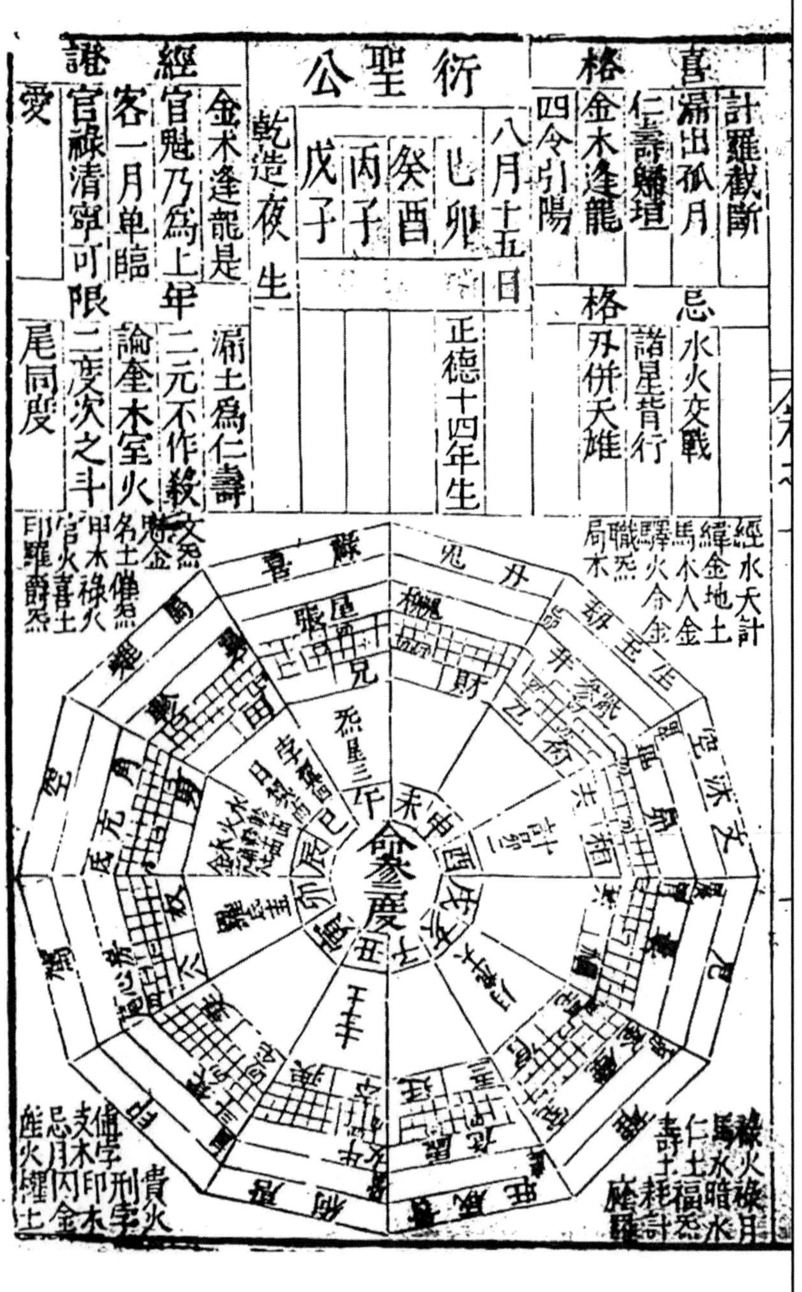
衍聖公
喜
計羅截斷
濕出孤月
仁壽驛垣
格
金木逢龍
四令引陽
忌
水火交戰
諸星背行
格
刃併天雄
八月十五日
正德十四年生
己卯
癸酉
丙子
戊子
乾造夜生
經
金木逢龍是
濕土為仁壽
官魁乃為上年
二元不作殺
客一月单臨
論奎木室火
讃
官祿清寧可限
二度次之斗
受
尾同度
經水天計
緯金地土
馬木人金
驛火命金
命參度

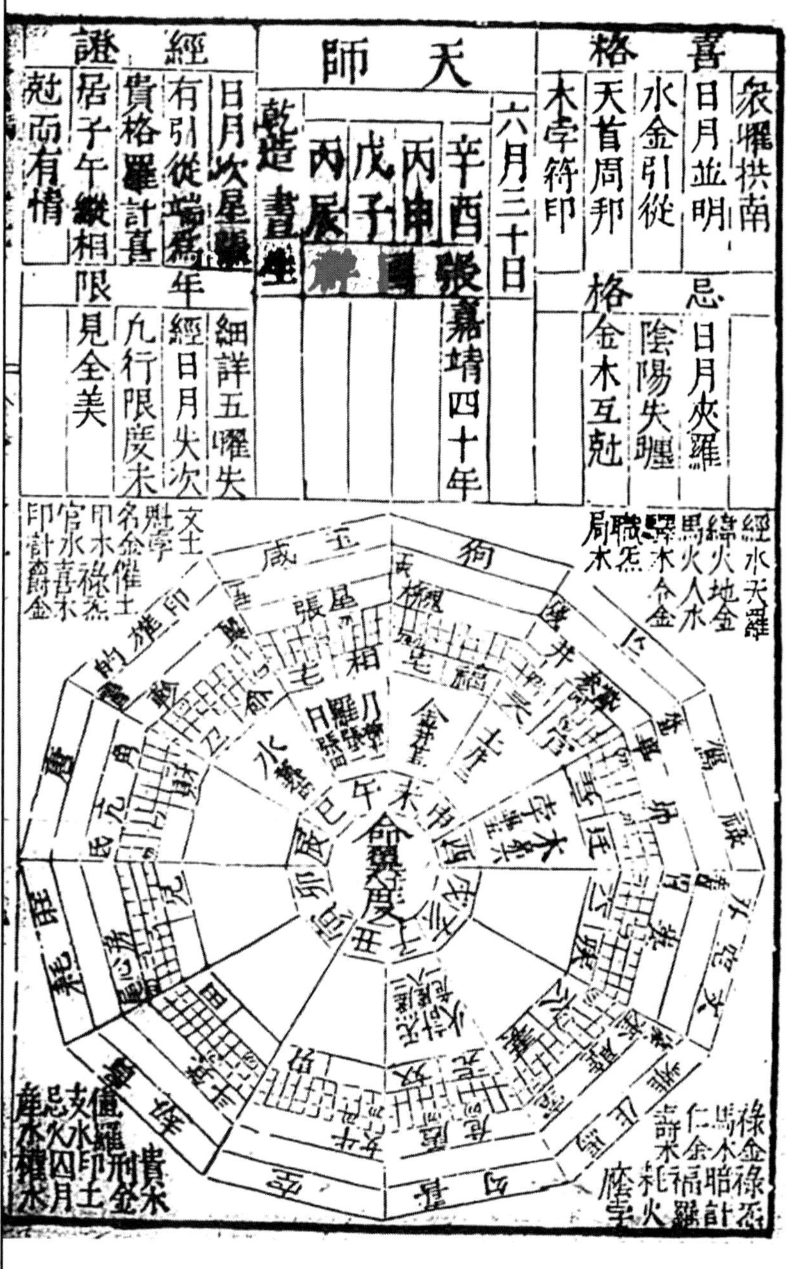
天師
喜格
衆曜拱南
日月並明
水金引從
天首周邦
木孛符印
忌格
日月夾羅
陰陽失躔
金木互魁
六月三十日
辛酉
張嘉靖四十年
丙申
戊子
丙辰
乾造晝生
經讚
日月夾星纏
有引從端爲
貴格羅計喜
居子午繼相
魁而有情
年限
細詳五曜失
經日月失次
九行限度未
限見全美

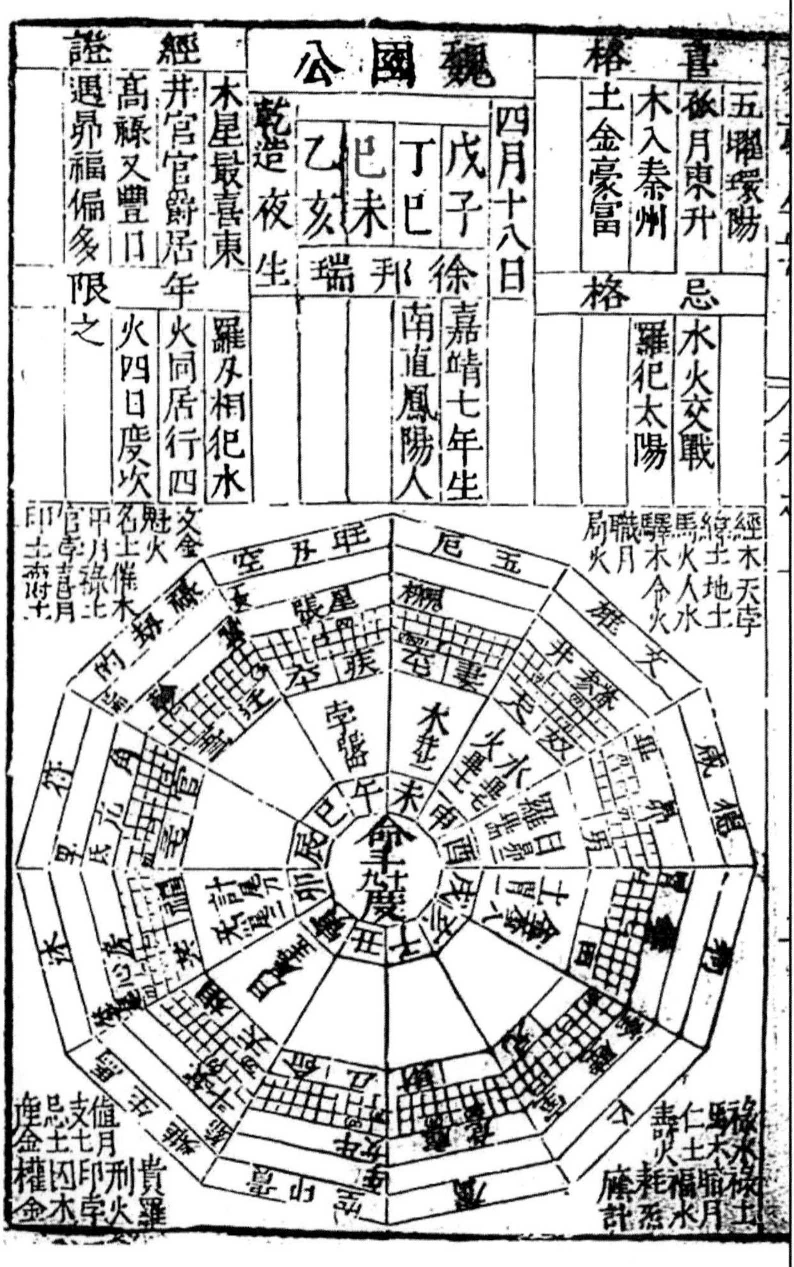

畫格

五曜纏陽
孫月東升
木入秦州
土金豪富

忌格

水火交戰
羅杞太陽

魏國公

四月十八日
戊子
丁巳
己未
乙亥
乾造夜生
徐邦瑞
嘉靖七年生
南直鳳陽人

經證

木星最喜東羅及相杞水
井宮官爵居年火同居行四
高祿又豐日火四日度次
遇昴福偏多限之

經木天孛
綬土地土
馬火人水
驛木命火
職月
局火

文金
魁火
名土
催木
甲月
祿土
官孛
喜月
印土
蔭土

祿木祿土
驛木驛月
仁土福水
壽火耗炁
蔭計

貴羅
刑火
值月印孛
支七囚木
忌土權金
塵金

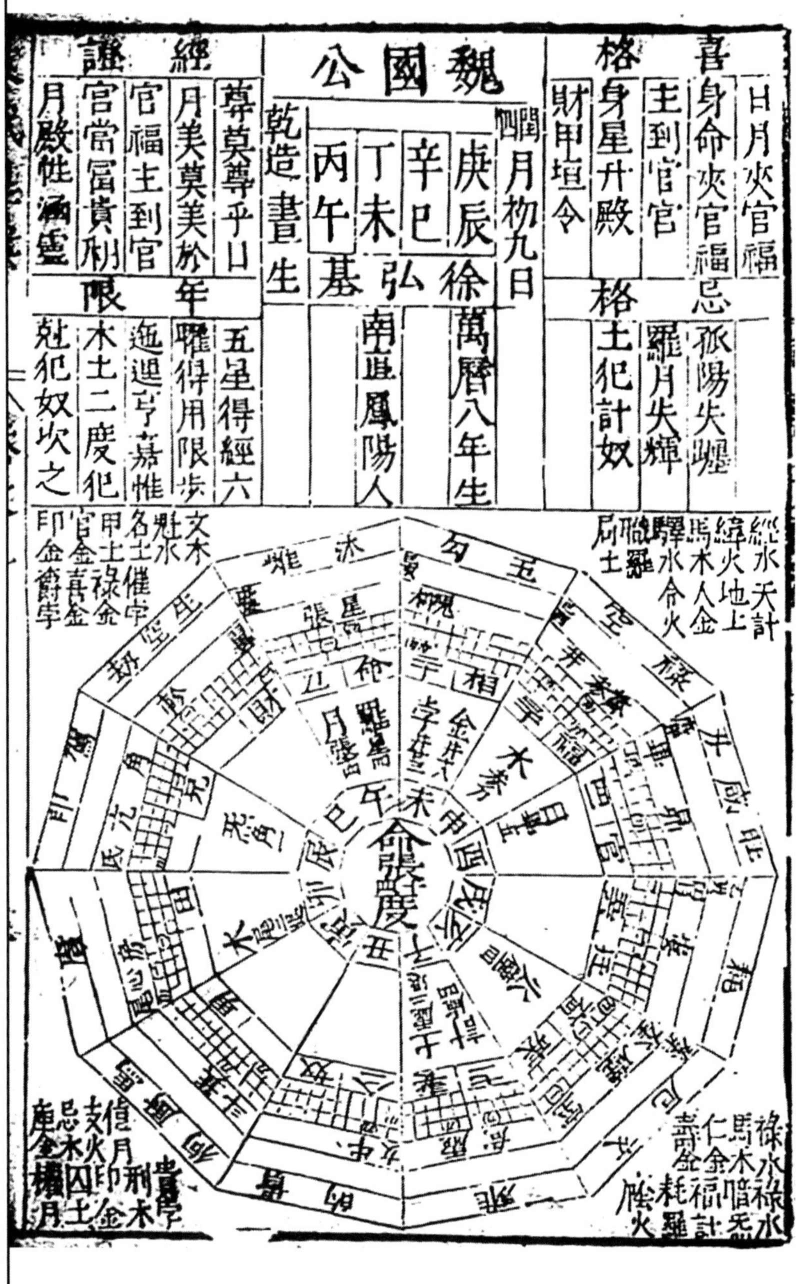
喜格
日月夾官福
身命夾官福忌
主到官官
身星升殿
財甲垣令
格
孤陽失躔
羅月失輝
土犯計奴
魏國公
閏月初九日
庚辰
辛巳
丁未
丙午
乾造晝生
徐弘基
萬曆八年生
南直鳳陽人
經讖
尊莫尊乎山
月美莫美於年
官福主到官
宮當富貴柄
月殿性涵靈
年限
五星得經六
曜得用限步
逅退字嘉帷
木土二度犯
尅犯奴坎之

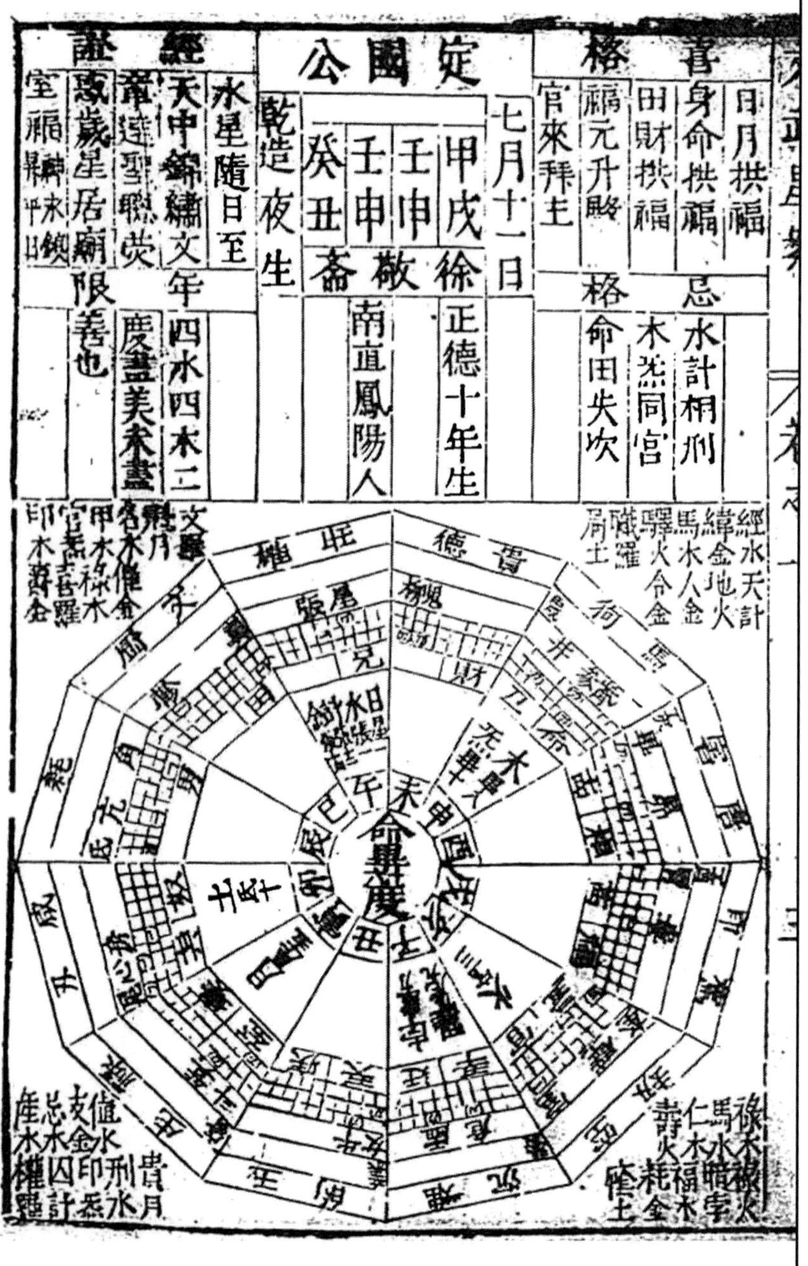
書格
定國公
經證
日月拱福
身命拱福
田財拱福
福元升殿
官來拜主
忌格
水計相刑
命田失次
七月十一日
甲戌
壬申
壬申
癸丑
徐敬齋
乾造夜生
正德十年生
南直鳳陽人
水星隨日至
歲星居廟
限善也

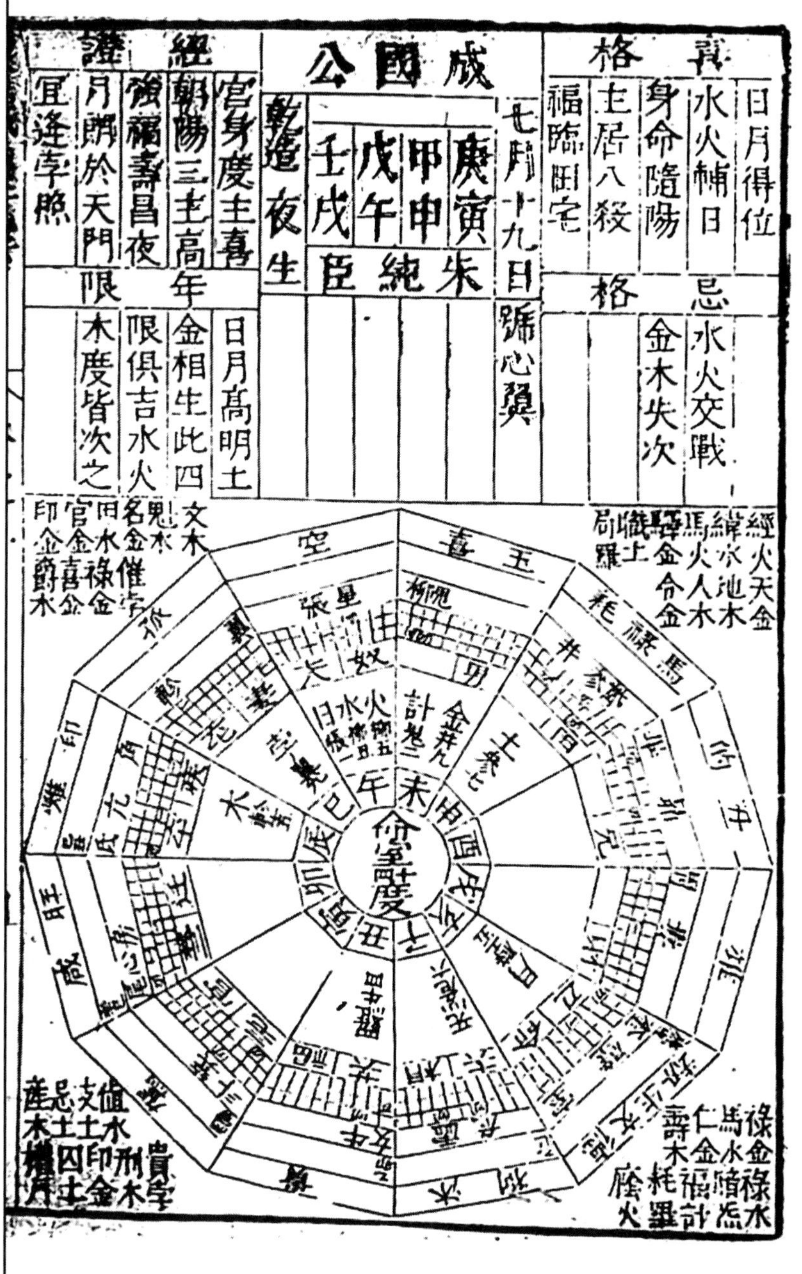

成國公
朱純臣
庚寅
甲申
戊午
壬戌
乾造夜生
貴格
日月得位
水火輔日
身命隨陽
主居八殺
福臨田宅
忌格
水火交戰
金木失次
經緯
官身度主喜
朝陽三主高
旅福壽昌夜
月朗於天門
年限
日月高明土
金相生此四
限俱吉水火
木度皆次之

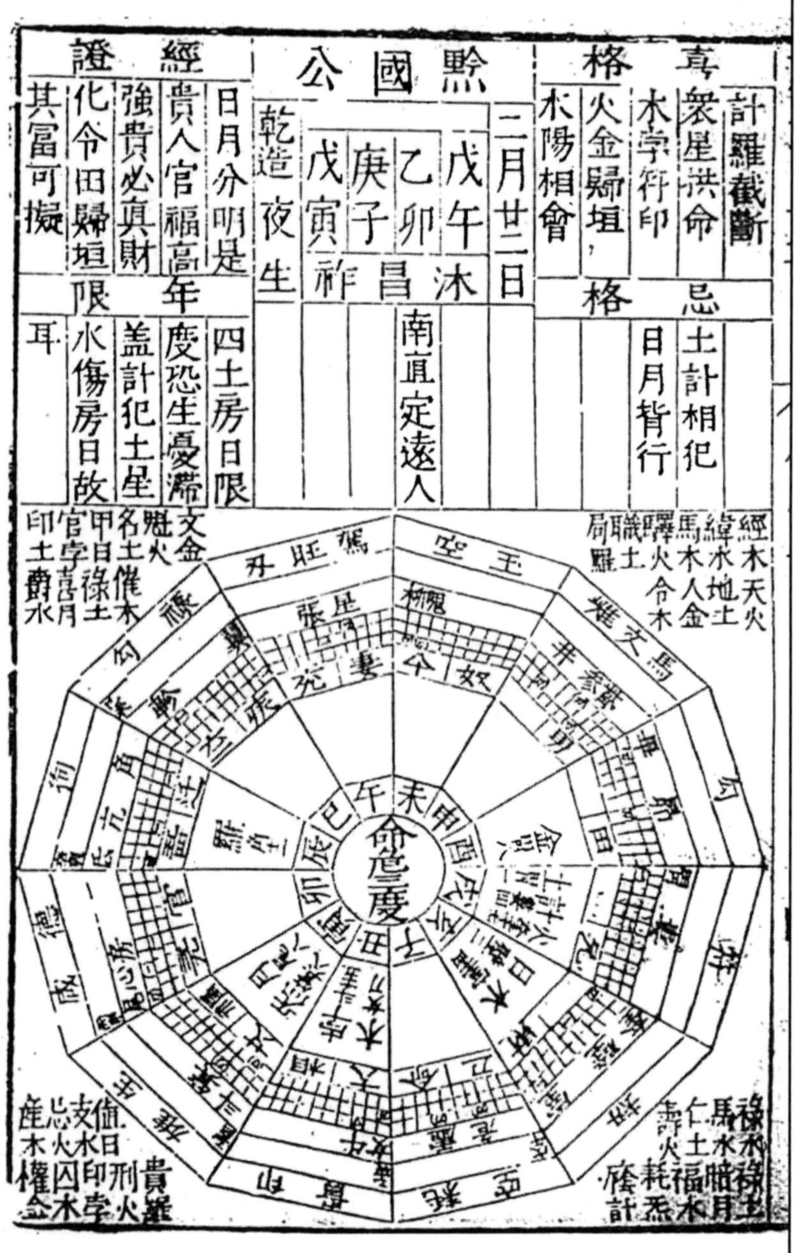

喜格

計羅截斷
衆星拱命
木孛符印
火金歸垣，
木陽相會

忌格

土計相犯
日月背行

黔國公

二月廿二日
戊午
乙卯
庚子
戊寅
沐昌祚
乾造夜生
南直定遠人

經證

日月分明是
貴人官福高
強貴必真財
化令田歸垣
其富可擬

年限

四土房日限
度恐生憂滯
盖計犯土星
水傷房日故
耳

經木　天火
緯水　地土
馬木　人金
曜火　合木
職土
局羅

文金
魁火
名土　儒木
甲日　祿土
官孛　喜月
印土　爵水

祿木　祿土
馬水　暗月
仁土　福水
壽火　耗炁
蔭計

貴羅
值日　刑火
支木　印孛
忌火　囚木
産木　權金

喜格

水金從陽
太乙抱蟾
木入秦州
身命朝陽
官福得地

忌格

土木共戕
刪田值尅
妻財失次

懷遠侯

正月十九日
甲子
丙寅
癸巳
癸亥
乾造夜生

常衍緒
號紹龍
南直懷遠人

經讖

太乙抱蟾官必顯木入秦州知福厚四餘四角權尊祿重

年限

四火四土度限行至此必見崎嶇餘限廻吉

經土 天土
緯土 地金
馬金 人火
驛火 命木
職月
蔔火

文羅
魁月
名木 從金
甲火 祿木
官炁 喜囍
印木 爵土

命角八度

貴月
刑木
值日 印炁
支木 四計
忌日
産金 權羅

祿木 祿人
馬木 暗亭
仁木 福木
壽金 耗金
廕土

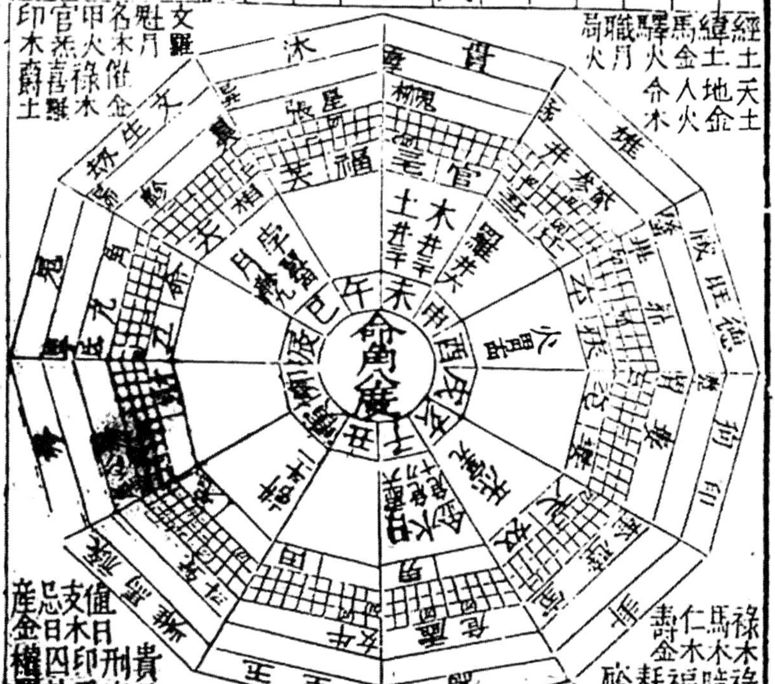

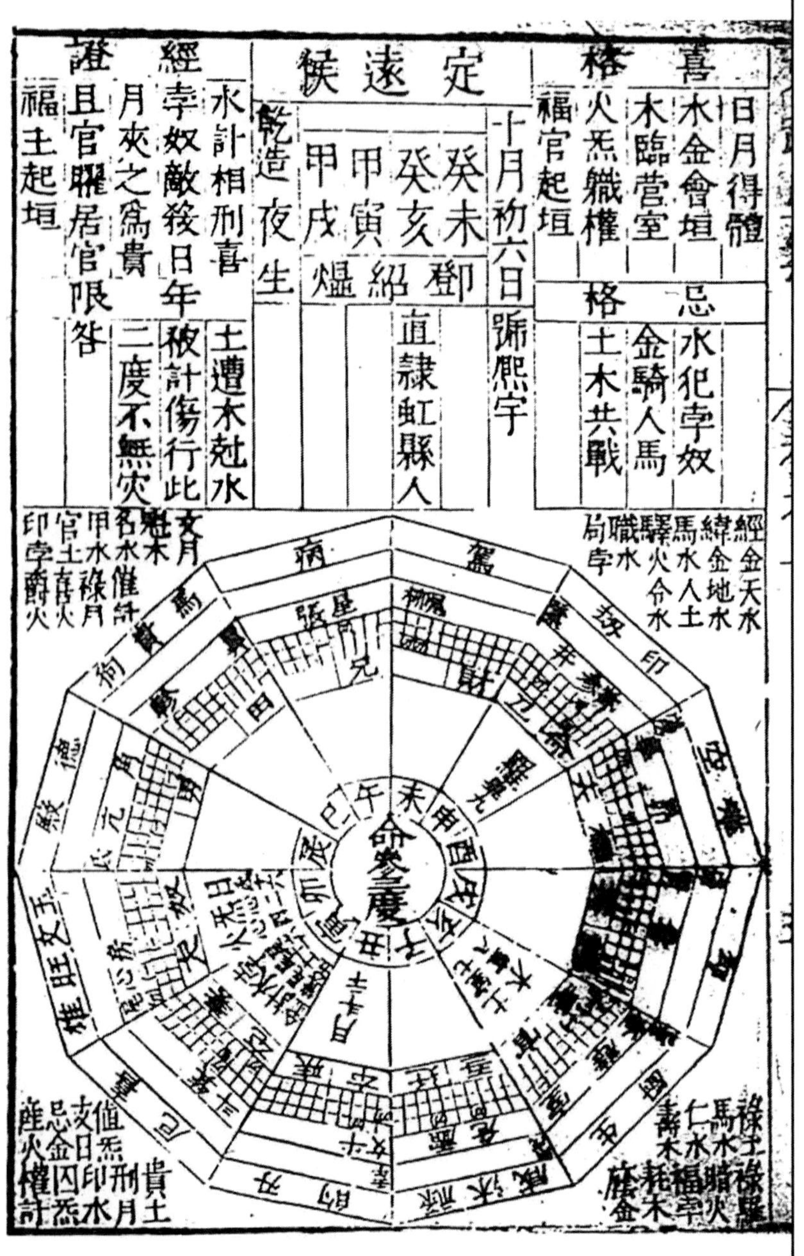
喜格
日月得體
水金會垣
木臨營室
火炁職權
福官起垣
忌格
水犯孛奴
金騎人馬
土木共戰
定遠侯
十月初六日號熙宇
癸未
癸亥
甲寅
甲戌
鄧紹熅
直隸虹縣人
乾造夜生
經證
水計相刑喜
土遭木尅水
孛奴敵殺日年
被計傷行此
月夾之爲貴
二度不無灾
且官曜居官限咎
福主起垣
經金天水
緯金地水
馬水人土
驛火命水
職水
局孛
文月
魁木
甲水
祿月
官土
喜火
印孛
爵火
祿孛
馬木
仁水
壽木
暗孛
福木
蔭金
值炁
忌金
產火
貴土
刑月
印木
囚炁
權計

經鑑	臨淮侯	喜格
日月同宮朔 夜無光計孛午 又犯經云土 孛破官徒向 仕途奔走	十二月初一日 壬戌　壬子　辛亥　戊子 乾造夜生 李宗城 南直盱眙人	日月朝斗 官福臨田 火爍天蝎 妻財歸垣 嗣甲居官
水木對生火 居火位三度 俱佳日月土 限度皆非美景		忌格 計犯日月 陰陽俱晦 土孛破官

文土　魁孛　名金　刑火　官水　印計
催上　祿炁　壽木　爵金

經木　緯土　馬火　驛火　暗金　局計
天火　地土　人木　合水

命躔翼度

[illegible]金　文木　忌火　產木
貴金　財土　印月　囚木　權炁

祿木　馬水　仁水　壽水
祿計　暗羅　福火　耗孛　陰木

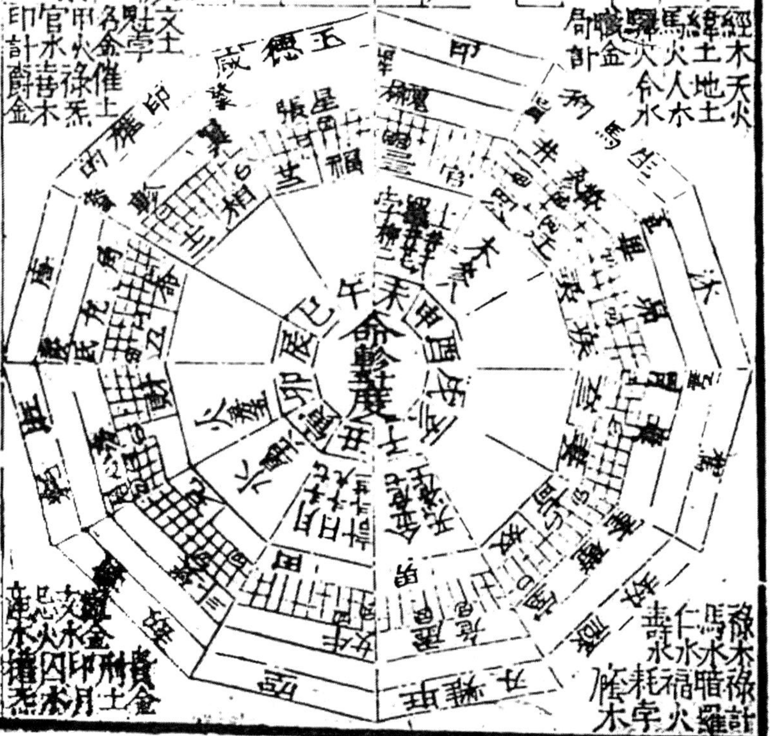

靈壁侯

喜格

水金從陽
三台守命
田財臨垣
祿馬拱命

忌格

火金會聯
刃雄魁度

六月十四日歸嵩高

乙丑 癸未 己卯 丁卯

湯之誥

嘉靖四十四年生

南直鳳陽人

乾造 書生

經證

書生日而金 金刃犯井躔

水相從合此年 犯火主木火

格者雄旗騎 二度坎坷有

目田財臨垣限 之餘限俱吉

富比陶朱

經水 天羅
緯土 地木
馬火 人水
驛金 合土
職孛
局水

文計
魁日
名木 儒水
甲土 祿水
官水 喜計
印日 爵水

職木 陰孛
驛木 暗木
仁水 福金
壽金 耗土
陰月

貴木
刑孛
值羅 印計
支上 囚羅
忌土
產水 權火

武定侯

喜格

火到南離
木入秦州
土好齊瓶
孤月夜輝
官福夾田

忌格

陰陽無輔
火金交戰
孤日臨兒

五月十七日　號敬亭

辛亥
甲午
甲辰
乙亥

郭大誠　南直鳳陽人

乾造夜生

經論

官曜顯而福星明官高福厚身命得地福祿難量

限

日月無輔孤年陽臨兒恐梲膝有妨月金二度憂喜同途

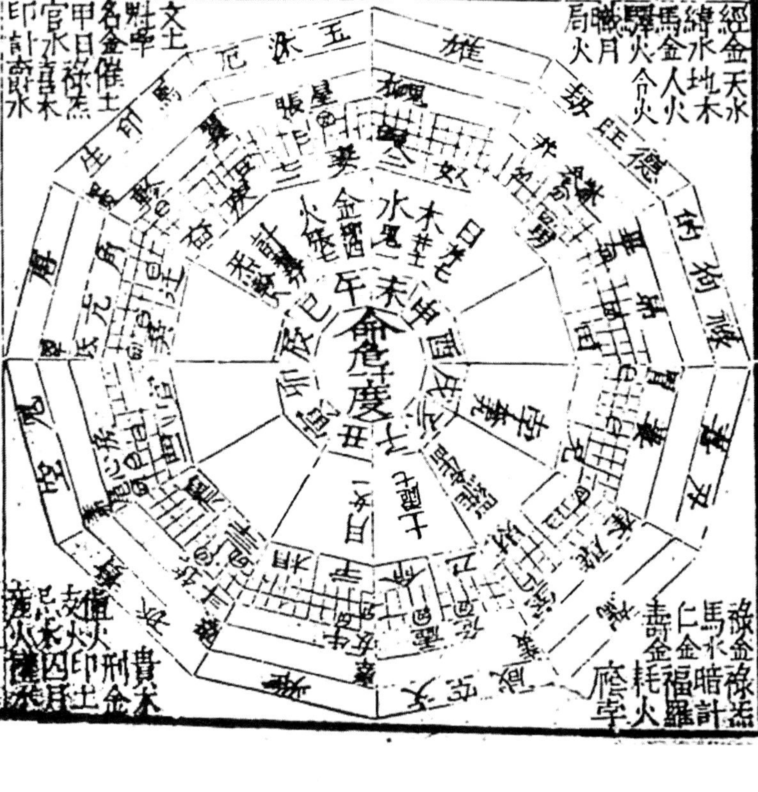

經金天水
緯水地木
馬金人火
驛火合火
職月
局火

文土
財卑
名金催土
甲日祿杰
官水喜木
印計奇水

祿金祿孛
馬水暗計
仁金福羅
壽金耗火
度孛

貴木
刑金
印土
四月

命危十度

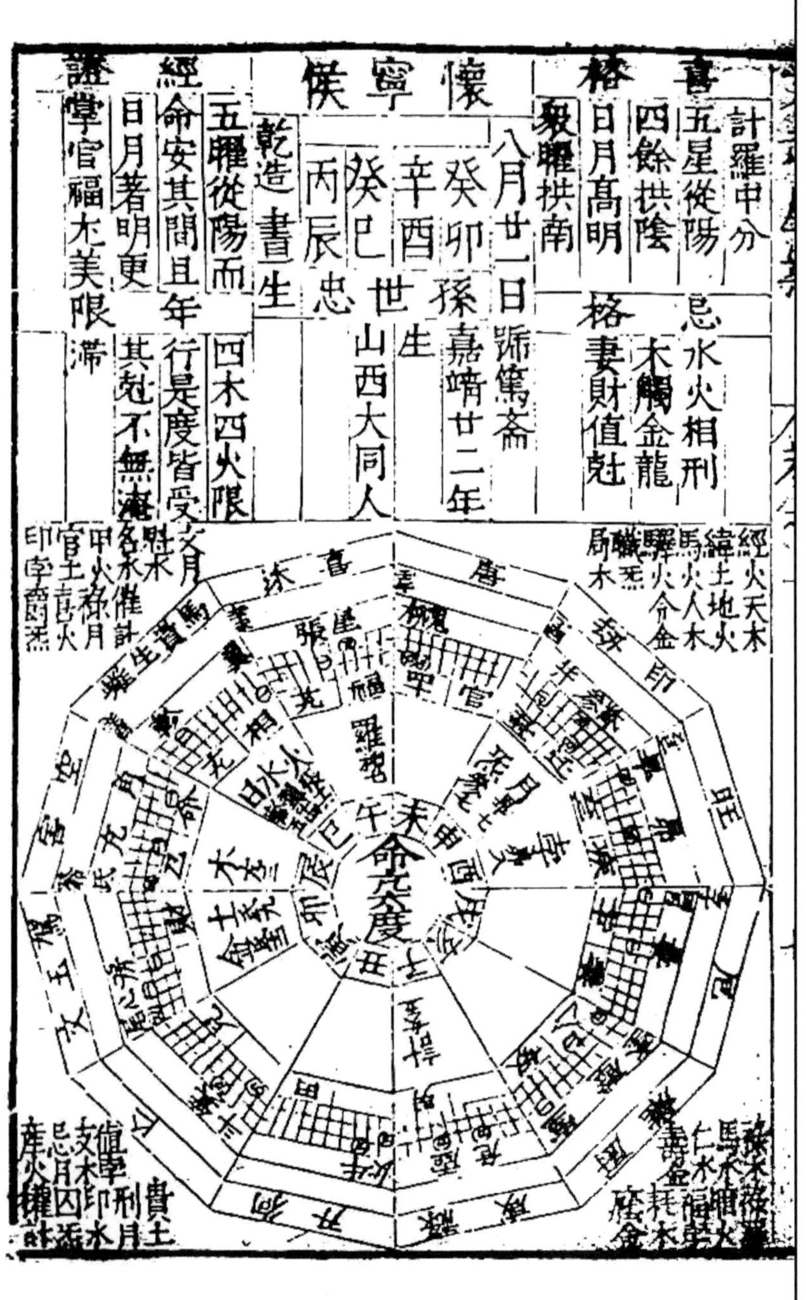

壽椿
計羅中分
五星從陽
四餘拱陰
日月高明
象曜拱南
忌水火相刑
木觸金龍
格 妻財值魁
懷寧侯
八月廿一日號篤齋
癸卯 孫嘉靖廿二年
辛酉 生
癸巳 世 山西大同人
丙辰 忠
乾造 書生
經譜
五曜從陽而
命安其間且年
日月著明更
學官福尤美限
四木四火限
行是度皆受
其魁不無滯
滯

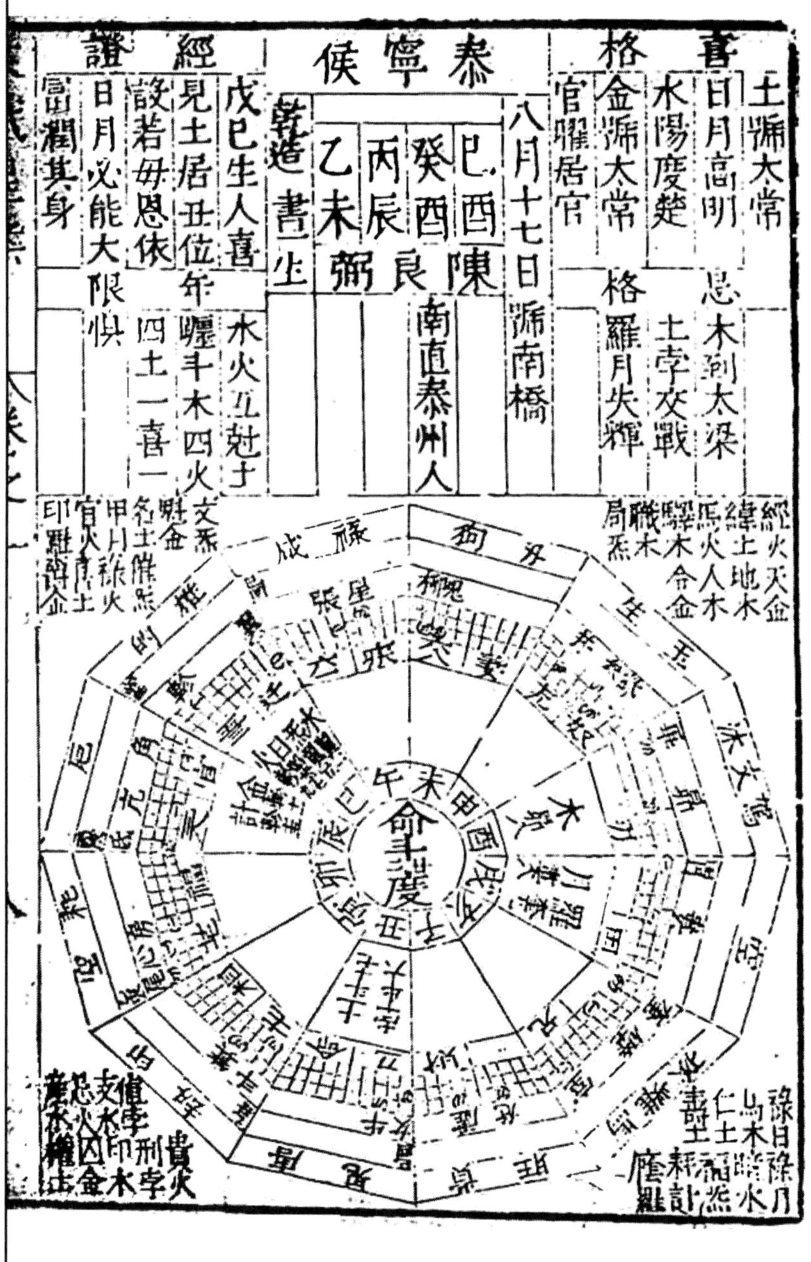

書格　泰寧侯　經讚

土㴅大常
日月高明　忌木剋太梁
水陽度楚　土孛交戰
金㴅大常　格羅月失輝
官曜居官

八月十七日㴅南橋
巳酉　陳　南直泰州人
癸酉　良
丙辰
乙未　弼
乾造書生

戊巳生人喜　水火互剋土
見土居丑位午　嚧半木四火
設若毋恩依　四土一喜一
日月必能大限惧
富潤其身

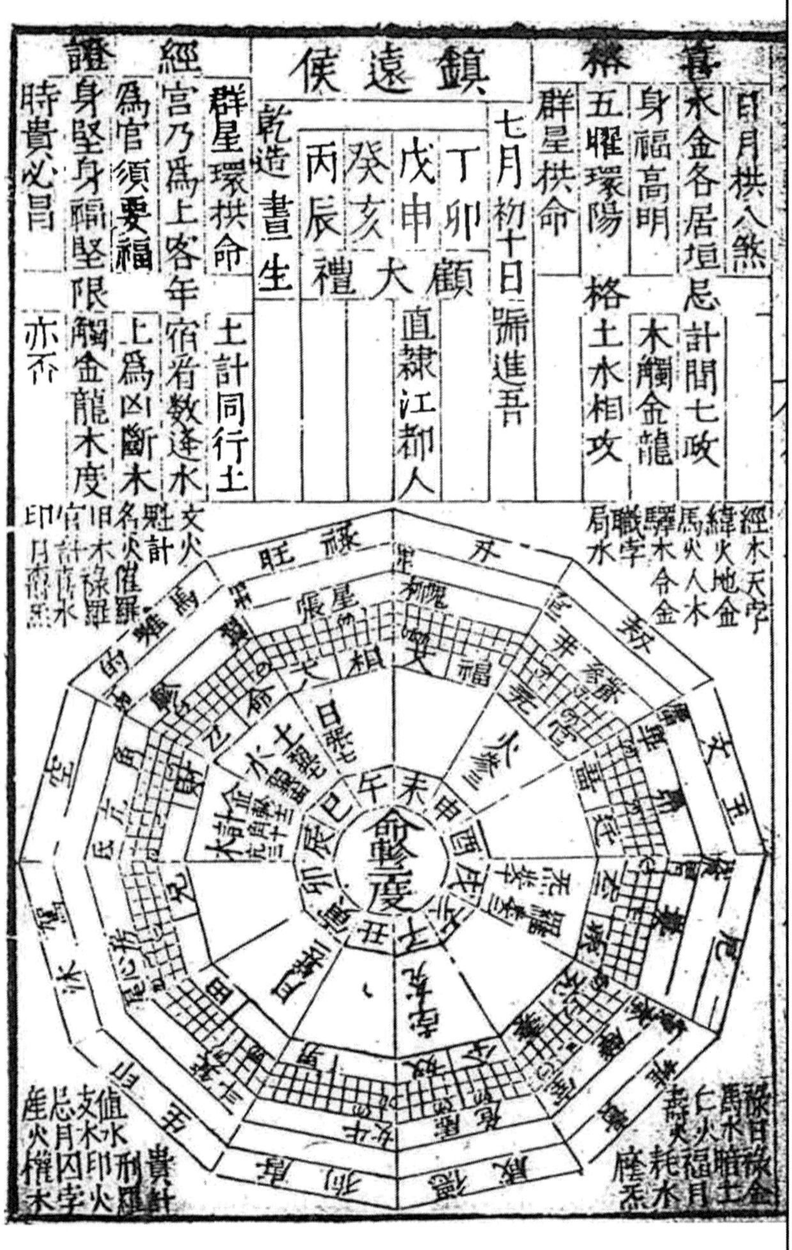
鎮遠侯
喜格
日月拱八煞
水金各居垣忌計間七政
身福高明　木爛金龍
五曜環陽格　土水相攻
群星拱命
七月初十日　時進吾
直隸江都人
丁卯　戊申　癸亥　丙辰
顧大禮
乾造晝生
經證
群星環拱命　土計同行土
宮乃爲上客　年宿有數逢水
爲官須要福　上爲凶斷木
身堅身福堅限觸金龍木度
時貴必昌　亦不
命　參度

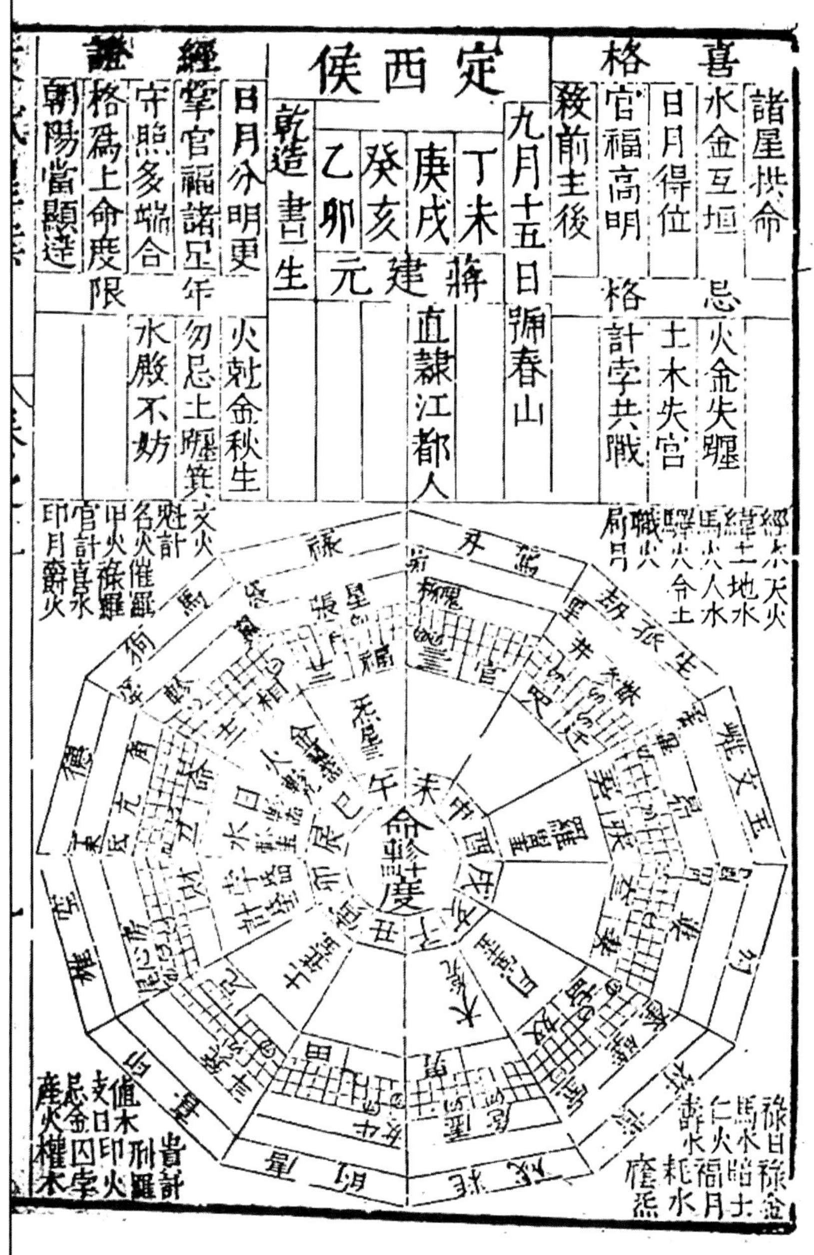

喜格
諸星拱命
水金互垣
日月得位
官福高明
發前主後
忌格
火金失躔
土木失宮
計孛共職
定西侯
九月十五日彌春山
丁未
庚戌
癸亥
乙卯
直隸江都人
蔣建元
乾造
書生
經讖
日月分明更
火就金秋生
掌官福諸忌年
勿忌土躔箕
守照多端合
水殿不妨
格爲上命度限
朝陽當顯達
命

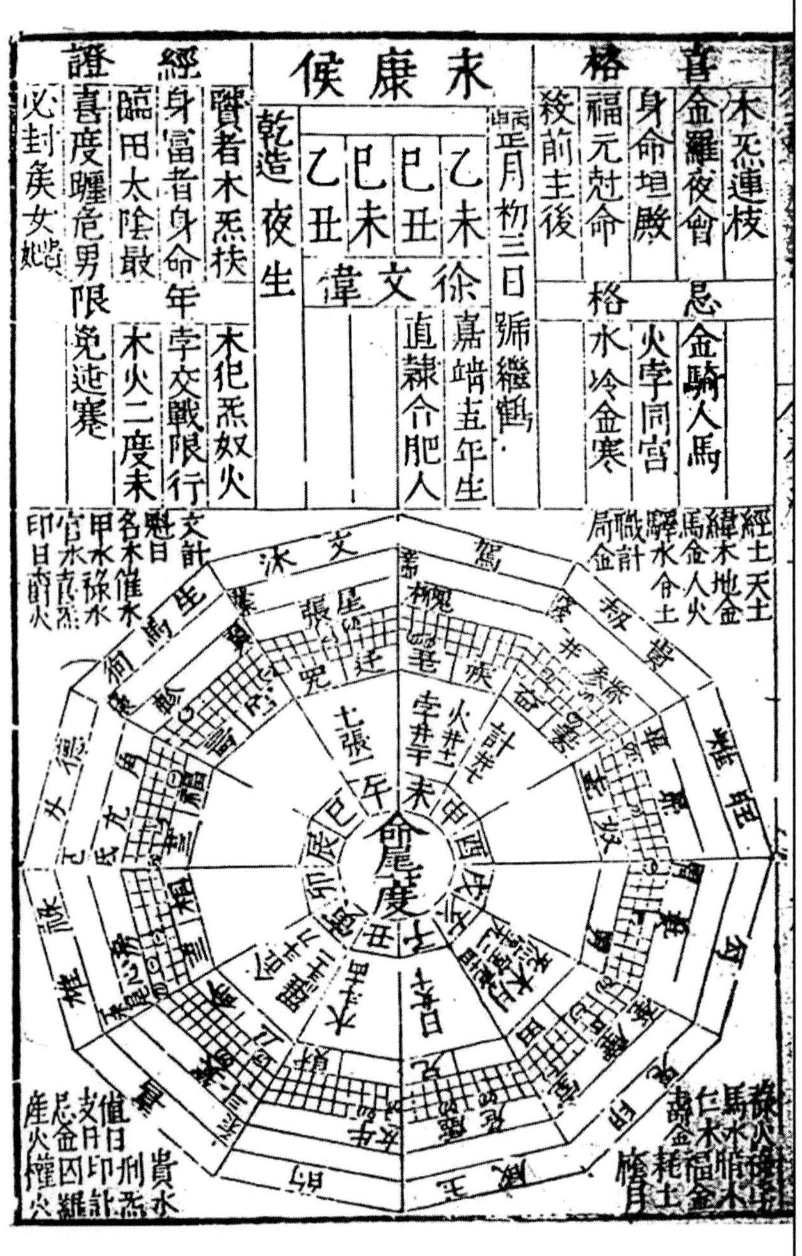

喜格
木炁連枝
金羅夜會
身命垣殿
福元尅命
殺前主後
忌格
金騎人馬
火孛同宮
水冷金寒
永康侯
正月初三日猻繼鶴
嘉靖五年生
徐文偉
直隸合肥人
乙未
巳丑
巳未
乙丑
乾造夜生
經證
貴者木炁扶
木化炁奴火
身富者身命年
孛交戰限行
臨田太陰最
木火二度未
喜度躔危男限
見逆蹇
必封矣女然
命尾十度

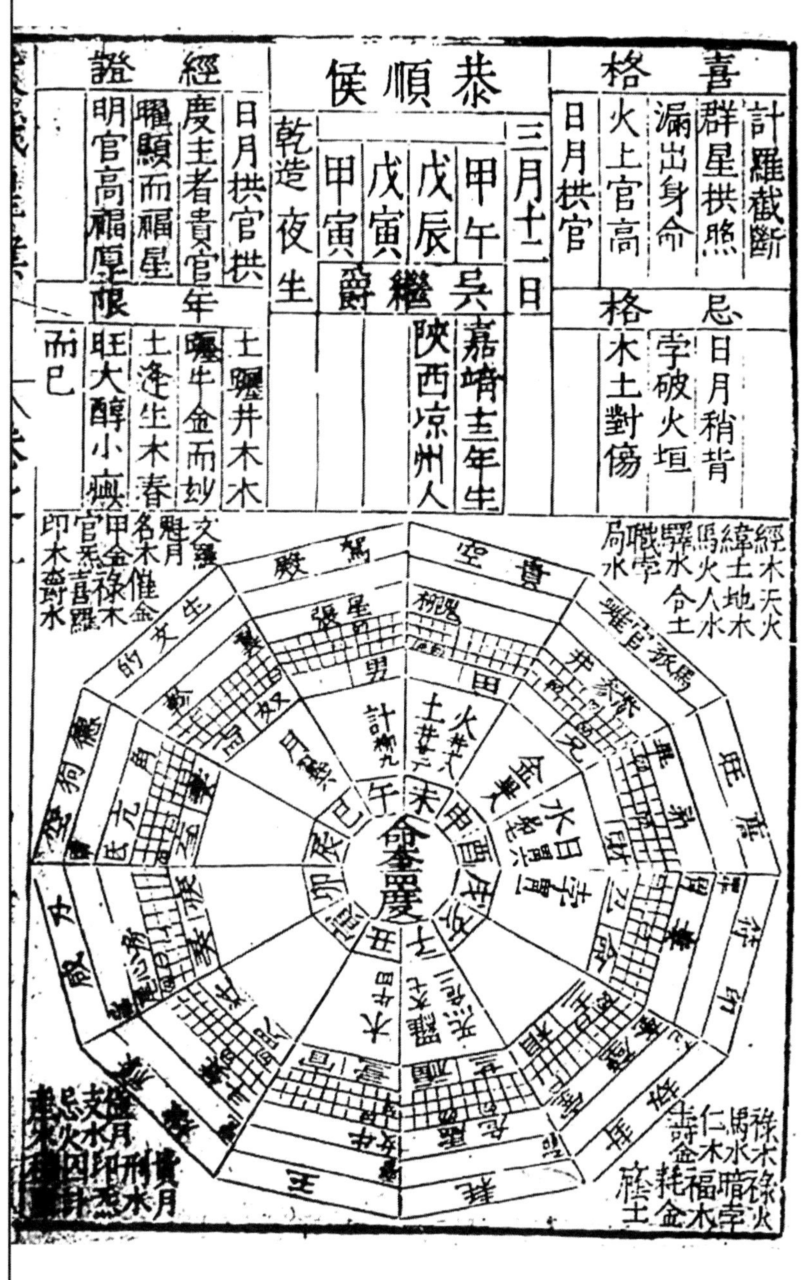
喜格
計羅截斷
群星拱照
漏出身命
火上官高
日月拱官
忌格
日月稍背
孛破火垣
木土對傷
恭順侯
三月十二日
甲午
戊辰
戊寅
甲寅
乾造夜生
吳繼爵
嘉靖十三年生
陝西凉州人
經證
日月拱官拱
慶主者貴官年
曜顯而福星
明官高福厚根
土曜井木木
曜午金而妙
土逢生木春
旺大醇小疵
而已
祿木 馬水 仁木 壽金
祿火 暗孛 福木 耗金 蔭土

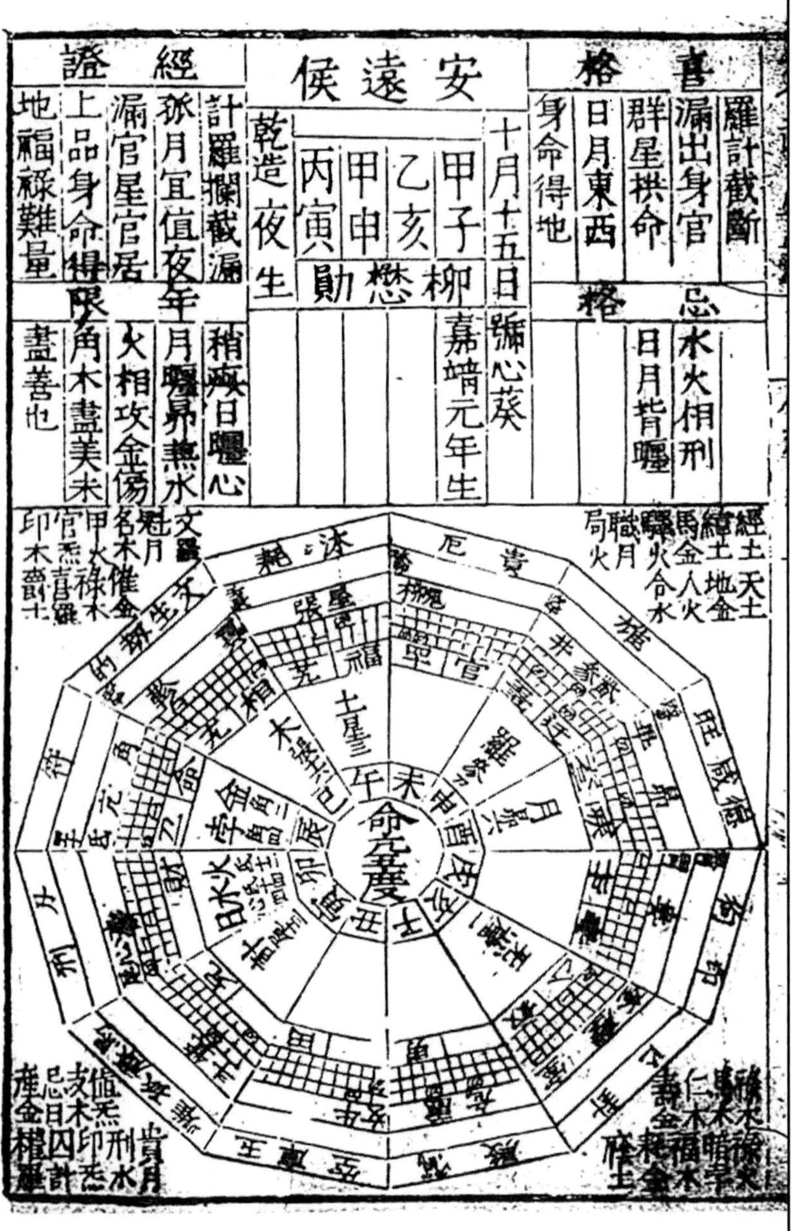
安遠侯
喜格
羅計截斷
漏出身官
群星拱命
日月東西
身命得地
忌格
水火相刑
日月背曜
十月十五日
甲子
乙亥
甲申
丙寅
乾造夜生
柳懋勛
號心葵
嘉靖元年生
經證
計羅攔截漏
孫月宜值夜
漏官星官居
上品身命得
地福祿難量
限
稍爽日曜心
月曜昴畢水
火相攻金傷
角木盡美未
盡善也

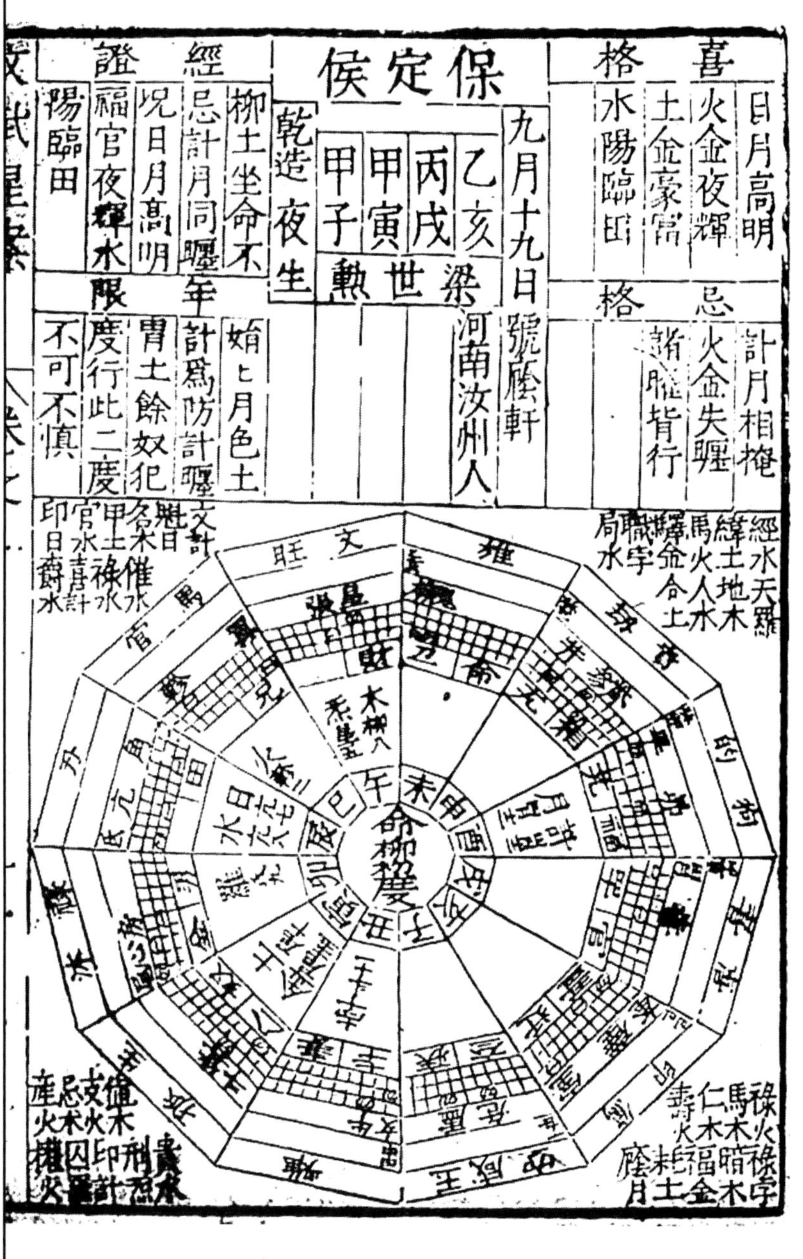

保定侯

喜格

日月高明
火金夜輝
土金豪富
水陽臨田

忌格

計月相掩
火金失躔
諸曜背行

九月十九日號應軒

乙亥
丙戌
甲寅
甲子

梁世勲

河南汝州人

乾造夜生

經證

柳土坐命不
忌計月同躔
兒日月高明
福官夜輝水
陽臨田

年限

婍七月色土
計爲防計躔
胃土餘奴犯
度行此二度
不可不慎

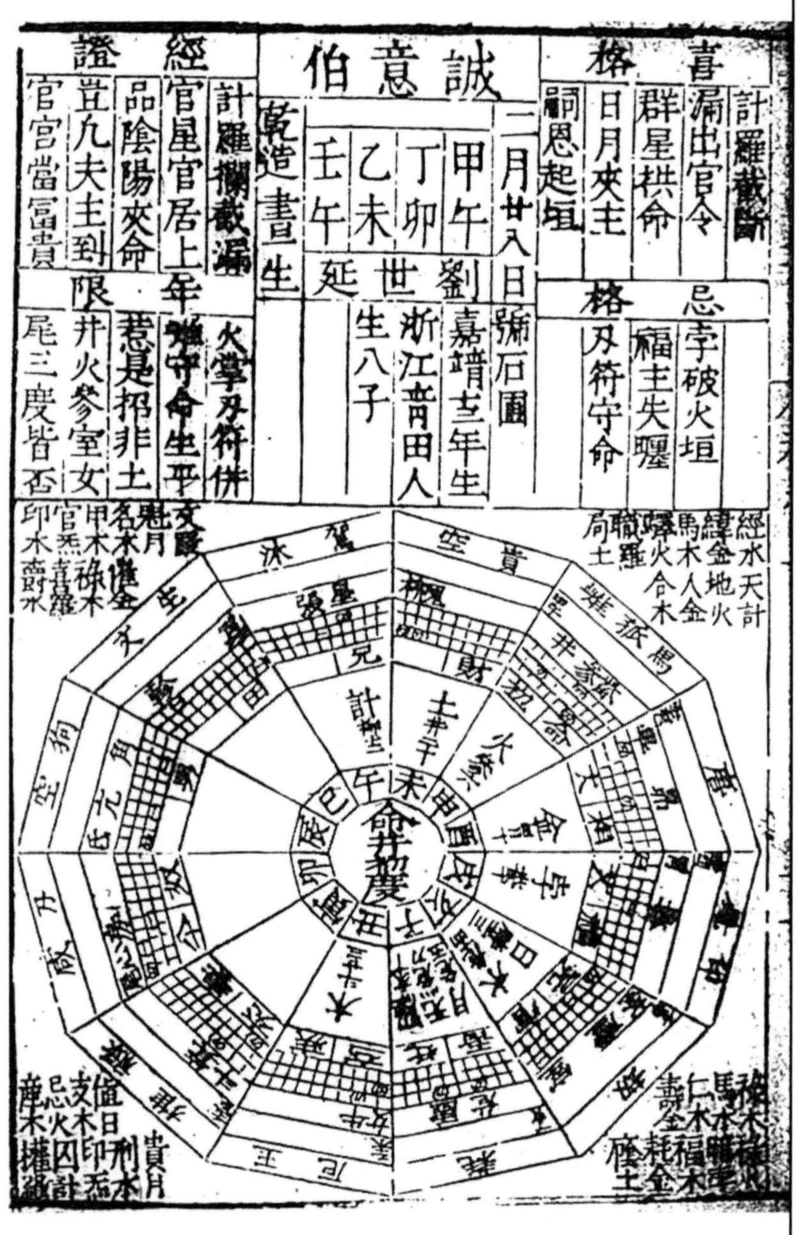
誠意伯
乾造晝生
二月廿八日號石圃
甲午
丁卯
乙未
壬午
劉世延
嘉靖十三年生
浙江青田人
生八子
喜格
計羅截斷
漏出官令
群星拱命
日月夾主
嗣恩起垣
忌格
孛破火垣
福主失躔
刄符守命
經證
計羅攔截漏
官星官居上年
品陰陽夾命
豈凡夫主到
官宮當富貴
限
火孛刄符併
難守命生平
惹是招非土
井火參室女
尾三度皆否

書格

日遇白羊
玉兔東升
火金對月
福祿守命
身到官宮

忌格

陰陽無輔
火金交戰

平江伯

三月十八日號慶源

庚寅　陳直隸合肥人
庚辰　陪庚申年丁憂
己未　嗣尅子
乙丑

乾造夜生

經證

月臨官祿濟
寧可愛玉兔
東升利名數
貿福祿同守
命乃爲土客

年限

月土互躔火
金同宮計犯
柳土出三度
倶屬崎嶇

經土　天土
緯水　地水
馬火　人木
驛火　合土
職月
荷火

文木
魁水
名金　催金
甲木　祿金
官金　喜金
印金　爵木

命度

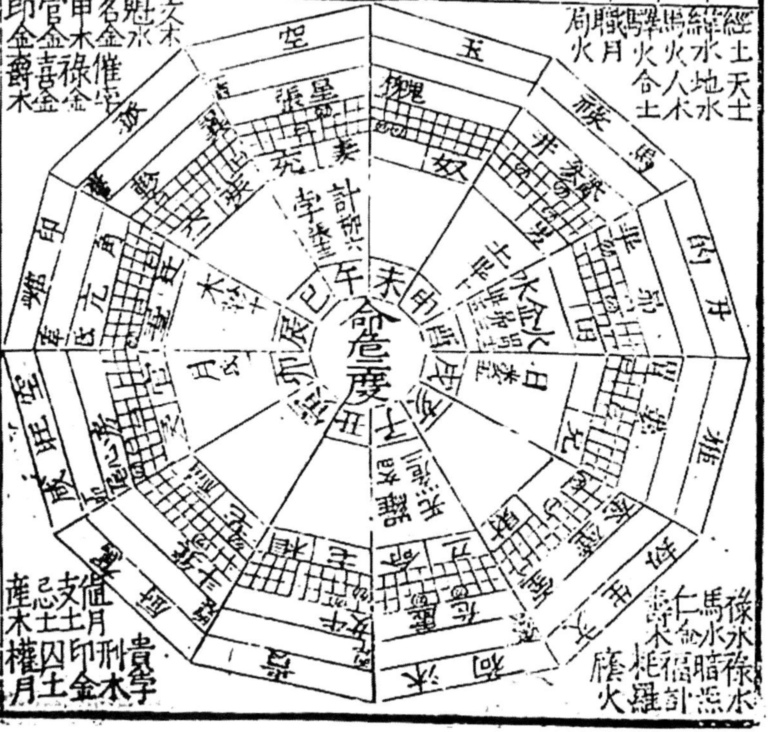

祿水　祿水
馬水　暗煞
仁金　福計
壽木　杖羅
廣火

貴學
刑木
印金
囚土
權月
值月
支土
忌土
產木

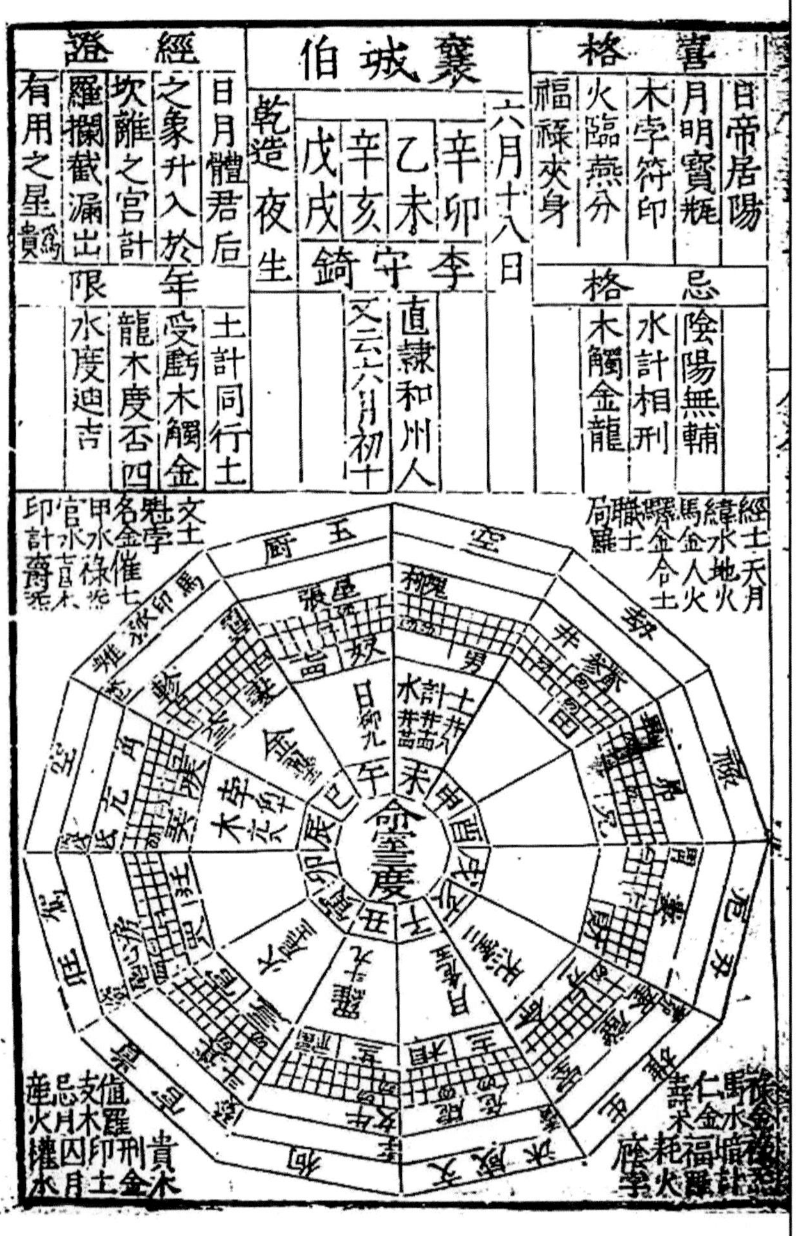

喜格
日帝居陽
月明寶瓶
木孛符印
火臨燕分
福祿夾身
忌格
陰陽無輔
水計相刑
木觸金龍
襄城伯
六月十八日
辛卯
乙未
辛亥
戊戌
乾造夜生
李守錡
直隸和州人
又云六月初十
經遴
日月體君后
之象升入於
坎離之宮計
羅攔截漏出
有用之星貴爲
年限
土計同行土
受虧木觸金
龍木度否四
水度迴吉
命室慶

遂安伯

喜格	
日月拱命	
四餘獨步	
水金夾陽	
孤月清輝	
命臨財帛	

忌格
日月背行
水火交戰
土木對傷

五月十二日

號養川

四川巴縣人

陳偉

甲寅	庚午	辛亥	己亥

乾造夜生

經證

陰陽拱命當

膺孟子之萬年

鍾四餘獨步

能教衆國來

降

限

水剋火木對

土金犯井九

限火土木度

必有參差

經火 天木

緯水 地木

馬火 人水

驛火 合火

職字

局水

文曜

魁月

名木催

甲日祿木

官炁吉羅

印木爵木

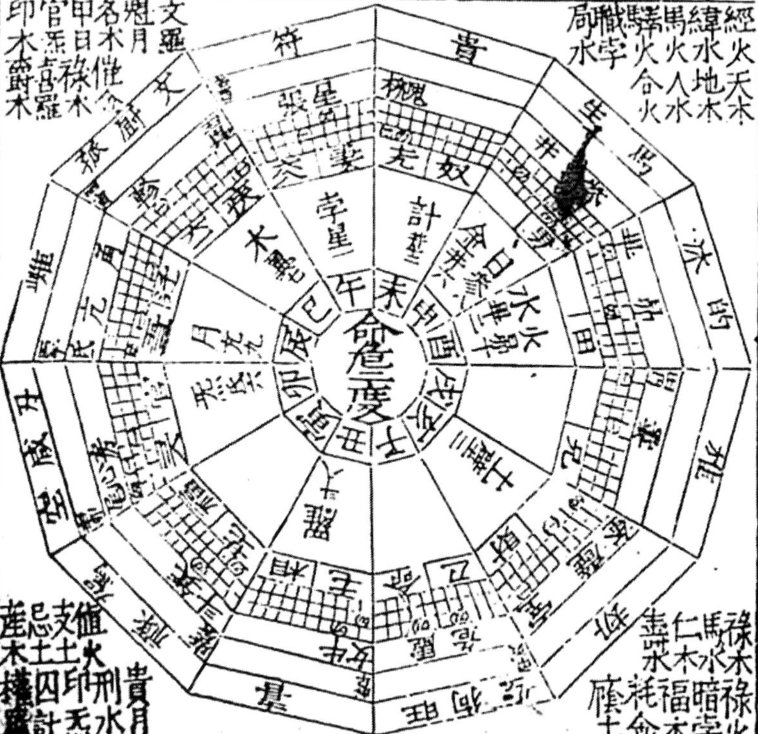

祿木 祿火

馬水 暗字

仁木 福木

壽水 耗金

蔭土

值火 貴月

支土 刑水

忌土 印炁

差木 四計

權羅

命度

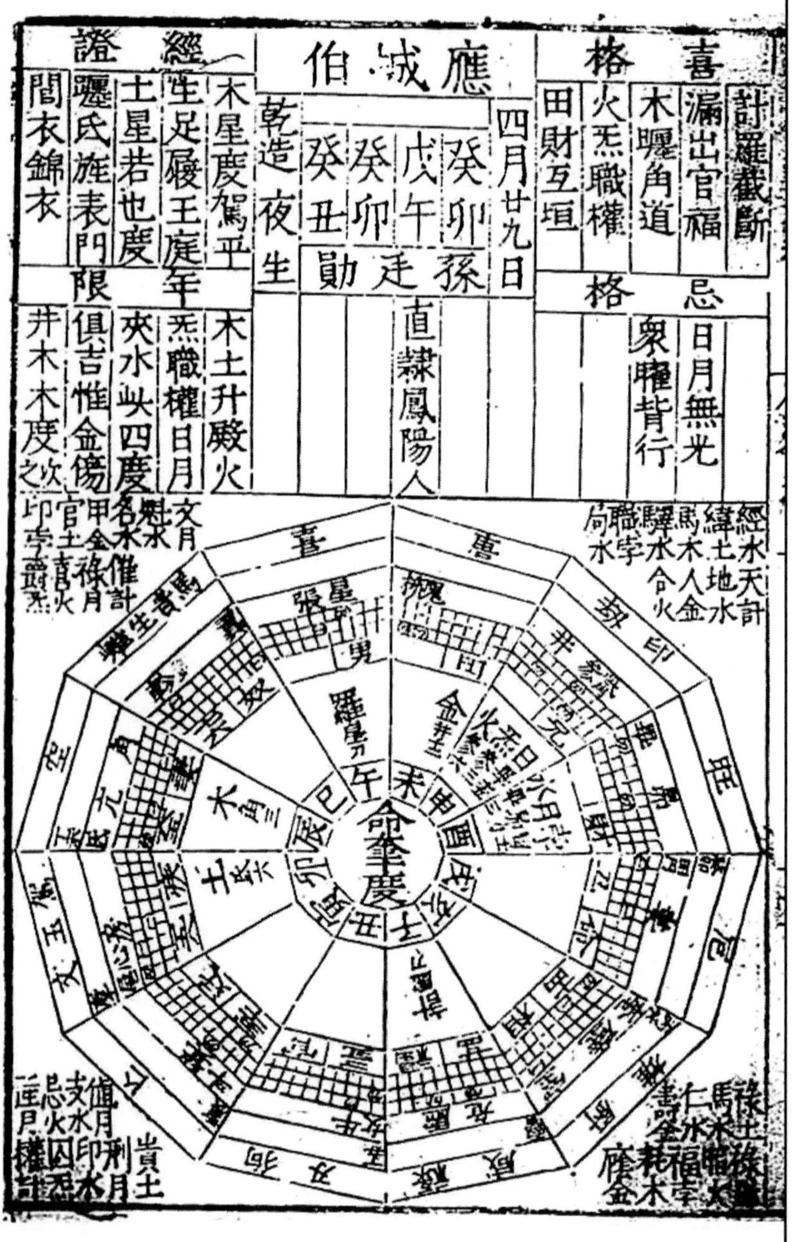
應城伯
四月廿九日
癸卯
戊午
癸卯
癸丑
孫廷勛
乾造夜生
直隸鳳陽人
喜格
計羅截斷
漏出官福
木曜角道
火炁職權
田財互垣
忌格
日月無光
衆權背行
經證
木星度駕平
生足履王庭
土星若也度
遷氏旌表門
閭衣錦衣
限
木土升殿火
炁職權日月
夾水央四度
俱吉惟金傷
井木木度之次
命室度

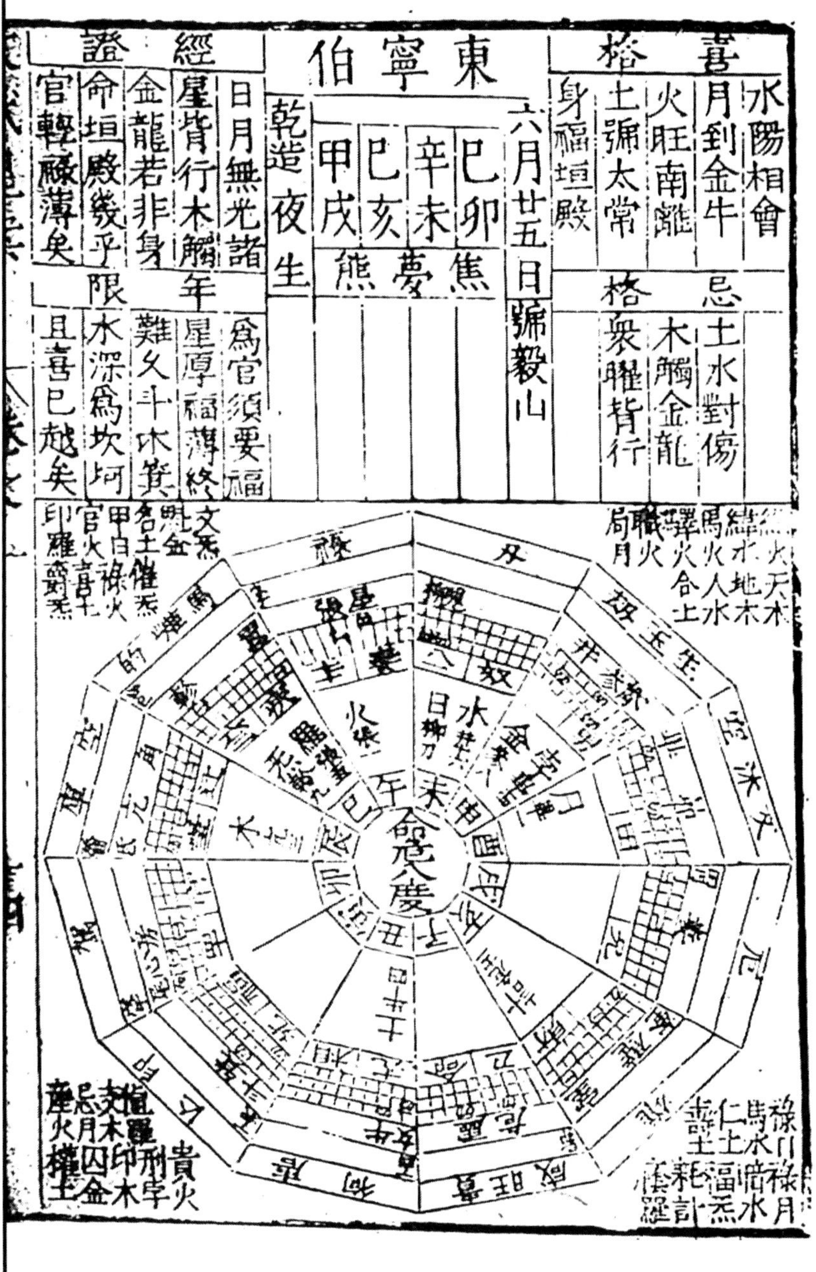
喜格
水陽相會
月到金牛
火旺南離
土躔太常
身福垣殿
忌格
土水對傷
木觸金龍
衆曜背行
東寧伯
六月廿五日躔穀山
己卯
辛未
己亥
甲戌
焦夢熊
乾造夜生
經證
日月無光諸
星背行木觸
金龍若非身
命垣殿幾乎
官輕祿薄矣
年限
爲官須要福
星厚福薄終
難久斗木箕
水深爲坎坷
且喜巳越矣

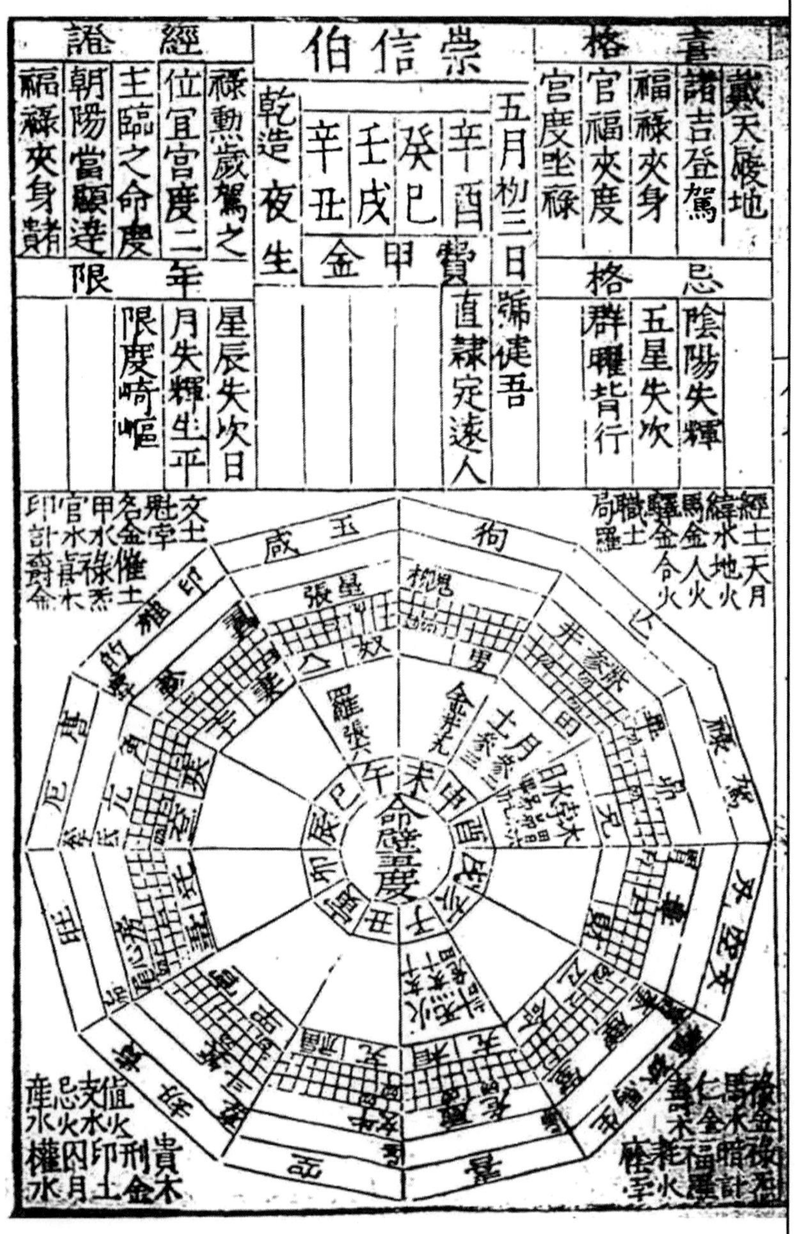
崇信伯
乾造夜生
五月初三日號健吾
直隸定遠人
辛酉
癸巳
壬戌
辛丑
貴
甲
金
喜格
戴天履地
諸吉登駕
福祿夾身
官福夾度
宮度坐祿
忌格
陰陽失輝
五星失次
群曜背行
經諺
祿勳歲駕之
位宜宮度二
主臨之命度
朝陽當顯達
福祿夾身貴
年限
星辰失次日
月失輝生平
限度崎嶇
命度

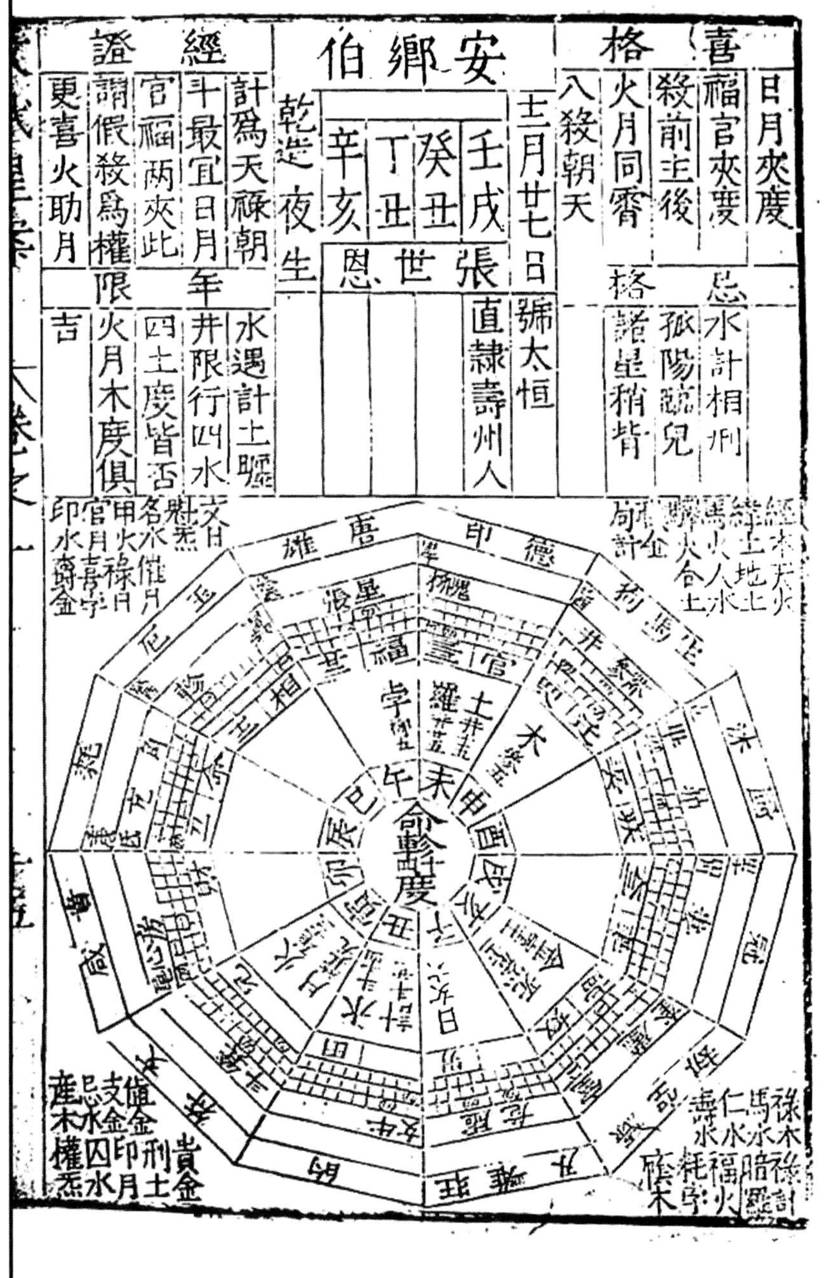
喜格
日月夾度
福官夾要
殺前主後
火月同宮
八殺朝天
忌格
水計相刑
孤陽歸兌
諸星稍背
安鄉伯
十二月廿七日
號太恒
壬戌
癸丑
丁丑
辛亥
張世恩
直隸壽州人
乾造夜生
經語
計爲天祿朝
斗最宜日月
官福兩夾此
謂假殺爲權
更喜火助月
年限
水遇計土驛
井限行四水
四土度皆否
火月木度俱
吉

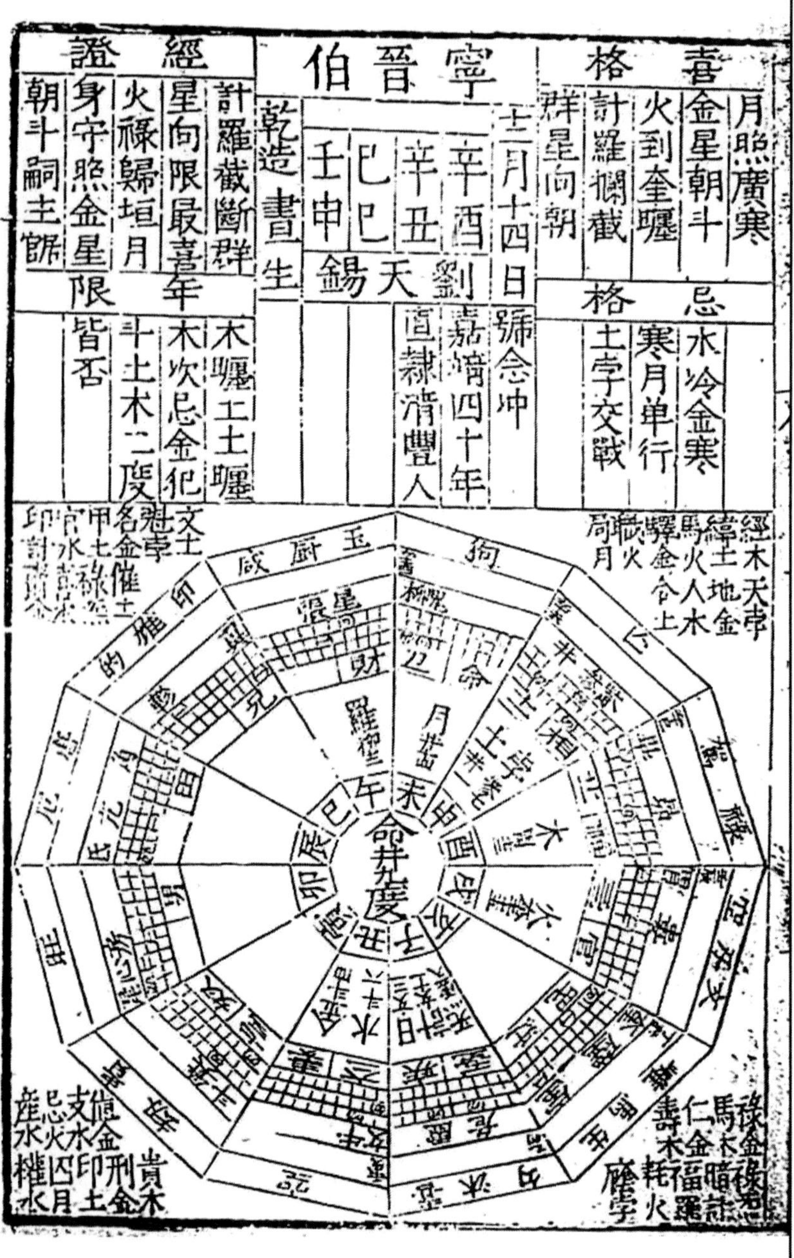
寧晉伯
喜格
月照廣寒
金星朝斗
火到奎躔
計羅㘭截
群星向朝
忌格
水冷金寒
寒月单行
土孛交戰
十二月十四日
號念冲
嘉靖四十年
直隸清豐人
辛酉
辛丑
巳巳
壬申
劉天錫
乾造書生
經證
計羅截斷群
星向限最喜
火祿歸垣月
身守照金星
朝斗嗣主餘
限年
木躔土土躔
木次忌金犯
斗土木二度
皆否
命井九度

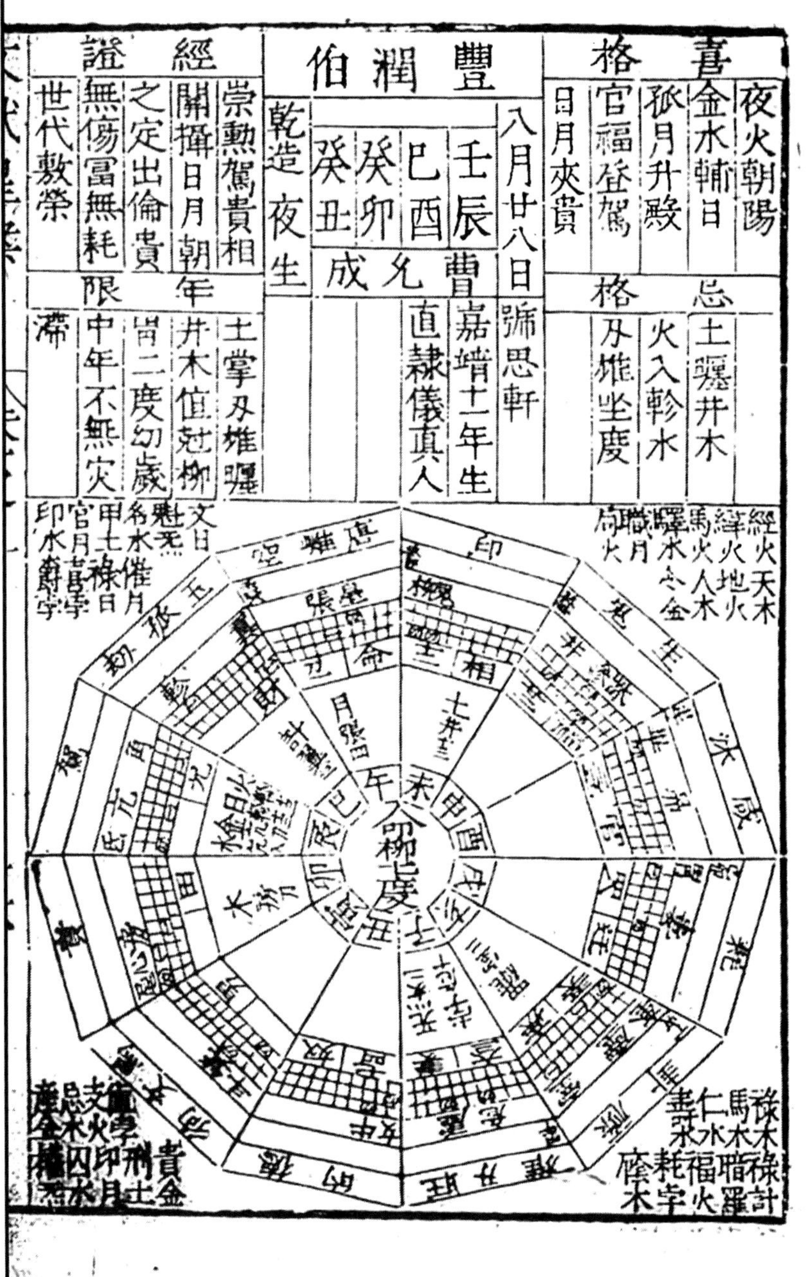

喜格
夜火朝陽
金水輔日
孤月升殿
官福登駕
日月夾貴
忌格
土躔井木
火入軫水
及椎坐度
豐潤伯
八月廿八日
壬辰
己酉
癸卯
癸丑
乾造夜生
曹允成
號思軒
嘉靖十一年生
直隸儀真人
經證
崇勳駕貴相
關擲日月朝
之定出倫貴
無傷富無耗
世代數榮
年限
土掌及椎躔
井木值逆柳
皆二度幼歲
中年不無災
滯

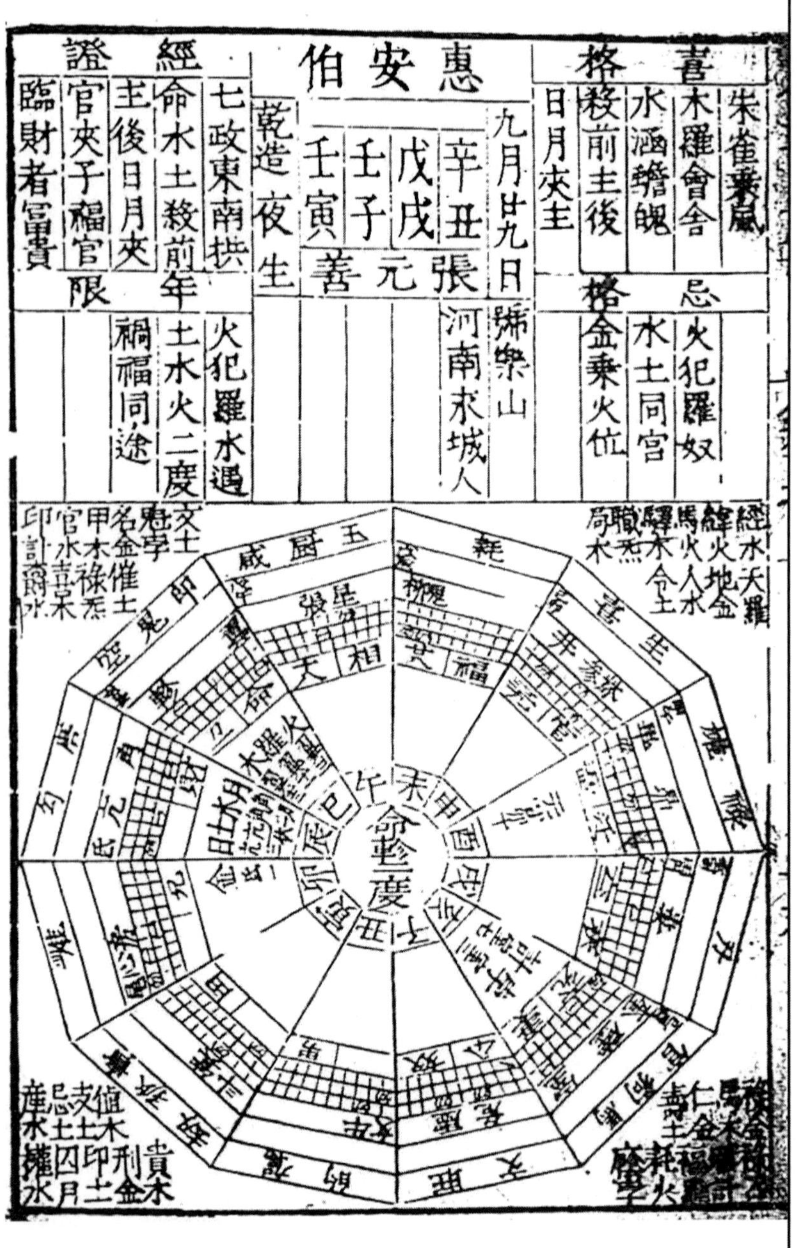

惠安伯
九月廿九日
辛丑
戊戌
壬子
壬寅
乾造夜生
張元善
號樂山
河南永城人
喜格
朱雀兼鳳
木羅會舍
水涵蟾魄
殺前主後
日月夾主
忌格
火犯羅奴
水土同宮
金乘火位
經謠
七政東南拱
命水土殺前
主後日月夾
官夾子福官
臨財者富貴
年限
火犯羅水過
土水火二度
禍福同途

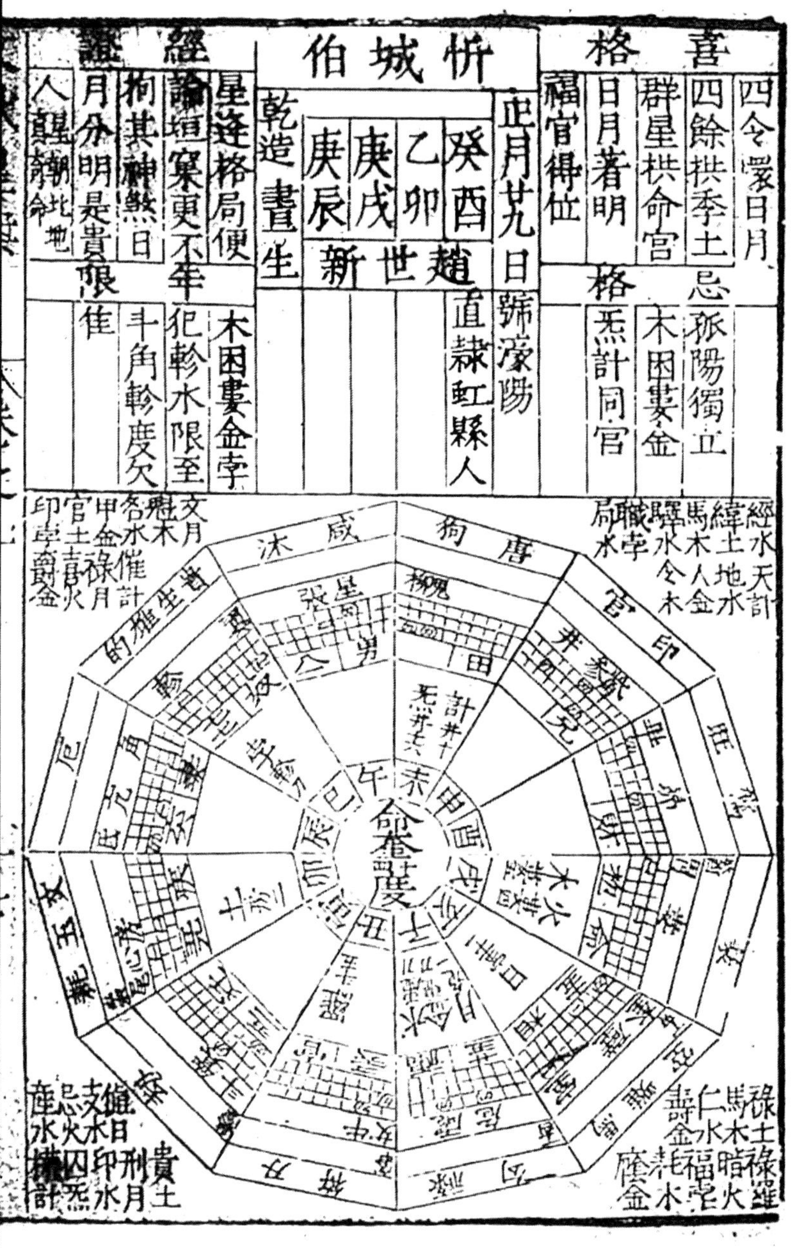
喜格
四令蒙日月
四餘拱季土
群星拱命宮
日月著明
福官得位
忌格
孤陽獨立
木囷婁金
炁計同宮
忻城伯
趙世新
直隸虹縣人
癸酉
乙卯
庚戌
庚辰
乾造晝生
命垣

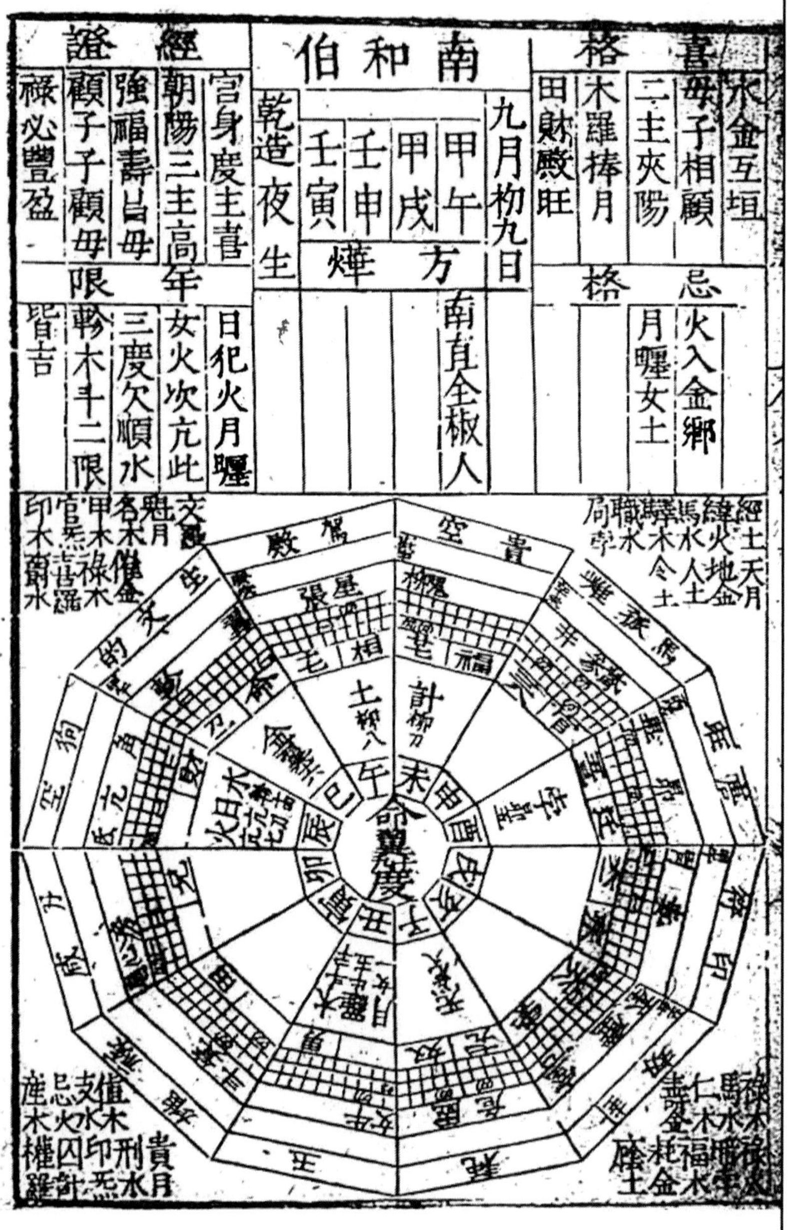
南和伯
九月初九日
甲午
甲戌
壬申
壬寅
方煒
乾造夜生
南直全椒人
喜格
水金互垣
母子相顧
二主夾陽
木羅捧月
田財殿旺
忌格
火入金鄉
月躔女土
經證
宮身度主書
朝陽三主高
強福壽旨毋
顧子子顧母
祿必豐盈
年限
日犯火月躔
女火次亢此
三度欠順水
軫木斗二限
皆吉
命翼度

喜格	忌格
陰陽夾度主	
火金助日月	日月俱晦
計祿掌刃殺	火計相泄
七曜鎮雷門	
祿貴拱命官	

新建伯

九月三十日　號陽明

壬辰	成化八年生
辛亥	浙江餘姚人
癸亥	理學名臣
癸亥	文兼武備

王守仁

乾造夜生

經驗	年限
文人才士惟	天開子地闢
喜木炁金水	丑人生寅卯
武將功臣但	為命卯上有
重火羅計孛	星命宮即見
乃出將入相之格	七曜加命大貴

經火　天金
緯土　地火
馬金　人火
驛金　令水
職水
刃孛

文日
魁炁
名水　催月
印上　祿月
官月　青孛
印水　尊孛

祿木　祿計
馬木　暗羅
仁水　福火
壽水　耗孛
蔭木

官木　貴金
夫火　刑土
忌木　印月
產金　囚木

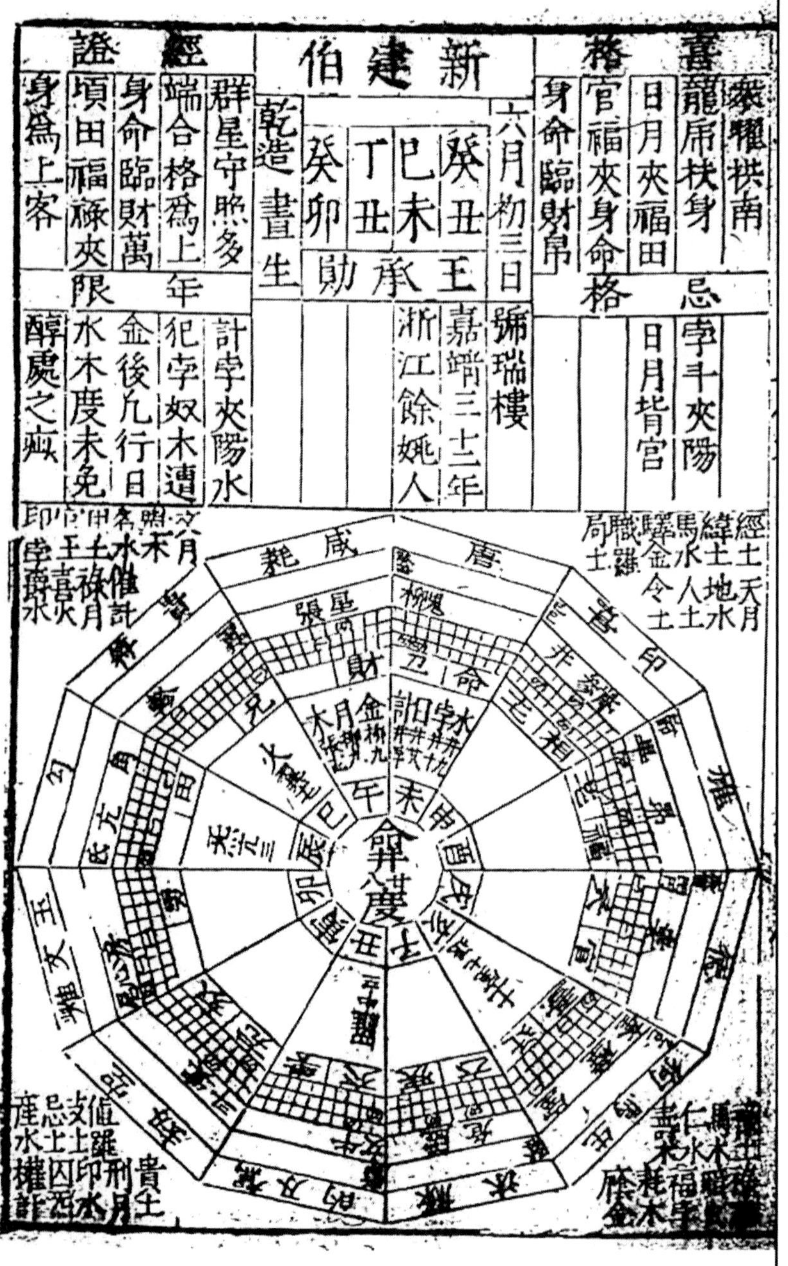
新建伯
書格
衆曜拱南、
龍吊扶身
日月夾福田
官福夾身命
身命臨財帛
忌格
孛手夾陽
日月背宮
六月初三日
癸丑
己未
丁丑
癸卯
乾造晝生
王承勛
號瑞樓
嘉靖三十二年
浙江餘姚人
經證
群星守照多
端合格為上
身命臨財萬
頃田福祿夾
身為上客
年限
計孛夾陽水
犯孛奴木遭
金後凡行日
水木度未免
醇處之疵

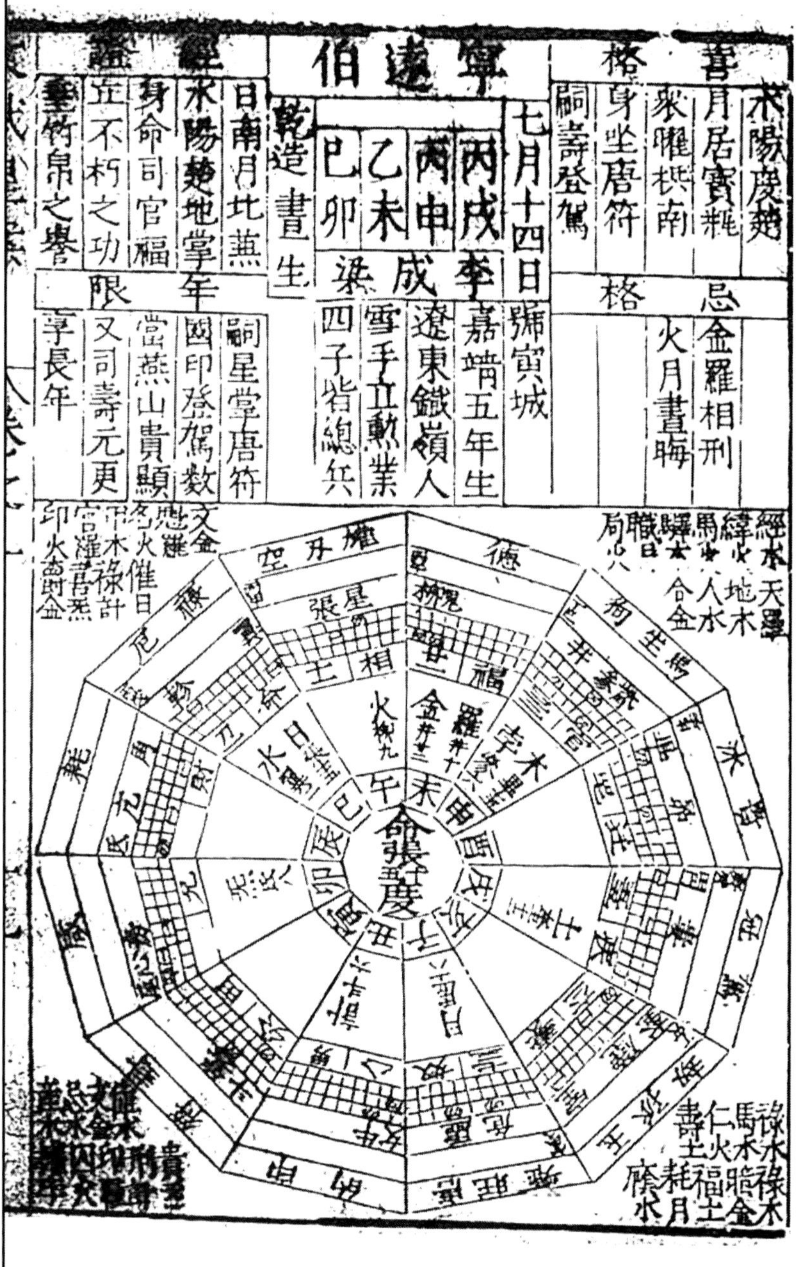
寧遠伯
乾造 晝生
丙戌 丙申 乙未 己卯
七月十四日
李成梁
歸寅城
嘉靖五年生
遼東鐵嶺人
雪手立勳業
四子皆總兵
壽格
木陽度廟
月居實耗
象曜拱南
身坐唐符
嗣壽登駕
忌格
金羅相刑
火月晝晦
經謚
日南月北蕪
水陽趣地掌年
身命司官福
立不朽之功
臺符鼎之譽
限
嗣星掌唐符
國印發駕數
當燕山貴顯
又司壽元更
享長年

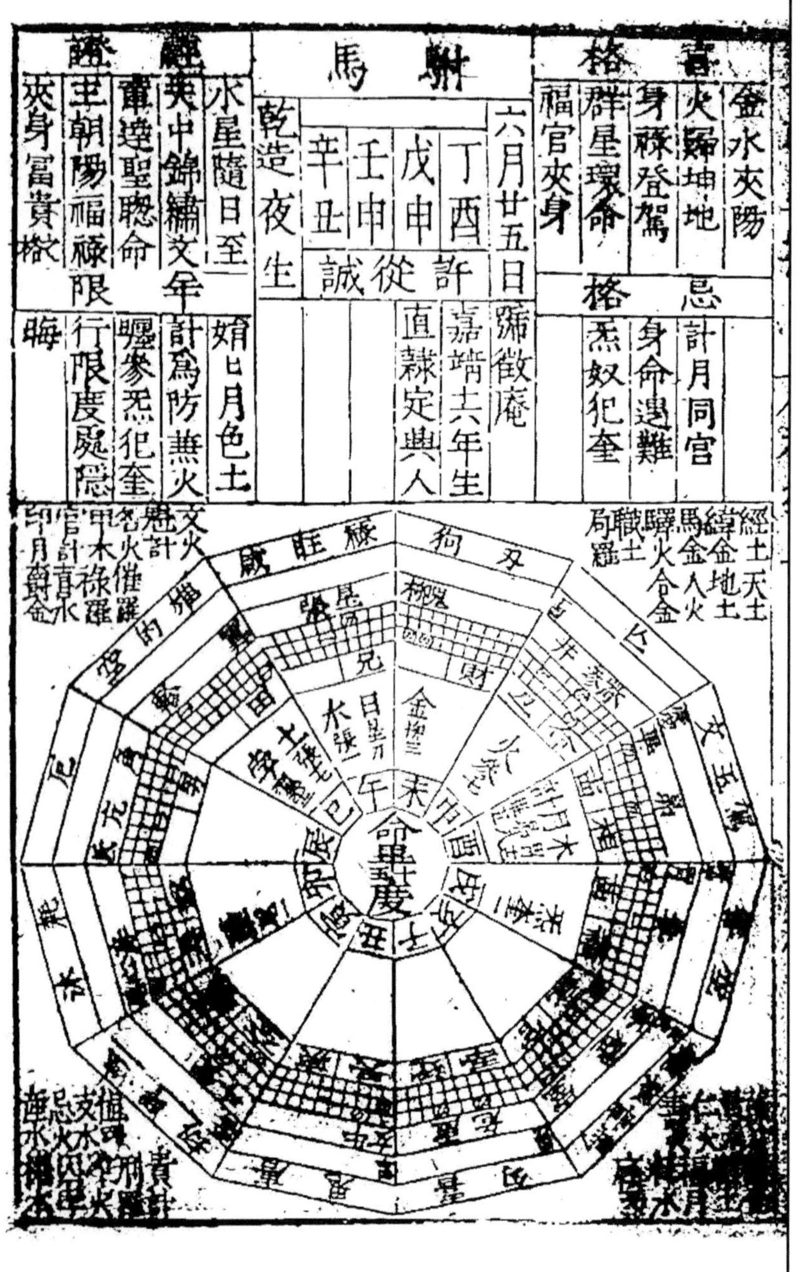

貴格
金水夾陽
火歸坤地
身祿登駕
群星環命
福官夾身
忌格
計月同宮
身命遇難
炁奴犯奎
駢馬
六月廿五日彌徵庵
嘉靖十六年生
直隸定興人
丁酉
戊申
壬申
辛丑
許從誠
乾造夜生
福格
水星隨日至
英中錦繡文年
聽遇聖聰命
主朝陽福祿限
夾身富貴格
嫦已月色土
計為防無火
曜參炁犯奎
行限度飛隱
晦
經土天土
緯金地土
馬金人火
驛火
職土
局羅
文火
魁計
名火
甲木
官計
印月

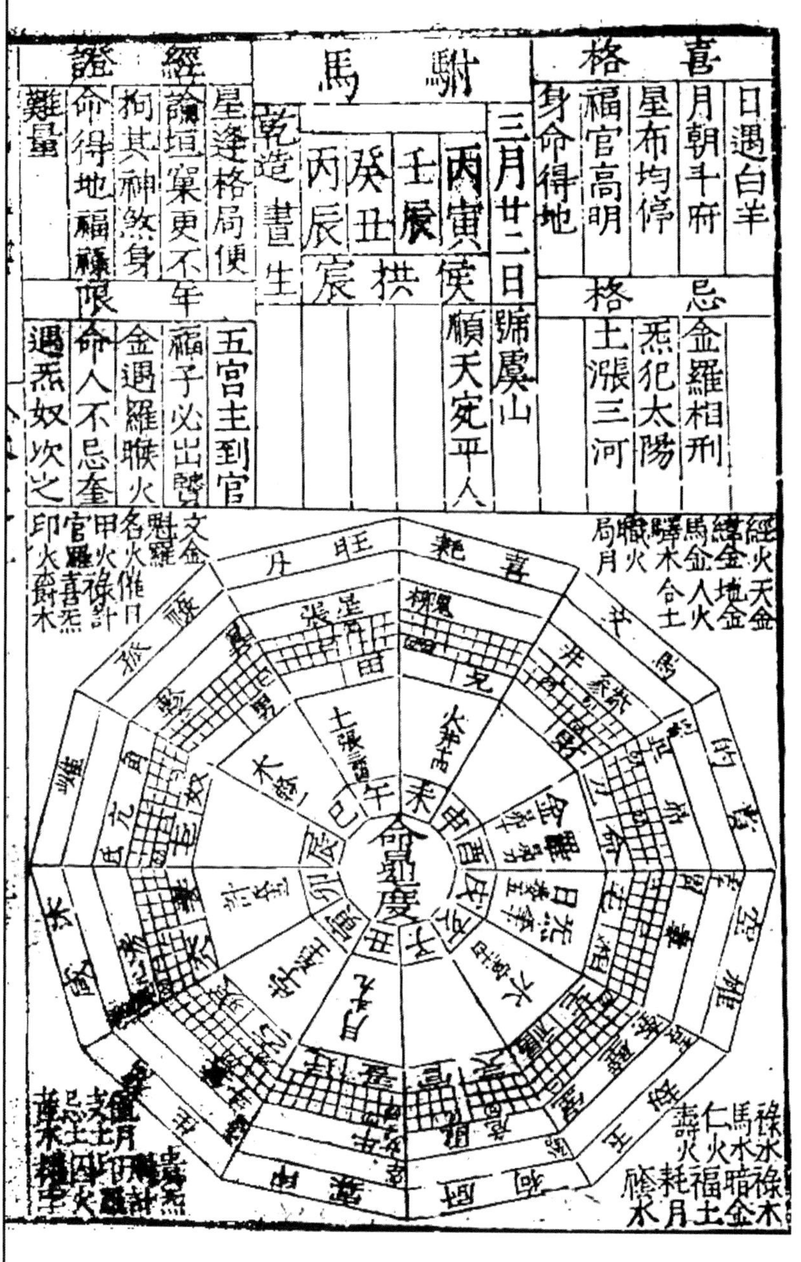
喜格
日遇白羊
月朝斗府
星布均停
福官高明
身命得地
忌格
金羅相刑
炁犯太陽
土漲三河
駙馬
三月廿二日
順天宛平人
丙寅
壬辰
癸丑
丙辰
侯拱宸
乾造
晝生
經證
星逢格局便
論垣窠更不
拘其神煞身
命得地福祿
難量
年限
五宮主到官
福子必出贅
金遇羅職火
命人不忌奎
遇炁奴次之
命宮度

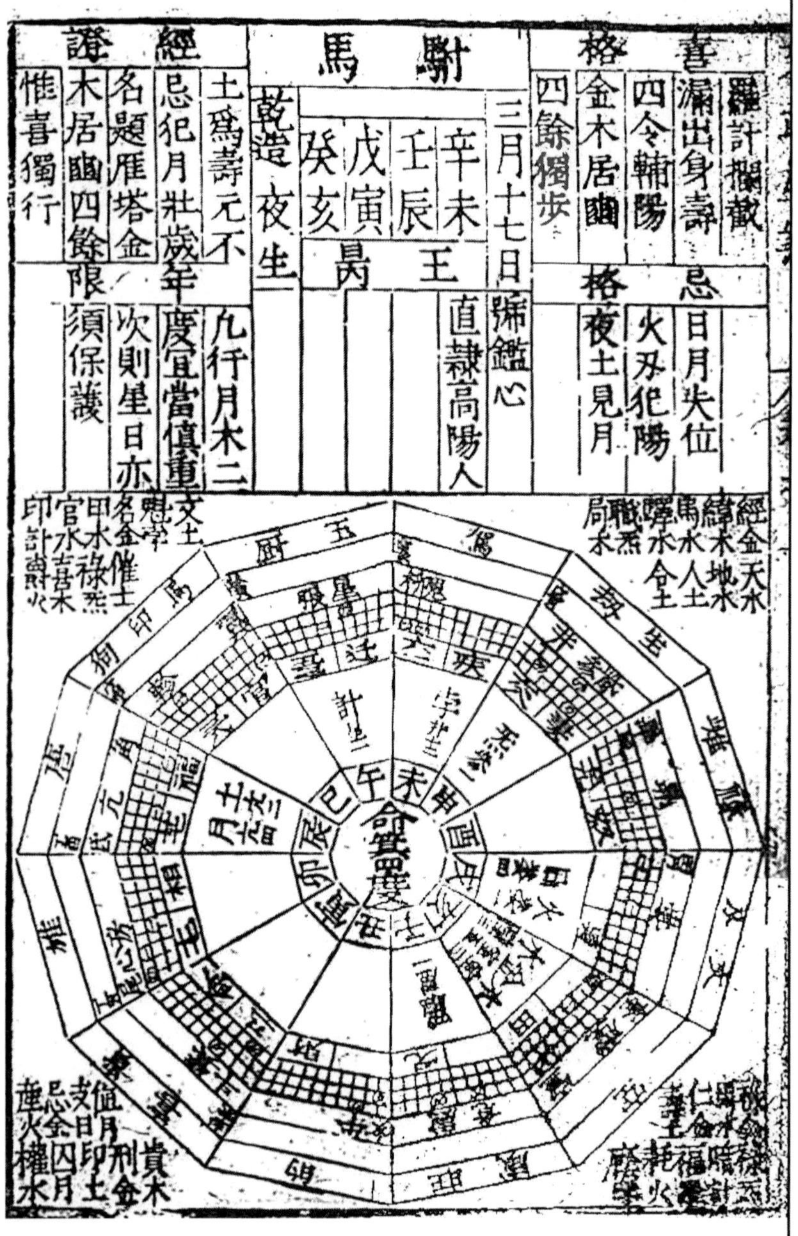

經證	驸馬	喜格
土爲壽元不九行月木二 忌犯月壯歲年度宜當慎重 名題雁塔金次則星日亦 木居幽四餘限須保護 惟書獨行	三月十七日歸鑑心 辛未 壬辰 戊寅 癸亥 王昺 直隸高陽人 乾造夜生	羅計攔截 漏出身壽 四令輔陽 金木居幽 四餘獨歩 **忌格** 日月失位 火孛犯陽 夜土見月

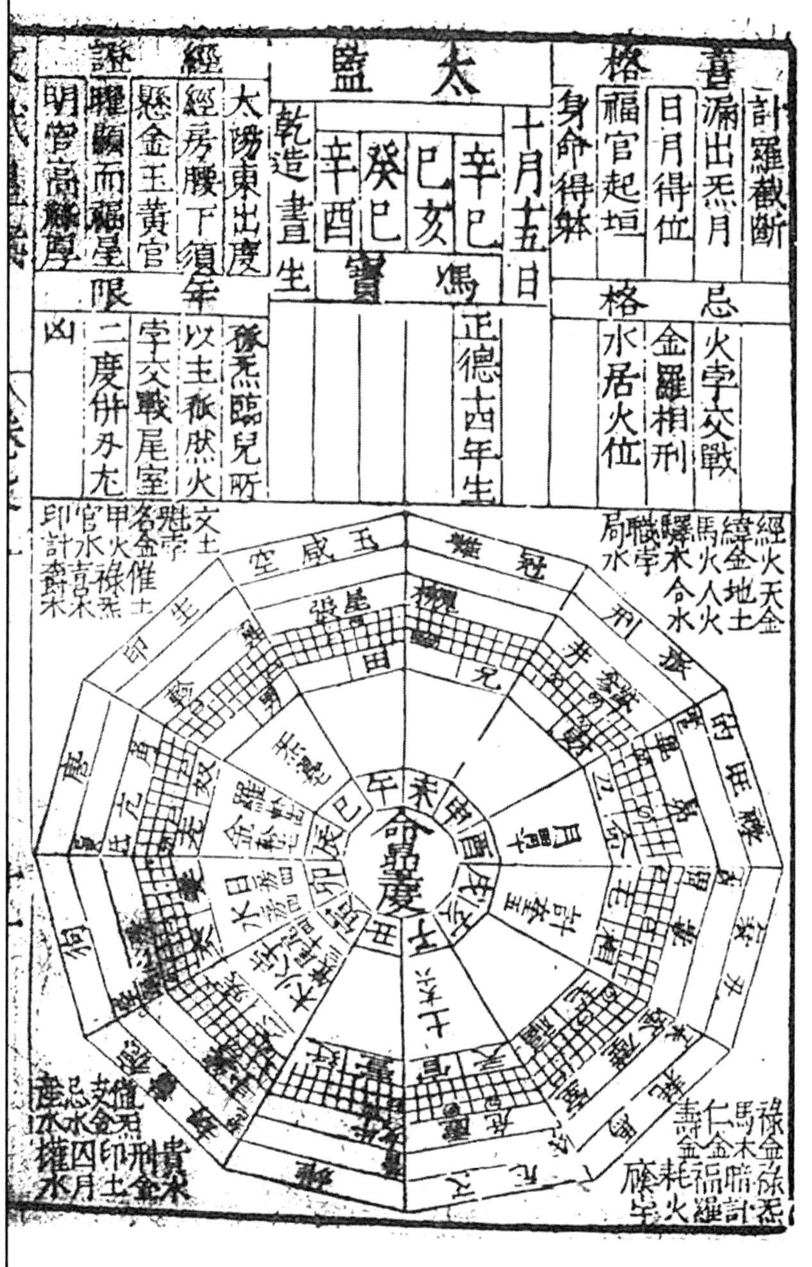
喜格
計羅截斷
晝漏出炁月
日月得位
福官起垣
身命得垣
忌格
火孛交戰
金羅相刑
水居火位
太監
十月十五日
辛巳
己亥
癸巳
辛酉
乾造晝生
馮寶
正德十四年生
經證
太陽東出度
懸金玉黃官
明官高爵厚
限
以主孤獻火
孛交戰尾室
二度併丹亢
凶
經火 天金
緯金 地土
馬火 人火
驛木 合水
職孛 局水
文土
魁孛
名金
甲火 祿炁
官水 喜木
印計 爵木
祿金
馬木 暗計
仁金 福羅
壽金 耗火
貴木
刑金
印土
四月
權水

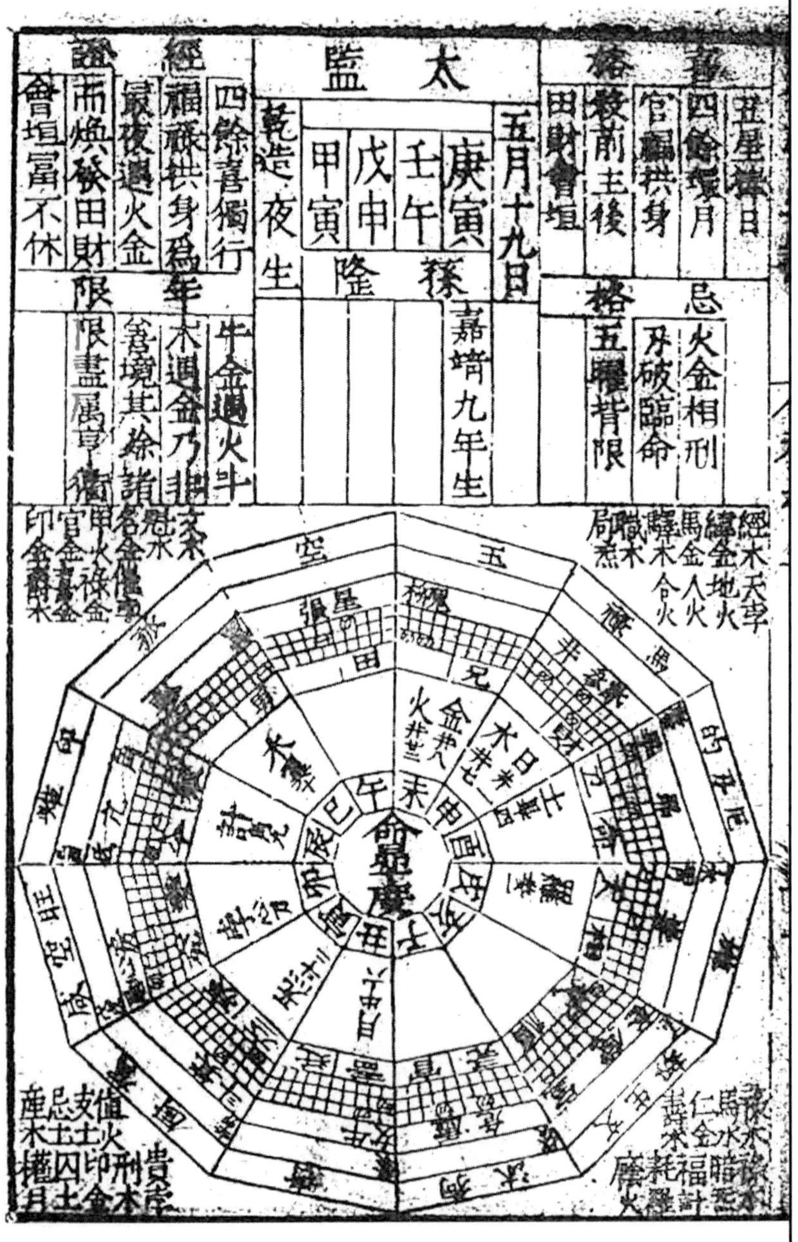

太監
乾造夜生
庚寅
壬午
戊申
甲寅
祿
隆
五月十九日
嘉靖九年生
四餘喜獨行
火金相刑
五曜背限
牛金遇火斗

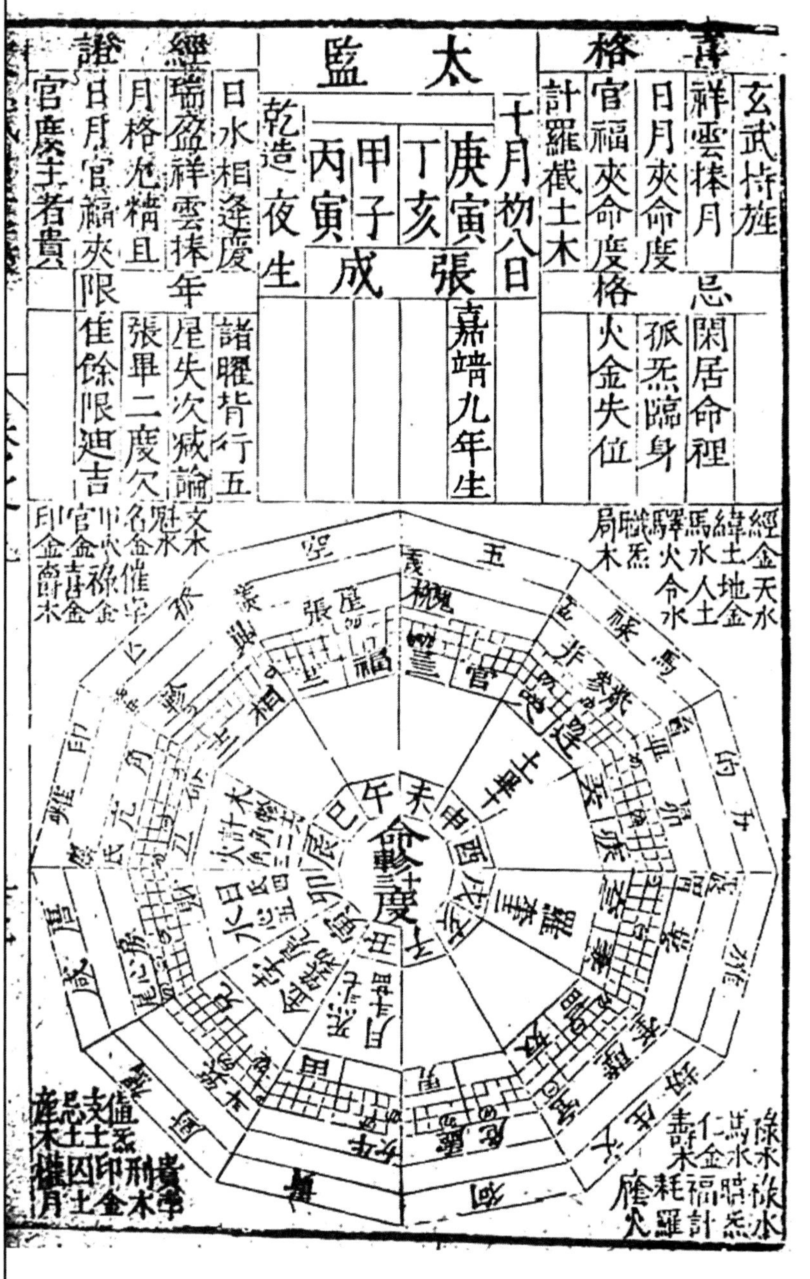

青格
玄武持旌
祥雲捧月
日月夾命度
官福夾命度
計羅截土木
忌
閑居命裡
孤黑臨身
格
火金失位
太監
十月初八日
庚寅
丁亥
甲子
丙寅
張
成
乾造夜生
嘉靖九年生
經證
日水相逢度
瑞氣祥雲捧
月格光精且
日月官福夾
官度于者貴
年
諸曜背行五
尾失次滅論
張畢二度欠
限
佳餘限廻吉
經金天水
緯土地金
馬水人土
驛火令水
職黑
局木
文木
魁水
名金催字
田火祿金
官金喜金
印金爵木
命
軫十三度
值
支黑
忌土
總土
産木
貴孛
刑木
印金
囚土
難月
祿木
馬水
仁金
壽木
休水
暗黑
福計
耗羅
蔭火

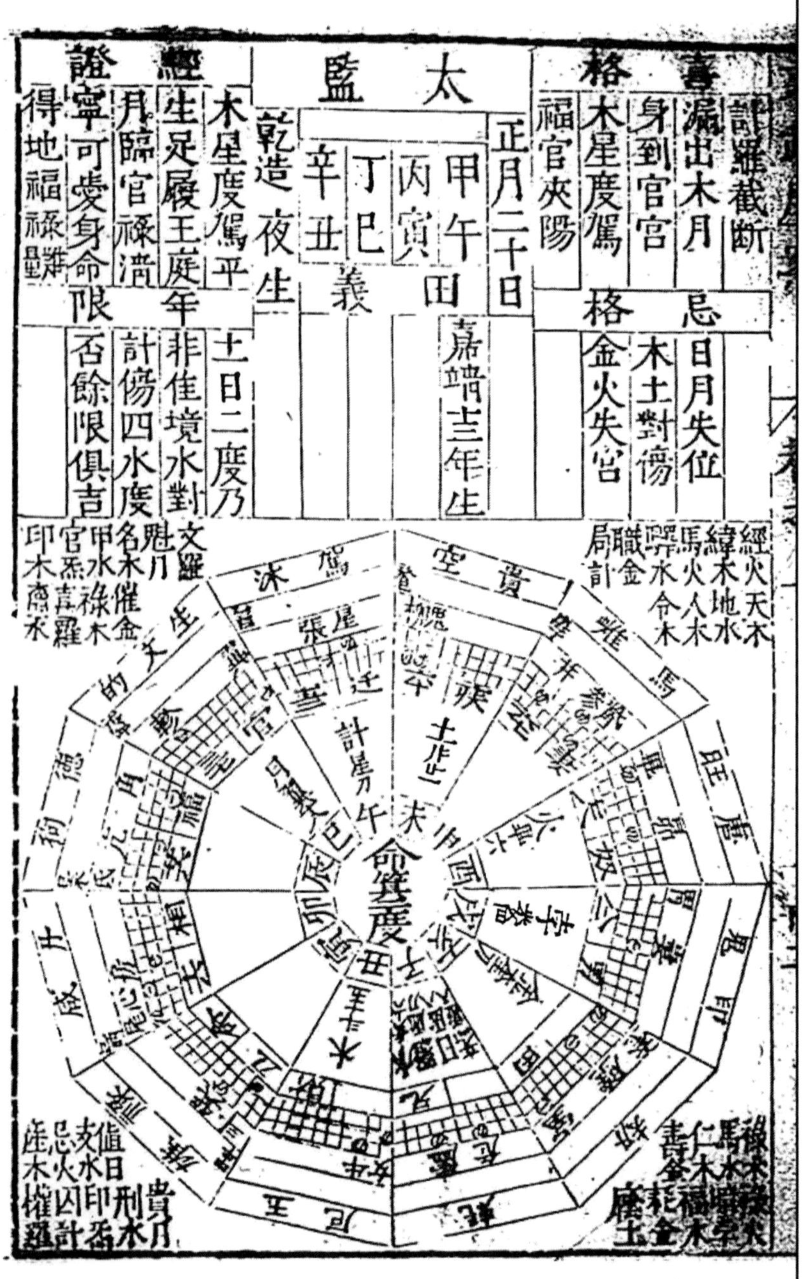

喜格
計羅截斷
漏出木月
身到官宮
木星度駕
福官夾陽
忌格
日月失位
木土對傷
金火失宮
太監
正月二十日
甲午
丙寅
丁巳
辛丑
田
義
乾造夜生
嘉靖十三年生
證經
木星度駕平
生足履王庭
月臨官祿滿
寧可憂身命
得地福祿躋
年
限
土日二度乃
非佳境水對
計傷四水度
否餘限俱吉
經火天木
緯木地水
馬火人木
隔水命木
職金
局計
文羅
魁月
名木催金
甲水祿木
官炁壽羅
印木瘵水
命宮

喜格

計羅欄截
群星拱命
漏出木火
日月夾拱
孛金助月

忌格

孤陽獨立
月孛晝見
水金失令

太監

四月廿八日
甲午
庚午
甲子
戊辰
乾造晝生

邢隆

嘉靖十三年生

經證

計羅截出官
福日月夾主年
夾恩孛金助
月扶身然孤
陽守命次之

限吉

木困午金土
躔井木凡行
奎女斗度不

經金 天煞
緯土 地土
馬木 人金
驛金 命火
職計
局金

文曜
魁月
名木 催金
甲土 祿木
官煞 喜羅
印木 爵木

命 井 七度

祿木 祿火
馬水 暗空
仁木 福木
壽金 耗金
蔭土

值月
支水
忌火
產木

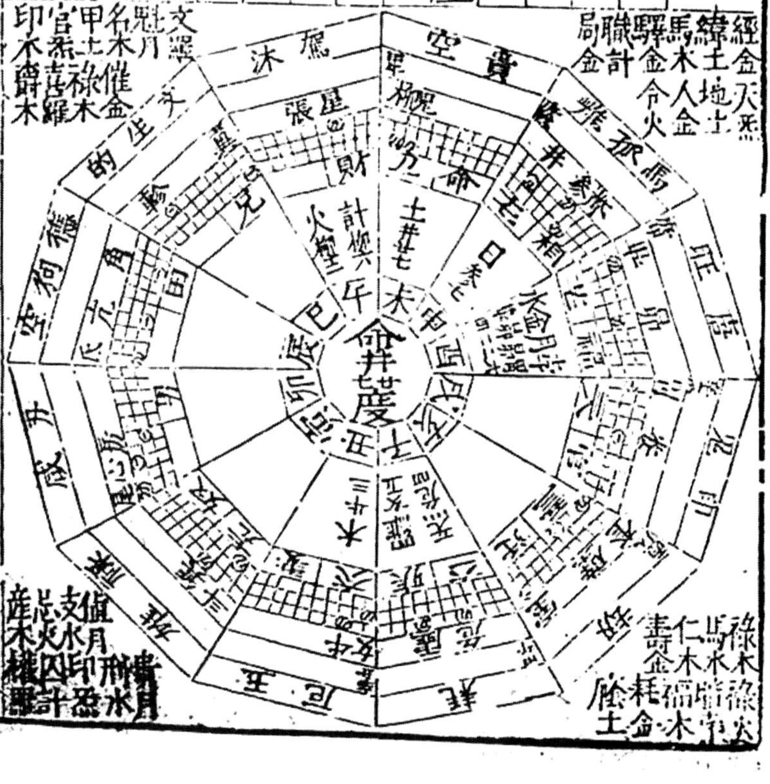

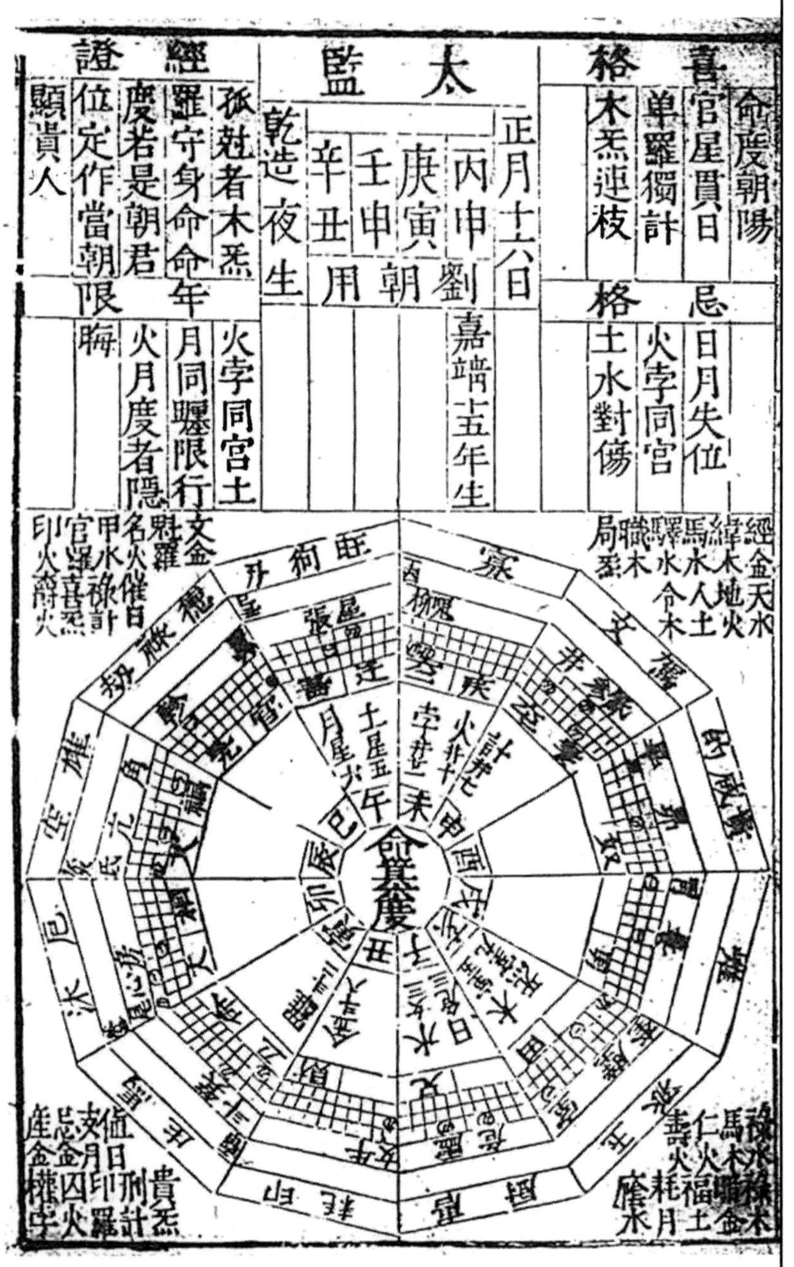
喜格
命度朝陽
官星貫日
单羅獨計
木炁逆枝
忌格
日月失位
火孛同宫
土水對傷
太監
正月十八日
丙申
庚寅
壬申
辛丑
乾造夜生
劉朝用
嘉靖十五年生
經證
孤魁者木炁
羅守身命
度若是朝君
位定作當朝
顯貴人
年限
火孛同宫土
月同曜限行
火月度者隱
晦
命宫
命度

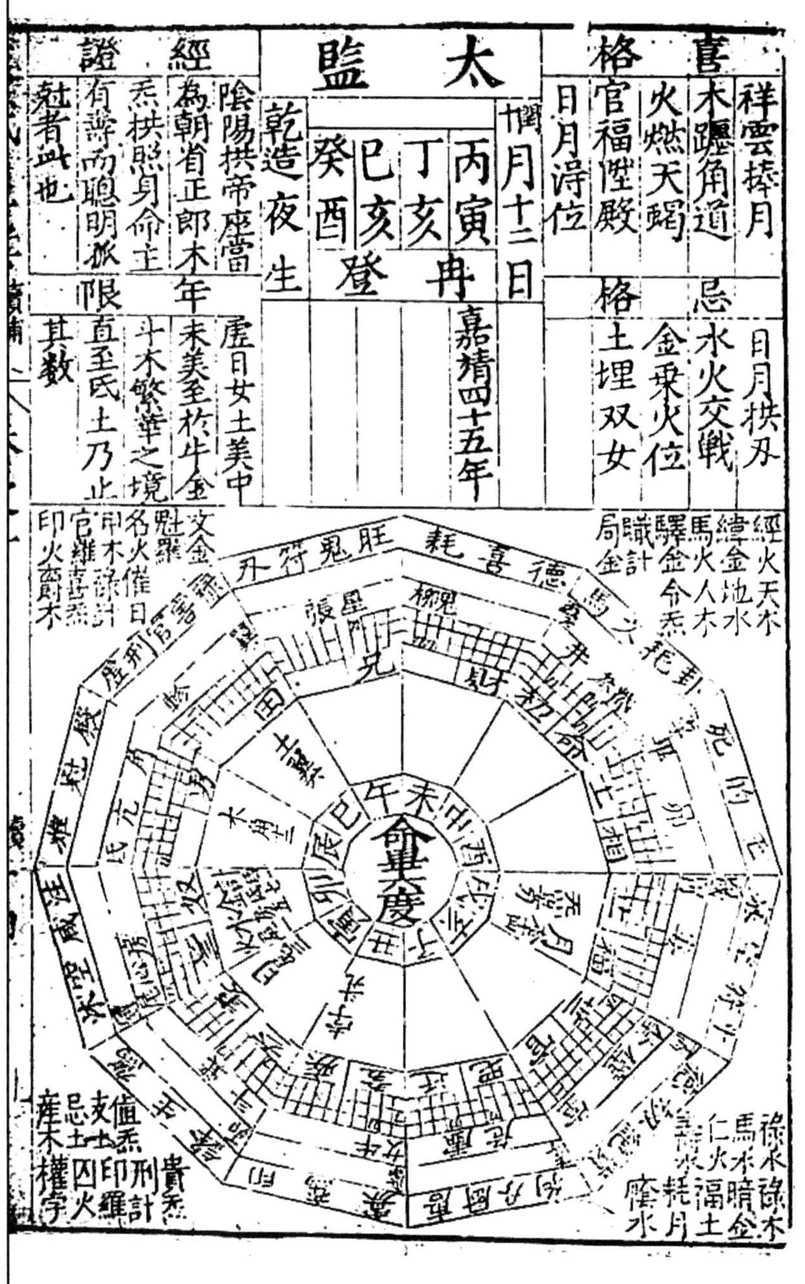

太監
喜格
祥雲捧月
木躔角道
火燃天蝎
官福陞殿
日月湋位
忌格
日月拱刃
水火交戰
金乘火位
土埋双女
閏月十二日
嘉靖四十五年
丙寅
丁亥
己亥
癸酉
冉登
乾造夜生
經證
陰陽拱帝座當
為朝省正郎木年
炁拱照身命主
有壽而聰明旅
魁者此也
限
虛日女土美中
未美至於牛金
斗木繁華之境
直至氐土乃止
其數
命

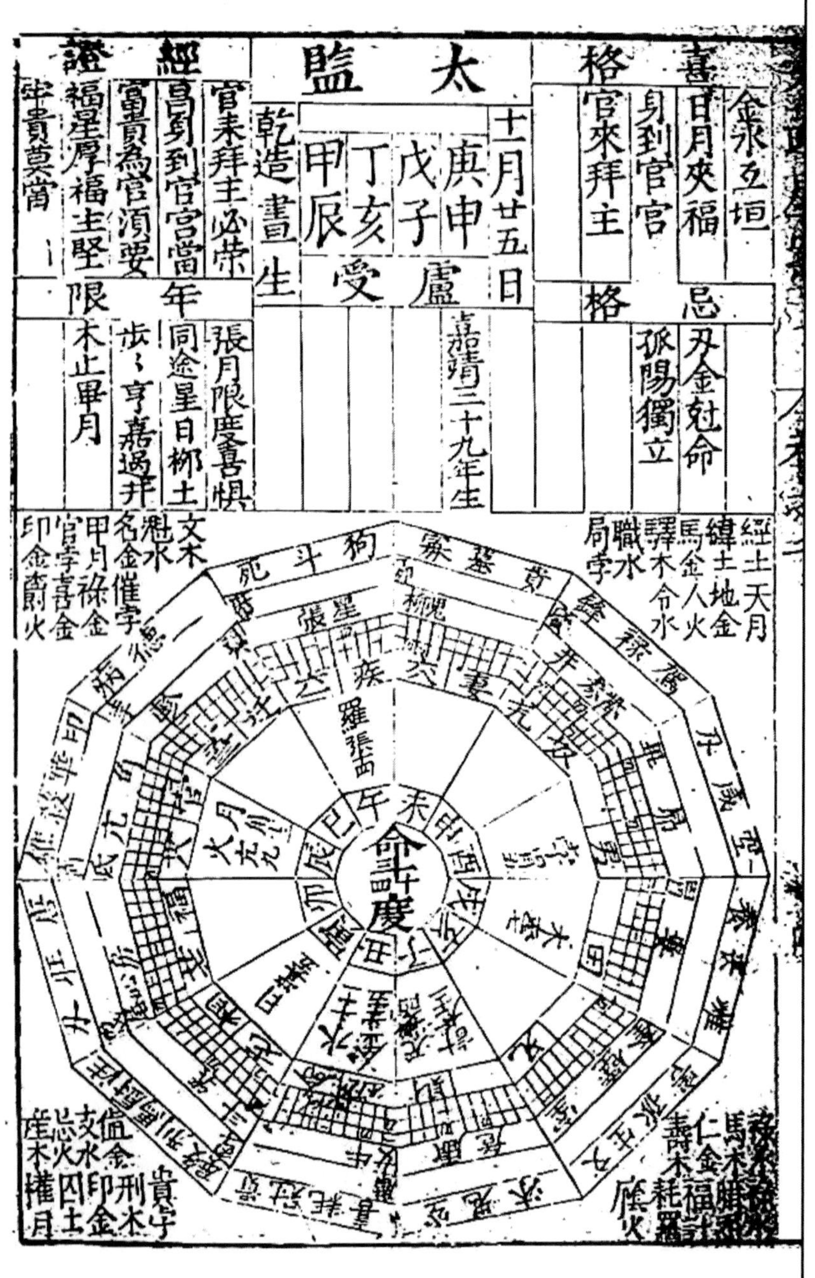

喜格
金水立垣
日月夾福
身到官宮
官來拜主
忌格
刃金尅命
孤陽獨立
太監
十二月廿五日
庚申
戊子
丁亥
甲辰
乾造晝生
盧受
嘉靖二十九年生
經證
官來拜主必榮
身到官宮當
富貴為官須要
福星厚福主堅
平貴莫當
年限
張月限度喜惧
同途星日柳土
步步亨嘉過井
木止畢月
經土天月
緯土地金
馬金人火
驛木命水
職水
局字
文木
魁水
名金催字
甲月祿金
官字喜金
印金爵火
貴字
刑木
印金
囚土
權月

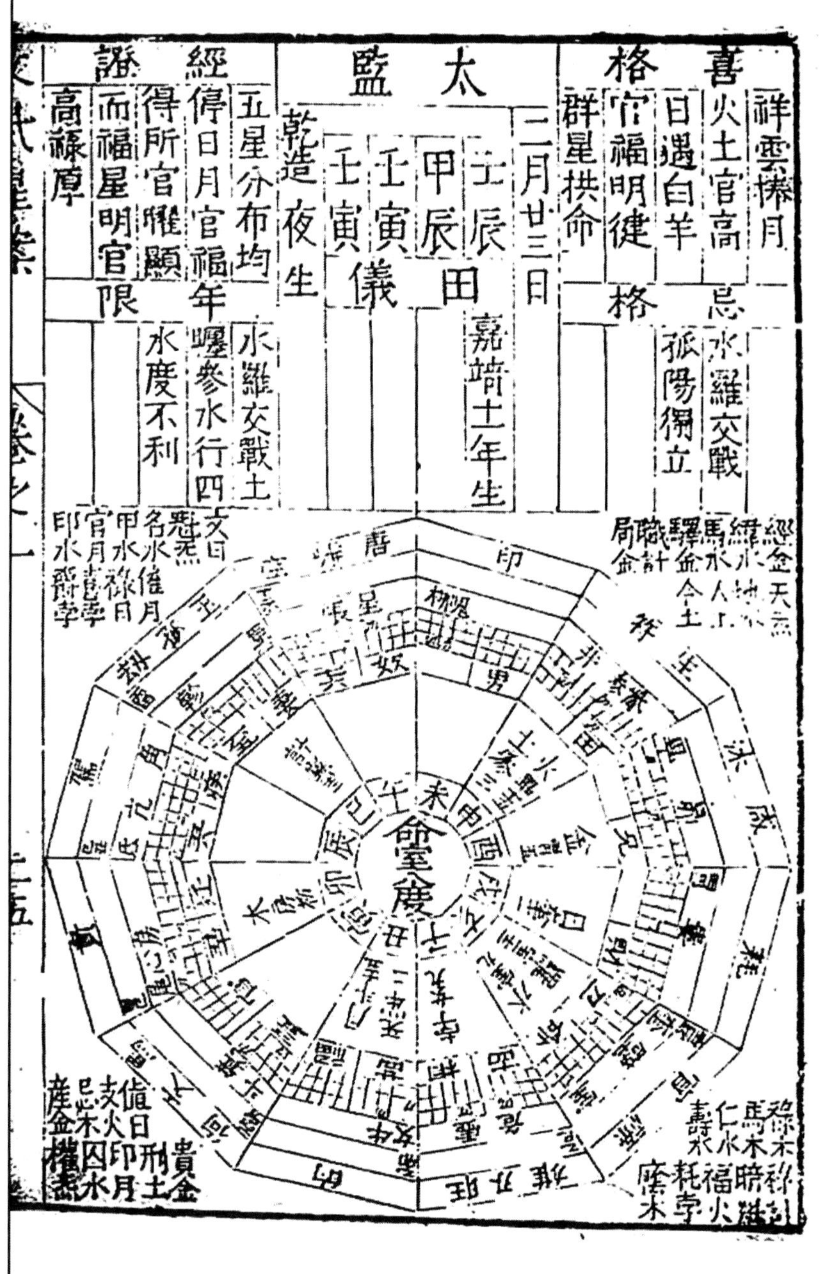
喜格
祥雲捧月
火土官高
日遇白羊
官福明健
群星拱命
忌格
水羅交戰
孤陽獨立
太監
二月廿三日
壬辰
甲辰
壬寅
壬寅
乾造夜生
田儀
嘉靖士年生
經謠
五星分布均
停日月官福
得所官權顯
而福星明官
高祿厚
年限
水羅交戰土
曜參水行四
水度不利
命室度

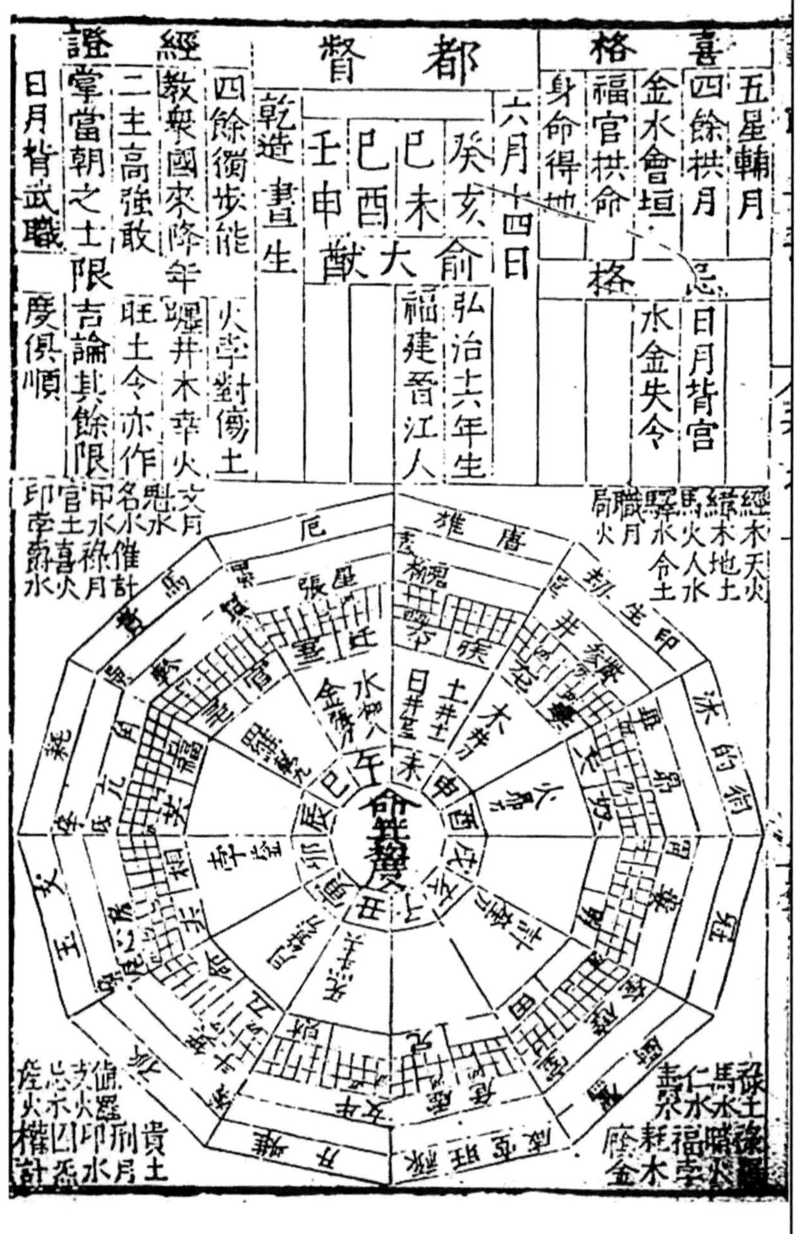
喜格
五星輔月
四餘拱月
金水會垣
福官拱命
身命得地
忌格
日月背宮
水金失令
都督
六月十四日
癸亥
己未
己酉
壬申
乾造
書生
俞大猷
弘治十六年生
福建晉江人
經
四餘徧步能
火孛對傷土
二主高強敢
旺土令亦作
證
掌當朝之士
限吉論其餘限
日月背武職
度俱順
經木天火
緯木地土
馬火人水
驛水令土
職月
局火
文月
恩水
名水催計
印水祿月
官土喜火
印孛
爵水
命宮

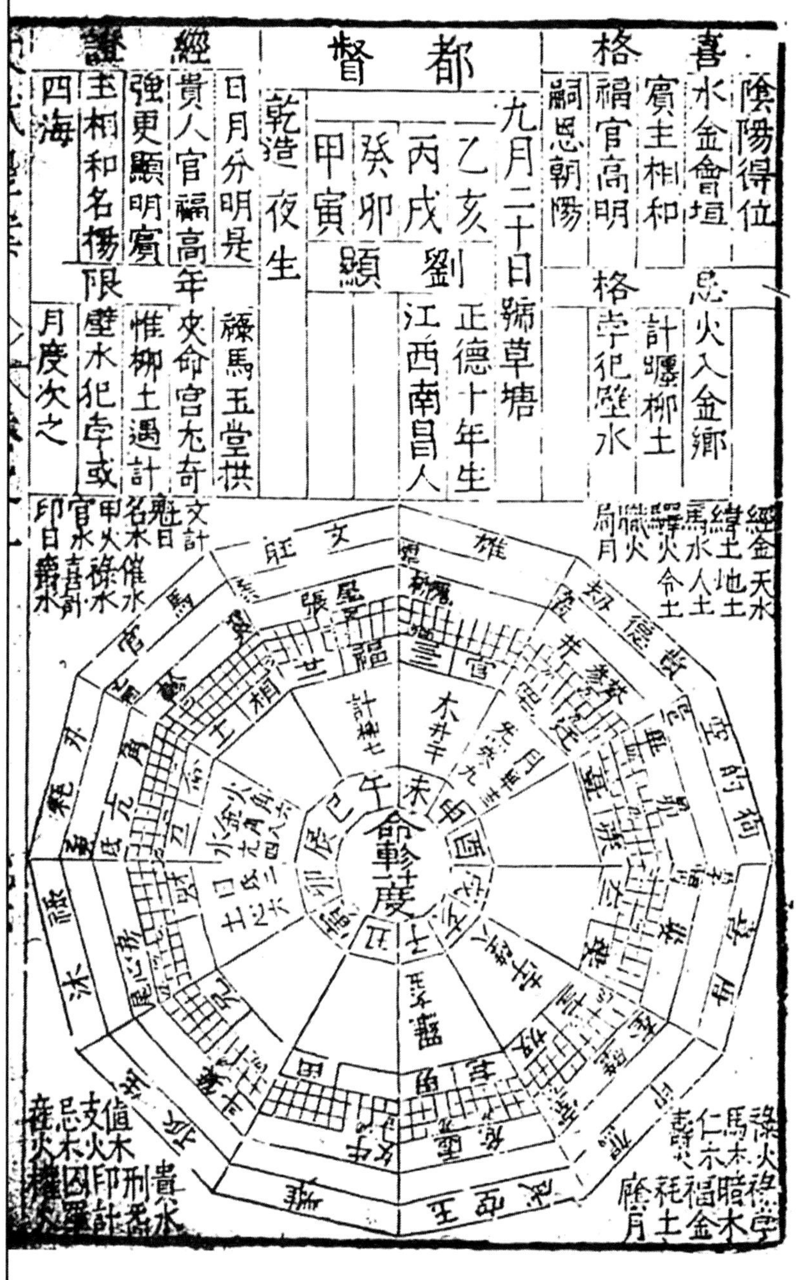
喜格
陰陽得位
水金會垣
賓主相和
福官高明
嗣恩朝陽
格
忌火入金鄉
計躔柳土
孛化壁水
都督
九月二十日歸草塘
正德十年生
乙亥
丙戌
癸卯
甲寅
劉顯
江西南昌人
乾造夜生
經讚
日月分明是
祿馬玉堂拱
貴人官福高年
夾命宮尤奇
強更顯明賓
惟柳土遇計
主相和名揚
限
壁水化孛或
四海
月度次之
經金 天水
緯土 地土
馬水 人土
驛火 命土
職火
扇月
文計
魁日
名木 催水
甲火 祿水
官水 喜衍
印日 爵木
祿火 祿學
馬木 暗木
仁木 福金
壽火 耗土
廕月
貴水
刑炁
值木 印計
支火 囚羅
忌木
產火 權炁
命軫度

書格

官福夾陽
孤月獨明
火號文昌
土號太常
身命得地

忌格

日月失位
諸星散誕
土計拱月

都督

三月十二日
己卯 戊辰 乙巳 丁亥
安大朝
乾造夜生
正德十四年生

經證

一月単臨官
祿濟寧可愛
身命同守官
福乃為上客
財主歸垣諸

限

炁躔柳土土
年躔斗木行四
土度恐灾滯
不無

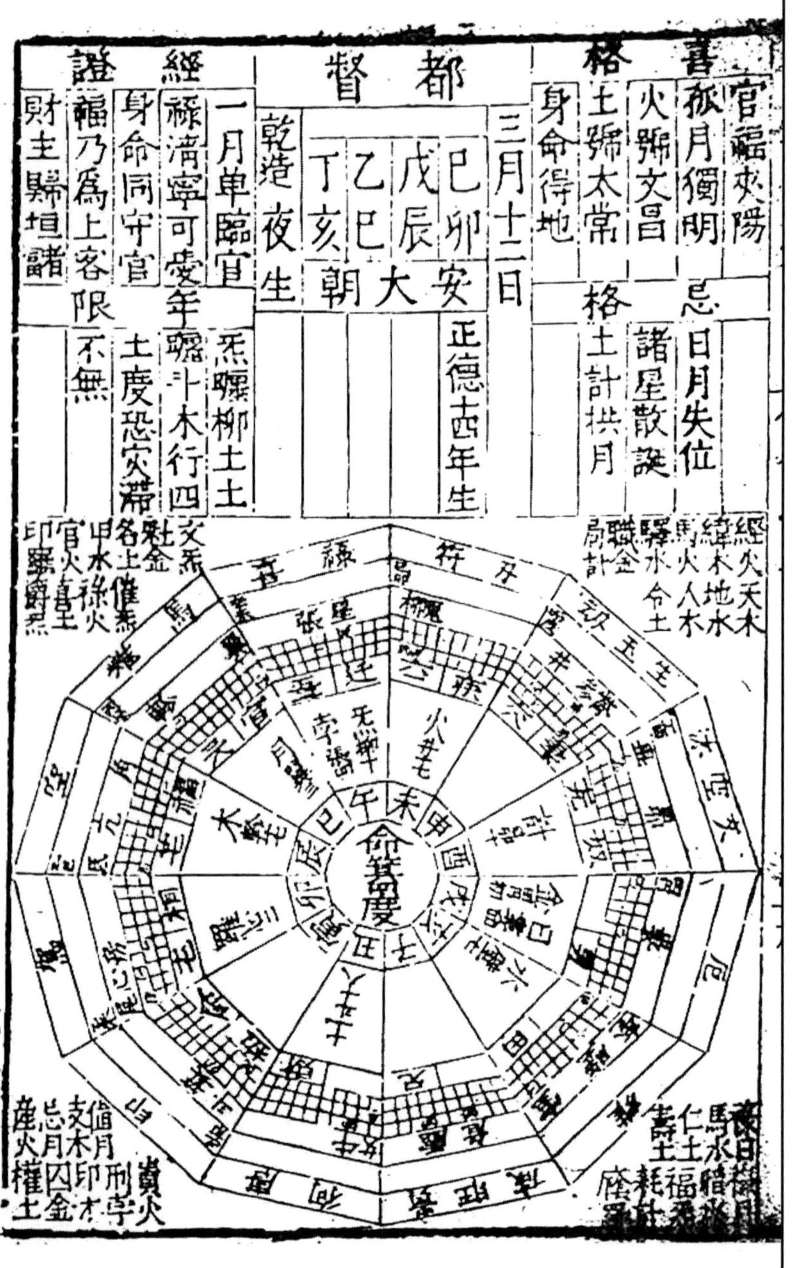

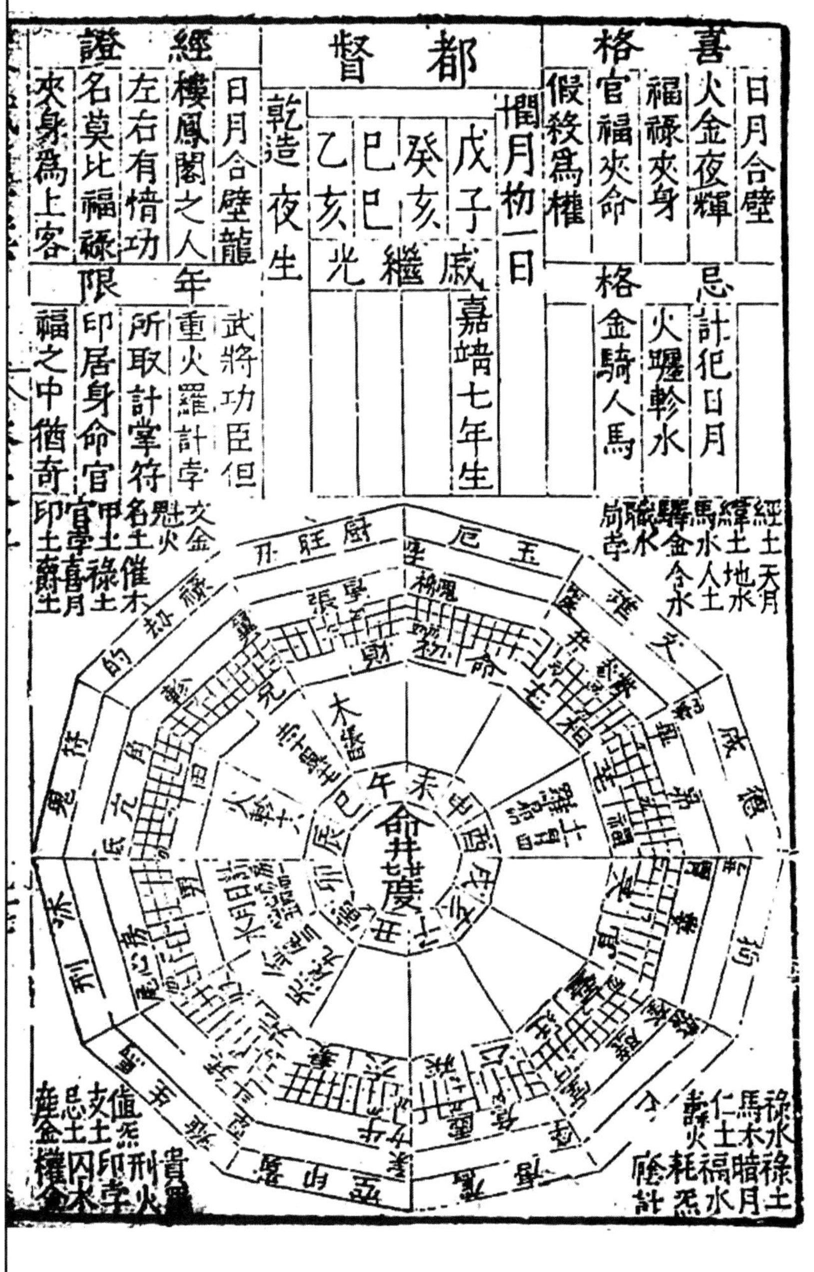
喜格
日月合璧
火金夜輝
福祿夾身
官福夾命
假殺爲權
忌格
計孛日月
火曜軫水
金騎人馬
都督
閏月初一日
戊子
癸亥
巳巳
乙亥
乾造夜生
戚繼光
嘉靖七年生
經證
日月合璧龍
樓鳳閣之人
左右有情功
名莫比福祿
夾身爲上客
年限
武將功臣但
重火羅計孛
所取計掌符
印居身命官
福之中猶奇
命井七度

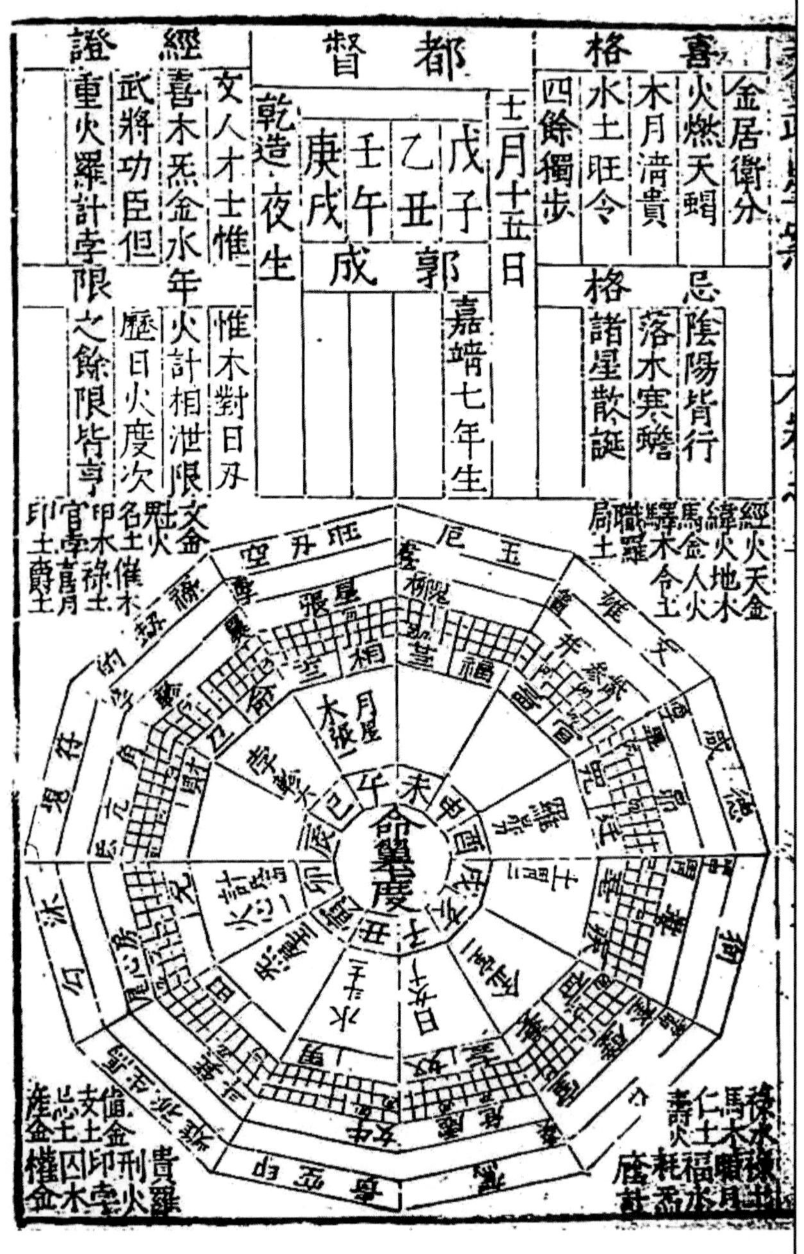

喜格：金居衡分　火燃天蝐　木月清貴　水土旺令　四餘獨步

忌格：陰陽背行　落木寒蟾　諸星散誕

都督

十二月十五日　嘉靖七年生

戊子　乙丑　壬午　庚戌

郭成

乾造夜生

經證

文人才士惟惟木對日及

喜木炁金水年火計相泄限

武將功臣但歷日火度次

重火羅計孛限之餘限皆亨

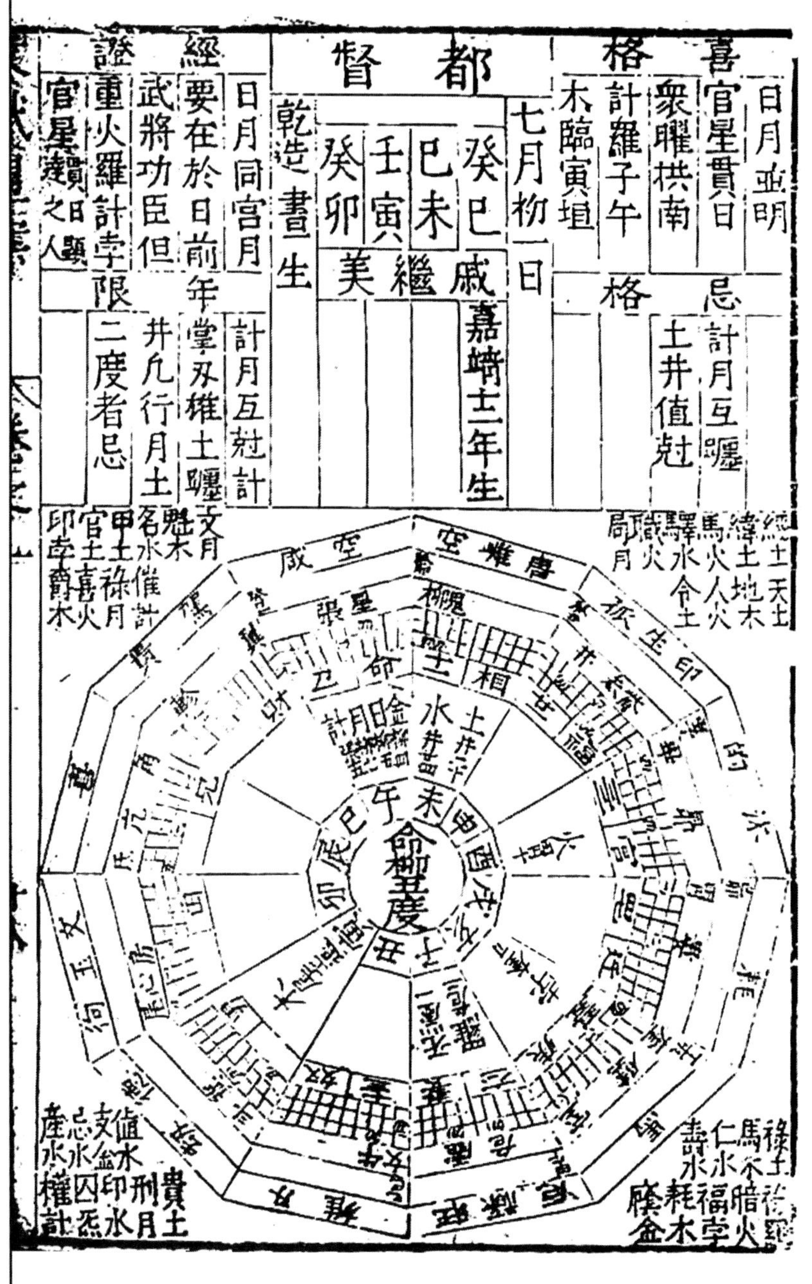
都督
喜格
日月並明
官星貫日
衆曜拱南
計羅子午
木臨寅垣
忌格
計月互躔
土井值尅
七月初一日
嘉靖十二年生
癸巳
己未
壬寅
癸卯
乾造書生
戚繼美
經證
日月同宮月
要在於日前
武將功臣但
重火羅計孛
官星貫日之人
計月互尅計
年掌兵權土躔
井凡行月土
限二度者忌
文月
魁木
名水催計
甲土祿月
官土喜火
印孛爵木
綬土天土
緯土地木
馬火人火
驛水令土
職火
局月
值水
支金
忌水
産水
貴土
刑月
印水
囚炁
權計
祿孛
馬木
仁水
壽水
耗金
暗火
福孛
蔭木
命
相
午
未
巳
申
酉
辰
卯
寅
丑
子
亥
戌
命柳三度

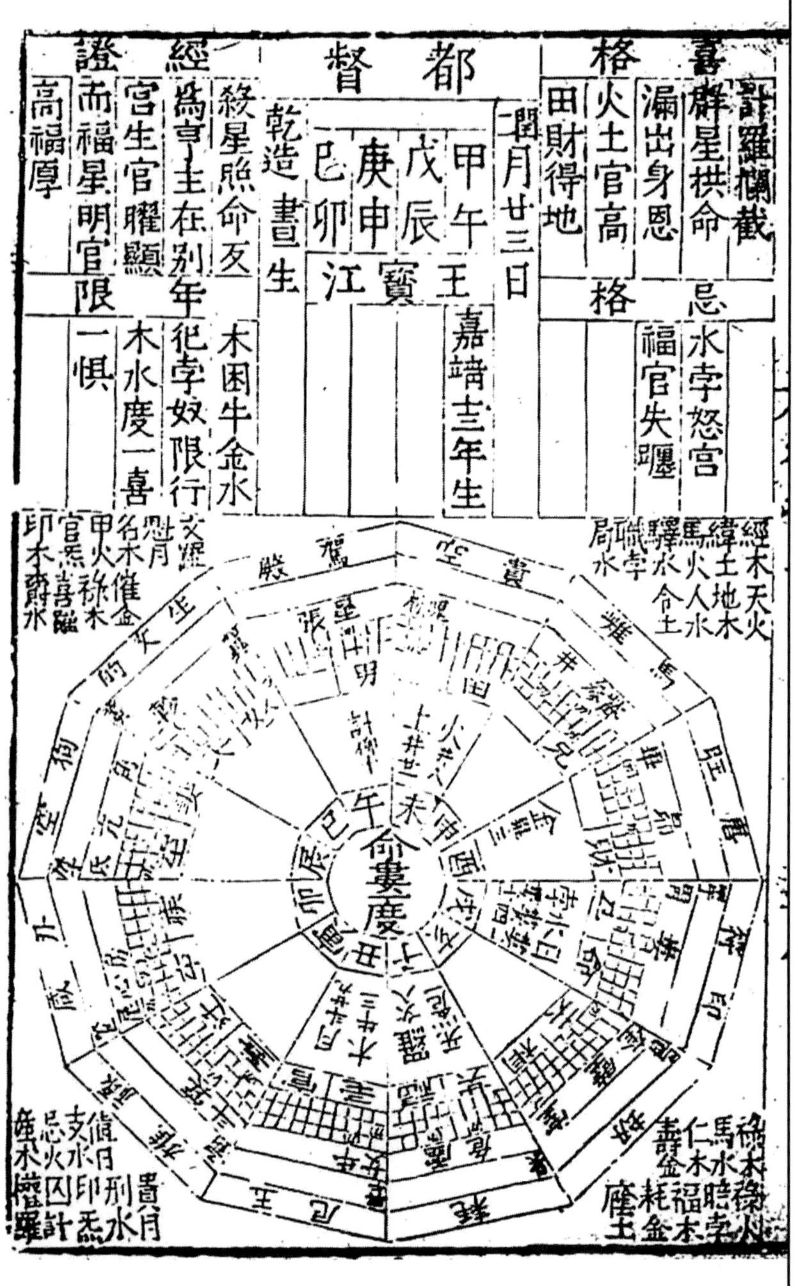

喜格
計羅攔截
羣星拱命
漏出身恩
火土官高
田財得地
忌格
水孛怒宮
福官失躔
都督
閏月廿三日
甲午
戊辰
庚申
己卯
王寶江
乾造書生
經證
命妻度

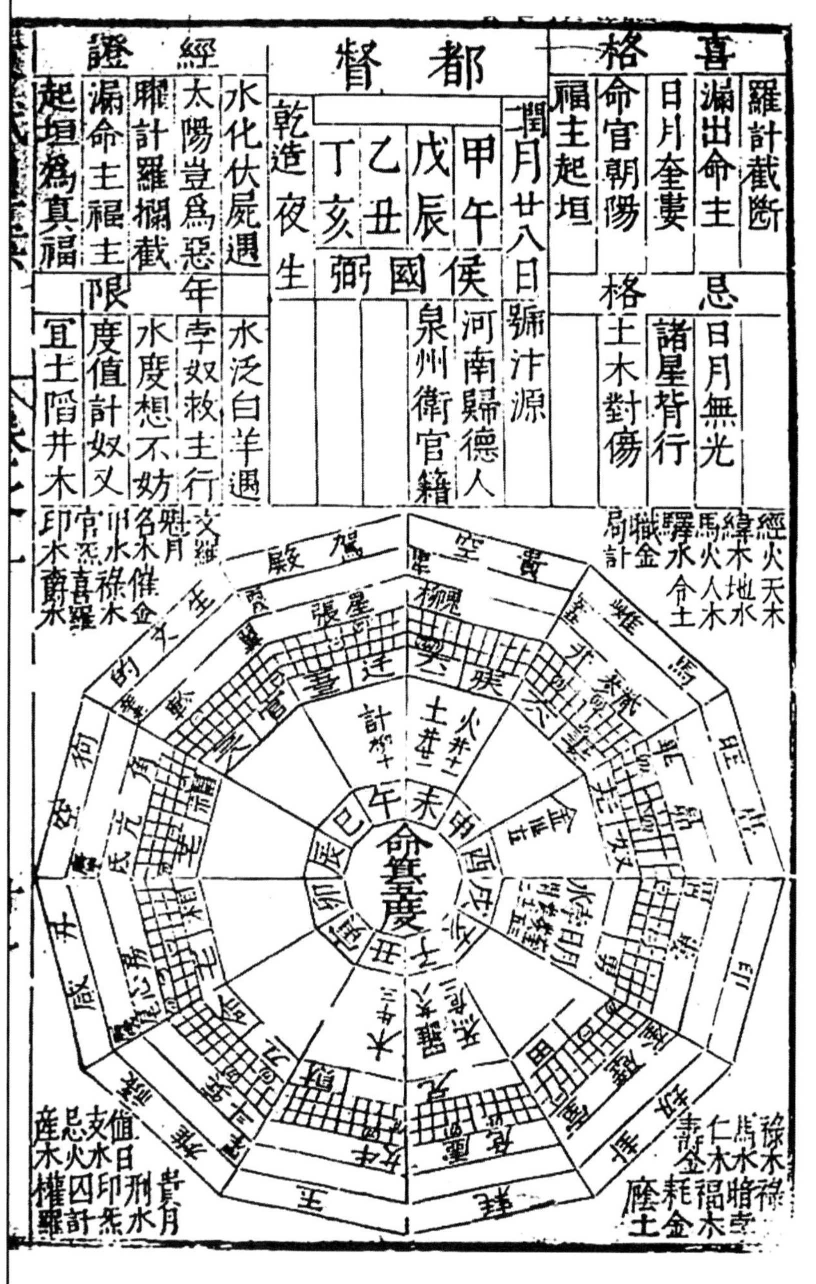
喜格
羅計截斷
漏出命主
日月奎婁
命官朝陽
福主起垣
忌格
日月無光
諸星背行
土木對傷
都督
閏月廿八日號汴源
甲午
戊辰
乙丑
丁亥
乾造夜生
侯國爵
河南歸德人
泉州衛官籍
經證
水化伏屍遇
太陽豈爲惡年
聯計羅攔截
漏命主福主
起垣爲真福
年限
水泛白羊遇
孛奴救主行
水度想不妨
度值計奴又
宜土陷井木
命宮

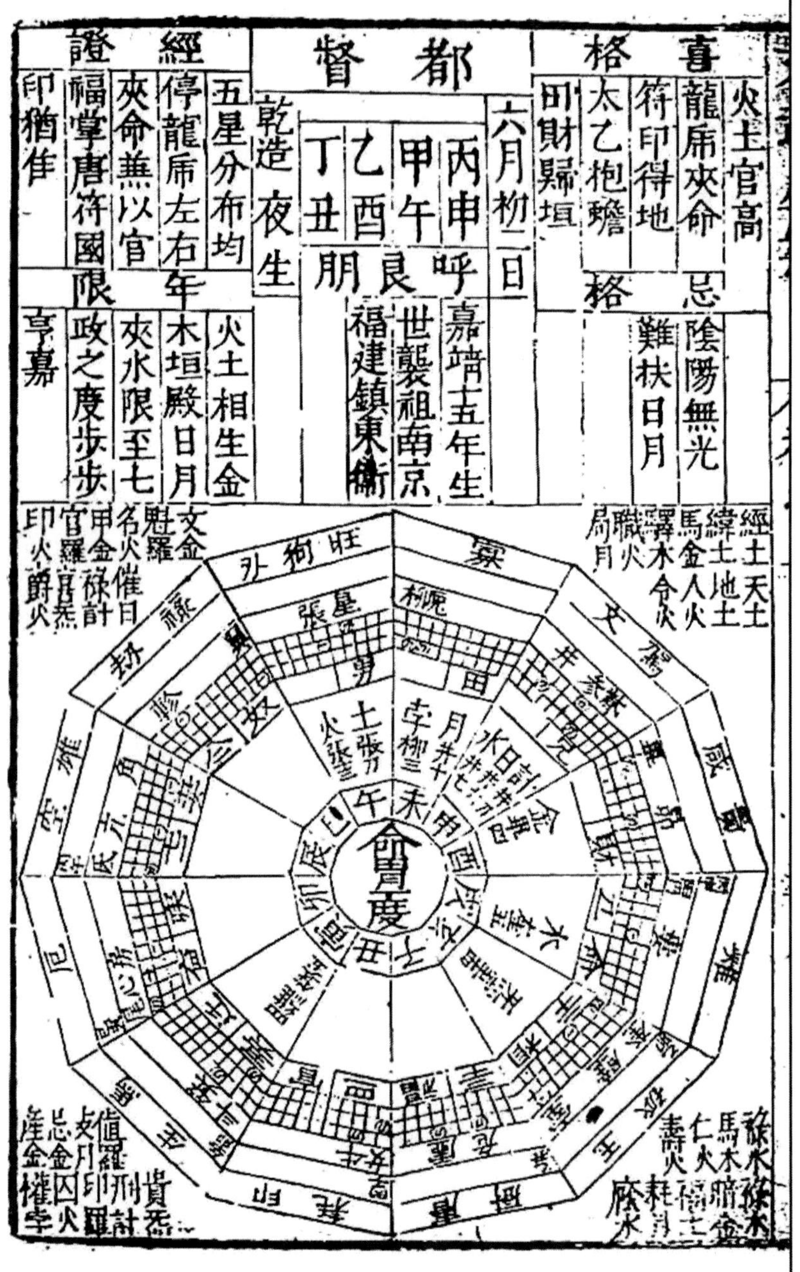

喜格
火土官高
龍㢘夾命
符印得地
太乙抱蟾
叩財歸垣
忌格
陰陽無光
難扶日月
都督
六月初二日
丙申
甲午
乙酉
丁丑
呼良朋
嘉靖十五年生
世襲祖南京
福建鎮東衛
乾造夜生
經證
五星分布均
停龍㢘左右
夾命兼以官
福掌唐符國
印猶隼
年限
火土相生金
木垣殿日月
夾水限至七
政之度步步
亨嘉
經土 天土
緯土 地土
馬金 人火
驛木 命火
職火
局月
文金
魁羅
名火 催日
甲金 祿計
官羅 貴炁
印火 爵火
祿木 祿木
馬木 暗金
仁火
壽火 耗月
蔭水
貴炁
值羅 刑計
夭月 刃羅
忌金 囚火
產金 權孛
命宮度
子 丑 寅 卯 辰 巳 午 未 申 酉 戌 亥

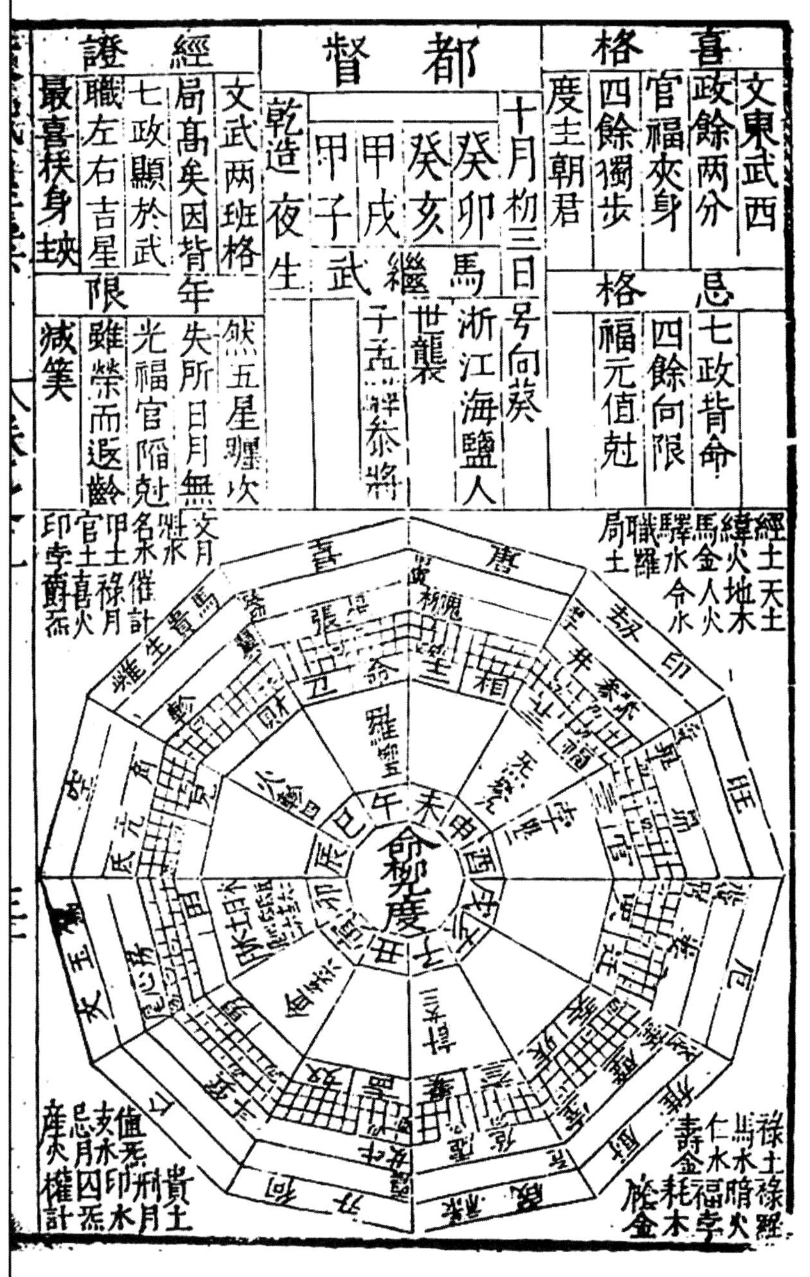
喜格
文東武西
政餘兩分
官福夾身
四餘獨步
度主朝君
忌格
七政背命
四餘向限
福元值魁
都督
十月初三日子向癸
浙江海鹽人
癸卯
癸亥
甲戌
甲子
馬繼武
世襲
乾造夜生
經證
文武兩班格
局高矣因背年
七政顯於武
職左右吉星
最喜扶身訣
限
然五星躔次
失所日月無
光福官陷魁
雖榮而遐齡
減筭
命柳九度

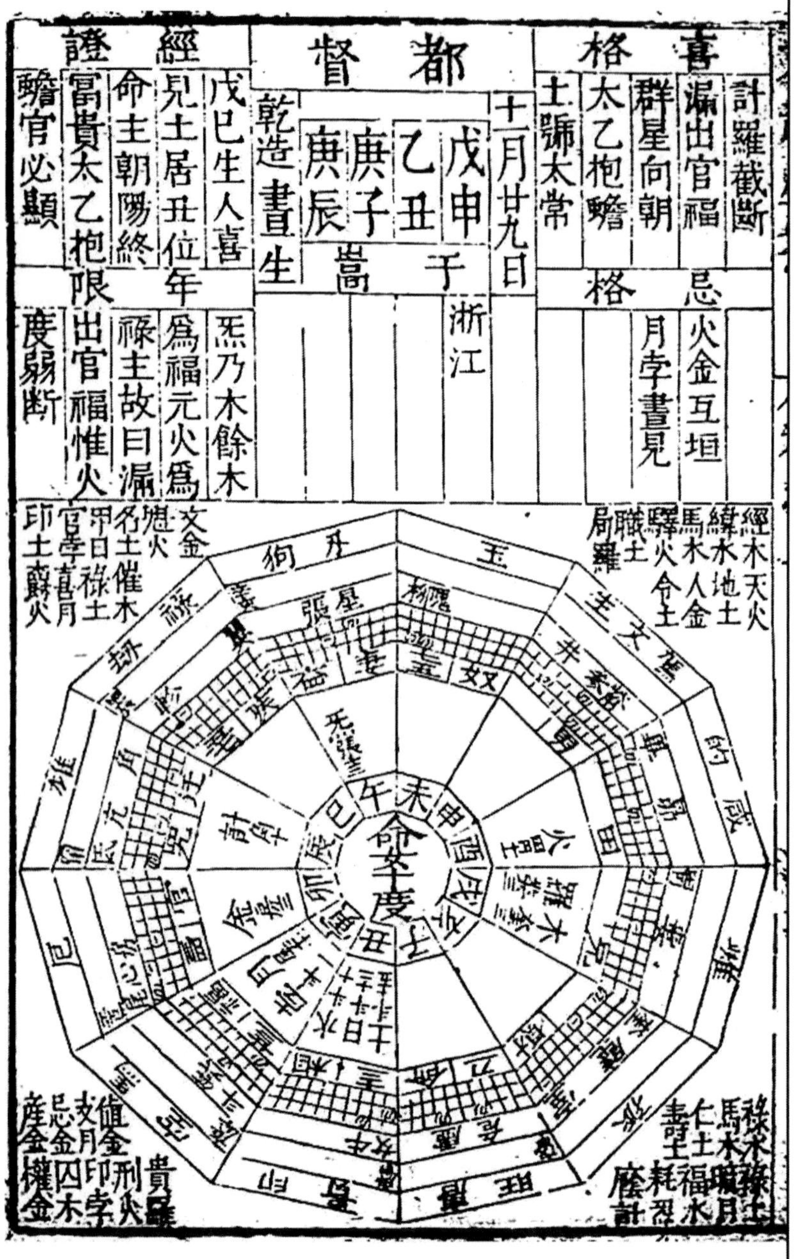

喜格

計羅截斷
漏出官福
群星向朝
太乙抱蟾
土蹄太常

忌格

火金互垣
月孛晝見

都督

十一月廿九日

戊申
乙丑
庚子
庚辰

于嵩

乾造晝生

浙江

經證

戊巳生人喜
見土居丑位
命主朝陽終
富貴太乙抱
蟾官必顯

年限

炁乃木餘木
爲福元火爲
祿主故曰漏
出官福惟火
度弱斷

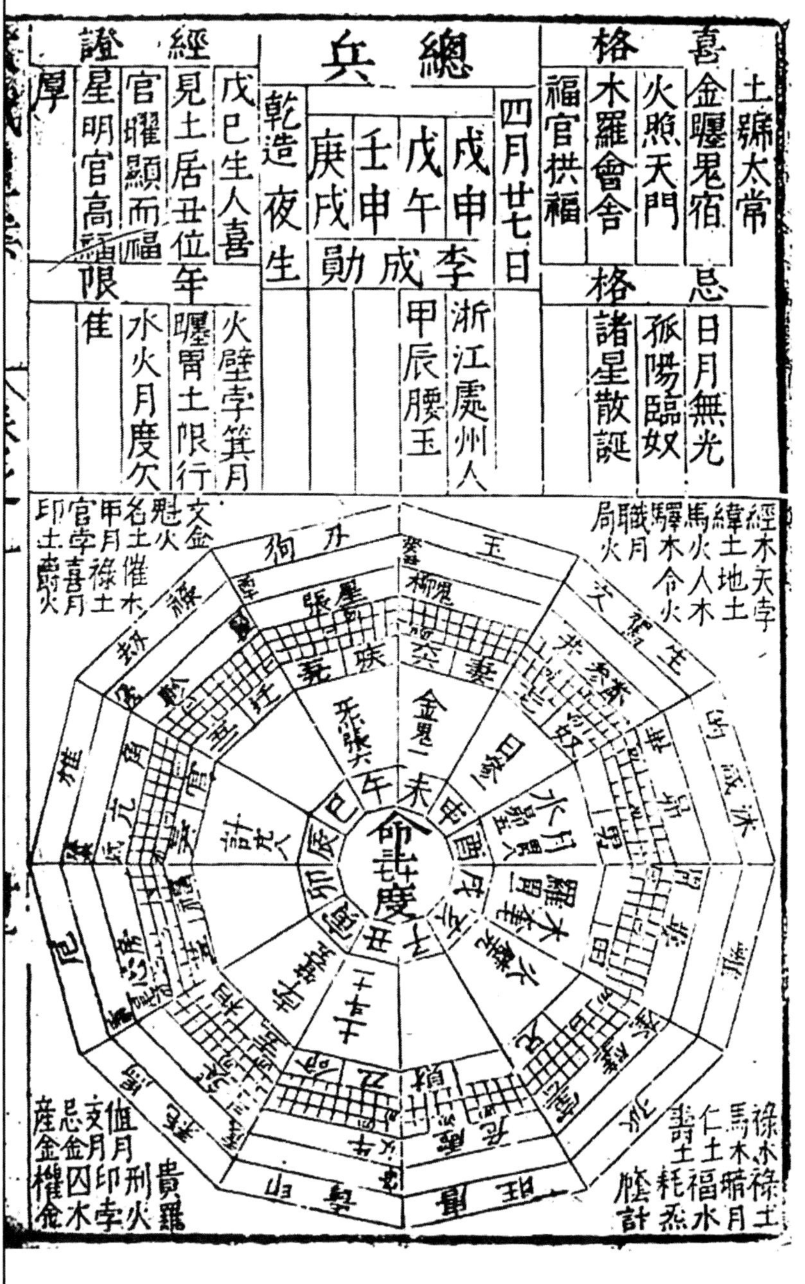

喜格

土鍚太常
金躔鬼宿
火照天門
木羅會舍
福官拱福

忌格

日月無光
孤陽臨奴
諸星散誕

總兵

四月廿七日

戊申
戊午
壬申
庚戌

乾造夜生

李成勛

浙江處州人
甲辰腰玉

經證

戊巳生人喜
見土居丑位
官曜顯而福
星明官高福
厚

年
限

火壁孛箕月
躔胃土限行
水火月度欠
佳

文金
魁火
名土催木
甲月祿土
官孛喜月
印土壽火

經木天孛
緯土地土
馬火人木
驛木命火
職月
局火

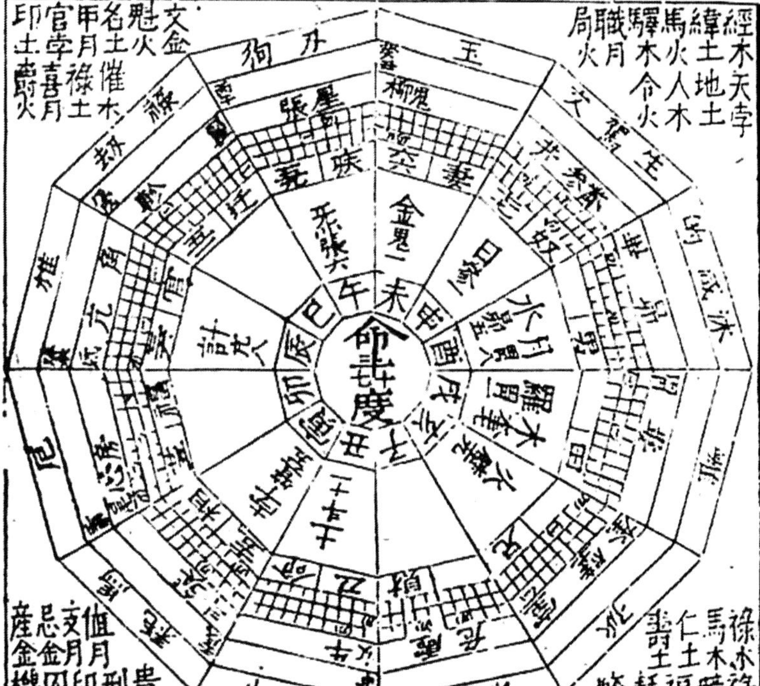

貴羅
值月刑火
支月印孛
忌金囚木
產金權金

祿水祿土
馬木瘠月
仁土福水
壽土耗炁
蔭計

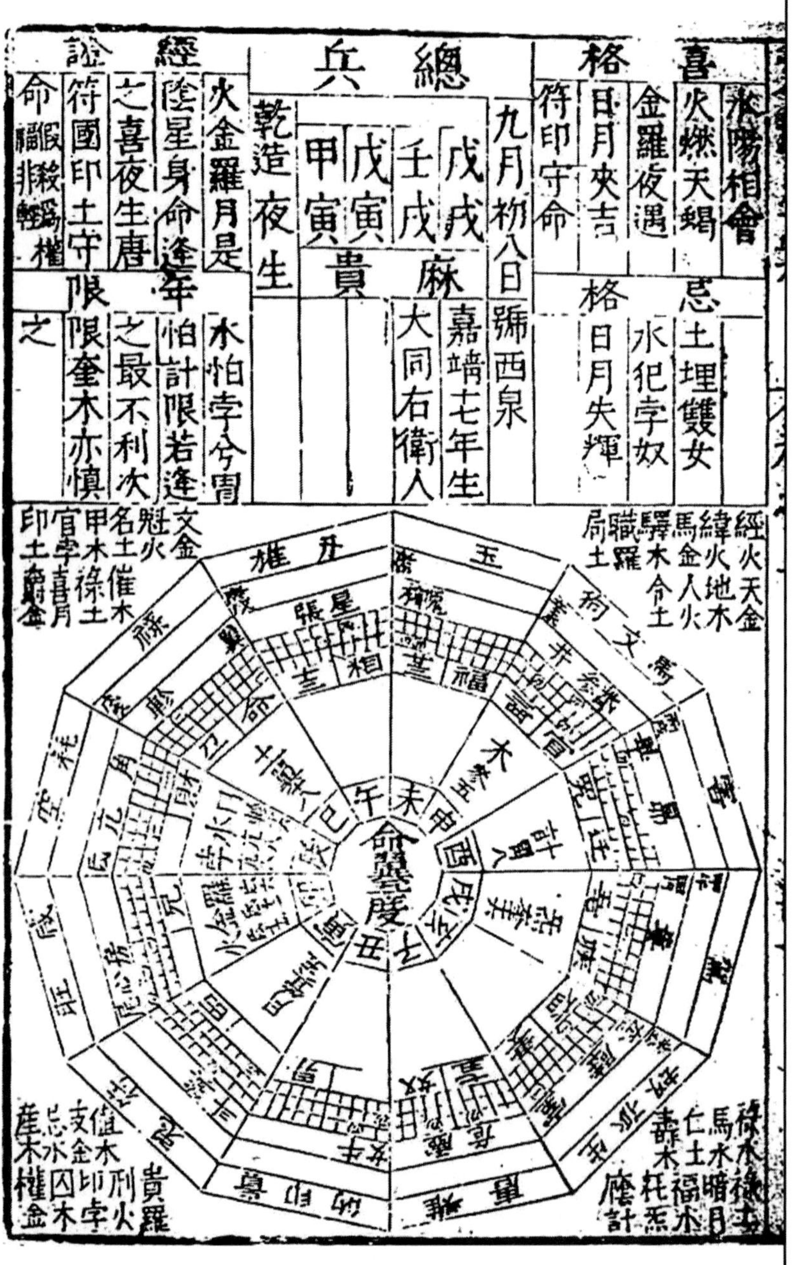

喜格
水陽相會
火燃天蝎
金羅夜遇
日月夾吉
符印守命
忌格
土埋雙女
水犯孛奴
日月失輝
總兵
九月初八日號西泉
嘉靖七年生
大同右衛人
麻貴
戊戌
壬戌
戊寅
甲寅
乾造夜生
經訣
火金羅月是
陰星身命逢
之喜夜生唐
符國印土守
年限
水怕孛兮胃
怕計限若逢
之最不利次
限奎木亦慎
之

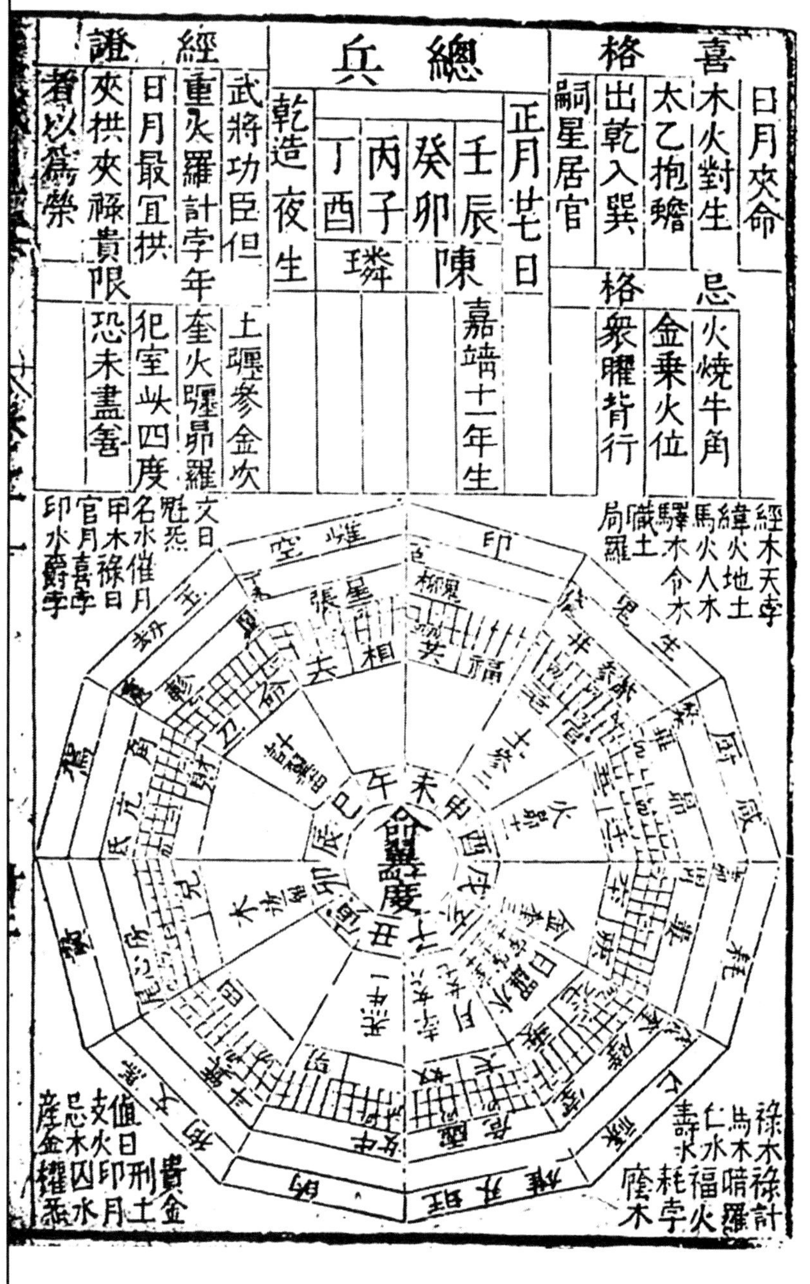
喜格
日月夾命
木火對生
太乙抱蟾
出乾入巽
嗣星居官
忌格
火燒牛角
金乘火位
衆曜背行
總兵
正月廿七日
壬辰
癸卯
丙子
丁酉
陳璘
嘉靖十一年生
乾造夜生
經證
武將功臣但土躔參金次
重火羅計孛年奎火躔昴羅
日月最宜拱犯室岴四度
夾拱夾祿貴限恐未盡善
着以爲榮
經木天孛
緯火地土
馬火人木
驛木介木
職土
局羅
文日魁炁
名水催月
甲木祿日
官月喜孛
印水爵孛
祿木祿計
馬木暗羅
仁水福火
壽水耗孛
廕木
貴金
値日刑土
支火印月
忌木囚水
産金權炁

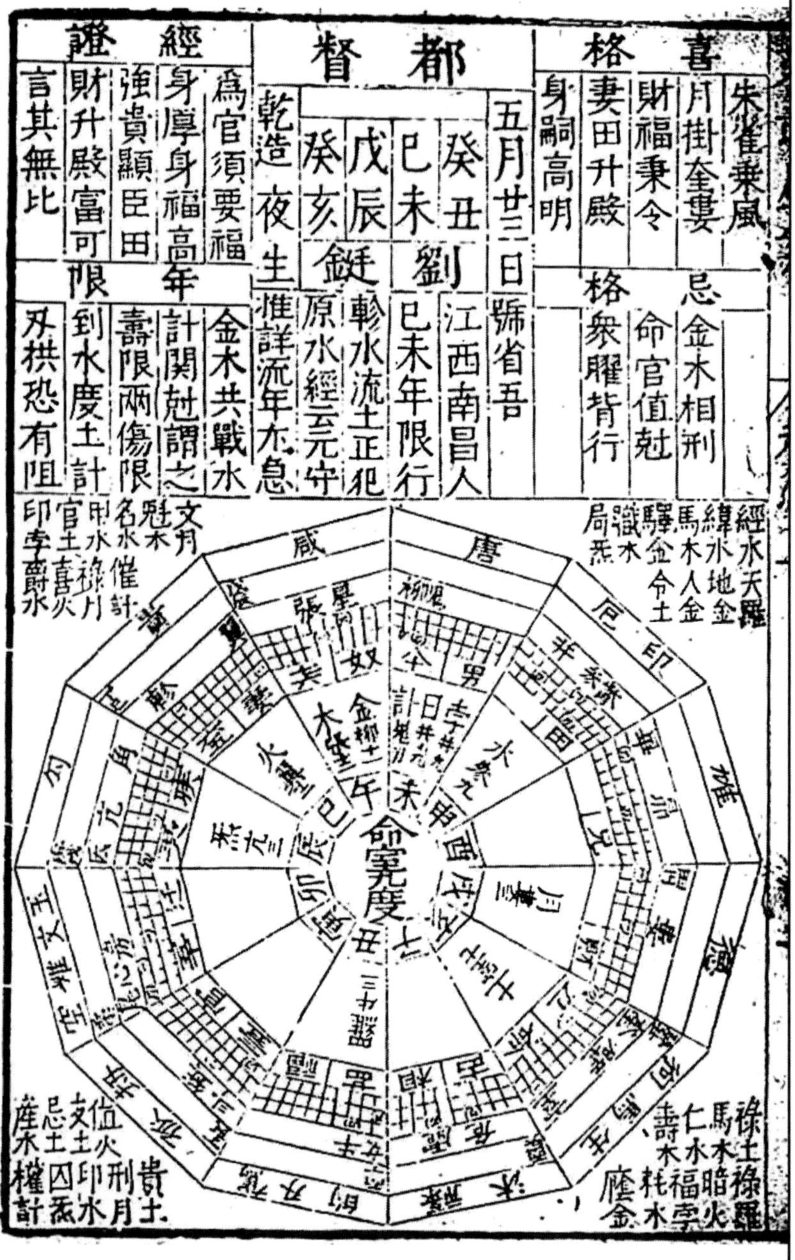
喜格
朱雀乘風
月掛奎婁
財福秉令
妻田升殿
身嗣高明
忌格
金木相刑
命官值尅
衆曜背行
都督
五月廿三日號省吾
癸丑
己未
戊辰
癸亥
劉鋌
江西南昌人
巳未年限行
軫水流土正犯
原水經云元守
推詳流年不息
乾造夜生
經證
爲官須要福
身厚身福高
強貴顯臣田
財升殿富可
言其無比
年限
金木共戰水
計関尅謂之
壽限兩傷限
到水度土計
殀拱恐有阻
經水天羅
緯水地金
馬木人金
驛金令土
職木
局炁
文月
魁木
名水
催計
刑水
祿月
官土
喜火
印孛
爵水
命宮亢度
祿土祿羅
馬木暗火
仁水福孛
壽木耗木
蔭金
貴土
刑月
位火
印水
支土
囚炁
忌土
產水
權計

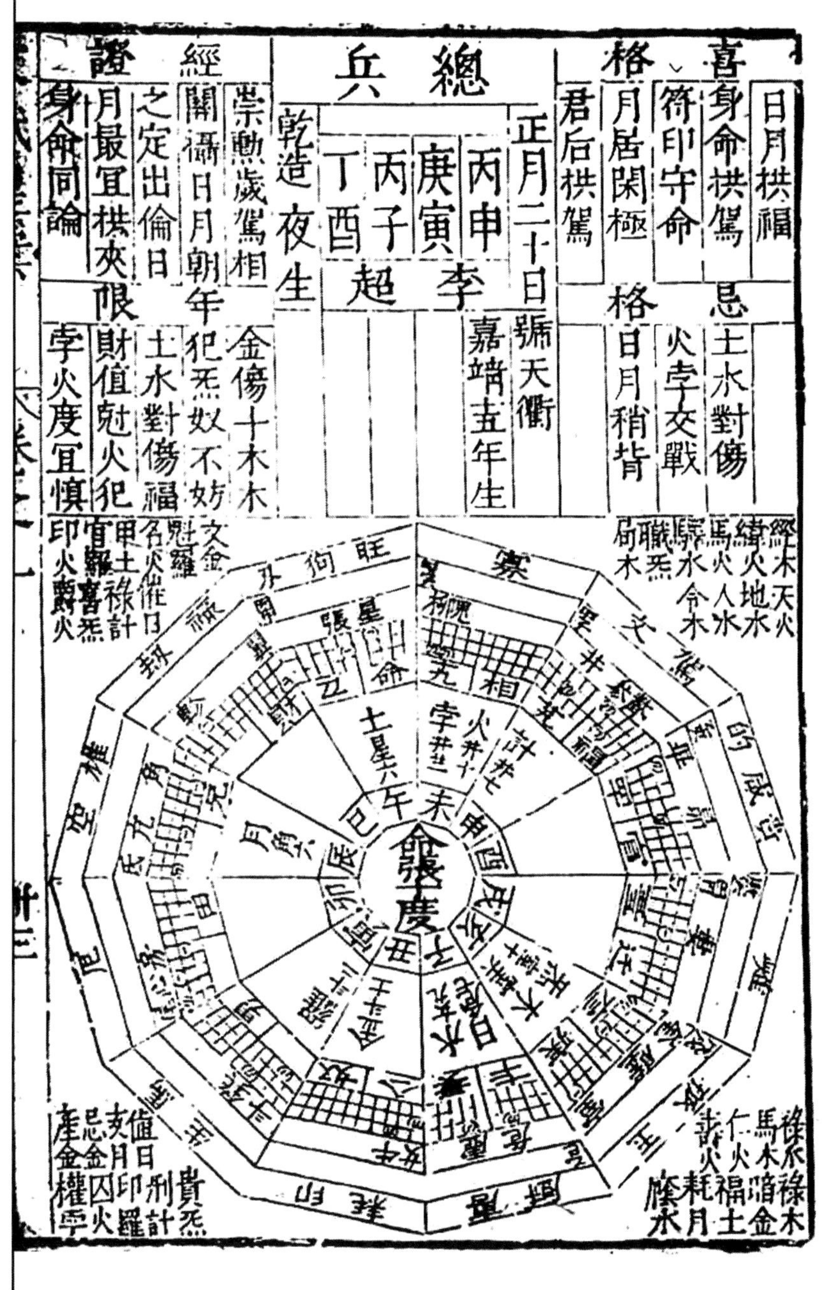

喜格
日月拱福
身命拱駕
符印守命
月居閑極
君后拱駕

忌格
土水對傷
火孛交戰
日月稍背

總兵
正月二十日號天衢
嘉靖十五年生
丙申
庚寅
丙子
丁酉
李超
乾造夜生

經證
崇勳歲駕相
關係日月朝年
之定出倫日
月最宜拱夾
身命同論

限
金傷十木木
犯忝奴不妨
土水對傷福
財值魁火犯
孛火度宜慎

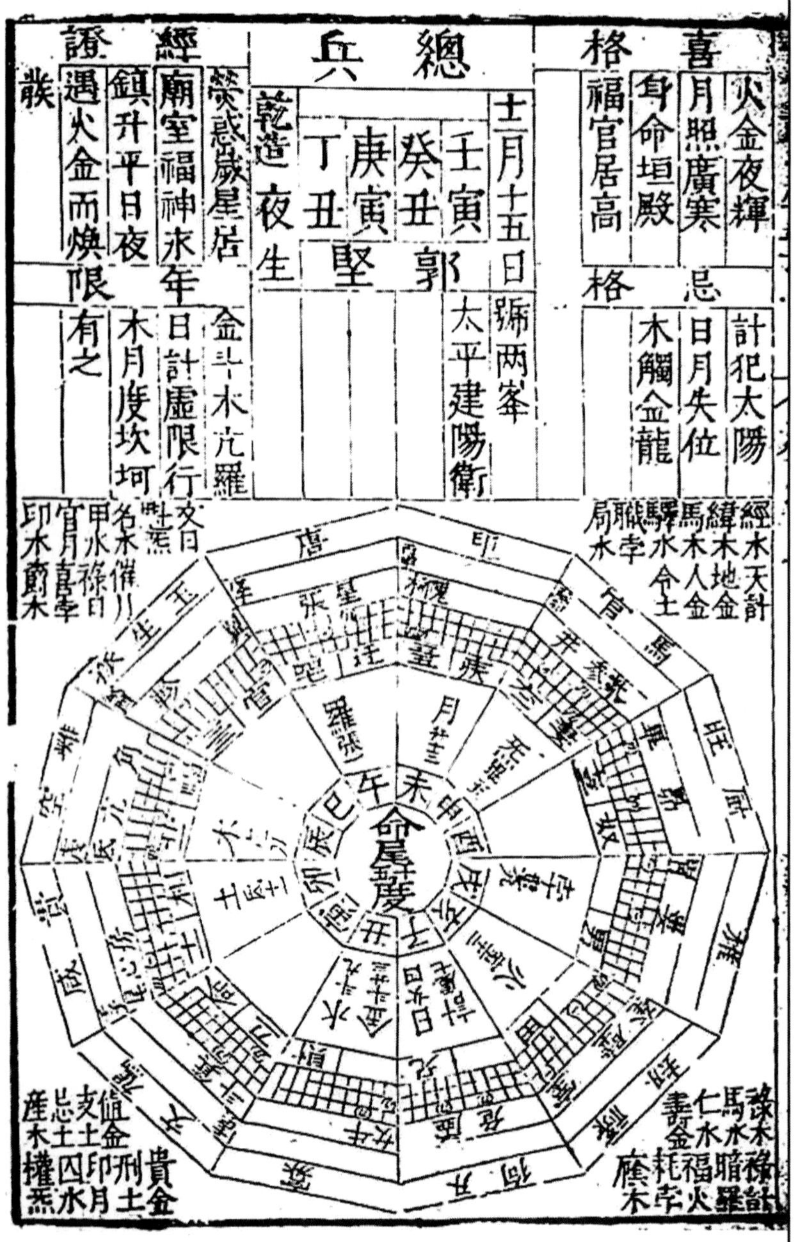
喜格
火金夜輝
月照廣寒
身命垣殿
福官居高
忌格
計犯太陽
日月失位
木觸金龍
總兵
十一月十五日 號兩峯
太平建陽衛
郭堅
壬寅
癸丑
庚寅
丁丑
乾造夜生
經諺
熒惑歲星居 金斗木亢羅
廟室福神永年 日計虛限行
鎮升平日夜 木月度坎垣
遇火金而煥 限有之
經木 天計
緯木 地金
馬木 人金
驛水 命土
職孛
局水
祿木 祿計
馬水 暗羅
仁水 福火
壽金 耗孛
蔭木
值金 貴金
支土 刑土
忌土 印月
產木 囚水
權炁

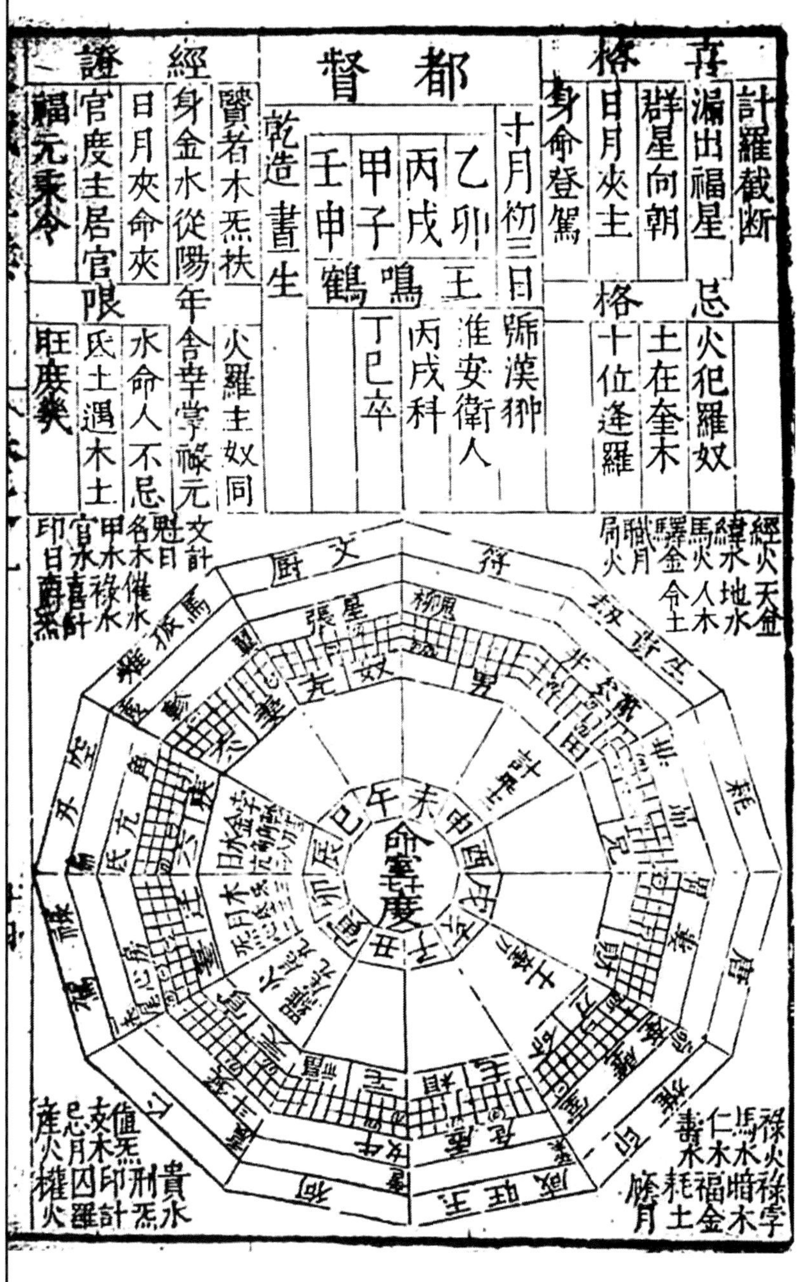
喜格
計羅截斷
漏出福星
群星向朝
日月夾主
身命登駕
忌格
火犯羅奴
土在奎木
十位逢羅
都督
十月初三日
乾造書生
乙卯
丙戌
甲子
壬申
王鳴鶴
號漢卿
淮安衛人
丙戌科
丁巳卒
經證
貲若木炁扶
身金水從陽年
日月夾命夾
官度主居官
福元秉令
限
火羅主奴同
含孛掌祿元
水命人不忌
氐土遇木土
旺度樂
經火 天金
緯水 地水
馬火 人木
驛金 命土
職月
局火
文計
魁日
名木 備水
甲木 祿水
官水 喜計
印日 爵炁
祿火 祿孛
馬木 暗木
仁木 福金
壽木 耗土
蔭月
貴水
值炁 刑炁
支木 印計
忌月 囚羅
産火 權火

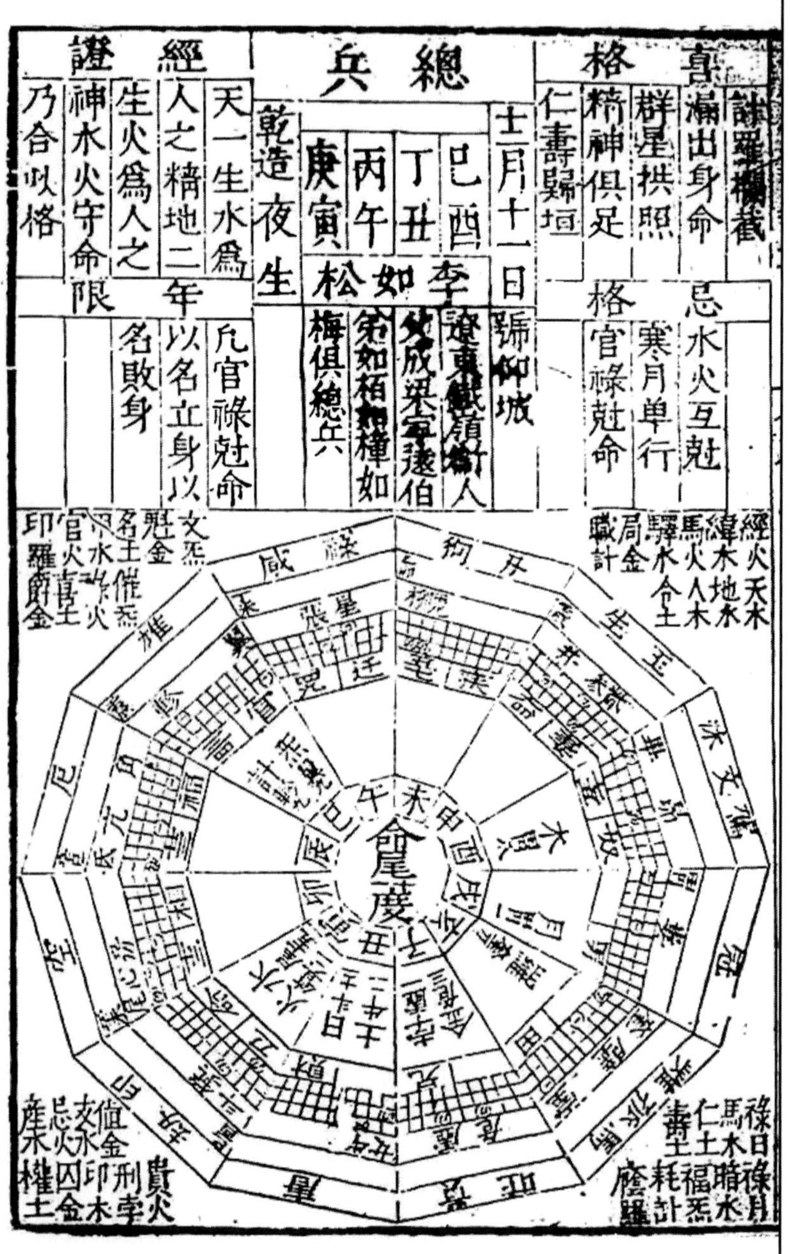

貴格
計羅欄截
漏出身命
群星拱照
精神俱足
仁壽歸垣
忌格
水火互魁
寒月单行
官祿魁命
總兵
十二月十一日
己酉
丁丑
丙午
庚寅
乾造夜生
李如松
號仰城
遼東鐵嶺衛人
父成梁寧遠伯
弟如柏如樟如
梅俱總兵
經證
天一生水爲
人之精地二
生火爲人之
神水火守命
乃合以格
年限
凡官祿魁命
以名立身以
名敗身
經火天木
緯木地水
馬火人木
驛水合土
局金
職計
命
尾度
祿日祿月
馬木暗水
仁土福炁
壽土耗計
蔭羅
貴火
刑孛
印木
因金
權土

總兵

李如栢

乾造 晝生

丙辰 辛卯 癸巳 丙辰

二月初四日[illegible]景城

遼東鐵嶺衛人

父成梁寧遠伯

兄如松總兵

弟如樟總兵

喜格

計羅攔截
群星拱命
官福臨垣
日月夾輔
日財守命

忌格

月金晝晦
孤陽無輔

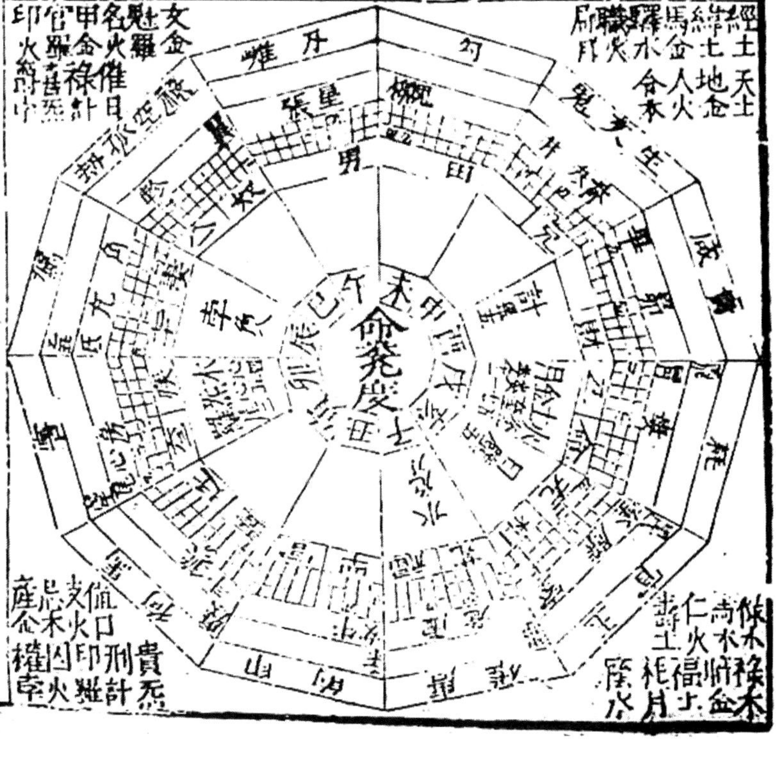

經證

日月官福身
命田財無一
不臨守本垣
群星守照多
端合格為上

年限

五曜得所日
月著明限行
七政俱順
境惟木度犯
炁奴須慎之

經土 緯土 馬金 驛水 職火 局月
天土 地金 人火 合木

文金 魁羅 名火 甲金 官羅 印火
唯日 祿計 嗇炁 爵孛

值口 支火 忌木 産金
貴炁 刑計 印羅 囚火 權孛

候木 壽水 仁火 壽土
祿木 將金 福土 祐月 廢火

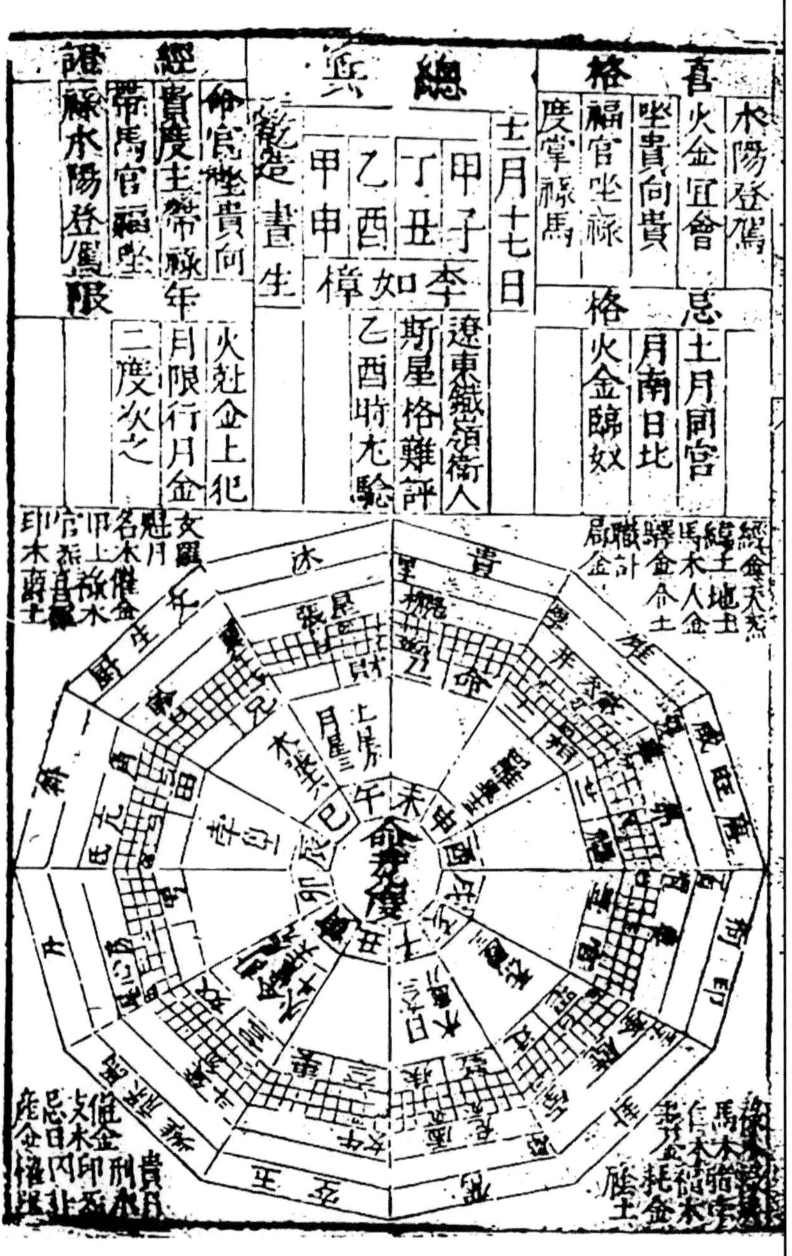

喜格
木陽登駕
火金宜會
坐貴向貴
福官坐祿
度掌祿馬
忌格
土月同宮
月南日北
火金臨奴
總斷
十一月十七日
甲子
丁丑
乙酉
甲申
李如樟
遼東鐵嶺衛人
斯星格難評
乙酉時尤驗
觀造書生
經證
命官坐貴向
貴度主帶祿
帶馬官福坐
祿木陽登駕限
火尅金上犯
年月限行月金
二度次之

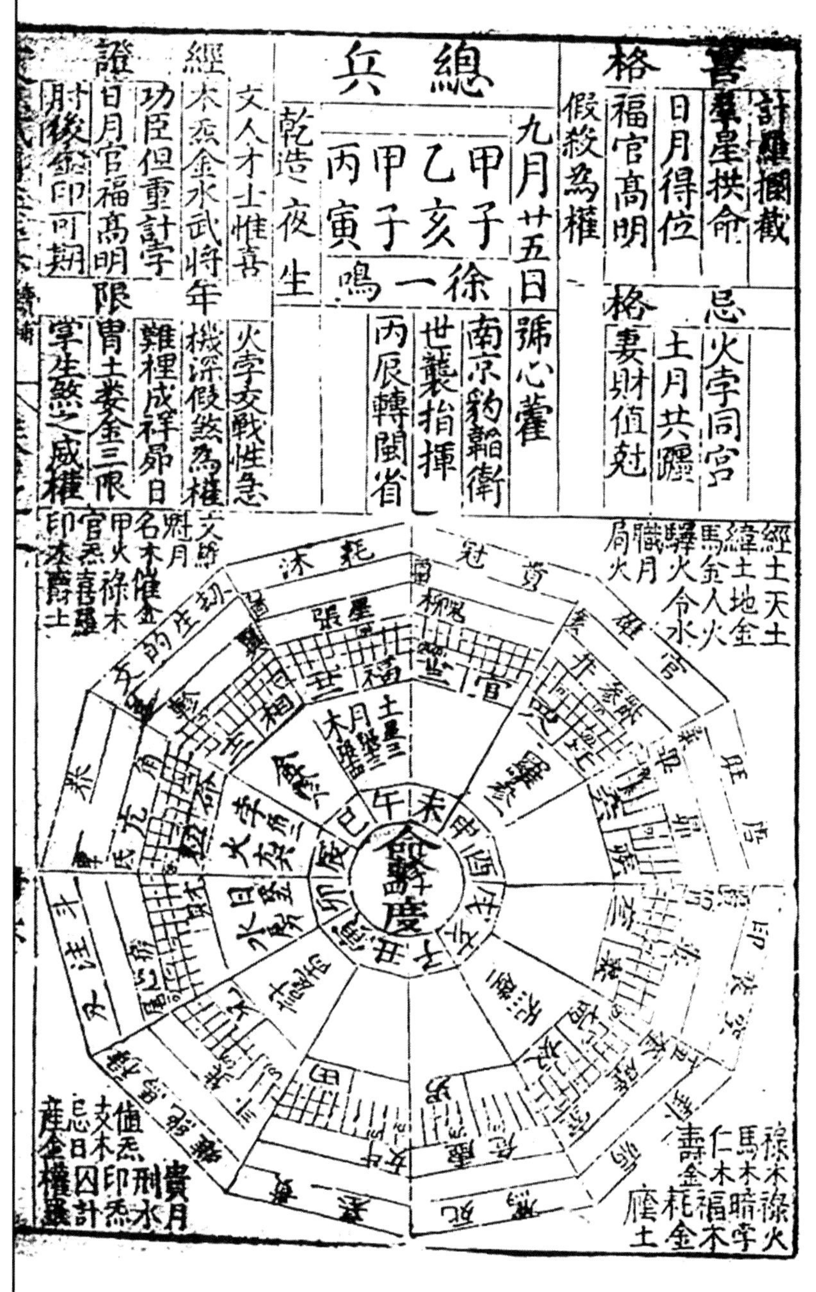

書
格
計羅擱截
牽星拱命
日月得位
福官高明
假殺為權
忌 火孛同宮
土月共躔
格 妻財值尅
總兵
九月廿五日號心菴
甲子
乙亥
甲子
丙寅
徐一鳴
南京豹韜衛
世襲指揮
丙辰轉閫省
乾造夜生
文人才士惟喜
火孛交戰性急
經 木炁金水武將年
機深假殺為權
功臣但重計孛
難裡成祥夘自
證 日月官福高明
限 胃土婁金三限
財祿貌印可期
掌生煞之威權
經土天土
緯土地金
馬金人火
驛火合水
職月
局火
祿木祿火
馬木晴孛
仁木福木
壽金耗金
廕土
貴月
刑水
值炁印炁
支木因計
忌日
權羅
産金

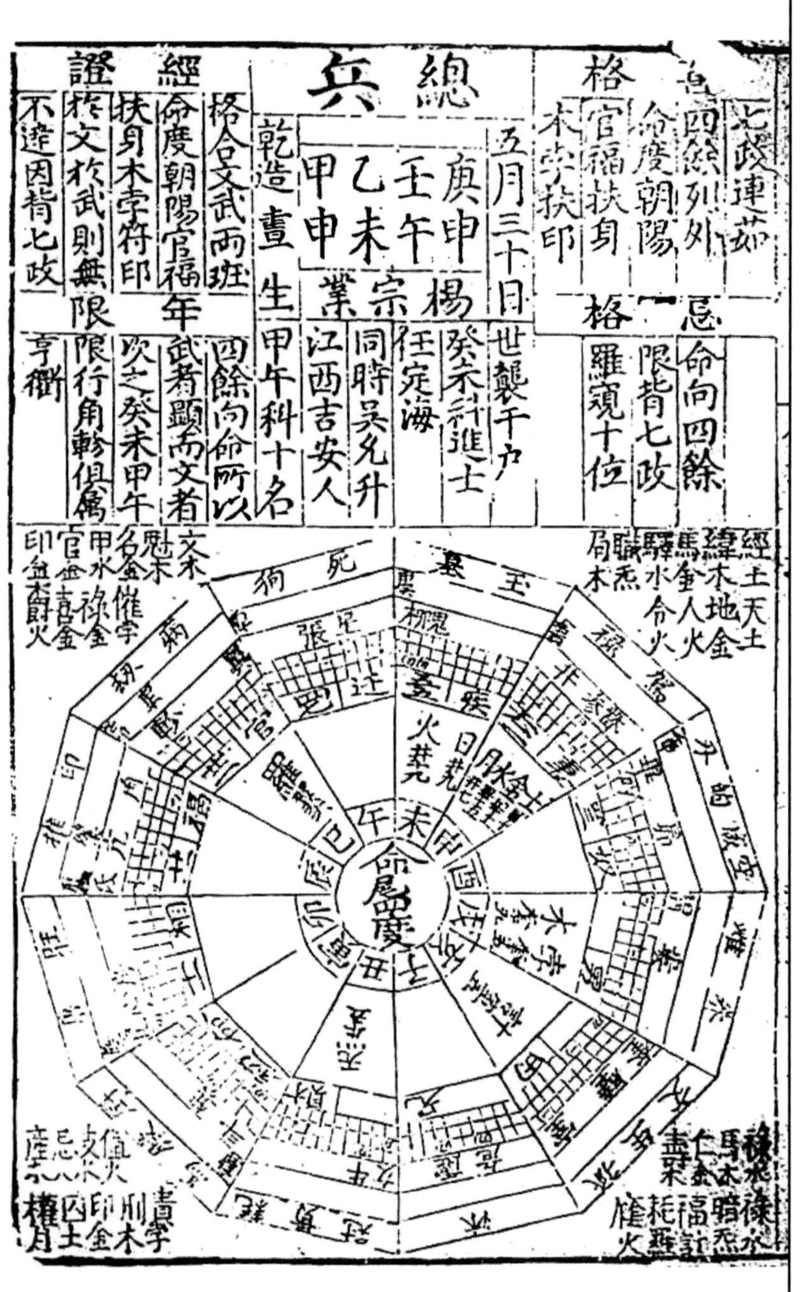

喜格	忌格
七政連茹	命向四餘
四餘列外	限背七政
命度朝陽	羅窺十位
官福扶身	
木字扶印	

總兵

五月三十日　世襲千戶

庚申　壬午　乙未　甲申

楊宗業　癸未科進士　任定海　同時吳允升　江西吉安人

乾造晝生　甲午科十名

經證

格合文武兩班
命度朝陽官福
扶身木字符印
於文於武則無
不遂因背七政

年　限

四餘向命所以
武者顯而文者
次之癸未甲午
限行角軫俱傷
亨衢

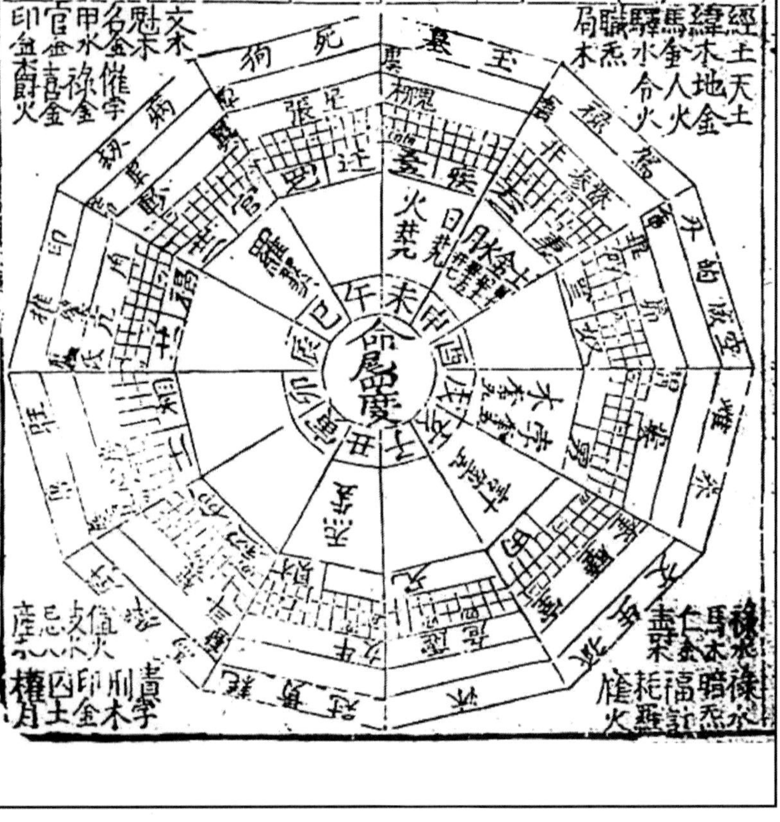

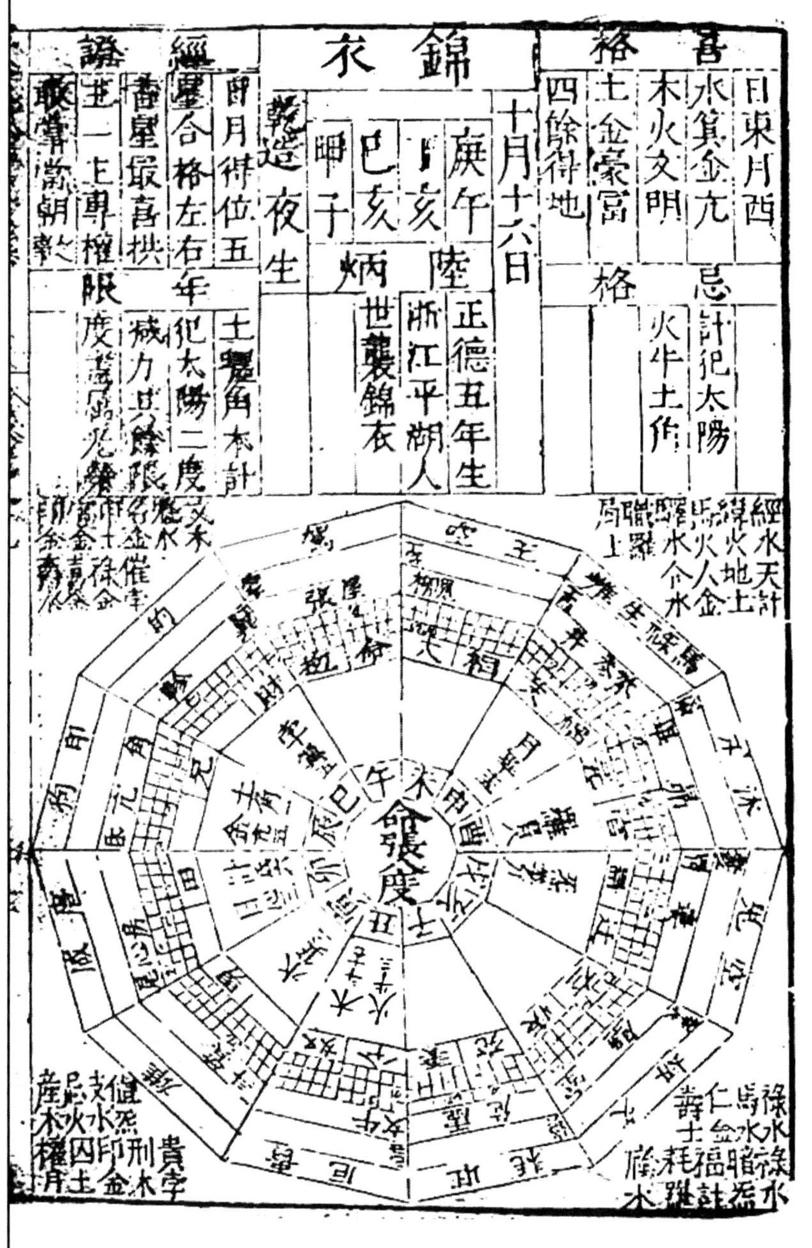
錦衣
喜格
日東月西
木火文明
土金豪宮
四餘得地
忌格
計孛太陽
火伴土作
十月十六日
庚午
丁亥
己亥
甲子
乾造夜生
陸
炳
正德五年生
浙江平湖人
世襲錦衣
日月得位五
星合格左右
壽星最喜拱
命
張
度

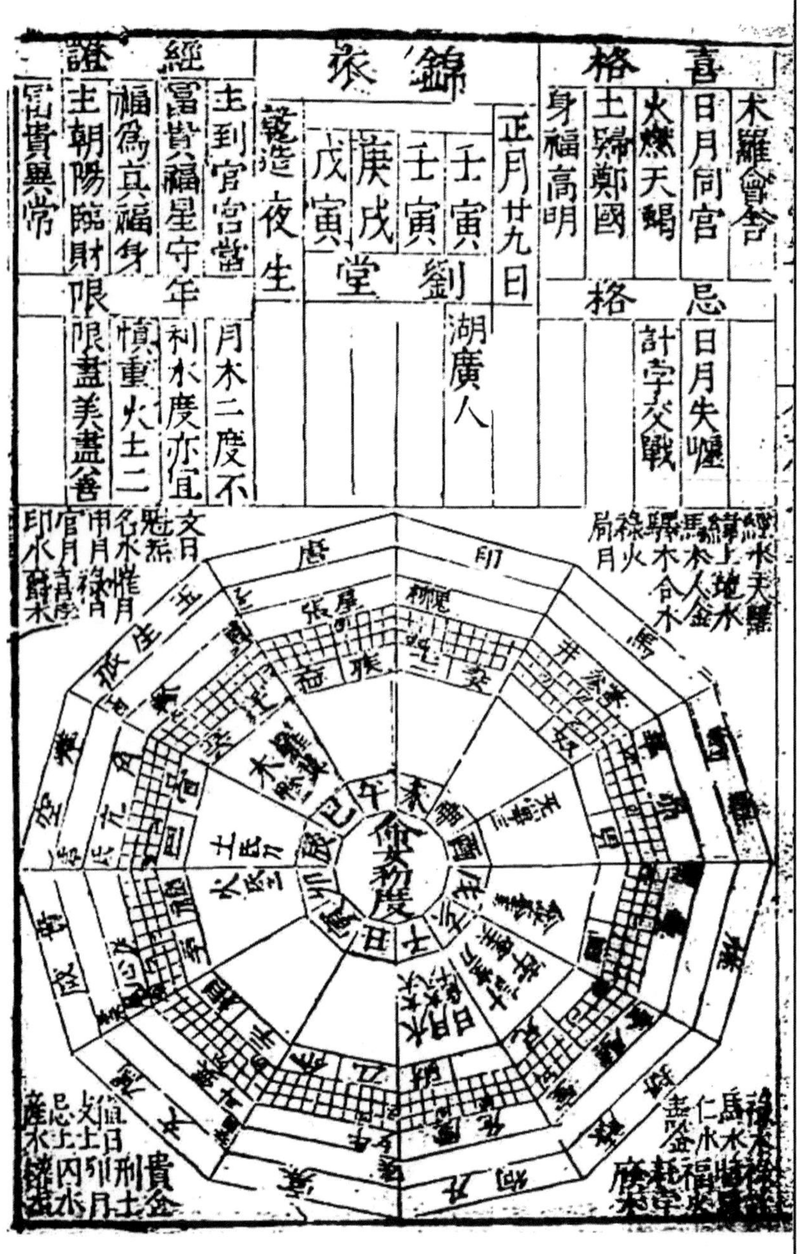

喜格
木羅會命
日月同宮
火燃天蝎
土歸鄭國
身福高明
忌格
日月失躔
計孛交戰
正月廿九日
壬寅
壬寅
庚戌
戊寅
夜生
劉堂
湖廣人
經證
主到官宮當
富貴福星守年
福為真福身
主朝陽臨財
官貴異常
月木二度不
利水度亦宜
慎重火土二
限限盡美盡善

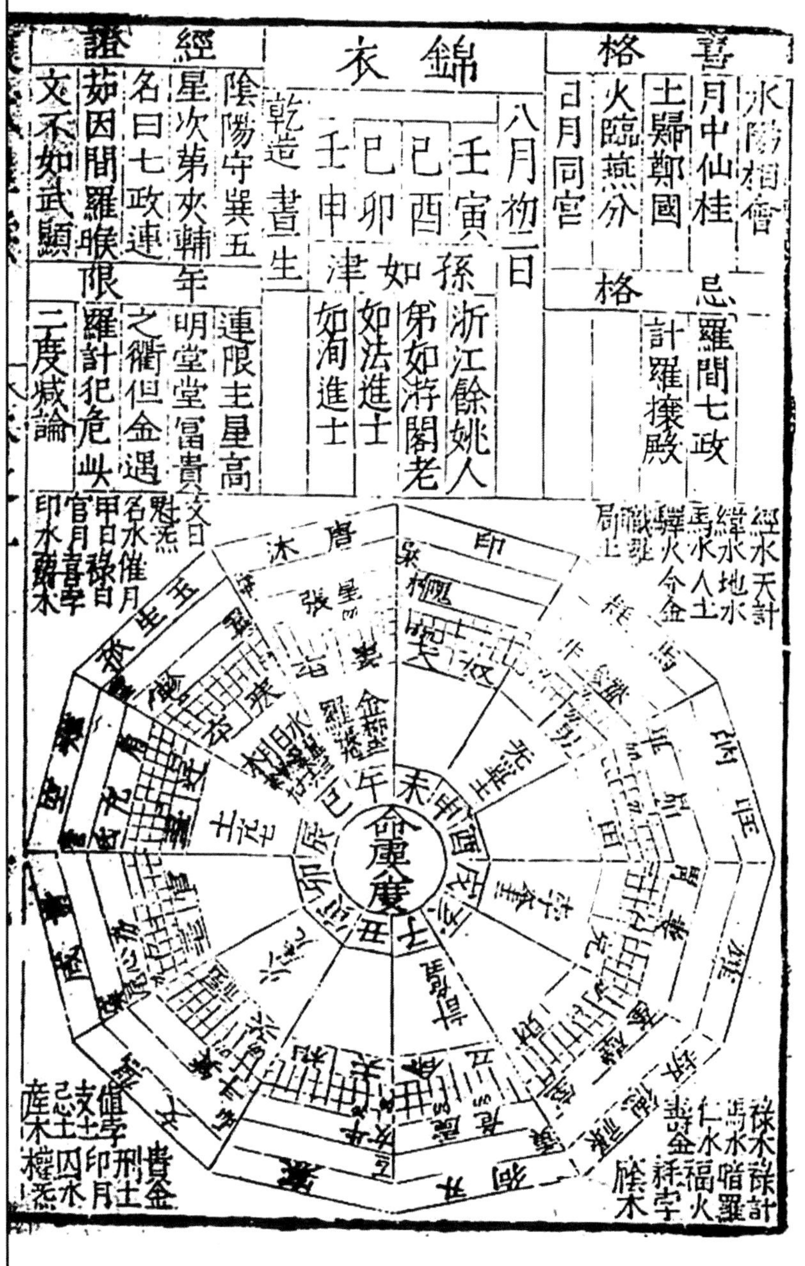
喜格
水陽相會
月中仙桂
土歸鄭國
火臨燕分
日月同宫
忌格
羅間七政
計羅擾殿
錦衣
八月初一日
壬寅
己酉
己卯
壬申
乾造
書生
孫如津
浙江餘姚人
弟如游閣老
如法進士
如洵進士
經讚
陰陽守巽五
星次第夾輔
名曰七政連
茹因間羅睺
文不如武顯
年限
運限主星高
明堂堂富貴
之衢但金遇
羅計犯危此
二度藏論
命度

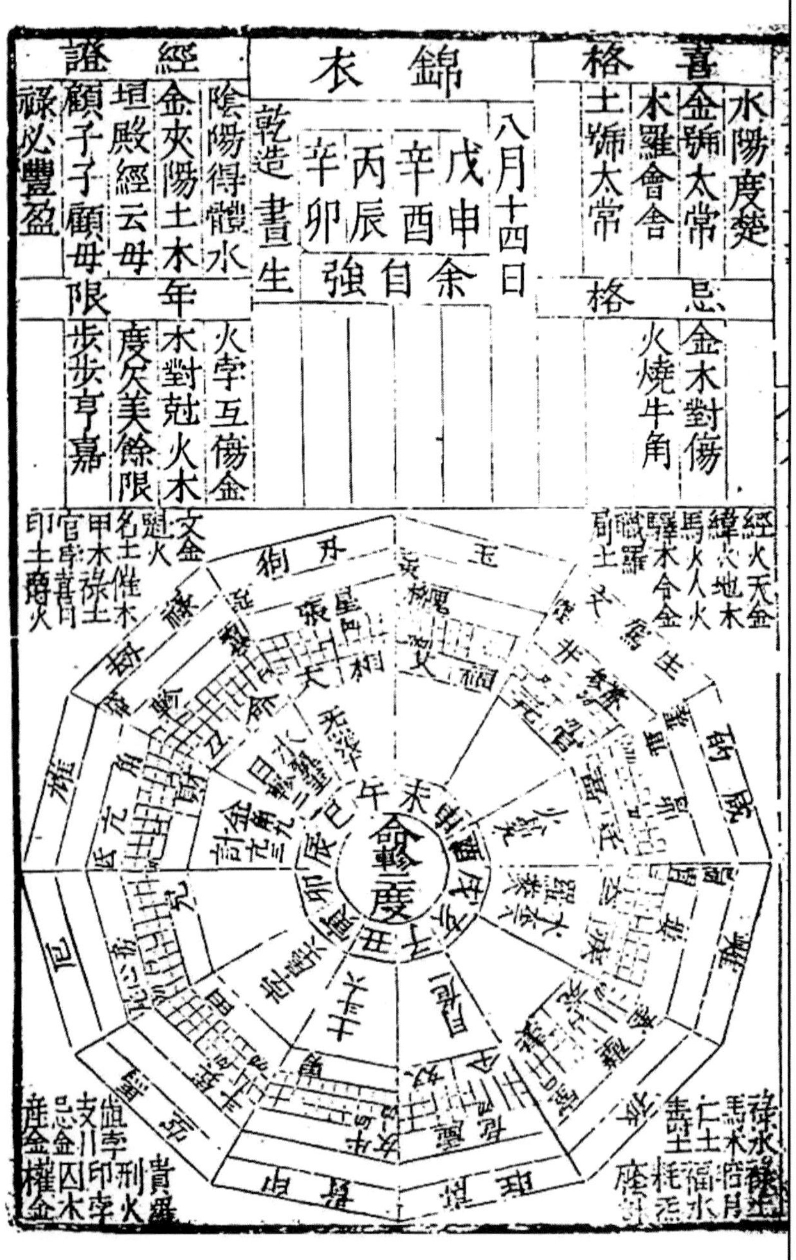

喜格
水陽度燮
金踊太常
木羅會舍
土踊太常
忌格
金木對傷
火燒牛角
錦衣
八月十四日
戊申
辛酉
丙辰
辛卯
乾造書生
余自強
經證
陰陽得體水
金夾陽土木
垣殿經云毋
顧子子顧毋
祿必豐盈
年限
火孛互傷金
木對尅火木
度欠美餘限
步步亨嘉

錦衣

喜格

金居趙國
火羅朝天
命主朝君
身星升殿
福官得地

忌格

火犯羅奴
炁壓斗木

經金天炁
緯土地木
馬水人土
驛木命火
職水
局孛

六月初四日蜥劍峯

辛卯 梅 嘉靖十年生
甲午 應 祖駙馬
丁巳 魁 丁卯戊辰科
庚戌 辛亥 時不驗

乾造夜生

火羅金月掌 幼年斗箕淹

經官祿最喜夜年滯然福元學文全

生命主朝陽 又收成欠美名魁甲

讃終富貴月升限 唐符爲官祿

月殿性涵靈 最顯聲名

名金催士
甲月祿炁
官水喜木
印計爵炁

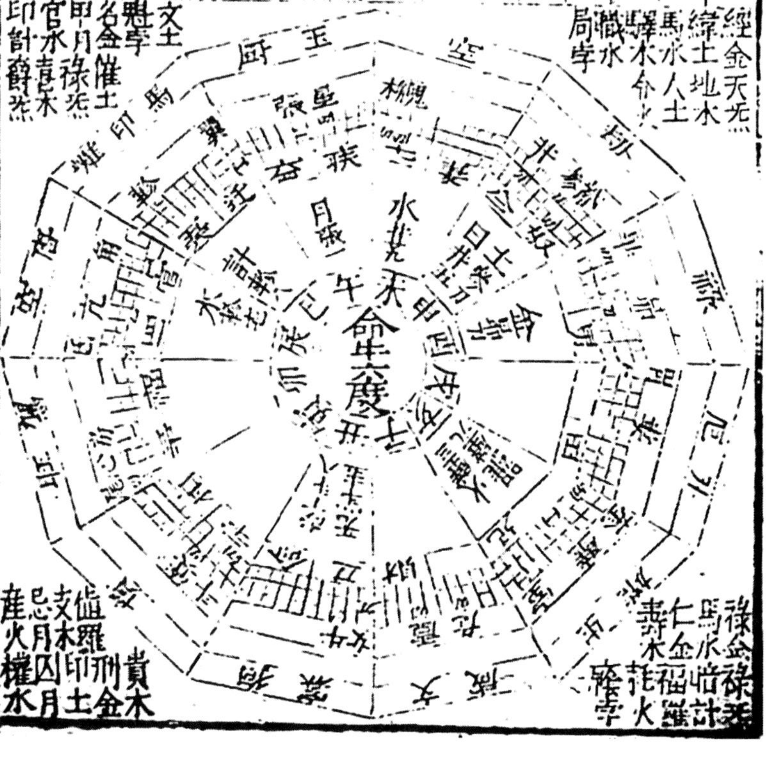

祿金 馬水 仁金 壽木
祿炁 暗計 福羅 耗火 蔭孛

値羅 文木 忌月 產火
貴木 刑金 印土 囚月 權水

經驗	錦衣	喜格
書非專取日火為唐符得	十二月廿八日號春宇	羅計攔截
木土以是發年地武弁所重	庚申 南京錦衣	辟星向限
用皆無阻蕪惟水月二限	己丑 楊 已卯庚辰科	漏出官福
妙日月高明限平常餘度富	己未 元	度主朝陽
福官強徒 貴之場	己巳	身星居官
	乾造 晝生	忌格 忌月土對照 羅計擦殿

經火天金 緯水地木 馬火人木 驛金仝土 職土 局羅

文木 愚水 名金 甲水 官金 印金

命度

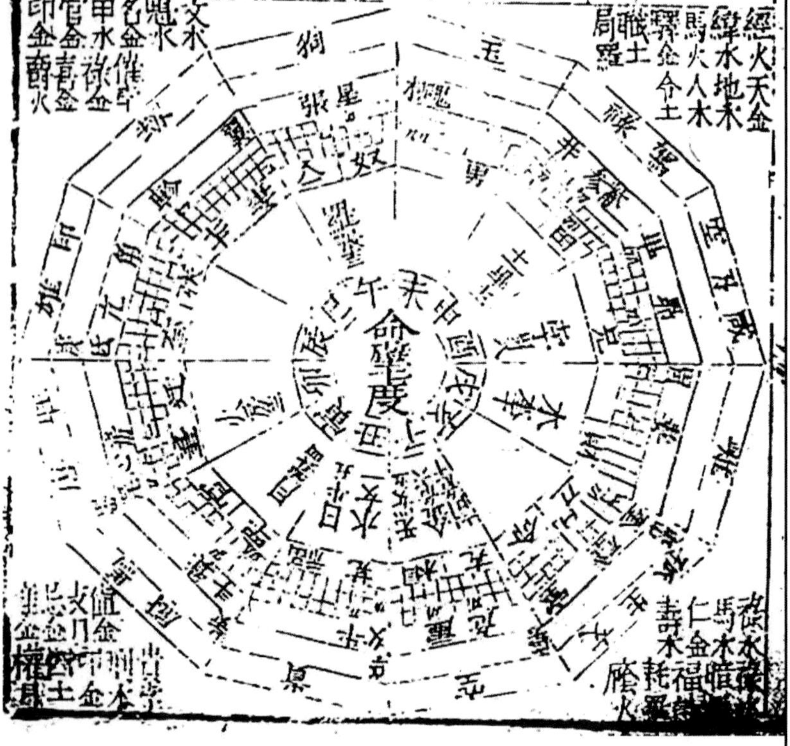

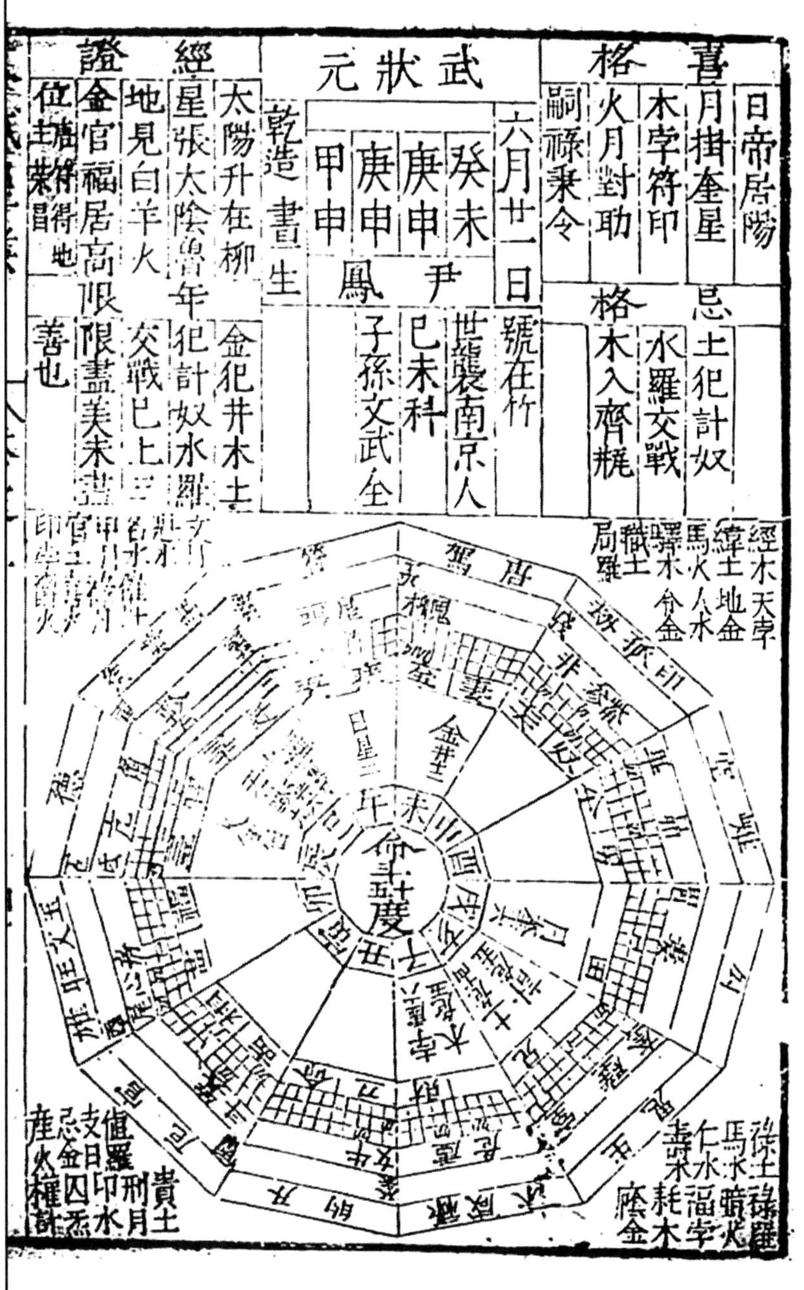
喜格
日帝居陽
月掛奎星
木孛符印
火月對助
嗣祿秉令
忌格
土犯計奴
水羅交戰
武狀元
六月廿一日
號在竹
癸未
世襲南京人
庚申
尹
巳未科
庚申
鳳
子孫文武全
甲申
乾造
書生
經證
太陽升在柳
金犯井木土
地見白羊火
金官福居高限
善也
度

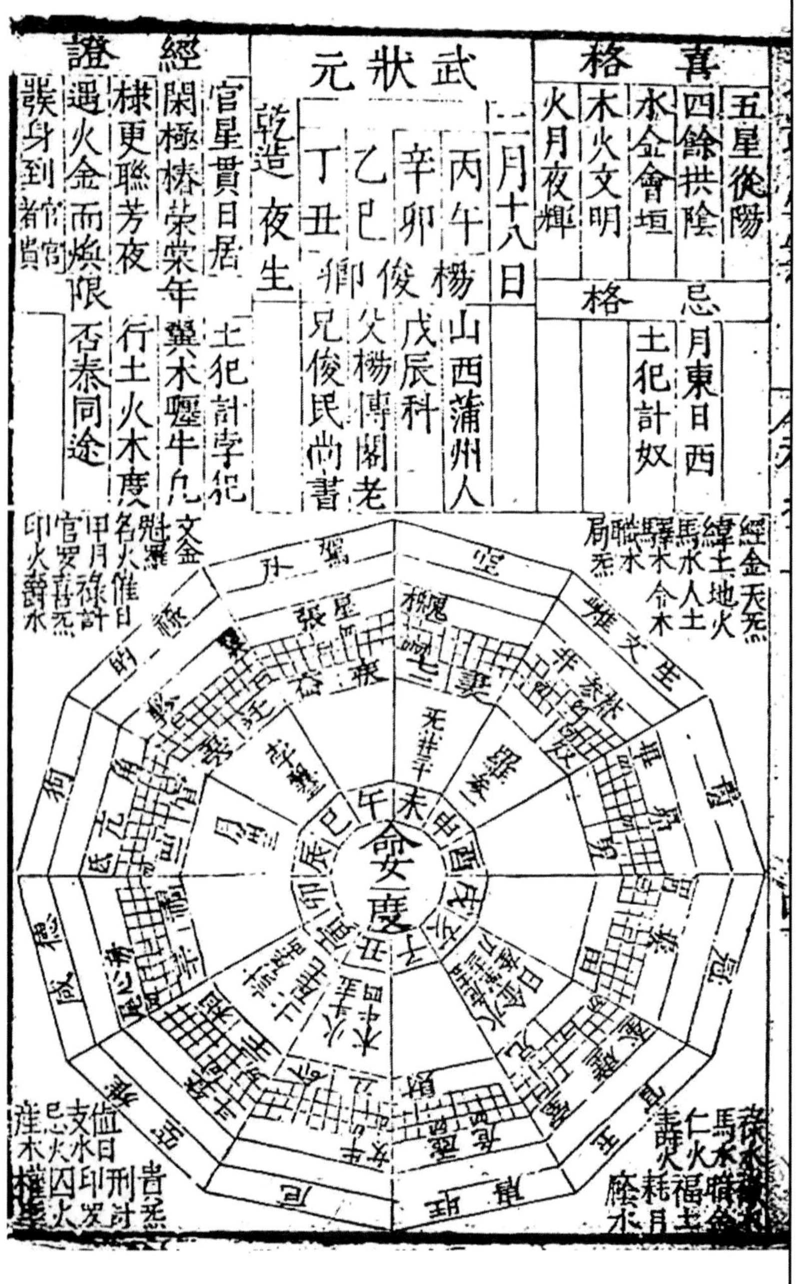

真格

五星從陽
西餘拱陰
水金會垣
木火文明
火月夜煇

忌格

月東日西
土犯計奴

武狀元

二月十八日
丙午 楊 山西蒲州人
辛卯 俊 戊辰科
乙巳 卿 父楊博閣老
丁丑 兄俊民尚書
乾造夜生

經證

官星貫日居 土犯計孛犯
閑極椿榮榮年 巽木壓牛凡
棣更聯芳夜 行土火木度
遇火金而煥限 否泰同途
張身到都官貴

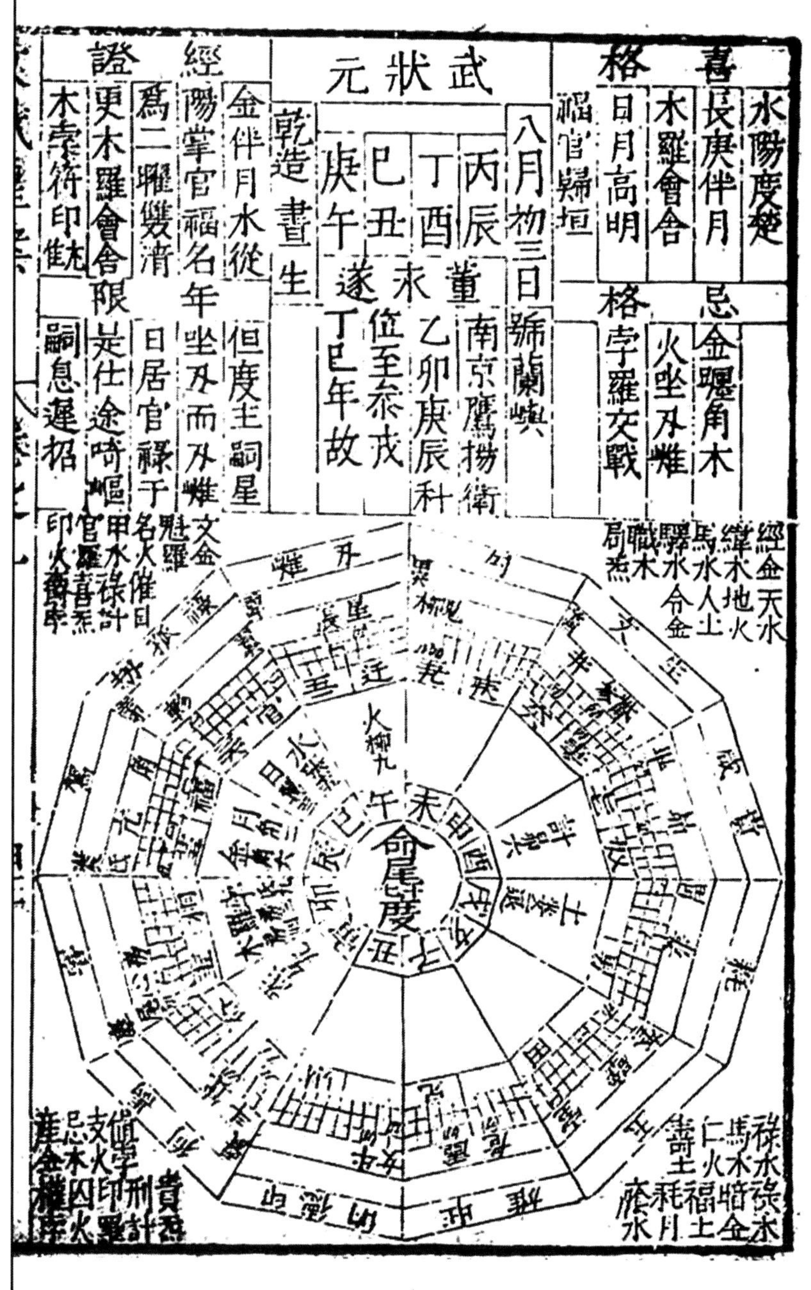
喜格
水陽度走
長庚伴月
木羅會合
日月高明
福官歸垣

忌格
金曜角木
火坐刃難
孛羅交戰

武狀元
八月初三日號蘭嶼
丙辰 南京鷹揚衛
丁酉 乙卯庚辰科
己丑 位至叅戎
庚午 丁巳年故
董永遂
乾造晝生

經證
金伴月水從 但度主嗣星
陽掌官福名年坐刃而刃難
為二曜雙清 日居官祿于
更木羅會合 限是仕途崎嶇
木孛符印 嗣息遲招

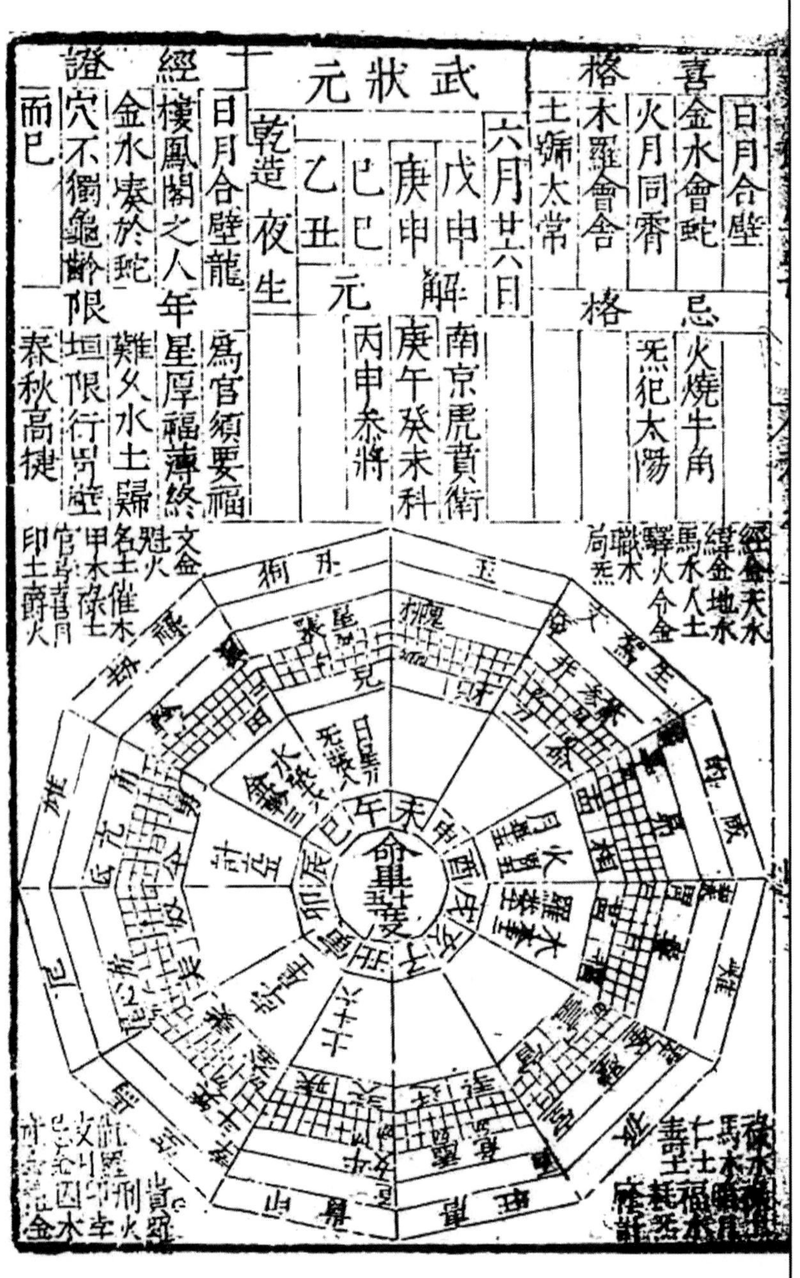

喜格	忌格
日月合壁	火燒牛角
金水會蛇	炁犯太陽
火月同齊	
木羅會舍	
土錦太常	

武狀元

六月廿六日

戊申 庚申 己巳 乙丑

乾造夜生

解元

南京虎賁衛

庚午癸未科

丙申恭將

經證

日月合壁龍樓鳳閣之人金水奏於蛇穴不獨龜齡而已

年限

為官須要福星厚福薄終難久水土歸垣限行男壁春秋高捷

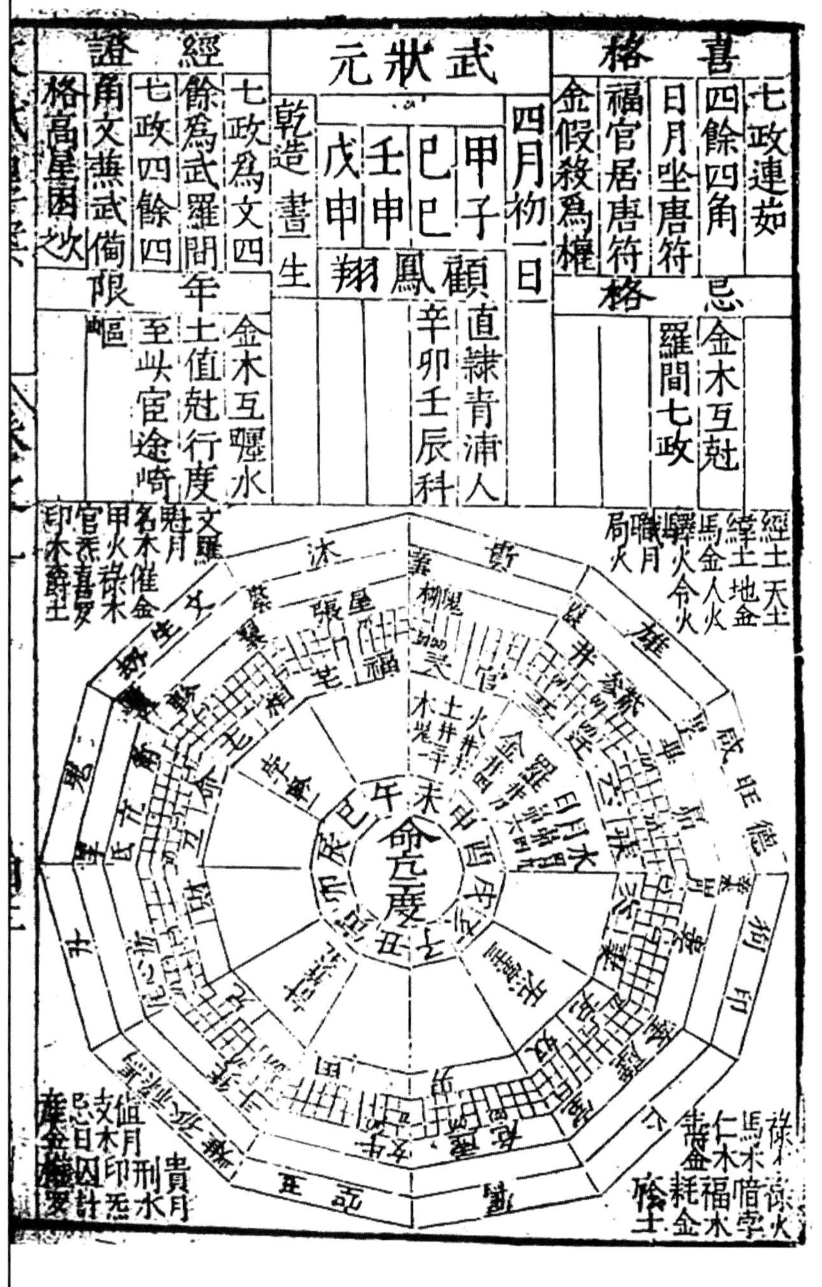

書格

七政連茹
四餘四角
日月坐唐符
福官居唐符
金假殺爲權

忌格

金木互尅
羅闇七政

武狀元

四月初一日

甲子 己巳 壬申 戊申

顧鳳翔

直隸青浦人

辛卯壬辰科

乾造 晝生

經證

七政爲文四餘爲武羅闇七政四餘四角文兼武備格高星困之次

限年

金木互躔水土值尅行度至岕宦途崎嶇

武狀元

乾造夜生

二月十九日

癸酉	乙卯	庚午	巳卯

辛丑科

喜格

四令輔陽
四令環命
官福扶身
主恩同垣
福官坐貴

忌格

日西月東
木困奎金
土月同宮

經證

左青龍右白虎前朱雀後玄武無妙四令環陽福官隨身

年限

但四星失次火土犯陰陽所以武職顯逆而要路恐掐跛涉

命

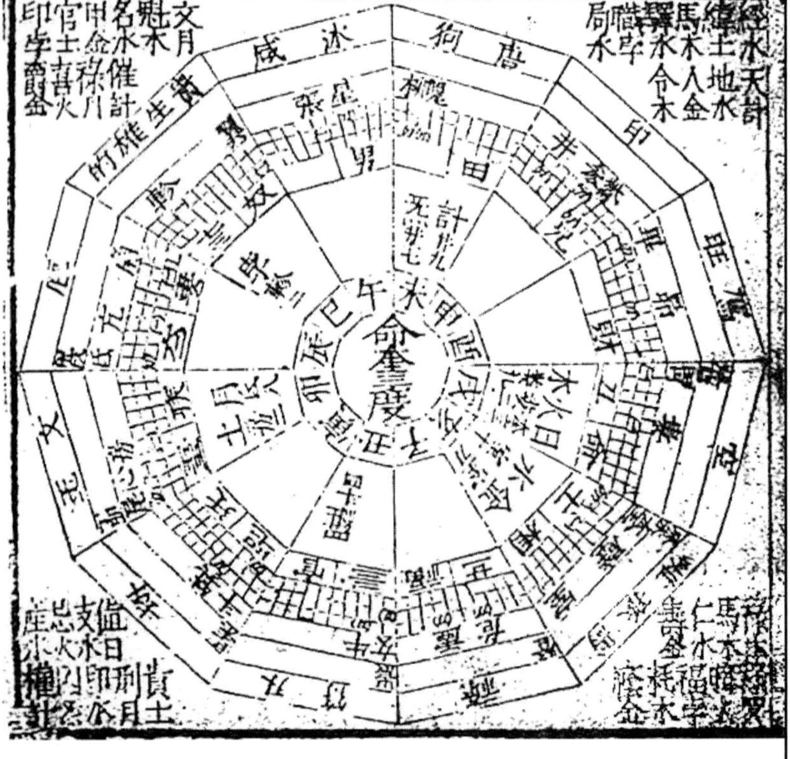

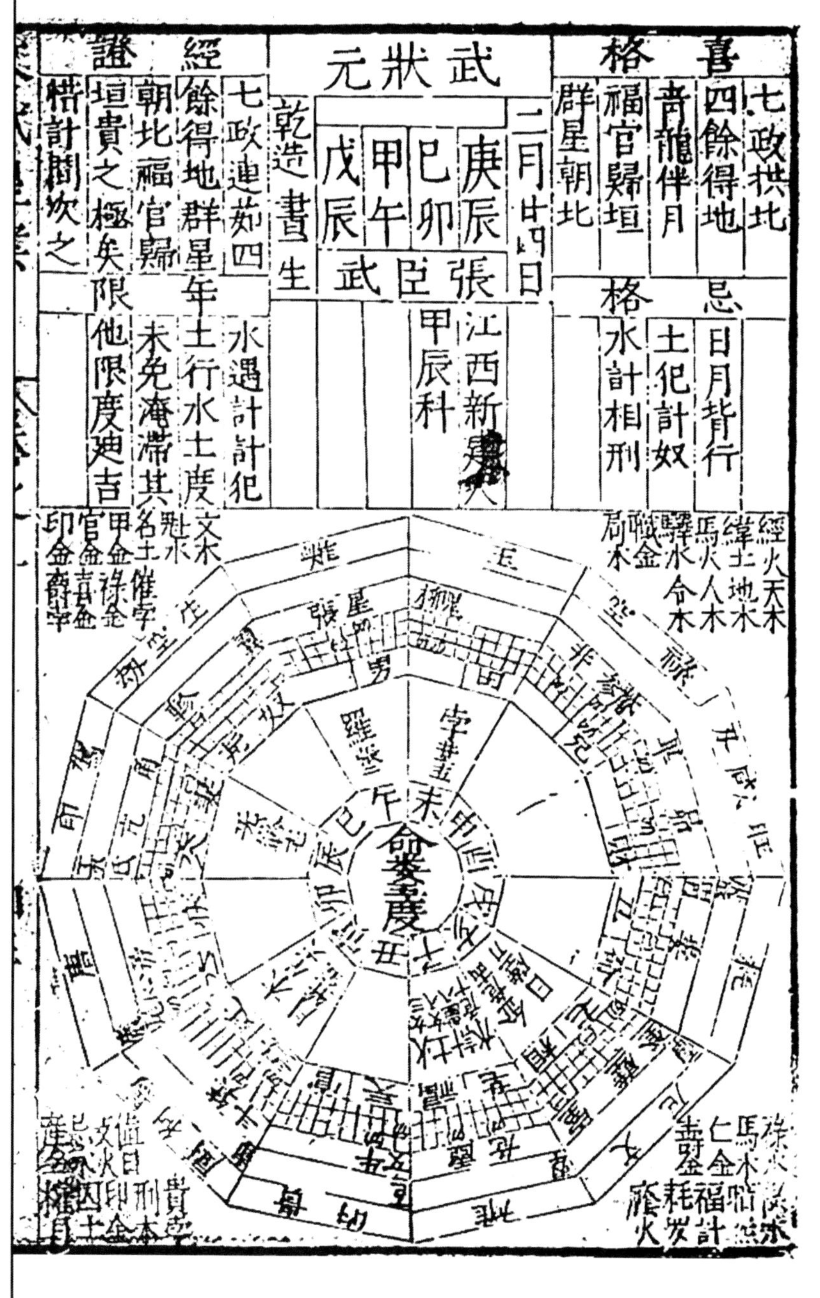
喜格
七政拱北
四餘得地
青龍伴月
福官歸垣
群星朝北
忌格
日月背行
土孛計奴
水計相刑
武狀元
二月廿四日
庚辰
己卯
甲午
戊辰
張臣武
江西新建人
甲辰科
乾造書生
經證
七政連茹四
餘得地群星
朝北福官歸
垣貴之極矣
惜計尉次之
水遇計計犯
年土行水土度
未免淹滯其
限他限度廸吉
命宮

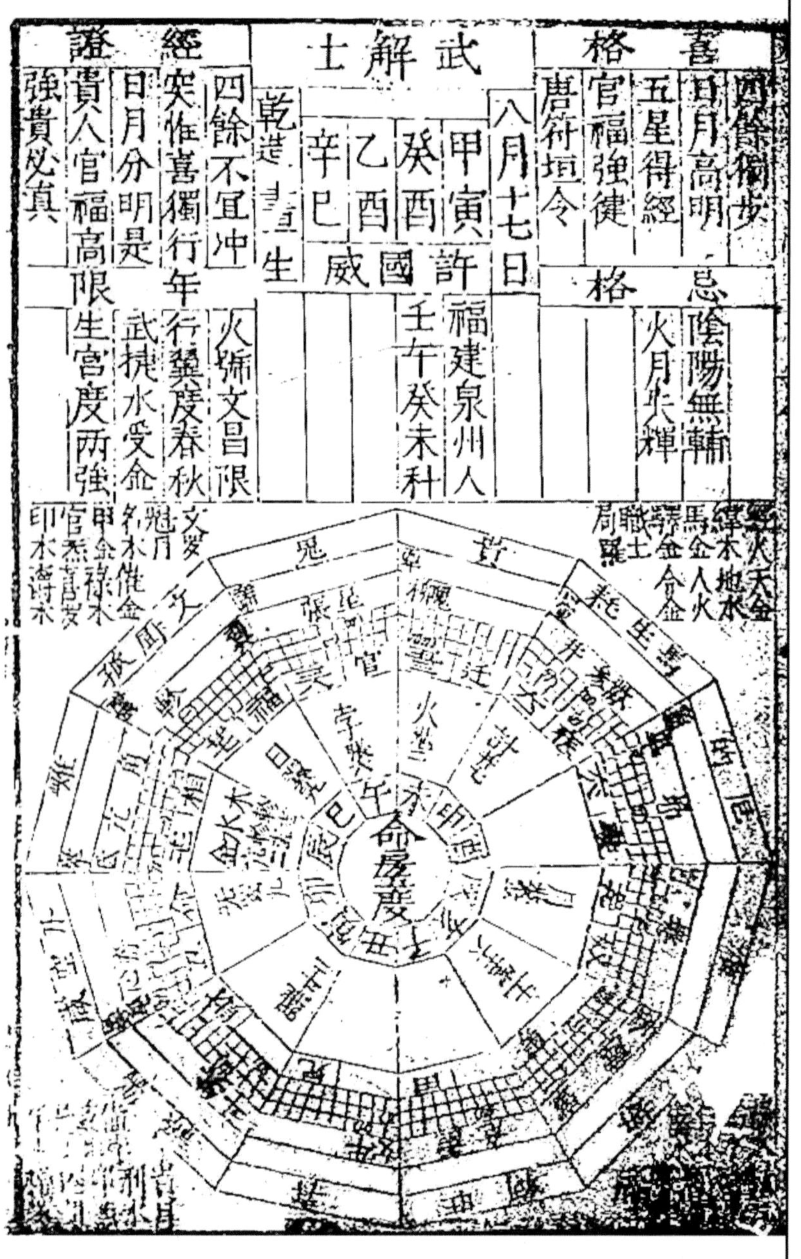

喜格

四餘獨步
日月高明
五星得經
官福強健
唐符垣令

忌格

陰陽無輔
火月光輝

武解士

八月十七日
甲寅
癸酉
乙酉
辛巳
乾造　生
許國威
福建泉州人
壬午癸未科

經證

四餘不宜冲
火孛文昌限
突作喜獨行年
行類度春秋
日月分明是
武挑水受金
貴人官福高限生宮度兩強
強貴必真

新編分類當代名公文武星案卷之二　繼集

會元　狀元　榜眼　逸客　丰南　陸位　著

探花　解元　進士　書林　猶龍　余應虬　閲

五曜從陽
會元唐順之　狀元楊慎
解元[illegible]　解元[illegible]

日月夾拱
狀元楊慎　榜眼[illegible]
榜眼毛[illegible]元　會元馬[illegible]

衆曜拱南
會元田[illegible]　會元陶望齡

四餘拱陰
榜眼李廷機
榜眼[illegible]

羅計攔截
狀元唐皐　榜眼李[illegible]華
會元林[illegible]　榜眼劉[illegible]

群星朝北
探花胡正蒙　狀元朱之蕃

七政在內
狀元林大欽　榜眼潘晟
探花鄧以讚　會元許[illegible]

[illegible]生日[illegible]
榜眼呂調陽　會元趙[illegible]春
狀元楊慎　會元唐順之

戴天履地
會元陸樹聲　探花顧天峻

四餘列外
狀元沈[illegible]學　解元[illegible]
探花孫[illegible]行

夜誕[illegible]
閣老張治　狀元楊維聰
會元俞[illegible]　狀元姚淶

出乾入坤

四[illegible]環日月
狀元姚淶　解元張應完
解元徐[illegible]

陰陽得體
狀元楊維聰　狀元[illegible]先
探花袁[illegible]　狀元沈坤

天地開明
解元陳[illegible]言

四餘拱土
解元馮銓

福官高明
狀元[illegible]　狀元唐汝楫
狀元羅[illegible]化

山澤通氣

文武兩班
探花溫應祿　探花鄧以讚
探花孫[illegible]行　會元許[illegible]

五曜得經連珠
狀元龔用卿　閣老張治
狀元姚淶　狀元楊慎

水火既濟
會元陶望齡

君臣慶會
解元陳[illegible]典

三星合璧升殿
會元許[illegible]　尚書鄭[illegible]
解元蘇濬　狀元范應期

風雷鼓舞

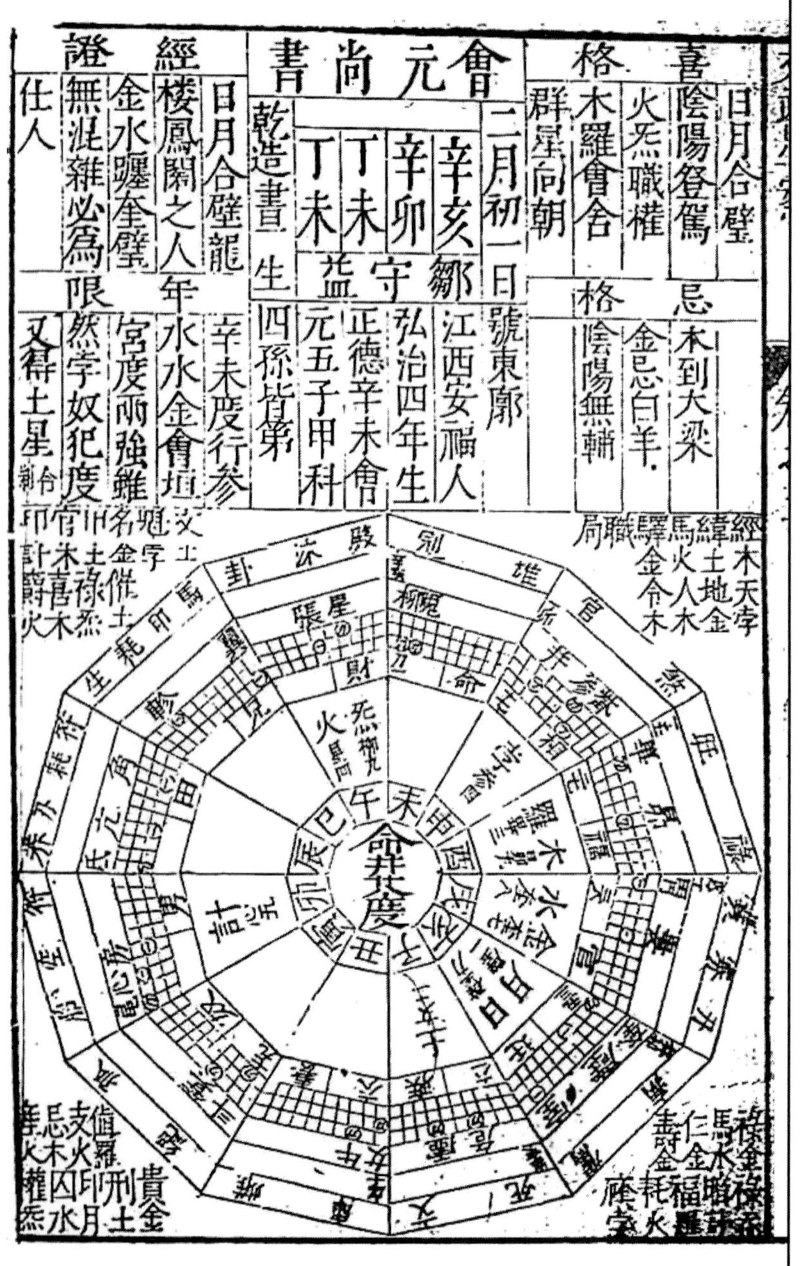
喜格
日月合壁
陰陽登駕
火炁職權
木羅會合
群星向朝
忌格
木到大梁
金忌白羊
陰陽無輔
會元尚書
二月初一日號東廓
辛亥 鄒 江西安福人
辛卯 守 弘治四年生
丁未 益 正德辛未會
丁未 元五子甲科
乾造書生 四孫皆第
經證
日月合壁龍
樓鳳閣之人
金水躔奎璧
無混雜必為
仕人
年限
辛未度行參
水水金會垣
宮度兩強維
然孛奴犯度
又得土星
命井茂

喜 格

日月夾命
金水會垣
群星朝北
木孛符印
命主朝君

忌 格

水計相刑
官祿尅命
火月晝晦

狀元

十月初六日
戊申
甲子
乙丑
庚辰
乾造晝生

楊慎

四川成都人
父廷和閣老
正德辛未科
丙子年因諫
正德離宮謫戍

經證

日月最宜拱宮主木孛符
夾金水須要年印度主火到
知明陰陽左南離辛未限
右迎夾主朝限坐玉堂以應
中朱紫貴官祿尅命云云

經木天孛
緯土地土
馬火人水
驛木命
職月
府火

文金
魁火
名土催木
甲月祿土
官孛喜月
印土爵火

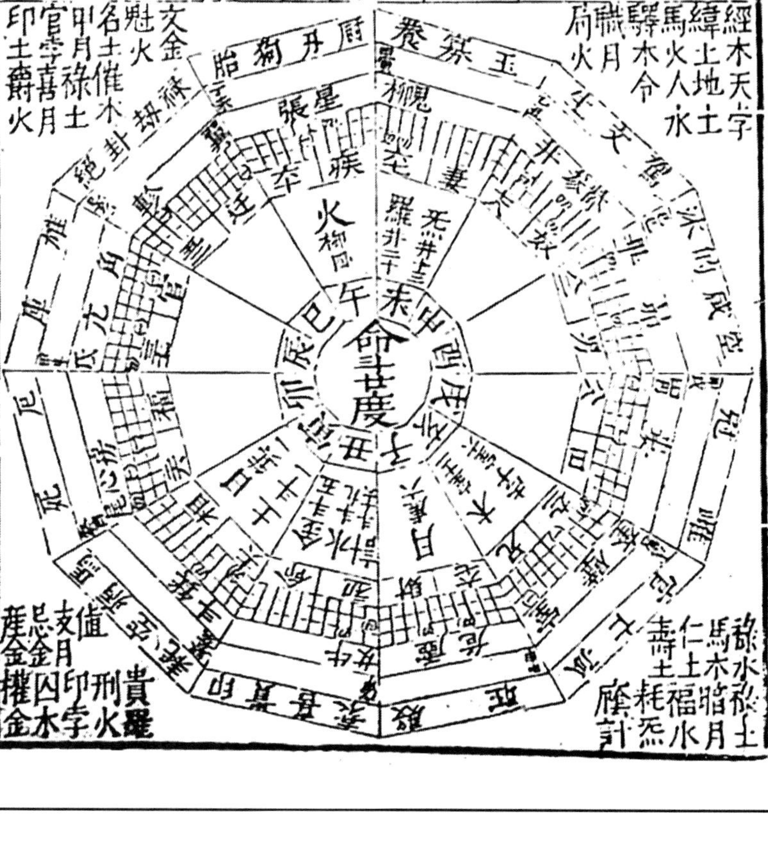

祿水殺土
馬木暗月
仁土福水
壽土耗炁
廕計

貴羅
值刑火
支月印孛
忌金囚木
產金權金

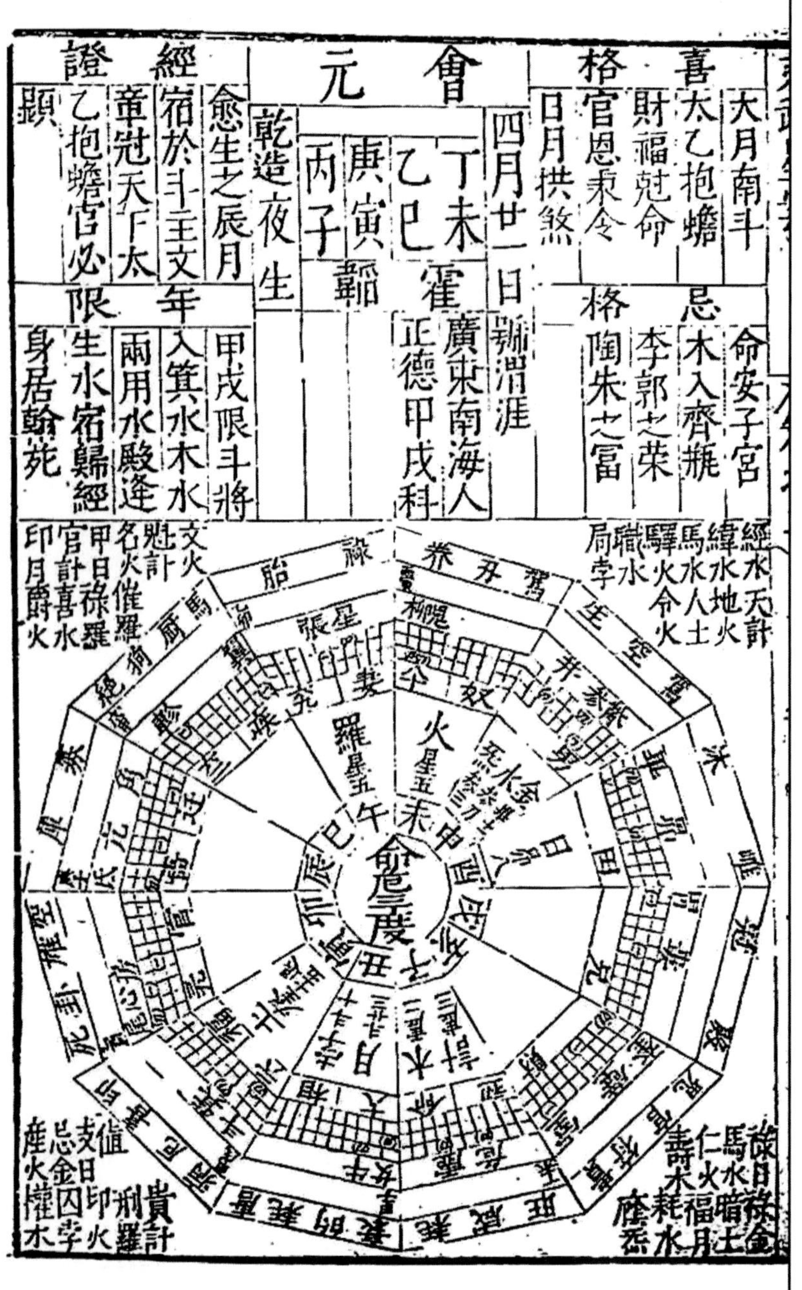
喜格
大月南斗
太乙抱蟾
財福尅命
官恩秉令
日月拱煞
忌格
命安子宮
木入齊瓶
李郭之榮
陶朱之富
會元
四月廿一日
丁未
乙巳
庚寅
丙子
乾造夜生
霍韜
號渭涯
廣東南海人
正德甲戌科
經證
愈生之辰月
宿於斗主文
章冠天下太
乙抱蟾宮必
顯
年限
甲戌限斗將
入箕水木水
兩用水殿逢
生水宿歸經
身居翰苑
命度

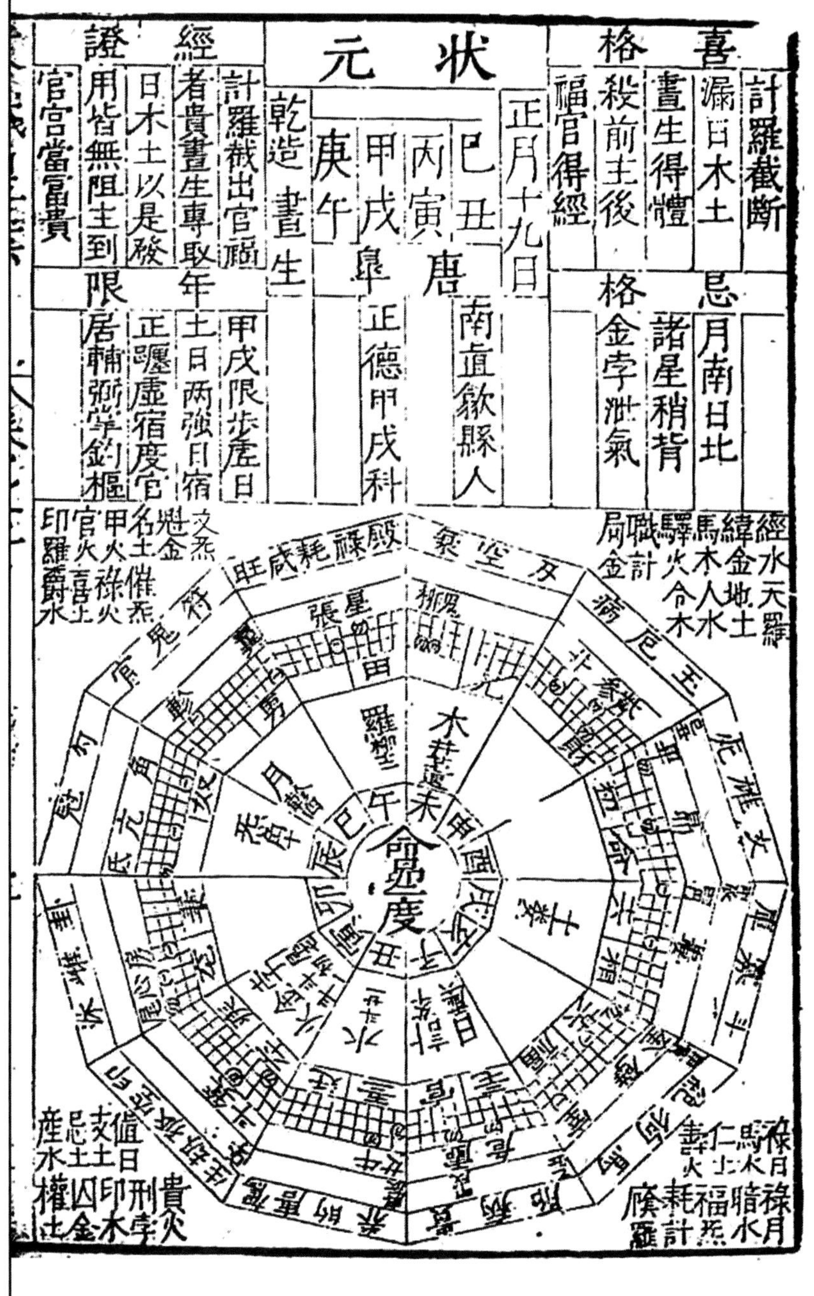

狀元
喜格
計羅截斷
漏日木土
晝生得體
殺前主後
福官得經
忌格
月南日北
諸星稍背
金孛泄氣
正月十九日
己丑
丙寅
甲戌
庚午
乾造
晝生
唐皐
南直歙縣人
正德甲戌科
經證
計羅截出官福
者貴晝生專取
日木土以是發
用皆無阻主到
官宮當富貴
限
甲戌限步虛日
土日兩強日宿
正躔虛宿度官
居輔弼學鈞樞
經水 天羅
緯金 地土
馬木 人水
驛火 合木
職計
局金
文炁
魁金 備炁
名土 祿火
甲火 喜土
官火
印羅 爵水
祿月 祿月
馬木 暗水
仁土 福炁
壽火 耗計
廒羅
値日 貴火
支土 刑孛
忌土 印木
產水 囚金
權土

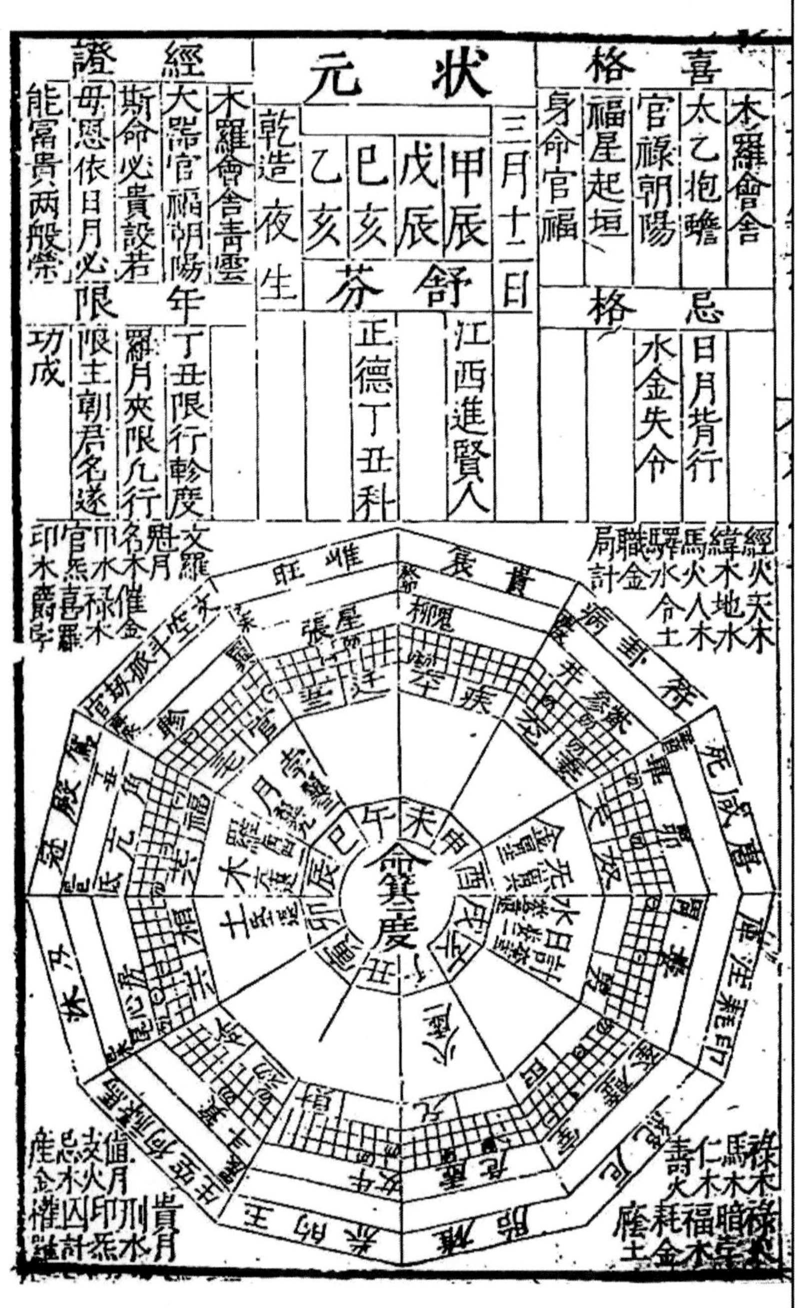

喜格
木羅會合
太乙抱蟾
官祿朝陽
福星起垣
身命官福
忌格
日月背行
水金失令
狀元
三月十二日
甲辰
戊辰
巳亥
乙亥
乾造夜生
舒芬
江西進賢人
正德丁丑科
經證
木羅會合青雲
大器官福朝陽
斯命必貴設若
母恩依日月必
能富貴兩般榮
年
丁丑限行軫度
羅月夾限凡行
限
限主朝君名遂
功成

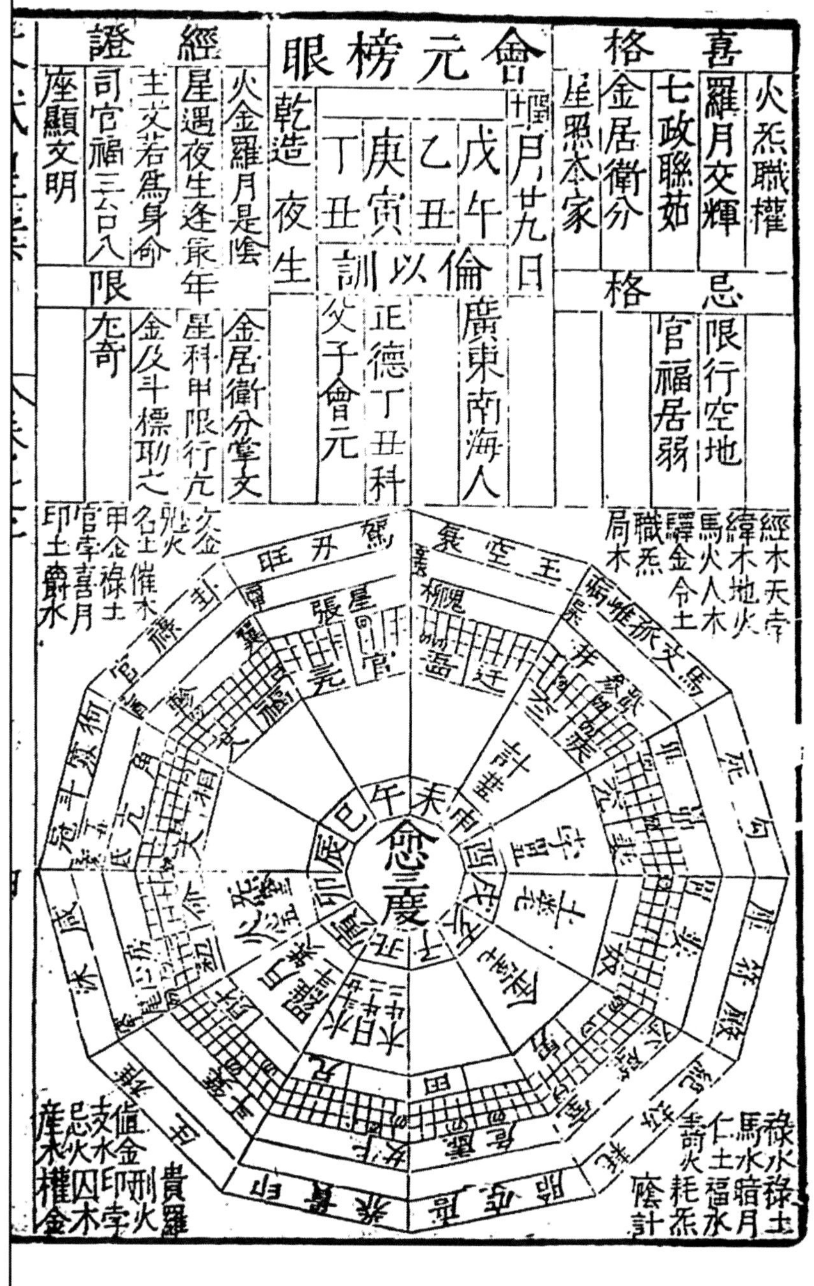
喜格
火烝職權
羅月交輝
七政聯茹
金居衛分
星照本家
忌格
限行空地
官福居弱
會元榜眼
閏十月廿九日
戊午
乙丑
庚寅
丁丑
倫以訓
廣東南海人
正德丁丑科
父子會元
乾造夜生
經證
火金羅月是陰
金居衛分掌文
星遇夜生逢原年
星科甲限行亢
主文若爲身命
金及斗標取之
司官福三台八
限
左奇
座顯文明
命
度

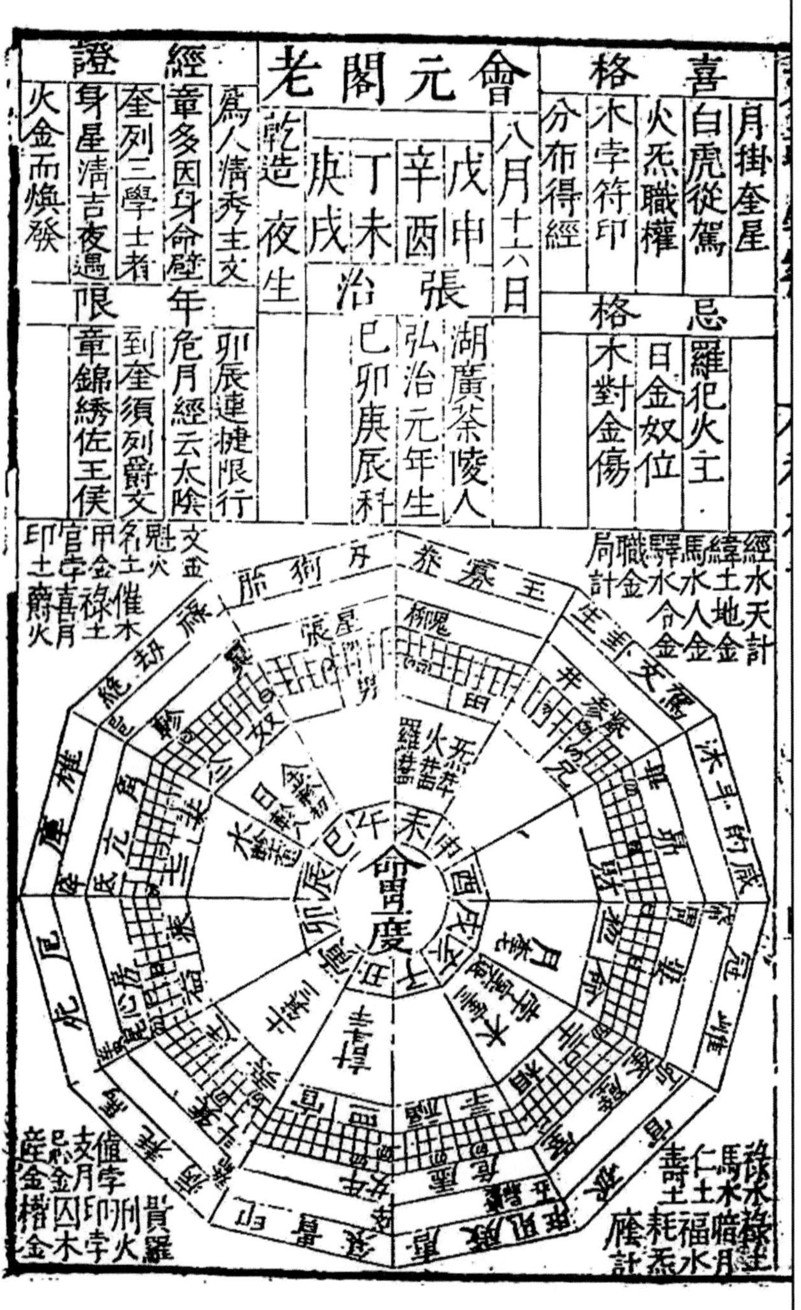

喜格
月掛奎星
白虎從駕
火炁職權
木孛符印
分布得經
忌格
羅犯火土
日金奴位
木對金傷
會元閣老
八月十六日
戊申
辛酉
丁未
庚戌
乾造夜生
張治
湖廣茶陵人
弘治元年生
巳卯庚辰科
經證
爲人清秀主文
章多因身命壁
奎列三學士者
身星清吉夜逢
火金而煥發
年限
卯辰連捷限行
危月經云太陰
到奎須列爵文
章錦綉佐王侯
經水 緯土 馬水 驛水 職金 局計
天計 地金 人金 合金
文金 魁火 名土 甲金 官孛 印土
催木 祿土 喜月 爵火
祿水 馬木 仁土 壽
福水 耗炁 蔭計
值孛 支月 忌金 産金
貫羅 刑火 印孛 囚木

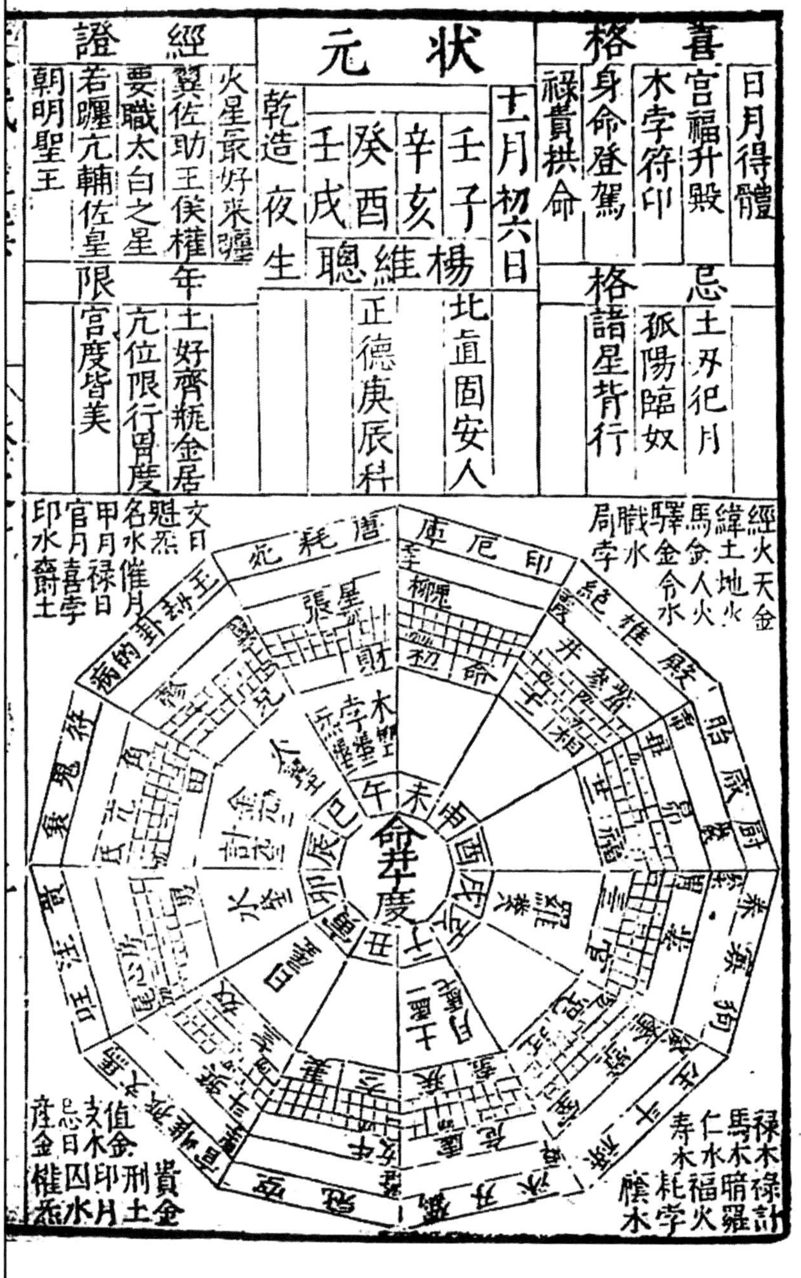
喜格
日月得體
宮福升殿
木孛符印
身命登駕
祿貴拱命
忌格
孤陽臨奴
諸星背行
狀元
十二月初六日
壬子
辛亥
癸酉
壬戌
乾造夜生
楊維聰
北直固安人
正德庚辰科
經證
火星最好來纏
翼佐助王侯權
要職太白之星
若躔亢輔佐皇
朝明聖王
年土好齊拱金居
亢位限行胃度
限宮度皆美

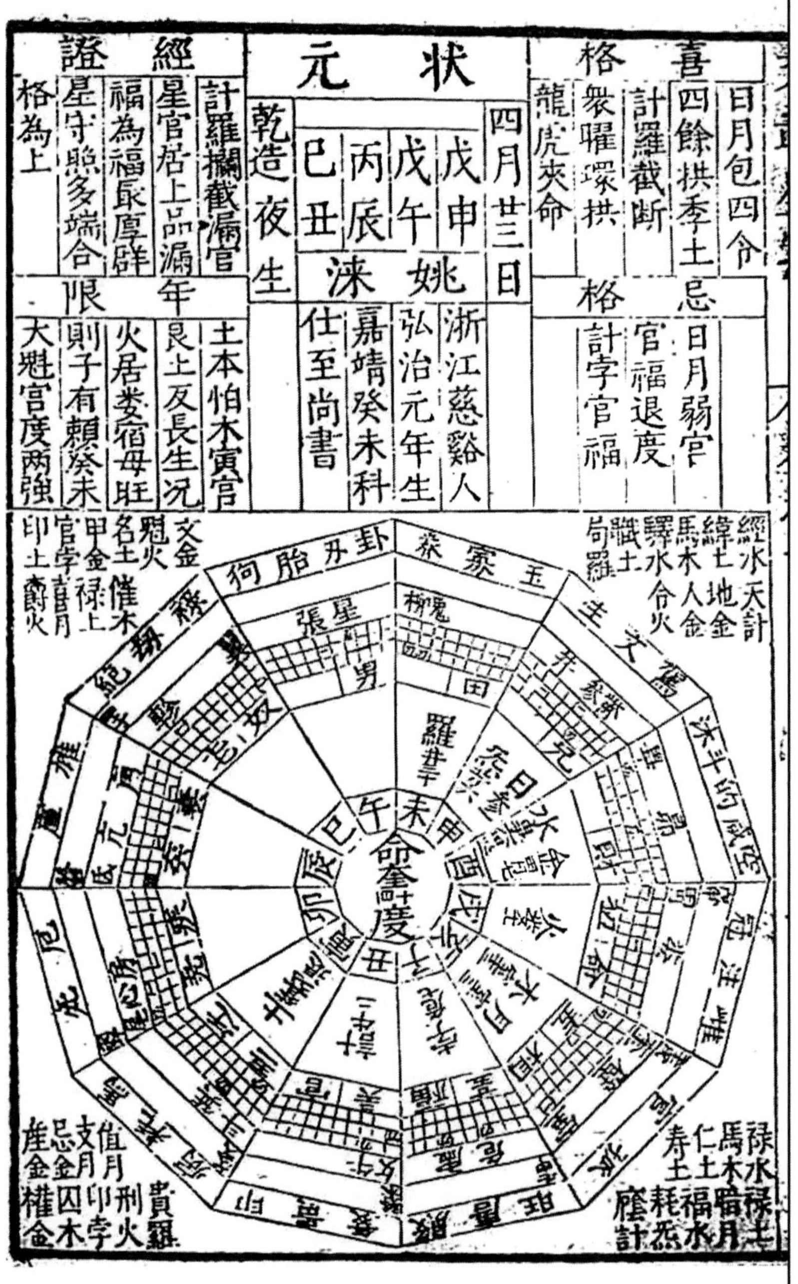

喜格

日月包四命
四餘拱季土
計羅截斷
衆曜環拱
龍虎夾命

忌格

日月弱宮
官福退度
計孛官福

狀元

四月廿三日
戊申
戊午
丙辰
己丑
乾造夜生

姚淶

浙江慈谿人
弘治元年生
嘉靖癸未科
仕至尚書

經諺

計羅攔截漏官
星官居上品漏
福為福辰厚辟
星守照多端合
格為上

年限

土本怕木寅宮
艮上反長生況
火居婁宿母旺
則子有賴癸未
大魁宮度兩強

經水　天計
緯土　地金
馬木　人金
驛水　合火
職土
局羅

文金
魁火
名土　催木
甲金　祿土
官孛　喜月
印土　爵火

祿水　祿土
馬木　暗月
仁土　福水
壽土　耗炁
廕計

貴羅
刑火
值月　印孛
支月　囚木
忌金　權金
產金

喜格

日月高明
官福起垣
身命夾君
四角有星
長庚伴月

忌格

孛羅同宮
水火交戰
飛星破駕
刃月劫木

會元

二月廿八日躔浚谷

巳巳
丁卯
庚寅
壬午

乾造晝生

趙時春

陝西平凉人
正德四年生
嘉靖壬午解
丙戌第
仕至都御史

證經

官曜顯而福星明官高福厚日年畢月月殿逢金壬午丙戌限行月分明是貴人經云坐貴向祿長庚伴月少馳名限騰踏功名之士

經水　天計
緯金　地土
馬木　人金
驛火　命木
職炁
局木

文炁
魁金
名土　催炁
甲木　祿火
官火　壽土
印羅　蔭木

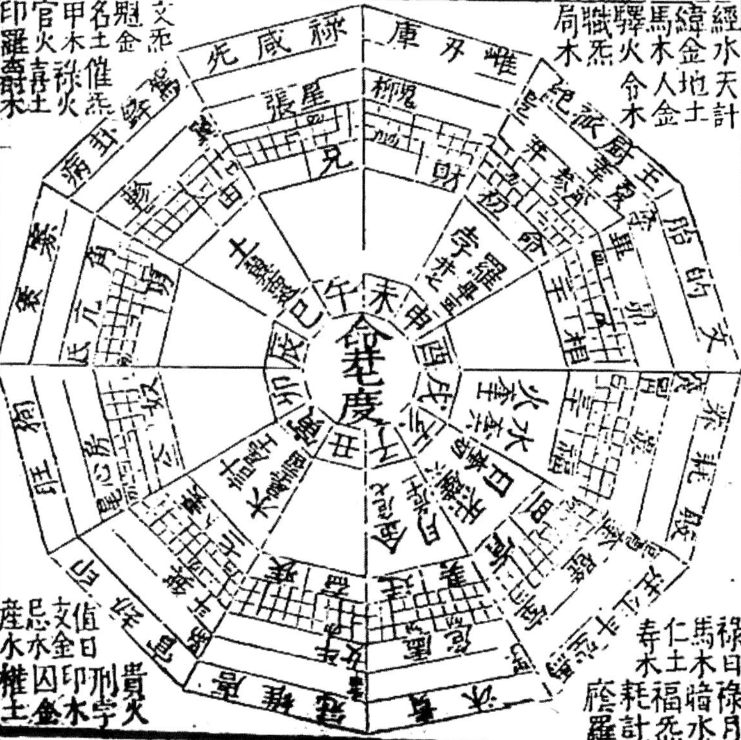

祿日　祿月
馬木　暗水
仁土　福炁
壽木　耗計
蔭羅

值日　貴火
文金　刑孛
忌水　印木
產水　囚金
權土

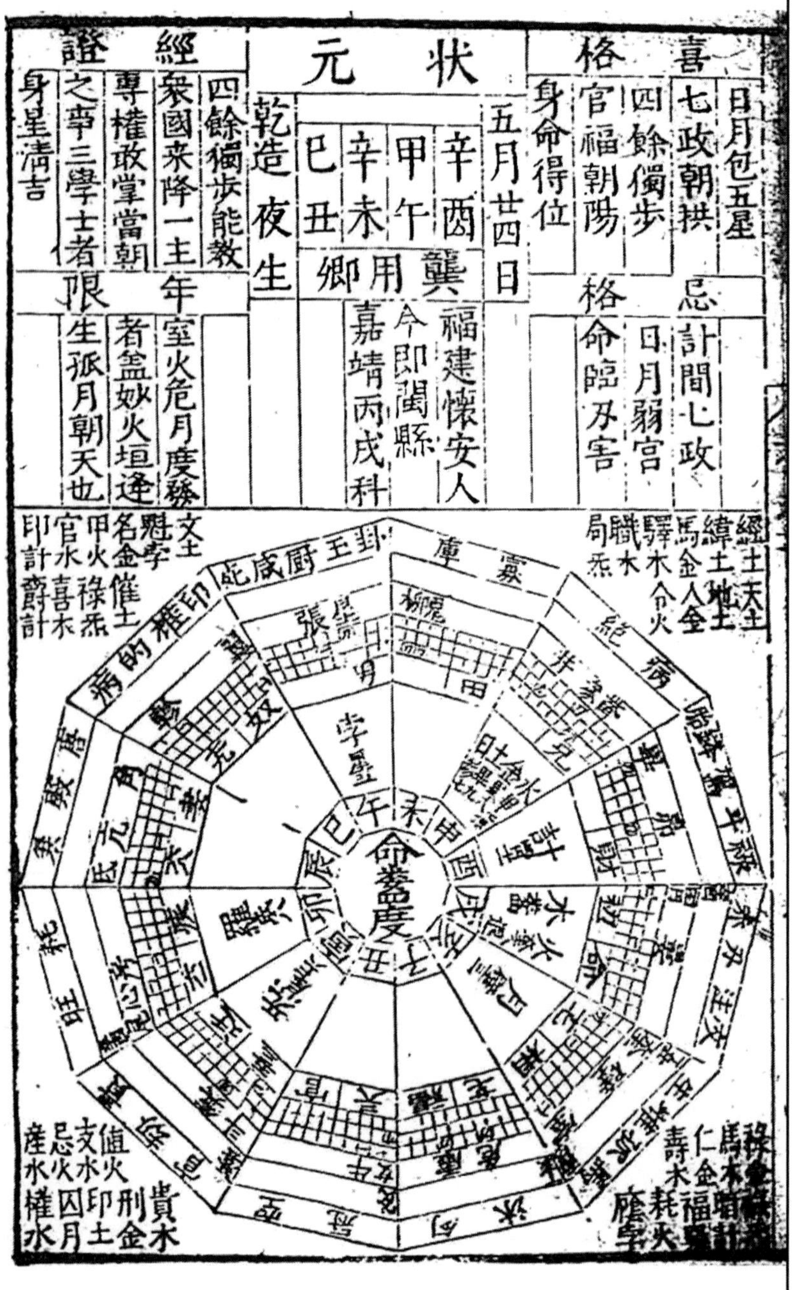
狀元
乾造夜生
五月廿四日
辛酉
甲午
辛未
己丑
龔用卿
福建懷安人
今即閩縣
嘉靖丙戌科
喜格
日月包五星
七政朝拱
四餘偏步
官福朝陽
身命得位
忌格
計間七政
日月弱宮
命臨刄害
經證
四餘偏步能教
衆國来降一主
尊權政掌當朝
之亭三學士者
身星清吉
年限
室火危月度殘
者盆妳火垣逢
生張月朝天也
命宮

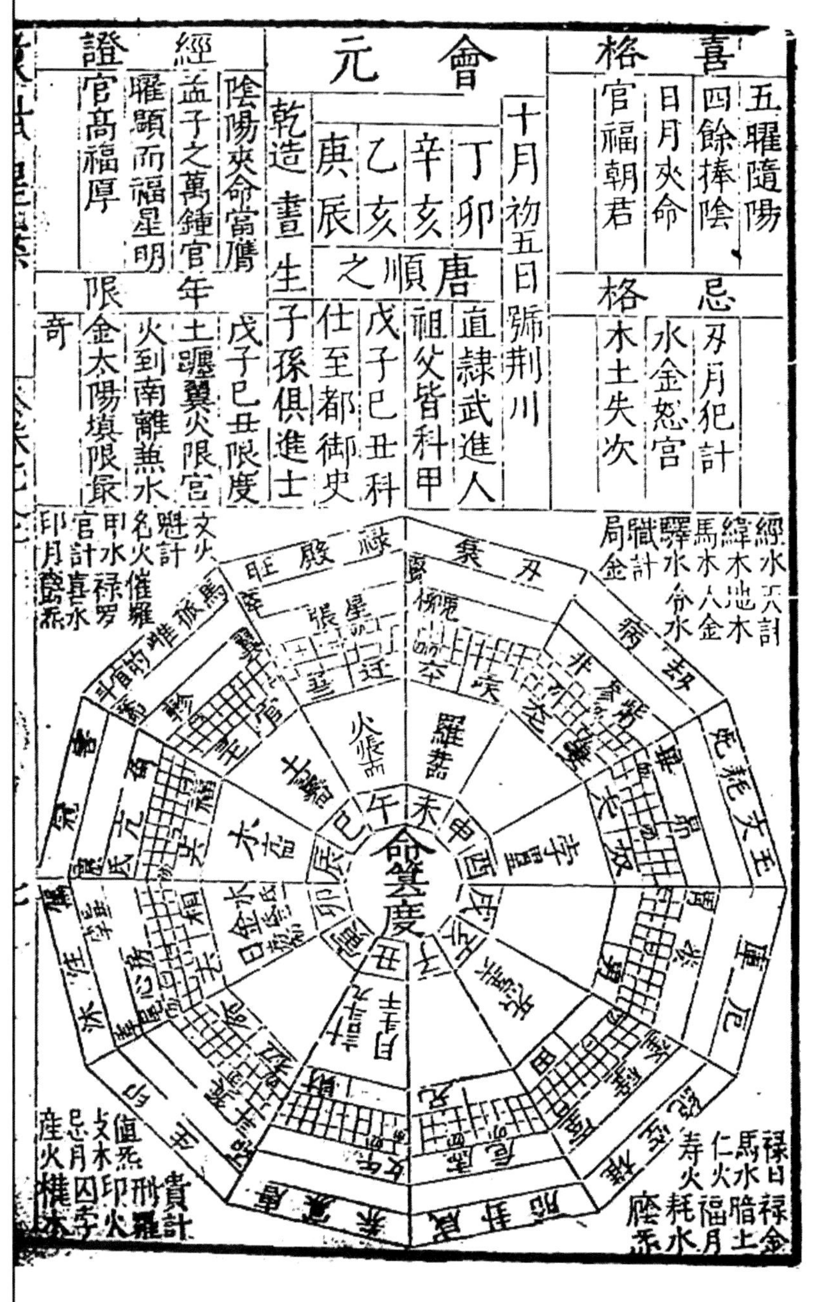
喜格
五曜隨陽
四餘捧陰
日月夾命
官福朝君
忌格
孛月犯計
水金怒宮
木土失次
會元
十月初五日號荊川
丁卯
辛亥
乙亥
庚辰
乾造晝生
唐順之
直隸武進人
祖父皆科甲
戊子巳丑科
仕至都御史
子孫俱進士
經證
陰陽夾命當膺
孟子之萬鍾官
曜頭而福星明
官高福厚
年限
戊子巳丑限度
土躔翼火限宮
火到南離兼水
金太陽塡限泉
奇
經水
緯木
馬木
驛水
職計
局金
文少
魁計
名火催羅
甲水祿男
官計喜水
印月
值炁
支木
忌月
産火
貴計
刑羅
印火
囚孛
權木
祿日
馬水
仁火
寿火
祿金
暗土
福月
耗水
命
度

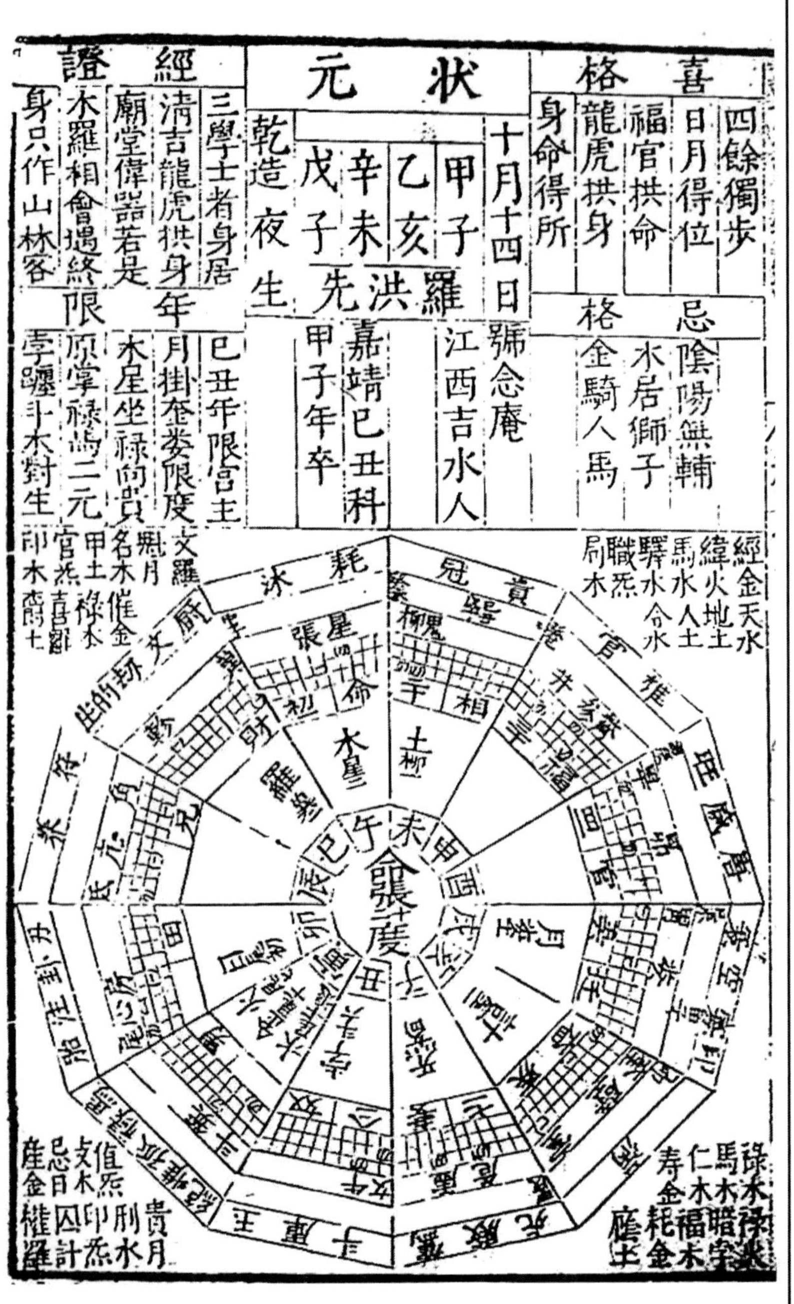

喜格

四餘獨步
日月得位
福官拱命
龍虎拱身
身命得所

忌格

陰陽無輔
水居獅子
金騎人馬

狀元

十月十四日
甲子
乙亥
辛未
戊子
乾造夜生

羅洪先
號念庵
江西吉水人
嘉靖己丑科
甲子年卒

經證

三學士者身居
清吉龍虎拱身
廟堂偉器若是
木羅相會遇終
身只作山林客

年限

己丑年限宮主
月掛奎婁限度
木星坐祿向貴
原掌祿爲二元
亭躔斗木對生

喜格
計羅截斷
群星朝命
身命升殿
官福守命

忌格
火燒牛角
水土混雜
月火晝晦

會元

二月廿八日號東城
戊午 林 直隸泰州人
乙卯 弘治十一年生
甲午 春 嘉靖壬辰科
丁卯 仕至郎中

乾造晝生

經
身命同守官福 日月夾金乃是
乃為上客群星年限度掌科甲文
環拱多端合格 星壬祿任亥限

證
為上所嫉忌木限度坐祿限宮坐
為災必重 貴向貴

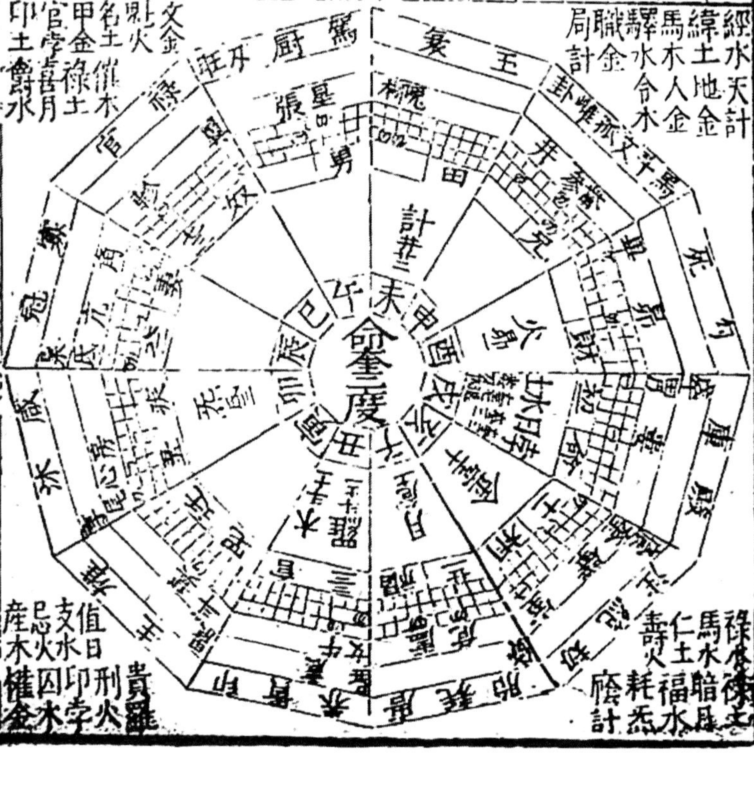

經水天計
緯土地金
馬木人金
驛水命木
職金
局計

文金
魁火
名土 催木
甲金 祿土
官孛 喜月
印土 會水

貴羅
刑火
印孛
囚木
權金
值日
支水
忌火
產木

祿水
馬水 暗
仁土 福水
壽火 耗炁
蔭計

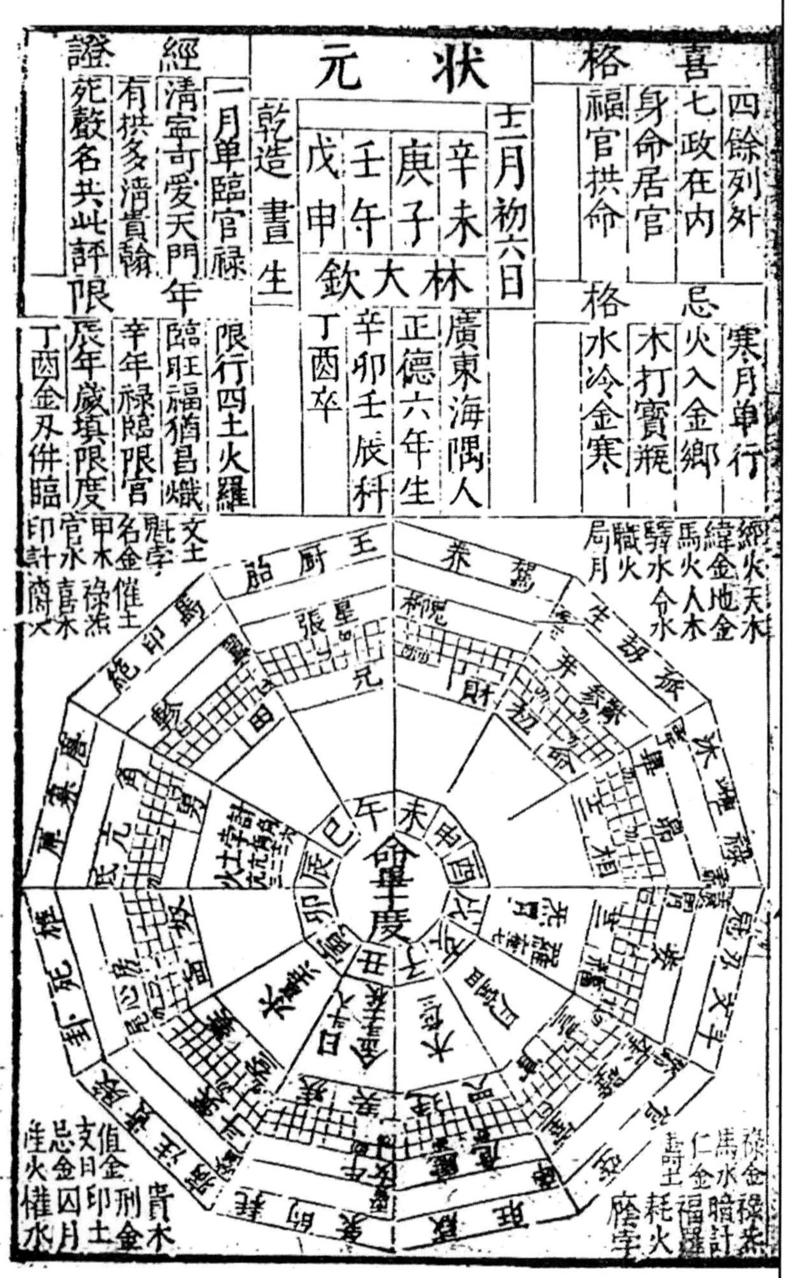
喜格
四餘列外
七政在內
身命居官
福官拱命
忌格
寒月单行
火入金鄉
木打寶瓶
水冷金寒
狀元
五月初六日
辛未
庚子
壬午
戊申
林大欽
乾造
書生
廣東海陽人
正德六年生
辛卯壬辰科
丁酉卒
經證
一月单臨官祿
清寄可爱天門
有拱多清貴論
死斅名共此評
年限
限行四土火羅
臨旺福猶昌熾
辛年祿臨限官
辰年歲填限度
丁酉金及併臨
命
土
度

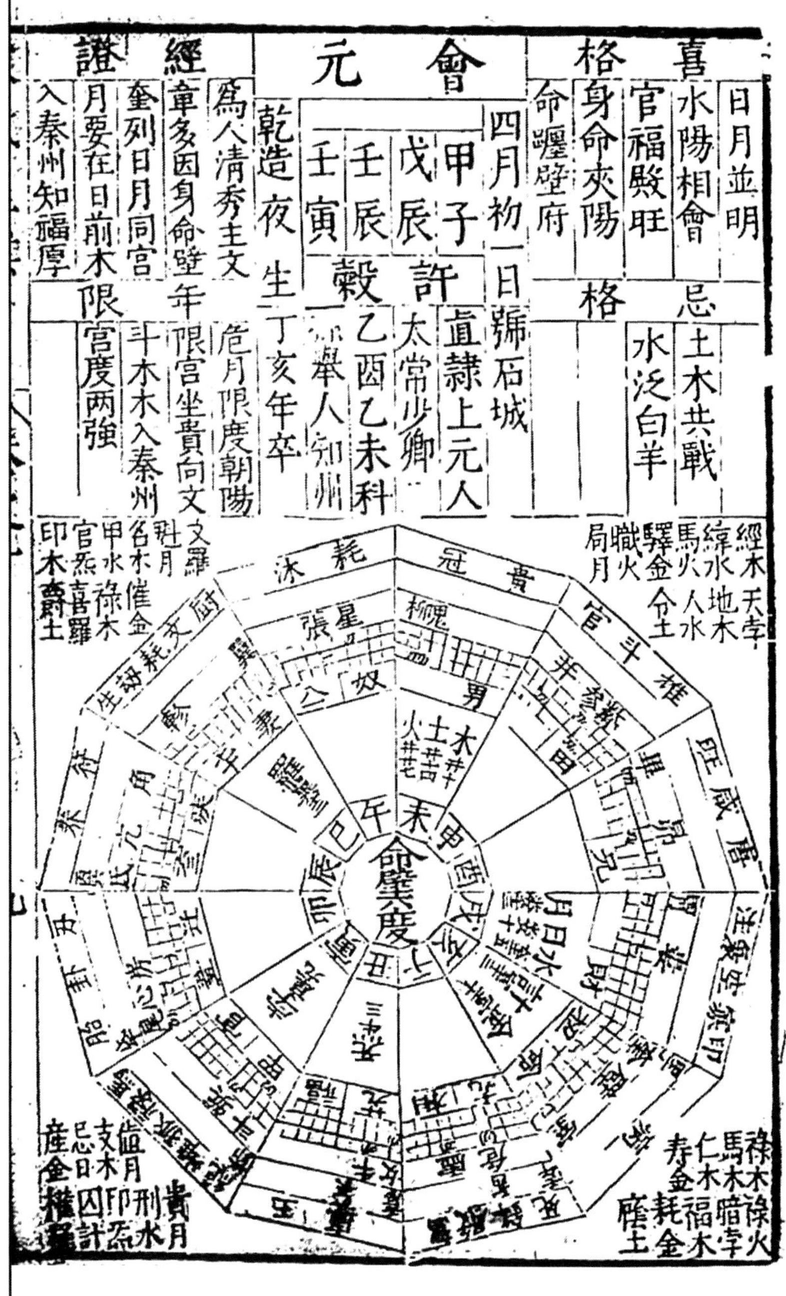
喜格
日月並明
水陽相會
官福駢旺
身命夾陽
命躔壁府
忌格
土木共戰
水泛白羊
會元
四月初一日獅石城
許穀
甲子
戊辰
壬辰
壬寅
直隸上元人
太常少卿
乙酉乙未科
鄉舉人知州
乾造夜生丁亥年卒
經證
爲人清秀主文
危月限度朝陽
章多因身命壁年
限宮坐貴向文
奎列日月同宮
斗木木入秦州
月要在日前木
限
宮度兩強
入秦州知福厚
經木天孛
緯水地木
馬火人水
驛金命土
職火
局月
文羅
科月
名木催金
甲水祿木
官炁喜羅
印木壽土
祿木祿火
馬木暗孛
仁木福木
壽金耗金
廕土
貴月
値月刑水
支木印炁
忌日囚計
産金權羅

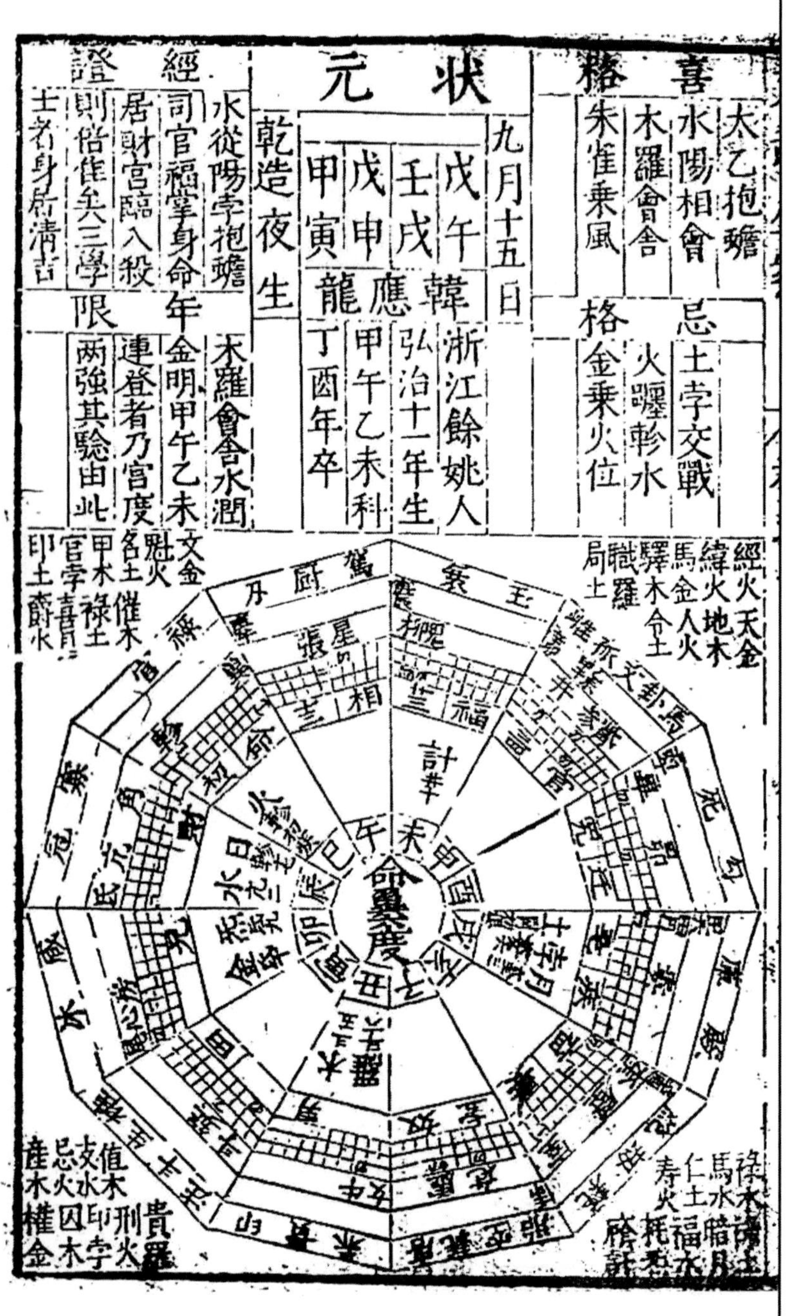
喜格
太乙抱蟾
水陽相會
木羅會舍
朱雀乘風
忌格
土孛交戰
火曜彰水
金乘火位
狀元
九月十五日
戊午
壬戌
戊申
甲寅
乾造夜生
韓應龍
浙江餘姚人
弘治十一年生
甲午乙未科
丁酉年卒
經證
水從陽孛抱蟾
司官福掌身命
居財宮臨入殺
則倍作兵三學
士者身命清吉
年限
木羅會舍水潤
金明甲午乙未
連登者乃宮度
兩強其驗由此
經火 天金
緯火 地木
馬金 人火
驛木 命土
職羅
局土

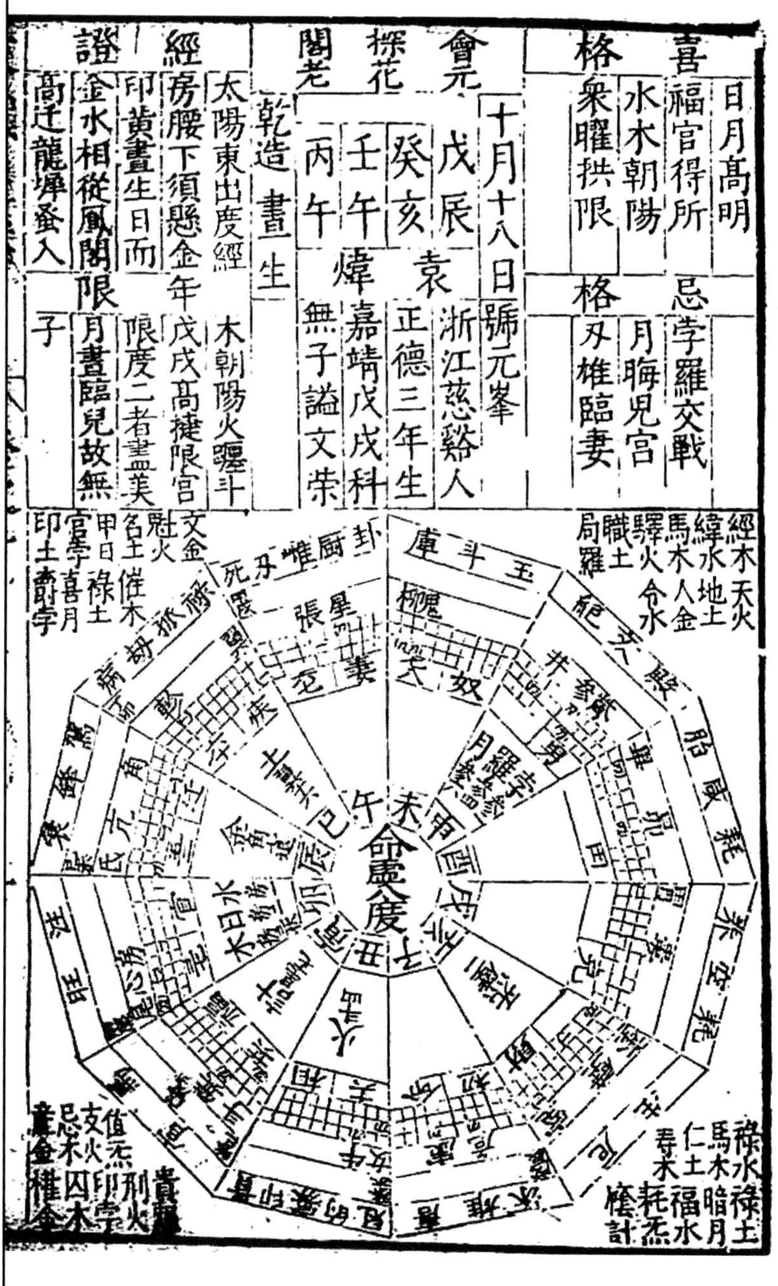

喜格
日月高明
福官得所
水木朝陽
衆曜拱限

忌格
孛羅交戰
月晦兒宮
刃權臨妻

會元 探花 閣老

十月十八日號元峯
戊辰　浙江慈谿人
癸亥　袁　正德三年生
壬午　煒　嘉靖戊戌科
丙午　無子謚文榮
乾造　晝生

經
太陽東出度經　木朝陽火躔斗
房腰下須懸金年　戊戌高捷限宮
印黃晝生日而　限度二者盡美

證
金水相從鳳閣限　月晝臨兒故無
高迁龍墀蚕入　子

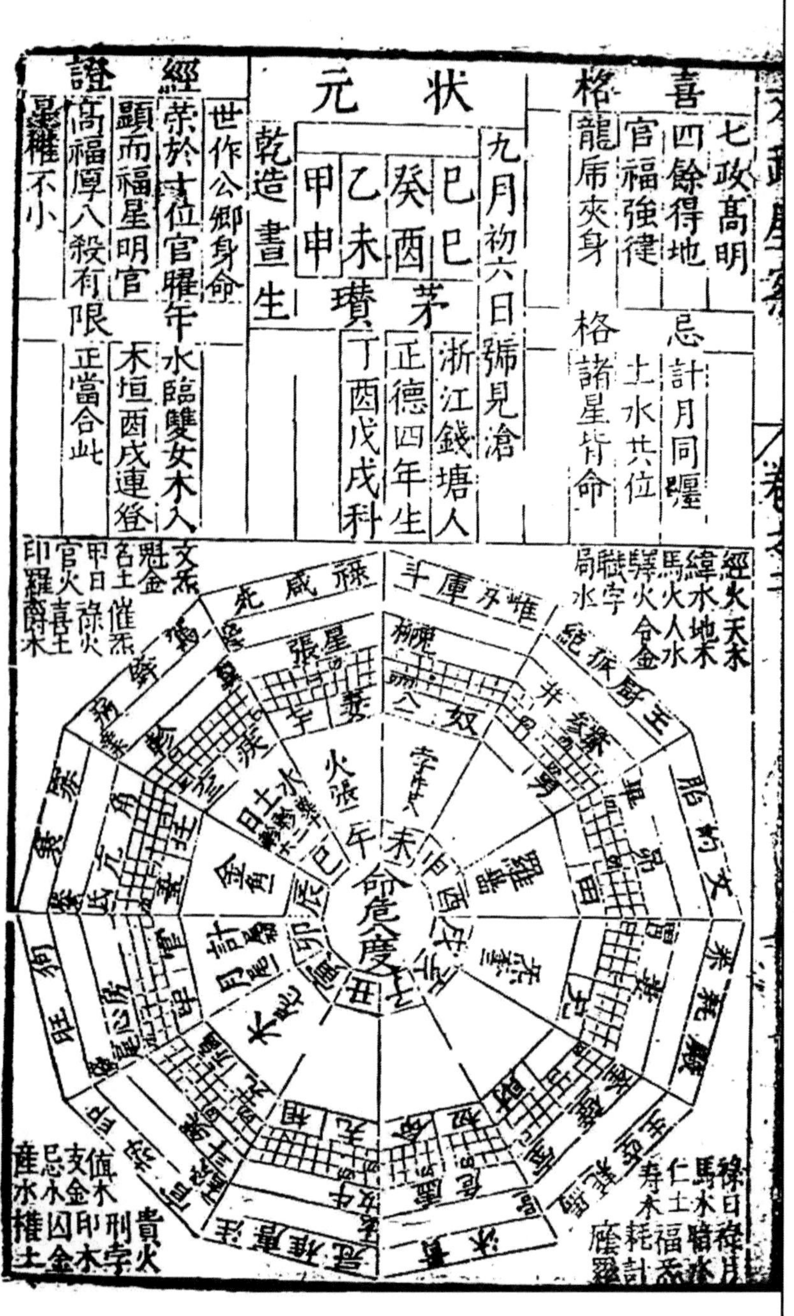
喜格
七政高明
四餘得地
官福強健
龍吊夾身
忌
計月同躔
土水共位
格諸星背命
狀元
九月初六日鄕見滄
茅瓚
浙江錢塘人
正德四年生
丁酉戊戌科
乾造
巳巳
癸酉
乙未
甲申
晝生
經證
世作公卿身命
榮於本位官曜午水臨雙女木入
顯而福星明官
木垣酉戌連登
局福厚八殺有限
正當合此
晷權不小
經火 天木
緯水 地木
馬火 人水
驛火 合金
職孛
局水
文炁 魁金 名土 催炁
甲日 祿火
官火 喜土
印羅 爵木
祿日 祿月
馬木 暗水
仁土 福炁
壽木 耗計
塵羅
貴火 刑孛
值木 印木
支金 囚金
忌水 權土
產水
命危度

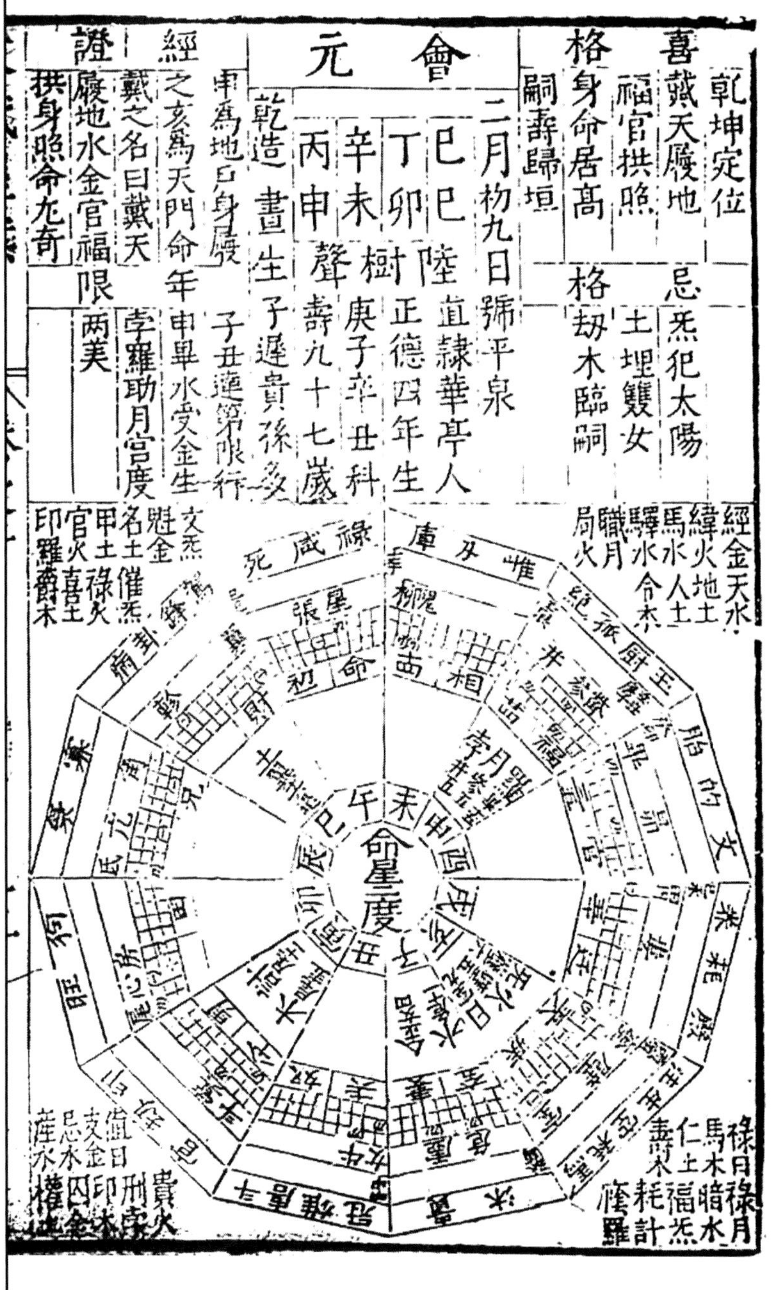
喜格
乾坤定位
戴天履地
福官拱照
身命居高
嗣壽歸垣
忌格
煞犯太陽
土埋雙女
劫木臨嗣
會元
二月初九日號平泉
己巳　陸　直隸華亭人
丁卯　樹　正德四年生
辛未　聲　庚子辛丑科
丙申　壽九十七歲
乾造　晝生　子遲貴孫多
申為地戶身履　子丑運第限行
經證
亥為天門命年申畢水受金生
戴之名曰戴天　孛羅助月宮度
履地水金官福限兩美
拱身照命尤奇
經金天水
緯火地土
馬水人土
驛水命木
職月
局火
文煞
魁金
名土
催煞
甲土
祿火
官火
喜土
印羅
爵木
祿月　祿月
馬木　暗水
仁土　福煞
壽木　耗計
蔭羅
貴火
刑孛
印木
囚金
權土
命星度

喜格

太乙抱蟾
水陽相會
日月居高
福官得所
龍㡿拱身

忌格

金刄拱身
土難拱命
火犯羅奴

狀元

十二月十九日

庚申 戊子 巳巳 甲子

乾造夜生

沈坤

直隸淮安人
弘治十三年生
辛卯辛丑科
後終於獄

經證

夜誕月而火羅
侍衛鳳閣高遷
龍墀蚤入福星
守福爲眞福太
乙抱蟾官必顯

年限

水臨亥垣水宿
歸經以應卯丑
高捷金堂刄雄
拱身此謂暗殺
加臨雖榮亦辱

經金 天烝
緯火 地金
馬木 人木
驛木 命水
職計
局金

文木
魁木
名金 催字
甲木 祿金
官金 喜金
印金 爵火

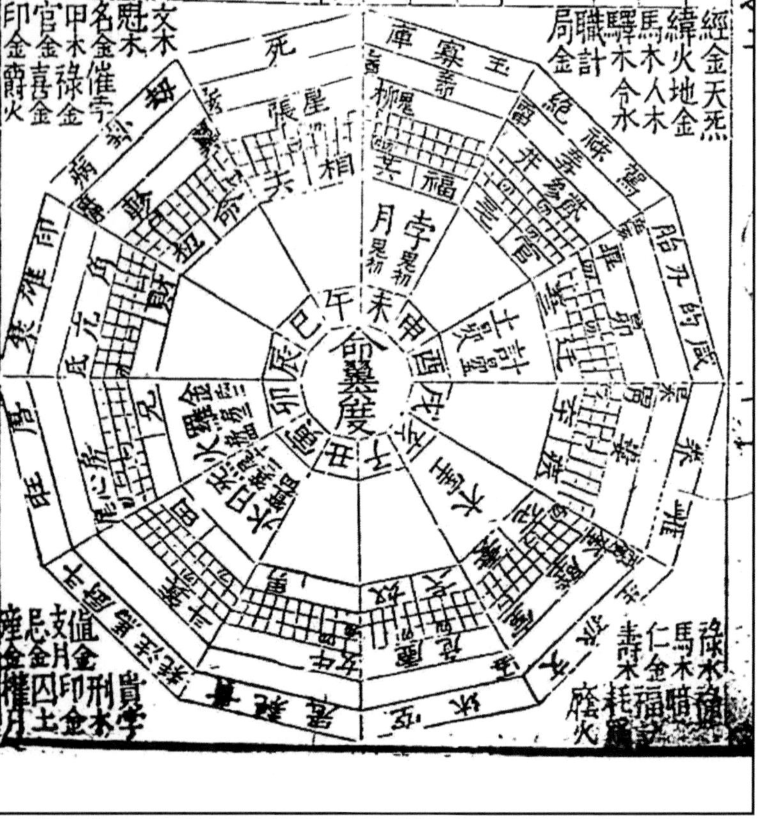

命宮 翼度

午 未 申 酉 戌 亥 子 丑 寅 卯 辰 巳

貴字
値金 刑木
支月 印金
忌金 四土
座金 權月

祿水
馬木
仁金
壽木 耗
蔭火

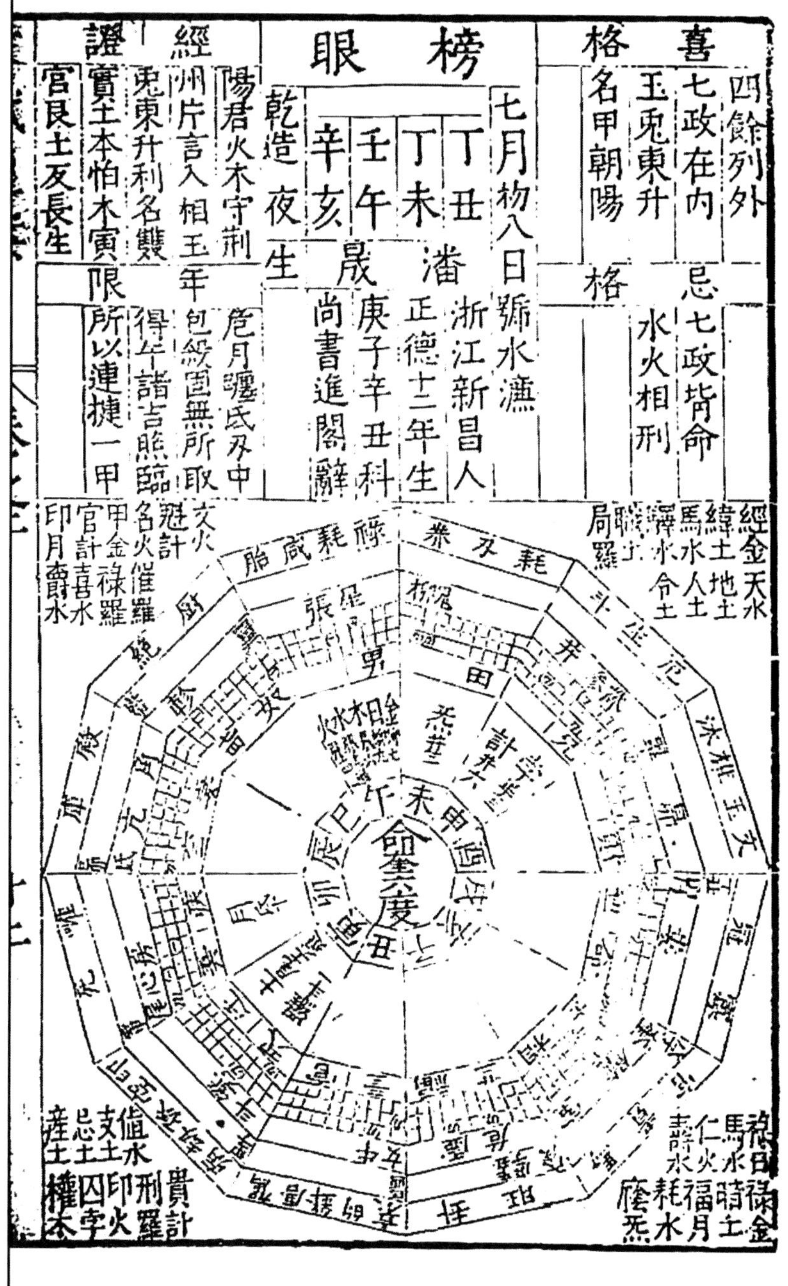

喜格	忌格
四餘列外 七政在內 玉兎東升 名甲朝陽	忌七政皆命 水火相刑

榜眼

七月初八日獅水瀌

丁	丁	壬	辛
丑	未	午	亥

潘晟 乾造夜生

浙江新昌人
正德十二年生
庚子辛丑科
尚書進閣辭

經讚

陽君火木守刑
州片言入相玉年
兎東升利名雙
實土本怕木寅
官艮土反長生

限

危月躔氐及中
包級固無所取
得午諸吉照臨
所以連捷一甲

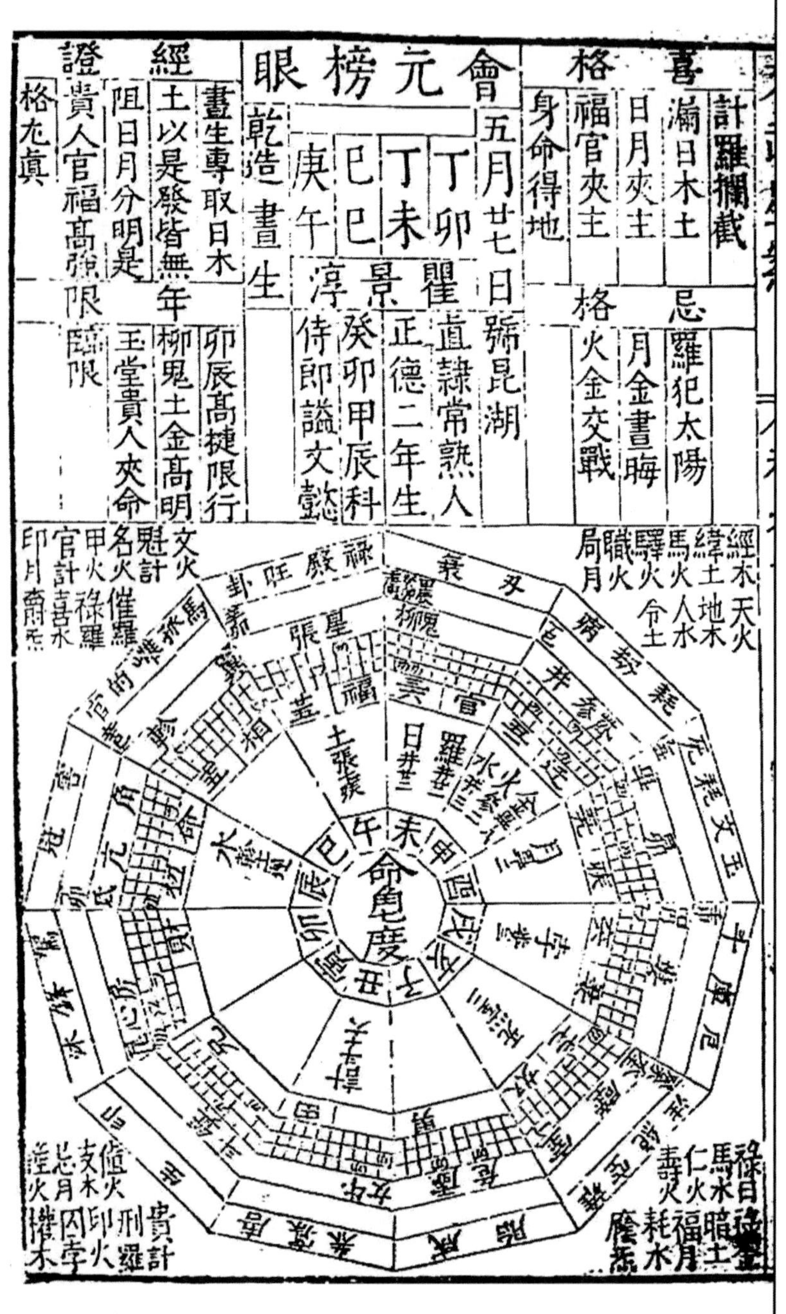

喜格
計羅攔截
濁日木土
日月夾主
福官夾主
身命得地
忌格
羅犯太陽
月金晝晦
火金交戰
會元榜眼
五月廿七日
號昆湖
直隸常熟人
丁卯
丁未
己巳
庚午
瞿景淳
正德二年生
癸卯甲辰科
侍郎謚文懿
乾造
晝生
經證
晝生專取日木
卯辰高揵限行
土以是發皆無年
柳鬼土金高明
阻日月分明是
玉堂貴人夾命
貴人官福高強限臨限
格尤真
經木天火
緯土地木
馬火人水
驛火命土
職火
局月
文火
魁計
名火
催羅
甲火
祿羅
官計
喜水
印月

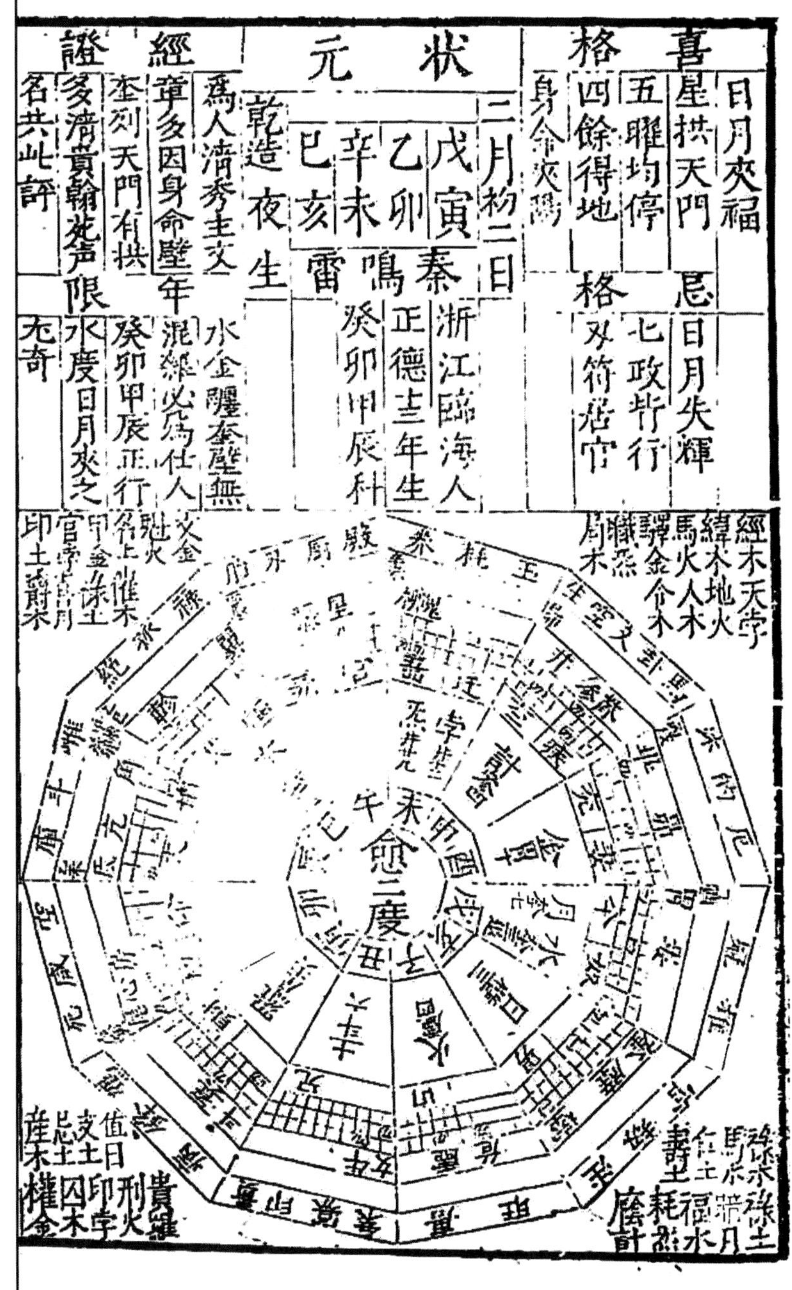

喜格

日月夾福
星拱天門
五曜均停
四餘得地
身命夾陽

忌格

日月失輝
七政背行
殺符居官

狀元

二月初二日

戊寅 乙卯 辛未 己亥

乾造夜生

秦鳴雷

浙江臨海人
正德十三年生
癸卯甲辰科

經證

爲人清秀主文章多因身命壁年奎列天門有拱多清貴翰苑声限名共此許

水金躔奎壁無混雜必爲仕人癸卯甲辰正行水度日月夾之无奇

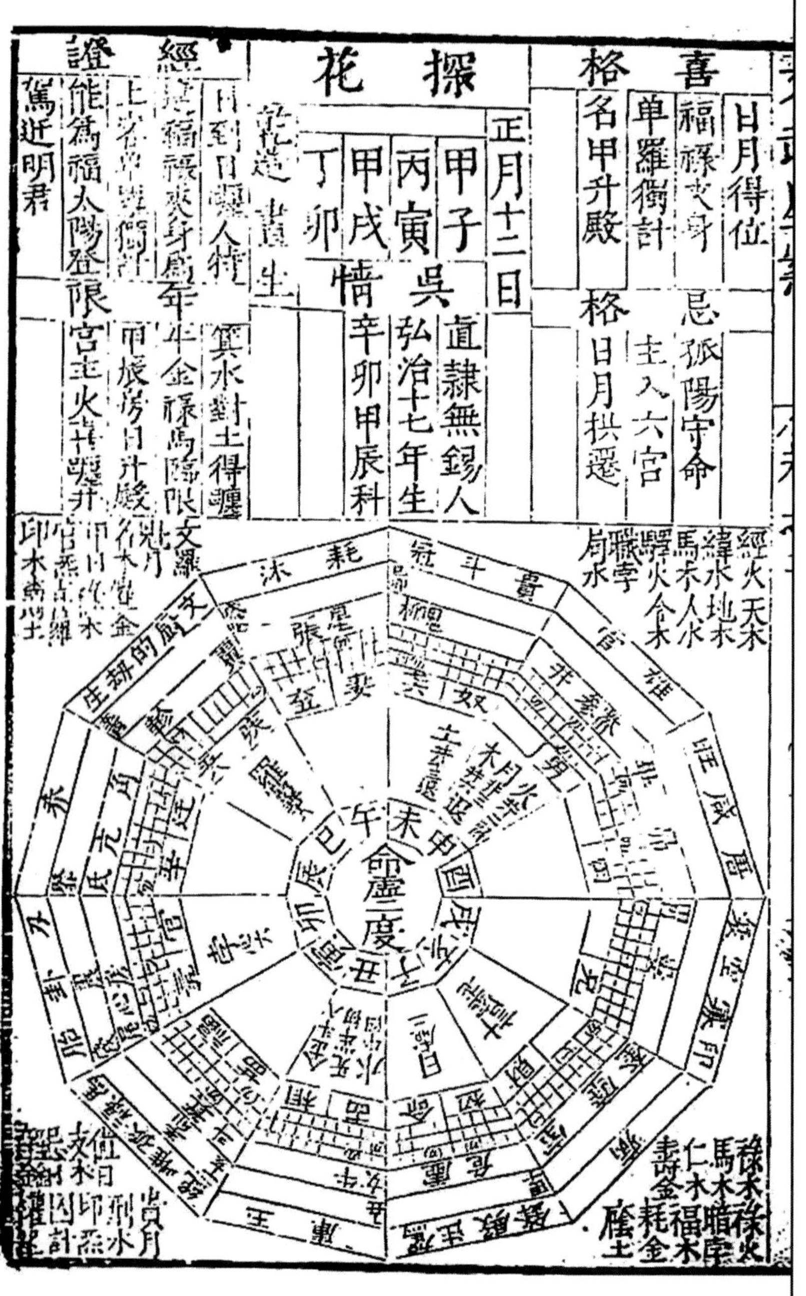

喜格
日月得位
福祿支身
單羅獨計
名甲升殿
忌孤陽守命
主入六宮
格日月拱還
探花
正月十二日
甲子
丙寅
甲戌
丁卯
乾造 貴生
吳情
直隸無錫人
弘治十七年生
辛卯甲辰科
經證
能爲福太陽登限宮主火土躔井
篤近明君
命壹度
子
丑
寅
卯
辰
巳
午
未
申
酉
戌
亥

喜 福官升殿 日月高明 太陽抱蟾

格 群星朝北 身星傍母

忌 金木同躔 日月背宮 羅犯太陽

格 火金相刑

會元探花

正月廿四日辦日門

乾造 書生

癸酉	乙未	甲午	丁卯

胡正蒙

浙江餘姚人 正德八年生 丁酉丁未科 仕至祭酒

經 太乙抱蟾官必顯木星到奎應年上升殿蝦木到……

列爵官曜顯而奎躔限行至此……

證 福星明官高福限無有不發

厚

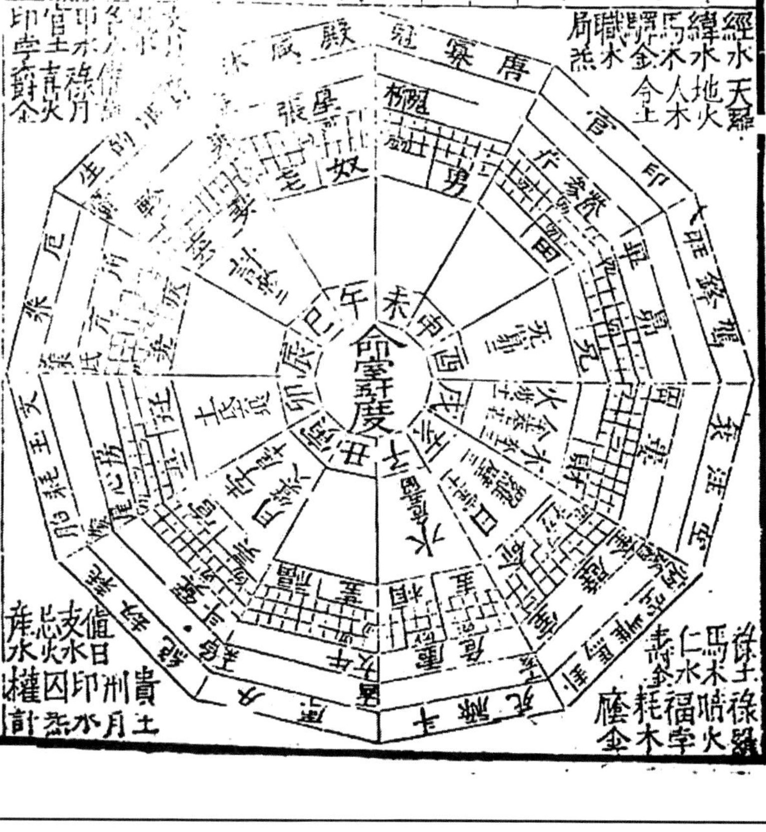

經水 天羅
緯水 地火
馬木 人木
驛金 令土
職木
局杰

印木 祿月
官土 青火
印孛 蔭金

祿孛 祿羅
馬木 暗火
仁水 福孛
壽金 耗木
蔭金

值日 貴土
支水 刑月
忌火 印水
産水 囚杰
權計

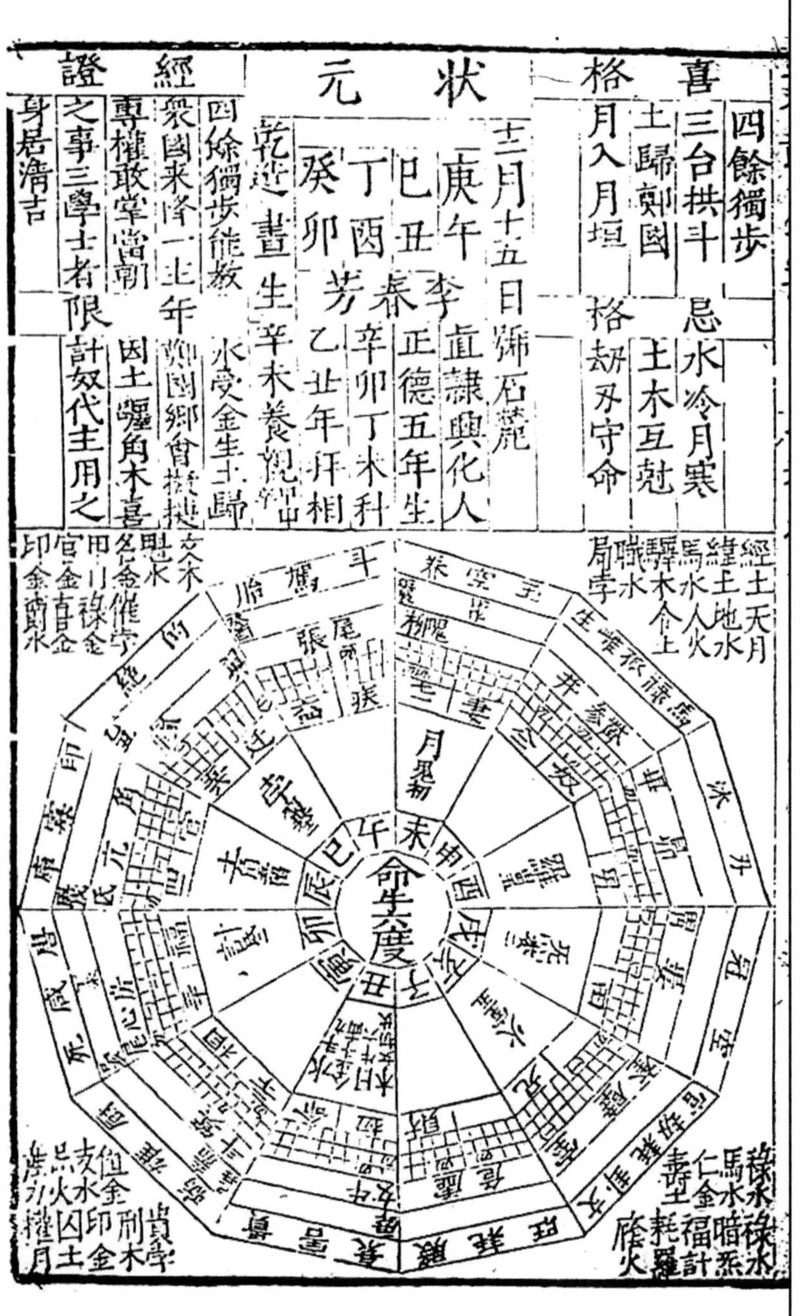

喜格

四餘獨步

三台拱斗　忌水冷月寒

土歸鄭國　土木互尅

月入月垣　格刼刃守命

狀元

十二月十五日獅石范

庚午　李　直隸與化人

己丑　春　正德五年生

丁酉　芳　辛卯丁未科

癸卯　　乙丑年拜相

乾造　晝生　辛未養觀

經證

四餘獨步能敎　水受金生土歸

衆國來降一土年　鄭國鄉會擬提

專權敢掌當朝　因土强角木喜

之事三學士者限　計奴代主用之

身居滑吉

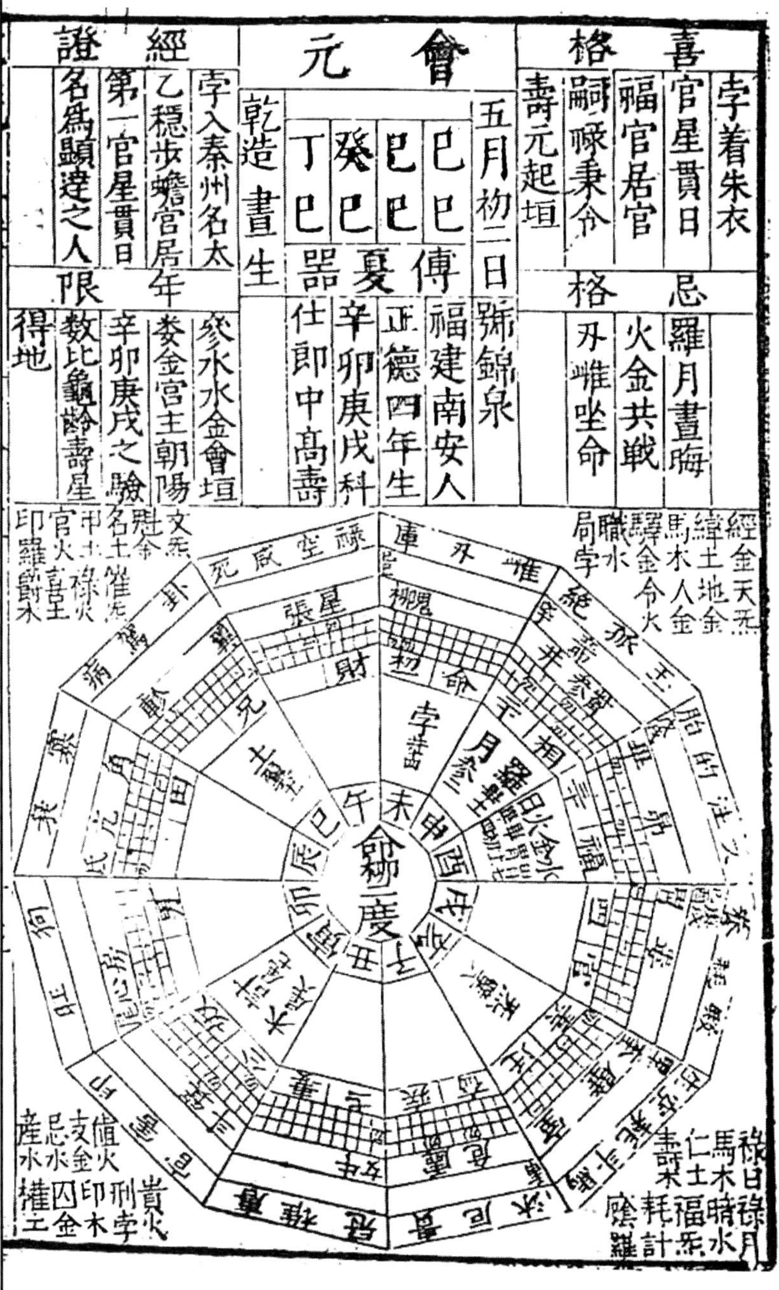
喜格
孛着朱衣
官星貫日
福官居官
嗣祿秉令
壽元起垣
忌格
羅月晝晦
火金共戰
𡿨雌坐命
會元
五月初二日號錦泉
巳巳
巳巳
癸巳
丁巳
乾造晝生
傅夏器
福建南安人
正德四年生
辛卯庚戌科
仕郎中高壽
經證
孛入秦州名太
乙穩步蟾宮居年
第一官星貫日
名爲顯達之人
限年
參水水金會垣
婁金宮主朝陽
辛卯庚戌之驗
數比龜齡壽星
得地
經金 天炁
緯土 地余
馬木 人金
驛金 命火
職水
局孛
文炁
魁余
名土 雀炁
刑土 祿火
官火 喜土
印羅 尉木
祿日 祿月
馬木 晴水
仁土 福炁
壽木 耗計
蔭羅
値火
支金
忌水
產水
貴火
刑孛
印木
囚金
權土
午 未 申 酉 戌 亥 子 丑 寅 卯 辰 巳

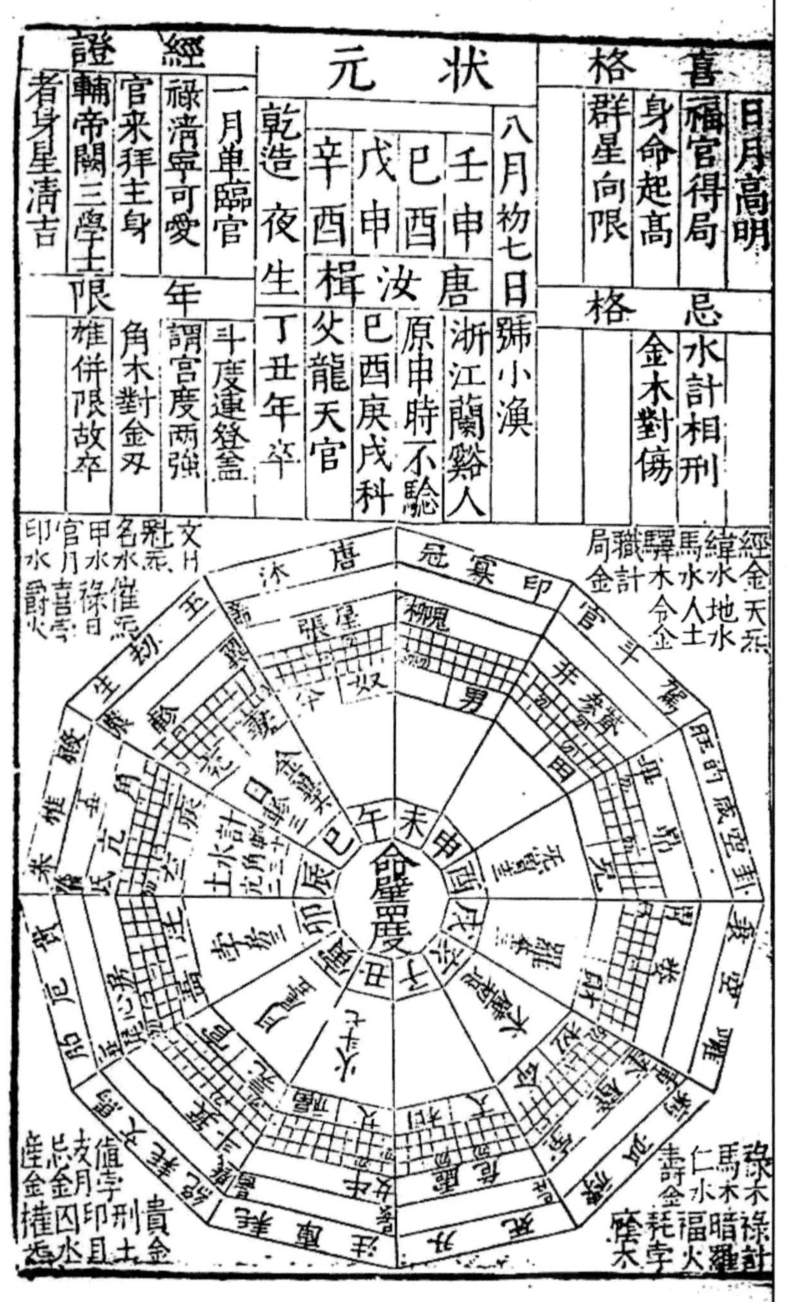
喜格
日月高明
福官得局
身命起高
群星向限
忌格
水計相刑
金木對傷
狀元
八月初七日
壬申
巳酉
戊申
辛酉
乾造夜生
唐汝楫
號小漁
浙江蘭谿人
原申時不驗
巳酉庚戌科
父龍天官
丁丑年卒
經證
一月单臨官
祿潰卑可愛
官来拜主身
輔帝闕三學士
者身星清吉
年限
斗度逢發會
謂宮度兩強
角木對金刃
雄併限故卒
經金天炁
緯水地水
馬水人土
驛木令金
職計
局金
祿木祿計
馬木暗羅
仁水福火
壽金耗孛
蔭木

喜格

星照本家
日月守照
土木高明
計羅攔截
漏出吉星

忌格

月東日西
火月晝晦

榜眼

二月十八日 號豫所
臨桂籍湖廣人

丙子
辛卯
己巳
丁卯

呂調陽

庚子庚戌科
壬申拜相

乾造晝生

經證

身命度主木入水陽相會金居秦州經云一曜司權滿用得拱為先又謂月躔黃道位至爵㣲

年限

发衍限行是度高捷已驗遇羅官星尤妙

經土 天土
緯土 地金
馬火 人水
驛水 合木
職火
局月

文金
恩羅
名火 催日
甲金 祿計
官羅 喜炁
印火 爵土

命奎度

祿水 祿木
馬木 暗金
仁火 福土
壽木 耗月
魔水

貴炁
刑計
值日 印羅
支木 囚火
忌日
產金 權孛

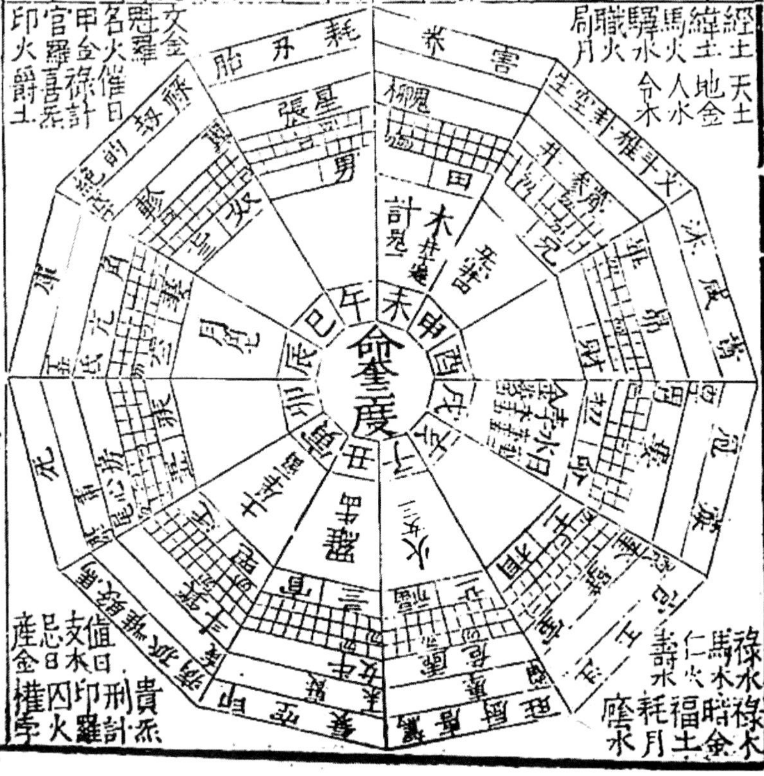

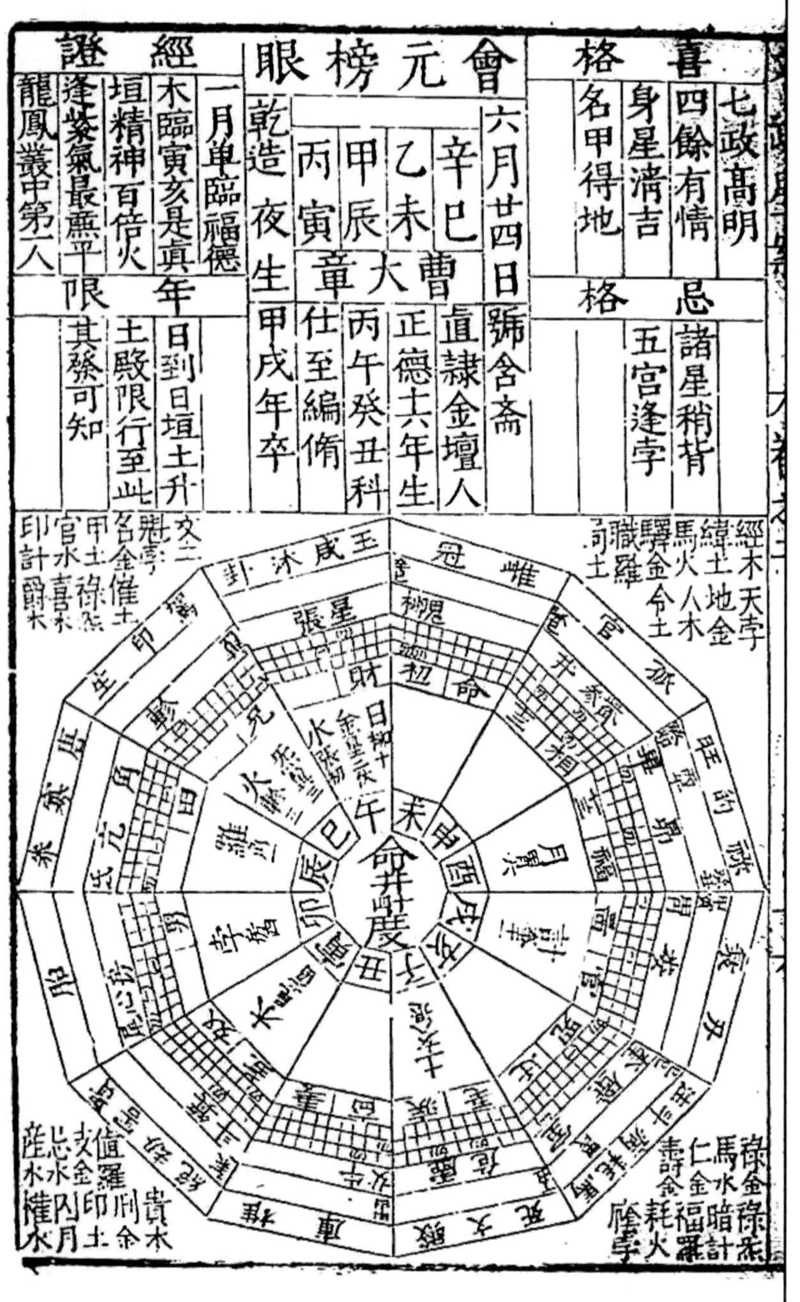
喜格
七政高明
四餘有情
身星清吉
名甲得地
忌格
諸星稍背
五宮逢孛
會元榜眼
六月廿四日
辛巳
乙未
甲辰
丙寅
乾造夜生
曹大章
號含齋
直隸金壇人
正德十六年生
丙午癸丑科
仕至編脩
甲戌年卒
經證
一月单臨福德
木臨寅亥是真
垣精神百倍
逢紫氣最無平
龍鳳叢中第一人
年限
日到日垣土升
土殿限行至此
其發可知
經木天孛
緯土地金
馬火人木
驛金令土
職羅
司土
文土
魁孛
名金催土
甲土祿然
官水喜木
印計爵木
祿金祿孛
馬水暗計
仁金福羅
壽金耗火
陰孛
貴木
刑金
值羅印土
文金囚月
忠水權水
産木
命井三十度

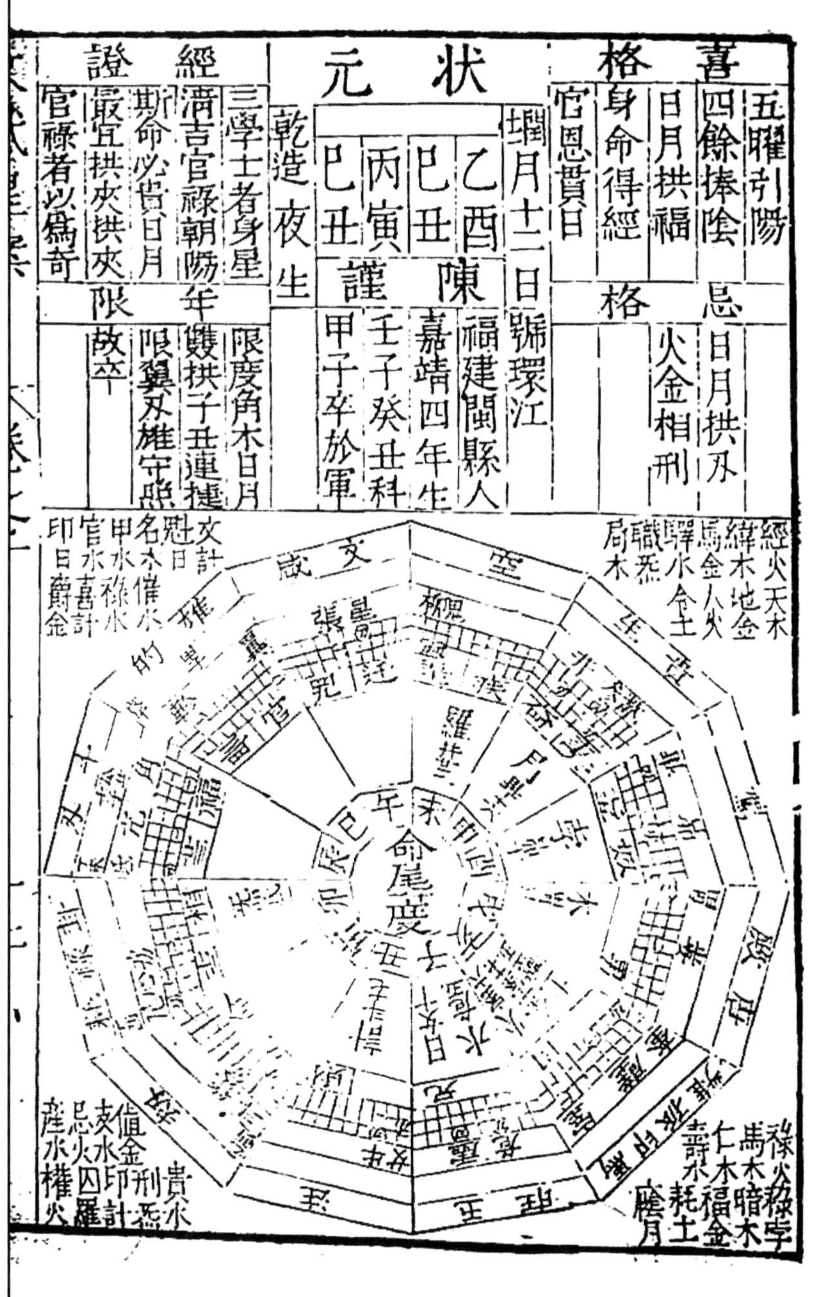

喜格

五曜引陽
四餘捧陰
日月拱福
身命得經
官恩貫日

忌格

日月拱夾
火金相刑

狀元

閏月十二日號環江
福建閩縣人
嘉靖四年生
壬子癸丑科
甲子卒於軍

乙酉	己丑	丙寅	己丑

陳謹

乾造夜生

經證

三學士者身星濟吉官祿朝陽斯命必貴日月最宜拱夾拱夾官祿者以爲奇

年限

限度角木日月雙拱子丑運提限鎮刃雄守照故卒

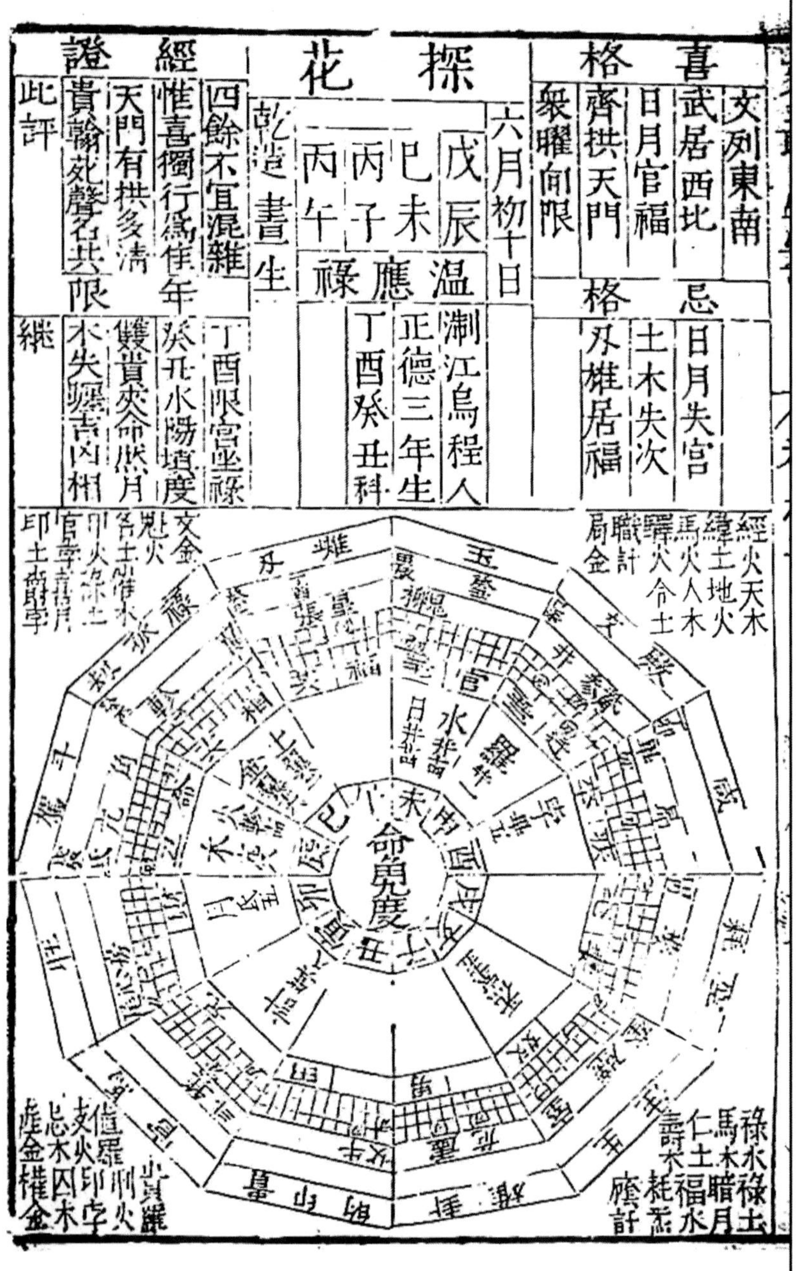
喜格
文列東南
武居西北
日月官福
齊拱天門
衆曜向限
忌格
日月失宫
土木失次
探花
六月初十日
戊辰
己未
丙子
丙午
乾造晝生
温應祿
浙江烏程人
正德三年生
丁酉癸丑科
經證
四餘不宜混雜
惟喜獨行爲佳年
天門有拱多清
此評
丁酉限宫坐祿
雙貴夾命照月
總
經火天木
緯土地火
馬火人木
驛火命土
職計
局金
祿水祿土
馬木暗月
仁土福水
廕計

喜格
三台合格
官福會垣
名甲朝陽
日月垣殿

忌格
孛騎獅子
木困婁金
火燒牛角

會元探花

七月十一日騙星橋
江西浮梁人
弘治吉年生
丙午丙辰科
仕至司業

金達

辛酉
乙未
丁巳
丙午

乾造晝生

晝生日而金水　丙午限鄉福官
相從日到日垣　年填度丙辰元甲
月升月殿水星　木困婁金其理

經
隨日至天中錦　限未審同志詳之

證
繡文章達聖聰

經金天烝
緯木地水
馬木人金
驛金命土
職烝
局木

文土
魁孛
名炁催土
甲金祿烝
官水喜木
印計衡計

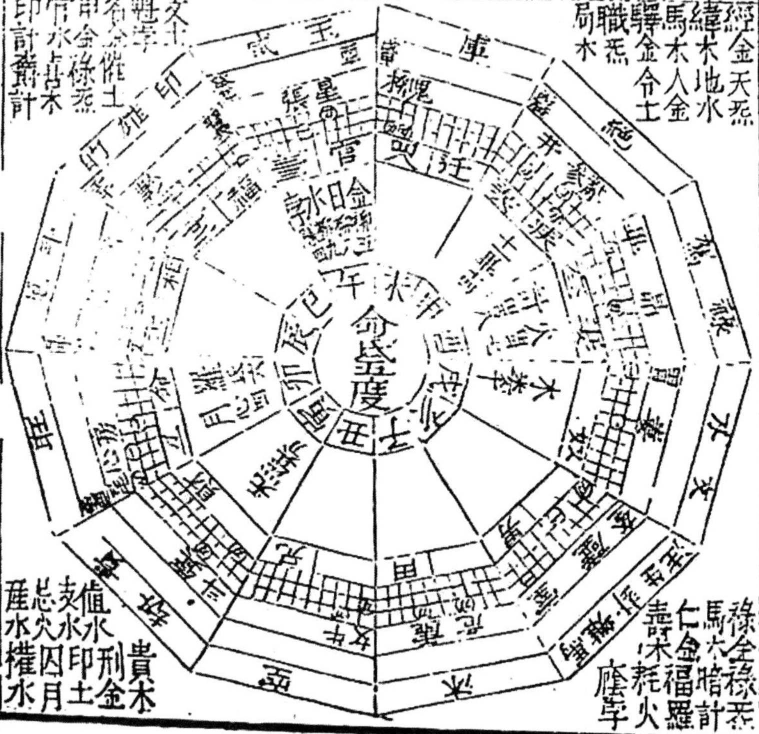

貴木
值水
刑金
支水
印土
忌火
囚月
雁水
權水

祿金
馬木
仁金
壽木
祿烝
暗計
福羅
耗火
蔭孛

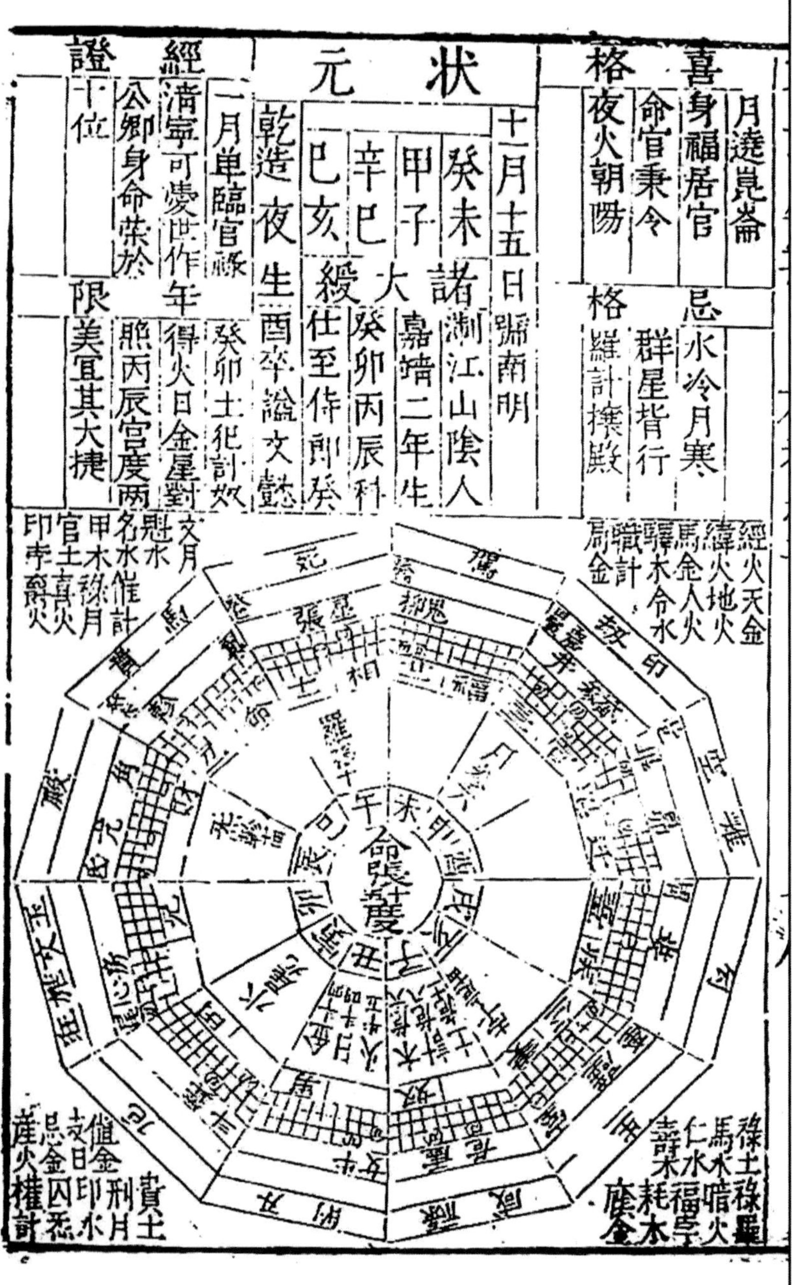

喜格
月遶崑崙
身福居官
命官秉令
夜火朝陽
忌格
水冷月寒
群星背行
羅計擭殿
經火天金
緯火地火
馬金人火
驛木命水
職計
局金
狀元
十一月十五日歸南明
癸未
甲子
辛巳
巳亥
諸大綬
浙江山陰人
嘉靖二年生
癸卯丙辰科
仕至侍郎癸
乾造夜生
酉卒謚文懿
經證
一月單臨官祿
清寧可憂世作
公卿身命榮於
十位
癸卯土犯計炊
年得火日金星對
照丙辰宮度兩
限美宜其大捷
文月
魁水
名水催計
甲木祿月
官土壽火
印孛窮火
祿土祿羅
馬水暗火
仁水福孛
壽木耗木
產金
貴土
催金刑月
支日印水
忌金囚炁
產火權計
命張十度

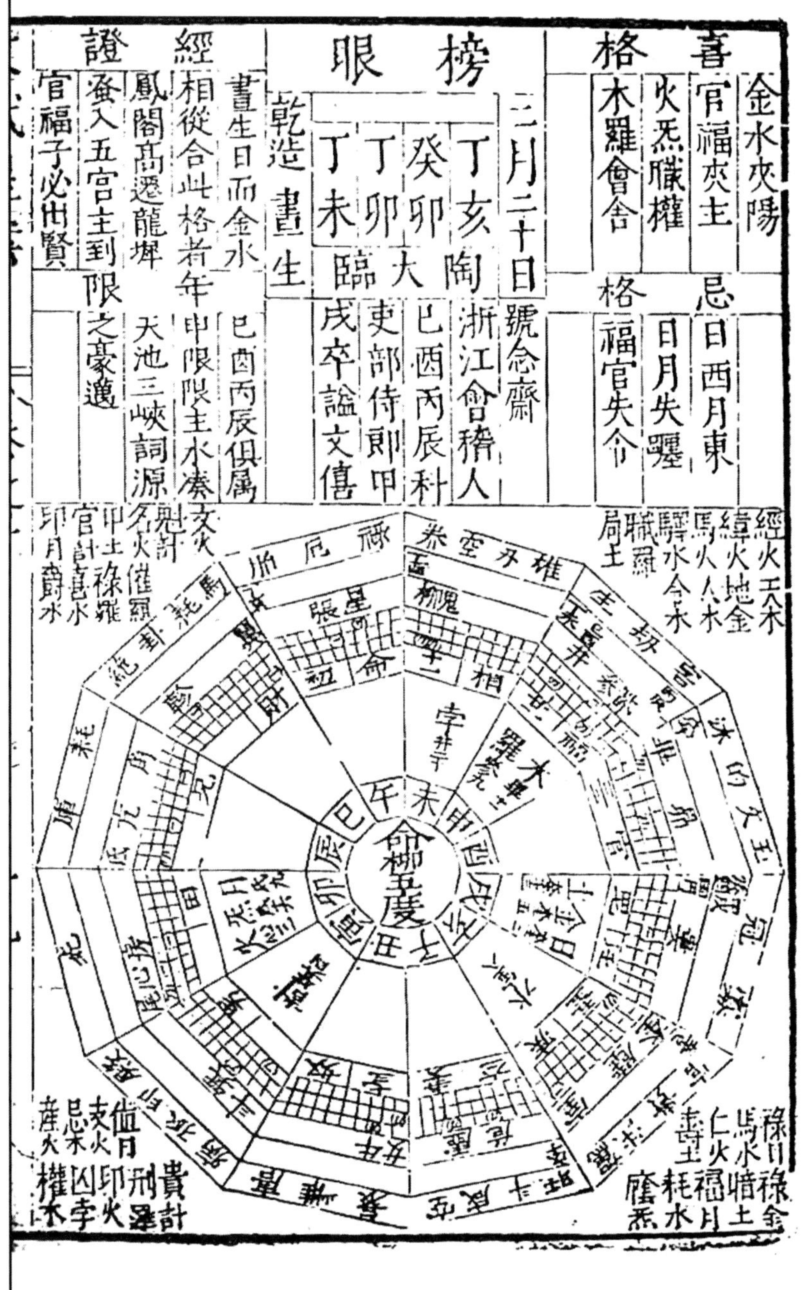
喜格
金水夾陽
官福夾主
火炁朧權
木羅會合
忌格
日酉月東
日月失躔
福官失令
榜眼
二月二十日
丁亥
癸卯
丁卯
丁未
乾造
書生
陶大臨
號念齋
浙江會稽人
己酉丙辰科
吏部侍郎
戊卒諡文僖
經證
書生日而金水
已酉丙辰俱屬
相從合此格者年
申限限主水湊文
鳳閣高遷龍墀
天池三峽詞源
發入五宮主到
限之豪邁
官福子必出賢
經火天木
緯火地金
馬火人木
驛水令木
職羅
局土
魁計
名火
催羅
甲土
祿羅
官計
喜水
印月
爵水
祿日
祿金
馬水
暗土
仁火
福月
壽土
耗水
蔭炁
仙月
貴計
文火
刑羅
忌木
印火
產火
囚孛
權木

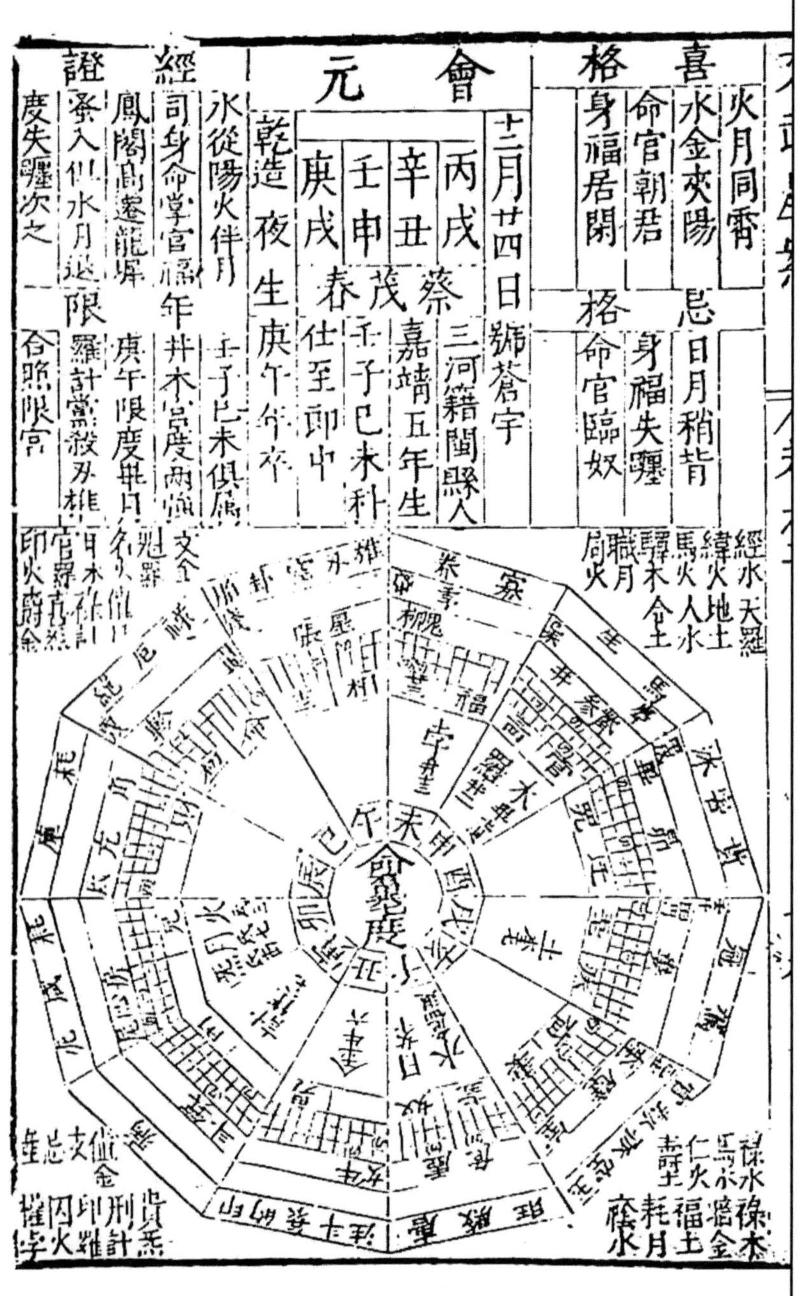

喜格
火月同宮
水金夾陽
命官朝君
身福居閑
忌格
日月稍背
身福失躔
命官臨奴
會元
十二月廿四日號蒼宇
三河籍閩縣人
丙戌
辛丑
壬申
庚戌
蔡茂春
嘉靖五年生
壬子巳未科
乾造夜生
經
水從陽火伴月
司身命掌官福
鳳閣鳥臺能昇
證
度失躔次之

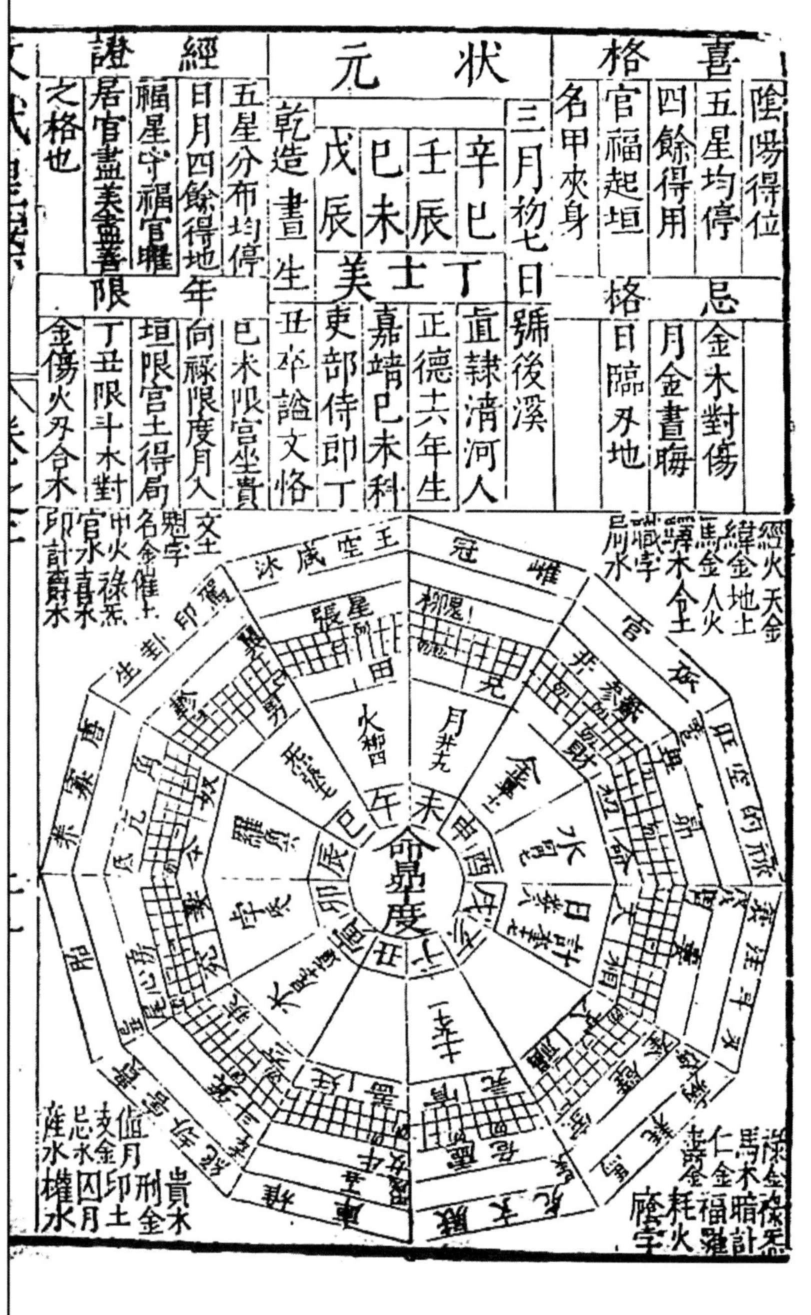

喜格

陰陽得位
五星均停
四餘得用
官福起垣
名甲夾身

忌格

金木對傷
月金晝晦
日臨刃地

狀元

三月初七日號後溪

辛巳
壬辰
己未
戊辰

乾造書生

丁士美

直隸清河人
正德十六年生
嘉靖己未科
吏部侍郎丁
丑卒謚文恪

經證

五星分布均停
日月四餘得地
福星守福官曜
居官盡美盡善
之格也

年限

巳未限宮坐貴
向祿限度月入
垣限宮土得局
丁丑限斗木對
金傷火刃合木

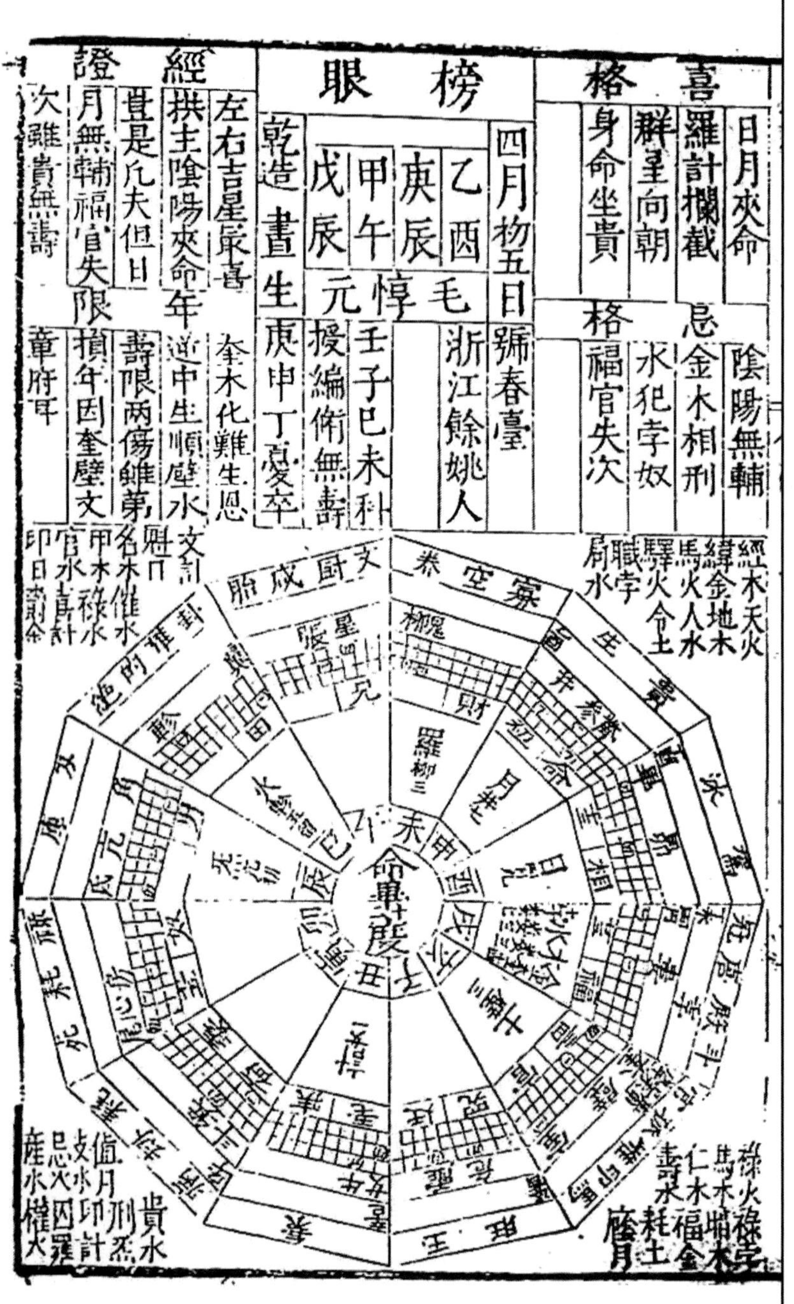

喜格

日月夾命
羅計攔截
群星向朝
身命坐貴

忌格

陰陽無輔
金木相刑
水犯孛奴
福官失次

榜眼

四月初五日酉時春臺
乙酉 庚辰 甲午 戊辰
毛惇元
浙江餘姚人
壬子巳未科
授編修無壽
乾造 晝生
庚申丁亥卒

經證

左右吉星最喜
拱主陰陽夾命年
豈是凡夫但日
月無輔福官失限
次雖貴無壽
奎木化難生恩
逆中生順壁水文
壽限兩傷雖第
損年因奎壁文
章府耳

經木 天火
緯金 地木
馬火 人水
驛火 合土
職孛
局水

魁日 文計
名木 催水
甲木 祿水
官水 貴計
印日 刑金

祿火 祿孛
馬木 暗木
仁木 福金
壽水 耗土
蔭月

貴水
刑炁
文水 印計
忌火 囚羅
產水 權火
值月

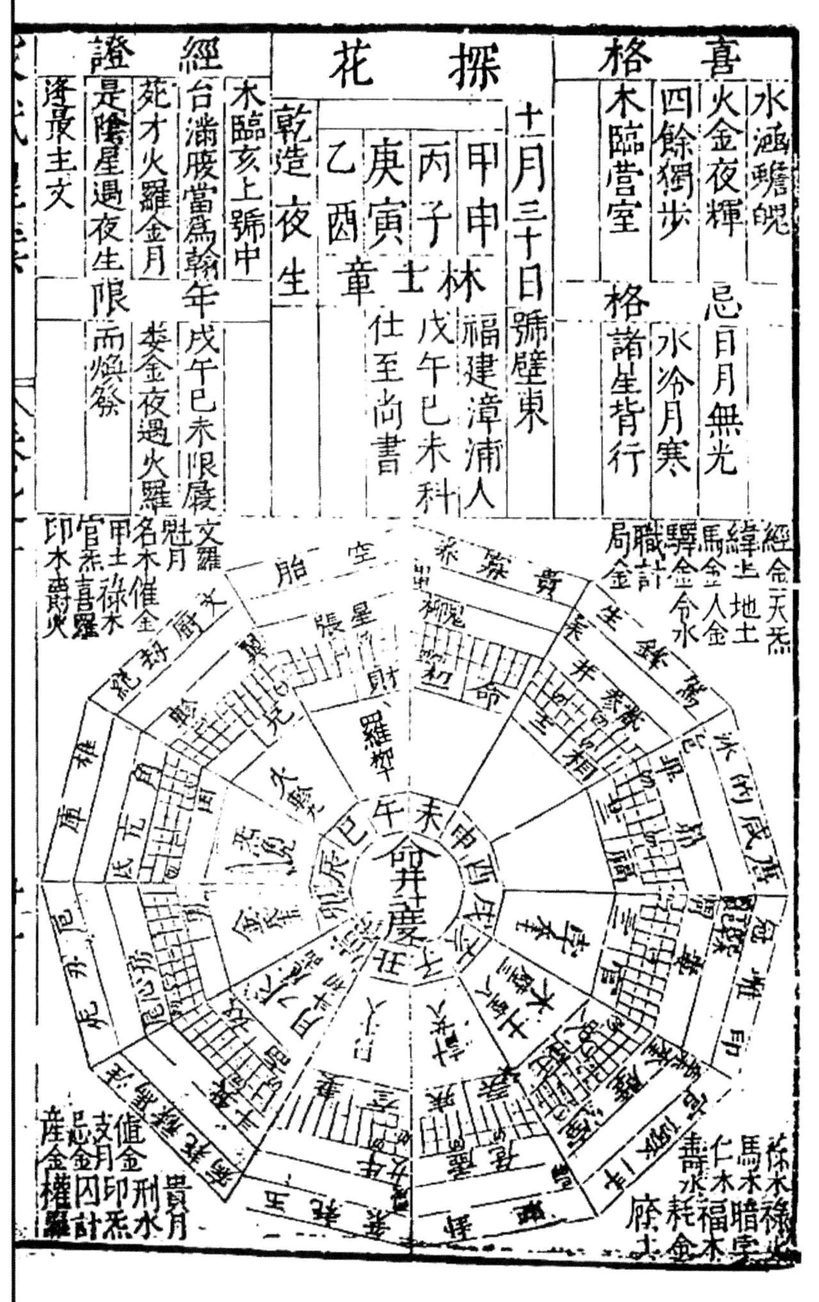
喜格
水涵蟾魄
火金夜輝
四餘獨步
木臨營室
忌格
日月無光
水冷月寒
諸星背行
採花
十一月三十日號壁東
甲申 福建漳浦人
丙子 林 戊午巳未科
庚寅 士 仕至尚書
乙酉 章
乾造夜生
經證
木臨亥上號中
台滿腰當爲翰年戊午巳未限巖
苑才火羅金月 娄金夜遇火羅
是陰星過夜生限而煥發
逢最主文
經金天㷰
緯土地土
馬金人金
驛金命水
職計
局金
文羅
魁月
名木催金
甲土祿木
官㷰喜羅
印木爵火
命井度
貴月
刑水
印㷰
囚計
權羅
催金
支月
忌金
產金

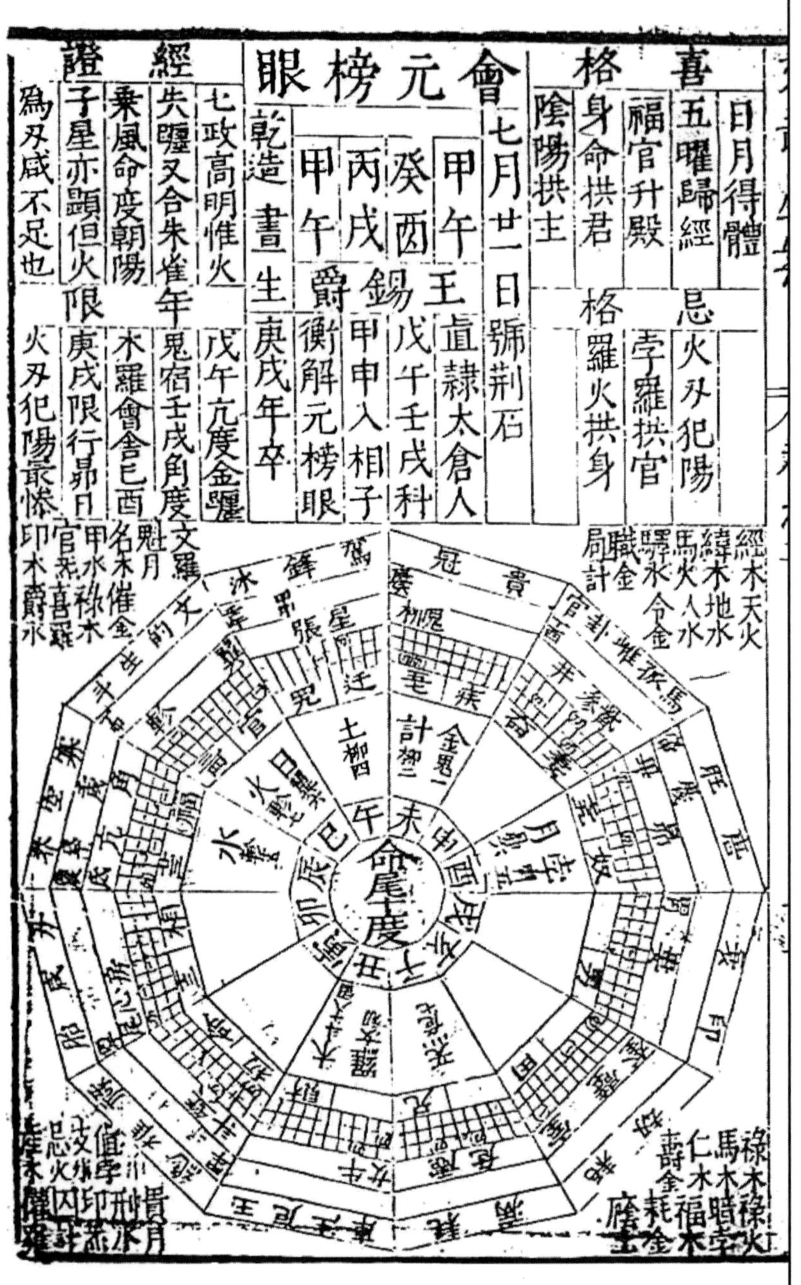

喜格

日月得體
五曜歸經
福官升殿
身命拱君
陰陽拱主

忌格

火刃犯陽
孛羅拱官
羅火拱身

會元榜眼

七月廿一日號荊石

乾造：甲午　癸酉　丙戌　甲午　晝生

王錫爵　直隸太倉人　戊午壬戌科　甲申入相　子衡解元榜眼　庚戌年卒

經證

七政高明惟火失躔又合朱雀午乘風命度朝陽子星亦顯但火限為刃咸不足也

戊午亢度金躔　鬼宿壬戌角度文羅　木羅會舍巳酉　庚戌限行昴日　火刃犯陽最慘

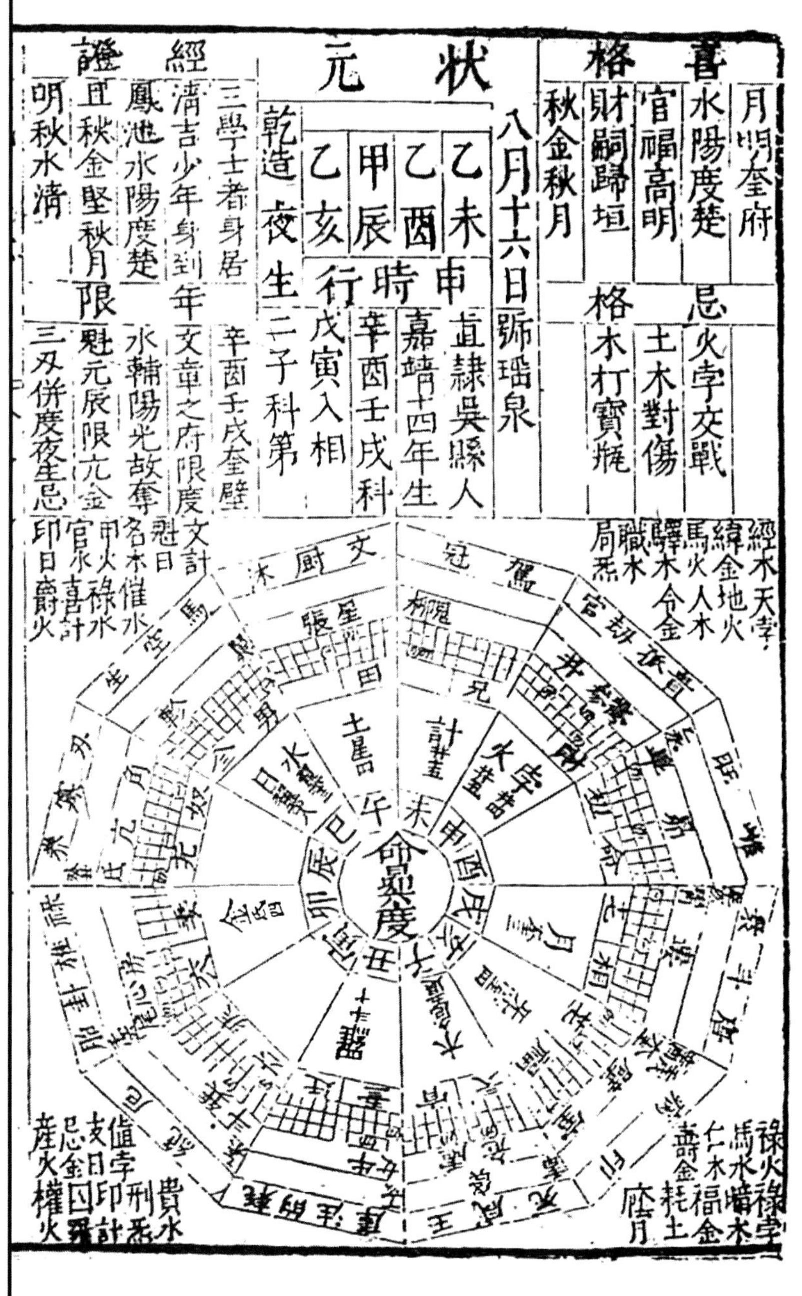
書格
月明奎府
水陽度楚
官福高明
財嗣歸垣
秋金秋月
忌格
火孛交戰
土木對傷
木打寶瓶
狀元
八月十六日歸瑤泉
直隸吳縣人
嘉靖十四年生
辛酉壬戌科
戊寅入相
二子科第
乙未
乙酉
甲辰
乙亥
申時行
乾造夜生
經證
三學士者身居
辛酉壬戌奎壁
濟吉少年身到
年文章之府限度文計
鳳池水陽度楚
水輔陽光故奪
且秋金堅秋月限
魁元辰限亢金
明秋水清
三歹併度夜生忌
經木天孛
緯金地火
馬火人木
驛木合金
職木
局炁
祿火祿孛
馬水暗木
仁木福金
壽金耗土
廢月
貴水
值孛刑炁
支日印計
忌金囚羅
產火權火
命躔奎度

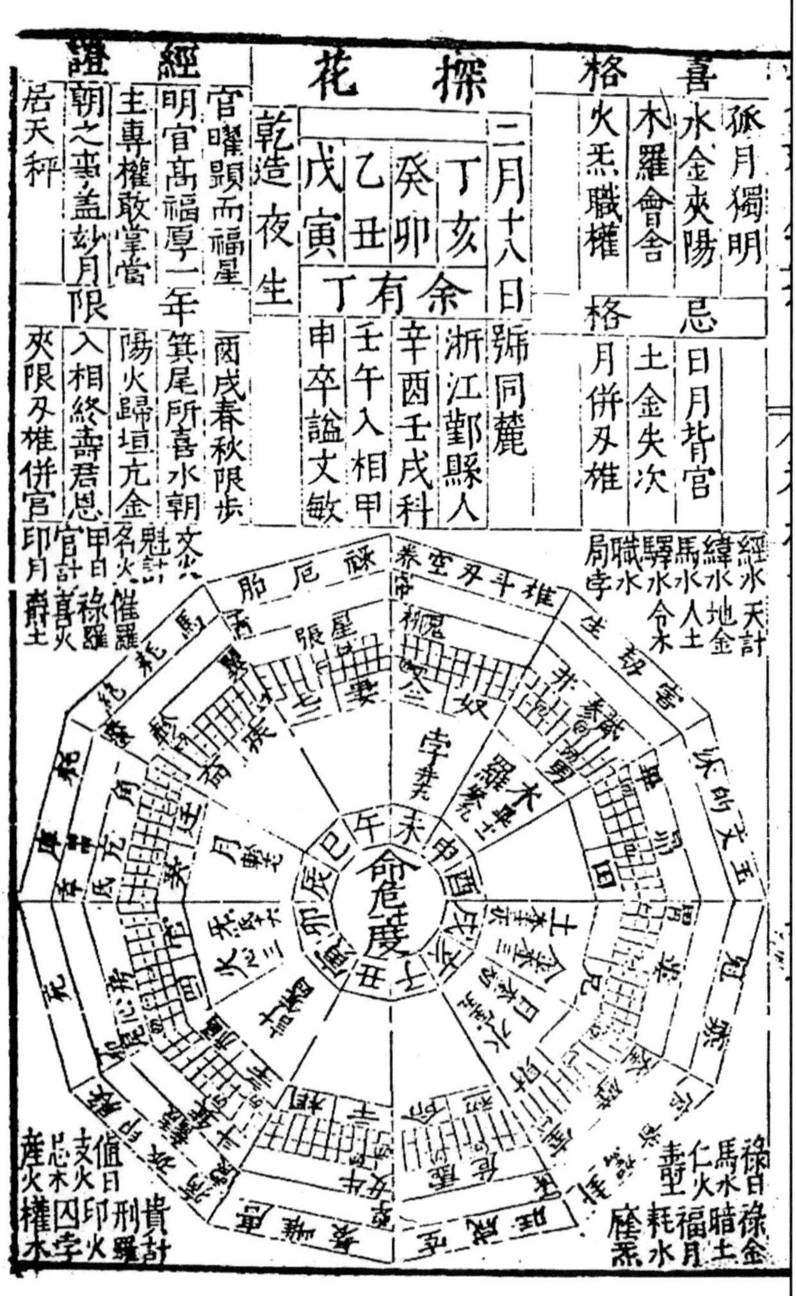
喜格
孫月獨明
水金夾陽
木羅會舍
火炁職權
忌格
日月背官
土金失次
月併刄権
探花
二月十八日號同麓
丁亥
癸卯
乙丑
戊寅
乾造夜生
余有丁
浙江鄞縣人
辛酉壬戌科
壬午入相甲
申卒謚文敏
經證
官曜顯而福星明官高福厚一年主專權敢掌當朝之患盖刧月限居天秤
丙戌春秋限歩箕尾所喜水朝文炁八陽火歸垣亢金入相終壽君恩夾限刄権併官
經水天計
緯水地金
馬水人土
驛水合木
職水
局孛
命危度
祿日祿金
馬水暗土
仁火福月
壽土耗水
產炁
貴計
刑羅
印火
囚孛
權木
值日
支火
忌木
產火

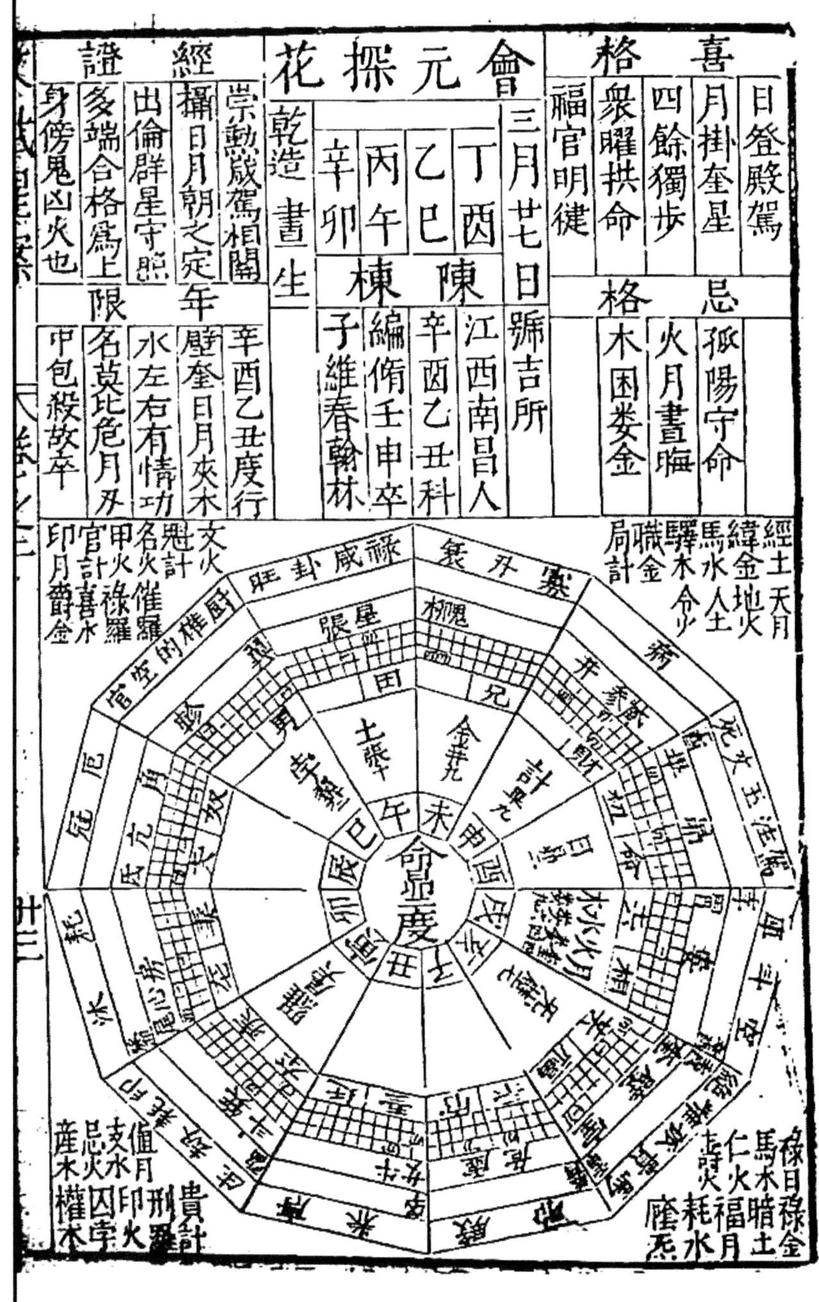

喜格

日登殿駕
月掛奎星
四餘獨步
衆曜拱命
福官明徤

忌格

孤陽守命
火月晝晦
木困娄金

會元探花

三月廿七日

丁	乙	丙	辛
酉	巳	午	卯

乾造 陳棟 書生

號吉所
江西南昌人
辛酉乙丑科
編脩壬申卒
子維春翰林

經證

崇勳歲駕相關
攔日月朝之定
出倫群星守照
多端合格為上
身傍鬼凶火也

年限

辛酉乙丑度行
壁奎日月夾木
水左右有情功
名莫比危月孖
中包殺故卒

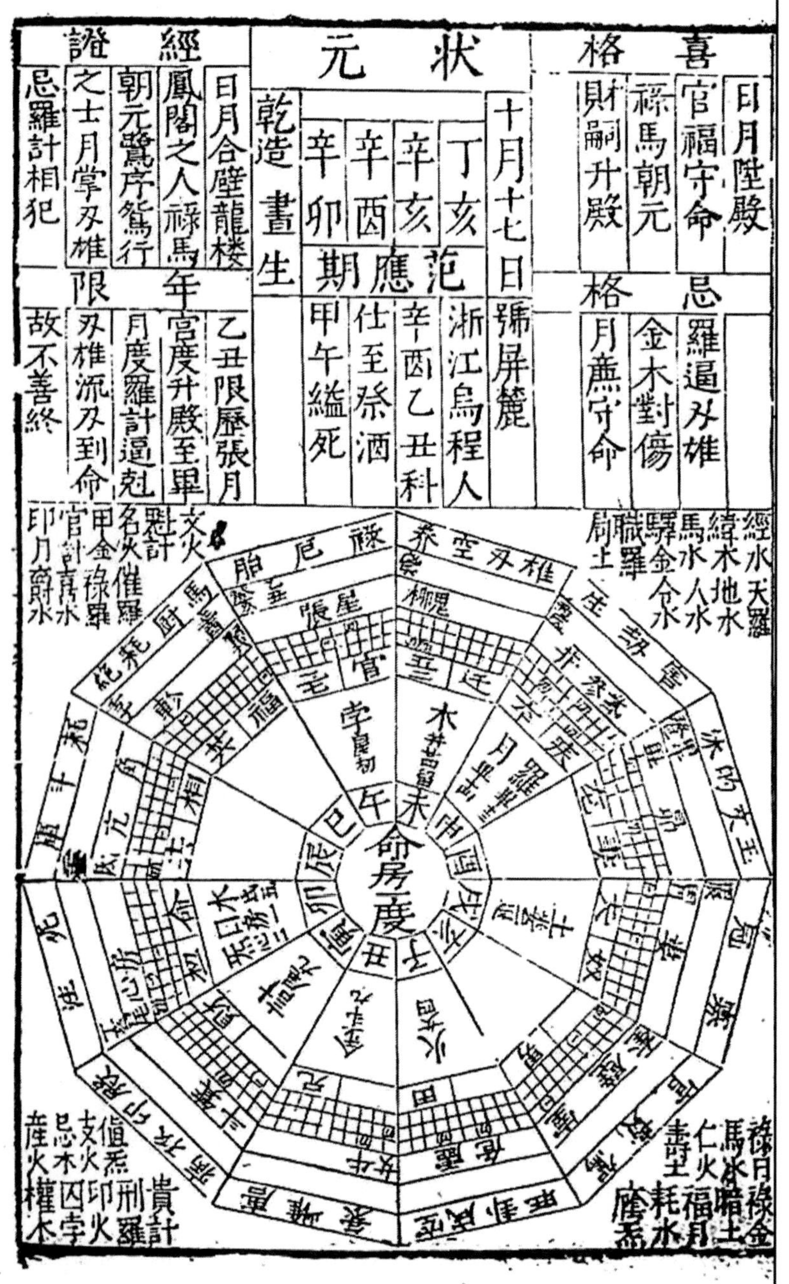
喜格
日月陞殿
官福守命
祿馬朝元
財嗣升殿
忌格
羅逼刃雄
金木對傷
月煞守命
狀元
十月十七日
丁亥
辛亥
辛酉
辛卯
乾造晝生
號昇麓
浙江烏程人
辛酉乙丑科
仕至祭酒
甲午縊死
范應期
經證
日月合壁龍楼
鳳閣之人祿馬
朝元鶯序鴛行
之士月掌刃雄
忌羅計相犯
年限
乙丑限歷張月
宮度升殿至畢
月度羅計逼剋
刃雄流刃到命
故不善終
命房度

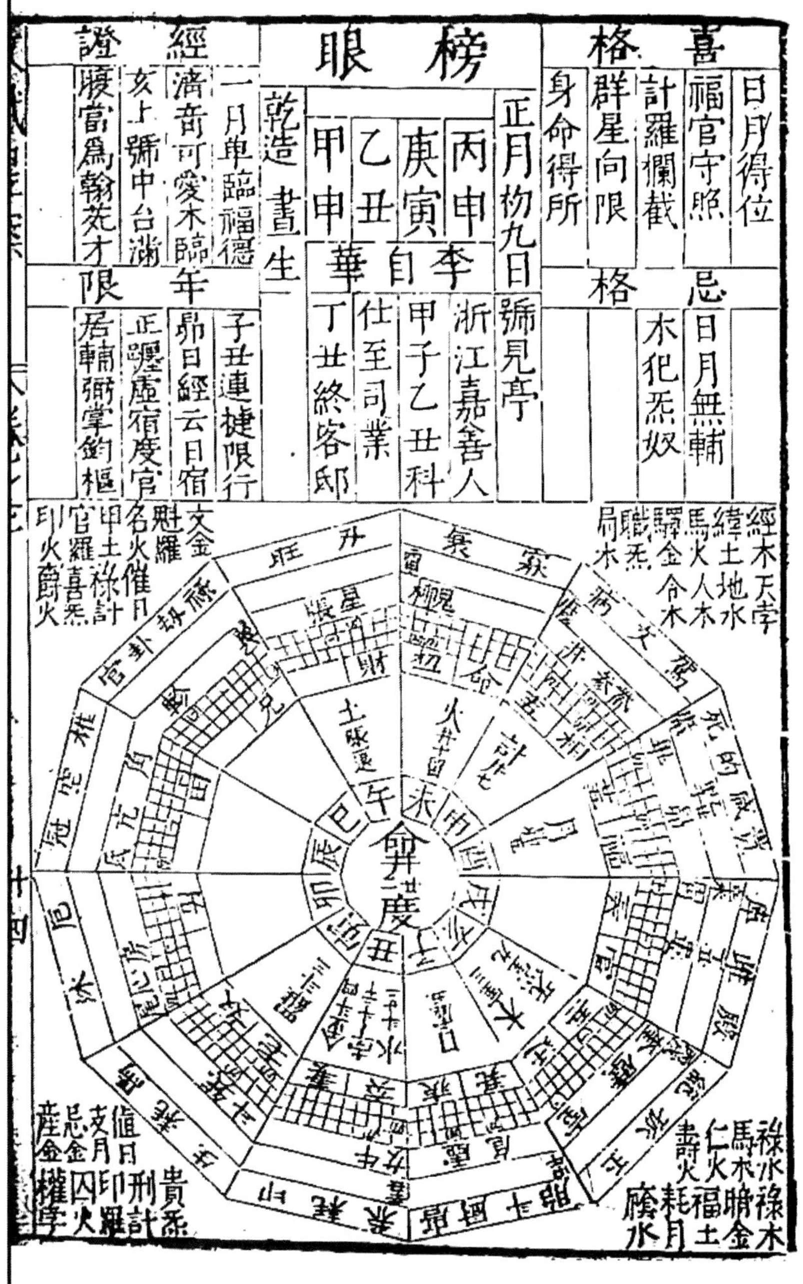

喜格
日月得位
福官守照
計羅攔截
群星向限
身命得所
忌格
日月無輔
木犯炁奴
榜眼
正月初九日
號見亭
丙申
庚寅
乙丑
甲申
李自華
浙江嘉善人
甲子乙丑科
仕至司業
丁丑終客邸
乾造
書生
經證
一月卑臨福德
濟奇可愛木臨
亥上號中台淵
腹宮為翰苑才
年限
子丑連捷限行
鼎日經云日宿
正躔虛宿度官
居輔弼掌鈞樞

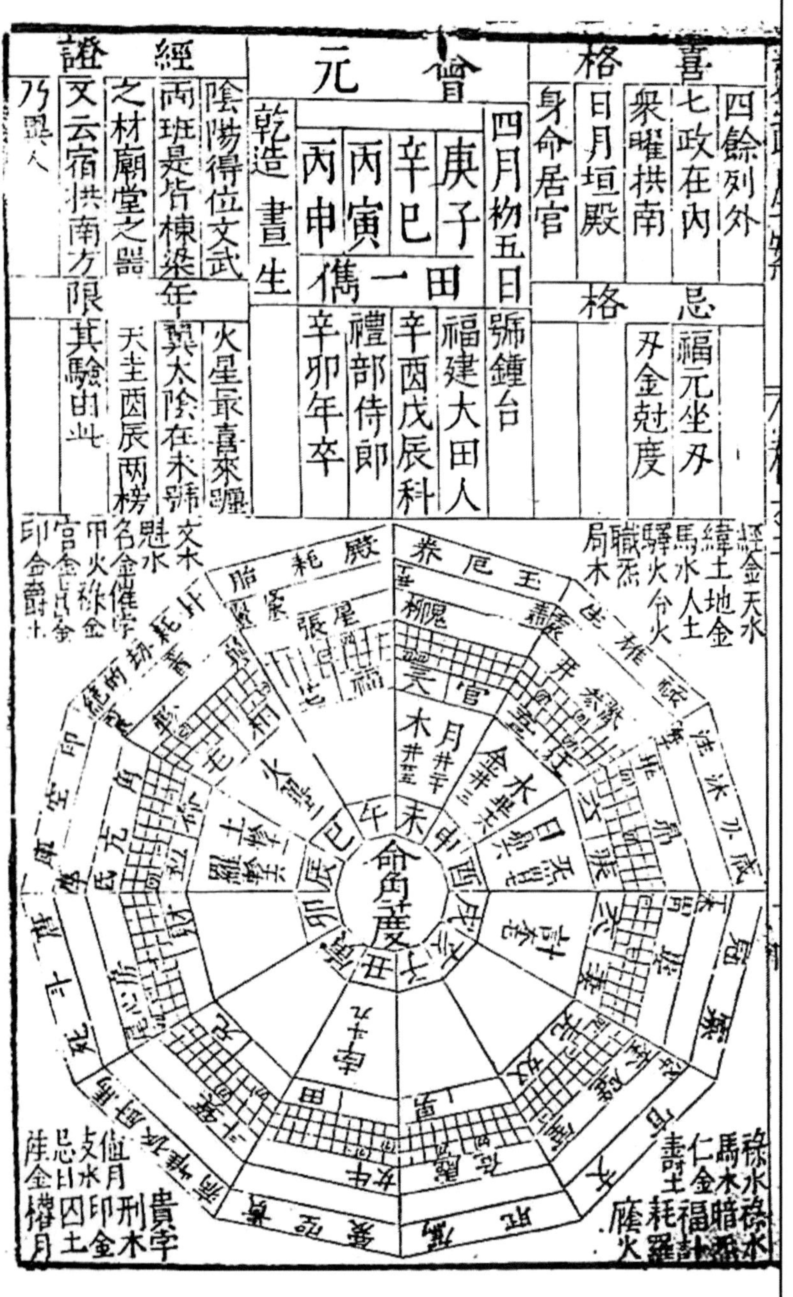

喜格
四餘列外
七政在內
衆曜拱南
日月垣殿
身命居官
忌格
福元坐刃
刃金尅度
會元
四月初五日號鍾台
庚子
辛巳
丙寅
丙申
田一儁
福建大田人
辛酉戊辰科
禮部侍郎
辛卯年卒
乾造 書生
經證
陰陽得位文武
兩班是皆棟梁
之材廟堂之器
又云宿拱南方
乃興人
限其驗由此
火星最喜來躔
年與太陰在未號
天主酉辰兩榜
經金天水
緯土地金
馬水人土
驛火分火
職羔
局木
祿水 祿水
馬木
仁金 福計
壽土 耗羅
蔭火
貴孛
刑木
印金
囚土
命角度

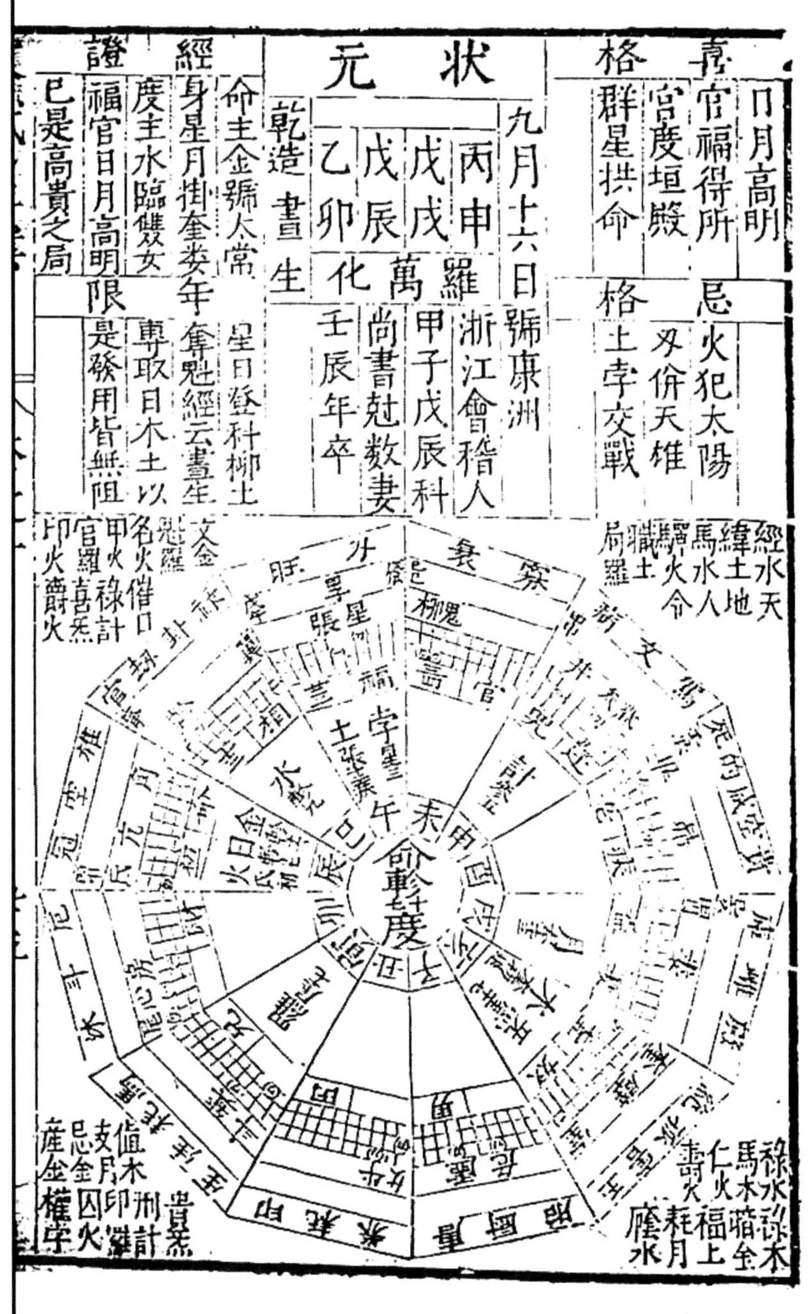
狀元
九月十六日號康洲
浙江會稽人
甲子戊辰科
尚書魁數妻
壬辰年卒
丙申
戊戌
戊辰
乙卯
羅萬化
乾造
晝生
喜格
日月高明
官福得所
宮度垣殿
群星拱命
忌格
火犯太陽
刃併天雄
土孛交戰
經證
命主金號太常
身星月掛奎婁年
度主水臨雙女
福官日月高明
已是高貴之局
限
星日登科柳土
奪魁經云晝生
專取日木土以
是發用皆無阻

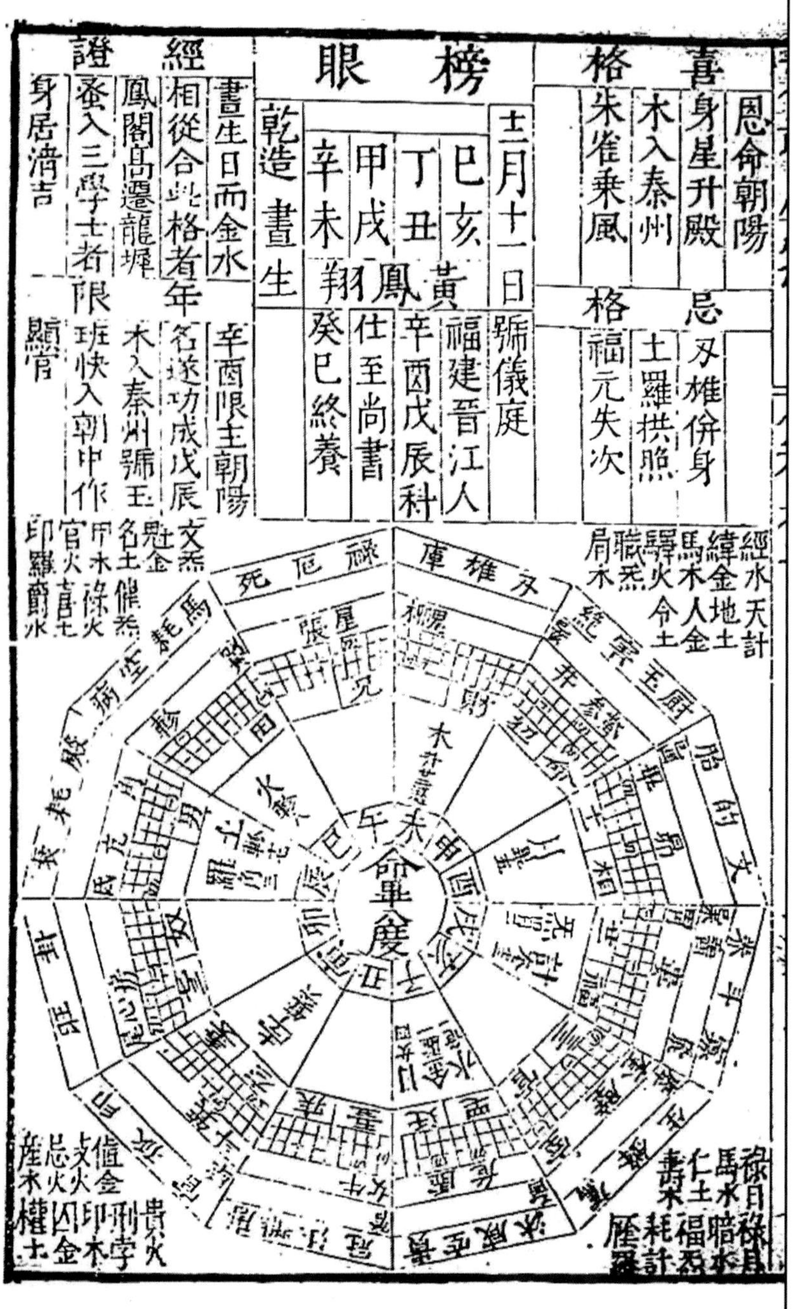

喜格
恩命朝陽
身星升殿
木入秦州
朱雀乘風
忌格
刃雄倂身
土羅拱照
福元失次
榜眼
十二月十一日
巳亥
丁丑
甲戌
辛未
黃鳳翔
號儀庭
福建晉江人
辛酉戊辰科
仕至尚書
癸巳終養
乾造
書生
經證
書生日而金水
相從合此格者年
鳳閣高遷龍墀
登入三學士者
身居清吉
辛酉限主朝陽
名遂功成戊辰
木入秦州號玉
限班快入朝中作
顯官
經水 天計
緯金 地土
馬木 人金
驛火 令土
聰炁
局木
文炁
魁金
名土
催炁
甲木
祿火
官火
喜土
印羅
爵水
祿日
馬水
仁土
壽木
暗木
福炁
耗計
貴火
刑孛
印木
囚金
權土
催金
文火
忌火
產木

喜格

祥雲捧月
命主朝陽
官福夾主
計羅截斷
漏出身恩

忌格

日月背行
水火相攻

探花

三月十三日號瀫陽

甲申　浙江蘭谿人
戊辰　巳酉戊辰科
戊寅　辛卯入相辛
壬戌　丑卒謚文懿

趙志皐

乾造夜生十恩廕

經證

月炁相逢最吉
巳酉雙貴拱限
昌命主朝陽終年
日月福官守照
富貴左右吉星
戊辰祥雲捧月
辰喜拱主福祿限
亦喜諸吉為用
夾主為生容

經火天金
緯木地火
馬金人火
驛金令土
職土
局羅

文羅
魁月
名木催金
甲金祿木
官炁喜羅
印木爵火

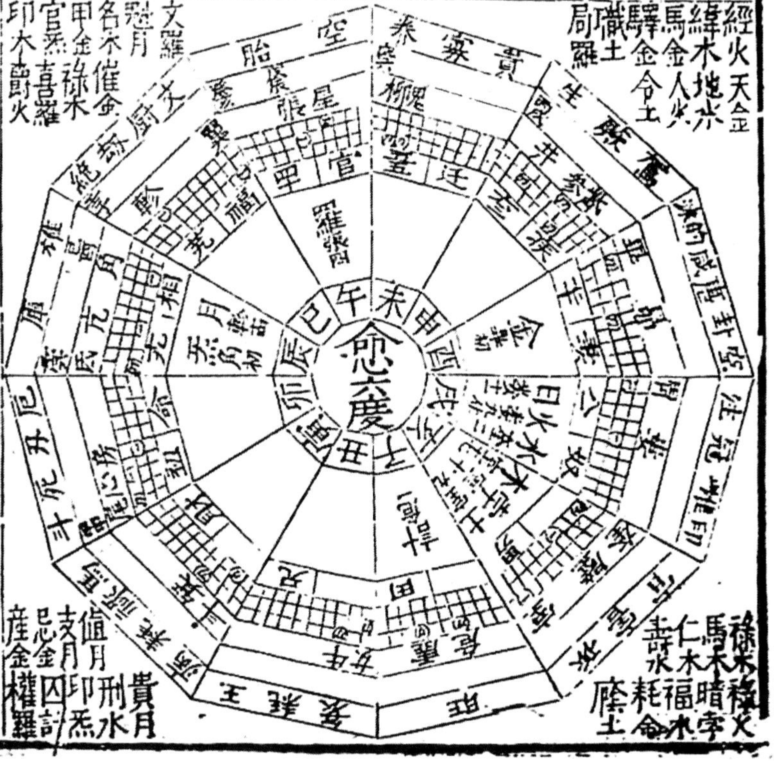

祿木祿火
馬木暗孛
仁木福木
壽水耗命
蔭土

貴月
値月刑水
支月卯炁
忌金囚計
産金權羅

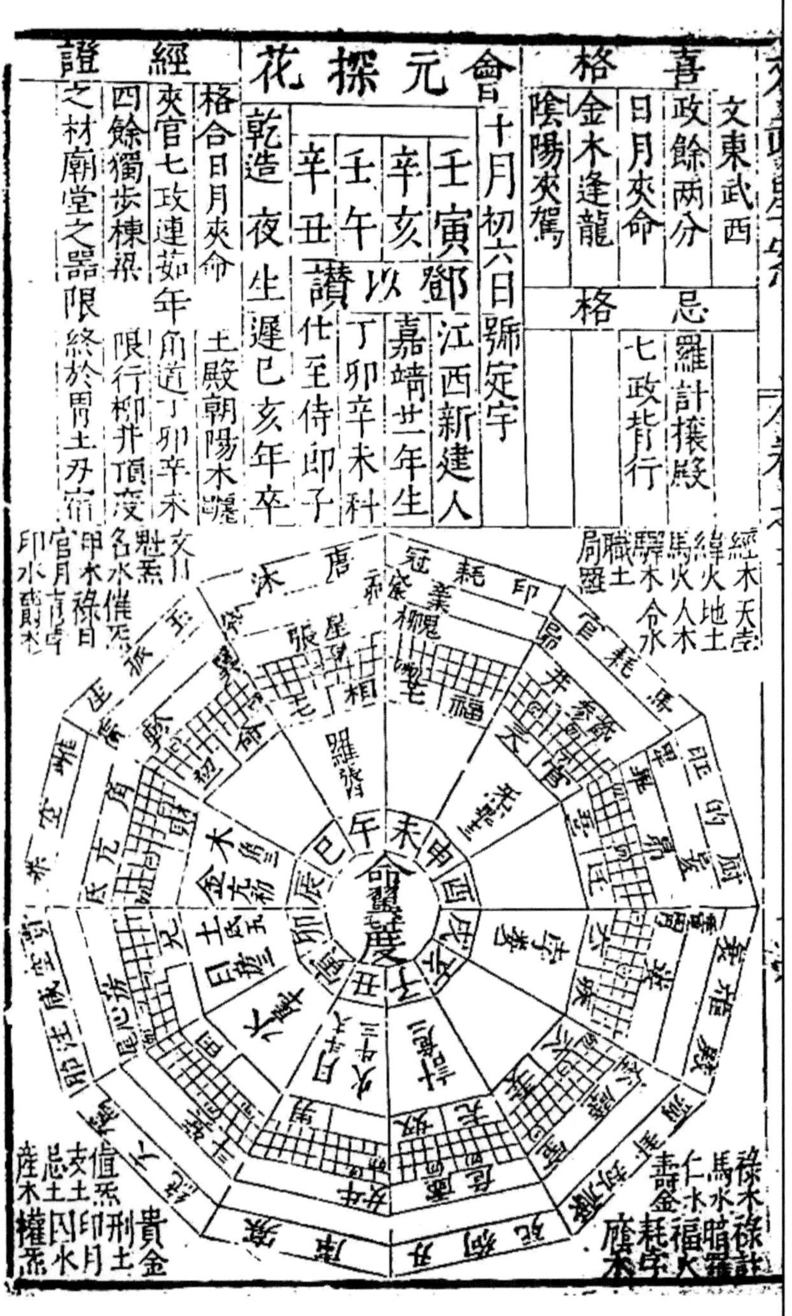

喜格
文東武西
政餘兩分
日月夾命
金木逢龍
陰陽夾駕
忌格
羅計撲殿
七政背行
會元探花
十月初六日號定宇
壬寅 鄧 江西新建人
辛亥 以 嘉靖廿一年生
壬午 讚 丁卯辛未科
辛丑 仕至侍郎子
乾造 夜生 遲巳亥年卒
經證
格合日月夾命 土殿朝陽木曜
夾官七政連茹年 角道丁卯辛未
四餘獨步棟梁 限行柳井頂度
之材廟堂之器限 終於胃土
經木天壹
緯火地土
馬火人木
驛木命水
職土
局壁
祿木 祿計
馬水 暗羅
仁水 福火
壽金 耗孛
蔭木
值炁 貴金
夾土 刑土
忌土 印月
産木 囚水
權炁

喜格

日月得體
福官高明
金星朝斗
火月對輝

忌格

孛羅交戰
土埋雙女
諸星稍背

狀元

十月十八日號陽和
戊戌　張　浙江山陰人
癸亥　元　戊午辛未科
戊午　忭　丁亥左諭德
甲寅　戊子年卒
乾造夜生二子俱進士

經

太陽東出度經　巽火升殿二祿
房腰下須懸金年　臨限柳土坐祿

證

印貴日月分明　玉堂臨垣宮主
是貴人官福高限　日到日躔乃雄
強貴必真　併官喜慎同途

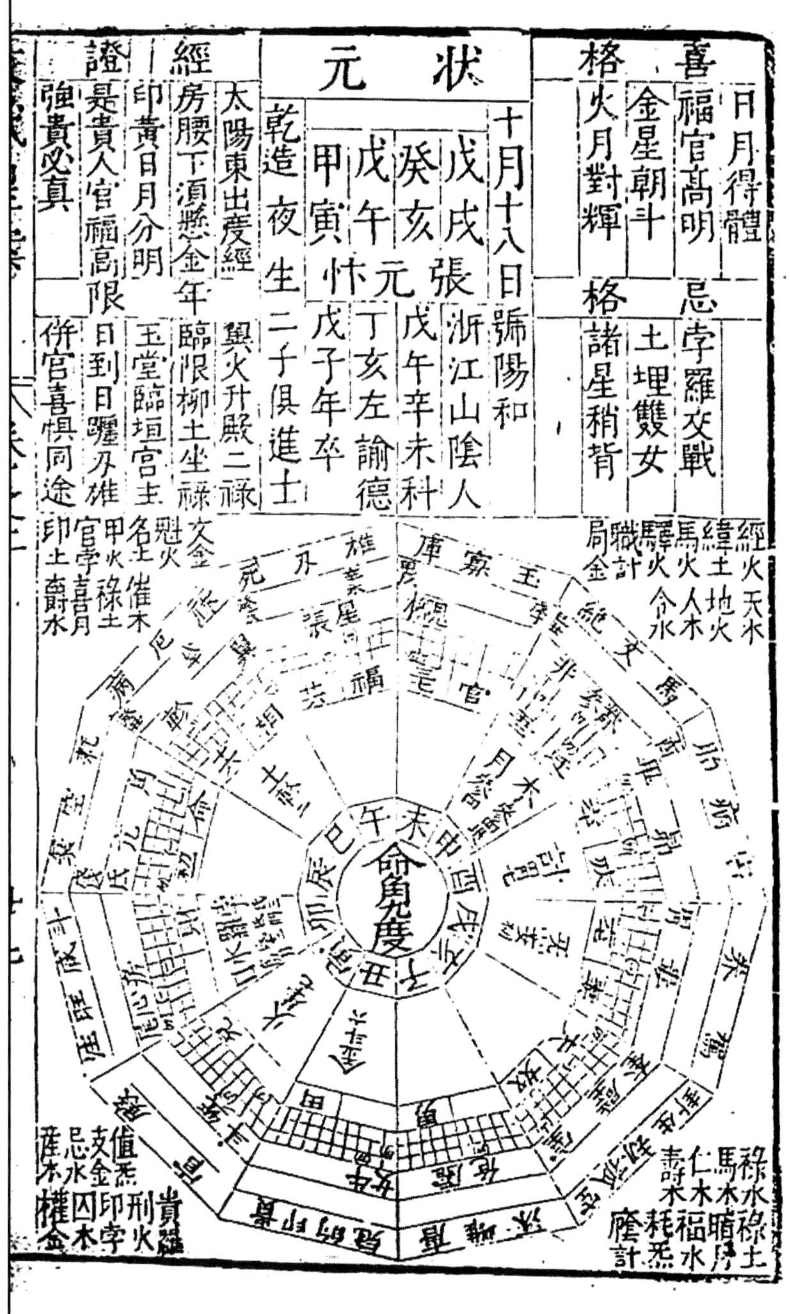

喜格

計羅截斷
漏出官恩
木月清貴
命主朝陽
群星向限

忌格

水羅交戰
日月背行
身福臨奴

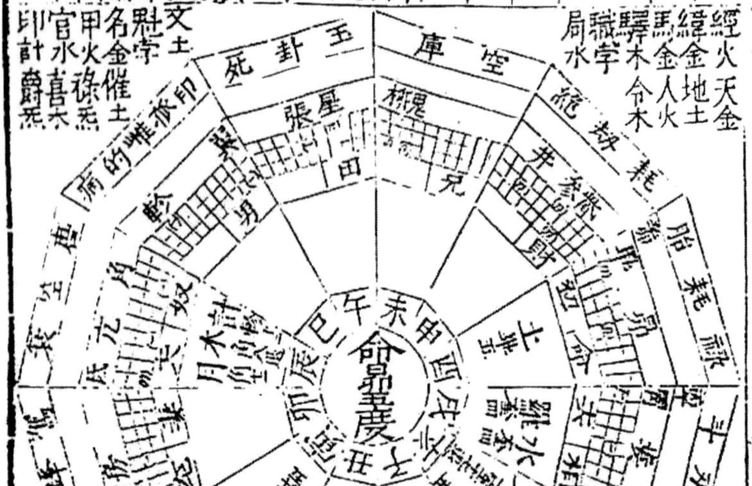

榜眼

二月十八日　號淦溪
辛卯　辛卯　癸酉　丁巳
劉瑊
直隸蘇州人
甲子辛未科
仕至左中允
丙戌年卒
乾造　書生

經讖

計羅截斷漏恩　室火遇炁太陽
星貽恩賞壽漏年　填度危月遇木
官星官居上品　宮主高明且源
命主朝陽終富限　炁子年入限辛
貴一　歲祿勳到命

經火　天金
緯金　地土
馬金　人火
驛木　合木
職孛
局水

文土
魁字
名金　催土
甲火　祿炁
官水　喜木
印計　爵炁

祿金
馬水　暗孛
仁金　福炁
壽木　耗火

貴木
刑金
值日　印上
文木　月因
忌月
產火　權水

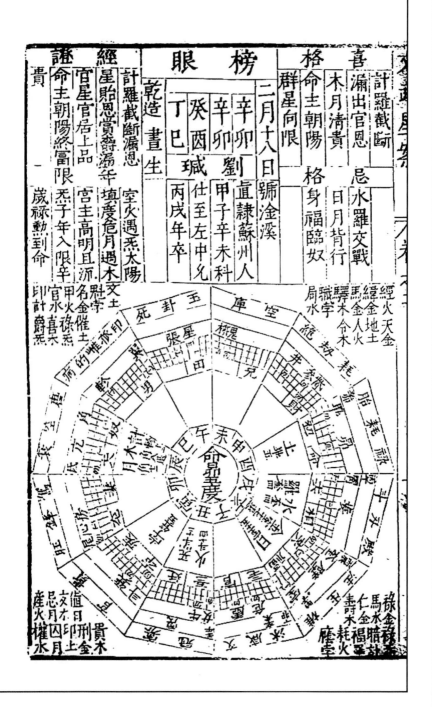

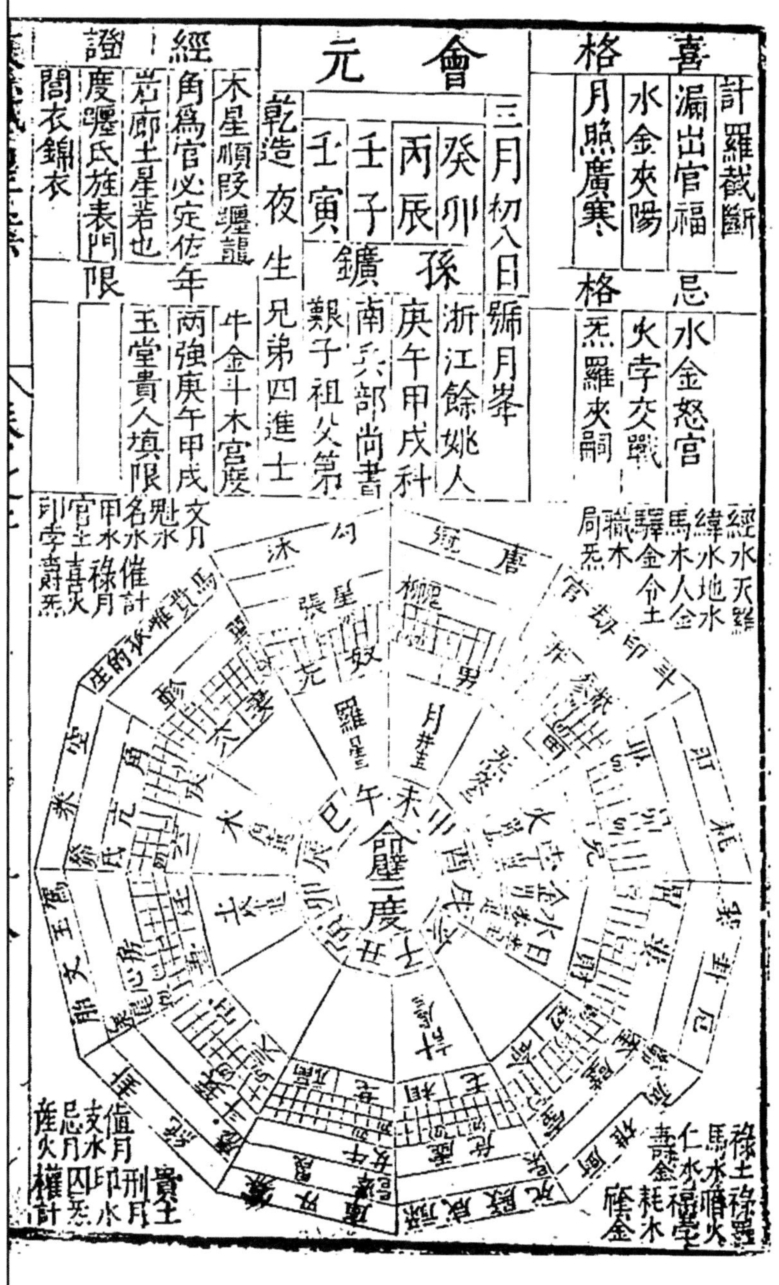

喜格
計羅截斷
漏出官福
水金夾陽
月照廣寒
忌格
水金怒宮
火孛交戰
會元
三月初八日號月峯
孫鑛
浙江餘姚人
癸卯
丙辰
壬子
壬寅
庚午甲戌科
南兵部尚書
乾造夜生
兄弟四進士
經證
玉堂貴人填限
閭衣錦衣

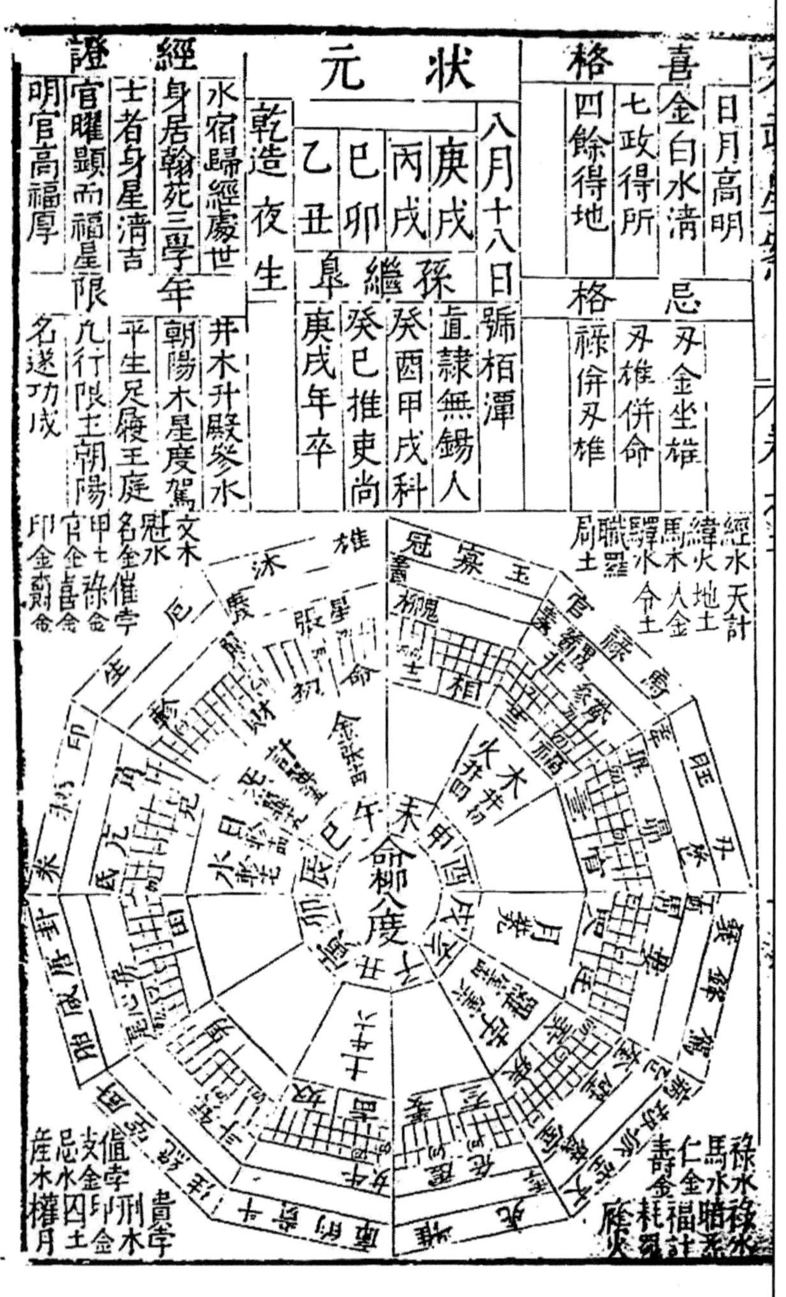
喜格
日月高明
金白水清
七政得所
四餘得地
忌格
刃金坐楛
刃雄併命
祿併刃雄
狀元
八月十八日號栢潭
庚戌
丙戌
巳卯
乙丑
孫繼皐
直隸無錫人
癸酉甲戌科
癸巳推吏尚
庚戌年卒
乾造夜生
經證
水宿歸經處世
井木升殿參水
身居翰苑三學年
朝陽木星度駕
士者身星清吉
平生足履王庭
官曜顯而福星限
九行限土朝陽
明官高福厚
名遂功成
經水 天計
緯火 地土
馬木 人金
驛水 命土
局土
文木
魁水
名金 催孛
甲七 祿金
官金 喜金
印金
命柳八度
祿水 祿水
馬水 暗孛
仁金 福計
壽金 耗羅
庫火
貴孛
刑水
催孛 印金
文金 囚土
忌水 權月
産木

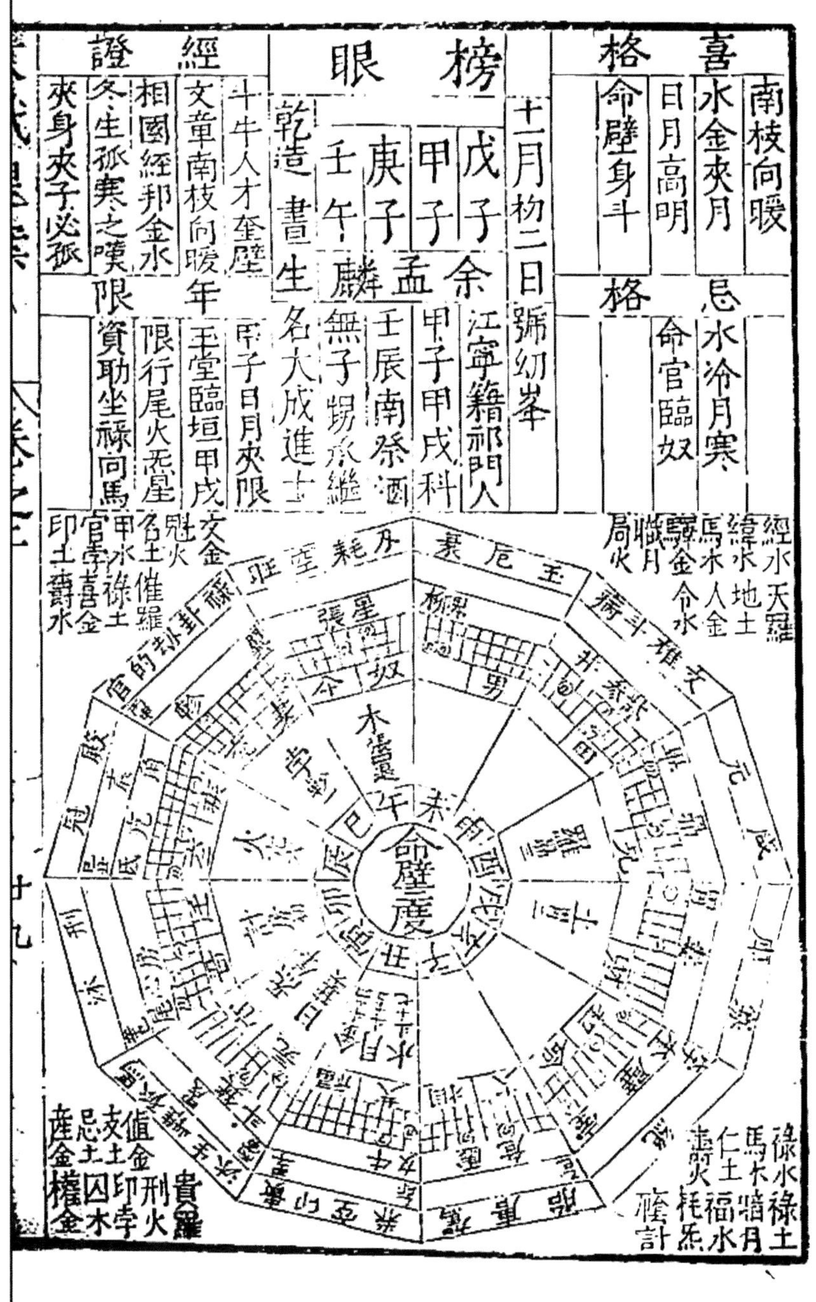
喜格
南枝向暖
水金夾月
日月高明
命壁身斗
忌格
水冷月寒
命官臨奴
榜眼
十一月初二日號幼峯
戊子
甲子
庚子
壬午
乾造
余孟麟
書生
江寧籍祁門人
甲子甲戌科
壬辰南祭酒
無子甥承繼
名大成進士
經證
斗牛人才奎壁
文章南枝向暖
相國經邦金水
冬生孤寒之嘆
夾身夾子必孤
年限
甲子日月夾限
玉堂臨垣甲戌
限行尾火兇星
資助坐祿向馬
經水 天羅
緯水 地土
馬木 人金
驛金 命水
職月
局火
文金 魁火
名土 催羅
甲水 祿土
官孛 喜金
印土 壽水
命壁度
值金 支土 忌土 產金
貴羅 刑火 印孛 囚木 權金
祿水 祿土
馬木 暗月
仁土 福水
壽火 耗炁
蔭計

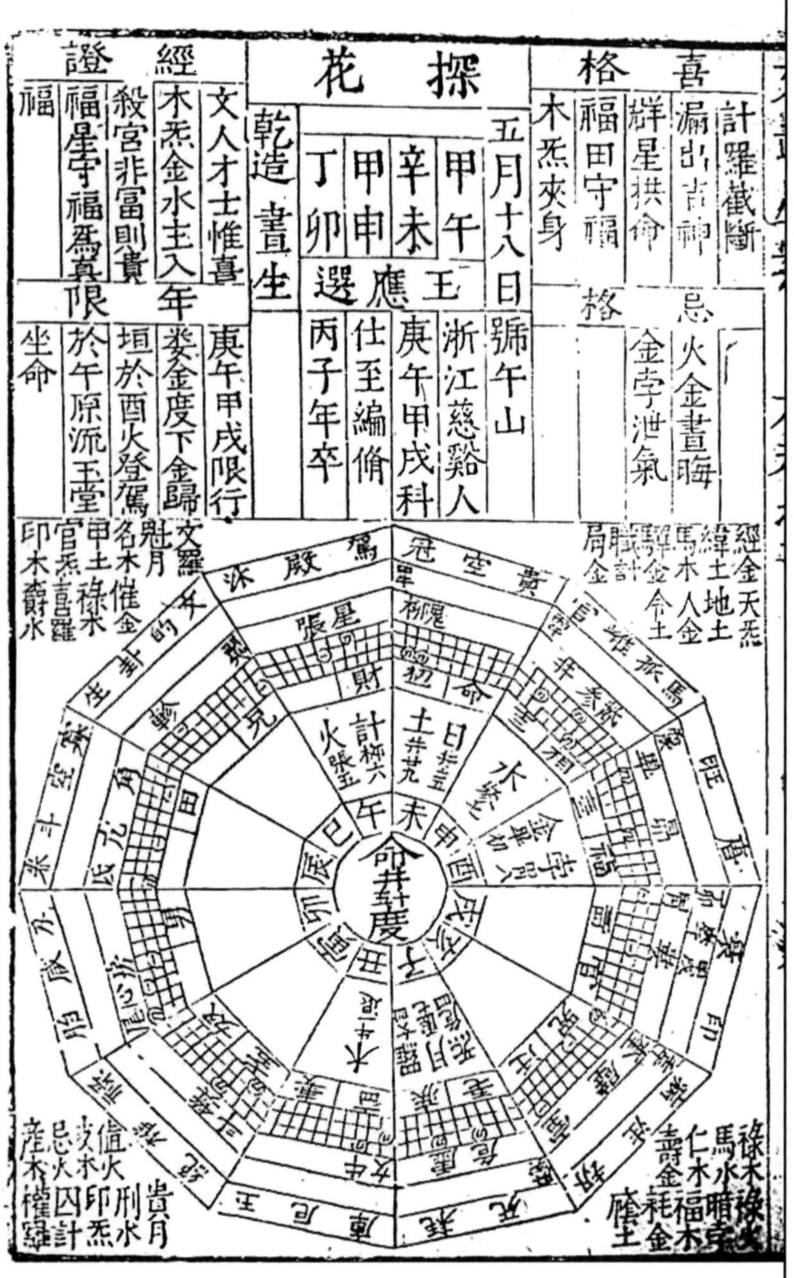

喜格

計羅截斷
漏出吉神
辯星拱命
福田守福
木炁夾身

忌格

火金晝晦
金孛泄氣

探花

五月十八日號午山

乾造 晝生

甲午 辛未 甲申 丁卯

王應選

浙江慈谿人
庚午甲戌科
仕至編脩
丙子年卒

經證

文人才士惟喜
木炁金水主入
殺宮非富則貴
福星守福為真
福

年限

庚午甲戌限行
婁金度下金歸
垣於酉火登駕
於午原流玉堂
坐命

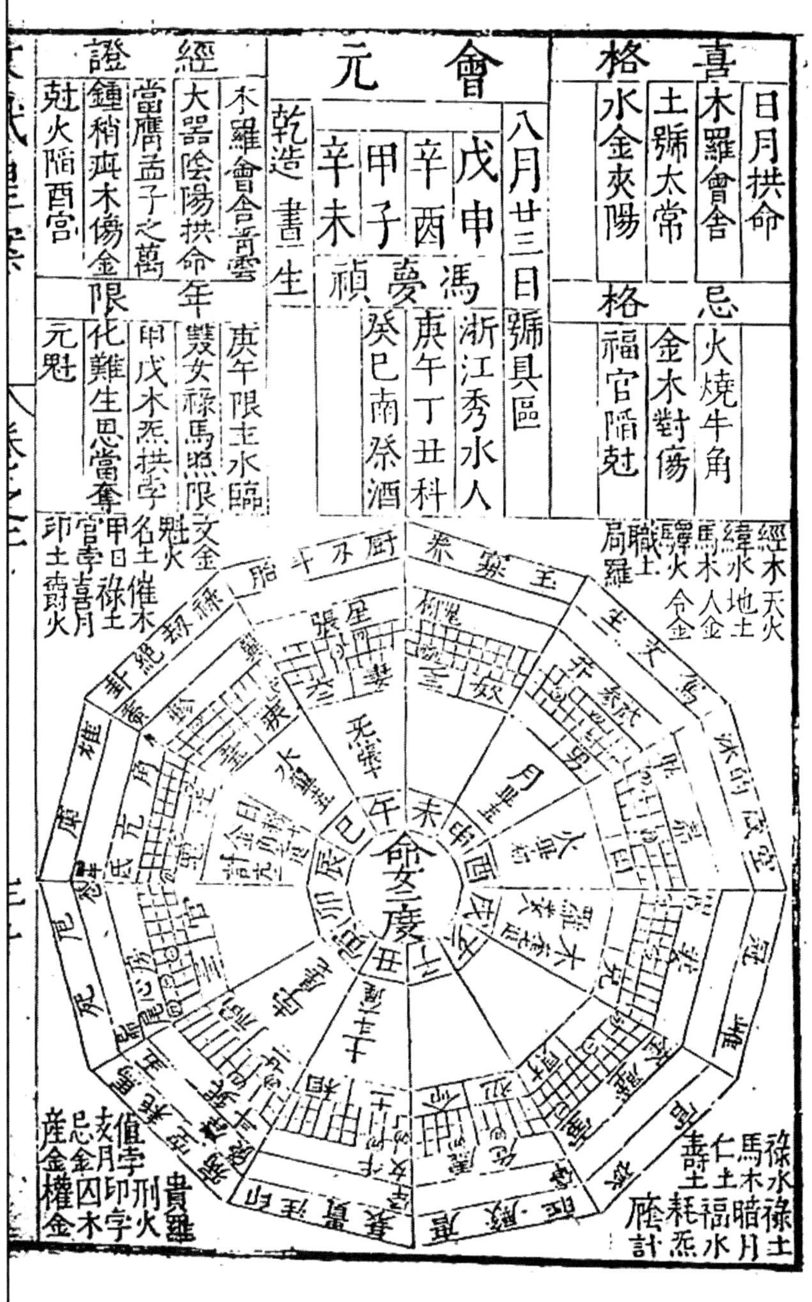

喜格
日月拱命
木羅會合
土孛太常
水金夾陽
忌格
火燒牛角
金木對傷
福官陷魁
會元
八月廿三日孛具區
戊申
辛酉
甲子
辛未
馮夢禎
浙江秀水人
庚午丁丑科
癸巳南祭酒
乾造 書生
經證
木羅會合青雲
大器陰陽拱命年
當膺孟子之蔦
鍾稍爽木傷金
魁火陷酉宮
限
庚午限土水臨
鬟女祿馬照限文
甲戌木炁拱字
化難生恩當奪
元魁
文金
魁火
名土
催木
甲日祿土
官字喜月
印土
爵火
經木 天火
緯水 地土
馬木 人金
驛火 令金
職土
局羅
命在亥
祿水 祿土
馬木 暗月
仁土 福水
壽土 耗炁
蔭計
貴羅
刑火
值字 印字
孛月 因木
忌金 權金
產金

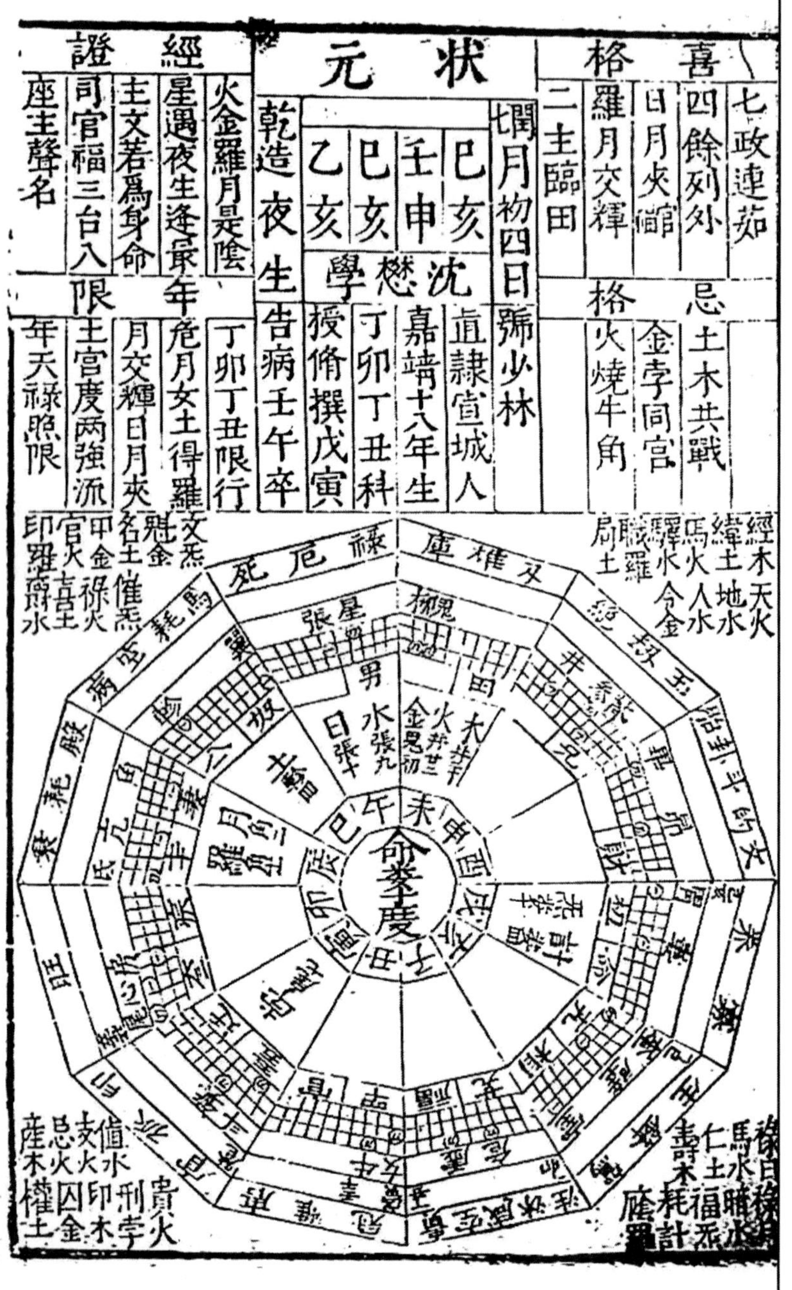
喜格
七政連茹
四餘列外
羅月交輝
二主臨田
忌格
土木共戰
金孛同宮
火燒牛角
狀元
七閏月初四日號少林
巳亥
壬申
巳亥
乙亥
乾造夜生
沈懋學
直隸宣城人
嘉靖十八年生
丁卯丁丑科
授脩撰戊寅
告病壬午卒
經證
火金羅月是陰
主文若為身命
司官福三台八
座主聲名
限
丁卯丁丑限行
危月女土得羅
月交輝日月夾
土宮度兩強流
年天祿照限
命娄度

喜格

日月同宮
金水引從
身命朝陽
長庚伴月

忌格

日月無光
木土對傷
水火交戰

經水天羅
緯金地木
馬火八水
驛木合土
職火
局月

榜眼

六月初六日彌偕輿
甲寅　湖廣江陵人
辛未　丙子丁丑科
庚午　壬午丁外艱
丁丑　甲申謫戍
張嗣脩
乾造　夜生

經證

日月同宮身要
在於日前身命
朝陽當顯達秩
庚伴月必馳名

年限

丙子丁丑限度
起垣日月福官
拱限但日月無
光福官對傷所
以難享優久

文羅
魁月
名木催金
甲火祿木
官炁喜羅
印木爵木

會度

值羅　貴月
支土　刑水
忌土　印炁
產木　囚計
權羅

祿木祿火
馬水暗孛
仁木福木
壽水耗金
蔭土

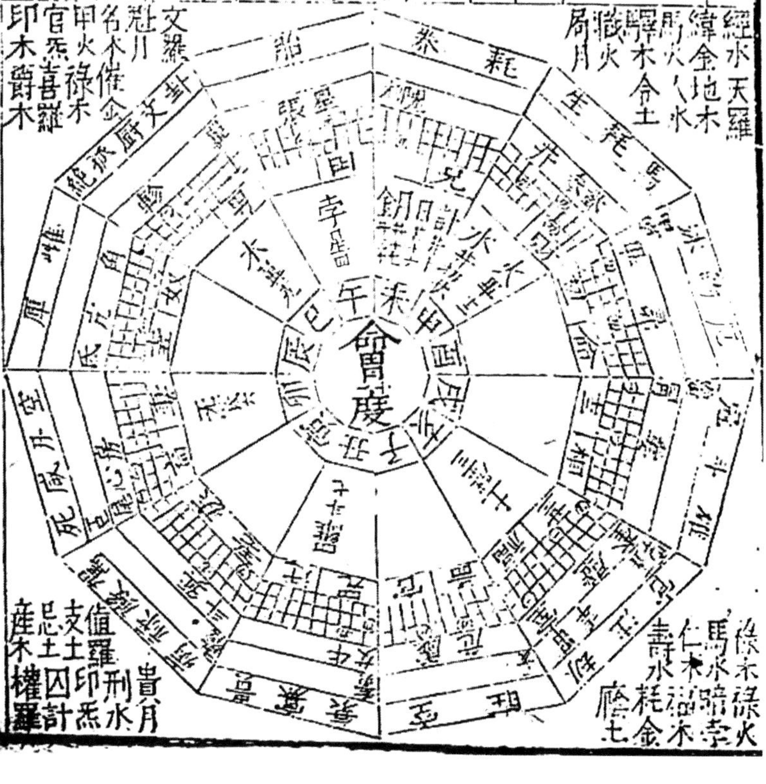

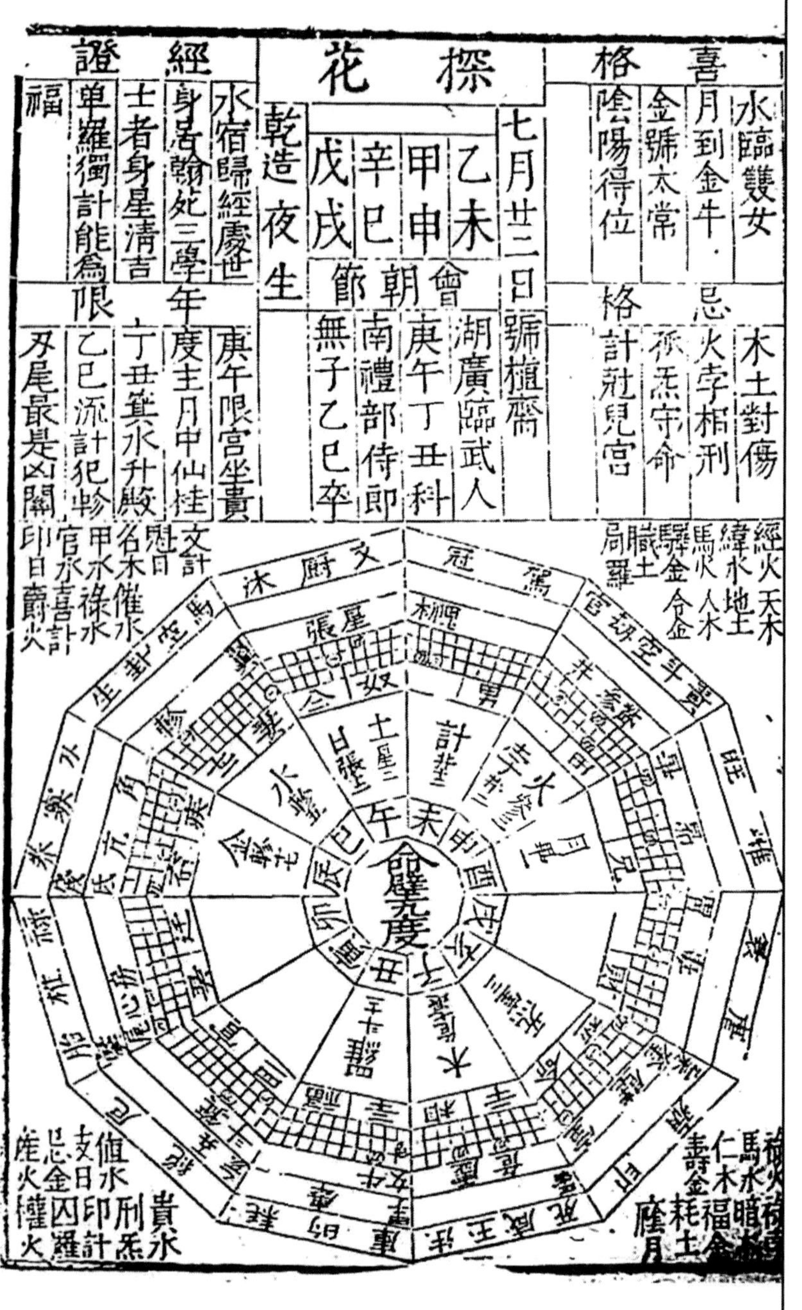

喜格
水臨雙女
月到金牛
金驕太常
陰陽得位
忌格
木土對傷
火孛相刑
孫炁守命
計尅兒宮
探花
七月廿二日驕植齋
乙未
甲申
辛巳
戊戌
乾造夜生
會朝節
湖廣臨武人
庚午丁丑科
南禮部侍郎
無子乙巳卒
經證
水宿歸經履世
身居鶴蛇三學
士者身星清吉
单羅獨計能為
福
年限
庚午限宮坐貴
度主月中仙桂
丁丑箕水升殿
乙巳流計犯蛉
刃尾最是凶關
命
壁九度

會元榜眼

喜格

日月得體
龍虎拱身
七政均停
四餘得地
名甲歸垣

忌格

陰陽無輔
火月晝晦
刄害臨妻

十月初七日𥐻漢沖

庚戌	丁亥	丁卯	癸卯

蕭良有

湖廣漢陽人
甲子庚辰科
仕至祭酒
子丁恭進士

乾造　書生

經證

五星分布均停
日月高明得地
官來拜主身輔
帝闕龍虎拱身
特出偉人

年限

甲子戊庚火土
高明得左昌織女
庚壘火宮度兩
強所以奪元

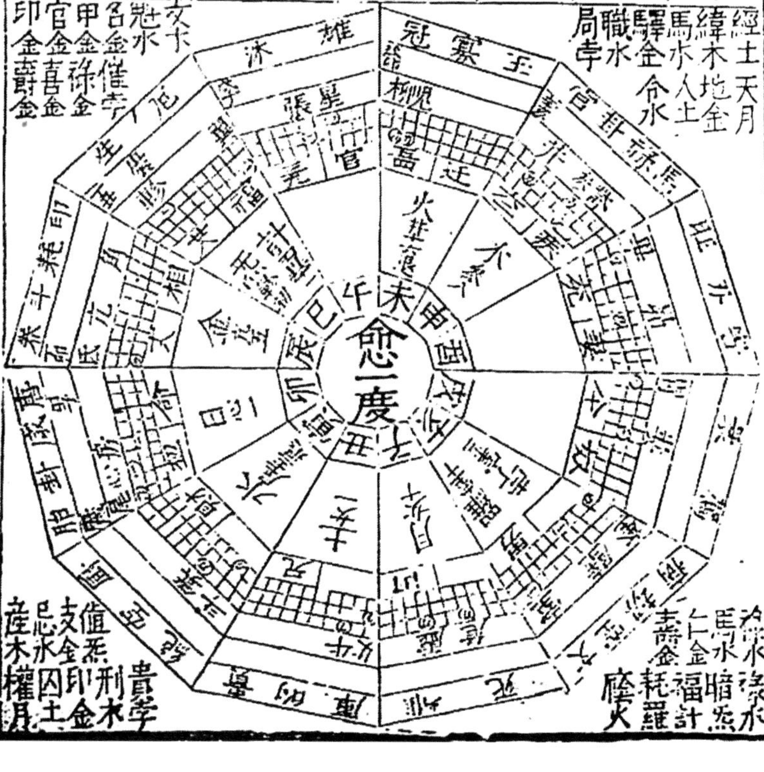

經土　天月
緯木　地金
馬水　人土
驛金　命水
職水
局孛

文卞
魁水　名金
催孛　甲金
孫金　官金
喜金　印金
壽爵金

命水　祿水
馬水　暗炁
仁金　福計
壽金　耗羅
蔭火

值炁　支金
忌水　產木
貴孛　刑木
印金　囚土
權月

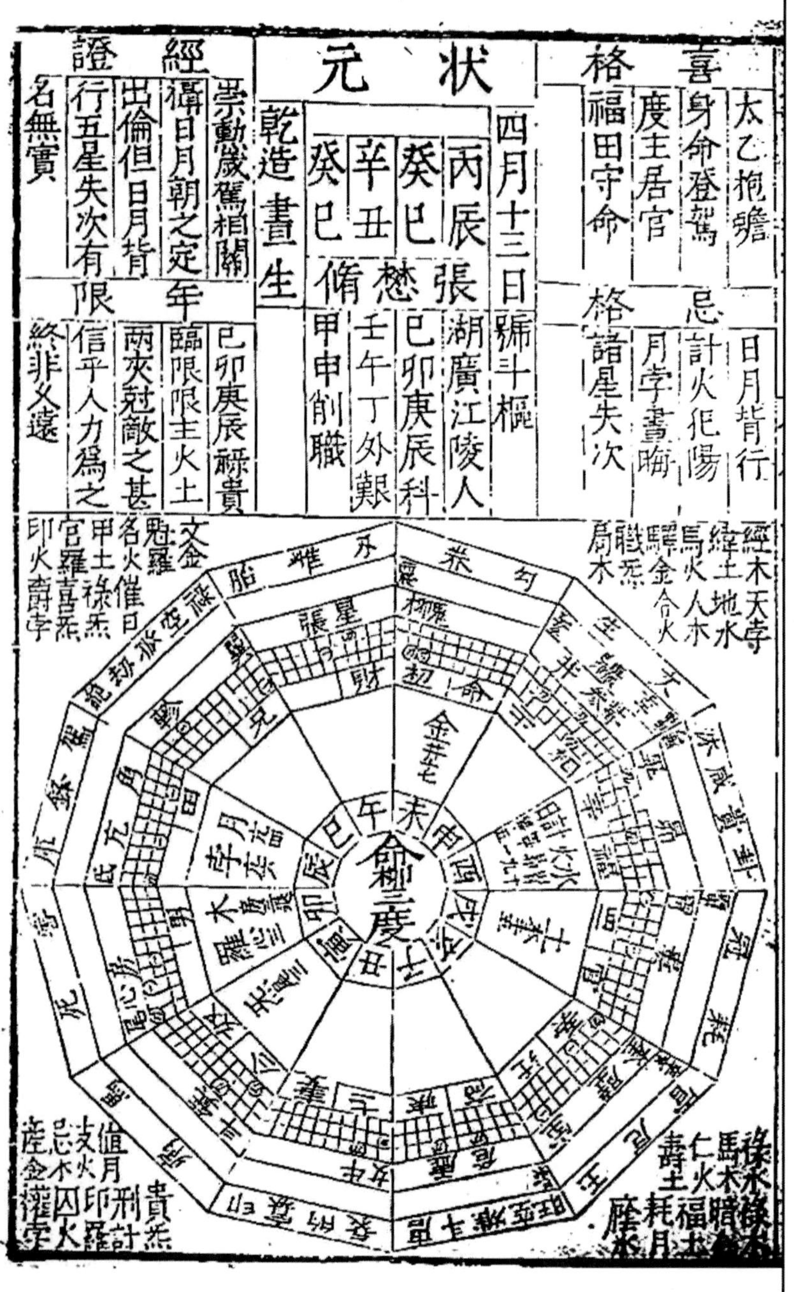
喜格
太乙抱蟾
身命登駕
度主居官
福田守命
忌格
日月背行
計火犯陽
月孛晝晦
諸星失次
狀元
四月十三日歸斗樞
丙辰
癸巳
辛丑
癸巳
張懋脩
湖廣江陵人
巳卯庚辰科
壬午丁外艱
甲申削職
乾造晝生
經證
崇動歲駕相關
禰日月朝之定
出倫但日月背
行五星失次有
名無實
年限
巳卯庚辰祿貴
臨限限主火土
兩夾冠敵之甚
信乎人力爲之
終非久遠
命
度

探花

二月廿九日

甲寅
戊辰
庚子
辛巳

乾造晝生

王庭譔

號蓮塘
陝西華州人
丙子庚辰科
仕至脩撰
辛卯年卒
同胞三進士

喜格

四餘獨步
日月高明
福官強健
身命得位
田財得所

忌格

土月同宮
火日相犯
水泛白羊
金火共戰

經證

水泛白羊遇太陽昇爲惡曜身命同守官福乃爲上客但火犯陽土隨月次之

年限

庚辰日月夾火金宮度兩美至於壁水尅泄太甚壽限皆傷辰月尅水故耳

經水　緯金　馬木　驛火　職羅　局土
天計　地火　人金　令土

文孫　魁月　名水　甲木　官炁　印木
催金　祿木　喜羅　爵木

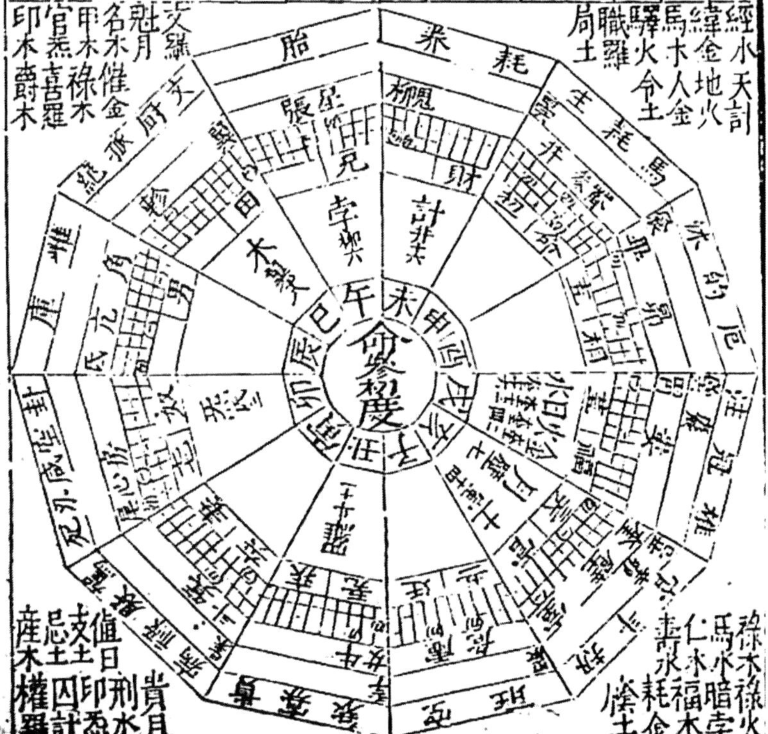

祿木　馬水　仁木　壽水　蔭土
祿火　暗孛　福木　耗金

值日　文土　忌土　產木
貴月　刑水　印炁　四計　權羅

命參度

卅三

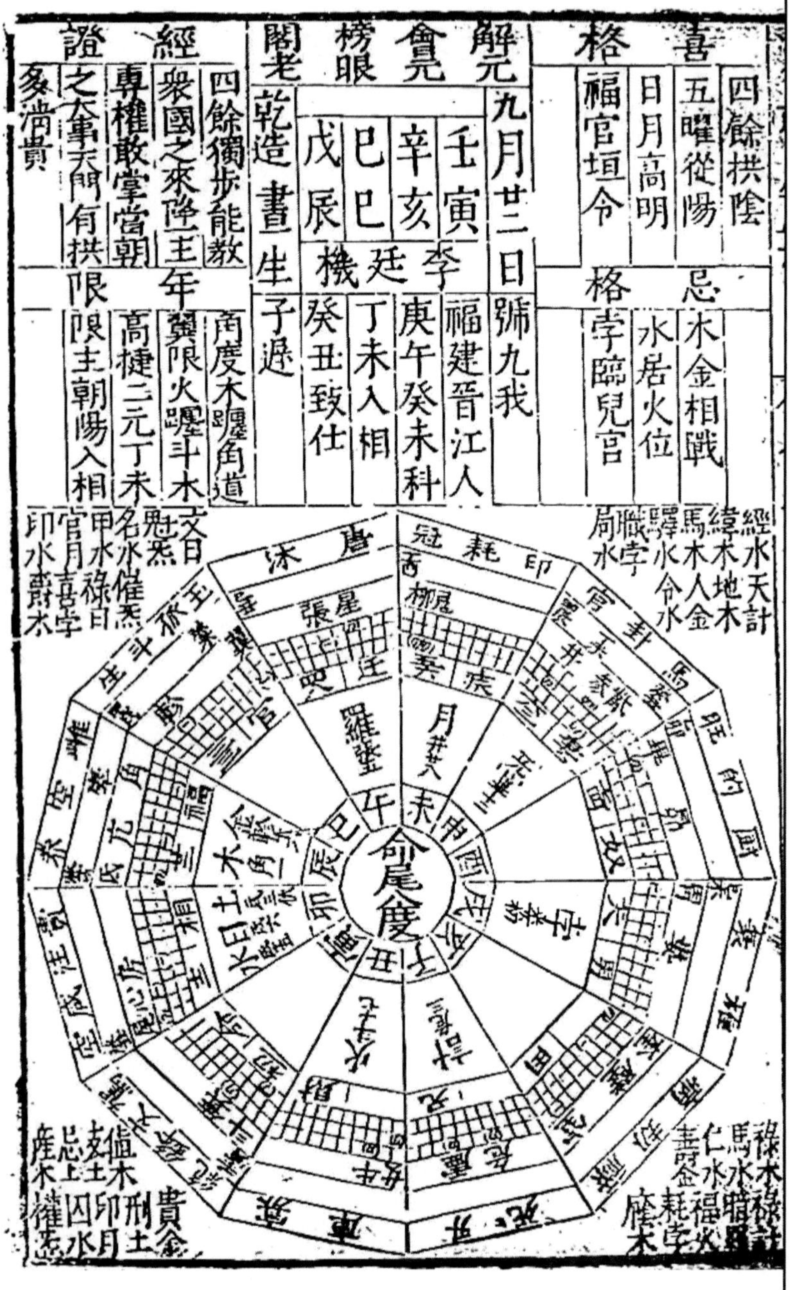
喜格
四餘拱陰
五曜從陽
日月高明
福官垣令
忌格
木金相戰
水居火位
孛臨兒宮
解元
會魁
榜眼
閣老
九月廿二日號九我
乾造晝生子逕
壬寅
辛亥
己巳
戊辰
李廷機
福建晉江人
庚午癸未科
丁未入相
癸丑致仕
經證
四餘獨步能致
衆國之來降王
專權敢掌當朝
之大事天門有拱
多富貴
年限
角度木躔角道
翼限火躔斗木
高捷三元丁未
限主朝陽入相
命
尾度

喜格

計羅截斷
濕出身命
金白水清
火炁職權
水孛符印

忌格

身星坐刃
諸曜背行
田財弱宮

狀元

八月廿五日

巳未
癸酉
甲子
乙丑

朱國祚

乾造夜生

號養淳
太醫籍秀水人
壬午癸未科
戊戌禮侍郎
庚申年特旨
進閣子舉人

經證

三學士者身居
淸吉身星登駕
近明君官曜顯
而福星明官高
福厚

年限

壬午癸未參水
限至朝陽名遂
功成

經金天水
緯火地水
馬水人土
驛水命金
職月
局火

文炁
魁金
名土　催炁
甲土　祿火
官火　喜土
印羅　爵火

祿日祿月
馬水暗水
仁土福炁
壽火耗計
瘟羅

貴火
刑孛
値孛　印木
文日　囚金
忌金　權
產火

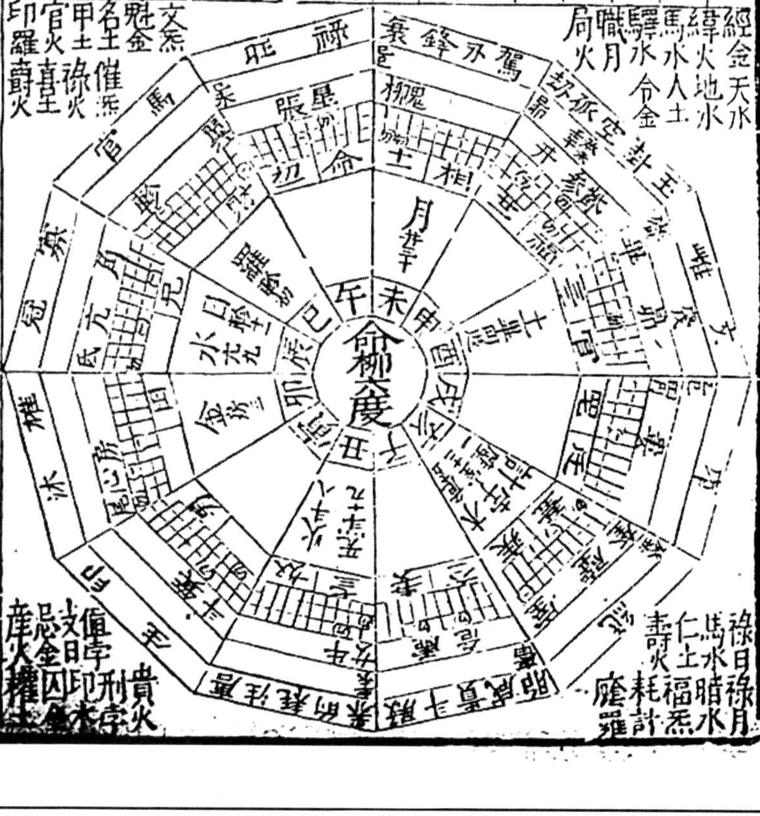

解元探花

喜格

月躔黃道
火月對輝
身祿高明
土孫太常
木羅會合

忌格

日月背宮
陰陽無輔
諸星稍背

壬二月廿三日
號允陽

乾造夜生

戊申
乙丑
甲子
乙亥

劉應秋

江西吉水人
壬午癸未科
丁酉祭酒
庚子年卒

經證

火金羅月是陰
星遇夜生逢辰
主文若爲身命
司官福三台八
座主登科名

年限

壬午祿貴拱限
壬堂夾命癸未
木羅會合青雲
大器單月月躔
氐土刃殺合拱

文會
魁火
名土
催木
甲火祿土
官學喜月
印土爵火

經火天木
緯土地火
馬火人木
驛火命土
職計
局金

祿水
馬木
仁土
壽土

值金
文月
忌金
產金
貴羅
刑火
印孛
囚木

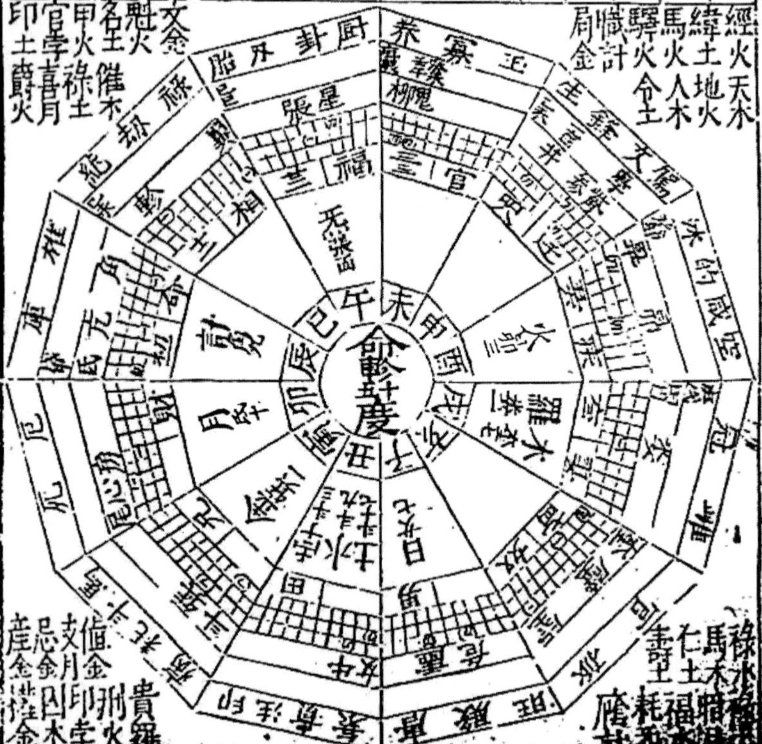

喜格

青龍扶輦
羅月交輝
水金會垣
星聚天門
五曜得宮

忌格

火孛交戰
月圓羅焰
衆曜稍背

會元

二月十六日號玉蟠

庚申　己卯　壬子　庚子

袁宗道

湖廣公安人
己卯丙戌科
仕至春坊
無子庚子卒

乾造夜生
二命俱進士

經證

向陽花木三台八座之榮包涵萬象身居楚智過于夫命守幽限

心月氐土宮度年皆美雖火孛交戰木命人不忌水計迎魁隔宮限度近故卒於軫

綬土天土
綬木地金
馬金人火
驛水合木
職炁
局木

文木
魁木
名金權孛
甲水祿金
官金喜金
印金爵火

祿水祿水
馬木暗炁
仁金福計
壽木耗羅
蔭火

貴孛
値日刑木
支月印金
忌金四土
產金權月

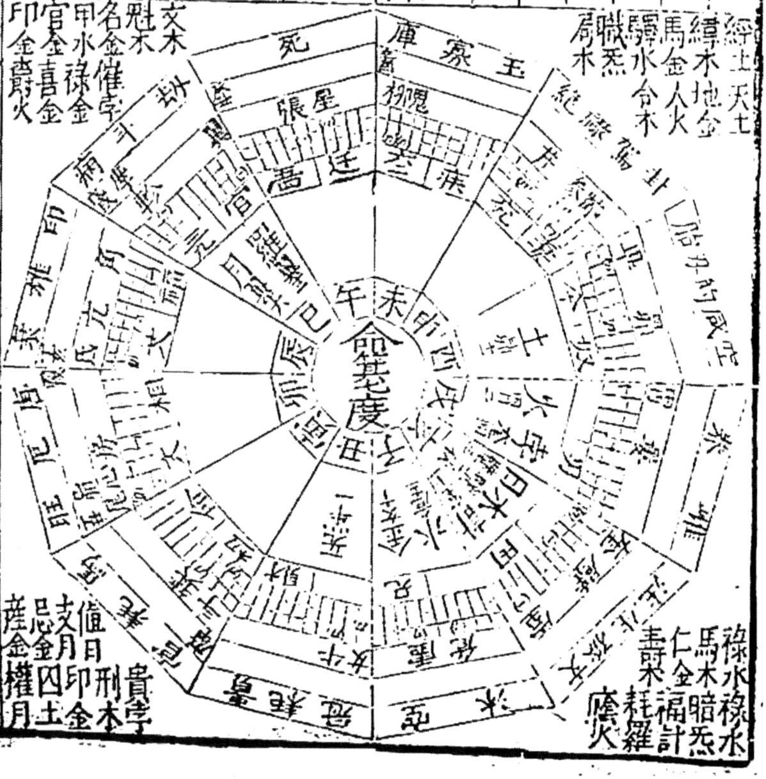

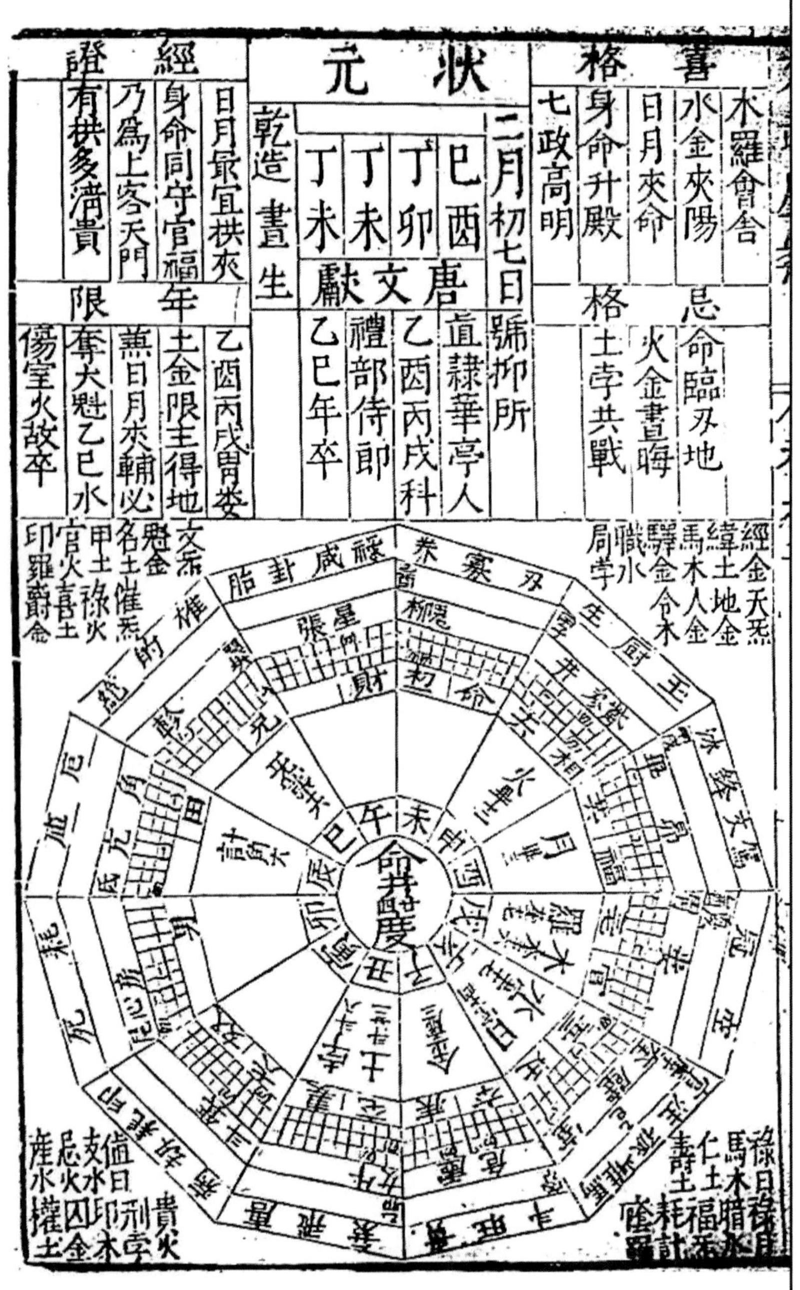
喜格
木羅會合
水金夾陽
日月夾命
身命升殿
七政高明
忌格
命臨死地
火金晝晦
土孛共戰
狀元
二月初七日
巳酉
丁卯
丁未
丁未
乾造
晝生
唐文獻
號抑所
直隸華亭人
乙酉丙戌科
禮部侍郎
乙巳年卒
經證
日月最宜拱夾
身命同守官福
乃為上客天門
有拱多濟貴
年限
乙酉丙戌胃婁
土金限主得地
兼日月夾輔必
奪大魁乙巳水
傷室火故卒
經金 天煞
緯土 地金
馬木 人金
驛金 命木
職水
局孛
文系
魁金
名土 催煞
甲土 祿火
官火 喜土
印羅 爵命
祿日 祿月
馬木 暗水
仁土 福煞
壽土 耗計
蔭羅
貴火
刑孛
印木
囚金
權土
支水
忌火
產水
命

榜眼

喜格

日月高明
五星得經
四餘得用
太乙抱蟾
火金夜輝

忌格

不居獅子
上月互躔
水炁相泄

八月二十日 號荆巖
壬子 楊 福建晉江人
巳酉 道 丙子丙戌科
庚午 賔 仕至侍郎
丁丑 巳酉年卒
乾造夜生

經證

太乙抱蟾宜酉
未夜過火金而年
煥發官来拜主
身輔帝闕

限

畢度土月互躔
雖中吉凶相繼
昴度土躔相生
盡美盡善

經火 天金
緯土 地火
馬金 人火
驛金 仝金
職水
局孛

文月 魁炁
名水 催炁
用土 祿日
官月 喜孛
印水 爵土

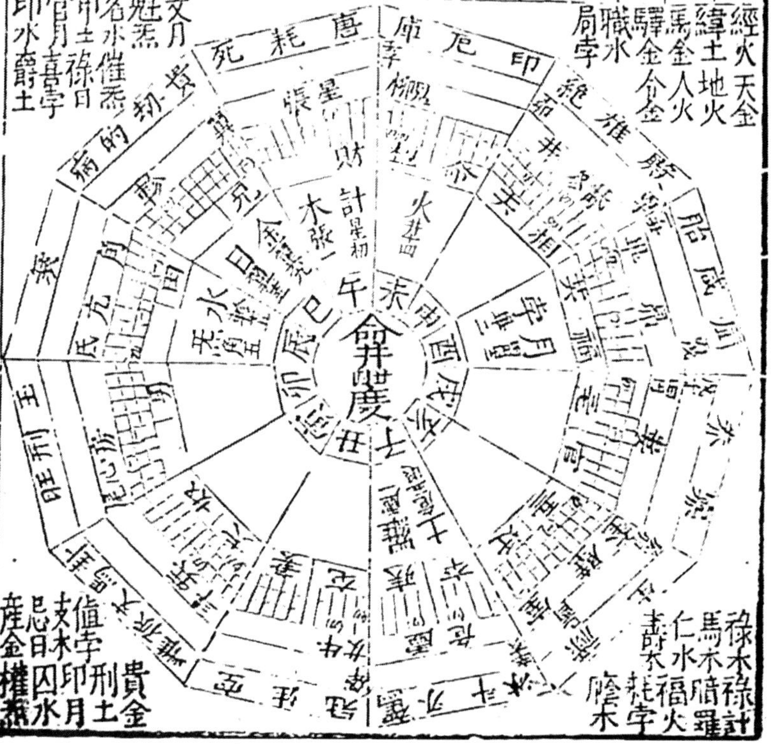

命 井度

祿木 祿計
馬木 暗羅
仁水 福火
壽木 耗孛
蔭木

貴金
刑土 印月
値孛 囚水
支木
忌日
産金 權炁

書格

鰲頭獨步
火獅文昌
命躔奎府
宮度拱陽

忌格

土埋雙女
孤君獨立
諸星散誕
官福失次

探花

正月廿九日獅心矩

乾造	戊辰	甲寅	己卯	戊辰
	廣西全州人	舒 乙酉丙戌科	弘 儒士連登	志 乙未年卒

書生 父應龍尚書

經證

三春生人木居寅卯謂之鰲頭年獨步奎木泊命尤奇奎壁文章之府

限乙酉丙戌限行室火火躔井木木躔尾火遇太陽辰刻虛日孕度火木合拱限主

經水天計 緯土地金 馬木人金 驛水令木 職土 局羅

文金 魁火 名星 催木 甲金 祿土 官孛 喜月 印土 爵孛

命奎九度

祿水 馬木 暗 仁土 福水 壽木 耗 產 刑火 囚 印孛

曹羅 刑火 值日 支火 忌木 囚木 產金 權金

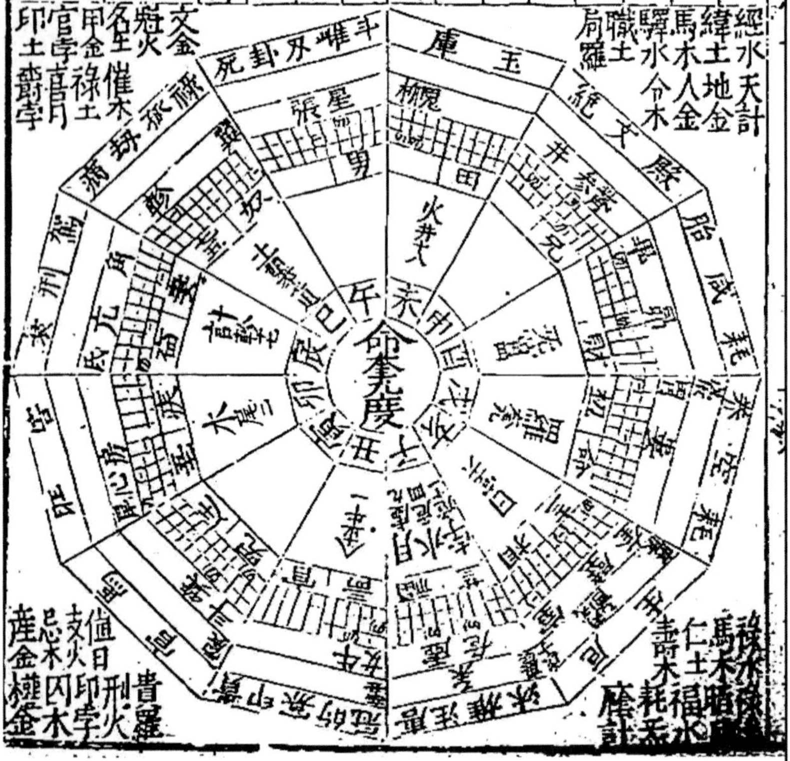

會元探花

喜格
水火既濟
金水會蛇
衆曜拱南
日月得位
福官得所

忌格
忌水火交戰
日月背躔
陰陽背行

七月廿二日
號石簣
壬戌
戊申
甲辰
戊辰
陶望齡
浙江會稽人
乙酉巳丑科
仕至諭德
巳酉年卒
乾造晝生
無子

經證
巳宮天祿本長
星日柳土晝行
生官曜名爲天年
晝曜乙酉坐文
祿星與水同宮
向貴巳丑坐祿
最奇特官高祿限
向貴經云晝生
厚佐王庭
專取日木土

經木天字
緯火地土
馬火人木
驛木令金
職土
局羅

文日
魁炁
名水催炁
甲木祿日
官月喜孛
印水爵金

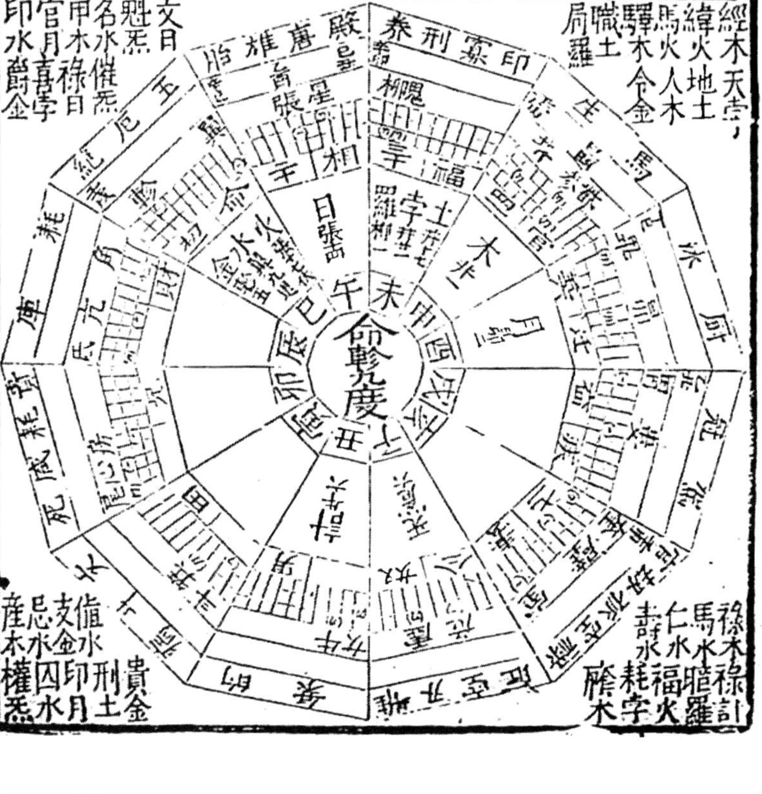

命軫九度

祿木祿計
馬水暗羅
仁水福火
壽水耗孛
蔭木

貴金
催水刑土
支金印月
忌水囚水
產木權炁

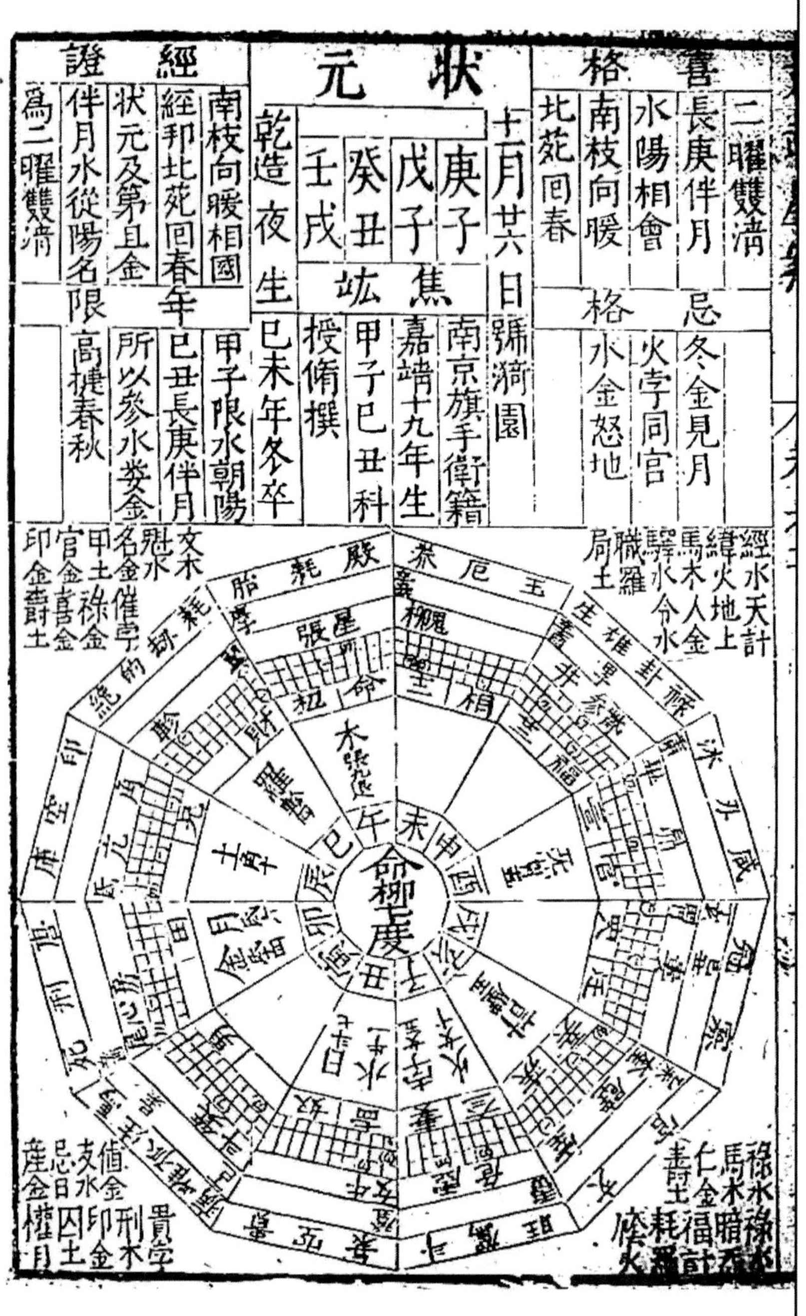
狀元
十一月廿六日號漪園
南京旗手衛籍
嘉靖十九年生
甲子巳丑科
焦竑
授脩撰
已未年冬卒
乾造夜生
庚子
戊子
癸丑
壬戌
書格
二曜雙清
長庚伴月
水陽相會
南枝向暖
北苑回春
忌格
冬金見月
火孛同宮
水金怒地
經證
南枝向暖相國
經邦北苑回春年
狀元及第且金
伴月水從陽名
為二曜雙清
甲子限水朝陽
巳丑長庚伴月
所以參水婁金
限高捷春秋
命柳土度

喜格	
日月著明	
五曜清寧	
四餘得地	
身命起高	

忌格
孤陽失輔
水冷金寒

榜眼

十月廿八日狮曙谷

江西崇仁人

庚戌　戊子　戊子　丙辰

吳道南

壬午巳丑科

甲寅入相

丙辰致仕

乾造書生

經緯證
日月分明是貴
人官福高強貴
必真日月最宜
拱夾金水須要
分明

限年
氐度土星升殿
元限日月夾金
甲寅柳土宮度
兩強

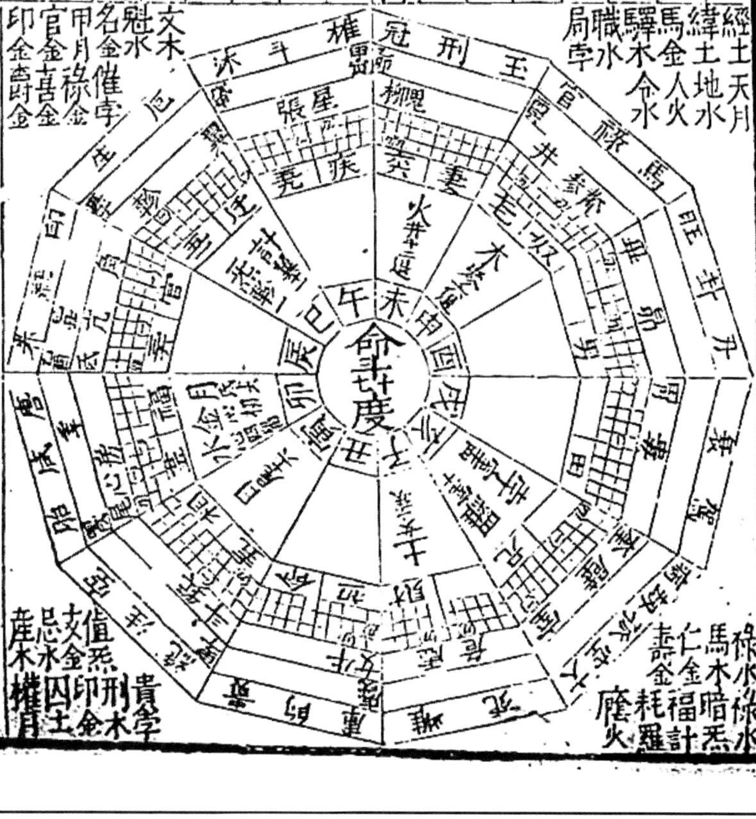

經土　天月　緯土　地水　馬金　人火　驛木　令水　職水　局孛

文木　魁水　名金　催孛　甲月　祿金　官金　十喜金　印金

命十七度

祿水　祿水　馬木　暗炁　仁金　福計　壽金　耗羅　瘟火

值煞　貴孛　文金　刑木　忌水　印金　産木　囚土　權月

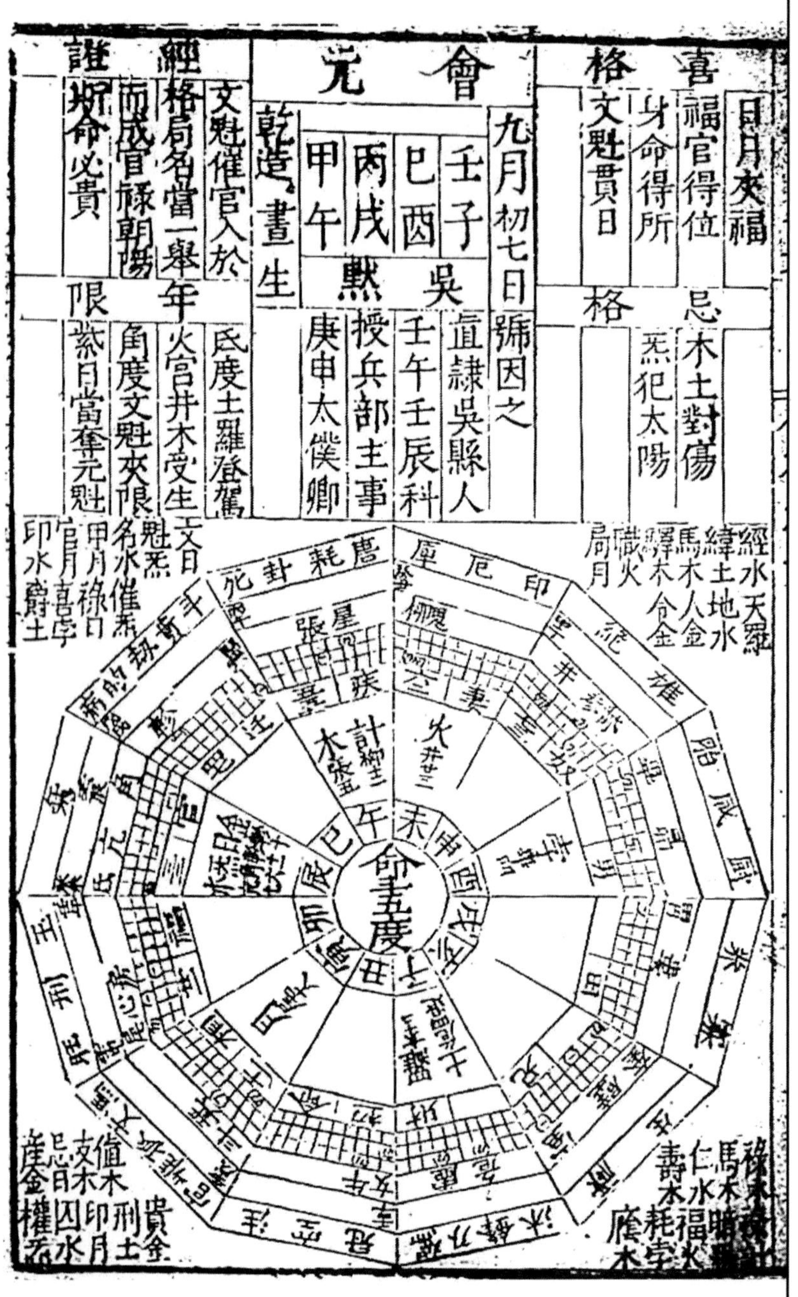
喜格
日月夾福
福官得位
身命得所
文魁貫日
忌格
木土對傷
炁犯太陽
會元
九月初七日號因之
直隸吳縣人
壬午壬辰科
授兵部主事
庚申太僕卿
吳默
壬子
巳酉
丙戌
甲午
乾造晝生
謹經
文魁催官入於
格局名當一舉
而成官祿朝陽
斯命必貴
年限
氐度土羅蔭駕
火宮井木受生
角度文魁夾限
紫日當奪元魁
經水天羅
緯土地水
馬木人金
驛木合金
職火
局月
文日
魁炁
名水催炁
甲月祿日
官月喜孛
印水爵土
命
晝
五度
祿木
馬木暗火
仁水福火
壽木耗孛
蔭木
貴金
值木刑土
支木印月
忌日囚水
產金權炁

喜格

南枝向暖
水金會垣
日月夾羅
身命登駕
寒谷回春

忌格

水冷金寒
身命坐刃
孤陽獨立

狀元

癸丑月初二日
號青陽

壬子	癸丑	巳卯	巳巳

乾造 翁正春 書生

福建侯官人
巳卯壬辰科
甲寅吏侍郎
庚申年得子
母高壽屢封

經證

子午端坐尊位
身命官福臨此
南枝向暖相國
經邦扗死回春
狀元及第

年限

巳卯日月夾羅
限宮坐貴向祿
壬辰木火文明
命宮坐祿向貴

經金 天炁
緯水 地水
馬水 人土
驛木 合土
職計
局金

文日
魁炁
名水 催炁
甲水 祿日
官月 喜孛
印水 壽土

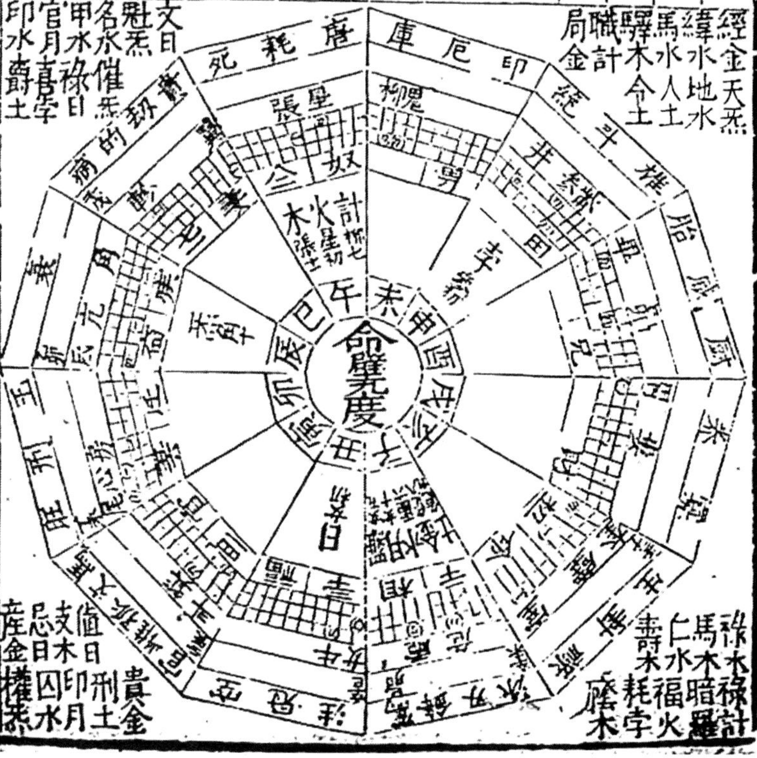

命 壁 度

祿水 祿計
馬木 暗羅
仁水 福火
壽木 耗孛
蔭木

值日 貴金
支木 刑土
忌日 印月
産金 囚水
權炁

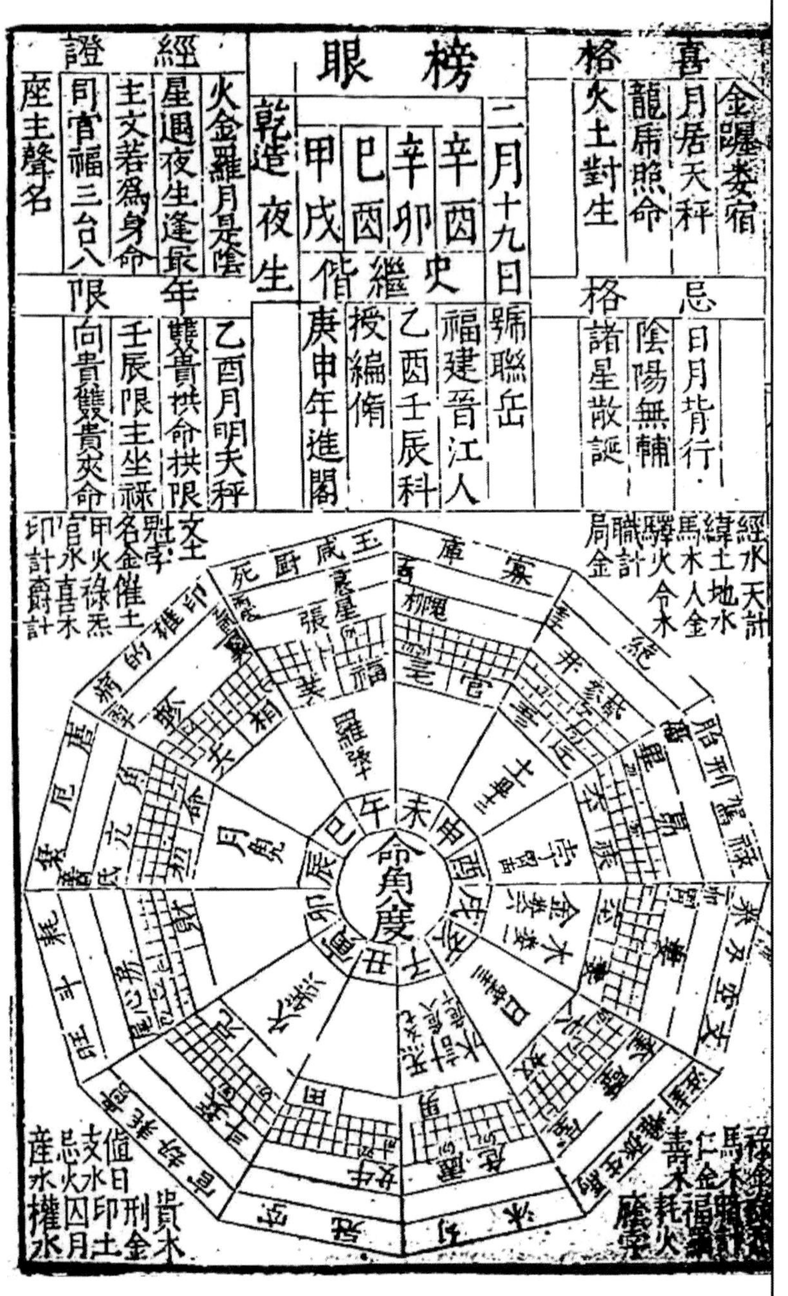

榜眼
二月十九日
辛酉
辛卯
己酉
甲戌
乾造 夜生
史繼偕
號聯岳
福建晉江人
乙酉壬辰科
授編脩
庚申年進閣
喜格
金曜婁宿
月居天秤
龍角照命
火土對生
忌格
日月背行
陰陽無輔
諸星散誕
經證
火金羅月是陰
星遇夜生逢辰
主文着為身命
司官福三台八
座主聲名
限年
乙酉月明天秤
雙貴拱命拱限
壬辰限主坐祿
向貴雙貴夾命
命角度

採花

喜格

戴天履地
衆曜朝天
日月夾福
福官高明
身命得地

忌格

水泛白羊
炁犯斗度
日月無光

三月初六日號湛菴
直隸崑山人
己卯壬辰科
辛亥大察
弟天寵進士

乾造夜生

己未
戊辰
戊寅
甲寅

顧天埈

經證

命亥月申謂之
戴天履地天門
有拱多濟貴發
苑薂名共此評

年限

危度月到崑崙
坐貴向祿斗度
木臨營室命限
坐祿向貴辛亥
流羅剋度尾重

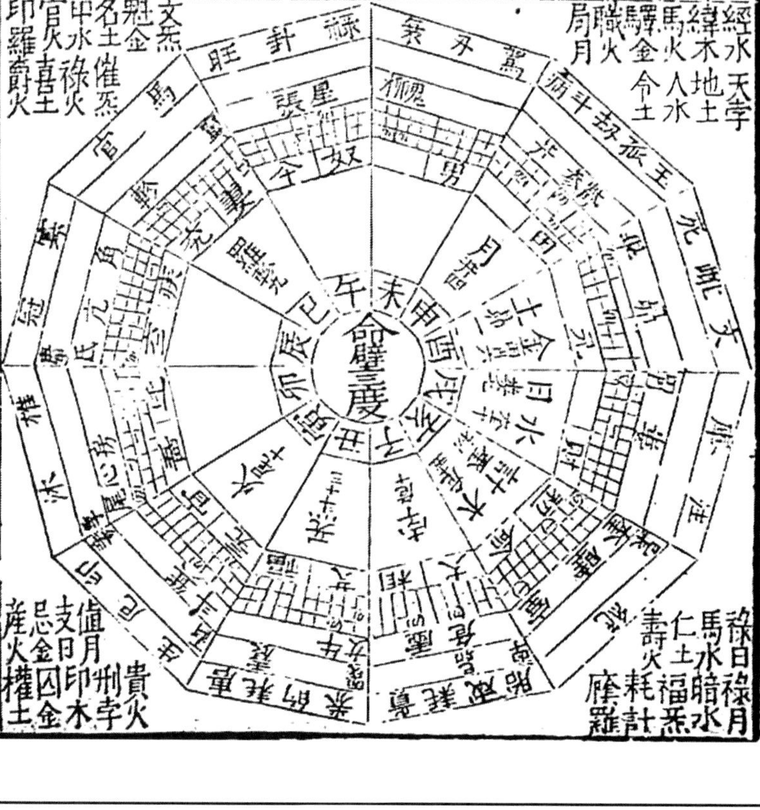

經水 天孛
緯木 地土
馬火 人水
驛金 令土
職火
局月

文炁
魁金
名土 催炁
甲水 祿火
官火 喜土
印羅 爵火

祿日 祿月
馬水 暗水
仁土 福炁
壽火 耗計
廕羅

貴火
刑孛
値月 印木
支日 囚金
忌金 權土
産火

會元榜眼

喜格

五曜從陽
四餘拱陰
官福登駕
二主朝君
日月得體

忌格

福官併雄
木火蔽陽
嗣併刃狗

十一月十四日號霍林

乾造

戊辰	湯	直隸宣城人
甲子	賓	甲午乙未科
己未	尹	辛亥閑住
辛未		

晝生

經證

五曜從陽四餘
捧陰官福登駕年
二主朝君乃特
出奇局也木火限
狗刃犯陽主孤

日月高明限行
危虛春秋連捷
斗木遇金坎坷
寅卯限度步步
光榮黜而後陟

經水天計
緯土地金
馬木人金
驛水令水
職土
局羅

文金
魁火
名土催木
甲金祿土
官學喜月
印土爵學

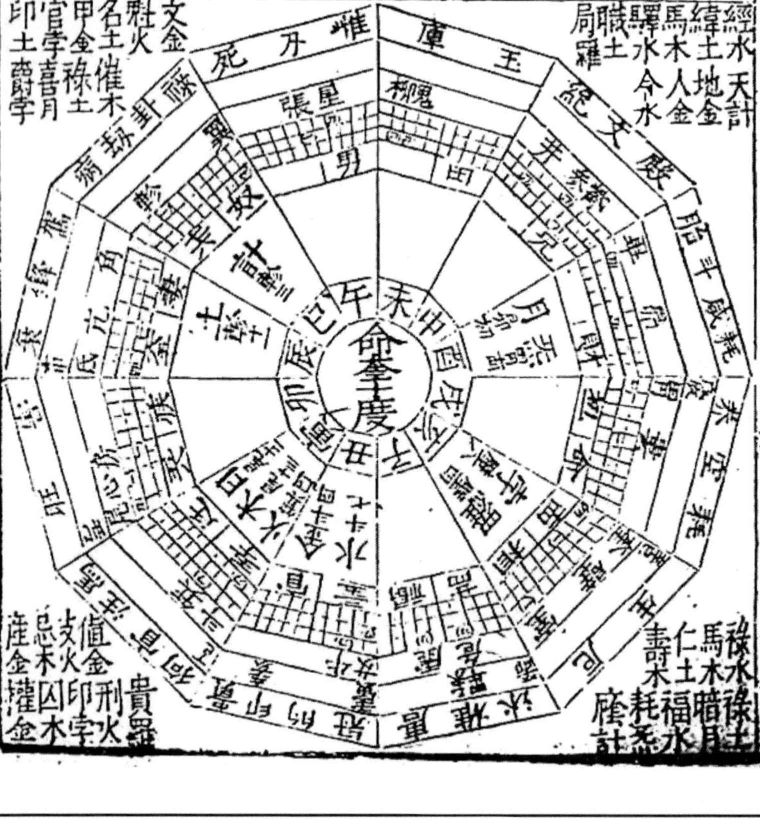

祿水祿土
馬木暗月
仁土福水
壽木耗炁
蔭計

貴羅
值金刑火
文火印字
忌木囚木
産金權金

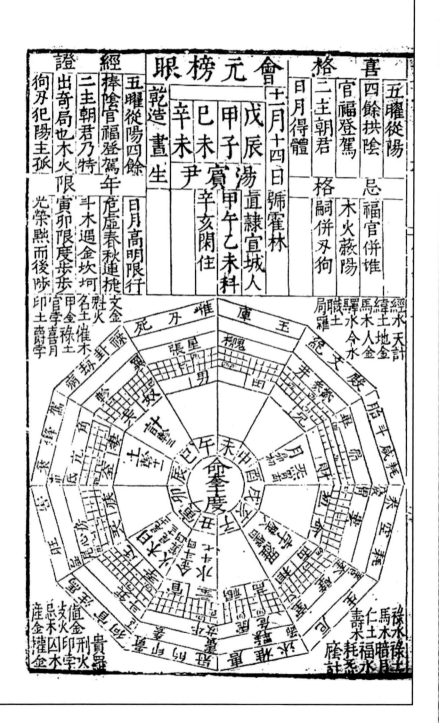

喜格	狀元	經證
日月朝天	三月初一日號蘭岡 應天錦衣衛籍	斗牛奎壁文武　亢金角木金居
福官起垣	戊午	大人之位坐命年　趙分木孛符印
木孛符印	乙卯	安身名顯官尊　甲年坐貴向貴
水涵蟾魄	己酉	夜遇火金而煥限　乙年祿馬夾限
群星朝北	甲子	叢星拱天門貴
忌格	朱之蕃	
日月無光	甲午乙未科	
計間七政	癸丑禮侍郎	
雄刼守命	乾造夜生	

經木　天孛　緯土　地土　馬火　人水　驛木　命木　職月　局火

文金　魁火　名土　催木　甲月　祿土　官孛　喜月　印土　爵水

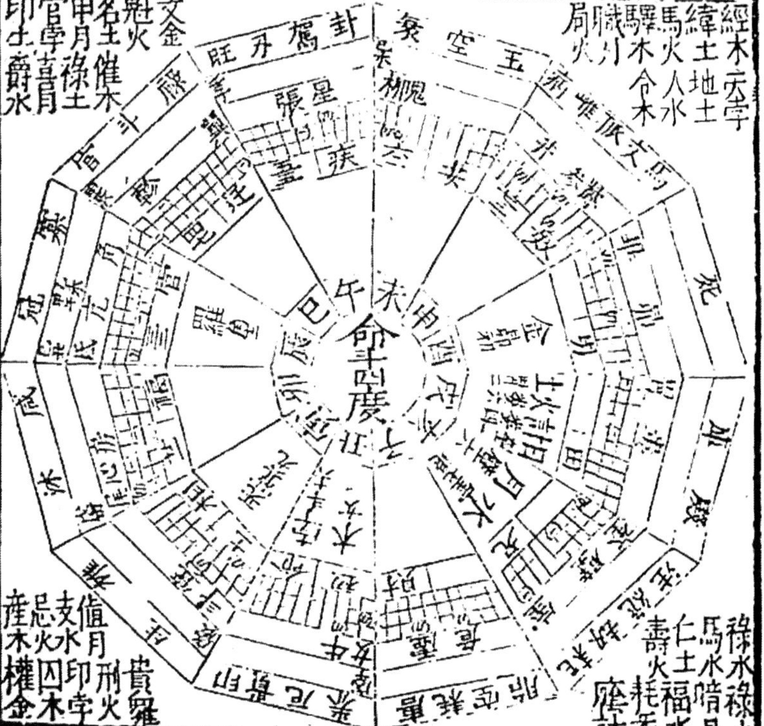

命宮

祿水　祿土　馬水　暗月　仁土　福水　壽火　耗炁　廕計

貴羅　值月　刑火　支水　印孛　忌火　囚木　產木　權金

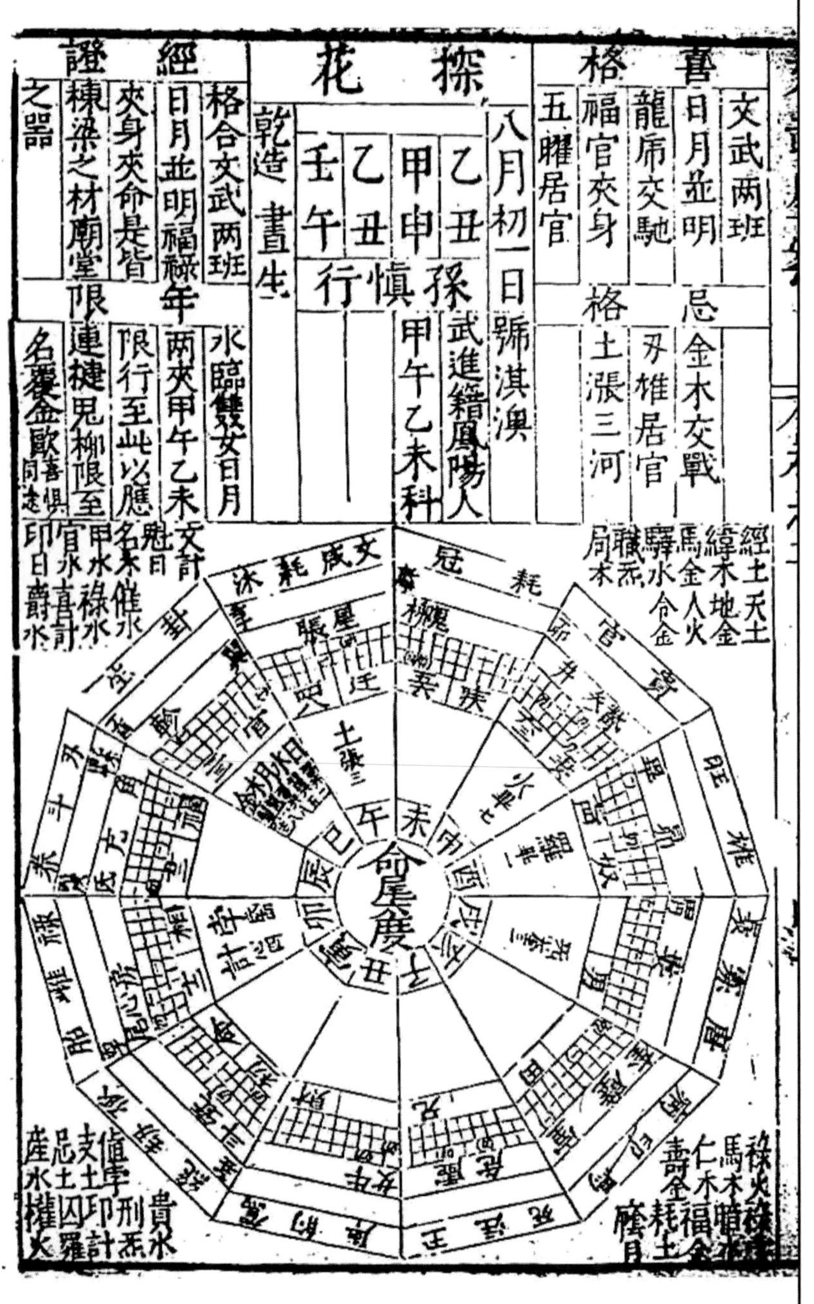

書格
文武兩班
日月並明
龍卨交馳
福官夾身
五曜居官
忌格
金木交戰
刃雄居官
土漲三河
探花
八月初一日號淇澳
乙丑 武進籍鳳陽人
甲申 孫 甲午乙未科
乙丑 慎
壬午 行
乾造 晝生
經證
格合文武兩班
日月並明福祿
夾身夾命是皆
棟梁之材廟堂
之器
年限
水臨雙女日月
兩夾甲午乙未
限行至此以應
連捷鬼柳限至
命宮

會元探花

十二月初九日
號璘初

乙丑
巳丑
壬申
壬寅

乾造夜生

顧起元
直隸江寧人
丁酉戊戌科
乙卯南祭酒
弟起鳳進士
星載書集

喜格

日月得位
五曜均停
君恩登駕
祥雲捧月
福官高明

忌格

水冷金寒
諸星散誕
土漲三河

經證

月炁相逢最吉
昌君恩登駕近
明主日月得所
福祿旺身命主
高貴非常

年限

日水相逢慶瑞
盈間世奇才擢
大名丁酉戊戌
限行軫水燕火
金拱限尤妙

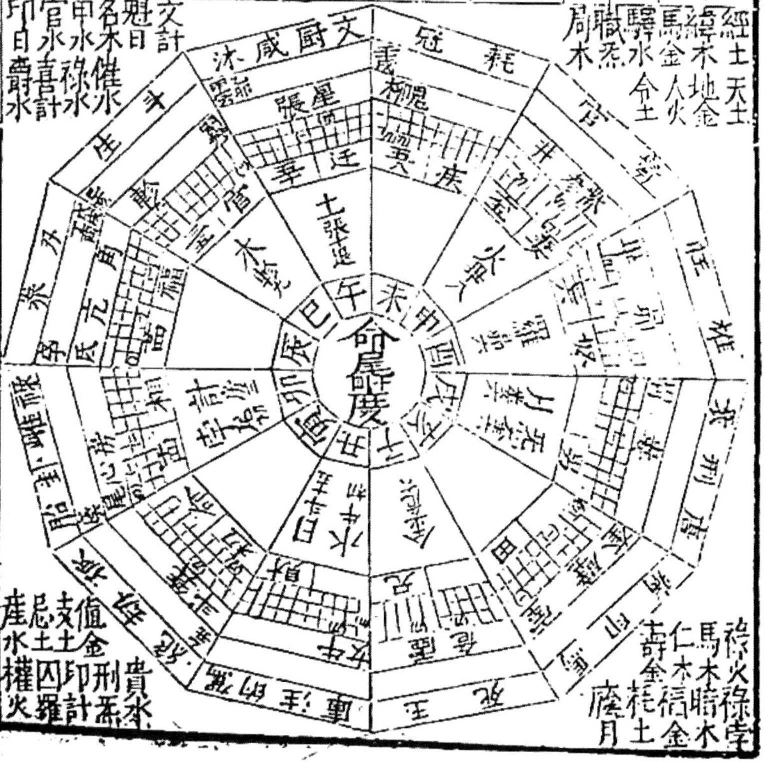

經土 天土
緯木 地金
馬金 人火
驛水 金土
職炁
局木

文計
魁日
名木 催水
甲水 祿水
官水 喜計
印日 壽水

午 未 申 酉 戌 亥 子 丑 寅 卯 辰 巳

值金 支土 忌土 產水
貴水 刑炁 印計 囚羅 權火

祿火 祿孛
馬木 暗木
仁木 信金
壽金 花土
蔭月

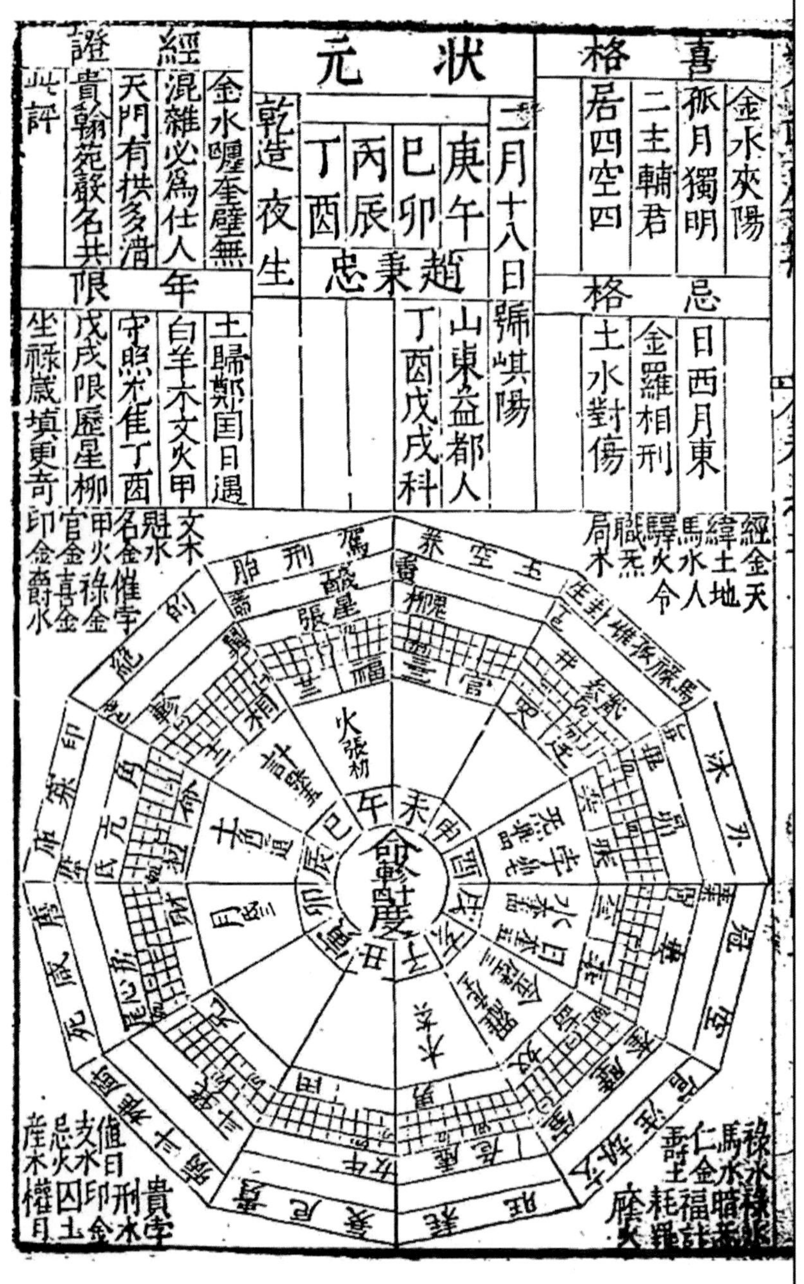
喜格
金水夾陽
孤月獨明
二主輔君
居四空四
忌格
日西月東
金羅相刑
土水對傷
狀元
二月十八日歸淇陽
庚午
巳卯
丙辰
丁酉
乾造夜生
趙秉忠
山東益都人
丁酉戊戌科
經證
金水躔奎壁無
混雜必為仕人
天門有拱多滑
貴翰苑敘名共
此評
年限
土歸鄭国日過
白羊木文火甲
守照朱雀丁酉
戊戌限歷星柳
坐祿歲填更奇
經金天
緯土地
馬水人
驛火令
局木
文木
魁水
名金催字
甲火祿金
官金喜金
印金爵水
命度

榜眼

八月十三日號芝南

辛酉　丁酉　庚午　辛巳

乾造　晝生

邵景堯

浙江象山人

丁酉戊戌科

喜格

飛曜拱南
日月得體
福官居福
名甲居官

忌格

土孛共戰
木到大梁
火計相泄

經證

尊莫尊乎日月
美莫美於官福
三學士者身居
清吉宿拱南方
乃異人

年限

水星到軫是真
垣委任股肱扶
玉曆酉戌鄉會
官福與限共金
日君恩雙來奇

文全　魁孛　名金　僮　甲水　祿炁　官水　喜木　印計　爵計

經金　緯木　馬水　驛水　職水　局孛
天水　地木　人土　命土

貴木　刑金　僮孛　印土　支水　囚月　忌火　權水　產水

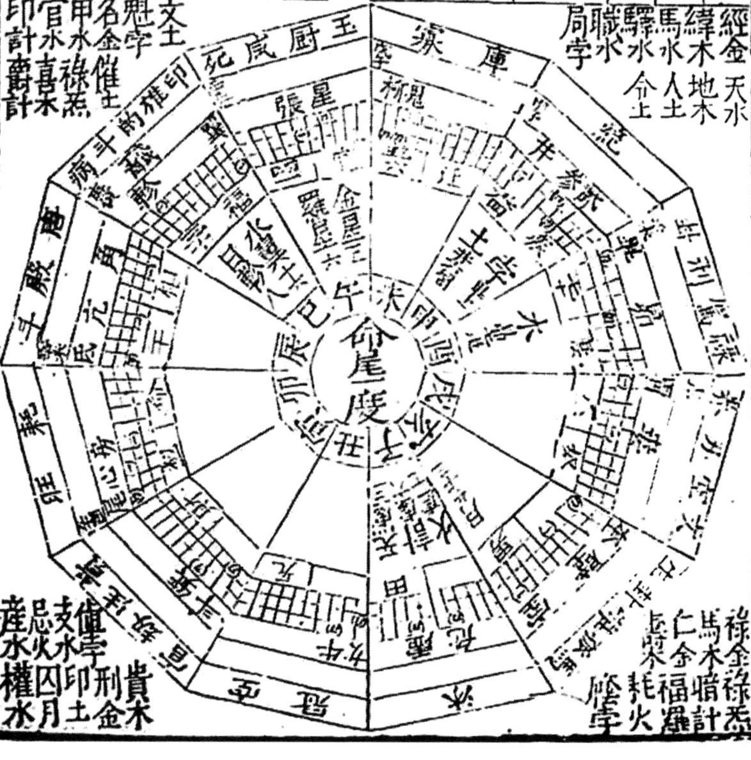

祿金　祿炁　馬木　暗計　仁金　福羅　長爵木　耗火　陰孛

命尾度

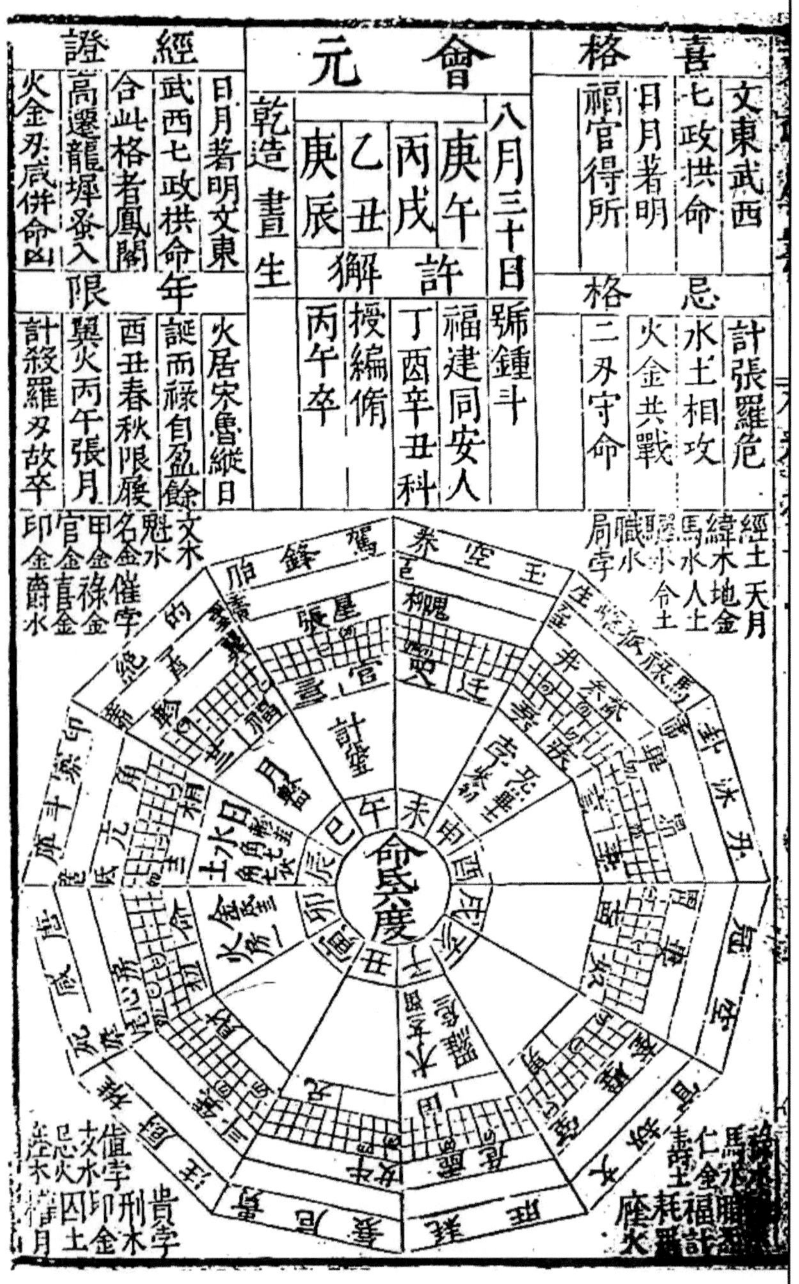

喜格
文東武西
七政拱命
日月著明
福官得所
忌格
計張羅危
水土相攻
火金共戰
二刃守命
會元
八月三十日
庚午
丙戌
乙丑
庚辰
乾造晝生
許獬
號鍾斗
福建同安人
丁酉辛丑科
授編脩
丙午卒
經證
日月著明文東
武酉七政拱命
合此格者鳳閣
高遷龍墀發入
火金刃底併命凶
年限
火居宋魯縱日
誕而祿自盈餘
酉丑春秋限履
巽火丙午張月
計殺羅刃故卒
經土 天月
緯木 地金
馬水 人土
驛水 命土
職水
局孛
文木
魁水
名金
催孛
甲金
祿金
官金
喜金
印金
爵水

喜格	忌格
金月對輝	身祿坐刃
水陽朝天	月南日比
身命得地	土埋雙女
福官高明	
四餘得用	

狀元

二月十三日

戊辰　乙卯　癸巳　壬戌

乾造夜生

張以誠

號瀛海　青浦籍華亭人　庚子辛丑科　丙辰年卒

經證

太陰最喜張星，度官入中書勢年，望騰三學士者，身星清吉夜遇火金而煥發。

子丑連第限度，星日水從陽於室壁金助月於限宮。

經火　天木
緯土　地火
馬火　人木
驛火　命水
儀計
局金

文金
魁火
名土　催木
甲火　祿土
官孛　喜月
卯土　爵孛

祿水　祿土
馬木　晴月
仁土　福刀
壽木　耗炁
座計

值日　貴
文火　刑火
忌木　印孛
產金　囚木
權金

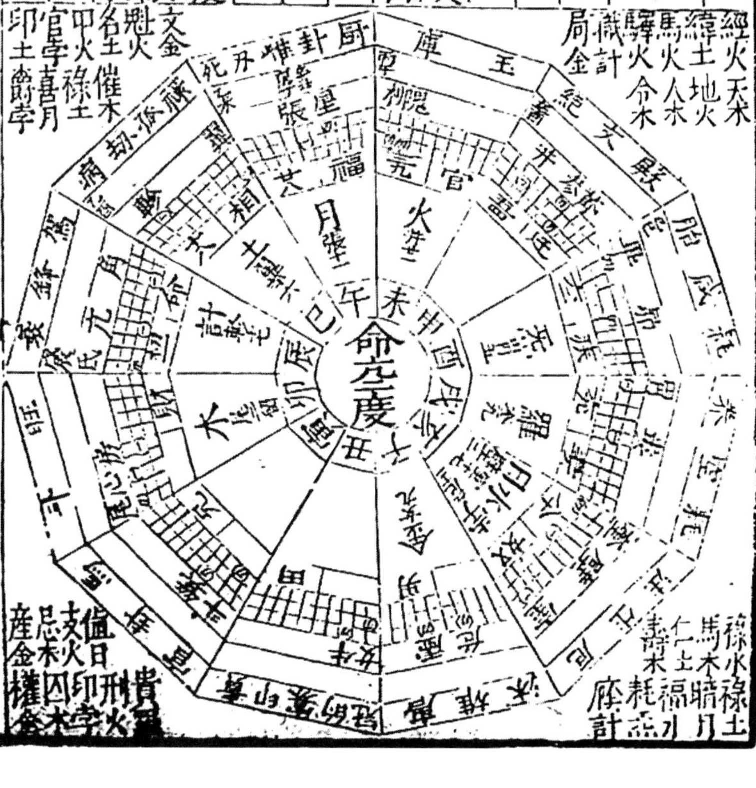

解元榜眼

喜格

水陽相會
火月同宮
福祿扶身
日月拱文魁
身命拱文魁

忌格

土孛交戰
木到大梁
火計夾月

九月初九日

乾造　畫生

辛	戊	丙	丙
酉	戌	申	申

王衡

號緱山
直隸太倉州人
戊子辛丑科
父錫爵閣老
已酉年卒

經證

土木失次系計
福祿扶身且水
從陽火伴月司
身命尤奇然火
刃土難合拱凶

年限

戊子日月拱土
辛丑限主朝陽
巳酉尾火刃度
宮主木到大梁
孛羅殺刃又拱

經土　天月
緯水　地火
馬金　人火
驛金　全土
祿金
局計

文上
魁孛
名金
催土
甲水
祿炁
官水
喜木
印計
蔭計

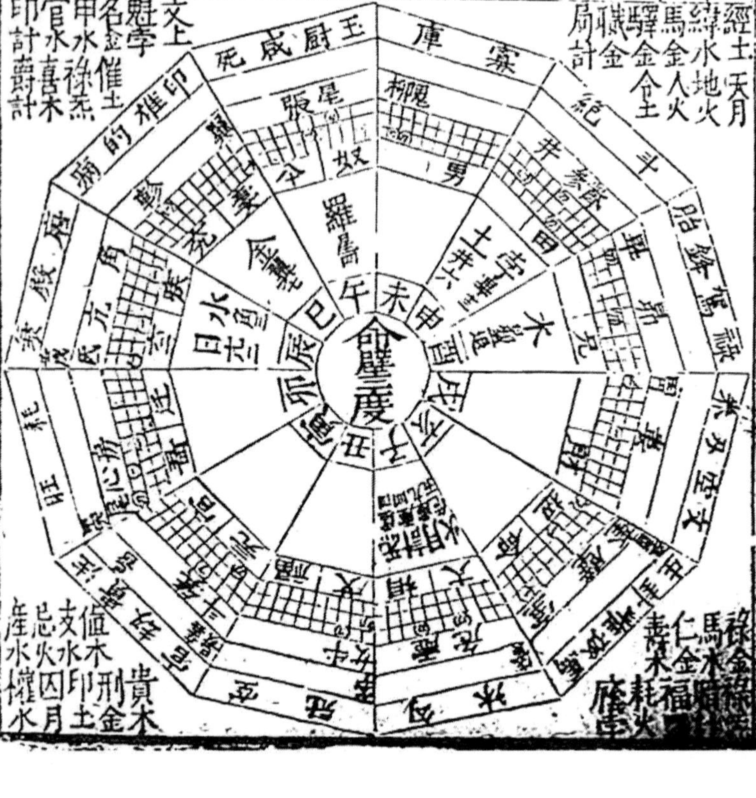

命壁度

庫　寡　絕　斗　胎　鋒　驛　祿　煞　刃　空　文　生　貴　馬　沐　浴　冠　帶　官　旺　耗　衰　殺　病　的　雄　印　死　咸　池　玉　厨

子　丑　寅　卯　辰　巳　午　未　申　酉　戌　亥

羅　孛　土　木　水　金　[illegible]

祿金　祿[illegible]
馬水　暗[illegible]
仁金　福[illegible]
壽木　耗火
蔭孛

貴木
刑金
伯木
印土
支水
囚月
忌火
產水
權水

喜格

羅計截斷
漏出祇月
日月拱官福
官福夾太陽格
福祿夾田財

孛問七政
忌日月背宮
陰陽拱外
諸曜背行

探花

五月十二日號長石
湖廣石首人
甲午辛丑科

壬戌
丙午 曾
乙未 可
戊寅 前
乾造夜生

經證

炁計官福之餘
甲午火旺木生
日月最宜拱之年
及宜火孛同宮
計羅截月宮福
辛丑日月拱限
夾太陽夾田財限
炁計福祿臨垣
其富貴之本也

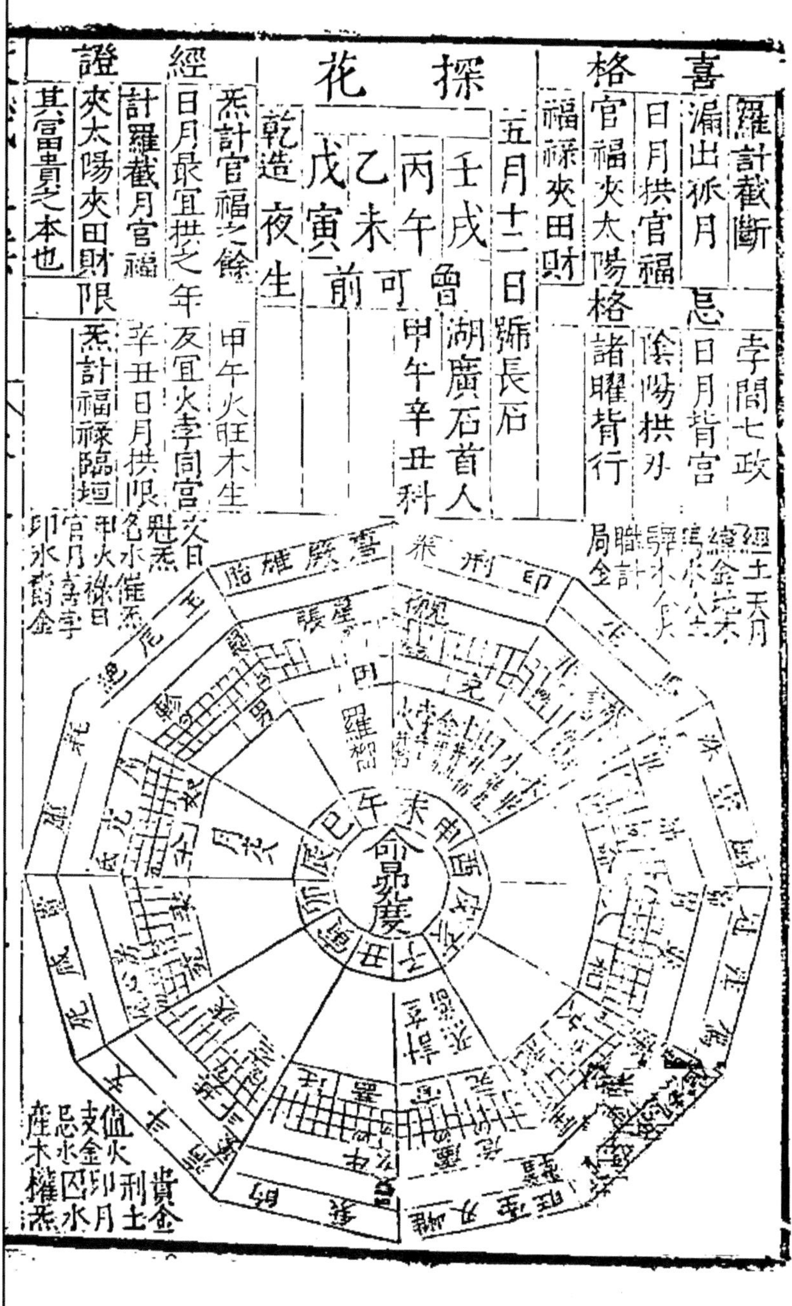

會元狀元

喜格

計羅截斷
漏出名甲
火助身命
官福夾主
身星清吉

忌格

木入齊瓶
寒月单行

壬月初七日號琨琸
浙江慈谿人
丁酉甲辰科
庚申年卒

戊午
乙丑
巳酉
癸酉

楊守勤

乾造夜生

經證

計羅截出名甲
身命宜躔牛奎
水金官福夾主
身星月朗天門
火燃天蝎尤奇

年
限

丁酉甲度限主
火垣土殿甲辰
癸金宮度兩強
巳驗二元

經土 天月
緯土 地水
馬水 人土
驛金 合土
職學 水
局水

文金 魁火
名土 催木
甲土 祿土
官學 喜月
印土 爵水

命
柳
度

未 申 酉 戌 亥 子 丑 寅 卯 辰 巳 午

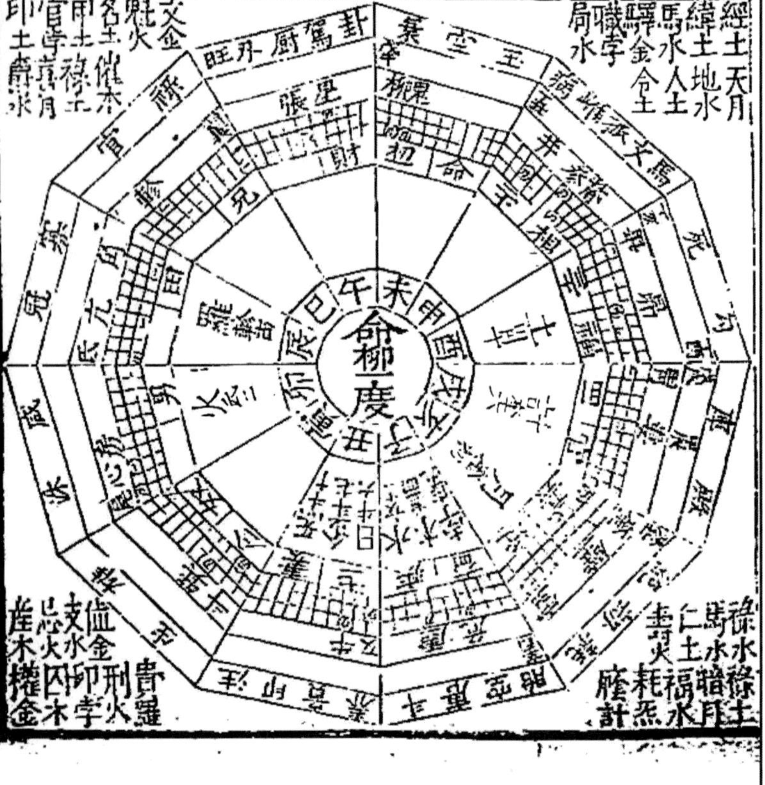

祿水 祿土
馬水 暗月
仁土 福水
壽火 耗炁
廕計

貴羅
血金 刑火
支水 印孛
忌火 囚木
産木 權金

喜格
金水從陽
木月清貴
官福登駕
八殺有星

忌格
日月稍背
炁犯太陽
土刃井木

經土天土
緯火地水
馬金人火
驛水命木
職羅
局土

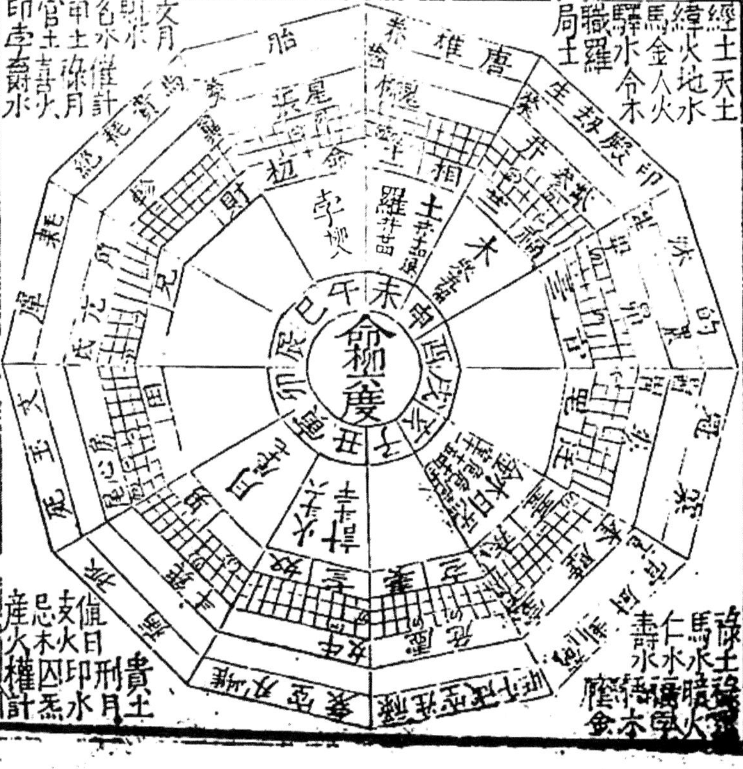

榜眼

正月廿五日
癸亥
甲寅
甲辰
壬申
乾造 晝生

孫承宗

號愷陽
北直高陽人
甲午甲辰科

經證
晝生日而金水
相從合此格者年
鳳閣高遷龍墀
登入天門有拱
多清貴

限
木孛拱月金水
從陽畢月限逢文
甲辰胃度火羅
臨旺福地昌熾
但土刃包殺凶

文月
昴水
色水催計
甲土祿月
官土壽火
印孛爵水

午 未 申 酉 戌 亥 子 丑 寅 卯 辰 巳

命柳度

祿土
馬水
仁水
壽水
殺[illegible]
暗火
福[illegible]
[illegible]木
陰金

貴土
刑月
印水
囚炁
權計
催日
支火
忌木
産火

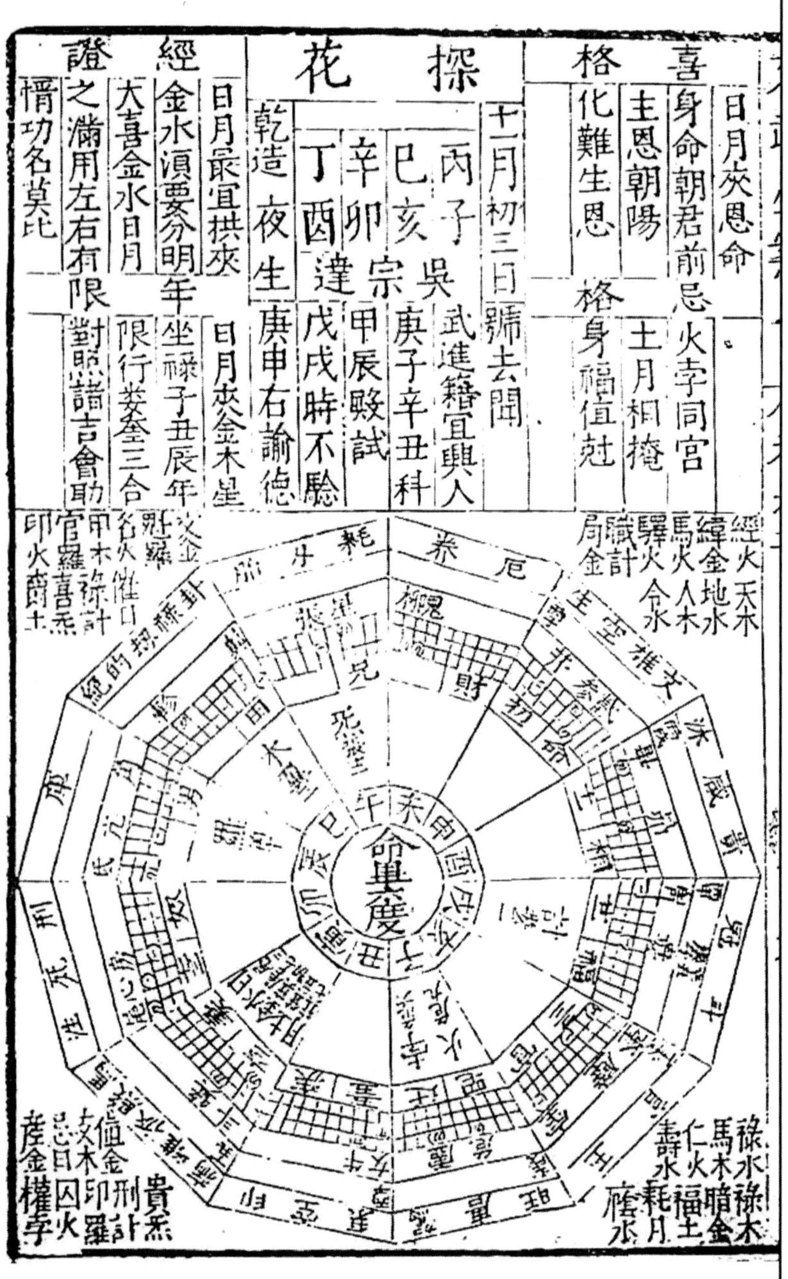

喜格

日月夾恩命

身命朝君前忌 火孛同宮

主恩朝陽 土月相掩

化難生恩 格身福值尅

探花

十一月初三日歸去閒

丙子 巳亥 辛卯 丁酉 吳宗達

武進籍宜興人

庚子辛丑科

甲辰殿試

戊戌時不驗

乾造夜生

庚申右諭德

經證

日月最宜拱夾

金水須要分明

大喜金水日月

之滿用左右有限

情功名莫比

年

日月夾金木星

坐祿子丑辰年

限行娄奎三合

對照諸吉會助

喜格	忌格
水陽度楚	土木共戰
月逃崑崙	金孛同宮
木羅會合	火燒牛角
太白當秋	

會元榜眼

八月廿三日

癸亥
辛酉
己巳
乙亥

乾造夜生

施鳳來

號存梅

浙江平湖人

甲午丁未科

己未南宮業

經證

日水相逢慶瑞

盈間世奇才播年

大名三學七者

身星滑吉夜遇

火金而熾發

限

火燒牛角室度

固弱秀星水陽

守照挽轉最吉

虛日起高書美

尺善

經金天杰 緯金地木 馬木人金 驛木命金 職火 局川

文月 魁水 名水催計 甲火祿月 官土喜火 印孛蔚水

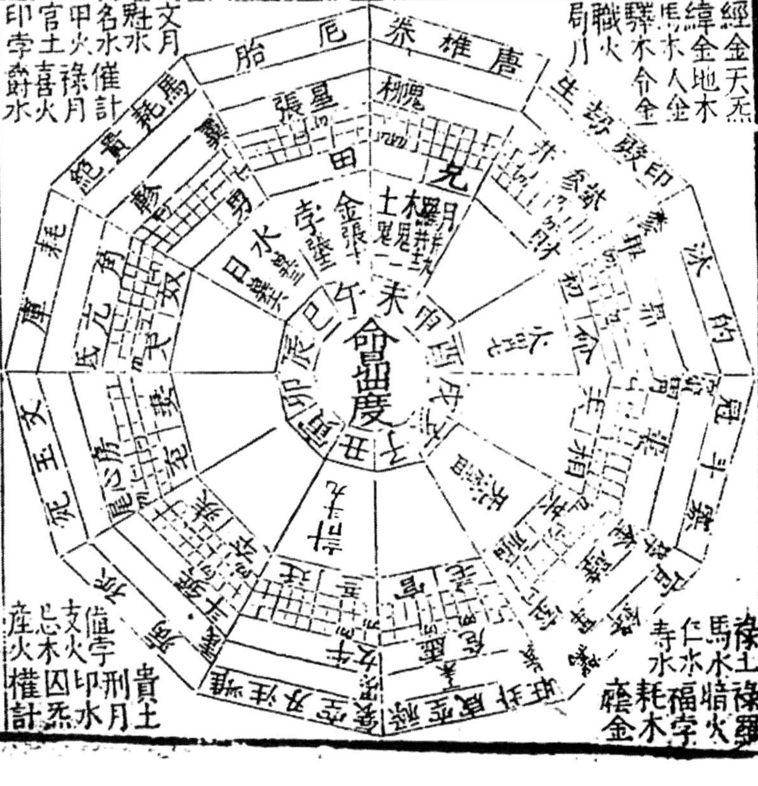

祿土祿暴 馬木晴火 仁水福孛 寺水耗木 蔭金

貴土 刑月 值孛印水 支火囚杰 忌木 產火權計

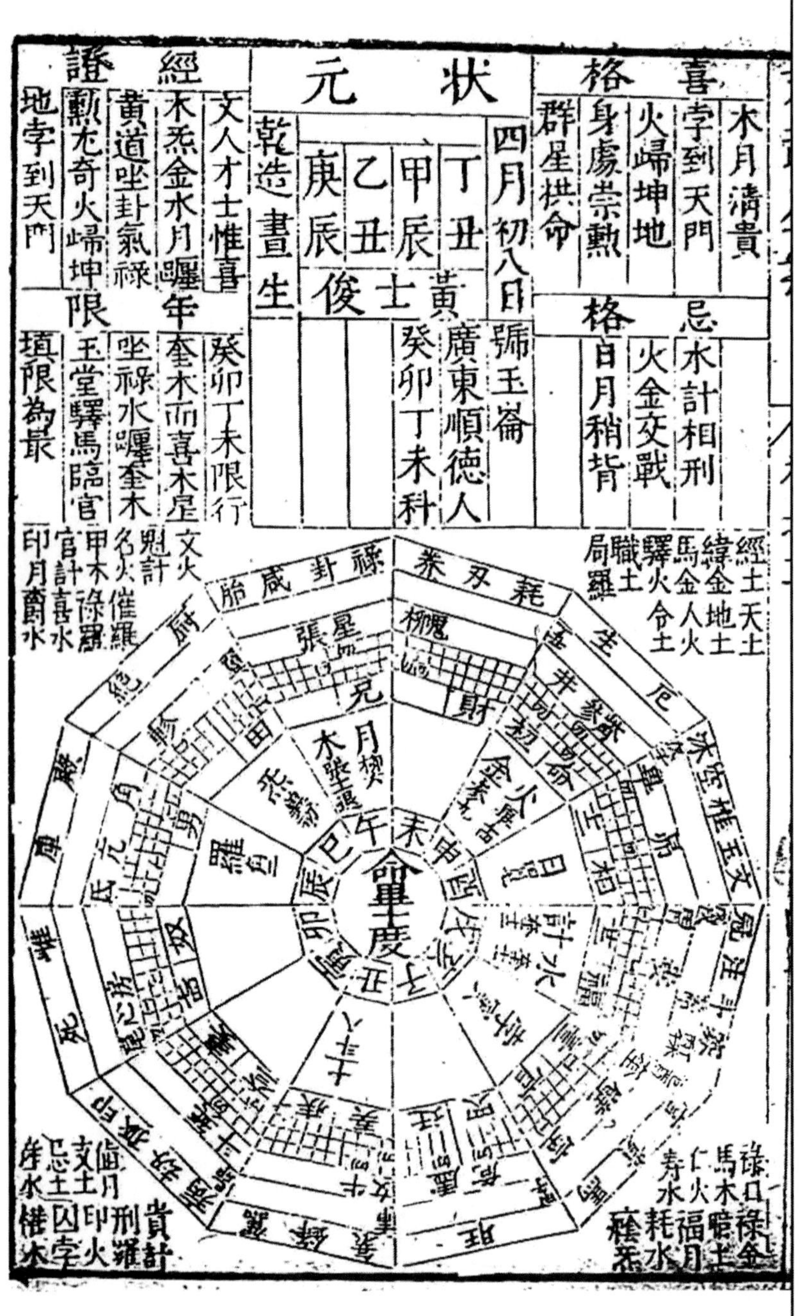
喜格
木月清貴
孛到天門
火帰坤地
身處崇勲
群星拱命
忌格
水計相刑
火金交戰
日月稍背
狀元
四月初八日
丁丑
甲辰
乙丑
庚辰
乾造晝生
黃士俊
號玉崙
廣東順德人
癸卯丁未科
經證
文人才士惟喜
木炁金水月躔午
黃道坐卦氣祿
勳木奇火帰坤
地孛到天門
限
癸卯丁未限行
奎木而喜木星
坐祿水躔奎木
玉堂驛馬臨官
塡限為最

喜格

日月夾命
祿馬臨垣
福官高明
名甲朝陽
木火對生

忌格

金羅相刑
木土互躔
水泛白羊

探花

二月初六日
[illegible]二水
庚午
福建晉江人
巳卯
張瑞圖
癸卯丁未科
甲辰
戊辰
乾造
書生

經證

群星守照多端
合格為上左右年
有情功名莫比
祿馬朝元聳岸
鶩行之士

限

虛日金水夾陽
天祿臨限女土
木土互躔似乎
未利得火木對
生流土在丑吉

文木 魁水 名金 催字 甲金 祿金 官金 喜金 印金 爵水

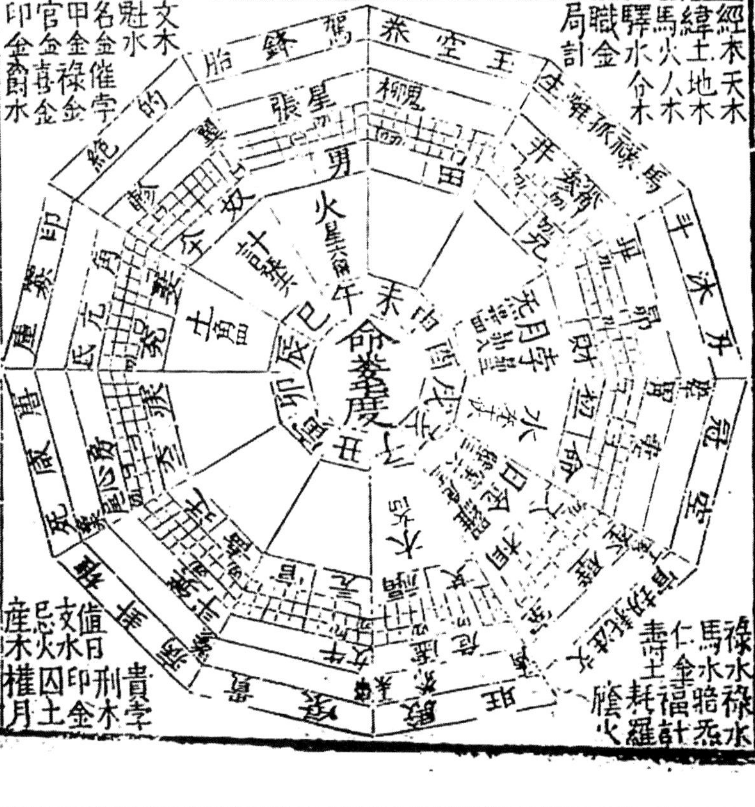

經木 天木 緯土 地木 馬火 人木 驛水 伞木 職金 局計

祿水 祿水 馬水 暗炁 仁金 福計 壽土 耗羅 膺火

貴字 值日 刑木 文水 印金 忌火 囚土 産木 權月

喜格

水陽相會
木月清貴
日月拱命
名甲歸垣
天首周邦

忌格

日西月東
孛羅夾命
土計同躔
丹金居官

會元狀元

三月廿一日歸高陽

庚辰
庚辰
庚申
癸未

韓敬

浙江烏程人
己酉庚戌科
辛亥年請告
己未補南京

乾造書生
行人

經讖

名題鳳塔天首
水化伏屍遇太
周邦足躡蟾宮年
陽豈為惡曜酉
太陽魯分貴闲
戌二元又喜君
日月拱端門殺限
恩夾限
金為及休逢

經水 天計
緯火 地土
馬木 人金
驛水 命土
職羅
局土

文木
魁水
名土 催孛
甲土 祿金
官金 貴金
印金 爵金

命星度

午 未 申 酉 戌 亥 子 丑 寅 卯 辰 巳

羅 孛 金 水 日 木 月

祿水 祿水
馬木 暗杰
仁金 福計
耗羅
殺火

貴孛
刑木
值月 印金
文火 囚土
忌木
產金 權月

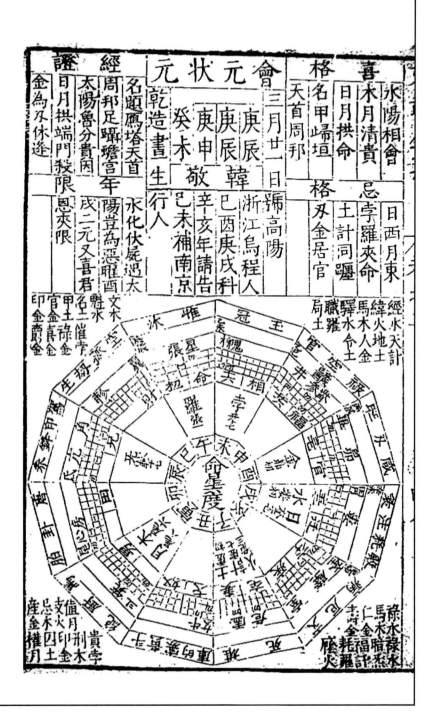

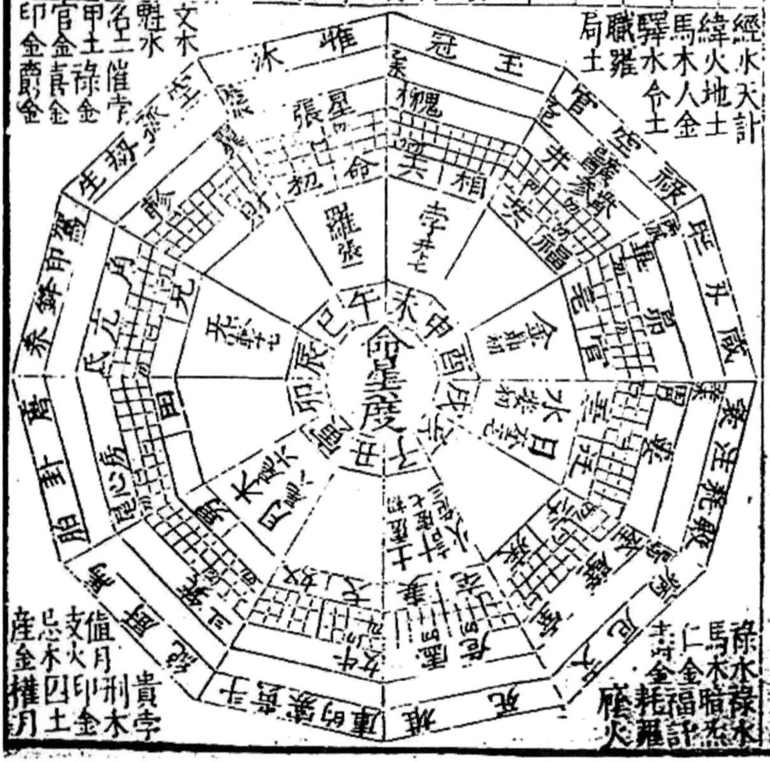

喜格

群星拱命宮
日月夾官魁
龍帝夾身
日月並明
殺前主後

忌格

羅逼日刃
水金怒宮

榜眼

九月三十日號康莊

丙子 戊戌 己未 戊辰

馬之騏

河南新野人
丙午丁未科
庚戌殿試
弟之駿同榜

乾造 晝生

經訣

日月最宜拱夾
金水須要分明
官魁夾命帶龍
帝廊廟良才日
月分明是貴人

年限

丙午丁未限宮
限度水金相生
金水二星若相
會曾取功名如
拾芥

經金 天烝
緯木 地火
馬木 人金
驛金 令土
職金
局計

文金
魁羅
名火 催日
甲金 祿計
官羅 喜烝
印火 爵土

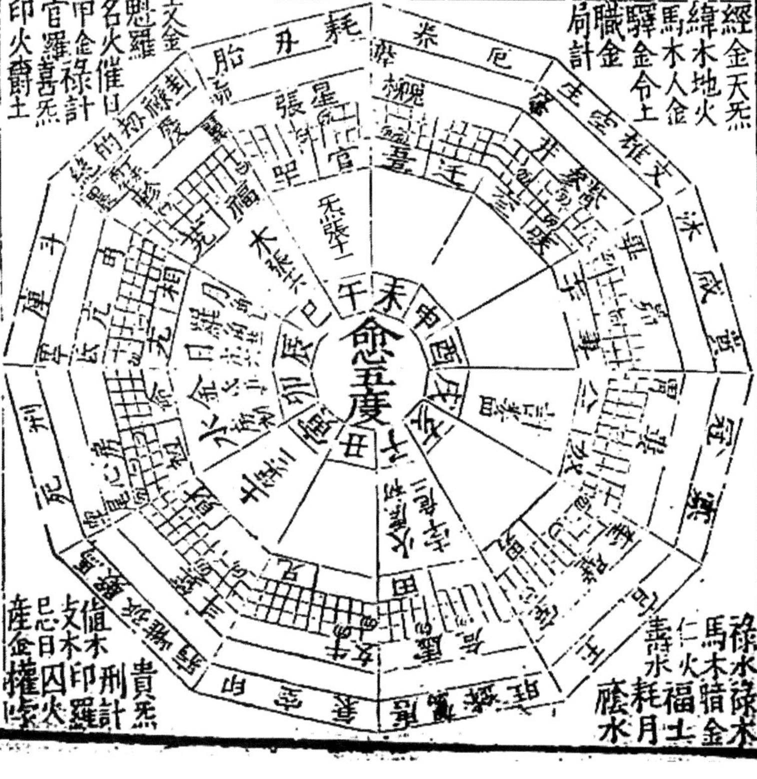

祿水 祿木
馬木 暗金
仁火 福土
壽水 耗月
蔭水

貴烝
刑計
值木 印羅
文木 囚火
忌日 權孛
產金

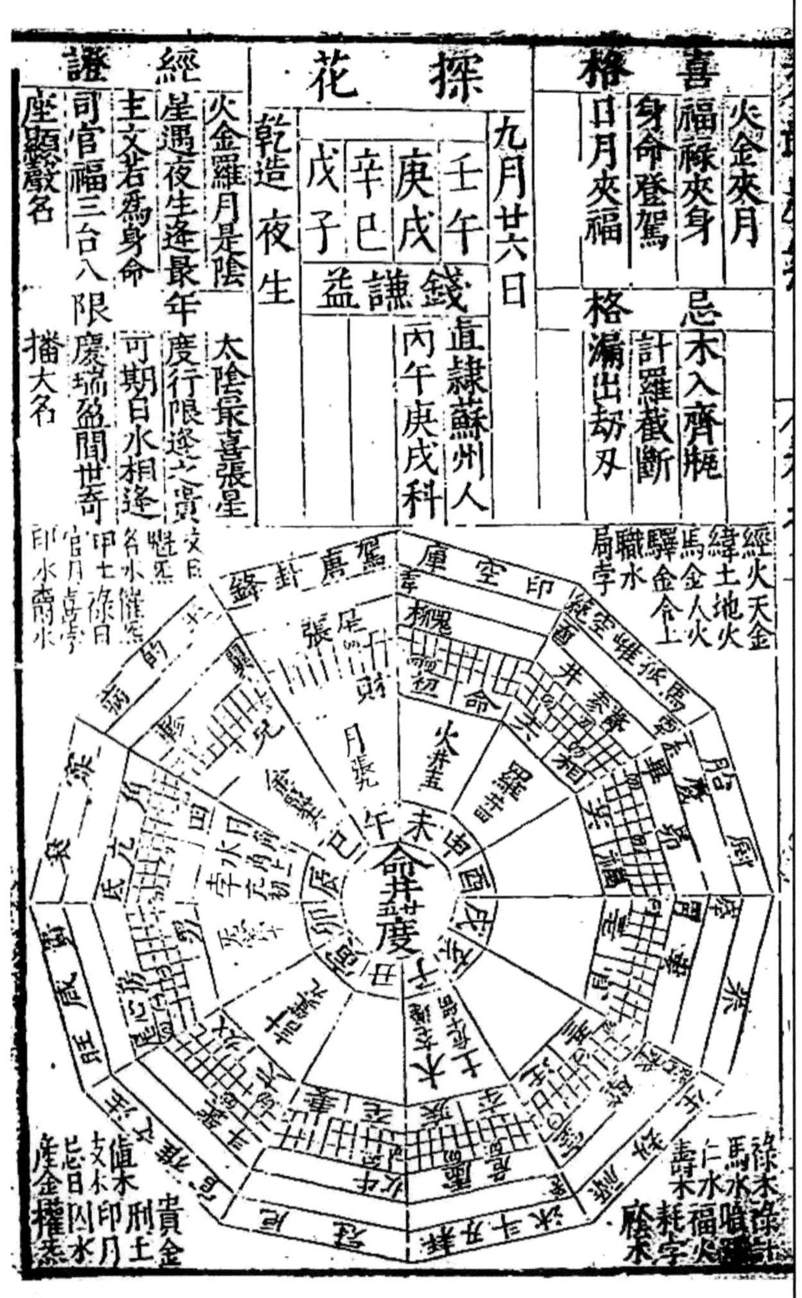

喜格

火金夾月
福祿夾身
身命登駕
日月夾福
忌木入齊梔
計羅截斷
格漏出刼刄

探花

九月廿六日
壬午
庚戌
辛巳
戊子
乾造夜生
錢謙益
直隸蘇州人
丙午庚戌科

經讚

火金羅月是陰　太陰最喜張星
星遇夜生逢最午　度行限逢六貴
主文若爲身命　可期日水相逢
司官福三台入限　慶瑞盈聞世奇
座縣馭名　播大名

經火天金
緯土地火
馬金人火
驛金金土
職水
局孛

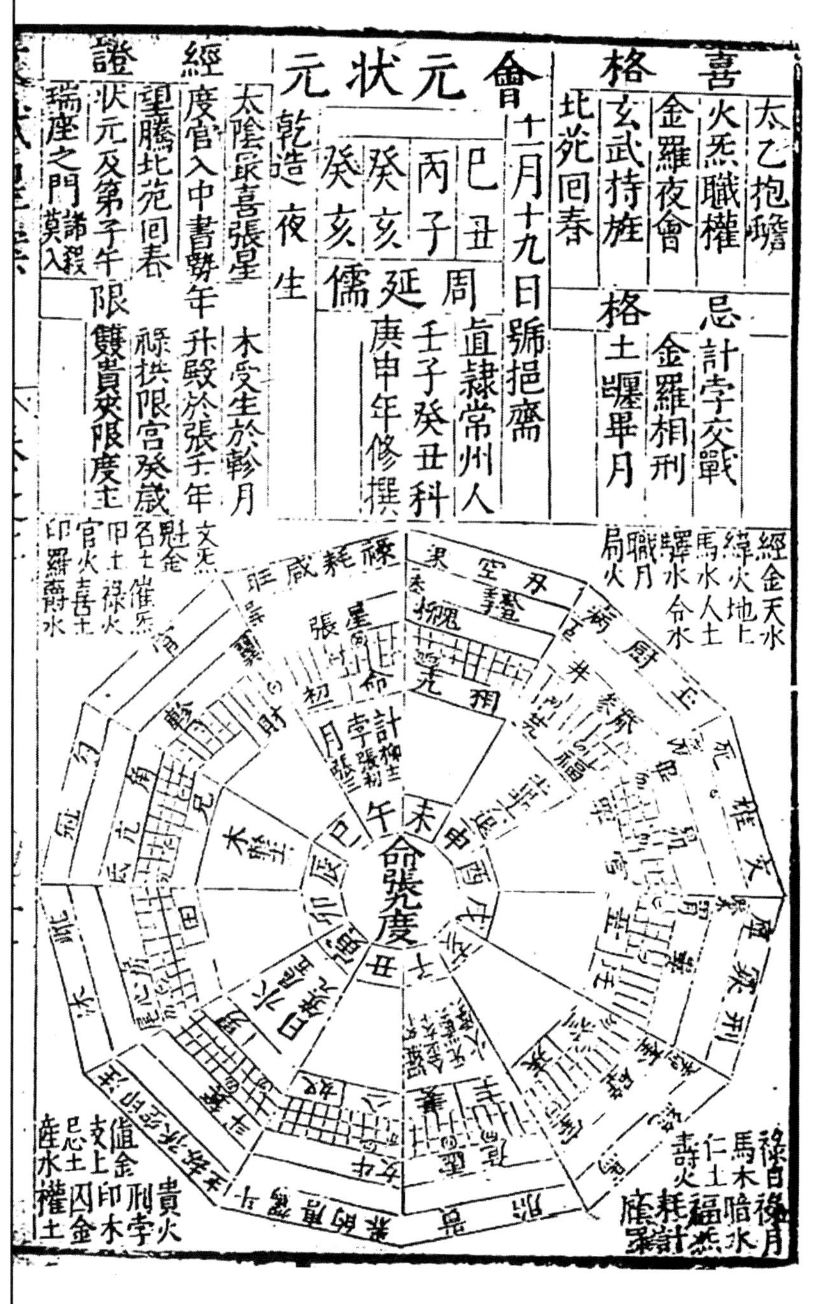

會元狀元

喜格
太乙抱蟾
火炁職權
金羅夜會
玄武持旌
北苑回春

忌格
計孛交戰
金羅相刑
土曜畢月

十一月十九日號挹齋

巳丑
丙子
癸亥
癸亥

周延儒
直隸常州人
壬子癸丑科
庚申年修撰

乾造夜生

太陰宸喜張星　木受生於軫月

經
度官入中書勢年　升殿於張壬年

證
望騰北苑回春　祿拱限宮癸歲
狀元及第子午限　雙貴夾限度土
瑞座之門　莫入諸殺

經金　天水
緯火　地土
馬水　人土
驛水　合水
職月
局火

文炁
魁金
名土　催炁
甲土　祿火
官火　喜土
印羅　蔭水

祿白　祿月
馬木　暗水
仁土　福炁
壽火　耗計

值金　刑孛
支上　印木
忌土　囚金
產水　權土
貴火

喜格

斗牛秀氣
火金夜輝
福官照身
身命五九

忌格

月南日北
計月相掩
孤陽失輔
土孛交戰

經火　天金
緯土　地土
馬火　人水
驛木　合木
職月
局火

榜眼

止月二十日跡九微

乾造夜生

戊子	甲寅	甲辰	丙寅

莊奇顯

福建泉州人
丙午癸丑科
少年科甲

經讖

晝生專取日木
土夜主却以火年
金月身命喜居
五九包涵萬象限
身居婁

發武巖星居廟
室福星永鎮昇
平日酉丑兩榜
俱屬尾火宮主
木在於春

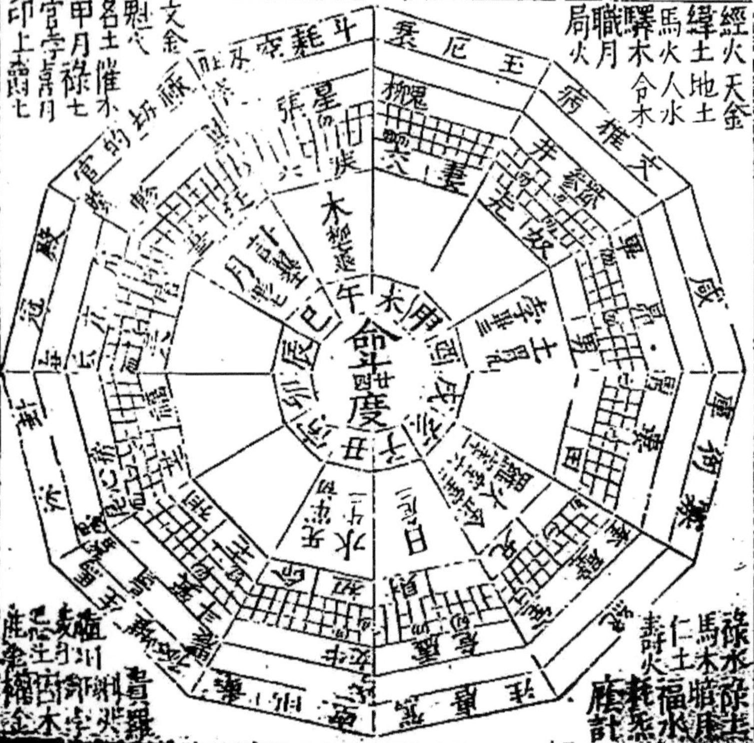

命五度

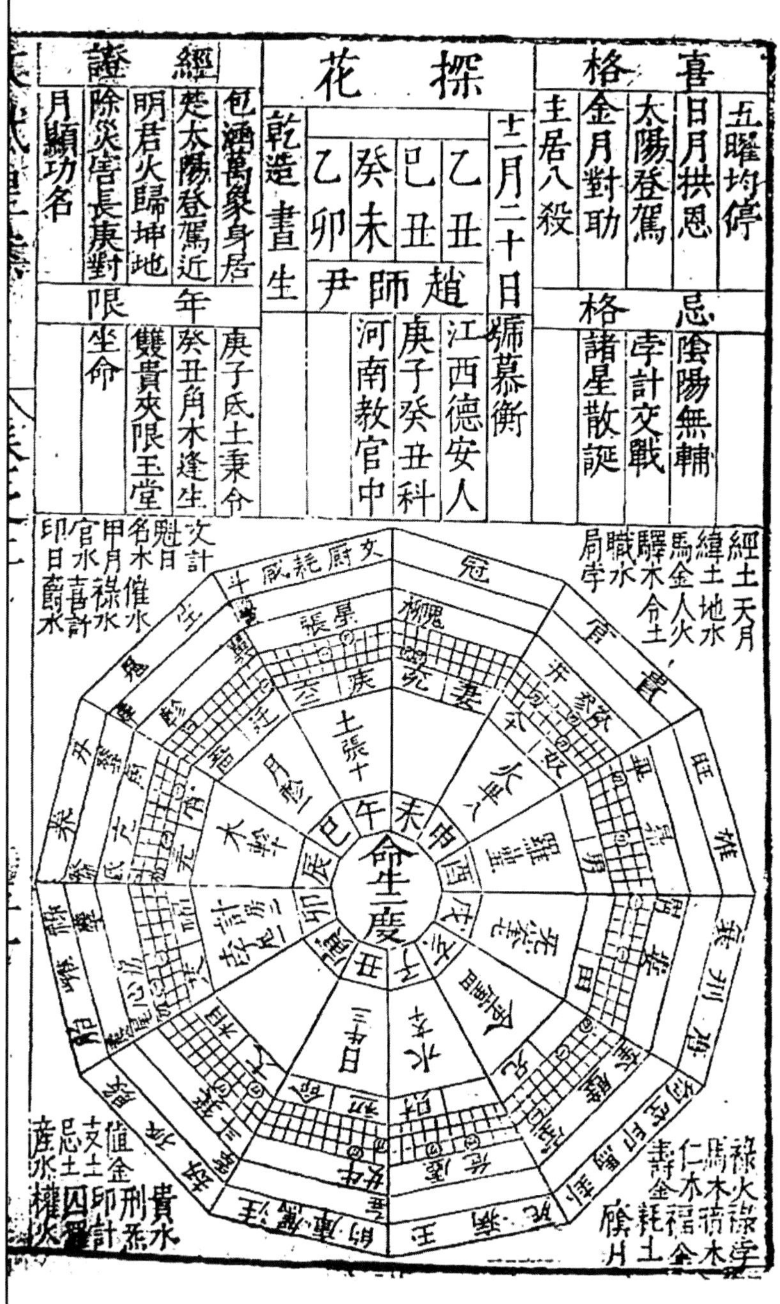

喜格	忌格
五曜均停	陰陽無輔
日月拱恩	孛計交戰
太陽登駕	諸星散誕
金月對助	
主居八殺	

探花

十二月二十日 號慕衡

趙師尹

江西德安人

庚子癸丑科

河南教官中

乙丑	己丑	癸未	乙卯

乾造 晝生

經讖

包涵萬象身居

楚太陽登駕近

明君火歸坤地

除災害長庚對

月顯功名

年限

庚子氐土兼命

癸丑角木逢生

雙貴夾限玉堂

坐命

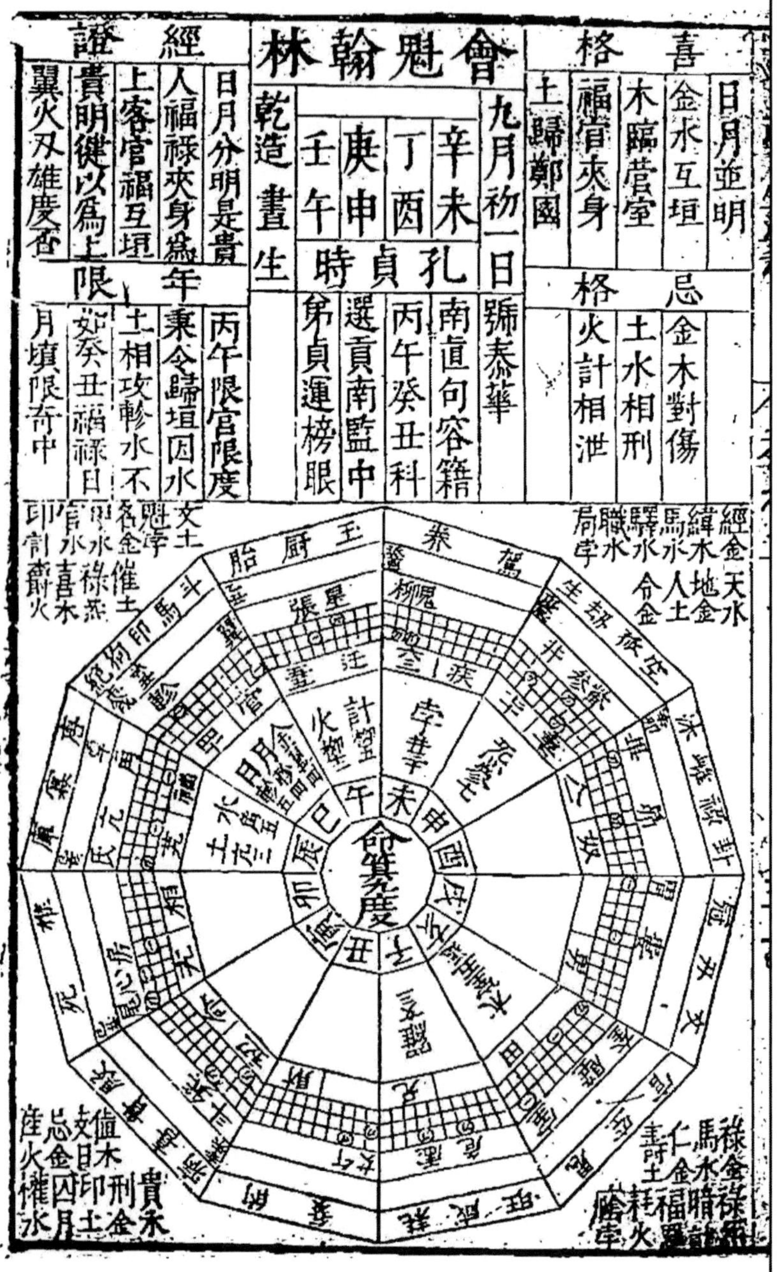
會魁翰林
喜格
日月並明
金水互垣
木臨官垣
福官夾身
土歸鄭國
忌格
金木對傷
土水相刑
火計相泄
九月初一日
辛未
丁酉
庚申
壬午
乾造晝生
孔貞時
號恭華
南直句容籍
丙午癸丑科
選貢南監中
弟貞運榜眼
經證
日月分明是貴
人福祿夾身爲
上客官福互垣
貴明從以爲上
翼火又雄度否
年限
丙午限官限度
秉令歸垣因水
土相攻軫水不
如癸丑福祿日
月塡限奇中
命寅度

喜格	忌格
玄武持旗	火月晝晦
金獅太常	刃金掌福
名甲垣令	官星失位
官度朝陽	計月同宮
命田歸垣	火燒牛角

會元

十月初七日獅發允

庚辰	沈	南直吳江人
丁亥	同	乙卯丙辰科
癸卯	和	當年復試革
丙辰		戊

乾造 書生 父李文煕撫

經

官祿朝陽名顯 丹休逢官星落

遷福星守福爲年 隋名無久乙卯

奧騙田來拜主 丙辰限行軫水

證

守祖業以昌榮 限經云凡行限主

不宜殺金居福 朝陽名遂功成

經土 天土
緯木 地金
馬金 人火
驛水 合水
職炁
府木

文木 科水 名土 催孛 甲水 祿金 官金 喜金 印金 貴孛

命箕度

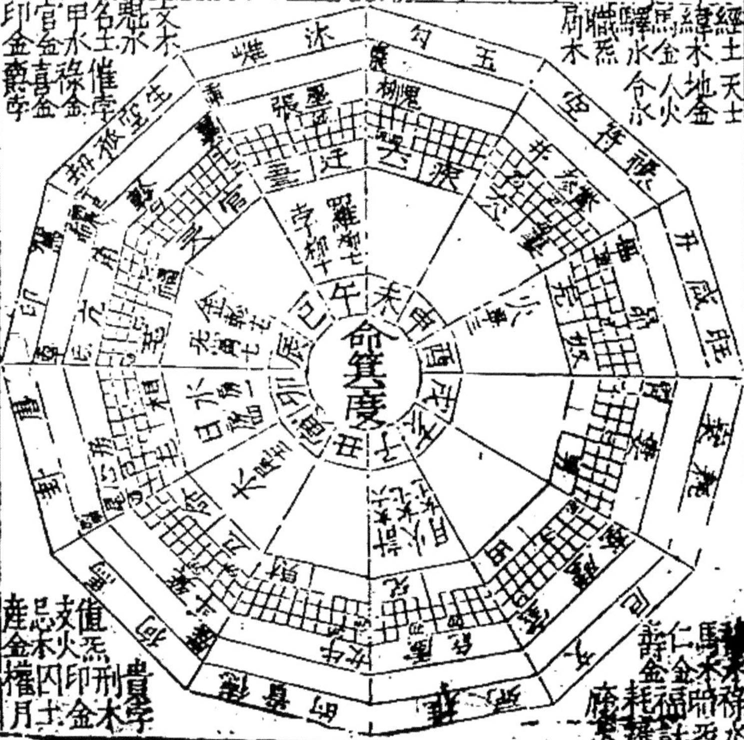

仁孛 馬木 金福 刑炁 耗計 殺水 蔭 權

貴孛 刑木 印金 囚土 權月 值炁 支火 忌木 產金

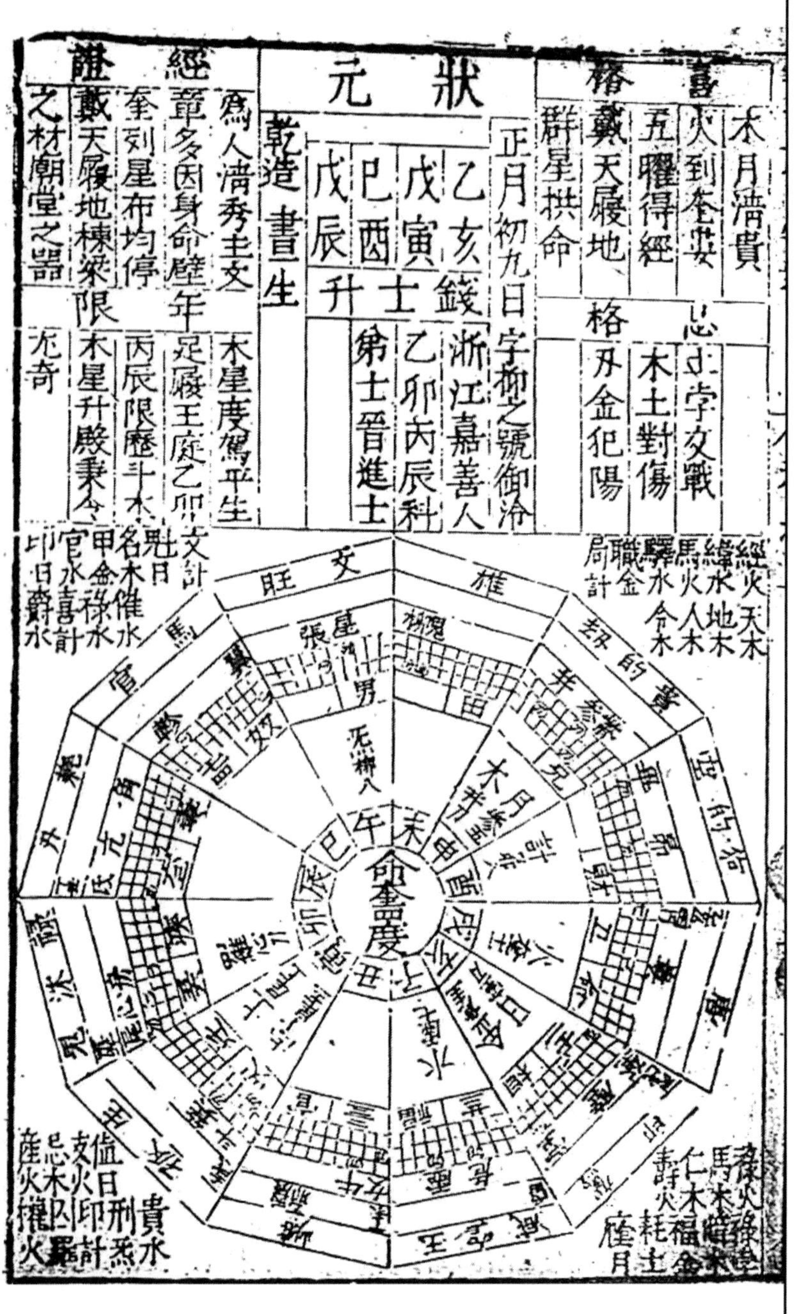
狀元
乾造　書生
乙亥　戊寅　己酉　戊辰
錢士升
正月初九日字抑之號御泠
浙江嘉善人
乙卯丙辰科
第士晉進士
喜格
木月清貴
火到奎婁
五曜得經
戴天履地
群星拱命
忌格
乙字交戰
木土對傷
丹金犯陽
經證
為人清秀主文章多因身命壁年奎刻星布均停戴天履地棟梁之材廟堂之器
限
木星度驚平生足履王庭乙卯丙辰限歷斗木星升殿秉令
流奇

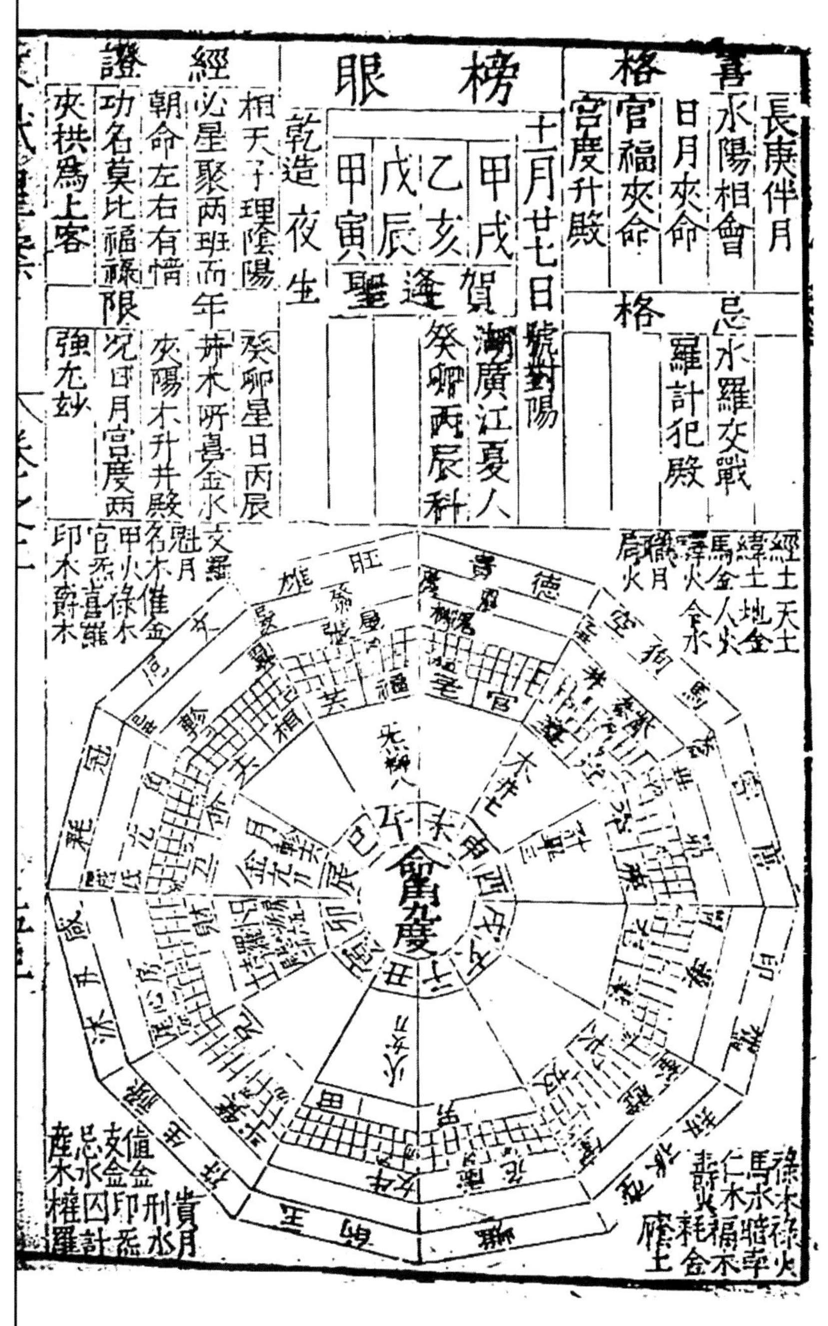

書格

長庚伴月
水陽相會
日月夾命
官福夾命
宮慶升殿

格

忌水羅交戰
羅計犯殿

榜眼

十月廿七日號對陽
甲戌 賀 湖廣江夏人
乙亥 逢 癸卯丙辰科
戊辰 聖
甲寅
乾造夜生

經讚

相天子理陰陽
必星聚兩班而年
朝命左右有情
功名莫比福祿限
夾拱爲上客

癸卯星日丙辰
恭木所喜金水交
夾陽木升井殿名
況日月宮慶兩
強尤妙

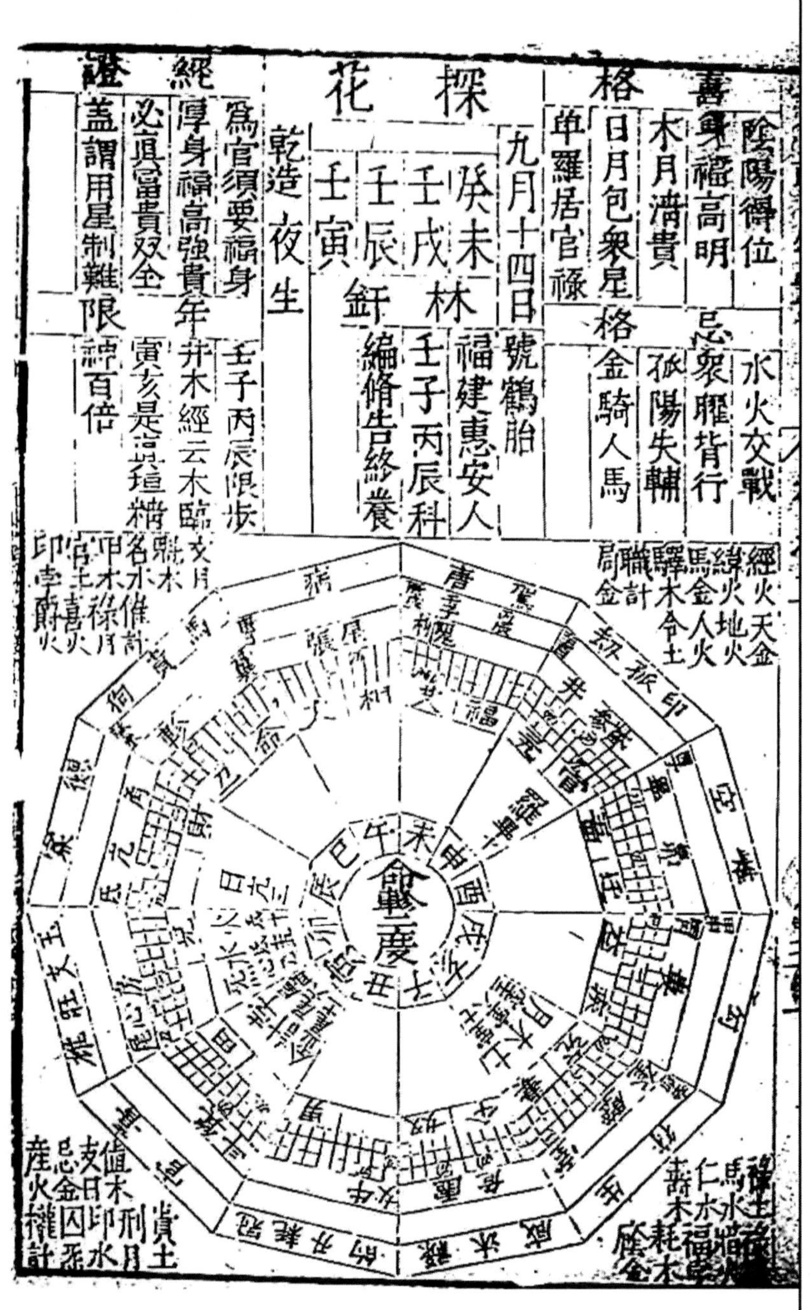

壽格

陰陽得位
壽身福高明
木月淸貴
日月包象星
卓羅居官祿

水火交戰
忌象罹背行
孤陽失輔
格金騎人馬

探花

九月十四日號鶴胎
癸未　福建惠安人
壬戌　林　壬子丙辰科
壬辰　釬　編修告終養
壬寅
乾造夜生

經證

爲官須要福身　壬子丙辰限歩
厚身福高強貴年　井木經云木臨亥月
必眞富貴双全　寅亥是官垣精
蓋謂用星制難限　神百倍

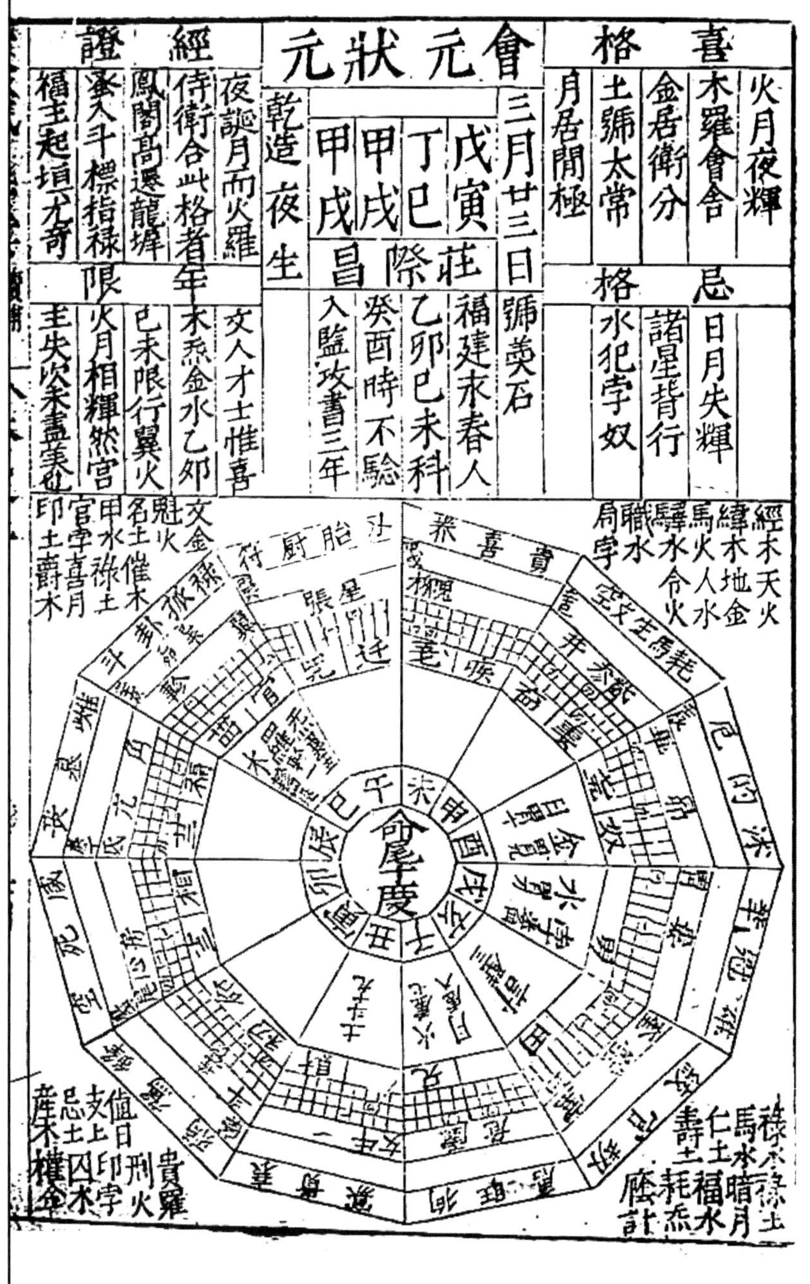
喜格
火月夜輝
木羅會舍
金居衛分
土孛太常
月居閒極
忌格
日月失輝
諸星背行
水犯孛奴
會元狀元
三月廿三日
孛羨石
戊寅
丁巳
甲戌
甲戌
莊際昌
福建永春人
乙卯巳未科
癸酉時不驗
入監攻書三年
乾造夜生
經證
夜誕月而火羅
侍衛合此格者年
鳳閣高遷龍榜
登八斗標指祿
福主起垣尤奇
限
文人才士惟喜
木炁金水乙卯
巳未限行翼火
火月相輝煞宮
主失災未盡美也
經木天火
緯木地金
馬火人水
驛水合火
職水
局孛
文金
魁火
名土催木
甲水祿土
官孛喜月
印土爵木
命星度
祿炁祿土
馬水暗月
仁土福水
壽土耗炁
蔭計
貴羅
刑火
值日印孛
文上囚木
忌土
產木權金

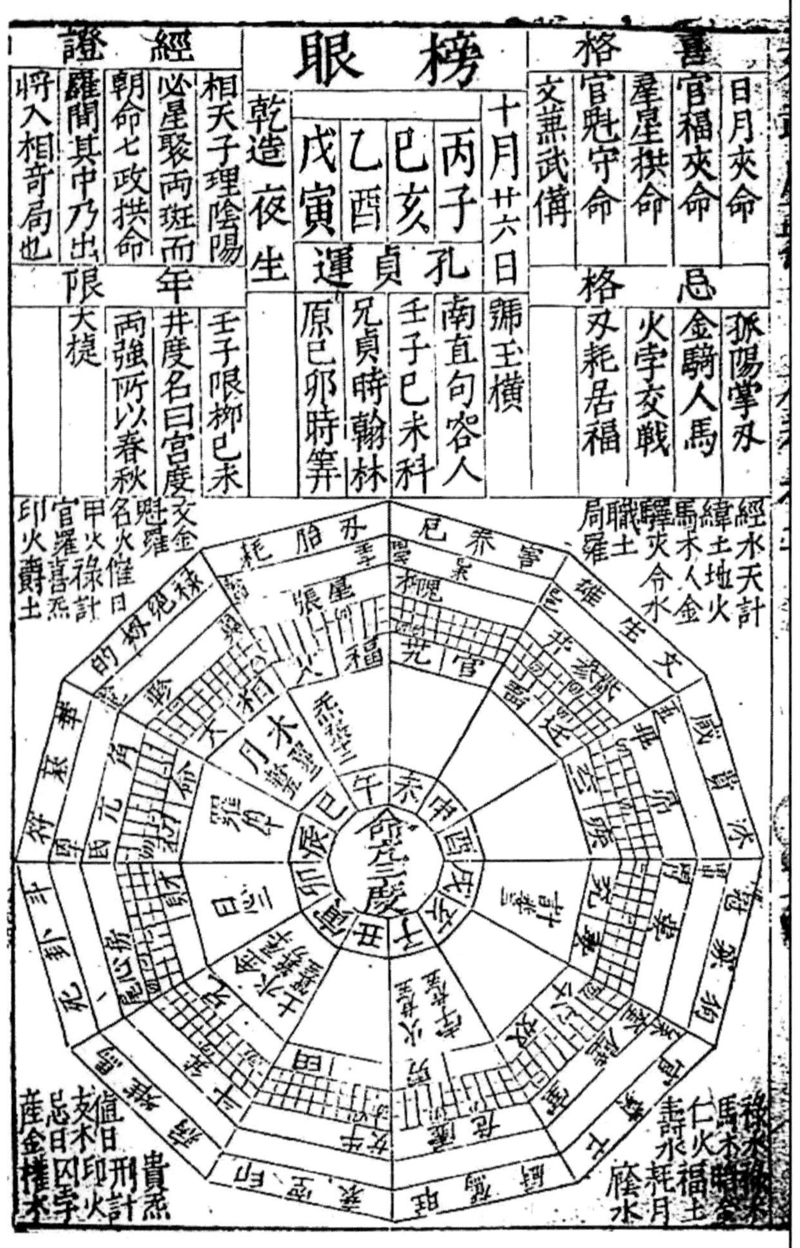
喜格
日月夾命
官福夾命
羣星拱命
官魁守命
文兼武備
忌格
孤陽掌刃
金騎人馬
火孛交戰
刃耗居福
榜眼
十月廿六日
丙子
巳亥
乙酉
戊寅
乾造夜生
孔貞運
獅王橫
南直句容人
壬子巳未科
兄貞時翰林
原巳卯時算
經證
相天子理陰陽
必星聚兩斑而
朝命七政拱命
羅間其中乃出
將入相奇局也
年限
壬子限柳巳未
井度名曰宮度
兩強所以春秋
大捷
經水天計
緯土地火
馬木人金
驛夾命水
職土
局羅
文金
魁羅
名火催日
甲火祿計
官羅喜炁
印火爵土
祿木
馬木
仁火福土
壽水耗月
蔭水
貴炁
值日
刑計
友木
印火
忌日
囚孛
產金
權木
命宮
子
丑
寅
卯
辰
巳
午
未
申
酉
戌
亥

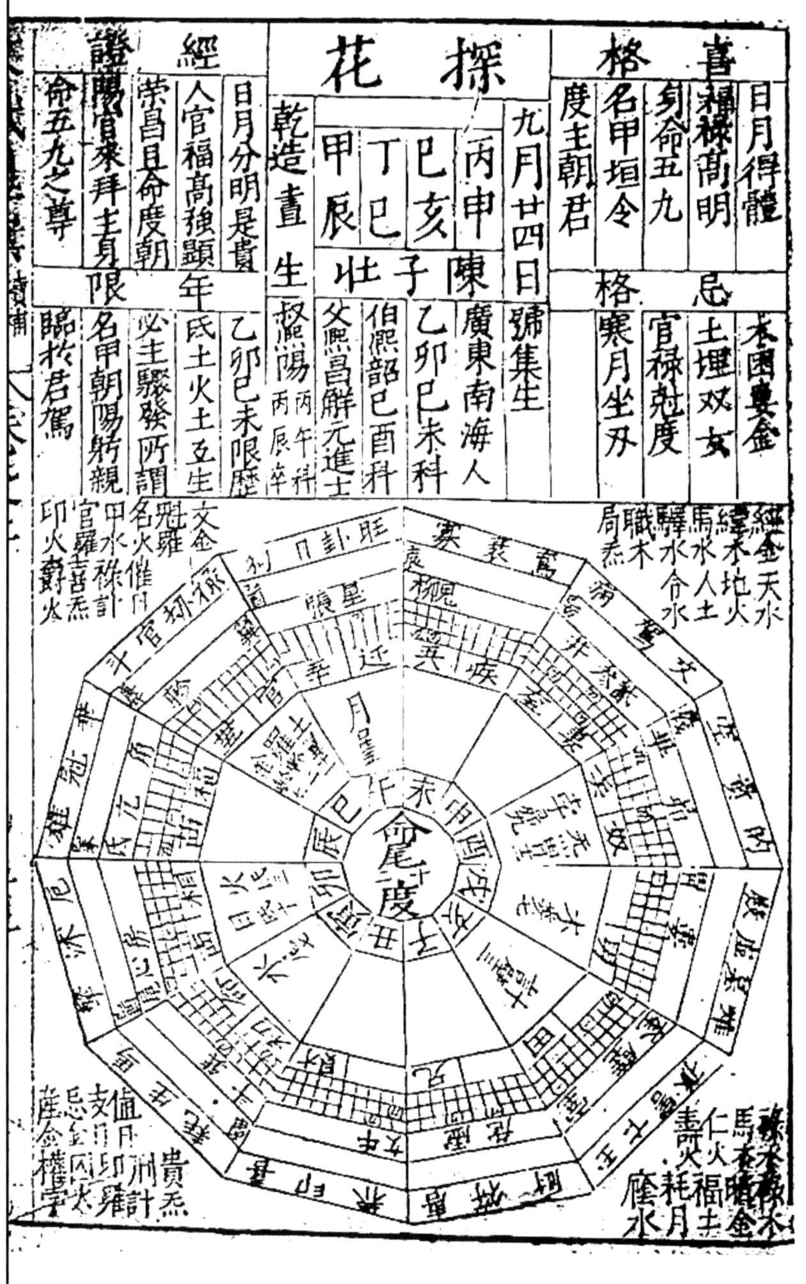

探花
喜格
日月得體
福祿高明
身命五九
名甲垣令
度主朝君
忌格
九月廿四日
丙申
己亥
丁巳
甲辰
陳子壯
號集生
廣東南海人
乙卯己未科
經證
日月分明是貴
人官福高強顯
榮昌且命度朝
陽官來拜主身
命五九之尊
年限
乙卯己未限歷
氐土火土互生
必主驟發所謂
名甲朝陽躬親
臨於君駕
命
尾
度

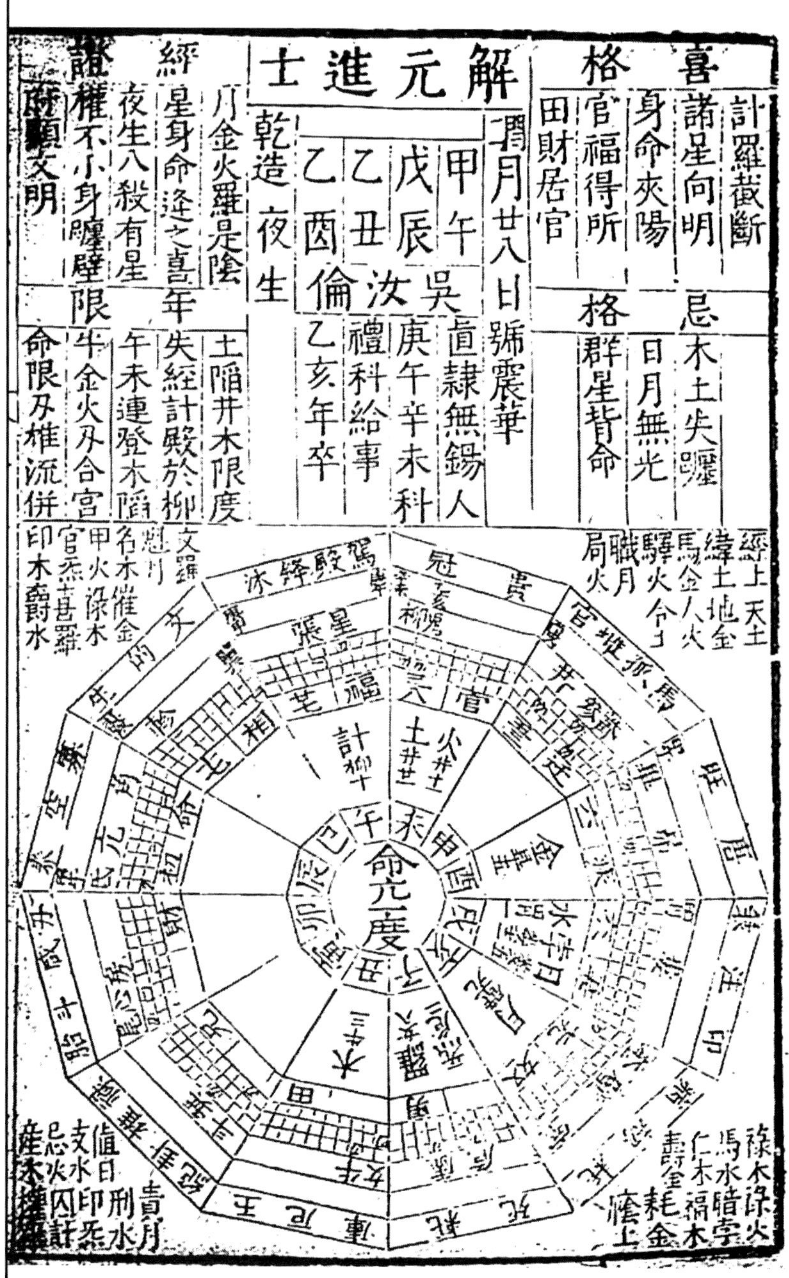
喜格
計羅截斷
諸星向明
身命夾陽
官福得所
田財居官
忌格
忌木土失躔
日月無光
群星背命
解元進士
謂月廿八日號震華
甲午
戊辰
乙丑
乙酉
吳汝倫
直隸無錫人
庚午辛未科
禮科給事
乙亥年卒
乾造夜生
月金火羅是陰
土陷井木限度
緯
星身命逢之喜
失經計殿於柳
夜生八殺有星
午未連登木陷
證
權不小身躔壁
限
牛金火及合宮
府顯文明
命限及椎流併
命元度

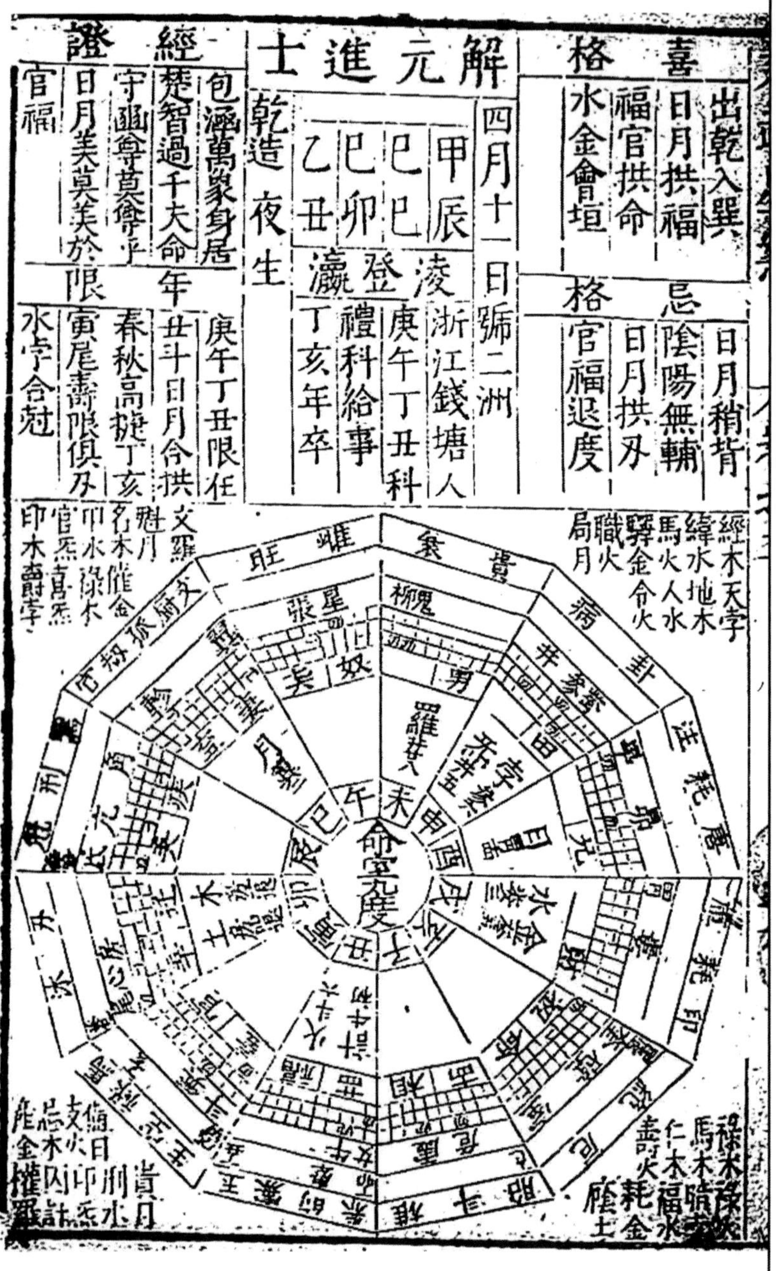
喜格
出乾入巽
日月拱福
福官拱命
水金會垣
忌格
日月稍背
陰陽無輔
日月拱刃
官福退度
解元進士
四月十一日號二洲
浙江錢塘人
庚午丁丑科
禮科給事
丁亥年卒
甲辰
巳巳
巳卯
乙丑
凌登瀛
乾造夜生
經證
包涵萬象身居
楚智過千大命
守涵奇莫奇乎
日月美莫美於
官福
年
限
庚午丁丑限在
丑斗日月合拱
春秋高擡丁亥
寅尾壽限俱刃
水孛合冠
經木天孛
緯水地木
馬火人水
驛金合火
職火
局月
文羅
魁月
名木催金
印水祿木
官炁喜炁
印木爵孛
祿木祿火
馬木暗水
仁木福水
壽火耗金
蔭土
命宮

喜格

日月得位

火金夜輝

木入秦州

月遶崑崙

忌格

身命歹椎

諸星背限

炁計居官

寒月单行

解元

十月十七日號印池

乾造夜生

巳亥　丙子　辛巳　戊戌

孫希夔

江西南安人

庚午科

授知州

庚子卒

經證

夜遇火金而煥

叒木入秦州知

福厚但諸曜背

行而莫能為福

寒月单行殃身齡

年限

火羅夾土限行

胃度必主驟發

庚子限女炁申

木午合照兩傷

流年尤急

經金　天炁　緯土　地金　馬木　人金　驛金　合水　職水　局孛

文炁　魁金　名土　催炁　甲土　祿火　官火　喜土　印羅　爵水

命星土度

祿月　祿月　馬水　暗水　仁上　福炁　蔭木　耗計　陰羅

貴火　刑孛　值炁　印木　支火　忌火　囚金　痤木　權土

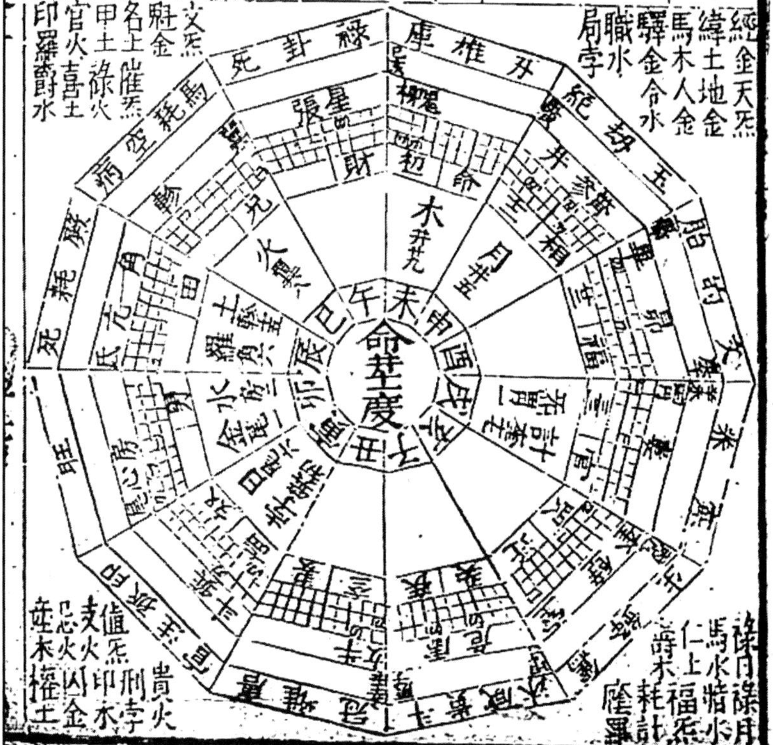

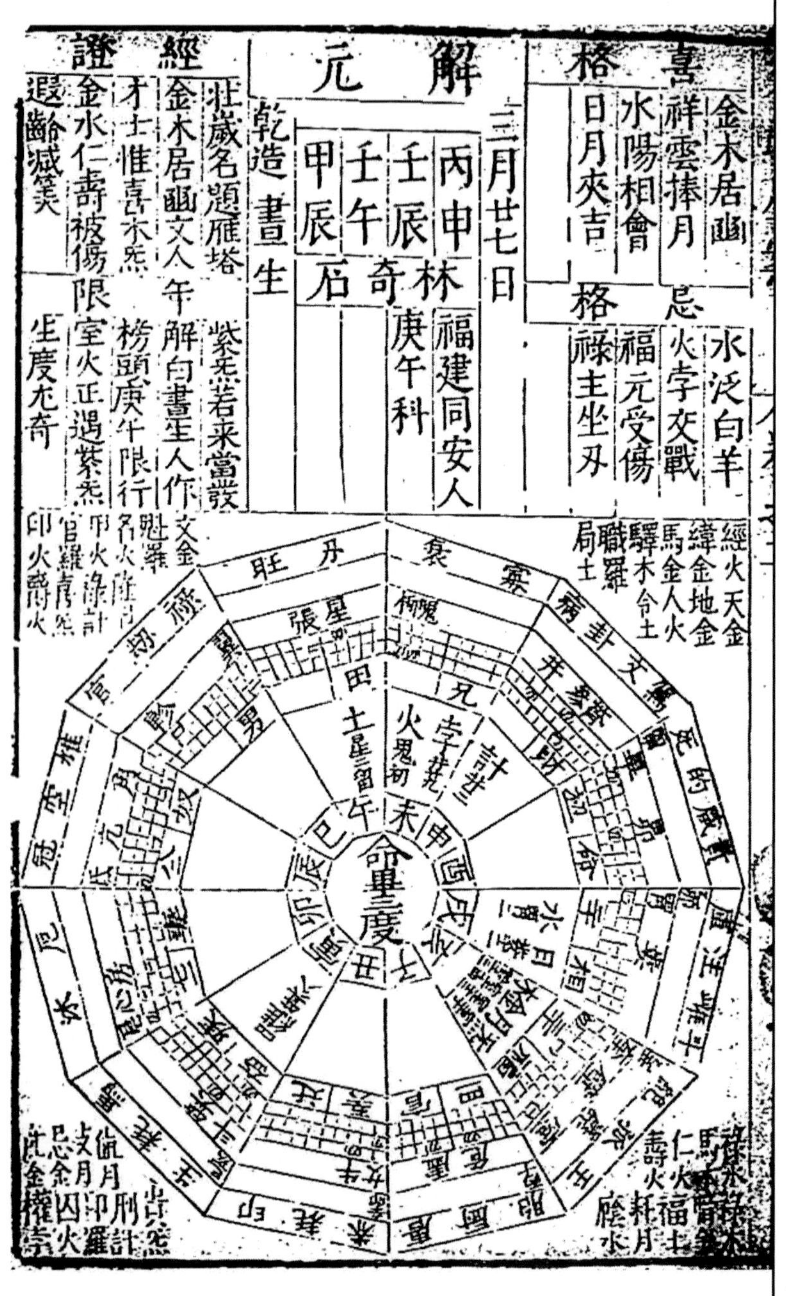
喜格
金木居幽
祥雲捧月
水陽相會
日月夾吉
忌格
水泛白羊
火孛交戰
福元受傷
祿主坐丑
解元
三月廿七日
丙申
壬辰
壬午
甲辰
林奇石
福建同安人
庚午科
乾造
書生
經證
壯歲名題雁塔
紫炁若來當發
金木居幽文人
午解白晝生人作
才士惟喜木炁
榜頭庚午限行
金水仁壽被傷
限室火正遇紫炁
遐齡減筭
生度尤奇
命畢三度

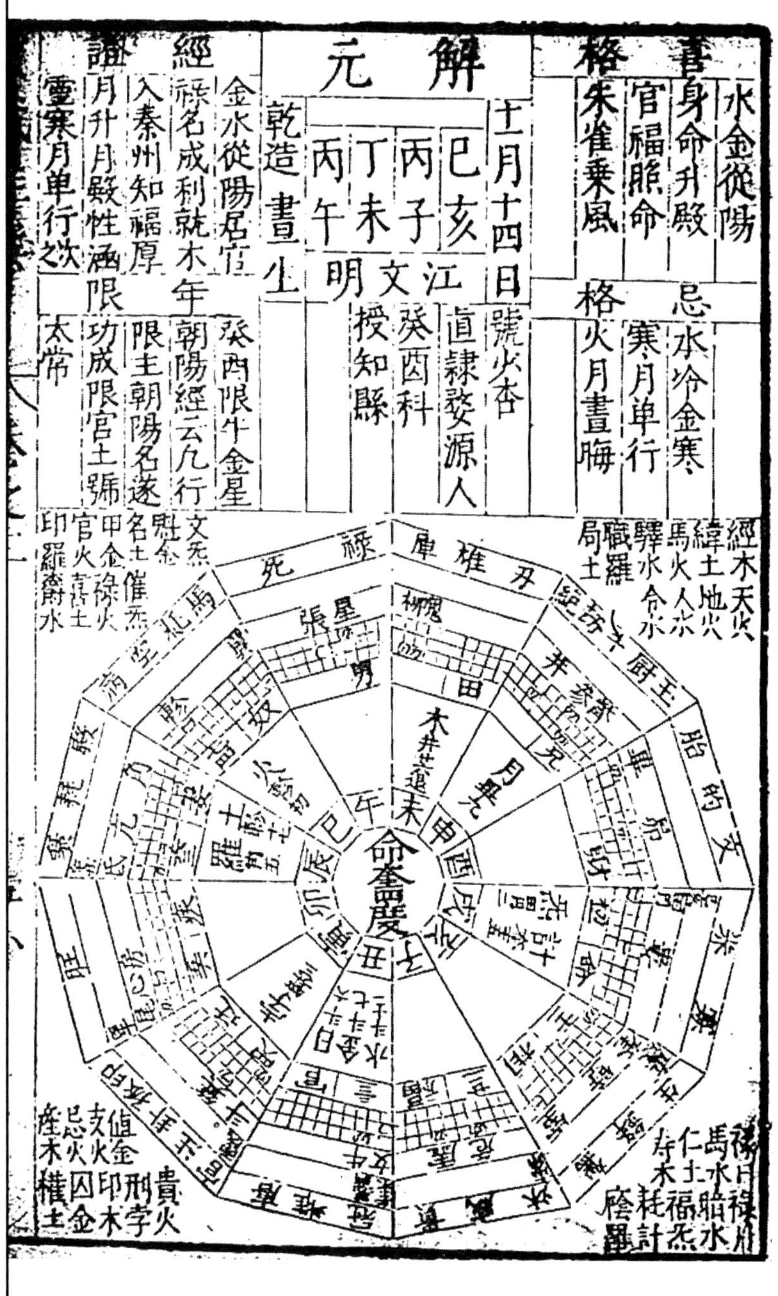
書格
水金從陽
身命升殿
官福照命
朱雀乘風
忌格
水冷金寒
寒月单行
火月晝晦
解元
十一月十四日
號火杏
己亥
丙子
丁未
丙午
乾造
晝生
江文明
直隸婺源人
癸酉科
授知縣
經證
金水從陽居官
祿名成利就木年
入秦州知福厚
月升月殿性涵
靈寒月单行之次
限
癸酉限乍金星
朝陽經云凡行
限主朝陽名遂
功成限宫土踹
太常
經木 天火
緯土 地火
馬火 人火
驛水 合水
職羅
局土
文炁
魁金
名土
催炁
甲金
祿火
官火
蔭土
印羅
爵水
祿日 祿月
馬水 胎水
仁土 福炁
壽木 耗計
蔭羅
貴火
刑孛
印木
值金
囚金
支火
忌火
權土
產木
命奎度

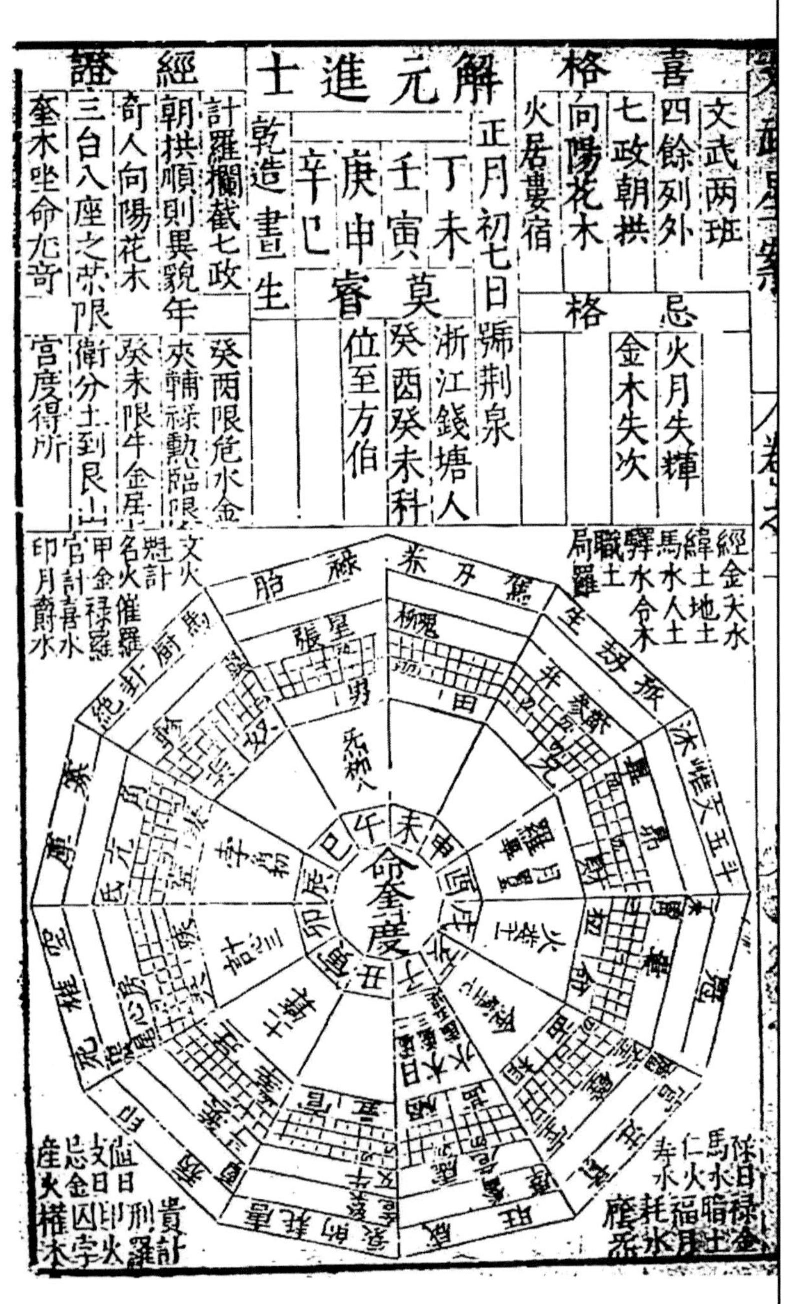

喜格
文武兩班
四餘列外
七政朝拱
向陽花木
火居婁宿

忌格
火月失輝
金木失次

解元進士
正月初七日號荊泉
浙江錢塘人
癸酉癸未科
位至方伯
丁未
壬寅
庚申
辛巳
乾造
書生
莫睿

經諺
計羅攔截七政
癸丙限危水金
朝拱順則異貌年
夾輔祿勳臨限
奇人向陽花木
癸未限牛金居
三台入座之禁限
衛分土到艮山
奎木坐命尤奇
宮度得所

經金天水
緯土地土
馬水人土
驛水命木
職土
局羅

文火
魁計
名火催羅
甲金祿羅
官計喜水
印月爵水

命奎度

祿日 馬水 仁火 寿水
祿金 暗土 福月 耗水 産炁

値日 文日 忌金 産火
貴計 刑羅 印火 囚孛 權木

解元進士

喜格

日月登駕

身命登駕

木炁拱身

身命隨陽

忌格

日月俱晦

水冷月寒

金孛泄氣

十二月廿九日號紫溪

辛丑	辛丑	庚辰	丙戌
	蘇	濬	
福建泉州人	癸酉丁丑科	提學廉使	己亥年卒

乾造夜生

經讖

崇勳歲駕相閃

擲日月朝之定

出倫文人才士

惟喜金水官福

稍弱日月無光

限年

癸酉限行水登

駕於君后之側

丁丑限宮限度

俱登原流駕上

斗牛之次

經木 天火　緯火 地水　馬火 人水　驛水 命土　職計　局金

文土　魁孛　名金 雀土　甲土 祿炁　官水 喜木　印謂 爵水

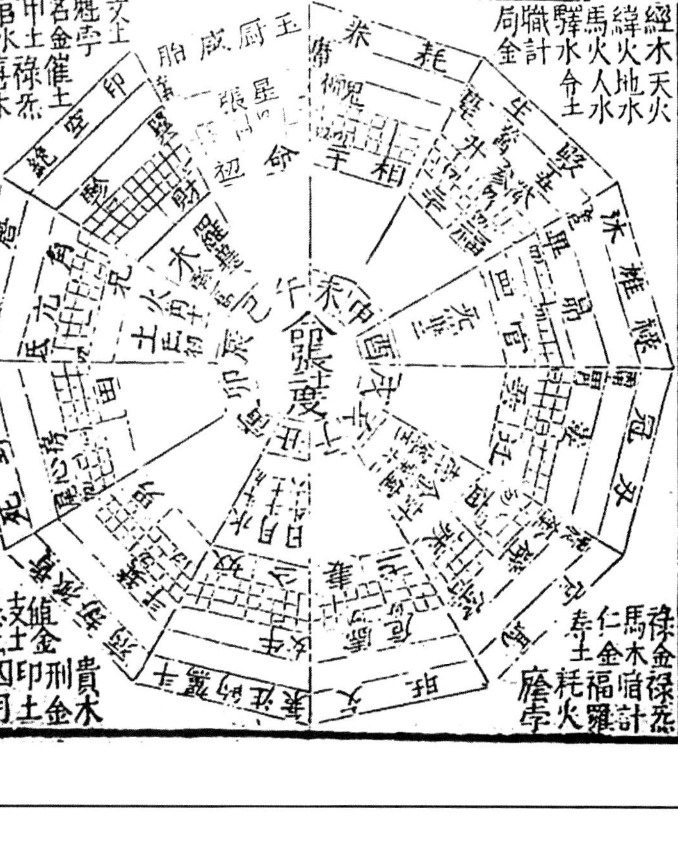

祿金 祿炁　馬木 宿計　仁金 福羅　壽土 耗火　蔭孛

值金 貴木　支土 刑金　忌土 印土　産水 囚月　權水

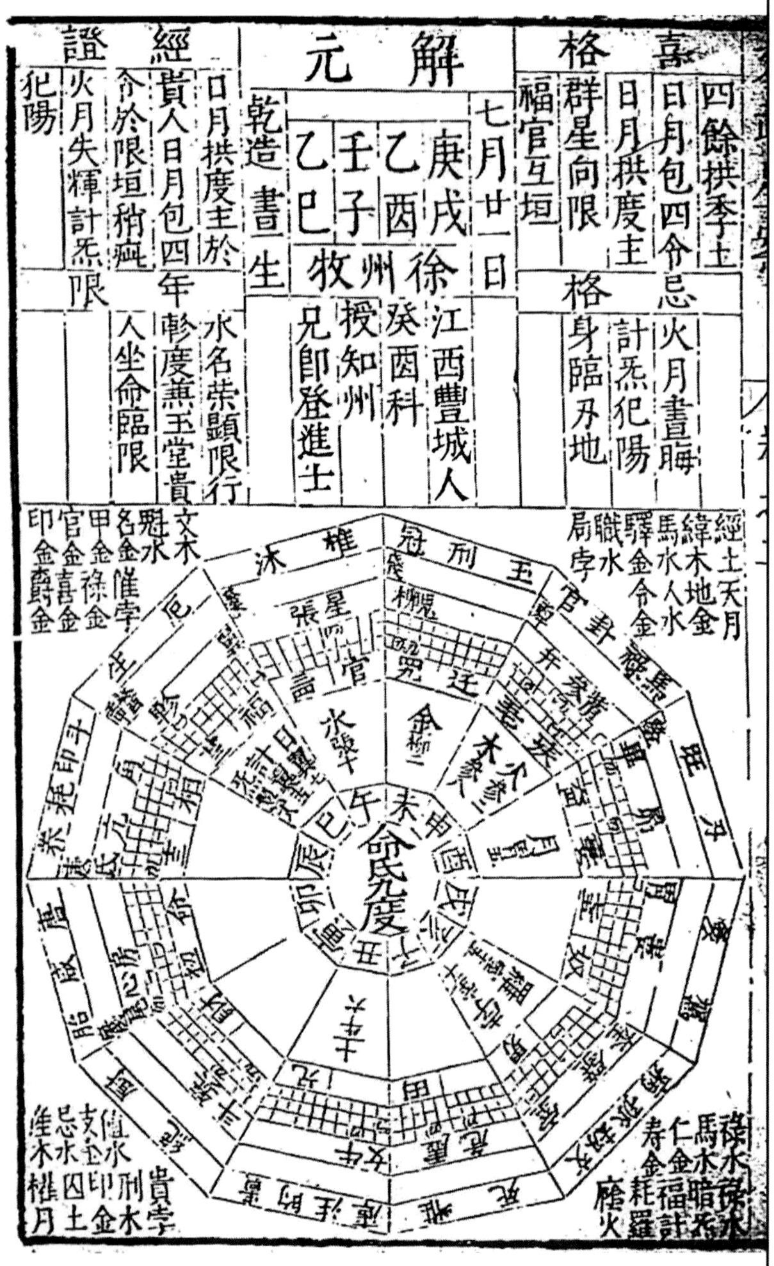

喜格

四餘拱季土
日月包四命
日月拱度主
群星向限
福官互垣

忌格

火月晝晦
計炁犯陽
身臨刃地

解元

七月廿一日
庚戌
乙酉
壬子
乙巳
乾造
書生

徐州牧

江西豐城人
癸酉科
授知州
兄即登進士

經證

日月拱度主於
水名榮顯限行
貴人日月包四年
彰度兼玉堂貴
命於限垣稍疵
人坐命臨限
火月失輝計炁限
犯陽

喜格

日月得體

五星垣殿

官福夾命

名甲垣令

田財得地

忌格

水計相刑

炁犯太陽

刄併天雄

經水天計
緯火地土
馬木人金
驛水令金
雖羅
局土

解元進士

八月初七日巳時涇陽

庚戌 顧 直隸無錫人

乙酉 憲 丙子庚辰科

戊辰 成 壬子年卒

甲寅 弟允成進士

乾造夜生

經證

秋金堅秋水清

秋月明為身命年

官福主合格但

官主併雄美中

不足

限

木入井殿水臨

雙女丙子庚辰

宮度兩強壬子

限行壁水值尅

泄流土併限卒

文木
炒水
名金催字
甲土祿金
官金喜金
印金奇金

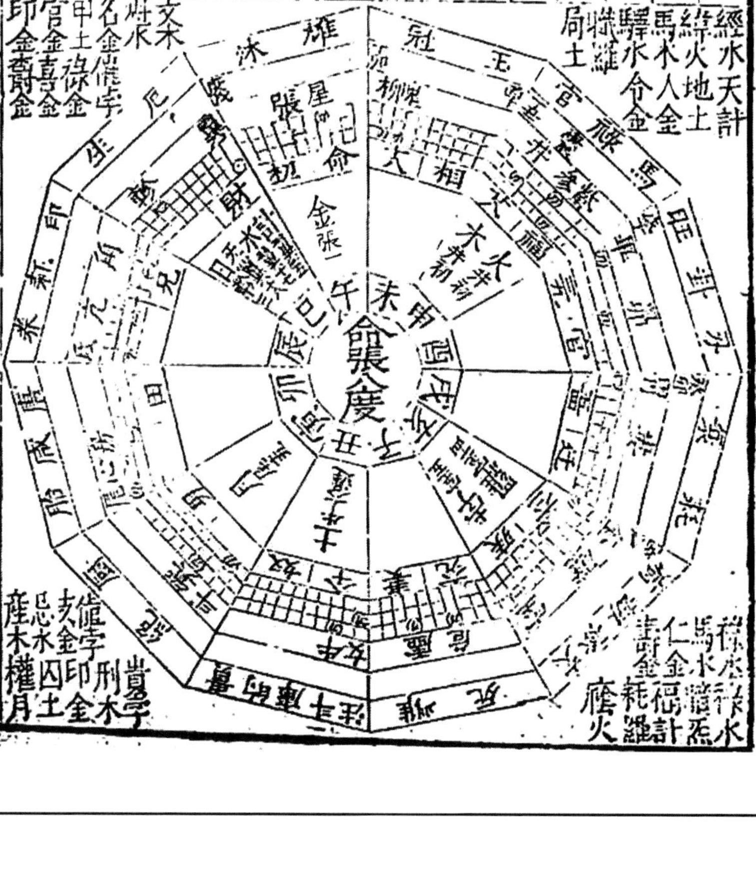

祿水催水
馬水暗炁
仁金福計
害金耗羅
產火

貴木
刑木
催字印金
太金因土
忌水權月
產木

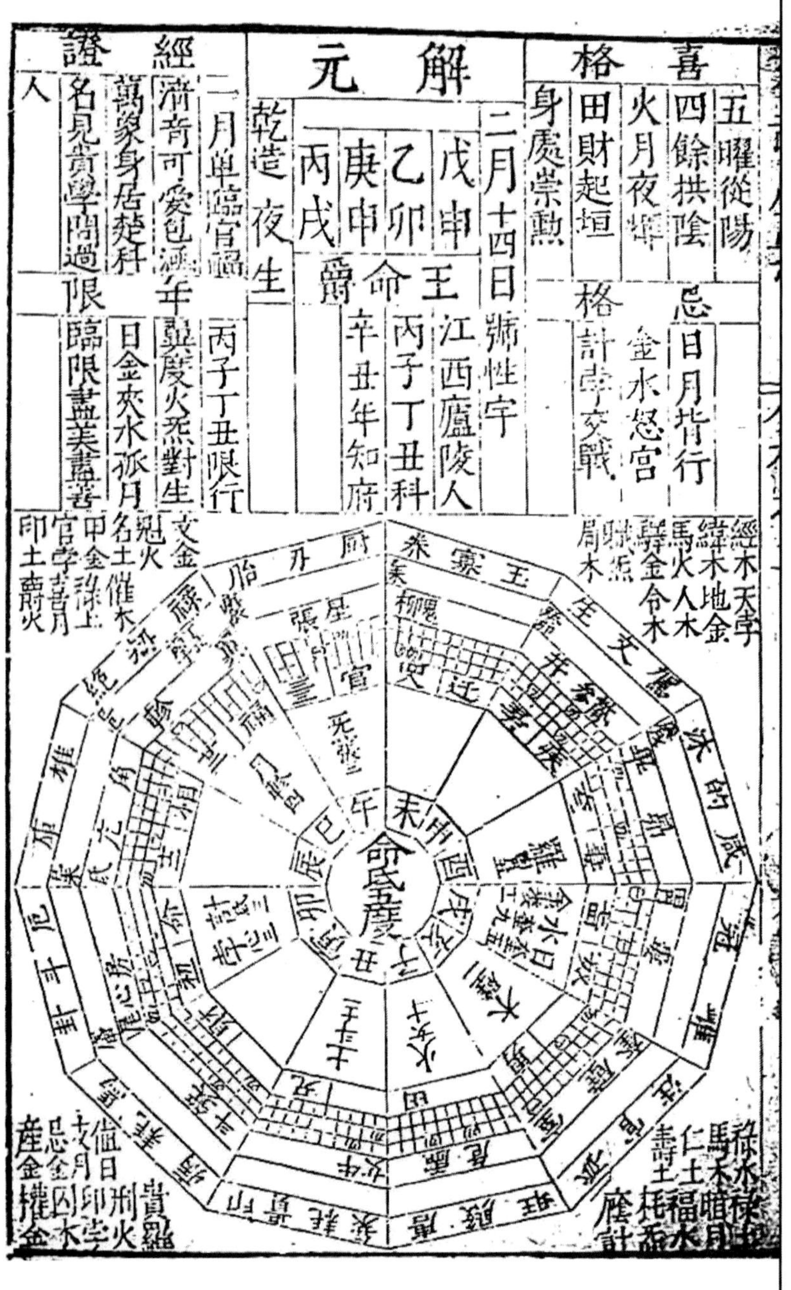
喜格
五曜從陽
四餘拱陰
火月夜生
田財起垣
身處崇勲
忌格
日月背行
金水怒宮
計孛交戰
解元
二月十四日號性宇
戊申
乙卯
庚申
丙戌
江西廬陵人
丙子丁丑科
辛丑年知府
王命爵
乾造夜生
經證
二月单篇官局
丙子丁丑限行
漸奇可愛包涵年
與慶火炁對生
萬象身居楚科
日金夾水孤月
名見賞學問過限
臨限盡美盡善
人
命

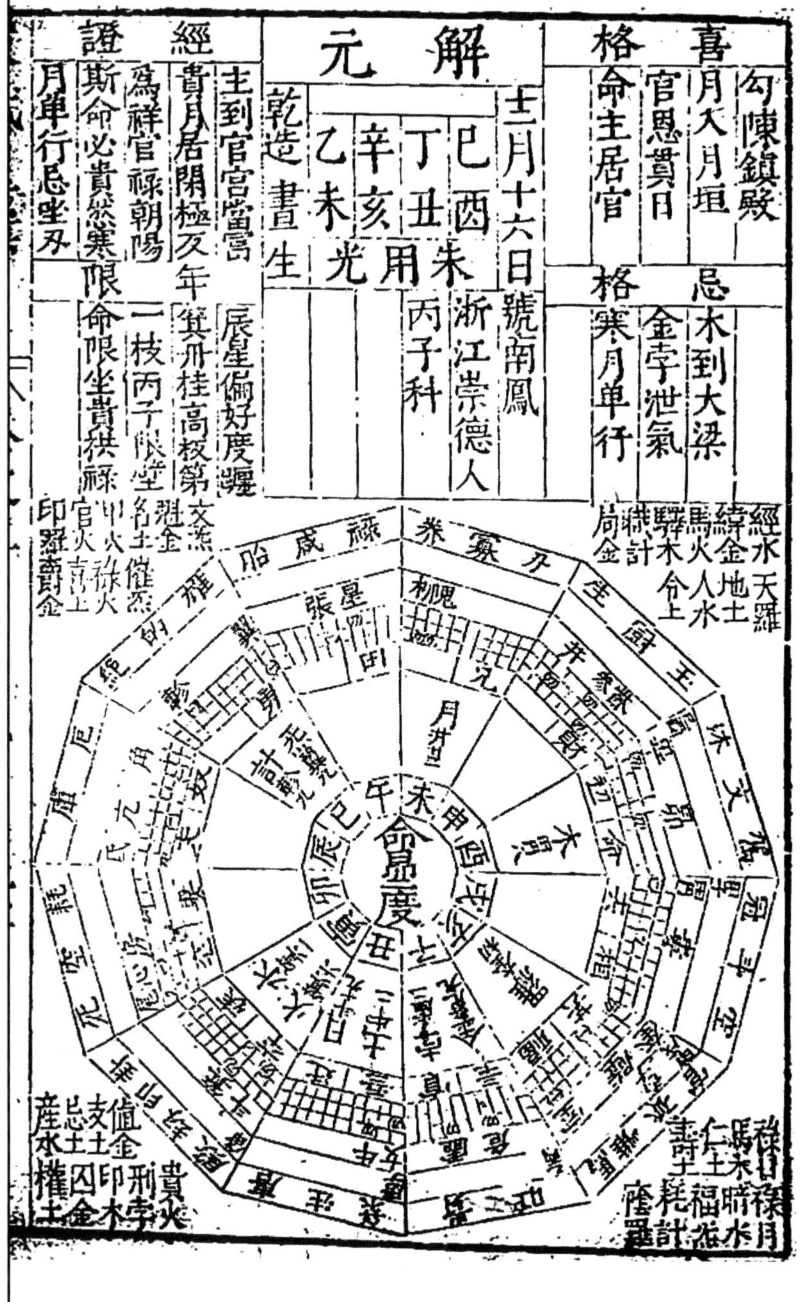

喜格
勾陳鎮殿
月大月垣
官恩貴日
命主居官
忌格
木到大梁
金孛泄氣
寒月单行
解元
十二月十六日號南鳳
浙江崇德人
丙子科
己酉
丁丑
辛亥
乙未
朱用光
乾造書生
經證
主到官宮當宮
辰星偏好度躔
貴月居閑極乏年
冀升桂高枝第
為祥官祿朝陽
一枝丙子限登
斯命必貴燚寒
限命限坐貴拱祿
月单行忌坐刃
命星度

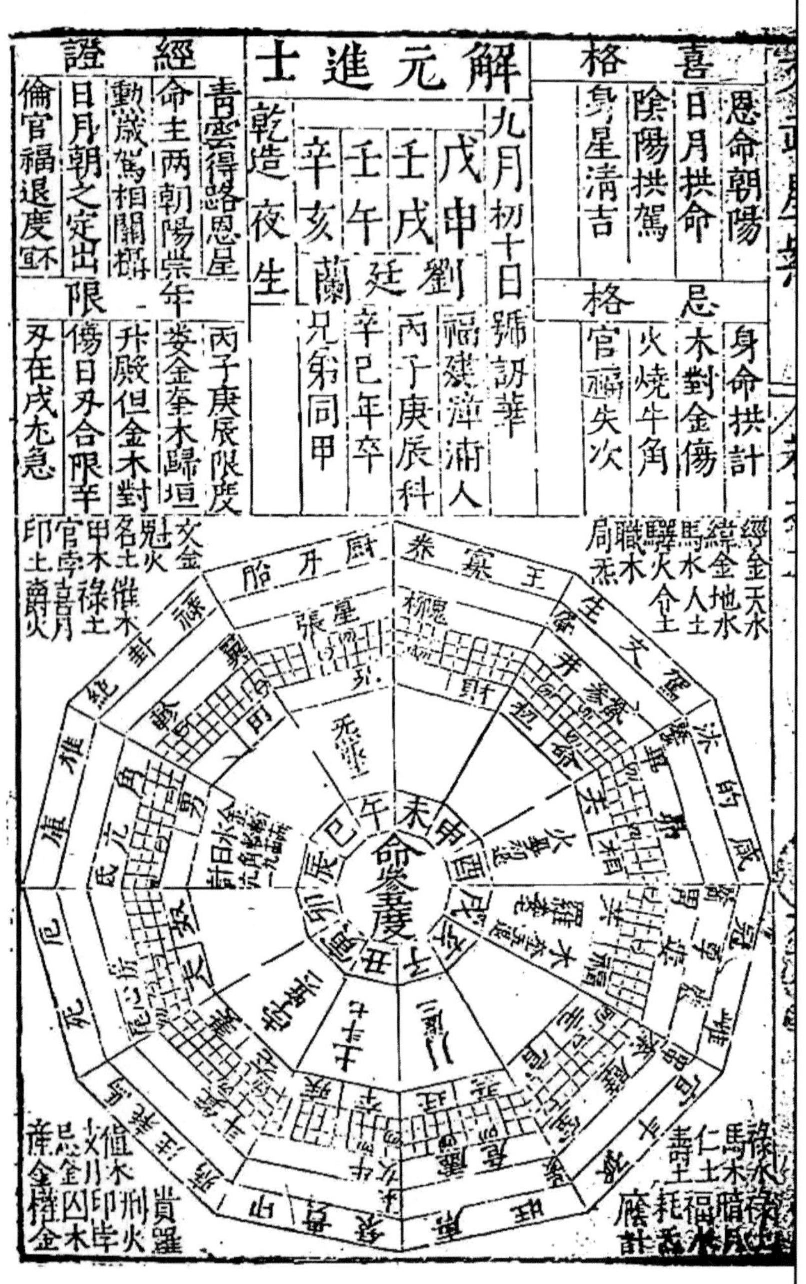
喜格
恩命朝陽
日月拱命
陰陽拱駕
身星清吉
忌格
身命拱計
木對金傷
火燒牛角
官福失次
解元進士
九月初十日號訥華
戊申　劉　福建漳州人
壬戌　廷　丙子庚辰科
壬午　辛巳年卒
辛亥　蘭　兄弟同甲
乾造夜生
經證
青雲得路恩星
命主兩朝陽崇年
勳歲駕相關掛
日月朝之定出
倫官福退度
限
丙子庚辰限度
婁金奎木歸垣
升殿但金木對
傷日孖合限辛
孖在戌尤急
命
婁
度

喜格

計羅截斷
漏出月木
身祿得所
群星向朝
身命五九

忌格

月火晝晦
水遇炁羅
日月背行

解元進士

二月十九日觽見石
甲午陸直隸太倉人
丁卯大巳卯丙戌科
丙戌成授工部主事
甲午丁亥卒
乾造晝生

經讖

歲星宿躔南斗
會諭功列爵豈年
能酬水到齊旌
觽玉池亨衛快限
扶奠蓮疑

巳卯玉堂坐命
水金太陽夾限
丙戌金月對叻
群星朝限火羅
二殺拱限故卒

天計
金地火
馬木人金
驛火命木
局土

大羅
魁月
名木催金
中木祿木
官炁喜羅
印木爵水

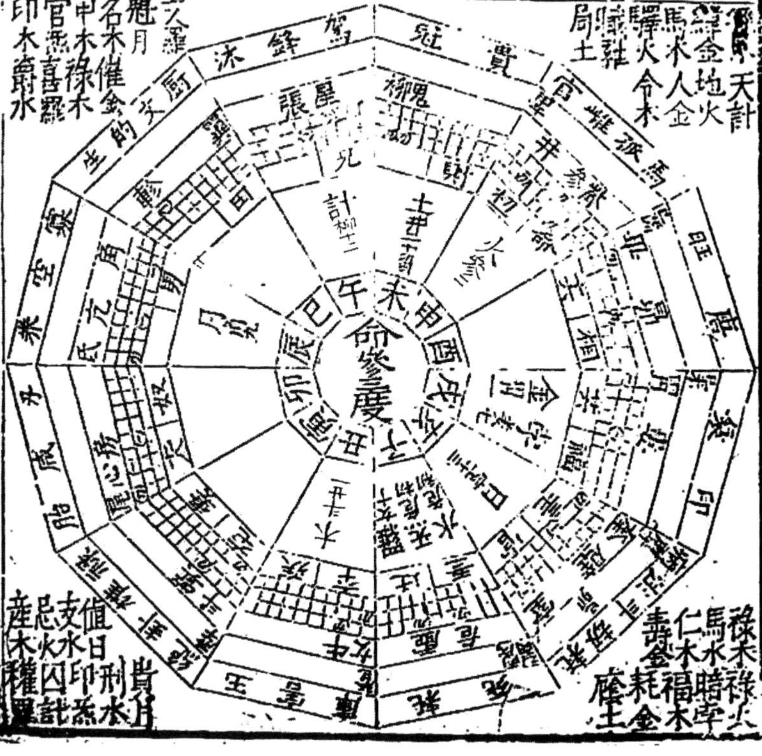

命參慶

祿木祿火
馬水暗孛
仁木福木
壽金耗金
蔭土

貴月
值日刑水
支水印炁
忌火囚計
產木權羅

貴格

君臣慶會
日月麗正
福官高明
身命得地
主恩同垣

忌格

身命傍難
火刃併雄
水犯孛奴
諸星背行

解元翰林

六月廿八日號如岡
甲寅 陳 浙江嘉興人
辛未 懿 巳卯壬辰科
丁酉 典 會魁翰林
辛丑 目失明無子
乾造夜生

經證

君臣慶會鍾鳴
鬥食子母重逢
貫朽粟陳煞計
羅傍身刃在命
必有疾

年限

巳卯命宮坐貴
限度金木得所
壬辰限宮坐祿
向貴木火宮度
兩強

經水 天計
緯金 迯火
馬木 人金
驛火 合土
職羅
局土

文曜
魁月
名木 催金
甲木 祿木
官煞 喜羅
印木 爵木

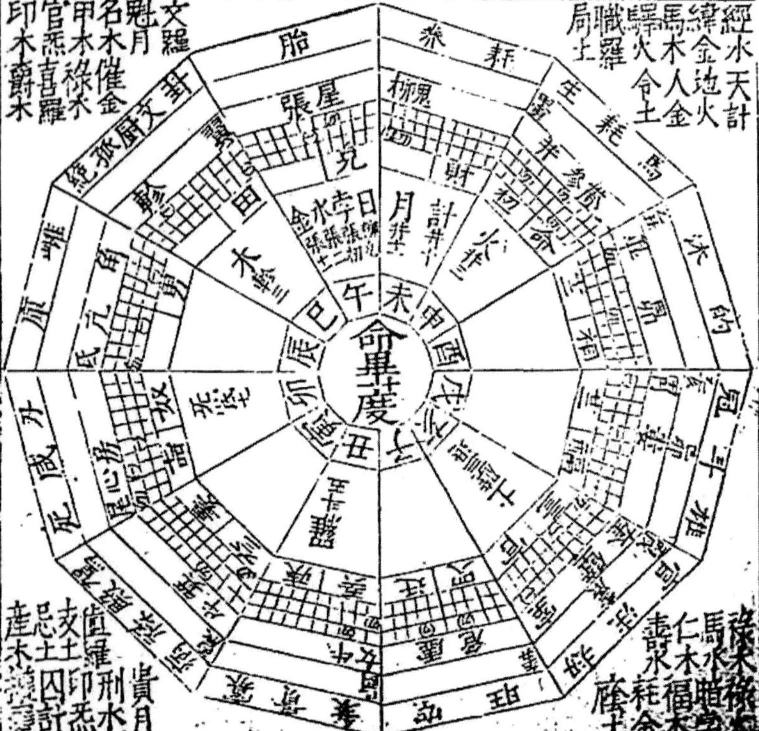

命 畢 度

祿木 微孛
馬水 暗木
仁木 福金
壽水 耗金
蔭土

貴月
刑水
値羅 印煞
支土 囚計
忌土
產木 浪孛

喜格

日月拱駕
官福夾命
身命得地
名甲夾命
田財得所

忌格

火孑犯陽
水居火位
計羅擦殿
孛孑臨兒

解元進士

十月十九日晡行素

乾造晝生

辛亥	江西進賢人
巳亥	饒 巳卯庚辰科
癸酉	位 提學御史
丙辰	庚申尚寶卿

崇勳嚴駕相関　巳卯雙貴拱限

經 擱日月朝之定年　庚辰坐馬向祿

出倫左右吉星　限度亢金金星

證 眾宿拱主身命　限 朝斗掌福元天

得地福祿難量　經科名等用

經金　天水
緯木　地木
馬水　人土
驛水　命水
儀水
局孛

文土　魁孛
名金　傑土
中水　祿炁
官水　喜木
印計　爵水

命箕度

科金　祿炁
貴水　暗計
仁金　福羅
壽金　耗火
蔭孛

貴木　刑金
催炁　印土
吏火　囚月
忌木　權水
產火

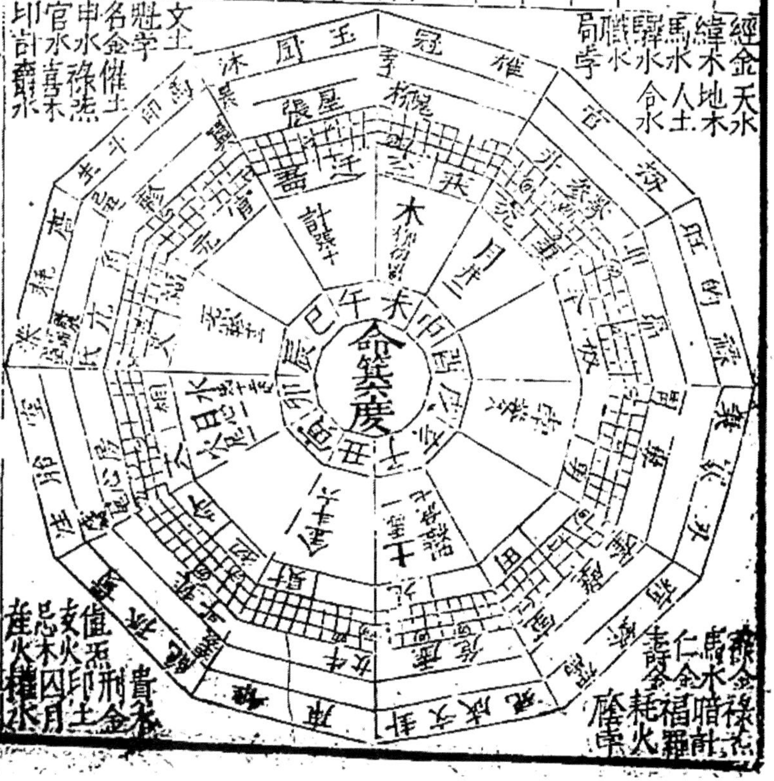

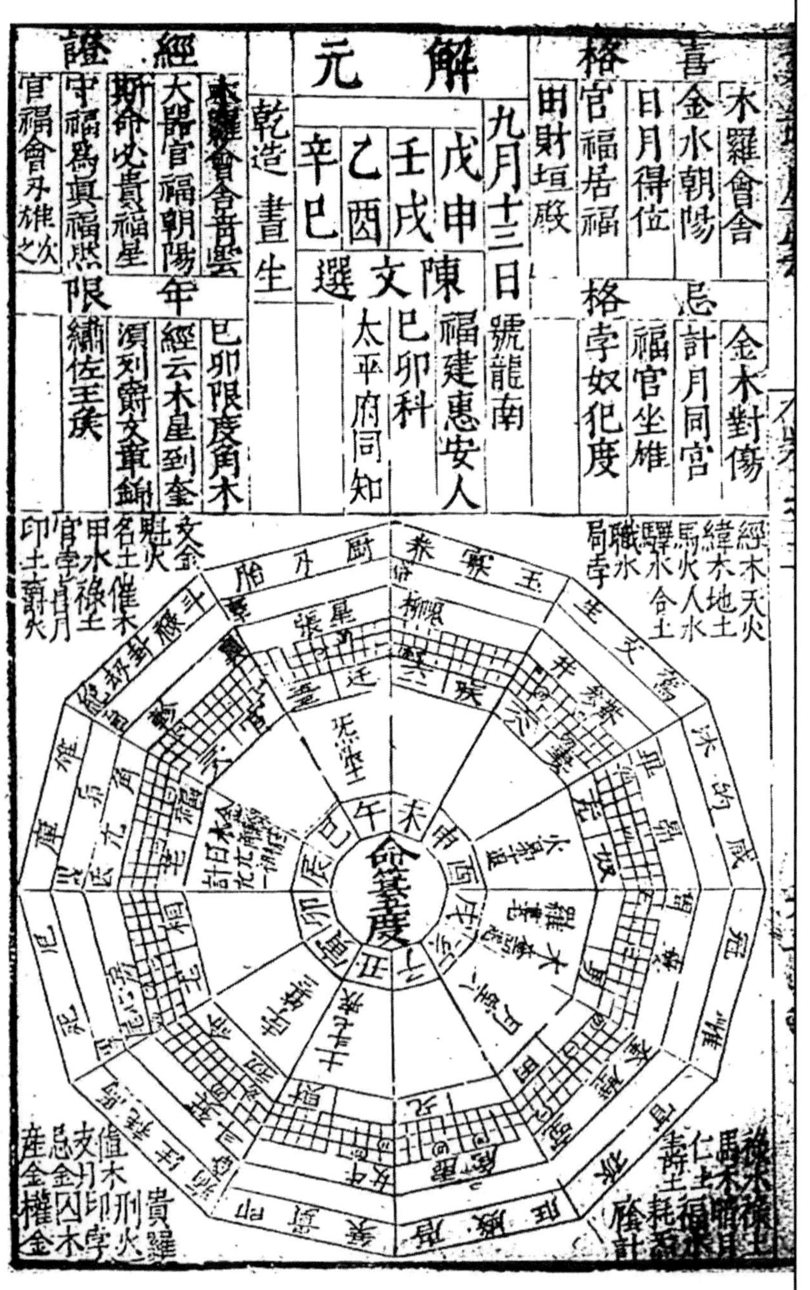

喜格

木羅會舍
金水朝陽
日月得位
官福居福
田財垣殿

忌格

金木對傷
計月同宮
福官坐雄
孛奴犯度

解元

九月十三日 號龍南
戊申 福建惠安人
壬戌 陳 巳卯科
乙酉 文 太平府同知
辛巳 選
乾造 晝生

經證

木羅會舍晉堅
大器官福朝陽
斯命必貴福星
守福爲眞福然
官福會爻雄之火

年限

巳卯限度角木
經云木星到奎
須列爵文章錦
黼佐王侯

經木天火
緯木地土
馬火人水
驛水合土
職水
局孛

文金
財火
名土催木
甲水祿土
官孛台月
印土爵火

祿木 馬木 仁土 壽土
福 耗 蔭計

值木 支刃 忌金 產金
貴羅 刑火 印孛 囚木 權金

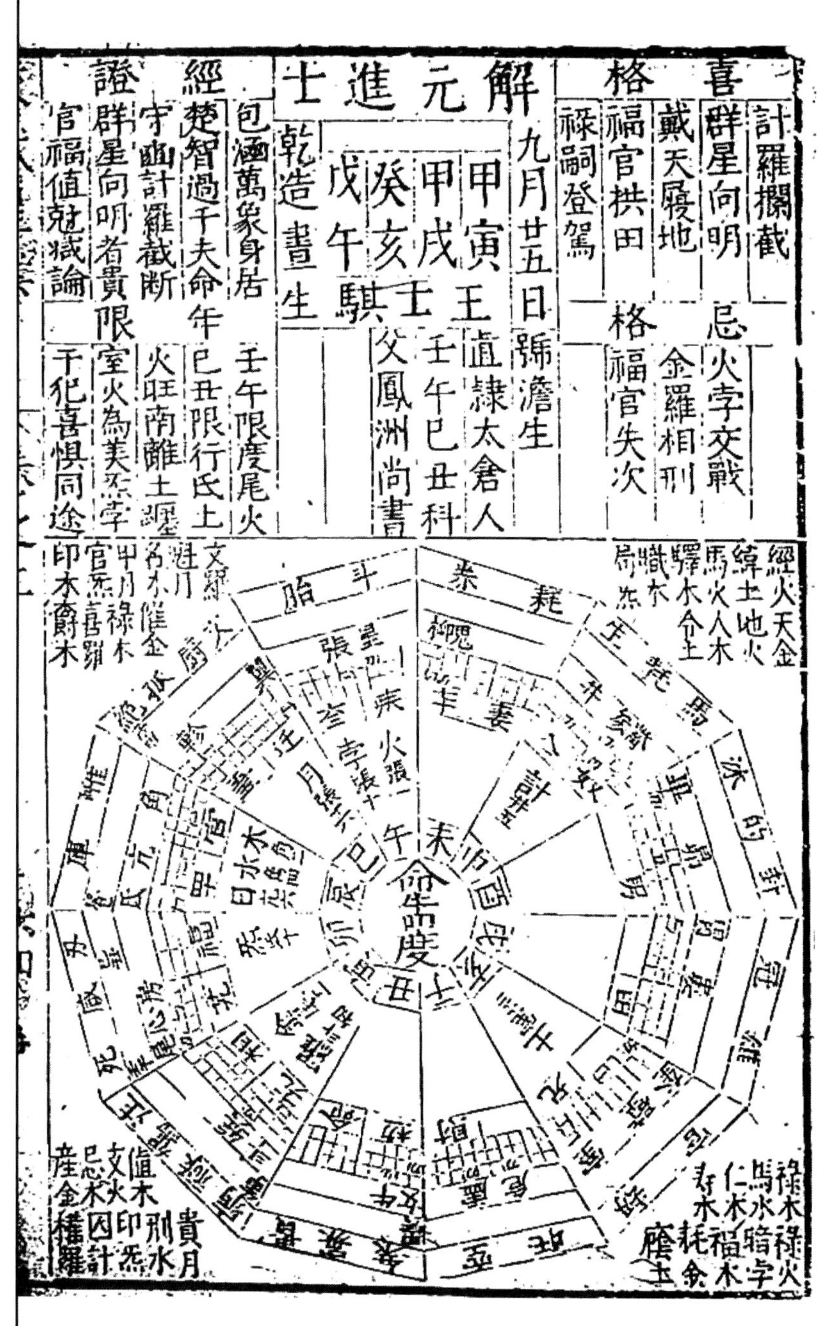

喜格

計羅攔截
群星向明
戴天履地
福官拱田
祿嗣登駕

忌格

火孛交戰
金羅相刑
福官失次

解元進士

九月廿五日號澹生
甲寅　王　直隸太倉人
甲戌　士　壬午己丑科
癸亥　騏　父鳳洲尚書
戊午
乾造晝生

包涵萬象身居　壬午限度尾火

經

楚智過于夫命午　巳丑限行氐土
守幽計羅截斷　火旺南離土躔

證

群星向明者貴限　室火為美炁孛
官福值魁鉞論　干犯喜惧同途

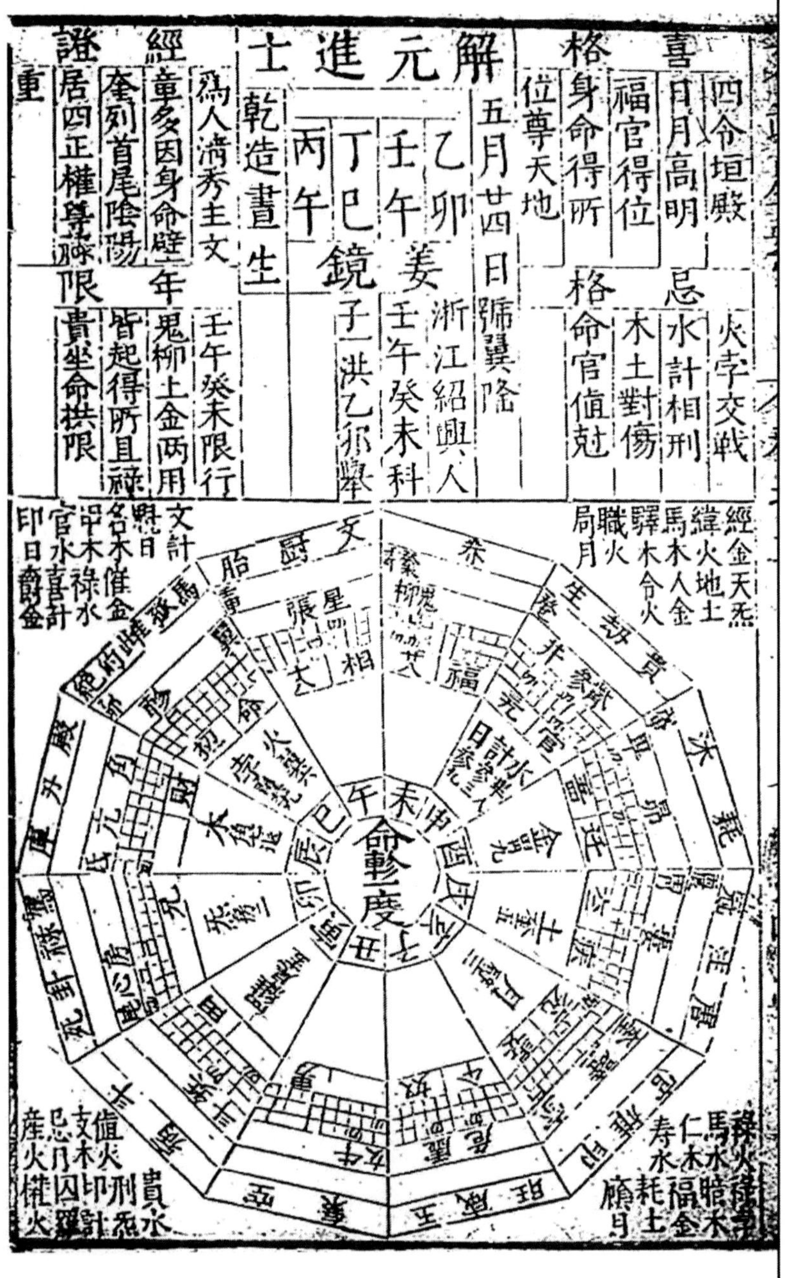

喜格

四餘垣殿
日月高明
福官得位
身命得所
位尊天地

忌格

火孛交戰
水計相刑
木土對傷
命官值尅

解元進士

五月廿四日號巽隆
乙卯 姜 浙江紹興人
壬午 壬午癸未科
丁巳 鏡 子洪乙卯舉
丙午
乾造晝生

經證

爲人淸秀主文
章多因身命壁
奎列首尾陰陽
居四正權尊祿
重

年限

壬午癸未限行
鬼柳上金兩用
皆起得所且祿
貴坐命拱限

喜格

計羅攔截
群星朝北
日月得位
身命升殿

忌格

衆曜背行
日月無輔
金騎人馬

解元進士

十月初十日 號蓮峯 直隸無錫人

丁巳
辛亥
巳丑
甲戌

乾造夜生

周繼昌

乙酉巳丑科
巳未年卒
仕至府丞
一子丁未

經證

貴人日月要分 乙酉巳丑限行
明官福高強貴年 奎木木字符印
必真太陰最喜 於斗歸垣升殿
躔危度男必封限 逢生身命坐王
侯女貴妃 堂貴人

經火 天金
緯土 地土
馬火 人木
驛金 命水
職金
局計

文火
魁計 催羅
名火
甲土 祿羅
官計 喜水
印月 爵木

命畢度

貴計
刑羅
值炁 印火
支金 囚孛
忌水 權木
產水

祿日 祿金
馬水 暗土
仁火 福月
壽土 耗水
產炁

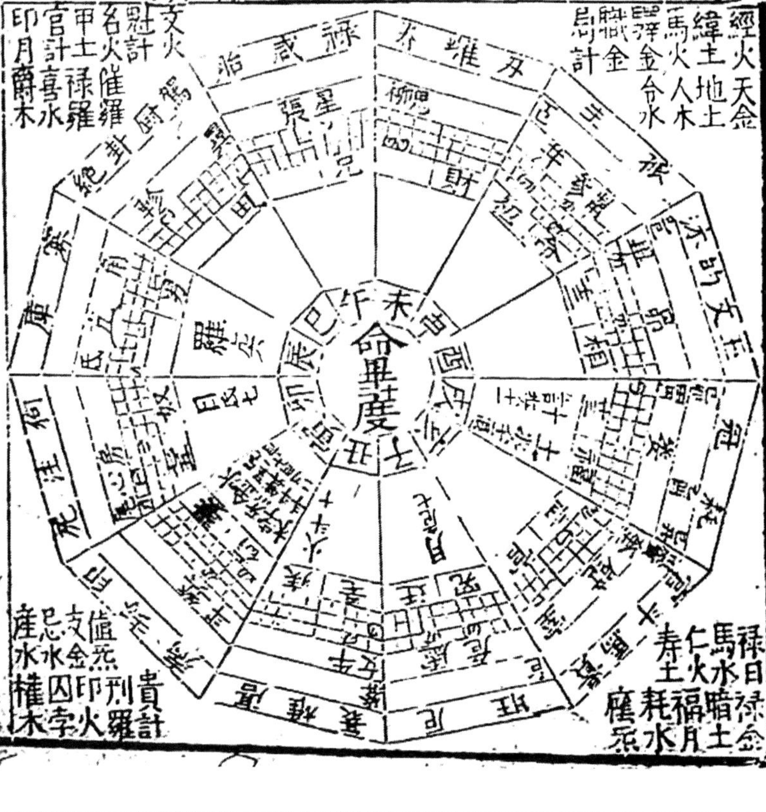

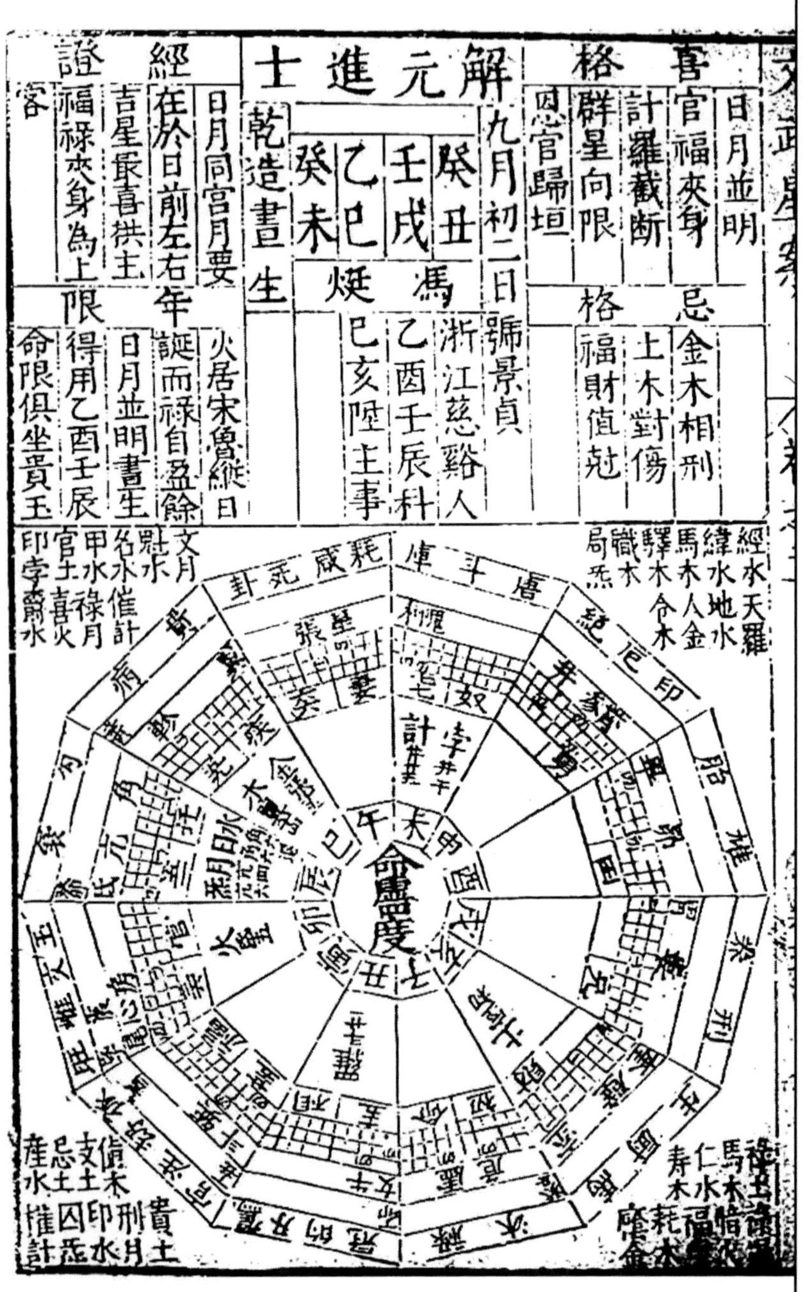
喜格
日月並明
官福夾身
計羅截斷
群星向限
恩官歸垣
忌格
金木相刑
土木對傷
福財值尅
解元進士
九月初二日
癸丑
壬戌
乙巳
癸未
乾造晝生
馮烶
號景貞
浙江慈谿人
乙酉壬辰科
巳亥陞主事
經證
日月同宮月要
在於日前左右
吉星辰喜拱主
福祿夾身為上
年限
火居宋魯縱日
誕而祿自盈餘
日月並明晝生
得用乙酉壬辰
命限俱坐貴玉
經水天羅
緯水地水
馬木人金
驛木合木
職木
局炁
文月
魁水
名水催計
甲水祿月
官土喜火
印孛爵水
命虛度
貴土
刑月
印水
囚炁
權計
催木
支土
忌土
產水

喜格

計羅攔截
漏出木炁
群星拱命
水金坐命

忌格

火計犯陽
水金雌難
諸星失次
格高星困

解元

十月初三日
巳酉
甲戌
巳亥
戊辰
乾造晝生

李光縉

福建晉江人
乙酉科
弟光綬進士

經證

文人才士惟喜
木炁金水賢者
金水坐命然格
高星困有負大
才之望

年限

紫炁若來當發
解白晝生逢作
榜頭乙酉限行
翼火朝陽炁生
度掌文星

經火 天金
緯木 地水
馬水 人火
驛金 命土
職土
局羅

文炁
魁金
名土 催炁
甲金 祿火
官火 壽土
印羅 爵金

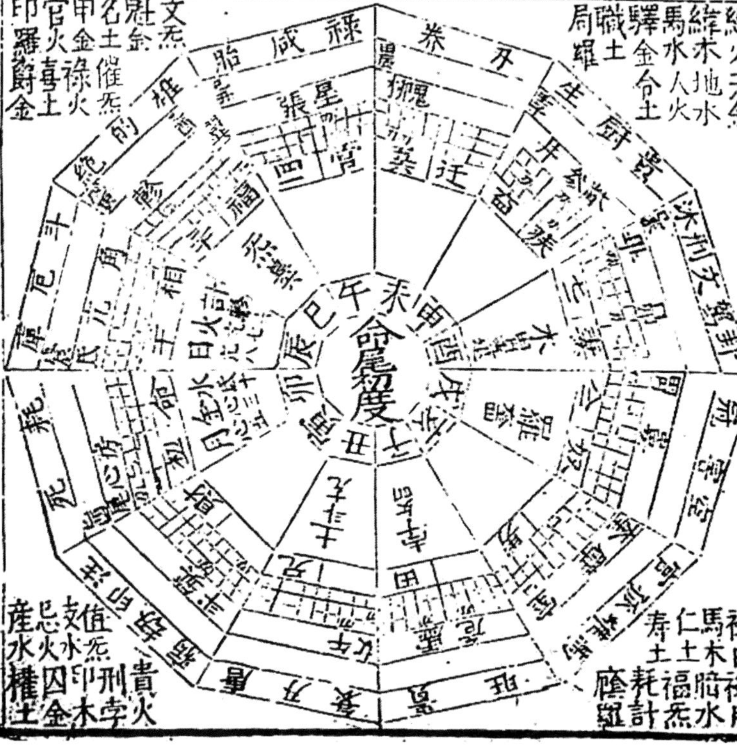

祿日 祿月
馬木 胎水
仁土 福炁
壽土 耗計
㾮羅

貴火
刑孛
值炁 印木
文水 囚金
忌火
産水 權土

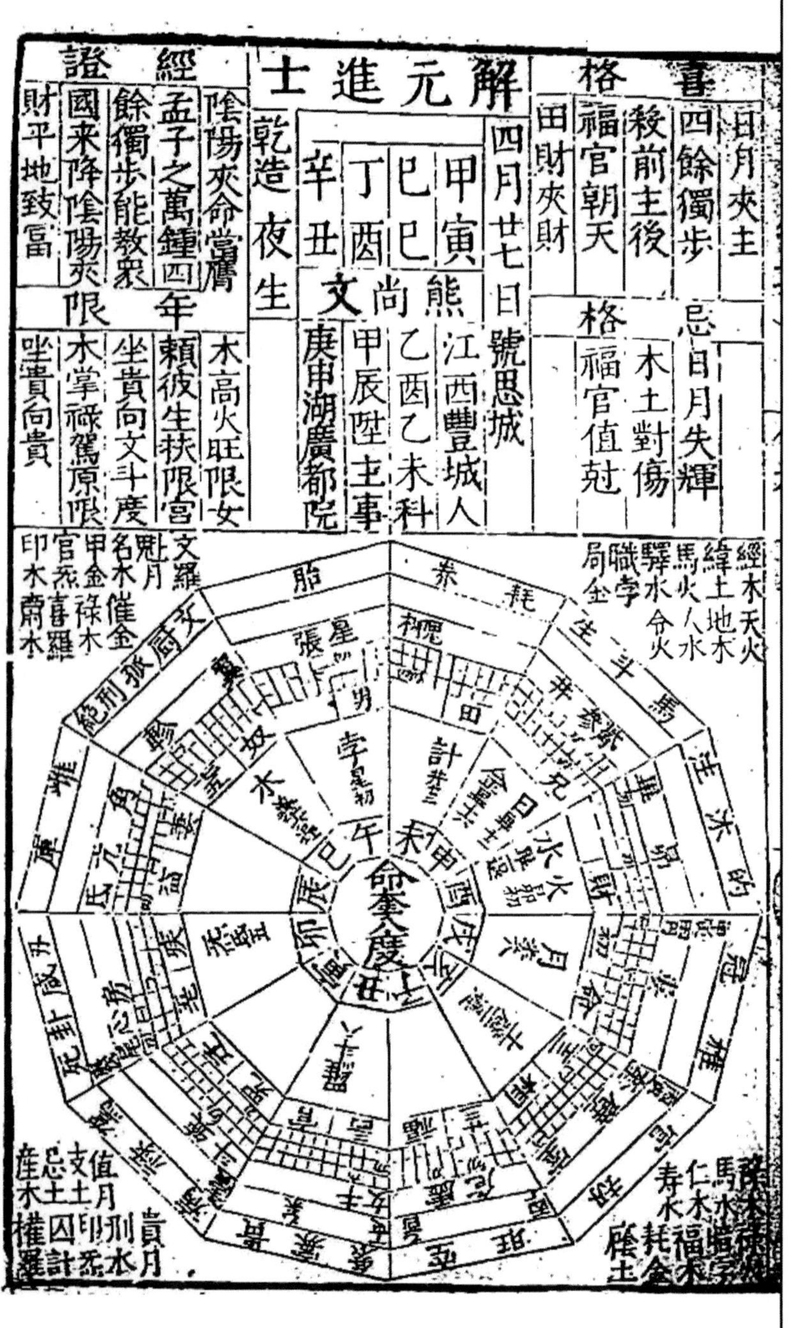

書格
日月夾主
四餘獨步
殺前主後
福官朝天
田財夾財
忌日月失輝
木土對傷
格福官值尅
解元進士
四月廿七日號思城
甲寅
巳巳
丁酉
辛丑
熊尚文
江西豐城人
乙酉乙未科
甲辰陞主事
庚申湖廣都院
乾造夜生
經證
陰陽夾命當膺
孟子之萬鍾四
餘獨步能教衆
國来降陰陽夾
財平地致富
年限
木高火旺限女
賴彼生扶限宮
坐貴向文斗度
木掌祿駕原限
坐貴向貴
命室八度

喜格

日南月北
木炁扶身
二主居福
木孛符印
命祿身貴

忌格

水火同宮
孤陽失輔
地雌居官

解元進士

七月十五日號春臺

戊午	周	直隸金壇人
庚申	應	戊子乙未科
庚申	秋	甲辰歷吏部
庚辰		三第俱進士
乾造	晝生	己未年開府

經證

紫炁若來當嵗 井木受生坐賓
解賢者木炁扶年 向賢參水遇金
身日月分明是 宮度兩強所以
貴人官福高強限 奪元又居要職
貴必眞

經火 天金
緯火 地木
馬金 人火
驛木 合金
職羅
局土

文金
魁火
名土 催木
甲木 祿土
官字 喜月
印土 爵水

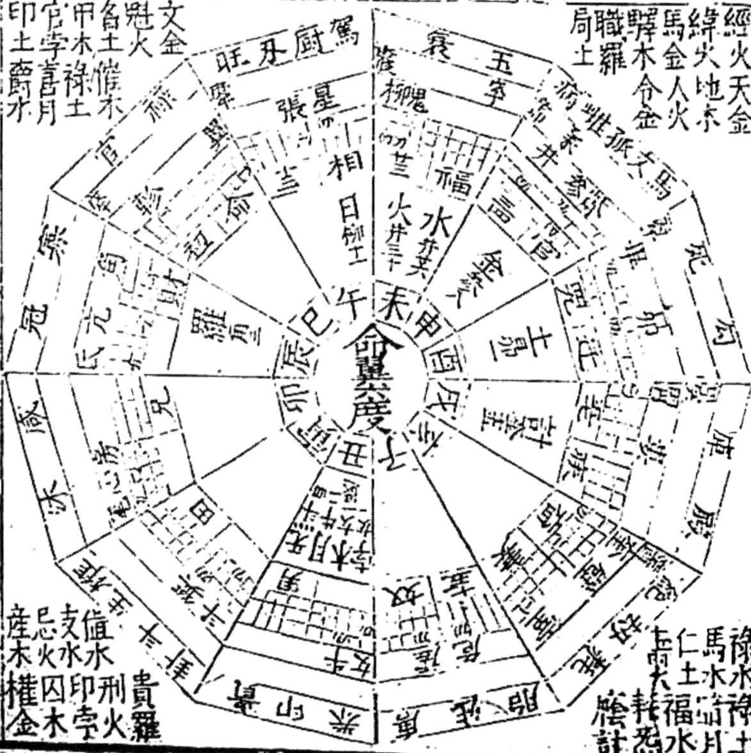

祿水 祿土
馬水 㐫月
仁土 福水
壽大 耗炁
陰計

貴羅
值水 刑火
支水 印孛
忌火 囚木
產木 權金

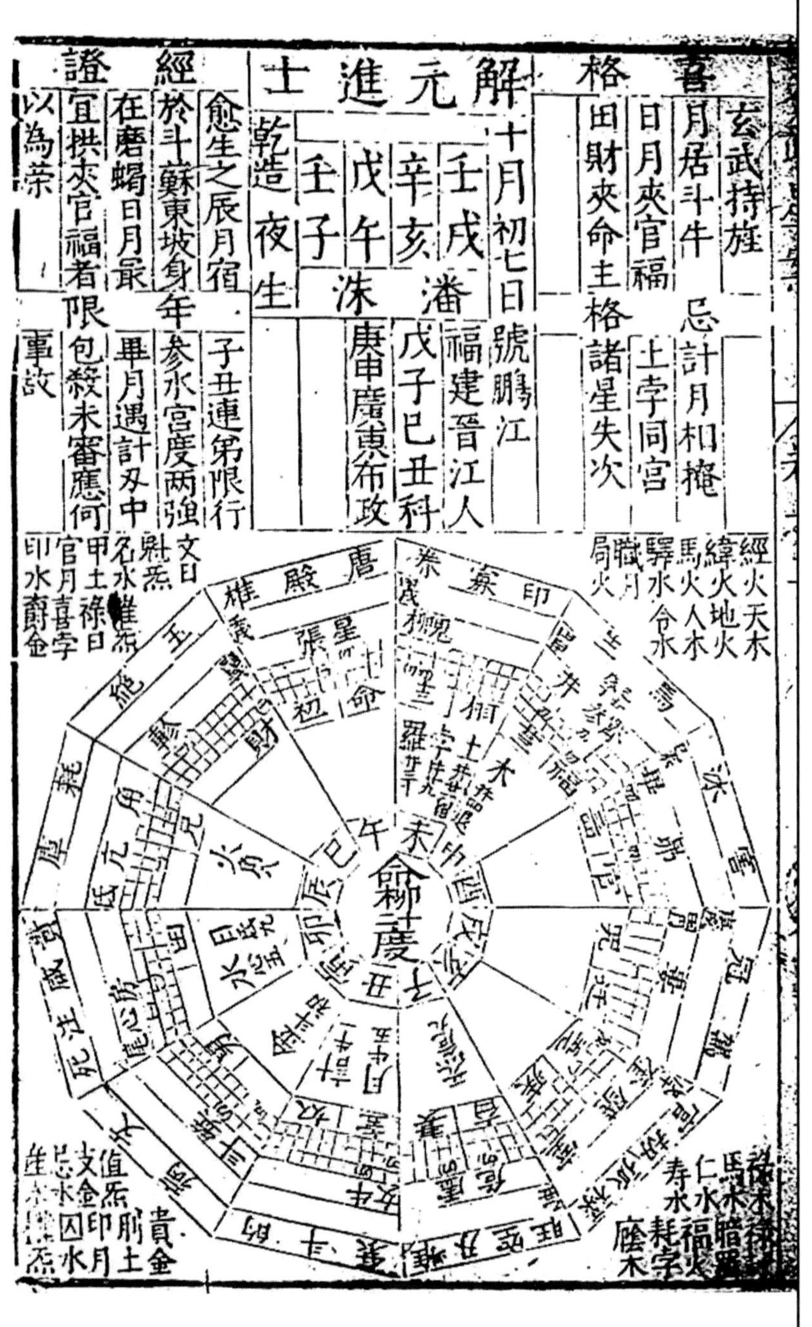

喜格

玄武持旌

月居斗牛 忌計月和掩

日月夾官福 上孛同宮

田財夾命主格 諸星失次

解元進士

十月初七日號鵬江

壬戌 潘 福建晉江人

辛亥 戊子巳丑科

戊午 洙 庚申廣東布政

壬子

乾造夜生

經證

愈生之辰月宿 子丑連第限行

於斗蘇東坡身年 參水宮度兩強

在磨蝎日月最 畢月遇計叒中

宜拱夾官福者限包殺未審應何

以為榮 事故

解元進士

喜格
金木逢龍
日月並明
官福歸垣
日月夾福
孛星朝斗

忌格
忌計間七政
日刃犯火
土埋癡女

惝月初一日號傒如

丙寅	己亥	戊子	丁巳

劉文卿

乾造書生

江西廣信人
戊子巳丑科
吏部郎中
戊戌年卒

經
日月合璧龍樓
鳳閣之人金木年尾度日月夾火
逢龍遇官主方歸垣於福戌戌

證
合入垣福祿歸
垣格愈奇

限
二十三四限履
限氐遇計刻度
日及併宮故卒

文金
魁羅
名火催
甲月祿計
官爆喜炁
印火奇木

經金天炁
緯土地火
馬水人土
學木命水
職金
局計

貴炁
刑計
印羅
囚火
忌土
恩土
權孛
產木

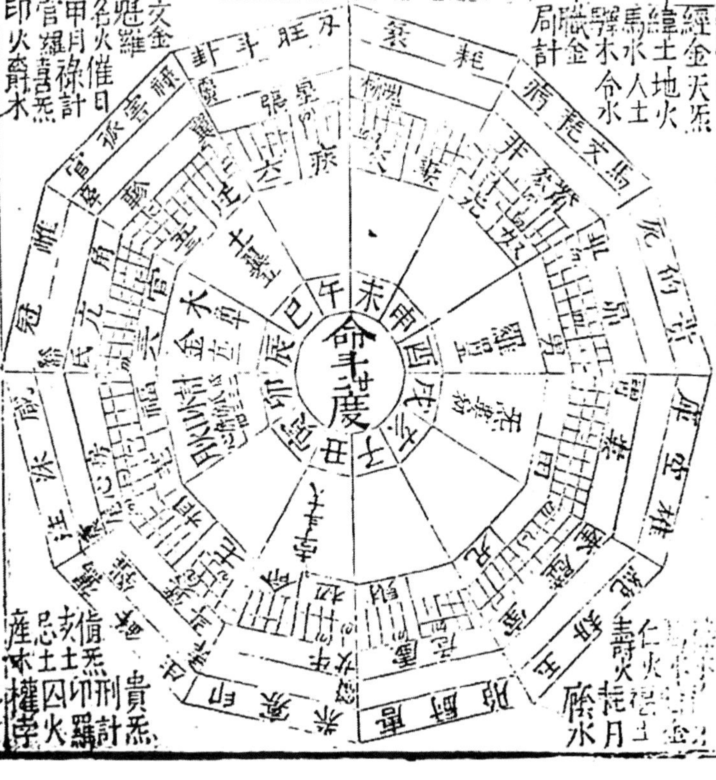

仁火
壽火
祿土
耗月
蔭水

命
午度

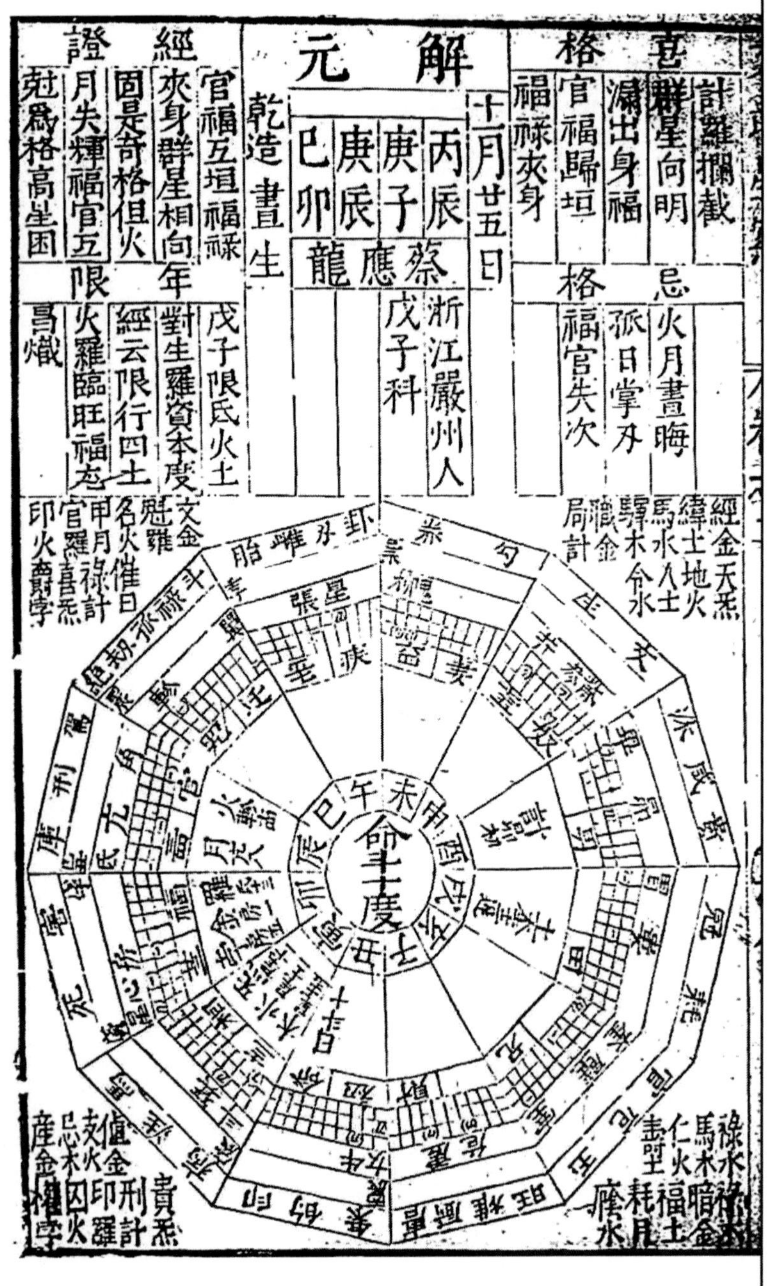
喜格
計羅攔截
群星向明
濕出身福
官福歸垣
福祿夾身
忌格
火月晝晦
孤日掌夕
福官失次
解元
十一月廿五日
丙辰
庚子
庚辰
己卯
蔡應龍
乾造晝生
浙江嚴州人
戊子科
經證
官福互垣福祿
夾身群星相向
固是奇格但火
月失輝福官互
魁爲格高星困
年限
戊子限氐火土
對生羅資本度
經云限行四土
火羅臨旺福壱
焉熾
經金天煞
緯土地火
馬水人土
驛木命水
職金
局計
文金
魁雖
名火催日
甲月祿計
官羅喜煞
印火齊學
祿水
馬木
仁火
壽土
暗金
福土
耗月
魔水
值金
支火
忌木
產金
貴煞
刑計
印羅
囚火
權學

解元進士

九月十四日號咸池

乾造　晝生

辛亥　戊戌　己亥　壬申

汪鳴鸞

直隸婺源人
辛卯壬辰科
當年火燒卒

喜格

日月高明
福官得所
太乙抱蟾
火燃天蝎

忌格

羅計攘殿
水火相刑
金騎人馬
身臨刃地

經土　緯水　馬金　驛金　職金　局計
天月　地火　人火　令木

經讖

日月分明是貴
入官福高強貴
必貴惜乎身命
掌刃計羅攘殿
經云刃為殺首

年限

卯辰連捷祿貴
臨於命限兼紫
氣天祿守命但
限主二刃兩夾
刃中包殺凶卒

文土　魁孛　名金　甲水　官水　印計
催土　祿炁　喜木　爵水

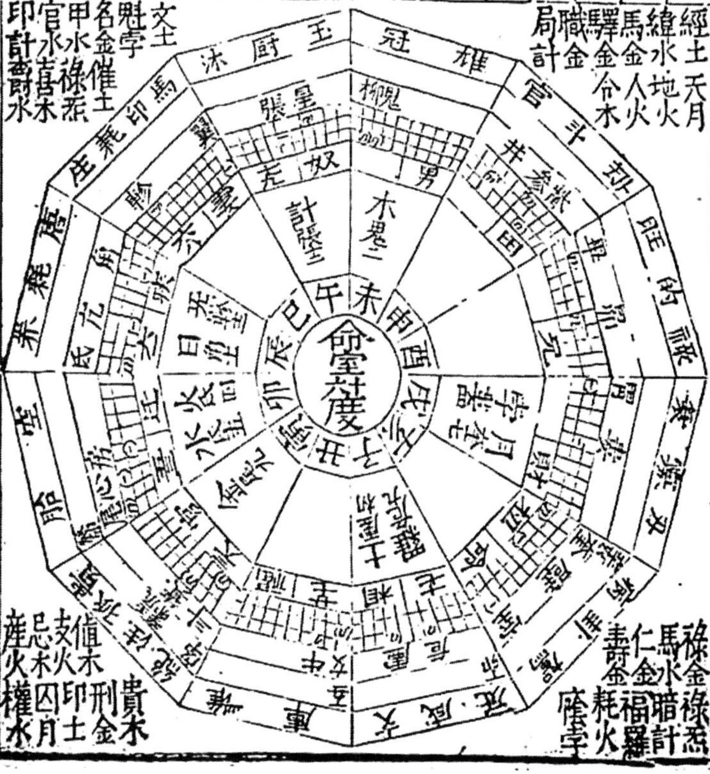

祿金　馬水　仁金　壽金
祿炁　暗計　福羅　耗火　蔭孛

值木　支火　忌木　產火
貴木　刑金　印土　囚月　權水

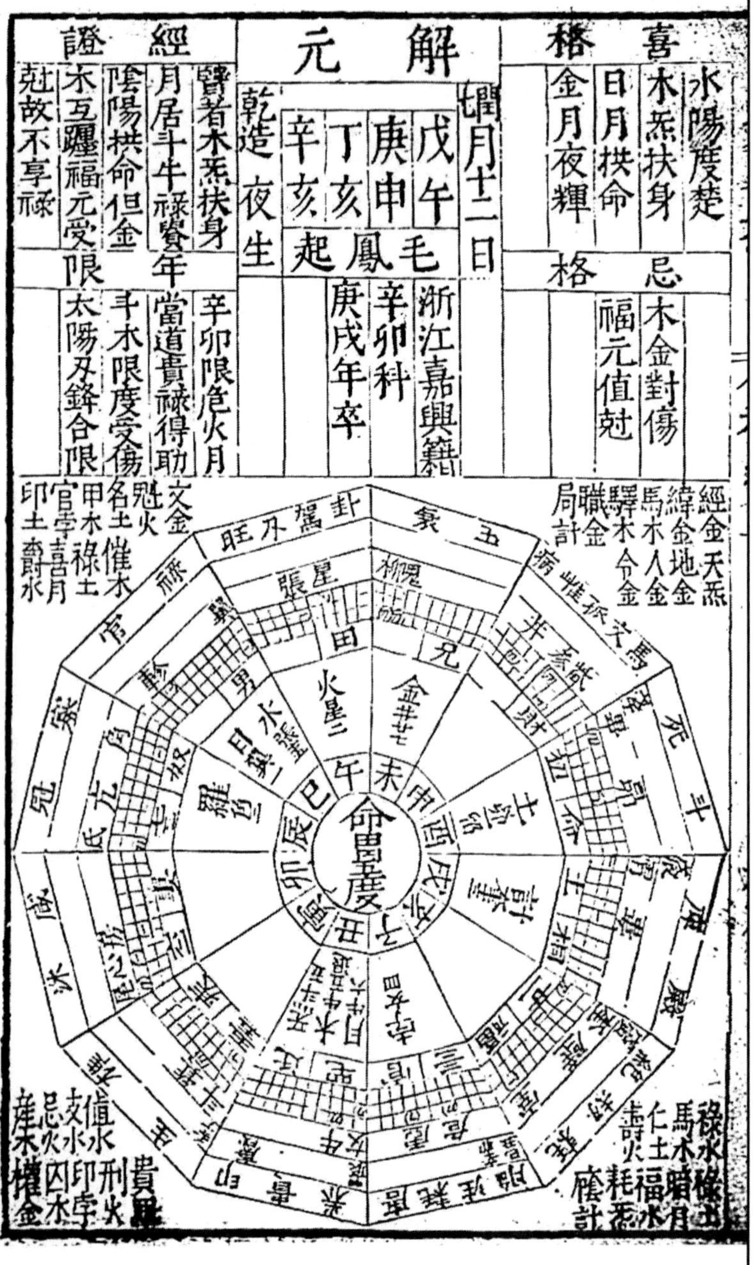
喜格
水陽度楚
木炁扶身
日月拱命
金月夜輝
忌格
木金對傷
福元值尅
解元
閏月十二日
戊午
庚申
丁亥
辛亥
乾造夜生
毛鳳起
浙江嘉興籍
辛卯科
庚戌年卒
經證
臂着木炁扶身
月居斗牛祿賢年
陰陽拱命但金
木互躔福元受限
尅故不享祿
辛卯限危火月
當道貴祿得助
手木限度受傷
太陽刃鋒合限
文金
魁火
名土
甲木
官亭
印土
經金
緯金
馬木
驛木
職金
局計

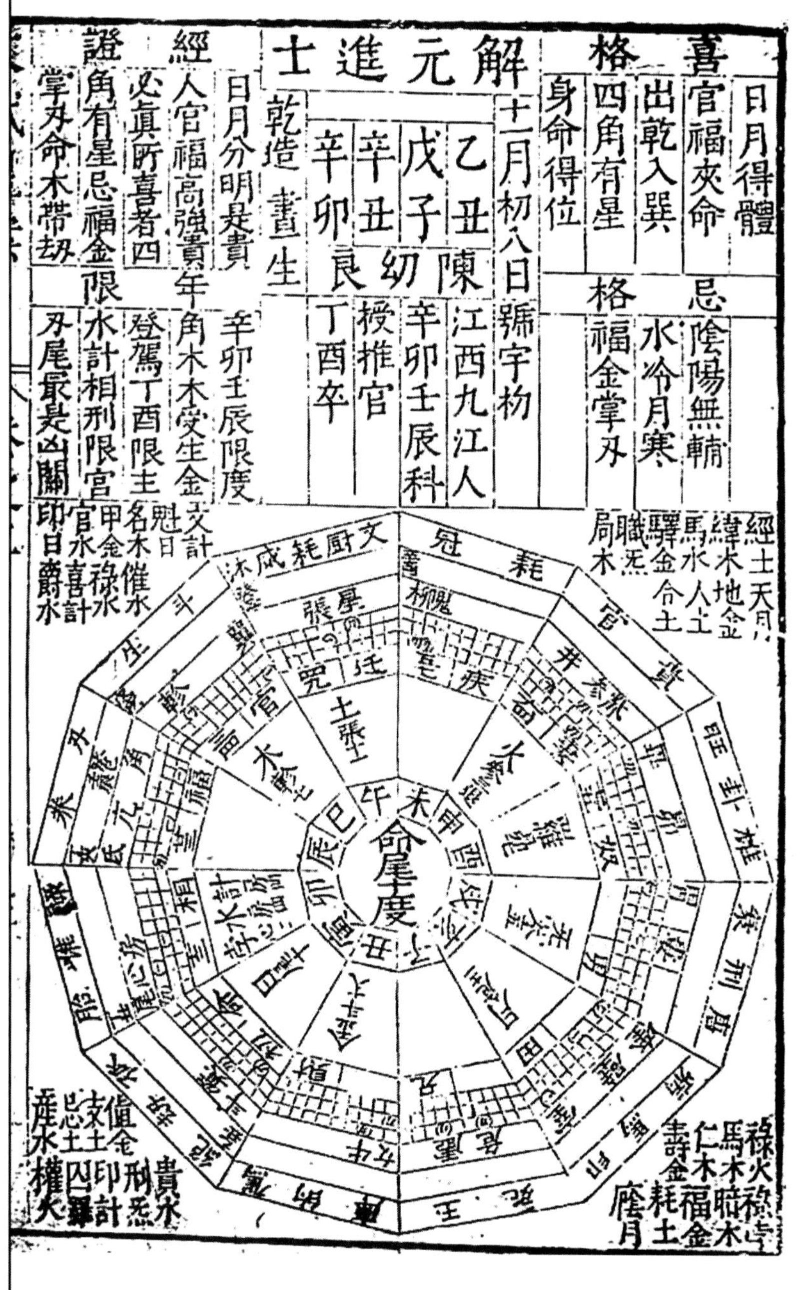

喜格

日月得體

官福夾命

出乾入巽

四角有星

身命得位

忌格

陰陽無輔

水冷月寒

福金掌刃

解元進士

十一月初八日 號宇物

乙丑 陳 江西九江人

戊子 幼 辛卯壬辰科

辛丑 良 授推官

辛卯 丁酉卒

乾造 晝生

經證

日月分明是貴 辛卯壬辰限度

人官福高強貴年角木木受生金

必真所喜者四 登篤丁酉限主

角有星忌福金限水計相刑限宮

掌刃命木帶刼 刃尾最是凶關

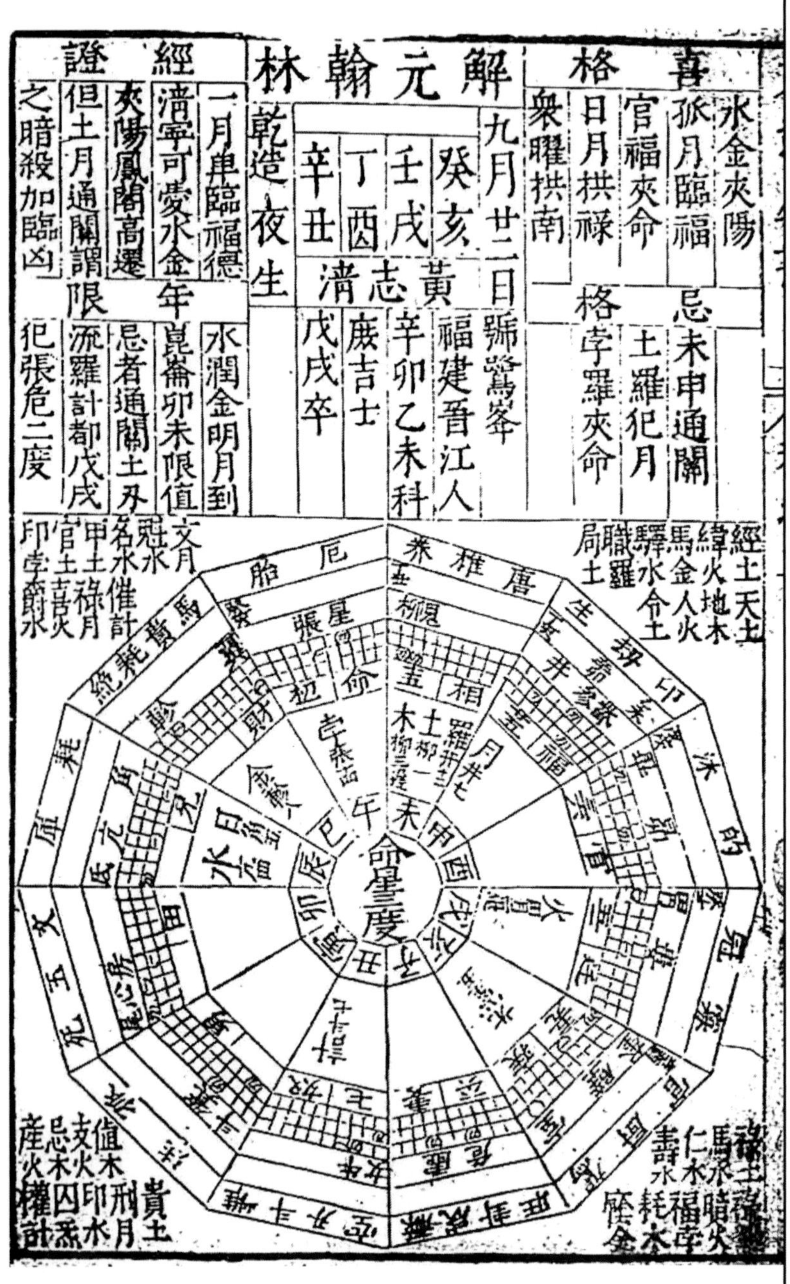
喜格
水金夾陽
孤月臨福
官福夾命
日月拱祿
衆曜拱南
忌格
未申通關
土羅犯月
孛羅夾命
解元翰林
九月廿二日
乾造夜生
癸亥
壬戌
丁酉
辛丑
黃志清
號鷲峯
福建晉江人
辛卯乙未科
庚吉士
戊戌卒
經證
一月寅臨福德
濟寧可愛水金
夾陽鳳閣高遷
但土月通關謂
之暗殺加臨凶
年限
水潤金明月到
崑崙卯未限值
忌者通關土孛
流羅計都戊戌
犯張危二度
命星度

喜格

大月當斗
命躔奎府
木火文明
福官秉令
金鄉太常

忌格

土犯計奴
計間七政
孛羅交戰

解元翰林

九月初八日 號蘭谷

戊辰
壬戌
甲寅
癸酉

乾造夜生

龔三益

南直武進人
甲午戊戌科
辛丑庚吉士

經

火金羅月是陰 虛日金文計祿
星遇夜生逢最午 夾陽女土官福
主文或身泊斗 坐祿計犯喜俱

證

牛或命躔奎壁限 同途牛金宮度
主文章之士 兩強

命奎度

貴羅 刑火
值木 印孛 囚木
文火
忌木
產金 權金

祿木 祿土
馬木 暗月
仁土 福水
壽木 耗炁
蔭計

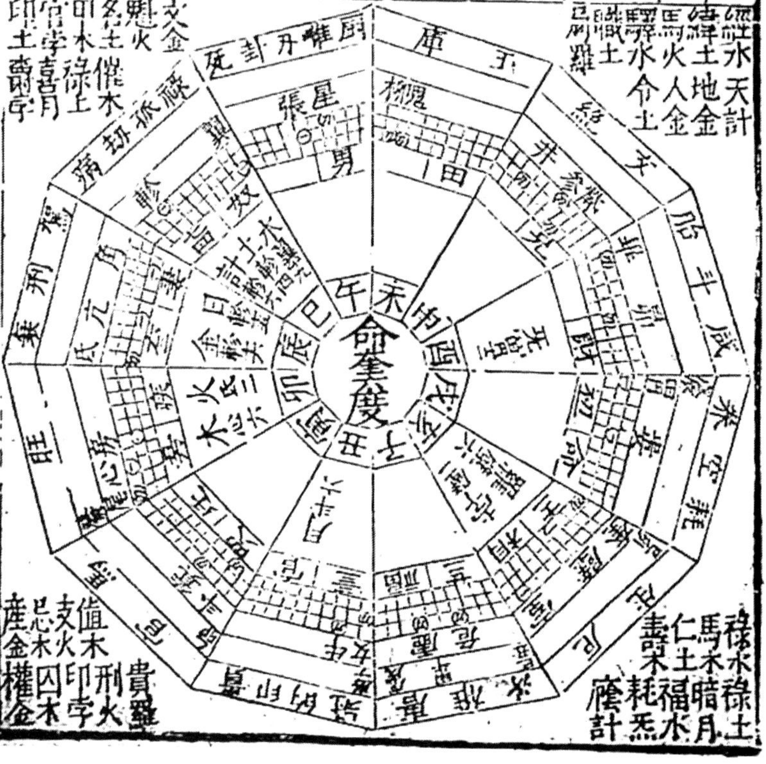

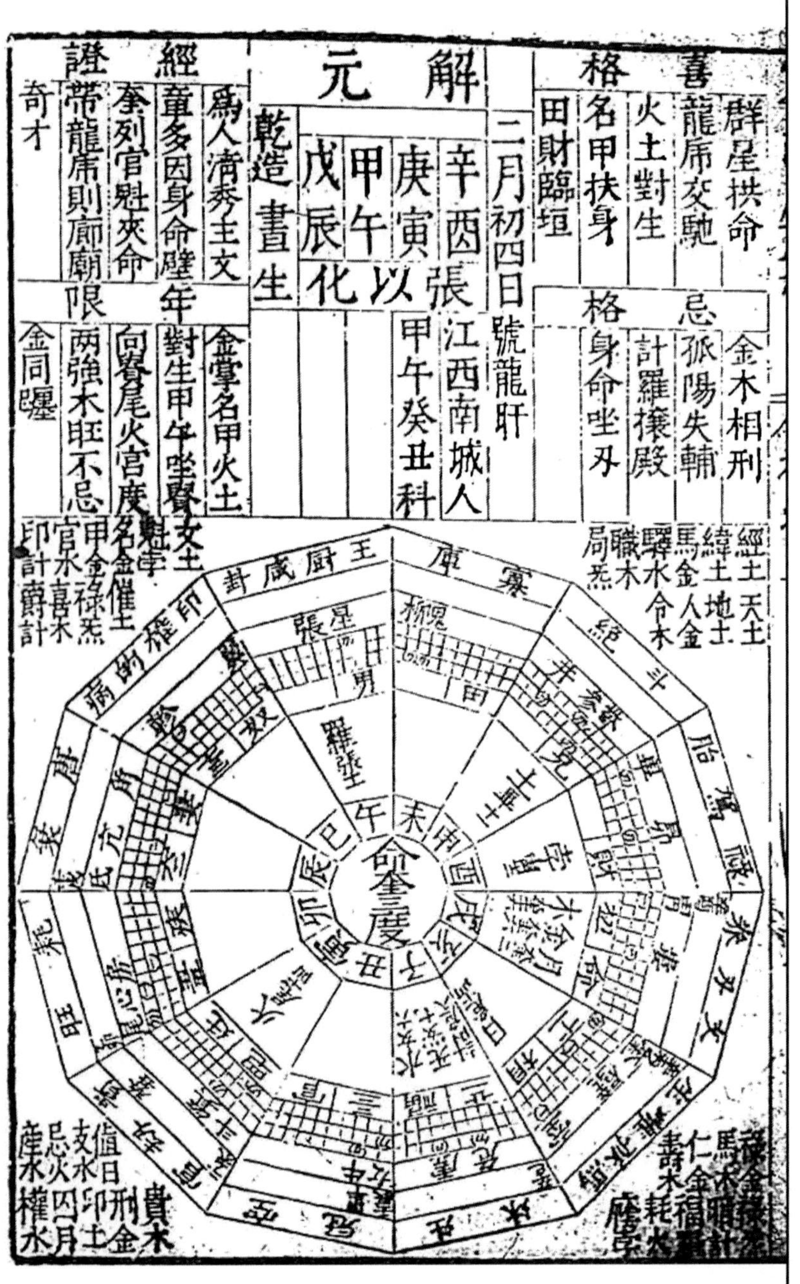
書格
群星拱命
龍鬝交馳
火土對生
名甲扶身
田財臨垣
忌格
金木相刑
孤陽失輔
計羅擾殿
身命坐刄
二月初四日號龍盱
解元
辛酉張江西南城人
庚寅以甲午癸丑科
甲午化
戊辰
乾造晝生
經證
爲人清秀主文
章多因身命壁
奎列官魁夾命
帶龍鬝則廊廟
奇才
年限
金掌名甲火土
對生甲午坐壁女土
向暑尾火宮度名魁
兩強木旺不忌
金同躔
經土天土
緯土地土
馬金人金
驛水命木
職木
局煞
貴木
値日刑金
支水印土
忌火囚月
產水權水
命奎三度

解元進士

八月初八日號凡同

辛未　譚　浙江嘉興人

丙申　甲午辛丑科

丁酉　昌　巳未閩提學

壬寅　言　多嗣

乾造夜生

喜格

衆曜拱南

官福守命

日月得所

五星高明

田財夾命

忌格

日月無輔

計臨獅位

火孛交戰

經諺

衆曜拱南南方

坐命人必登官

曜顯而福星明

官高福厚身命

得地福祿難量

年限

甲午水木兩強

恭喜臨官所以

奪元辛丑命坐

玉堂木火拱月

限行畢度

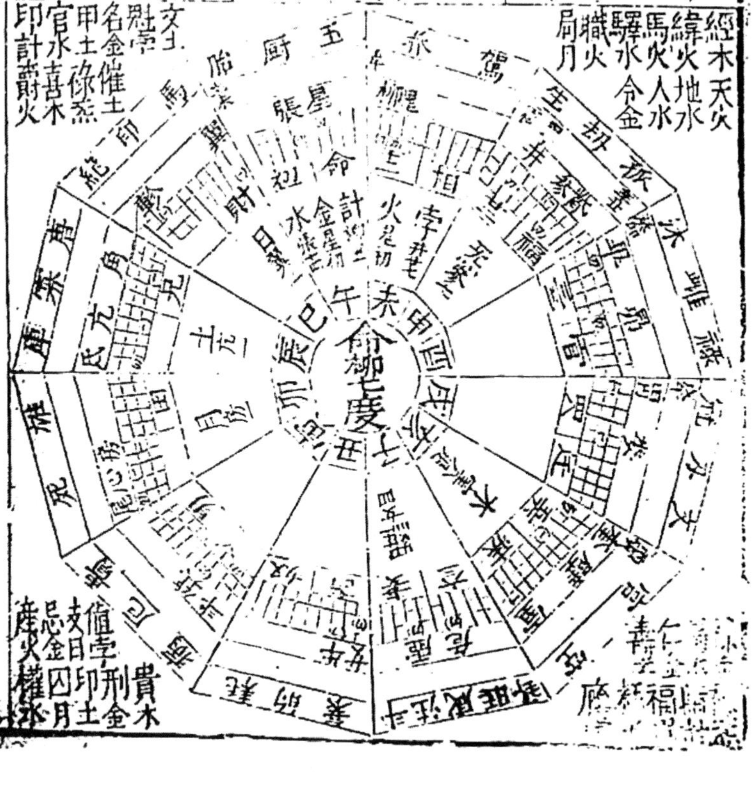

經木　天火
緯火　地水
馬火　人水
驛水　命金
職火
局月

文土
魁昌
名金　催土
甲土　祿炁
官水　喜木
印計　爵火

命柳七度

貴木
值孛　刑金
支日　印土
忌金　囚月
產火　權水

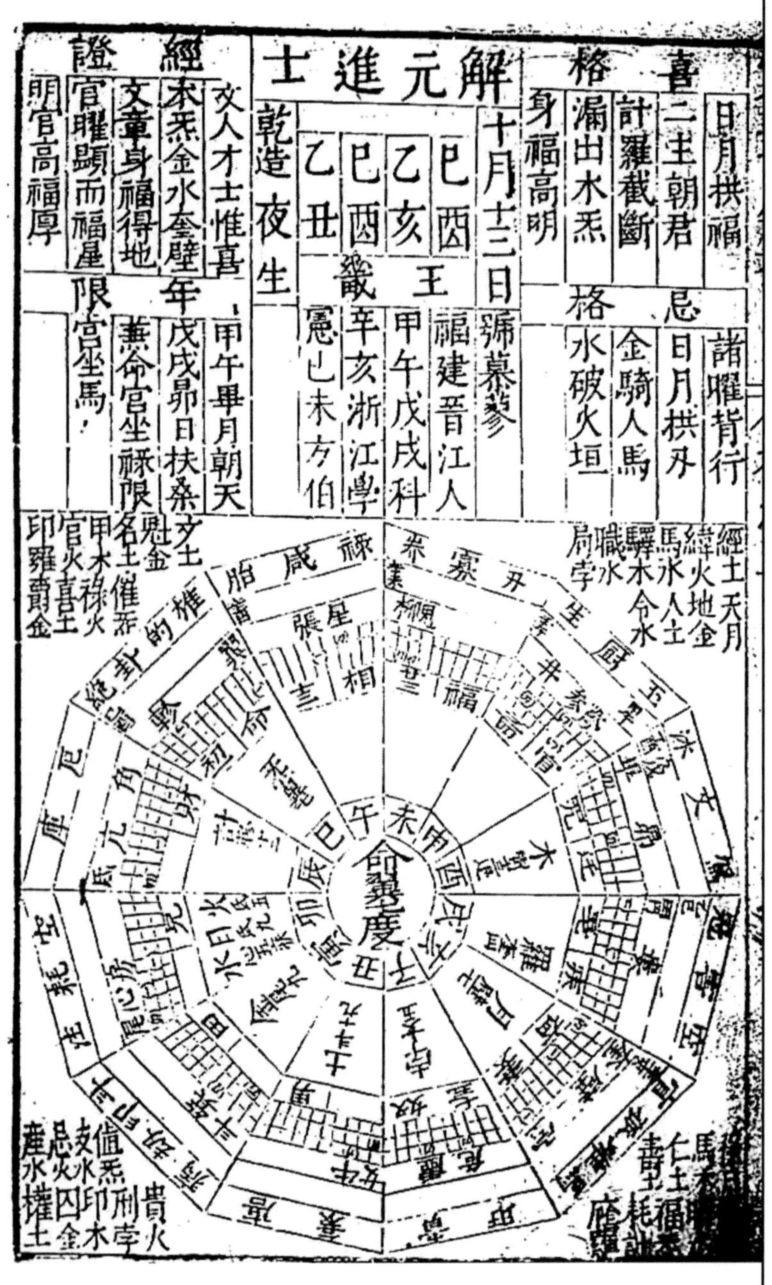
書格
日月拱福
二主朝君
計羅截斷
漏出水悉
身福高明
忌格
諸曜背行
日月拱夾
金騎人馬
水破火垣
解元進士
十月十三日
號慕參
巳酉
乙亥
巳酉
乙丑
乾造夜生
王纖
福建晉江人
甲午戊戌科
辛亥浙江學
憲乙未方伯
經證
文人才士惟喜
甲午畢月朝天
本悉金水奎壁
年戊戌昴日扶桑
文章身福得地
兼命宮坐祿限
官曜顯而福星
限宮坐馬
明官高福厚
文士魁金
名士催悉
經土天月
緯火地金
馬水人土
驛木命水
職水
局孛
甲木祿火
官火喜土
印羅貴金
命宮
度

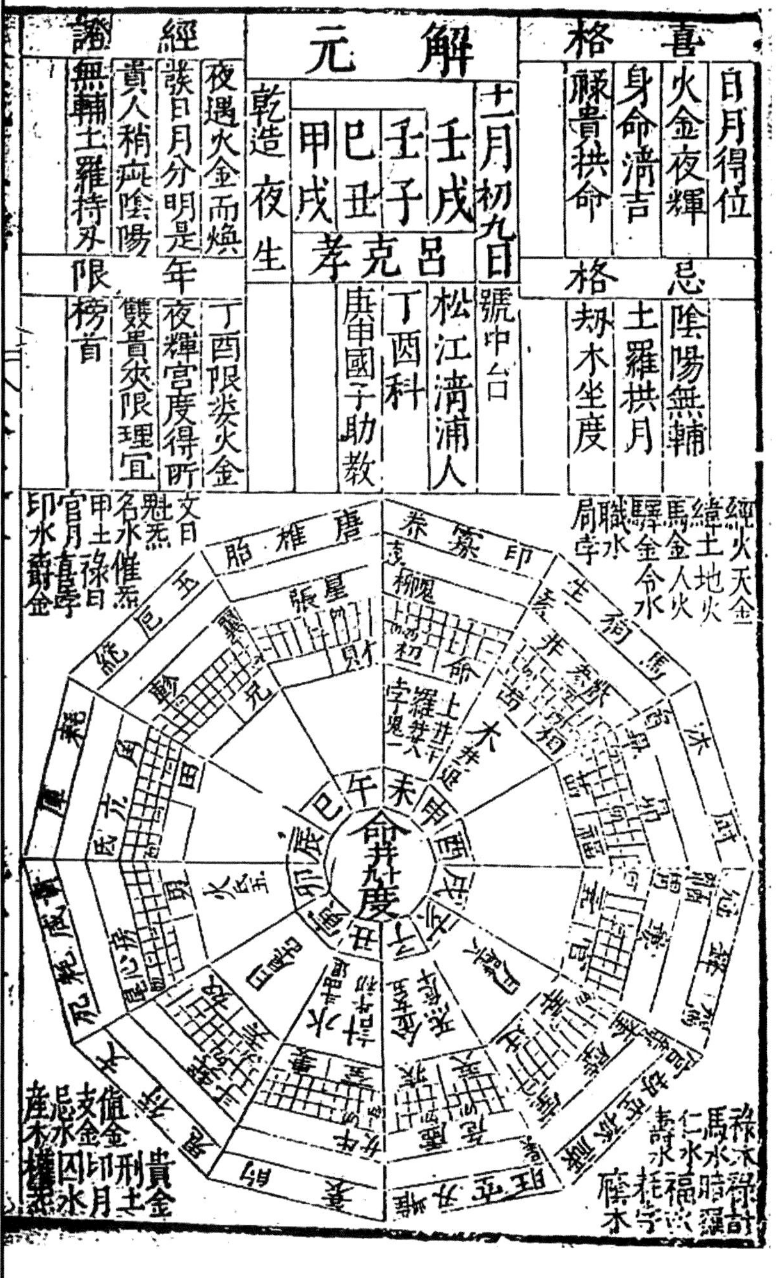
喜格
日月得位
火金夜輝
身命濟吉
祿貴拱命
忌格
陰陽無輔
土羅拱月
刼木坐度
解元
十一月初九日
壬戌
壬子
巳丑
甲戌
乾造夜生
呂克孝
號中台
松江濟浦人
丁酉科
庚申國子助教
經論
夜遇火金而煥
喜日月分明是
貴人稍疵陰陽
無輔土羅持刄
年限
丁酉限入火金
夜輝宮度得所
雙貴夾限理宜
榜首
命井廿九度

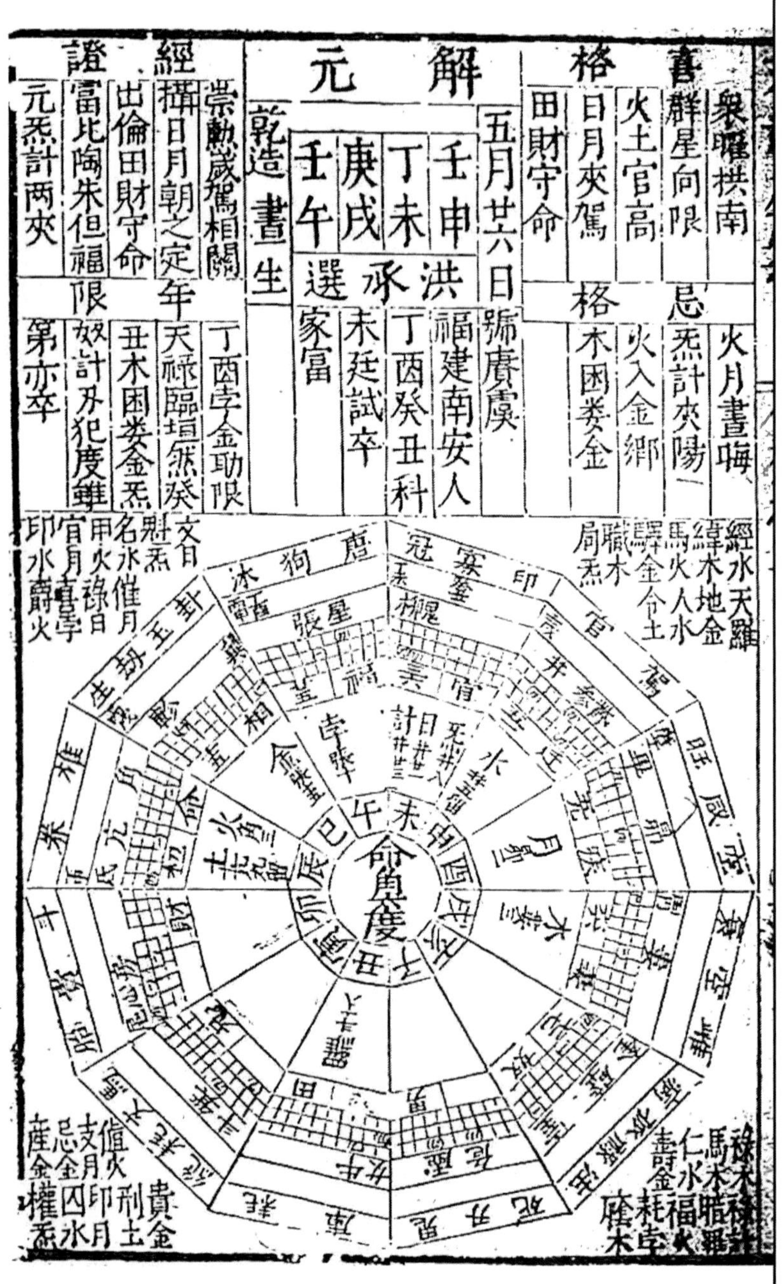

喜格
衆曜拱南
群星向限
火土官高
日月夾駕
田財守命
忌格
火月晝晦
炁計夾陽
火入金鄉
木困婁金
解元
五月廿六日號賡虞
乾造書生
壬申
丁未
庚戌
壬午
洪承選
福建南安人
丁酉癸丑科
未廷試卒
家富
經證
崇勲歲駕相關
擺日月朝之定
出倫田財守命
富比陶朱但福
元炁計兩夾
年限
丁酉孛金助限
天祿臨垣炁癸
丑木困婁金炁
奴計犯度难
第亦卒
經水 天羅
緯木 地金
馬火 人水
驛金 命土
職木
局炁
文孛
魁炁
名水 催月
用火 祿日
官月 喜孛
印水 爵火
命身度
祿木 祿羅
馬木 暗火
仁水 福
壽金 耗孛
蔭木
値火 貴金
支月 刑土
忌金 印月
産金 因水
權炁

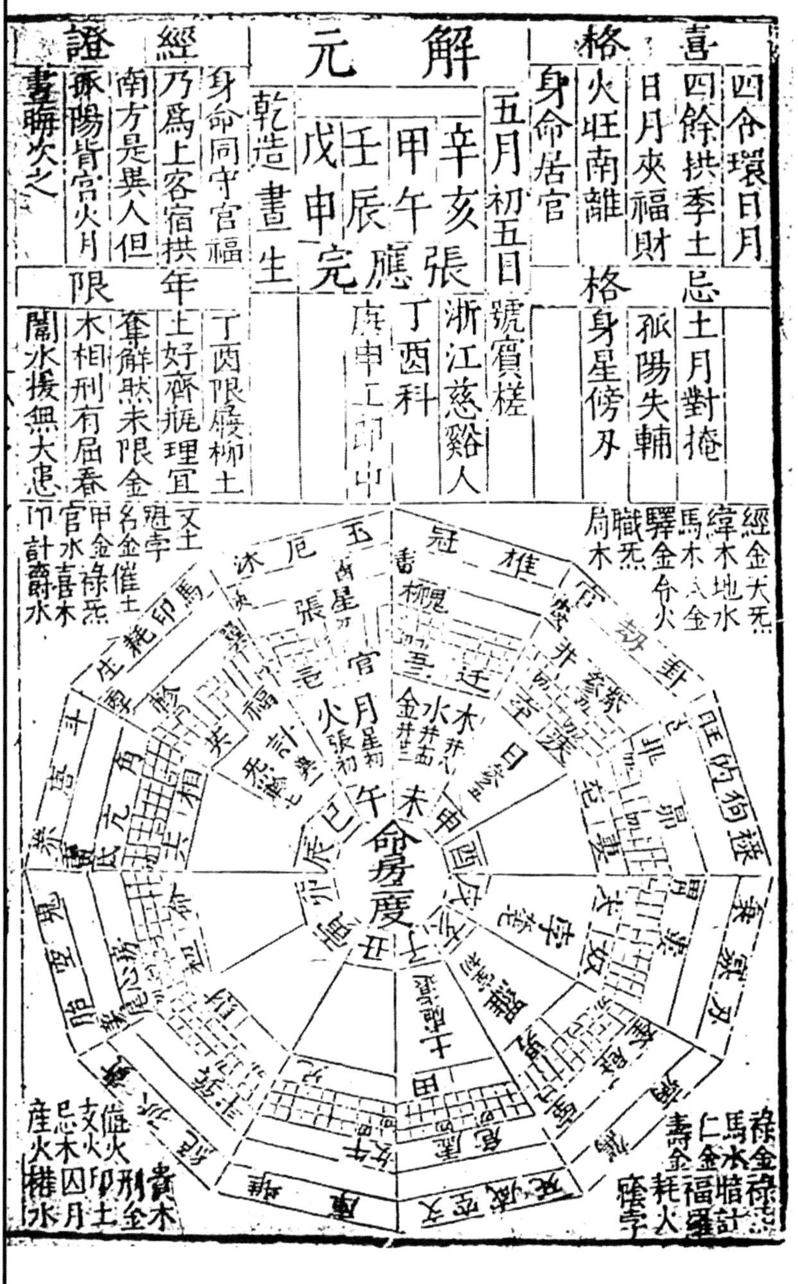

喜格
四合環日月
四餘拱季土
日月夾福財
火旺南離
身命居官
忌格
土月對掩
孤陽失輔
身星傍刃
解元
五月初五日 號賓槎
辛亥 張 浙江慈谿人
甲午 應 丁酉科
壬辰 完 庚申工部中
戊申
乾造 畫生
經證
身命同守宮福
乃爲上容宿拱
南方是異人但
孤陽背宮火月
畫晦次之
年限
丁酉限履柳土
上好齊拖理宜
奪觧肽未限金
木相刑有屈春
閙水援無大患
命房度

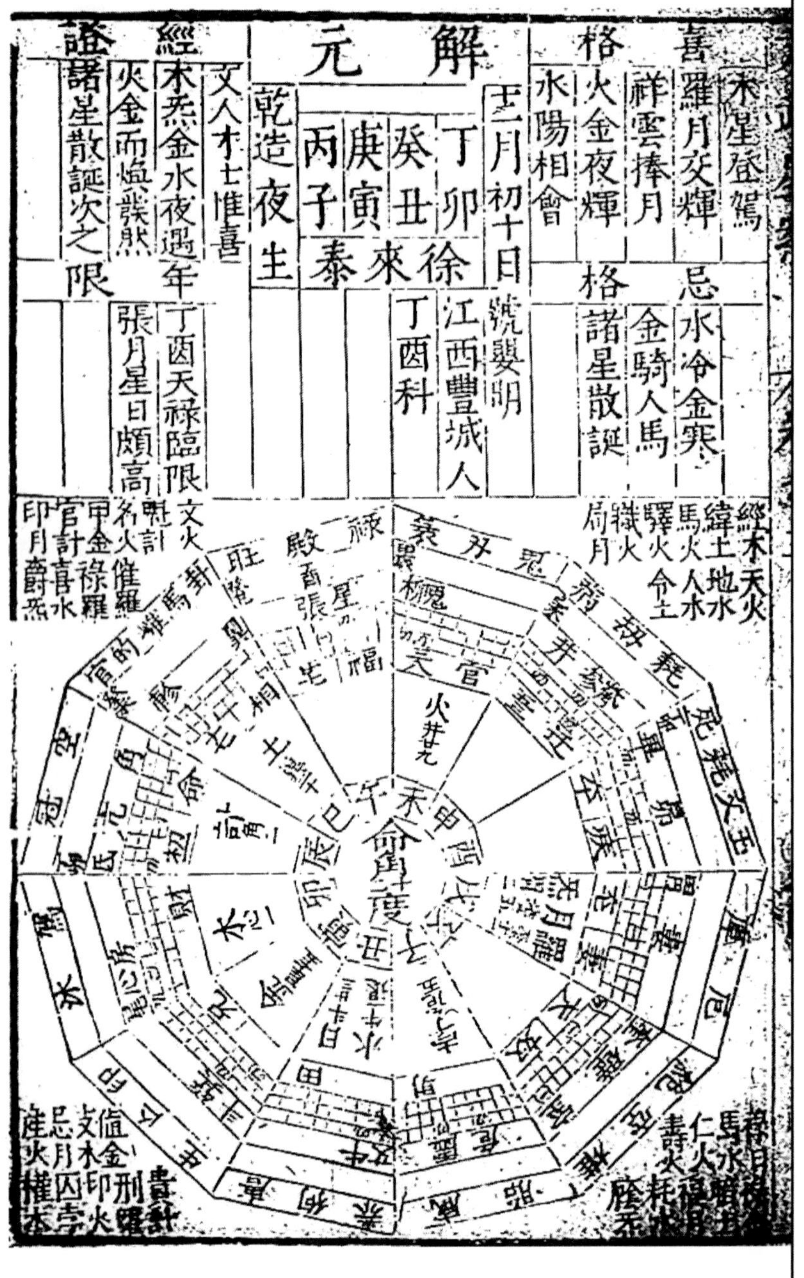
解元
喜
羅月交輝
祥雲捧月
格
火金夜輝
水陽相會
壬月初十日
丁卯
癸丑
庚寅
丙子
徐來泰
乾造夜生
號嬰明
江西豐城人
丁酉科
文人才士惟喜
經
木炁金水夜遇年
丁酉天祿臨限
張月星日頗高
忌
諸星散誕次之限
水冷金寒
金騎人馬
諸星散誕
命
度

青 格

政餘兩班
文東武西
木羅會舍
火金夜輝
官福夾主

格
忌日月俱晦
福官值魁
格七政背限

解元翰林

八月三十日號集虛
庚午 李 蘄州昆山人
丙戌 胤 庚子辛丑科
乙丑 昌
丁丑
乾造夜生

經
文武兩班官福
夾主是皆棟梁年
之材廟堂之器
子丑逆登限行
畢月月躔與火
水輔太陽限宮

證
術疵日月無光限
祿馬同鄉
福官值魁

經水 天土
緯火 地土
馬水 人金
驛水 命土
職羅
局土

文木
魁水
名金 催孛
甲土 祿金
官金 喜金
印金 爵水

命柳九度

祿水 祿水
馬木 暗炁
仁金 福計
寿土 耗羅
蔭火

貴孛
刑木
印金
囚土
權月
值孛
支水
忌火
產木

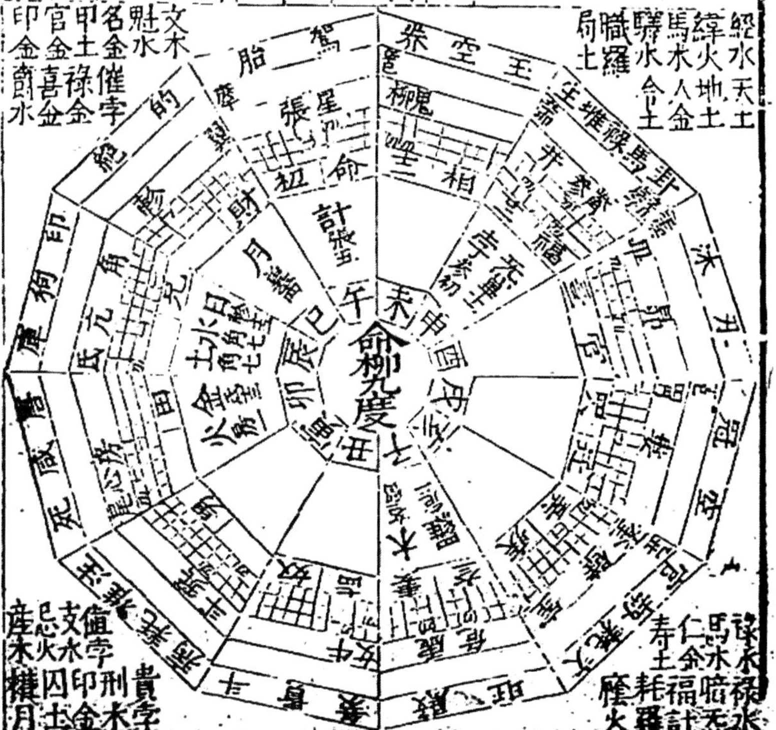

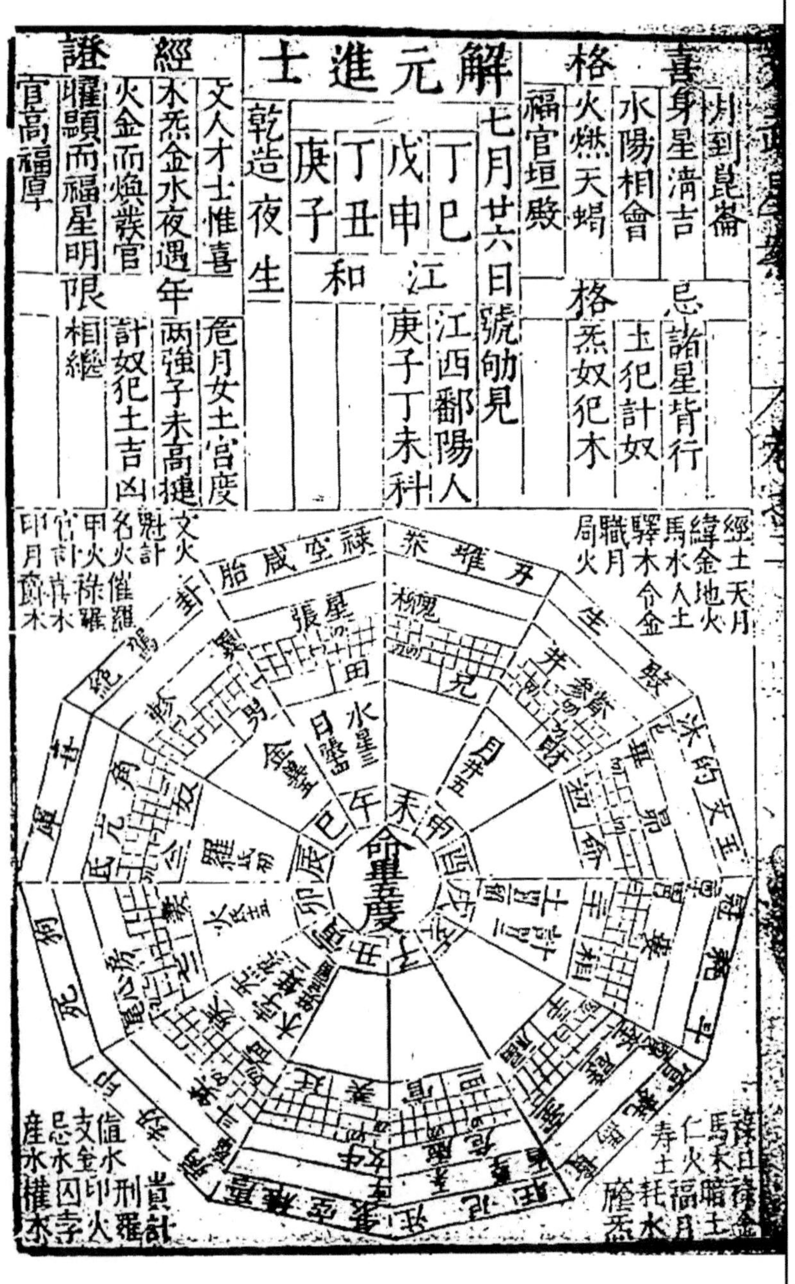

喜格

坍到崑崙
身星清吉
水陽相會
火燃天蝎
福官垣殿

忌格

諸星背行
土犯計奴
炁奴犯木

解元進士

七月廿六日號觔見
江西鄱陽人
庚子丁未科

丁巳
戊申　江
丁丑　和
庚子
乾造夜生

經證

文人才士惟喜　危月女土宮度
木炁金水夜遇年　兩強子未高擡
火金而煥拱官　計奴犯土吉凶
曜顯而福星明　限相繼
官高福厚

經土　天月
緯金　地火
馬水　人土
驛木　命金
職月
局火

文火
魁計
名火　催羅
甲火　祿羅
官計　貴水
印月　蔭木

祿日　福金
馬木　暗土
仁火　福月
壽土　耗水
蔭炁

貴計
刑羅
值水　印火
文金　囚孛
忌水　權木
產水

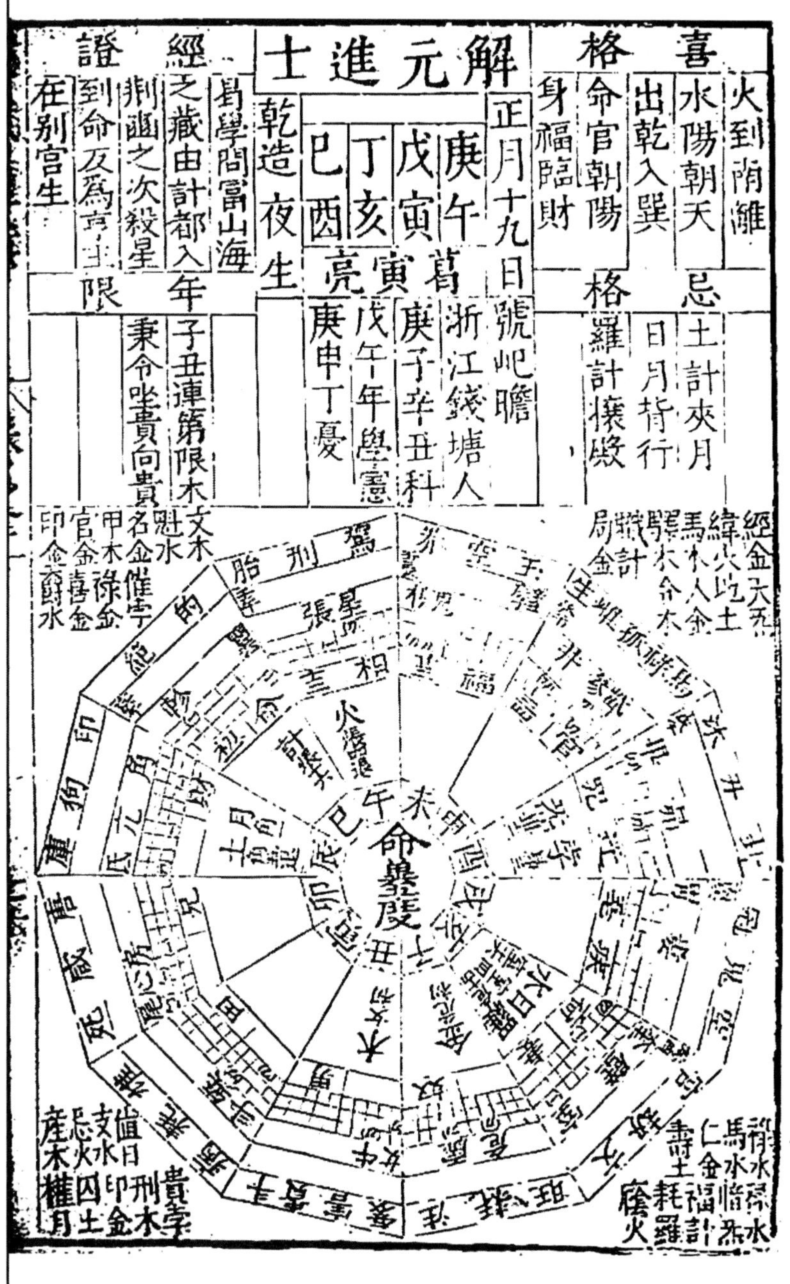
解元進士
喜格
火到南離
水陽朝天
出乾入巽
命官朝陽
身福臨財
忌格
土計夾月
日月背行
正月十九日
浙江錢塘人
庚午
戊寅
丁亥
己酉
葛寅亮
庚子辛丑科
庚申丁憂
乾造夜生
經證
在別宮生
年限
子丑運第限木
兼令坐貴向貴

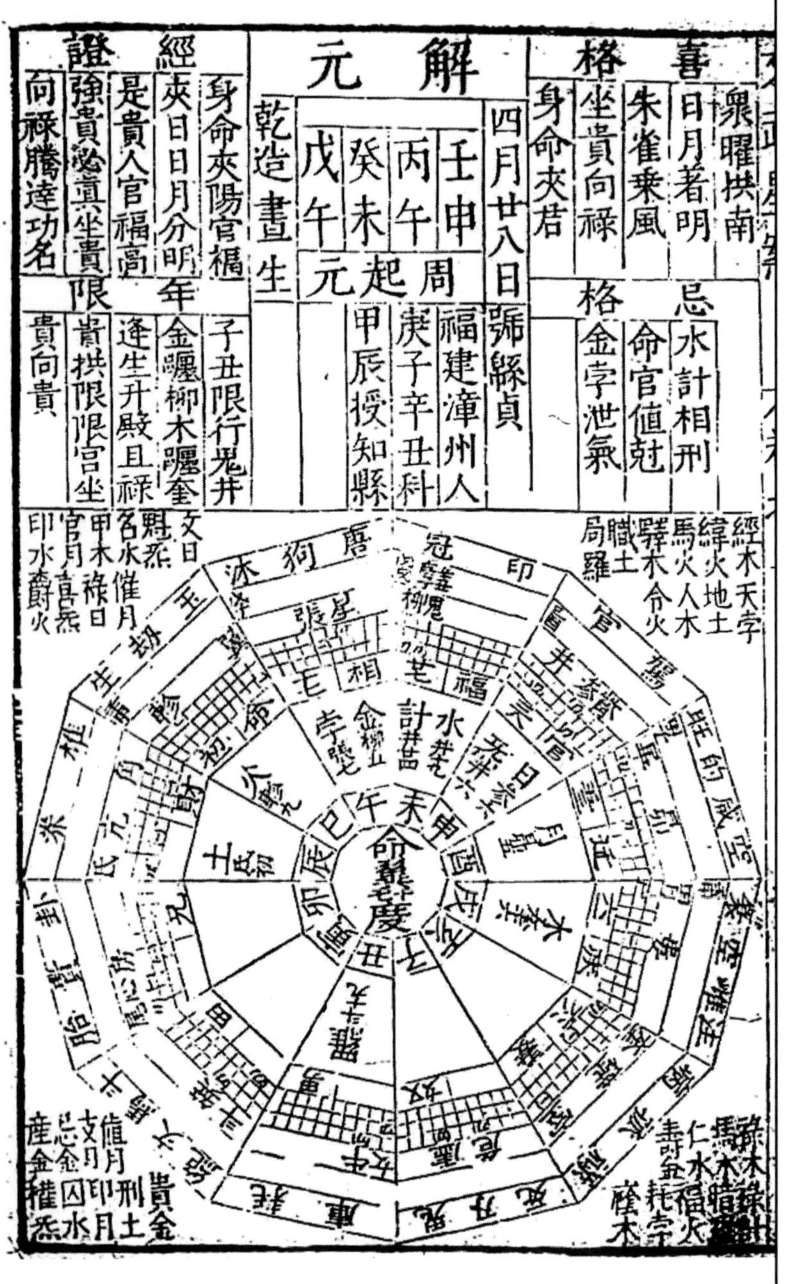

喜格

梟曜拱南
日月着明
朱雀乘風
坐貴向祿
身命夾君

忌格

水計相刑
命官值尅
金孛泄氣

經木天孛
緯火地土
馬火人木
驛木命火
職土
局羅

解元

四月廿八日號縣貞

周起元

壬申
丙午
癸未
戊午

福建漳州人
庚子辛丑科
甲辰授知縣

乾造晝生

經證

身命夾陽官福
夾日日月分明
是貴人官福高
強貴必貴坐貴
向祿騰達功名

年限

子丑限行鬼井
金纏柳木纏奎
逢生升殿且祿
貴拱限限宮坐
貴向貴

文日
財炁
名水催月
甲木祿日
官月喜炁
印水爵火

解元進士

喜格

日月拱命
水金夾陽
福官拱財
身命拱君
四餘得地

忌格

寒月凍土
土埋雙女
金騎人馬
水火對傷

十二月十一日號觀濤
直隸楊州人
丁卯
癸丑
辛卯
壬辰
王納諫
癸卯丁未科
戊午年卒
乾造書生

經證

陰陽拱命當膺
孟子之萬鍾官
曜顯而福星明
官高福厚孛坐
玄楞權謀縱變

年限

尾心二度宮度
兩強且癸祿到
命丁祿照命木
星登駕平生足
履王庭

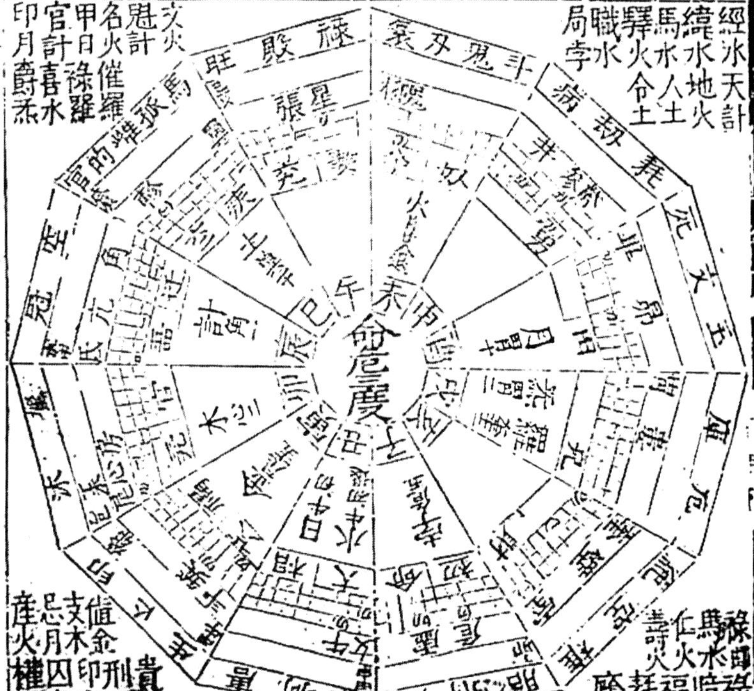

經水 天計
緯水 地火
馬水 人土
驛火 合土
職水
局孛

文火
魁計
名火 催羅
甲日 祿羅
官計 喜水
印月 爵炁

祿日 祿金
馬水 暗土
仁火 福月
壽火 耗水
蔭炁

值金 貴計
支木 刑[illegible]
忌月 印火
産火 四孛
權木

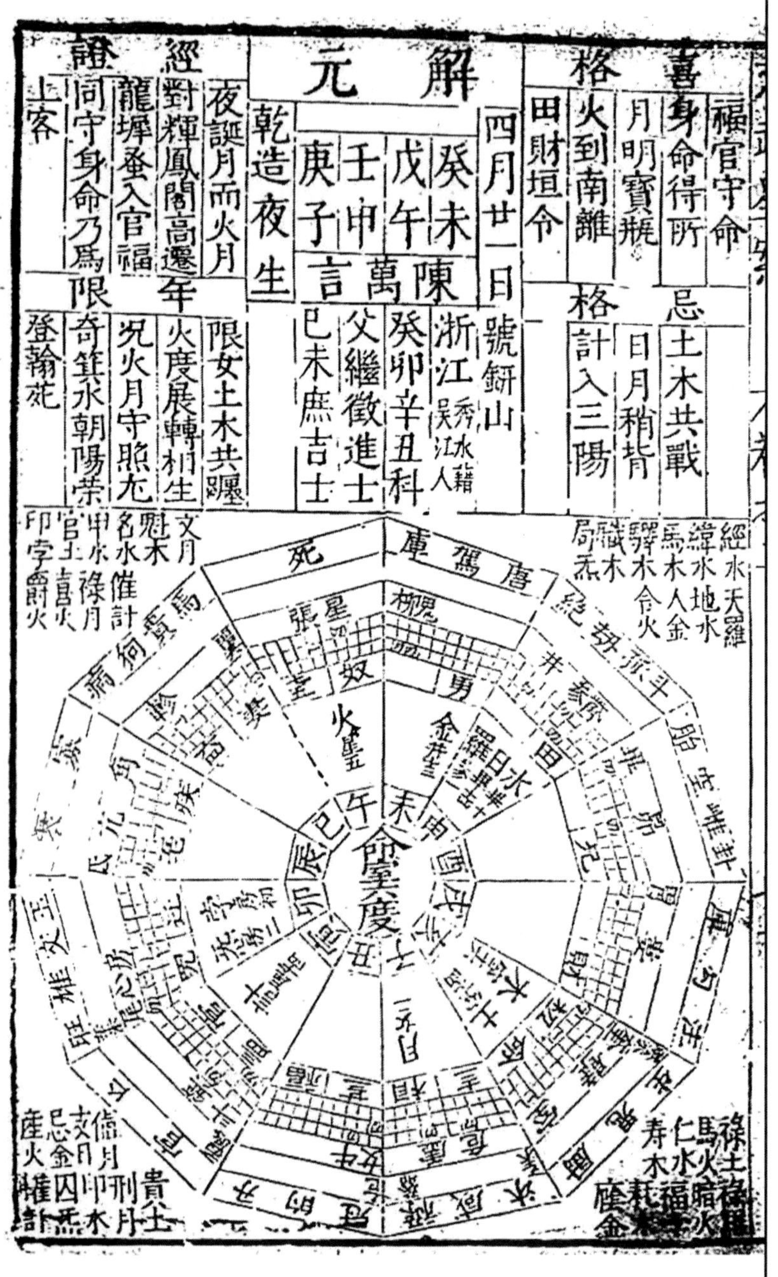
喜格
福官守命
身命得所
月明寶瓶
火到南離
田財垣令
忌格
土木共戰
日月稍背
計入三陽
解元
四月廿一日 號餠山
癸未
戊午
壬申
庚子
乾造夜生
陳萬言
浙江 秀水籍 吳江人
癸卯辛丑科
父繼徵進士
巳未庶吉士
經
夜誕月而火月
對輝鳳閣高遷
龍墀登入官福
證
同守身命乃爲
上客
年限
限女土木共躔
火度展轉相生
况火月守照尤
奇箕水朝陽榮
登翰苑

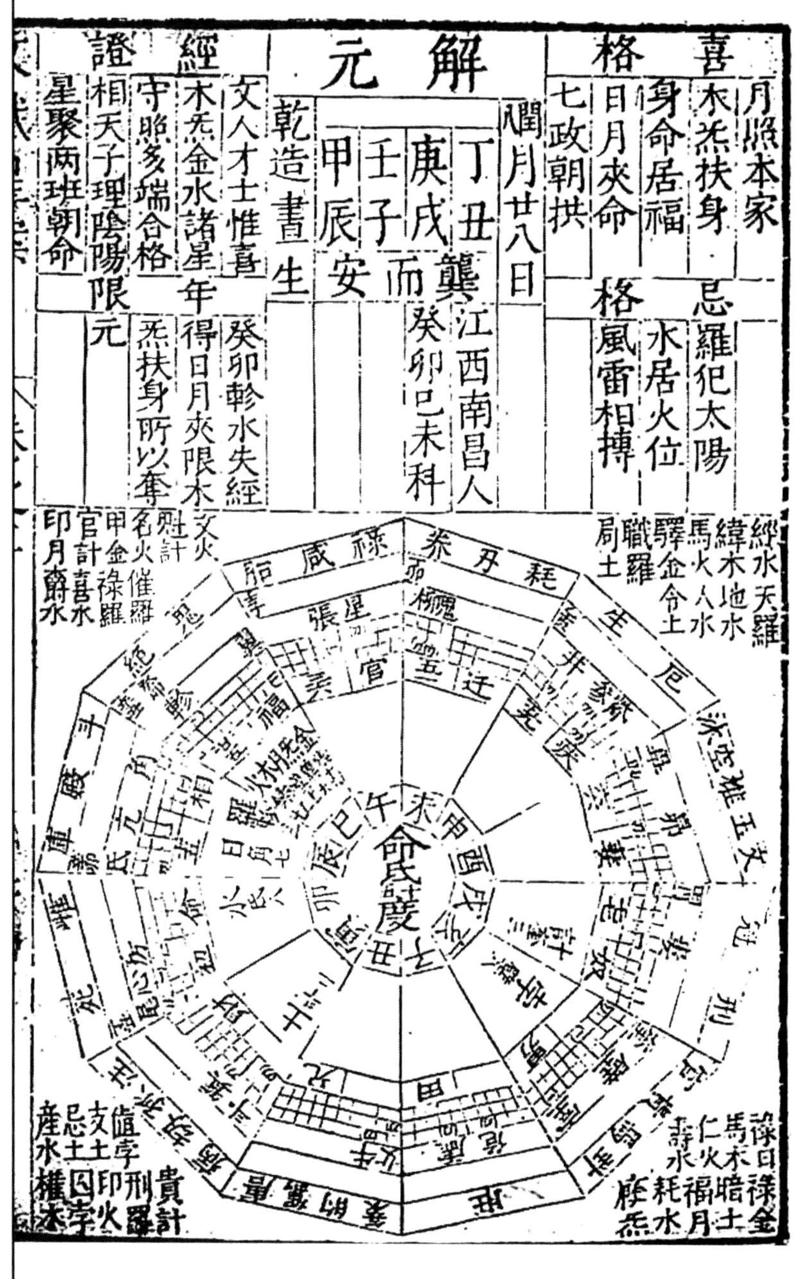

喜格
月照本家
木炁扶身
身命居福
日月夾命
七政朝拱
忌格
羅犯太陽
水居火位
風雷相搏
解元
閏月廿八日
丁丑
庚戌
壬子
甲辰
龔而安
江西南昌人
癸卯巳未科
乾造書生
經證
文人才士惟喜
木炁金水諸星年
守照多端合格
相天子理陰陽限
星聚兩班朝命
癸卯軫水失經
得日月夾限木
炁扶身所以奪
元
紫水 天羅
緯木 地水
馬火 人水
驛金 令土
職羅
局土
文火 魁計
名火 催羅
甲金 祿羅
官計 喜水
印月 爵水
命宮
祿日 祿金
馬木 暗土
仁火 福月
壽水 耗水
貴計
刑羅
印火
權木
値孛
支土
忌土
產水

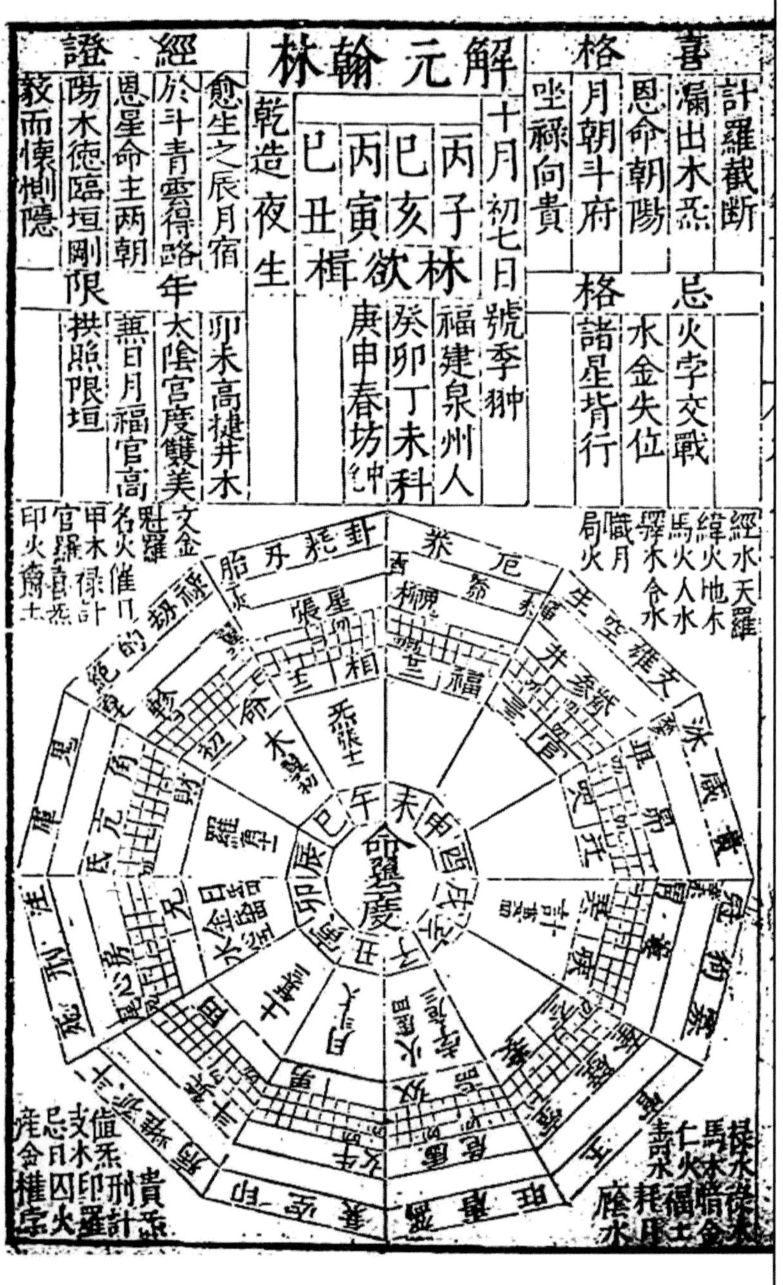
解元翰林
書格
計羅截斷
漏出木炁
恩命朝陽
月朝斗府
坐祿向貴
忌格
火孛交戰
水金失位
諸星背行
十月初七日號季翀
丙子林福建泉州人
己亥欲癸卯丁未科
丙寅楫庚申春坊
己丑
乾造夜生
經證
愈生之辰月宿卯未高捷井木
於斗青雲得路年太陰宮度雙美
恩星命主兩朝蕪日月福官高
陽木德臨垣剛限拱照限垣
敎而悚惻隱
經水天羅
緯火地木
馬火人水
驛木合水
職月
局火
命度

喜格

日月夾主恩

日月夾祿田　忌訂月同宮

主恩朝陽　火孛交戰

福官垣令　裕福元掌刃

田財夾命

解元進士

四月初五日號衣白

甲戌　戊辰　己酉　戊辰

鄒之麟　直隸武進人　丙午庚戌科

乾造書生

經證

日月最宜拱夾　午戌鄉會限行

金水須要分明　年壁水逢生朝陽

殺星照命反為　名遂功成室火

亭主在別宮生　限犯孛危月犯計

田財夾命肯當　恐成蹭蹬

經水天羅　緯金地火　馬火人水　驛木合土　職火　局月

文羅　魁月　名木催金　甲木祿木　官炁暗羅　印木爵金

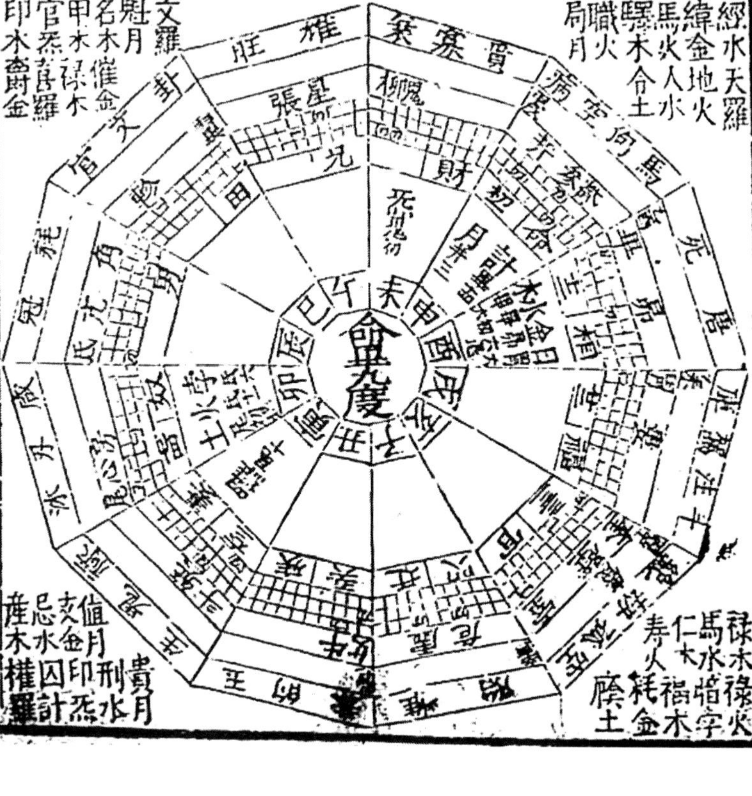

祿木祿火　馬水暗孛　仁木福木　壽火耗金　廕土

貴月　值月刑水　文金印炁　忌水囚計　產木權羅

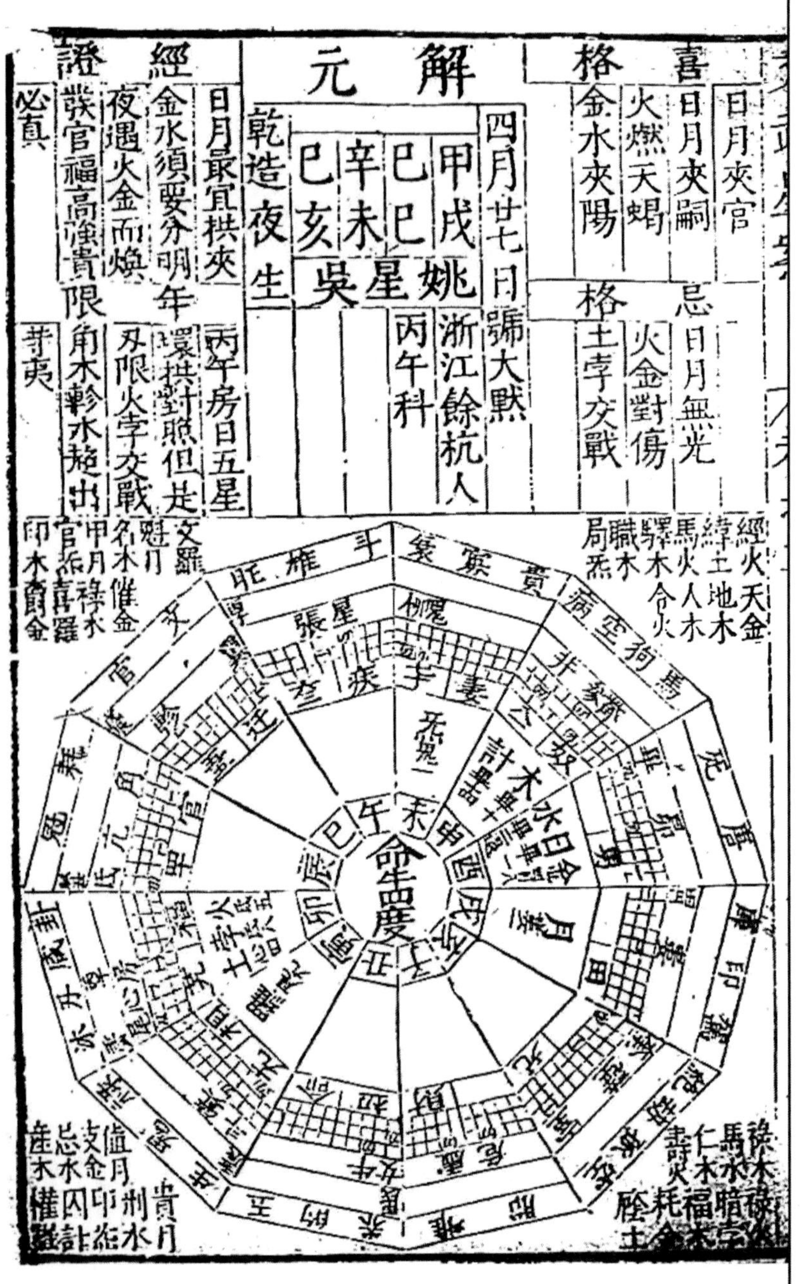

喜格

日月夾官
日月夾嗣
火燃天蝎
金水夾陽

忌格

日月無光
火金對傷
土孛交戰

解元

四月廿七日號大默
浙江餘杭人
甲戌
巳巳
辛未
巳亥
姚星吳
丙午科
乾造夜生

經證

日月最宜拱夾　丙午房日五星
金水須要分明　年環拱對照但是
夜遇火金而煥　又限火孛交戰
發官福高強貴　限角木軫水擢出
必眞　并爽

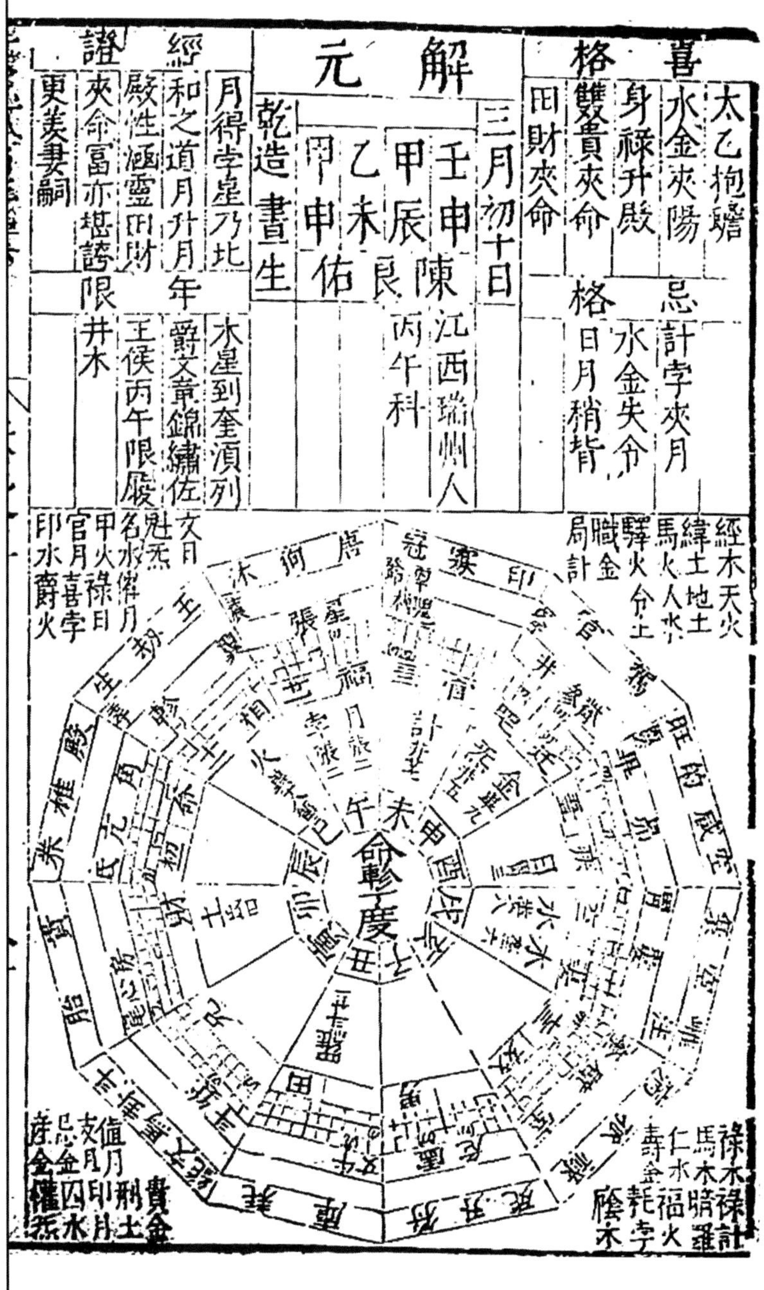
喜格
太乙抱蟾
水金夾陽
身祿升殿
雙貴夾命
田財夾命
忌格
計孛夾月
水金失令
日月稍背
解元
三月初十日
壬申
甲辰
乙未
甲申
陳良佑
江西瑞州人
丙午科
乾造書生
經
月得孛垣乃比
和之道月升月
年
殿性涵靈田財
證
夾命富亦堪誇
限
更羡妻嗣
水星到奎須列
爵文章錦繡佐
王侯丙午限履
井木
經木天火
緯土地土
馬火人水
驛火命土
職金
局計
文月
魁炁
名水
明水
甲火祿日
官月喜孛
印水爵火
命
軫
度
祿木祿計
馬木暗羅
仁水福火
壽金耗孛
蔭木
貴金
刑土
印月
四水
值月
支月
忌金
虛金

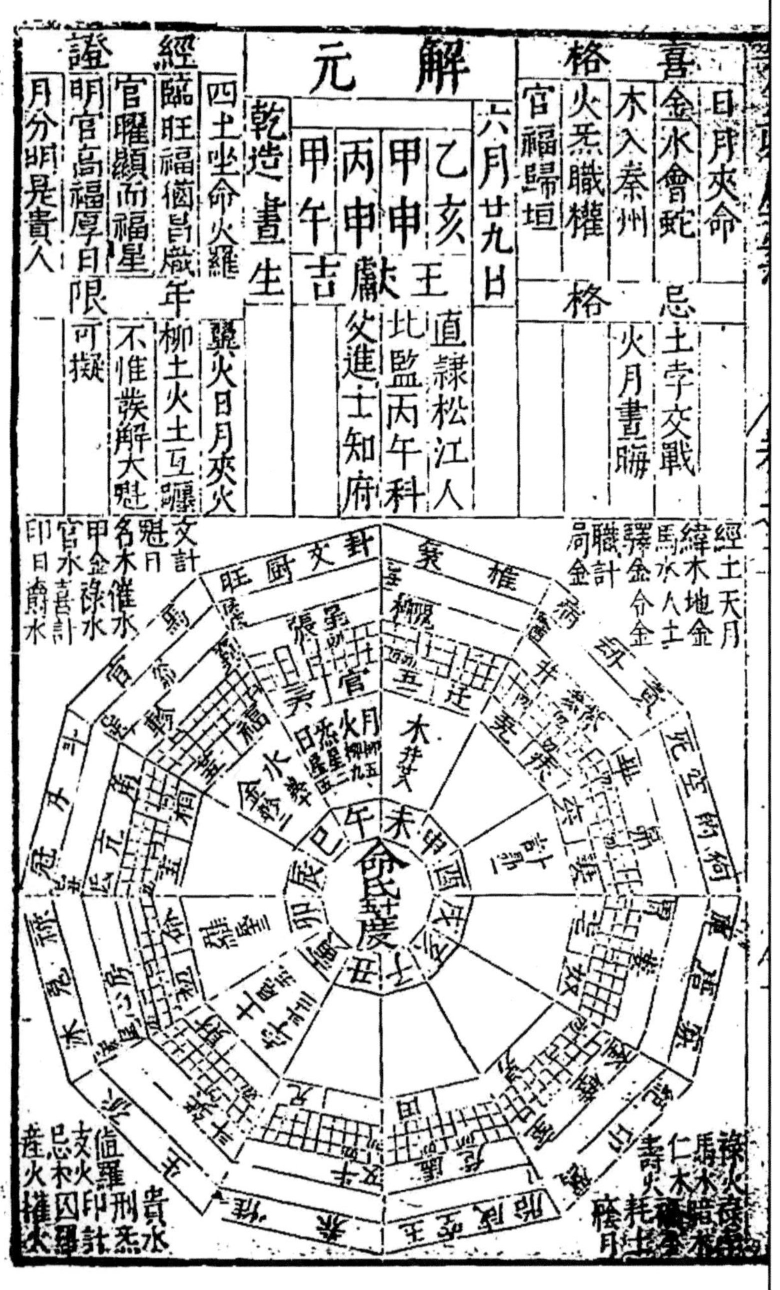
喜格
日月夾命
金水會蛇
木入秦州
火炁職權
官福歸垣
忌格
土孛交戰
火月晝曜
解元
六月廿九日
乙亥
甲申
丙申
甲午
乾造晝生
王獻吉
直隸松江人
北監丙午科
父進士知府
經讚
四土坐命火羅
夔火日月夾火
臨旺福徧昌歲年
柳土火土互躔
官曜顯而福星
不惟裝解大魁
明官高福厚日限可擬
月分明是貴人
經土天月
緯木地金
馬水八土
驛金命金
職計
局金
文計
魁月
名木催水
甲金祿水
官水喜計
印日爵水
命度

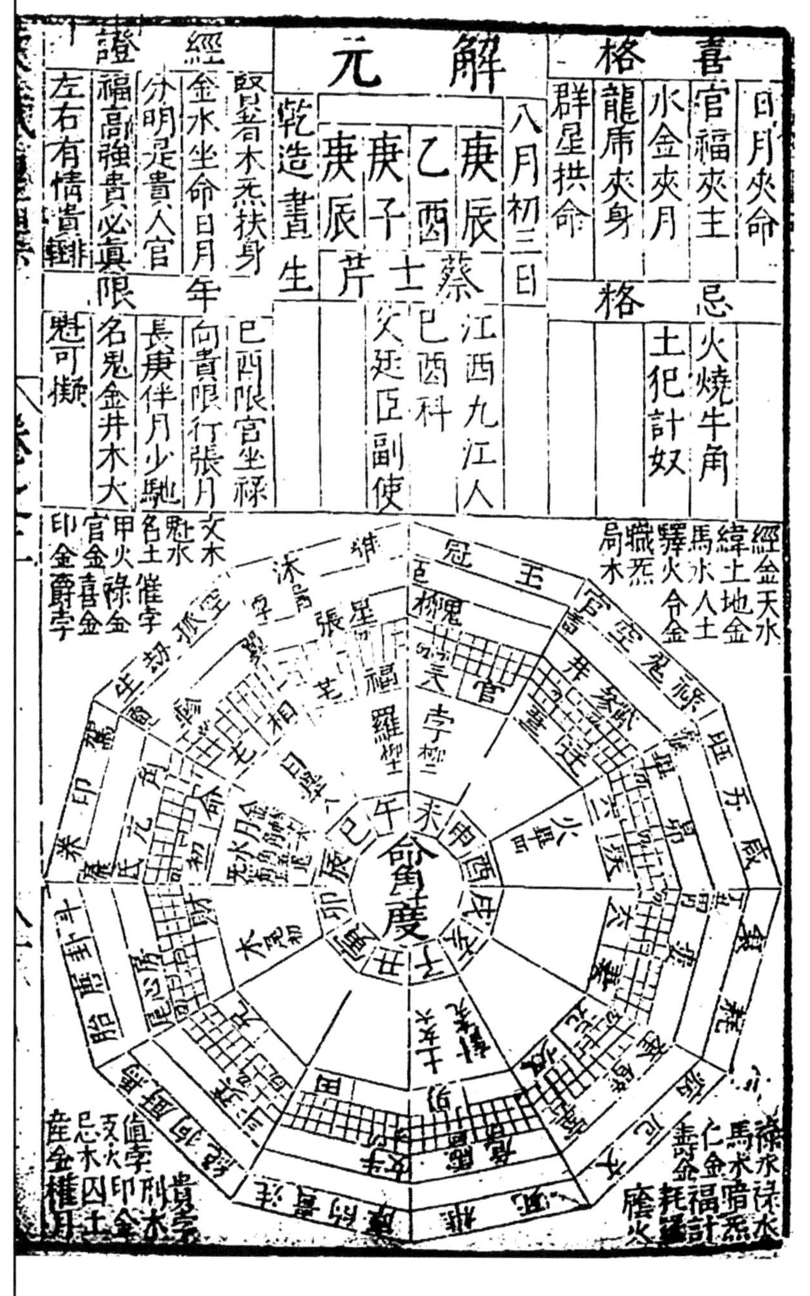
書格
日月夾命
官福夾主
水金夾月
龍帝夾身
群星拱命
忌格
火燒牛角
土犯計奴
解元
八月初三日
庚辰
乙酉
庚子
庚辰
蔡士芹
江西九江人
巳酉科
父廷臣副使
乾造晝生
經證
賢名木炁扶身
金水坐命日月
分明是貴人官
福高強貴必真
左右有情貴難
限
巳酉限宮坐祿
年向貴限行張月
長庚伴月少馳
名鬼金井木大
魁可擲
命度

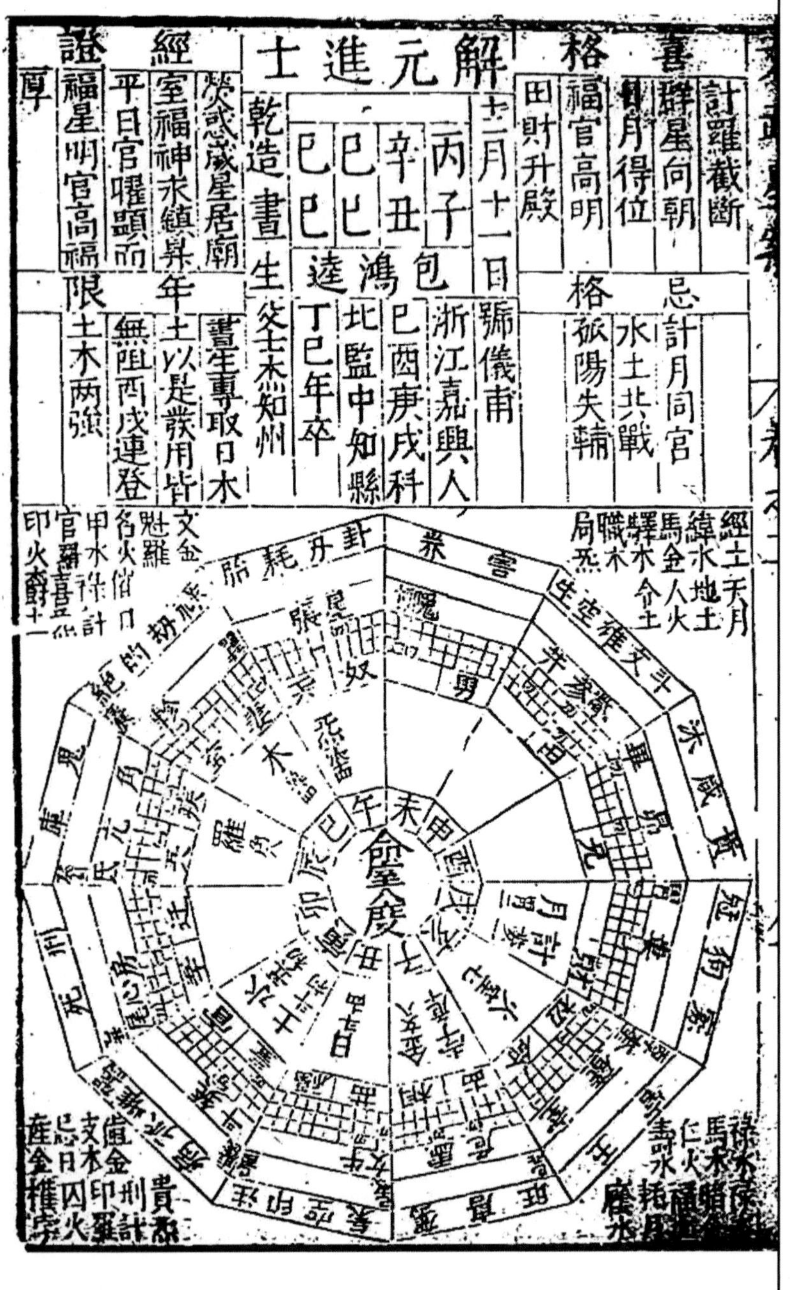
解元進士
貴格
計羅截斷
羣星向朝
日月得位
福官高明
田財升殿
忌格
計月同宮
水土共戰
孤陽失輔
十二月十一日
丙子
辛丑
己巳
己巳
乾造書生
包鴻逵
號儀甫
浙江嘉興人
己酉庚戌科
北監中知縣
丁巳年卒
癸未知州
經證
癸武歲星居廟
室福神來鎮昇
平日宮曜顯而
福星明官高福
厚
年
書生專取日木
土以是娛用皆
無阻酉戌連登
限
土木兩强

解元進士

十二月十七日
癸酉
甲子
癸巳
甲寅
乾造夜生
尹嘉賓
南直江陰人
巳酉庚戌科
庚申兵部副郎

喜格

日月得位
福官高明
祥雲捧月
群星拱命
首星扶日

忌格

火孛同宮
水冷金寒
木土對傷

經證

木炁拱照身命
主有壽而聰明
日月分明是貴
人官福高強格
尤精

年限

巳庚連捷限步
張月宮度兩強
蓋紗羅化天祿
炁乃文曜

經木天孛
緯木地土
馬火人木
驛金命水
職水
局孛

文月
魁水
名水催計
甲金祿月
官土喜火
印孛爵金

命度
午 巳 辰 卯 寅 丑 子 亥 戌 酉 申 未

祿土祿驛
馬木暗火
仁水福孛
壽金耗木
蔭金

貴土
催金刑月
亥水印水
忌火囚炁
產金權計

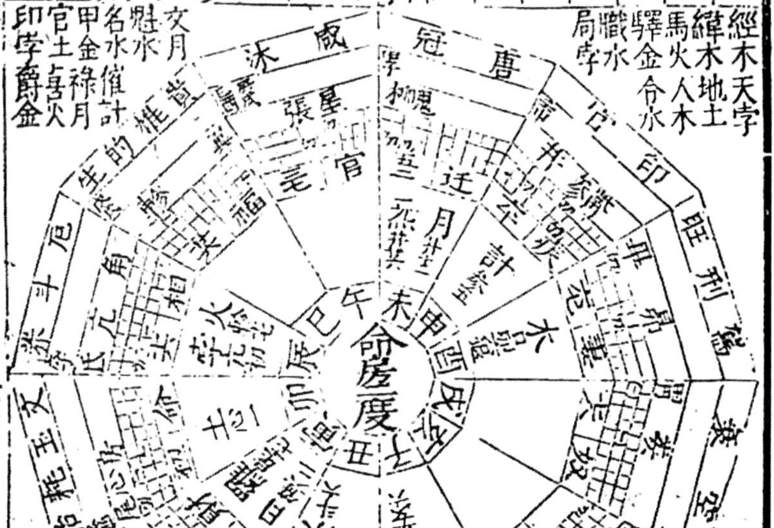

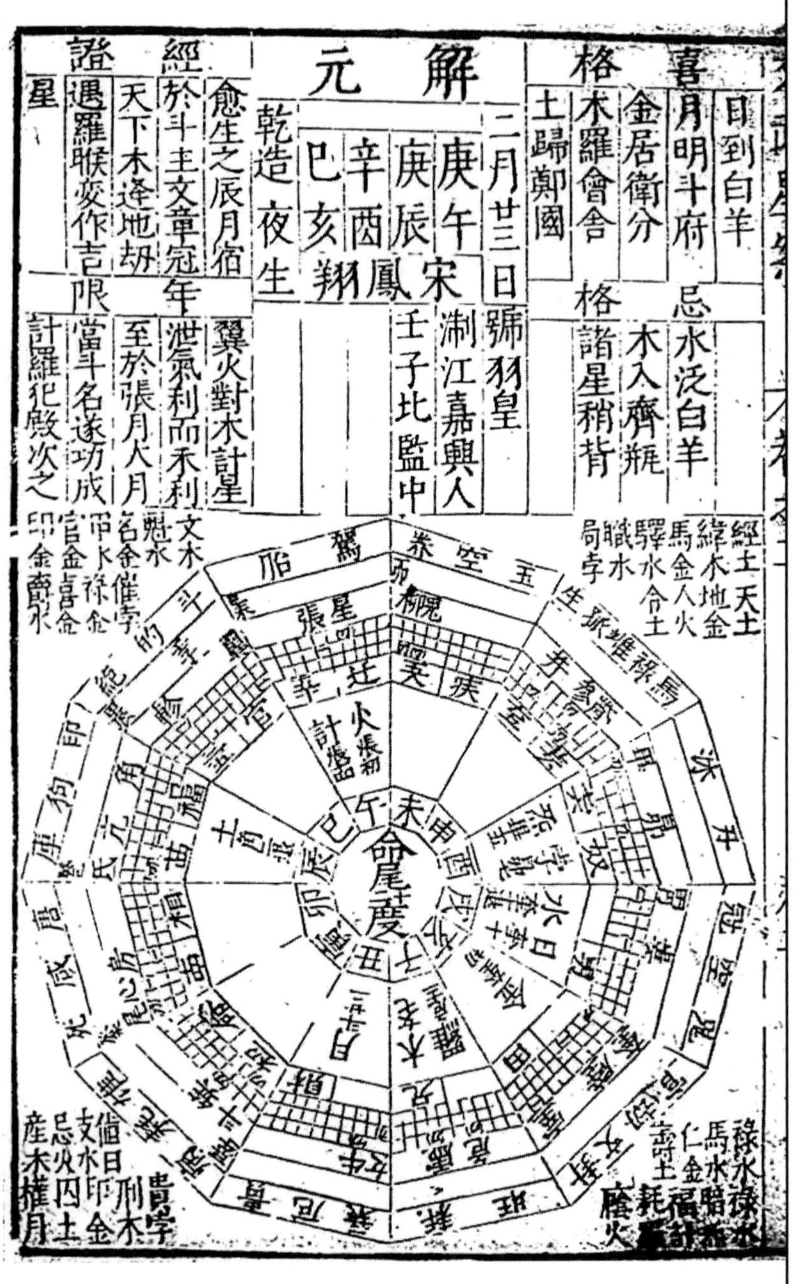

喜格
日到白羊
月明斗府
金居衛分
木羅會舍
土歸鄭國
忌格
水泛白羊
木入齊瓶
諸星稍背
解元
二月廿三日驌羽皇
庚午
庚辰
辛酉
巳亥
宋鳳翔
浙江嘉興人
壬子北監中
乾造夜生
經證
愈生之辰月宿
翼火對木討星
於斗主文章冠年
泄氣利而禾利
天下木逢地劫
至於張月火月
遇羅睺変作吉限
當年名遂功成
星
計羅犯殺次之
經土 天土
緯木 地金
馬金 人火
驛水 合土
職水
局孛
文木
魁水
命尾度
祿水 祿水
馬水 暗計
仁金 福計
壽土 耗孛
蔭火
貴孛
刑木
倫日 印金
文水 四土
產木 權月

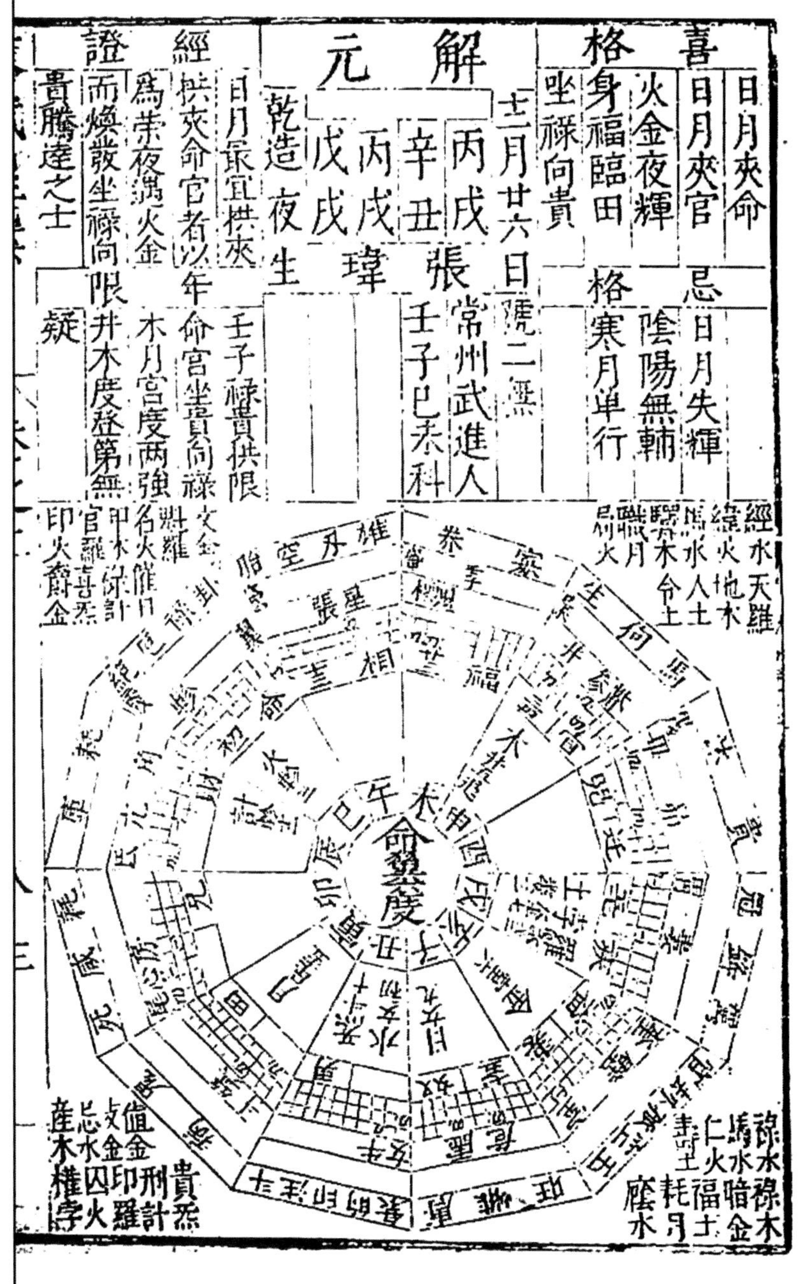

喜格

日月夾命

日月夾官

火金夜輝

身福臨田

坐祿向貴

忌格

日月失輝

陰陽無輔

寒月單行

解元

十二月廿六日號二黑

丙戌 辛丑 丙戌 戊戌

乾造夜

張瑋生

常州武進人

壬子己未科

經證

日月最宜拱夾壬子祿貴拱限

拱夾命官者以年命宮坐貴向祿

為業夜遇火金木月宮度兩強

而煥發坐祿向限井木度登第無

貴騰達之士

疑

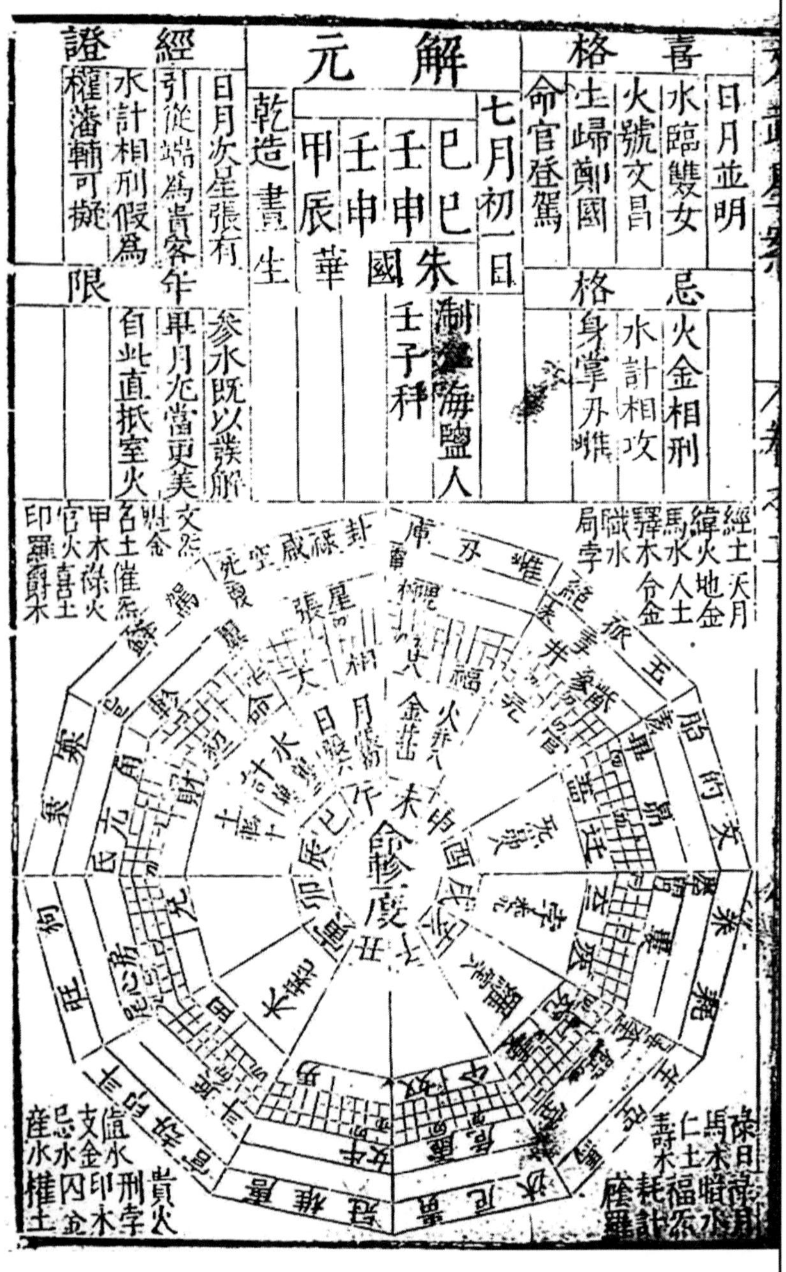

喜格
日月並明
水臨雙女
火號文昌
土歸鄭國
命官登駕
忌格
火金相刑
水計相攻
解元
七月初一日
己巳
壬申
壬申
甲辰
乾造書生
朱國華
制海鹽人
壬子科
經證
日月次星張有
引從端為貴客
水計相刑假為
權潘輔可擬
限
參水既以
畢月尤當更美
自此直抵室火

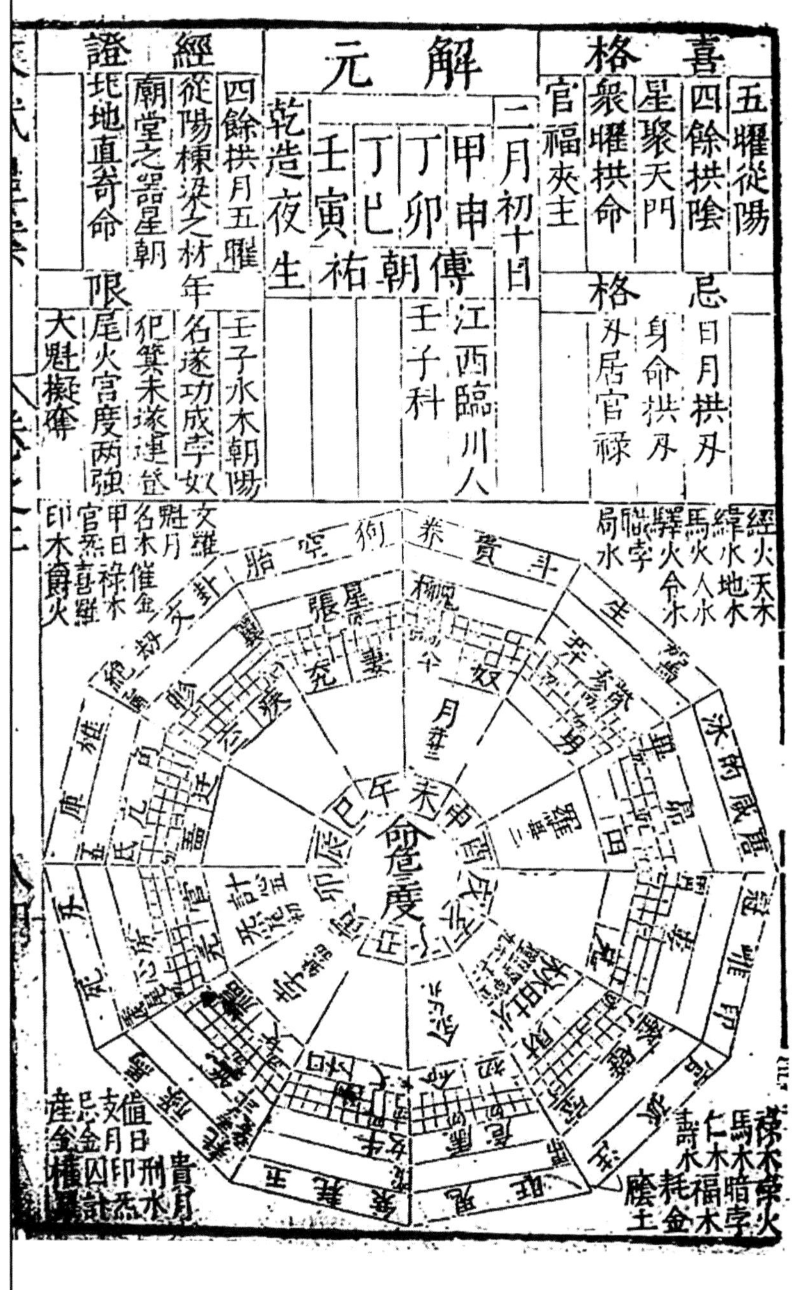

喜格
五曜從陽
四餘拱陰
星聚天門
衆曜拱命
官福夾主
忌格
日月拱刃
身命拱刃
刃居官祿
解元
二月初十日
甲申
丁卯
丁巳
壬寅
乾造夜生
傅朝祐
江西臨川人
壬子科
經證
四餘拱月五曜
從陽棟梁之材
廟堂之器星朝
坦地直奇命
限
壬子水木朝陽
年名遂功成李奴
尾火宮度兩強
大魁擬奪

書格

計羅攔截

漏出福官

日月夾財

月躔奎府

官星升殿

忌格

火孛交戰

土埋雙女

解元

三月廿九日

巳巳

戊辰

癸酉

甲寅

乾造夜生

高崇教

福建邵武人

壬子科

經證

爲人清秀主文章，多因身命壁年奎劄官曜顯，而福星明，官高福厚。

壬子坐祿向貴，水泛白羊遇太陽，豈爲惡曜？限火日月夾火遇孛尅逆中生順。

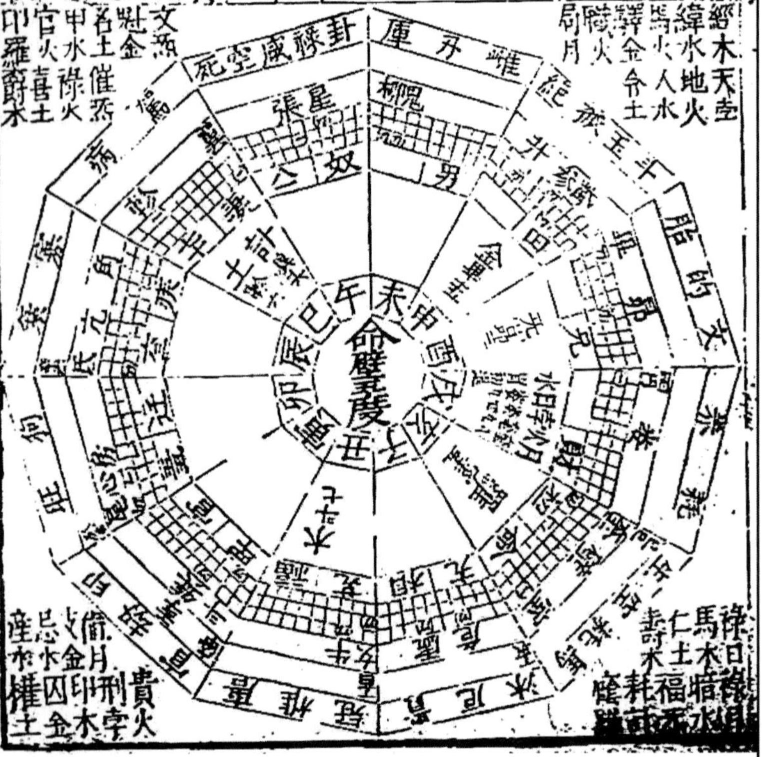

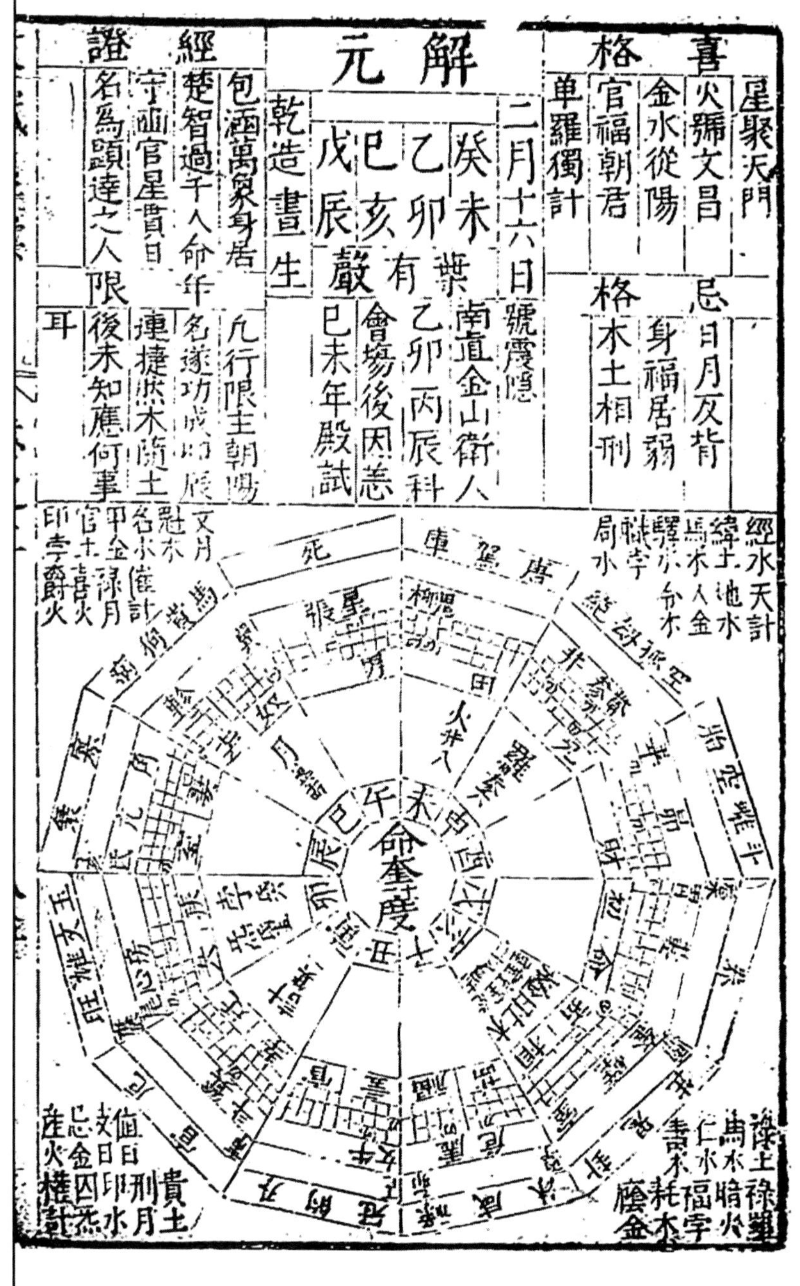

喜格

星聚天門
火躡文昌
金水從陽
官福朝君
單羅獨計

忌格

日月反背
身福居弱
木土相刑

解元

二月十六日號震隱

乾造 晝生

癸未 乙卯 己亥 戊辰

葉有敵

南直金山衛人
乙卯丙辰科
會場後因恙
己未年殿試

經證

包涵萬象身居午
楚智過千人命午
守垣官星貴日
名爲頭達之人限
凡行限主朝陽
名遂功成以辰
連捷然木隨土
後未知應何事
耳

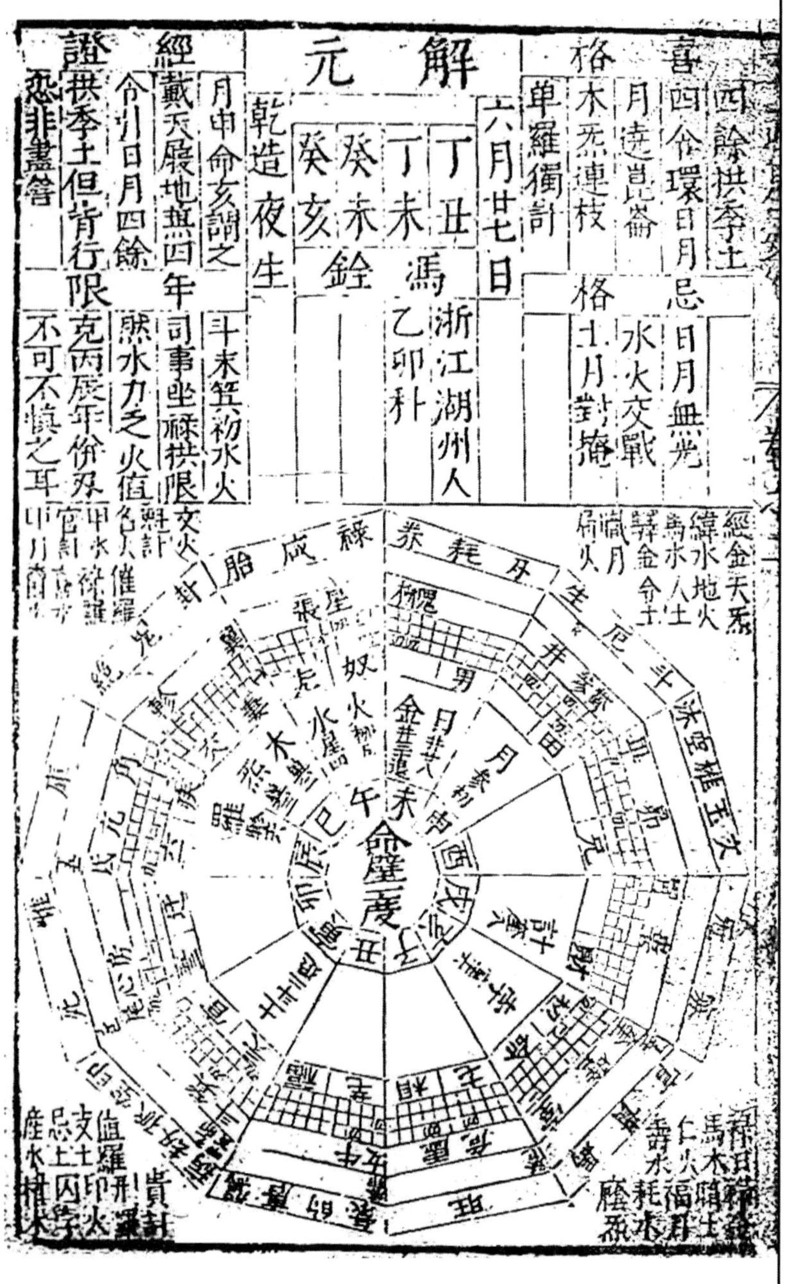

解元

喜：四餘拱季土　四合環日月　月逢嵬崙

格：木炁連枝　單羅獨計

忌：日月無光　水火交戰

格：土月對掩

六月廿七日

丁丑　浙江湖州人

丁未　馮　乙卯升

癸未　銓

癸亥

乾造夜生

經：月中命亥謂之斗木箕紛水火，戴天履地無四年司事坐祿拱限文火，命小日月四餘照水力之火值

證：拱季土但背行限克丙辰年份及

恐非盡善，不可不慎之耳。

經：金天炁　緯：水地火　爲：水人土　驛：金命土　職：月　福：火

祿：日精金　馬：木暗土　仁：火福君　壽：木耗木　蔭：炁

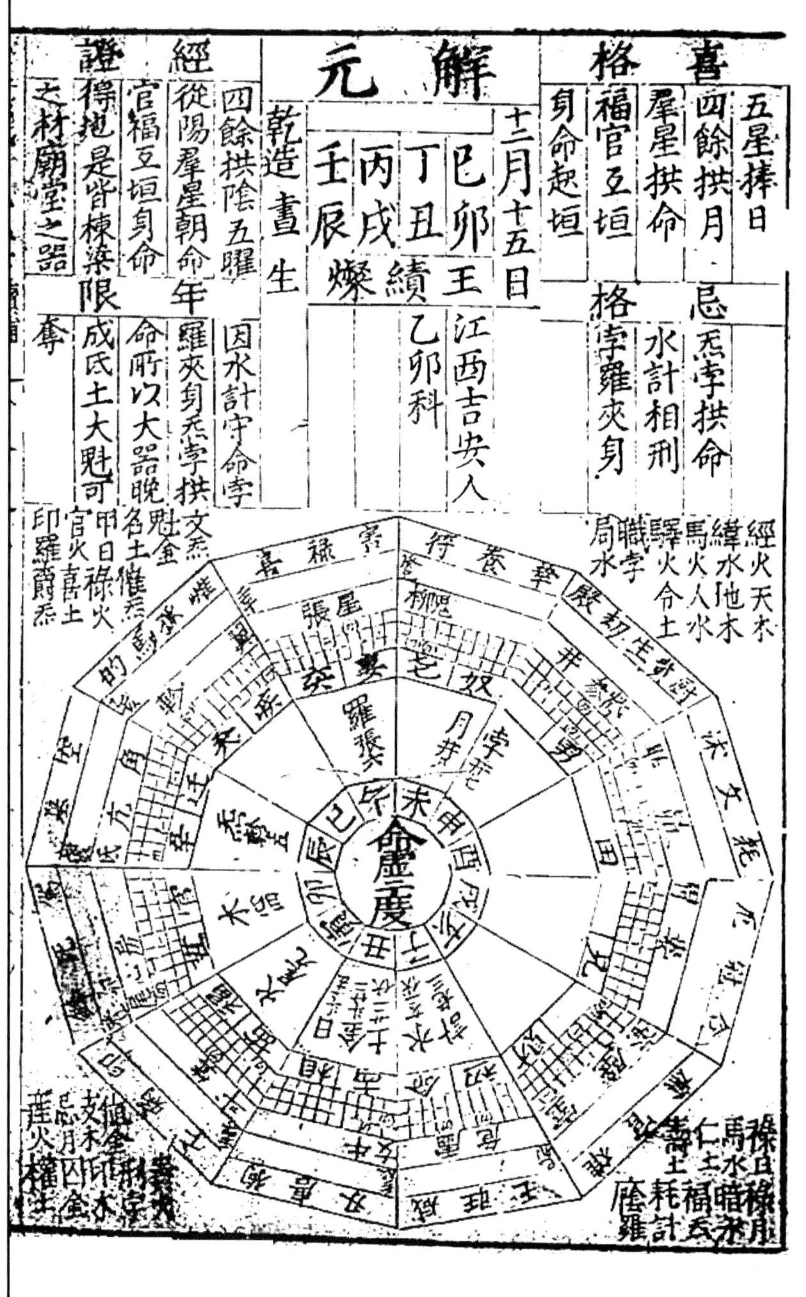

喜格

五星捧日
四餘拱月
羣星拱命
福官互垣
身命趣垣

忌格

炁孛拱命
水計相刑
孛羅夾身

解元

十二月十五日
己卯 王
丁丑 績
丙戌 爍
壬辰

乾造晝生

江西吉安人
乙卯科

經證

四餘拱陰五曜從陽羣星朝命官福互垣身命得地是皆棟梁之材廟堂之器

年限

因水計守命孛羅夾身炁孛拱命所以大器晚成氏土大魁可奪

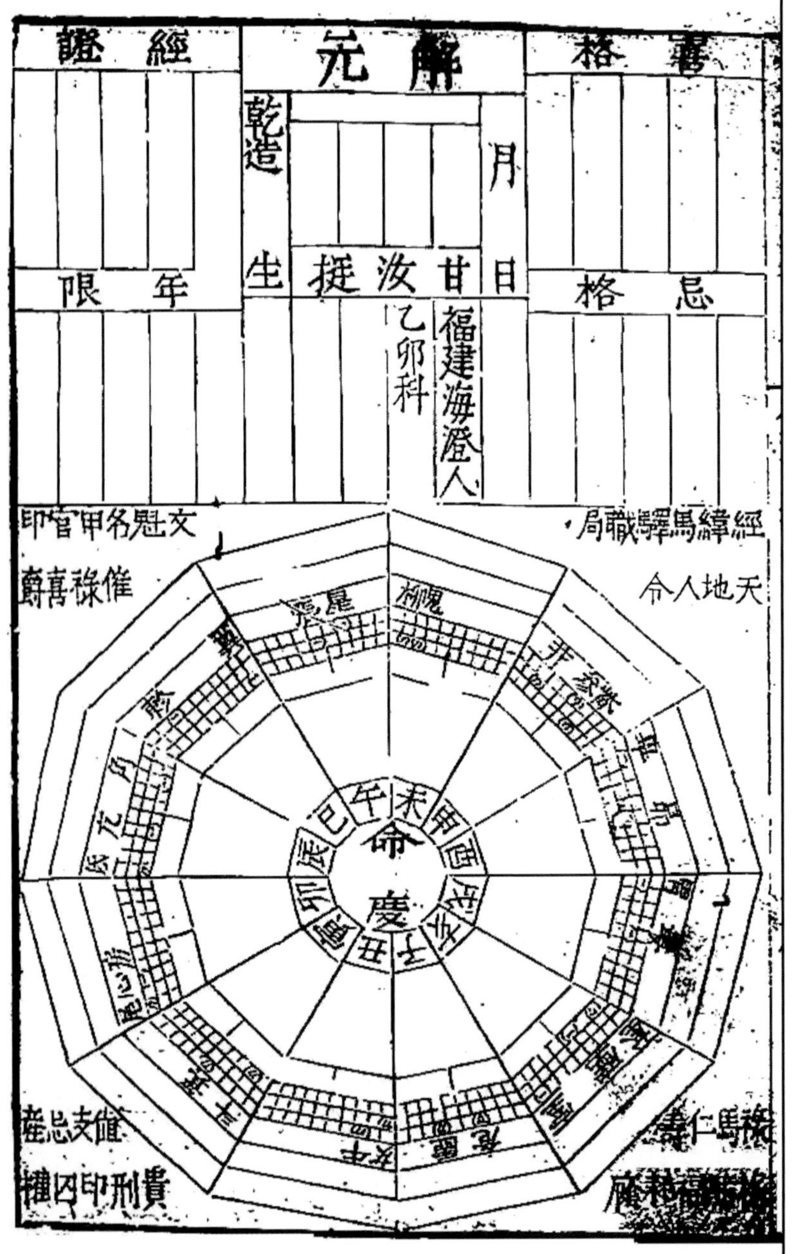
經鑑
解元
格書
年限
格忌
乾造
月
生挺汝甘日
福建海澄人
乙卯科
文魁名甲官印
雀祿喜爵
經緯馬驛職局
天地人命
命度
午未申酉戌亥子丑寅卯辰巳
值支忌產
貴刑印囚權

喜格

金水從陽
官福高明
日月得位
身福垣殿
木炁聯枝

忌格

水羅交戰
火孛同宮
炁奴犯度

解元

九月十三日
丙子
戊戌
壬寅
癸卯
乾造晝生

盛文琳

號九容
蘇州常熟人
戊午科

經驗

文魁催官入於
格局名當一舉
而成日月分明
是貴人官福高
極貴必真

年 限

木逢紫炁本來
凶若居午酉又
難行限逢之人
必吉凶是餘奴
救主翁

經計天計
緯土地火
馬木人金
驛火合羅
職土
局羅

文金
魁羅
名火催日
甲火祿計
官羅喜炁
印火爵土

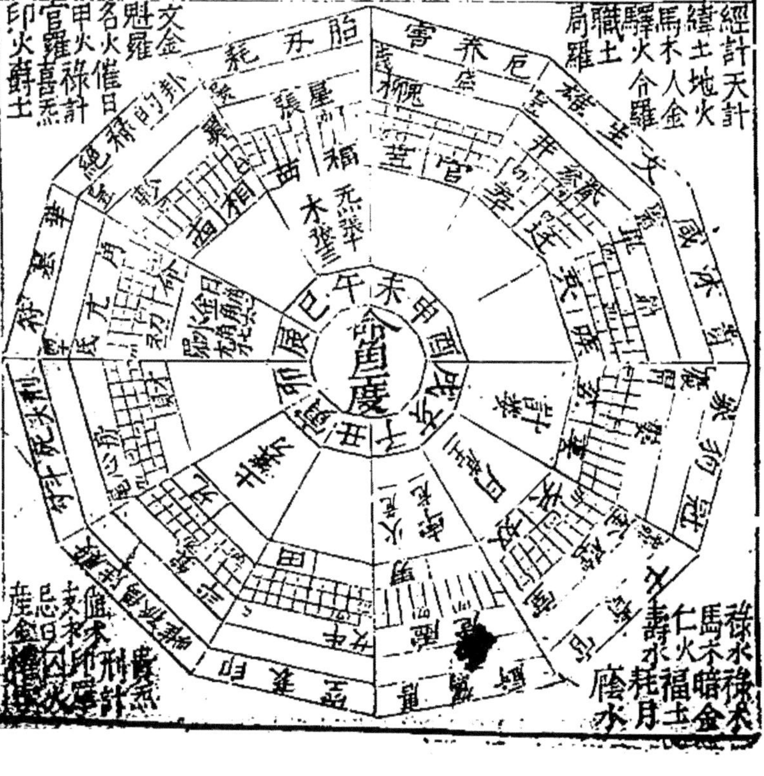

命宮度

祿水祿木
馬木暗金
仁火福土
壽水耗月
蔭水

貴炁
刑計
[illegible]

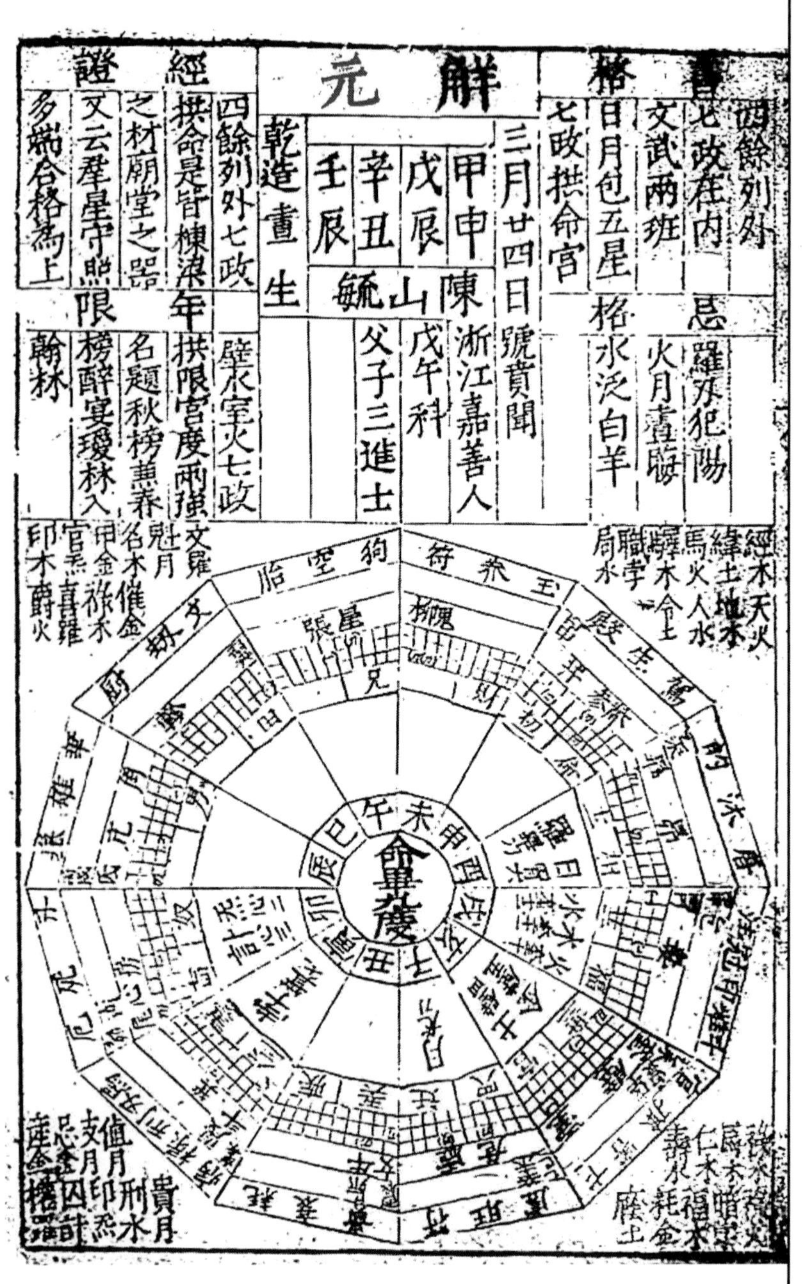
解元
四餘列外
七政在內
文武兩班
日月包五星
七政拱命宮
忌 羅孛犯陽
火月害晦
格 水泛白羊
三月廿四日號貢闡
陳 浙江嘉善人
山 戊午科
毓 父子三進士
甲申
戊辰
辛丑
壬辰
乾造晝生
經證
四餘列外七政
拱命是皆棟梁
之材廟堂之器
又云羣星守照
多端合格為上
限
壁水室火七政
拱限宮度兩強
名題秋榜蕙春
榜醉宴瓊林入
翰林
午
未
申
酉
戌
亥
子
丑
寅
卯
辰
巳

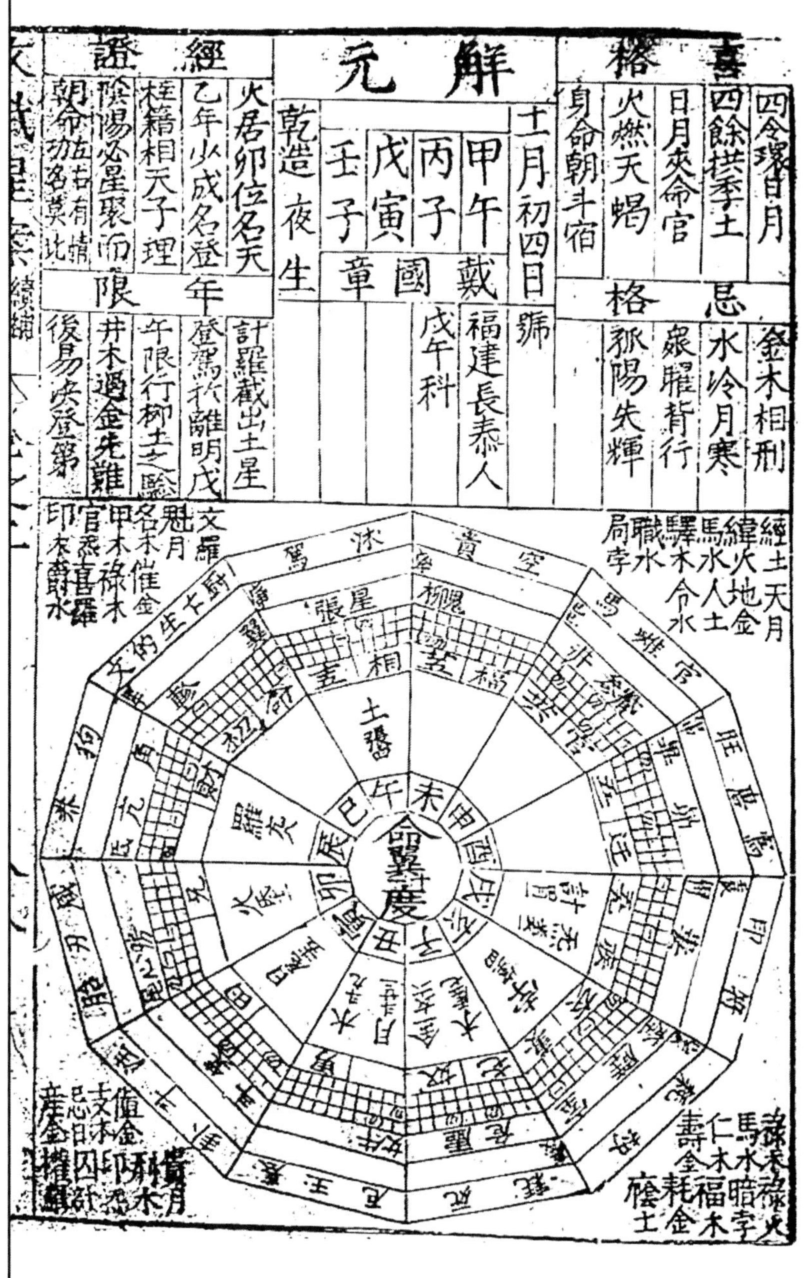

喜格
四令環日月
四餘拱季土
日月夾命官
火燃天蝎
身命朝斗宿
忌格
金木相刑
水冷月寒
衆曜背行
孤陽失輝
解元
十一月初四日
甲午
丙子
戊寅
壬子
乾造夜生
戴國章
福建長泰人
戊午科
經證
火居卯位名天
乙年必成名登
桂籍相天子理
年限
計羅截出土星
午限行柳土之驗
井木過金先難
後易決登第
命
度

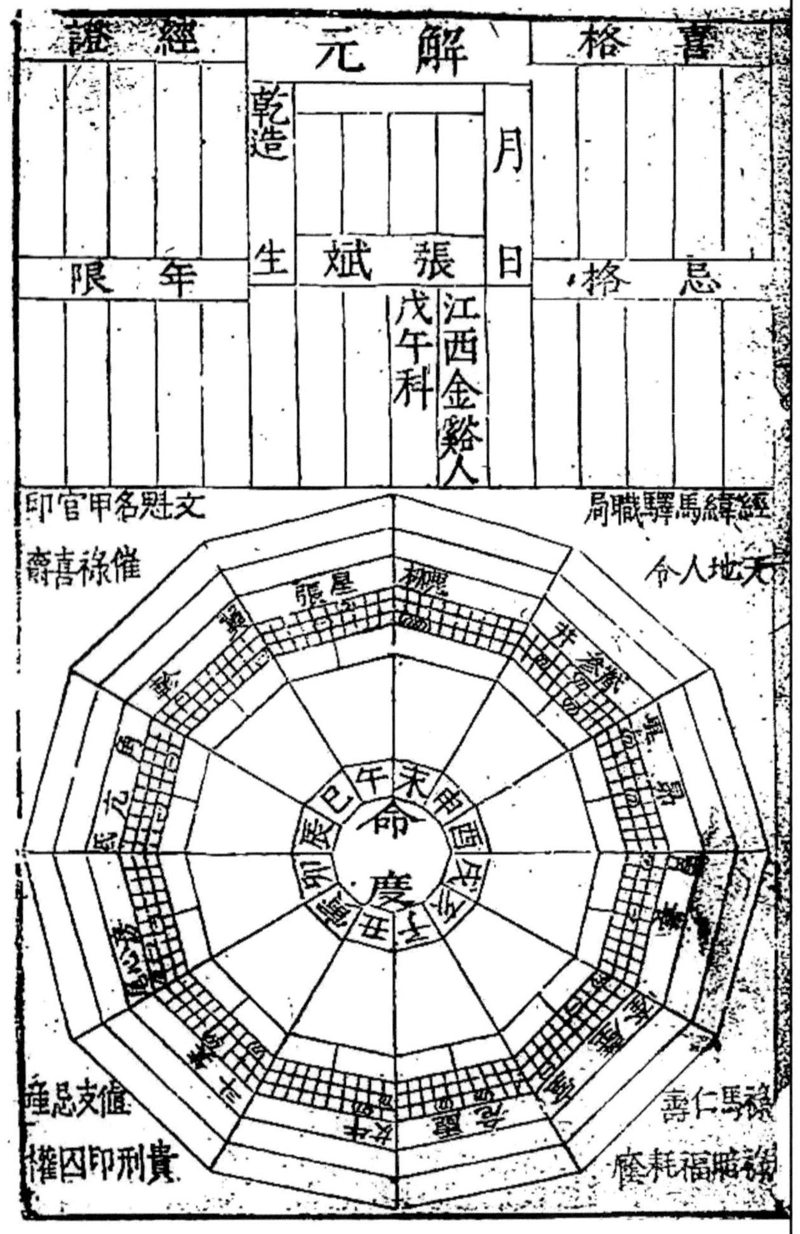

經證
解元
書格
乾造
月
日
生 張斌
年限
忌格
江西金谿人
戊午科
文魁名甲官印
經緯馬驛職局
催祿喜齋
天地人命
命度
巳 午 未 申 酉 戌 亥 子 丑 寅 卯 辰
催支忌垂
祿馬仁壽
貴刑印囚權
禄暗福耗蔭

新編分類當代名公文武星案卷之三　御集

閣老　尚書　逸客　斗南　陸位　著

亞卿　都院　後學　景亨　時通　閱

五曜從陽	狀元費宏　尚書鄭曉	尚書衛鏜　尚書林雲同
四餘拱陰	尚書[illegible]　天官宋纁	尚書朱衡　尚書[illegible]
七政在內	閣老呂本　尚書劉光濟	尚書張瀚　閣老高儀
四餘列外	尚書邢玠　閣老徐階	閣老夏言　閣老馬自強
四令環月	尚書黃[illegible]　尚書李化龍	
四餘[illegible]土	尚書郭士章　尚書陳薦	
文武兩班	閣老高儀　尚書張瀚	尚書劉光濟　尚書溫純
君臣慶會	尚書陸光祖　尚書李楨	尚書李楨　尚書馮詁
計羅攔截	閣老許國　尚書胡訓	閣老張位　尚書[illegible]
日月夾拱	尚書趙錦　尚書汪宗濬	尚書陳道基　閣老張璁
晝會木土	尚書[illegible]埼　閣老趙貞吉	尚書李長春
夜誕火金月	尚書李三才　知府甘士元	尚書沈應文
陰陽得體	閣老徐階　閣老陳以勤	閣老嚴訥　知府錢穀
福官高明	閣老殷士儋　尚書王用汲	尚書張鳴岡　尚書趙煥
五曜連珠	尚書王家乾　尚書田樂	閣老呂本
二星合璧	尚書陸光祖　尚書李戴	尚書李楨　尚書田樂
衆曜拱南	尚書[illegible]龍　尚書殷正茂	
群星朝北	天官孫丕揚　尚書曾同亨	
戴天履地	尚書費宷	
出乾入坤	知府甘士元	
天地開明		
山澤通氣		
水火既濟	尚書陳瑞	
風雷鼓舞	尚書王弘誨	

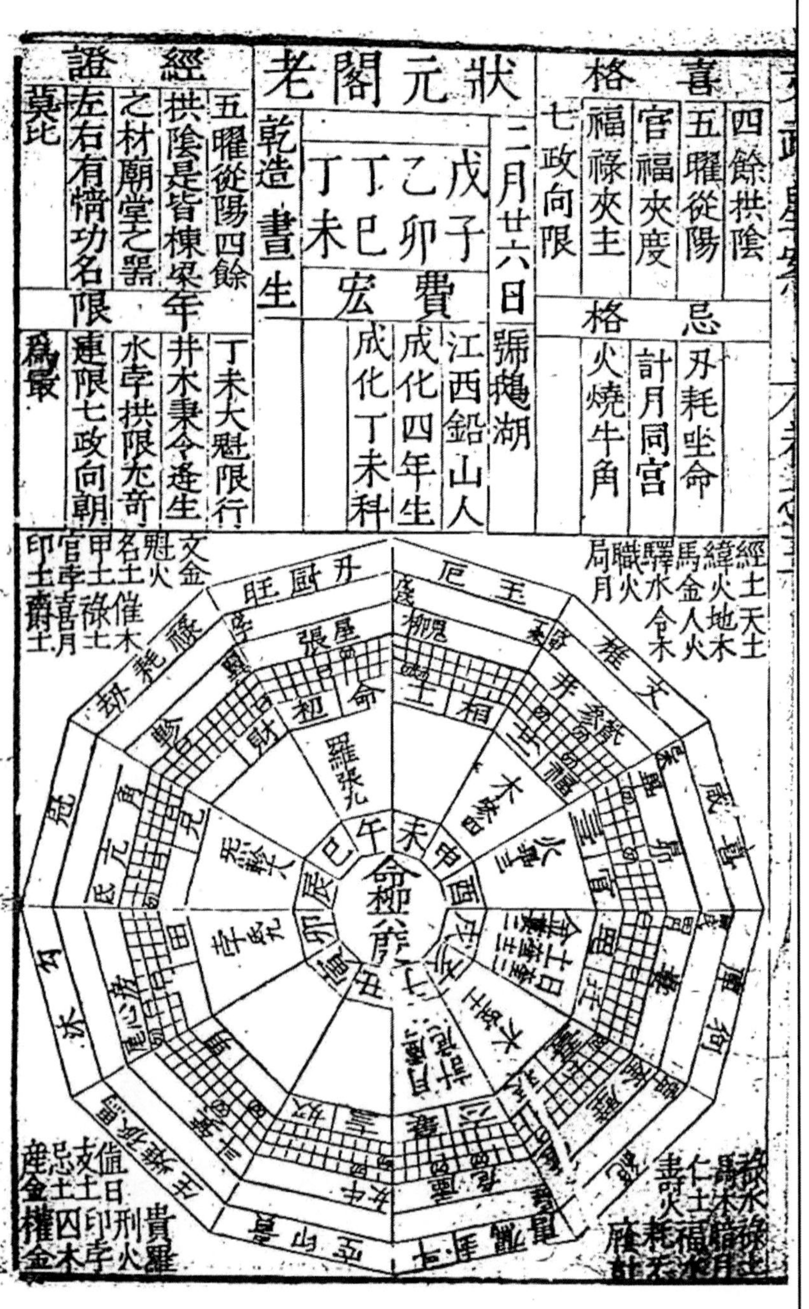

喜格

四餘拱陰
五曜從陽
官福夾度
福祿夾主
七政向限

忌格

刃耗坐命
計月同宮
火燒牛角

狀元閣老

三月廿六日號鵝湖
戊子
乙卯
丁巳
丁未
費宏
江西鉛山人
成化四年生
成化丁未科
乾造晝生

經證

五曜從陽四餘
拱陰是皆棟梁
之材廊廟之器
左右有情功名
莫比

年限

丁未大魁限行
井木秉令逢生
水孛拱限尤奇
運限七政向朝
爲最

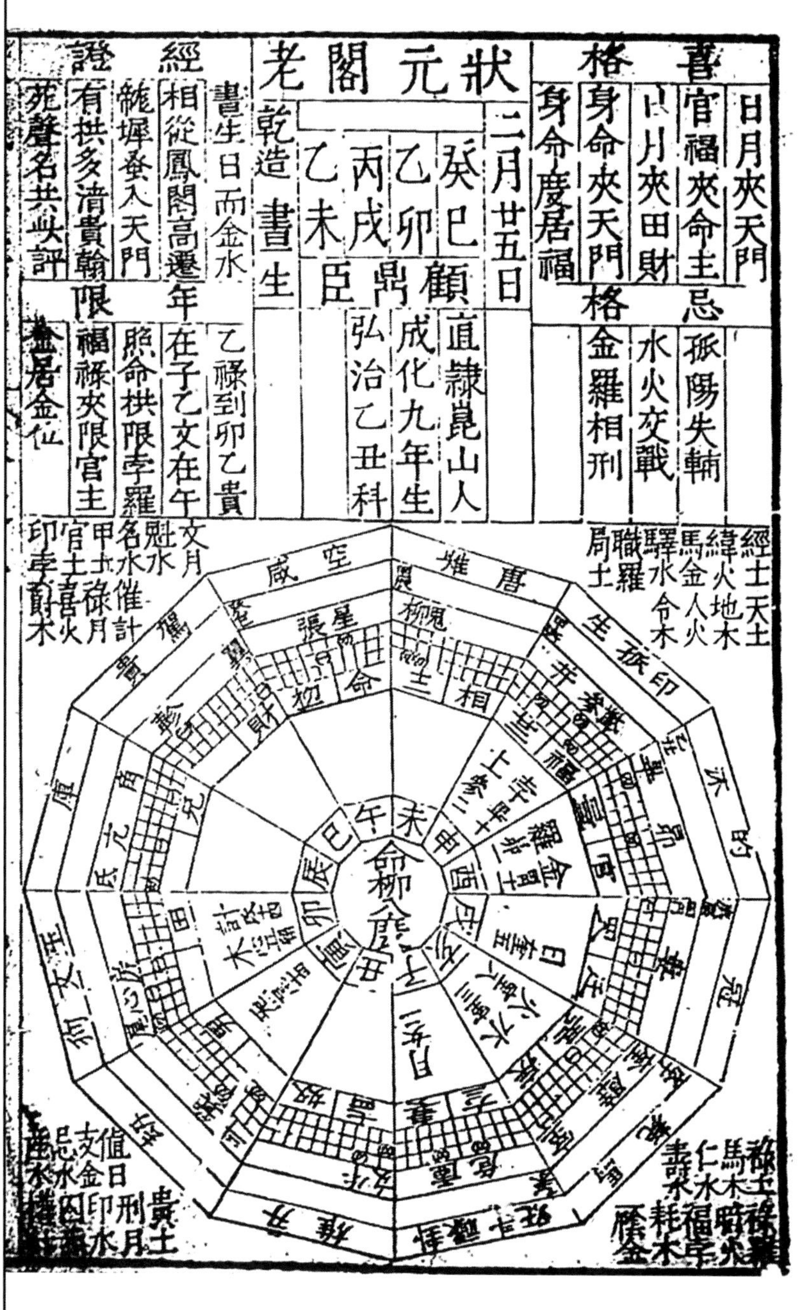

書格
日月夾天門
官福夾命主
日月夾田財
身命夾天門
身命度居福
忌格
孤陽失輔
水火交戰
金羅相刑
狀元閣老
二月廿五日
癸巳
乙卯
丙戌
乙未
乾造
書生
顧鼎臣
直隸崑山人
成化九年生
弘治乙丑科
經證
書生日丙金水
相從鳳閣高遷
鵷墀叅入天門
有拱多清貴翰
苑聲名共與評
年限
乙祿到卯乙貴
在子乙文在午
照命拱限孛羅
福祿夾限官主
叅居金位
經土天土
緯火地木
馬金人火
驛水命木
職羅
局土
文月
魁水
名水催計
甲土祿月
官土喜火
印孛蔭木
命
柳

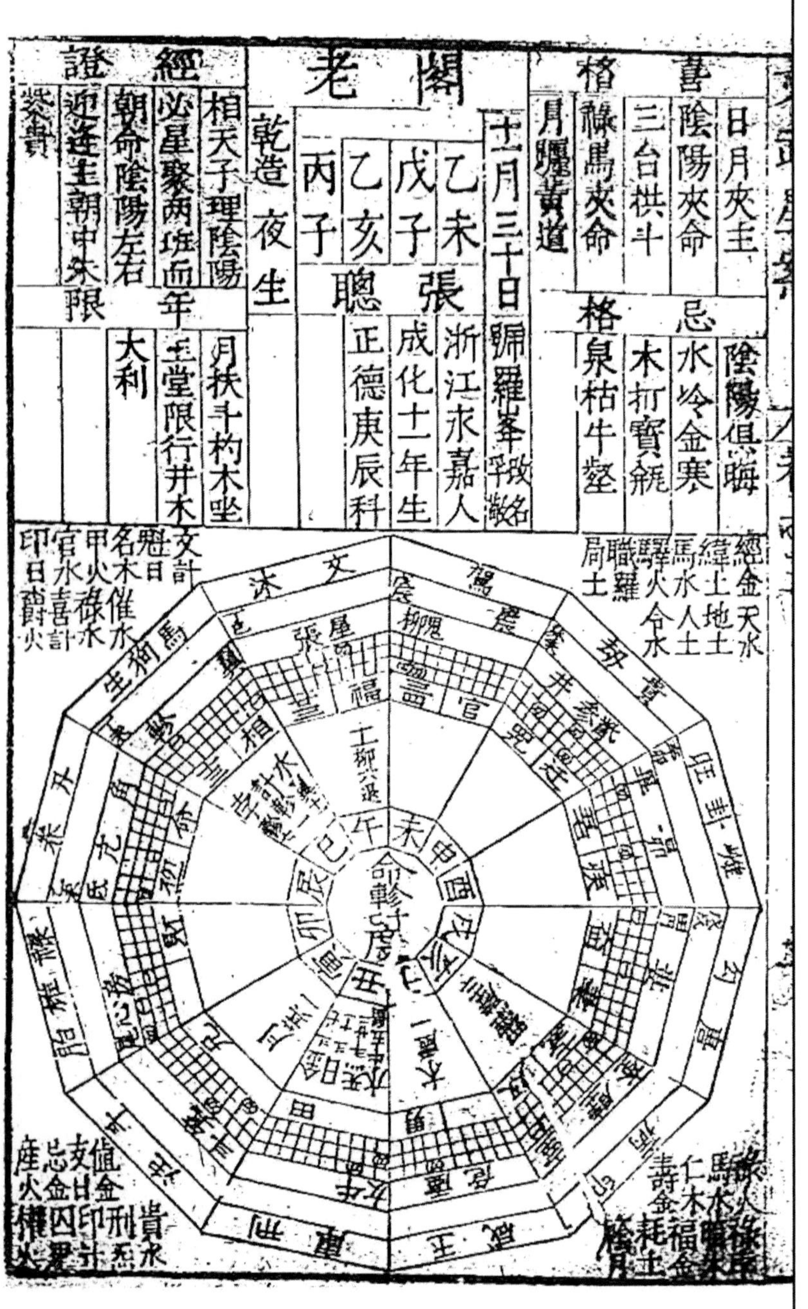
書格
日月夾主
陰陽夾命
三台拱斗
祿馬夾命
月臨黃道
忌格
陰陽俱晦
水冷金寒
木打寶瓶
泉枯牛壑
閣老
乾造 夜生
乙未
戊子
乙亥
丙子
張聰
浙江永嘉人
成化十一年生
正德庚辰科
經證
相天子理陰陽
必是星聚兩垣而年
朝命陰陽左右
限
月扶斗杓木坐
玉堂限行井木
大利

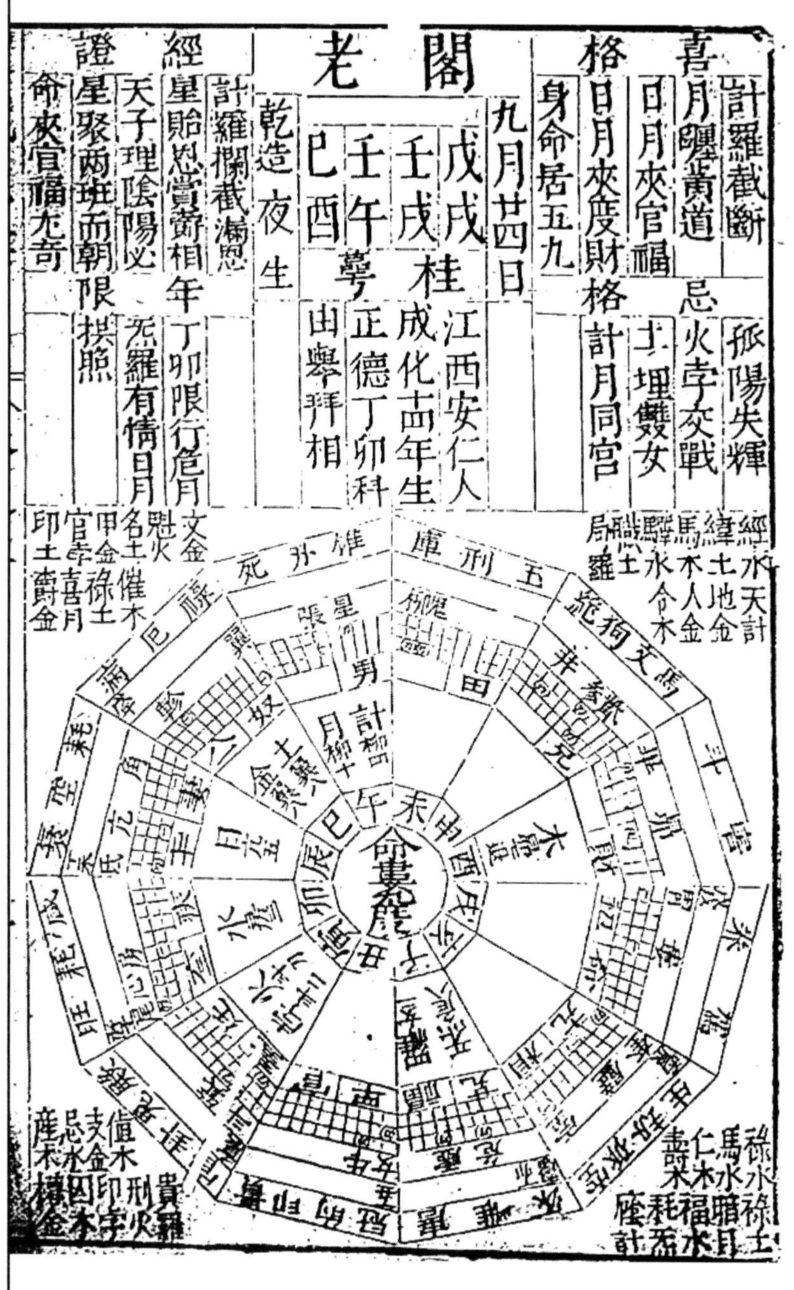
閣老
喜格
計羅截斷
月纏黃道
日月夾官福
日月夾度財格
身命居五九
忌
孤陽失輝
火孛交戰
土埋雙女
計月同宮
九月廿四日
戊戌
壬戌
壬午
己酉
桂萼
江西安仁人
成化十四年生
正德丁卯科
由舉拜相
乾造夜生
經證
計羅擱截漏恩
星貽恩賞爵相年
丁卯限行危月
天子理陰陽必
炁羅有情日月
星聚兩班而朝限
拱照
命夾官福尤奇
經水 天計
緯土 地金
馬木 人金
驛水 合木
文金
魁火
名土 催木
甲金 祿土
官孛 喜月
印土 爵金

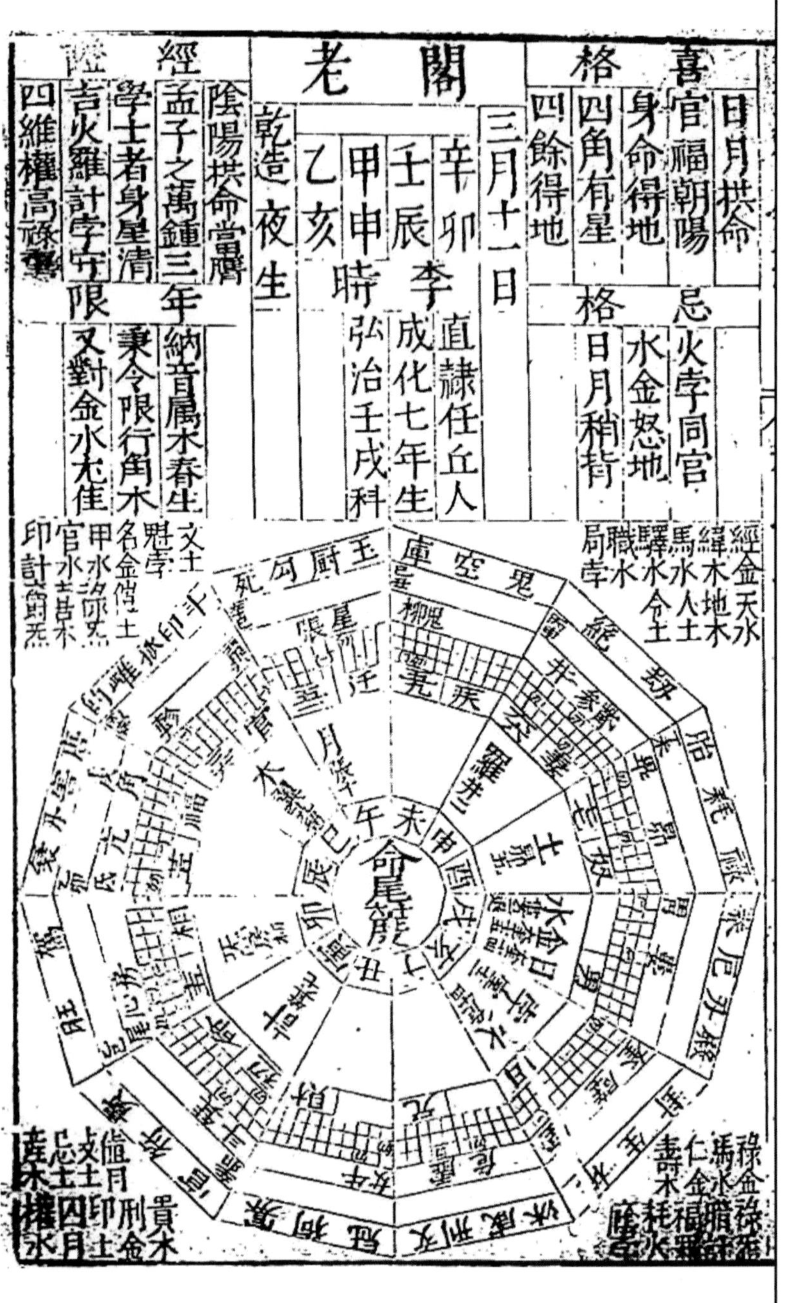

喜格
日月拱命
官福朝陽
身命得地
四角有星
四餘得地
忌格
火孛同宮
水金怒地
日月稍背
閣老
三月十一日
辛卯
壬辰
甲申
乙亥
乾造夜生
李時
直隸任丘人
成化七年生
弘治壬戌科
經驗
陰陽拱命當膺
孟子之萬鍾三年
學士者身星清
孛火羅計字守限
四維權高祿
納音屬木春生
秉令限行角木
又對金水尤佳

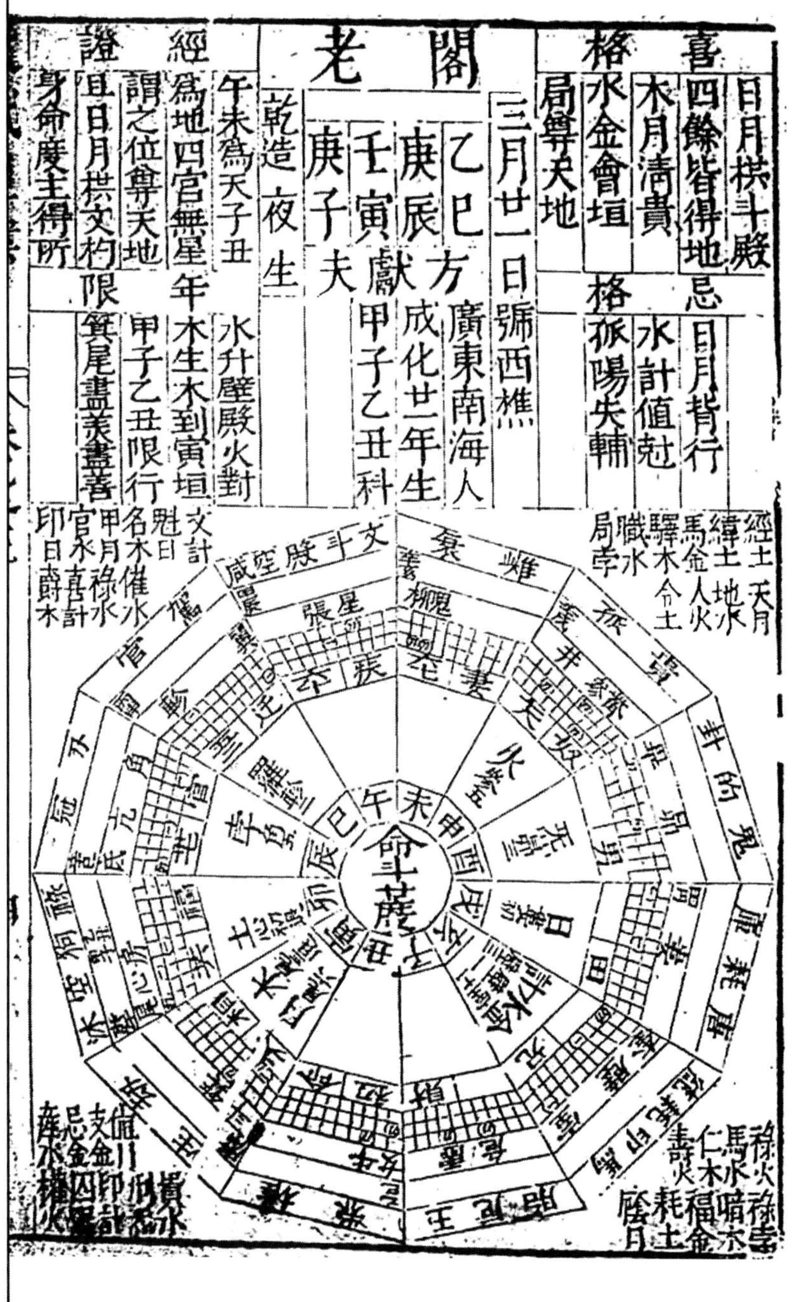

喜格
日月拱斗殿
四餘皆得地
木月清貴
水金會垣
局尊天地

忌格
日月背行
水計値魁
孤陽失輔

閣老
三月廿一日號西樵
乙巳 方 廣東南海人
庚辰 獻 成化廿一年生
壬寅 夫 甲子乙丑科
庚子
乾造 夜 生

經證
午未爲天子丑
爲地四宮無星
謂之位尊天地
且日月拱文杓
身命度主得所

水升壁殿火對
年木生木到寅垣
甲子乙丑限行
限 箕尾盡美盡善

經土 天月
緯土 地水
馬金 人火
驛木 命土
職水
局孛

文計
魁日
名木 催水
甲月 祿水
官水 喜計
印日 爵木

祿火 祿孛
馬火 暗木
仁木 福金
壽火 耗土
蔭月

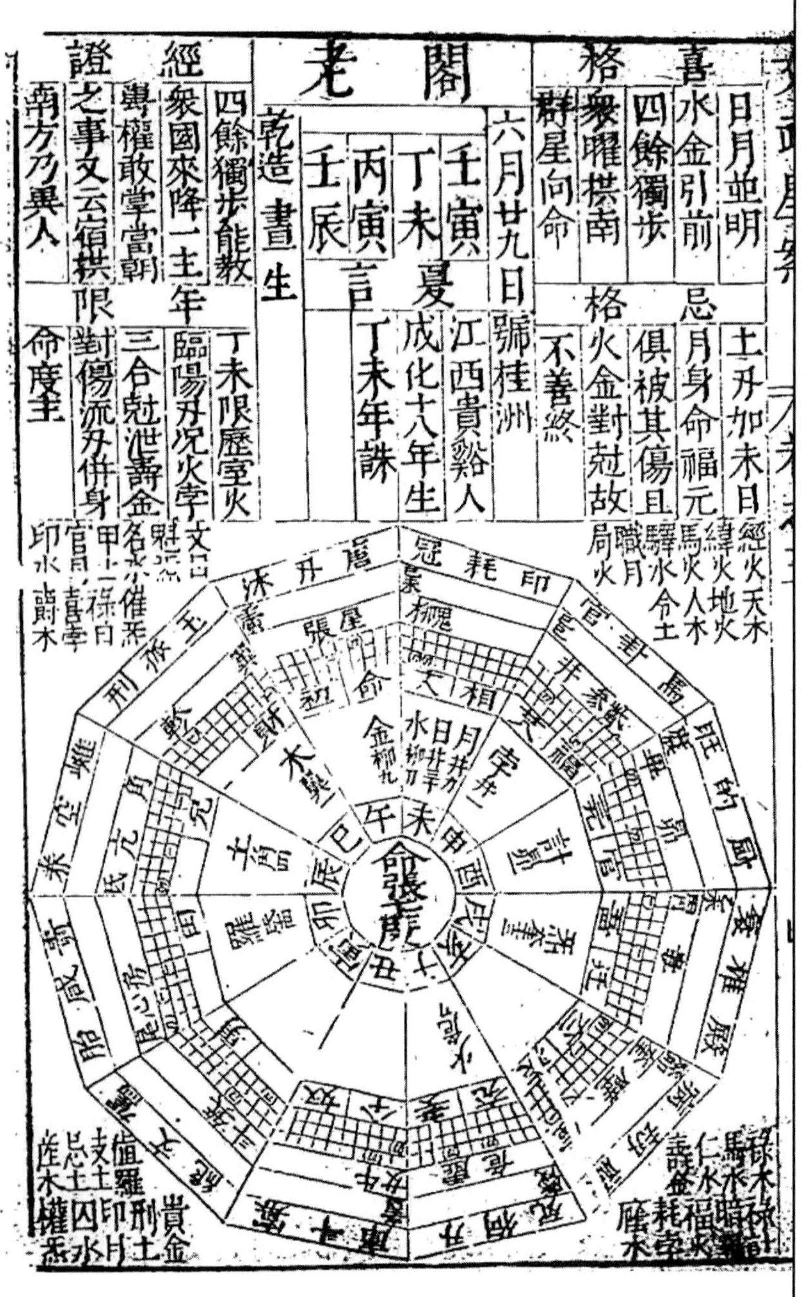
喜格
日月並明
水金引前
四餘獨步
衆曜拱南
群星向命
忌格
土丹加未日
月身命福元
俱被其傷且
火金對剋故
不善終
經火 天木
緯火 地火
馬火 人木
驛水 命土
職月
局火
閣老
六月廿九日 騎桂洲
江西貴谿人
成化十八年生
丁未年誅
夏言
乾造書生
壬寅
丁未
丙寅
壬辰
經證
四餘獨步能教
衆國來降一主年
專權敢掌當朝
之事文云宿拱
南方乃異人
丁未限歷室火
臨陽丹况火孛
三合剋泄壽金
限對傷流歿併身
命度主
文曰
財炁
名炁 催炁
甲十二祿日
官昌
貴孛
印水
爵木
値羅
支土
息土
産木
貴金
刑土
印月
囚水
權炁
祿木
馬水
仁水
壽金
科羅
暗炁
福炁
耗孛
魔木

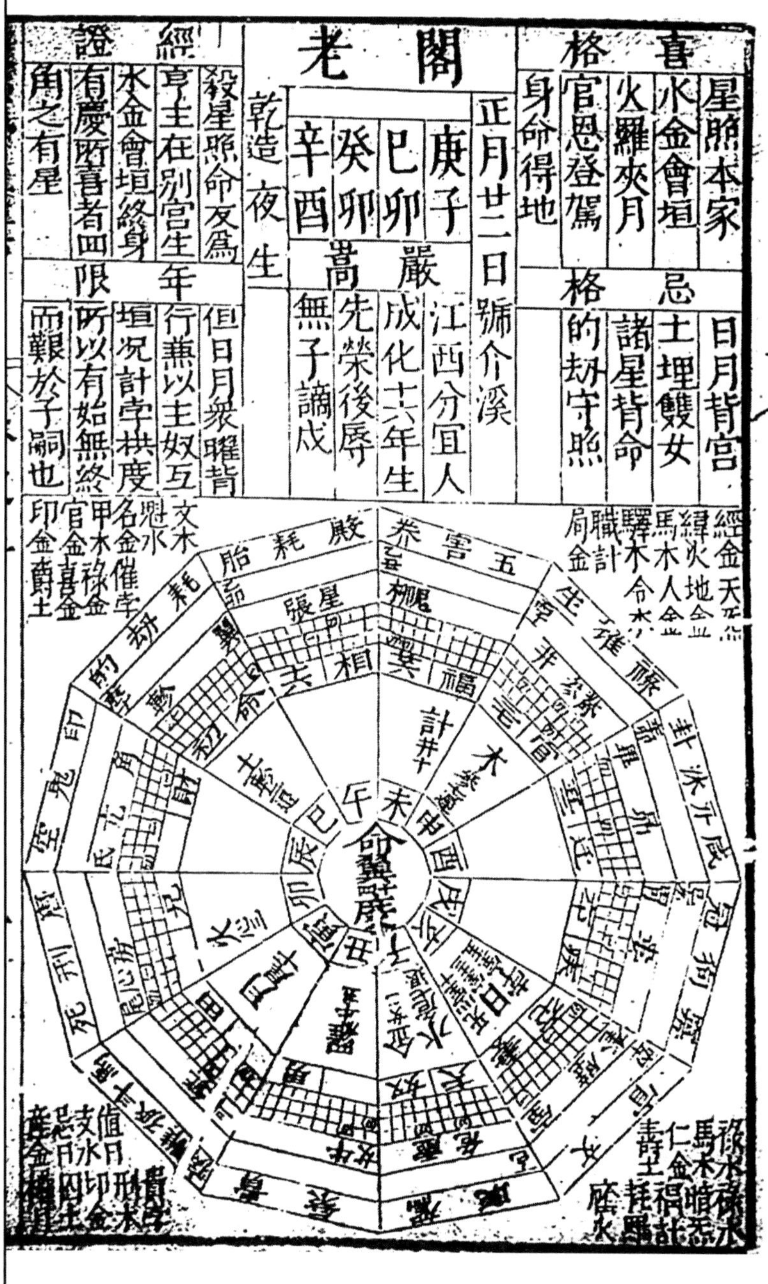
喜格
星照本家
水金會垣
火羅夾月
官恩登駕
身命得地
忌格
日月背宮
土埋雙女
諸星背命
的刼守照
閣老
正月廿二日號介溪
庚子
巳卯
癸卯
辛酉
乾造夜生
嚴嵩
江西分宜人
成化十六年生
先榮後辱
無子謫戍
經證
殺星照命反爲
亨主在別宮生
水金會垣終身
有慶所言者四
角之有星
年限
但日月衆曜背
行兼以主奴互
垣况計孛共度
所以有始無終
而艱於子嗣也
經金
緯火
馬木
驛木
職計
局金
文木
魁水
名金
甲木祿金
官金喜金
印金爵土
命
午
未
申
酉
戌
亥
子
丑
寅
卯
辰
巳

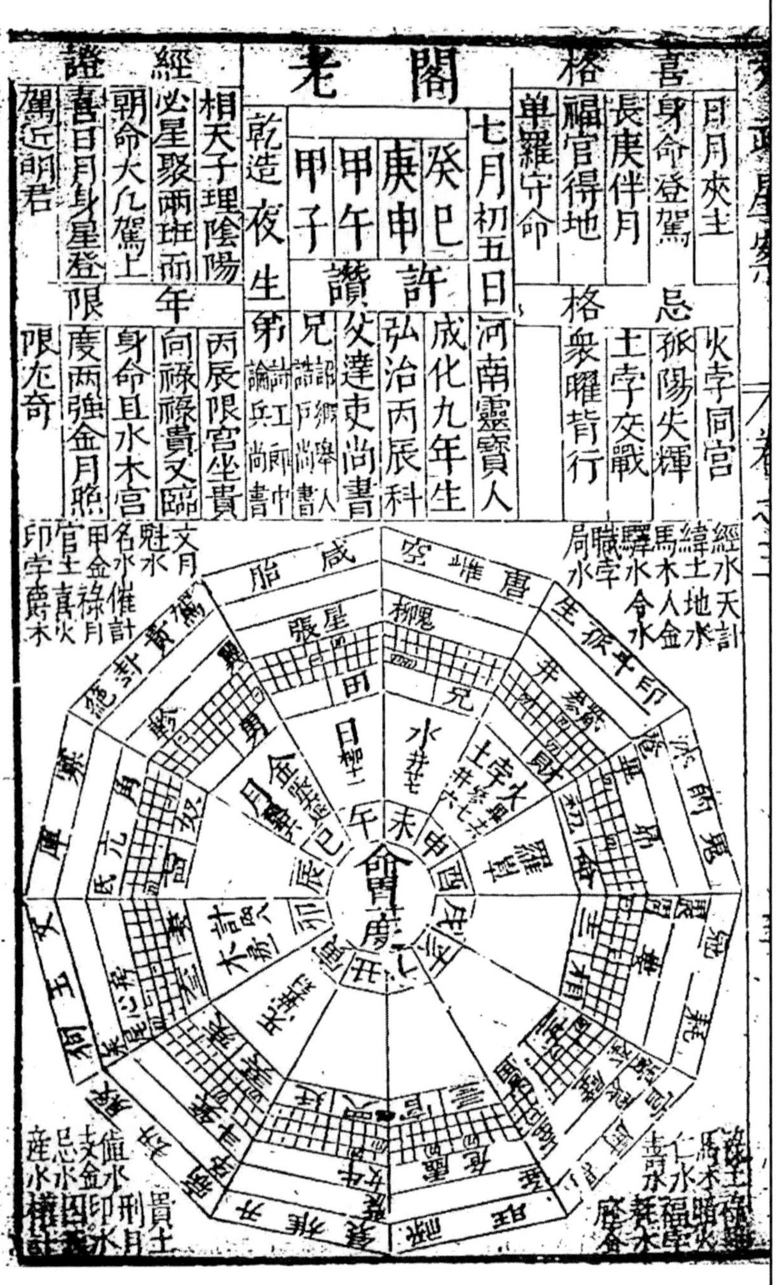

星案 卷之三

閣老

喜格

月月夾土
身命登駕
長庚伴月
福官得地
單羅守命

忌格

火孛同宮
孤陽失輝
土孛交戰
衆曜背行

七月初五日河南靈寶人

乾造夜生

癸巳
庚申
甲午
甲子

許讚

成化九年生
弘治丙辰科
父達吏尚書
兄 詔鄉舉人 誥戶尚書
弟 詩工郎中 論兵尚書

經證

相天子理陰陽
必星聚兩班而
朝命大凡駕上
喜日月身星登
殿近明君

年限

丙辰限宮坐貴
向祿祿貴又臨
身命且水木宮
度兩強金月照
限尤奇

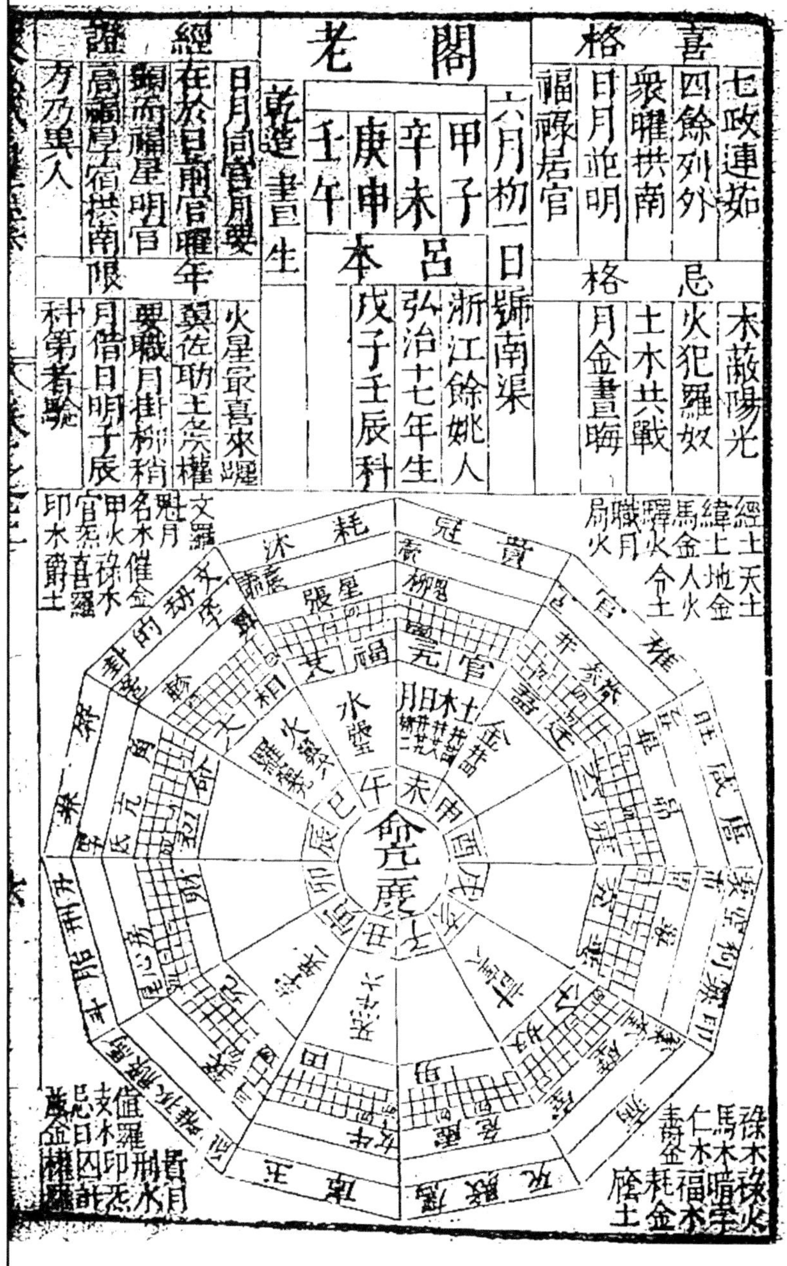

閣老

六月初一日□南渠

乾造晝生

甲子 辛未 庚申 壬午

呂本

浙江餘姚人
弘治十七年生
戊子壬辰科

喜格

七政連茹
四餘列外
衆曜拱南
日月並明
福祿居官

忌格

木蔽陽光
火犯羅奴
土木共戰
月金晝晦

經證

日月同官身要
在於日月官曜
類而福星明官
局福厚宿拱南
方乃異人

年限

火星最喜來躔
舊佐助土添權
要職月掛稍稍
月借日明子辰
科第着驗

經土 天土
緯上 地金
馬金 人火
驛火 合土
職月
局火

文羅
魁月
名木 催金
甲火 祿水
官炁 喜羅
印木 爵土

祿木 祿火
馬木 暗孛
仁木 福木
壽金 耗金
蔭土

貴月
值羅 刑水
支木 印炁
忌日 囚計
蔭金 權羅

命度

探花閣老

書格
陰陽得位
孤月獨明
身命得體
四餘獨步
火金夜輝

忌格
金騎人馬
土木共戰
福田臨奴

九月二十日號存斎
癸亥
壬戌
癸未
壬子
乾造夜生

徐階
直隸華亭人
弘治十六年生
嘉靖癸未科

經證
火金羅月是陰
星遇夜生逢辰
主文者為身命
司官福三合入
座土聲名

年限
畢月對金水陽
相會宮度两強
壽美壽善

經土 天月
緯土 地水
馬水 人土
驛金 令土
職火
局月

文月
財水
名水 催
甲土 祿
官土 喜
印字 貴

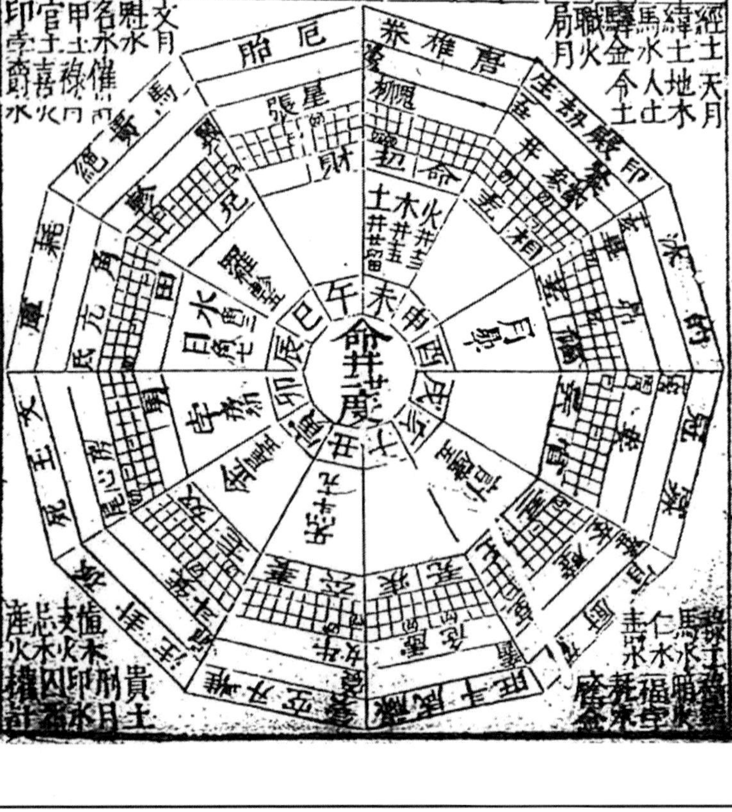

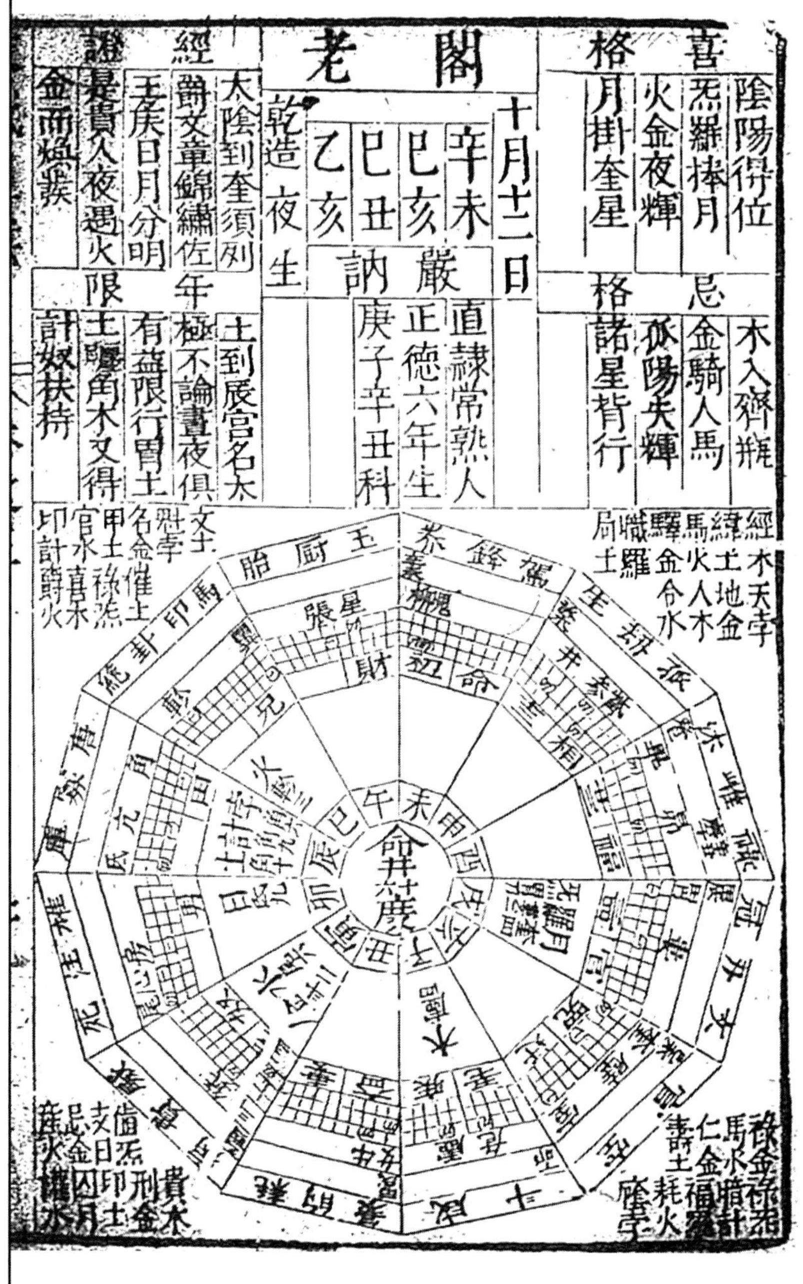
閣老
十月十二日
辛未
巳亥
巳丑
乙亥
乾造夜生
嚴訥
直隸常熟人
正德六年生
庚子辛丑科
喜格
陰陽得位
火金夜輝
月掛奎星
忌格
金騎人馬
孤陽失輝
諸星背行
經讚
太陰到奎須列
爵文章錦繡佐
壬庚日月分明
是貴人夜遇火
限年
土到辰宮名太
極不論晝夜俱
有益限行胃土
計奴扶持

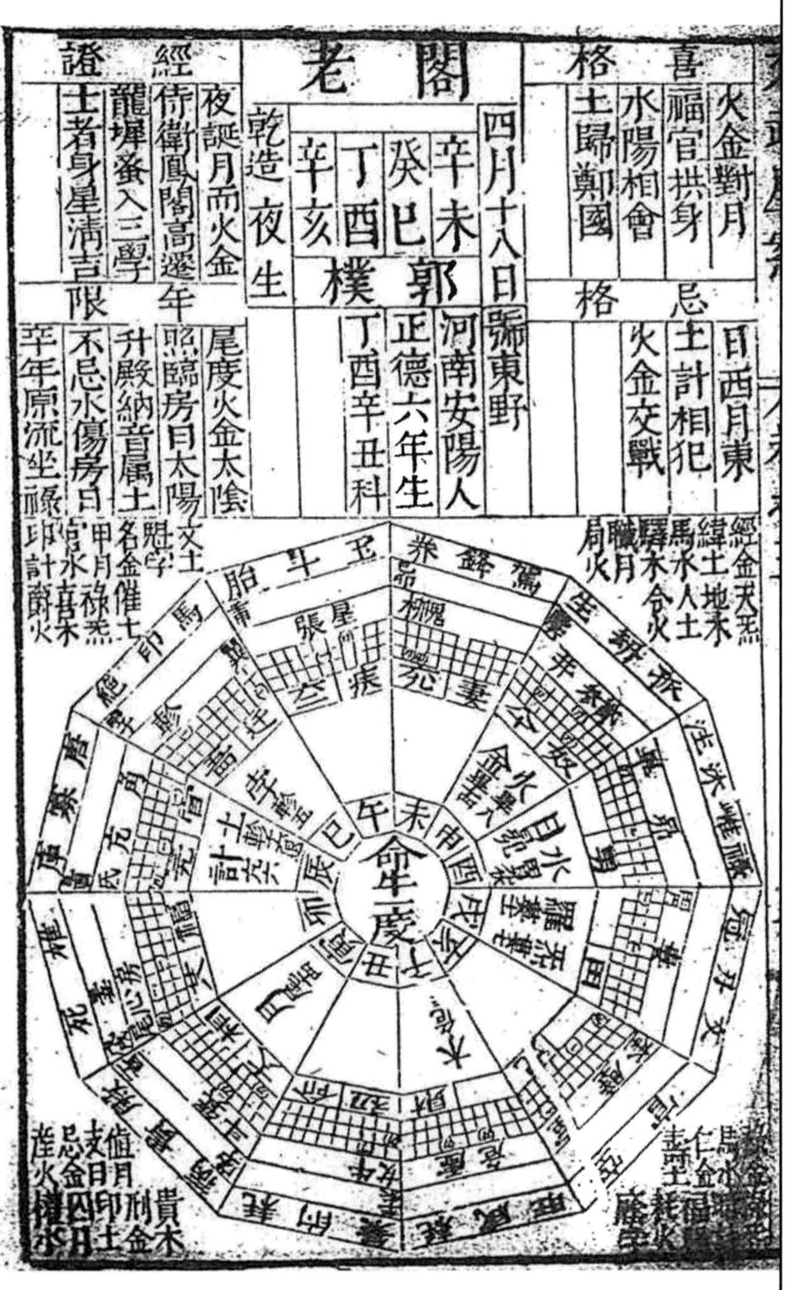

經證	年限	閣老	喜格	忌格
夜誕月而火金	尾度火金太陰	四月十八日	火金對月	日酉月東
侍衛鳳閣高遷	照臨房日太陽	辛未 癸巳 丁酉 辛亥	福官拱身	土計相犯
龍墀蚕入三學	升殿納音屬土	乾造夜生	水陽相會	火金交戰
土者身星清吉	不忌水傷房日	郭樸 號東野	土歸鄭國	
	辛年原流坐祿	河南安陽人		
		正德六年生		
		丁酉辛丑科		

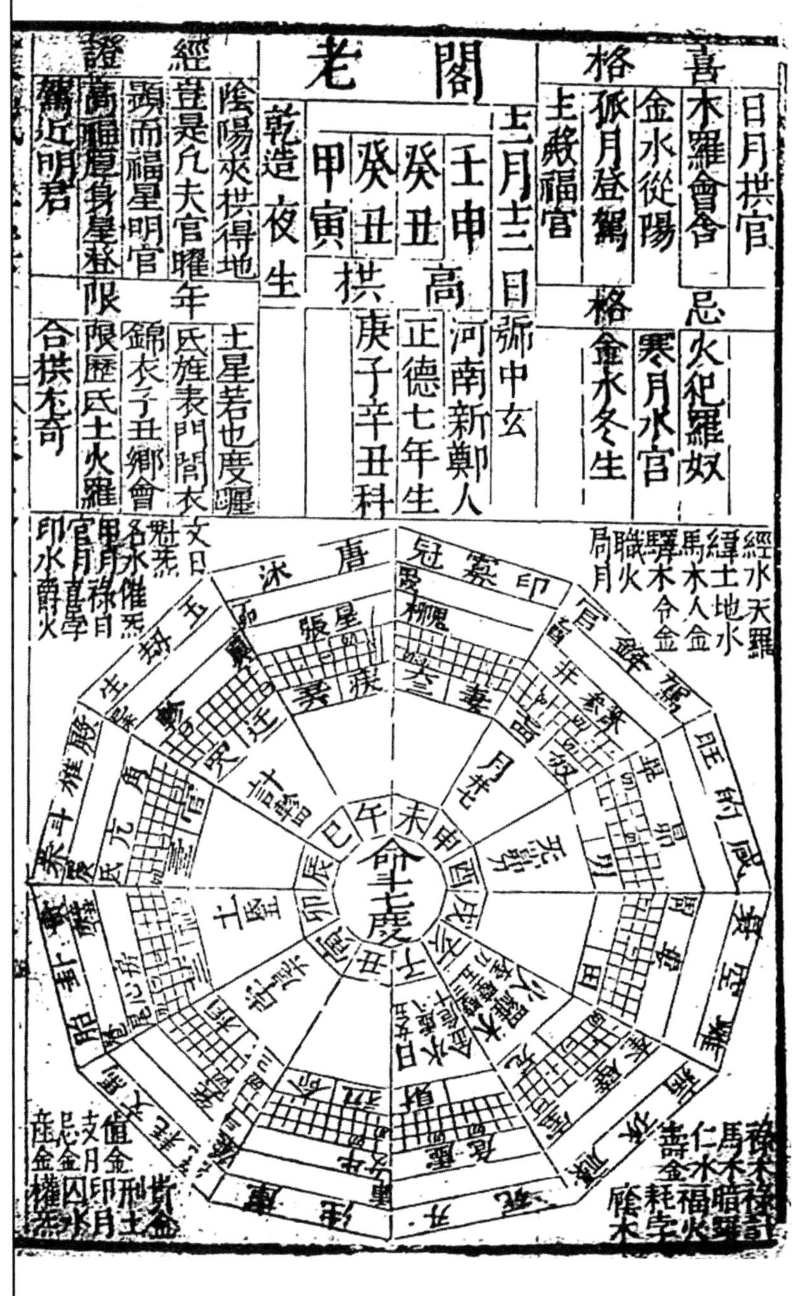

喜格
日月拱官
木羅會合
金水從陽
土殺福官
忌格
火紀羅奴
寒月水宮
金水冬生
閣老
十二月十三日
河南新鄭人
正德七年生
庚子辛丑科
壬申
癸丑
癸丑
甲寅
高拱
乾造夜生
經
陰陽夾拱得地
豈是凡夫官曜
顯而福星明官
證
寵近明君
年
土星若也度纏
錦衣子丑鄉會
限
合拱杰奇

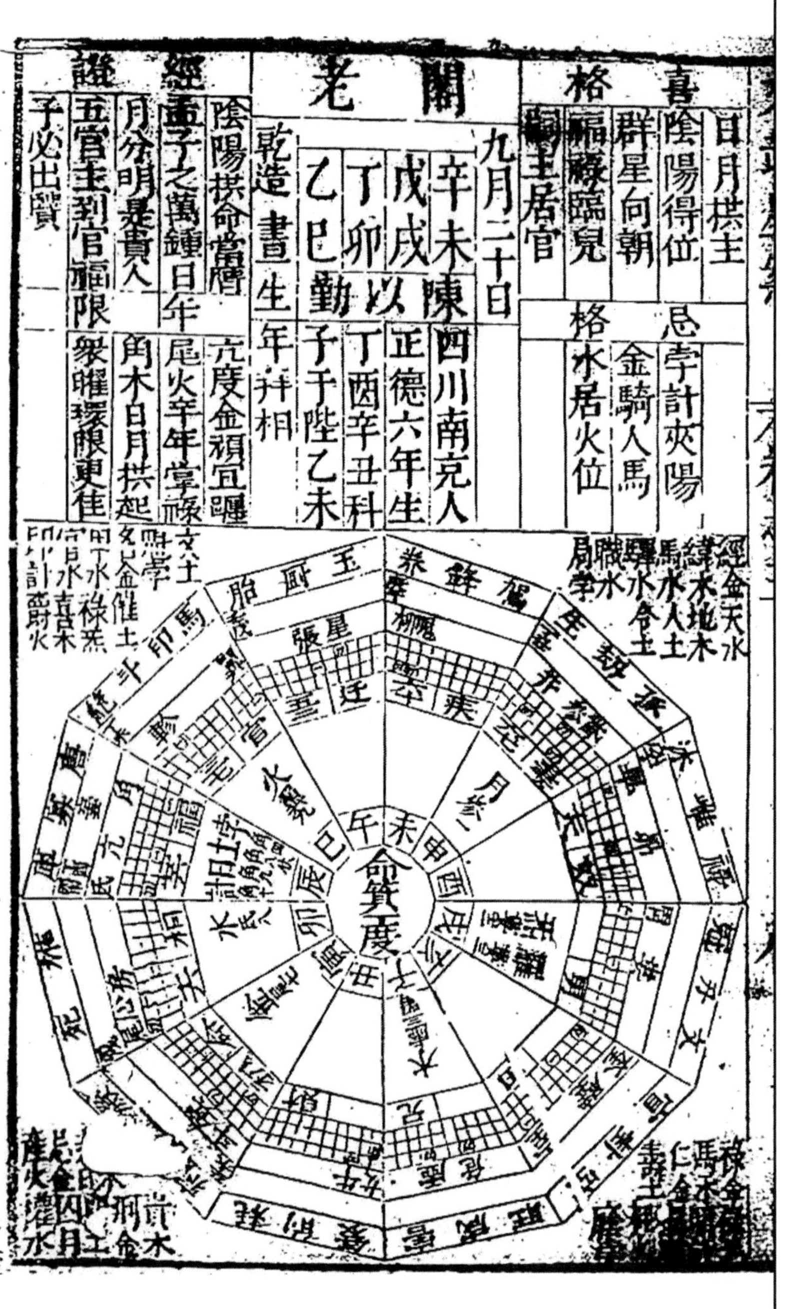

喜格	關老	經證

喜格

日月拱主
陰陽得位
群星向朝
福祿臨皃
嗣主居官

忌格

孛計夾陽
金騎人馬
水居火位

關老

九月二十日
辛未陳四川南充人
戊戌以正德六年生
丁卯勤丁酉辛丑科
乙巳子于陛乙未
乾造書生年拜相

經證

陰陽拱命當曆　亢度金福宜躔
孟子之萬鍾日午　尾火辛年掌祿
月分明是貴人　角木日月拱起
五官主到官福限　參曜躔限更佳
子必出賢

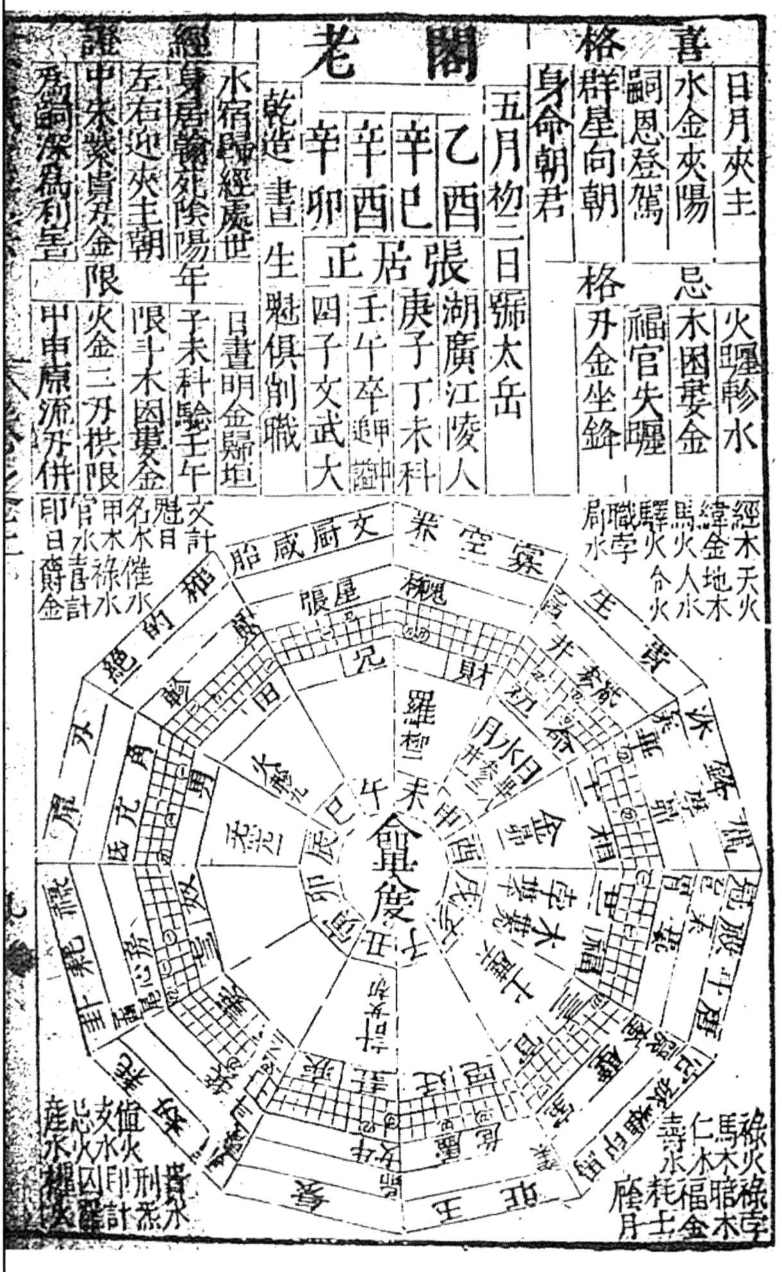

喜格
日月夾主
水金夾陽
嗣恩登駕
群星向朝
身命朝君
忌格
火躔軫水
木囚婁金
福官失躔
升金坐鋒
閣老
五月初三日 號太岳
乙酉 張 湖廣江陵人
辛巳 居 庚子丁未科
辛酉 正 壬午卒
辛卯 四子文武大
乾造 晝生 魁俱削職
經
水宿歸經處世
身居爺死陰陽
左右迎夾主朝
證
中朱紫貴升金
爲嗣深爲利害
日晝明金歸垣
年 子未科驗壬午
限斗木囚婁金
限 火金三升拱限
中申原流升併
經木 天火
緯金 地木
馬火 人水
驛火 合火
職孛
局水
文計
魁日
名木
甲木 祿水
官水 吉計
印日 爵金
祿火 祿孛
馬木 暗木
仁木 福金
壽水 耗土
蔭月
命宮度

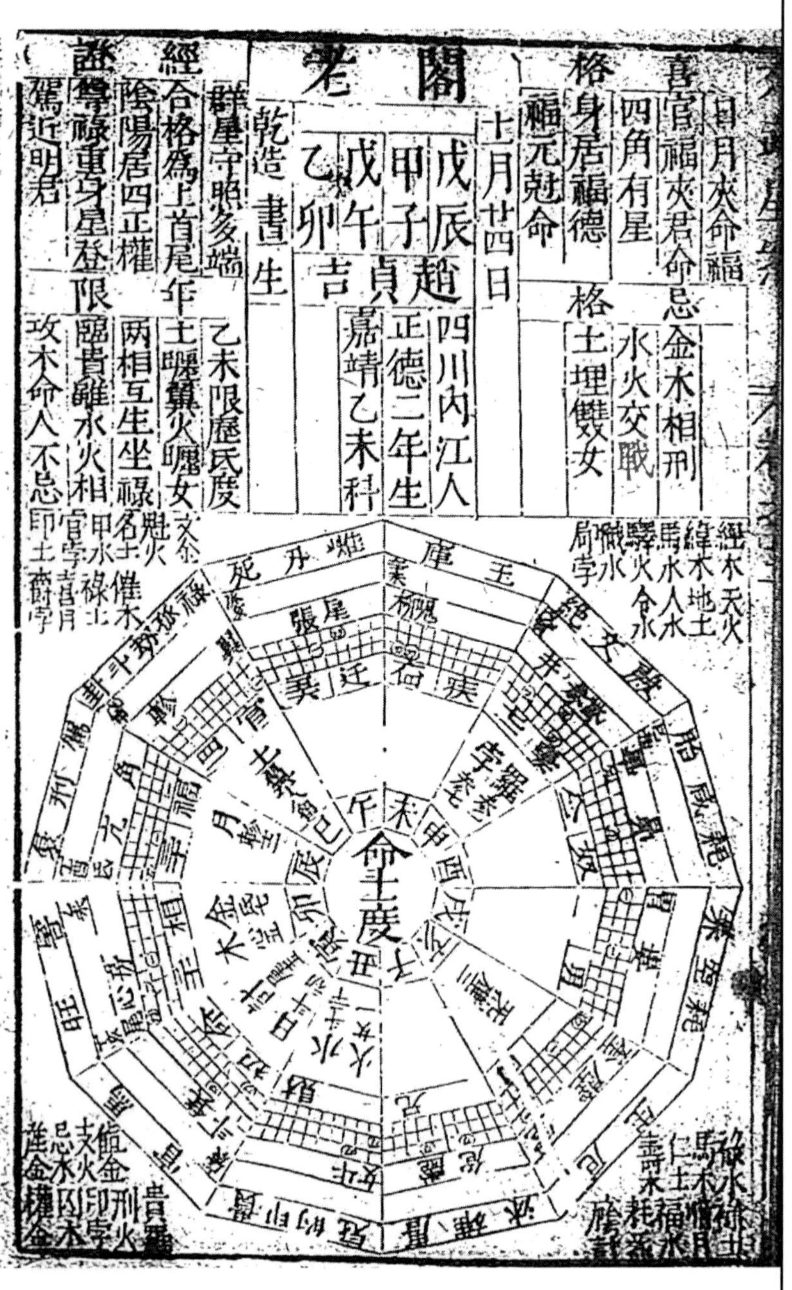

喜：日月夾命福　官福夾君命　四角有星

忌：金木相刑　水火交戰

格：身居福德　福元魁命

格：土埋雙女

閣老

七月廿四日

乾造　書生

戊辰　甲子　戊午　乙卯

趙貞吉

四川內江人　正德二年生　嘉靖乙未科

經：群星守照多端　合格為上首尾　陰陽居四正權

論：尊祿重身星登限　羈近明君

乙未限歷氐度　午土躔翼火躔女　兩相互生坐祿　臨貴雖水火相　攻木命人不忌

經水天火　緯木地土　馬水人水　驛火命水　職水　局字

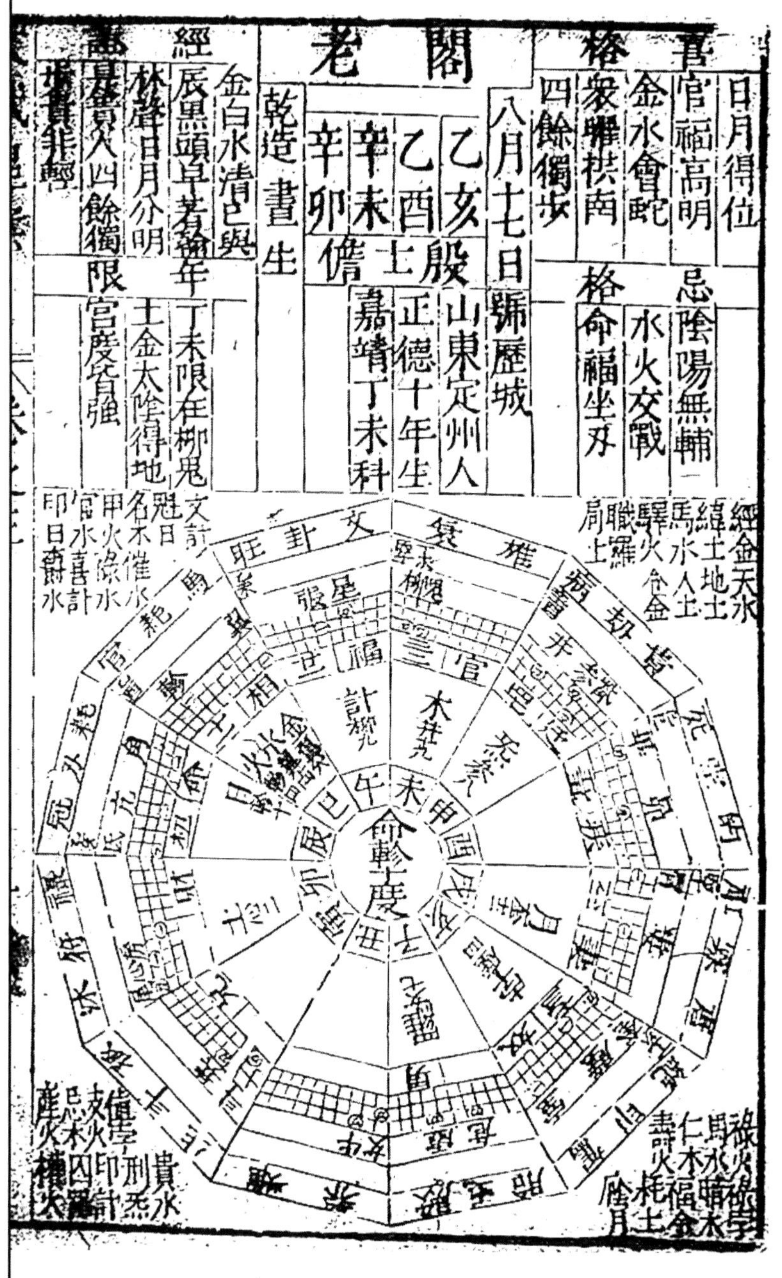

書格

日月得位
官福高明
金水會𢓭
衆曜拱丙
四餘獨步

忌陰陽無輔
水火交戰
格命福坐刃

閣老

八月十七日縣歷城
乙亥 殷 山東定州人
乙酉 士 正德十年生
辛未 儋 嘉靖丁未科
辛卯
乾造 晝生

經書

金白水清已與
辰黑頭早若爺年
林壁日月分明
暮貴入四餘獨
增貴作輔

限

丁未限在柳鬼
土金太陰得地
宮度皆强

經金天水
緯土地土
馬水人土
驛火合金
職羅
局上

文計
魁日
名木催水
甲火涂水
官水喜計
印日爵水

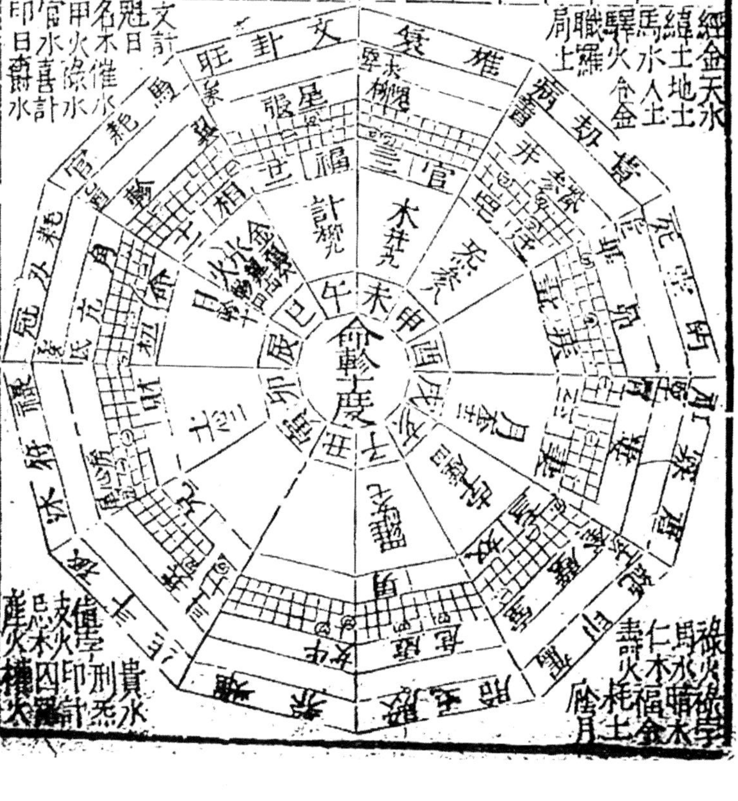

貴水
刑炁
印計
四羅
權火

祿火
財水
仁木
壽火
陰月

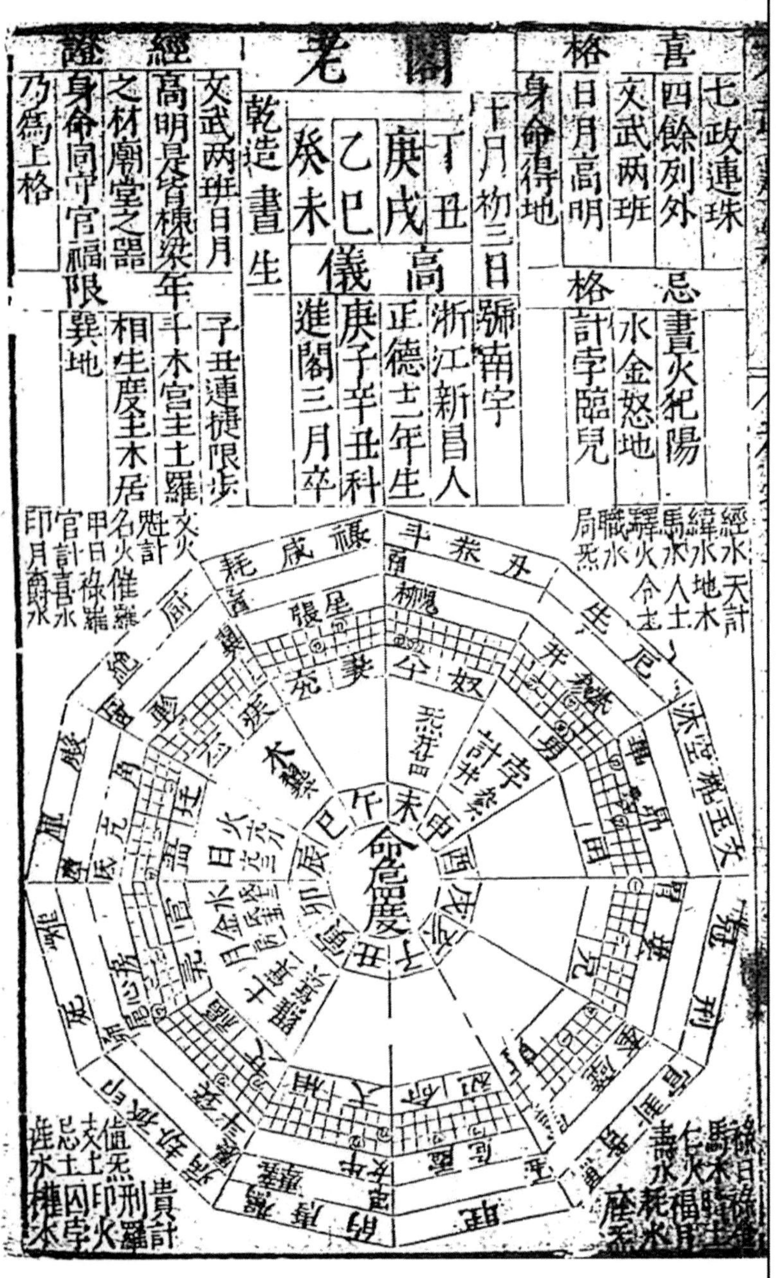
喜格
七政連珠
四餘列外
文武兩班
日月高明
身命得地
忌格
晝火祀陽
水金怒地
計孛臨兒
閣老
十月初三日
號南宇
丁丑
庚戌
乙巳
癸未
高儀
浙江新昌人
正德十二年生
庚子辛丑科
進閣三月卒
乾造
書生
經論
文武兩班日月
高明是皆棟梁
之材廟堂之器
身命同守官福
乃爲上格
年限
子丑連捷限步
斗木宮主土羅
相生度主木居
巽地
經水天計
緯水地木
馬水人土
驛火命土
職水
局煞
命宮
度

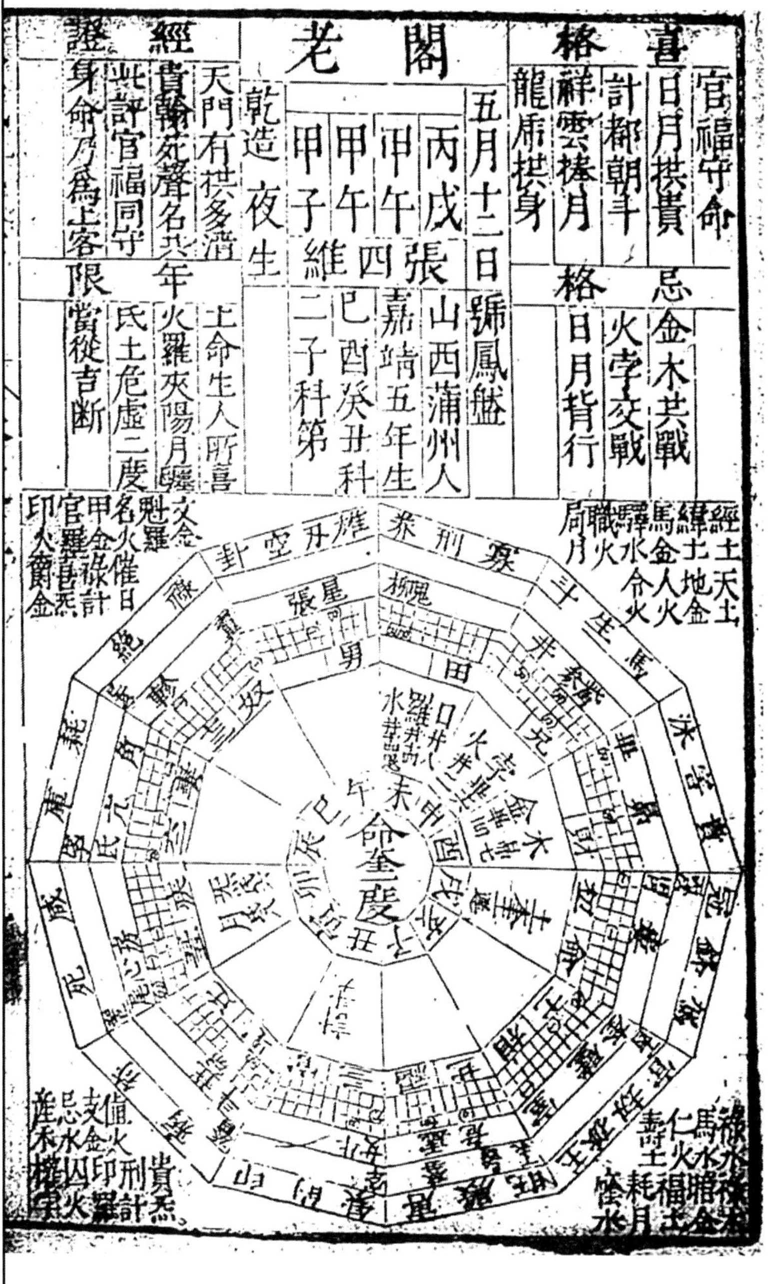

畫格	閣老	經證
官福守命 日月拱貴 計都朝斗 祥雲捧月 龍虎拱身	五月十二日號鳳盤 丙戌 張 山西蒲州人 甲午 四 嘉靖五年生 甲午 維 巳酉癸丑科 甲子 二子科第 乾造 夜生	天門有拱多清 貴翰苑聲名共 此許官福同守 身命乃為上客
忌格		年限
金木共戰 火孛交戰 日月背行		土命生人所喜 火羅夾陽月曜 氐土危虛二度 當從吉斷

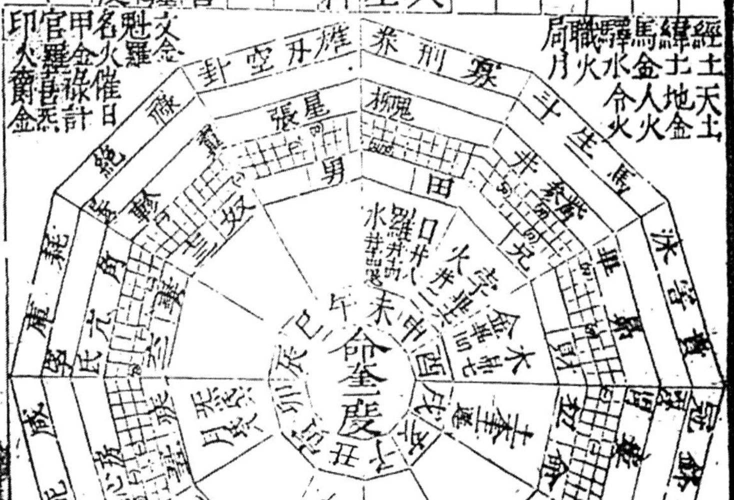

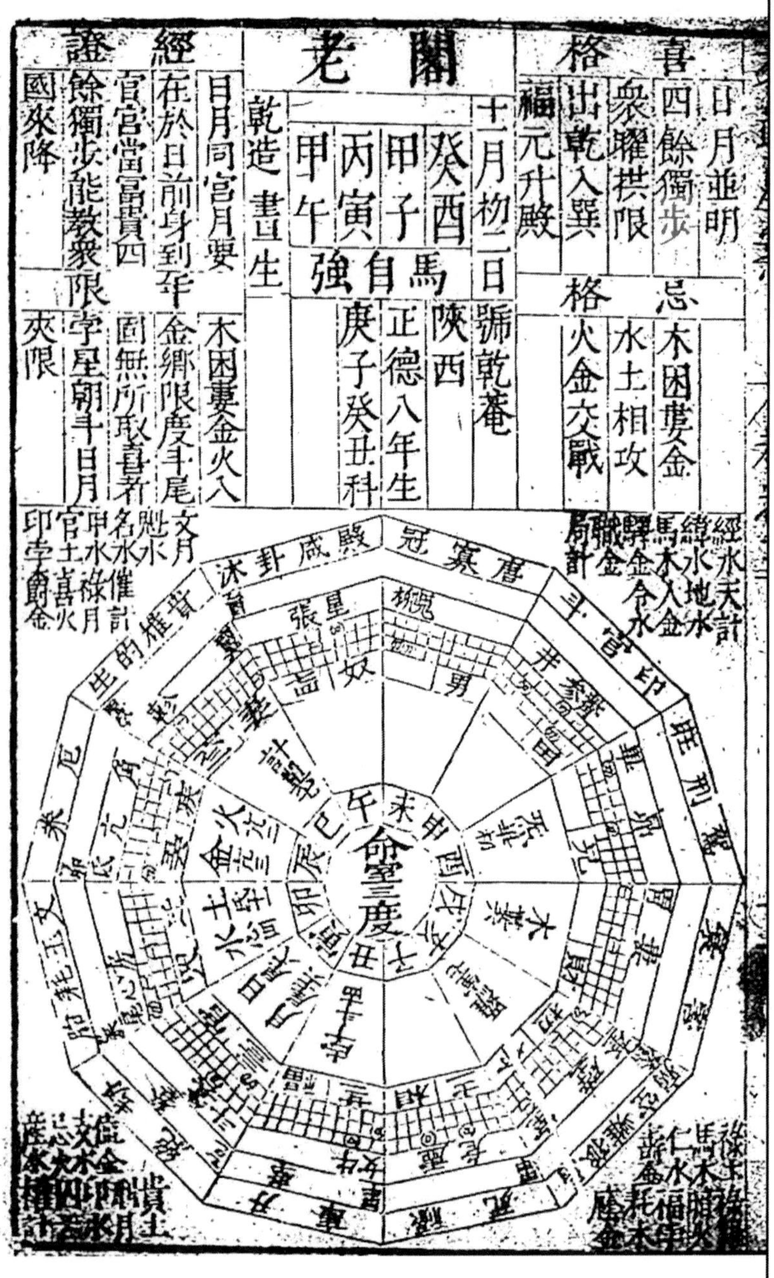
喜格
日月並明
四餘獨步
衆曜拱限
出乾入巽
福元升殿
忌格
木困婁金
水土相攻
火金交戰
閣老
十一月初二日
號乾菴
癸酉 陝西
甲子 正德八年生
丙寅 庚子癸丑科
甲午
馬自強
乾造 書生
經證
日月同宮月要
在於日前身到卯
官宮當富貴四
餘獨步能救衆限
國來降
木困婁金火入
金鄉限度斗尾
囤無所取者
孛星朝斗日月
夾限
經水天計
緯水地水
馬木入金
驛金命水
職金
局計
文月
魁水
名水催計
甲水祿月
官土喜火
印孛爵金

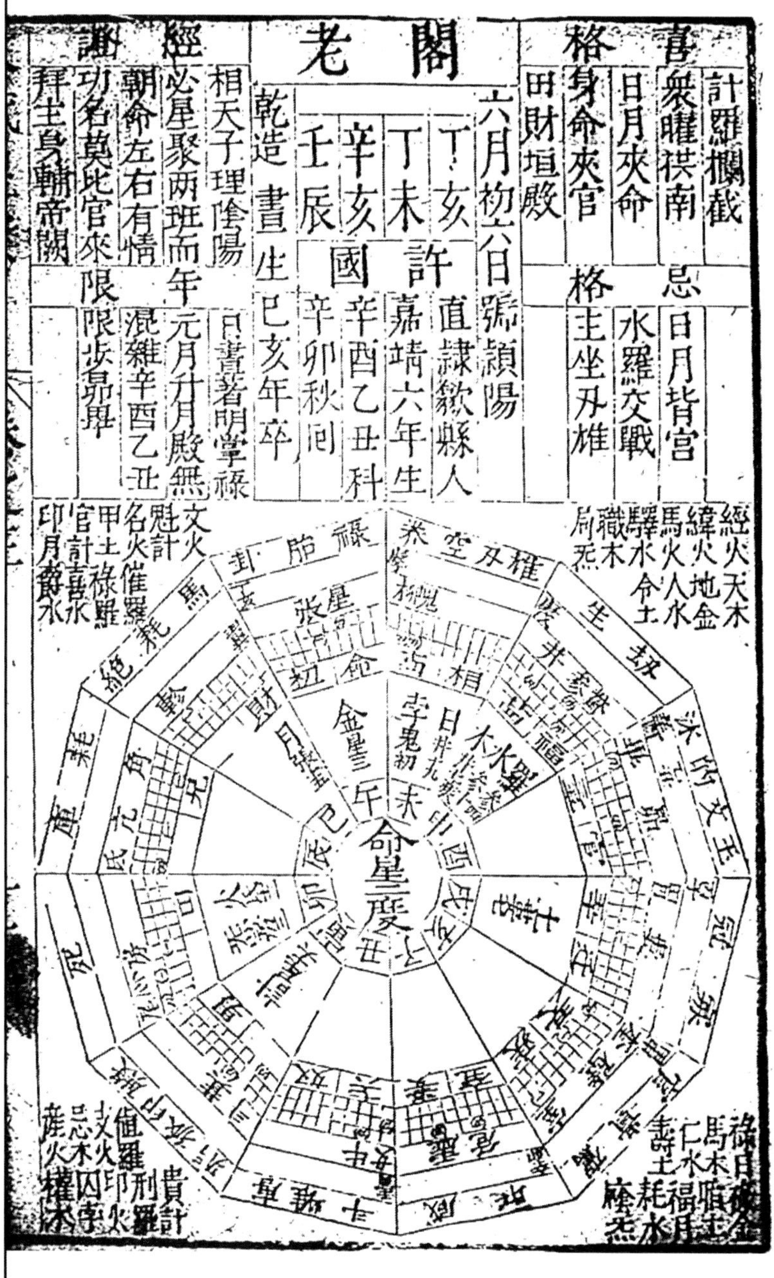
閣老
喜格
計羅擱截
衆曜拱南
日月夾命
身命夾官
田財垣殿
忌格
日月背宮
水羅交戰
主坐刃雄
六月初六日號穎陽
丁亥
丁未
辛亥
壬辰
乾造晝生
許國
直隸歙縣人
嘉靖六年生
辛酉乙丑科
辛卯秋回
巳亥年卒
日晝著明掌祿
經讖
相天子理陰陽
必星聚兩班而
朝命左右有情
功名莫比官來
拜主身轉帝闕
年限
元月升月殿無
混雜辛酉乙丑
限步昴畢
經火天木
緯火地金
馬火人水
驛水命土
職木
局炁
文火
魁計
名火催羅
甲土祿羅
官計喜水
命星度

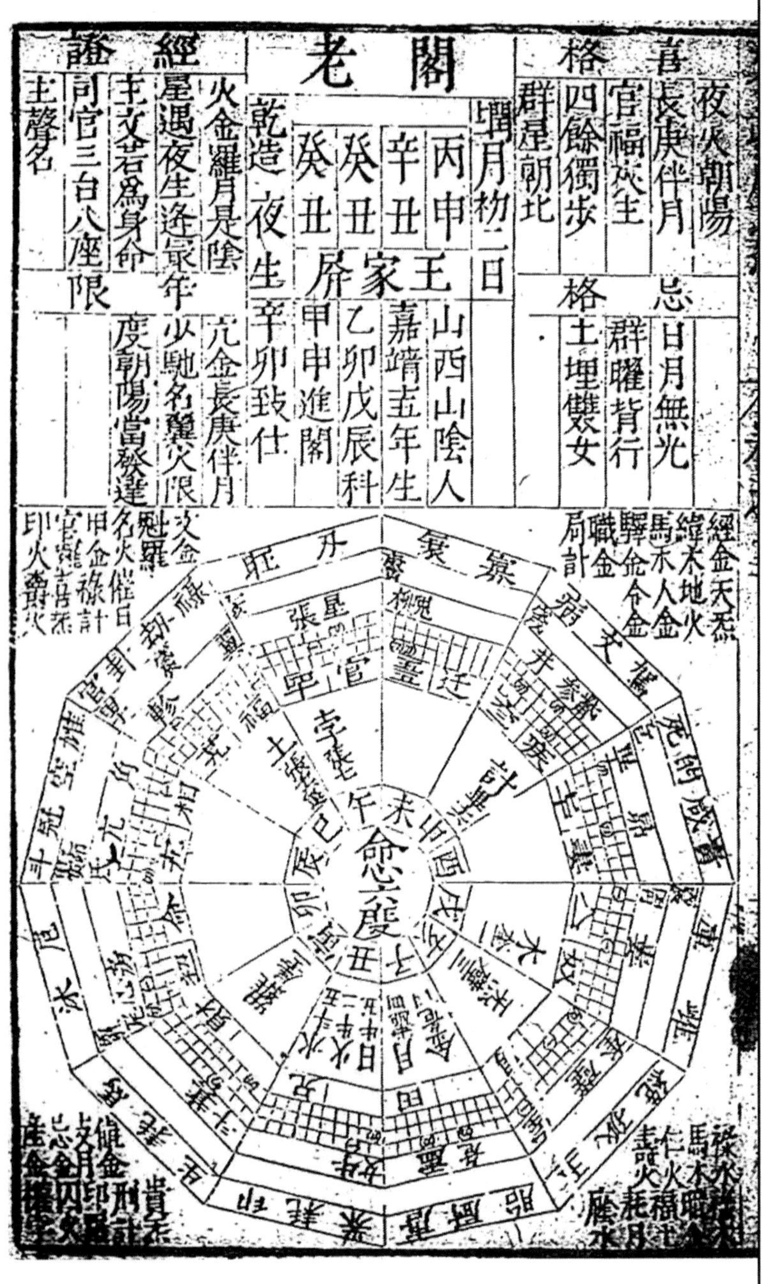
閣老
喜格
夜火朝陽
長庚伴月
四餘獨步
群星朝北
忌格
日月無光
群曜背行
土埋雙女
甲寅月初二日
丙申
辛丑
癸丑
癸丑
王家府
山西山陰人
嘉靖壬午年生
乙卯戊辰科
甲申進閣
乾造夜生
辛卯致仕
經論
火金羅月是陰
限
念慶

喜格
計羅截斷
星拱天門
火月同宵
金居衛分
水清寶鏡

忌格
有官祿而無
用官乃藏其
刃權天權地
雖怕居官祿
七掌刃權

經火天木
緯土地火
馬火人水
驛火合土
職炁
局木

閣老

曆正月初十日號洪陽

癸巳
乙丑
丁未
辛亥

張位

江西新建人
嘉靖十二年生
戊午戊辰科
癸巳進閣戊
乾造夜生
戌致仕庚戌

經緯

夜誕月而火羅
戊午張月戊辰
待衛鳳閣高遷年
鬼金金月得祈
龍躍蚤入天門
夜行夜耀酉限
有權多清貴翰限
火月寒谷回春
英名共並評
戌限孛壞妻金

文月
鬼水
名水催計
甲人祿月
官土喜火
印孛壽木

祿土祿羅
馬木暗火
仁水福孛
壽水耗木
癈金

貴土
值日刑月
支金印水
忌水囚炁
産水權計

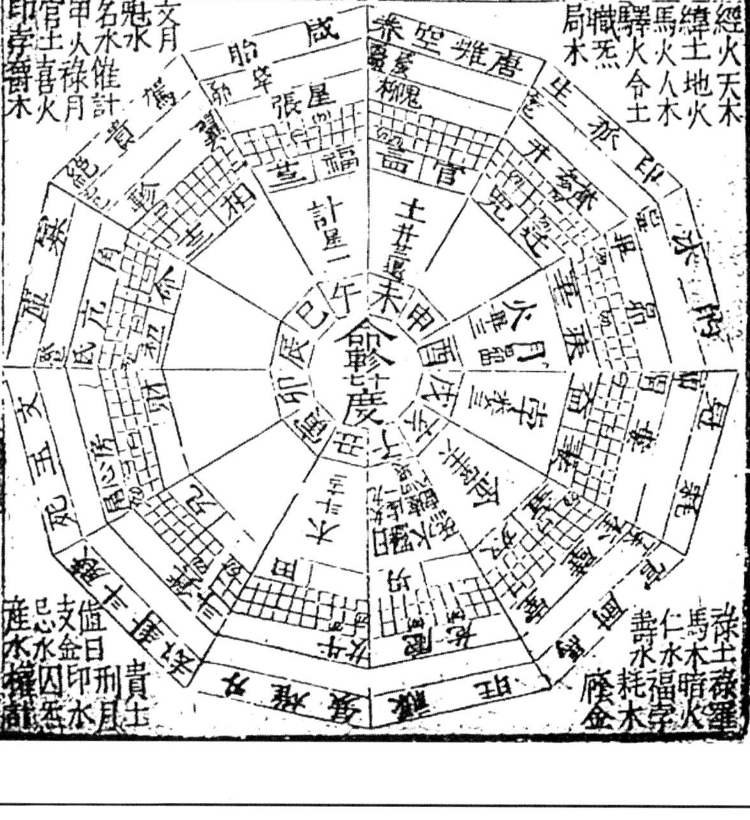

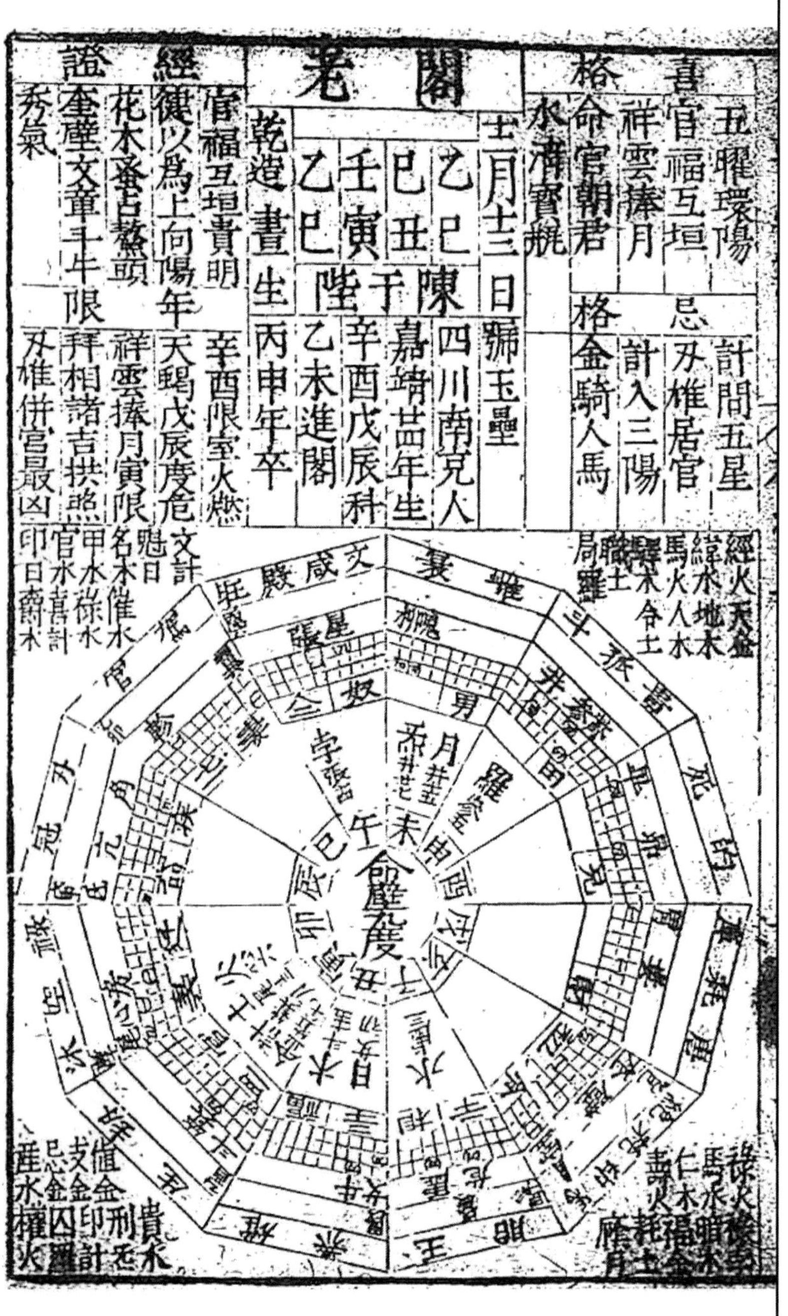

喜格
五曜環陽
官福互垣
祥雲捧月
命官朝君
水濟寶瓶
忌格
計問五星
孛催居官
計入三陽
金騎人馬
閣老
十二月十三日鄒玉壘
乙巳 四川南充人
己丑 陳于陛 嘉靖甲午年生
壬寅 辛酉戊辰科
乙巳 乙未進閣
乾造 晝生 丙申年卒
經證
官福互垣貴明
德以為上向陽年
花木叢占鰲頭
奎壁文章千年限
秀氣
辛酉限室火燃
天蝎戊辰度危
祥雲捧月寅限
拜相諸吉拱照
孛催併宮最凶

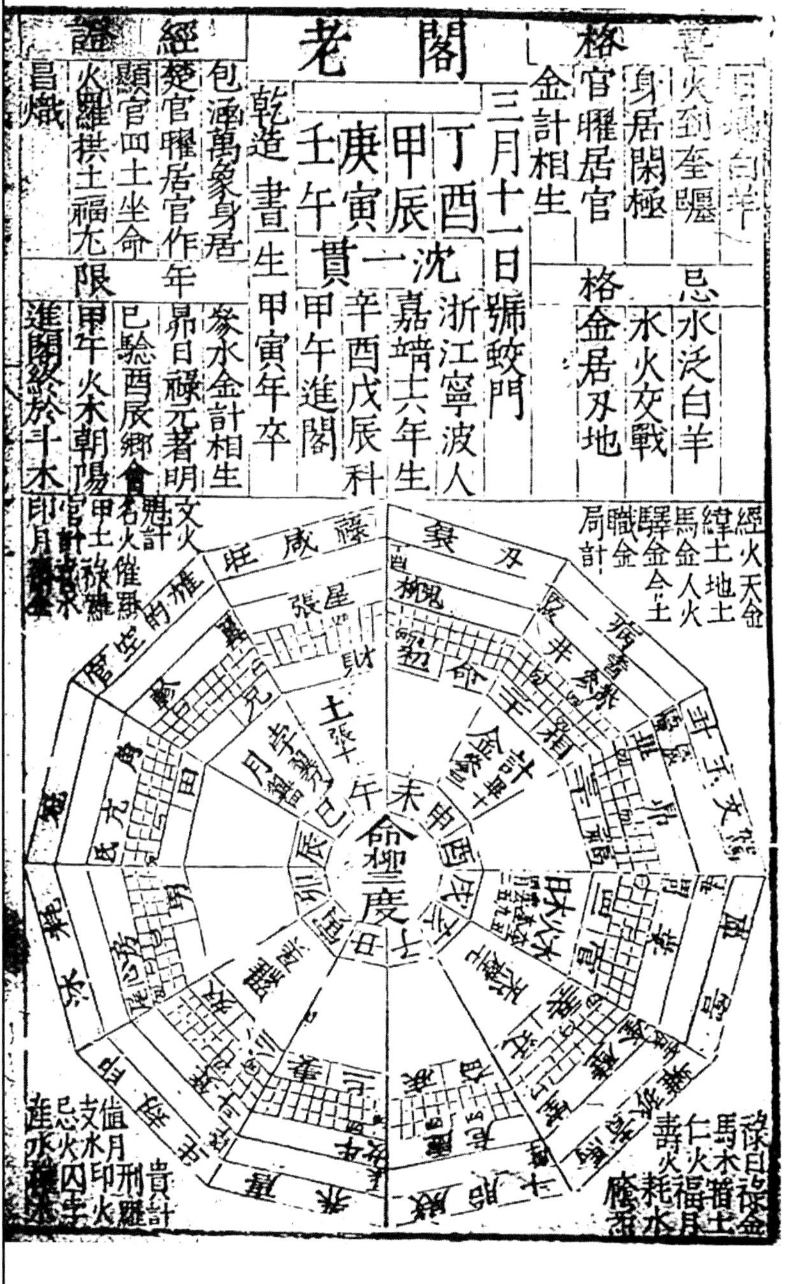

閣老

乾造　晝生甲寅年卒

三月十一日　號鮫門

丁酉		浙江寧波人
甲辰	沈	嘉靖十六年生
庚寅	一	辛酉戊辰科
壬午	貫	甲午進閣

格

日躔白羊

晝火到奎躔

身居閑極

官曜居官

金計相生

忌

水浸白羊

水火交戰

格

金居刃地

經

包涵萬象身居

變官曜居官作年

顯官四土坐命

火羅拱土福尤

證

昌熾

限

參水金計相生

昴日祿元著明

已驗酉辰鄉會

甲午火木朝陽

進閣終於土木

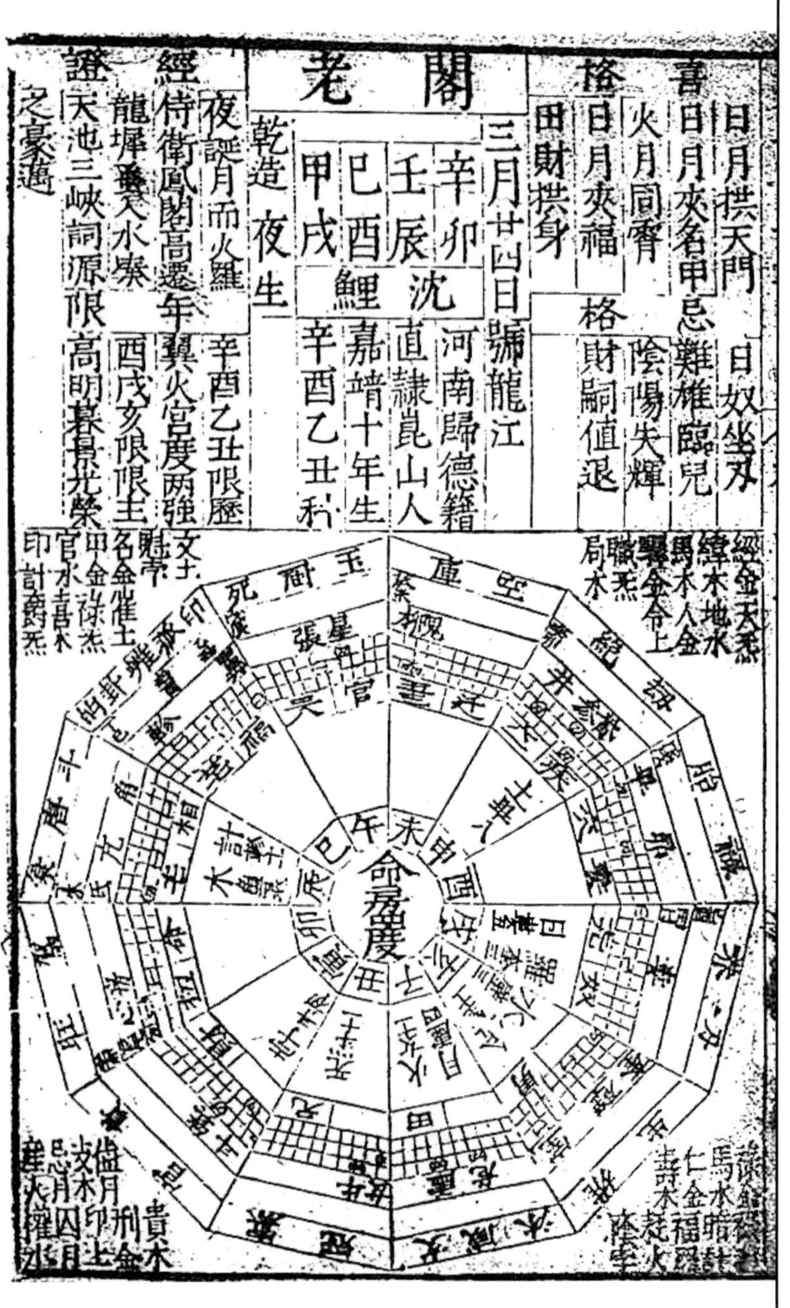

書格

日月拱天門　日奴坐刃

日月夾名申忌難權臨兒

火月同胥　陰陽失輝

日月夾福　格財嗣值退

田財拱身

閣老

三月廿四日蝻龍江

辛卯　壬辰　己酉　甲戌

沈鯉

河南歸德籍　直隸崑山人　嘉靖十年生　辛酉乙丑私

乾造夜生

夜誕月而火羅　辛酉乙丑限歷

經　侍衛鳳閣高遷年　翼火宮度兩強

龍墀叠水奏　酉戌亥限限主

證　天池三峽詞源限高明暮貴光榮

之豪邁

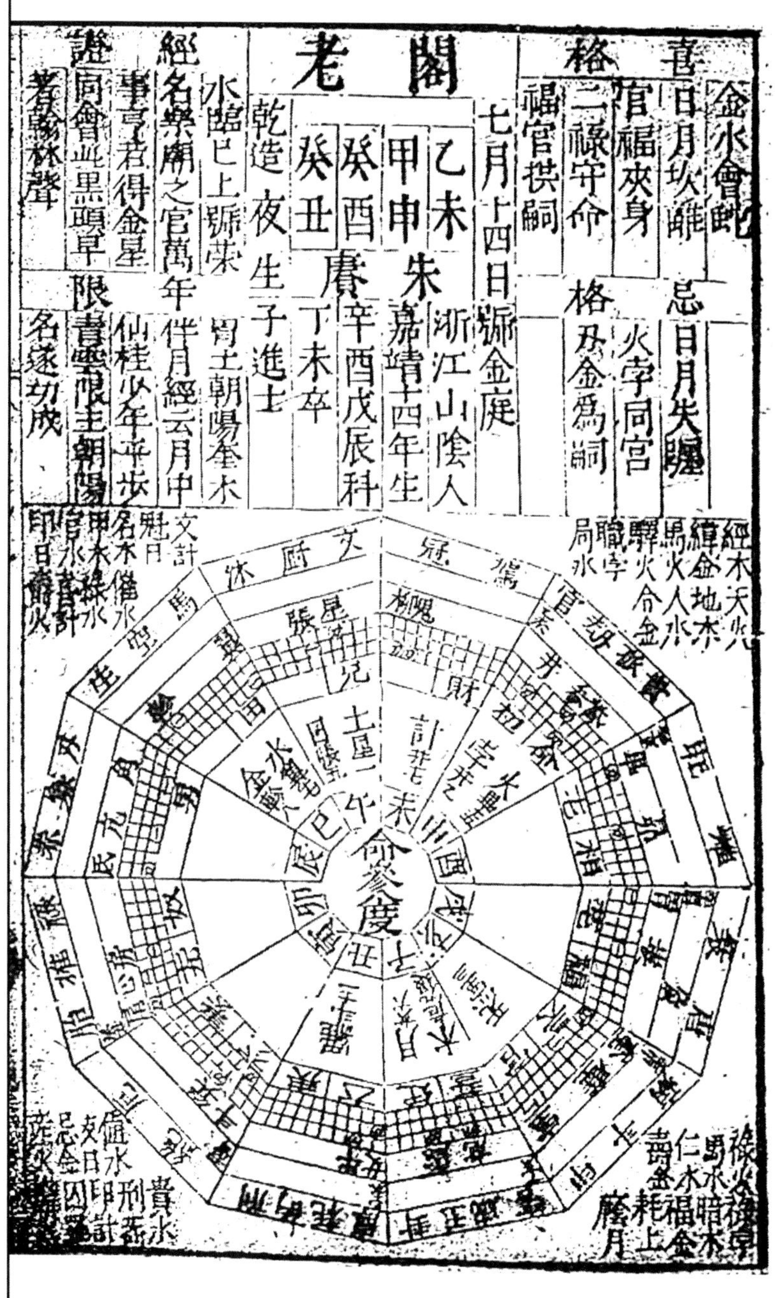
喜格
金水會乾
日月坎離
官福夾身
二祿守命
福官拱嗣
忌格
日月失躔
火孛同宮
刄金爲嗣
閣老
七月十四日躔金庭
浙江山陰人
乙未
甲申
癸酉
癸丑
朱賡
嘉靖十四年生
辛酉戊辰科
丁未卒
乾造夜生子進士
經
水臨巳上號榮
胃土朝陽奎木
名樂廟之官萬年
伴月經云月中
事弓君得金星
仙桂少年平步
證
同會此黑頭早
著歸林聲
限
喜要限主朝陽
名遂功成

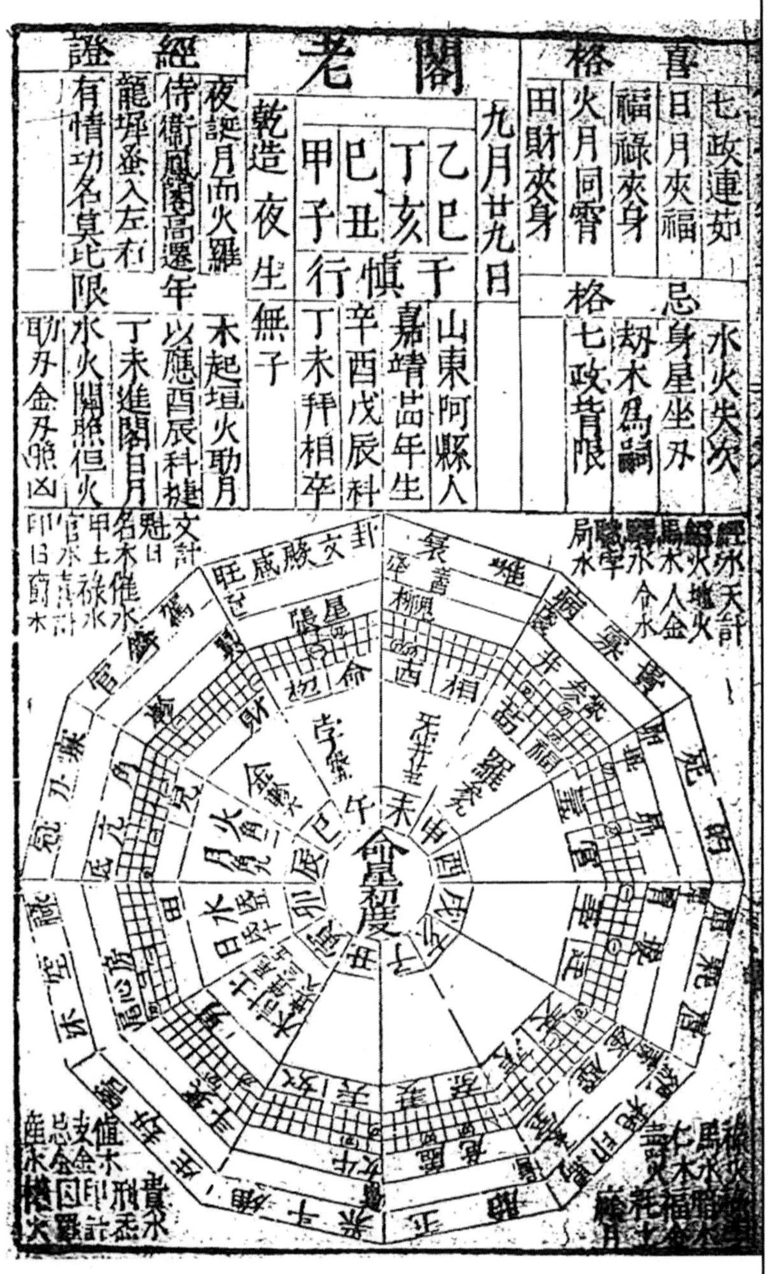

喜格
七政連茹
日月夾福
福祿夾身
火月同宮
田財夾身
忌格
水火失次
身星坐刃
刼木爲嗣
七政背限
閣老
九月廿九日
乙巳
丁亥
己丑
甲子
于慎行
山東阿縣人
辛酉戊辰科
丁未拜相卒
乾造夜生無子
經證
夜誕月而火羅
侍衛鳳閣高遷年
以應酉辰科甲
丁未進閣月月
有情功名莫比限
水火關照但火

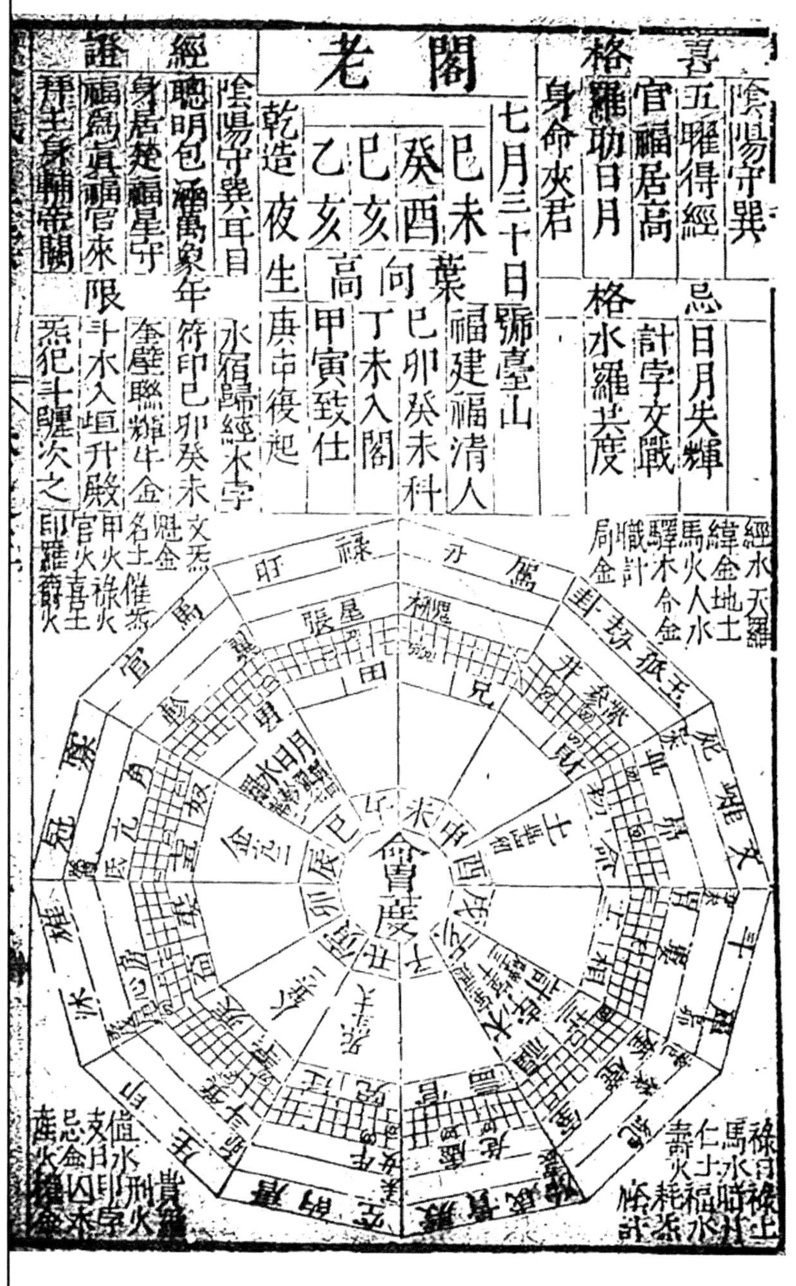
閣老
喜
陰陽守巽
五曜得經
官福居高
格
羅助日月
身命夾君
忌
日月失輝
計孛交戰
格
水羅共度
七月三十日
己未
葉
福建福清人
癸酉
向
己卯癸未科
己亥
高
丁未入閣
乙亥
甲寅致仕
乾造
夜生
庚申復起
經
陰陽守巽耳目
聰明包涵萬象年
身居楚福星守
福為眞福官來
讖
水宿歸經木字
符印己卯癸未
奎壁聯輝牛金
限
斗木入垣升殿
祿
馬
官
兄
財

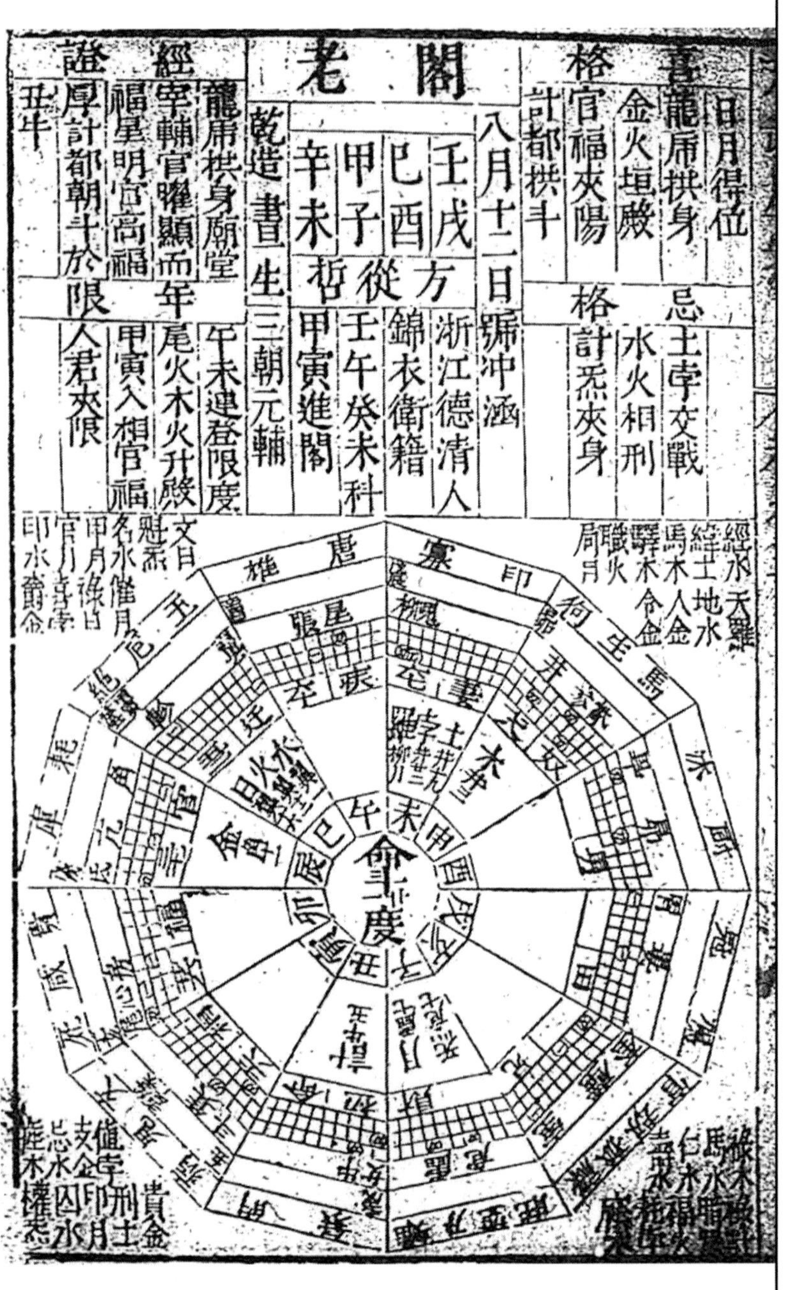
喜格
日月得位
龍甪拱身
金火垣殿
官福夾陽
計都拱斗
忌格
土孛交戰
水火相刑
計炁夾身
閣老
八月十二日
孫沖涵
壬戌
己酉
甲子
辛未
方從哲
浙江德清人
錦衣衛籍
壬午癸未科
甲寅進閣
乾造
書生
三朝元輔
經證
龍甪拱身廟堂
宰輔官曜顯而
福星明宮高福
厚計都朝斗於
丑斗
年限
午未運登限度
尾火木火升殿
甲寅入相官福
人君夾限
命
度

閣老

喜格

七政聯茹
日月著明
四餘得地
群星拱命

忌格

水計相刑
丹計犯陽
金木同宮

十月廿九日 號象雲

丙寅 巳亥 丙戌 辛卯

乾造晝生

韓爌

山西蒲州人
泰州籍
戊子壬辰科
泰昌元年入閣

經證

日月五星聯茹
炁孛羅計得地
名曰文兼武備
將相局面也七
政拱命為最

年限

孛子角木升殿
壬辰軫水東令
庚寅宮度兩強
不惟名兼福全曉
勳業與國同休

經金 天炁
緯木 地火
馬木 人金
驛金 令水
職金
局計

文金
魁羅
名火 催月
甲金 祿計
官羅 喜炁
印火 爵木

命 房度

午 未 申 酉 戌 亥 子 丑 寅 卯 辰 巳

值炁 貴炁
支土 刑計
忌土 印羅
產木 囚火
權孛

祿水 祿木
馬水 暗金
仁火 福土
壽火 耗月
蔭水

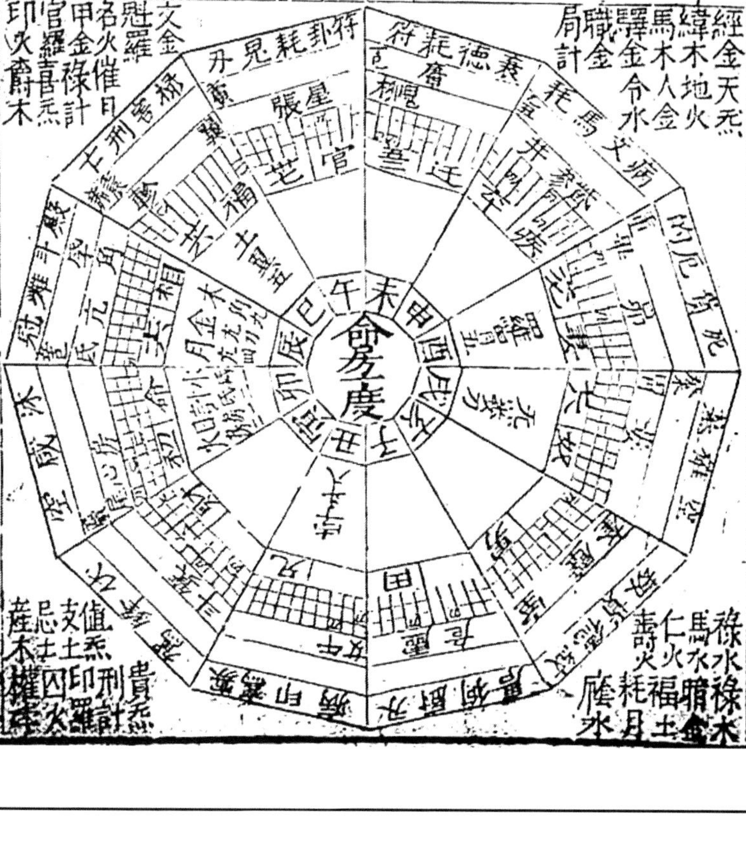

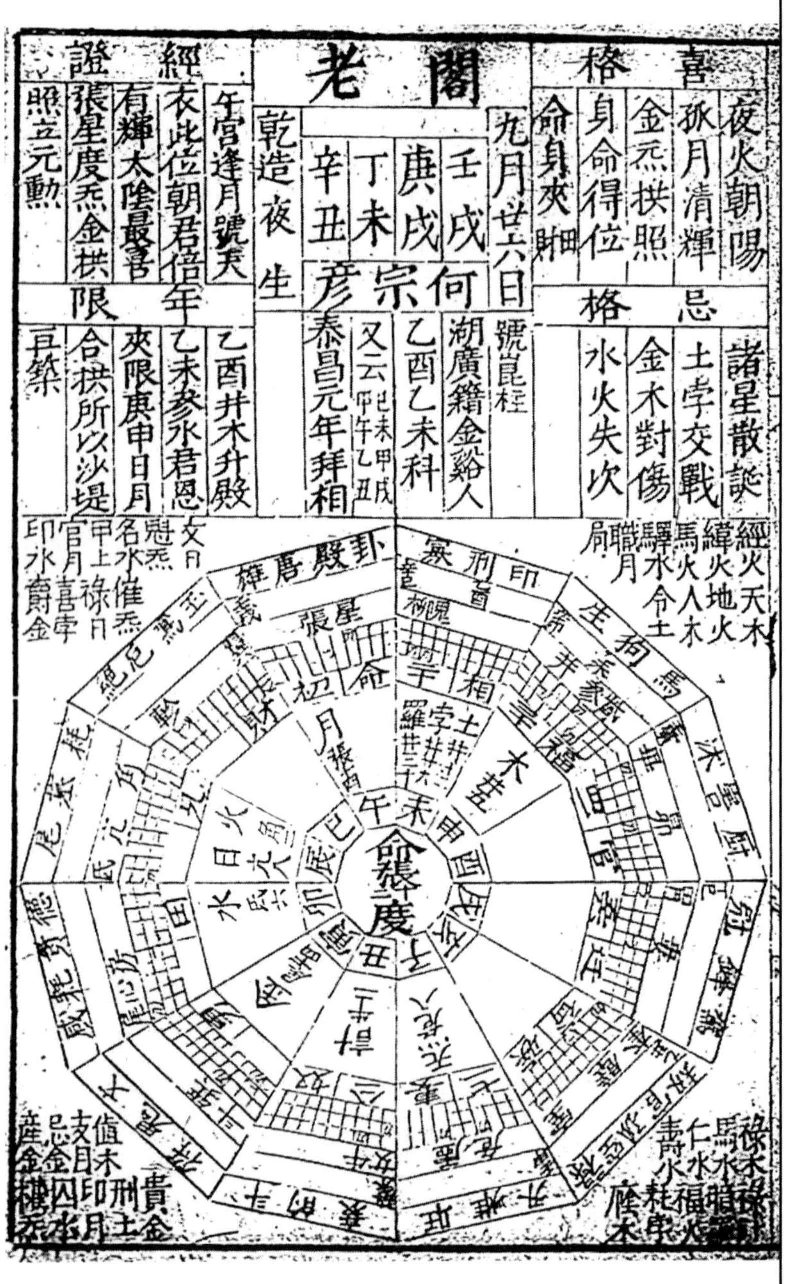

閣老

喜格
夜火朝陽
孤月清輝
金炁拱照
身命得位
命身夾財

忌格
諸星散誕
土孛交戰
金木對傷
水火失次

九月廿六日
壬戌
庚戌
丁未
辛丑
乾造夜生

何宗彥
號崑柱
湖廣籍金谿人
乙酉乙未科
又云己未甲戌甲午乙丑
泰昌元年拜相

經證
午宮逢月號天
衣此位朝君倍年
有輝太陰最吉
張星度炁金拱
照立元勳

限
乙酉井木升殿
乙未参水君恩
夾限庚申日月
合拱所以沙堤
再禁

經火天木
緯火地火
馬火人木
驛水命土
職月
局

文月
魁炁
名水催炁
甲上祿月
官月喜孛
印水爵金

命
張度

祿木
馬水暗火
仁水福孛
壽火耗
蔭木

值木貴金
支月刑土
忌金印月
産金囚水
權炁

三元閣老

二月廿五日浙江淳安人

甲午 永樂十二年生

丁卯 正統乙丑科

己巳 商輅

辛未

乾造晝生

星格如常名不須實或命之拱厤數有案者另有大緣法存焉

真格

火金拱月

官福拱身

日月拱照

星布均停

山兌通氣

忌格

計月同躔

水火對傷

木土對尅

諸星散談

經土天月

緯土地木

馬水人土

驛火命木

職計

局羅

諸經

火命縂月是陰然計月相逆以

星遇夜生逢最年其咸合貴格昔

主文若為身命蘇東坡韓文公

司官福三台八限皆係大月當干

座龍榜名計聊主文章冠天下

文羅

魁月

名木催金

甲土祿木

官杰喜羅

印木爵水

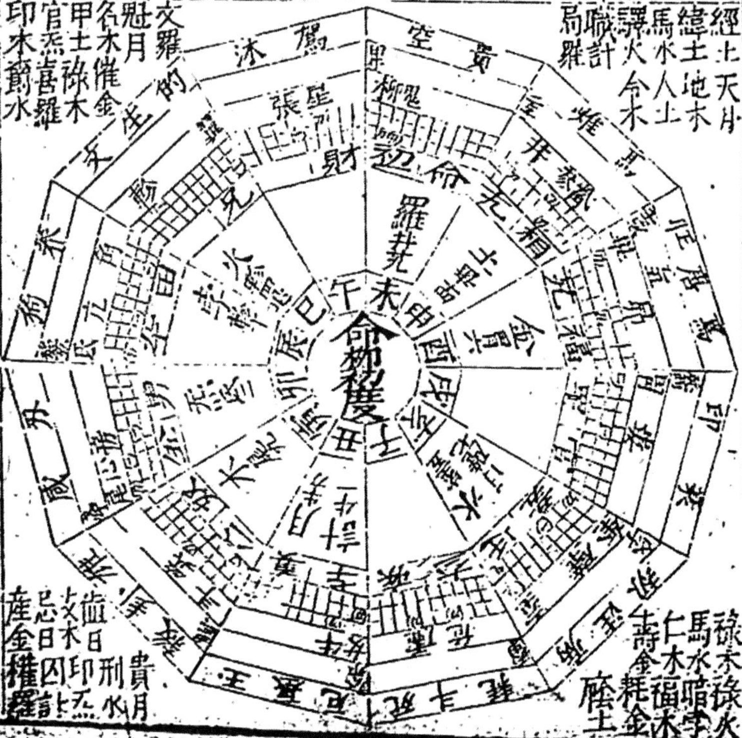

貴月

刑水

血日印杰

文木囚計

忌日

產金權羅

祿木綠火

馬水暗孛

仁木福水

壽金耗金

蔭土

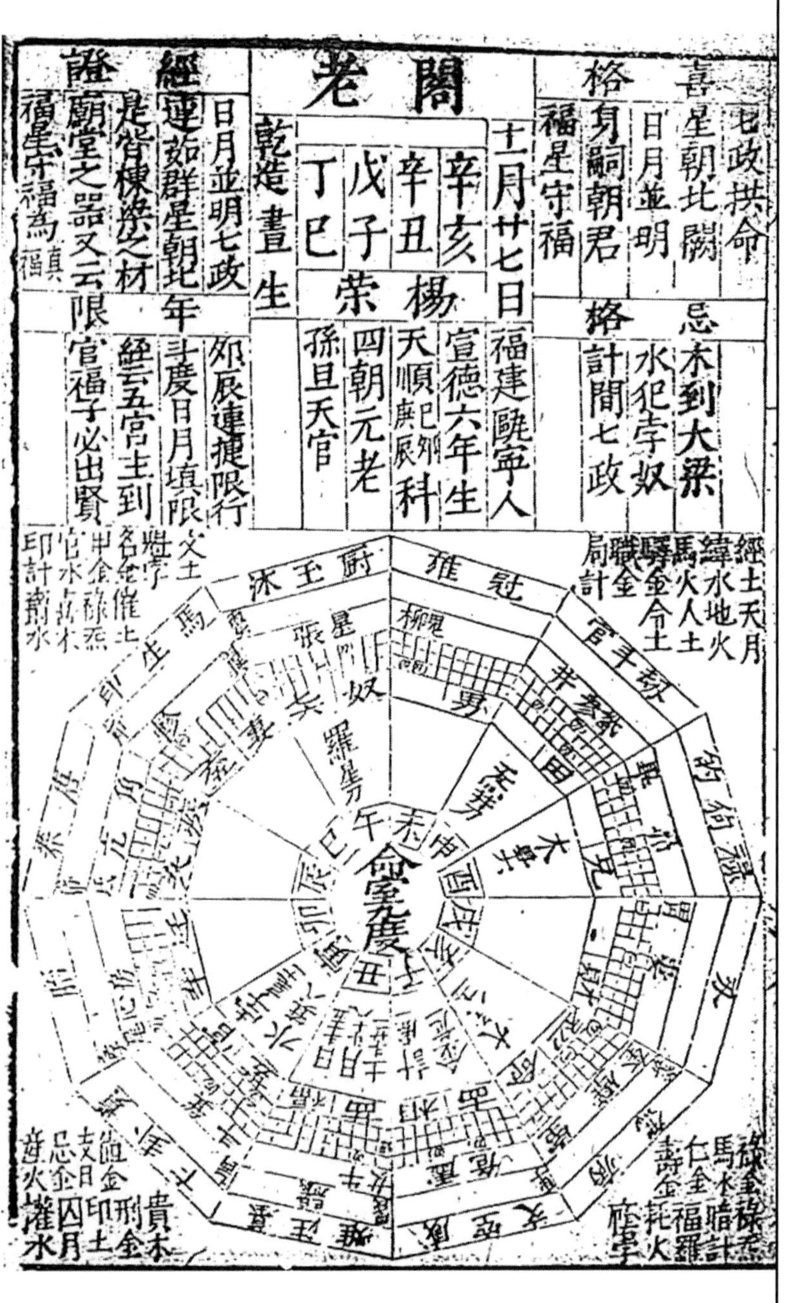
閣老
喜格
七政共命
星朝北闕
日月並明
身嗣朝君
福星守福
忌格
木到大梁
水犯孛奴
計間七政
十一月廿七日福建甌寧人
宣德六年生
天順巳卯庚辰科
四朝元老
孫且天官
辛亥
辛丑
戊子
丁巳
乾造晝生
楊榮
經
日月並明七政
運茹群星朝北
是皆棟樑之材
證
廟堂之器又云
福星守福為真福
年
卯辰連捷限行
斗度日月填限
經云五宮主到
限
官福子必出賢
命宮

閣老

喜格

七政追茹
紫曜拱南
福官夾命身
日月夾福財
星布均停

忌格

木到大梁
火躔水度
嗣星失位

九月廿六日
甲戌
甲戌
甲戌
乙丑
乾造夜生

楊一清

直隸鎮江人
景泰五年生
科
清介立朝
獨貴無子

經證

福祿夾身為上
紫宿拱南方乃
異人群星守照
多端合格為上
身星清吉尤奇

年限

木羅炁孛通關
拱命經云孤尅
者木炁羅守身
名所以貴而少
子

經金天水
綬土地土
馬木人上
驛金命土
職炁
局木

文羅
魁月
名木催金
甲上祿木
官炁喜羅
印木爵金

祿木祿火
馬水暗孛
仁木福木
壽火耗金
庫土

貴月
刑水
印炁
四計
催炁
支木
忌日
產金

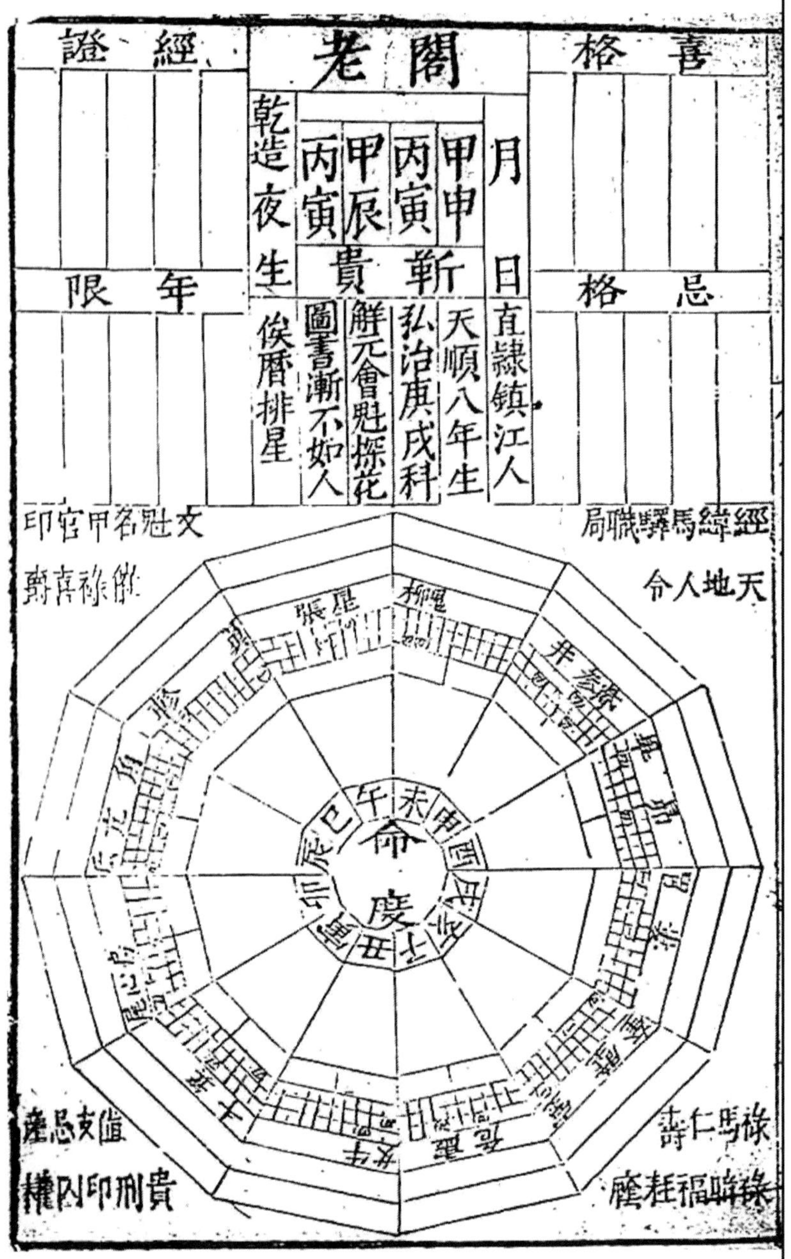
經證
閣老
喜格
乾造夜生
月日
甲申
丙寅
甲辰
丙寅
靳貴
直隸鎮江人
天順八年生
弘治庚戌科
觧元會魁探花
圖書漸不如人
俟曆排星
年限
忌格
文魁名甲官印
經緯馬驛職局
天地人命
命度
祿馬仁壽
貴刑印囚權
值支忌產

五尚書祖

喜格

五曜環陽
四餘拱陰
身福高明
命嗣垣令
田財得位

歷任撫州知府
子孫七科八進士
七舉五恩廕

正月二十日

辛巳
庚寅
庚辰
丙子

乾造夜生

林元美

福建閩縣人
洪武二十四年生
永樂辛卯庚子科
成化己丑卒

經證

四餘拱月於福
德丑曜環陽於
北闕且嗣星木
火文明所以遷
華冑屡世簪纓

子 瀚 尚書
孫 庭棉 庭機 尚書
曾孫 燫 熞 尚書

經金 天炁
緯木 地水
馬木 人金
驛金 合木 令
職炁
局木

文土
魁字
名金 催土
甲金 祿炁
官水 喜木
印炁 爵木

祿金 祿炁
馬木 暗計
仁金 福羅
壽金 耗火
廕孛

貴木
值日 刑金
支日 印土
忌金 囚月
產火 權水

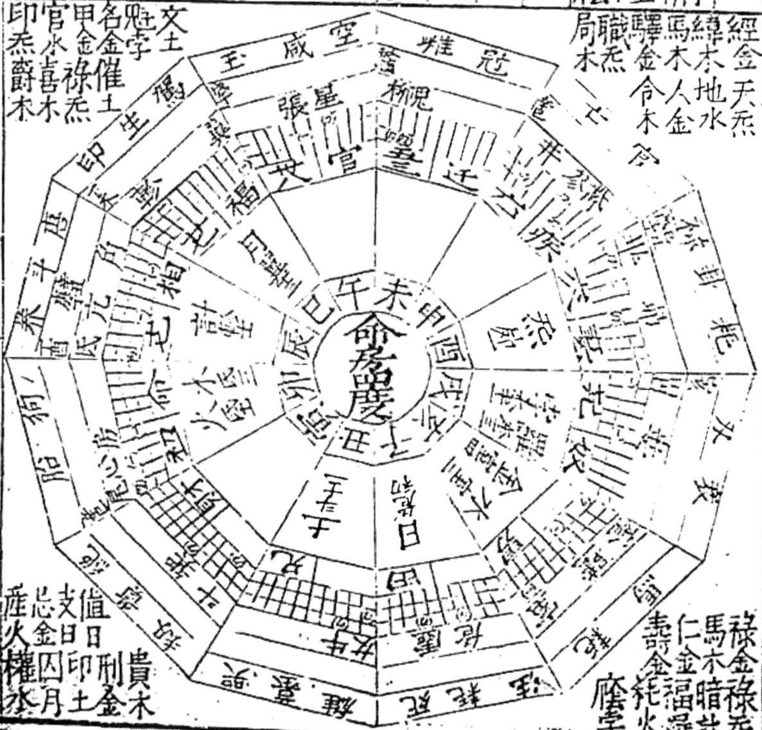

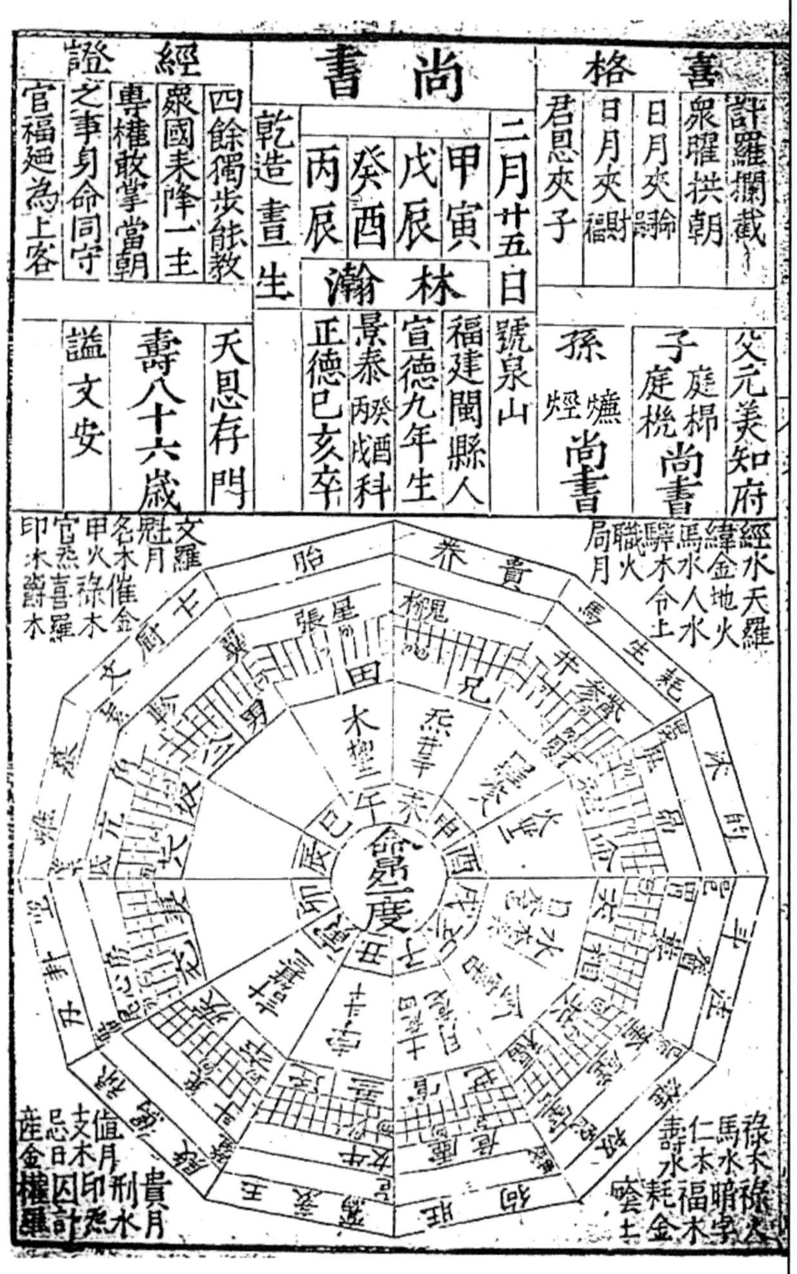

書格
許羅擱截
泉曜拱朝
日月夾祿
日月夾財福
君恩夾子
父元美知府
子庭棉 庭梲 尚書
孫爐 煙 尚書
尚書
二月廿五日
甲寅
戊辰
癸酉
丙辰
乾造晝生
林瀚
號泉山
福建閩縣人
宣德九年生
景泰癸酉科
正德己亥卒
經證
四餘獨步能教
衆國來降一主
專權敢掌當朝
之事身命同守
官福廼為上客
天恩存門
壽八十六歲
謚文安
經水 天羅
緯金 地火
馬水 人水
驛木
職火
局月
文羅
魁月
名木 催金
甲火 祿木
官炁 喜羅
印水 爵木
祿木 孫太
馬水 暗孛
仁木 福木
壽水 耗金
陰土
値月 貴月
支木 刑水
忌日 印炁
産金 因計
權羅

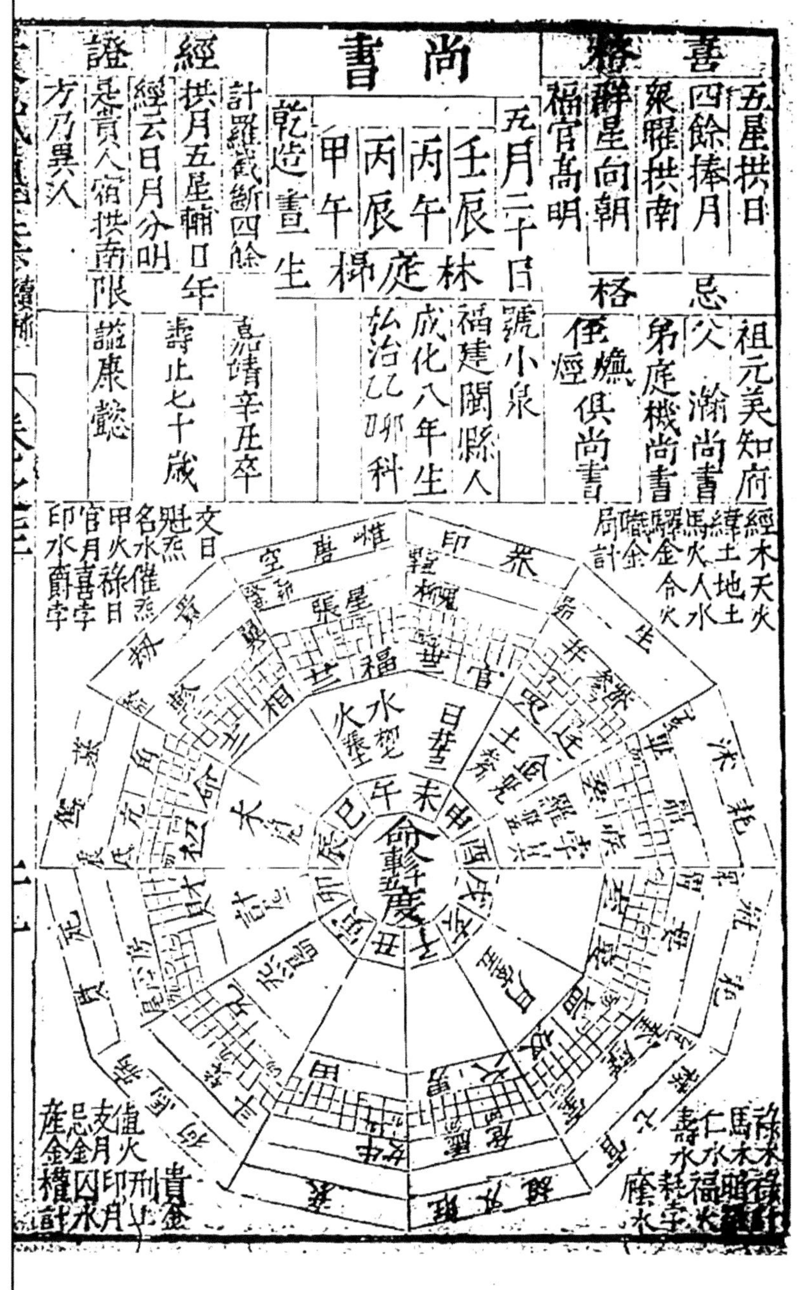

喜格

五星拱日
四餘捧月
衆曜拱南
辯星向朝
福官高明

忌格

祖元美知府
父瀚尚書
弟庭機尚書
侄燫 煙 俱尚書

尚書

五月二十日
壬辰
丙午
丙辰
甲午
乾造晝生

林庭㭿

號小泉
福建閩縣人
成化八年生
弘治乙卯科
嘉靖辛丑卒

經證

計羅截斷四餘
拱月五星輔日年
壽止七十歲
經云日月分明
是貴人宿拱南限
謚康懿
方乃異人

舊格

日月夾官
福祿夾身
日月夾子
七政連茹
祿貴拱命

忌格

羅間七政
衆曜稍背
日月失輝

尚書

五月廿日福建閩縣人號肖泉

丙寅
癸巳
癸未
壬戌

乾造夜生

林庭機

嘉靖乙酉科
祖元美知府
父瀚兄庭㭿尚書
子燫烴俱尚書
萬曆辛巳卒謚文僖

經證

日月最宜拱夾
拱夾身祿嗣主年
者以為奇且七
政連茹炁孛計
一卻列外為最

乙卯尾火ㄋ到
南離乙未氐土
土羅相生東令
限逢生喜美書善

經金 天炁
緯土 地火
馬水 人土
驛木 命火
職金
局計

交金
魁羅
名火 僕日
甲月 祿計
官羅 喜炁
印火 貴木

命 文慶

僮月
友土
忌土
產木
貴炁
刑計
印羅
因火
權孛

祿水
馬水
仁火
壽火
德木
暗金
福土
耗月
蔭水

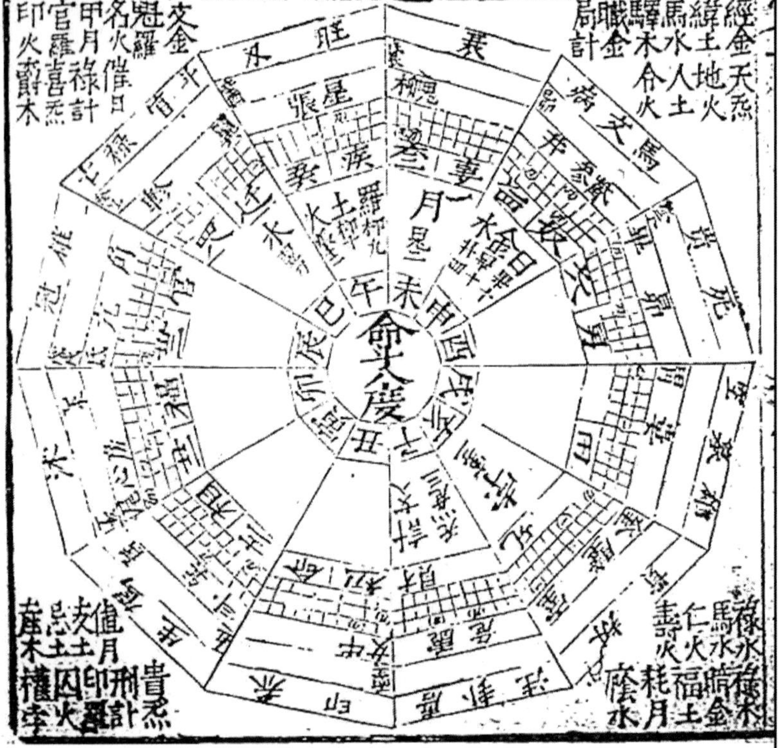

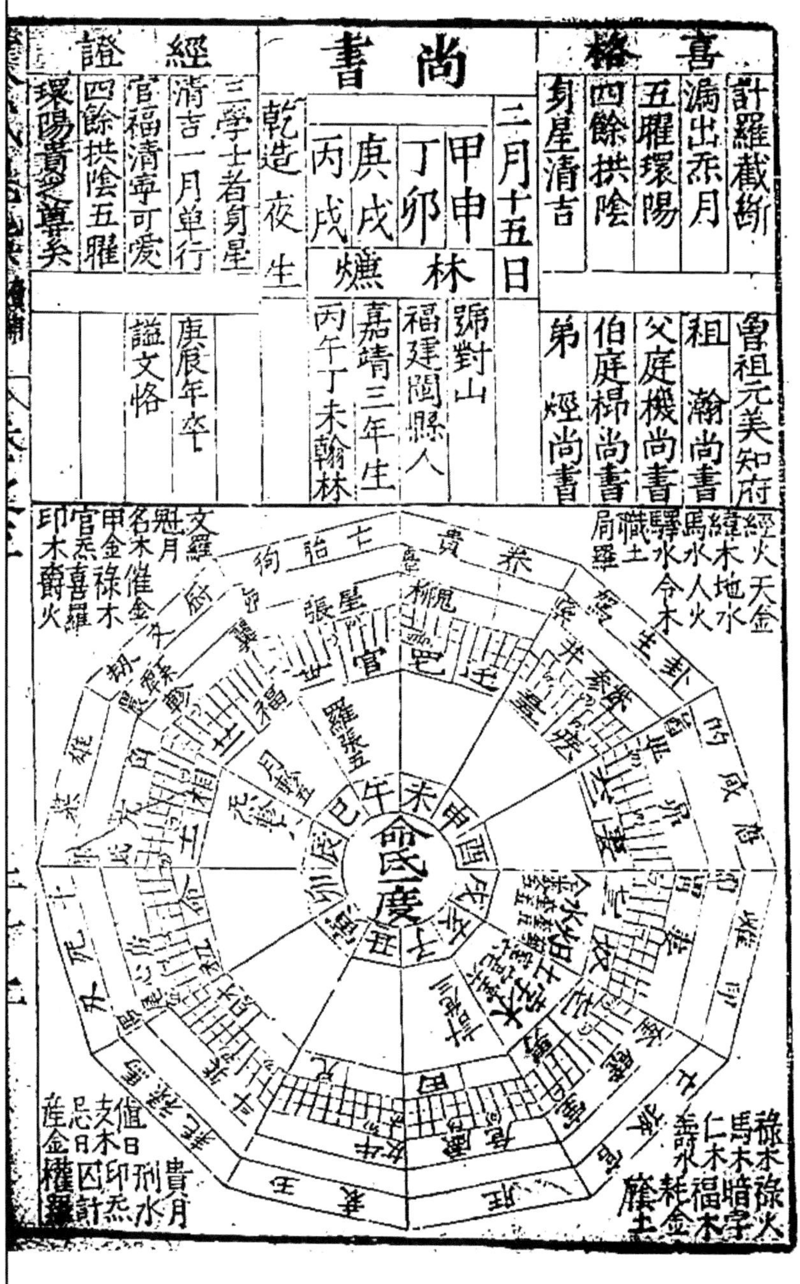
喜格
計羅截斷
漏出炁月
五曜環陽
四餘拱陰
身星清吉
曾祖元美知府
祖 瀚尚書
父庭機尚書
伯庭棉尚書
弟 經尚書
尚書
二月十五日
甲申
丁卯
庚戌
丙戌
乾造夜生
林 燫
號對山
福建閩縣人
嘉靖三年生
丙午丁未翰林
經證
三學士者身星
清吉一月单行
官福清寧可愛
四餘拱陰五耀
環陽貴之尊矣
庚辰年卒
謚文恪
經火 天金
緯木 地水
馬水 人火
驛水 合木
職土
局羅
文經
魁月
名木 催金
甲金 祿木
官炁 喜羅
印木 爵火
命度
祿木 祿火
馬木 暗孛
仁木 福木
壽水 耗金
解土
值日 貴月
支木 刑水
忌日 印炁
産金 囚計
權羅

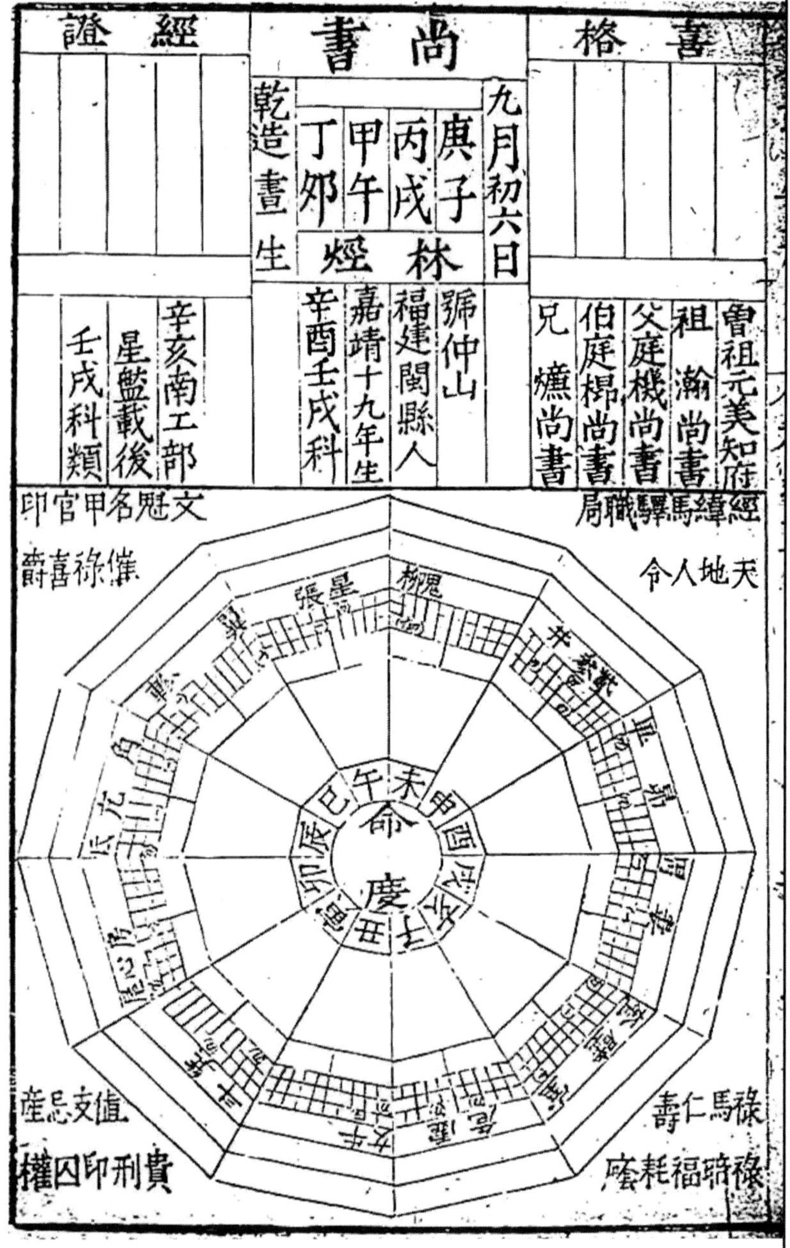
書格
尚書
經證
九月初六日
庚子
丙戌
甲午
丁卯
林烴
乾造晝生
號仲山
福建閩縣人
嘉靖十九年生
辛酉壬戌科
曾祖元美知府
祖瀚尚書
父庭機尚書
伯庭棉尚書
兄燫尚書
辛亥南工部
星監載後
壬戌科類
經緯馬驛職局
天地人命
文魁名甲官印
儀祿喜爵
命度
午未申酉戌亥子丑寅卯辰巳
祿馬仁壽
祿府福耗蔭
值支忌產
貴刑印囚權

經證	尚書	喜格
計羅截斷漏官福者貴日月拱帝座當爲朝省正即諸星群聚於強宮 年 限 向背爲貴賤之本計羅截諸星於限步之前誠爲合格	十一月初九日 甲午 丙子 庚申 癸未 乾造晝生 胡訓 浙江 成化十一年生	計羅攔截 漏出福祿 象曜拱官 日月拱帝座格 群星向命限 忌 羅月晝晦 土陌井木 孤陽無輔

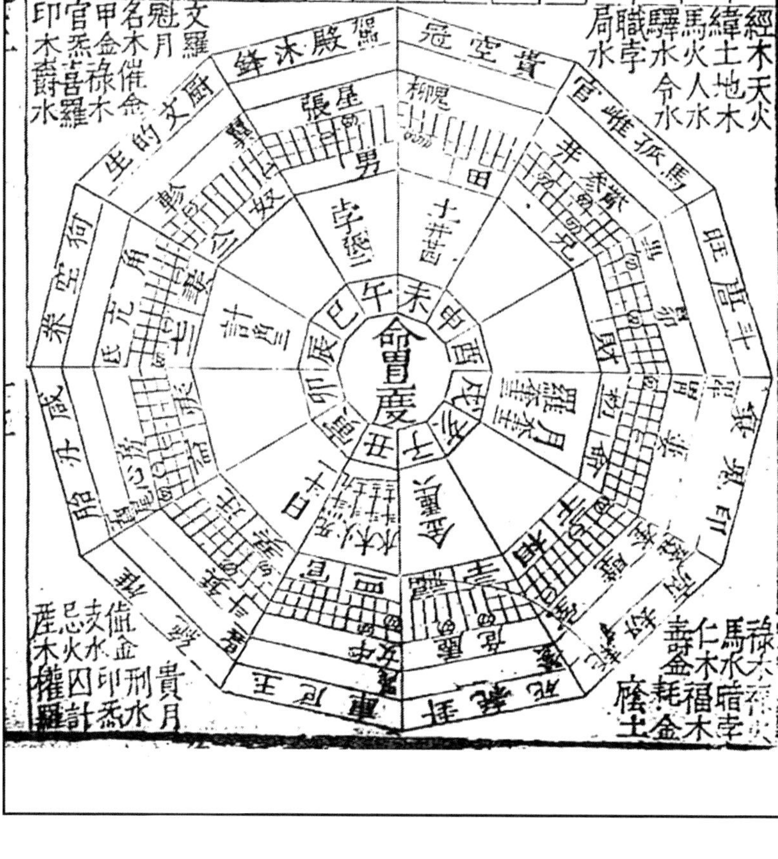

文羅 魁月 名木 甲金 官炁 印木
備命 祿木 喜羅 爵水

經木 緯土 馬火 驛水 職孛 局水
天火 地木 人水 命水

午 未 申 酉 戌 亥 子 丑 寅 卯 辰 巳

命宮度

伏金 支水 忌火 產木
貴月 刑水 印炁 囚計 權羅

祿火 馬水 仁木 壽金
刃火 暗孛 福木 耗金 蔭土

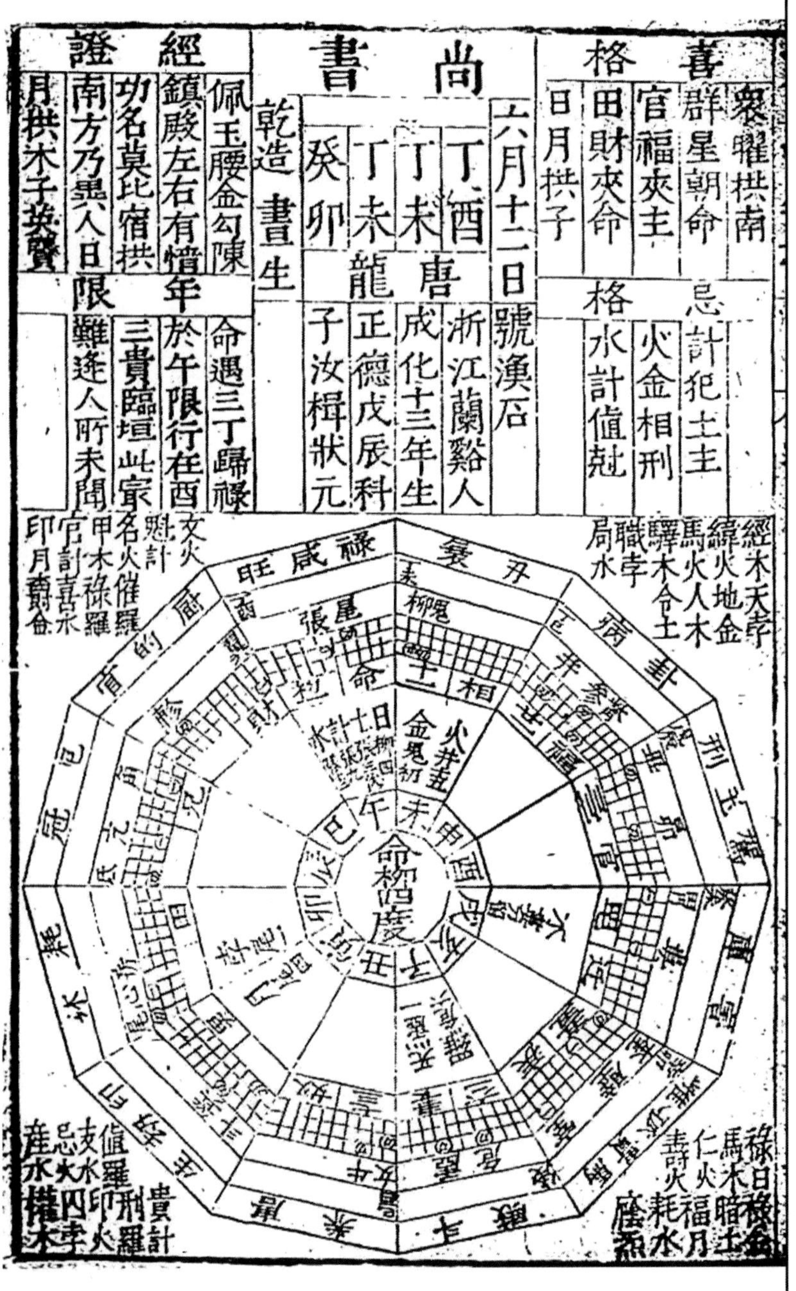
貴格
衆耀拱南
群星朝命
官福夾主
田財夾命
日月拱子
忌格
計犯土主
火金相刑
水計值尅
尚書
六月十二日
號漁石
丁酉
浙江蘭谿人
丁未
唐
成化十三年生
丁未
龍
正德戊辰科
癸卯
子汝楫狀元
乾造
書生
經證
佩玉腰金勾陳
鎮殿左右有情
功名莫比宿拱
南方乃貴人日
月拱木子英賢
年限
命遇三丁歸祿
於午限行在酉
三貴臨垣此宮
難逢人所未聞
經木天孛
緯火地金
馬火人木
驛木合土
職孛
局水
文火
魁計
名火催羅
甲木祿羅
官計喜水
印月尊金
貴計
刑火羅
值羅印
支水四
忌火孛
產水權木

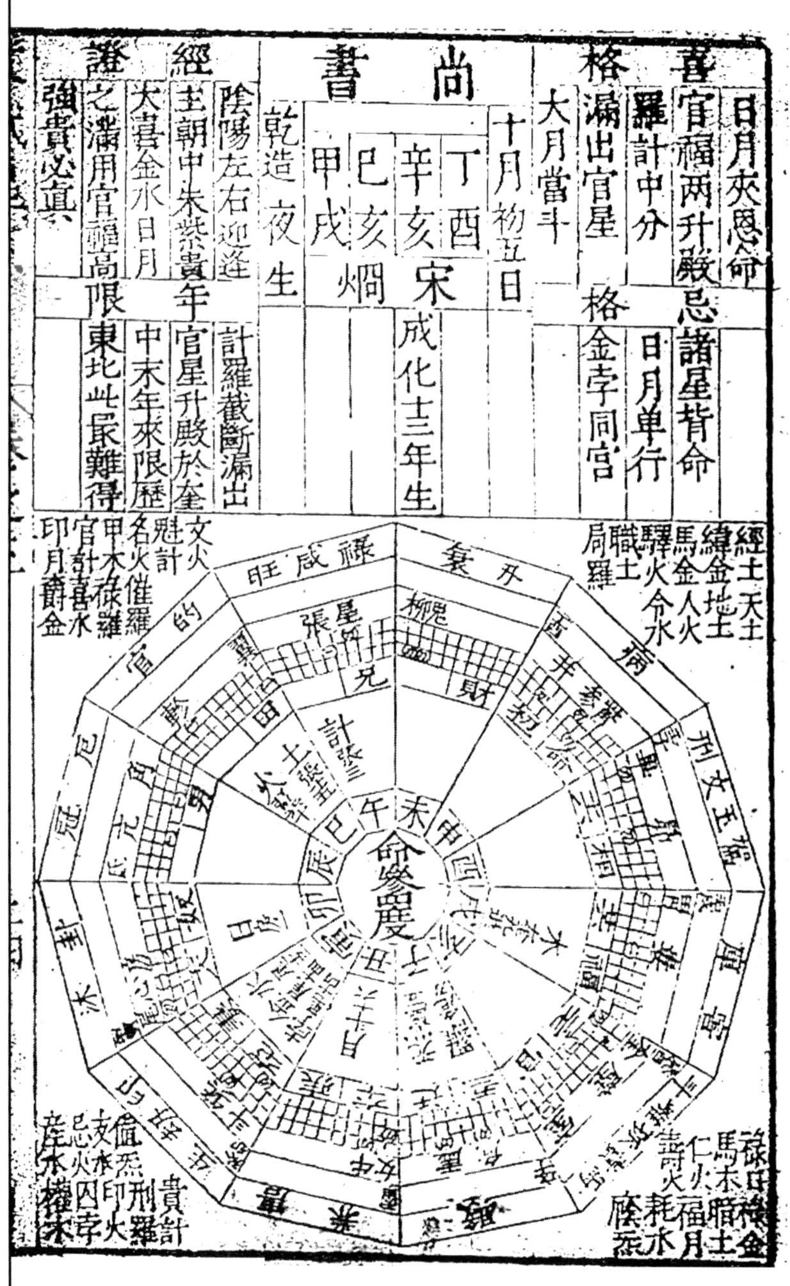

喜格
日月夾恩命
官福兩升殿
忌諸星背命
羅計中分
日月单行
漏出官星
格
金孛同宮
大月當斗
尚書
十月初五日
丁酉
辛亥
宋
成化十三年生
己亥
烟
甲戌
乾造夜生
陰陽左右逆逆
計羅截斷漏出
主朝中朱紫貴
年
官星升殿於奎
大喜金水日月
中末年來限歷
之滿用官福高
限
東北此辰難得
強貴必真
經土 天土
緯金 地土
馬金 人火
驛火 令水
職土
局羅
文火 魁計
名火 催羅
甲木 祿羅
官計 喜水
印月 爵金
祿日 權金
馬木 暗土
仁火 福月
壽火 耗水
蔭
貴計
刑羅
刑火
印
命參度

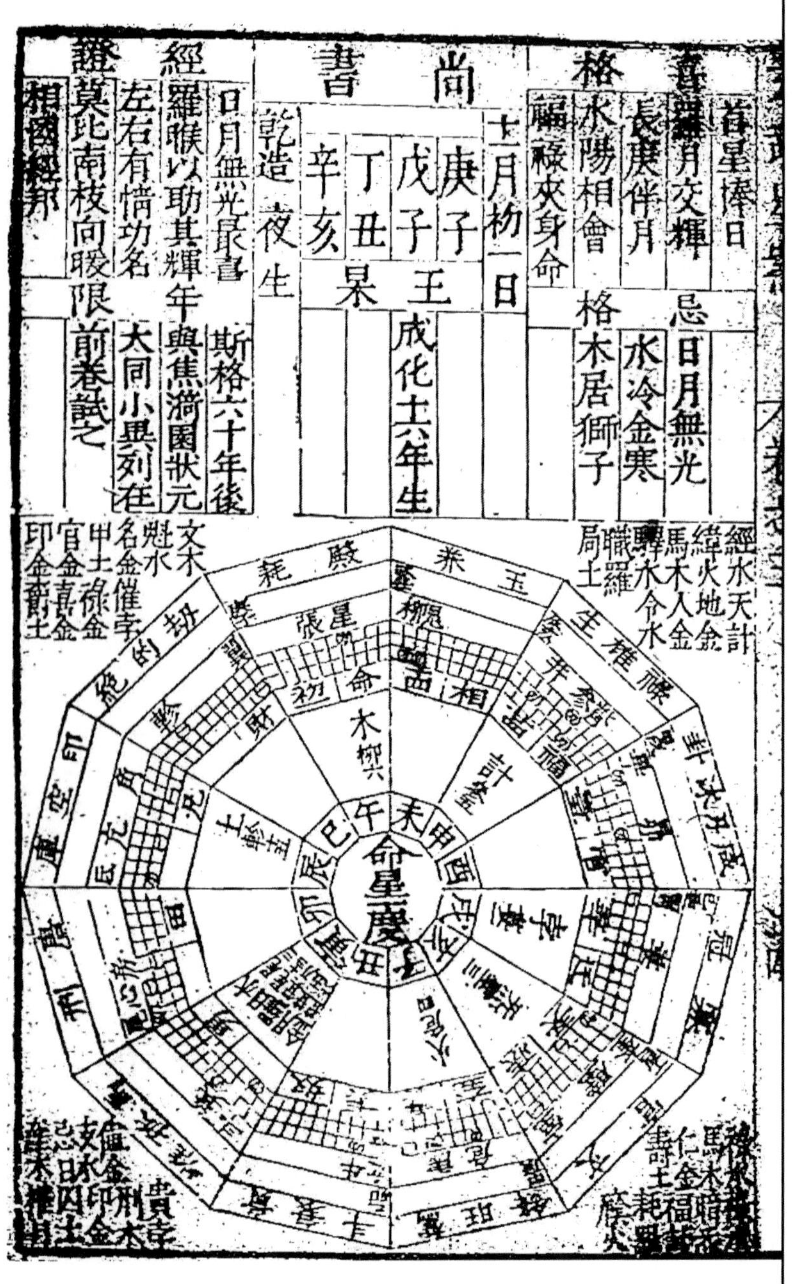
喜 首星捧日 日月交輝 長庚伴月 水陽相會 福祿夾身命
忌 日月無光 水冷金寒
格 木居獅子
尚書
十一月初一日
庚子 戊子 丁丑 辛亥
王杲
成化十六年生
乾造夜生
經
日月無光最喜羅睺以助其輝左右有情功名莫比南枝向晚限
斯格六十年後年與焦漪園狀元大同小異列在前卷試之
鑑
經水天計 緯火地金 馬木人金 驛水令水 職羅 局土
文木 魁水 名金 催孛 甲土 祿金 官金 喜金 印金 爵土
命星度

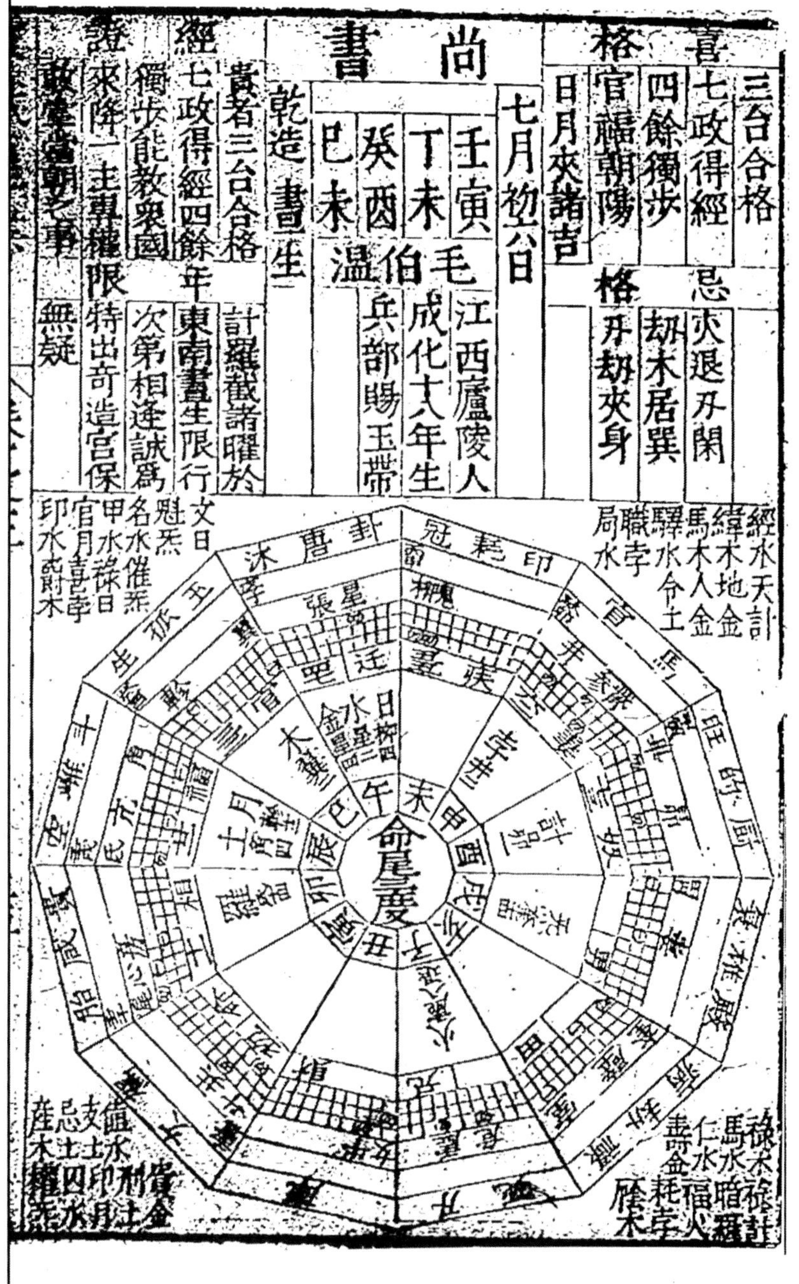

喜格

三台合格
七政得經
四餘獨步
官福朝陽
日月夾諸吉

忌格

火退丹閑
劫木居巽
丹劫夾身

尚書

七月初六日

壬寅
丁未
癸酉
己未

毛伯溫

江西廬陵人
成化十八年生
兵部賜玉帶

乾造書生

經

貴者三台合格計羅截諸曜於
七政得經四餘年東南書生限行
獨步能教衆國次第相逢誠爲

證

來降一主專權限特出奇造宮保
敵愾當朝之事無疑

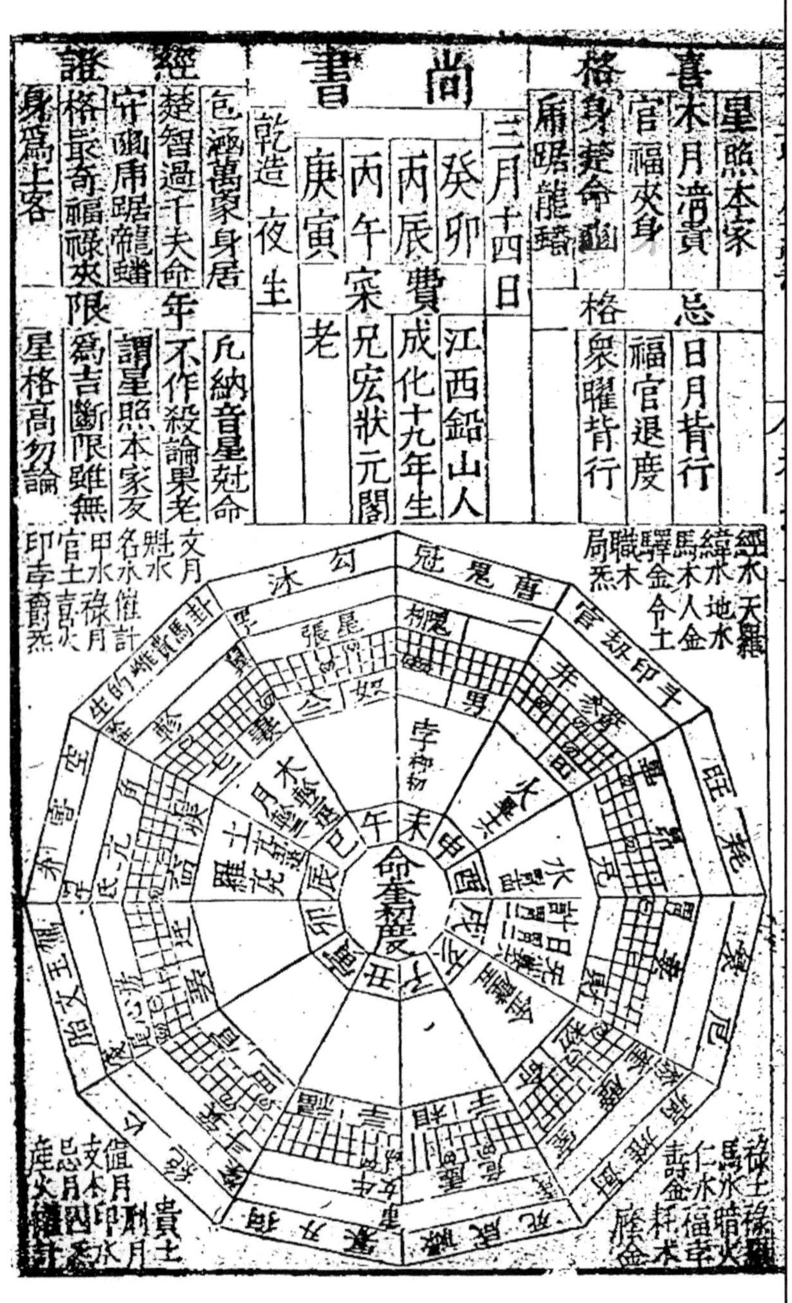

喜格
星照本家
木月清貴
官福夾身
格身達命
扇踞龍蟠
忌格
日月背行
福官退度
衆曜背行
尚書
三月十四日
癸卯
丙辰
丙午
庚寅
乾造夜生
費宷
江西鉛山人
成化十九年生
兄宏狀元閣老
經證
包涵萬象身居
楚智過千夫命
守幽扉踞龍蟠
格最奇福祿夾
身爲上客
年限
凡納音星剋命
不作殺論果老
謂星照本家支
爲吉斷限雖無
星格高勿論
命垣

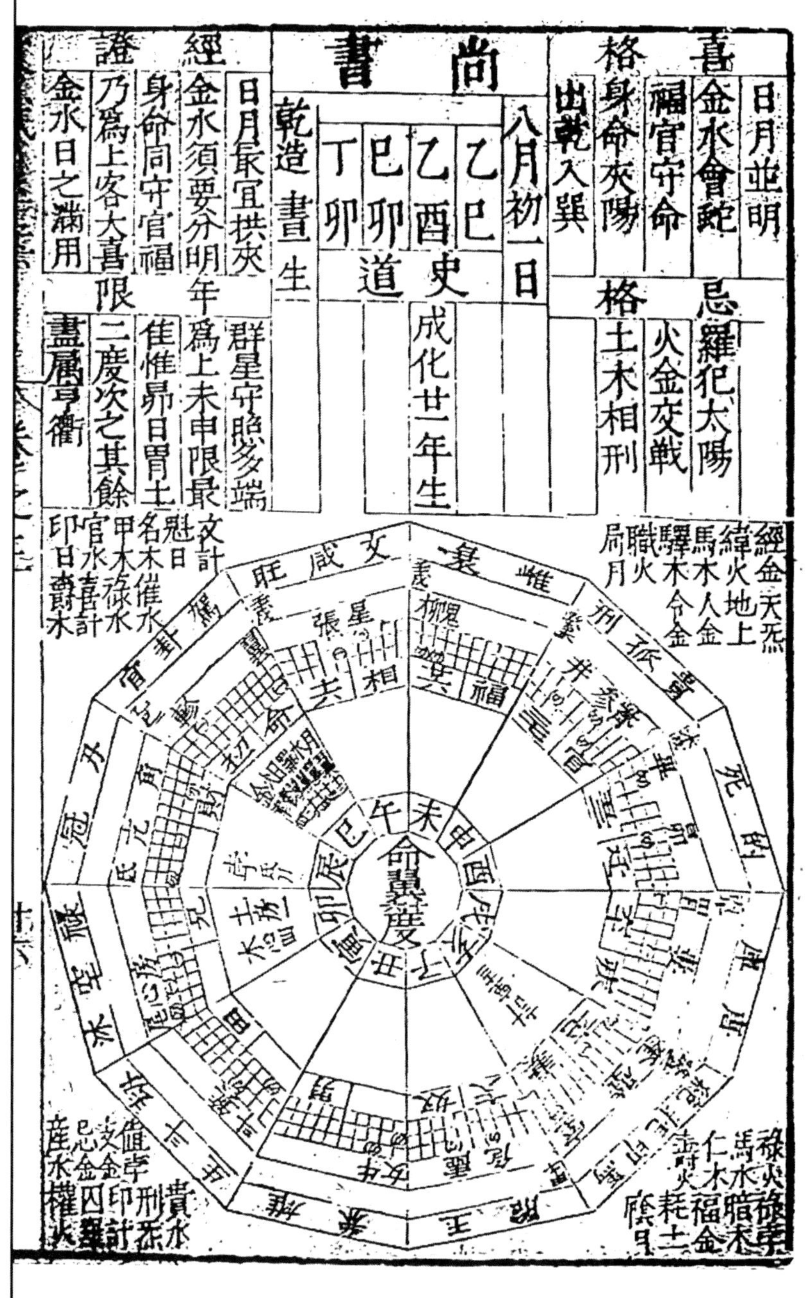

喜格

日月並明

金水會駝

福官守命

身命夾陽

出乾入巽

忌格

羅犯太陽

火金交戰

土木相刑

尚書

八月初一日

乙巳

乙酉

巳卯

丁卯

史道

成化廿一年生

乾造　書生

經證

日月最宜拱夾

金水須要分明

身命同守官福

乃爲上客大喜

金水日之淵用

年限

群星守照多端

爲上未申限最

佳惟昴日胃土

二度次之其餘

盡屬亨衢

經金天无　緯火地上　馬木人金　驛木命金　職火　局月

文計　魁日　名木催水　甲木祿水　官水喜計　印日尊水

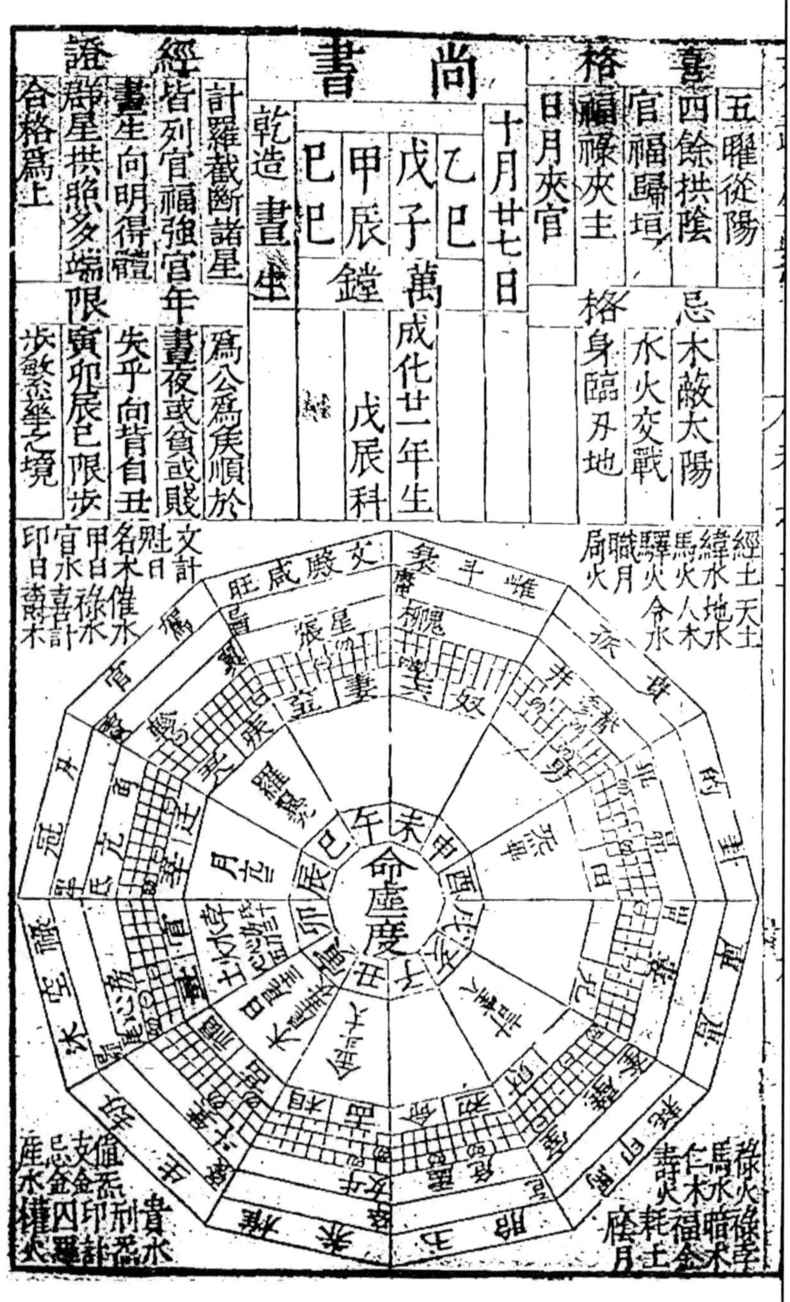
尚書
十月廿七日
乙巳
戊子
甲辰
己巳
萬
成化廿一年生
鐘
戊辰科
乾造
晝生
喜格
五曜從陽
四餘拱陰
官福歸垣
福祿夾主
日月夾官
忌木敵太陽
水火交戰
格身臨刃地
經論
計羅截斷諸星
為公為侯順於
皆列官福強宮年
晝夜或貧或賤
晝生向明得體
失乎向背自丑
為星拱照多端
限寅卯辰巳限步
合格為上
經土
天土
緯水
地水
馬火
人木
驛火
合水
職月
局火
命
虛
度

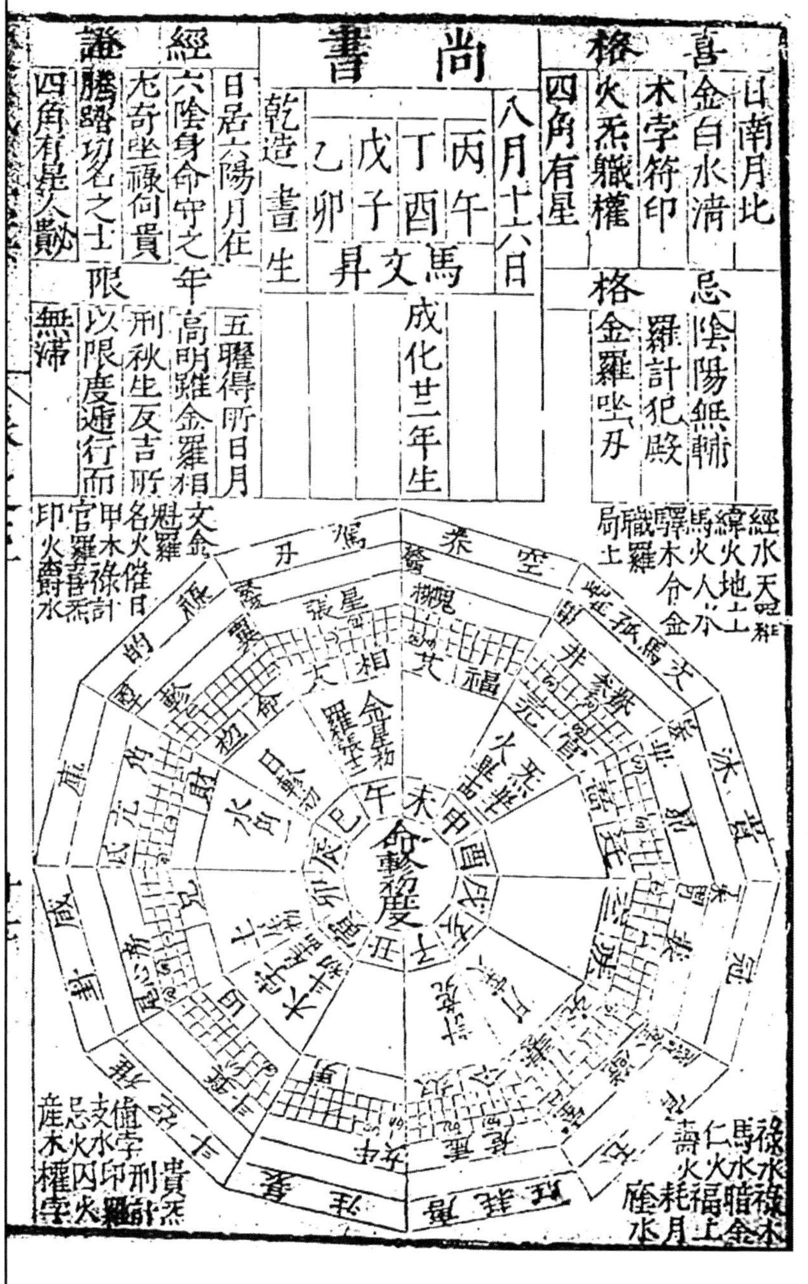
喜格
日南月北
金白水清
木孛符印
火炁職權
四角有星
忌格
陰陽無輔
羅計犯殿
金羅坐丑
尚書
八月廿六日
丙午
丁酉
戊子
乙卯
乾造晝生
馬文昇
成化廿三年生
經論
日居六陽月在
六陰身命守之年
左奇坐祿何貴
騰踏功名之士
四角有星人歡
限
五曜得所日月
高明雖金羅相
刑秋生反吉所
以限度遁行而
無滯
命軫初度

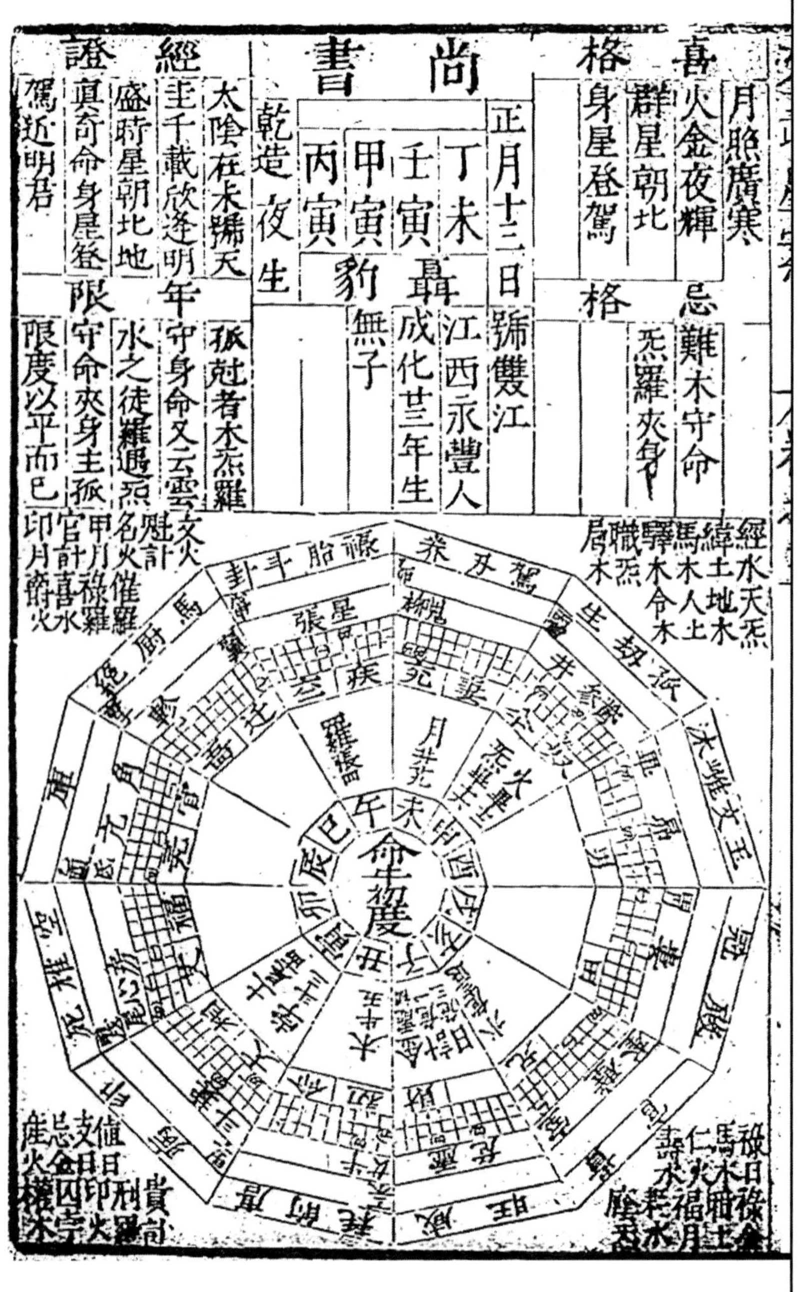

喜格
月照廣寒
火金夜輝
群星朝北
身星登駕

忌格
難木守命
炁羅夾身

尚書
正月十三日號雙江
丁未 江西永豐人
壬寅 聶 成化廿三年生
甲寅 豹 無子
丙寅
乾造夜生

經證
太陰在未歸天
主千載欣逢明
盛時星朝北地
真奇命身星登
駕近明君

年
孤尅者木炁羅
守身命又云雲
水之徒羅遇炁

限
守命夾身主孤
限度以平而已

尚書

蠟月初三日

庚戌 丙戌 壬午 壬寅

乾造夜生

盛端明

弘治三年生

喜格

水陽相會
長庚伴月
日月夾主
身星傍母
命主朝君

忌格

日月失輝
土孛拱命
羅居十位
金木對傷

經證

命主朝陽終富
貴身星傍母必
崢嶸且計羅截
斷諸星拱命循
奇

年限

水從陽金伴月
木孛符印火炁
職權土歸太常
運限主星得所
以享遐齡悠久

經金天炁
緯孛火地金
馬木人金
驛木命土
職計
局金

文木
魁水
名金催孛
甲木祿金
官金喜金
印金爵金

祿水
馬火
仁金
壽金
祿水
暗炁
福計
耗羅
蔭火

偪木
支金
忌水
産木
貴火
刑孛
印木
囚金
權土

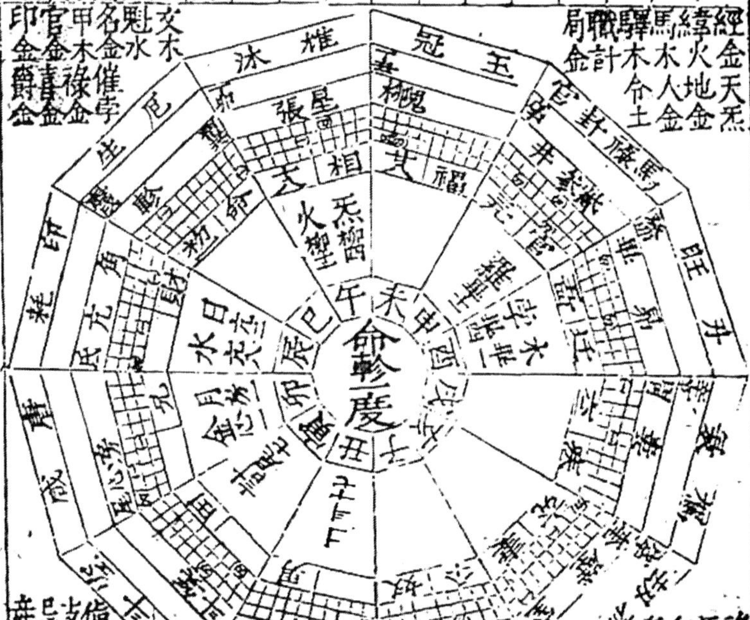

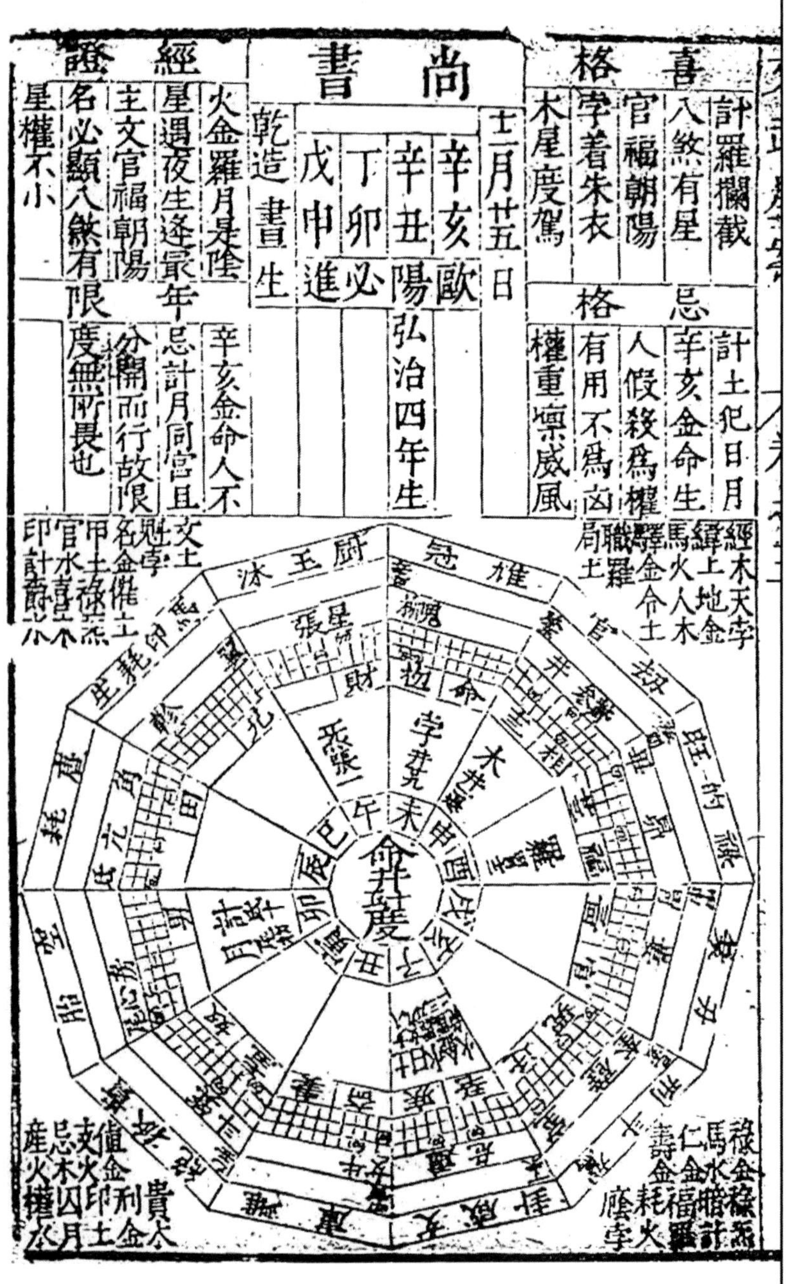

喜格

計羅攔截
八煞有星
官福朝陽
學着朱衣
木星度駕

忌格

計土犯日月
辛亥金命生
人假殺爲權
有用不爲凶
權重禀威風

經木天孛
緯土地金
馬火人木
驛金命土
職羅
局土

尚書

十一月廿五日
辛亥 辛丑 丁卯 戊申
歐陽必進
弘治四年生
乾造晝生

經證

火金羅月是陰辛亥金命人不
星遇夜生逢最年忌計月同宮且
主文官福朝陽分攔而行故限
名必顯八煞有限度無所畏也
星權不小

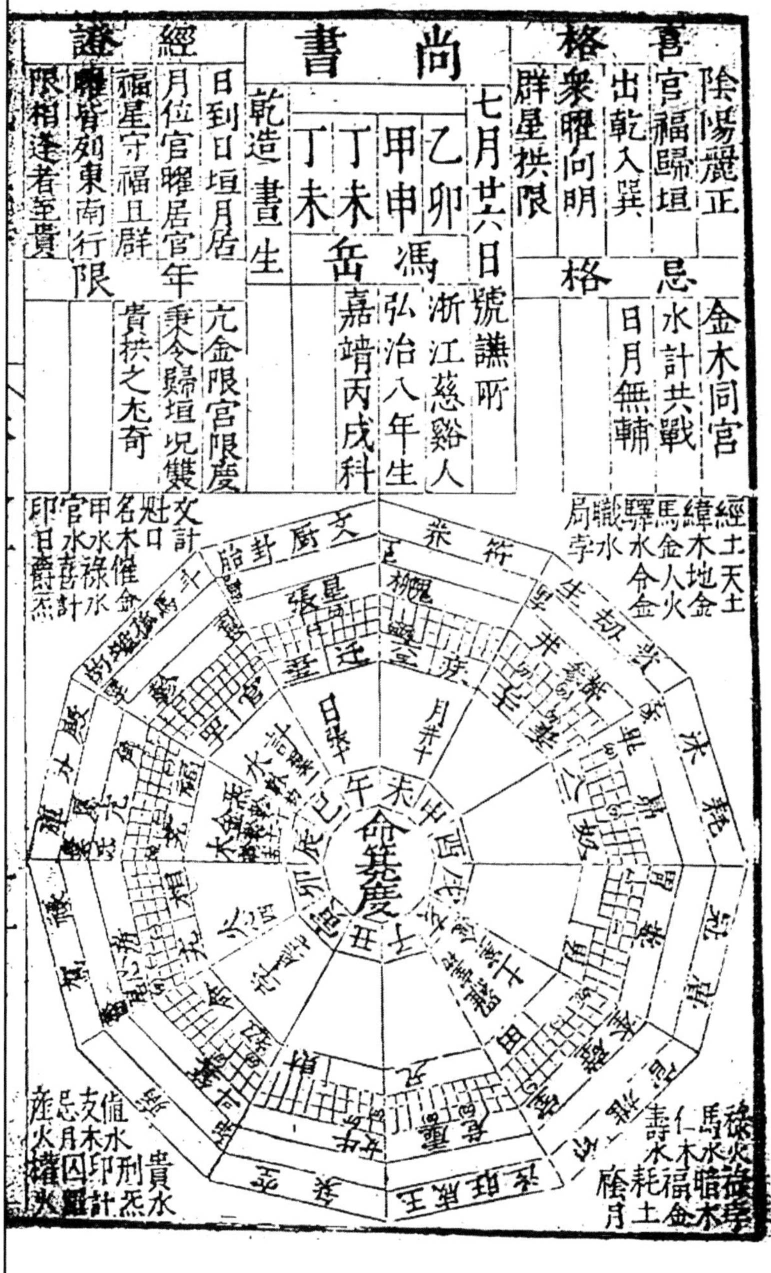
喜格
陰陽麗正
官福歸垣
出乾入巽
衆曜向明
群星拱限
忌格
金木同宫
水計共戰
日月無輔
尚書
七月廿六日號謙所
乙卯
甲申
丁未
丁未
馮岳
浙江慈谿人
弘治八年生
嘉靖丙戌科
乾造書生
經遂
日到日垣月居
月位官曜居官
福星守福且群
曜背列東南行
限相逢者至貴
年限
亢金限宫限度
秉令歸垣兒雙
貴拱之尤奇
經土天土
緯木地金
馬金人火
驛水命金
職水
局孛
文計
魁日
名木催金
甲水祿水
官水喜計
印日爵炁
貴水
刑炁
值水印計
支木囚羅
忌月權火
產火
馬水暗木
仁木福金
壽水耗土
蔭月

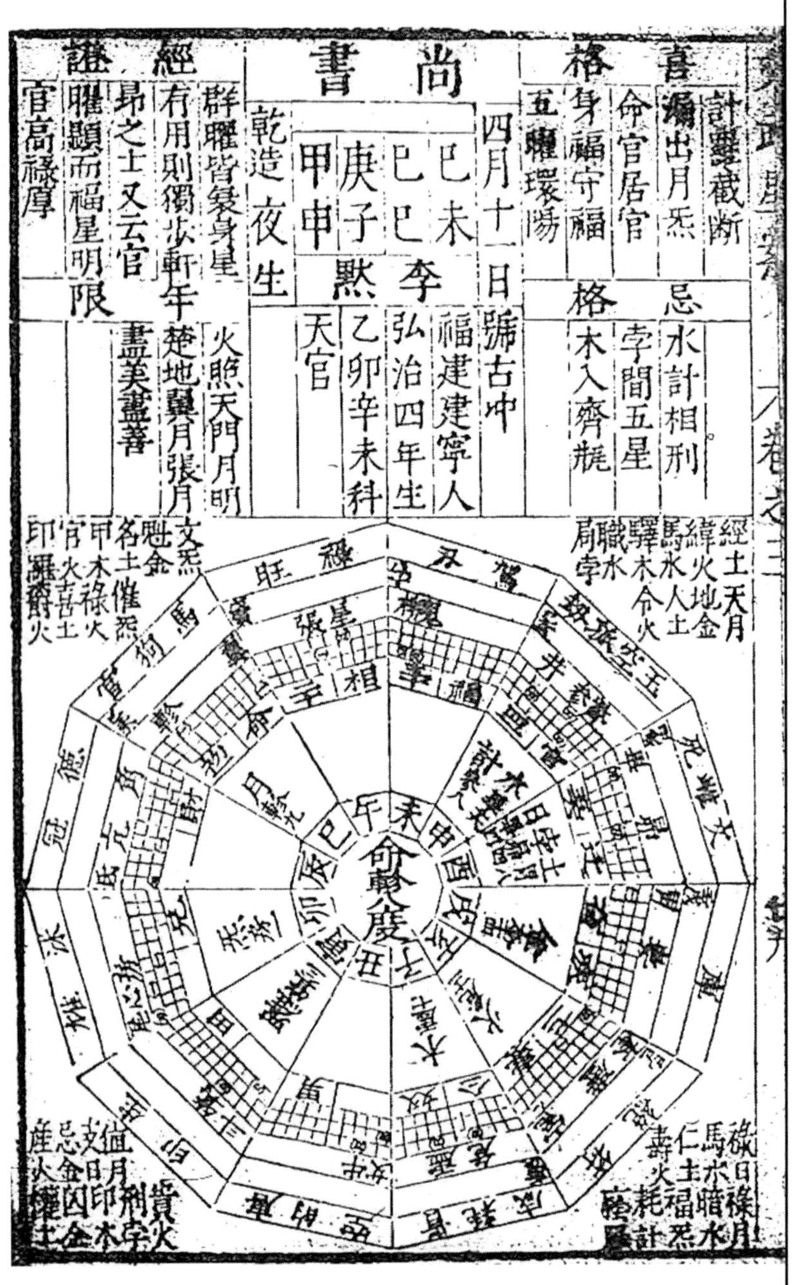

喜格

計孛截斷
漏出月炁
命官居官
身福守福
五曜環陽

忌格

水計相刑
孛間五星
木入齊旄

尚書

四月十一日躔古中
巳未
巳巳
庚子
甲申
乾造夜生
李默
福建建寧人
弘治四年生
乙卯辛未科
天官

經證

群曜皆衰身星火照天門月明
有用則獨步軒年楚地翼月張月
昴之土又云官盡美盡善
曜顯而福星明限
官高祿厚

經土 天月
緯火 地金
馬水 人土
驛木 命火
職水
局孛

文炁
魁金
名土 催炁
甲木 祿火
官火 喜土
印羅 爵火

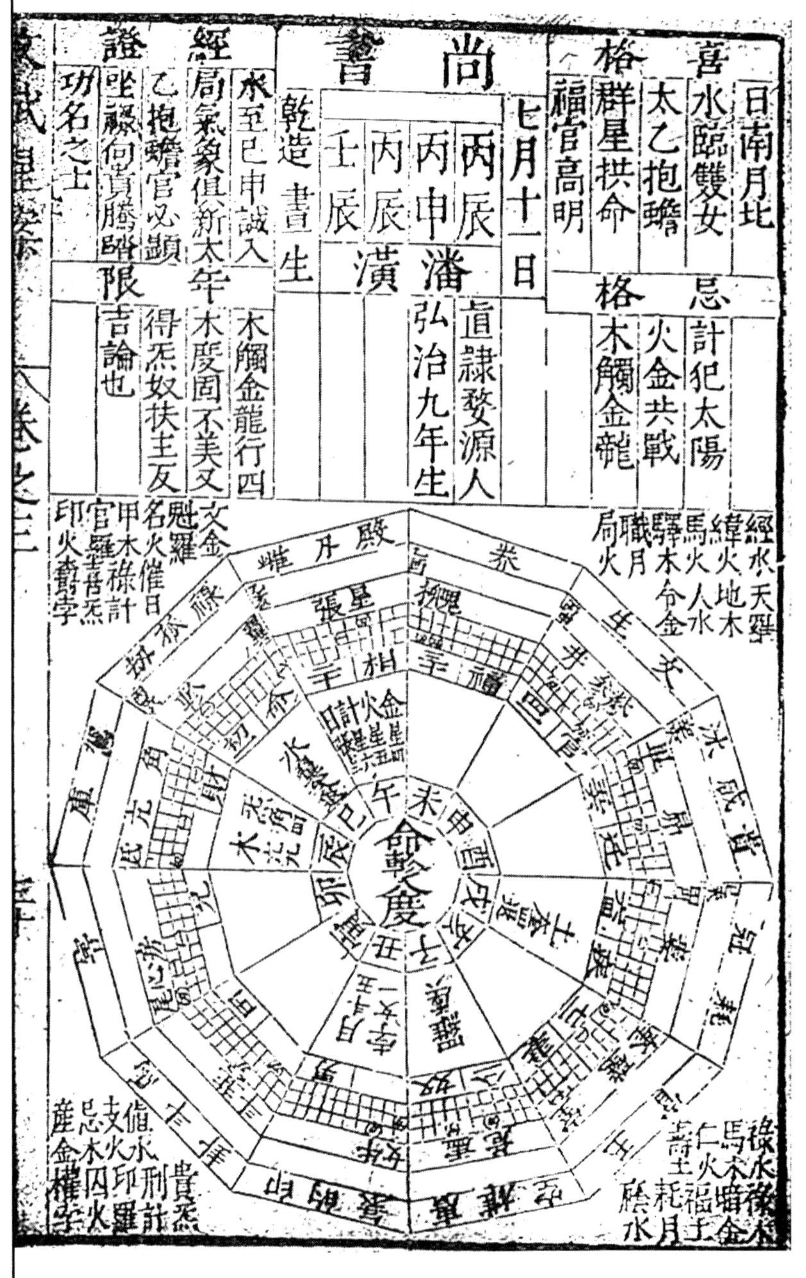

喜格
日南月北
水臨雙女
太乙抱蟾
群星拱命
福官高明
忌格
計犯太陽
火金共戰
木觸金龍
尚書
七月十一日
丙辰
丙申
丙辰
壬辰
潘
潢
直隸婺源人
弘治九年生
乾造
書生
經證
水至巳申識入
局氣象俱新太年
乙抱蟾官必顯
坐祿向貴騰踏
功名之上
限
木觸金龍行四
木度固不美又
得杰奴扶主反
吉論也
經水天壓
緯火地木
馬火人水
驛木命金
職月
局火
文金
魁羅
名火催日
甲木祿計
祿水祿木
馬木暗金
仁火福土
壽土耗月
蔭水
命
軫
度

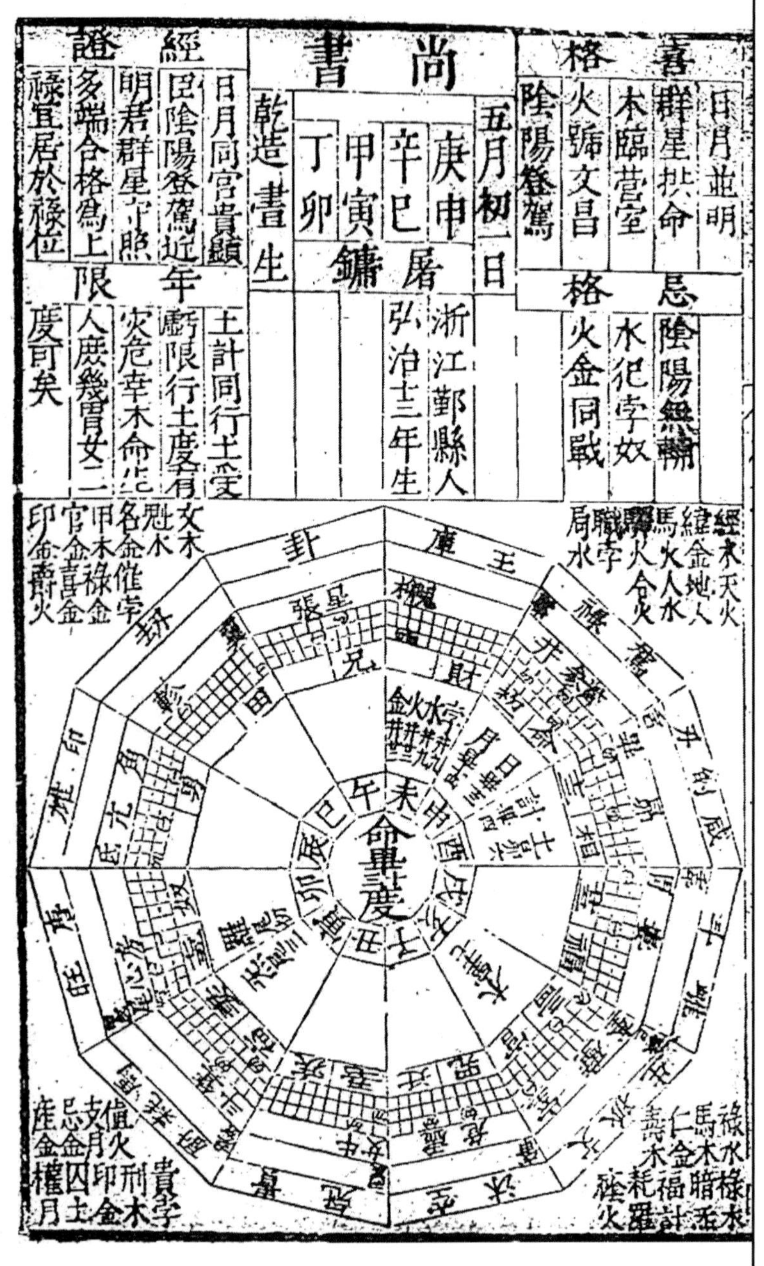

尚書

五月初一日

庚申 辛巳 甲寅 丁卯

乾造 書生

屠鏞

浙江鄞縣人

弘治十三年生

喜格

日月並明

群星拱命

木臨營室

火躔文昌

陰陽登鸞

忌格

陰陽無輔

水犯字奴

火金同戰

經證

日月同宮貴顯

臣陰陽登鸞近

明君群星守照

多端合格為上

祿宜居於祿位

年限

土計同行土受

虧限行土度有

灾危幸木命坐

人度幾胃女二

度可矣

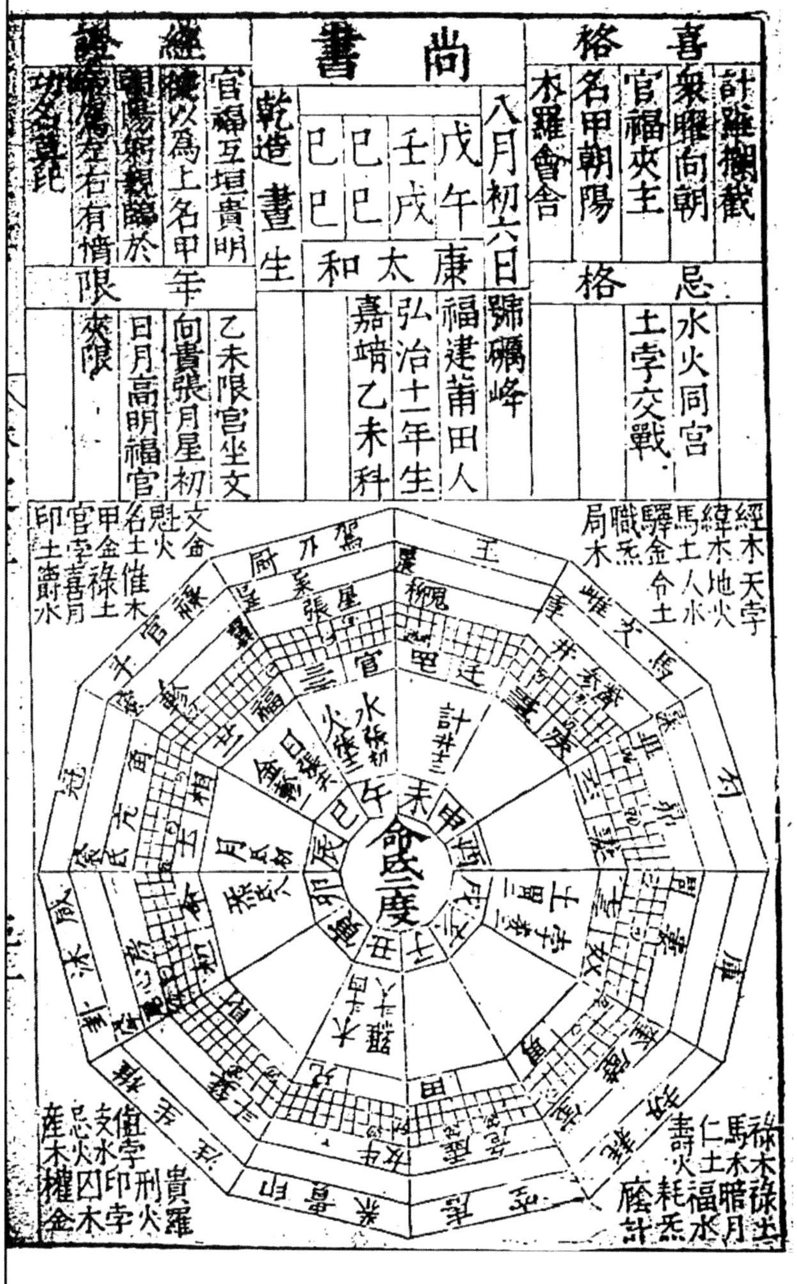
喜格
計羅欄截
象曜向朝
官福夾主
名甲朝陽
木羅會合
忌格
水火同宮
土孛交戰
尚書
八月初六日
戊午
壬戌
巳巳
巳巳
乾造
晝生
康太和
號礪峰
福建莆田人
弘治十一年生
嘉靖乙未科
經緯
官祿互垣貴明
年限
乙未限宫坐文
向貴張月星初
日月高明福官
交限
命宮
經木 天字
緯木 地火
馬土 人水
驛金 命土
職炁
局木
文金
魁火
名土
甲金
官字
印土
貴羅
刑火
印字
囚木
權金
產木
祿木
暗月
福水
耗炁
蔭計

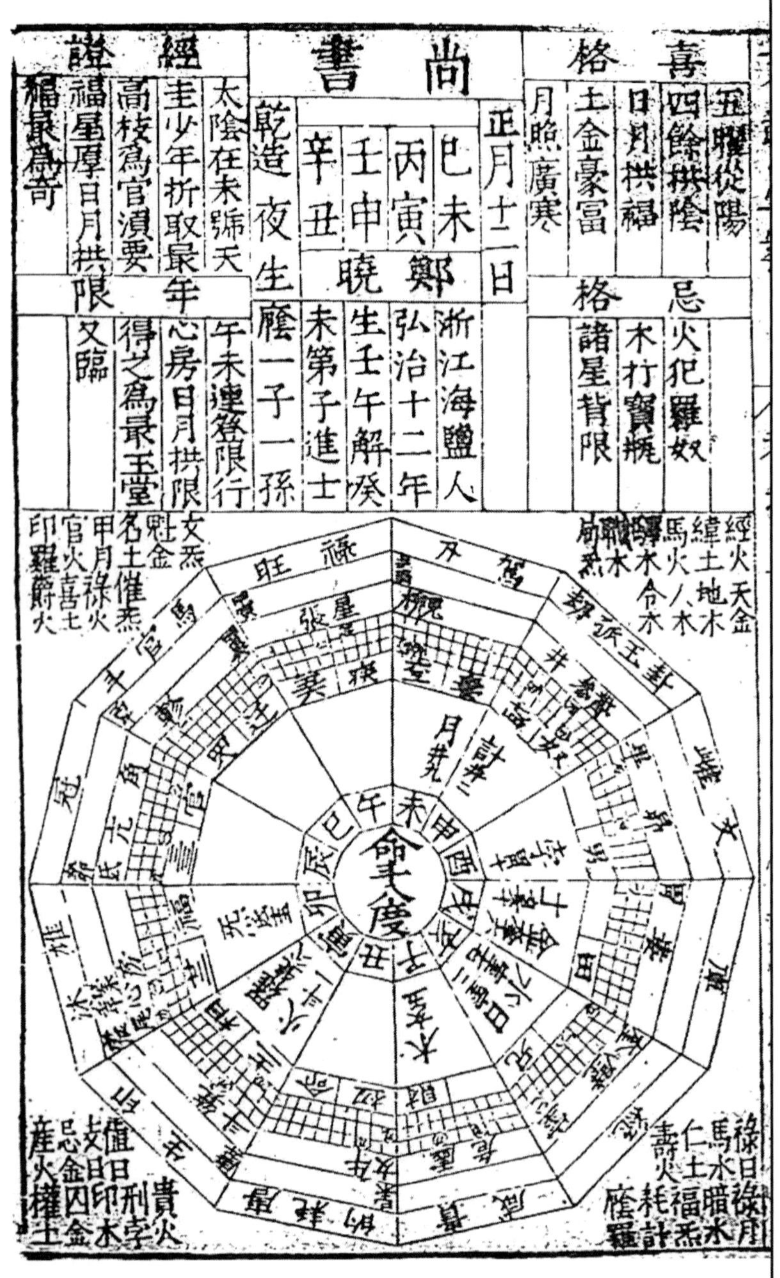

尚書

正月十二日

己未　丙寅　壬申　辛丑

鄭曉

浙江海鹽人弘治十二年生壬午解癸未第子進士

乾造夜生廕一子一孫

喜格

五曜從陽
四餘拱陰
日月拱福
土金豪富
月照廣寒

忌格

火犯羅奴
木忓寶瓶
諸星背限

經讚

太陰在未號天圭少年折取最高枝為官須要福星厚日月拱福最為奇

年限

午未連登限行心房日月拱限得之為最玉堂又臨

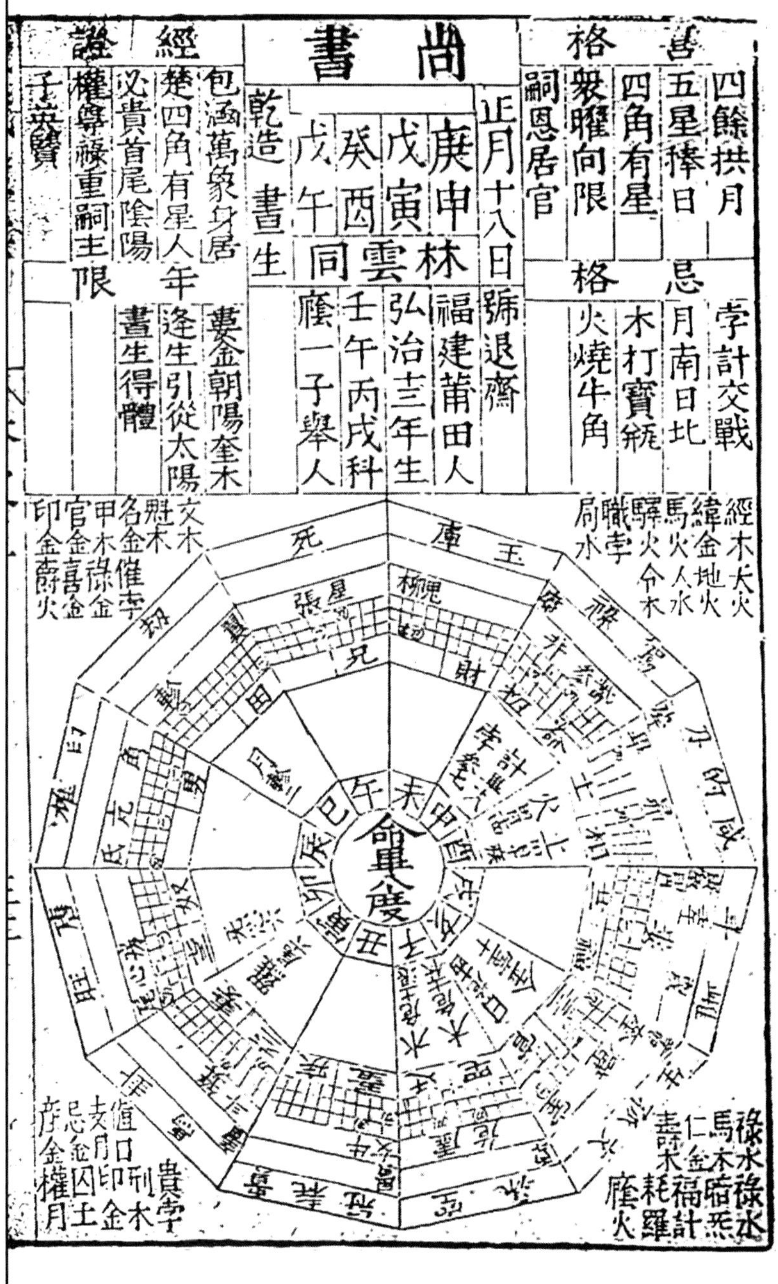

尚書
正月十八日
號退齋
乾造
庚申
戊寅
癸酉
戊午
書生
林雲同
福建莆田人
弘治十三年生
壬午丙戌科
應一子舉人
吉格
四餘拱月
五星捧日
四角有星
衆曜向限
嗣恩居官
忌格
孛計交戰
月南日北
木打寶瓶
火燒牛角
經證
包涵萬象身居
婁金朝陽奎木
楚四角有星人年
逢生引從太陽
必貴首尾陰陽
書生得體
權尊祿重嗣主限
子英賢
經木大火
緯金地火
馬火人水
驛火令木
職孛
局水
文木
魁木
名金催孛
甲木祿金
官金喜金
印金壽火
祿水祿水
馬木暗炁
仁金福計
壽木耗羅
應火
命
畢度

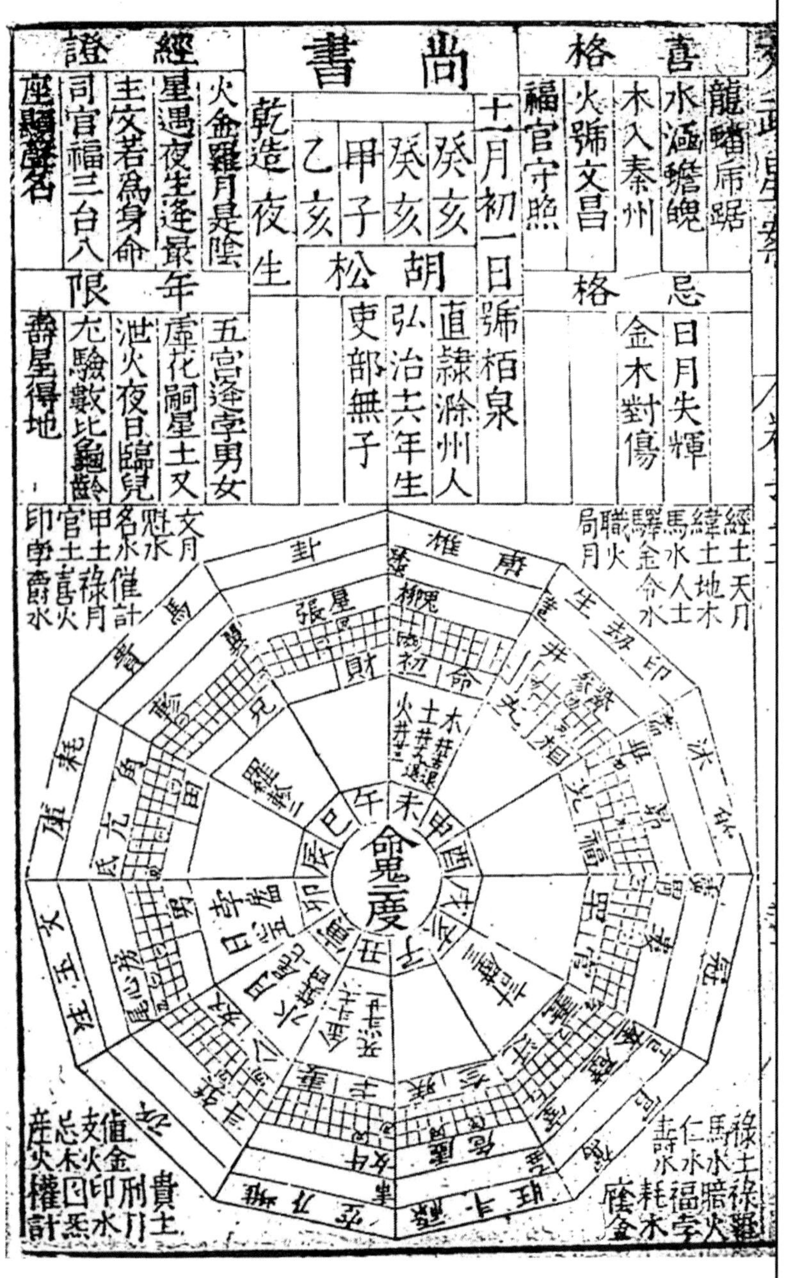

喜格
龍蟠鹵踞
水涵蟾魄
木入秦州
火號文昌
福官守照
忌格
日月失輝
金木對傷
尚書
十二月初一日號栢泉
癸亥
癸亥
甲子
乙亥
乾造夜生
胡松
直隸滁州人
弘治十六年生
吏部無子
經證
火金羅月是陰
星遇夜生逢最
主文若爲身命
司官福三台八
年限
五宮逢孛男女
虛花嗣星土叉
泄火夜日臨兒
尤驗數比龜齡
壽星得地

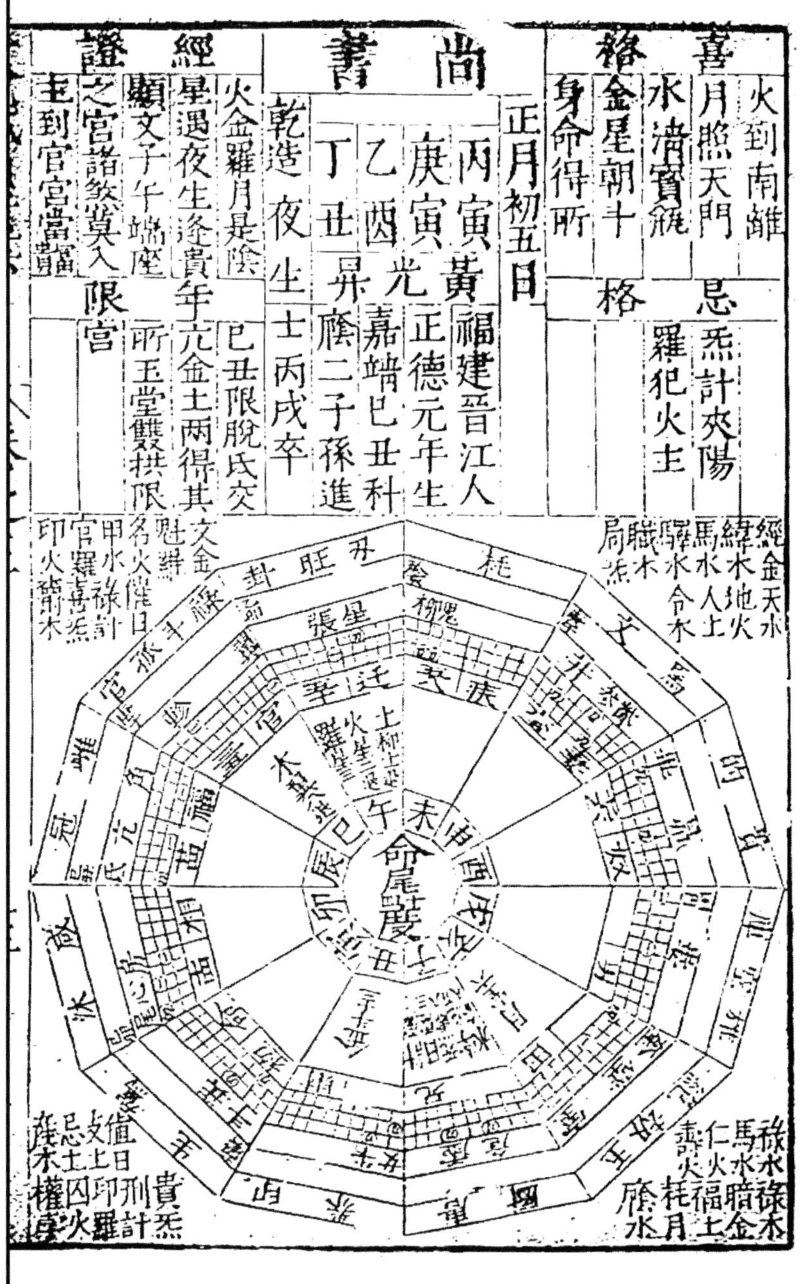
尚書
喜格
火到南離
月照天門
水滑寶瓶
金星朝斗
身命得所
忌格
炁計夾陽
羅犯火土
正月初五日
丙寅 黃 福建晉江人
庚寅 光 正德元年生
乙酉 嘉靖己丑科
丁丑 昇 廕二子孫進
乾造 夜生 士 丙戌卒
經證
火金羅月是陰 巳丑限脫氐交
星遇夜生逢貴 年亢金土兩得其
顯文子午端坐 所玉堂雙拱限
之宮諧欽莫入 限宮
主到官宮當臨
命尾度

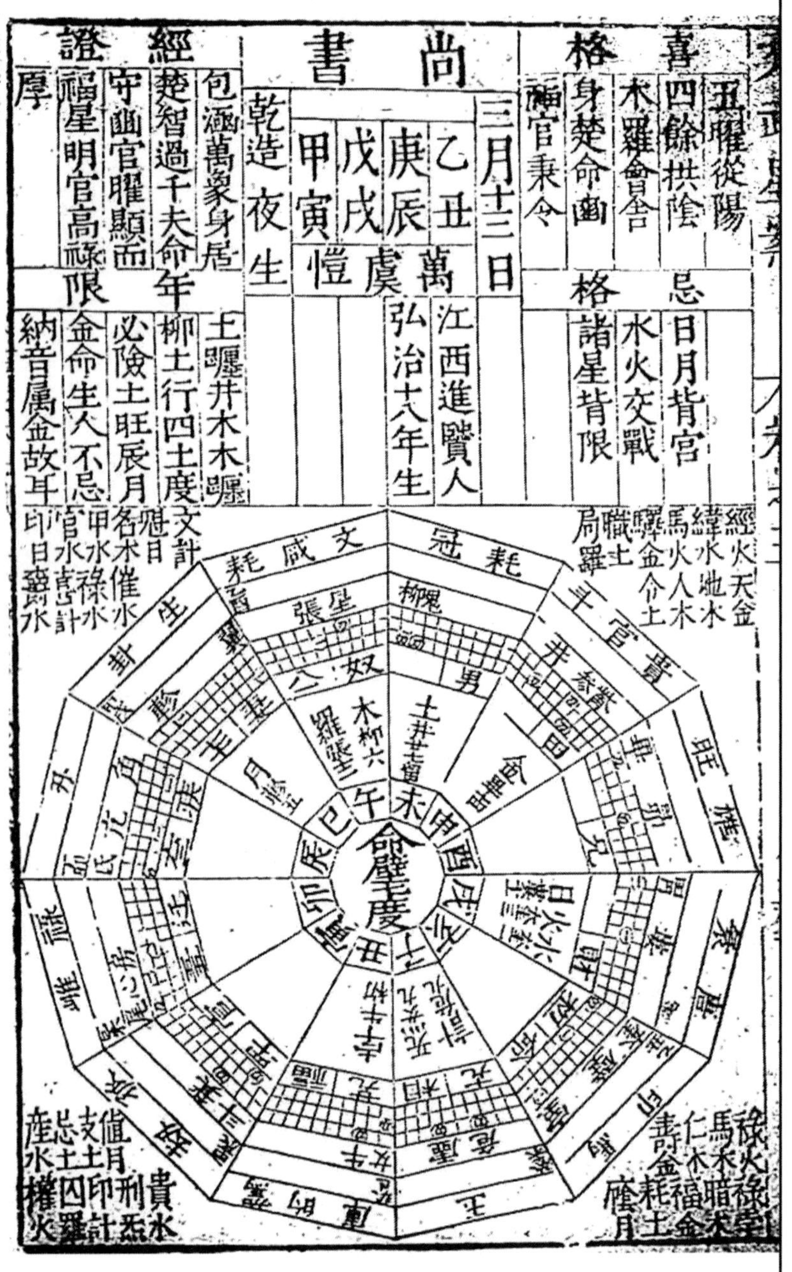

喜格
五曜從陽
四餘拱陰
木羅會官舍
身楚命曲
福官秉令
忌格
日月背宮
水火交戰
諸星背限
尚書
三月十三日
乙丑
庚辰
戊戌
甲寅
乾造夜生
萬虞愷
江西進賢人
弘治十八年生
經證
包涵萬象身居
楚智過千夫命
守曲官曜顯而
福星明官高祿
厚
年限
土躔井木木躔
柳土行四土度
必險土旺辰月
金命生人不忌
納音屬金故耳

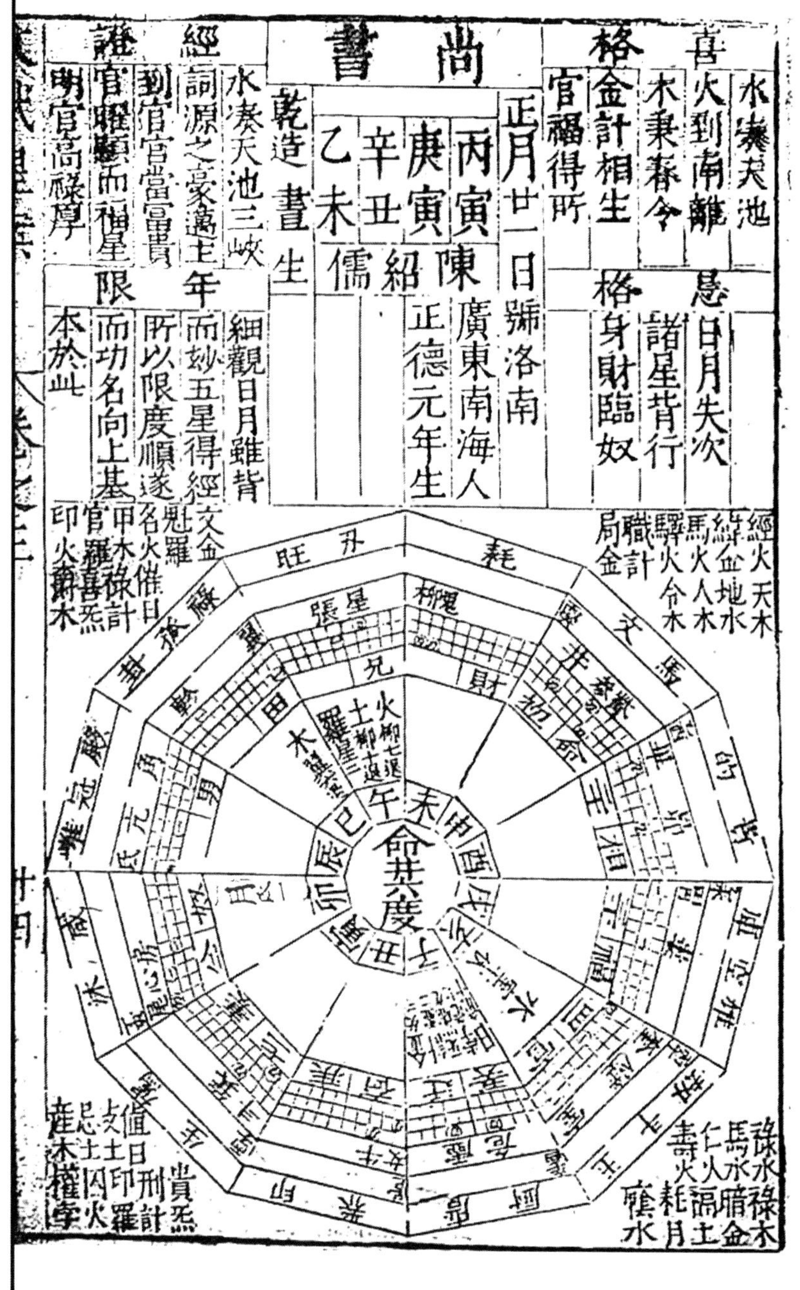

尚書格
喜
水奏天池
火到南離
木秉春令
金計相生
官福得所
忌
日月失次
諸星背行
身財臨奴
正月廿一日號洛南
丙寅
庚寅
辛丑
乙未
陳紹儒
廣東南海人
正德元年生
乾造 晝生
經諸
水奏天池三峽
詞源之豪邁士
到官官當富貴
官曜顯而福星
明官高祿厚
年限
細觀日月雖背
而刻五星得經
所以限度順遂
而功名向上基
本於此
經火天木
緯金地水
馬火人木
驛火命木
職計
局金
文金
魁羅
名火
催日
甲木
祿計
官羅
喜炁
印火
爵木

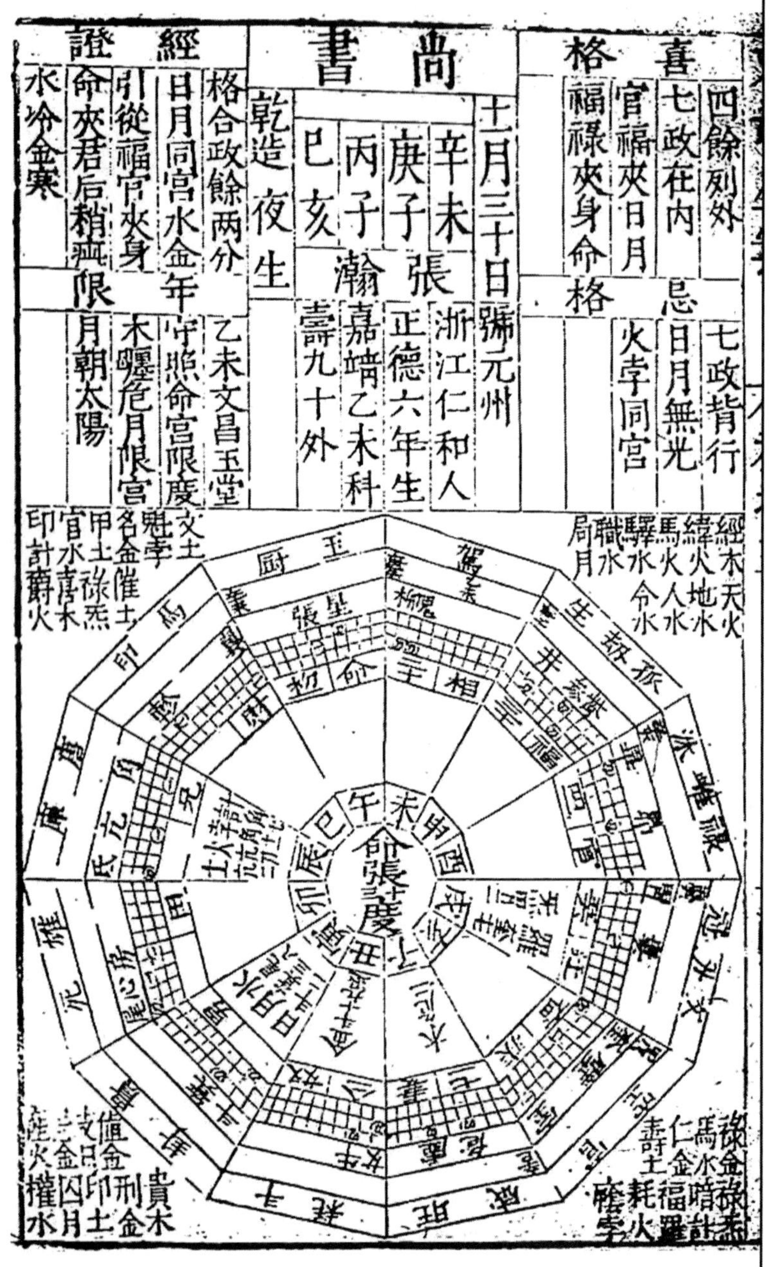

尚書

十一月三十日號元州

乾造夜生

辛未 庚子 丙子 巳亥

張瀚

浙江仁和人

正德六年生

嘉靖乙未科

壽九十外

喜格

四餘列外

七政在內

官福夾日月

福祿夾身命格

忌格

七政背行

日月無光

火孛同宮

經證

格合政餘兩分

乙未文昌玉堂

日月同宮水金年

守照命宮限度

引從福官夾身

木曜危月限宮

命夾君后稍無限

月朝太陽

水冷金寒

尚書

朱衡

正月二十日
壬申
壬寅
丙寅
戊戌
乾造 夜生

號鎮山
江西萬安人
正德七年生
辛卯壬辰科
賜玉帶

書格

四餘環月
五星拱日
日月拱駕
日月拱官
坐貴向祿

忌格

五星背行
計孛夾月
孤陽失輝

經證

崇勳歲駕相關
攉日月朝之定年
出倫納音屬金
文宜計孛夾身
假殺為權

年限

辛年玉堂臨限
壬辰坐貴向祿
限度太乙抱蟾

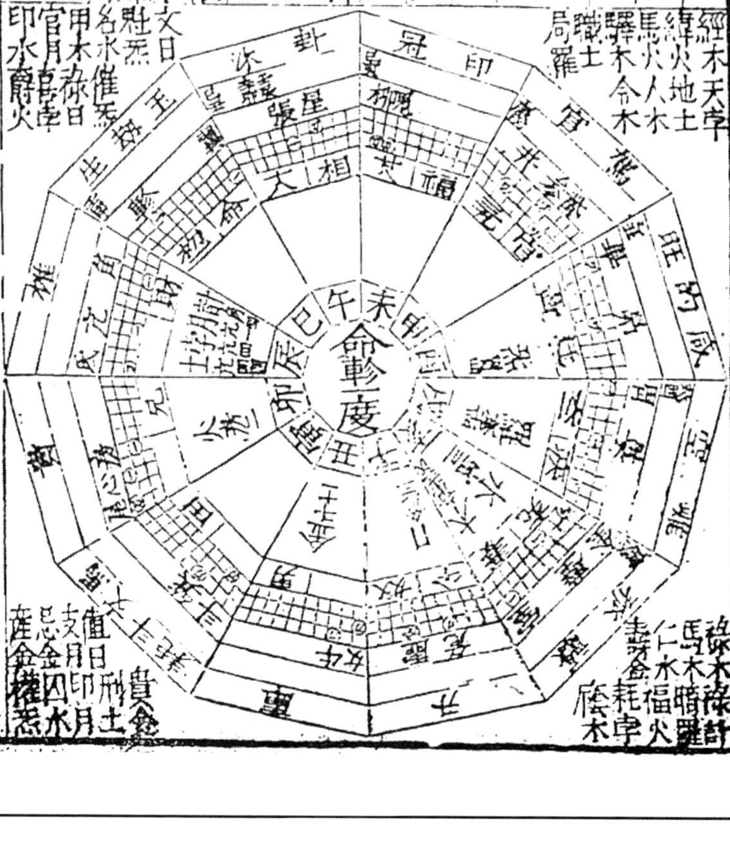

經木天孛
緯火地土
馬火人木
驛木命木
職土
局羅

文日
魁炁
名水催炁
甲木祿日
官月喜孛
印水爵火

命 軫 度

祿木祿計
馬木暗羅
仁水福火
壽金耗孛
蔭木

貴金
値日刑土
支月印囚水月
忌金
產金權炁

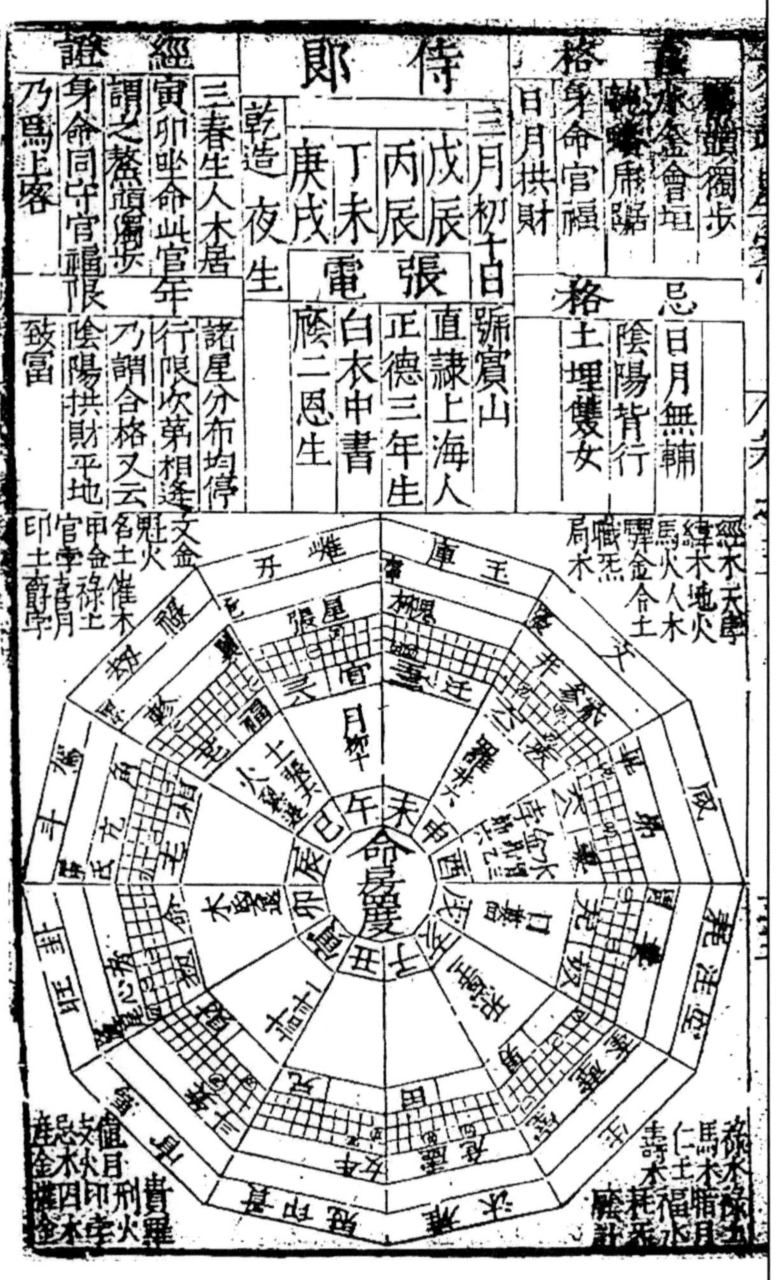

侍郎
三月初十日
戊辰
丙辰
丁未
庚戌
乾造夜生
張電
號寅山
直隸上海人
正德三年生
白衣中書
蔭二恩生
經證
三春生人木居
寅卯坐命此官垣
謂之蓋頭獨步
身命同守官福
乃爲上格
評限
諸星分布均停
行限次第相逢
乃謂合格又云
陰陽拱財平地
致富
貴格
日月拱財
身命官福
忌格
日月無輔
陰陽背行
土埋雙女

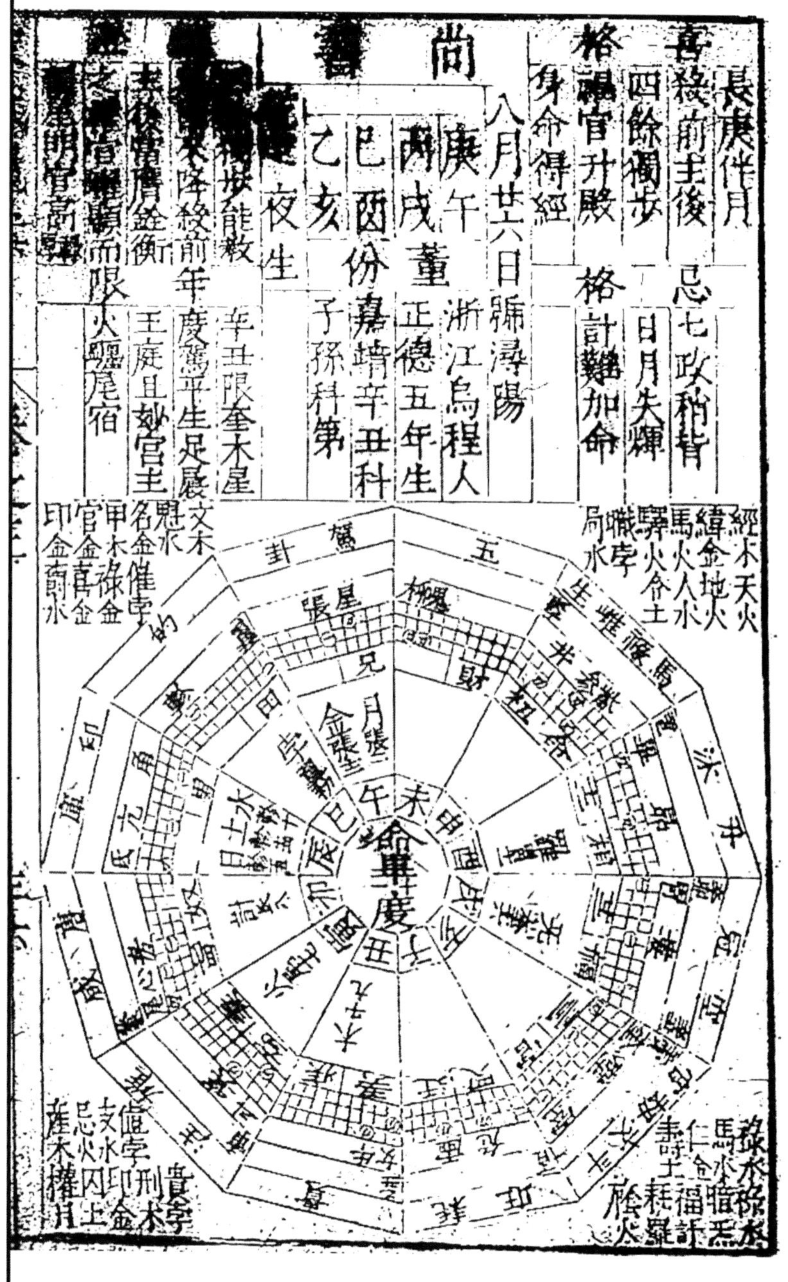

尚書
喜 長庚伴月
殺前主後
四餘獨步
祿官升殿
身命得經
忌 七政稍背
日月失輝
格 計難加命
八月廿六日
庚午 浙江烏程人
丙戌 董 正德五年生
己酉 份 嘉靖辛丑科
乙亥 子孫科第
夜生
辛丑限奎木星
步能教
降殺前年度驚平生足履
肩益衡 王庭且嫩官主
而限 火躔尾宿
命
度

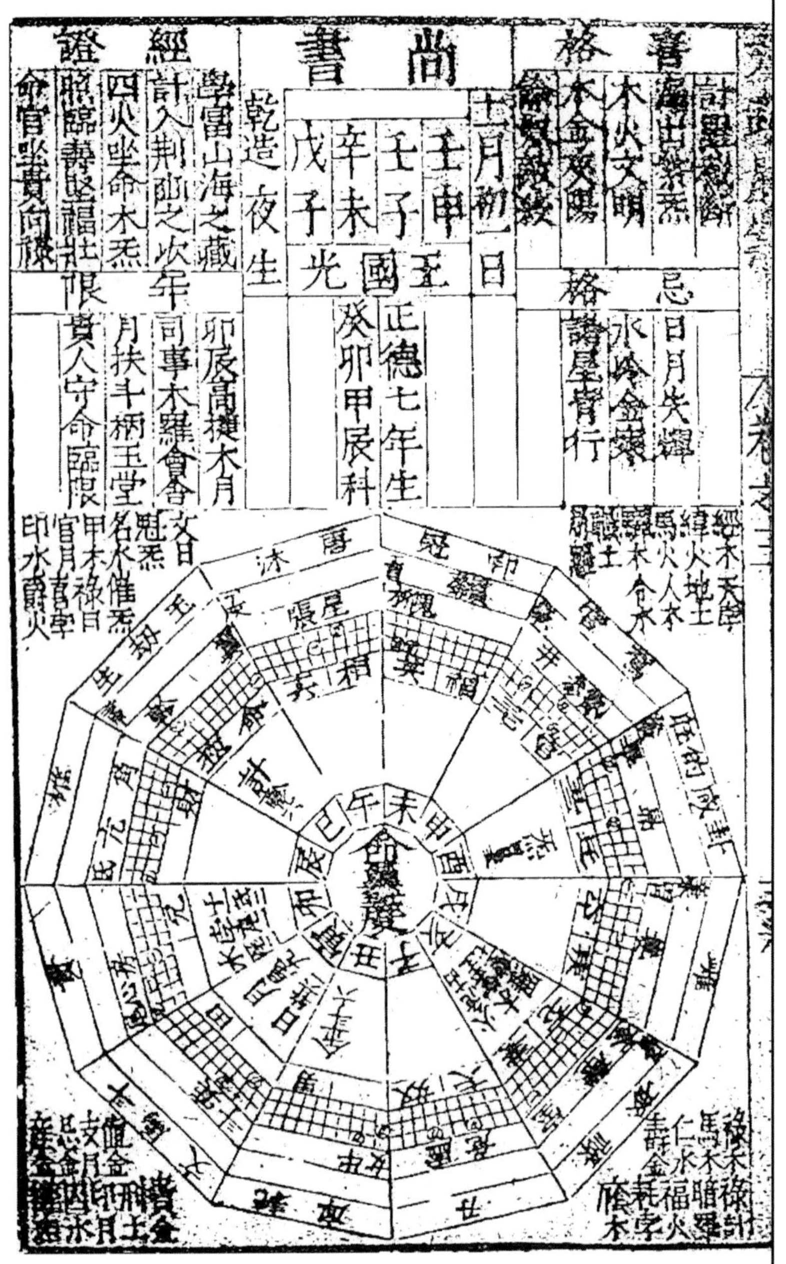
尚書
十二月初一日
壬申
壬子
辛未
戊子
乾造夜生
王國光
正德七年生
癸卯甲辰科
忌格
日月失輝
諸星背行
學富山海之藏
卯辰高樓木月
司事木羅會合
月扶斗柄玉堂
貴人守命臨限
命度

尚書

書格

日月夾官福

日月夾田財　忌水火同宮

身命夾官福　夏金逢月

身命夾田財

群星向限

格

四月廿八日

壬午　湖廣

乙巳　嘉靖元年生

甲辰　辛丑科

巳巳　賜玉帶

方逢時

乾造耆生

經證

譽莫尊乎日月　辛丑命坐玉堂

美莫美於官福　年貴人限宮限度

日月身命皆夾　木月皆得其所

拱官福田財星

於官福宮者奇

限

經火　天木

緯火　地火

馬火　人木

驛水　命火

職月

局火

文日

魁羅

冠水催羅

名水催羅

甲土祿日

官月喜字

印水爵水

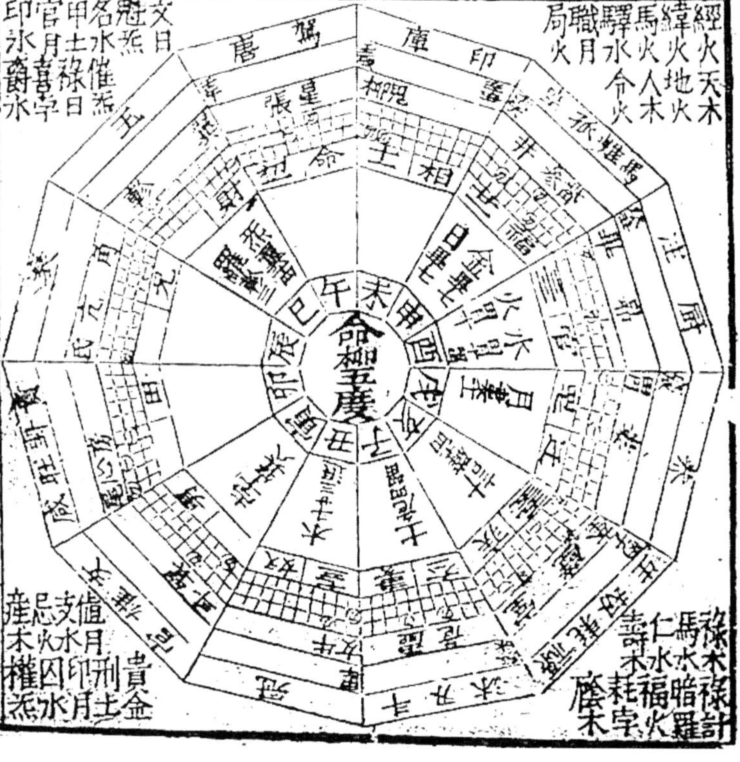

祿木　祿計

馬水　暗羅

仁水　福火

壽木　耗孛

蔭木

貴金

値月　刑土

支水　印月

忌火　囚水

産木　權羅

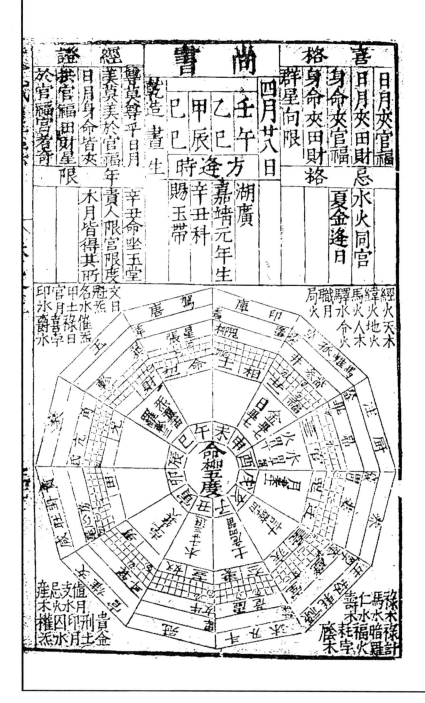

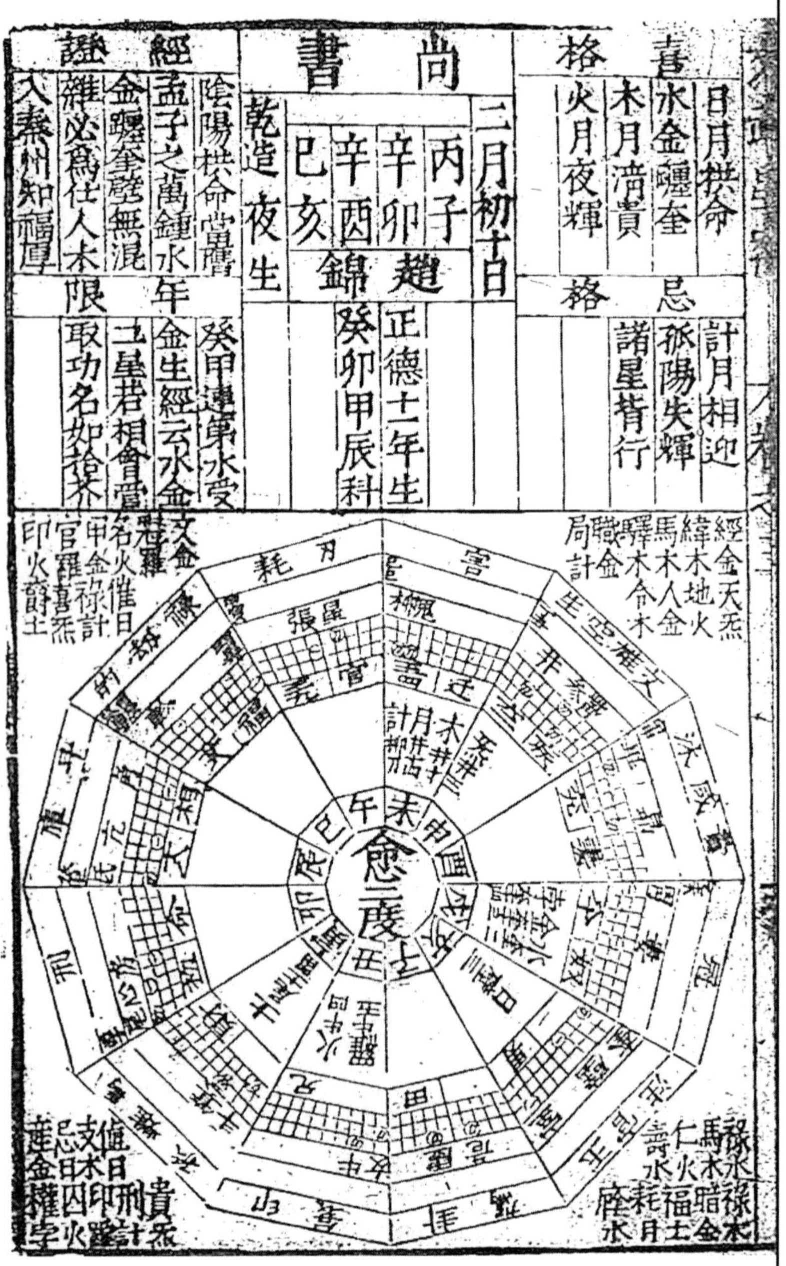
尚書
二月初十日
丙子
辛卯
辛酉
己亥
乾造夜生
趙錦
正德十一年生
癸卯甲辰科
喜格
日月拱命
水金纏奎
木月滑貴
火月夜輝
忌格
計月相迎
孤陽失輝
諸星背行
經證
陰陽拱命當礭
孟子之萬鍾水
金纏奎壁無混
雜必爲仕人未
入泰州知福厚
年限
癸甲連第水受
金生經云水金
土星君相會當
取功名如拾芥
經金天炁
緯木地火
馬木人金
驛木命木
職金
局計
祿水祿木
馬木暗金
仁火福土
壽水耗月
蔭水

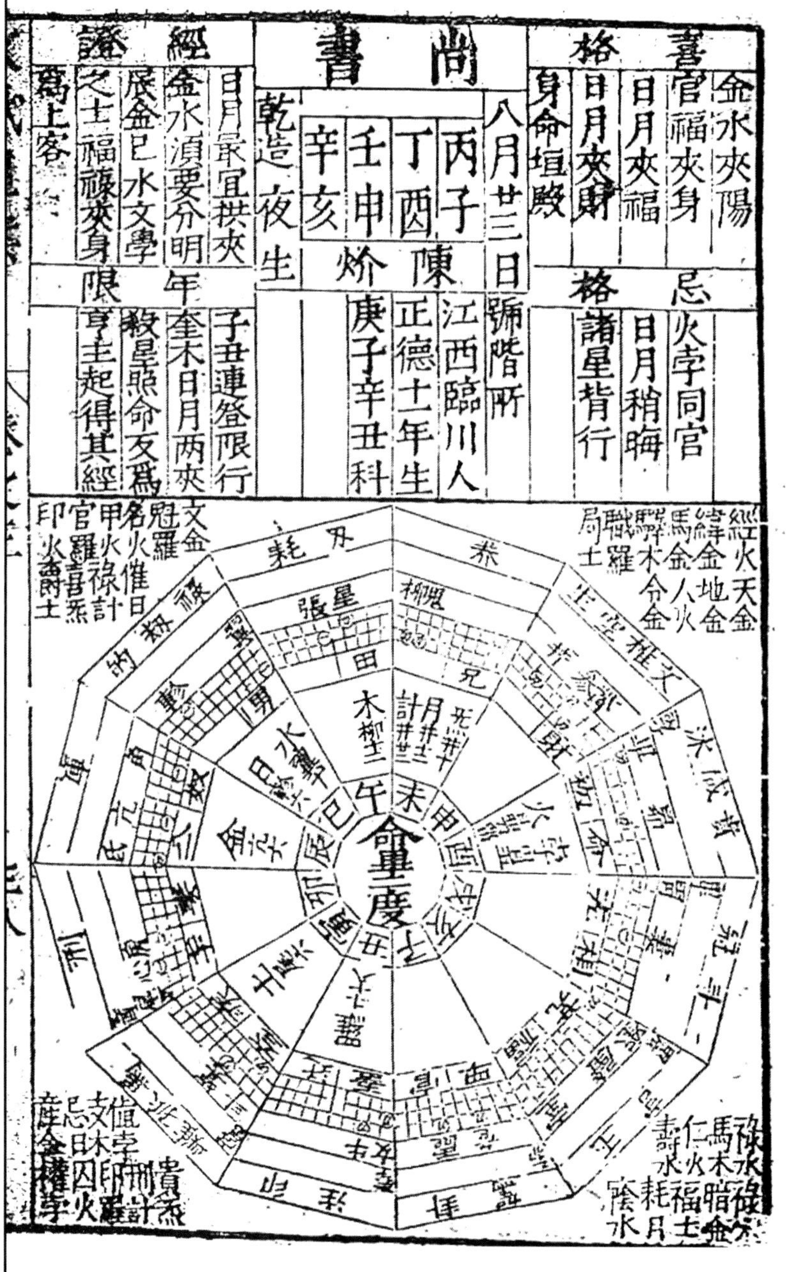
書格
金水夾陽
官福夾身
日月夾福
日月夾財
身命垣殿
忌格
火孛同宮
日月稍晦
諸星背行
尚書
八月廿三日酉時所
江西臨川人
正德十一年生
庚子辛丑科
丙子
丁酉
壬申
辛亥
陳炌
乾造夜生
經驗
日月最宜拱夾
金水須要分明
辰金巳水文學
之士福祿夾身
爲上客
年限
子丑連登限行
奎木日月兩夾
殺星照命反爲
亨主起得其經

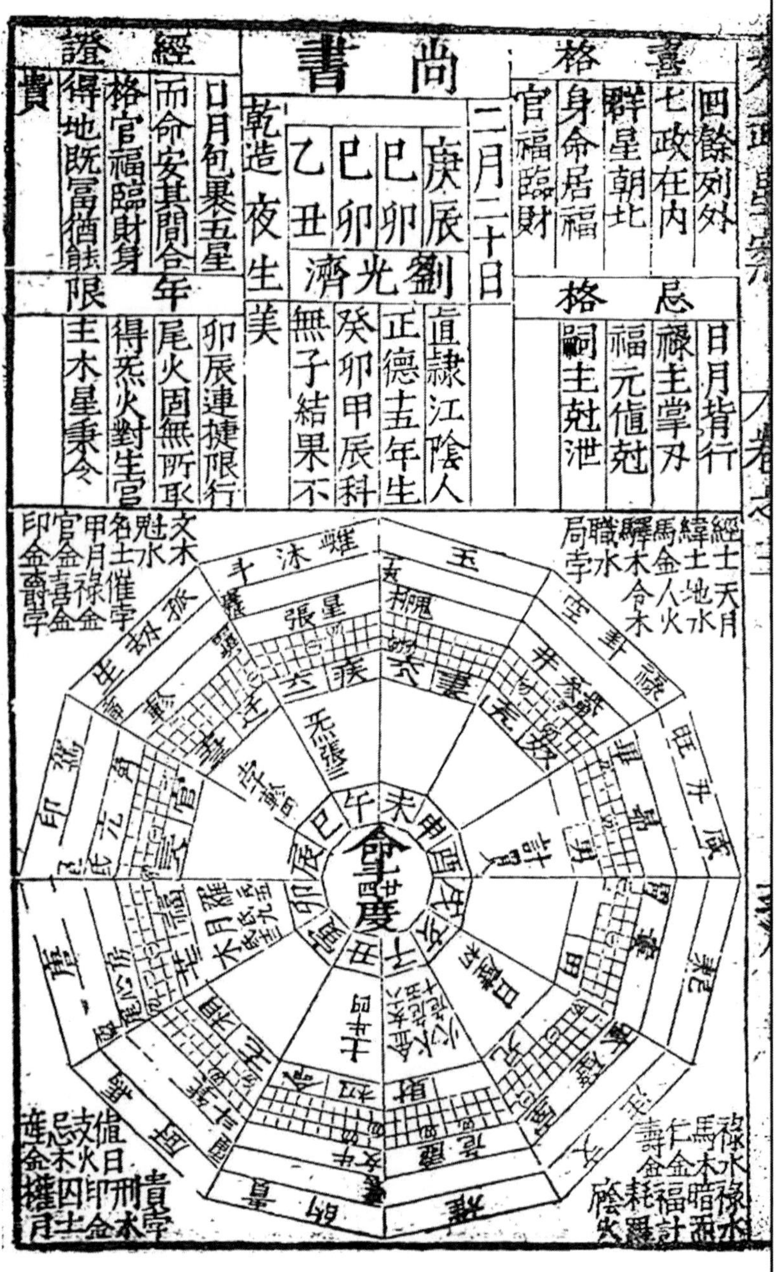

經證	尚書	喜格
日月包裹五星而命安其間合格官福臨財身得地既富猶能貴	二月二十日 庚辰　巳卯　巳卯　乙丑 乾造夜生	回餘列外 七政在內 群星朝北 身命居福 官福臨財

年限	劉光濟	忌格
卯辰連捷限行 尾火固無所取 得炁火對生宮 主木星秉令	直隸江陰人 正德五年生 癸卯甲辰科 無子結果不美	日月背行 祿主掌刃 福元值尅 嗣主尅泄

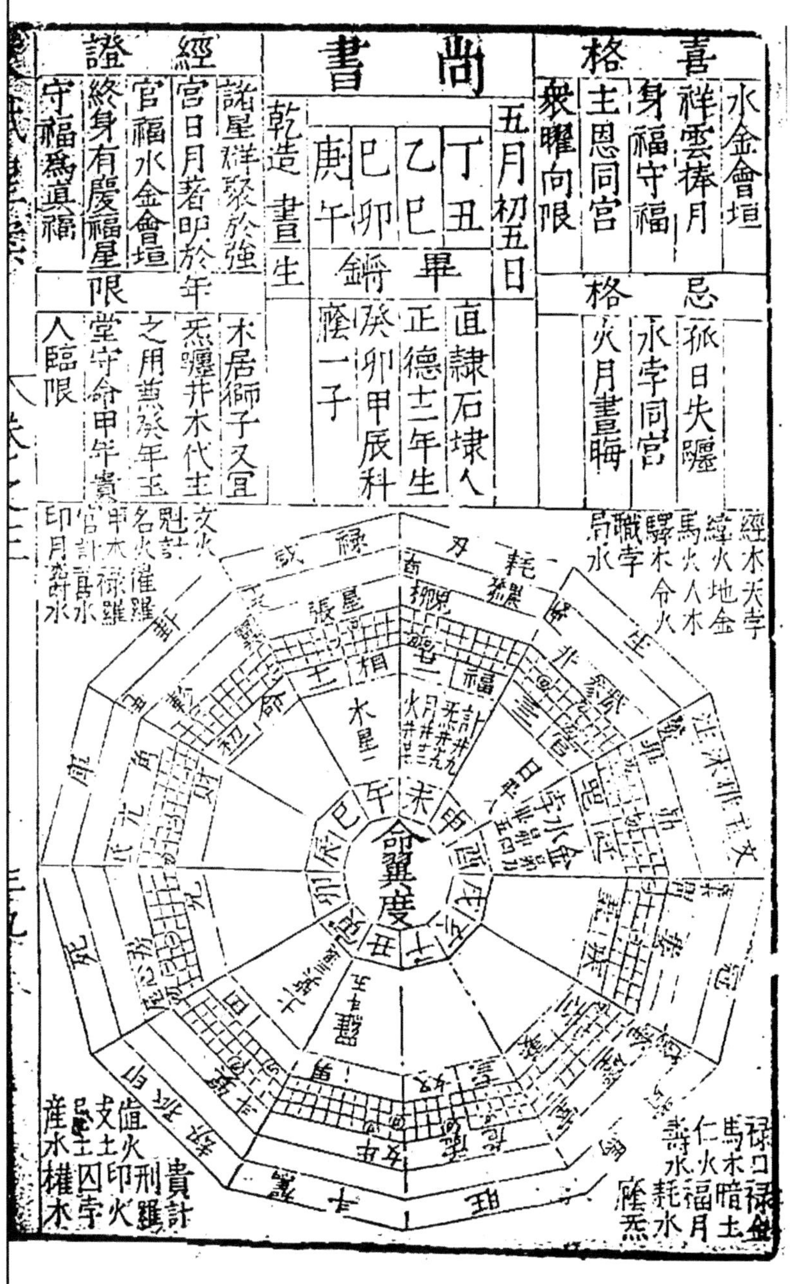
喜格
水金會垣
祥雲捧月
身福守福
主恩同宮
衆曜向限
忌格
孤日失躔
水孛同宮
火月晝晦
尚書
五月初五日
丁丑
乙巳
己卯
庚午
乾造 晝生
畢 鈐
直隸石埭人
正德十二年生
癸卯甲辰科
蔭一子
經證
諸星祥聚於強
宮日月著卯於午
官福水金會垣
終身有慶福星
守福爲眞福
限
木居獅子又宜
炁躔井木代主
之用萬癸年玉
堂守命甲午貴
人臨限
命翼度

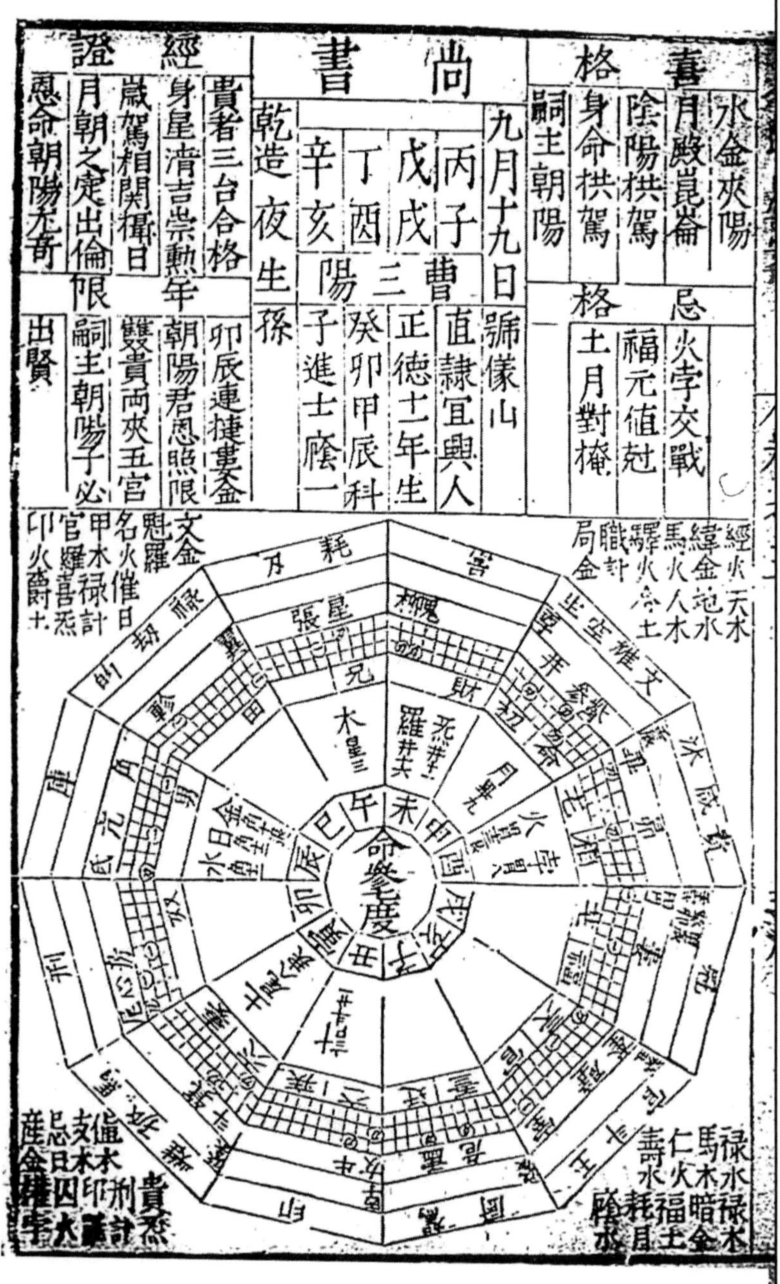

貴格

水金夾陽
月殿崑崙
陰陽拱駕
身命拱駕
嗣主朝陽

忌格

火孛交戰
福元值尅
土月對權

尚書 曹三陽

九月十九日號儀山
丙子 直隸宜興人
戊戌 正德十一年生
丁酉 癸卯甲辰科
辛亥 子進士除一
乾造夜生孫

經證

貴者三台合格卯辰連捷妻金
身星清吉崇勳年朝陽君恩照限
歲駕相関擢日雙貴两夾五宮
月朝之定出倫限嗣主朝陽子必
恩命朝陽尤奇出賢

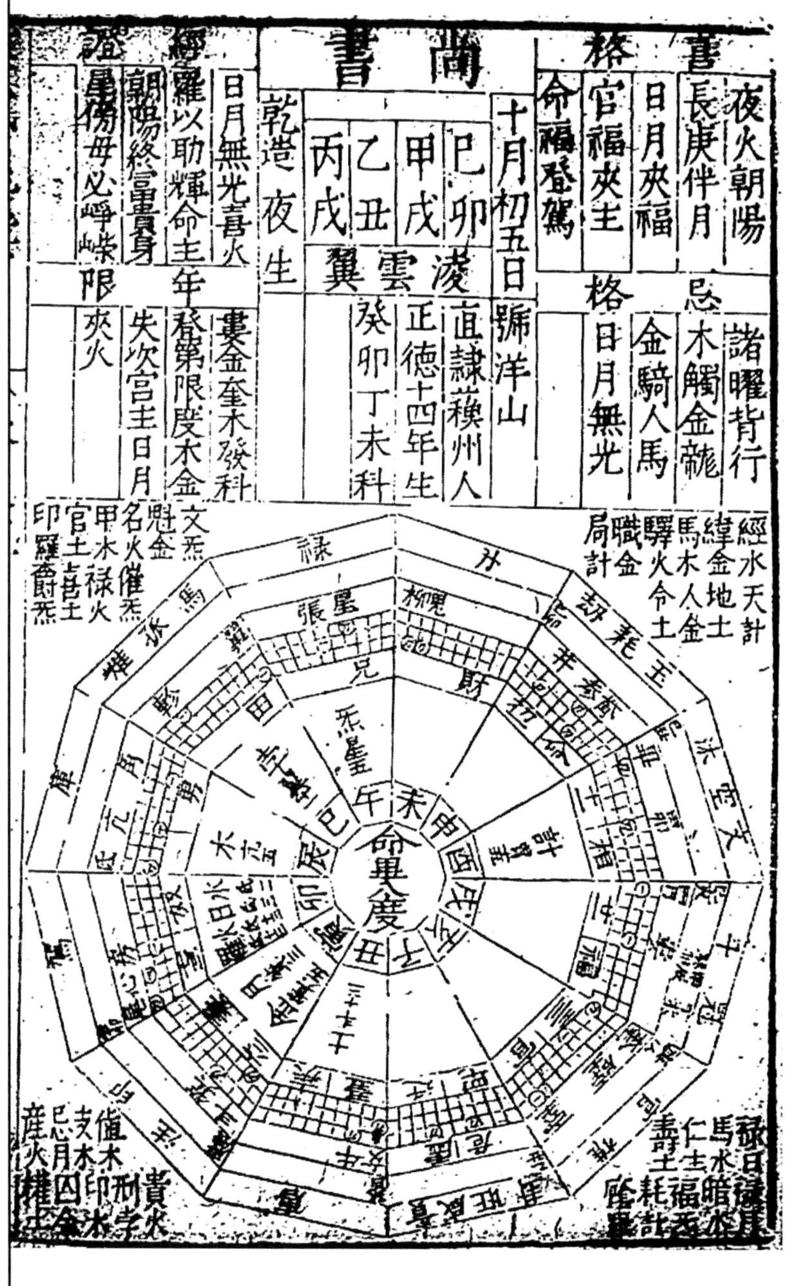
書格
夜火朝陽
長庚伴月
日月夾福
官福夾主
命福登駕
忌 格
諸曜背行
木觸金龍
金騎人馬
日月無光
尚書
十月初五日號洋山
巳卯
甲戌
乙丑
丙戌
淩雲翼
直隸蘇州人
正德十四年生
癸卯丁未科
乾造夜生
經 證
日月無光喜火
羅以助輝命主
朝陽終富貴身
星陽毋必崢嶸
年 限
婁金奎木發科
登第限度木金
失次宮主日月
夾火
經水天計
緯金地土
馬木人金
驛火令土
職金
局計
文炁
魁金
名火催炁
甲木祿火
官土吉土
印羅香尉炁
催木貴火
支木刑孛
忌月印木
產火四金
權土
命
畢
度

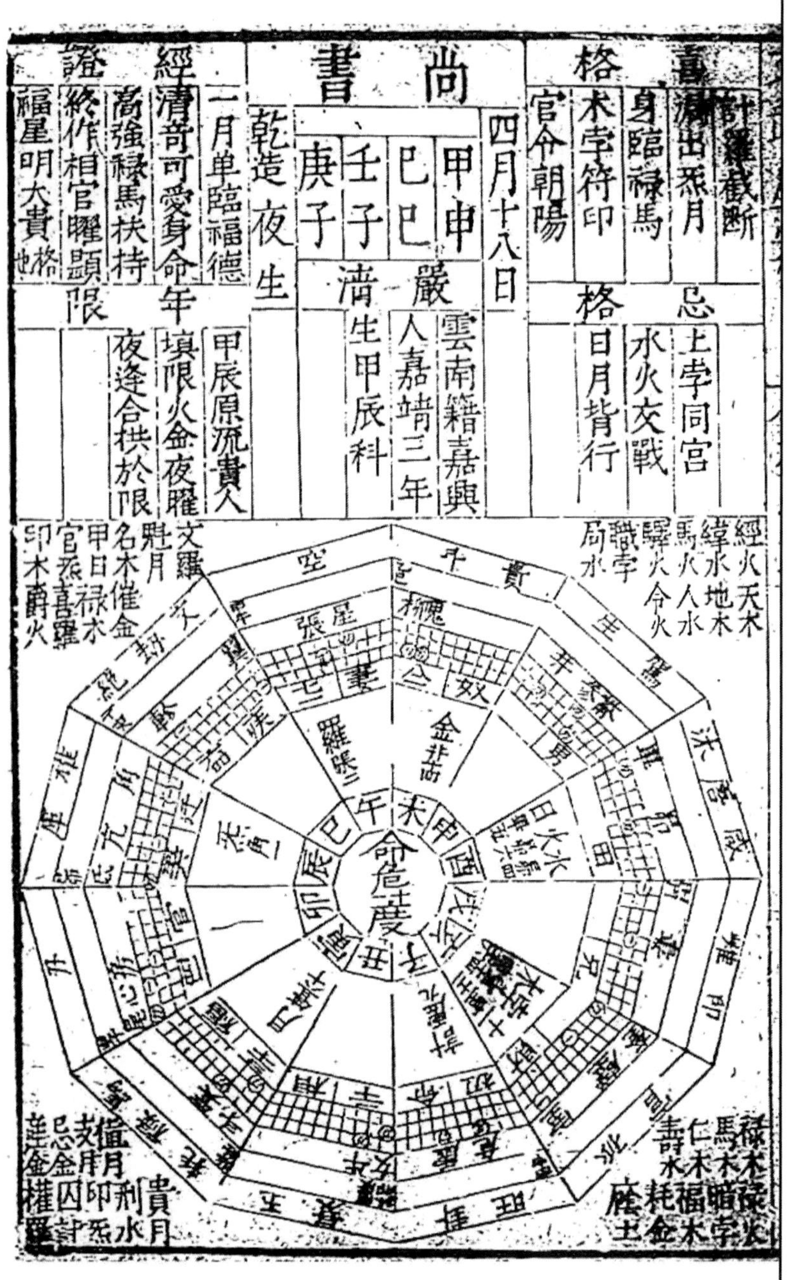

喜格
計羅截斷
清出丞月
身臨祿馬
木孛符印
官命朝陽
忌格
土孛同宫
水火交戰
日月背行
尚書
四月十八日
甲申
巳巳
壬子
庚子
嚴
清
雲南籍嘉興人嘉靖三年生甲辰科
乾造夜生
一月单臨福德
甲辰原流貴人
經
清奇可愛身命
高強祿馬扶持
年
填限火金夜曜
夜逢合拱於限
證
終作祖官曜顯
限
福星明大貴格
經火天木
緯水地木
馬火人水
驛火令火
職孛
局水
文羅
魁月
名木催金
甲日祿木
官丞喜羅
印木爵火
祿木
馬木暗祿
仁木福木
壽水耗金
蔭土
貴月
利水
印丞
因討
忌金
權羅

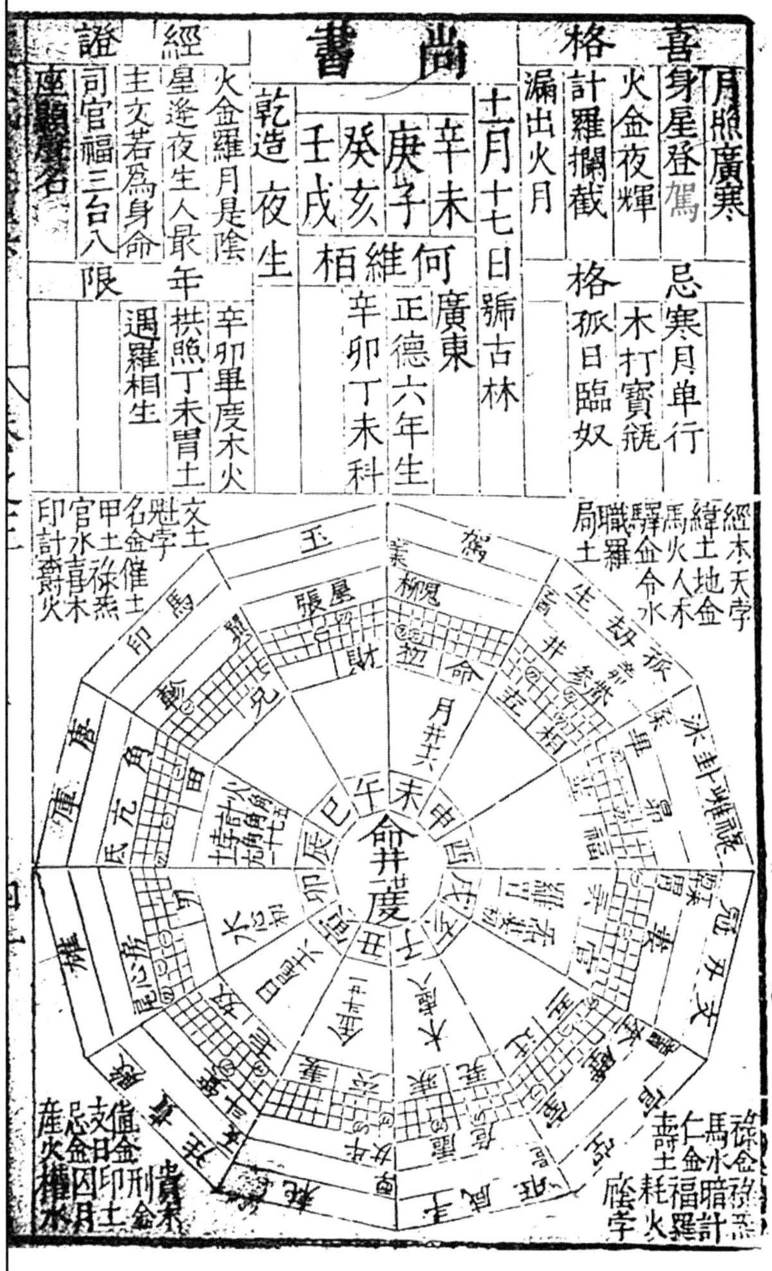

喜格
月照廣寒
身星登駕
火金夜輝
計羅攔截
漏出火月
忌格
寒月单行
木打寶瓶
孤日臨奴
尚書
十二月十七日號古林
辛未
庚子
癸亥
壬戌
何維栢
廣東
正德六年生
辛卯丁未科
乾造夜生
經證
火金羅月是陰
星逢夜生人最年
主文若爲身命
司官福三台八
限
辛卯畢度木火
拱照丁未胃土
遇羅相生
命井度

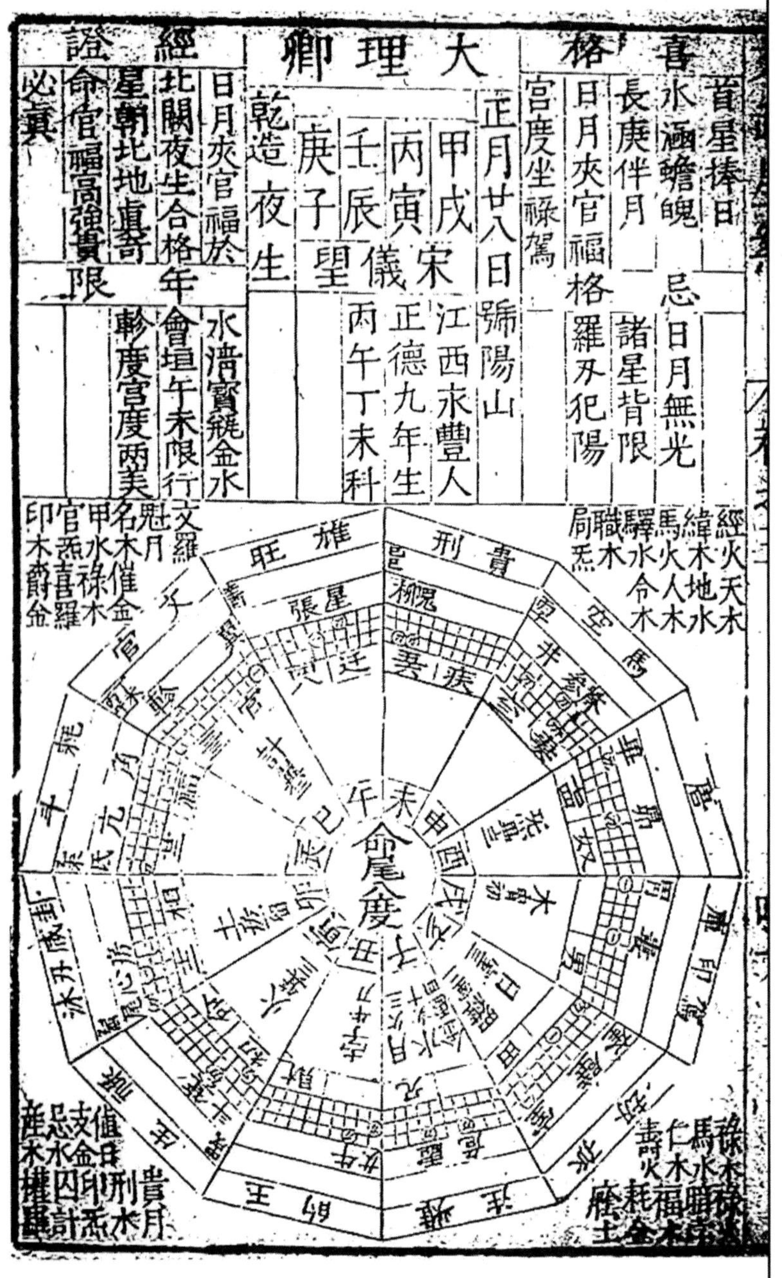

書格

首星捧日　忌日月無光
水涵蟾魄　諸星背限
長庚伴月
日月夾官福格　羅孛犯陽
宮度坐祿駕

大理卿

正月廿八日　號陽山
甲戌　宋　江西永豐人
丙寅　儀　正德九年生
壬辰　望　丙午丁未科
庚子
乾造夜生

經證

日月夾官福於
北關夜生合格
星朝北地眞奇
命官福高強貴
必眞

年限

水淯寶繞金水
會垣午未限行
軫度宮度兩美

經火天木　緯木地水　馬火人木　驛水合木　職木　局炁

文羅　魁月　名木　催金　甲水　祿木　官炁　喜羅　印木　爵金

命　尾度

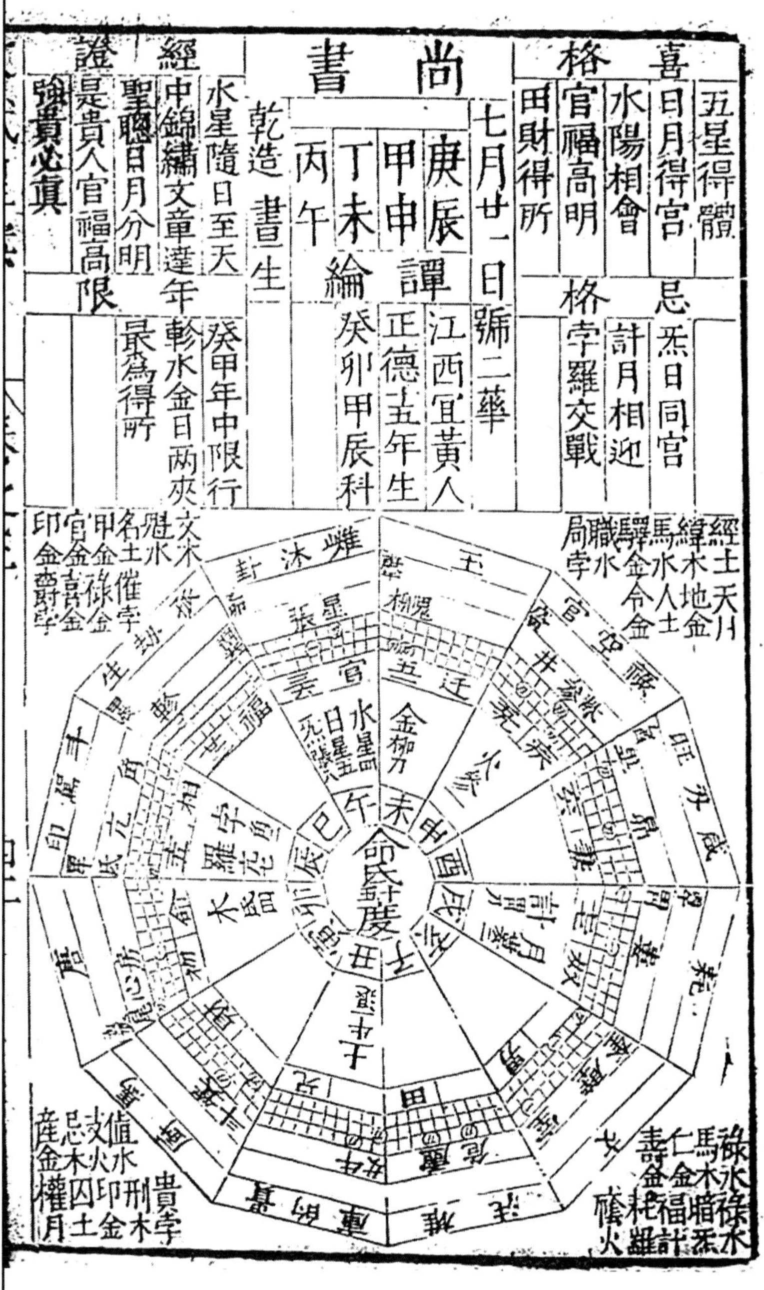
尚書
七月廿一日鏞二華
庚辰
甲申
丁未
丙午
乾造 晝生
江西宜黃人
正德十五年生
癸卯甲辰科
譚 綸
喜格
五星得體
日月得宮
水陽相會
官福高明
田財得所
忌格
炁日同宮
計月相迎
孛羅交戰
經
水星隨日至天
中錦繡文章達年
聖聰日月分明
是貴人官福高限
驗貴必真
證
癸甲年中限行
軫水金日兩夾
最為得所
經土天月
緯木地金
馬水人土
驛金命金
職水
局孛
文木
殺水
名土催孛
甲金祿金
官金喜金
印金爵孛
祿水
馬木暗祿木
仁金福計
壽金耗羅
蔭火
貴孛
刑木
印金
囚土
權月
值水
支火
忌木
產金

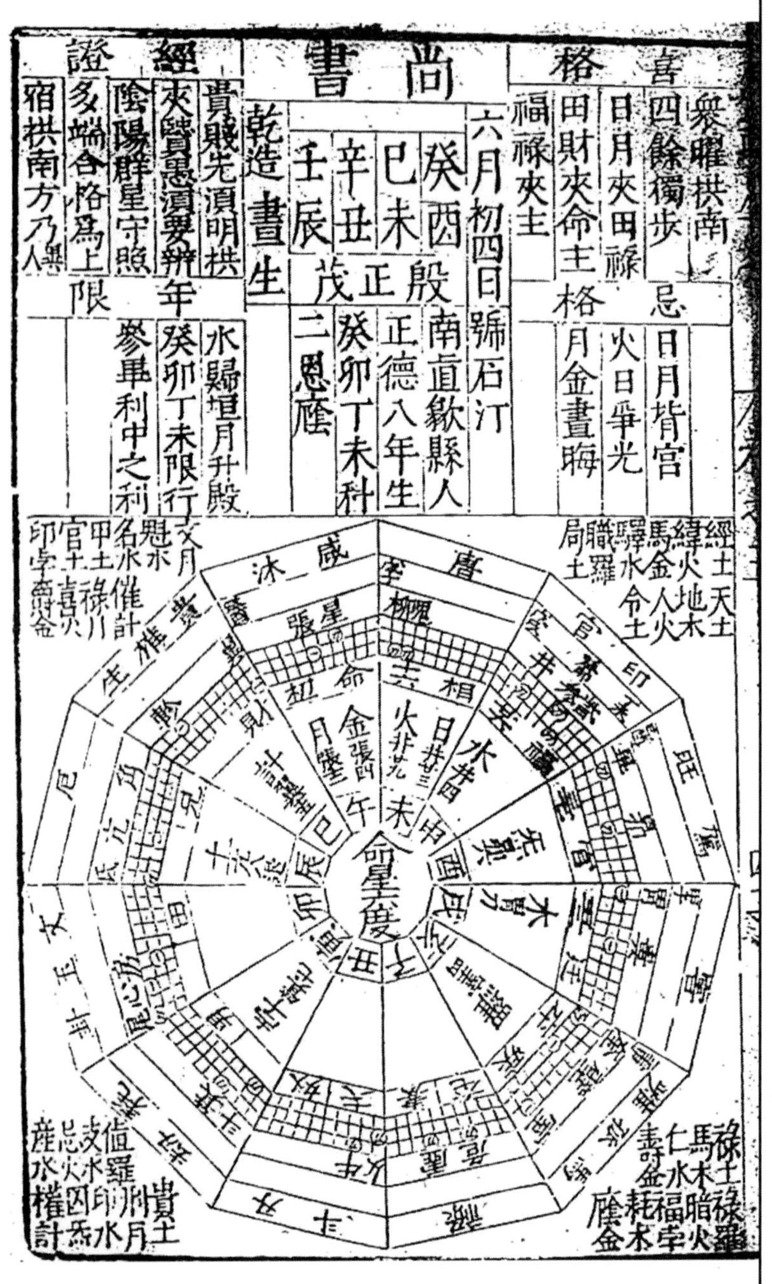

喜格

衆曜拱南
四餘獨步
日月夾田祿
田財夾命主
福祿夾主

忌格

日月背宮
火日爭光
月金晝晦

尚書

六月初四日號石汀
癸酉
己未
辛丑
壬辰
殷正茂
南直歙縣人
正德八年生
癸卯丁未科
二恩蔭
乾造晝生

經證

貴賤先須明拱
夾賢愚須要辨年
陰陽群星守照
多端合格為上限
宿拱南方乃人異

水歸垣月升殿
癸卯丁未限行
參畢利中之利

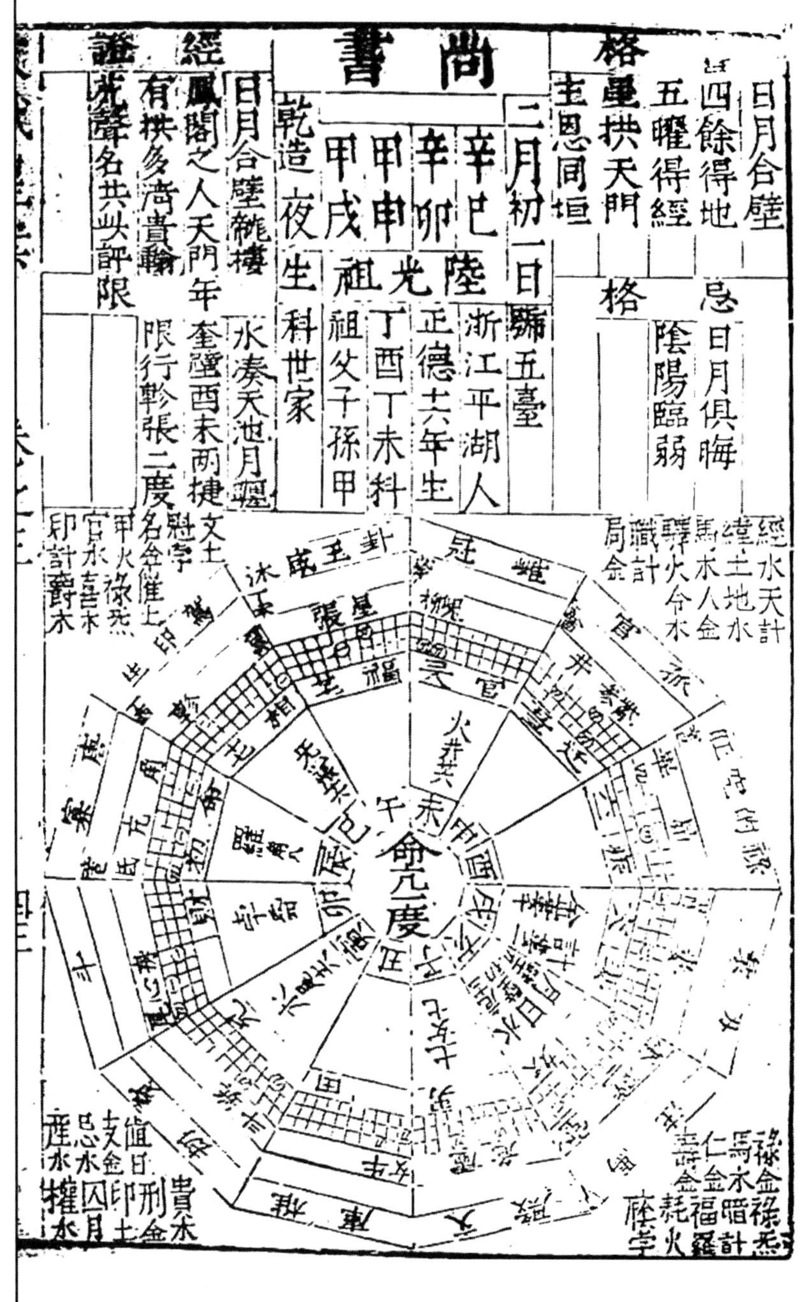

格
尚書
日月合壁
四餘得地
五曜得經
壘拱天門
主恩同垣
忌 日月俱晦
格 陰陽臨弱
二月初一日
辛巳 浙江平湖人
辛卯 正德十六年生
甲申 丁酉丁未科
甲戌 祖父子孫甲
陸光祖
乾造夜生 科世家
日月合壁龍樓
水奏天池月躔
鳳閣之人天門年
奎躔酉未兩捷
有拱多濟貴翰
限行軫張二度
命乙度

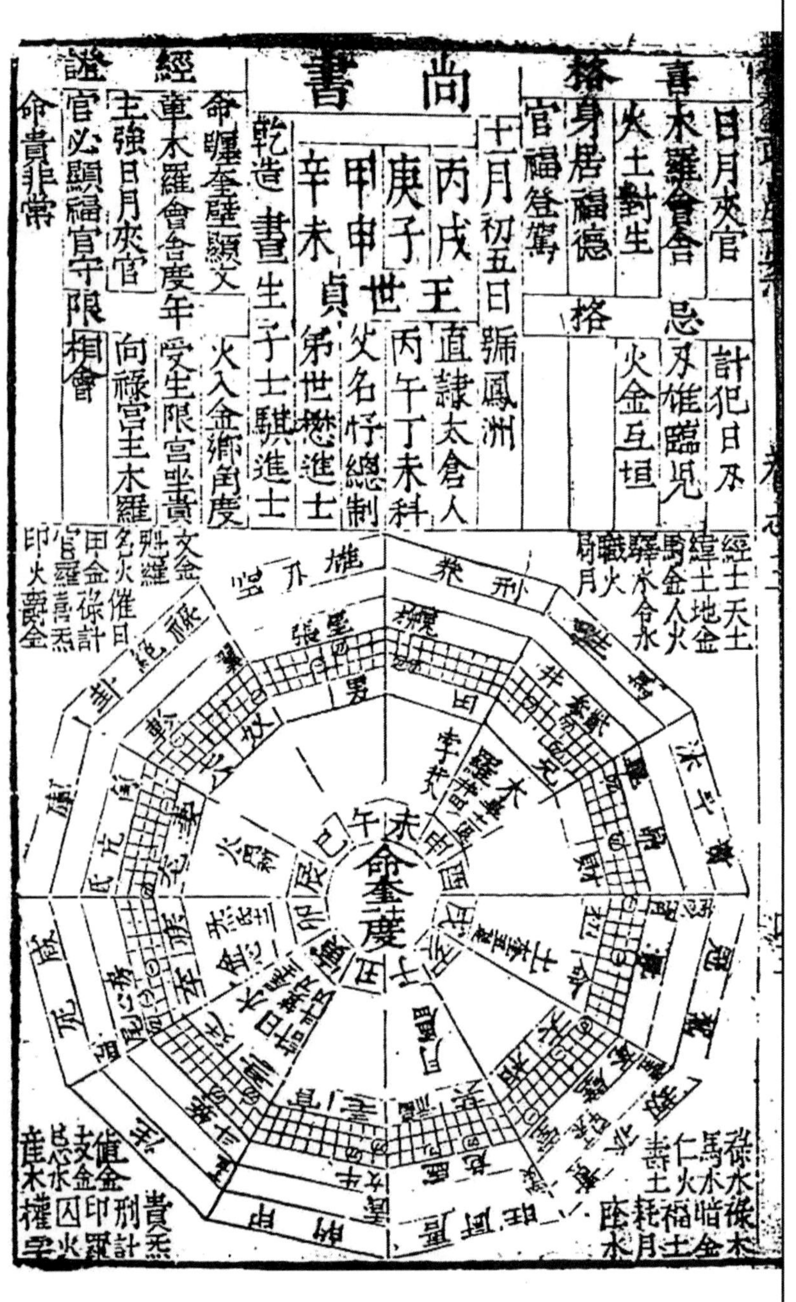

喜格
日月夾官
木羅會合
火土對生
身居福德
官福登㝡

忌格
計犯日孛
刃催臨兒
火金互垣

尚書
十一月初五日號鳳洲
丙戌 直隸太倉人
庚子 丙午丁未科
甲申 父名忬總制
辛未 弟世懋進士
王世貞
乾造 書生子士騏進士

經證
命躔奎壁顯文 火入金鄉角度
華木羅會合度年 受生限宮坐貴
主強日月夾官 向祿宮主木羅
官必顯福官守限相會
命貴非常

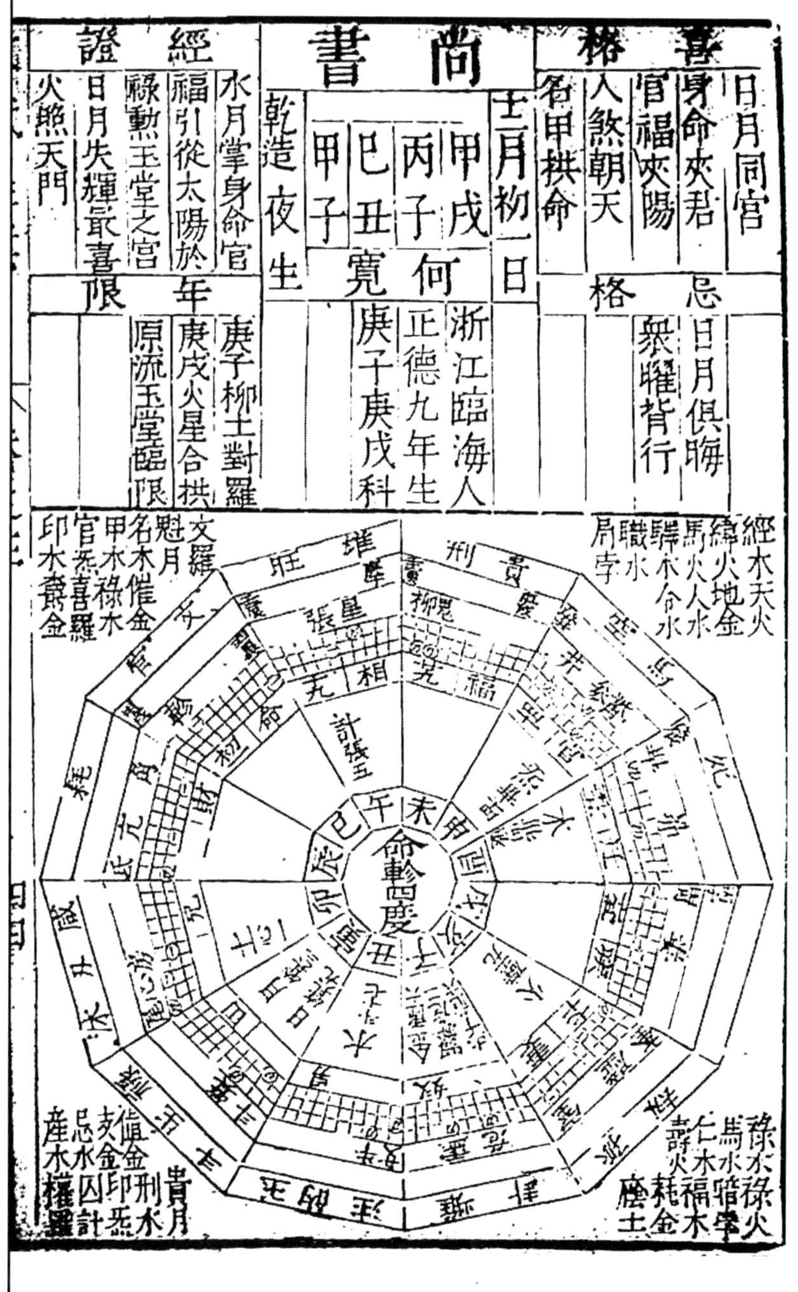
喜格
日月同宮
身命夾君
官福夾陽
入煞朝天
名甲拱命
忌格
日月俱晦
衆曜背行
尚書
十一月初一日
甲戌
丙子
己丑
甲子
乾造夜生
何寬
浙江臨海人
正德九年生
庚子庚戌科
經證
水月掌身命官
福引從太陽於
祿勳玉堂之宮
日月失輝冣喜
火照天門
年限
庚子柳土對羅
庚戌火星合拱
原流玉堂臨限
經水天火
緯火地金
馬火人水
驛木合水
職水
局孛
文羅
魁月
名木儒金
甲木祿水
官炁喜羅
印木貴金
祿木祿火
馬水暗學
仁木福木
壽火耗金
廕土
貴月
刑木
值金印炁
爻金囚計
忌水權羅
產木
命軫四度
午
未
申
酉
戌
亥
子
丑
寅
卯
辰
巳

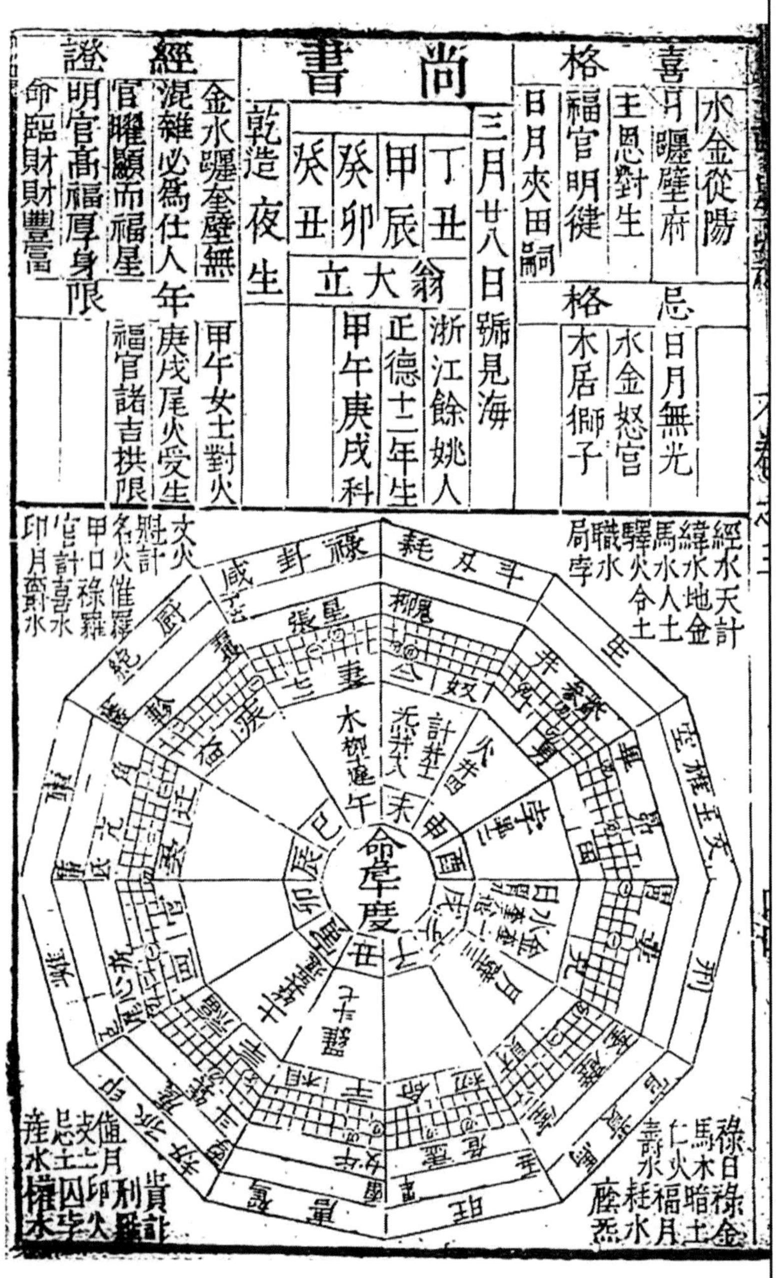
喜格
水金從陽
日月躔壁府
主恩對生
福官明健
日月夾田嗣
忌格
日月無光
水金怒官
木居獅子
尚書
三月廿八日號見海
浙江餘姚人
正德十二年生
甲午庚戌科
丁丑
甲辰
癸卯
癸丑
翁大立
乾造夜生
經證
金水躔奎壁無
甲午女土對火
混雜必爲仕人年
庚戌尾火受生
官曜顯而福星
福官諸吉拱限
明官高福厚身限
命臨財財豐富
經水天計
緯水地金
馬水人土
驛火合土
職水
局孛
文火
刑計
名火催羅
甲日祿羅
官計喜水
印月爵水
祿日祿金
馬木暗土
仁火福月
壽水耗水
蔭炁
命宮度

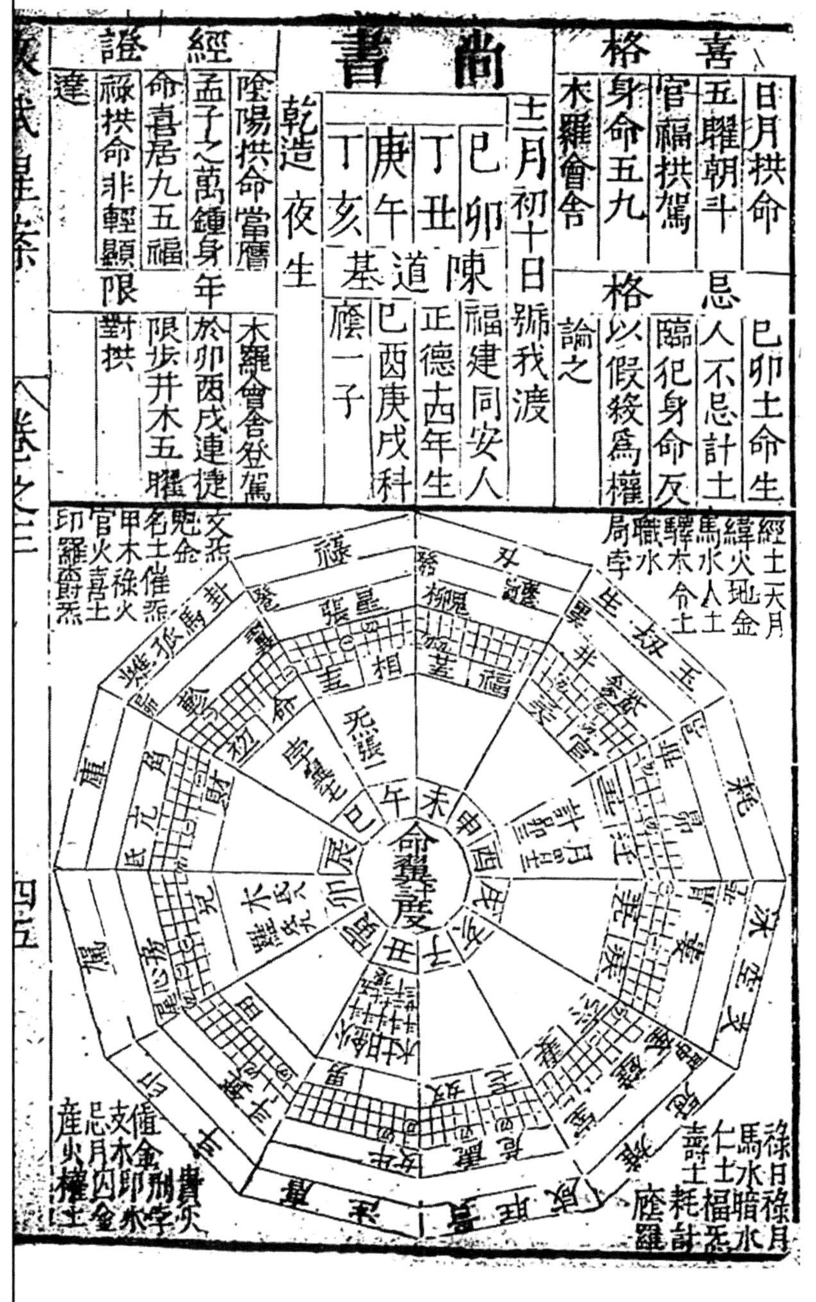

喜格

日月拱命
五曜朝斗
官福拱駕
身命五九
木羅會舍

忌格

巳卯土命生人不忌計土臨犯身命反以假殺爲權論之

尚書

十二月初十日號我渡
巳卯　陳　福建同安人
丁丑　正德十四年生
庚午　道　巳酉庚戌科
丁亥　基　廕一子
乾造夜生

經證

陰陽拱命當膺孟子之薦鍾身年命喜居九五福祿拱命非輕顯限達

木羅會舍登駕於卯酉戌連捷限步井木五曜對拱

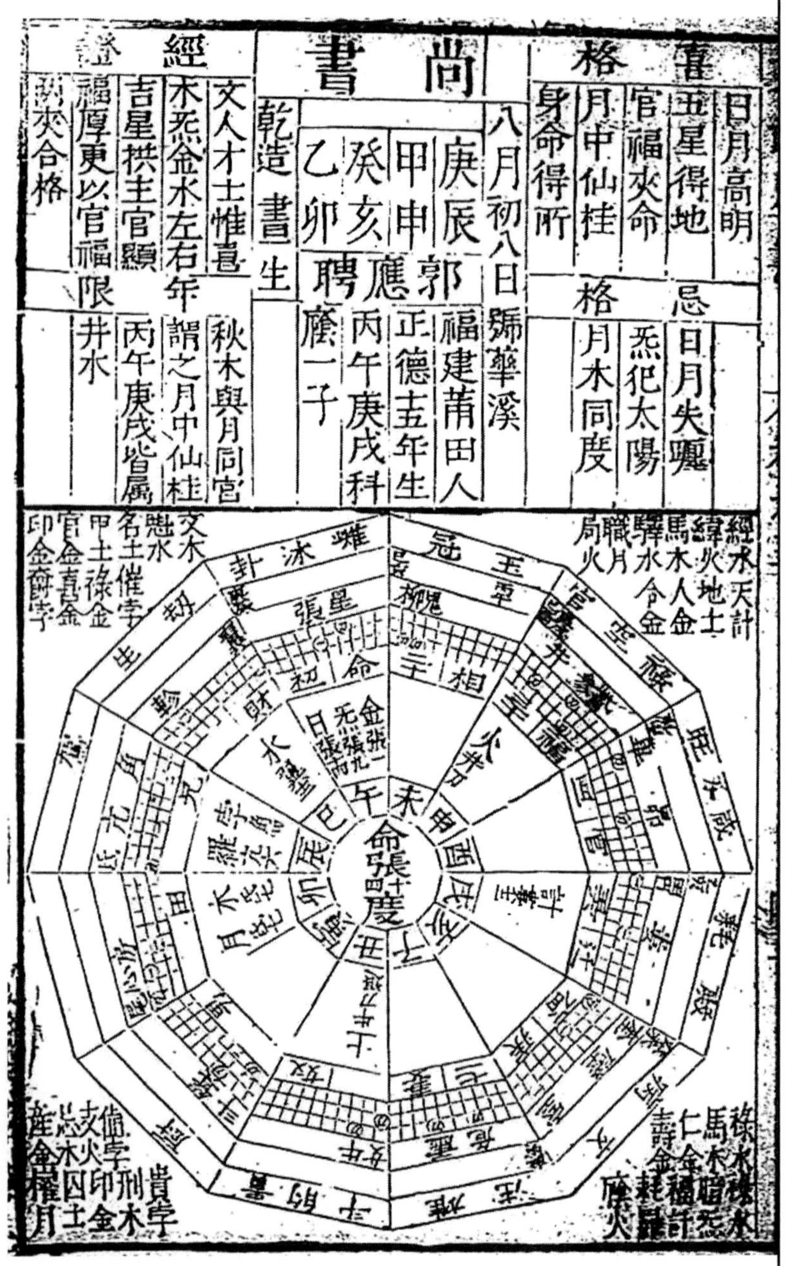

貴格

日月高明

五星得地

官福夾命

月中仙桂

身命得所

忌格

日月失躔

炁犯太陽

月木同度

尚書

八月初八日 號華溪

庚辰 郭 福建莆田人

甲申 應 正德十五年生

癸亥 聘 丙午庚戌科

乙卯 膺一子

乾造 書生

經證

文人才士惟喜

木炁金水左右

吉星拱主官顯

福厚更以官福

夾合格

秋木與月同宮

謂之月中仙桂

丙午庚戌皆屬

限 井水

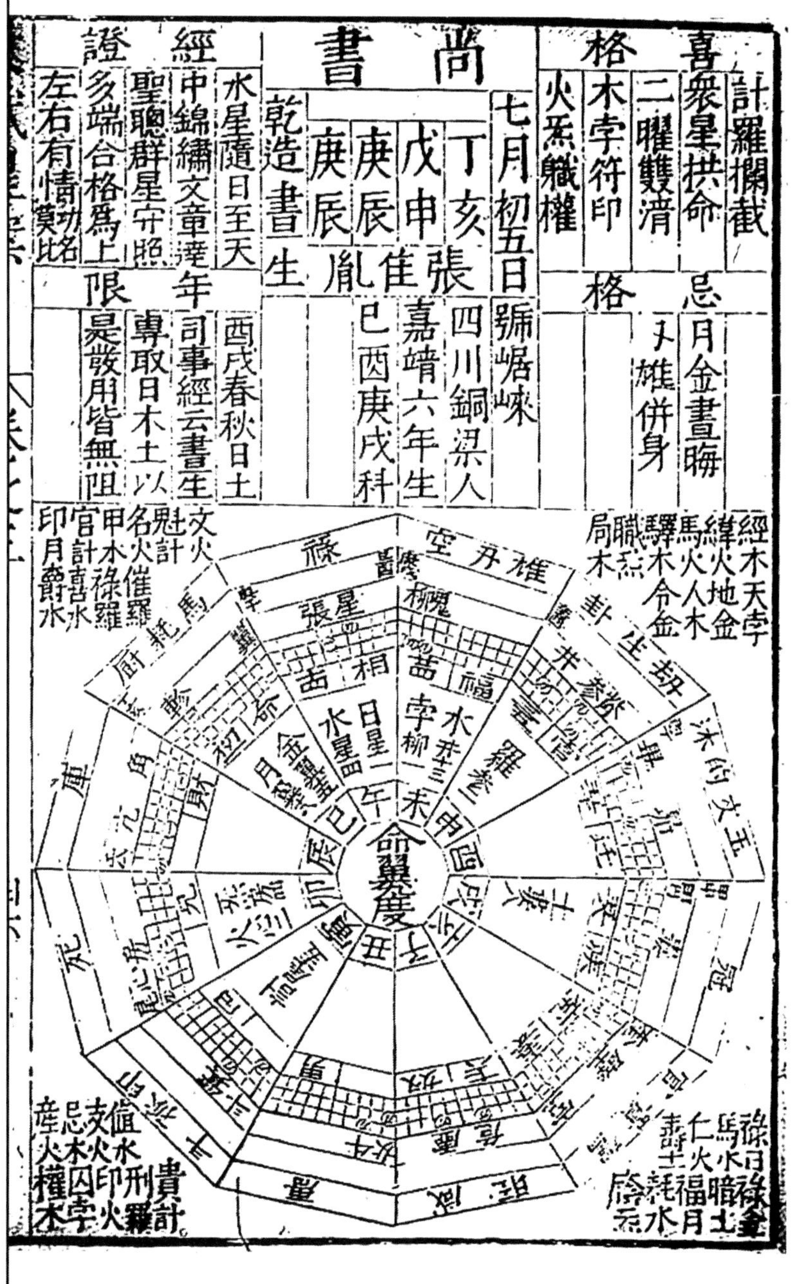
喜格
計羅攔截
衆星拱命
二曜雙清
木孛符印
火炁職權
忌格
月金晝晦
刃雄併身
尚書
七月初五日
號崌崍
丁亥 張
戊申 隹
庚辰 胤
庚辰
乾造書生
四川銅梁人
嘉靖六年生
巳酉庚戌科
經證
水星隨日至天
中錦繡文章達
聖聰群星守照
多端合格為上
左右有情功名莫比
年限
酉戌春秋日土
司事經云書生
專取日木土以
是敬用皆無阻
經木天孛
緯火地金
馬火人木
驛木命金
職炁
局木
文火
魁計
名火催羅
甲木祿羅
官計喜水
印月爵水
祿日
馬水
仁火
壽土
祿金
暗土
福月
耗水
蔭炁
値水
支火
忌木
產火
貴計
刑羅
印火
囚孛
權木
命纍度

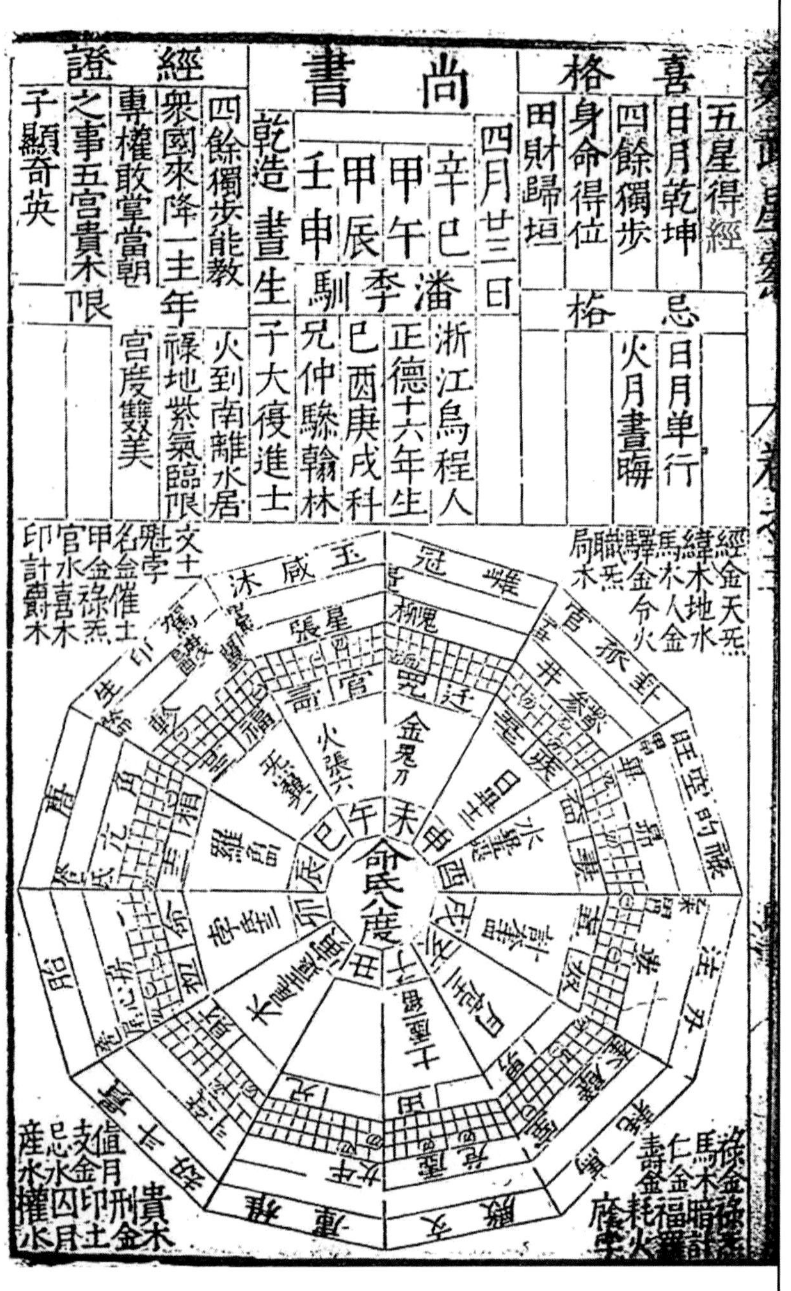

喜格
五星得經
日月乾坤
四餘獨步
身命得位
田財歸垣

忌格
日月单行
火月晝晦

尚書
四月廿三日
辛巳 潘 浙江烏程人
甲午 季 正德十六年生
甲辰 馴 己酉庚戌科
壬申 兄仲驂翰林
乾造 晝生 子大復進士

經證
四餘獨步能教 火到南離水居
衆國來降一主年 祿地紫氣臨限
專權敢掌當朝 宮度雙美
之事五宮貴木限
子顯奇英

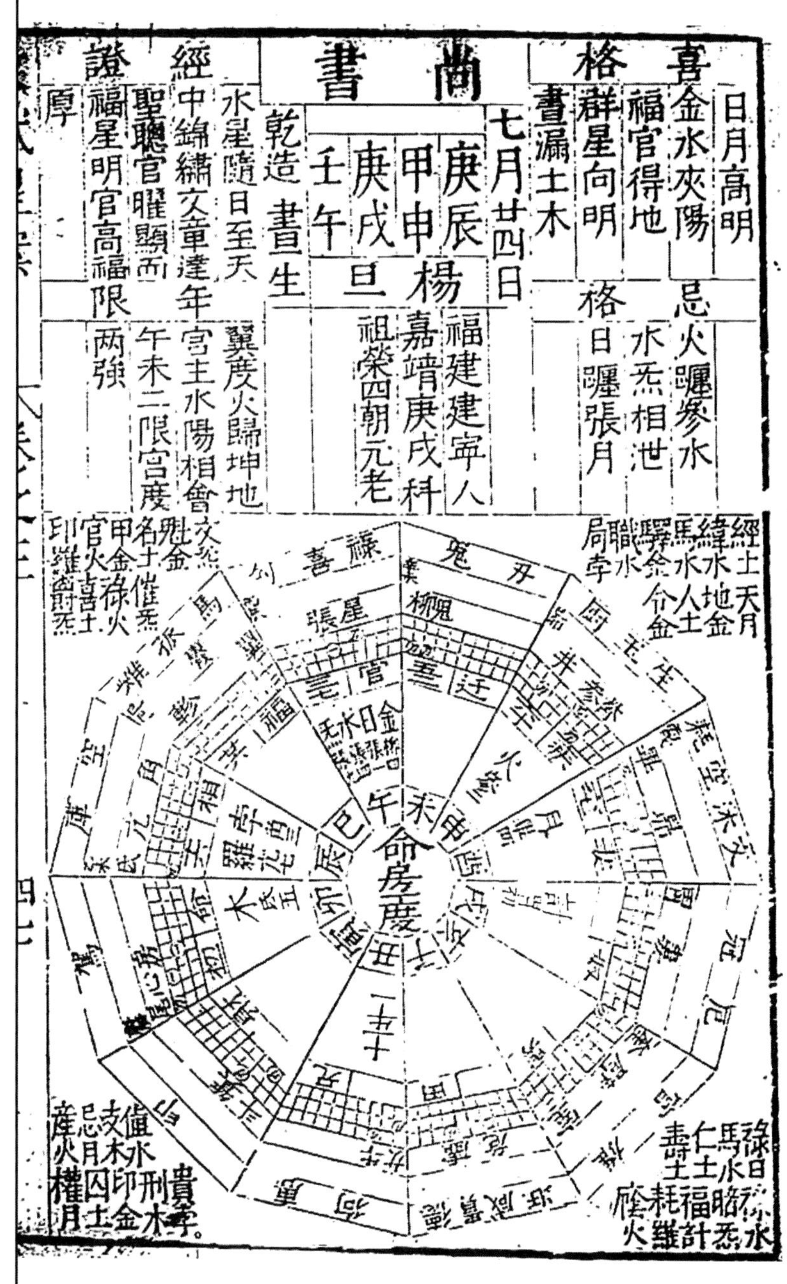

喜格
日月高明
金水夾陽
福官得地
群星向明
書漏土木
忌格
火躔參水
水炁相泄
日躔張月
尚書
七月廿四日
庚辰
甲申
庚戌
壬午
楊旦
福建建寧人
嘉靖庚戌科
祖榮四朝元老
乾造 書生
經證
水星隨日至天
翼度火歸坤地
中錦繡文章達年
宮主水陽相會
聖聰官曜顯而
午未二限宮度
福星明官高福限
兩強
厚
命房度
經土 緯水 馬水 驛金 職水 局孛
天月 地金 人土
值水 支木 忌月 產火
貴孛 刑木 印金 囚土 權月
祿日 馬水 仁土 壽土
暗炁 福計 耗羅 陰火

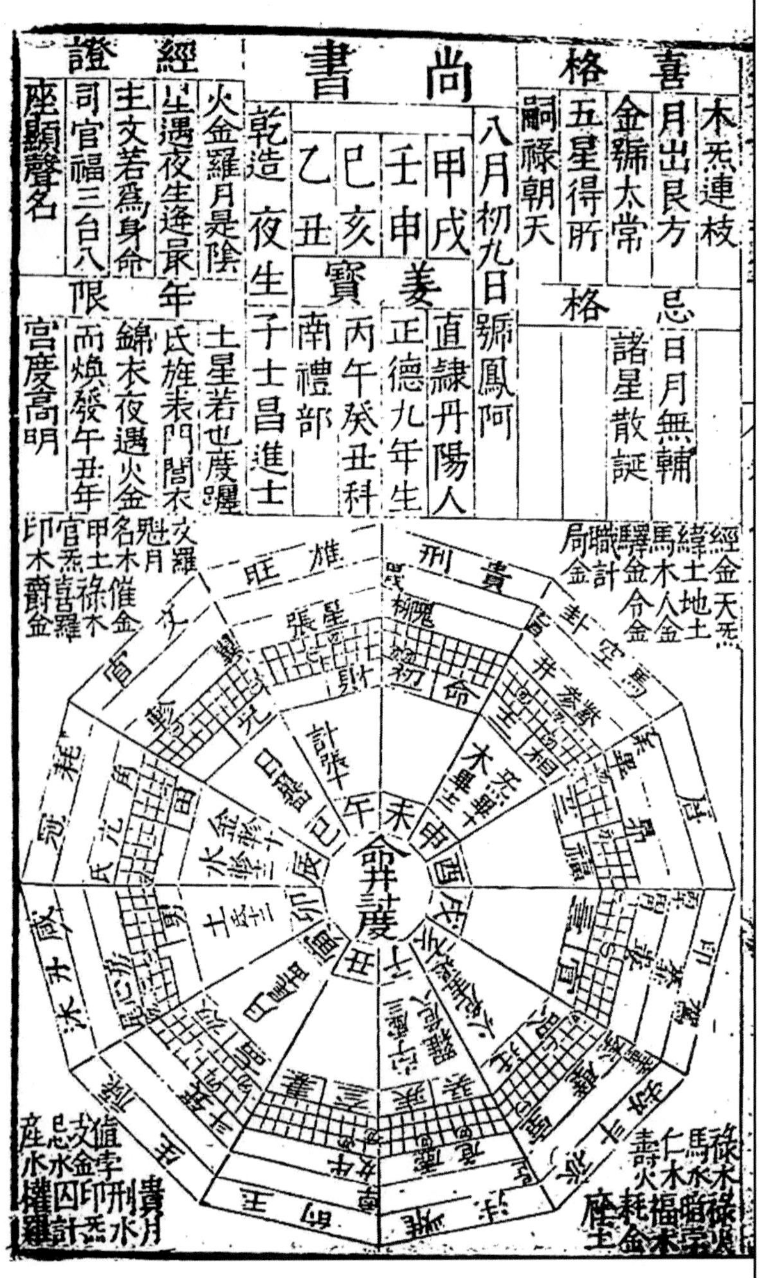
喜格
木炁連枝
月出艮方
金鏘太常
五星得所
嗣祿朝天
忌格
日月無輔
諸星散誕
尚書
八月初九日號鳳阿
直隸丹陽人
正德九年生
丙午癸丑科
南禮部
姜寶
甲戌
壬申
巳亥
乙丑
乾造 夜生
子士昌進士
經證
火金羅月是陰
土星若也度躔
主文若爲身命
錦衣夜遇火金
司官福三台八
限
而煥發午丑年
座顯聲名
宮度高明
經金 天炁
緯土 地土
馬木 人金
驛金 命金
職計
局金
文羅
魁月
催金
名木
祿木
甲土
官炁
喜羅
印木
爵金
祿木 馬水 仁木 壽火
祿炎 暗孛 福木 耗金 蔭土
貴月 刑水 印炁 囚計 權羅
值孛 支金 忌水 産水

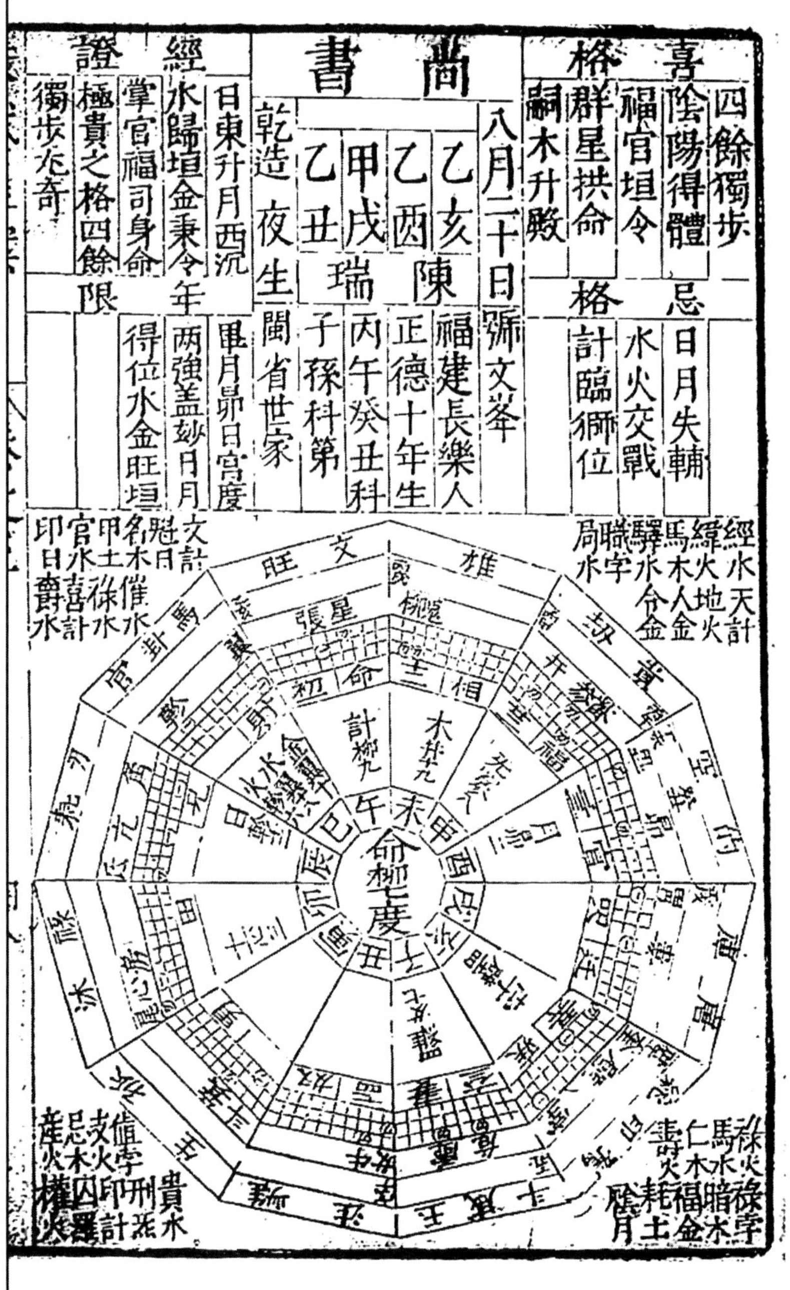
喜格
四餘獨步
陰陽得體
福官垣令
群星拱命
嗣木升殿
忌格
日月失輔
水火交戰
計臨獅位
尚書
八月二十日號文峯
乙亥 福建長樂人
乙酉 陳 正德十年生
甲戌 丙午癸丑科
乙丑 瑞 子孫科第
乾造夜生 閩省世家
經證
日東升月西沉 畢月昴日宮度
水歸垣金秉令 兩強蓋妙月月
掌官福司身命 得位水金旺垣
極貴之格四餘
獨步左奇
年限
經水 天計
緯火 地火
馬木 人金
驛水 命金
職字
局水
文計 魁月 名木 甲土 官水 印日
催水 祿水 喜計 尊水
祿火 祿孛
馬水 暗木
仁木 福金
壽火 耗土
蔭月
貴水 刑炁 印計 囚羅 權火
值孛 支火 忌木 産火
命柳七度

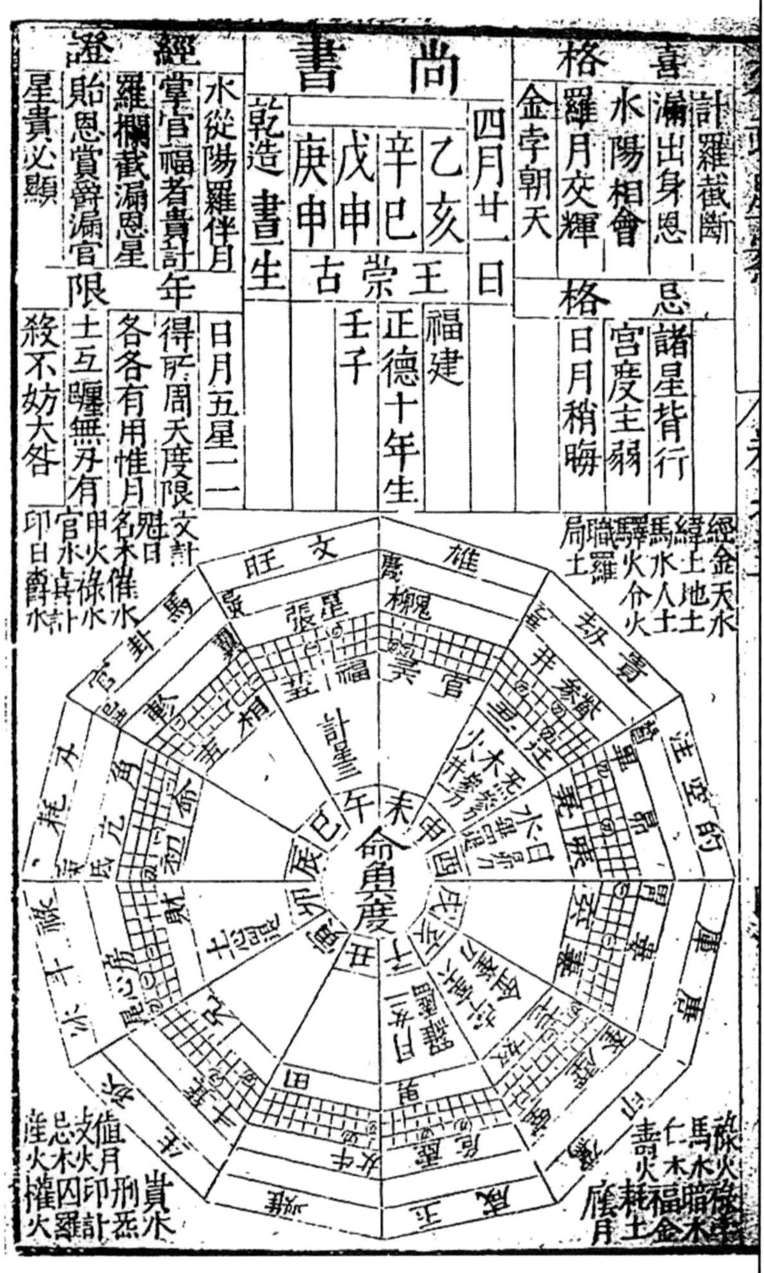

喜格
計羅截斷
漏出身恩
水陽相會
羅月交輝
金孛朝天
忌格
諸星背行
宮度主弱
日月稍晦
尚書
四月廿一日
乙亥
辛巳
戊申
庚申
乾造書生
王崇古
福建
正德十年生
壬子
經驗
水從陽羅伴月
掌官福者貴計
羅欄截漏恩星
貽恩賞爵漏官
星貴必顯
年限
日月五星二一
得所周天度限
各各有用惟月
土互躔無歹有
殺不妨大咎
命角度

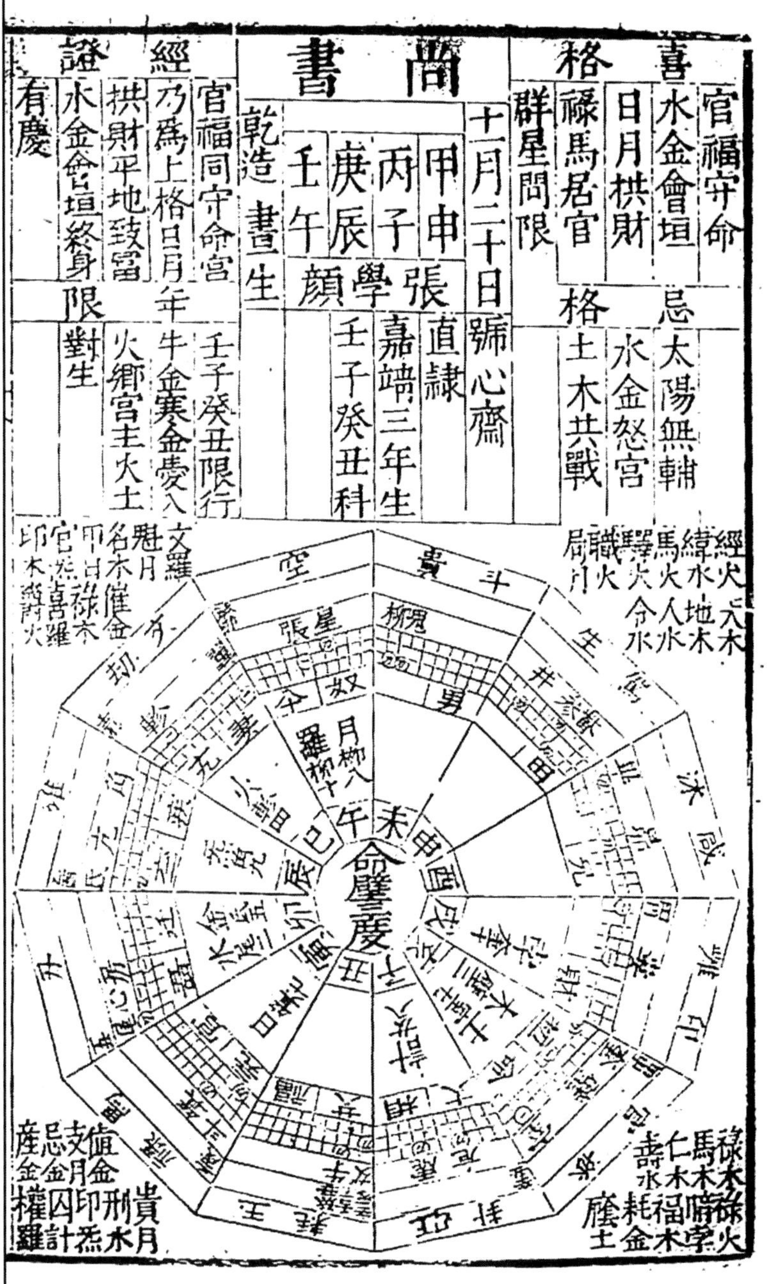
喜格
官福守命
水金會垣
日月拱財
祿馬居官
群星問限
忌格
太陽無輔
水金怒宮
土木共戰
問書
十一月二十日號心齋
甲申
丙子
庚辰
壬午
直隸
嘉靖三年生
壬子癸丑科
張學顏
乾造 書生
經證
官福同守命宮
乃爲上格日月年
拱財平地致富
水金會垣終身
有慶
壬子癸丑限行
牛金寨金慶入
火鄉宮主火土
限 對生
經火 尺木
緯水 地木
馬火 人水
驛火 命水
職火
文羅
魁月
名木 催金
甲日 祿木
官炁 喜羅
印木
值金 貴月
支月 刑水
忌金 印炁
產金 囚計
權羅
祿木 祿火
馬木
仁木 福木
壽水 耗金
蔭土
命 壁 慶

文武星案　卷之三

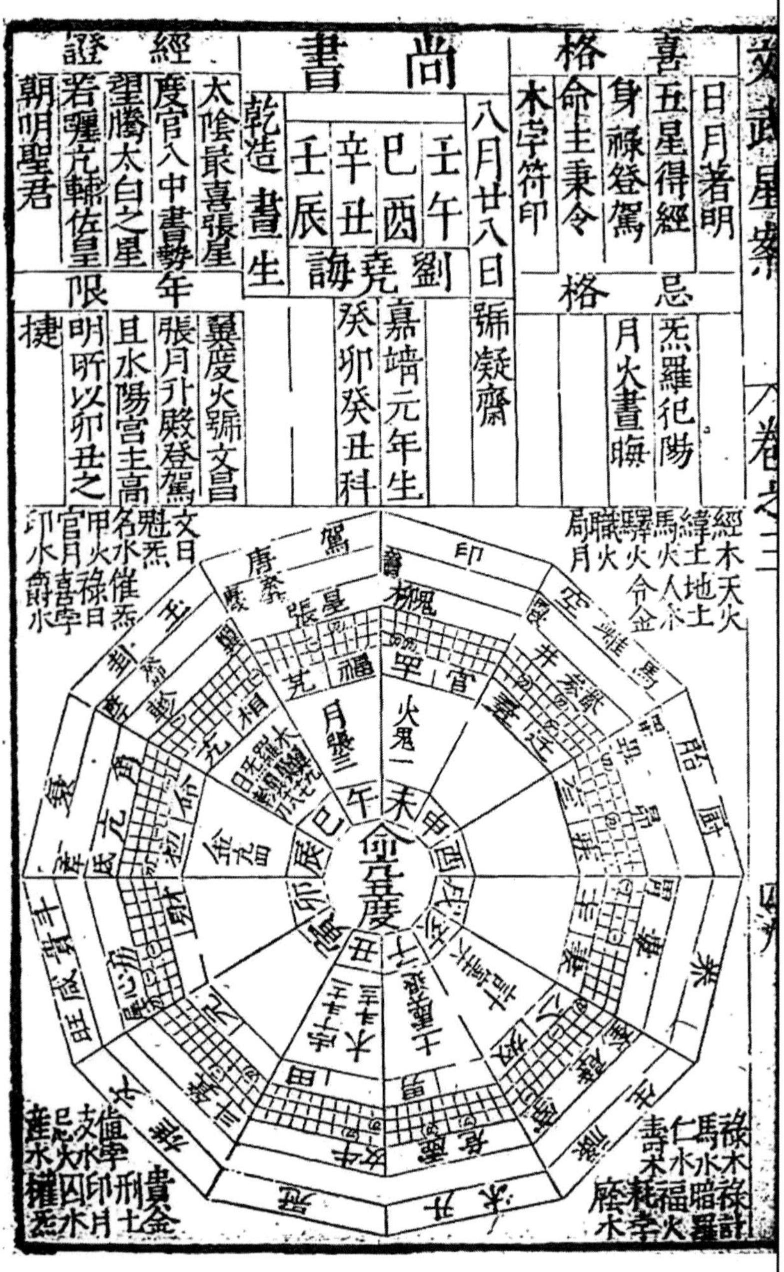

喜格

日月著明
五星得經
身祿登駕
命主秉令
木孛符印

忌格

炁羅爬陽
月火晝晦

尚書

八月廿八日
壬午　己酉　辛丑　壬辰
乾造
劉堯誨　書生
號凝齋
嘉靖元年生
癸卯癸丑科

經證

太陰最喜張星度官入中書勢望騰太白之星若躔亢轄佐皇朝明聖君

年限

翼度火號文昌張月升殿登駕且水陽宮主高明所以卯丑之捷

經木天火
緯土地土
馬火人木
驛火命金
職火
局月

文日
魁炁
名水催炁
甲火祿日
官月喜孛
印水命爵水

祿木祿計
馬水暗火
仁水福羅
壽木耗孛
蔭木

值孛貴金
支水刑土
忌火囚月
進水權炁

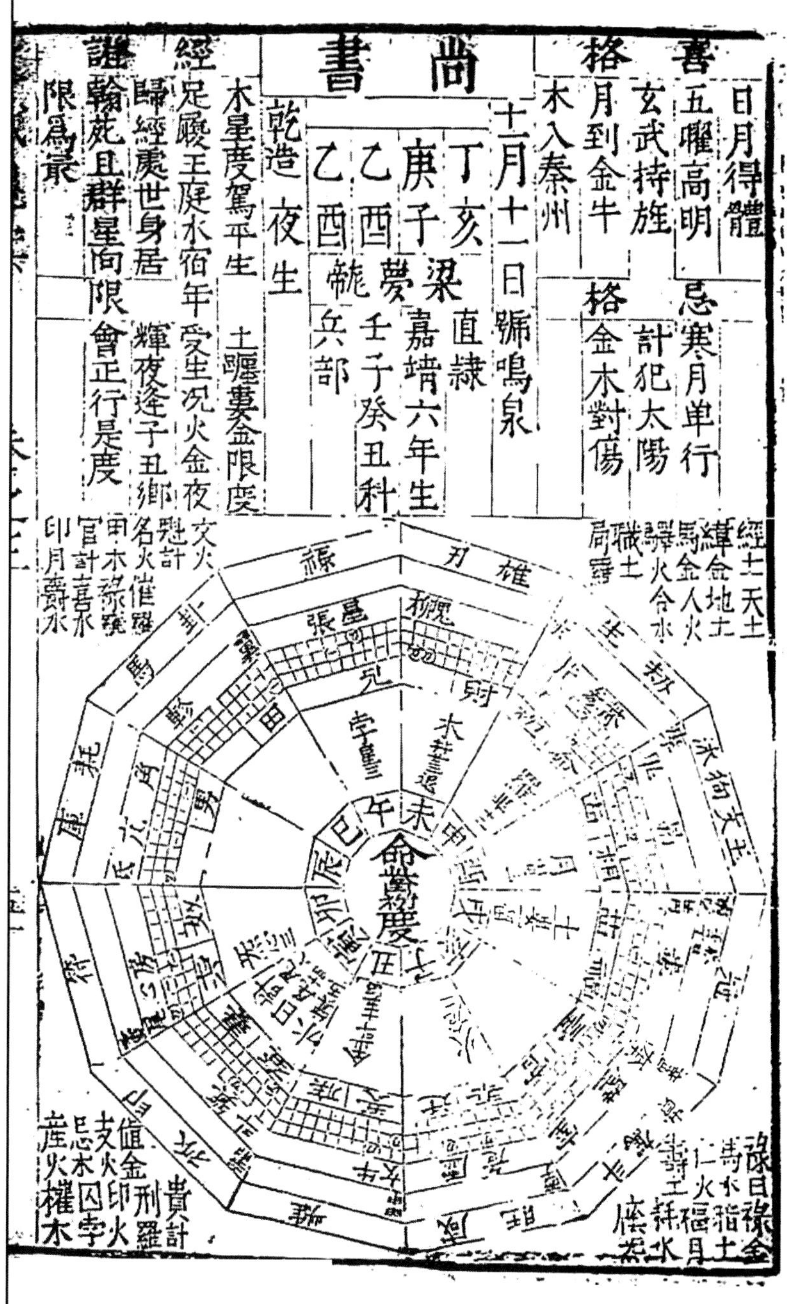

尚書
喜 日月得體
五曜高明
玄武持旌
格 月到金牛
木入秦州
忌 寒月单行
計犯太陽
格 金木對傷
十一月十二日號鳴泉
丁亥 直隸
庚子 梁 嘉靖六年生
乙酉 夢 壬子癸丑科
乙酉 龍 兵部
乾造 夜生
木星度駕平生 土躔婁金限度
經 足履王庭水宿年受生兇火金夜
歸經處世身居 輝夜逢子丑鄉
謹 翰苑且群星向限會正行是度
限爲最
經土 天土
緯金 地土
馬金 人火
驛火 合水
職土
局爵
文火
魁計
名火
田木
官計
印月
祿日 祿金
壽水 指土
仁火 福月
貴計 刑羅
值金 印火
支火 囚孛
忌木
產火 權木
命 度

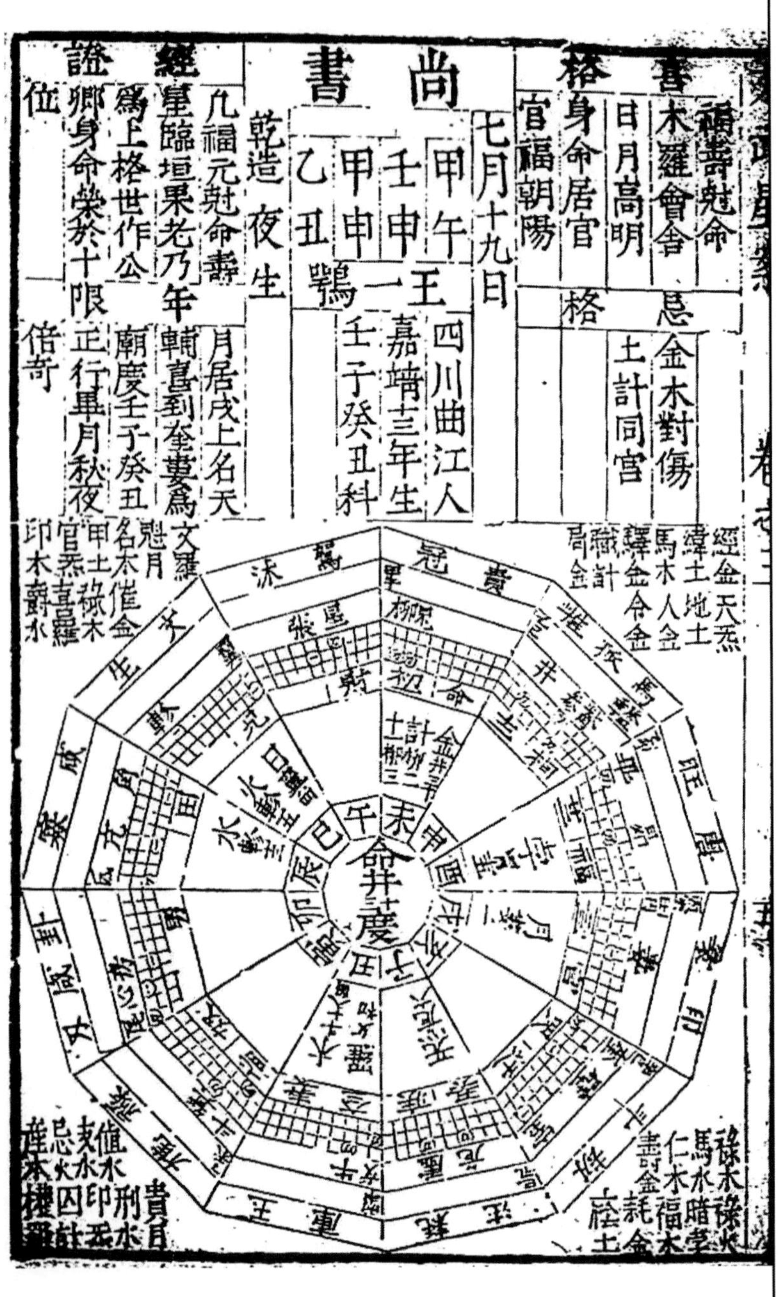

書格

福壽魁命
木羅會舍
日月高明
身命居官
官福朝陽

忌 金木對傷 土計同宮

格

尚書

七月十九日

甲午
壬申
甲申
乙丑

王一鶚

四川曲江人
嘉靖三年生
壬子癸丑科

乾造夜生

經證

凡福元魁命壽星臨垣果老乃年為上格世作公卿身命榮於十限位

月居戌上名天輔喜到奎婁為文廟慶壬子癸丑正行畢月秋夜倍奇

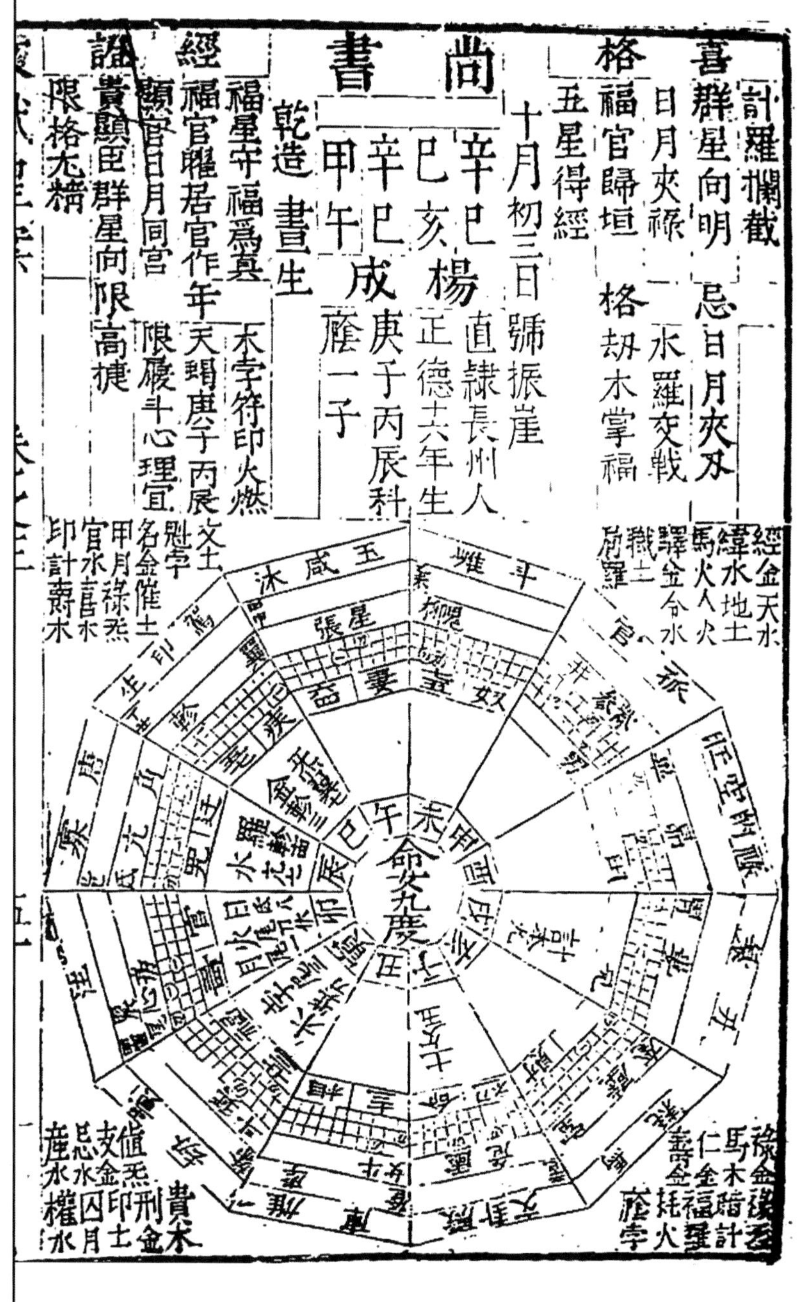

喜格
計羅攔截
群星向明
日月夾祿
福官歸垣
五星得經

忌格
日月夾及
水羅交戰
刼木掌福

尚書　楊　成

十月初三日　號振崖
辛巳　直隸長州人
己亥　正德十六年生
辛巳　庚子丙辰科
甲午　蔭一子
乾造　晝生

經論
木字符印火燃
福星守福爲甚
天蜀庚子丙辰文士
福官雕居官作年
限履斗心理宜
顯官日月同宮
貴顯臣群星向限高捷
限格尤精

經金天水
緯水地土
馬火人火
驛金合水
職土
命羅

文士
魁字
名金催土
甲月祿炁
官水喜木
印計壽木

福金
馬木暗計
仁金福羅
壽金耗火
蔭孛

貴木
刑金
値炁印土
文金囚月
忌水權水
産

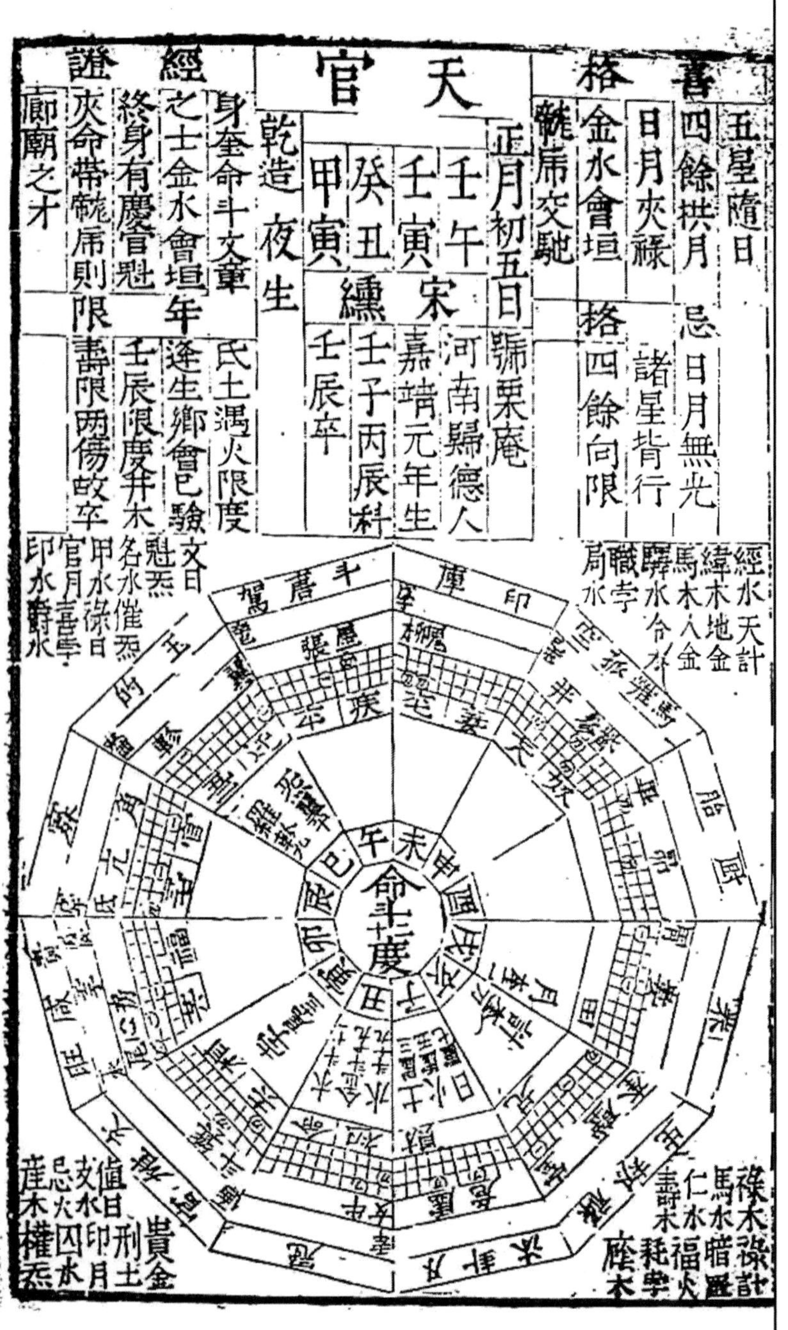
書格
五星隨日
四餘拱月 忌日月無光
日月夾祿 諸星背行
金水會垣 格四餘向限
旄扉交馳
天官
正月初五日 號栗庵
壬午 河南歸德人
壬寅 宋 嘉靖元年生
癸丑 纁 壬子丙辰科
甲寅 壬辰卒
乾造夜生
經證
身奎命斗文章 氐土遇火限度
之士金水會垣 年 逢生鄉會已驗文
終身有慶晉魁 壬辰限度井木名魁
夾命帶旄扉則 限 壽限兩傷故卒
廊廟之才
經水 天計
緯木 地金
馬木 八金
驛水 令木
職字
局水
文日
魁火
名水
甲水 祿日
官月
印水 爵水
命斗十一度
午 未 申 酉 戌 亥 子 丑 寅 卯 辰 巳
祿木 祿計
馬水 暗羅
仁水 福火
壽木 耗字
貴金
值日 刑土
文水 印月
忌火 囚水
產木 權火

喜格　尚書　經證

月掛柳梢
桂林一枝
水陽得所
金計相生
官福殿令

忌
諸星稍背
福官退度

格
金騎人馬

九月廿三日號同溪

丁亥　陰　四川內江人
庚戌　武　嘉靖六年生
丁酉　卿　壬子丙辰科
庚戌　陸一子知府

乾造夜生　巳丑年卒

月中仙桂少年
平步青雲木入年
木星度躔平生
足履玉庭水宿
秦州知福厚月
歸經處世身居
居閒極反為祥限
翰苑壬子丙辰
官福高明顯貴
三限正行奎壁

經上　天月
緯令　地火
馬木　人土
驛火　合土
職金
府計

文火
魁計
名火
催羅
甲火
祿羅
官計
喜水
印月
蔭水

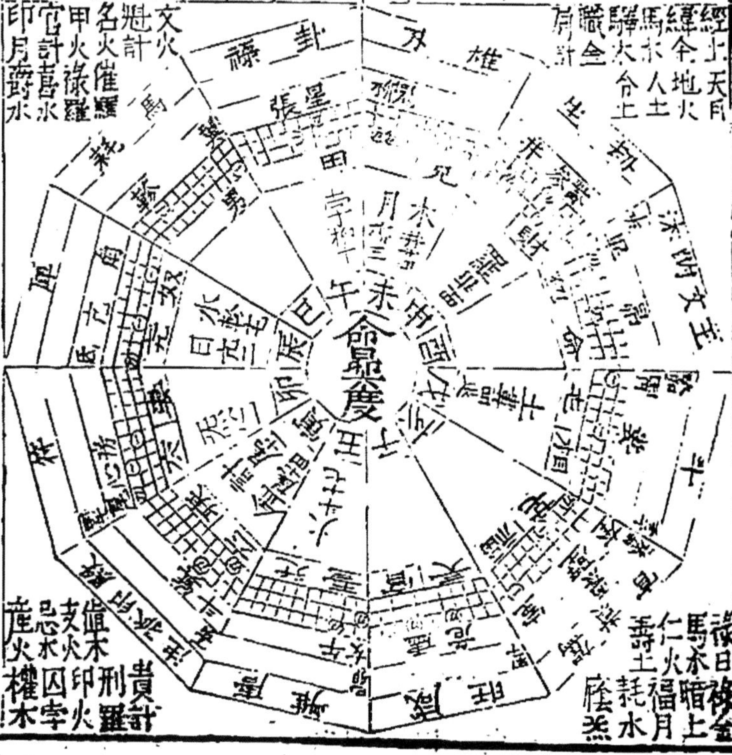

祿日　祿金
馬木　暗上
仁火　福月
壽土　耗水
蔭炁

貴計
刑羅
值木　印火
支火　囚孛
忌水
產火　權木

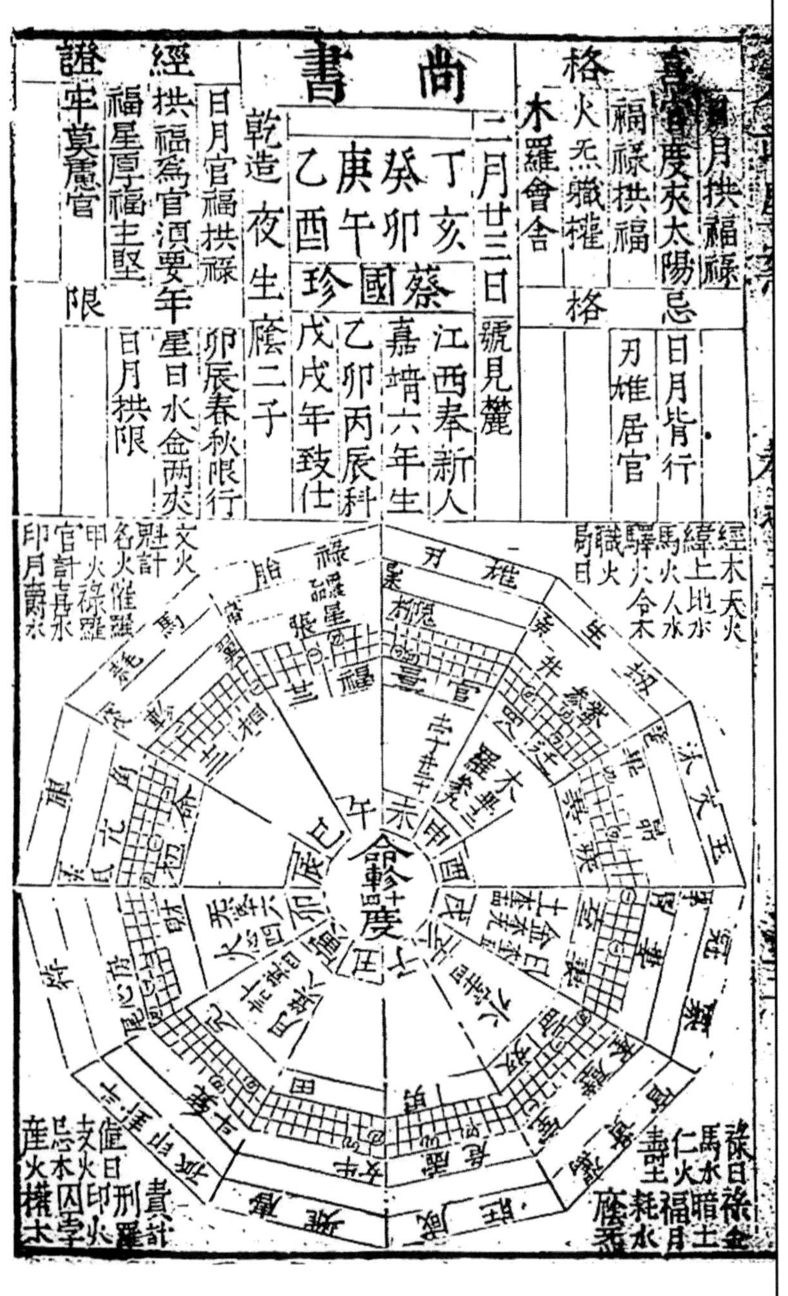
尚書
格
經
證
二月廿三日
丁亥
癸卯
庚午
乙酉
蔡國珍
江西奉新人
嘉靖六年生
乙卯丙辰科
戊戌年致仕
乾造夜生
日月官福拱祿
卯辰春秋限行
拱福爲官須要年
星日水金兩夾
福星厚福主堅
日月拱限
木羅會舍
火炁職權
禍祿拱福
日月背行
刃雄居官
命

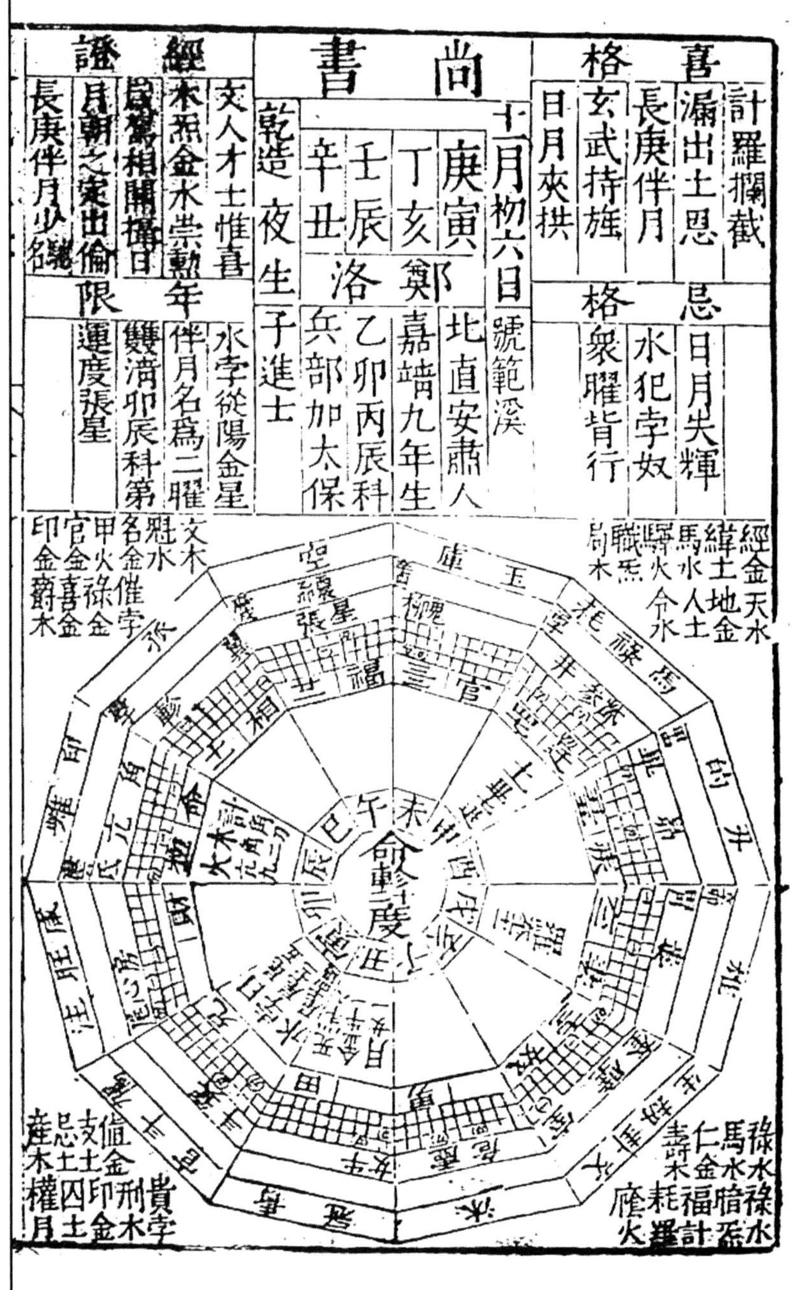

喜格
計羅擱截
漏出土恩
長庚伴月
玄武持旗
日月夾拱
忌格
日月失輝
水犯孛奴
衆曜背行
尚書
十一月初六日號範溪
庚寅
丁亥
壬辰
辛丑
鄭洛
北直安肅人
嘉靖九年生
乙卯丙辰科
兵部加太保
乾造夜生子進士
經讖
文人才士惟喜
木㷀金水崇勳
歲驚相關擢日
月朝之宼出倫
長庚伴月少魁
限年
水孛從陽金星
伴月名爲二曜
雙滴卯辰科第
運度張星
命
度

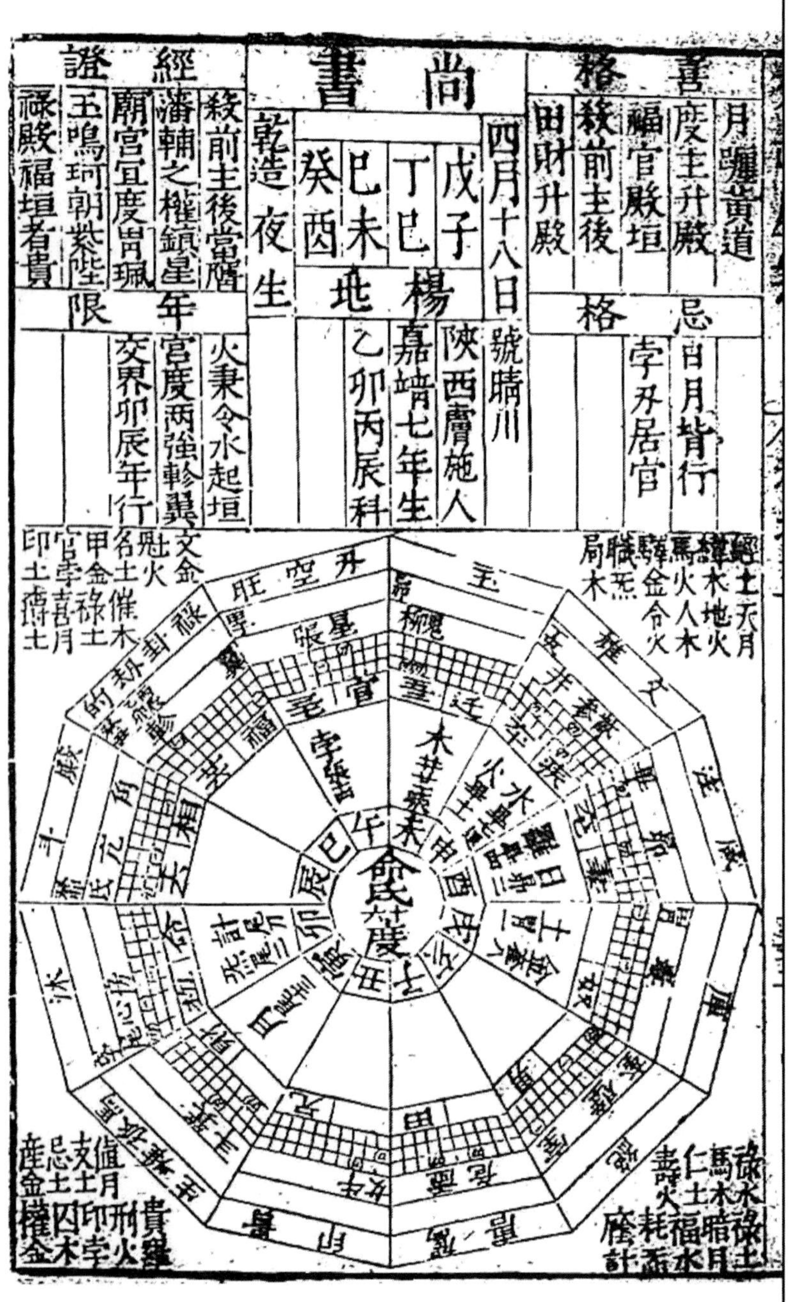
書格
月躔黃道
度主升殿
福官殿垣
殺前主後
田財升殿
忌格
日月背行
孛夯居官
尚書
四月十八日號晴川
戊子
丁巳
己未
癸酉
乾造夜生
楊地
陝西膚施人
嘉靖七年生
乙卯丙辰科
經證
殺前主後當曆
藩輔之權鎮星
廟宮宜度胃珮
玉鳴珂朝紫陛
祿殿福垣者貴
年限
火秉令水起垣
宮度兩強軫翼
交界卯辰年行
鄉土天月
韓木地火
馬火人木
驛金合火
職炁
局木
文金
魁火
名土催木
甲金祿土
官孛喜月
印土
祿水祿土
馬木暗月
仁土福水
壽火耗炁
蔭計
值月貴羅
支土刑火
忌土印孛
產金四木
權金

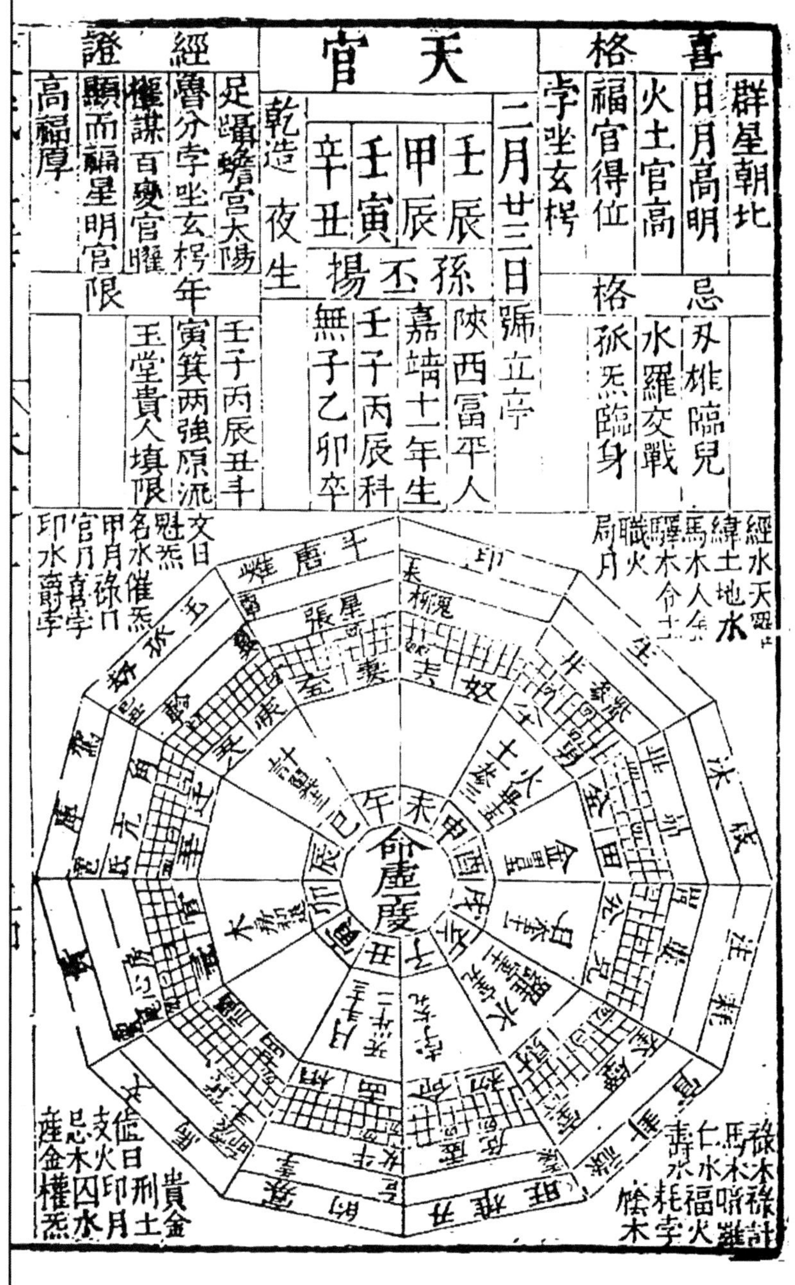
天官
喜格
群星朝北
日月高明
火土官高
福官得位
孛坐玄枵
忌格
刄雄臨兒
水羅交戰
孤炁臨身
二月廿三日
號立亭
壬辰
甲辰
壬寅
辛丑
孫丕揚
乾造
夜生
陜西富平人
嘉靖十二年生
壬子丙辰科
無子乙卯卒
經證
足躡蟾宮太陽
尊分孛坐玄枵
權謀百變官曜
顯而福星明官
高福厚
年限
壬子丙辰丑斗
寅箕兩強限流
玉堂貴人填限
命虛度
經水天嬰
緯土地水
馬木人
驛木
職火
局月
祿木祿
馬木喉
仁水福火
壽水耗孛
陰木
貴金
刑土
印月
囚水
權炁
文日
魁炁
名水催炁
甲月祿
官
印水

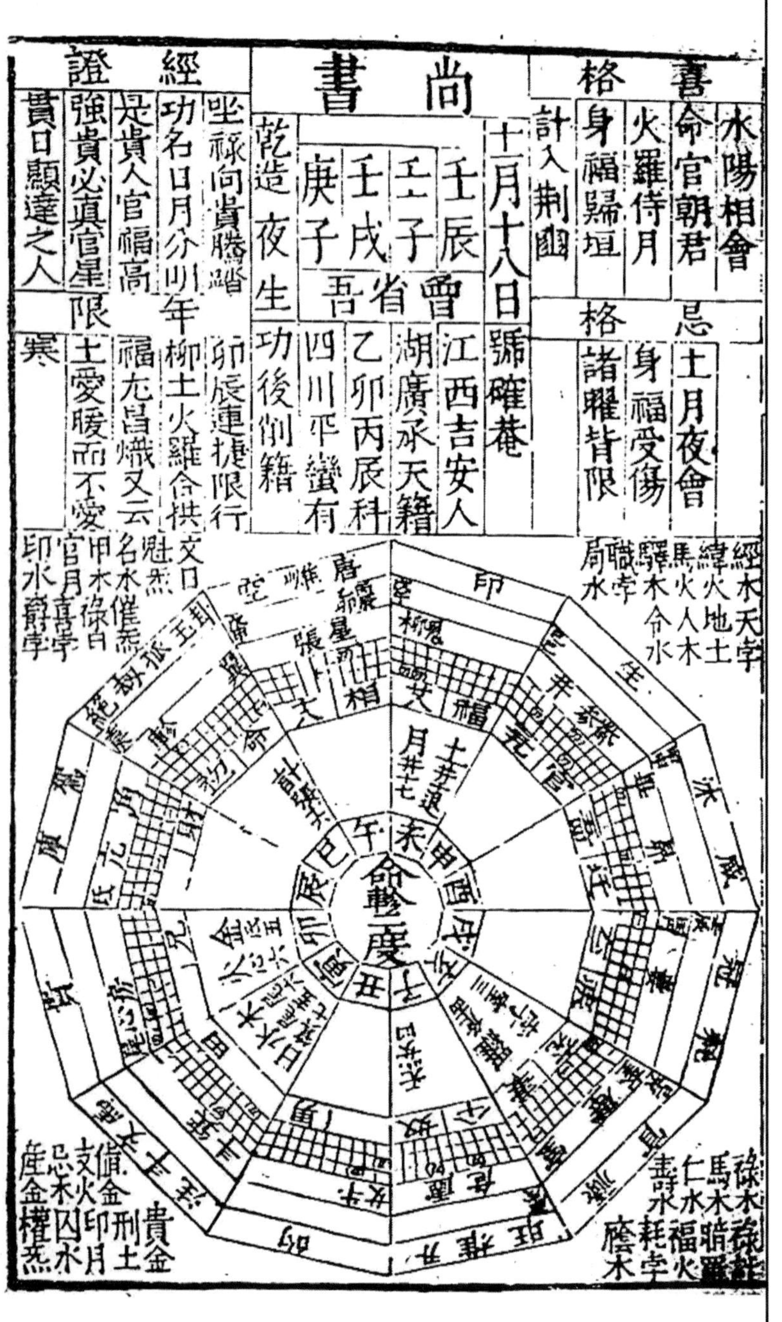
書格
水陽相會
命官朝君
火羅侍月
身福歸垣
計入刑囮
忌格
土月夜會
身福受傷
諸曜背限
尚書
十月十八日號確菴
壬辰
壬子
壬戌
庚子
曾省吾
乾造夜生
江西吉安人
湖廣承天籍
乙卯丙辰科
四川平蠻有
功後削籍
經證
坐祿向貴騰踏
功名日月分明
是貴人官福高
強貴必真官星
貴日顯達之人
限
卯辰運捷限行
柳土火羅合拱
福元昌熾又云
土愛暖而不愛
寒
經水天孛
緯火地土
馬火人木
驛木命水
職孛
局水
文日
魁炁
名水催炁
甲木祿日
官月喜孛
印水蔭孛
祿木祿計
馬木暗羅
仁水福火
壽水耗孛
蔭木
貴金
刑土
偵金印月
支火囚水
忌木權炁
產金
命參度
午
未
申
酉
戌
亥
子
丑
寅
卯
辰
巳

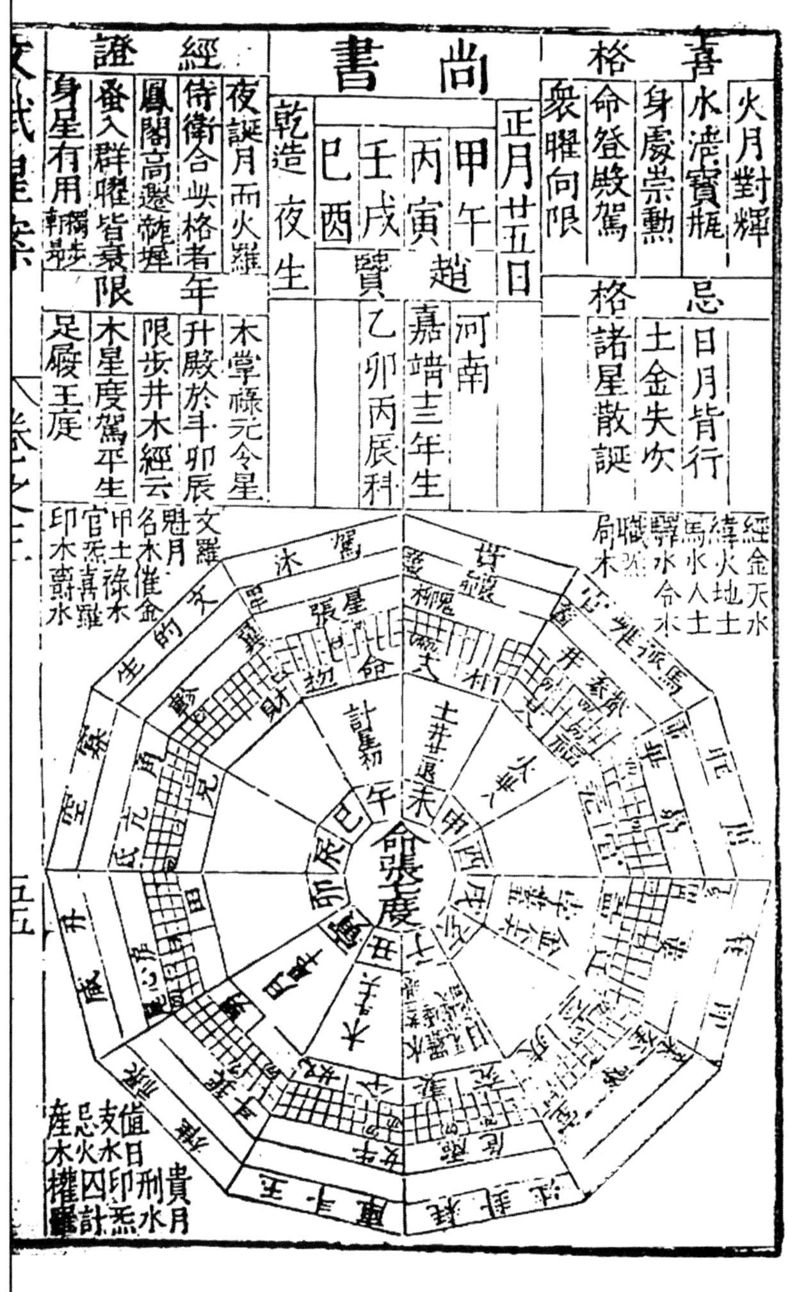

喜格

火月對輝
水滲寶瓶
身處崇勲
命登殿駕
衆曜向限

忌格

日月背行
土金失次
諸星散誕

經金天水
緯火地土
馬水人土
驛水命水
職火
局木

尚書

正月廿五日

甲午
丙寅
壬戌
己酉

乾造夜生

趙賢

河南
嘉靖十三年生
乙卯丙辰科

經證

夜誕月兩火羅
侍衛合與格者
鳳閣高遷龍墀
登入群曜皆衰
身星有用輔弼

年限

木掌祿元令星
升殿於斗卯辰
限步井木經云
木星度駕平生
足履王庭

文羅
魁月
名木催金
印土祿木
官煞喜羅
印木蔭水

命張七度

值日
支水
忌火
產木
貴月
刑水
印煞
囚計
權羅

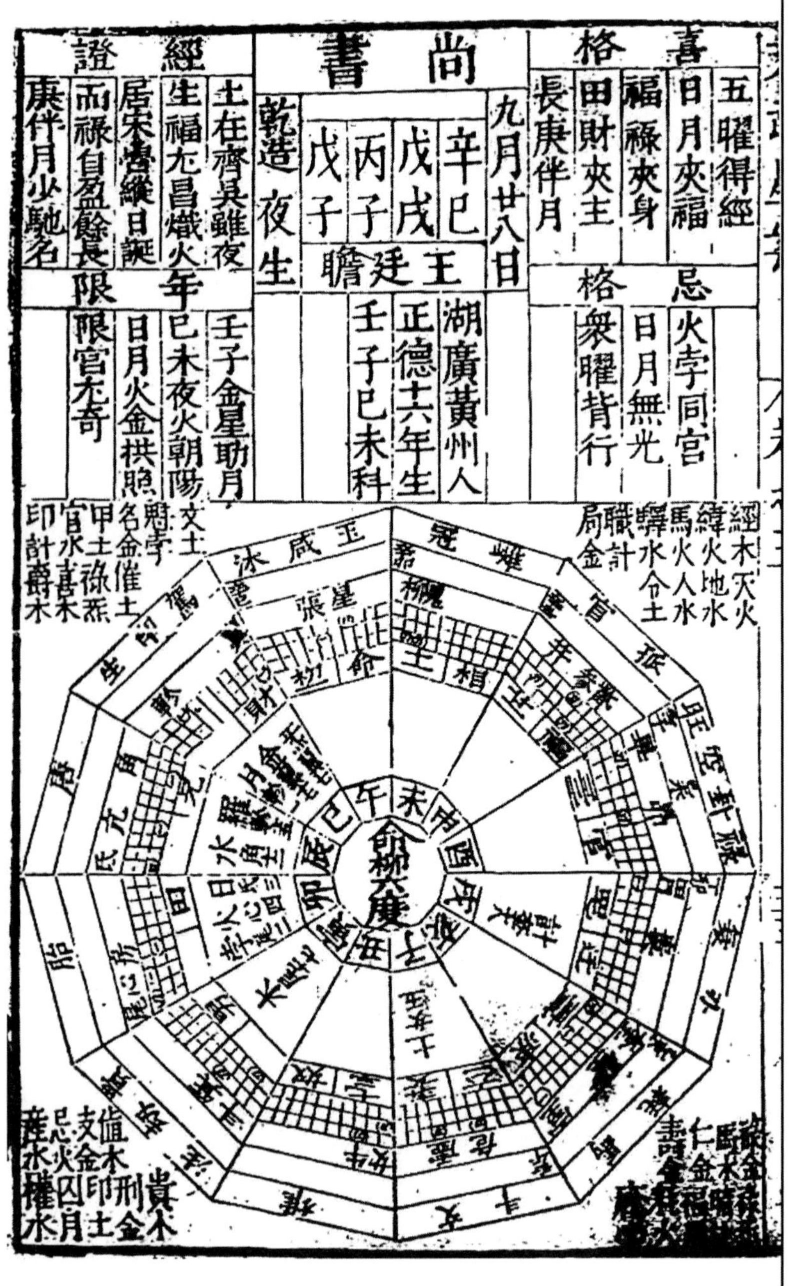

喜格
五曜得經
日月夾福
福祿夾身
田財夾主
長庚伴月
忌格
火孛同宮
日月無光
衆曜背行
尚書
九月廿八日
辛巳
戊戌
丙子
戊子
乾造夜生
王廷瞻
湖廣黃州人
正德十六年生
壬子巳未科
經證
土在齊吳雖夜
生福尤昌熾火
居宋豈纔日誕
而祿自盈餘長
庚伴月少馳名
年限
壬子金星助月
巳未夜火朝陽
日月火金拱照
限宮尤奇

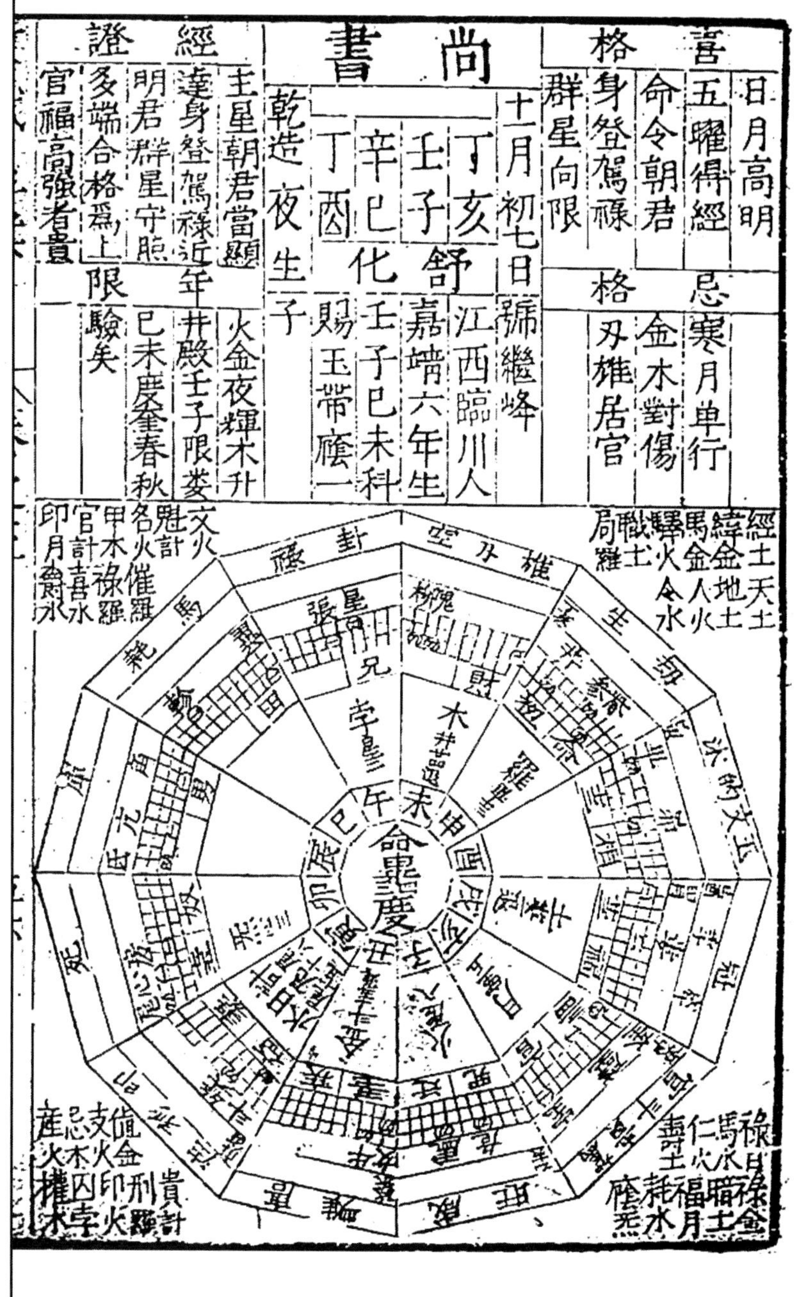

尚書

喜格

日月高明
五曜得經
命令朝君
身登駕祿
群星向限

忌格

寒月单行
金木對傷
刄雄居官

十一月初七日
孫繼峰

丁亥
壬子
辛巳
丁酉

舒化

江西臨川人
嘉靖六年生
壬子巳未科
賜玉帶應一

乾造夜生子

經證

主星朝君當顯
逢身登駕祿近年
明君群星守脆
多端合格爲上
官福高強者貴

限驗矣

火金夜輝木升
井殿壬子限娄
巳未虔奎春秋

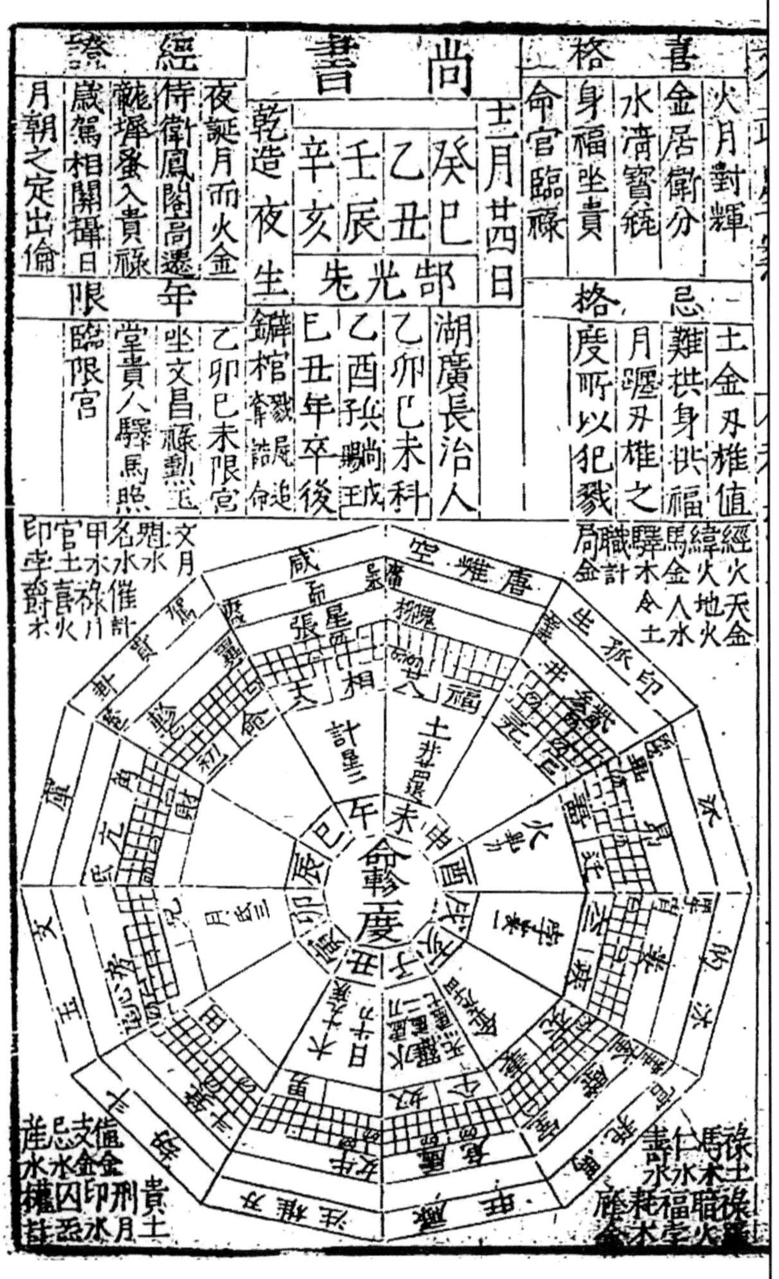

書格

火月對輝
金居衛分
水濟寶瓶
身福坐貴
命官臨祿

忌格

土金刃權值
難拱身拱福
月遲刃權之
度所以犯戮

尚書

十二月廿四日
癸巳
乙丑
壬辰
辛亥
乾造夜生

部光先

湖廣長治人
乙卯巳未科
乙酉升兵部尚書
巳丑年卒後
鍊棺戮屍追諡命

經諺

夜誕月而火金
侍衛鳳閣高遷
龍墀螽入貴祿
歲駕相關擇日
月朝之定出倫

年限

乙卯巳未限宮
坐文昌祿動
掌貴人驛馬照
臨限宮

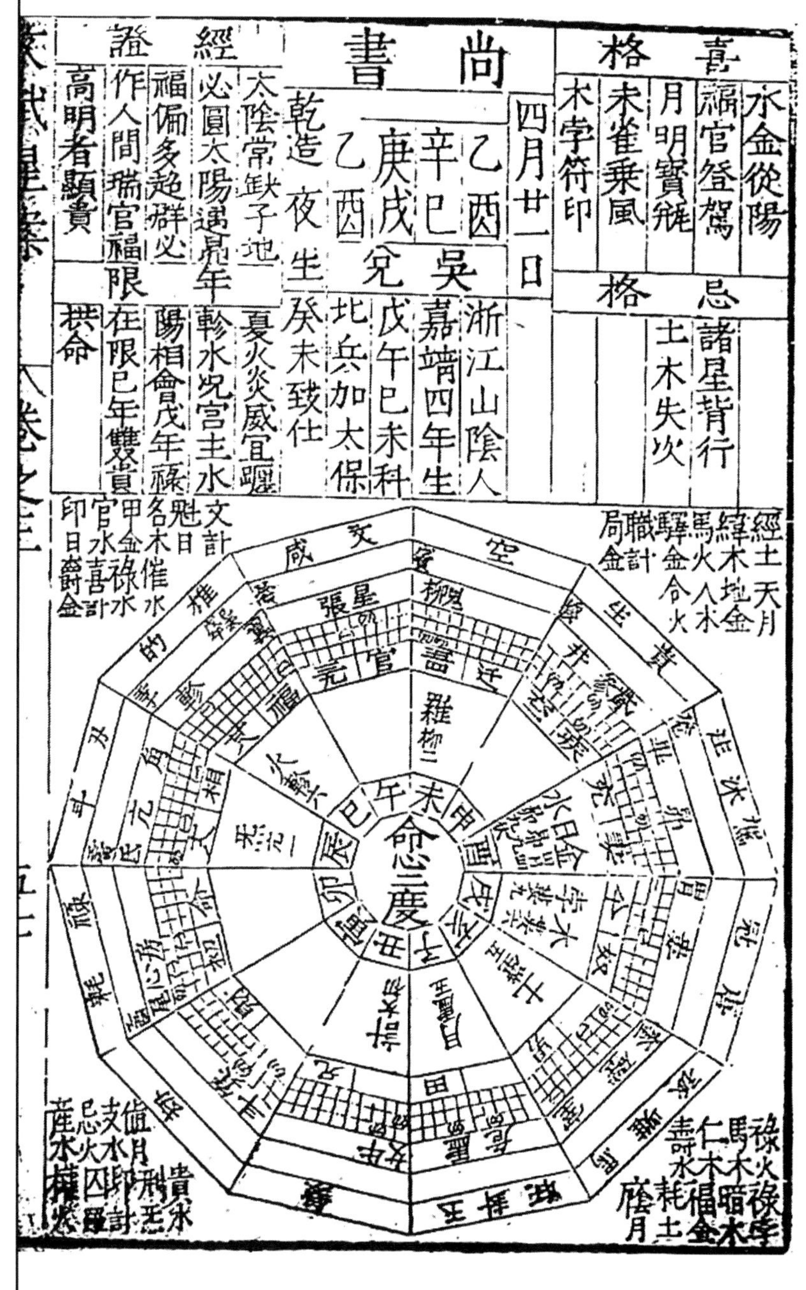

喜格

水金從陽
福官登駕
月明寶飛
未雀乘風
木孛符印

忌格

諸星背行
土木失次

尚書

四月廿一日

乙酉
辛巳
庚戌
乙酉

乾造夜生

吳兌

浙江山陰人
嘉靖四年生
戊午巳未科
北兵加太保
癸未致仕

經驗

太陰常缺子地夏火炎威宜躔
必圓太陽遇晁年軫水兄宮主水
福偏多超群必陽相會戊午祿
作人間瑞官福限在限巳年雙貴
高明者顯貴拱命

經土　天月
緯木　地金
馬火　人木
驛金　合火
職計
局金

文計
魁日
名木　雀水
甲金　祿水
官水　喜計
印日　爵金

祿火　祿孛
馬木　暗木
仁木　福金
壽水　耗土
蔭月

值月　貴水
支水　刑計
忌火　囚日
產水　權炎

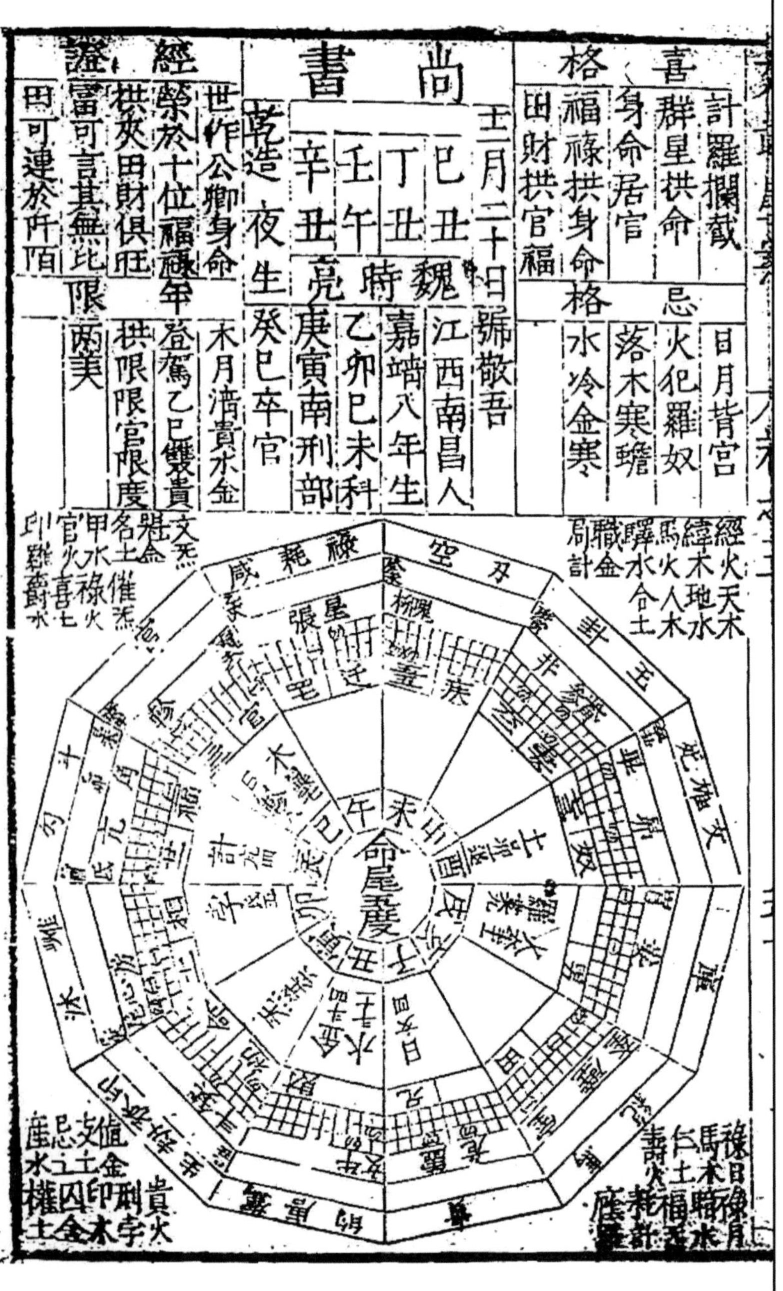

喜格

計羅擱截
群星拱命
身命居官
福祿拱身命
田財拱官福

忌格

日月背宮
火犯羅奴
落木寒蟾
水冷金寒

尚書

十二月二十日號敬吾
江西南昌人
嘉靖八年生
乙卯巳未科
庚寅南刑部
癸巳卒官

魏時亮

己丑
丁丑
壬午
辛丑

乾造夜生

經驗

世作公卿身命 木月清貴水金
榮於十位福壓年 登薦乙巳雙貴
拱夾田財俱旺 拱限限宮限度
富可言其無比 限兩美
田可連於阡陌

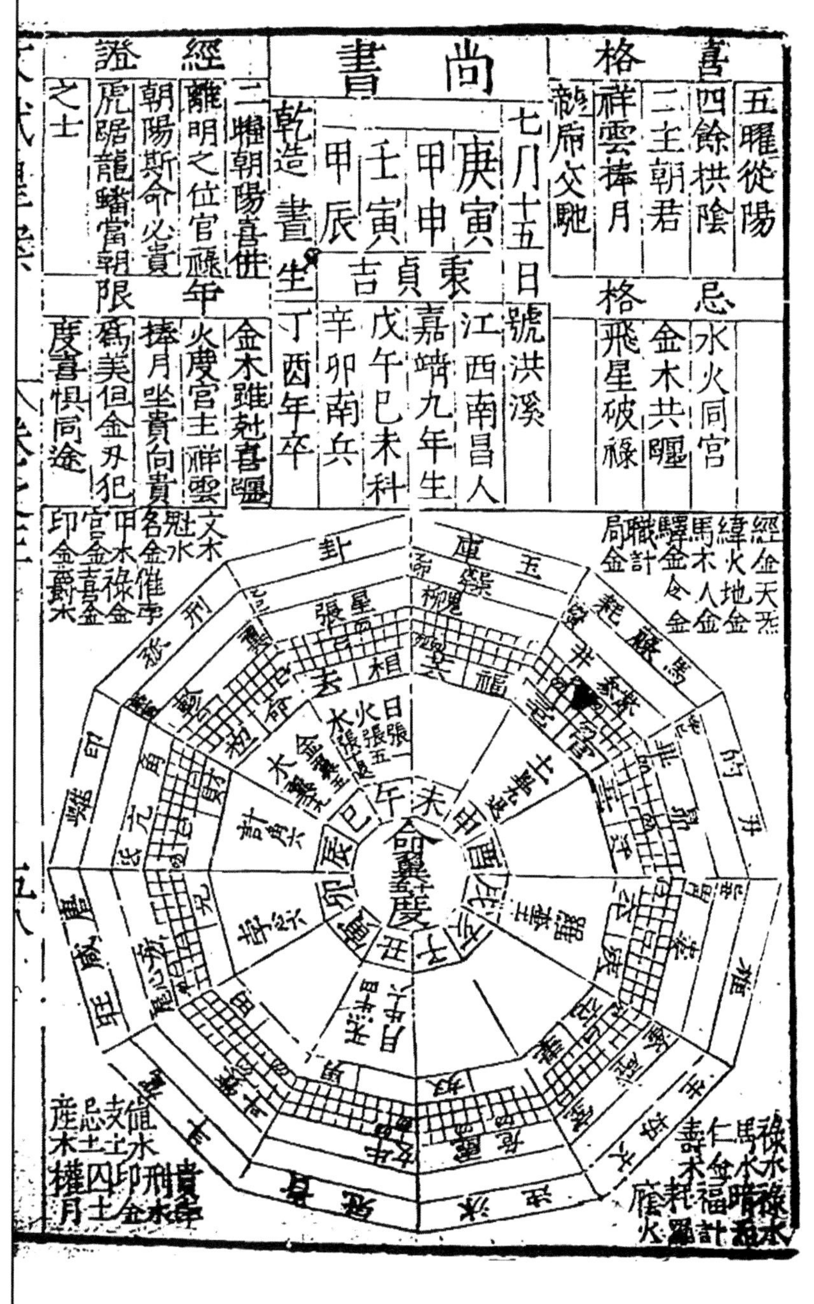
尚書
書格
五曜從陽
四餘拱陰
二主朝君
祥雲捧月
煞局交馳
忌格
水火同宮
金木共躔
飛星破祿
七八十五日號洪溪
江西南昌人
嘉靖九年生
戊午巳未科
辛卯南兵
丁酉年卒
庚寅
甲申
壬寅
甲辰
東貞吉
乾造晝生
經證
二曜朝陽喜佳
離明之位官祿
朝陽斯命必貴
虎踞龍蟠當朝
之士
年限
金木雖剋喜躔
火度宮主祥雲
捧月坐貴向貴
爲美但金丹犯
度喜惧同途

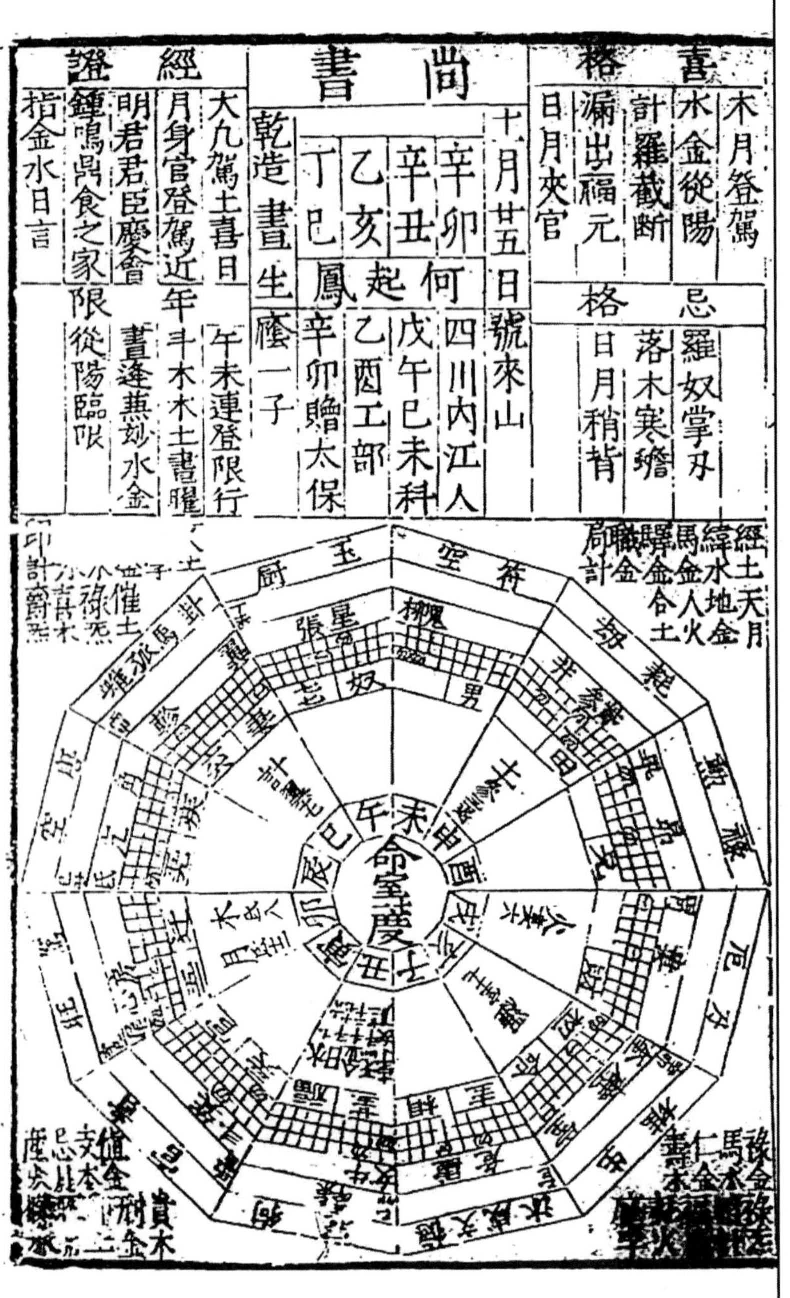
書格
木月登駕
水金從陽
計羅截斷
漏出福元
日月夾官
忌格
羅奴掌刄
落木寒豬
日月稍背
尚書
十月廿五日號來山
辛卯　四川內江人
辛丑　戊午巳未科
乙亥　乙酉工部
丁巳　辛卯贈太保
何起鳳
乾造書生蔭一子
經證
大九駕土喜日　午未連登限行
月身官登駕近年　丰木木土書曜
明君君臣慶會　書逢燕刻水金
鍾鳴鼎食之家限從陽臨限
指金水日言
經土天月
緯水地金
馬金人火
驛金合土
職金
局計
命室慶
午
未
申
酉
戌
亥
子
丑
寅
卯
辰
巳
玉
廚
空
祿金
馬木
仁金
壽木
貴木

喜格

祿星朝北
福祿夾身
水孛朝天
火炁職權
官星秉令

忌格

水孛同宮
火羅共舍
日月单行

尚書

二月廿五日號見臺

年	月	日	時
癸巳	乙卯	戊戌	丁巳

會同亨

江西吉水人
嘉靖十三年生
戊午巳未科
戊戌南吏部

乾造晝生
加太保

經證

殺星照命反為
亨主在十宮存年
福祿夾身可比
石崇豪富星朝
北地真奇命

限

木臨寅亥是真
垣精神百倍足
躔蟾宮太陽會
分午未連發正
行奎度

經 太 亚 天 水
緯 太 金 地 水
馬 水 人 土
驛 火 六 令 木
職 四 經
句 土

文 月
魁 水 催 計
名 水 祿 月
甲 木 喜 火
官 土 壽 木
印 孛

命
午 未 申 酉 戌 亥 子 丑 寅 卯 辰 巳
兄 財 田

祿 土 殺 火
野 木 暗 孛
仁 水 福 木
壽 水 耗 金
蔭

值 日 責 土
支 金 刑 月
忌 水 印 水
產 木 囚 炁
權 孛

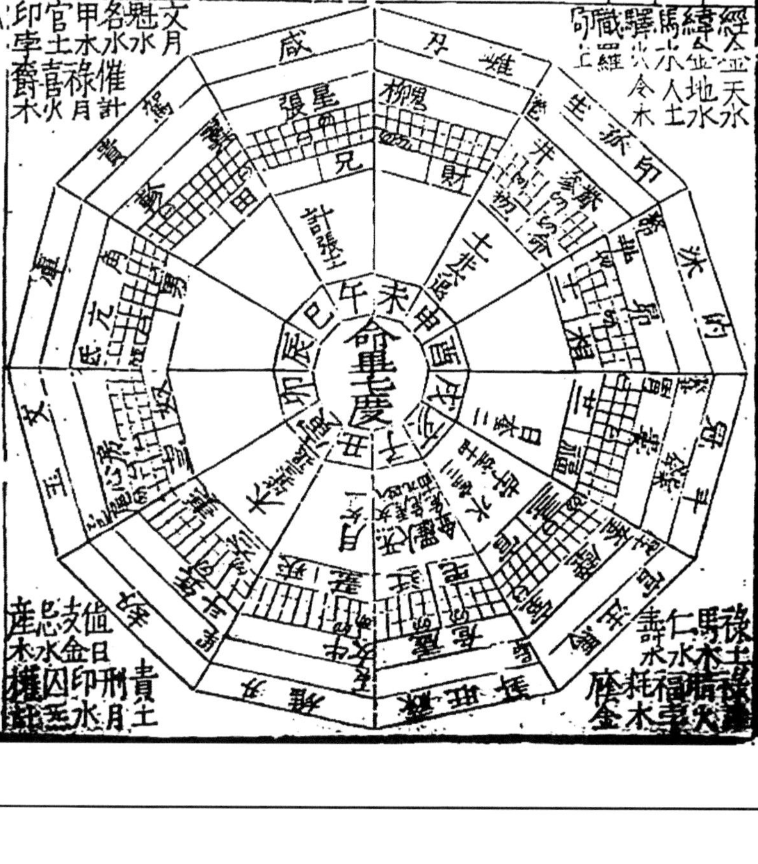

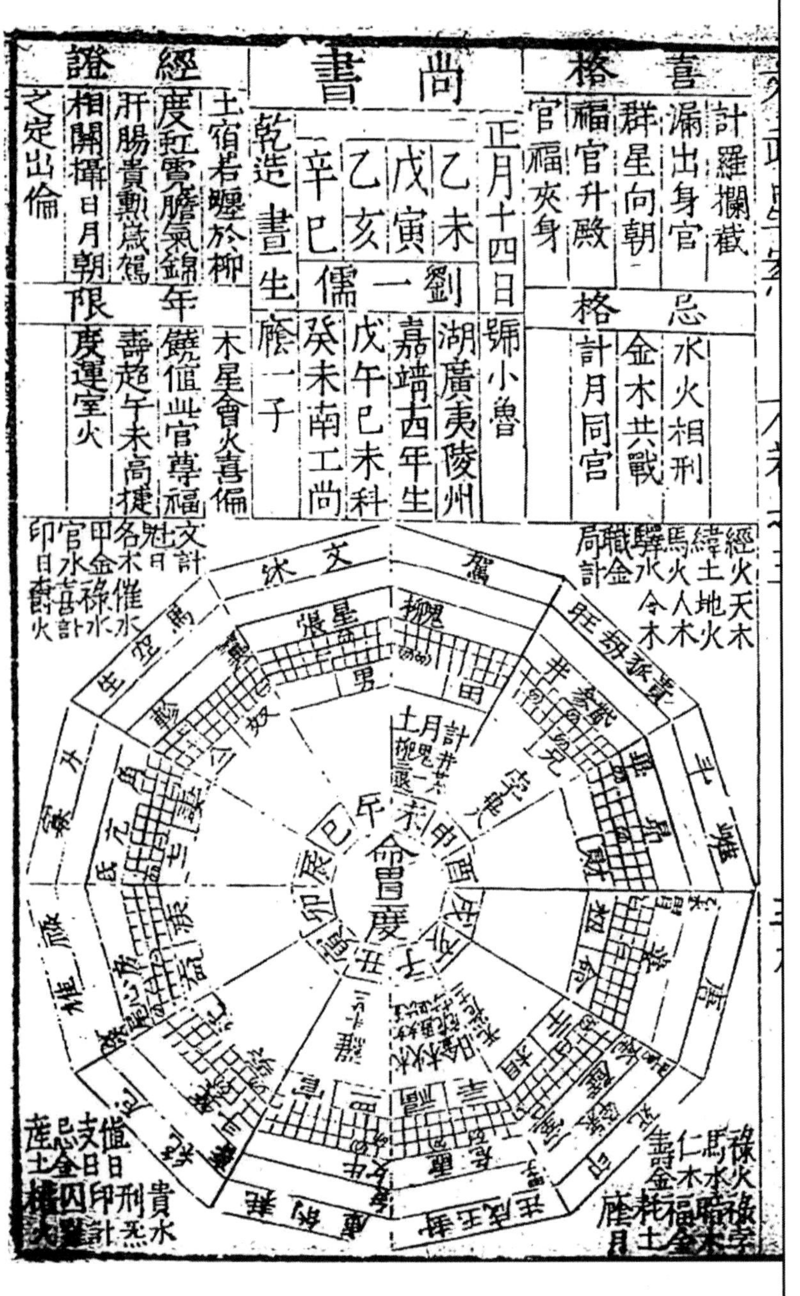

喜格

計羅攔截
漏出身官
群星向朝
福官升殿
官福夾身

忌格

水火相刑
金木共戰
計月同宮

尚書

正月十四日歸小魯

乙未 戊寅 乙亥 辛巳

劉一儒

湖廣夷陵州
嘉靖十四年生
戊午已未科
癸未南工尚

乾造晝生
廕一子

經證

土宿若嚶於柳
度紅鸞膺氣錦
开腸貴勳嶽鶴
相關攝日月朝
之定出倫

年限

木星會火喜偏
饒值此官尊福
壽超午未高捷
度運室火

經火 緯土 馬火 驛水 職金 局計
天木 地火 人木 令木

文計 魁日 名木 甲金 官水 印日

祿火 馬水 仁木 壽金

催日 支日 忌金 產土
貴水 刑炁 印計 囚羅 權火

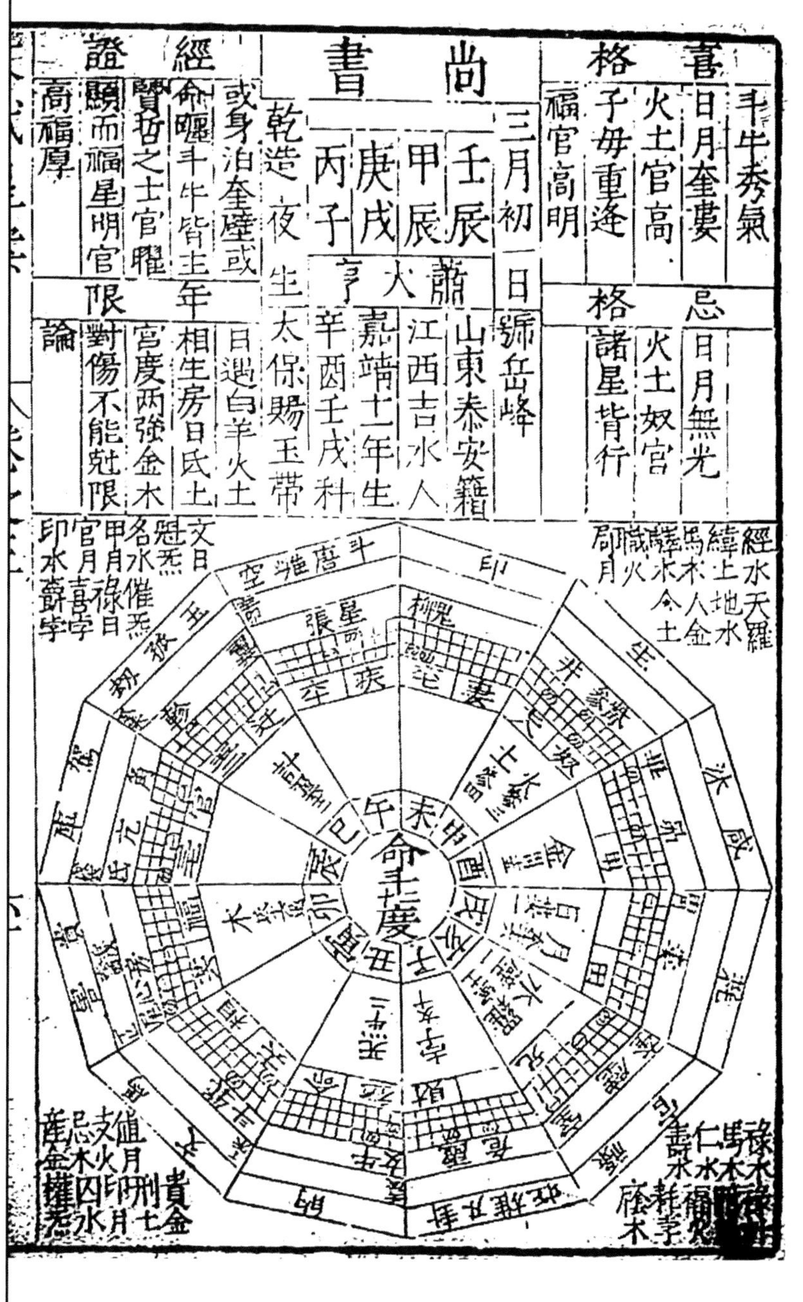

喜格

斗牛秀氣日月奎婁火土官高子丑重逢福官高明

忌格

日月無光火土奴宮諸星背行

尚書

龍大亨

三月初一日號岳峰

壬辰山東泰安籍甲辰江西吉水人庚戌嘉靖十一年生丙子辛酉壬戌科乾造夜生太保賜玉帶

經證

或身泊奎壁或命躔斗牛皆主賢哲之士官曜顯而福星明官高福厚

年限

日遇白羊火土相生房日氐土宮度兩強金木對傷不能尅限論

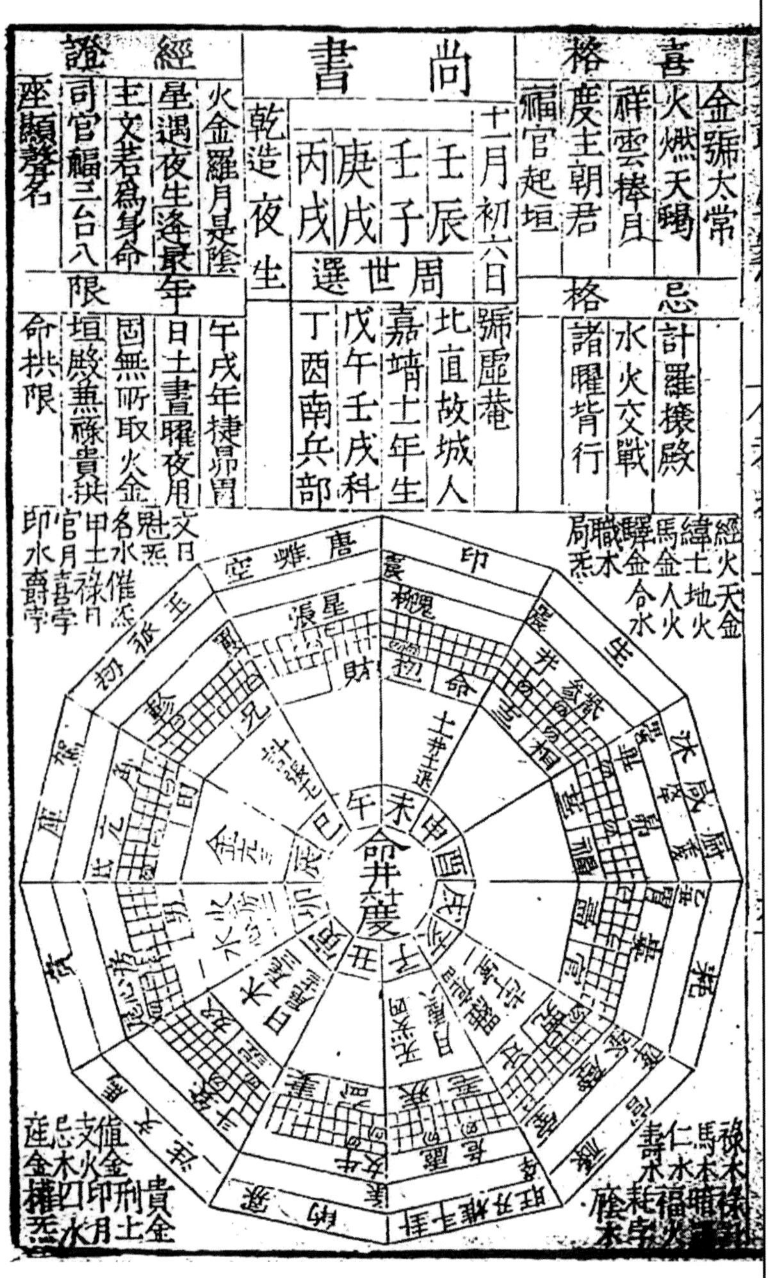

喜格
金號太常
祥雲捧月
度主朝君
福官起垣
忌格
計羅擾殿
水火交戰
諸曜背行
尚書
十一月初六日
壬辰
壬子
庚戌
丙戌
乾造夜生
周世選
北直故城人
嘉靖十一年生
戊午壬戌科
丁酉南兵部
經證
火金羅月是陰
主文若為身命
司官福三台八
座顯聲名
限
日土晝曜夜用
固無所取火金
垣殿兼祿貴拱
命拱限

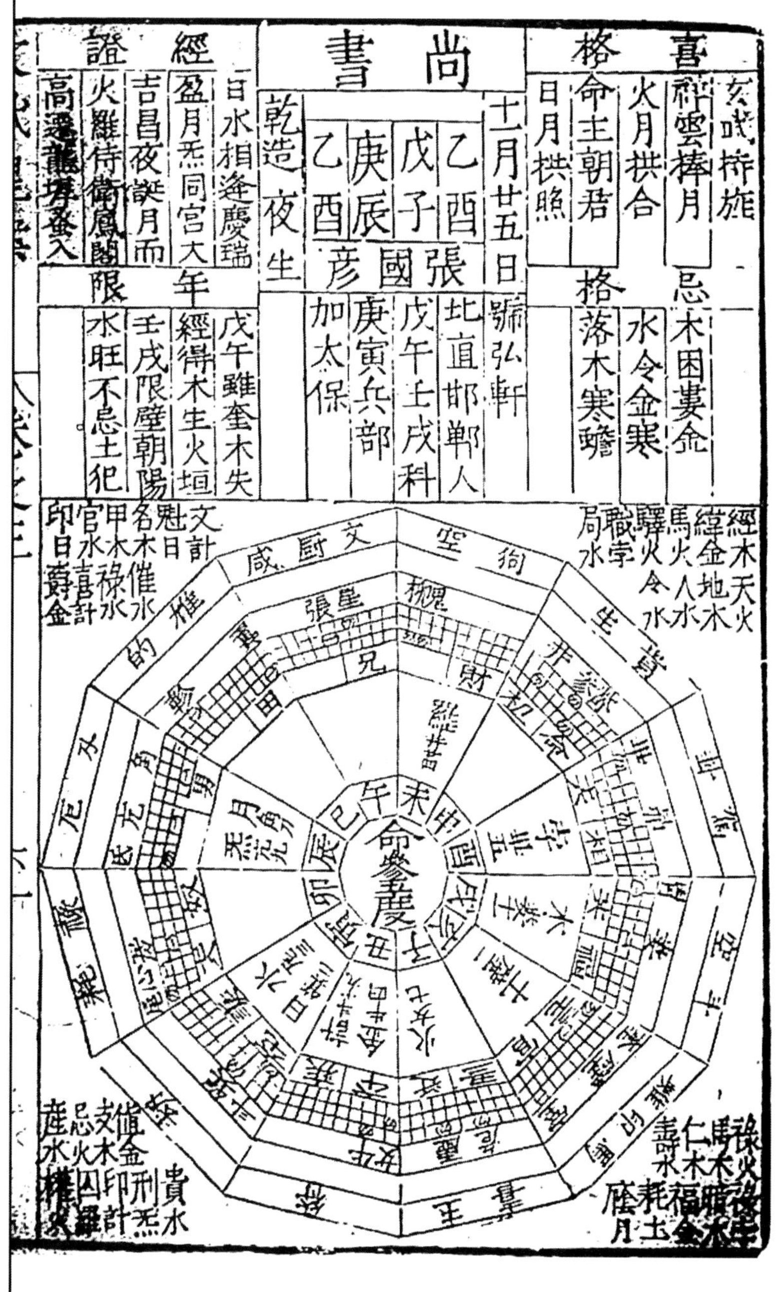
喜格
玄武旌旗
祥雲捧月
火月拱合
命主朝君
日月拱照
忌格
水冷金寒
落木寒蟾
尚書
十一月廿五日
乾造夜生
乙酉
戊子
庚辰
乙酉
張國彥
號弘齋
北直邯鄲人
戊午壬戌科
庚寅兵部
加太保
經證
日水相逢慶瑞
盈月炁同宮大
吉昌夜誕月而
火羅侍衛鳳閣
年限
戊午雖奎木失
經得木生火垣
壬戌限壁朝陽
水旺不忌土犯
命參慶

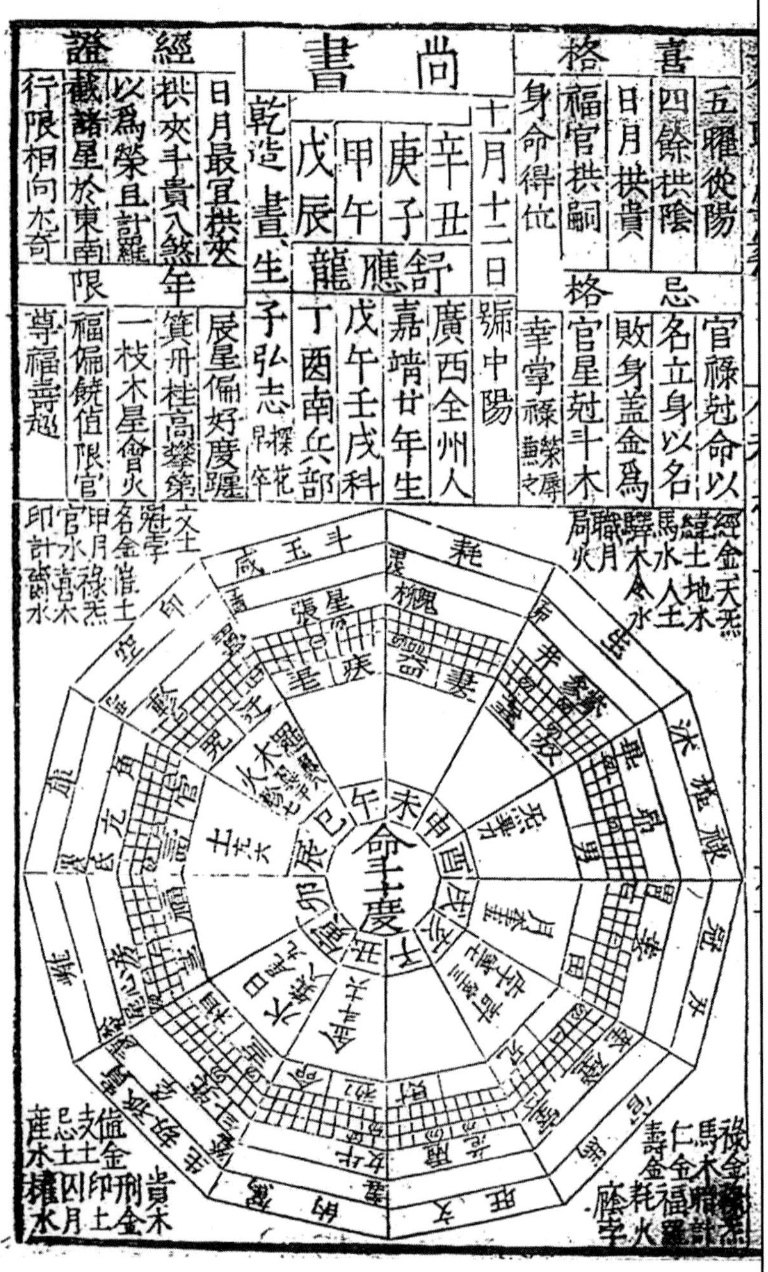
書格
五曜從陽
四餘拱陰
日月拱貴
福官拱嗣
身命得位
忌格
尚書
十月十二日躔中陽
辛丑
庚子
甲午
戊辰
乾造晝生
舒應龍
廣西全州人
嘉靖廿年生
戊午壬戌科
丁酉南兵部
子弘志
經證
日月最宜拱夾
拱夾乎貴入煞
以爲榮且計羅
藏諸星於東南
行限相向而奇
限
命
土度

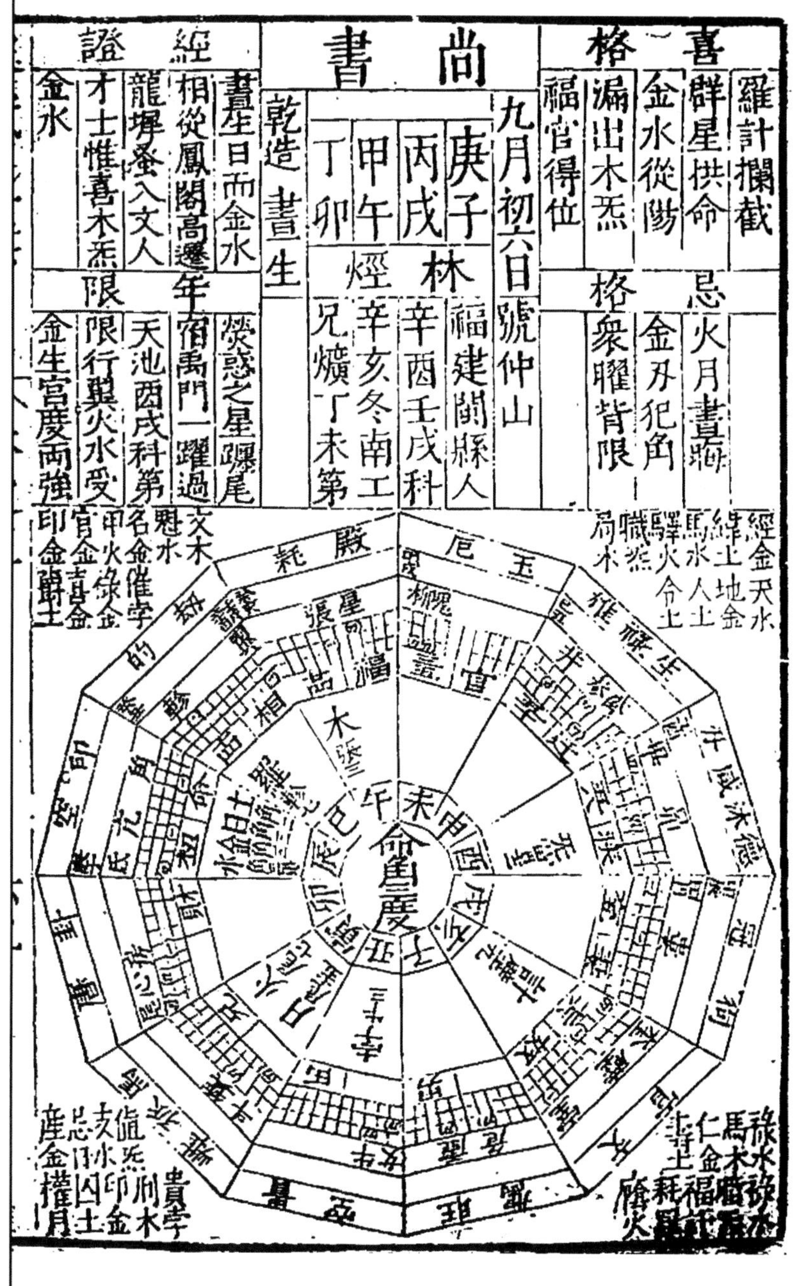

喜格
羅計攔截
群星拱命
金水從陽
漏出木炁
福官得位
忌格
火月晝臨
金刃犯角
衆曜背限
尚書
九月初六日號仲山
庚子
丙戌
甲午
丁卯
林烴
福建閩縣人
辛酉壬戌科
辛亥冬南工
兄熿丁未第
乾造晝生
經證
晝生日而金水
相從鳳閣高遷
龍墀登入文人
才士惟喜木炁
金水
限
熒惑之星躔尾
年宿禹門一躍過
天池酉戌科第
限行與火水受
金生宮度兩強

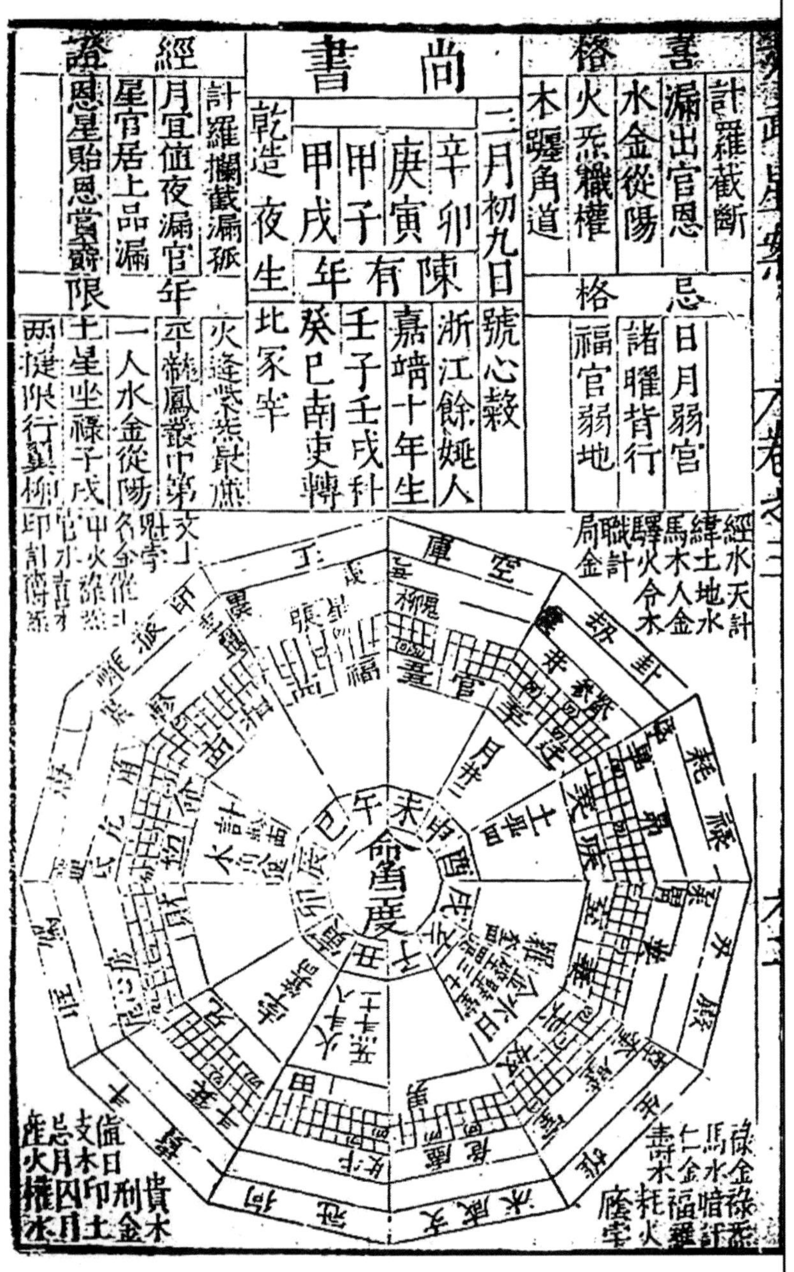
尚書
書格
計羅截斷
漏出官恩
水金從陽
火炁職權
本躔角道
忌格
日月弱宮
諸曜背行
福宮弱地
二月初九日
號心穀
辛卯
浙江餘姚人
庚寅
嘉靖十年生
甲子
壬子壬戌升
甲戌
癸巳南吏轉
乾造夜生
北冢宰
陳有年
經諸
計羅攔截漏孫
月宜值夜漏官年
星宮居上品漏
諸恩星貽恩賞爵限
一人水金從陽
命
度

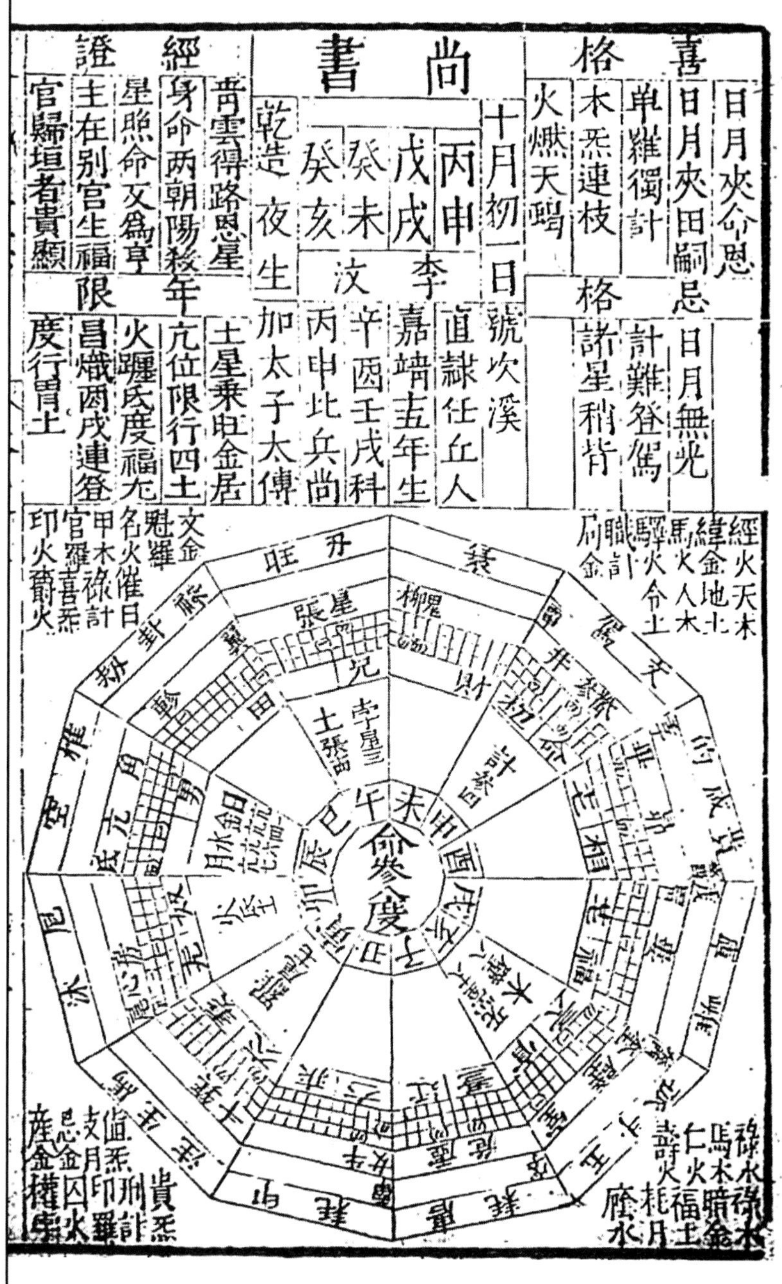
喜格
日月夾命恩
日月夾田嗣
单羅獨計
木炁連枝
火燃天罡
忌格
日月無光
計難發偶
諸星稍背
尚書
十月初一日
號次溪
丙申
戊戌
癸未
癸亥
乾造夜生
李汶
直隷任丘人
辛酉壬戌科
丙申北兵尚
加太子太傅
經證
青雲得路恩星
主在別宮生福
官歸垣者貴顯
限
土星乘旺金居
亢位限行四土
火躔氐度福尤
昌熾丙戌連登
度行胃土

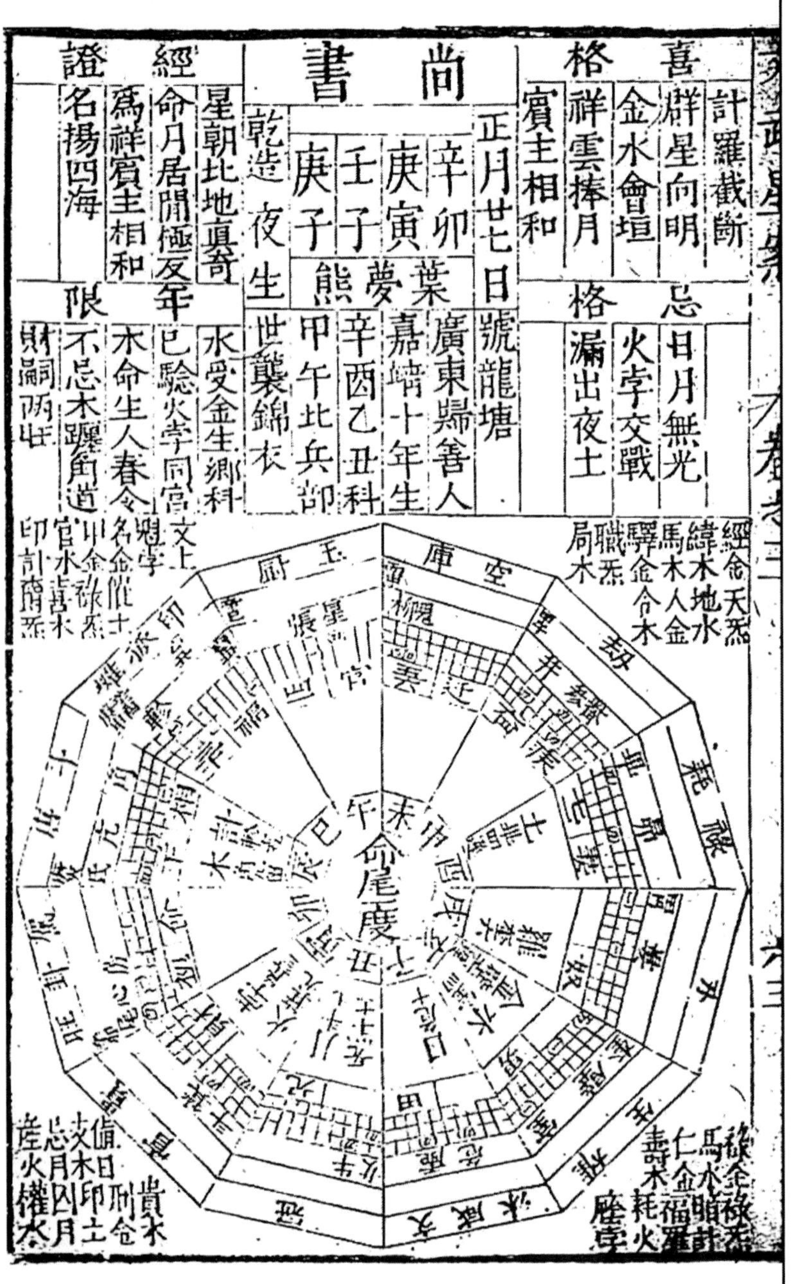

喜格
計羅截斷
群星向明
金水會垣
祥雲捧月
賓主相和
忌格
日月無光
火孛交戰
漏出夜土
尚書
正月廿七日
號龍塘
辛卯
庚寅
壬子
庚子
葉夢熊
廣東歸善人
嘉靖十年生
辛酉乙丑科
甲午北兵部
乾造
夜生
世襲錦衣
經證
星朝北地真奇
為祥賓主相和
名揚四海
限
水受金生鄉科
已驗火孛同宮
木命生人春令
不忌木躔角道
命尾度

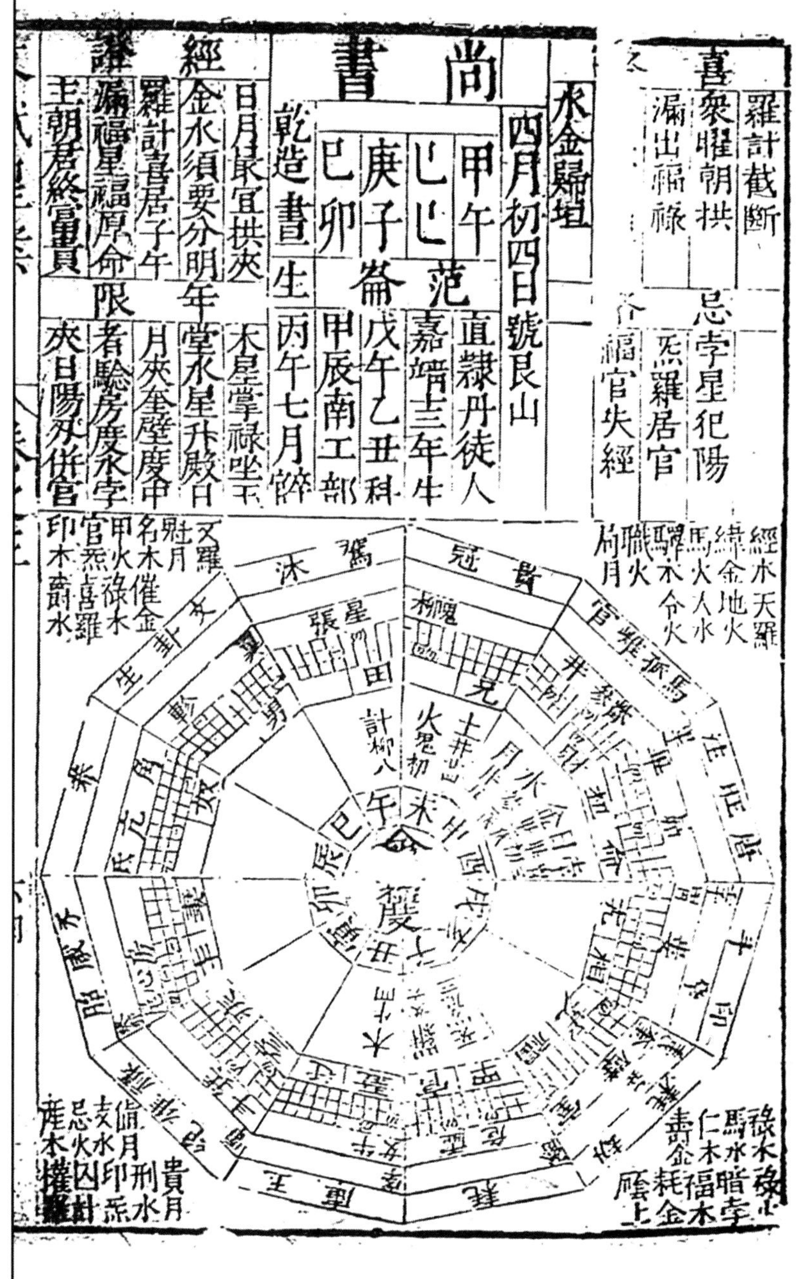

羅計截斷
喜衆曜朝拱
漏出福祿
忌孛星犯陽
煞羅居官
福官失經
水金歸垣
四月初四日號艮山
尚書
甲午 直隸丹徒人
己巳 嘉靖十三年生
庚子 戊午乙丑科
范龠
己卯 甲辰南工部
乾造書生 丙午七月辭
經
日月最宜拱夾
木星掌祿坐天
金水須要分明
年
堂水星升殿日
羅計喜居子午
月夾奎壁度中
福星福厚命
限
者驗房度水孛
主朝君終富貴
夾日陽刃借官

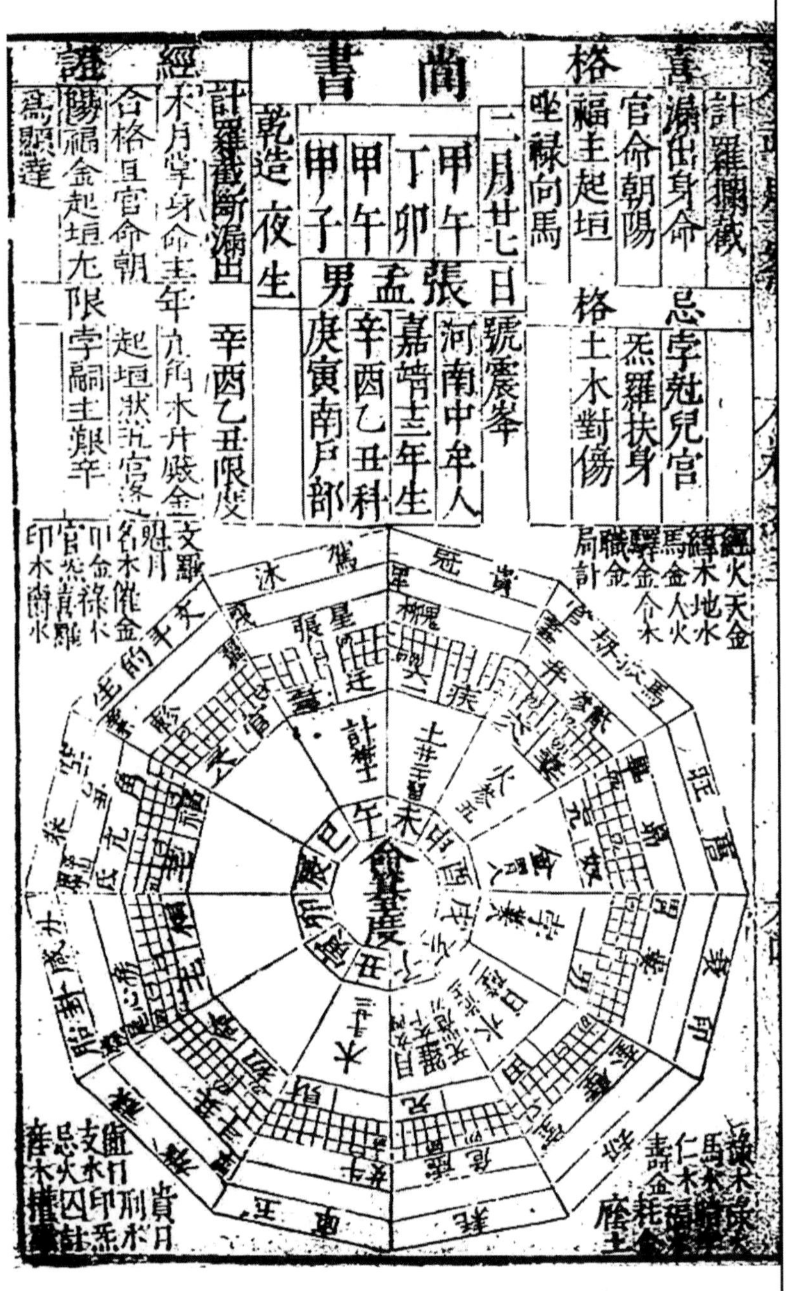
喜格
計羅獨藏
漏出身命
官命朝陽
福主起垣
坐祿向馬
忌格
孛剋兒宮
炁羅扶身
土木對傷
尚書
二月廿七日號震峯
甲午 張 河南中牟人
丁卯 孟 嘉靖十三年生
甲午 辛酉乙丑科
甲子 男 庚寅南戶部
乾造夜生
計羅截斷漏出 辛酉乙丑限度
合格且官命朝 起垣狀元宮家 名木催金
為顯達

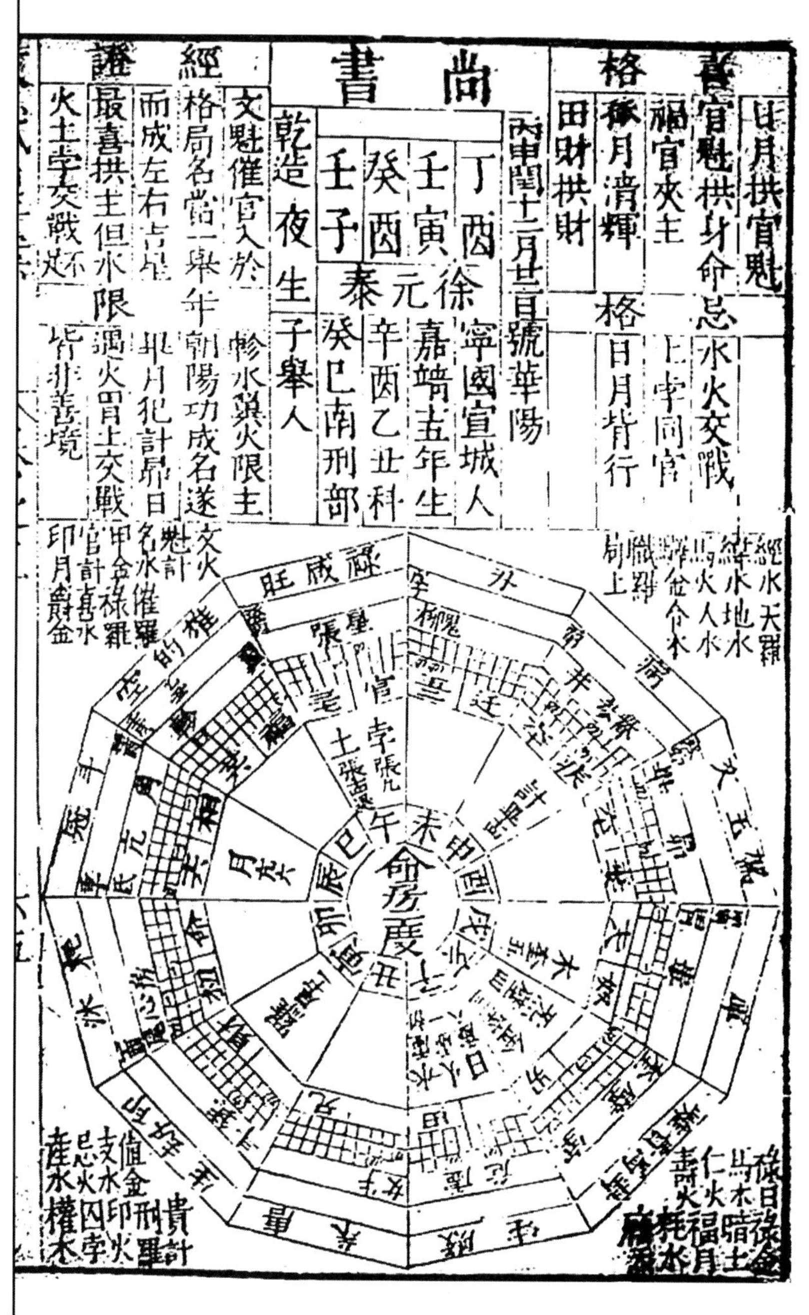

日月拱官魁
官魁拱身命忌
水火交戰
福官夾主
祿月滑輝
格
日月背行
田財拱財
尚書
丙申閏十二月廿日號華陽
丁酉
壬寅
癸酉
壬子
徐寧國宣城人
元嘉靖五年生
泰辛酉乙丑科
癸巳南刑部
乾造夜生子舉人
經
文魁催官入於
畛水與火限主
格局名當一舉年
朝陽功成名遂
而成左右占星
非月犯計昴日
讚
最喜拱主但水限
遇火冒上交戰
火土亨交戰不
皆非善境
命房度

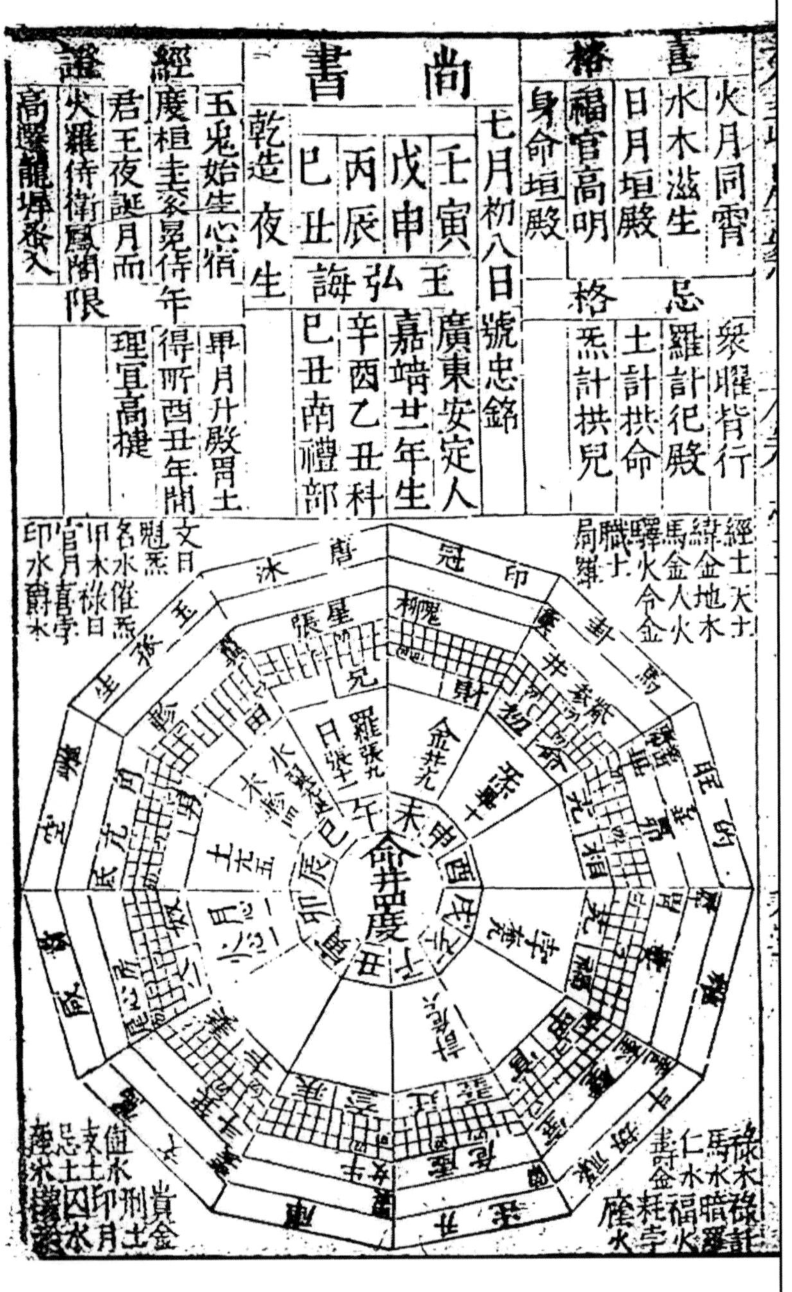

書格

火月同霄
水木滋生
日月垣殿
福官高明
身命垣殿

忌格

孛曜背行
羅計祀殿
土計拱命
炁計拱兒

尚書

七月初八日號忠銘
壬寅
戊申
丙辰
巳丑
乾造夜生
王弘誨

廣東安定人
嘉靖廿一年生
辛酉乙丑科
巳丑南禮部

經遜

五鬼始生心宿
慶桓圭參晃侍年
君王夜誕月而
火羅侍衛鳳閣限
高躔龍堦發入

畢月升殿胃土
得所酉丑年間
理宜高捷

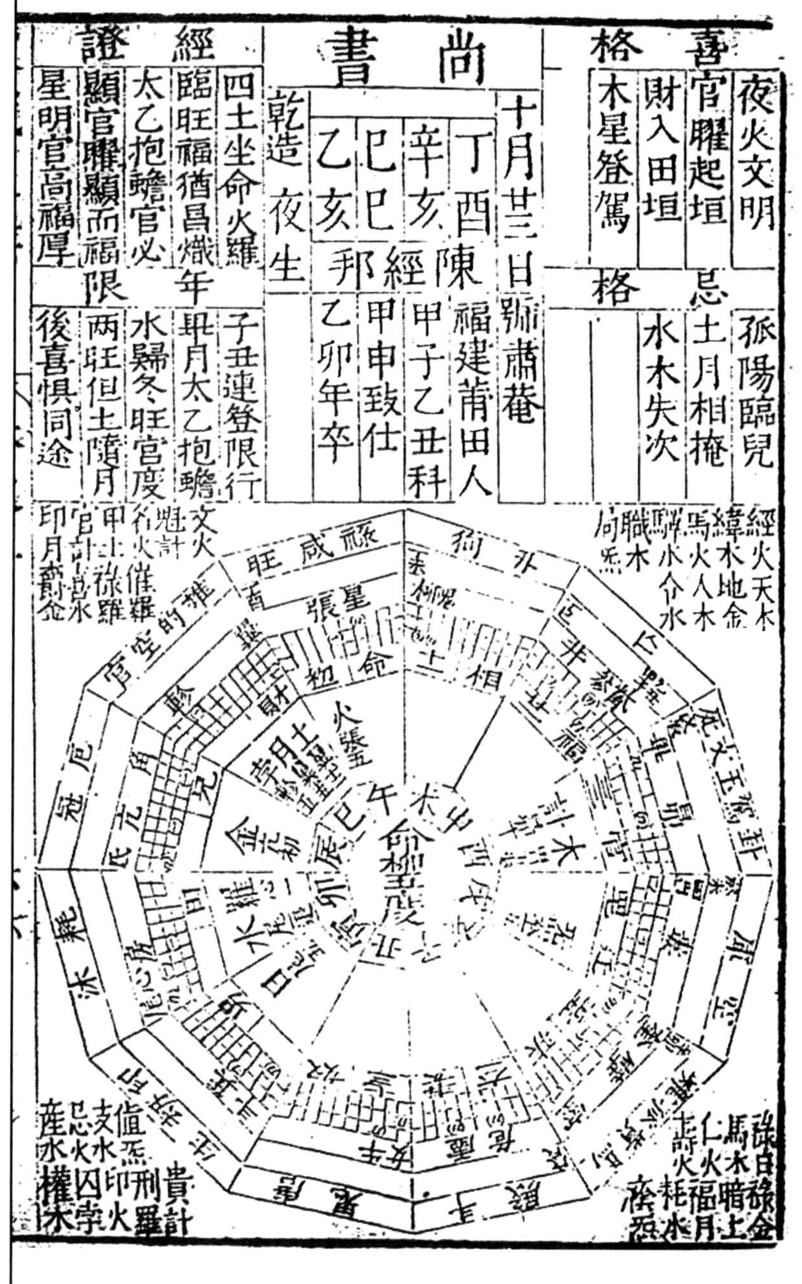
喜格
夜火文明
官曜起垣
財入田垣
木星登駕
忌格
孤陽臨兒
土月相掩
水木失次
尚書
十月廿三日號肅菴
丁酉陳福建莆田人
辛亥經甲子乙丑科
己巳邦甲申致仕
乙亥乙卯年卒
乾造夜生
經證
四土坐命火羅
臨旺福猶昌熾
太乙抱蟾官必
顯官曜顯而福
星明官高福厚
年限
子丑運登限行
卯月太乙抱蟾
水歸冬旺宮度
兩旺但土隨月
後喜惧同途
經火天木
緯木地金
馬火人木
驛水介水
職木
句炁
文火
魁計
名火
催羅
甲土
祿羅
官計
忌水
印月
爵金
祿金
白祿土
馬木
暗月
仁火
福水
壽土
耗水
蔭炁
貴計
刑羅
值炁
印火
支水
囚孛
忌火
產水
權木

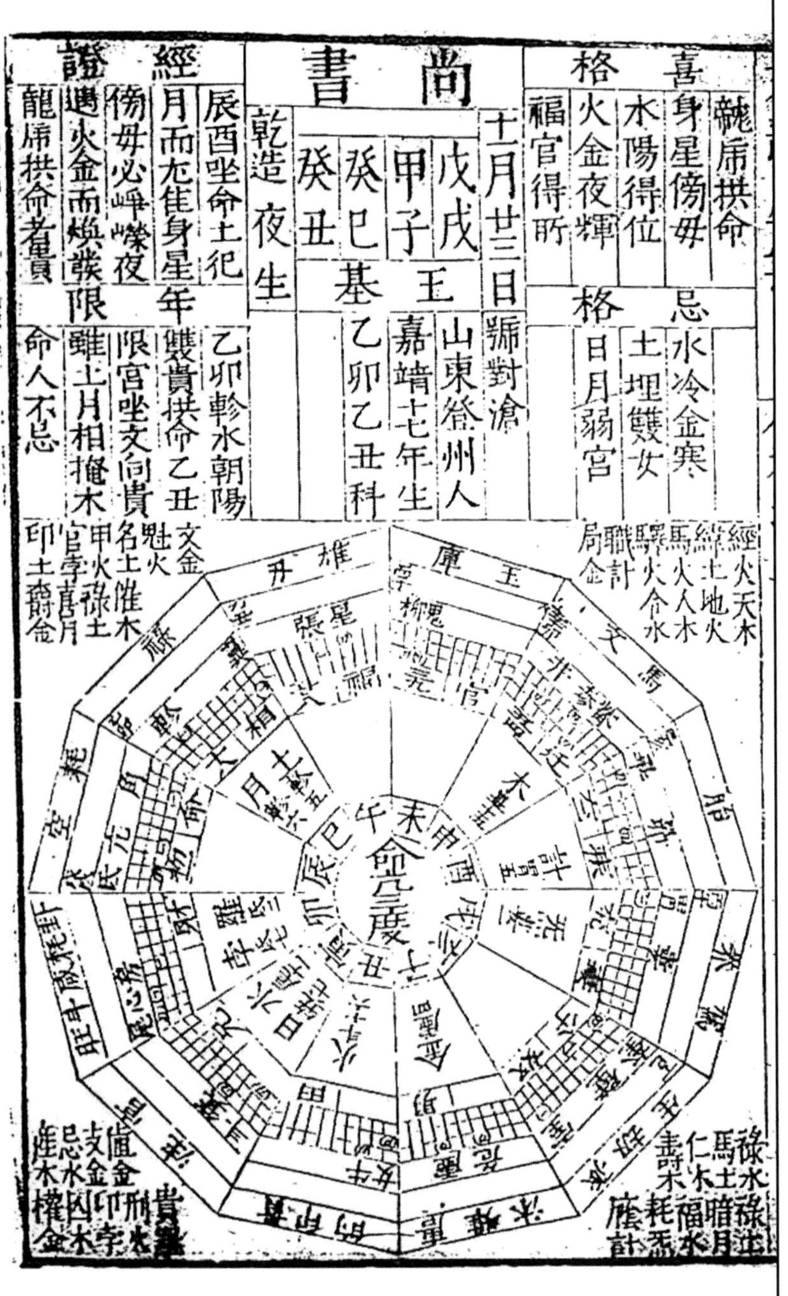

喜格
祿庰拱命
身星傍毋
水陽得位
火金夜輝
福官得所
忌格
水冷金寒
土埋雙女
日月弱宮
尚書
十一月廿三日
戊戌
甲子
癸巳
癸丑
乾造夜生
王基
山東滄州人
嘉靖十七年生
乙卯乙丑科
號對滄
經讖
辰酉坐命土祀
月而尤佳身星
傍毋必崢嶸夜
遇火金而煥發
龍庰拱命者貴
年限
乙卯軫水朝陽
雙貴拱命乙丑
限宮坐文向貴
雖土月相掩木
命人不忌
經火天木
緯土地火
馬火人木
驛火合水
職計
局金
文金
魁火
名土
催木
甲火
祿土
官孛
喜月
印土
爵金
命

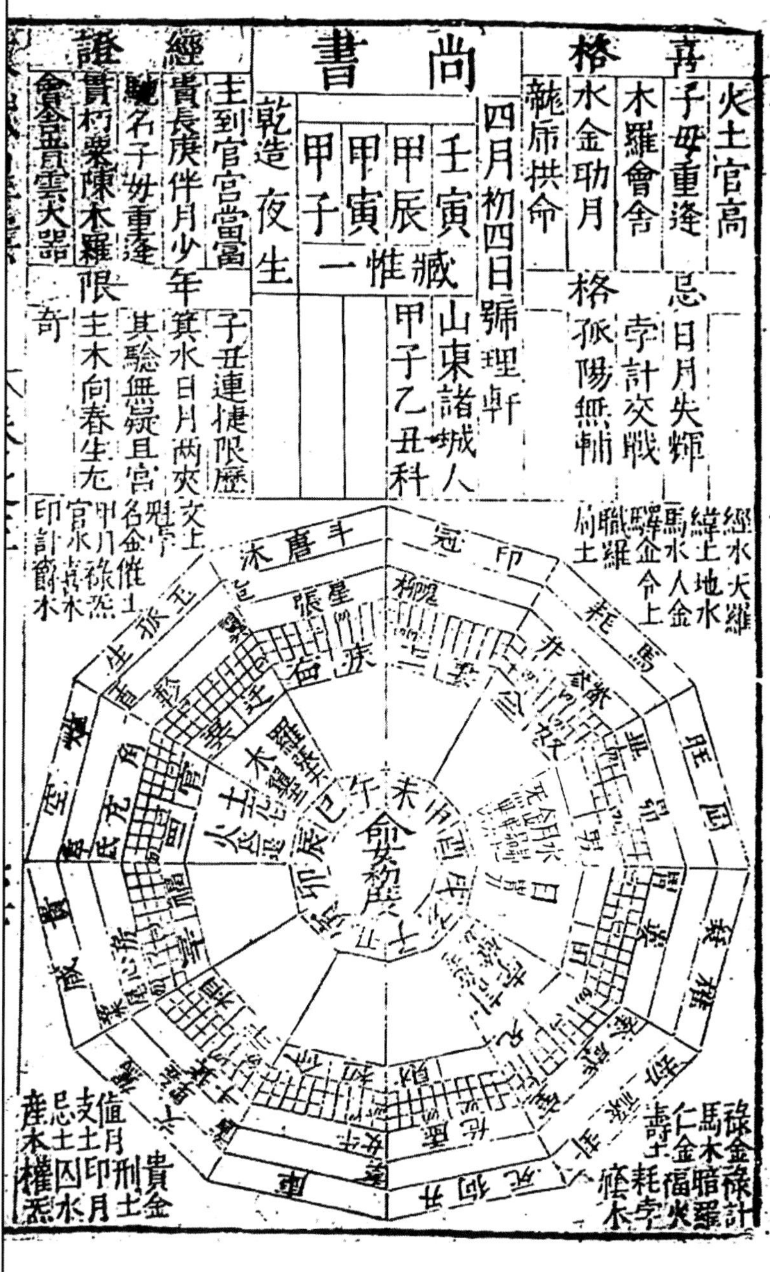

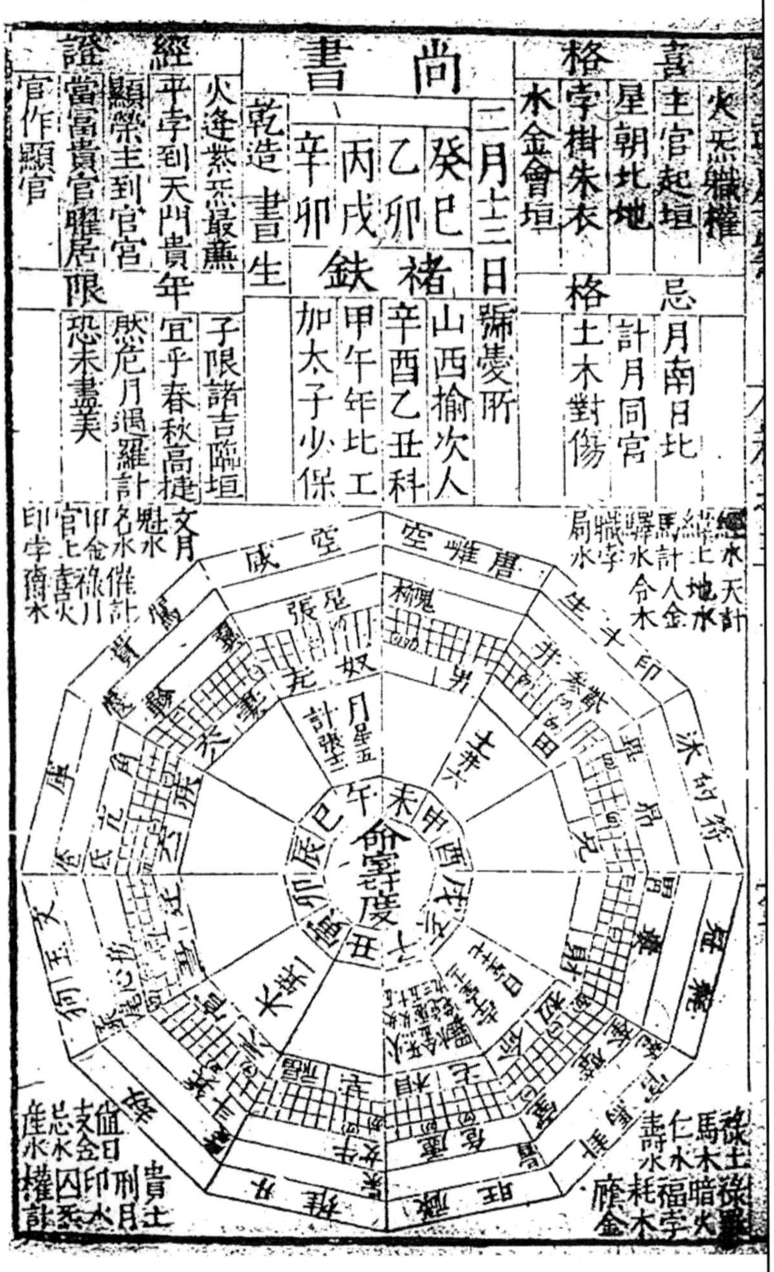

尚書

喜格

火炁職權
主官起垣
星朝北地
孛掛朱衣
水金會垣

忌格

月南日北
計月同宮
土木對傷

二月十三日
號夒所

乾造　書生

癸巳
乙卯
丙戌
辛卯

褚鈇

山西榆次人
辛酉乙丑科
甲午年比工
加太子少保

經證

火逢紫炁最蕪
平孛到天門貴
顯榮主到官宮
當富貴官曜居
官作顯官

年限

子限諸吉臨垣
宜乎春秋高捷
歎危月遇羅計
恐未盡美

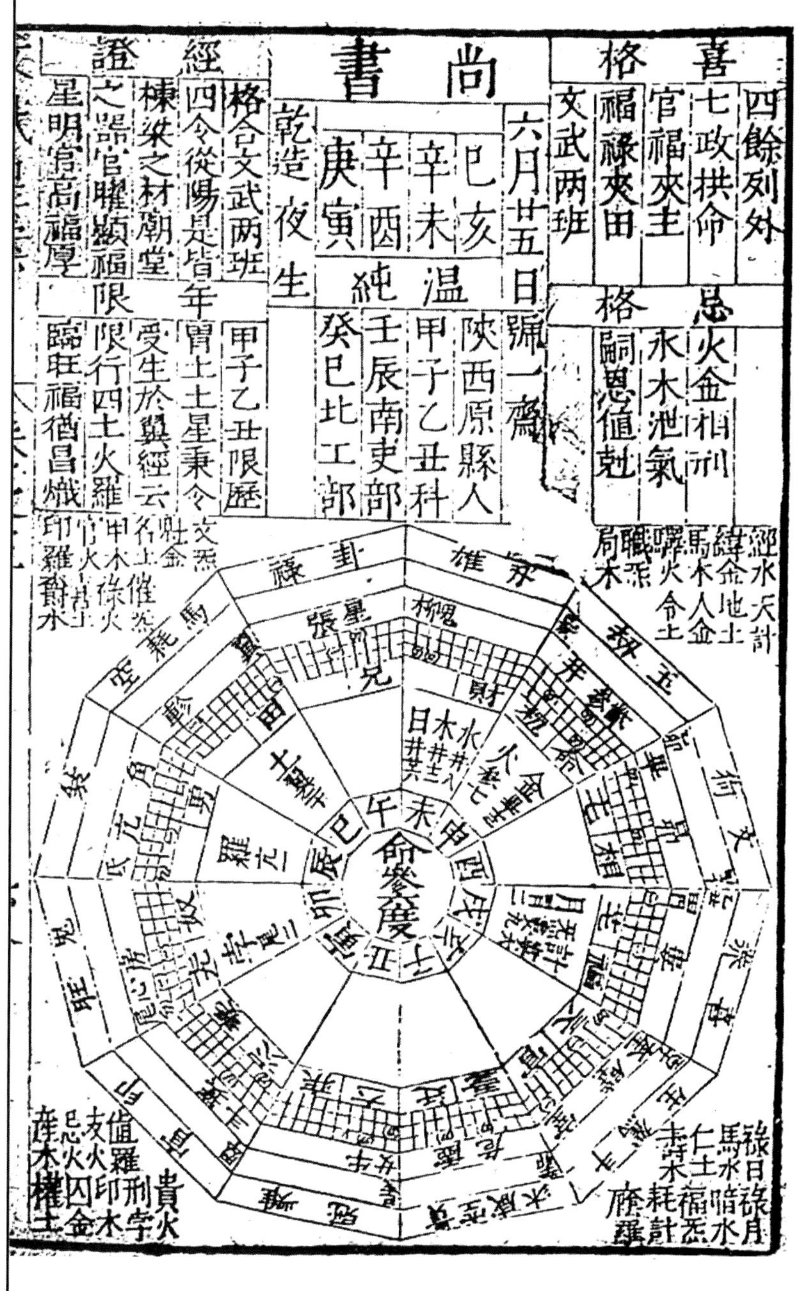
喜格
四餘列外
七政拱命
官福夾主
福祿夾田
文武兩班
忌格
火金相刑
永木泄氣
嗣恩值尅
尚書
六月廿五日彌一齋
巳亥
辛未
辛酉
庚寅
溫
純
陝西原縣人
甲子乙丑科
壬辰南吏部
癸巳北工部
乾造夜生
經證
格合文武兩班
四令從陽是皆年
棟梁之材廟堂
之器官曜顯福
星明宮高福厚
限
甲子乙丑限歷
胃土土星秉令
受生於翼經云
限行四七火羅
臨旺福猶昌熾
命參度

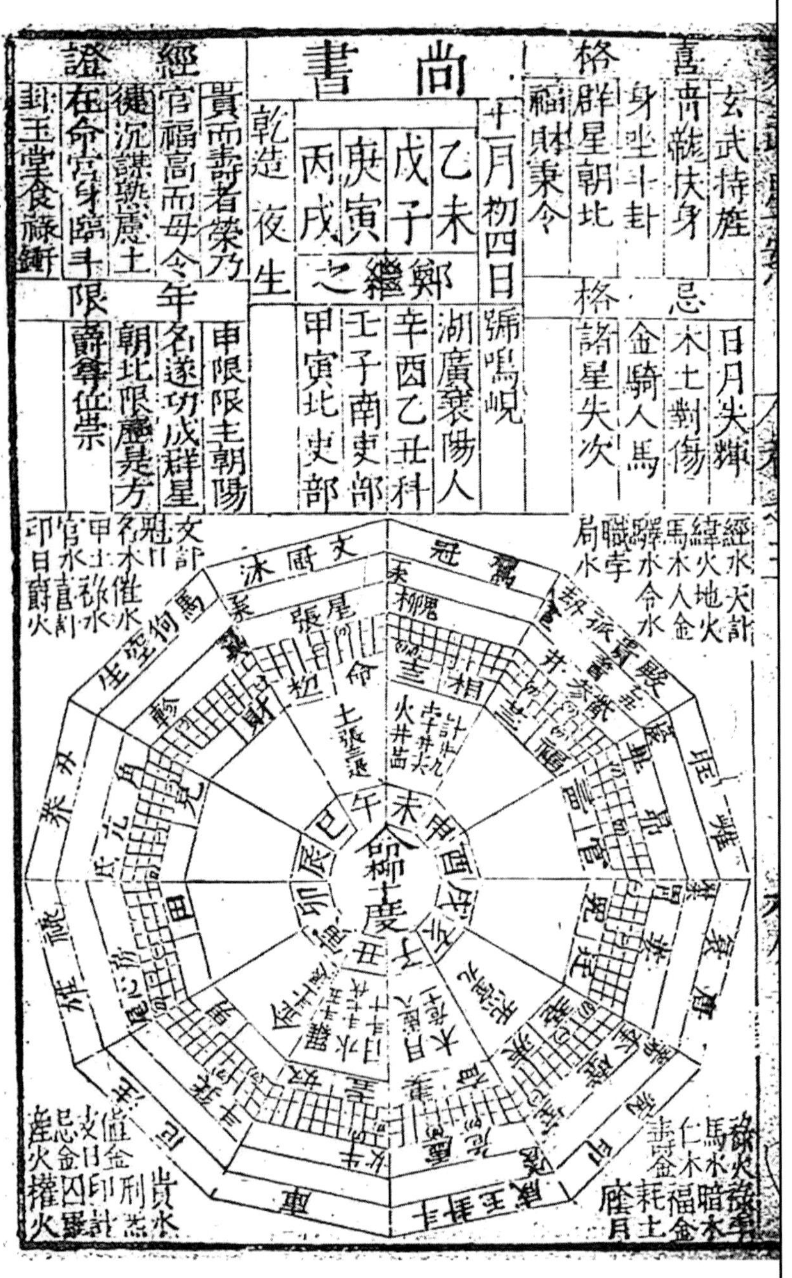

喜格
玄武持旌
青龍扶身
身坐十卦
群星朝北
福財秉令

忌格
日月失輝
木土剋傷
金騎人馬
諸星失次

尚書
十月初四日雞鳴峴
乙未
戊子
庚寅
丙戌
乾造夜生
鄭纓之
湖廣襄陽人
辛酉乙丑科
壬子南吏部
甲寅北吏部

經證
貴而壽者榮乃
官福高而母令
遷沉謀樂處土
在命宮身臨寺
卦玉堂食祿銜

年限
申限限毛朝陽
名遂功成群星
朝北限應是方
爵尊位崇

喜格
日月蔽垣
木羅會舍
火土官高
身星濟吉
福官拱身

忌格
陰陽無輔
泉枯牛壑
火入金鄉

尚書
正月十五日號吉亭
壬寅　山東掖縣人
壬寅　趙　嘉靖廿一年生
丙申　煥　甲子乙丑科
巳丑　巳亥南吏部
乾造夜生　壬子北吏部

經證
主到官宮當富
貴入煞有星權
不小田財居官
福利重名高

年限
限行四土火羅
臨旺福猶昌熾
甲子乙丑正行
氐土丑甲乙祿
臨命限

經水天計
緯木地金
馬水人金
驛水合木
職字
局水

文曰
魁燕
名水催月
印水祿日
官月爵字
印水爵木

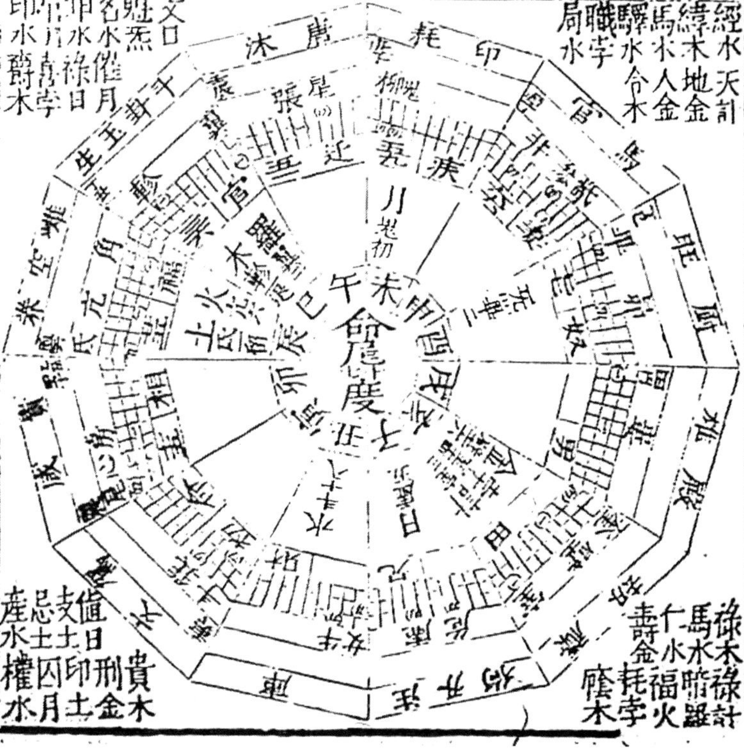

祿木祿計
馬水暗器
仁水福火
壽金耗字
蔭木

值日
支土
忌土
産水
貴木
刑金
印土
囚月
權水

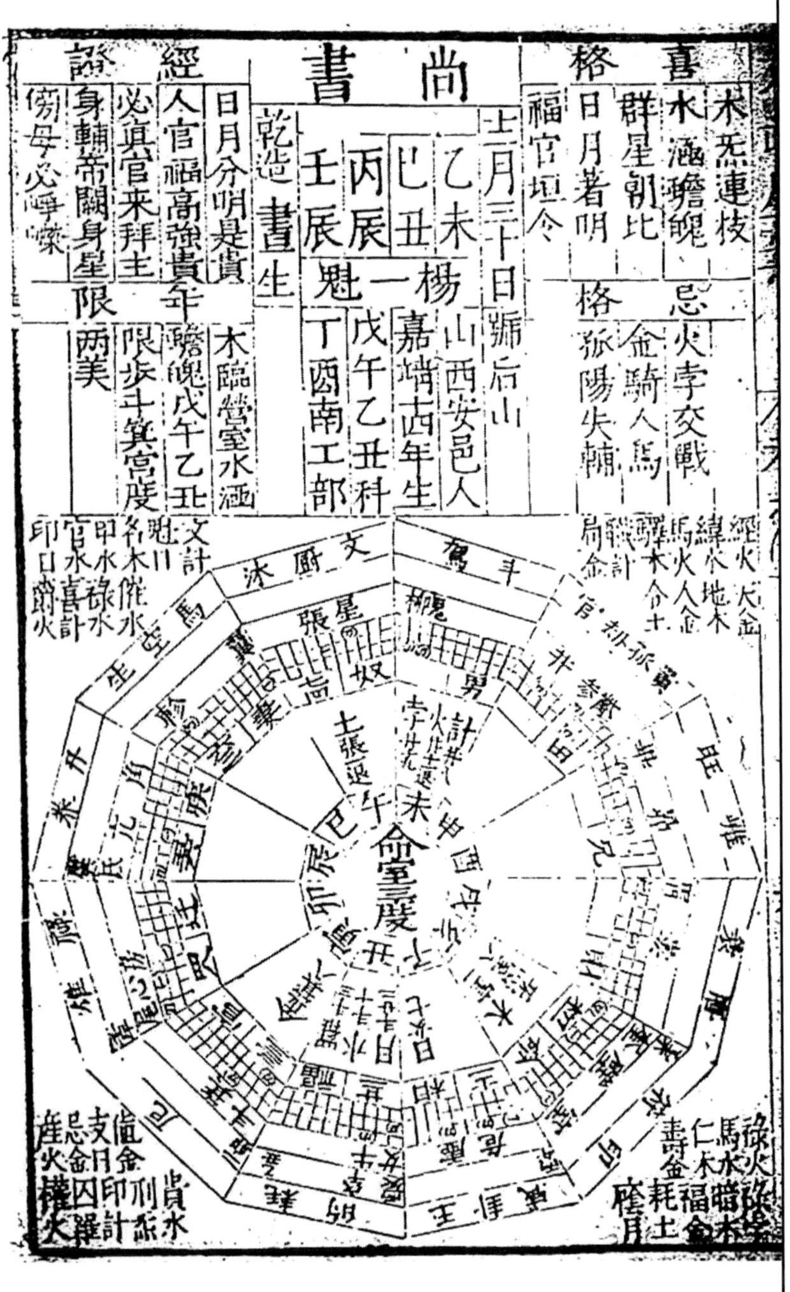
喜格
木无煞連枝
水涵驂魄
群星朝比
日月著明
福官垣合
忌格
火孛交戰
金騎人馬
孤陽失輔
尚書
十二月三十日獅后山
乙未 山西安邑人
巳丑 嘉靖乙酉年生
丙辰 戊午乙丑科
壬辰 丁酉南工部
楊一魁
乾造 晝生
經訣
日月分明是貴
人官福高強貴
必真官来拜主
身輔帝闕身星
傍母必爭榮
年
木臨營室水涵
驂魄戊午乙丑
限
限歩斗箕宮度
兩美
命室度

喜格

福官發駕
官魁貫日
土金豪富
身命得地
四餘四維

忌格

木火失次
計孛日月
諸星背行

尚書

四月廿九日
丁酉
丙午
丁丑
辛亥
乾造夜生

裴應章

號淡泉
福建清流人
嘉靖十六年生
丁卯戊辰科
南吏部致仕

經讖

木星會火福偏
饒值此官尊福
壽趨文魁催官
入於格局名當
一舉而成

丁卯戊辰運限
年尾火火木相生
坐貴發駕且日
限月官魁照臨限
宮

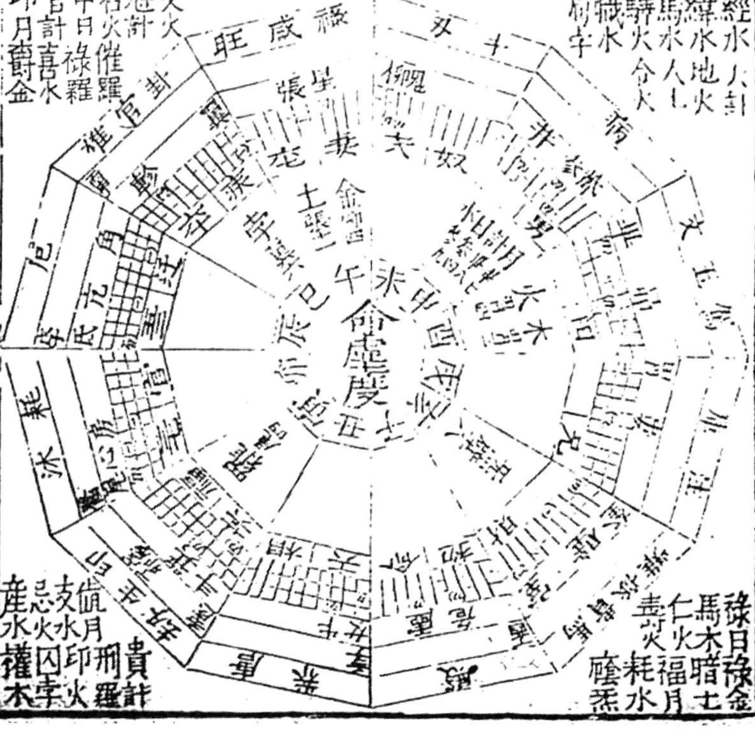

文火
魁計
名火催羅
甲日祿羅
官計喜水
印月爵金

經水
緯水地火
馬水
驛火
職水
科孛

祿日
馬木
仁火
壽火
廕炁
祿金
暗土
福月
耗水

貴計
刑羅
値月
印火
支水
囚孛
忌火
產水
權木

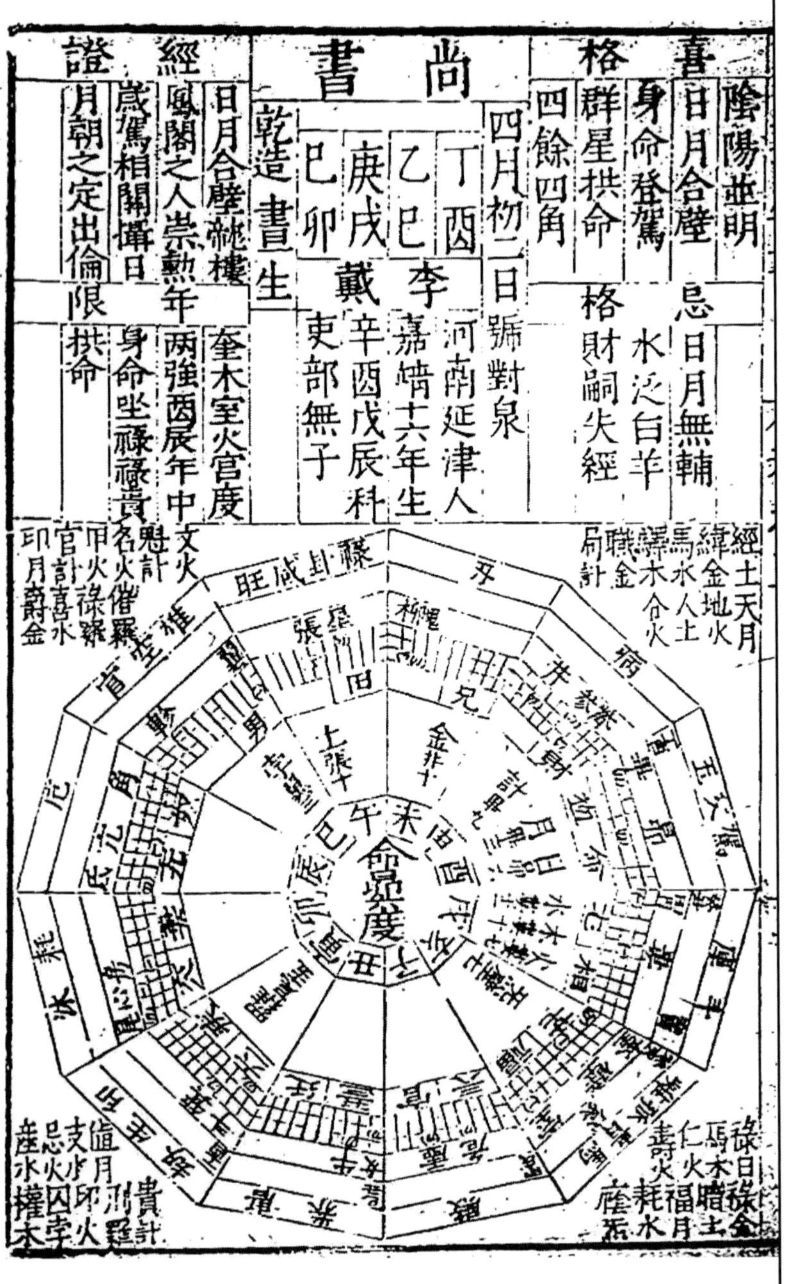

喜格

陰陽並明
日月合璧
身命登駕
群星拱命
四餘四角

忌格

日月無輔
水泛白羊
財嗣失經

尚書

四月初二日號對泉
丁酉
乙巳
庚戌
己卯
李戴
河南延津人
嘉靖十六年生
辛酉戊辰科
吏部無子
乾造書生

經證

日月合璧朧樓奎木室火官度
鳳閣之人崇勳年兩強酉辰年中
歲駕相關擇日身命坐祿祿貴
月朝之定出倫限拱命

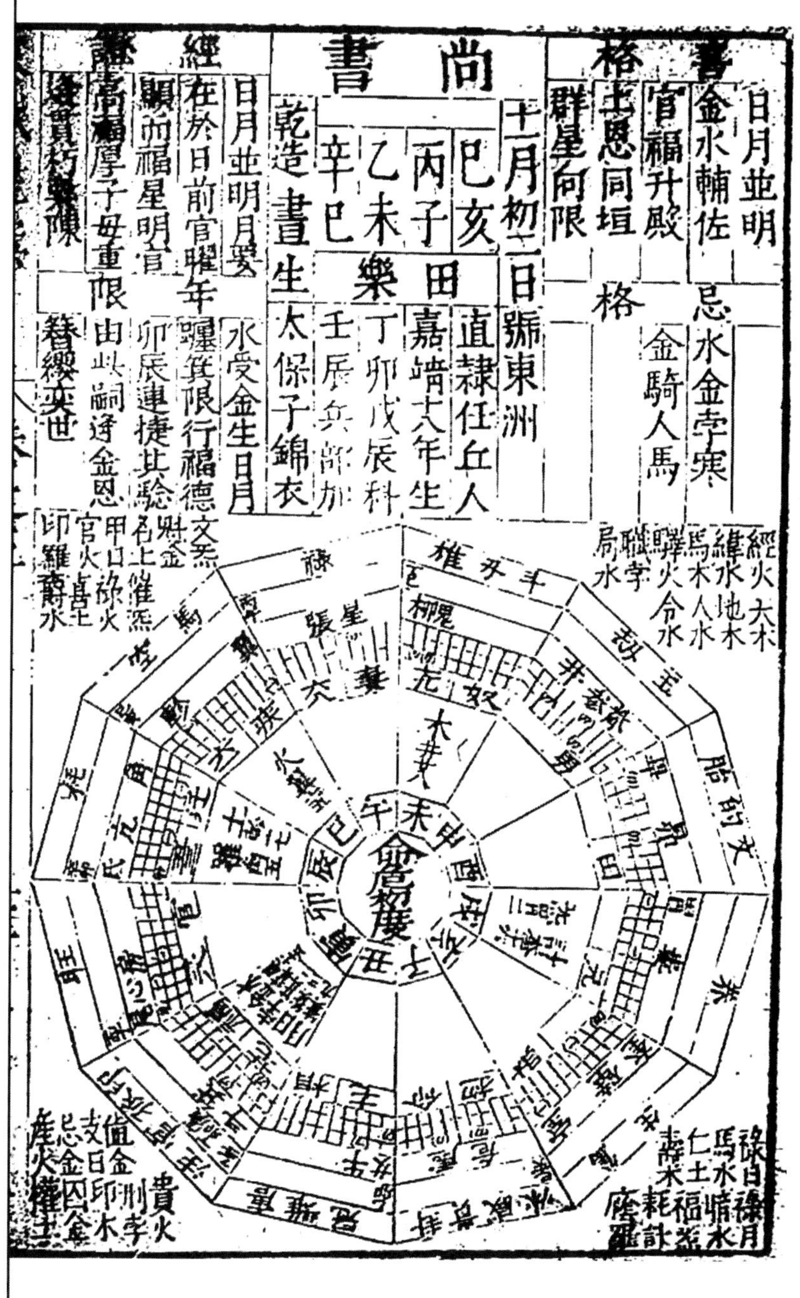
書格
日月並明
金水輔佐
官福升殿
土恩同垣
群星向限
格
金騎人馬
尚書
十一月初二日
號東洲
巳亥
直隸任丘人
丙子
嘉靖十六年生
乙未
丁卯戊辰科
辛巳
壬辰兵部加
田樂
乾造
晝生
太保子錦衣
日月並明
水受金生日月
命度

尚書

喜 木入秦州
月明楚地
木陽相會

忌 水土相攻
火羅失位

格 金居衛分
身到官宮

格 日月稍背

三月十五日 號麟泉

福建泉州人
嘉靖七年生
戊午戊辰科
庚寅南刑部
壬辰告歸

戊子	丙辰	丙戌	巳亥

王用汲

乾造夜生

一月單臨官祿 角木升殿戊午

經 清寧可愛木星 年年使火金羅月

最喜東井官宮 拱限戊辰春試

證 爵居高祿文豐限亦驗

金到衛而主壽

綬木 天火
綿水 地土
馬火 人水
驛水 命土
職水
局孛

文金 魁火 名土 催木
甲水 祿土
官孛 貴月
印土 爵土

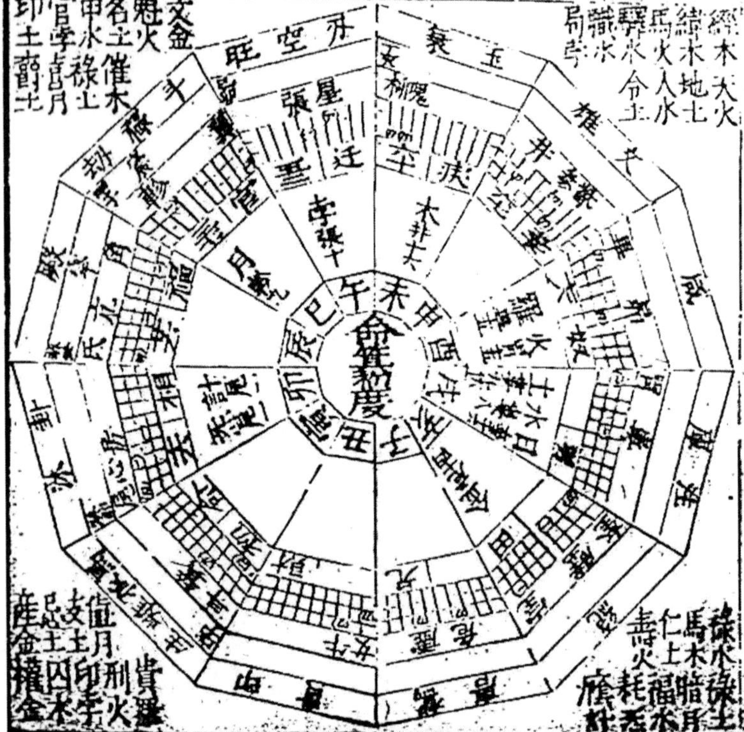

祿水 祿土
馬木 暗月
仁土 福木
壽火 耗炁

貴羅 刑火 印孛 囚木 權金
值月 攴土 忌土 產金

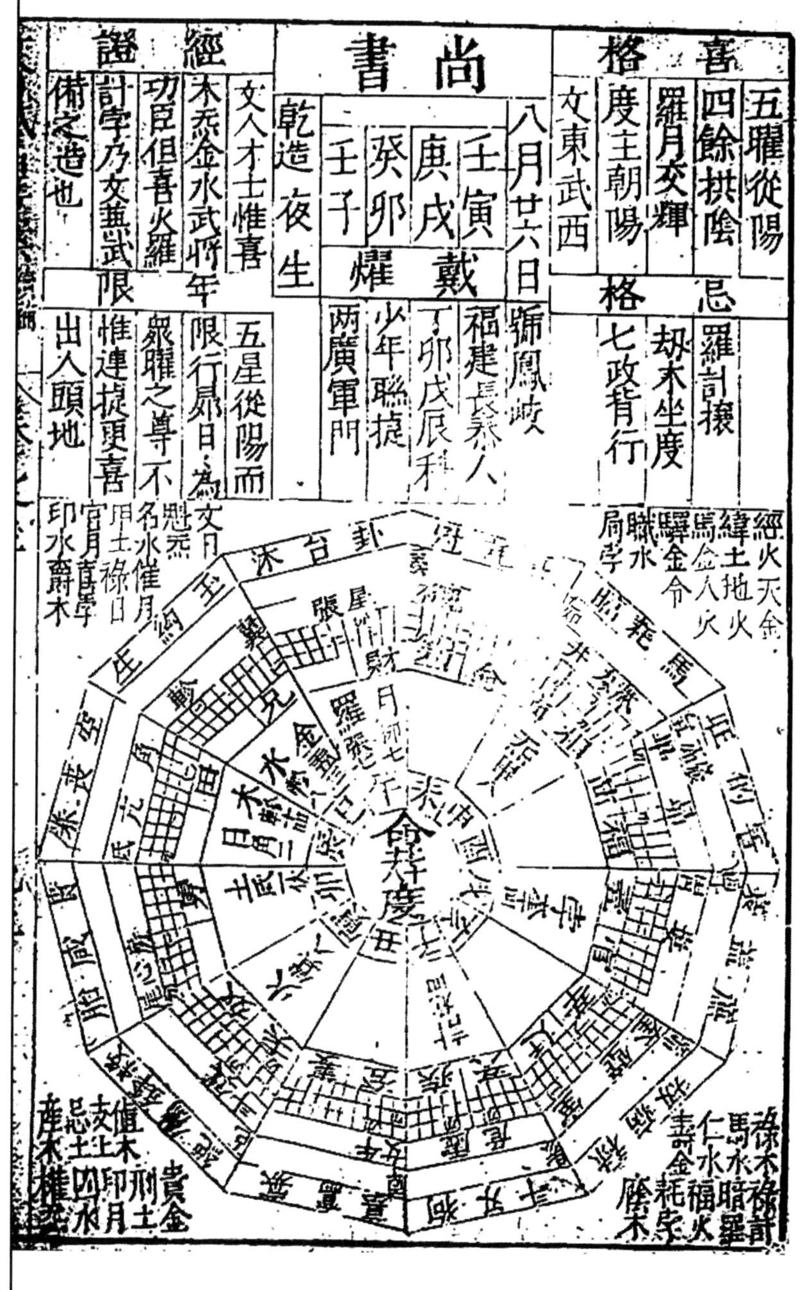
喜格
五曜從陽
四餘拱陰
羅月交輝
度主朝陽
文東武西
忌格
羅計擾
刼木坐度
七政背行
尚書
八月廿六日
壬寅
庚戌
癸卯
壬子
乾造夜生
戴燿
福建長泰人
丁卯戊辰科
少年聯捷
兩廣軍門
經讖
文人才士惟喜
木炁金水武將
功臣但喜火羅
討字乃文兼武
備之造也
限
五星從陽而
年限行昴日為
衆曜之尊不
惟連捷更喜
出人頭地
命寄度

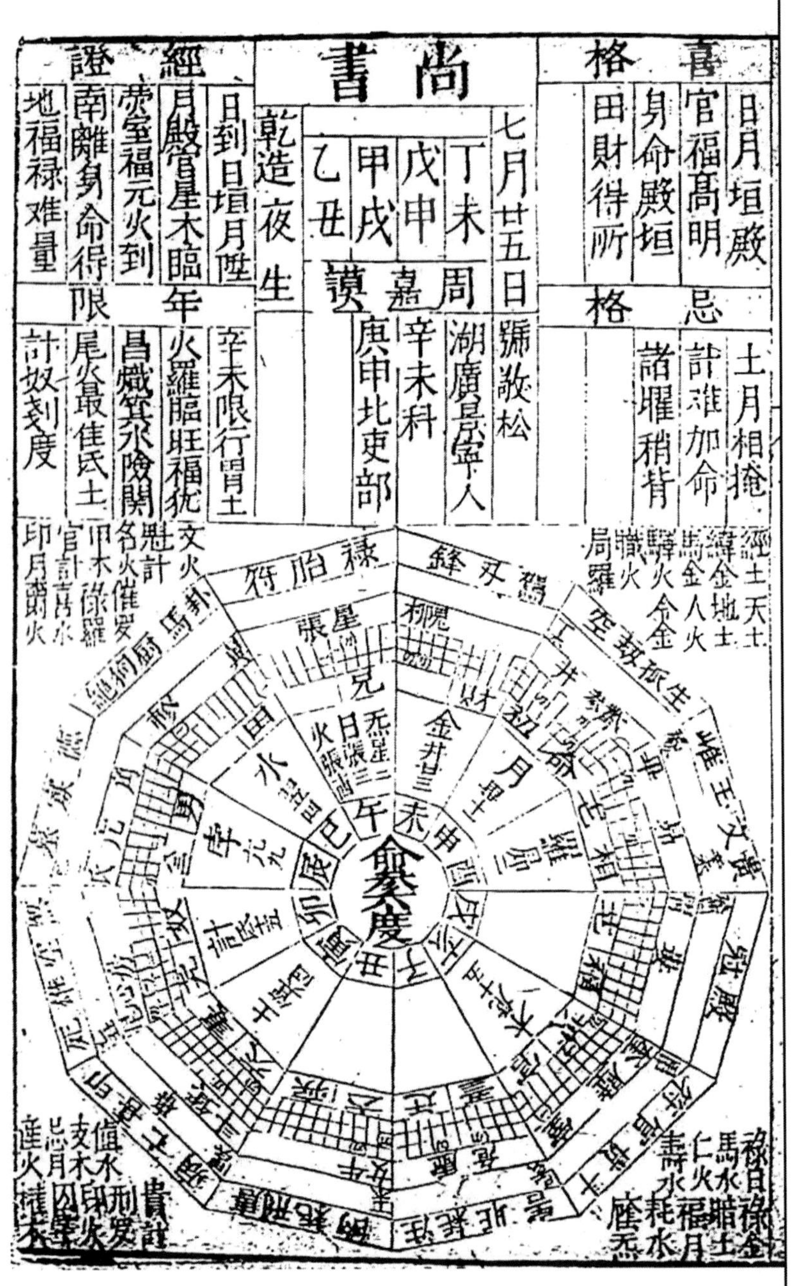
尚書
七月廿五日 號敬松
丁未 戊申 甲戌 乙丑
乾造夜生
周嘉謨
湖廣景陵人
辛未科
庚申北吏部
喜格
日月垣殿
官福高明
身命殿垣
田財得所
忌格
土月相掩
計羅加命
諸曜稍背
經證
日到日垣月陞
月殿官星木臨
旁室福元火到
南離身命得
地福祿難量
年限
辛未限行胃土
火羅臨旺福扰
昌熾箕水險關
尾火最佳氐土
計奴刻度
命亥一度

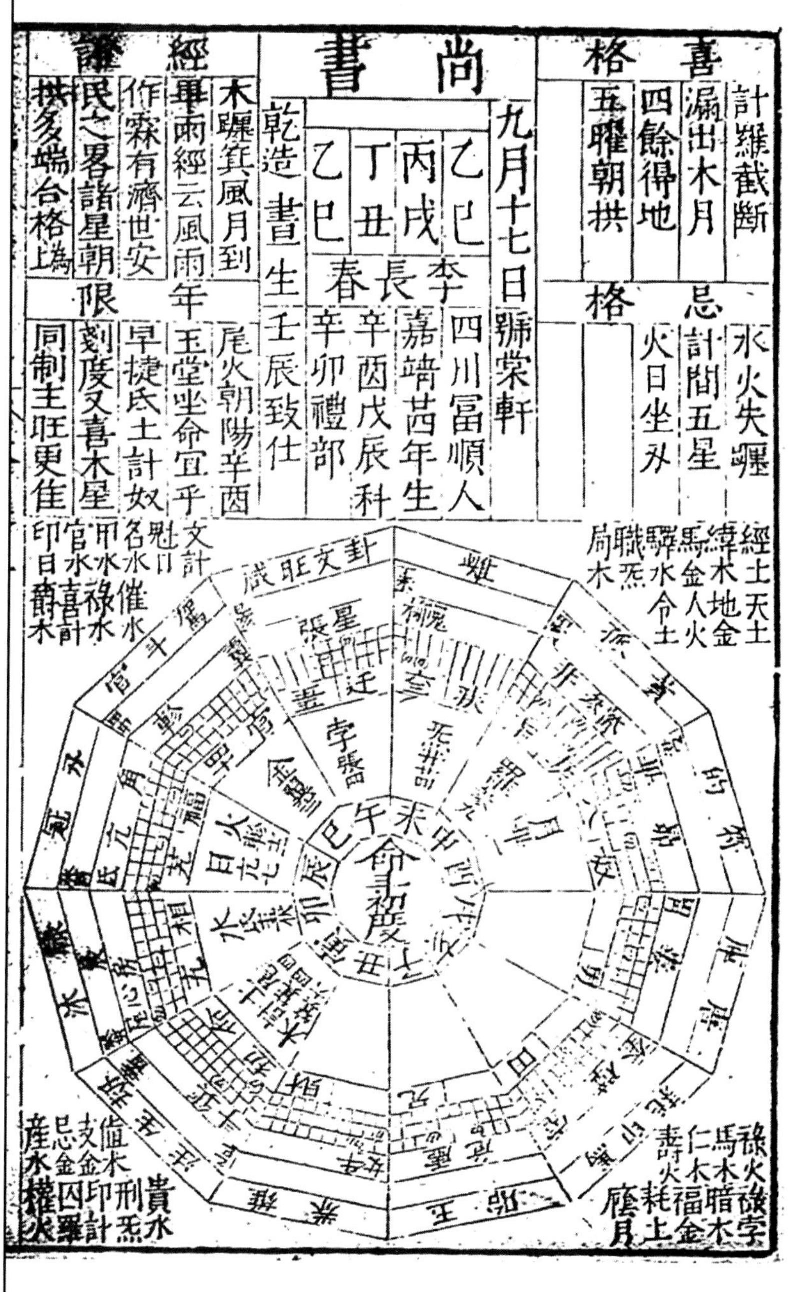

喜格

計羅截斷
漏出木月
四餘得地
五曜朝拱

忌格

水火失躔
計閙五星
火日坐刃

尚書

九月十七日貤榮軒

乙巳	丙戌	丁丑	乙巳

李長春

四川富順人
嘉靖廿四年生
辛酉戊辰科
辛卯禮部

乾造　書生
壬辰致仕

經讚

木躔箕風月到
畢雨經云風雨年
作霖有濟世安
民之暑諸星朝
拱多端合格為上

限

尾火朝陽辛酉
玉堂坐命宜乎
早捷氐土計奴
劉度文喜木星
同制主旺更佳

經土　天土
緯木　地金
馬金　人火
驛水　令土
職炁
局木

文計
魁门
名水　催水
刑水　祿水
官水　喜計
印日　爵木

祿火　發孛
馬木　暗木
仁木　福金
壽火　耗土
廕月

貴水
值木　刑炁
支金　印計
忌金　四羅
產水　權火

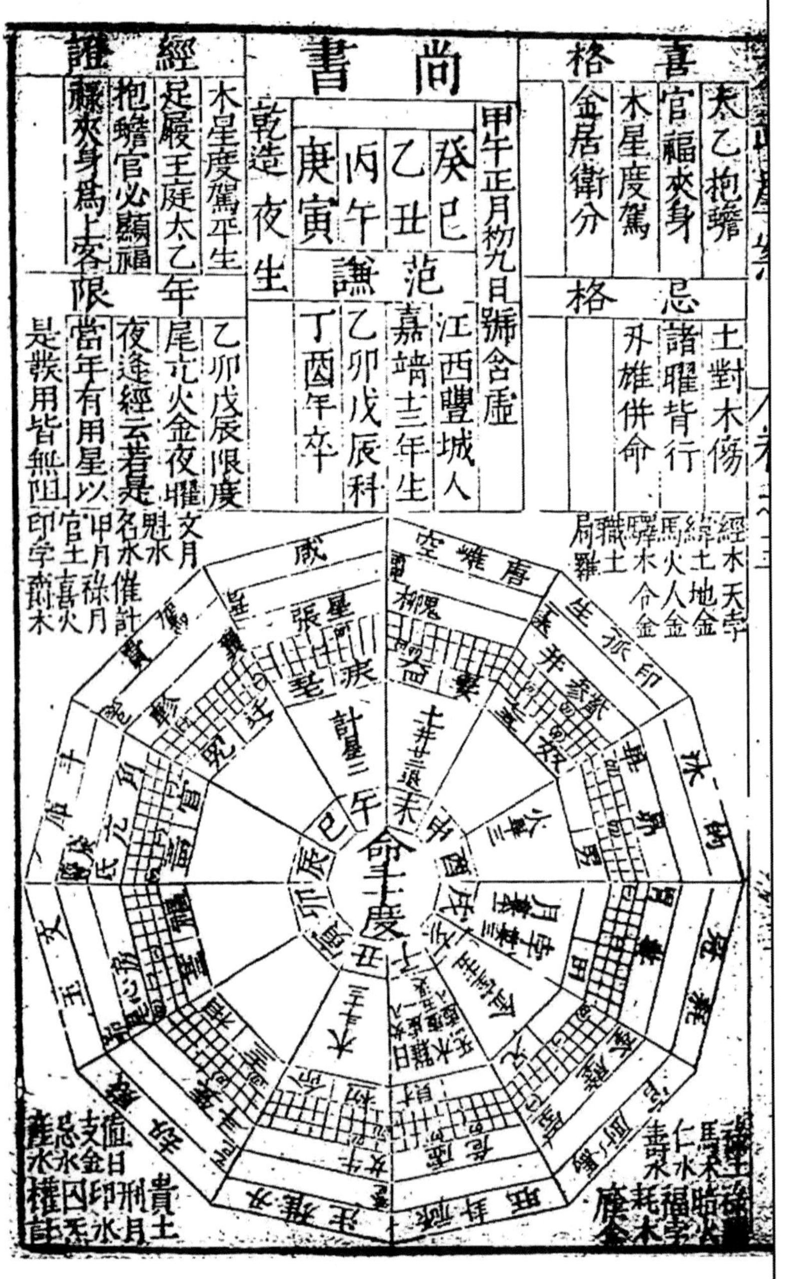

喜格
太乙抱𨌺
官福夾身
木星度駕
金居衛分
忌格
土對木傷
諸曜背行
刃雄併命
尚書
甲午正月初九日歸含虛
癸巳
乙丑
丙午
庚寅
乾造夜生
范謙
江西豐城人
嘉靖十三年生
乙卯戊辰科
丁酉年卒
經證
木星度駕平生
足履王庭太乙
抱𨌺官必顯福
祿夾身爲上客
年限
乙卯戊辰限度
尾亢火金夜曜文月
命土度

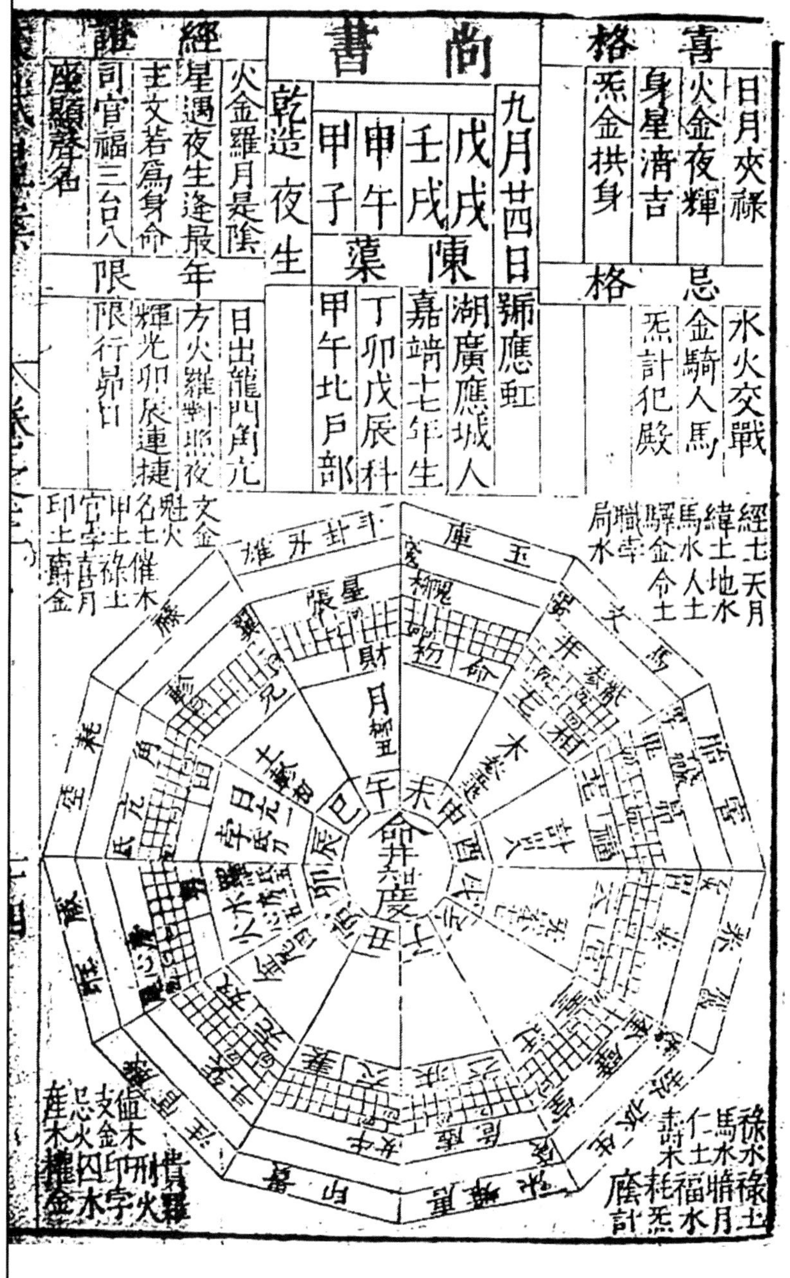
壽格
日月夾祿
火金夜輝
身星清吉
炁金拱身
忌格
水火交戰
金騎人馬
炁計犯殿
尚書
九月廿四日
號應虹
戊戌
壬戌
甲午
甲子
陳蘗
乾造夜生
湖廣應城人
嘉靖七年生
丁卯戊辰科
甲午北戶部
經證
火金羅月是陰
星遇夜生逢最
主文若爲身命
司官福三台八
座顯聲名
限年
日出龍門角亢
方火羅對照夜
輝光卯辰連捷
限行昴宿
經七天月
緯土地水
馬水人土
驛金命土
職字
局水
文金
魁火
名七催木
甲土祿土
守字喜月
印土爵金
祿水祿土
馬水暗月
仁土福水
壽木耗炁
蔭計
貴火
仙木刑字
文金印字
忌火囚木
產木權金

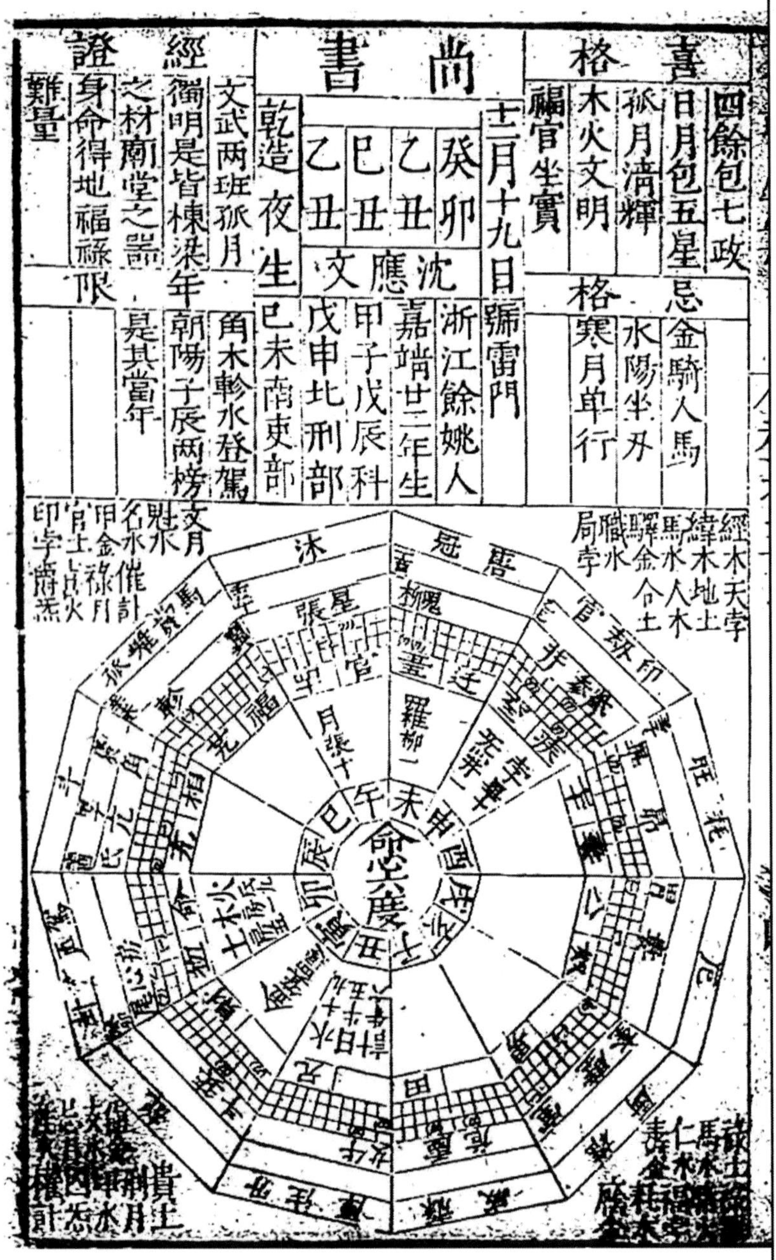

喜格
四餘包七政
日月包五星
孤月清輝
木火文明
福官坐實
忌格
金騎人馬
水陽半丹
寒月單行
尚書
士二月十九日辦雷門
乾造夜生
癸卯
乙丑
巳丑
乙丑
沈應文
浙江餘姚人
嘉靖廿二年生
甲子戊辰科
戊申北刑部
巳未南吏部
經證
文武兩班孤月
角木軫水登駕
獨明是皆棟梁年
朝陽子辰兩榜文
之材廟堂之器
是其當年
身命得地福祿限
難量
經木天孛
緯木地土
馬水人木
驛金令土
職水
局孛
文月
魁水
名水催計
甲金祿月
官土貴火
印孛蔭炁
命度

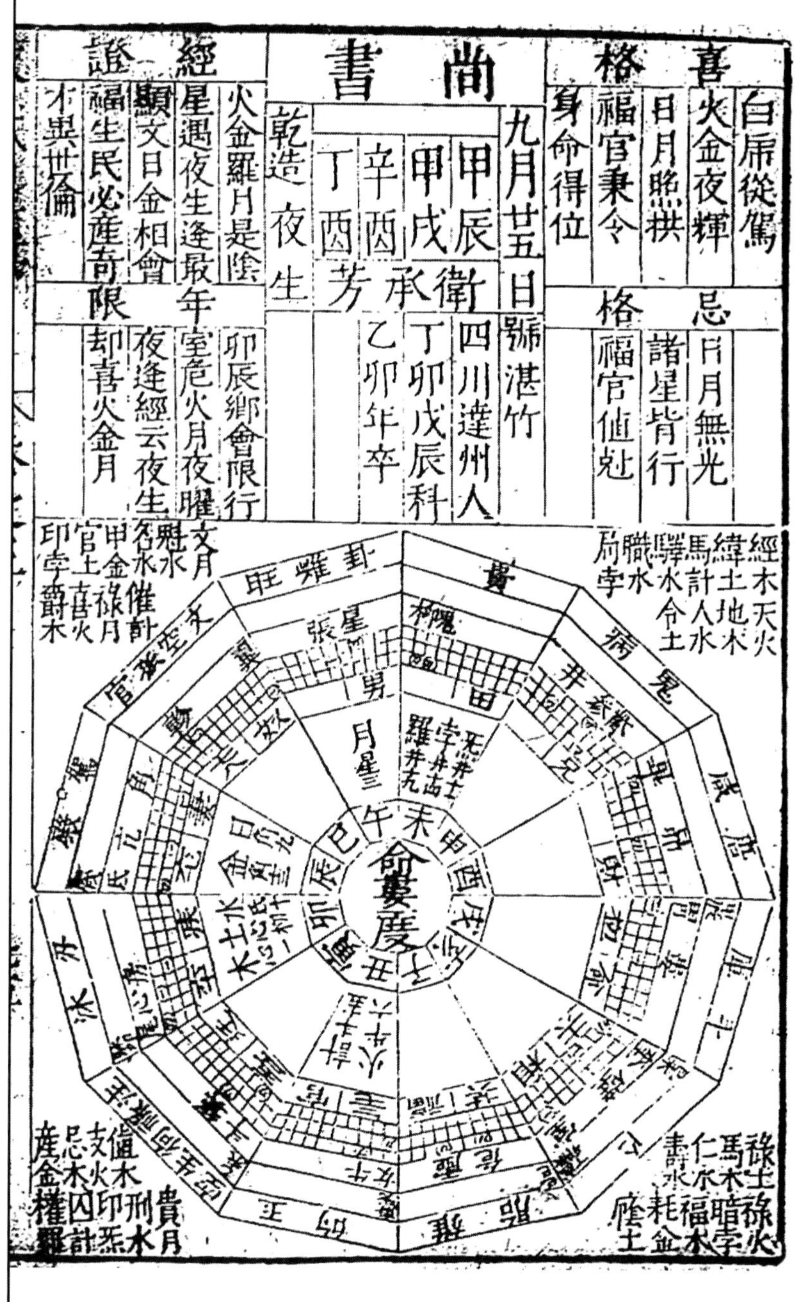

尚書

乾造夜生

甲	甲	辛	丁
辰	戌	酉	酉

衛承芳

九月廿五日

號湛竹

四川達州人

丁卯戊辰科

乙卯年卒

喜格

白虎從駕
火金夜輝
日月照拱
福官秉令
身命得位

忌格

日月無光
諸星背行
福官値尅

經證

火金羅月是陰
星遇夜生逢最
顯文日金相會
福生民必產奇
不異世倫

年限

卯辰鄉會限行
室危火月夜曜
夜逢經云夜生
却喜火金月

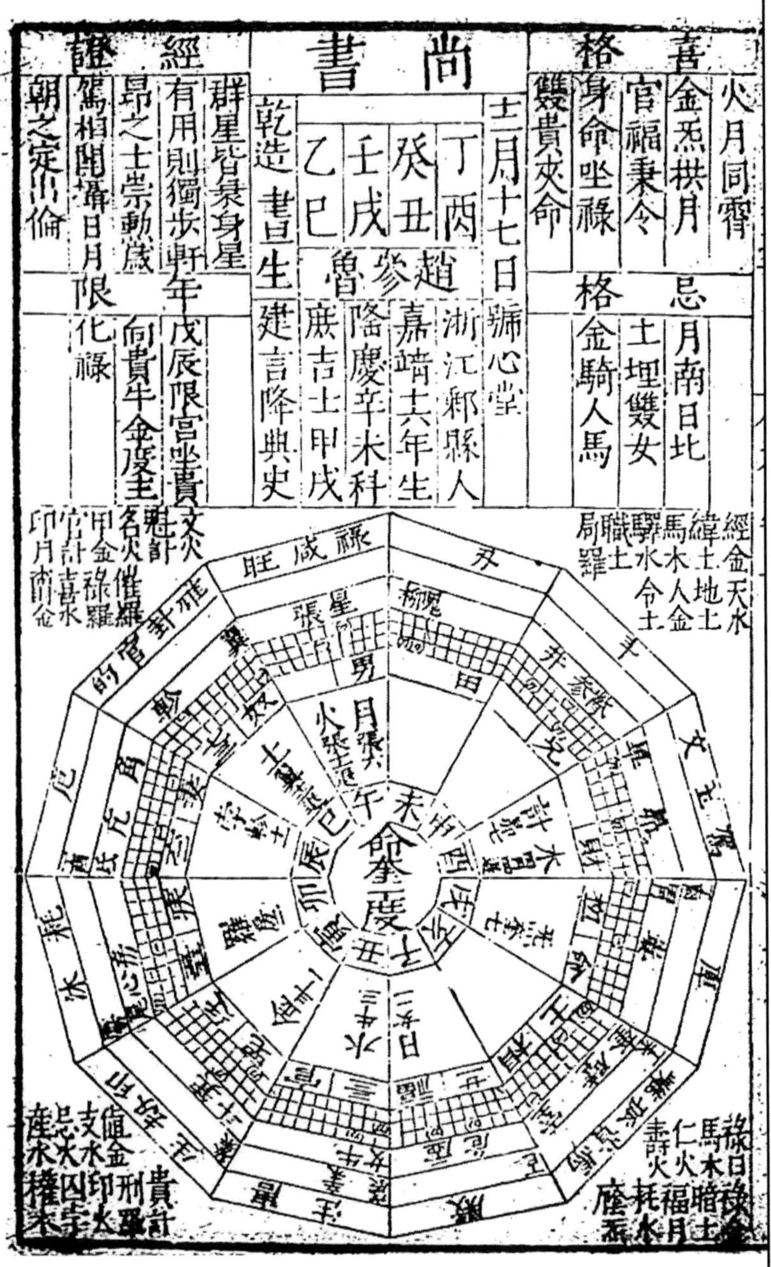
喜格
火月同躔
金炁拱月
官福秉令
身命坐祿
雙貴夾命
忌格
月南日北
土埋雙女
金騎人馬
尚書
十二月十七日號心堂
丁酉
癸丑
壬戌
乙巳
趙參魯
浙江鄞縣人
嘉靖十六年生
隆慶辛未科
庶吉士甲戌
乾造
書生
建言降典史
經驗
群星皆杲身星
有用則獨步嶄年戊辰限宮坐貴
昂之士崇動歲向貴午金度主
駕相間擧日月限化祿
朝之定心倫
經金天水
緯土地土
馬木人金
驛水命土
職土
局羅
祿日
馬木暗金
仁火福土
壽火耗月
蔭水
貴計
刑羅
印水
囚孛
權木
值金
支水
忌火
產水
文炁
魁計
名火催羅
甲金祿羅
官計喜水
印月蔭炁
命奎度

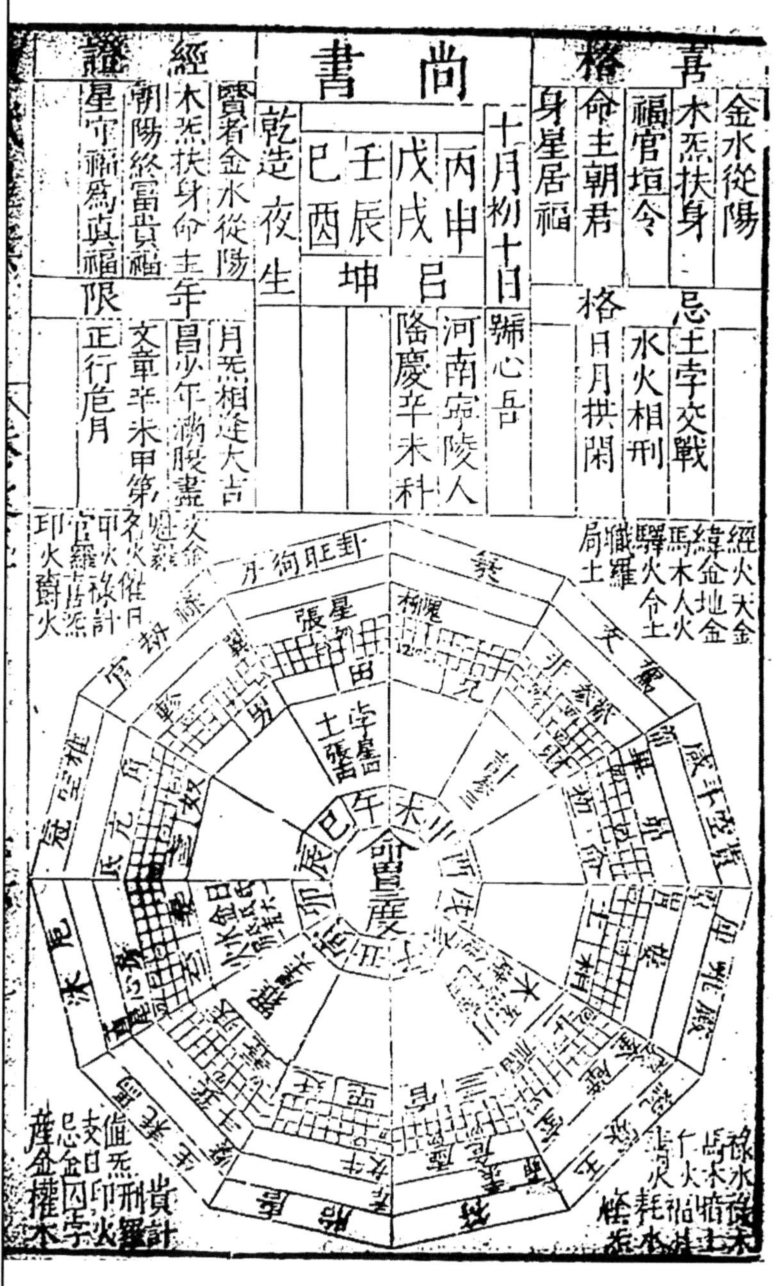

喜格
金水從陽
木炁扶身
福官垣令
命主朝君
身星居福
忌格
土孛交戰
水火相刑
日月拱閑
尚書
十月初十日
丙申
戊戌
壬辰
己酉
乾造夜生
吕坤
河南寧陵人
隆慶辛未科
經讖
賢者金水從陽
木炁扶身命主
朝陽終富貴福
星守福爲真福
年限
月炁相逢大吉
文章辛未甲第
正行危月

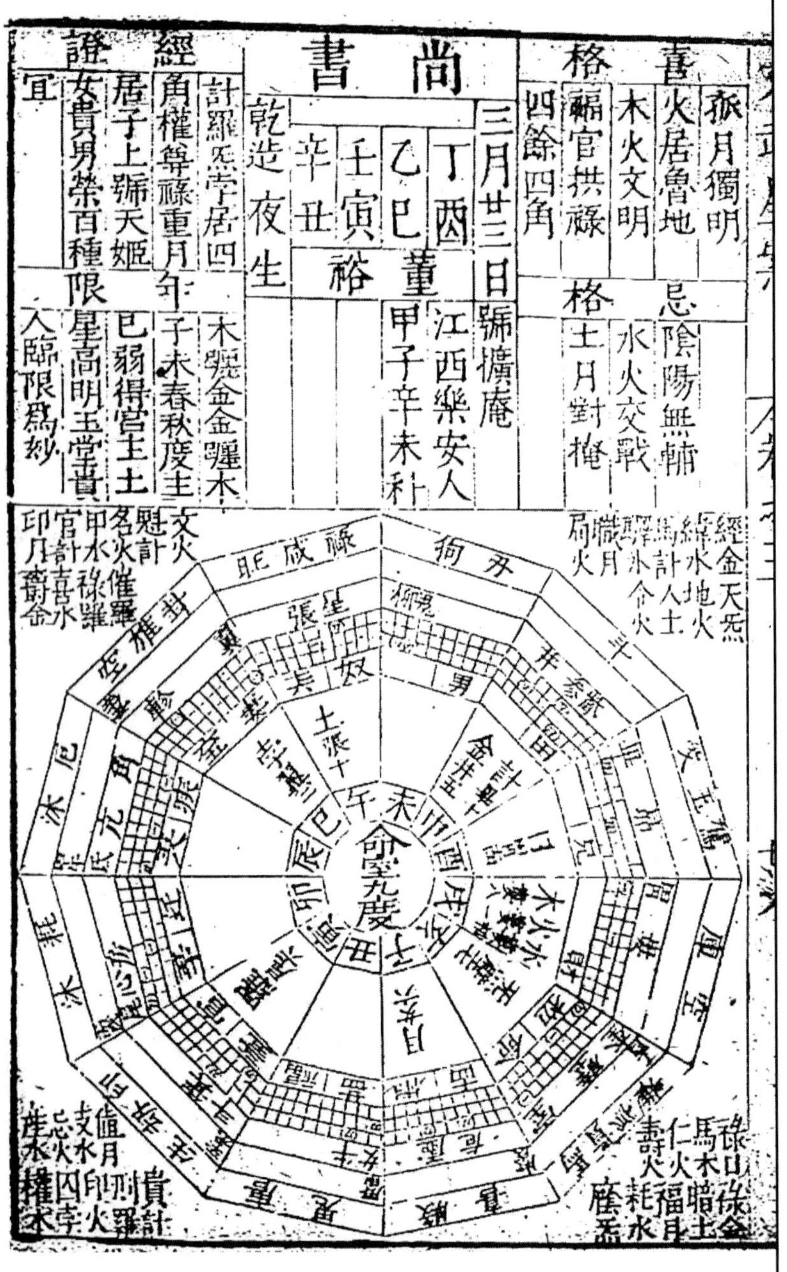
尚書
三月廿三日
丁酉
乙巳
壬寅
辛丑
乾造夜生
董裕
號擴庵
江西樂安人
甲子辛未科
書格
孤月獨明
火居魯地
木火文明
福官拱祿
四餘四角
忌格
陰陽無輔
水火交戰
土月對掩
經證
計羅孛居四
角權尊祿重
居子上號天姬
女貴男榮百種
宜
限
命

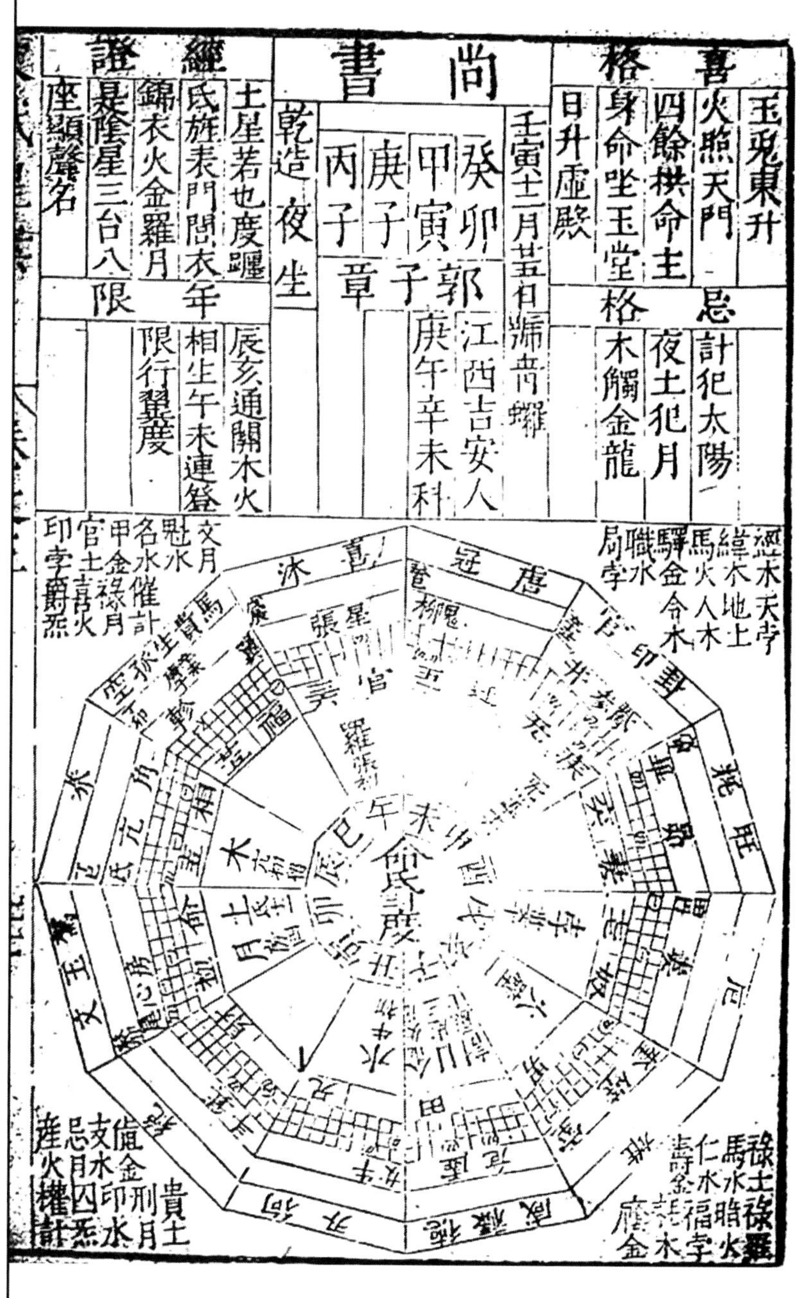
喜格
玉兎東升
火照天門
四餘拱命主
身命坐玉堂
日升虛殿
忌格
計犯太陽
夜土犯月
木觸金龍
尚書
壬寅十二月廿日晡時生
癸卯
甲寅
庚子
丙子
乾造夜生
郭子章
江西吉安人
庚午辛未科
纏證
土星若也度躔
氐旌表門閭衣
錦衣火金羅月
是陰星三台八
座顯聲名
限年
辰亥通開木火
相生午未連發
限行翼慶
文月
魁水
名水催計
甲金祿月
官土喜火
印孛爵炁
經木天孛
緯木地上
馬火人木
驛金命木
職水
局孛
貴土
刑月
印水
祿土祿羅
馬水暗火
仁水福孛

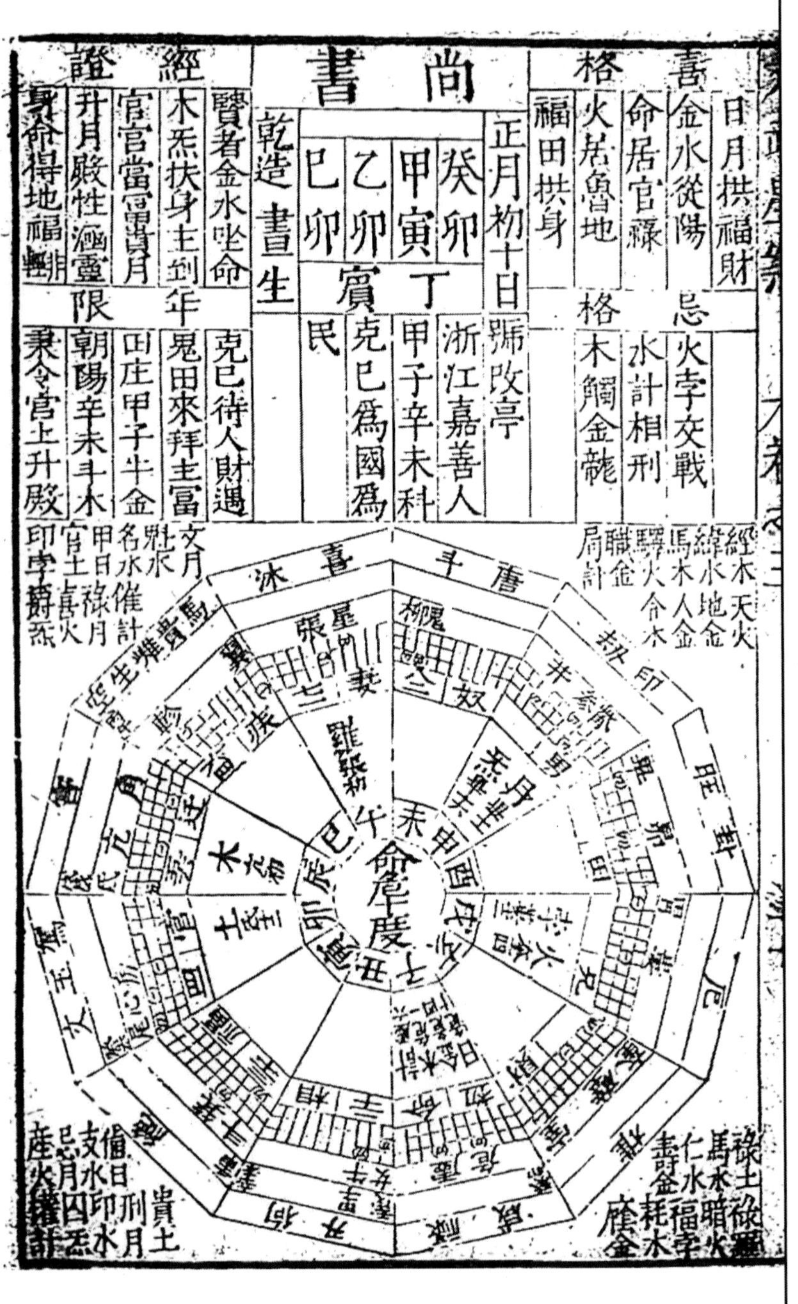
尚書
書格
日月拱福財
金水從陽
命居官祿
火居魯地
福田拱身
忌格
火孛交戰
水計相刑
木觸金龍
正月初十日
號改亭
癸卯
甲寅
乙卯
己卯
丁賓
浙江嘉善人
甲子辛未科
克己爲國爲民
乾造書生
經證
賢者金水坐命
木炁扶身主到年
官宮當宮貴月
升月殿性涵靈
身命得地福非輕
年限
克己待人財遇
鬼田來拜主富
田庄甲子牛金
朝陽辛未斗木
秉令宮上升殿

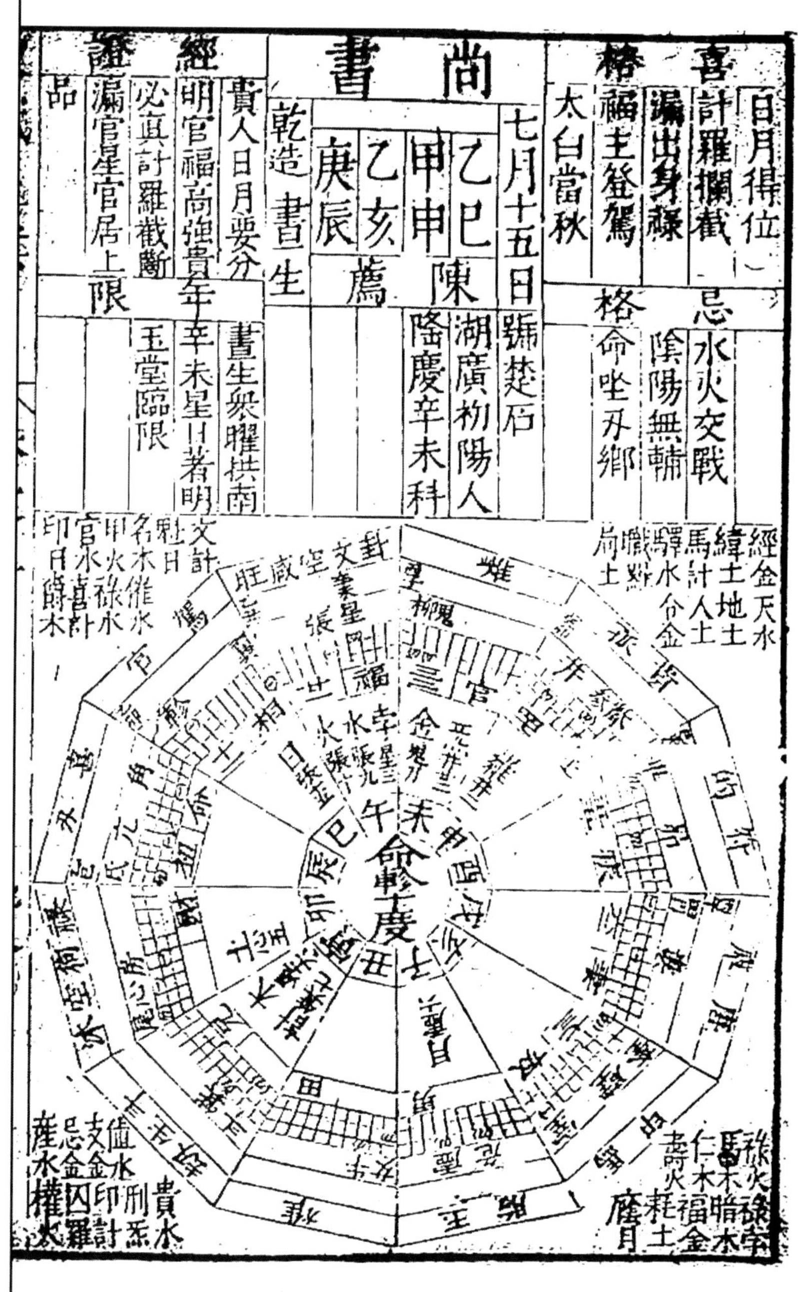

喜
格
日月得位
計羅攔截
遍出身祿
福主登駕
太白當秋
忌
格
水火交戰
陰陽無輔
命坐丹鄉
尚
書
七月十五日
湖廣柳陽人
隆慶辛未科
乙巳
甲申
乙亥
庚辰
陳
薦
乾造
書生
經
貴人日月要分
明官福高強貴
必真計羅截斷
漏官星官居上
限
書生躬耀拱南
辛未星日著明
玉堂臨限

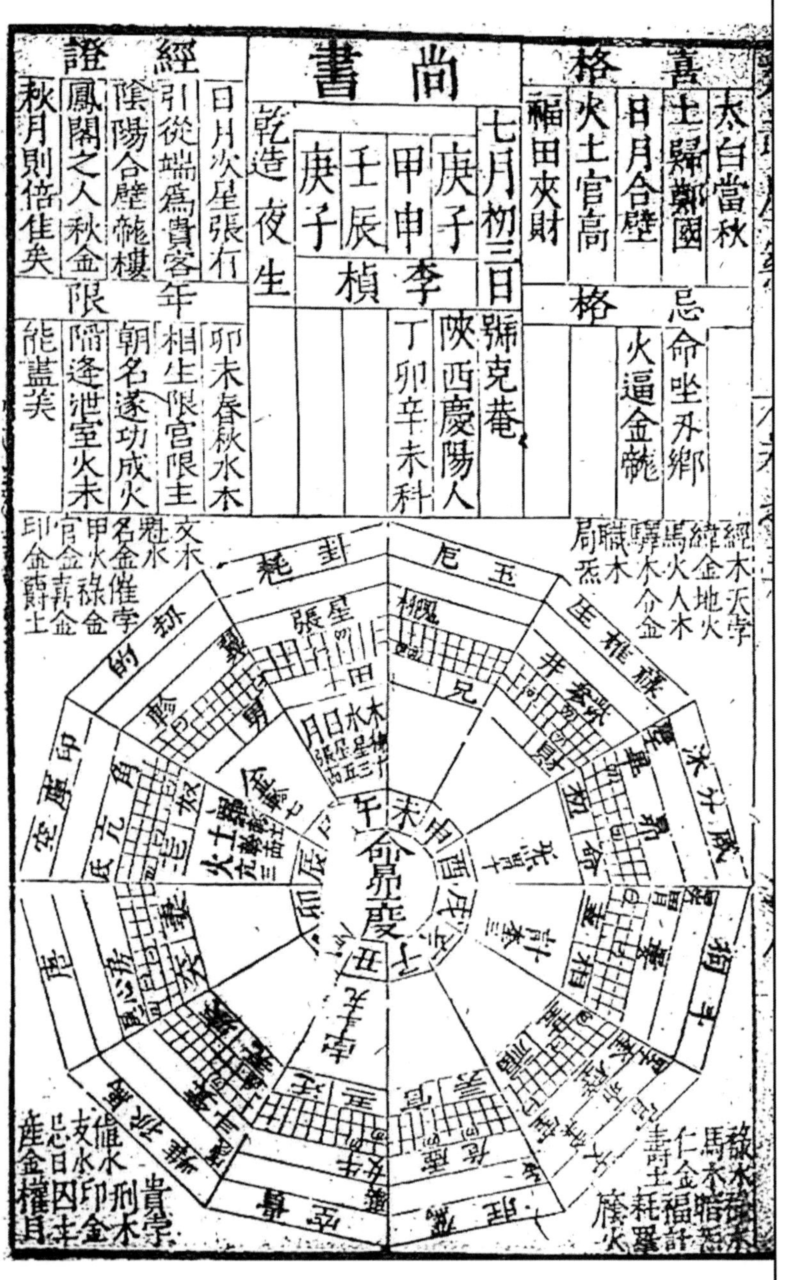

喜格
太白當秋
土歸鄉國
日月合壁
火土官高
福田夾財
忌格
命坐刃鄉
火逼金朧
尚書
七月初三日
庚子
甲申
壬辰
庚子
李楨
乾造夜生
號克菴
陝西慶陽人
丁卯辛未科
經證
日月火星張行
引從端爲貴客
陰陽合壁龍樓
鳳閣之人秋金
秋月則倍佳矣
年限
卯未春秋水木
相生限宮限主
朝名遂功成火
陷逢泄室火未
能盡美
紀木天字
緯金地火
馬火人木
驛木命金
職木
局炁
文木
魁水
名金催字
甲火祿金
官金壽金
印金爵土
命
慶

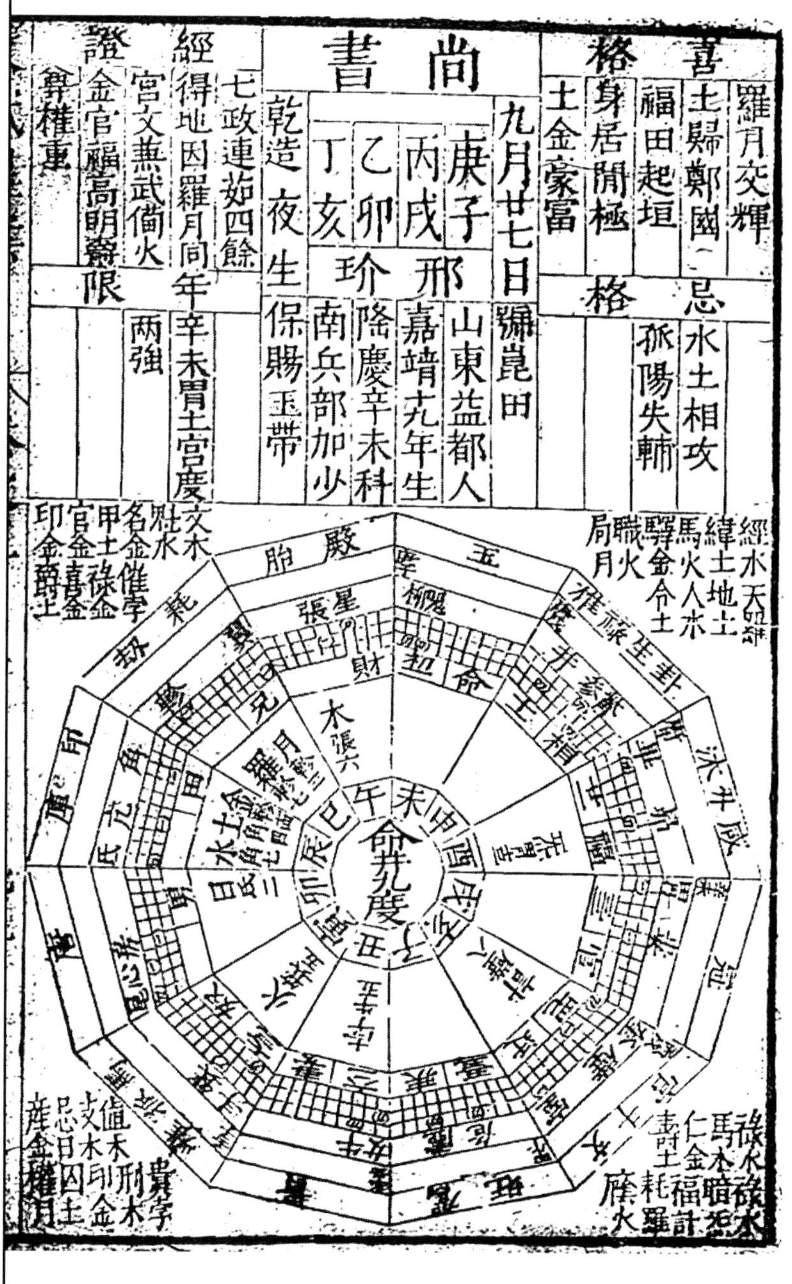
喜格
羅月交輝
土歸鄭國
福田起垣
身居閒極
土金豪富
忌格
水土相攻
孫陽失轄
尚書
九月廿七日 歸崑田
庚子 丙戌 乙卯 丁亥
邢玠
山東益都人
嘉靖九年生
隆慶辛未科
南兵部加少
乾造夜生
保賜玉帶
經
七政連茹四餘
得地因羅月同年 辛未胃土宮度
證
宮文兼武備火 兩強
金官福高明壽
身權重
限
經水 緯土 馬火 驛金 職火 局月
文木 魁水 名金 甲土 官金 印金
命井九度
午 未 申 酉 戌 亥 子 丑 寅 卯 辰 巳

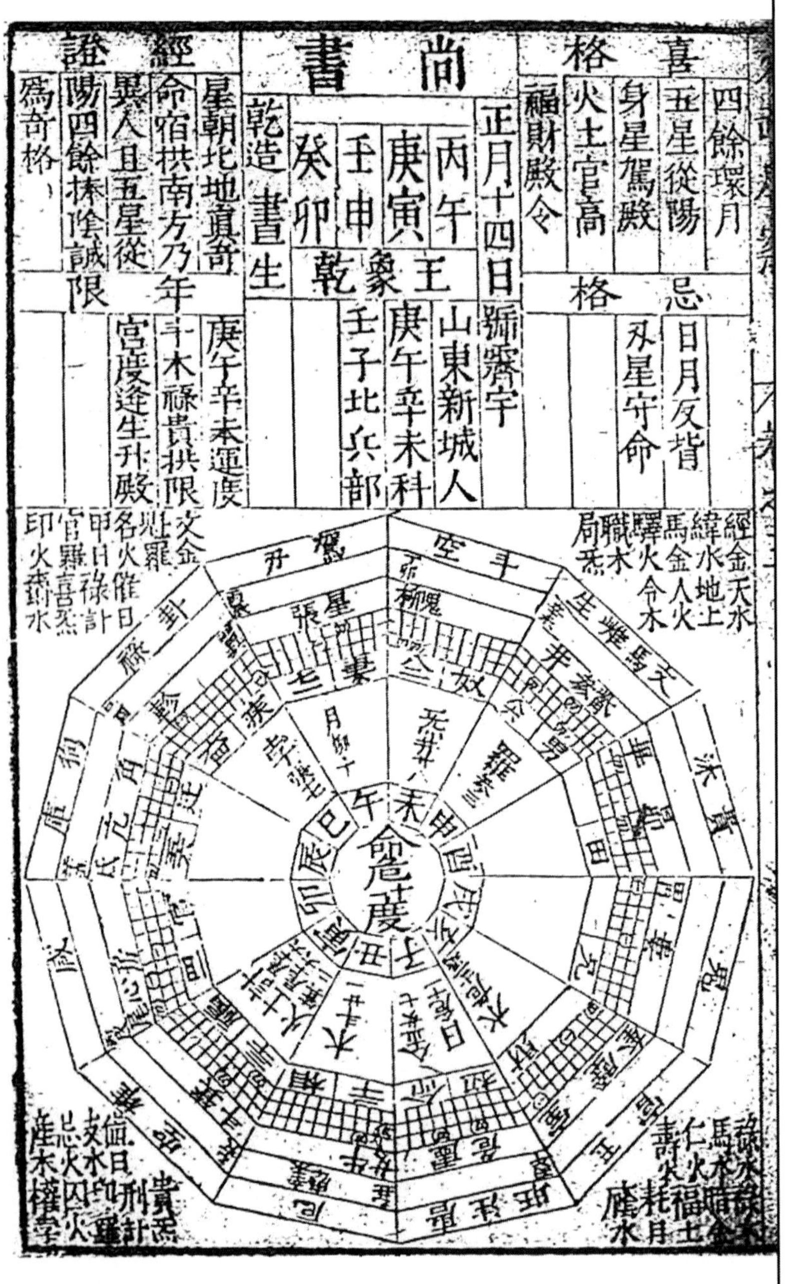

喜格

四餘環月

五星從陽

身星駕殿

火土官高

福財殿令

忌格

日月反背

孛星守命

尚書

正月十四日號齊宇

山東新城人

丙午

庚寅

壬申

癸卯

王象乾

乾造

書生

庚午辛未科

壬子北兵部

經證

星朝北地眞奇

命宿拱南方乃

異人且五星從

陽四餘拱陰誠

爲奇格

年限

庚午辛未運度

辛木祿貴拱限

宮度逢生升殿

喜格

四令環日月
四餘拱季土
日月拱駕
日月拱田
命官朝陽

忌格

水泛白羊
命官失次
火入金鄉

尚書

三月初十日𤓰霖寰

甲寅
戊辰
巳亥
壬申

李化龍

太名長垣人
癸酉甲戌科
甲午比兵部

乾造書生

經證

水化伏宼遇太
陽豈爲惡躍學
問富山海討入
刑幽官星貫日
顯達之人

年限

太陰最喜張星
優官入中書勢
飛騰癸酉甲戌
日月高明宮度
兩強

經土天月
緯火地金
馬水人土
驛木令土
職水
局孛

文羅
鬼月
名木催金
甲木祿木
官炁喜羅
印木爵木

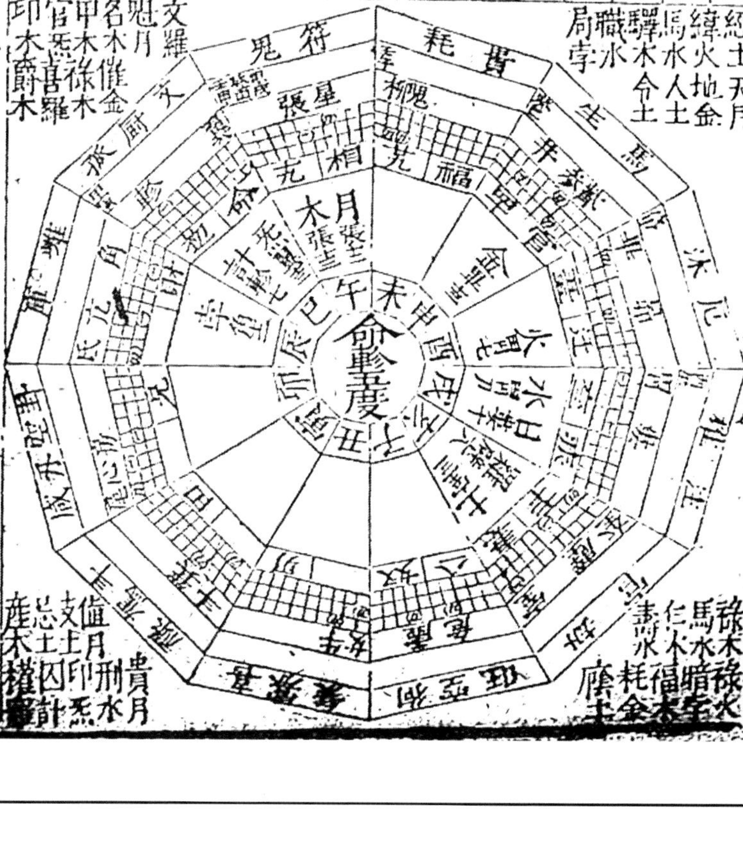

命
軫度

午 未 申 酉 戌 亥 子 丑 寅 卯 辰 巳

祿木祿火
馬水暗孛
仁木福木
壽水耗金
陰土

貴月
值月刑水
文土印炁
忠土囚計
產木權

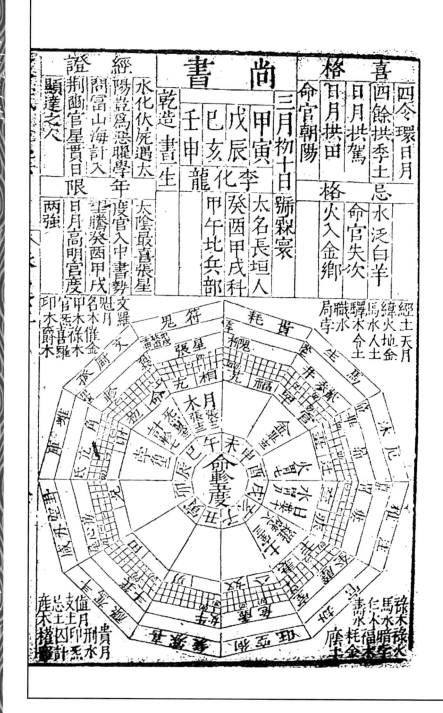

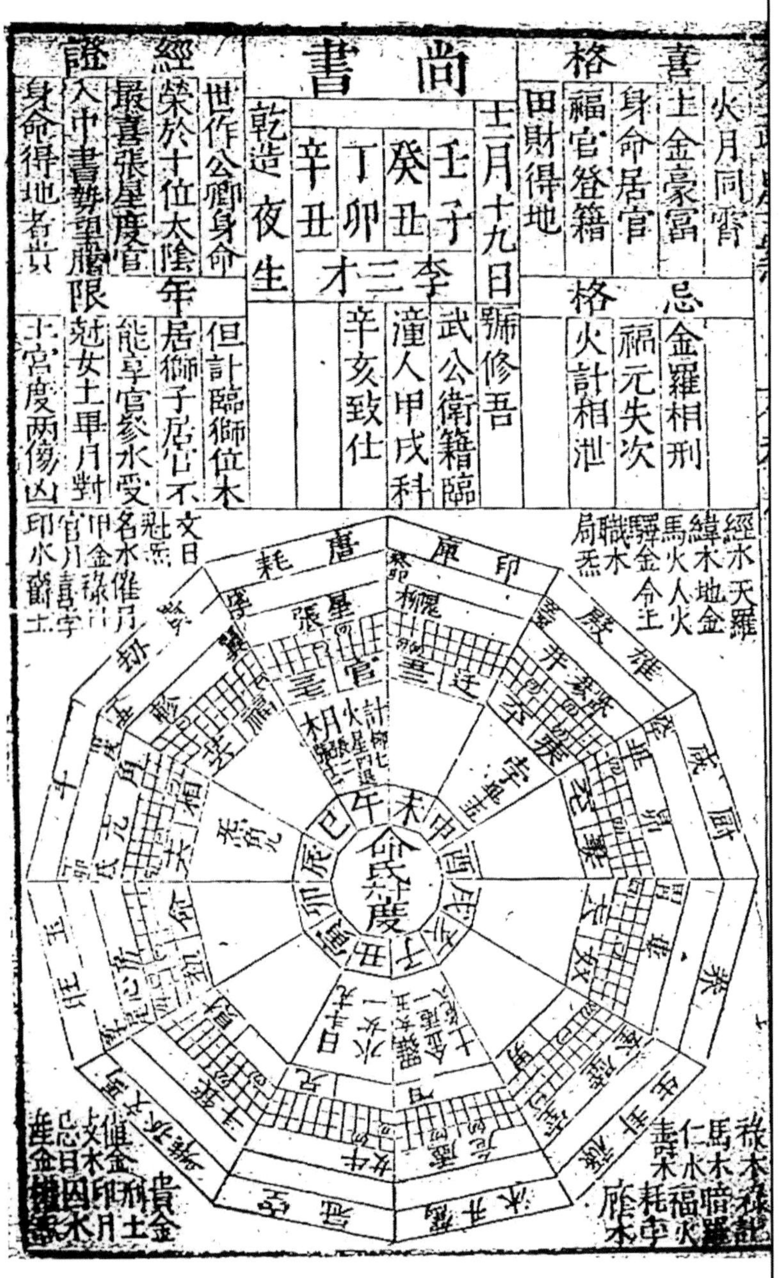
尚書
書格
火月同宮
土金豪富
身命居官
福官登籍
田財得地
忌格
金羅相刑
福元失次
火計相泄
十二月十九日
號修吾
壬子
癸丑
丁卯
辛丑
乾造夜生
李三才
武公衛籍臨
潼人甲戌科
辛亥致仕
經證
世作公卿身命
榮於十位太陰
最喜張星度官
入中書勢望隆
身命得地者貴
年限
但計臨獅位木
居獅子宮不
能享官參水受
尅女土畢月對
土宮度兩傷凶
經水天羅
緯木地金
馬火人火
驛金命土
職木
局炁
命
氐
度

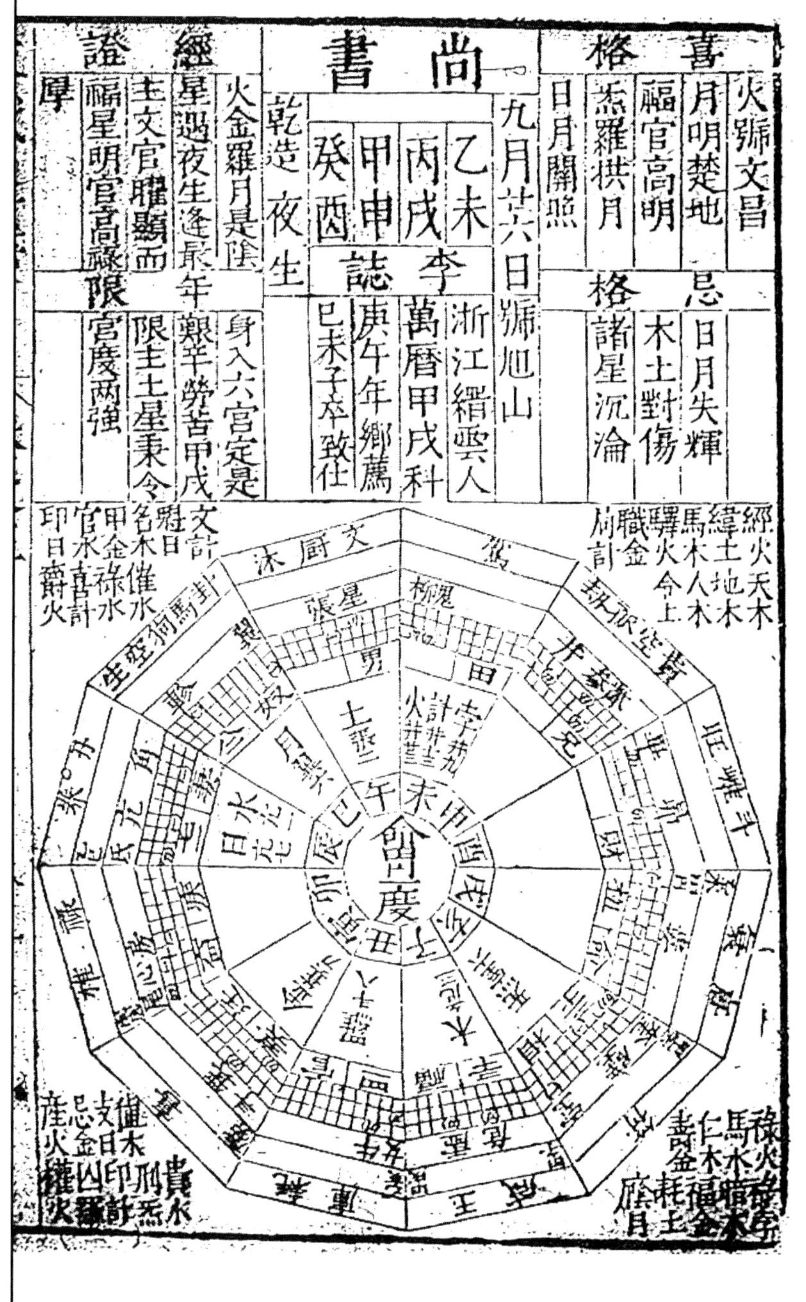
喜格
火獅文昌
月明楚地
福官高明
炁羅拱月
日月關照
忌格
日月失輝
木土對傷
諸星沉淪
尚書
九月廿六日獅旭山
乙未
丙戌
甲申
癸酉
乾造夜生
李誌
浙江縉雲人
萬曆甲戌科
庚午年鄉薦
巳未子卒致仕
經論
火金羅月是陰
星遇夜生逢最
主文官職顯而
福星明官高祿
厚
限
身入六宮定是
艱辛勞苦甲戌
限主土星秉令
宮度兩強
命度

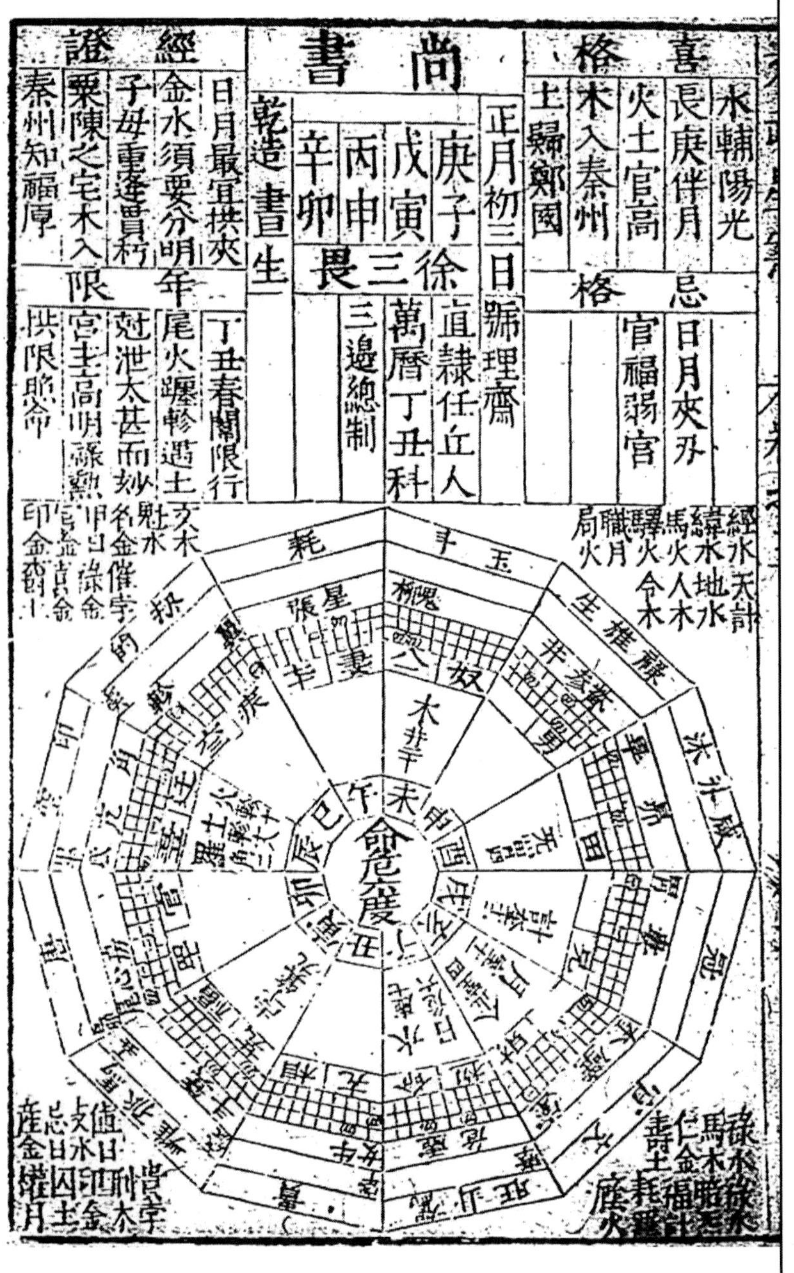

喜格
水輔陽光
長庚伴月
火土官高
木入秦州
土歸鄭國
忌格
日月夾刃
官福弱宮
尚書
正月初三日號理齋
庚子徐直隸任丘人
戊寅三萬曆丁丑科
丙申畏三邊總制
辛卯
乾造書生
經證
日月最宜拱夾
金水須要分明
子母重逢貴科
栗陳之宅木入
秦州知福厚
年限
丁丑春闈限行
尾火躔軫遇土
尅泄太甚而妙
宮主高明祿照
拱限照命
命度

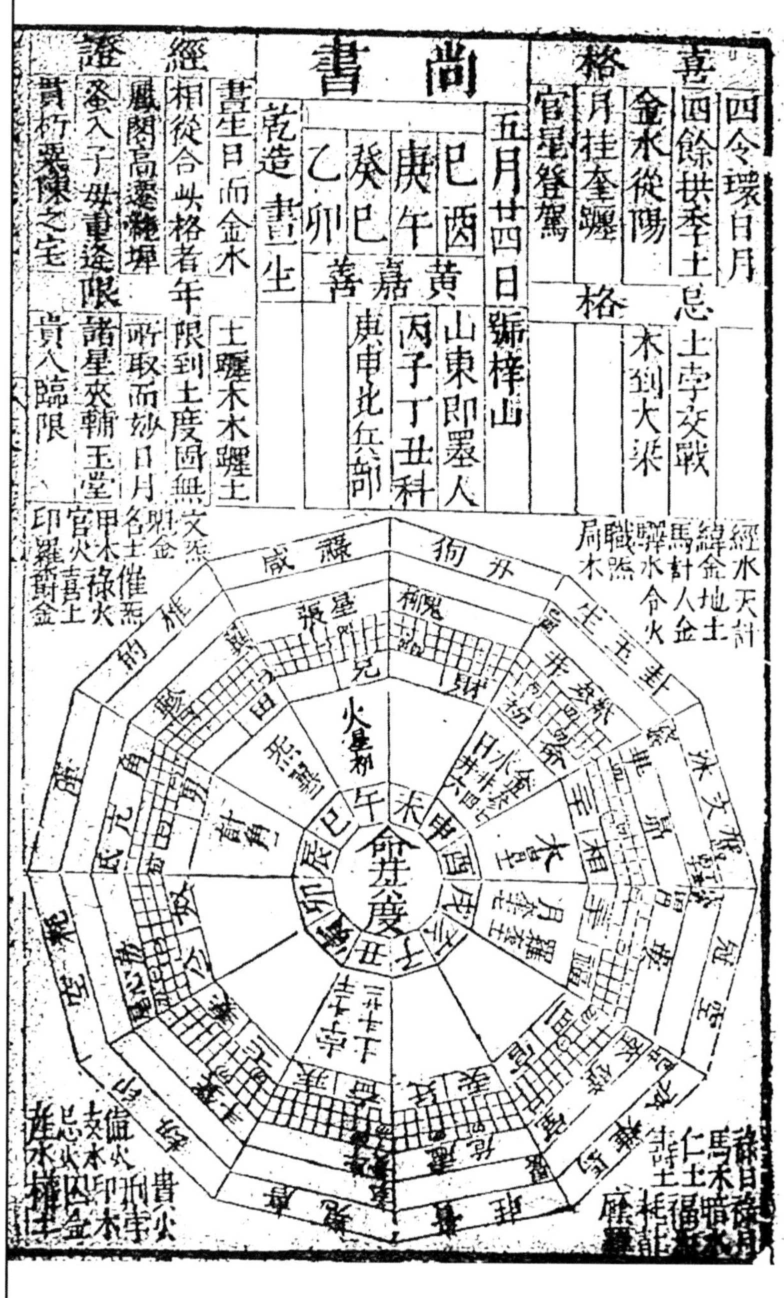
喜格
四令環日月
四餘拱參土
忌土孛交戰
金水從陽
木到大梁
月掛奎躔
官星登駕
格
尚書
五月廿四日
梓山
己酉
山東即墨人
庚午
丙子丁丑科
癸巳
庚申北兵部
乙卯
黄嘉善
乾造
書星日而金水
土躔木木躔土
經遂
相從合此格者年限到土度因無文
鳳閣高遷翰墀
所取而妙日月
蚤入子母重逢限
諸星夾輔玉堂
貴人臨限
經水 天討
緯金 地土
馬封 人金
驛水 合火
職照
局木
命度

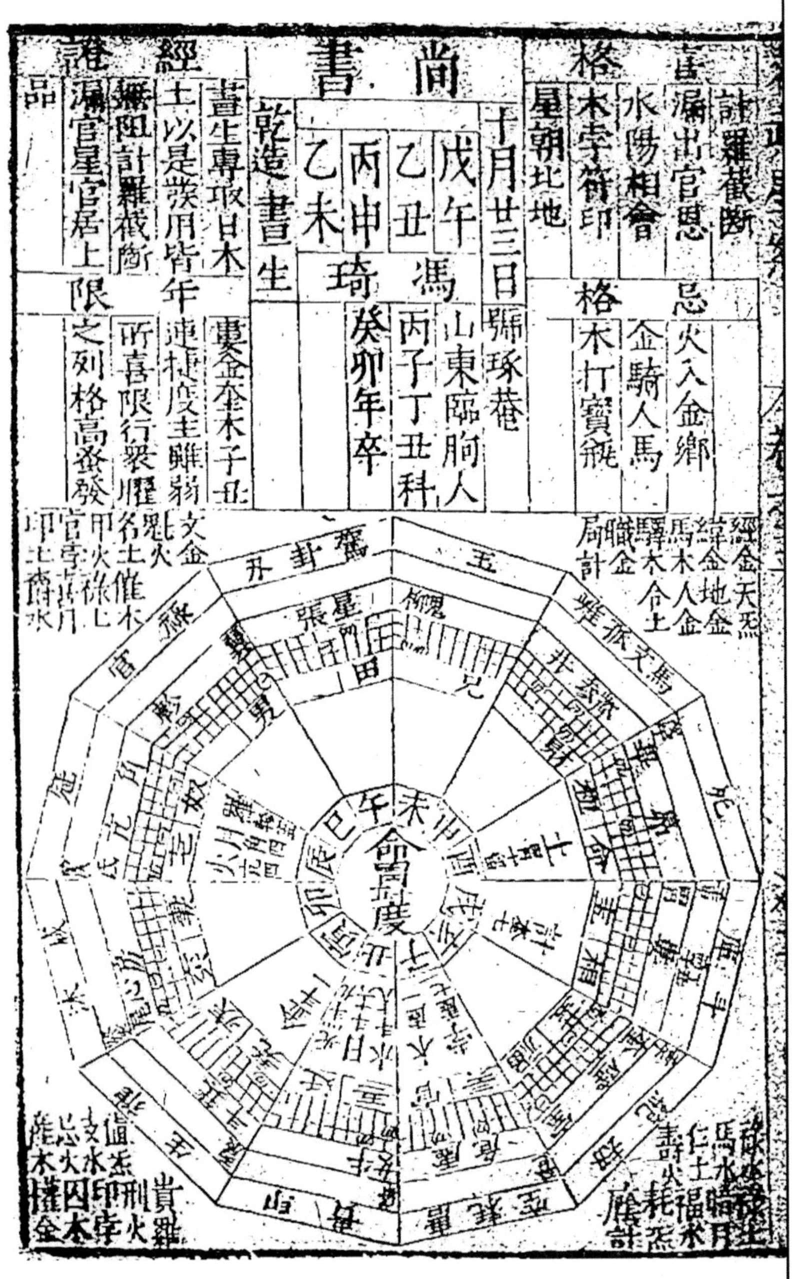
喜格
計羅截斷
喜漏出官恩
水陽相會
木字符印
星朝北地
忌格
火入金鄉
金騎人馬
木打寶瓶
尚書
十月廿三日
戊午
乙丑
丙申
乙未
乾造書生
馮琦
號琢菴
山東臨朐人
丙子丁丑科
癸卯年卒
經濟
書生專攻日木
無因計羅截斷
漏官星官居上
命度

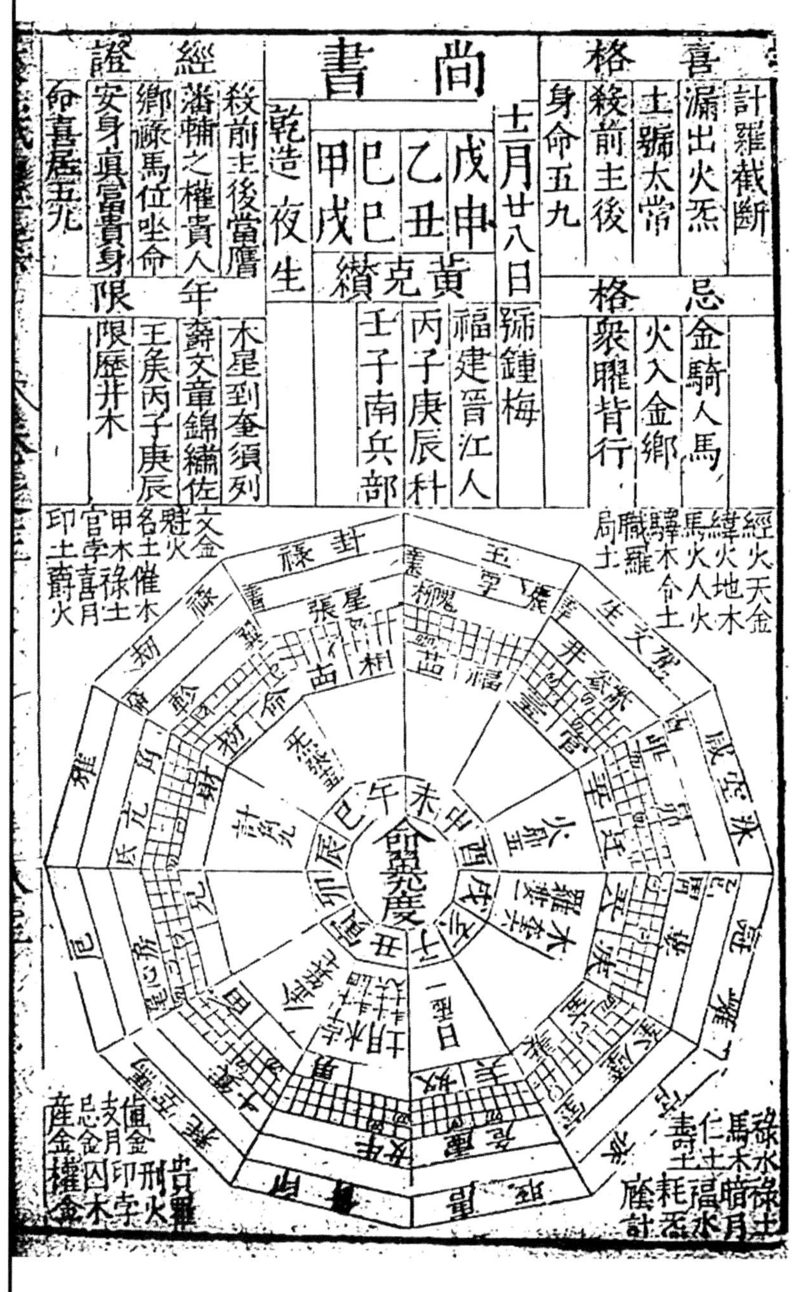
尚書
喜格
計羅截斷
漏出火炁
土躔太常
殺前主後
身命五九
忌格
金騎人馬
火入金鄉
衆曜背行
十二月廿八日
獅鍾梅
福建晉江人
丙子庚辰科
壬子南兵部
戊申
乙丑
己巳
甲戌
黃克纘
乾造夜生
經證
殺前主後當膺
藩輔之權貴人
鄉隣馬位坐命
安身真富貴身
命喜居五九
年限
木星到奎須列
彝文章錦繡佐
王侯丙子庚辰
限歷井木
經火天金
緯火地木
馬火人火
驛木命土
職羅
局土
文金
魁火
名土催木
甲木祿土
官孛喜月
印土爵火
命宮
祿水祿土
馬木暗月
仁土福水
壽土耗炁
蔭計

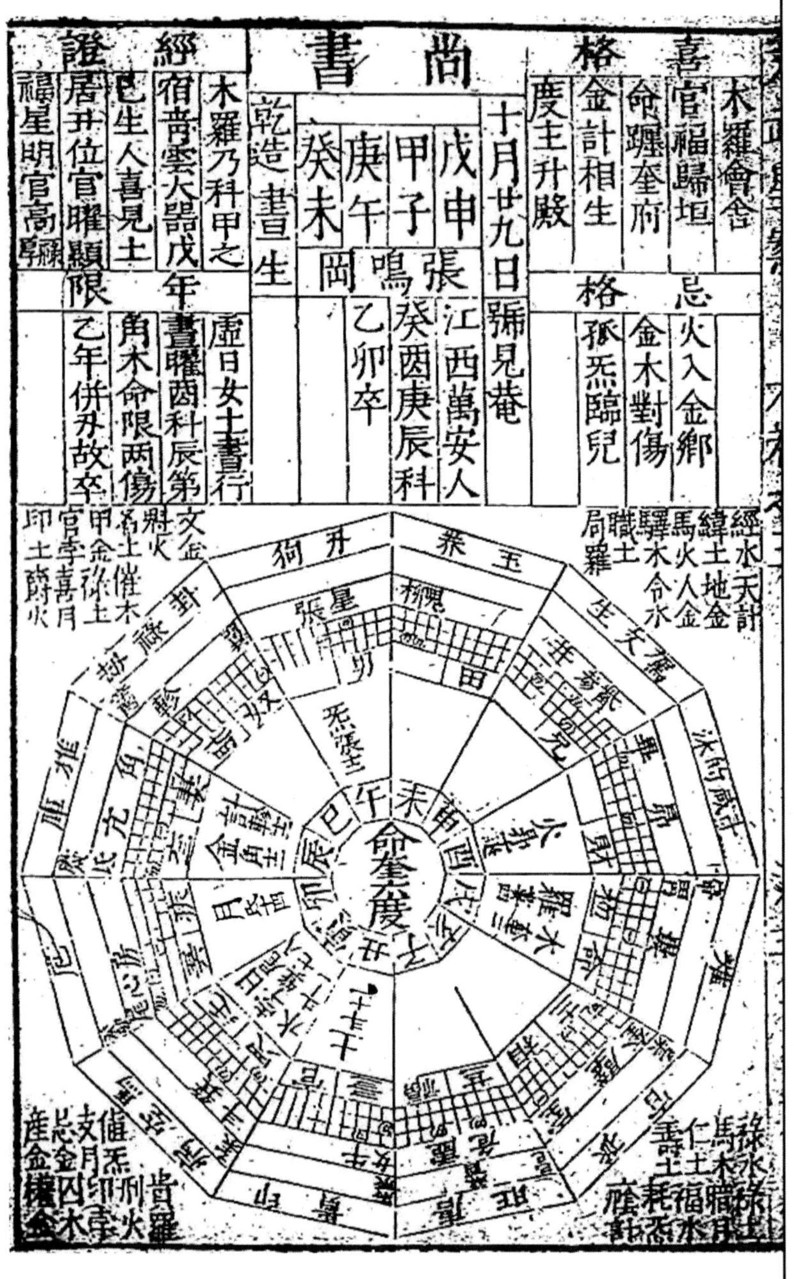

喜格
木羅會舍
官福歸垣
命躔奎府
金計相生
度主升殿
忌格
火入金鄉
金木對傷
孤炁臨兒
尚書
十月廿九日
張鳴岡
戊申
甲子
庚午
癸未
乾造晝生
江西萬安人
癸酉庚辰科
乙卯卒
經證
木羅乃科甲之
宿帝雲大器成
巳生人喜見土
居井位官曜顯
福星明官高顯
年限
虛日女土晝行
晝曜酉科辰第
角木命限兩傷
乙年併丑故卒
命奎度

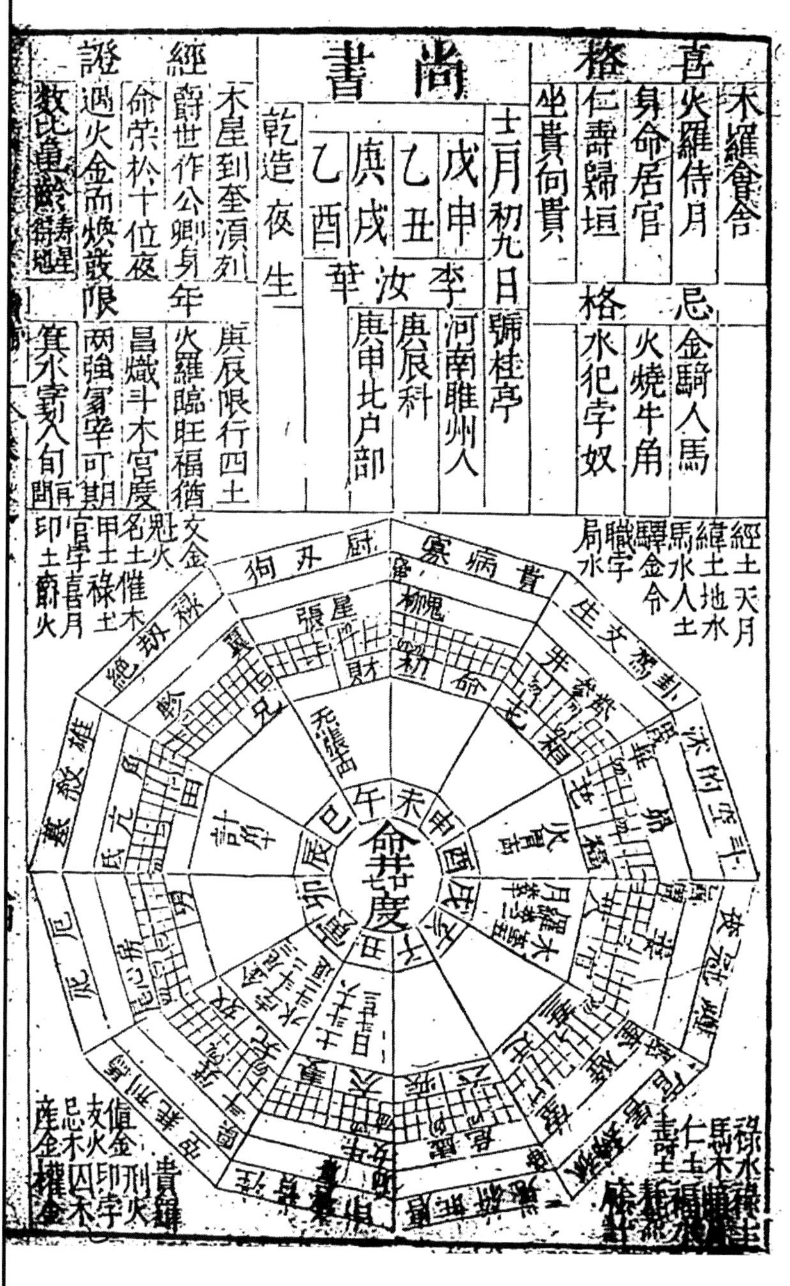

喜格
木羅會合
火羅侍月
身命居官
仁壽歸垣
坐貴向貴
忌格
金騎人馬
火燒牛角
水犯孛奴
尚書
十二月初九日歸桂亭
河南睢州人
李汝華
庚辰科
庚申北戶部
乾造夜生
戊申
乙丑
庚戌
乙酉
木星到奎須刻
庚辰限行四土
經
爵世作公卿身年
火羅臨旺福循
命宗松柏位夜
昌熾斗木宮慶
證
過火金而煥發限
兩強冢宰可期
命井廿七度

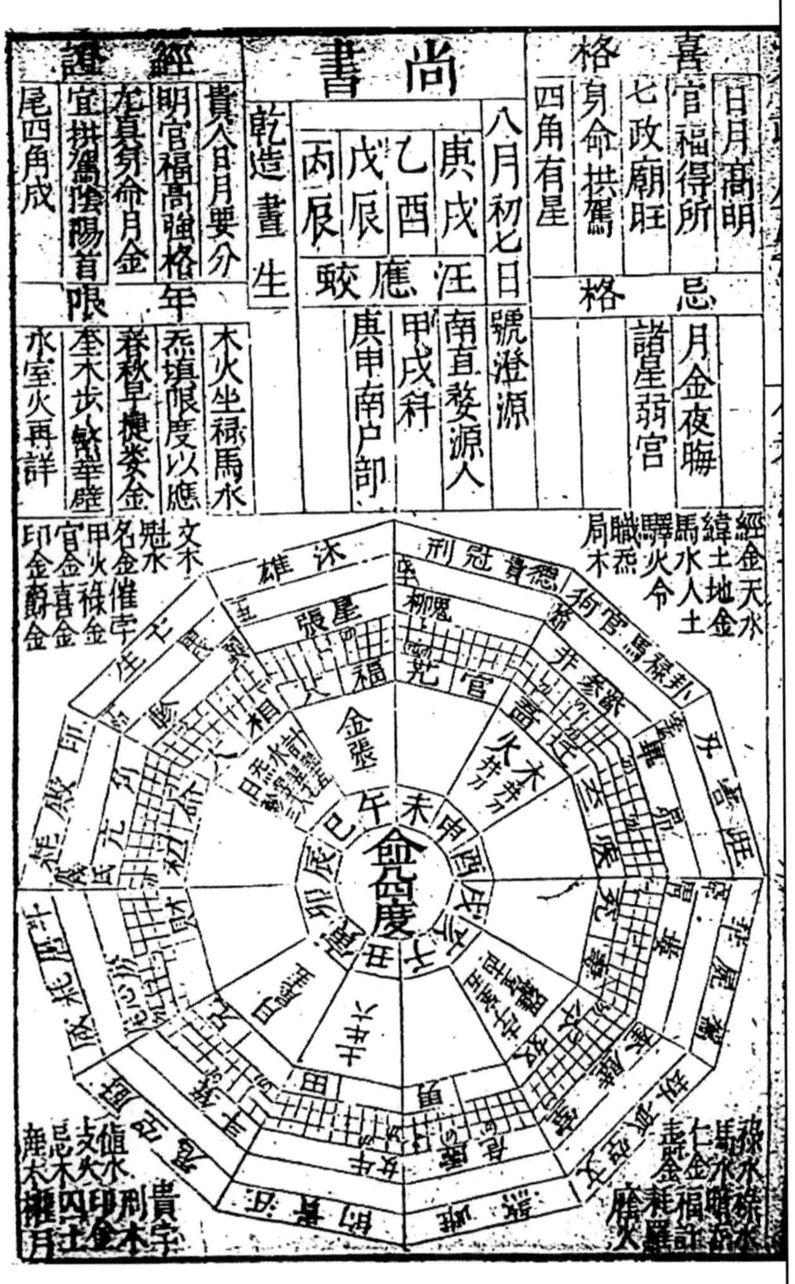

尚書
八月初七日
號澄源
汪應蛟
庚戌
乙酉
戊辰
丙辰
南直婺源人
甲戌科
庚申南户部
乾造晝生
喜格
日月高明
官福得所
七政廟旺
身命拱鴛
四角有星
忌格
月金夜晦
諸星弱宮
經證
貴人日月要分
明官福高強格年
左具身命月金
宜拱鴛陰陽首限
尾四角戌
木火坐禄馬水
炁填限度以應
春秋早槐葵金
奎木芡繁華璧
水室火再詳
金四度

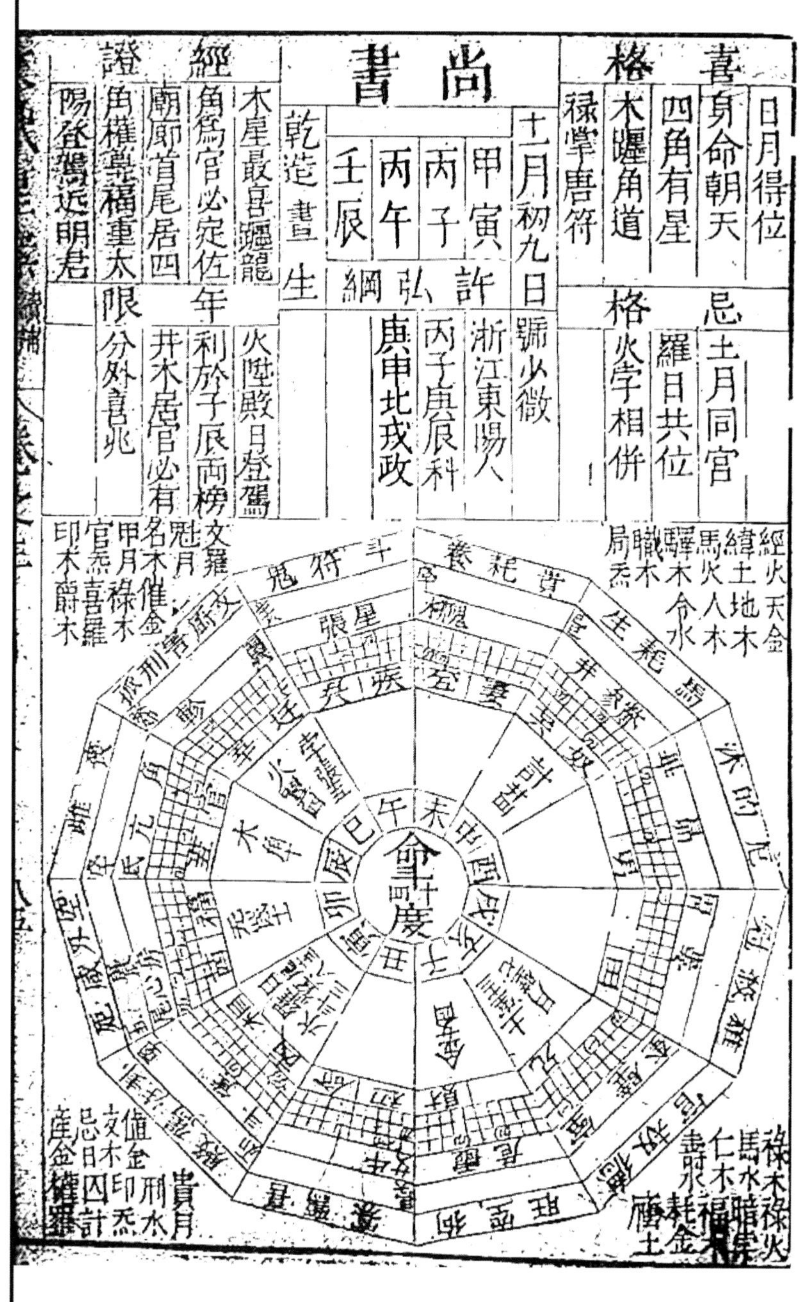
喜格
日月得位
身命朝天
四角有星
木躔角道
祿掌唐符
忌格
土月同宮
羅日共位
火孛相併
尚書
十一月初九日
甲寅
丙子
丙午
壬辰
乾造晝生
許弘綱
號少微
浙江東陽人
丙子庚辰科
庚申北戎政
經驗
木星最喜躔龍
角爲官必定佐
廟廓首尾居四
角權祿福重太
陽登駕近明君
年限
火陞殿月登駕
利於子辰兩榜
井木居官必有
分外喜兆
經火天金
緯土地木
馬火人木
驛木令水
職木
局炁
文羅
魁月
名木催金
甲月祿木
官炁喜羅
印木爵木
命

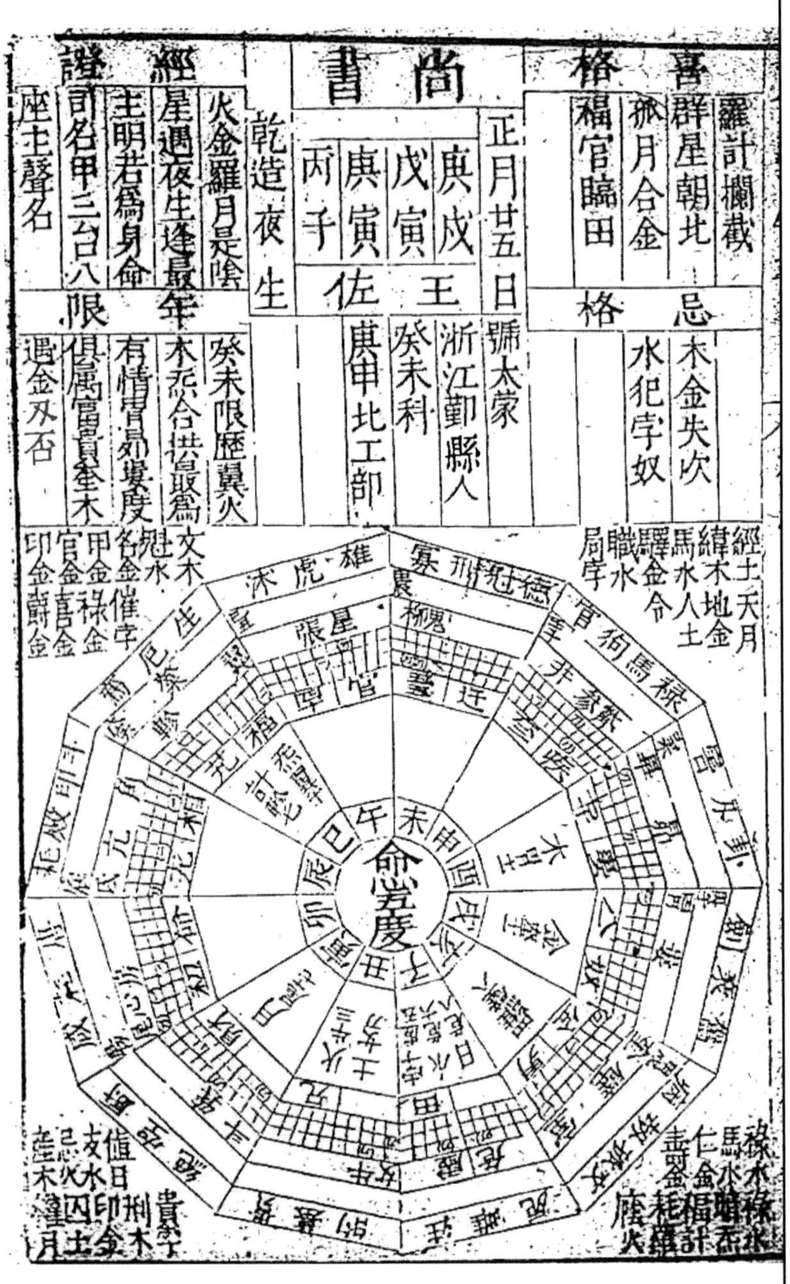
喜格
羅計攔截
群星朝北
孤月合金
福官臨田
忌格
木金失次
水犯孛奴
尚書
正月廿五日
庚戌
戊寅
庚寅
丙子
乾造夜生
王佐
號太蒙
浙江鄞縣人
癸未科
庚申北工部
經證
火金羅月是陰星遇夜生逢最年主明若爲身命司名甲三台八座主聲名
限
癸未限歷翼火木炁合拱最爲有情胃昴婁度俱屬富貴奎木遇金及否
經土　天月
緯木　地金
馬水　人土
驛金　合
職水
局孛
文木
魁水
名金　催孛
甲金　祿金
官金　喜金
印金　爵金
祿木　祿水
馬水　暗炁
仁金　福計
壽金　耗羅
蔭火
貴孛
值日　刑木
友水　印金
忌火　囚土
差木　逢月

喜格

計羅攔截
漏出土木
日月並明
官福居官
群星向限

忌格

木土失官
火金交戰
孛計福地

尚書

嫺月初一日號柱石
丁未
庚戌
己卯
庚午
乾造晝生

羅朝國

江西新建人
癸酉癸未科
庚申南刑部
辛酉年卒

經證

晝逢土木必堅
年日月尚明肖年
非輕諸星群聚
於獨宮官福高限
獨格尤真

癸酉尾火朝陽
癸未氐土秉令
俱妙玉堂填限
井木合金刃鋒
併宮吉凶相繼

經水　天羅
緯土　地木
馬木　人金
驛木　令土
職炁
局木

文火
魁計
名火　催羅
甲月　祿羅
官計　喜水
印月
爵火

命土三度

祿日　權金
馬水　暗金
仁火　福月
壽水　耗水
蔭炁

貴計
刑羅
值木　印火
支木　印孛
忌月　囚孛
產火　權木

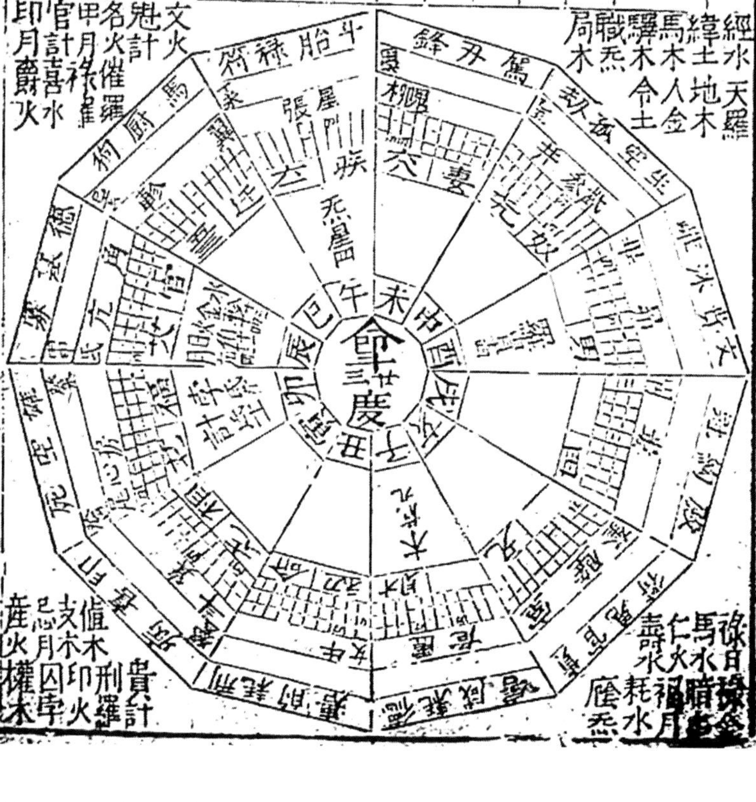

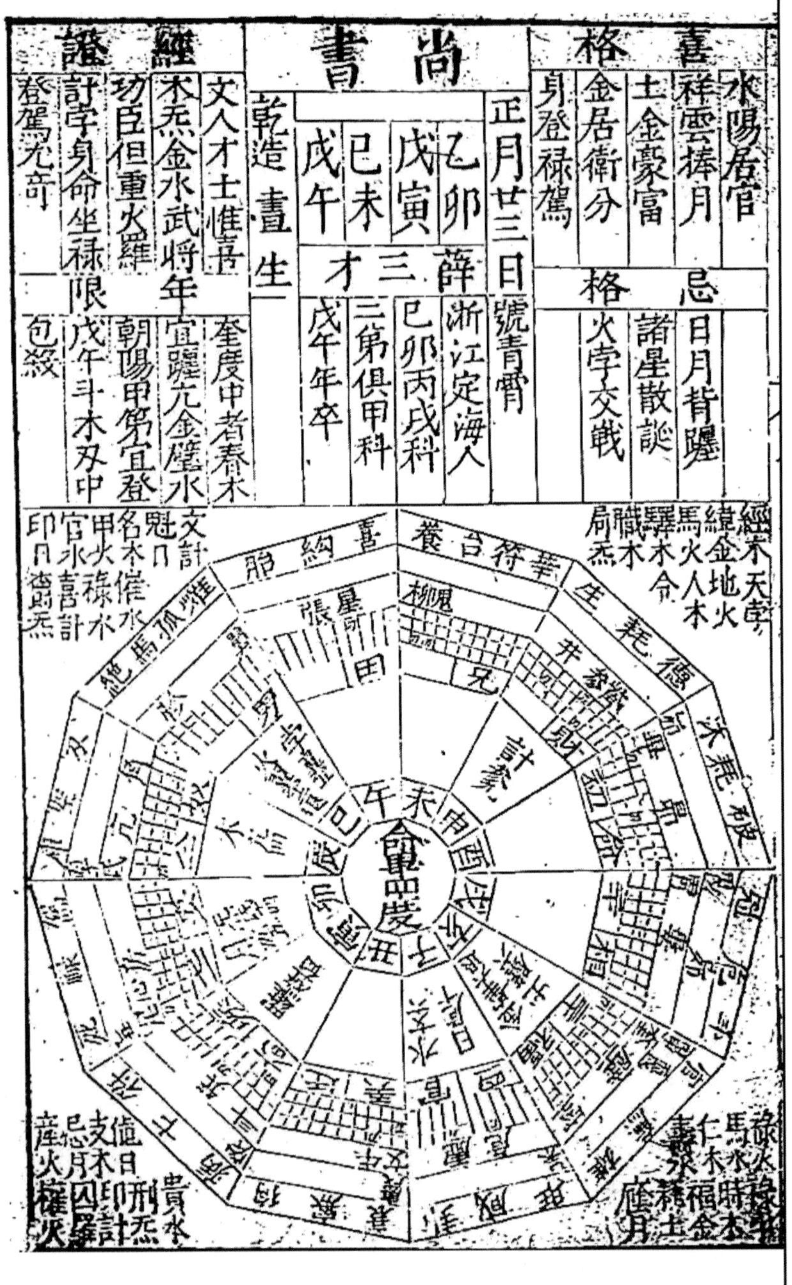
尚書
喜格
水陽居官
祥雲捧月
土金豪富
金居衛分
身登祿駕
忌格
日月背躔
諸星散誕
火孛交戰
正月廿三日號青霄
乙卯
戊寅
己未
戊午
乾造 晝生
薛三才
浙江定海人
己卯丙戌科
三弟俱甲科
戊午年卒
經證
文人才士惟喜
木炁金水武將
功臣但重火羅
討孛身命坐祿
登駕无奇
年限
奎度中者春木
宜躔亢金壁水
朝陽甲第宜登
戊午斗木歹中
包紱
文計
魁月
名木
甲火
官水
印月
儒水
祿木
喜計
齒炁
經木天孛
緯金地火
馬火人木
驛木
職木
局炁
祿火
馬水
仁木
壽
貴水
刑炁
印計
囚羅
權火
值日
支木
忌月
產火
命
喜
紛
胎
養
台
符
華
生
耗
德
刃
破
孤
馬
絕
文
星
張
柳
鬼
井
田
兄
計
午
未
申
酉
戌
亥
子
丑
寅
卯
辰
巳

侍郎

喜格

日月並明

陰陽守命

玄武持旌

官來拜乇

引祿朝君

忌格

火孛同宮

羅間七政

木入齊瓶

許孚遠

乾造晝生

乙未　丁亥　己未　丁卯

十一月初二日

號敬菴

浙江德清人

戊午壬戌科

南京兵部右

戊戌轉北辭

經證

七政聯茹四餘

列外因間羅睺

乃是文兼武備

掌生殺之權當

主貽廕後人

年限

角木登科木星

坐貴軫水癸甲

水星升殿

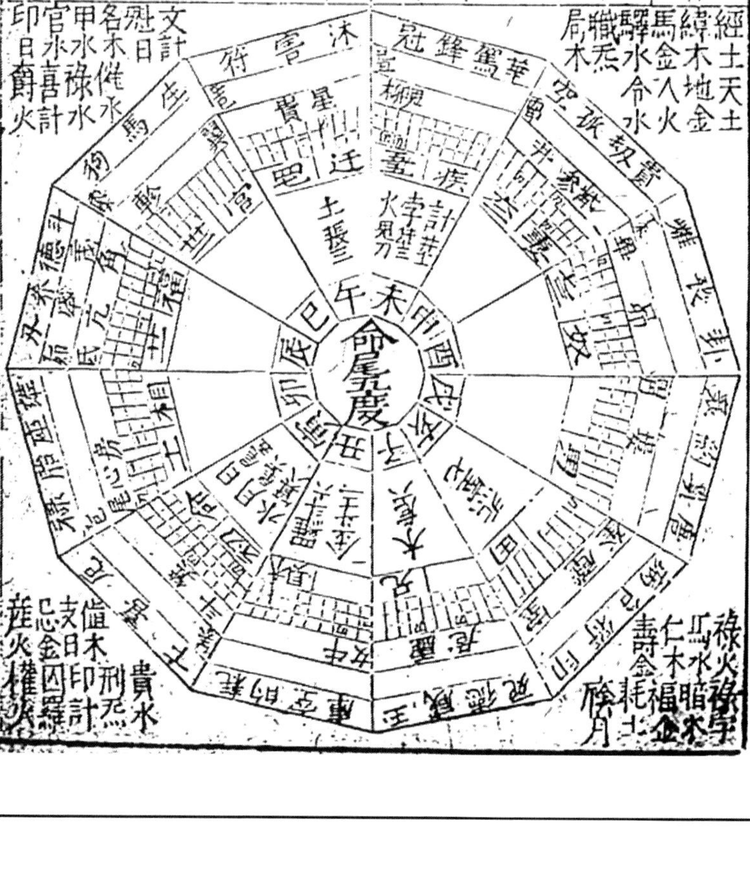

經土天土

緯木地金

馬金人火

驛水命水

職炁

局木

文計

恩日

名木催水

甲水祿水

官水喜計

印日爵火

祿火祿孛

馬水暗木

仁木福金

壽金耗土

蔭月

貴水

刑炁

値木印計

支日囚羅

忌金權炁

產火

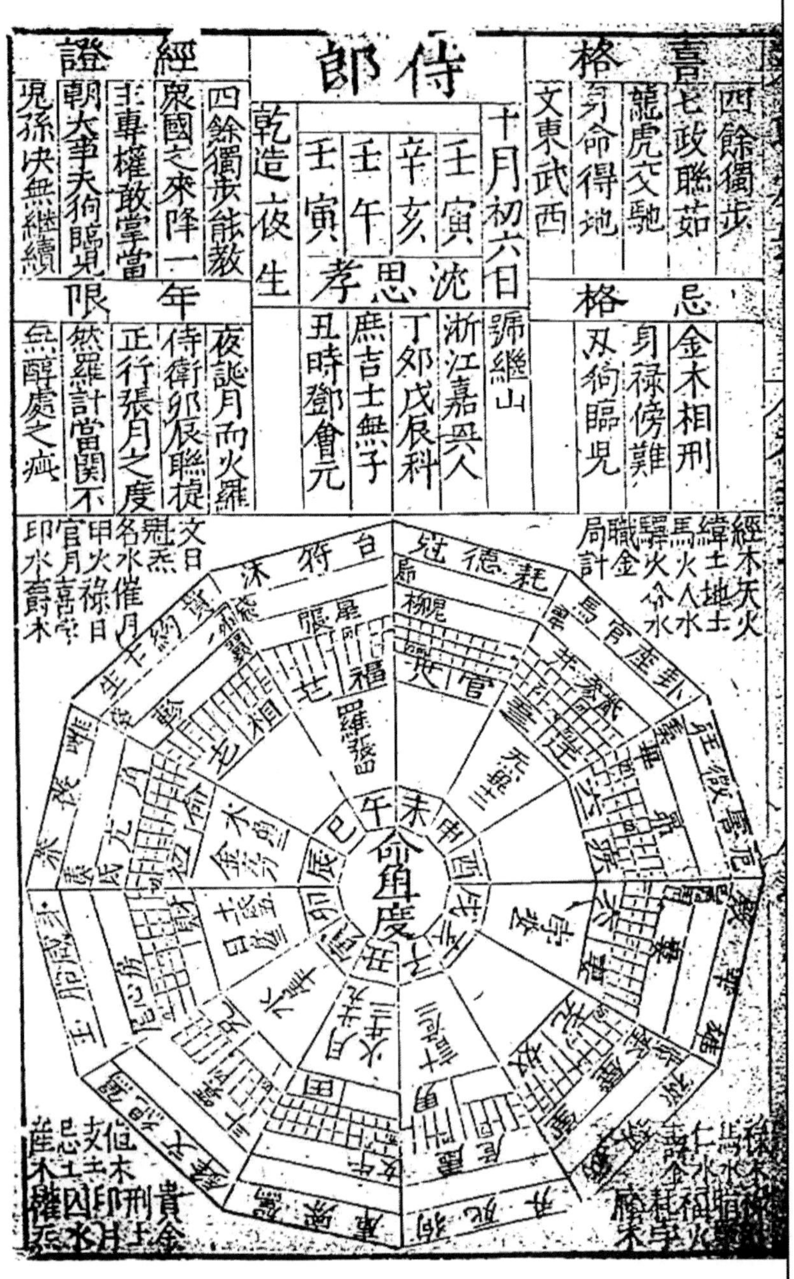

侍郎

喜格

四餘獨步
七政聰茹
龍虎交馳
身命得地
文東武西

忌格

金木相刑
身祿傍雜
奴狗臨兒

十月初六日

壬寅
辛亥
壬午
壬寅

乾造夜生

沈思孝

歸繼山
浙江嘉興人
丁卯戊辰科
庶吉士無子
丑時鄧會元

經證

四餘獨步能教
衆國之來降一
主專權敢掌當
朝大事夭狗臨兒
兒孫決無繼續

年限

夜誕月而火羅
侍衛卯辰聰捷
正行張月之度
然羅計當關不
無醇處之疵

侍郎

喜格

祥雲捧月
金水互垣
官福拱命
日月拱夾
水宿歸經

忌格

諸星背行
土魁當頭
火入金鄉
福官失次

九月廿四日寅後初

丁未
庚戌
壬申
辛亥

楊起元

乾造 夜生

廣東南海人
丁卯丁丑科
觧元
好善譚禪

經證

水宿歸經處世
身居翰苑文人
才士惟書木炁
金水生平好道
盡謂星辰失次

年限

限行四土火羅
臨旺福猶昌熾
奎木對木胃土
遇羅以驗丁卯
丁丑年發

經土 天土
緯金 地土
馬金 人火
驛火 命土
職土
局羅

文火
魁計
名火 催羅
甲木 祿羅
官計 壽水
印月 爵火

命參初度

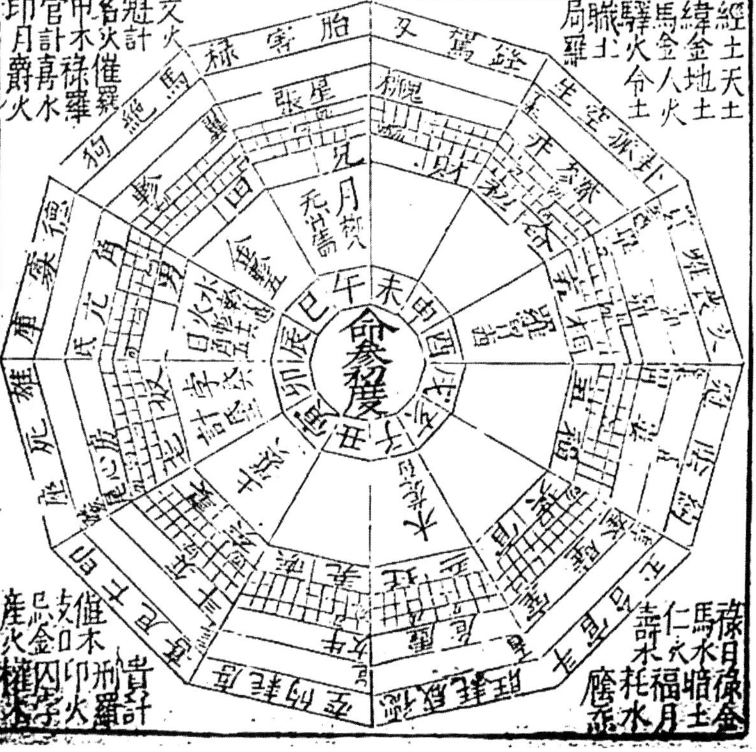

祿月 祿金
馬水 暗土
仁火 福月
壽木 耗水
廕炁

貴計
刑羅
催木 印火
文口 囚孛
忌金
產火 權木

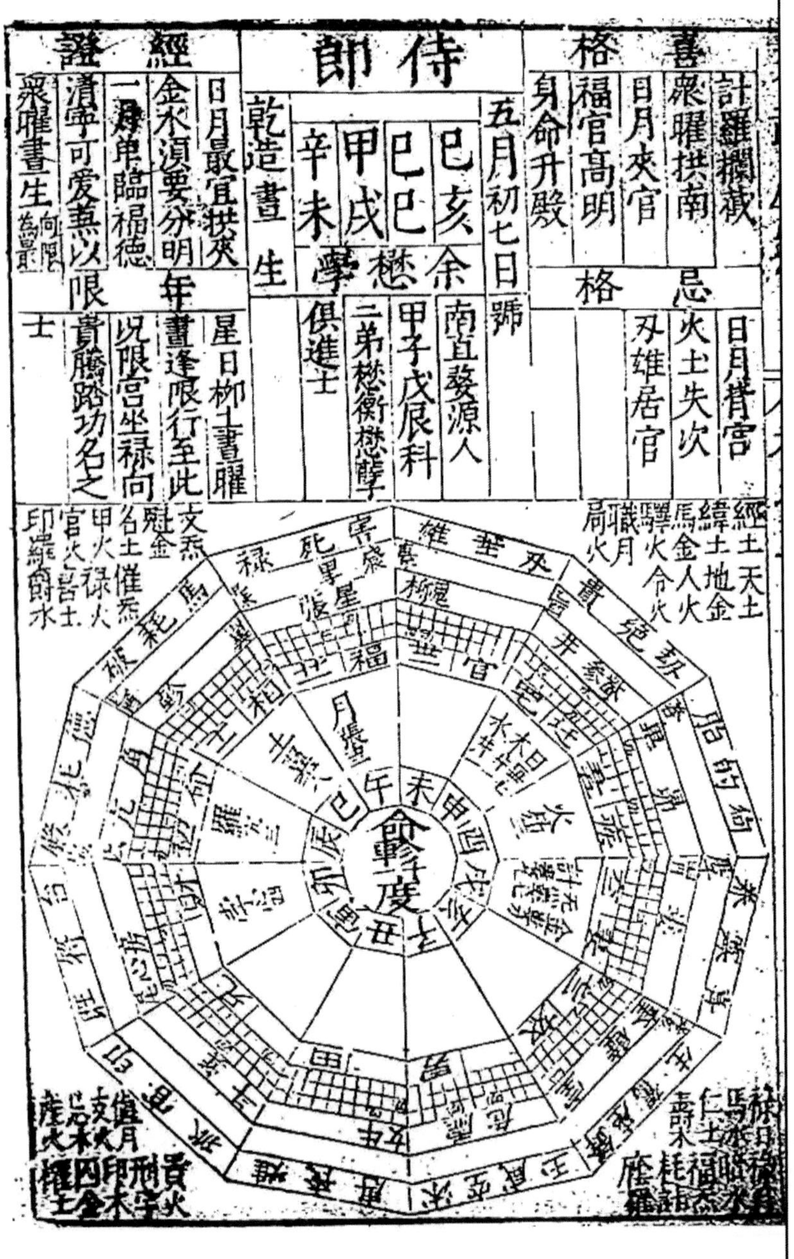

晝格
計羅攔截
衆曜拱南
日月夾官
福官高明
身命升殿
忌格
日月背宮
火土失次
夃雄居官
侍郎
五月初七日驲
己亥
己巳
甲戌
辛未
乾造晝生
余懋學
南直婺源人
甲子戊辰科
二弟懋衡懋孳
俱進士
經驗
日月最宜拱夾
金水須要分明
一身弟臨福德
清孚可愛蕪以
采曜晝生 向限為景
年限
星日柳土晝曜
晝逢限行至此
况限宮坐祿向
貴騰路功名之
士

喜格

日月垣殿
福官高明
計羅中分
淵出命官
衆曜向限

忌格

計羅犯殿
日羅同宮
木到金鄉

侍郎

六月十八日
辛酉
丙申
丙子
壬辰
乾造耆生

董漢儒

號誼臺
直隷開州人
壬午己丑科
庚申北工右

經證

日午歸垣月忌
陛殿且計羅徵年
衆曜於命限之
前而喜淵出命限
官之主為最

耆生喜取日木
上以昦發用皆
無阻所行柳土
井木以應午丑
高捷

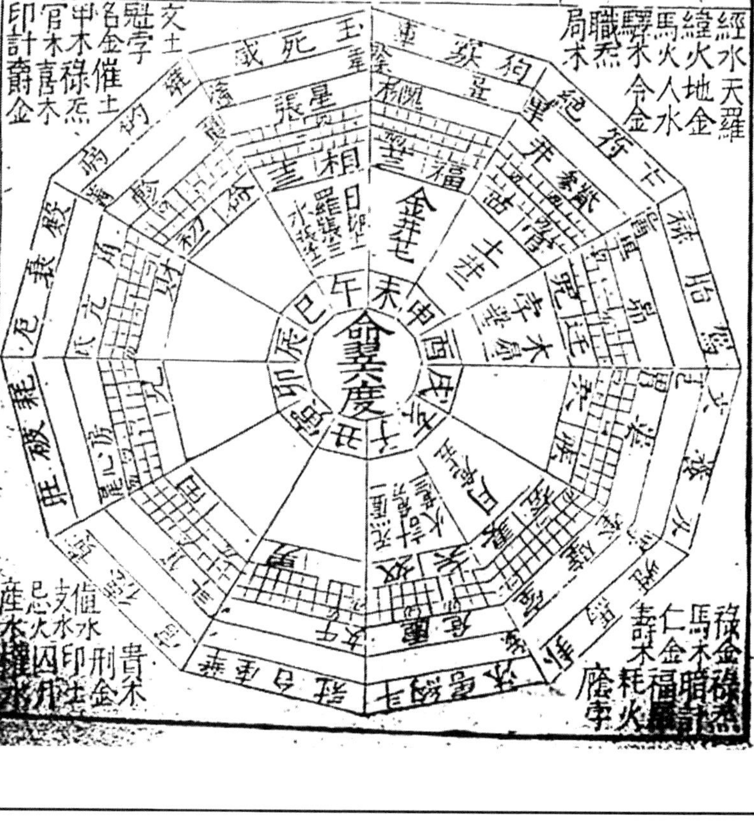

經水天羅
緯火地金
馬火人水
驛木命金
職炁
局木

文土
魁孛
名金催土
甲木祿炁
官木喜木
印計爵金

祿金祿炁
馬木暗計
仁金福羅
壽木耗火
蔭孛

貴木
值水刑金
文水印土
忌火囚月
産木權水

侍郎

喜格

計羅攔截
群星朝北
水金夾陽
身居官祿
福主起垣

忌格

濁出土難
寒月单行
木打賓瓶
辛酉年補南禮

十二月初五日
戊午
乙丑
丁未
戊申
乾造夜生

黃汝良
號毅菴
福建晉江人
乙酉丙戌科
堂弟居中同科

經證

日月最宜拱夾
命官主者合格
一月单行官祿
清寧可愛三學
士者身居清吉

限年

乙酉丙戌火土
對生限行胃土
理宜高提乃限
慶主逢生最際

經金天水
緯金地水
馬水人土
驛火合土
職木
局忝

文金
魁火
名土催
甲木祿
官字喜
印土爵

命 參 度

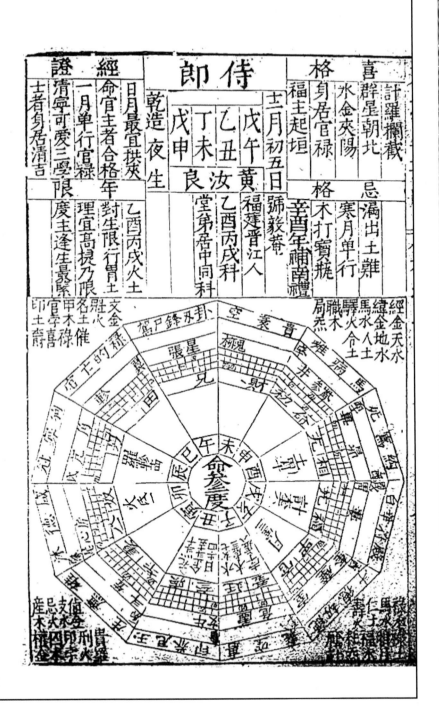

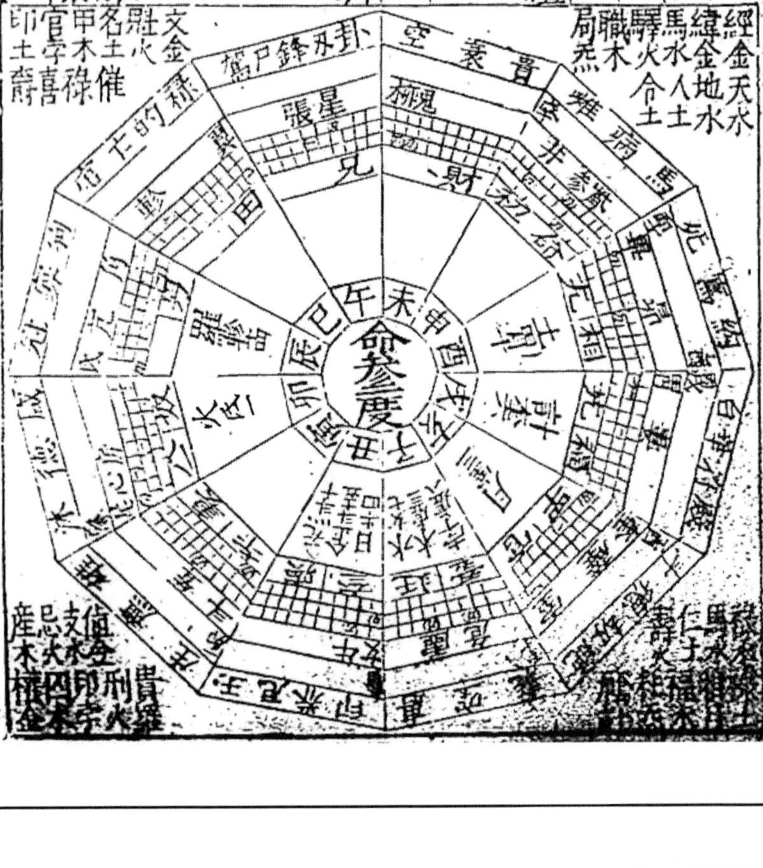

侍郎

喜格

七政聯茹
四餘列外
長庚伴月
水陽度楚
日月夾輔

忌格

七政稍背
四餘向限
日月失輝

八月初二日
鄖九巖

乙丑
乙酉
丙寅
己亥

乾造夜生

臧爾勸

山東諸城人
戊子壬辰科
庚甫北户右

經證

少年身到鳳池
水陽度楚長庚
伴月少馳名且
政餘兩分國家
柱石局面也

年限

戊子履壁水壬
辰行室火水朝
君前火歸坤地
其驗由此將來
冢宰可期矣

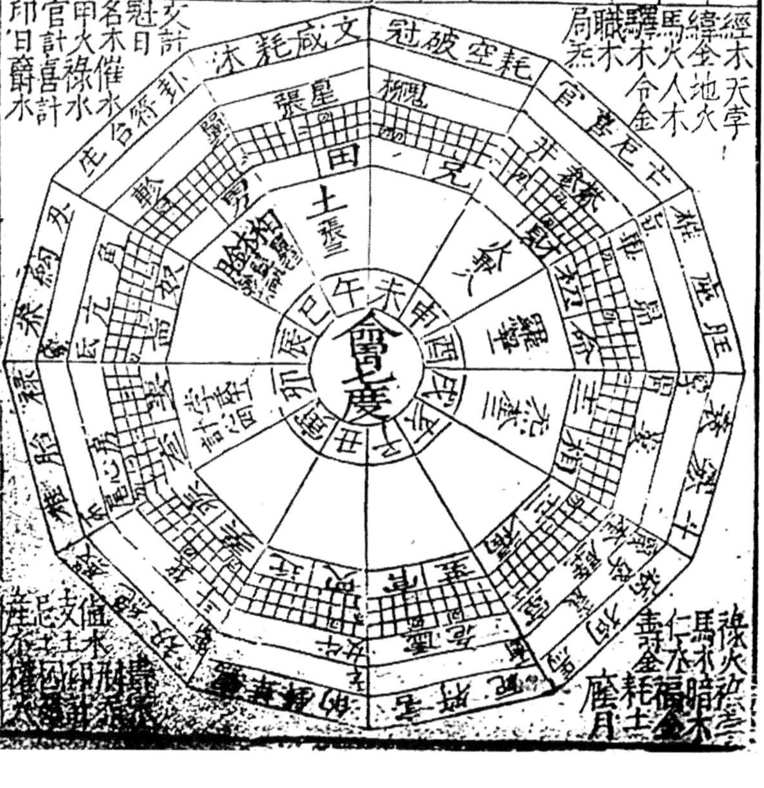

文計　魁日　名木　甲火　官計　印日
催水　祿水　喜計　爵木

經木　緯金　馬火　驛木　職木　局炁
天孛　地火　人木　合金

祿火　馬木　仁木　壽金　蔭月
科孛　暗木　福金　耗土

催木　文土　忌土　產木

侍郎

喜格

日月高明
官福得所
太乙抱蟾
命主朝君
衆耀拱南

忌格

計臨獅位
炁奴犯度
木居獅子

十月十九日
壬子
辛亥
戊辰
甲寅
乾造夜生

陳道亨
號蠡源
江西安仁人
壬午丙戌科
庚申北刑左

經讖

命主朝陽於東升旬星抱蟾於酉況且日掌福月掌官則倍佳矣

年限

土羅相生登甲歸垣午戌鄉會良由巳也但計奴犯㭍所以未及膺捷因此

經木天火
緯土地土
馬火人水
驛火令水
職金
局計

文日
魁炁
名水催月
甲火祿日
官月喜孛
印水爵土

命度

貴金
刑土月
值木印月
支木印水
忌日因水
産金權炁

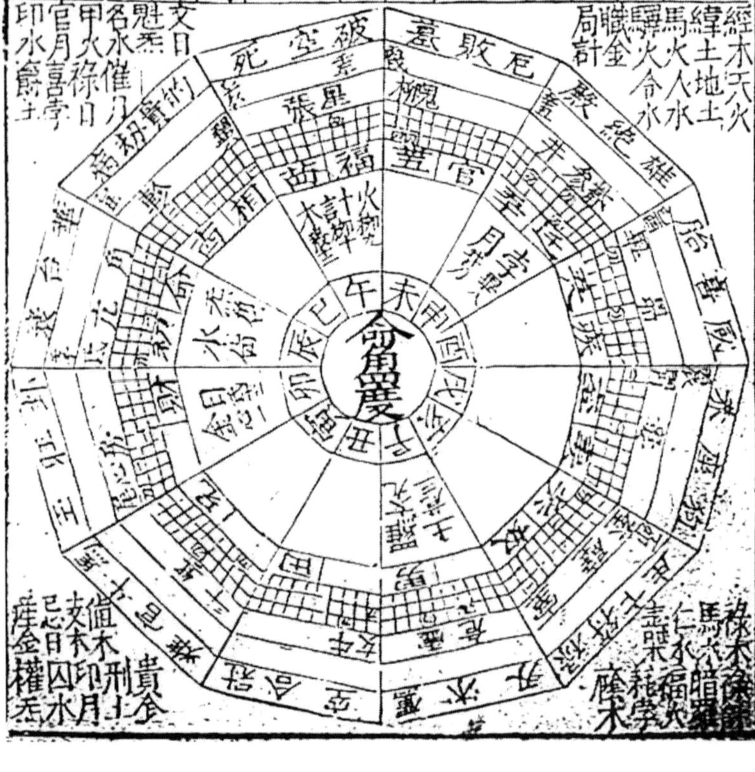

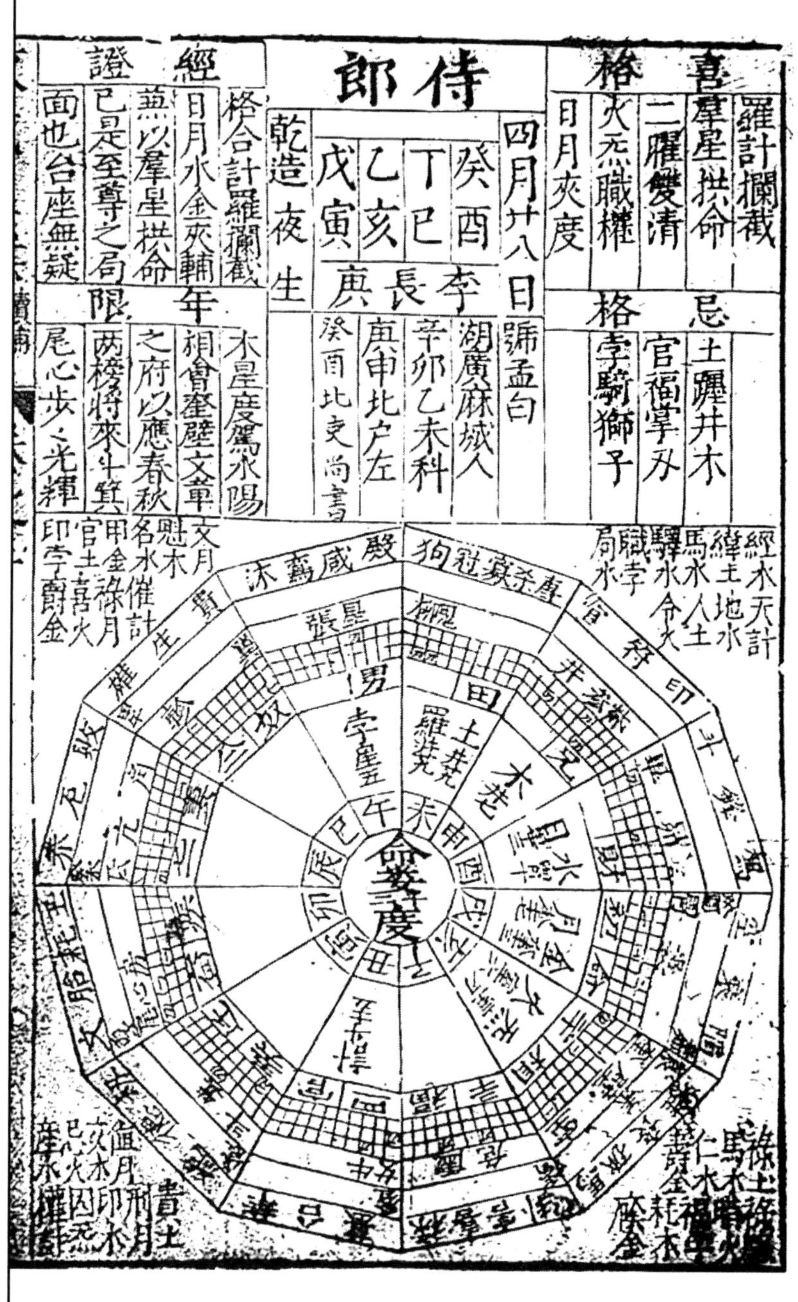

侍郎

喜格

羅計攔截
羣星拱命
二曜雙清
火炁職權
日月夾度

忌格

土躔井木
官福掌殀
孛騎獅子

四月廿八日

癸酉
丁巳
乙亥
戊寅

乾造夜生

李長庚

號孟白
湖廣麻城人
辛卯乙未科
庚申北户左
癸酉北吏尚書

經證

格合計羅攔截
日月水金夾輔
兼以羣星拱命
已是至尊之局
面也台座無疑

年限

木星度躔水陽
祖會奎壁文章
之府以應春秋
兩榜將來斗箕
尾心步步光輝

侍郎

舊格

孤月獨明
水清實饒
君恩登駕
羅計截斷
孛星向限

忌格

火計相洩
土羅持刃
日月夾尼

二月初九日　號念東

癸亥　乙卯　戊午　辛酉

乾造夜生

祁光宗

直隸滑縣人
戊子戊戌科
庚申北兵右

經證

身福月到金年
命官水居福地
兼以計羅截斷
星於限道之前
已是出羣大局

年限

柳土土羅相生
井木木星秉令
戊子戊戌正當
其年酉戌亥限
更勝前遇

文月　魁木　名水　催計　甲木　祿月　官土　喜火　印孛　爵水

經火　天金　緯金　地火　馬金　人火　驛木　令木　職計　局金

貴土　刑月　值月　印水　支火　囚孛　忌木　權計　產火

祿土　蔭金　馬木　暗火　仁水　福孛　壽水　耗木　蔭金

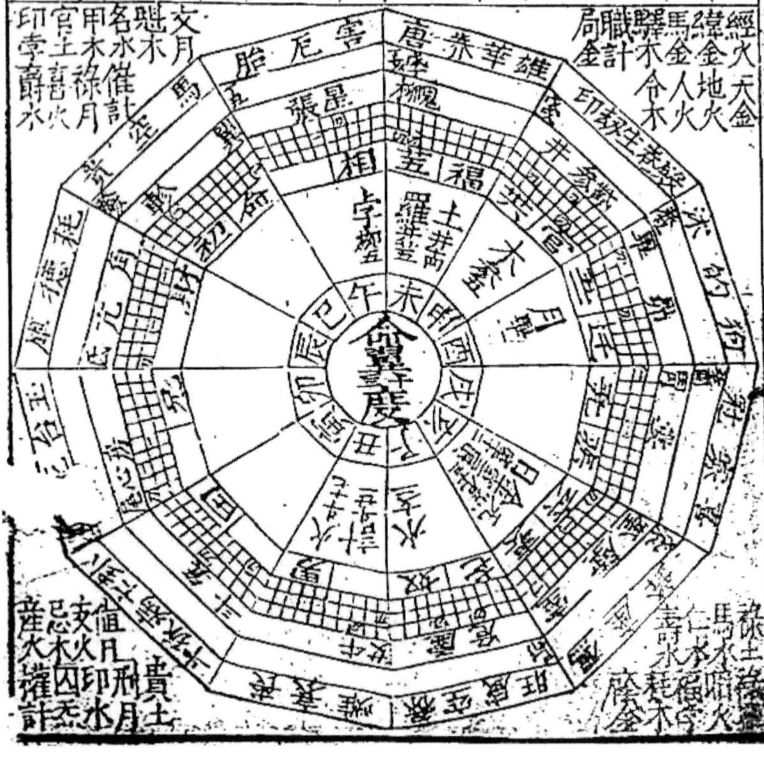

侍郎

五月十五日𢈔念昔

乾造晝生

丙寅　甲午　乙巳　甲申

周道登

南直吳江人

丁酉戊戌科

庚申北禮左

庶吉士

喜格

火土官高

水陽相會

太乙抱蟾

群星向朝

身登駕上

忌格

金羅相刑

計奴犯度

計孛夾身

經讖

主到官宮當垣

貴身星登駕近年

明君五曜連茹

四餘拱月因間

金次之

限

火居午位名天

赫此位朝君最

奇特酉戌聯登

因行翼火度主

高明故耳

文金　魁羅　名火　催日　甲金　祿金　官羅　吉金　印火　爵木

經金　天炁　緯木　地火　馬木　人金　驛金　介火　眊金　局計

祿水　祿木　馬水　暗金　仁火　福土　壽火　耗月　蔭水

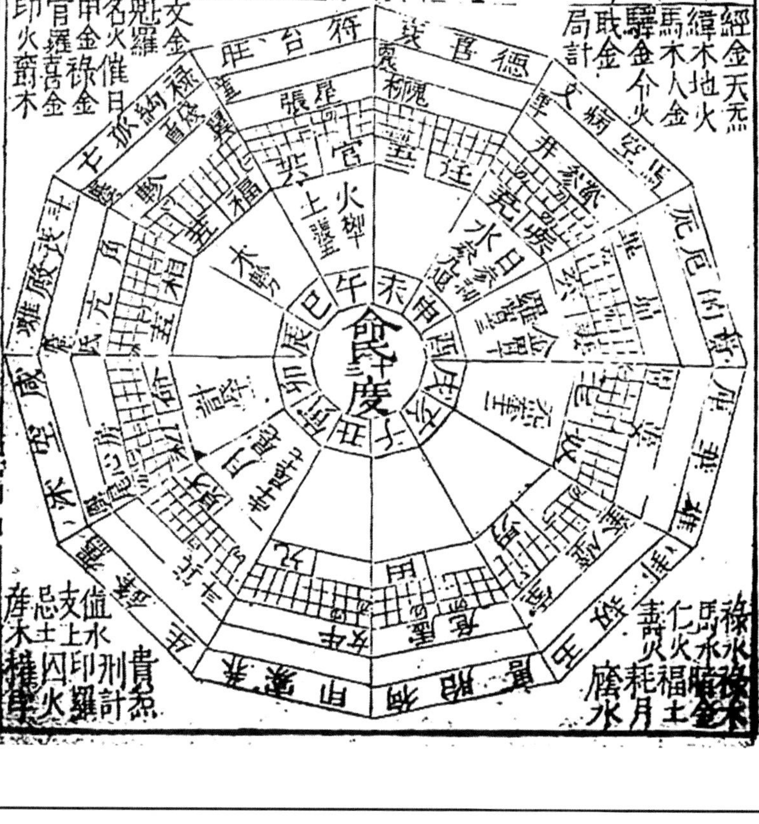

貴炁　值水　刑計　支土　印羅　忌土　囚火　產木　權孛

命　度

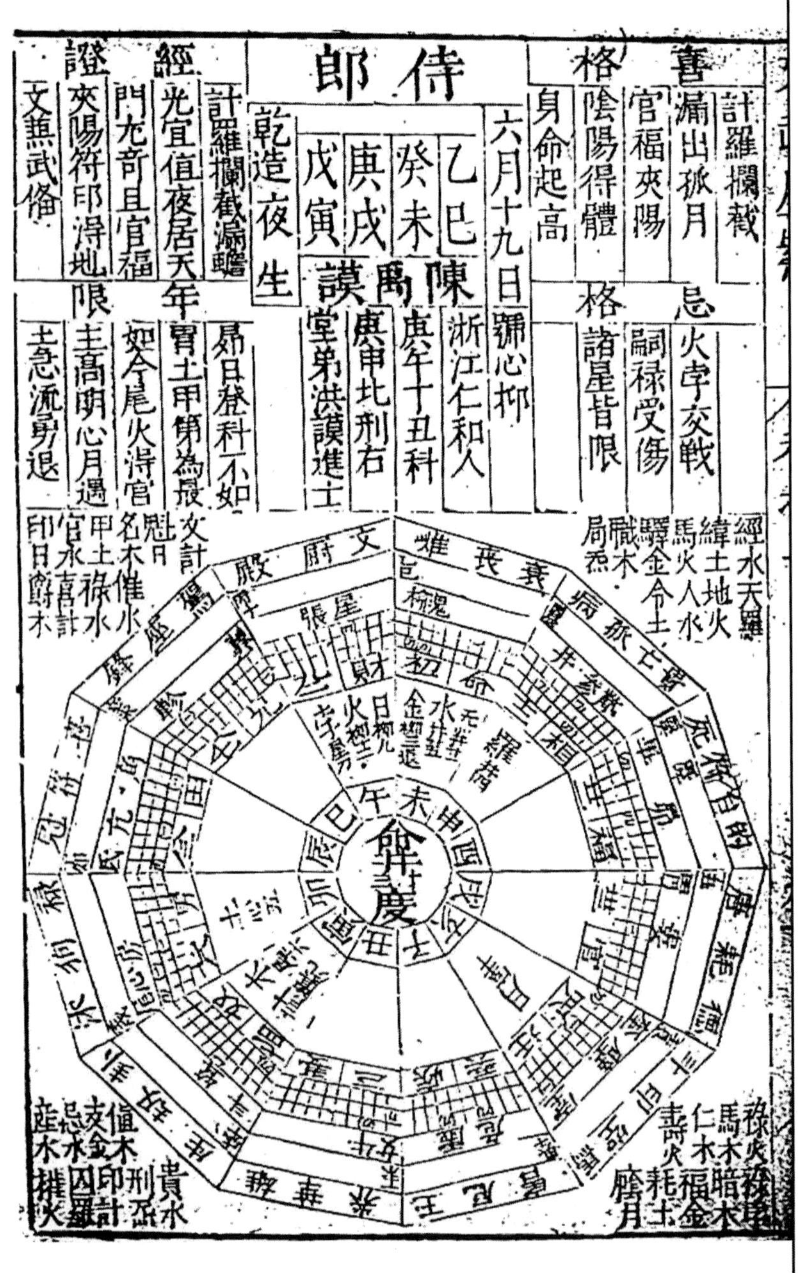
侍郎
六月十九日號心抑
浙江仁和人
乙巳
癸未
庚戌
戊寅
乾造夜生
陳禹謨
庚午十丑科
庚申北刑右
堂弟洪謨進士
舊格
計羅攔截
漏出孤月
官福夾陽
陰陽得體
身命起高
忌格
火孛交戰
嗣祿受傷
諸星皆限
經證
計羅攔截漏蟾
光宜值夜居天年
門龙奇且官福
夾陽符印得地
文熊武備
限
爲日登科不如
胃土甲第為最
如今尾火得官
主高昂心月遇
主急流勇退

侍郎

喜格	
計羅截斷	
群星朝北	
日東月西	
木字符印	
斗牛秀氣	

忌格
孤陽獨立
火入金鄉
金居火位

十月十五日

戊午　癸亥　戊午　丙辰

乾造晝生

陳所學

號松石

湖廣景寧人

己卯癸未科

庚申南户部

庚辰年會試

經證

羅計截衆曜于北關而命安其間況日月高明福官互換所謂星朝地島奇特

年限

己卯太陽塡限

癸未金水會垣

午未限度更勝

前遇畢月須當

穩步

經木　天孛
緯土　地土
馬火　人水
驛木　[illegible]水
職月
局火

文金　魁火
名土　催木
甲月　祿土
官孛　喜月
印土　[illegible]水

祿水　祿土
馬木　暗月
仁土　福水
壽火　耗炁
蔭計

貴羅
刑火
值木
文水　印孛
忌火　囚木
產木　權金

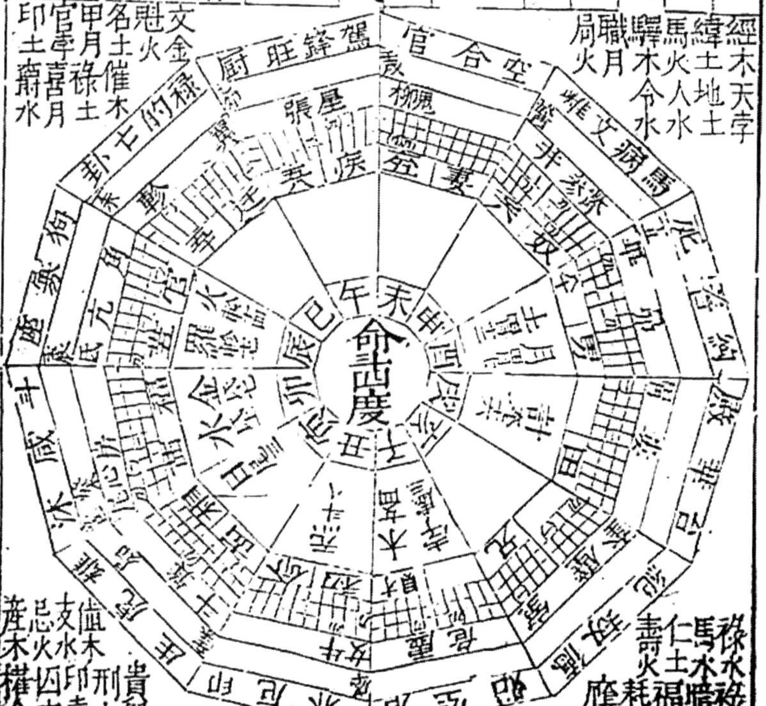

都察院

喜格

水陽相會
火月同宵
日月夾命
官福夾命
生貴向祿

忌格

炁羅臨垣
金乘火位
泉曜背限

九月廿五日

壬午
庚戌
戊辰
甲寅

乾造夜生

陸樹德

號阜南
南直華亭人
戊午乙丑科
父子兄弟進士
孫舉人

經證

格合月宮福
夾命貴之本也
羣星守照多端
合格為上左右
有情功名莫比

年限

木孛符印於斗
水輔陽光于辰
午丑年間限行
井參以應春秋
高捷

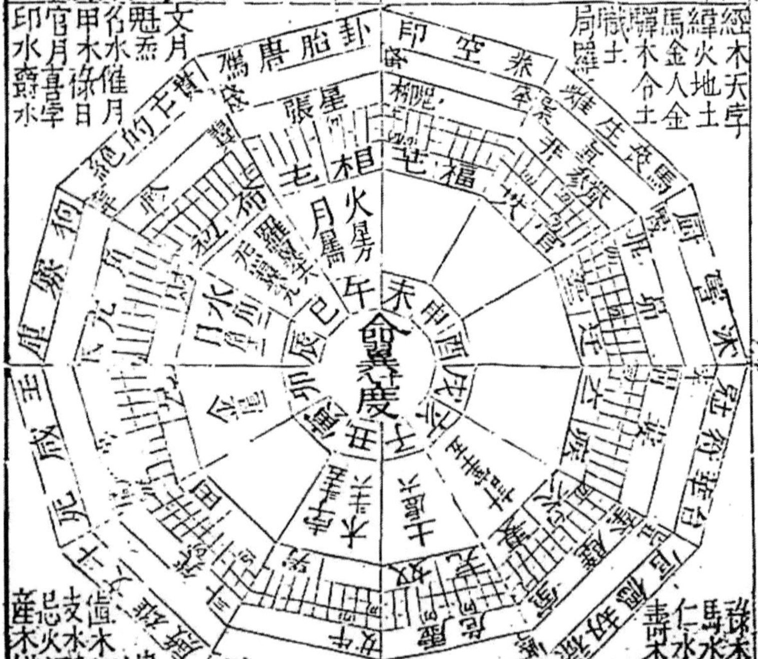

經木天孛
緯火地土
馬金人金
驛木合土
職土
局曜

文月
魁炁
名水催月
甲木祿日
官月喜孛
印水蔭水

貴金
官木刑土
支水印月
忌火囚[illegible]
產木權[illegible]

殺木福計
驛水暗羅
仁水福火
壽木耗孛
磨木

都察院

喜格

福壽居垣
命官登駕
身嗣陞殿
度主朝陽
名甲高明

忌格

水火同宮
計犯太陽
諸星散誕

九月廿六日

巳酉
甲戌
壬辰
戊申

乾造 晝生

張問達

號誠宇
陝西涇陽人
癸酉癸未科
庚申年北正堂

經證

初覩諸星散誕
日月無光格局
固難詳矣而喜
身福垣殿居官
必久宜乎發達

年限

女土起垣斗木
登駕無以宮主
高明宜乎高捷
後限衆曜環拱
不言可知利矣

經木 天孛
緯水 地火
馬火 人水
驛金 令土
職火
局月

文炁 財金
名土 催炁
甲水 祿火
官火 喜土
印羅 尉金

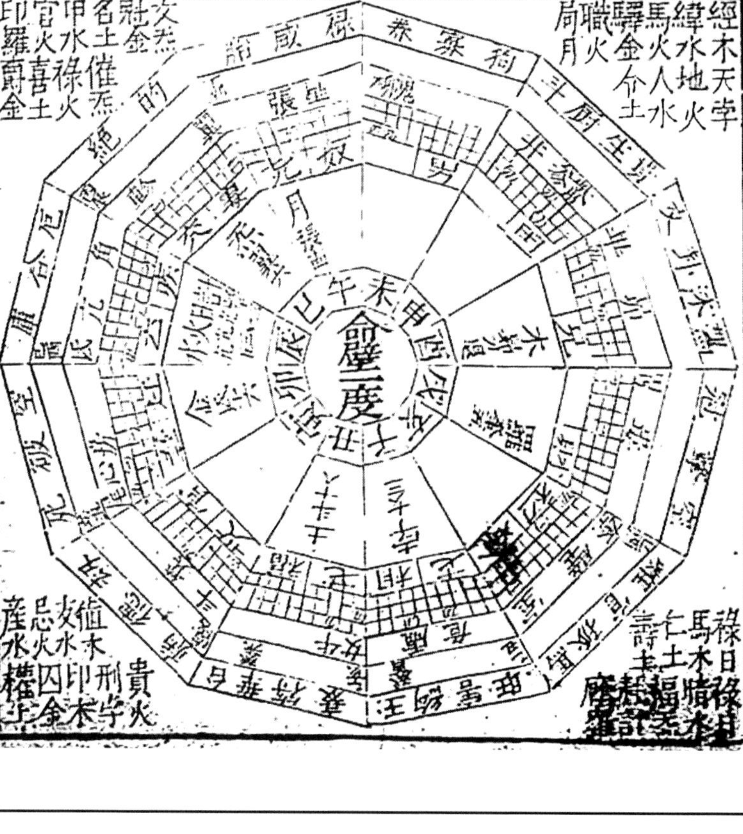

命 壁度

貴火 刑孛
値木 印木
爻水 四金
忌火 權孛
産水

祿日 馬木 仁土 詩孛
[illegible]

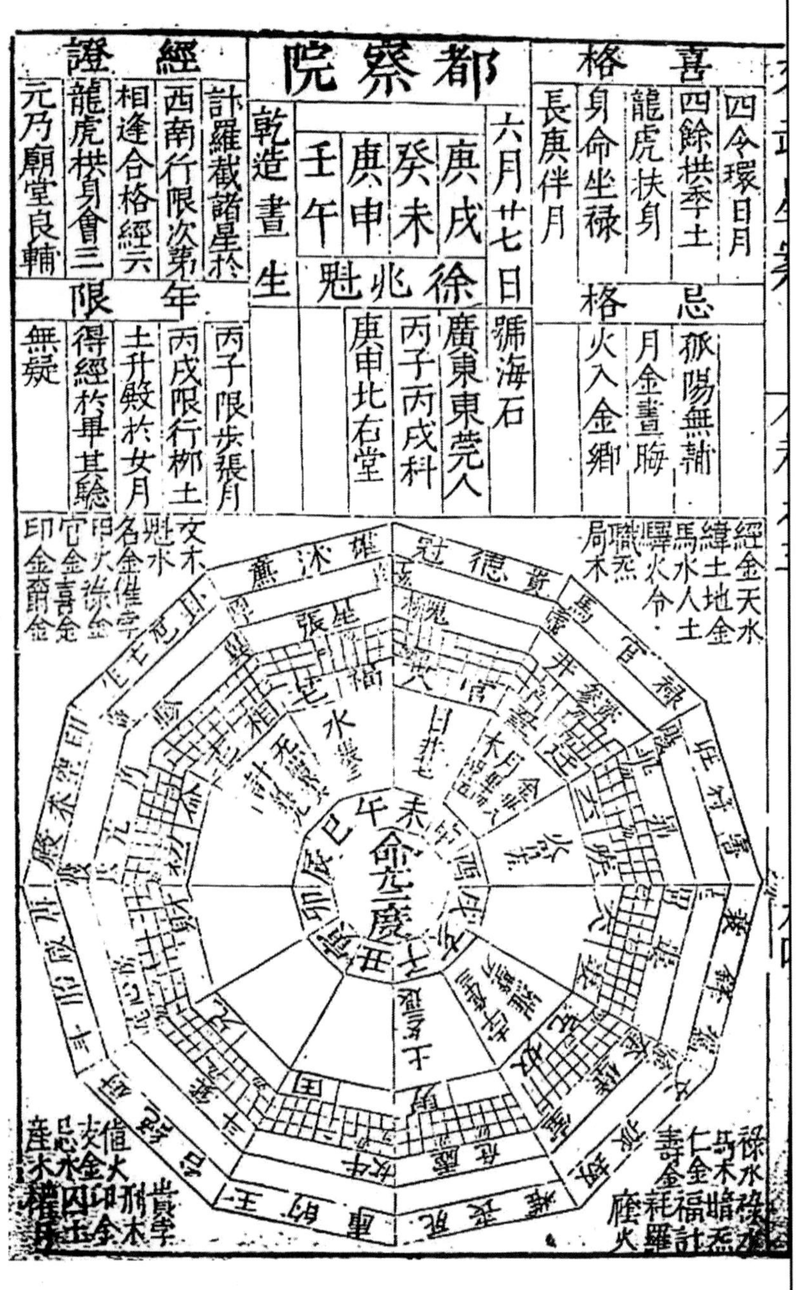

喜格
四令環日月
四餘拱季土
龍虎扶身
身命坐祿
長庚伴月
忌格
孤陽無輔
月金晝晦
火入金鄉
都察院
六月廿七日號海石
庚戌
癸未
庚申
壬午
徐兆魁
廣東東莞人
丙子丙戌科
庚申北右堂
乾造晝生
經證
計羅截諸星於年
西南行限次第年
相逢合格經云
龍虎拱身會三
元乃廟堂良輔
限
丙子限步張月
丙戌限行栁土
土升殿於女月
得經於畢其驗
無疑
命在庚

喜格

斗牛秀氣
長庚伴月
計羅截土孛
四令環日月格
命官秉令

忌
日月無光
諸曜背行
氷冷金寒

都察院

十一月初四日
巳未
丙子
辛未
戊子
乾造夜生

孟養浩
獅五岑
湖廣咸寧人
壬午癸未科
庚申南右堂

經證

計羅截出殺奴
惟取四令環拱年
日月貴者此也
但頭日亥時筭限
者五星更驗

若謂亥格合宫
福夾主日月身
命夾忌且午未
聯發限中井木
最佳

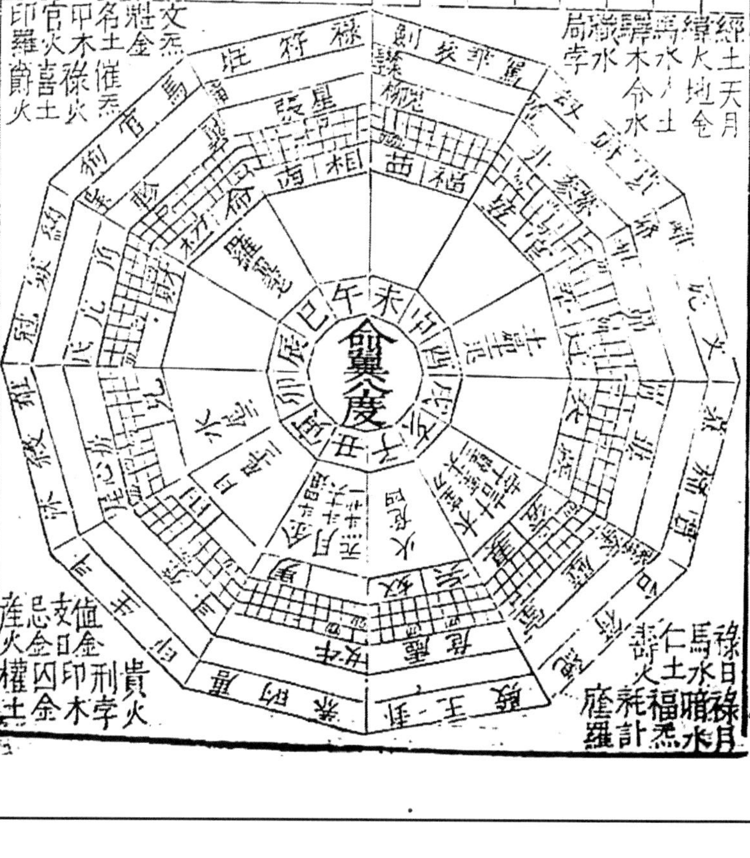

經土 天月
緯火 地金
禹水 人土
驛木 命水
殺水
局孛

文炁
魁金
名土 催炁
印木 祿火
官火 喜土
印羅 爵火

命
翼
度

貴火
值金 刑孛
支日 印木
忌金 囚金
産火 權土

祿日 祿月
馬水 暗水
仁土 福炁
壽火 耗計
産羅

經證					總督							喜格				
厚	福星明宮高福	貴人官曜顯而	福日月分明是	單羅獨計能為	乾造夜生	壬戌	戊戌	辛酉	戊午	閏七月廿三日		官福臨財	火到南離	木炁連枝	月到崑崙	水陽度楚
	限		年				王紀			號富蔡		忌格				
	況宮度兩強	巳喜限歷虛女	相會子丑聯捷	土掌官福水陽			庚申北户倉場	戊子已丑科	山西芮城人			諸星散誕	火金同宮	日月臨弱		

文金
煞火
名土催木
甲金祿土
官學喜月
卯土爵水

經水天計
緯土地金
馬木人金
驛火令金
職土
局羅

命奎十度

祿水祿土
馬水暗月
仁土福水
壽火耗炁
膝計

值水
文水
忌火
産木
貴羅
刑火
印孛
因木
權金

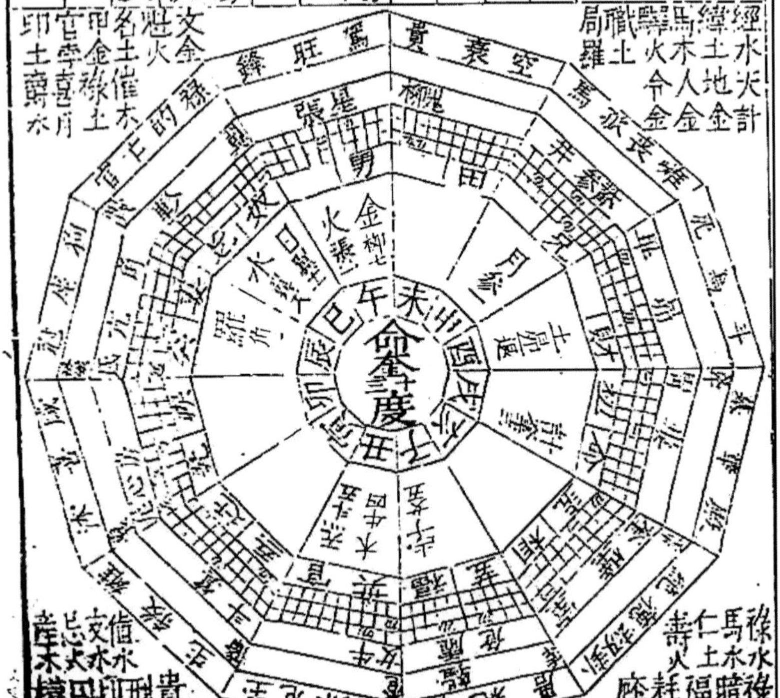

喜格

計羅攔截
漏出晝土
衆曜拱限
日月夾官
官福夾生

忌格

計月同宮
孛日共位
木犯烝奴

都院

五月初三日號
乙未
壬午
癸亥
丁巳
乾造晝生

王旋生

河南太康人
乙卯戊辰科
兊子有孫

經證

晝生當取卯木
土以是發用皆
無阻左右吉星
最喜拱主為公
為侯順乎晝夜

年限

乙卯國嬿殺金
臨慶而得烝奴
救主戊辰月怕
計同又喜金來
助月

經水 天計
緯火 地火
馬木 人金
驛水 合火
職孛
局水

文計
魁日
名木 催水
甲土 祿水
官水 喜計
印日 壽水

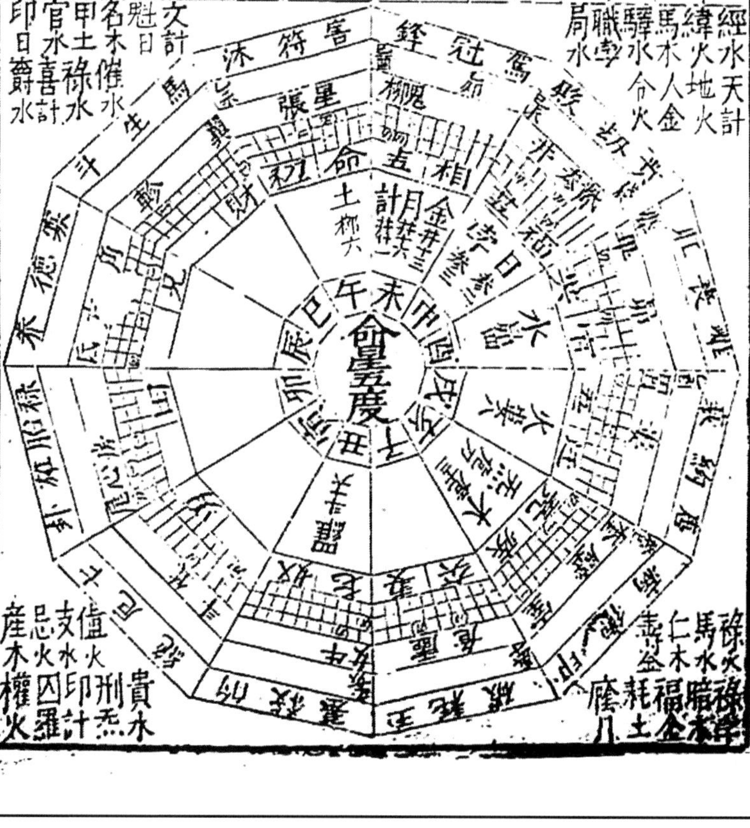

命宮

祿火 祿孛
馬水 暗木
仁木 福金
壽金 耗土
蔭八

貴水
刑烝
值火 印計
支水 囚羅
忌火
產木 權火

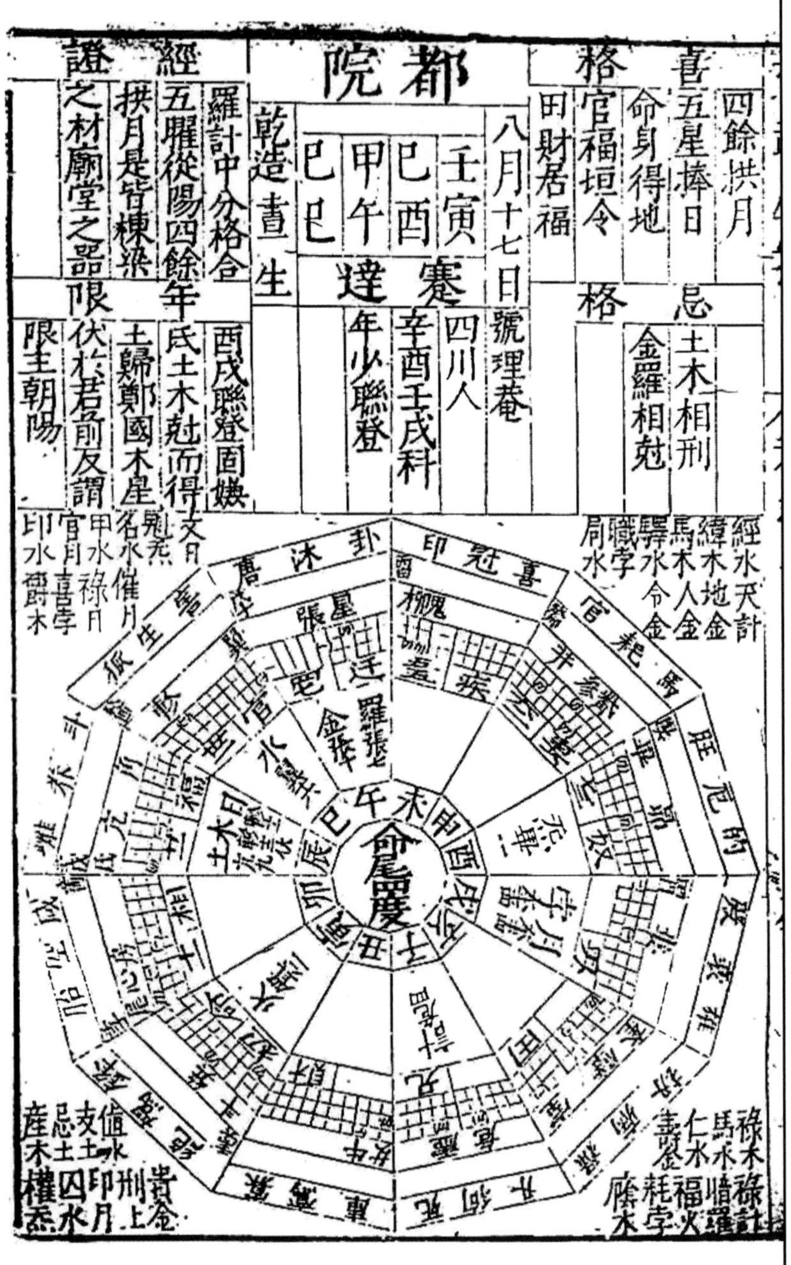
喜格
四餘拱月
五星捧日
命身得地
官福垣令
田財居福
忌格
土木相刑
金羅相尅
都院
八月十七日號理菴
壬寅 四川人
己酉 辛酉壬戌科
甲午 年少聯登
己巳
蹇達
乾造晝生
經證
羅計中分格合
五曜從陽四餘
拱月是皆棟梁
之材廟堂之器
年限
酉戌聯登個嫌
氐土木尅而得文
土歸鄭國木星
伏於君前反謂
限主朝陽
命居慶

喜格

太陰朝斗
土金對生
火月夜輝
計羅攔截
衆曜相向

忌格

日月失輝
金乘火位
限歷空位

都院

正月廿七日 號省吾
壬寅 金 浙江仁和人
壬寅 學 甲子戊辰科
戊申 會 少年科第
癸亥 生 福建巡撫
乾造夜生 瀕中年卒

經證

火金羅月是陰星遇夜生逢最主文若為身命司官福三台八座題聲名

限年

火居卯上名天乙年必成名登桂籍甲子戊辰翼火司事正當其年矣

文日
魁炁
名水 惟月
甲火 祿日
官月 喜孛
印水 尊木

經木 天火
緯土 地土
馬火 人水
驛火 命木
職金
局計

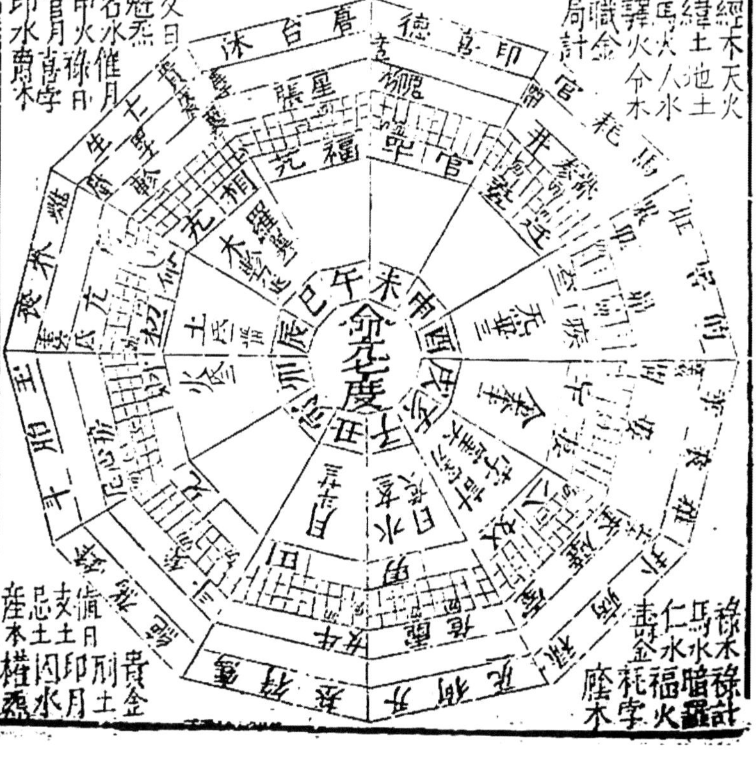

祿木 祿計
馬水 暗羅
仁水 福火
貴金 耗孛
塵木

貴金
流月 刑土
支土 印月
忌土 囚水
產木 楮炁

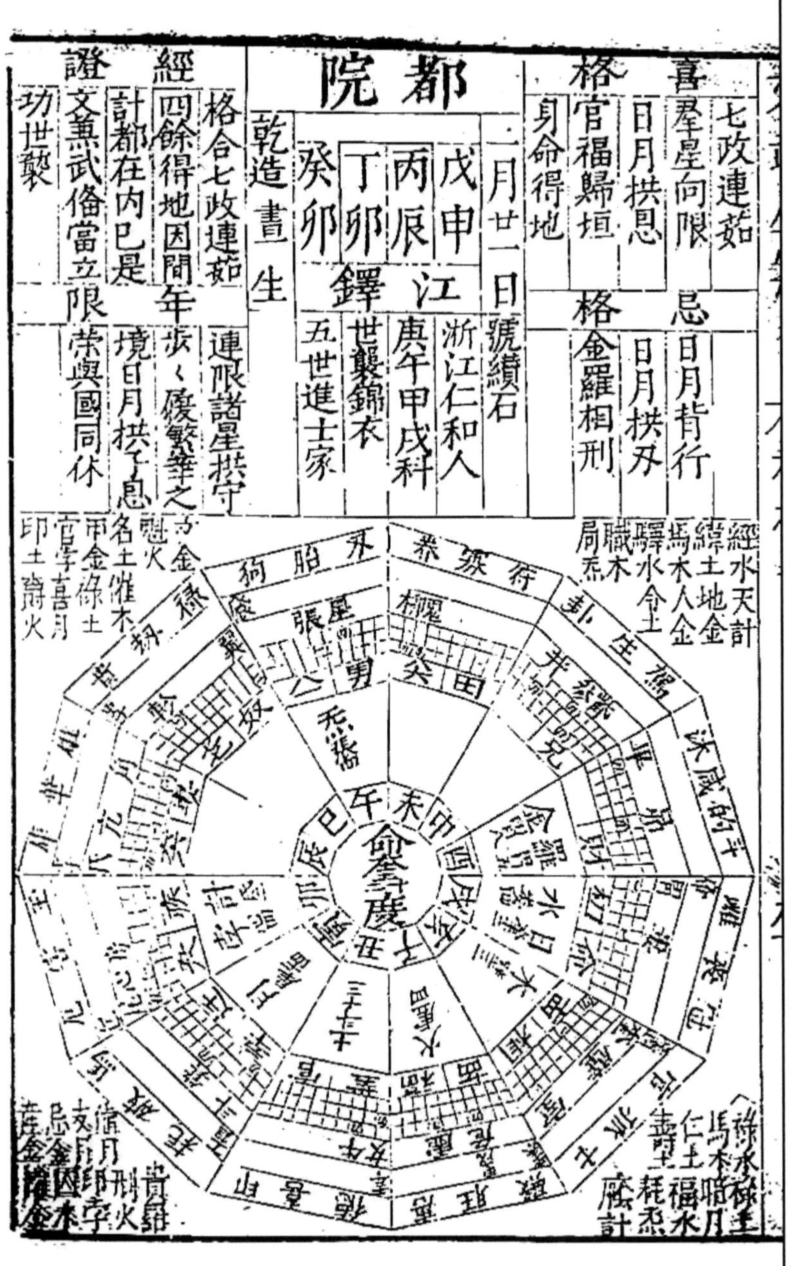

喜
七政連茹
羣星向限
日月拱恩
官福歸垣
身命得地
格
忌
日月背行
日月拱刄
金羅相刑
格
都院
二月廿一日號績石
戊申
丙辰
丁卯
癸卯
江鐸
浙江仁和人
庚午甲戌科
世襲錦衣
五世進士家
乾造晝生
經
格合七政連茹
四餘得地因間年
計都在內巳是
連限諸星拱守
步步履繁華之
境日月拱恩
證
文兼武備當立限
榮與國同休
功世襲
命參度

喜格

五星随日
西餘拱月
水金坐命
木火高明
羣星向限

忌格

日月背行
陰陽無輔
土囚計奴

都院

正月十九日號崙陽

丙午 庚寅 丁丑 壬寅

鄭汝璧

浙江縉雲人
丁卯戊辰科
少年聰捷
淮上軍門

乾造夜生

經證

計羅截於寅申
格合西餘拱月
五星随日羣星
向明若非日月
背行暑減分数

年限

卯辰運提限行
寅丁之間水木
無不得其所理
當早發

經金 天水
緯水 地土
馬金 人火
驛火 命木
職木
局炁

文金
魁羅
名火 僚日
甲口 祿土
官羅 喜月
印火 壽水

命亥度

祿水 祿木
馬水 腊金
仁火 福土
壽火 耗月
蔭水

貴炁
刑計
印羅
囚火
值日
支水
品火
產木 權孛

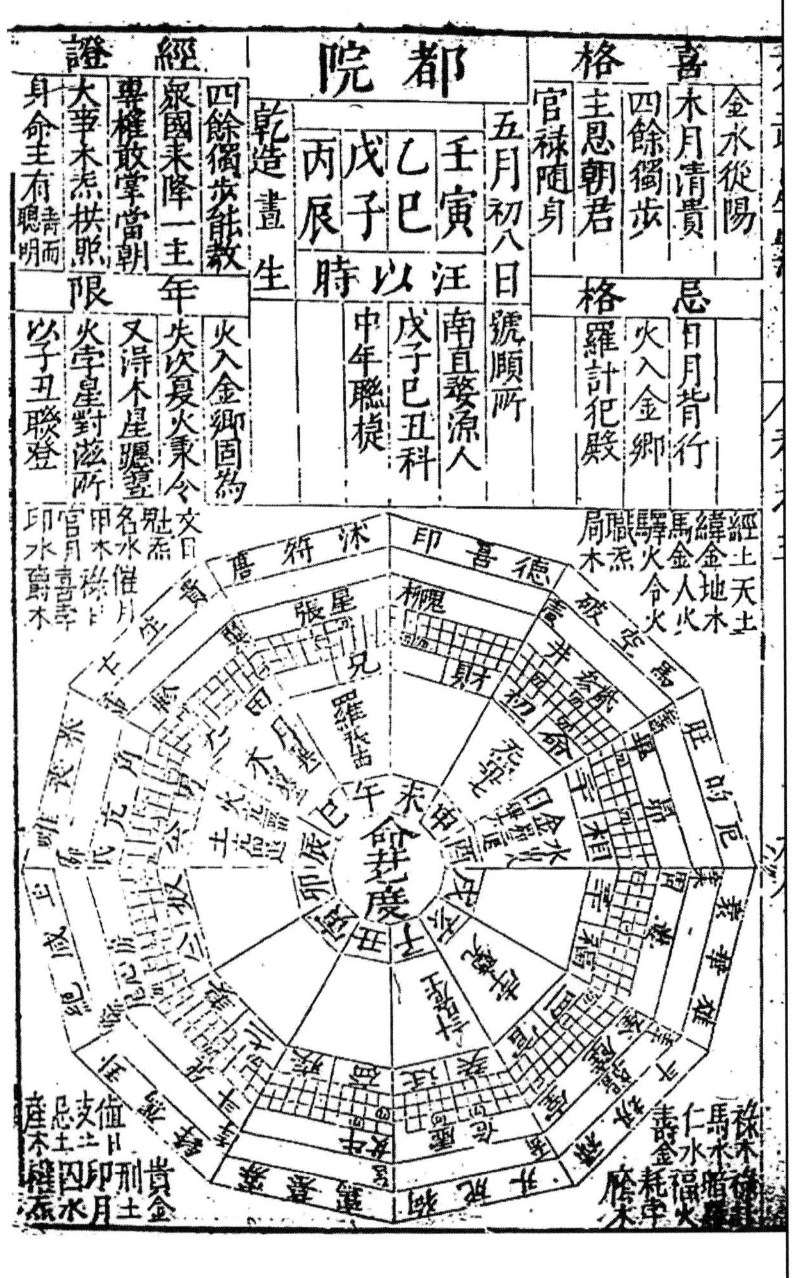

都院
喜格
金水從陽
木月清貴
四餘獨步
主恩朝君
官祿隨身
忌格
日月背行
火入金鄉
羅計犯殿
五月初八日號順所
乾造
壬寅
乙巳
戊子
丙辰
汪以時
畫生
南直婺源人
戊子巳丑科
中年聯捷
經證
四餘獨步能教
泉國未降一主
專權敢掌當朝
大宰木炁拱照
身命主有聰明而壽
年限
火入金鄉固爲
失次夏火秉令
又得木星聽垣
火孛星對滋所
以子丑聯登

都院

六月十五日 號懷魯

戊申	己未	戊午	辛酉

周孔教

江西臨川人
庚午庚辰科
南直應天巡撫

乾造夜生

喜格

日月守照
木火文明
土虓太常
火金夜輝
福官垣令

忌格

孤陽失輝
夜土見月
諸星散誕

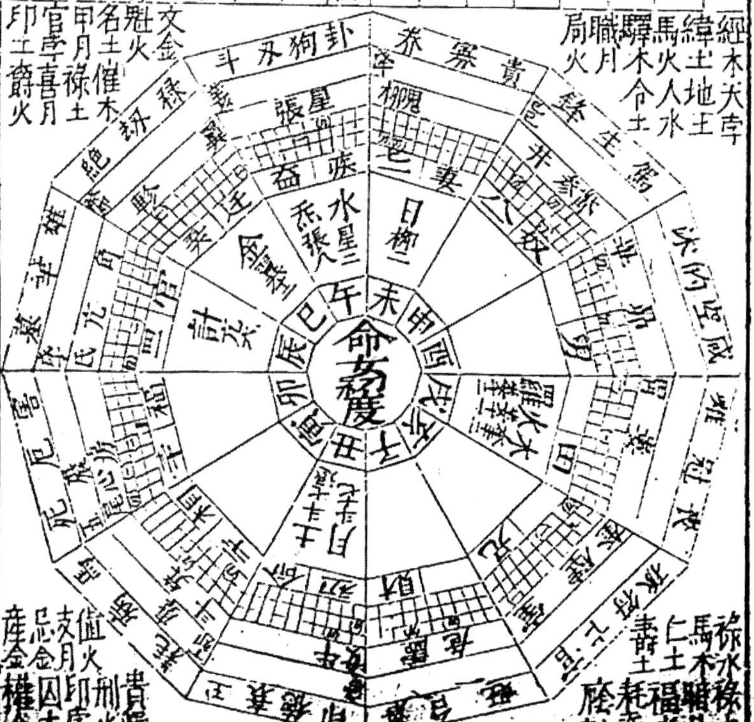

經證

戊巳生人喜見
土居丑位科名
見貴多問過人
官曜顯而福星
明官高祿厚

年限

箕水房日春秋
兩捷益水炁相
泄孤陽失輝固
無所取得官主
高明可取

經木天亨
緯土地主
馬火人水
驛木令土
職月
局火

文金
魁火
名土催木
甲月祿土
官孛喜月
印土爵火

命宮度

祿水祿土
馬木暗月
仁土福水
壽土耗炁
蔭計

貴羅
刑火
值火印孛
支月囚木
忌金權金
產金

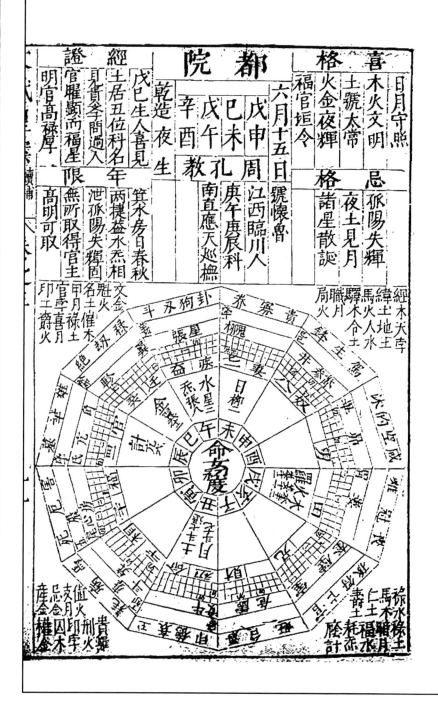

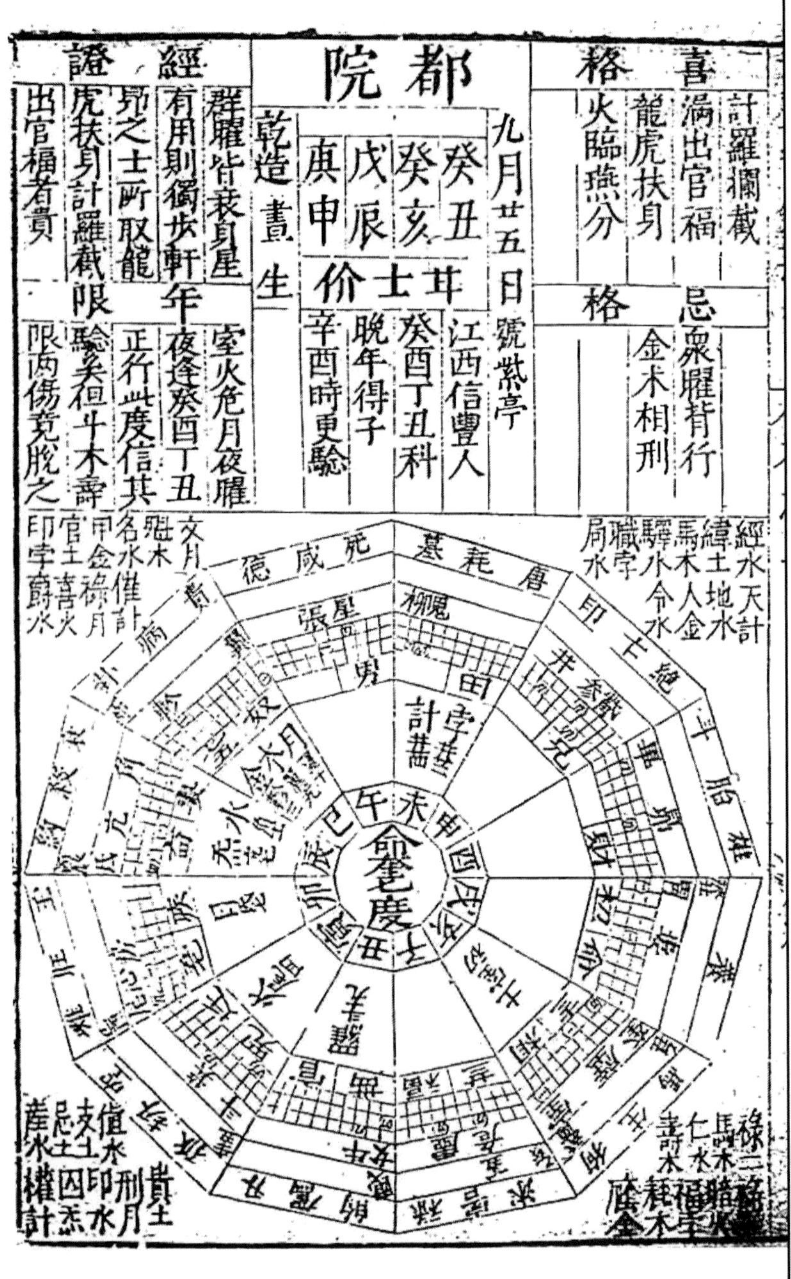
都院
九月廿五日號紫亭
乾造
癸丑
癸亥
戊辰
庚申
晝生
江西信豐人
癸酉丁丑科
晚年得子
辛酉時更驗
喜格
計羅攔截
漏出官福
龍虎扶身
火臨燕分
忌格
衆曜背行
金木相刑
經證
群曜皆衰身星
有用則獨步軒
昴之士所取龍
虎扶身計羅截
出官福者貴
年限
室火危月夜曜
夜逢癸酉丁丑
正行此度信其
驗矣但斗木壽
限丙傷竟脫之
命
室
度

都院

喜格

五曜從陽
四餘拱陰
羅月交輝
土金豪富
日月夾拱

忌格

木觸金龍
水火交戰
七政背行

八月廿五日號玉沙

癸卯
辛酉
丁酉
庚戌

王應麟

福建龍溪人
丙子庚辰科
應天巡撫
子中舉人

乾造夜生
辛酉年卒

經證

羅計中分截出
四餘拱月五星
捧日是皆梁棟
之材廟堂之器
福星失次減力

年限

日月高明限行
危虛理宜高處
然月躔柳土木
犯太陽不無喜
中之懼

經金 天烝
緯金 地木
馬木 人金
驛木 合金
職火
局月

文月
魁木
名水 催計
甲火 祿月
官土 喜火
印孛 壽烝

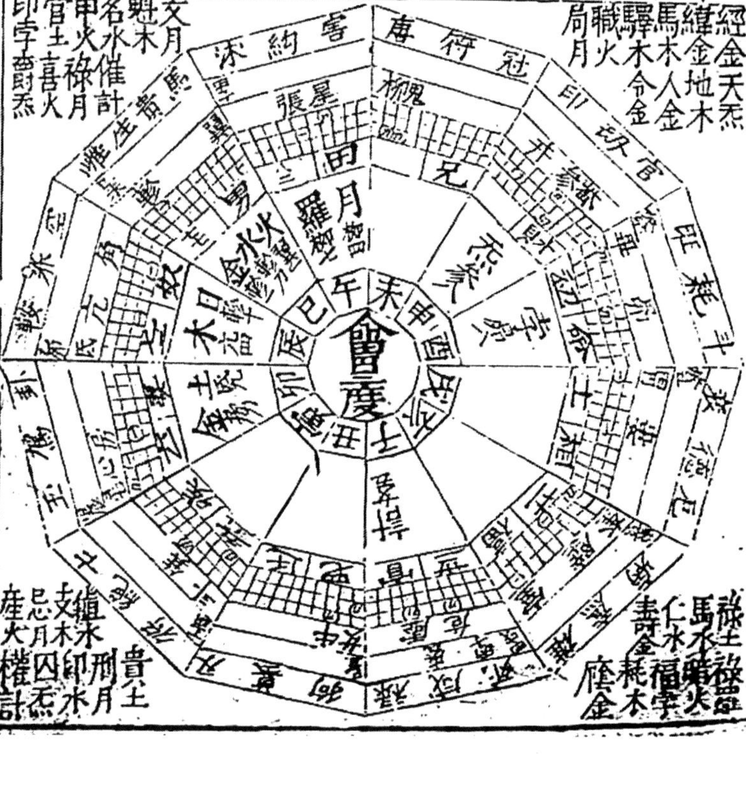

會度

祿土 馬水 仁水 壽金
暗火 福孛 耗木 蔭金

貴土
刑月
催水 印水
支木 囚烝
忌月 權計
產火

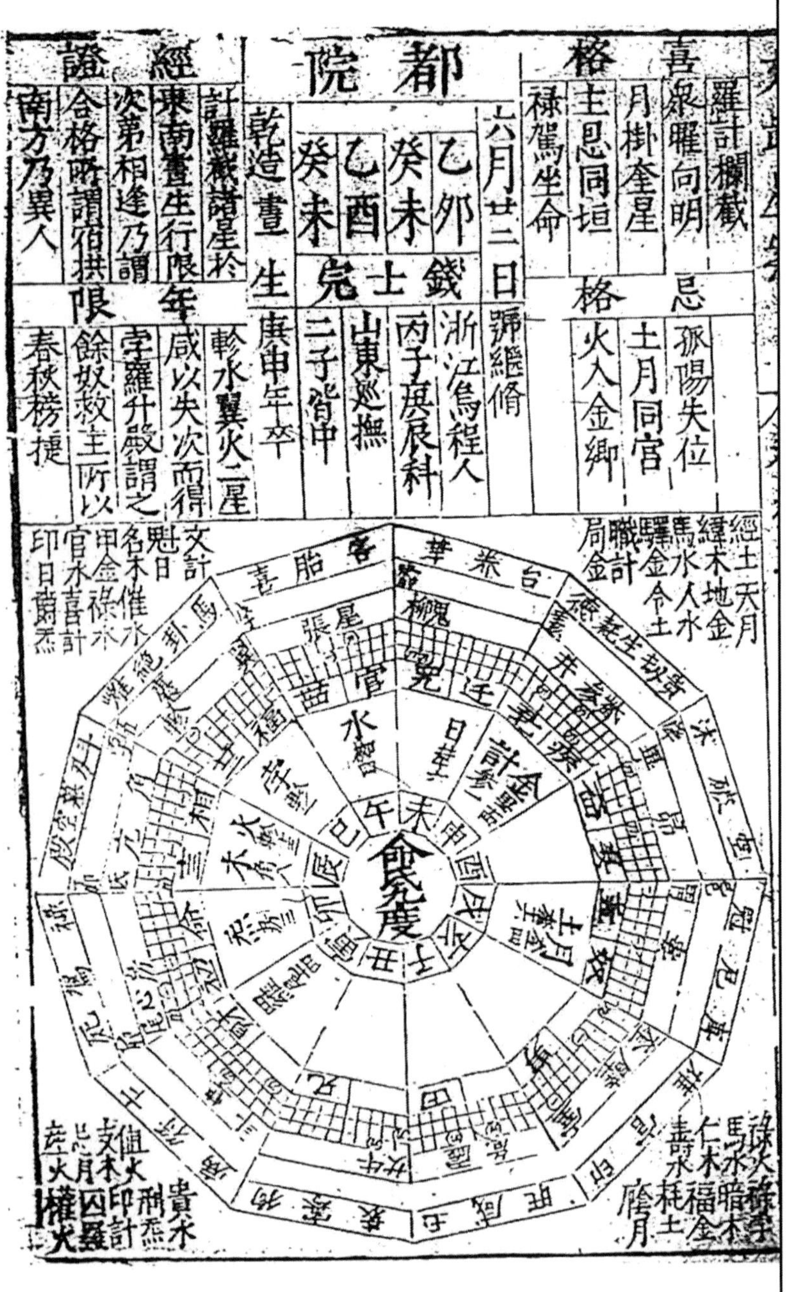
喜格
羅計攔截
紫曜向明
月掛奎星
主恩同垣
祿駕坐命
忌格
孤陽失位
土月同宮
火入金鄉
都院
六月廿二日歸絕脩
乙卯
癸未
乙酉
癸未
乾造壹生
錢上兒
浙江烏程人
丙子庚辰科
山東巡撫
二子省中
庚申年卒
經證
計羅藏蔭星於
東南晝生行限
次第相逢乃謂
合格所謂宿拱
南方乃異人
年限
軫水翼火二星
咸以失次而得
孛羅升殿謂之
餘奴救主所以
春秋榜捷
經土天月
緯木地金
馬水人水
驛金令土
職計
局金
文計
魁日
名木催水
甲金祿水
官水喜計
印日爵炁
命度
祿火科孛
馬水暗木
仁木福金
壽水耗土
蔭月

都院

十二月廿四日

巳	辛	丁	乙
未	未	酉	巳

汪可受

乾造晝生

號靜峰

湖廣黃梅人

巳卯庚辰科

年少聯捷

喜格

日月夾命官

金水夾太陽

木孛符印

命祿居官

出乾入巽

忌格

孤陽失輔

十二月同宮

炁羅拱嗣

經讖

日月金水當道，火羅計孛為用年。乃文全武備局也。煞前身後當限，膺藩輔之權。

午限柳土春秋，聯捷巳奴日月，君恩夾限之宮，坐祿向貴騰路，功名之士。

經土 天月
緯火 地金
馬水 人土
驛木 令土
職水
局孛

文炁
魁金
名土 催炁
甲木 祿火
官火 喜土
印羅 爵火

命 翼 度

祿日 祿月
馬水 暗木
仁土 福炁
壽火 耗計
權

貴火
刑孛
催火 印木
文日 囚金
忌金
產火 權土

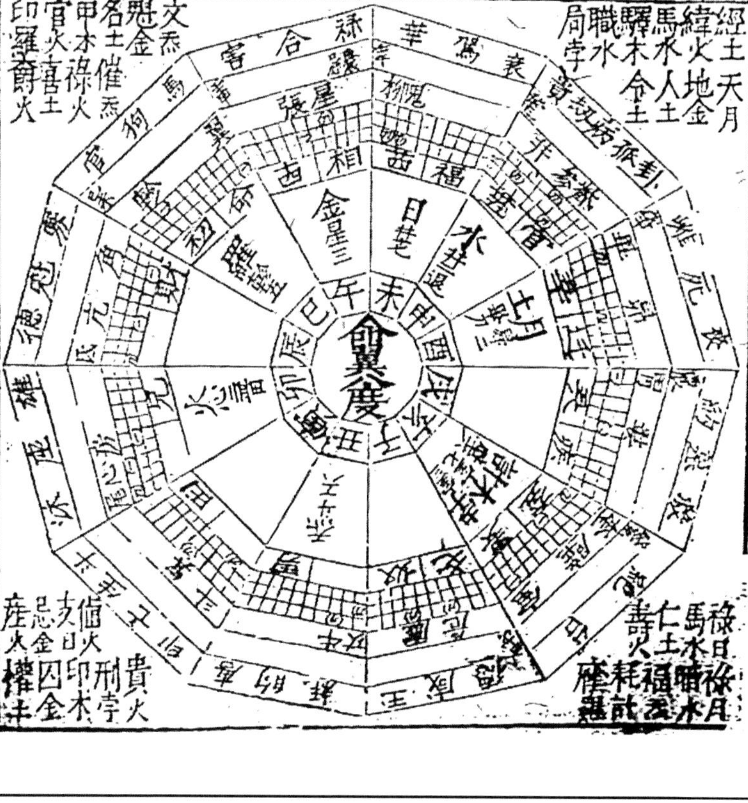

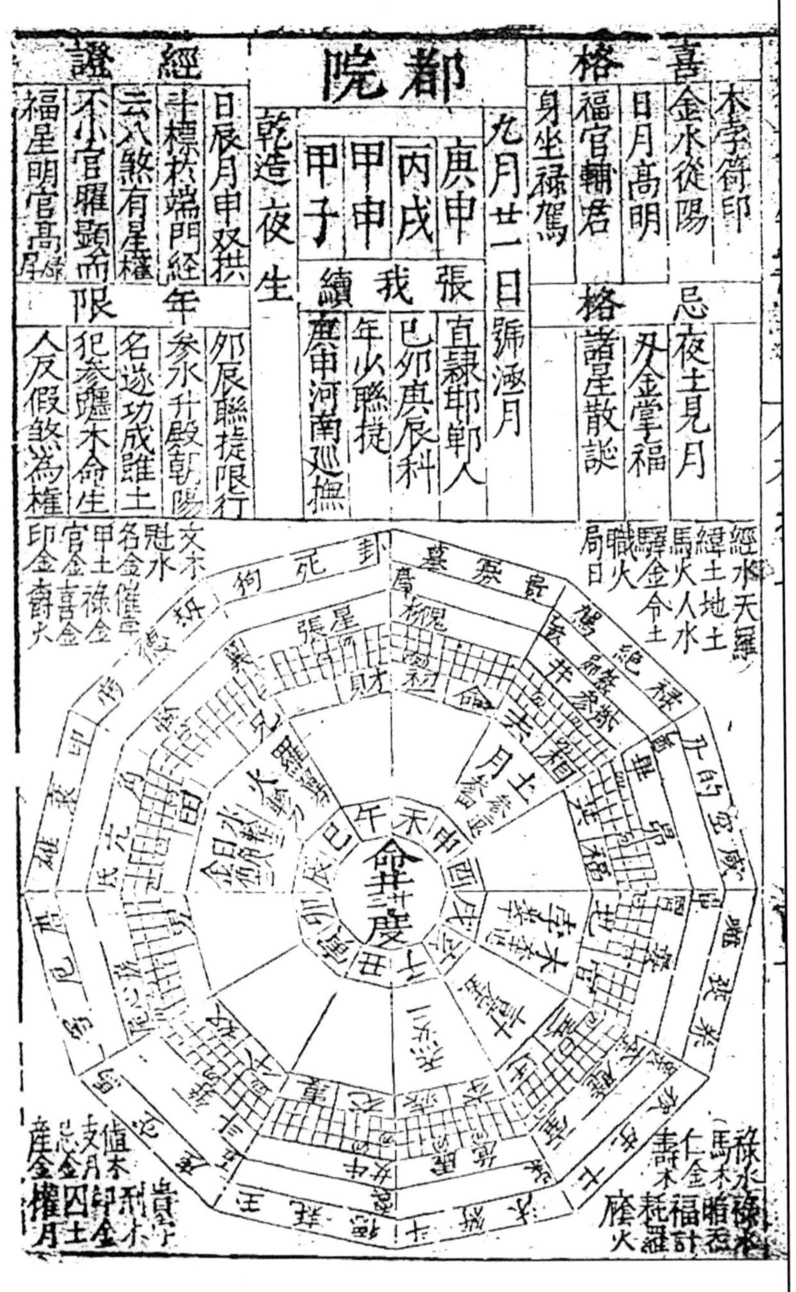
喜格
木孛符印
金水從陽
日月高明
福官輔君
身坐祿馬
忌格
夜土見月
歹金掌福
諸星散誕
都院
九月廿一日酉正月
乾造夜生
庚申
丙戌
甲申
甲子
張我續
直隸邯鄲人
己卯庚辰科
年少聯捷
庚申河南巡撫
經證
日辰月申及拱
斗標於端門經
云八煞有星權
不小官羅顯而
福星明官高厚祿
年限
卯辰聯提限行
參水升殿乾陽
名遂功成雖土
犯參躔木命生
人反假煞為權
經水天爵
緯土地土
馬火人水
驛金令土
職火
局日
命井度

喜格

白虎從鴛
月照廣寒
水宿歸經
木星度鴛
忌命朝陽

忌格

土難守命
計拱身星
火犯羅奴

都院

九月廿二日獅衡（?）

庚申 丙戌 乙酉 丁亥

乾造夜生

楊述中

四川富順人
乙酉巳丑科
庚申勳陽巡撫

經證

貴人日月要分明，官福高徵貴年。必貴又云發星照命，反爲亨主限在別宮生。

土星坐祿從鴛，木星升殿逢生，乙酉限歷（?）必驗高捷。

經木 天火
緯金 地火
馬火 人水
驛火 命土
職字
局水

文木
魁水
名金 俱字
甲木 祿（?）
官金 喜金
印金 爵火

祿水 祿水
馬木 暗忌
仁金 福計
壽木 耗羅
蔭火

貴字
刑木
值木 印金
支月 囚土
忌金
產金 權月

命 參 度

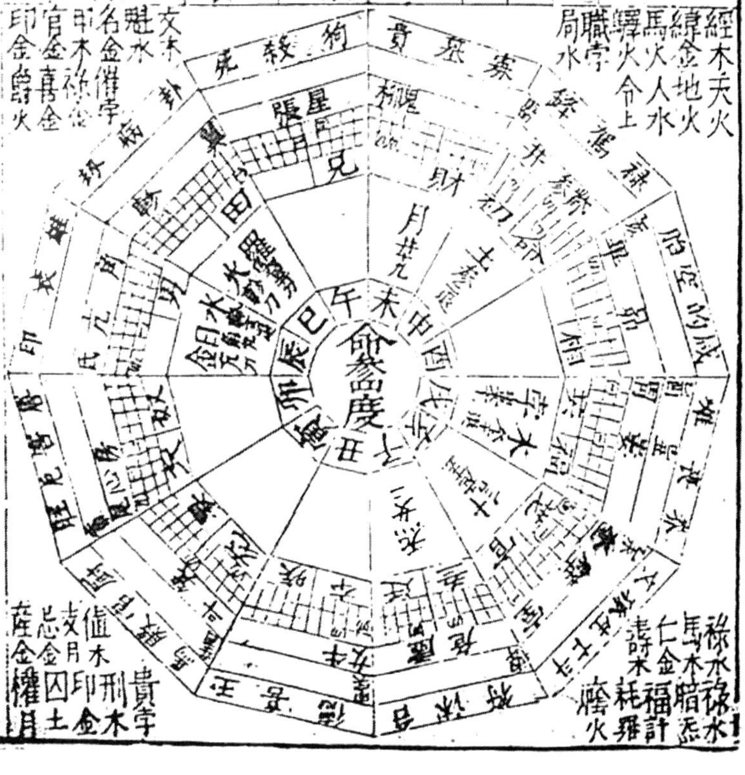

都院

喜 金雞太常　玄武持權　二曜雙清

格 火金夜輝　祿馬守命

忌 木到大梁　土孛交戰

格 象曜散誕

九月廿八日　歸明字

辛酉　陝西僉施人

己亥　巳卯癸未科

乙卯　趙彥　庚申山東巡撫

乙酉

乾造夜生

經 金伴月水從陽　巳卯癸未限度
謂之二曜雙清年　要金坐木蓋木
為命為身則倍　坐祿馬金星起

證 在吳經云身命限　垣所以少年早
得地福祿難量　發之驗也

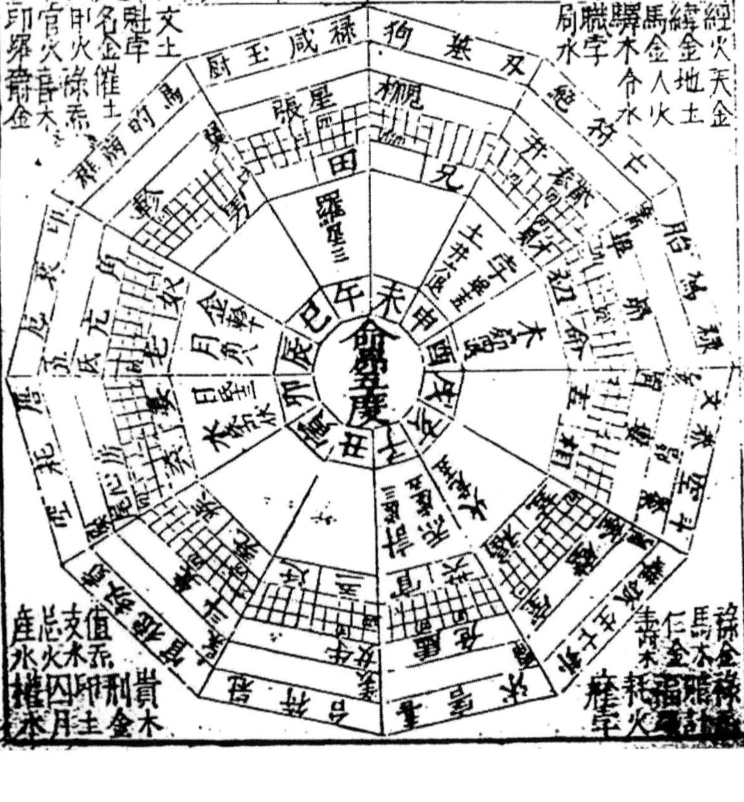

經火　天金
緯金　地土
馬金　人火
驛木　命水
職孛
局水

文土
財孛
名金　催土
甲火　祿炁
官火　喜木
印羅　壽金

祿金
馬太
仁金
壽木
難
福
耗火
權孛

貴木
刑金
印土
囚月
權木
值炁
支木
忌火
產水

喜格

日月並明
月掛梆梢
長庚伴月
衆曜拱南
敍前主後

忌格

計犯太陽
水火同步
木土對傷

都院

六月初二日號泰恒
浙江歸安人
戊子巳丑科
庚申雲南巡撫

甲寅 沈
辛未 儆
辛未 旂
乙未 生
乾造晝生

經證

四令環拱日月
煞以計孛夾輔
乃合文全武備
權尊祿重又曰
宿拱南方為異人

年限

日月同宮月要
在於日前子丑
聰登所以限行
張月，晝失輝
借日以為明

經火 天金 緯木 地水 馬金 人火 驛金 令土 職計 局金

文羅 魁月 名木 催金 甲金 祿木 官炁 喜孛 印木 爵木

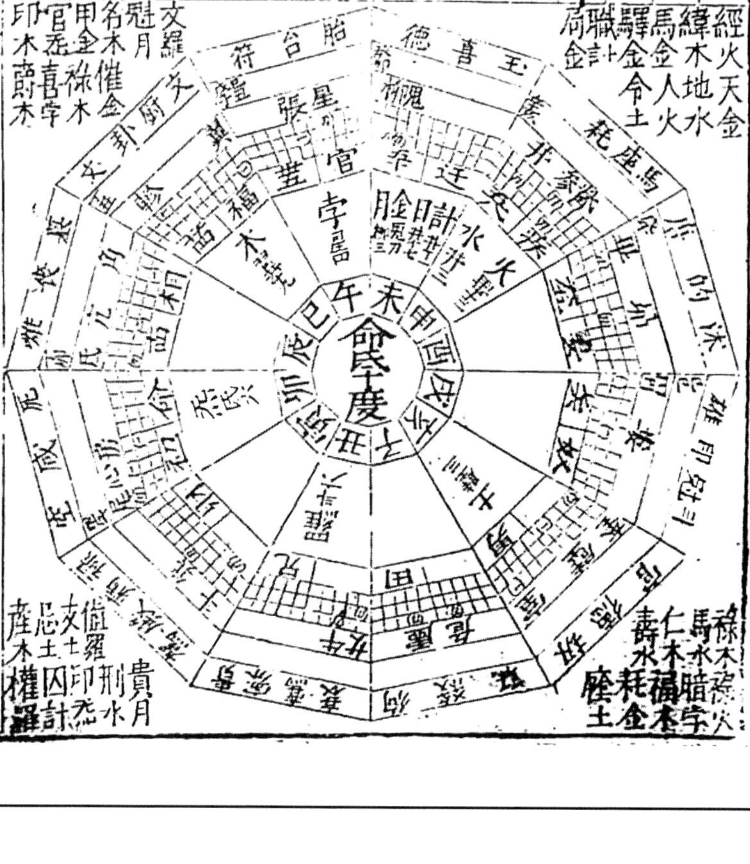

午 未 申 酉 戌 亥 子 丑 寅 卯 辰 巳

命度

祿木 祿火 馬水 暗孛 仁木 福木 壽水 耗金 廕土

貴月 刑水 傗羅 印炁 文土 囚計 忌土 產木 權羅

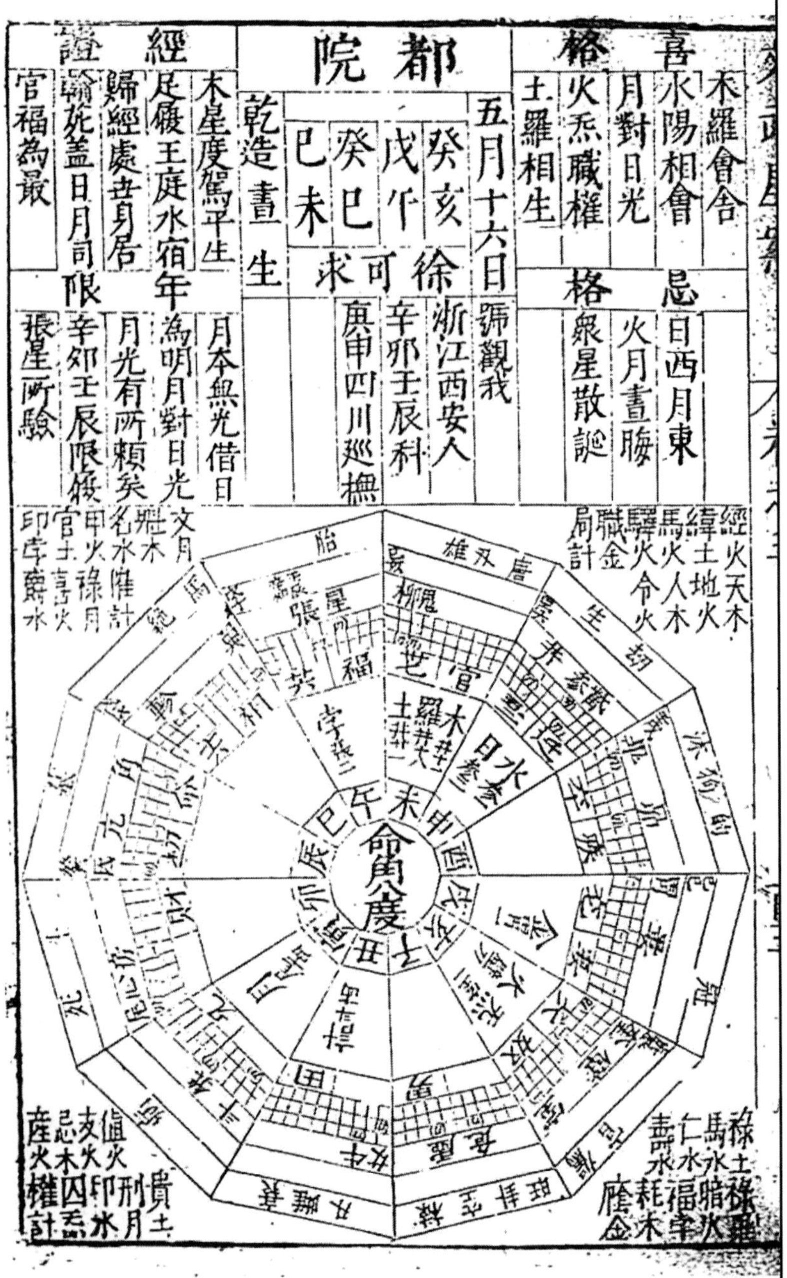
喜格
木羅會合
水陽相會
月對日光
火炁藏權
土羅相生
忌格
日酉月東
火月晝騰
衆星散誕
都院
五月十六日
癸亥
戊午
癸巳
巳未
乾造晝生
徐可求
號觀我
浙江西安人
辛卯壬辰科
庚申四川巡撫
經證
木星度駕平生
足履王庭水宿
歸經處吾身居
驗死盖日月司
官福為最
年限
月本無光借日
為明月對日光
月光有所頼矣
辛卯壬辰限極
張星所驗
命角八度

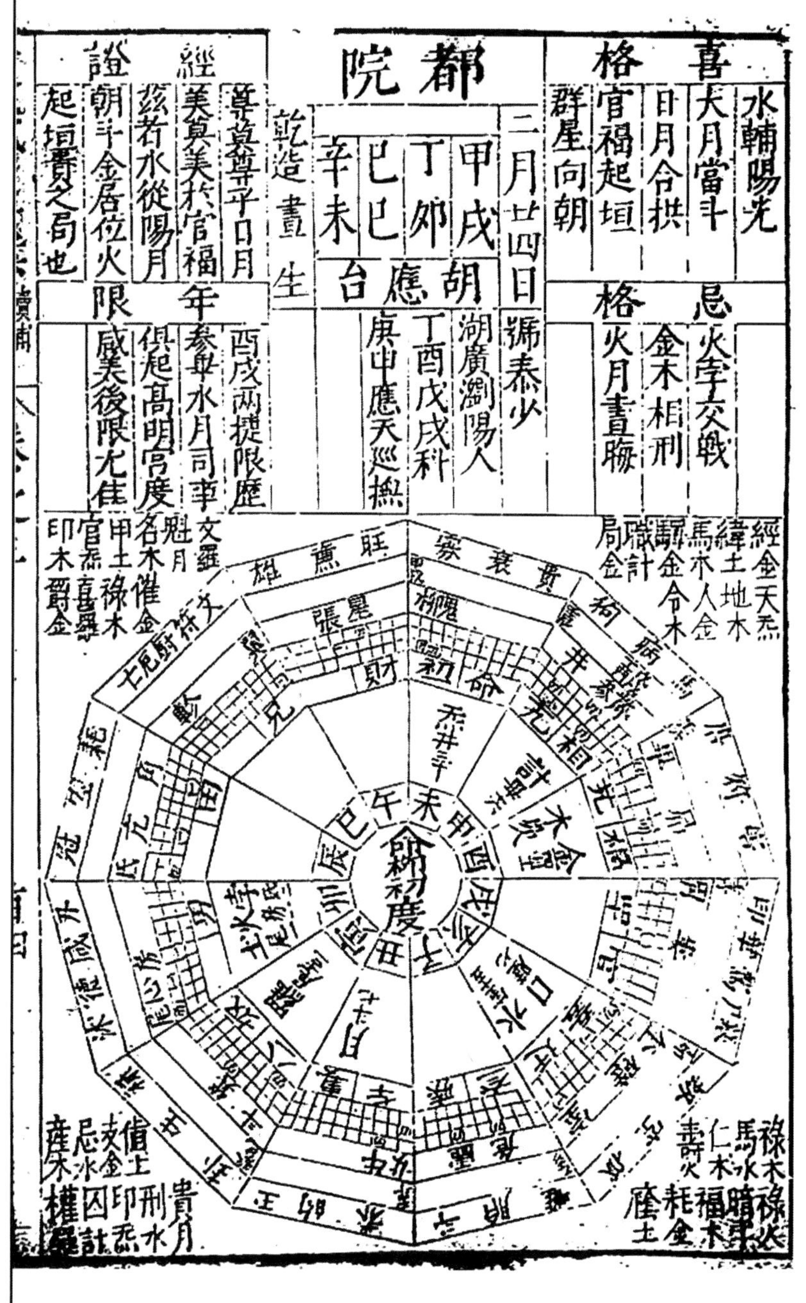

喜格
水輔陽光
太月當斗
日月合拱
官福起垣
群星向朝
都院
二月廿四日
甲戌
丁卯
已巳
辛未
乾造畫生
胡應台
號泰少
湖廣瀏陽人
丁酉戊戌科
庚申應天巡撫
經證
尊莫尊乎日月
美莫美於官福
茲若水從陽月
朝斗金居位火
起垣貴之局也
忌格
火孛交戰
金木相刑
火月晝晦
年限
酉戌兩提限歷
參井水月司事
俱起高明宮度
感美後限尤佳

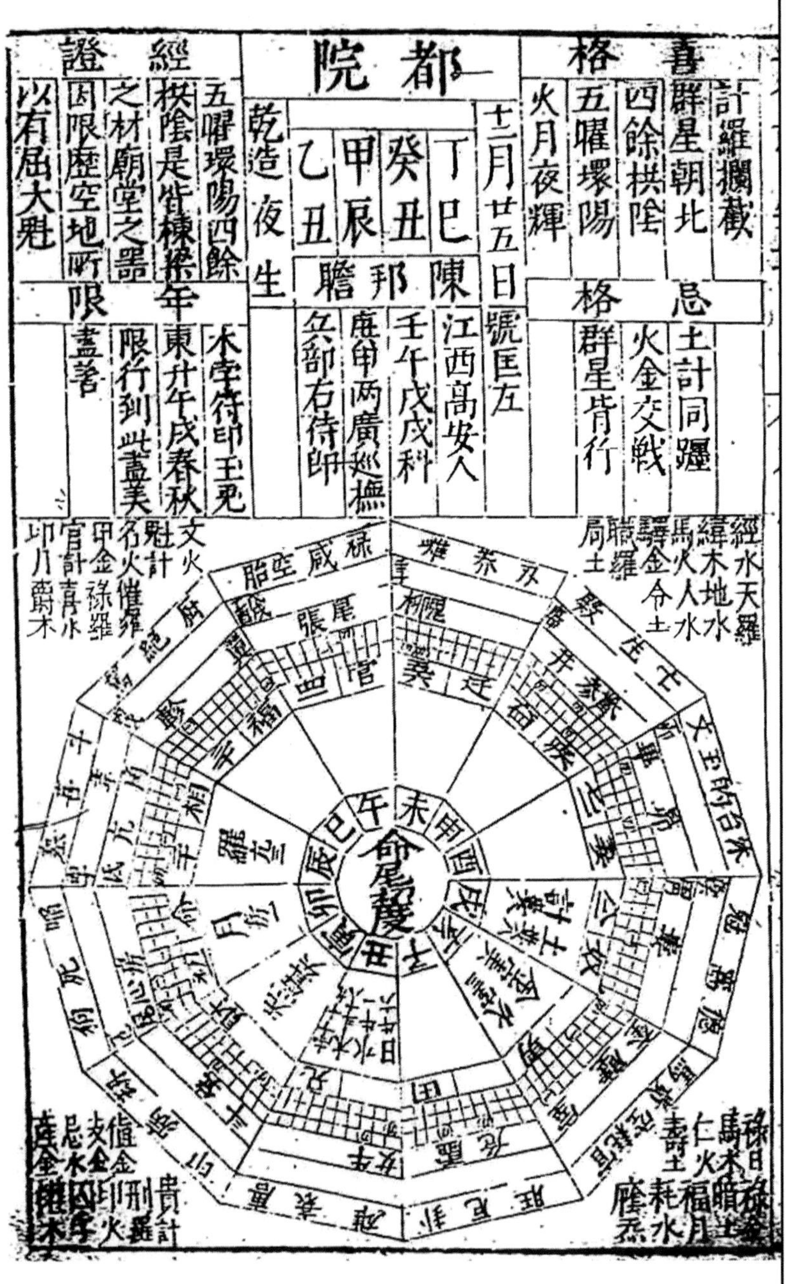
都院
十二月廿五日號匡左
丁巳
癸丑
甲辰
乙丑
乾造夜生
陳邦瞻
江西高安人
壬午戊戌科
庚申兩廣巡撫
兵部右侍郎
書格
計羅攔截
群星朝北
四餘拱陰
五曜環陽
火月夜輝
忌格
土計同躔
火金交戰
群星背行
經證
五曜環陽四餘
拱陰是皆棟梁
之材廟堂之器
因限歷空地所
以有屈大魁
限
木字侍郎王兇
年東升午戌春秋
限行到此盡美
盡著
命居慶

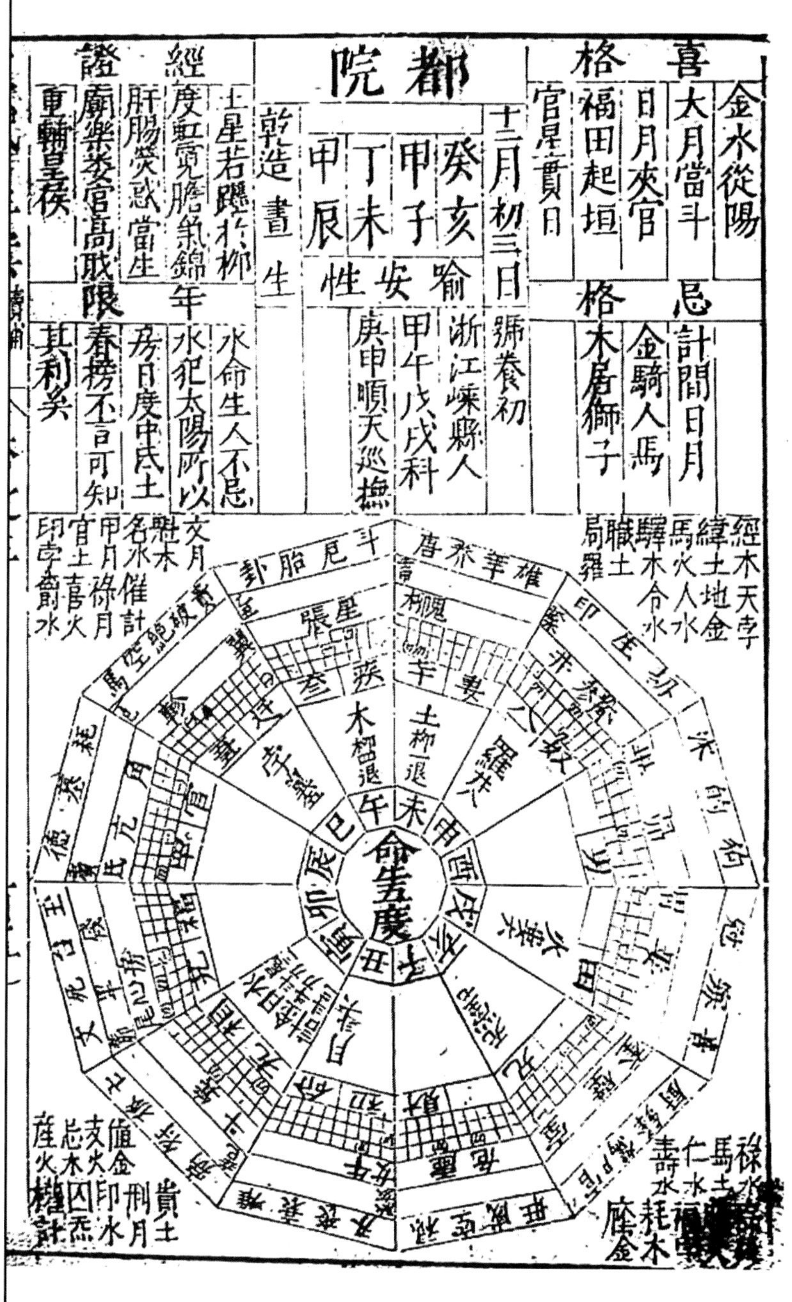
喜格
金水從陽
太月當斗
日月夾官
福田起垣
官星貫日
忌格
計間日月
金騎人馬
木居獅子
都院
十二月初三日
獅卷初
癸亥
甲子
丁未
甲辰
喻安性
浙江嵊縣人
甲午戊戌科
庚申順天巡撫
乾造
書生
經緯
土星若躔於柳
度虹霓見膽氣錦
肝腸熒惑當生
廟樂登官高戢
重輔皇猷
年限
水命生人不忌
水犯太陽所以
房日度中氐土
春榜不言可知
其利矣
經木天孛
緯土地金
馬火人水
驛木合水
職土
局羅
文月
魁木
祿水
馬土
仁水
壽水
耗木
蔭金
貴土
刑月
值金
印水
支火
囚炁
忌木
權計
產火
命
度
子
丑
寅
卯
辰
巳
午
未
申
酉
戌
亥

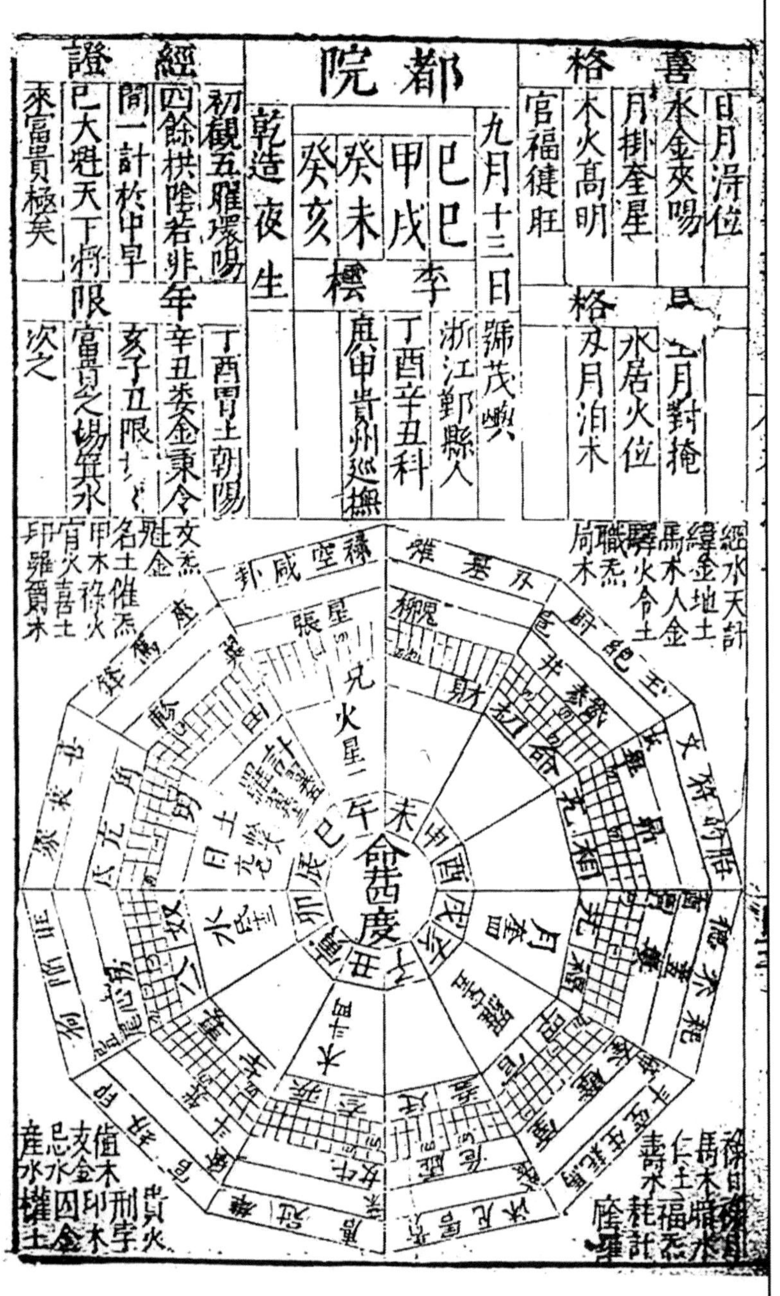

書格
日月得位
水金夾陽
月掛奎星
木火高明
官福健旺
格
日月對掩
水居火位
夕月泊木
都院
九月十三日鄒茂嶼
浙江鄞縣人
丁酉辛丑科
庚申貴州巡撫
巳巳
甲戌
癸未
癸亥
李標
乾造夜生
經證
初觀五曜環陽
四餘拱陰若非年
間一計於中早
巳大運天下將限
來富貴極矣
丁酉胃土朝陽
辛丑婁金秉令
亥子丑限ささ
富貴之場其水
次之
命居酉度

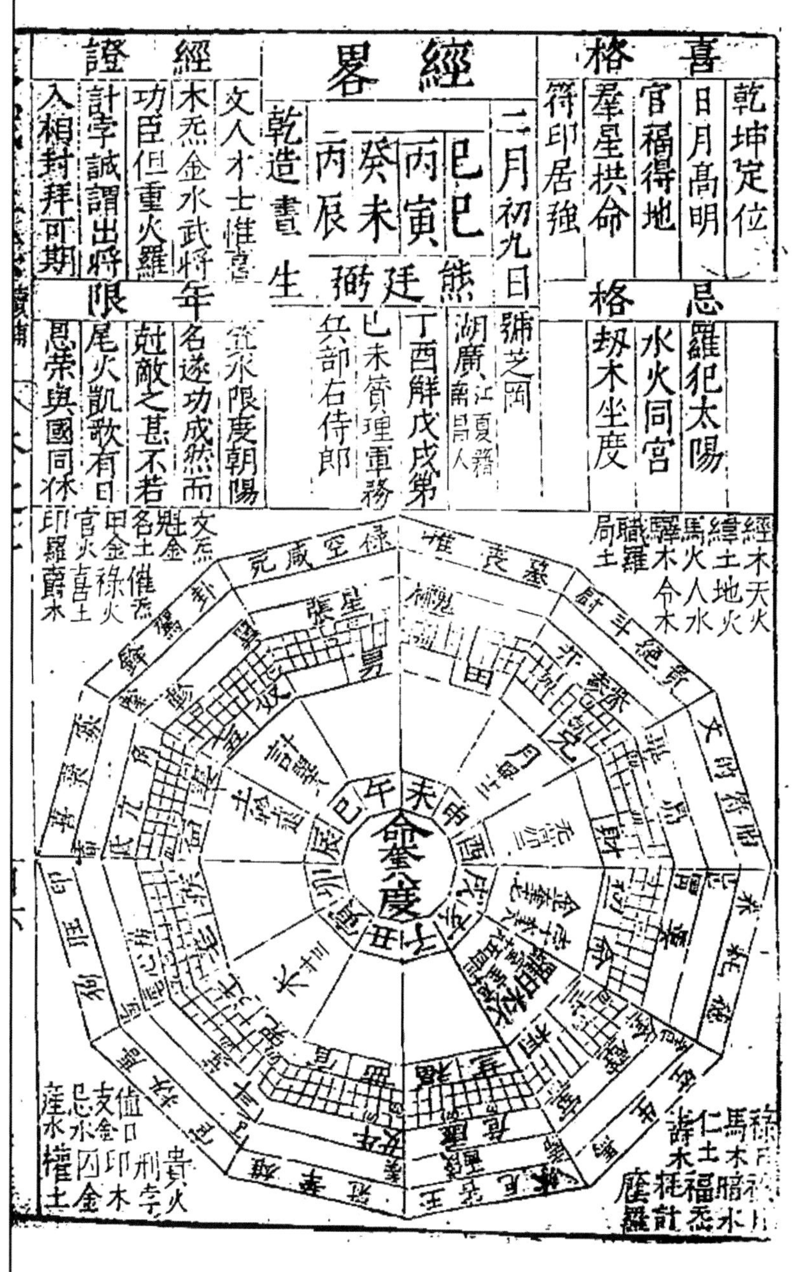

喜格

乾坤定位
日月高明
官福得地
羣星拱命
符印居強

忌格

羅犯太陽
水火同宮
刼木坐度

經畧

二月初九日號芝岡
湖廣江夏籍南昌人

己巳
丙寅
癸未
丙辰
乾造晝

熊廷弼生

丁酉解戊戌第
己未資理軍務
兵部右侍郎

經證

文人才士惟喜
木炁金水武將
功臣但重火羅
計孛誠謂出將
入相封拜可期

年限

紫炁限度朝陽
名遂功成然而
尅敵之甚不若
尾火凱歌有日
恩榮與國同休

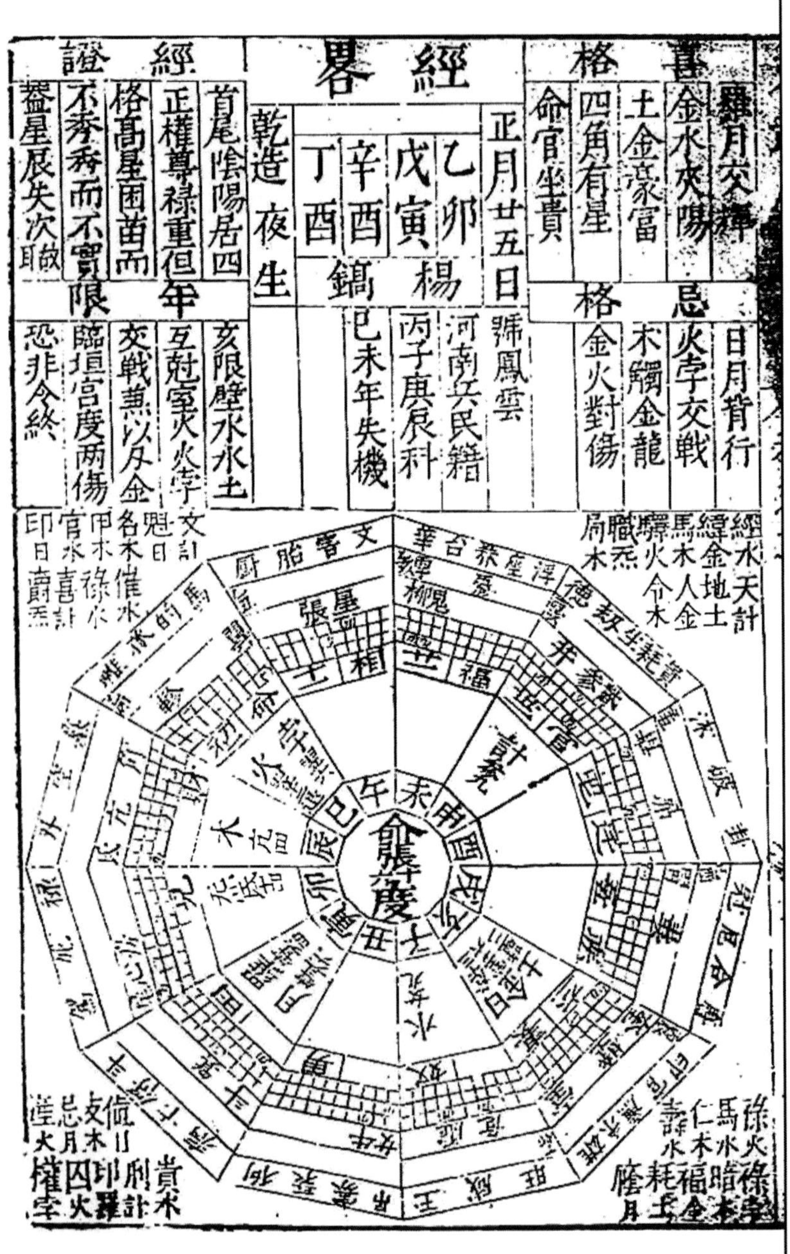
喜格
金水夾陽
土金豪富
四角有星
命官坐貴
忌格
日月背行
火孛交戰
木觸金龍
金火對傷
經畧
正月廿五日
乙卯
戊寅
辛酉
丁酉
楊鎬
號鳳雲
河南兵民籍
丙子庚辰科
己未年失機
乾造夜生
經證
首尾陰陽居四
正權尊祿重但
不秀而不實
年限
亥限壁水水土
交戰兼以及金
臨垣宫度兩傷
恐非令終
命
張
度

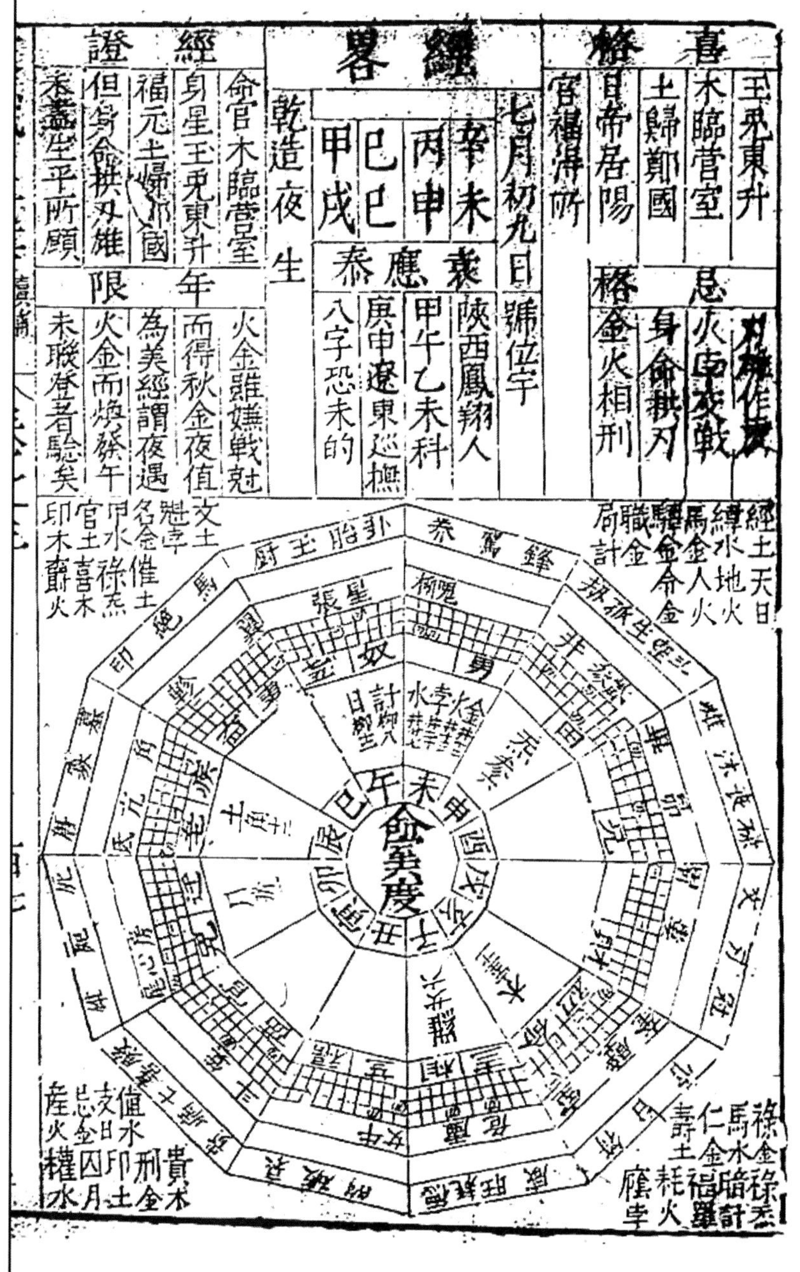
喜格
壬癸東升
木臨營室
土歸鄭國
日帝居陽
官福得所
忌格
羽雄作寨
火金交戰
身命拱刃
金火相刑
經畧
七月初九日
辛未
丙申
己巳
甲戌
乾造夜生
表應
陝西鳳翔人
甲午乙未科
庚申遷東巡撫
八字恐未的
經證
命官木臨營室
身星壬癸東升
福元土歸鄭國
但身命拱刃雄
承蓋坐平所顧
限年
火金雖嫌戰魁
而得秋金夜值
為美經謂夜遇
火金而煥發午
未聯登者驗矣
經土天日
緯水地火
馬金人火
驛金命金
職金
局計
文土
魁孛
名金
甲水
祿炁
官土
喜木
印木
爵火
祿金
馬水
仁金
壽土
祿炁
暗計
福羅
耗火
蔭孛
值水
支日
忌金
產火
貴木
刑金
印土
囚月
權水

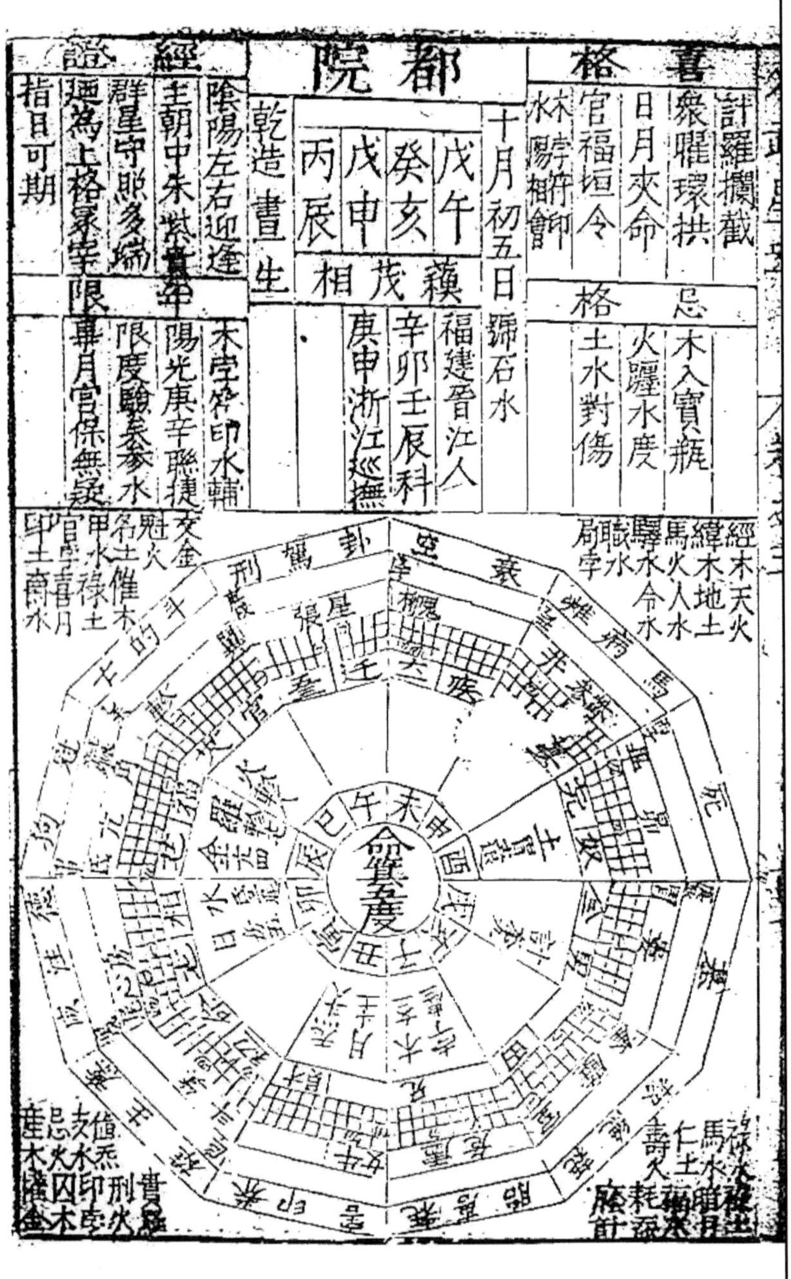

都院
乾造晝生
戊午
癸亥
戊申
丙辰
十月初五日
穠茂相
福建晉江人
辛卯壬辰科
庚申浙江巡撫
書格
計羅攔截
衆曜環拱
日月夾命
官福垣令
忌格
木入寶瓶
火躔水度
土水對傷
經證
陰陽左右迎逢
群星守照多端
指日可期
限
陽光庚辛聯捷
晝月宮保無疑
經木天火
緯木地土
馬火人水
驛水命水
命宮

喜格

日月著明
龍虎交馳
羣星向朝
日月夾躔
二曜雙清

忌格

火孛交戰
金木相刑
刼刃守命

京堂

三月初四日

庚戌	巳卯	戊辰	丙辰

乾造書生

林材

號楚石
福建閩縣人
丙子癸未科
庚申起尚寳
辛酉轉太僕

經證

水從陽金伴月
謂之二曜双清
官魁守命帶龍
虎則廟廊之器
權尊祿重

年限

但金木刼刃守
命官祿土孛交
戰所以仕途柖
謗辰巳限來爵
尊位重角木嗔之

經木 天孛
緯金 地火
馬火 人木
驛不 令木
職木
局炁

文木
魁水
名金 僱孛
甲火 祿金
官金 喜金
印金 爵金

午 未 申 酉 戌 亥 子 丑 寅 卯 辰 巳

命宮度

値日 支水 忌火 産木
貴孛 刑木 印金 囚土 權月

祿水 馬木 仁金 壽金
祿水 暗炁 福計 耗羅 蔭火

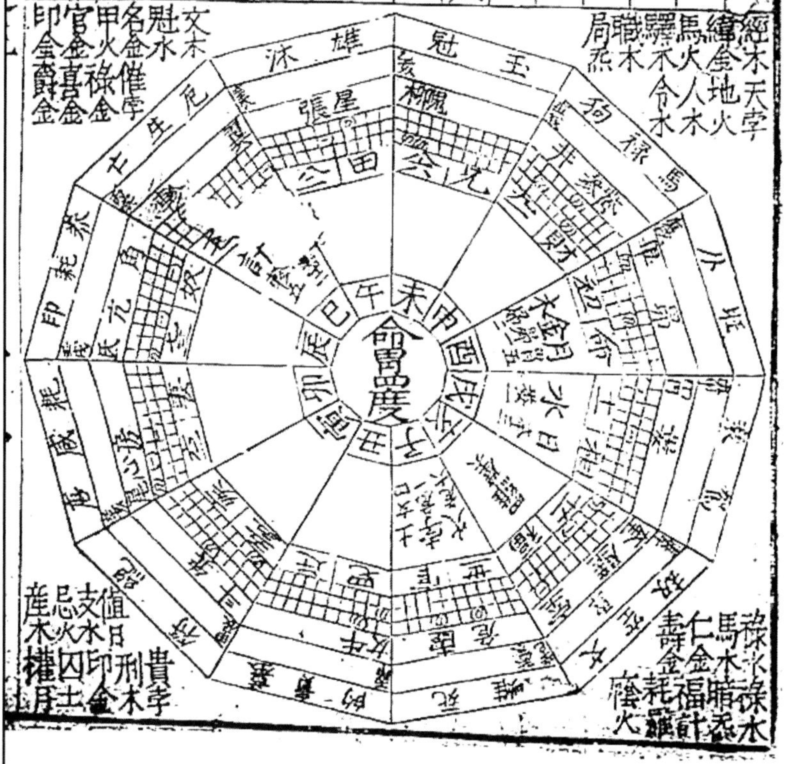

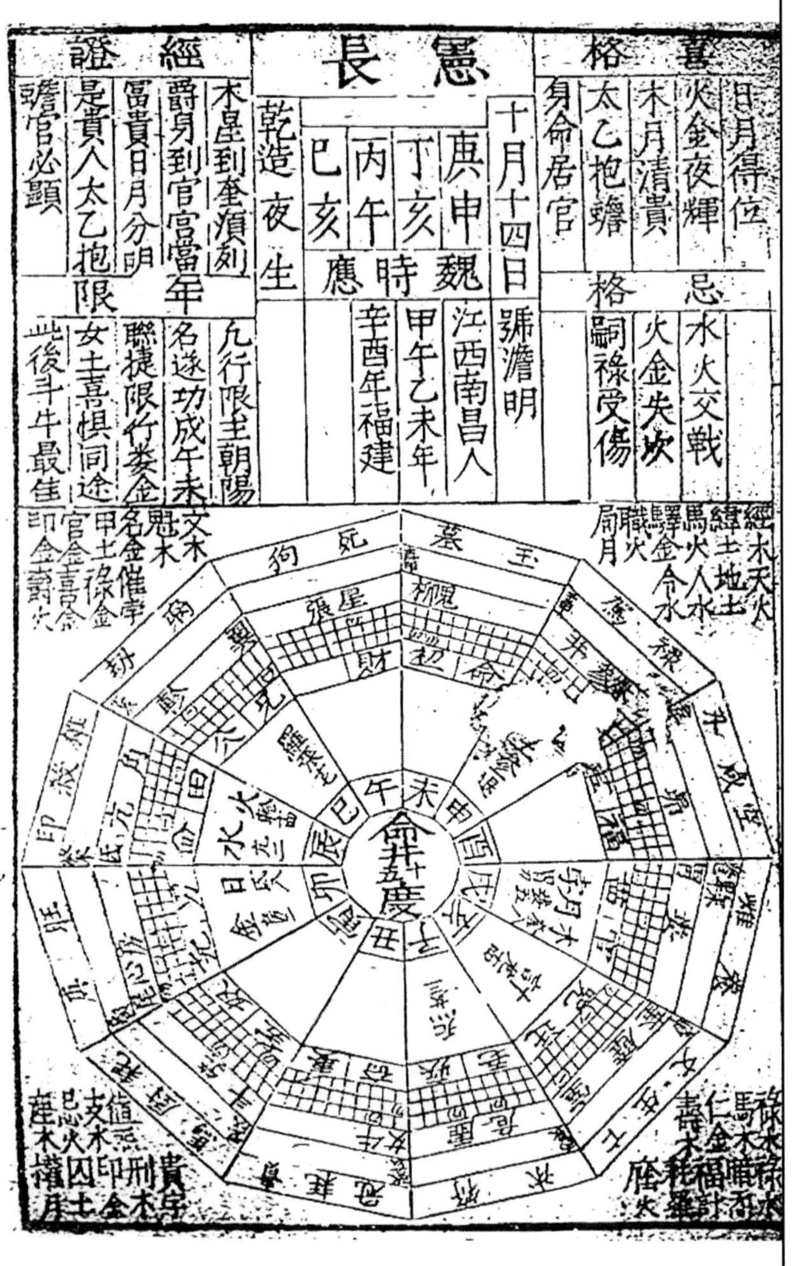
貴格
日月得位
火金夜輝
木月清貴
太乙抱蟾
身命居官
忌格
水火交戰
火金失欢
嗣祿受傷
長憲
十月十四日
庚申
丁亥
丙午
己亥
乾造夜生
魏時應
號濬明
江西南昌人
甲午乙未年
辛酉年福建
經證
木星到奎須刻
爵身到官宮當年
富貴日月分明
是貴人太乙抱
蟾官必顯
限
凡行限主朝陽
名遂功成午未
聯捷限行婁金
女土喜俱同途
此後斗牛最佳

新編分類當代名公文武星案卷之四

京堂 翰林 臺省 逸客 斗南 陸位 著

部屬 蚕牋 書林 猶龍 余應虬 閱

五曜從陽
通政姚思仁 翰林徐光啟
御史余[illegible] 年少發趙[illegible]

四餘拱衛
行人彭宗孟 給事中徐桓
少年發賀烺 吏部程國祥

光政在內
尚寶丞劉時俊 翰林李騰芳
戶部徐騰芳 戶部王康[illegible]

四餘列外
光祿卿[illegible] 年少發毛士龍
吏部朱[illegible] 年少發[illegible]

四金環月
御史李[illegible]雲 御史徐紹芳
大理卿洪文衡 太僕卿趙拱極

四餘朝主
年少發王三重 少參[illegible]
年少發[illegible] 計[illegible]

文武兩班
吏部朱身脩 戶部徐騰芳
尚寶丞劉[illegible] 翰林李騰芳

君臣慶會
太僕卿周[illegible] 給事[illegible]以晉
大理卿洪文衡

日月拱夾
尚寶卿何吉晉 翰林張[illegible]
翰林史孟麟 翰林孟時芳

羅計攔截
司業汪元極 翰林唐大章
府丞畢懋康 給事曾汝召

壹生[illegible]木土
光祿卿[illegible] 御史過庭訓
御史蔡國用 吏部謝應祥

夜誕火金月
尚寶丞王佐 太僕卿陳于庭
太常卿[illegible] 府尹陳大道

陰陽得體
大理張輔之 通政陸長庚
太僕卿于仕廉 大理朱與祖

官福高明
通政陸長庚 光祿卿錢策
大理洪文衡 通政于舜命

五曜得經遭球
光祿卿劉元珍 少年中周啟祥
[illegible]

二星合壁陞數
戶部[illegible] 少年中[illegible]
大理卿洪文衡 群星拱命[illegible]

衆曜拱南
光祿丞劉光復
府尹徐必達

群星朝北
尚寶卿何吉晉
翰林錢龍錫

戴天履地
尚寶卿盧[illegible]
太僕卿[illegible]

出乾入坤
兵部郎中[illegible]
兵部余大成

天地開明
通政[illegible]
翰林吉士馮[illegible]

山澤通氣
尚寶卿鄒德泳
通政周希旦

水火既濟
學院史學遷

風雷鼓舞
翰林吉士張[illegible]

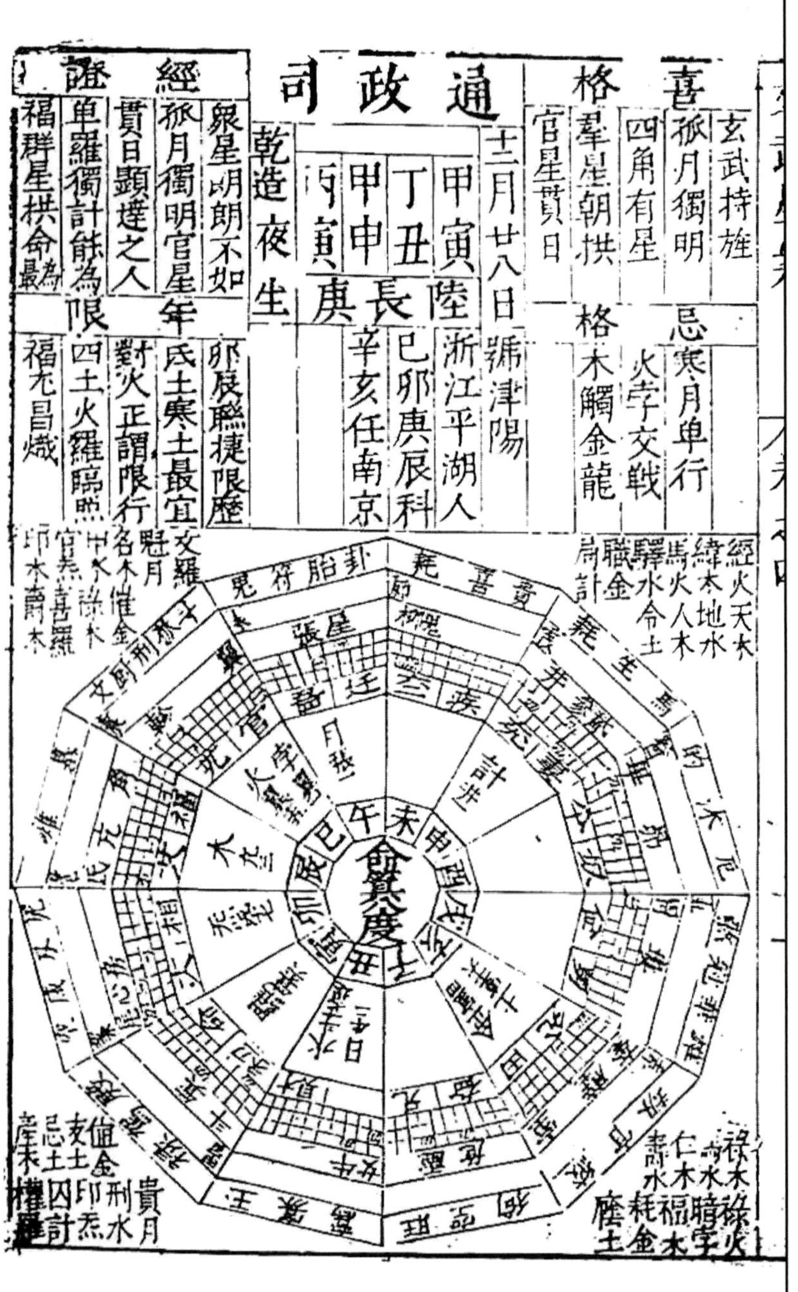

喜格
玄武持旌
孤月獨明
四角有星
羣星朝拱
官星貫日
忌格
寒月单行
火孛交戰
木觸金龍
通政司
十二月廿八日　號津陽
甲寅　陸　浙江平湖人
丁丑　長　己卯庚辰科
甲申　庚　辛亥任南京
丙寅
乾造夜生
經證
衆星明朗不如
孤月獨明官星年
貫日顯達之人
单羅獨計餘為限
福群星拱命最為
卯辰聪捷限歷
氐土寒土最宜
對火正謂限行
四土火羅臨照
福孛昌熾
經火天木
緯木地水
馬火人木
驛水命土
職金
局計
祿木
壽水
仁木
壽水
祿火
暗孛
福木
耗金
蔭土
貴月
刑水
印炁
囚計
權羅
值金
支土
忌土
產木

喜格

五星拱日
四餘捧月
計羅攔截
群曜向限
官福歸垣

忌格

火月晝晦
孛計加命
寒月单行

通政司

十二月十二日時羅浮

丁未 癸丑 己未 己巳

姚思仁

乾造晝生

浙江秀水人
癸酉癸未科
己未午轉北

經證

四餘拱陰五曜朝陽熱以群星向北格局亦美矣是皆穠柴之材廟堂之器

限

癸祿居子太陽著明木臨亥垣土躔太常宮度兩強以應宦擢巳午限尤佳

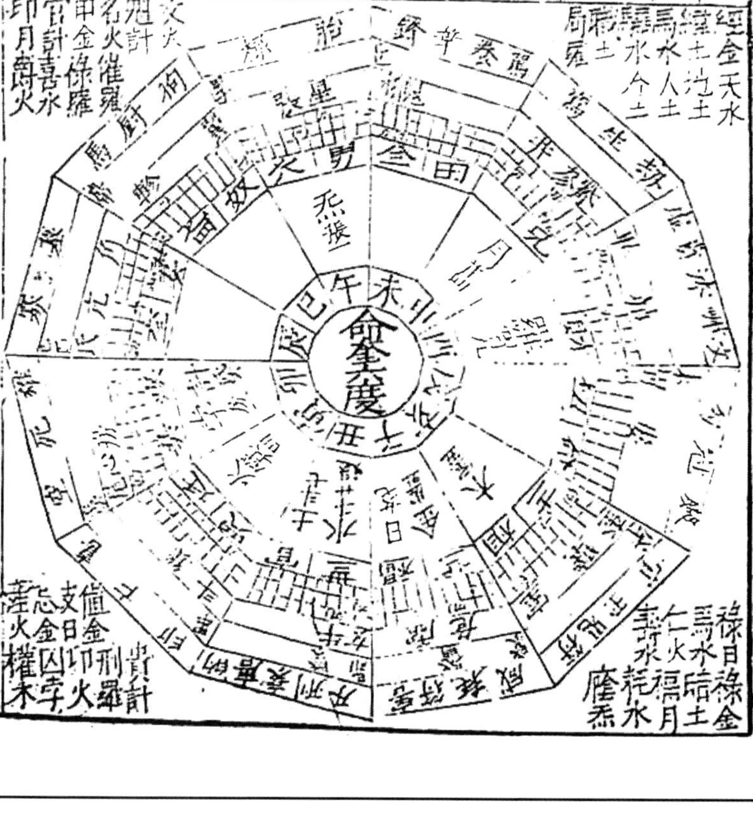

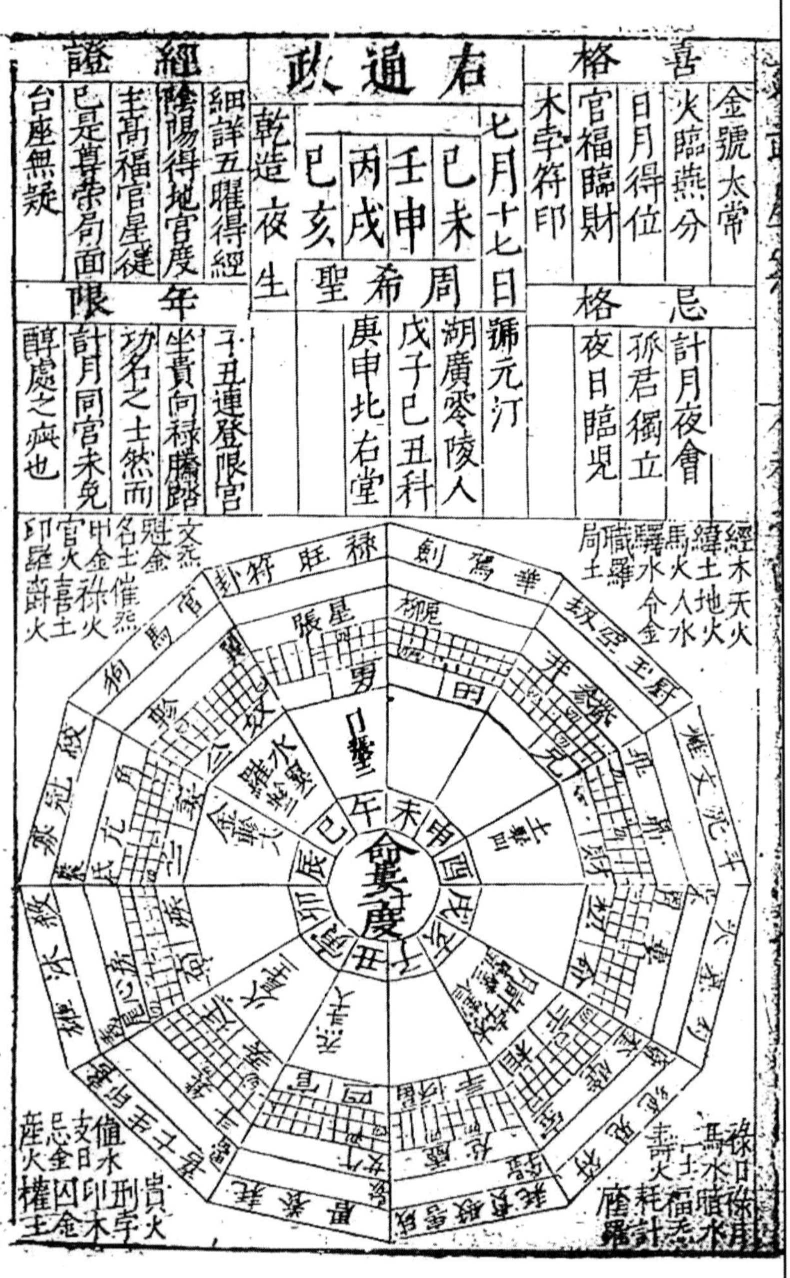

喜格

金號太常
火臨燕分
日月得位
官福臨財
木孛符印

忌格

計月夜會
孫君獨立
夜目臨兒

右通政

七月十七日
號元汀

己未
壬申
丙戌
己亥

乾造夜生

周希聖

湖廣零陵人
戊子巳丑科
庚申北右堂

經證

細詳五曜得經
陰陽得地官度
主高福官星從
已是尊榮局面
台座無疑

年限

子丑運登限宮
坐貴向祿騰路
功名之士然而
計月同宮未免
醇處之疵也

喜 日月高明 忌羅犯太陽
水涵蟾魄
秋金愛火 水金失纏

格 群星拱命 格
木炁連枝

通政司

九月初三日號臺池
戊午 王 浙江會稽人
壬戌 舜 丁酉戊戌科
丙子 庚申南正堂
癸巳 命
乾造 畫 生

日月分明是貴 水孛祿馬秋水
經 人官福高強格年 澄清金助其官
尤真群星守照 文星常道聯捷
證 多端乃為合格 限無疑
身星傍毋必崢嶸

經木 天火
緯木 地土
馬火 人水
驛水 命土
職水 局孛

文金 魁火 名土 催木 甲水 祿土 官孛 喜月 印土 爵水

祿水 祿土 馬水 暗月 仁土 福水 壽火 耗炁 蔭計

貴羅 刑火 值木 印孛 忌火 囚木 產木 權金

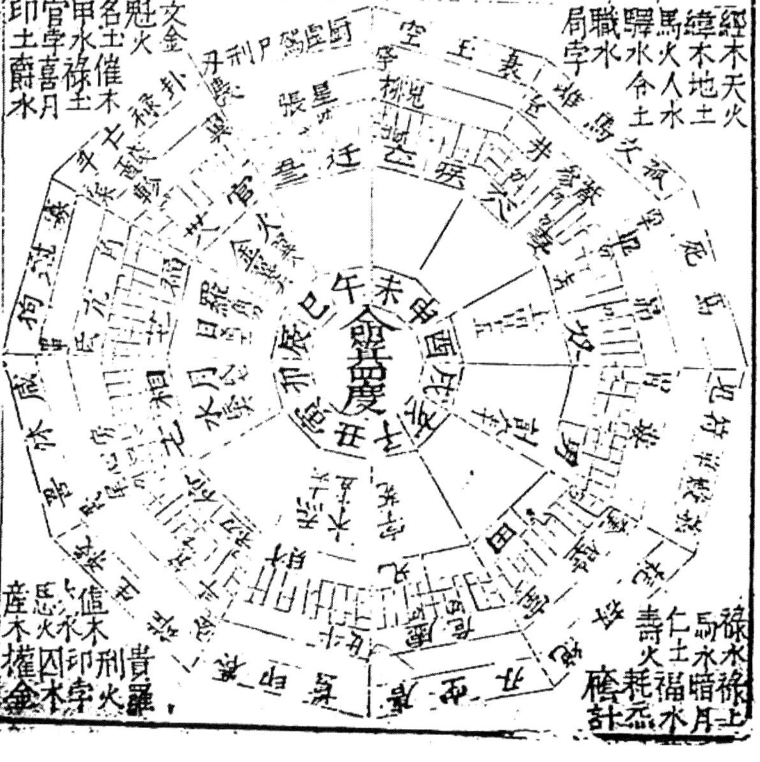

喜格

水金從陽　忌寒月单行

月居斗牛　身福坐刄

四角有星　格土月對掩

火居婁宿

土陞土殿

通政叅議

十二月初四日歸見素

癸亥　馬　山東安丘人

甲子　從　戊子壬辰科

戊申　庚申比右堂

甲子　龍

乾造夜生

經證

首居陰陽居四　金木從陽土陞

正權尊祿重主年　土殿限行星柳

官君去朝君位　度者無不發達

定是當朝顯貴限　因木躔柳主所

入　以陽科乃捷

經火天金　緯火地火　馬金人火　驛木令水　職計　局金

文月　魁木　名水催計　甲木祿月　官土喜火　印孛尊水

祿土　馬水　仁水　壽水　祿畢　暗火　福孛　耗木　蔭金

貴土　刑月　催金　印水　支火　囚孛　忌木　權計　産火

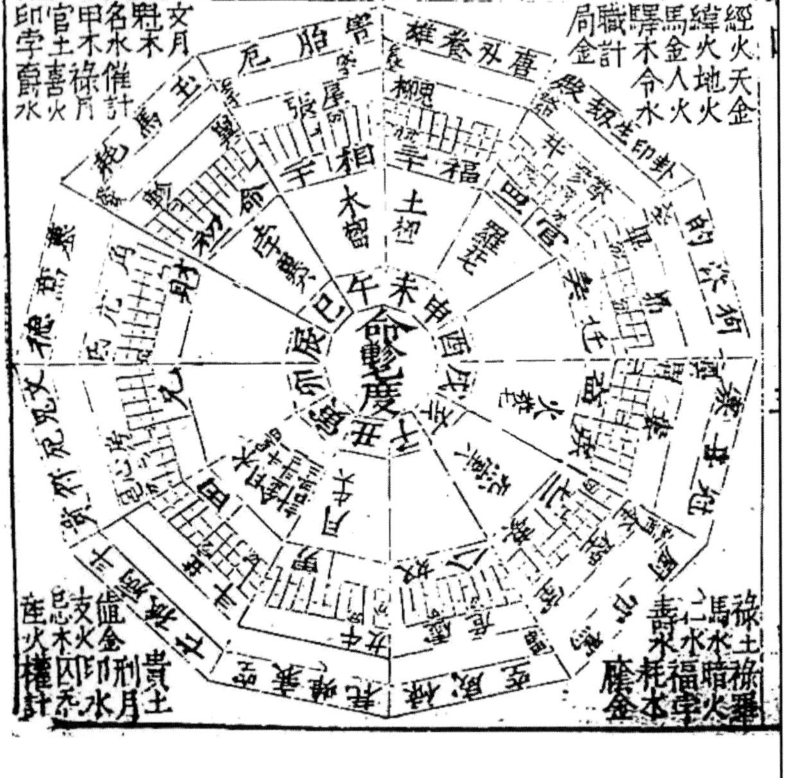

喜 日月得體
官福超高
群星拱命

格 水金對月
計息臨垣

忌 金騎人馬
土埋雙女

格 木赦太陽

通政叅議

十月十九日 號天池

丁卯 呂 福建南安人
辛亥 圖 甲午戊戌科
庚子 南 庚申南右堂
戊寅

乾造夜生

七政連茹四餘 午戌高捷乃係

經 列外因間一計年 張月度司事而 文火 駐計
於中巳是文燕 妙月到崑崙水 名火催羅

證 武備國家良佐 限 金對照因計及 甲火祿羅 官計喜水
光前裕後造也 相間隔科之驗 印月爵炁

經木 天火
緯土 地水
馬火 人水
驛火 命水
職火
局月

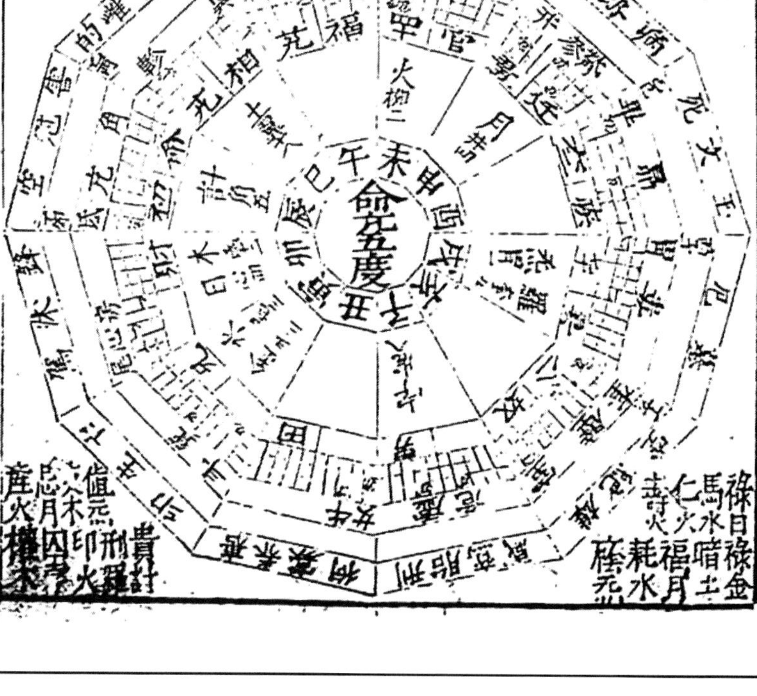

祿日 祿金
馬水 暗土
仁火 福月
壽火 耗水
蔭炁

貴計
值炁 刑羅
文木 印火
忌月 囚孛
産火 權木

大理正卿

喜　月到崑崙
金水互垣
官福拱身

格　福祿拱命
夜火朝陽

忌　土月對掩
水火交爭

格　木入齊麾

九月廿二日彌容字

丁未　張南直太倉人
庚戌　轄　己卯丙戌科
己巳　之　庚申任南京
乙亥

乾造夜生

金水互垣終身　日月拱夜火

經有發孤月獨明年朝君己卯丙戌

一章庚寅之　限條鑒學此其

證福官福拱身拱限可驗米爲壽元

命尤奇　不作殺論

經土　天土
緯金　地土
馬金　人火
驛火　命土
職土
局羅

文火　魁計
名火　僅羅
甲木　孫羅
官計　喜水
印月　爵火

祿日　祿金
馬水　暗土
二火　福月
壽水　耗木
蔭系

貴
刑羅
值木　印火
支日　囚孛
忌金
産火　權木

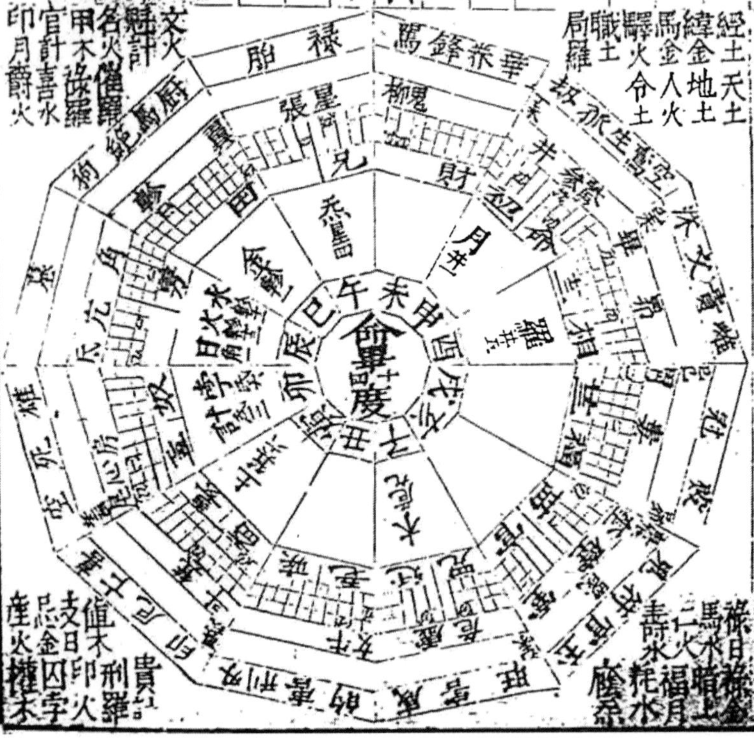

大理少卿

喜
群星朝北
二曜雙清
長庚伴月

格
日月夾福
火照天門

忌金寒月冷
計間七政

格諸星稍背

正月初三日　號芳麓
乙巳　宋　四川漢州籍
甲辰　與　巳卯癸未科　中江人
丁丑　祖
丁酉　庚申北右堂
辛丑

乾造夜生

經
金伴月水從陽夜火朝天長庚
名為二曜雙清年伴月月火夜曜
且七政連茹內夜逢巳卯癸未

證
問討都乃文武限正行翼張二度
全才造也所以利捷斯時

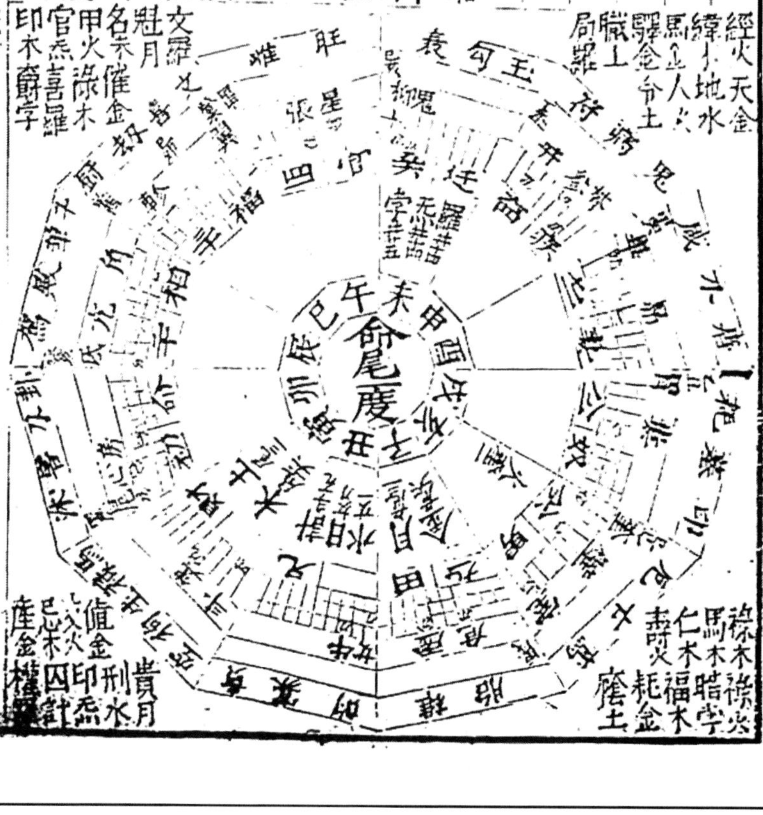

經火　天金
緯土　地水
馬金　人火
驛金　命土
職土
局羅

文羅
魁月
名孛　催金
官炁　喜羅
甲火　祿木
印木　爵孛

祿木　祿炎
馬木　暗孛
仁木　福木
壽火　耗金
蔭土

貴月
刑水
印炁
四計
值金
巳炁
產金
權羅

命尾度

大理少卿

十二月廿七日號桂渚
庚申洪南直歙縣人
戊子文　壬午巳丑科
巳丑衡　庚申北右堂
丁卯
乾造書生

喜：日月並明　陰陽守命　木星陞殿

忌：陰陽無輔　水逢尅洩

格：金星朝斗　坐馬向祿

格：火入金鄉

日月並明貴生　土星坐祿登駕

經者貴又云木到年金星朝斗朝陽文才

奎星須列爵文　限歷氐亢午丑

證龔錦綉佐君王　限正當其年

身命朝陽當題

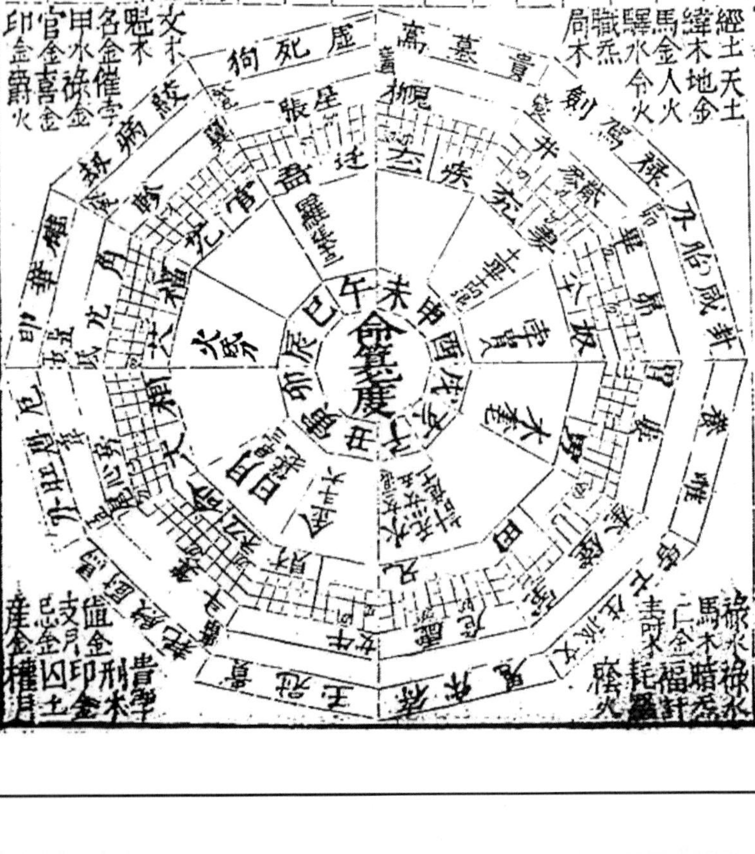

經土　天土
緯木　地金
馬金　人火
驛水　命火
職炁
局木

魁木　名金　催孛
甲水　祿金
官金　喜金
印金　爵火

祿水　祿水
馬木　暗炁
二金　福計
青木　耗羅
蔭火

貴木　學
刑金
印金　囚土
忌金
產金　權月

命宮度

朱雀乘風

喜月居寶瓶　忌孛羅同宮

金號太常　火月晝悔

格太炁連枝　格炁奴犯木

衆曜拱命

尚寶少卿

十月初八日號瀘水

丙辰　鄒　江西安福人

己亥　總　壬午丙戌科

癸巳　涞　庚申任北京

乙卯

乾造晝生

火星最喜乘躔　壬午丙戌限宮

經翼佐助皇家權年　重祿重貴且水

要戒官未拜主　秉令火躔駁則

證身輔帝闕財主　限倍佳矣

歸垣當不休

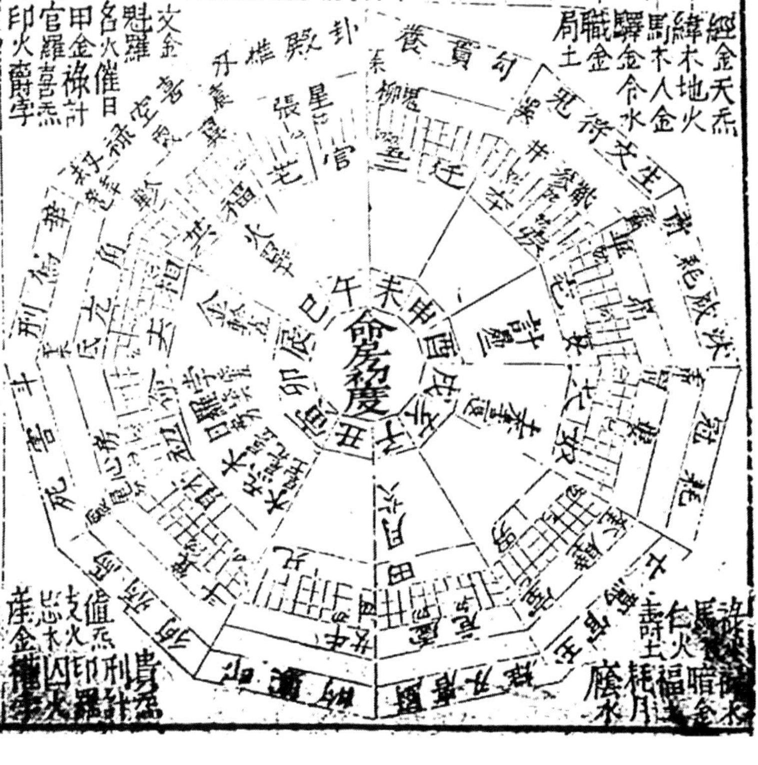

喜格	忌格
群星朝北	
日月夾命	木掩寶鞭
官福臨垣	孤陽無輔
長庚伴月	月冷金寒
土歸鄭國	

尚寶少卿

十二月初七日號武戠

庚午　己丑　庚子　庚辰

何士晉

南直宜興人

甲午戊戌科

庚申任北京

乾造　書生

經 七政連茹四餘　列外群星拱命年　官祿臨垣間一

木羅會合水宿　歸經甲午戊戌　限歷斗箕以驗

證 羅孛中乃出將入相造也

限 春秋榜矣

經土　天土
緯水　地水
馬火　人木
驛火　命土
職月
局火

文木
魁水
名金　催孛
甲日　祿金
官金　喜金
印金　爵水

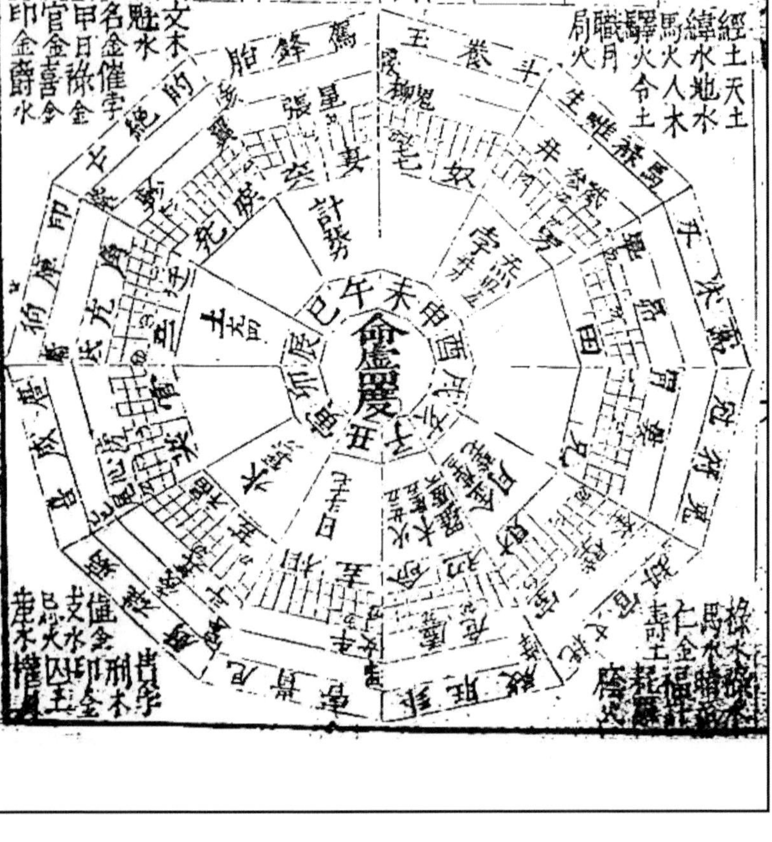

尚寶少卿

喜格

戴天履地
羣星朝北
水陽相會
火到奎垣
官福同宮

忌格

日月背行
土木相戰
餘奴臨垣
刃尼守命

正月十九日騙雲時

乙巳 戊寅 癸丑 丙辰

乾造晝生 盧逵

江西寧都人
癸酉丁丑科
庚申任北京

經證

包涵萬象身居
楚智過于夫命
守幽七政連茹
四餘列外計間
文兼武備

年限

木臨寅亥是真
垣精神百倍酉
科丑甲限用斗
木為美

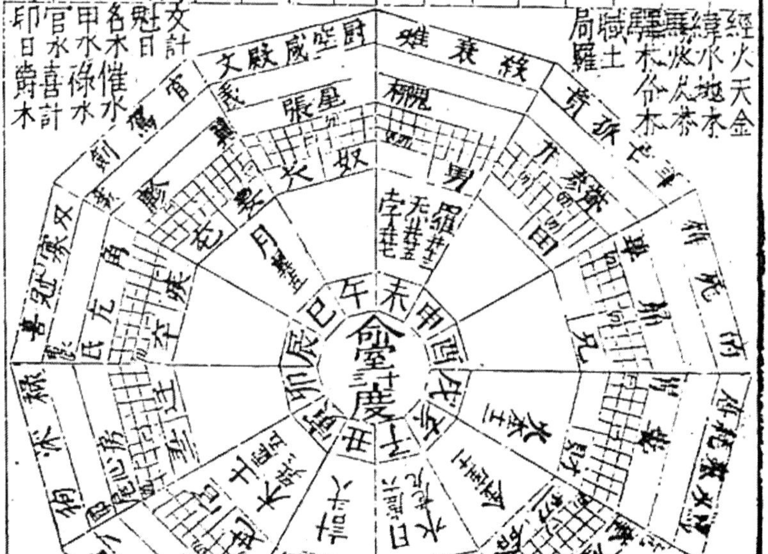

經火天金
緯水地木
職土
局羅

文計
魁日
名木催水
甲水祿水
官水喜計
印日爵木

命土度

祿火 [illegible]
馬木 暗木
仁木 福金
壽火 耗土

貴水
刑炁
印計
囚羅
權木
值日
支金
忌水
產木

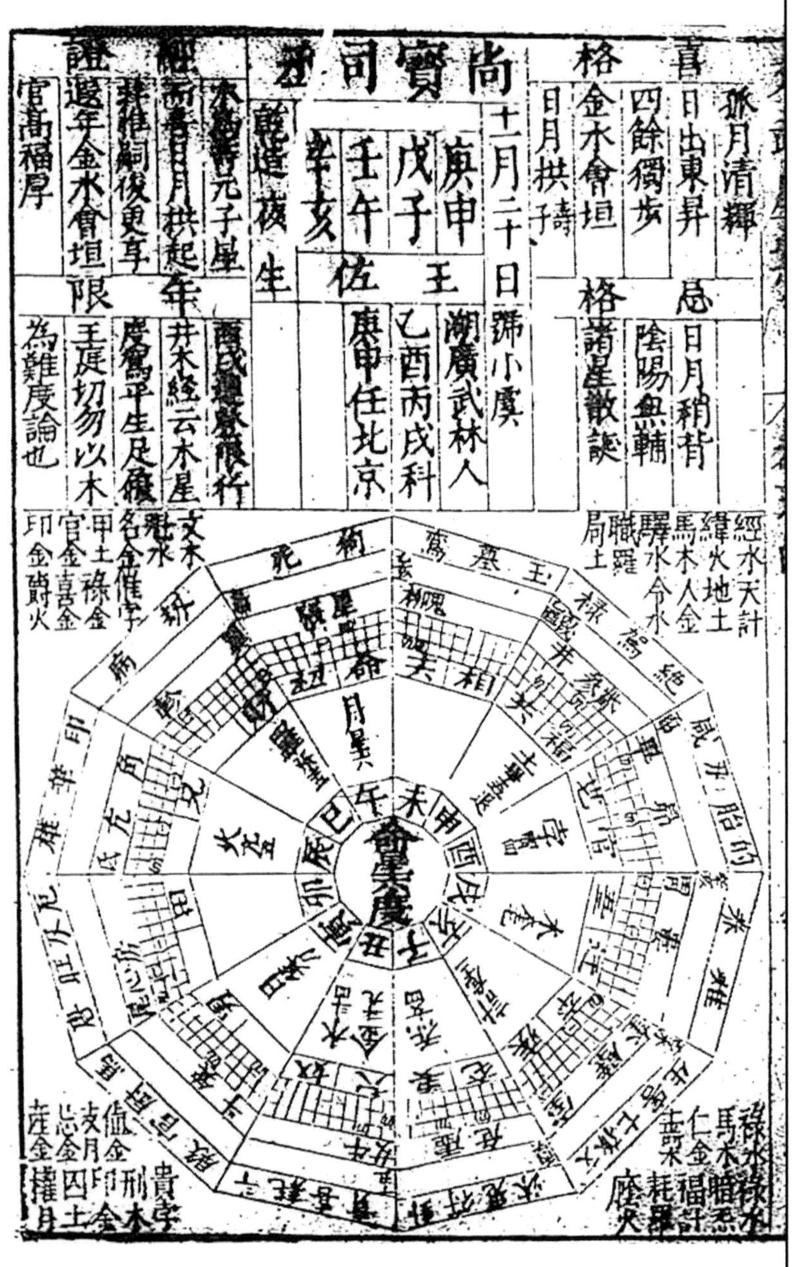
喜
孤月清輝
日出東昇
四餘獨步
格
金水會垣
日月拱壽
忌
日月稍背
陰陽無輔
格
諸星散談
尚寶司丞
十一月二十日　號小崖
湖廣武林人
乙酉丙戌科
庚申任北京
庚申
戊子
壬午
辛亥
王佐
乾造夜生
命

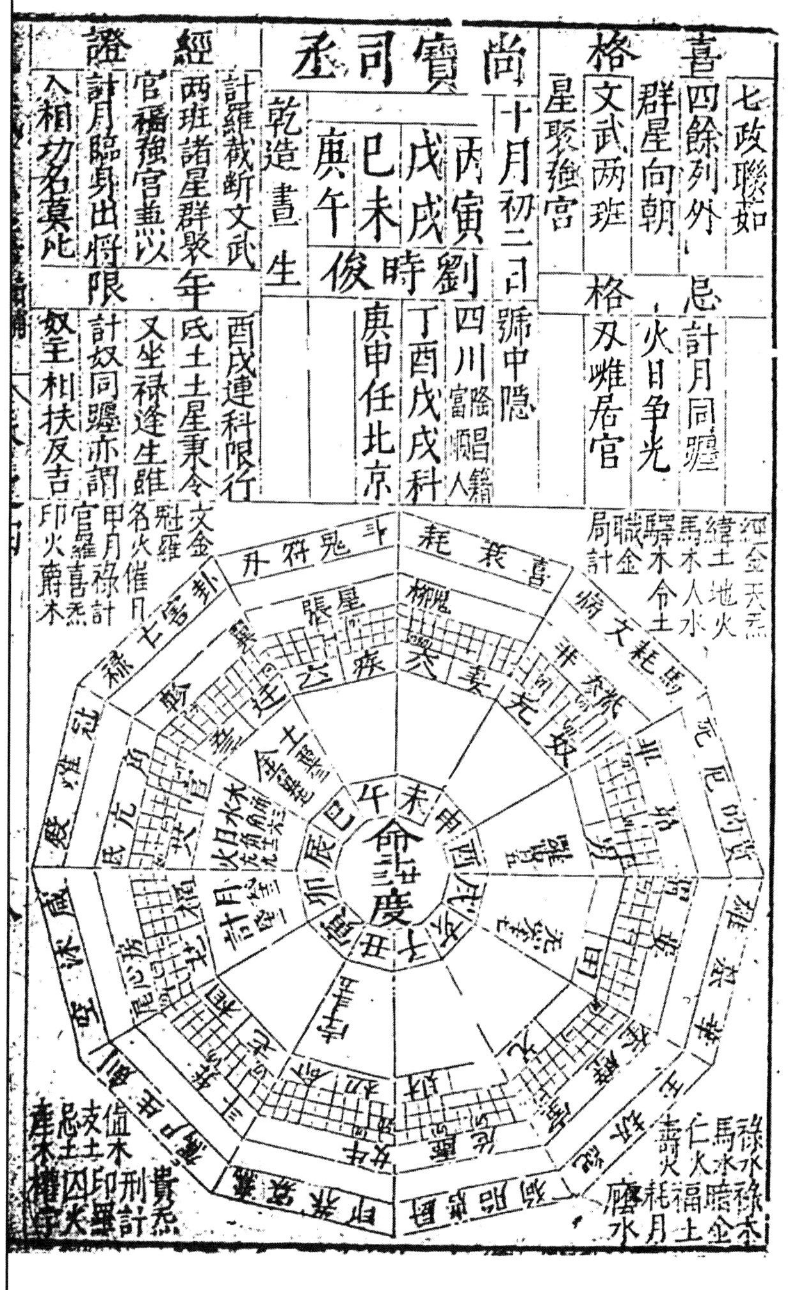

七政聯如
四餘列外
群星向朝
文武兩班
星聚強宮
忌計月同躔
火日爭光
格
刄雌居官
尚寶司丞
十月初二日
號中隱
丙寅
戊戌
己未
庚午
劉時俊
乾造壹生
四川富順人
隆昌籍
丁酉戊戌科
庚申任北京
經
證
計羅截斷文武
兩班諸星群聚
官福強宮羞以
計月臨身出將
入相功名莫比
年
限
酉戌連科限行
氐土土星秉令
又坐祿逢生雖
計奴同躔亦謂
奴至相扶反吉
文金
魁羅
名火
催月
甲月
祿計
官羅
喜炁
印火
爵木
命
度

太常少卿

喜格

羅月交輝
金水坐命
木火文明
群星向朝
官福臨田

忌格

日月背宮
木火怒地
命坐刃雄

正月十四日猺見素

乾造夜生

壬戌	壬寅	己亥	丙寅

畢懋良

南直歙縣人
辛卯乙未科
庚申任北畿
弟懋康進士

經證

夜談月而火羅侍衛賢者金水坐命官曜顯而福星明官高福厚身星傍啐毋奴

年限

辛卯尾火受生乙未羅月交輝理宜高擢後限更高權尊爵重

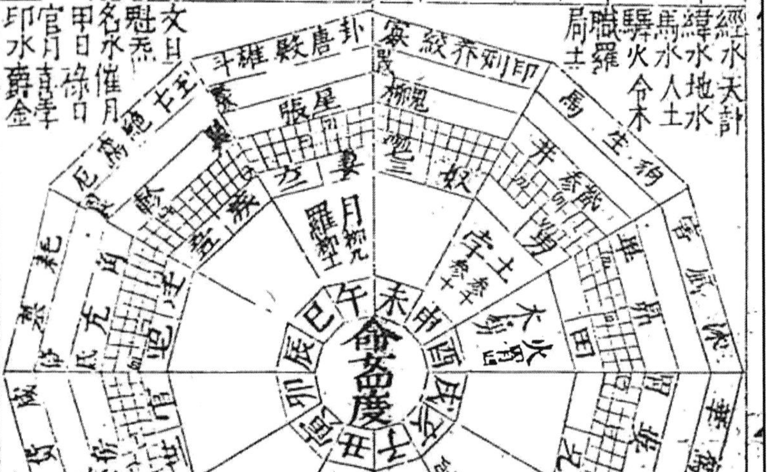

經水 天計
緯水 地水
馬水 人土
驛火 命木
職羅
局土

文日
魁炁
名水 催月
甲日 祿日
官月 喜孛
印水 爵金

命盃度

祿木 權計
馬水 暗羅
仁水 福火
壽水 耗孛
蔭木

貴金
刑土
值日 印月
支金 囚水
忌水 權炁
產木

喜格	忌格
太月當斗	陰陽無輔
水木湊天池	諸星散誕
木入秦州	土月對掩
金水會垣	
四餘四角	

太常少卿

正月廿六日號鵰岳

甲子	丙寅	庚子	丙戌

李開藻

福建永春人　壬午癸未科　庚申任南都　閏滂巳故

乾造夜生

經證

愈生之辰月宿　夜誕月而火孛

於斗主文章冠年　侍衛壬午癸未

天下金水會垣　限度張月火孛

終身有發四角　限合拱太陰少年

有星極貴祿重　聯捷

經土　緯火　馬水　驛木　職水　局孛

天月　地金　人土　令木

文羅　君月　帝木　甲木　官炁　印木

命躔度

祿木　馬木　仁木　壽金　蔭土

祿火　暗孛　福木　耗金

貴月　刑水　值日　印炁　文木　四計　忌日　產金　權羅

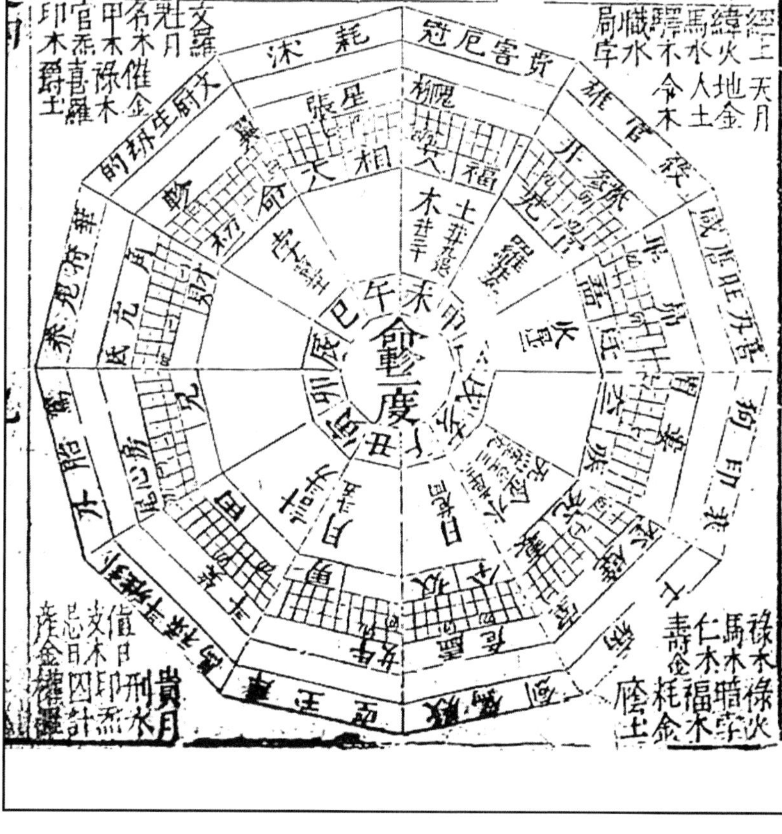

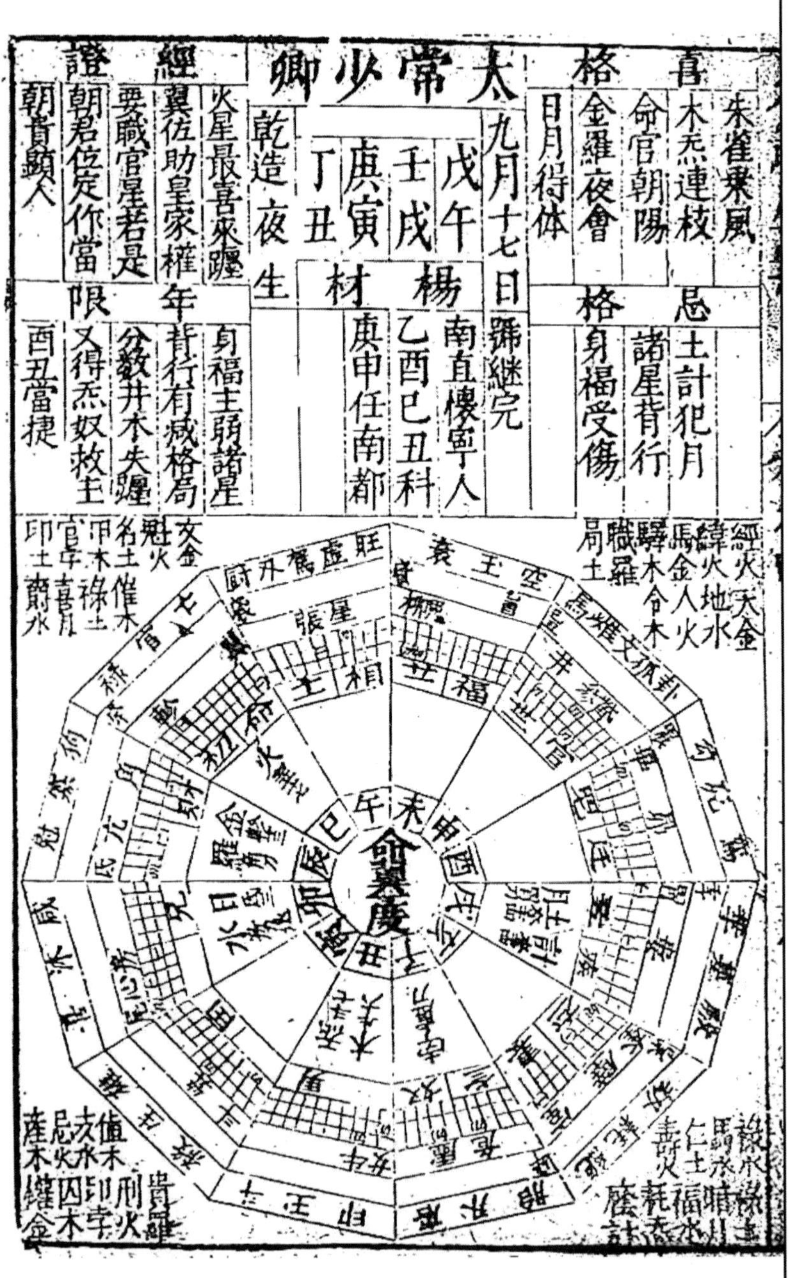
喜格
朱雀乘風
木炁連枝
命官朝陽
金羅夜會
日月得体
忌格
土計犯月
諸星背行
身福受傷
太常少卿
九月十七日辭継完
戊午
壬戌
庚寅
丁丑
乾造夜生
楊材
南直懷寧人
乙酉巳丑科
庚申任南都
經證
火星最喜來躔
翼佐助皇家權
要職官星若是
朝君位定作當
朝貴顯人
年限
身福主弱諸星
背行有減格局
分数井木失躔
又得炁奴救主
酉丑當捷
命宮

喜格

計羅攔截
諸星拱命
官福得位
身命起高
紫炁臨垣

忌格

火孛交戰
金羅相刑
刃符居官

太常少卿

九月十八日號省菴

甲寅
甲戌
丙辰
壬辰

白所知

山西陽城人
壬午癸未科
庚申任北畿

乾造晝生

經

月月高明官福
強徒無以計羅
截諸星於東南

證

行限次第相逢
誠為奇特

年限

水宿歸經宮度
兩強宜乎科第
聯登但火孛刃
中包殺中後數
載美中不足

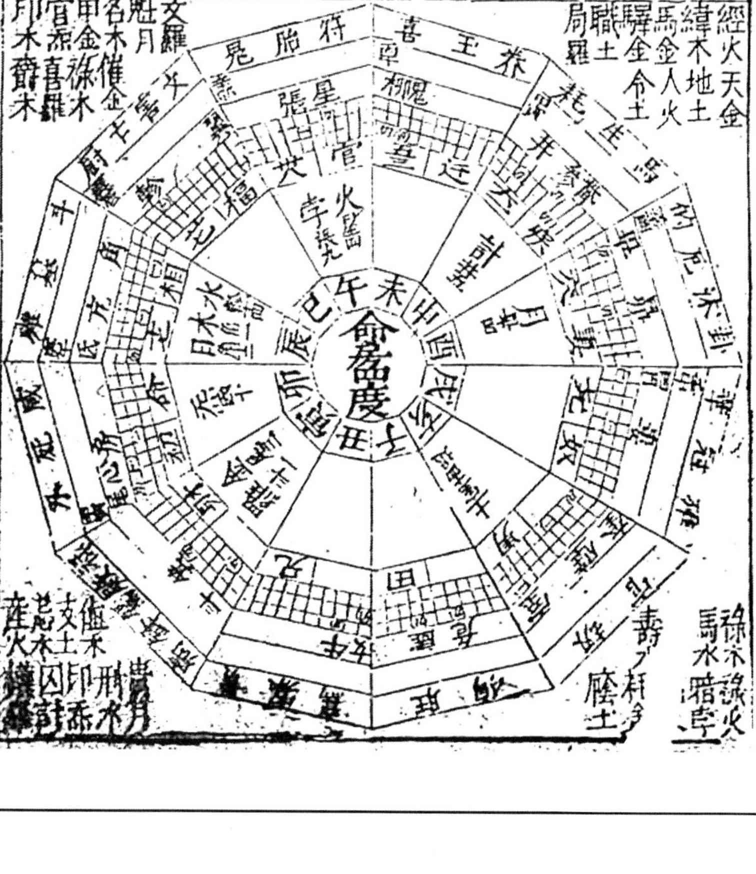

經火 天金
緯木 地土
馬金 人火
驛金 命土
職土
局羅

文羅
魁月
名木 催金
甲金 祿木
官炁 喜羅
刃木 爵木

祿木
馬水

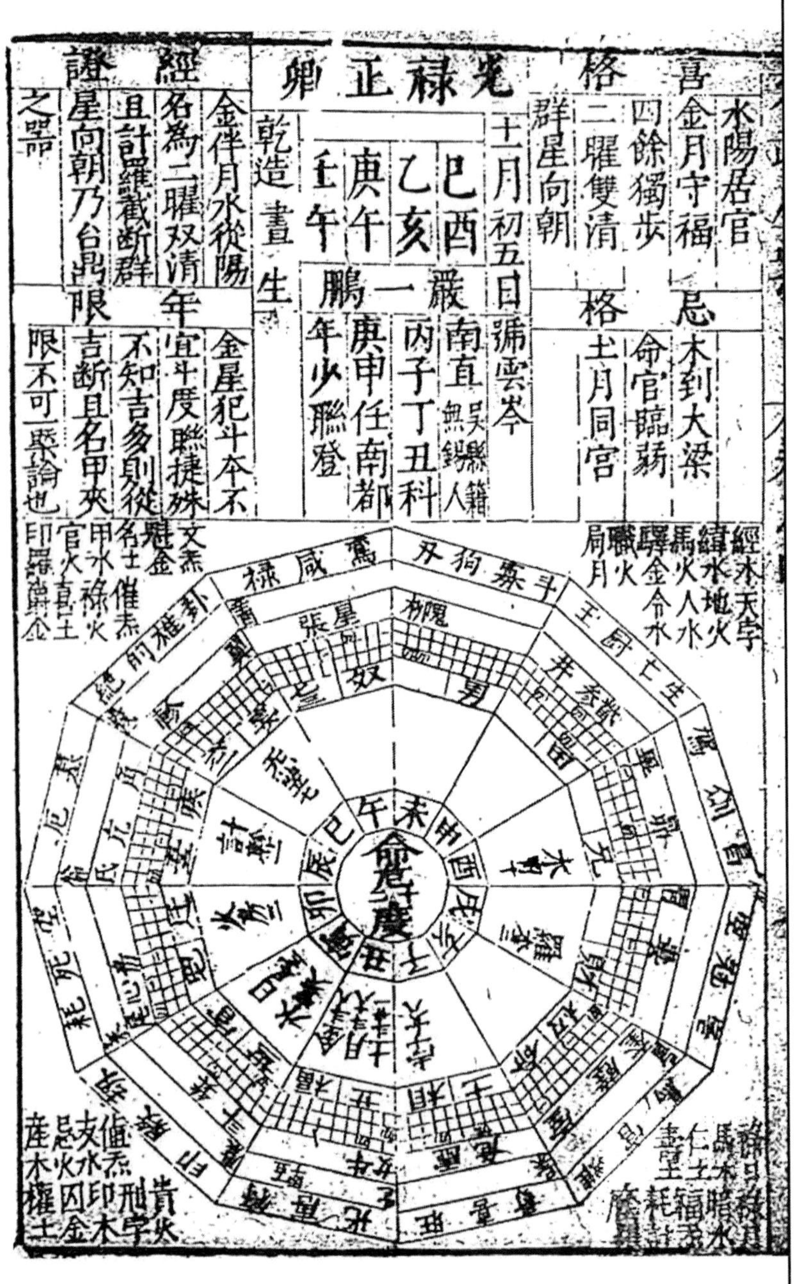

喜格

水陽居官
金月守福
四餘獨步
二曜雙清
群星向朝

忌格

木到大梁
命官臨覇
土月同宮

光祿正卿

十一月初五日 號雲岑

己酉
乙亥
庚午
壬午

乾造 晝生

嚴一鵬

南直吳縣人籍無錫
丙子丁丑科
庚申任南都
年少聯登

經證

金伴月水從陽名為二曜双清且討羅截斷群星向朝乃台鼎之器

年限

金星犯斗本不宜斗度聯捷殊不知吉多則從吉斷且名甲夾限不可一槩論也

喜格

金水會垣
官福居官
命壽臨福
星聚強宮
田財夾主

忌格

日月背行
水土相攻
晝火祀陽

光祿少卿

五月十八日歸豫章

戊午
戊午　饒
乙丑　伸
辛巳

乾造晝生

江西進賢人
丙子癸未科
庚申任南都
兄位尚寶北京

經讚

火命火同太陽然日月背行福
謂之星照本家年元受傷仕途崎
且諸星群聚於嶇有之前限不
強宮又掌官福限如後限高
田財富貴有矣

經土　天土
緯火　地木
馬金　人火
驛水　命火
職火
局月

文金
魁火
名土　催木
甲土　祿土
官孛　喜月
印土　爵水

貴羅
刑火
印孛
囚木
權金
值火
杖水
忌火
產木

祿土　祿水
馬水　暗月
仁土　福水
壽火　耗炁
蔭計

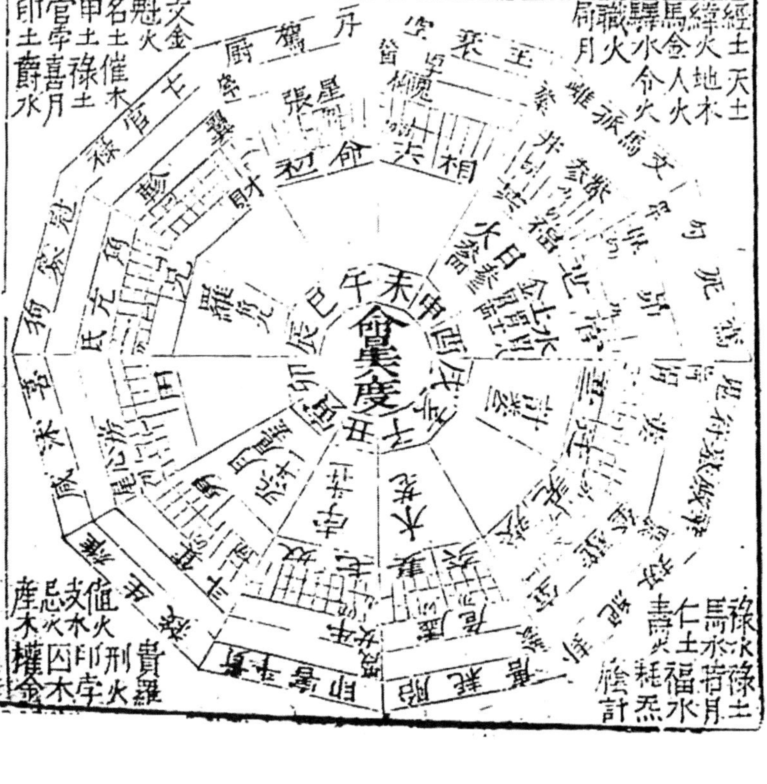

光祿少卿

喜格

金水會垣
日月著明
木入秦州
水涵蟾魄
四正有星

忌格

孤陽失躔
土木相刑
火入金鄉

二月初二日
號大威

乾造
甲子
丙寅
乙巳
庚辰

盛若愚書生

浙江慈谿人
甲午丁未科
庚申任南都

經證

賢者金水坐命
水涵蟾魄經云
木入秦州知福
厚首尾陰陽居
四正權尊祿重

甲午空貴向貴
年丁未箕水朝陽
此後限度蹭蹬
限晚景都愆可必

經木天孛
緯水地木
馬火入水
驛金命木
職火
局月

文星月
魁
名木催金
甲水祿木
官炁喜
印木壽土

命壁度

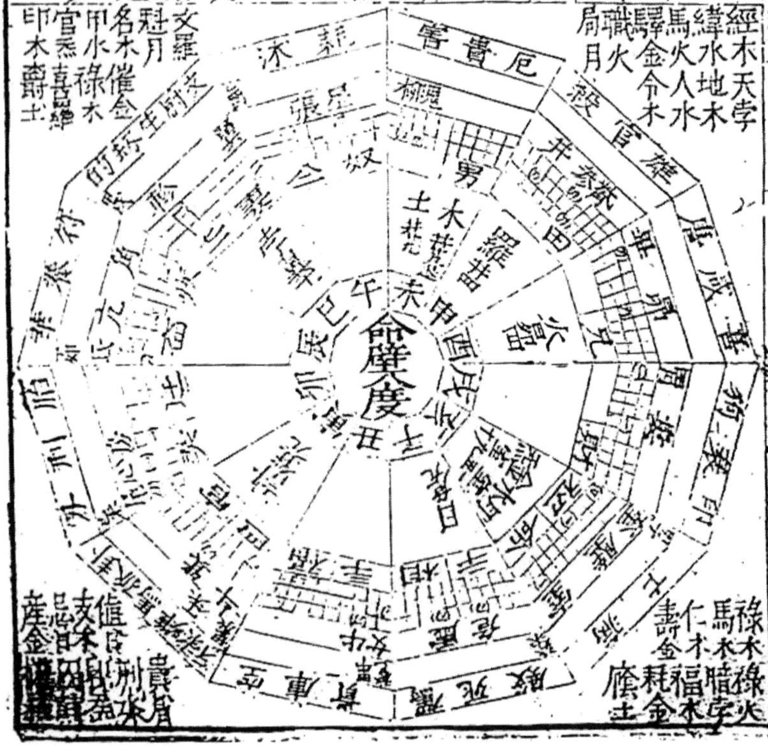

喜格
月中仙桂
水陽相會
金獮太常
土歸鄭國
火到南離

忌格
日月拱開
火孛交戰
諸曜稍背

光祿少卿

十月初八日 號楚盤
辛未 劉 南直常州人
丙戌 元 辛卯乙未科
丁酉 珍 父春元子舉人
己酉 庚申任北京
乾造夜生

經
木臨亥上獮中
台滿腹文章翰
菀才官曜顯而
年
月中仙桂少年
平步青雲登秋
季木月同宮乃

證
福星明官高福
厚台座之位
限
謂合真卯未高
穗感屬危度

經火 天金
緯金 魁土
馬金 人火
驛木 令水
職孛
局水

文土 魁孛
名金 催土
甲火 祿炁
官土 喜木
印木 爵火

祿金 諒炁
馬水 暗計
仁金 福羅
壽土 耗火
蔭孛

值孛 貴木
文日 刑金
忌金 印土
產火 囚月
權水

命貫度

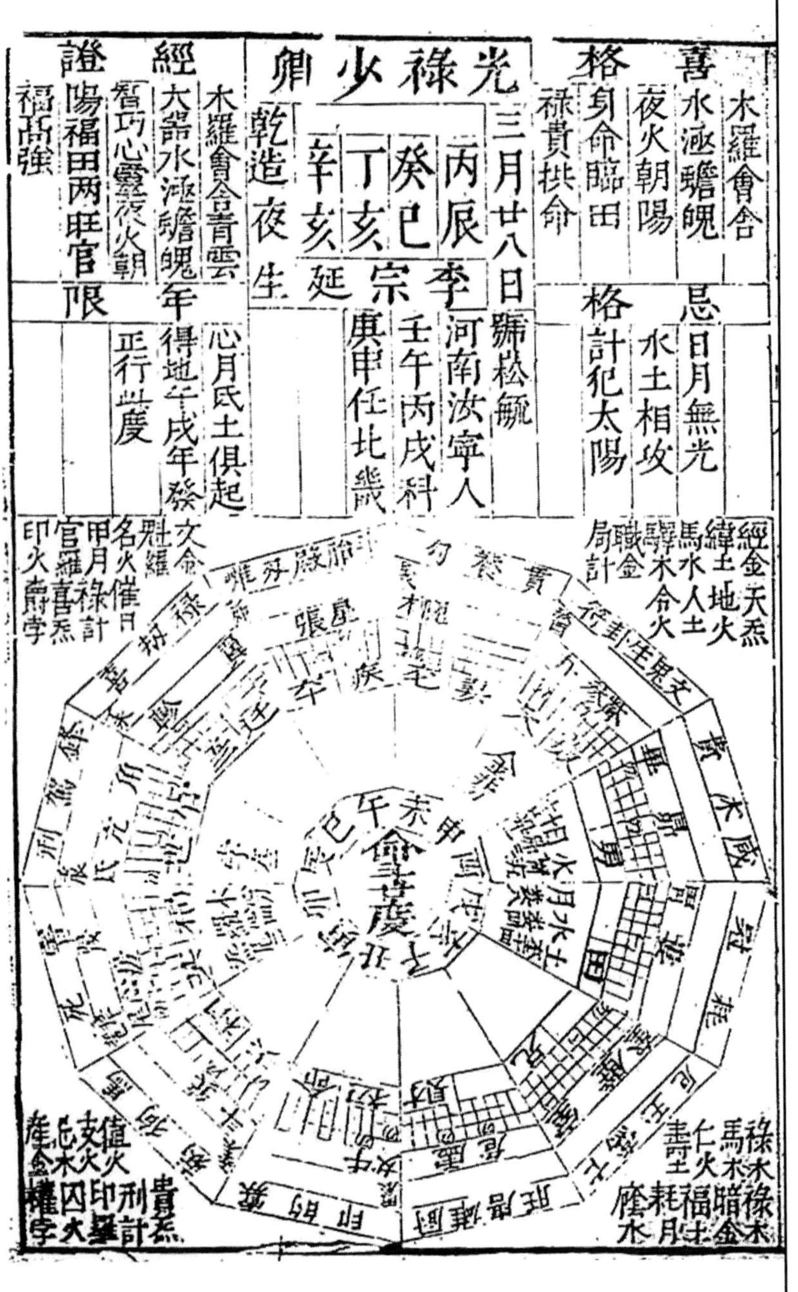
光祿少卿
喜格
木羅會合
水涵蟾魄
夜火朝陽
身命臨田
祿貴拱命
忌格
日月無光
水土相攻
計犯太陽
三月廿八日
日躔松觚
乾造夜生
丙辰
癸巳
丁亥
辛亥
李宗延
河南汝寧人
壬午丙戌科
庚申任比歲
經證
木羅會合青雲
大器水涵蟾魄
智巧心靈夜火朝
陽福田兩旺官
福高強
年限
心月氐土俱起
得地午戌年發
正行此度
經金　天烝
緯土　地火
馬水　人土
驛木　命火
職金
局計
文命
魁羅
名火　催日
甲月　祿計
官羅　喜烝
印火　爵孛
命
度
祿木　暗祿木
馬木　福金
仁火　耗月
壽土　蔭水
值火　貴烝
支火　刑計
忌木　印火
產金　權孛

光祿少卿

十一月廿二日蒯紹明
直隸豐潤人籍
癸丑 乙丑 白 乙酉乙未科
甲子 乙亥 瑜 庚申任北都
乾造夜生

喜格
木月清貴
夜火朝陽
命官朝君
君主登駕
身福坐貴

忌格
土月對掩
水火同宮
計孛交戰

經證
月木同宮貴顯
臣夜火登駕朝
陽格尤真官星
貴日顯達之人

限年
井木登科畢月
發甲以驗木月
高明則身福爵
元主星咸調得
所論之

文月
魁木
名水催計
甲木祿月
官土喜火
印孛爵水

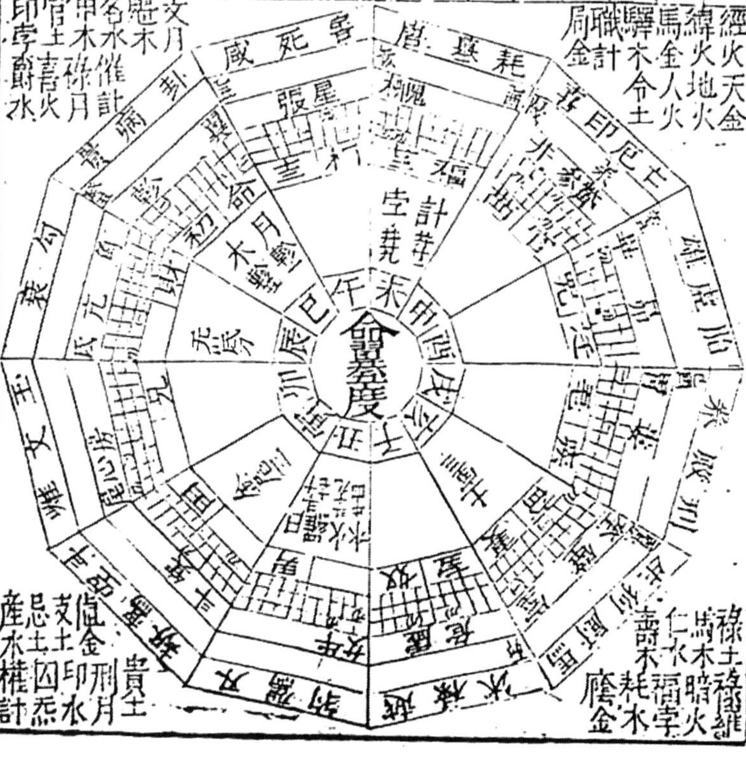

經火天金
緯火地火
馬金人火
驛木合土
職計
局金

祿土祿羅
馬木暗火
仁水福孛
壽木耗木
魔金

官金 支土 忌土 產水
貴土 刑月 印水 囚炁 權計

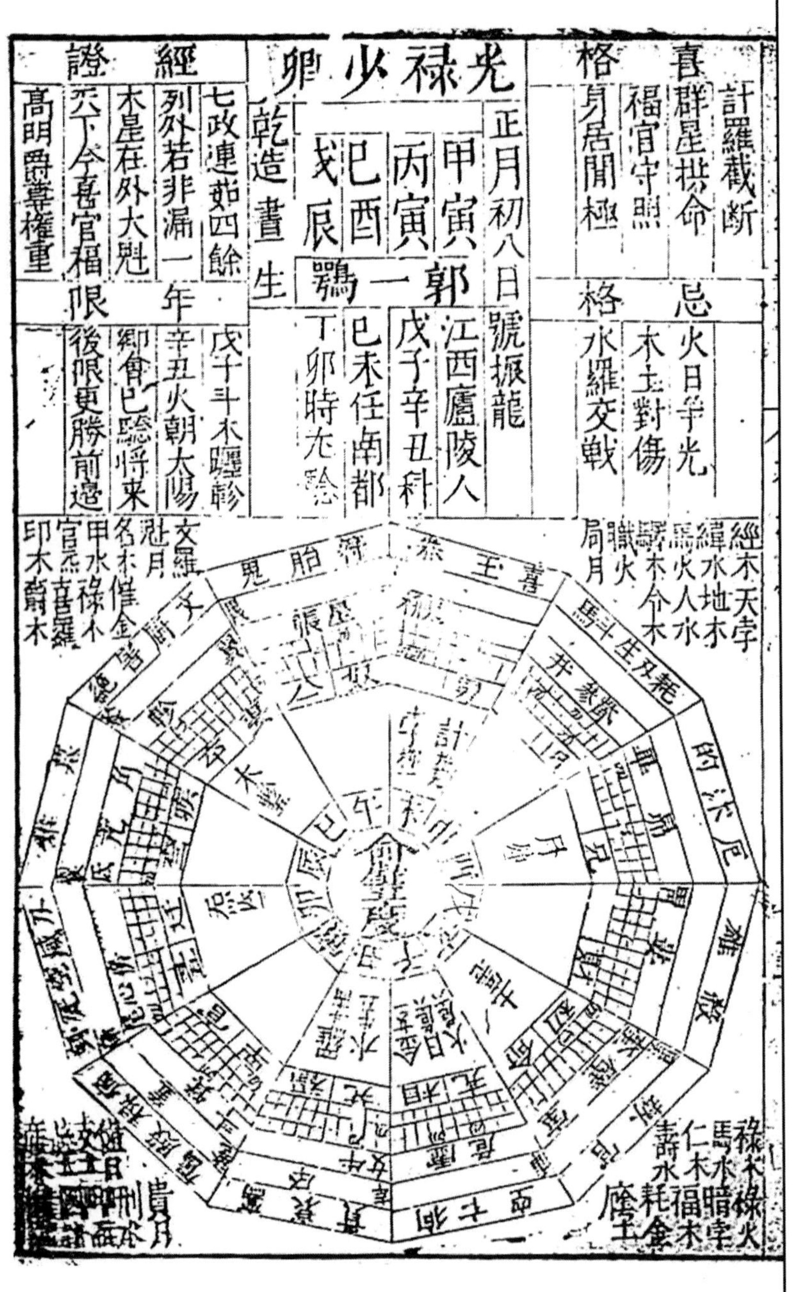

喜格
計羅截斷
群星拱命
福官守照
身居間極
忌格
火日爭光
木土對傷
水羅交戰
光祿少卿
正月初八日號振龍
甲寅
丙寅
己酉
戊辰
乾造書生
郭一鶚
江西廬陵人
戊子辛丑科
己未任南都
丁卯時尤險
經證
七政連茹四餘
列外若非漏一
木星在外大魁
天下今喜官福
高明爵尊權重
年限
戊子斗木躔軫
辛丑火朝太陽
卿會巳臨將來
後限更勝前邊
經木天孛
緯水地木
馬火人水
驛木合木
職火
局月
文羅
魁月
名木偉金
甲水祿木
官炁吉羅
印木爵木
祿木祿火
馬水暗孛
仁木福木
壽水耗金
蔭土

光祿少卿

喜格

土歸鄭國
月到崑崙
身命得地
福星守福
坐貴向祿

忌格

水火交戰
金孛泄氣
諸星散誕

三月初十日 踽靖衍

乾造夜生

巳巳	丙寅	甲申	丙寅

錢策

南直無為人
戊子舉丑科
庚申任北京

經

坐貴向祿騰路
功名之士身命
喜居五九福星

證

守福為真福財
土歸垣富不休

年限

木臨寅亥是真
垣精神百倍限
行斗木總謂度
土歸垣尾火亦
同此斷故高捷

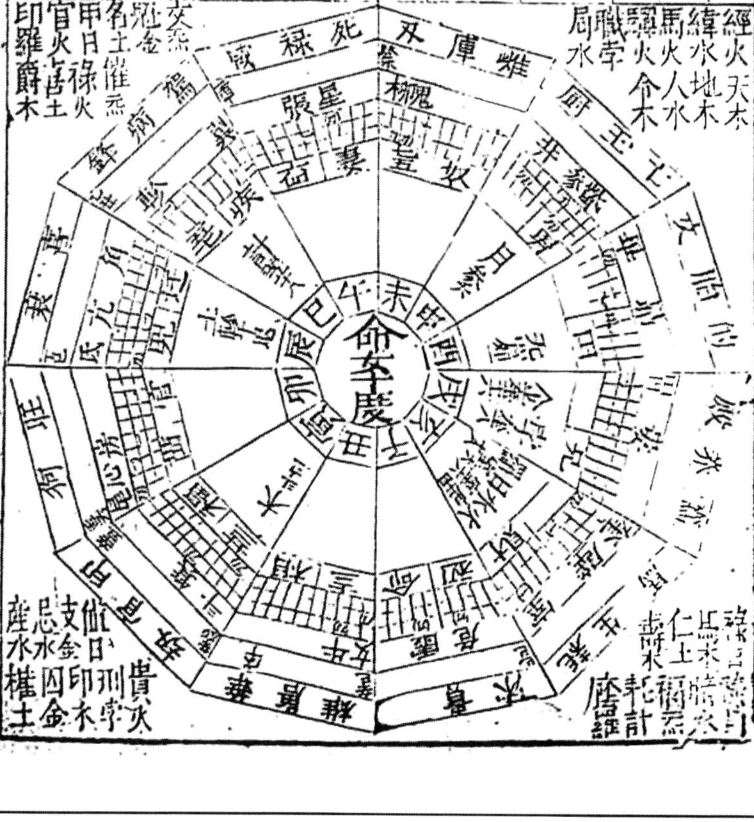

經火 天木
緯水 地木
馬火 人水
驛火 命木
職孛
局水

甲日祿火
官火 官土
印羅 爵木
交土 魁金 名土 催木

命孛度

貴火 刑孛 印木 支金 囚金 忌水 權土 產水

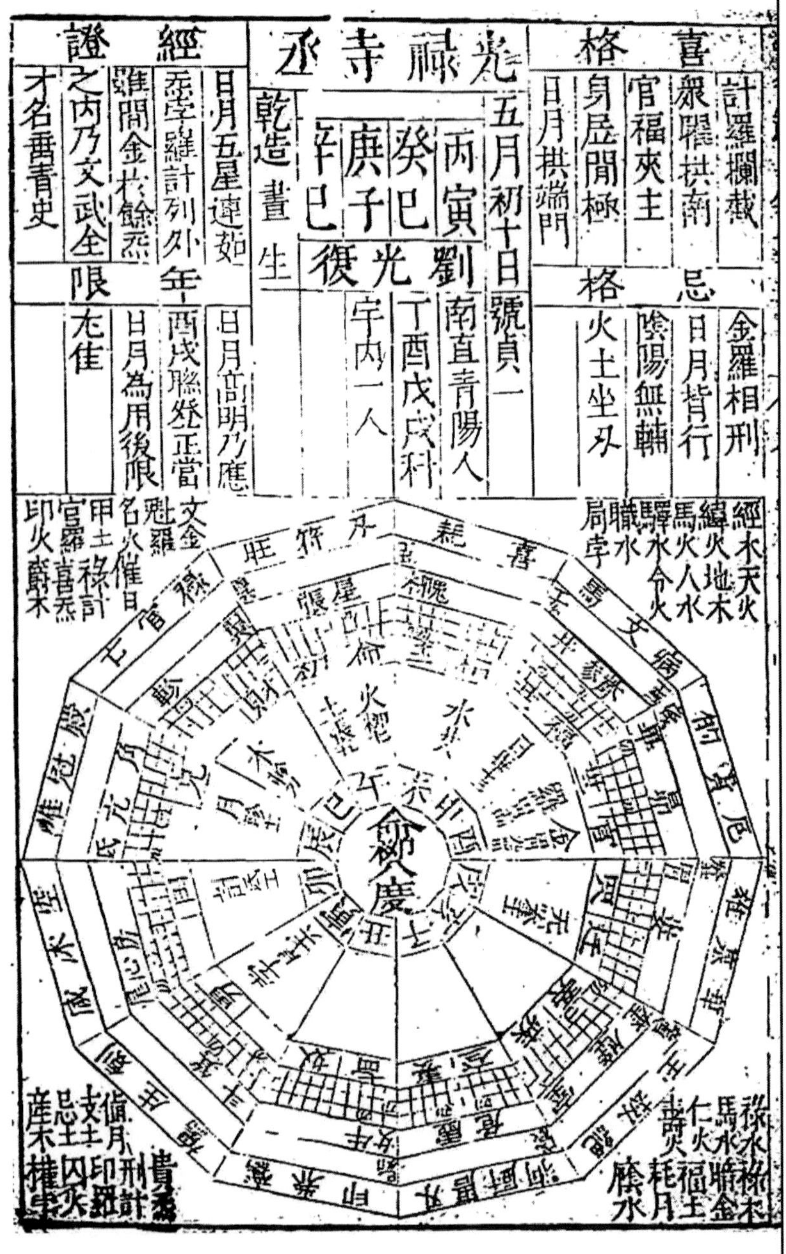
喜格
計羅攔截
衆曜拱南
官福夾主
身居閒極
日月拱端門
忌格
金羅相刑
日月背行
陰陽無輔
火土坐刄
光祿寺丞
五月初十日號貞一
丙寅
癸巳
庚子
辛巳
乾造晝生
劉光復
南直青陽人
丁酉戊戌科
守内一人
經證
日月五星遶始
炁孛羅計列外
雖間金木餘炁
之内乃文武全
才名垂青史
年限
日月高明乃應
酉戌聯登正當
日月為用後限
尤佳
命度

太僕少卿

貴格

日月拱鴛
火月對輝
官福拱身
度主朝君
身命祿貴

忌格

日月拱厄
羣星稍背
嗣祿臨奴

九月廿一日
乾造夜生
庚子
丙戌
己酉
甲子

曾皐

鏞見虞
江西廬陵人
壬午壬辰科
庚申任南京

經讚

福主金鏞太常
身星月到昆崙
且日月拱鴛福
官拱身兄壽星
得地晚景堪誇

年限

婁金奎木俱屬
限度官明中年
癸科發甲良由
巳也事已宦遲
為妙

經水 天羅
緯土 地土
馬火 人水
驛水 命土
職火
局月

文木
魁水
名金 催學
甲土 祿金
官金 喜金
印金 爵土

祿水 後水
馬木 暗炁
仁金 福計
壽土 杖羅
廕火

貴學
值木 刑木
文木 印金
忌日 囚土
產金 權月

命極度

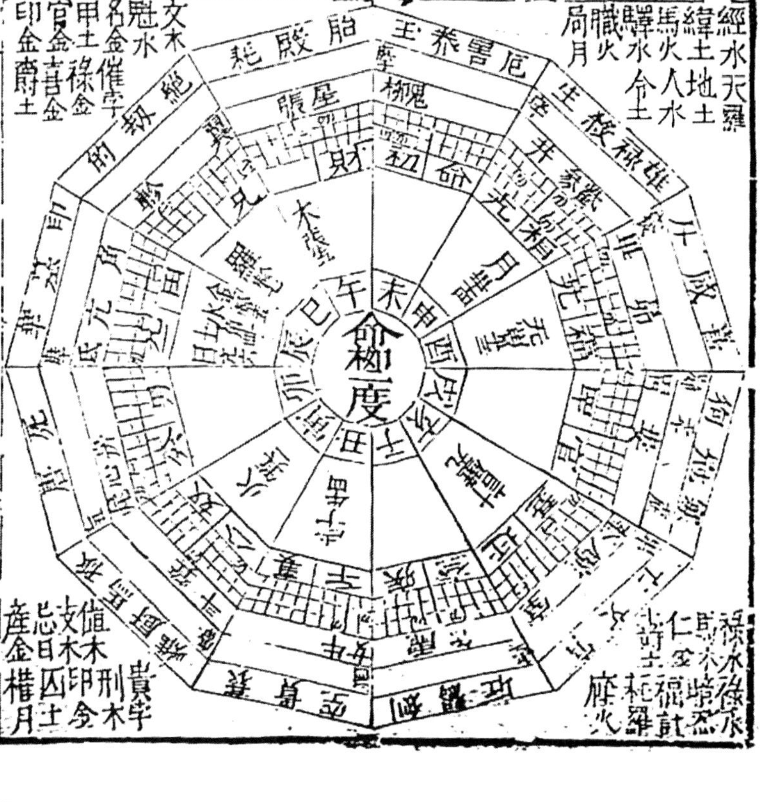

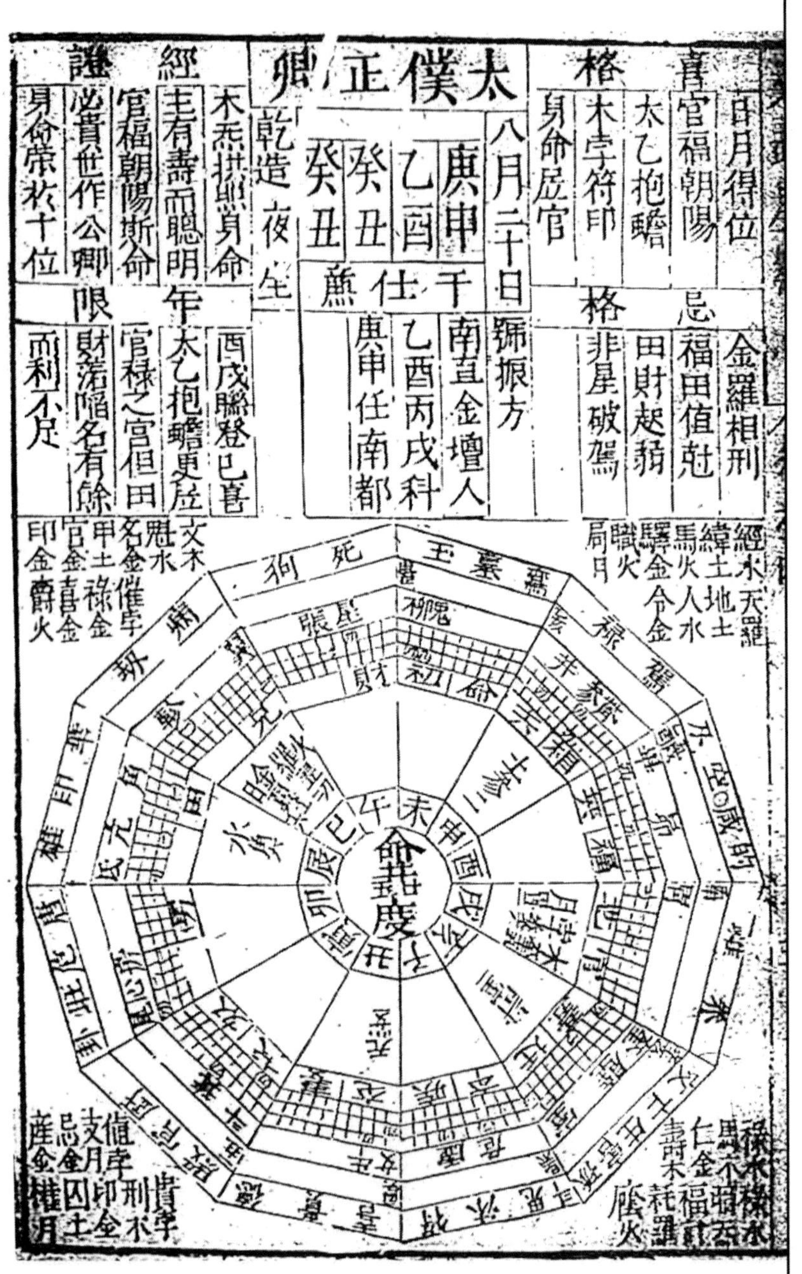
太僕正卿
青格
日月得位
官福朝陽
太乙抱蟾
木字符印
身命居官
忌格
金羅相刑
福田值尅
田財起狷
非星破駕
八月二十日
錦振方
庚申
乙酉
癸丑
癸丑
乾造夜生
于仕燕
南直金壇人
乙酉丙戌科
庚申任南都
經讖
木炁拱照身命
主有壽而聰明
官福朝陽斯命
必貴世作公卿
身命宗於十位
年限
酉戌聯登巳喜
太乙抱蟾更歷
官祿之宮但田
財落陷名有餘
而利不足
經木 天羅
緯土 地土
馬火 人水
驛金 命金
職火
局月
文木
魁水
名金 催孛
甲土 祿金
官金 喜金
印金 爵火
命丑度

太僕少卿

十二月二十日歸月樵

乾造夜生

丁巳
癸丑
己亥
乙亥

宋一桂

江西浮梁人
己卯壬辰科
庚申任北京

喜格

計羅截斷
羣星朝北
漏出孤月
火金對照
命官朝陽

忌格

日月背行
泉曜違限
土計逼關

經語

夜生從月喜羅
計截出在外掌
身福主發處尚
爲最當主國家
桂右宇內入宗

年限

巳卯限官坐祿
向貴壬辰祿貴
拱限附鳳扳龍
良由巳也

紅木　大字
緯火　地金
馬火　人木
驛木　合土
職字
局水

文火
魁計
名火　催羅
甲木　祿羅
官計　喜水
印月　爵木

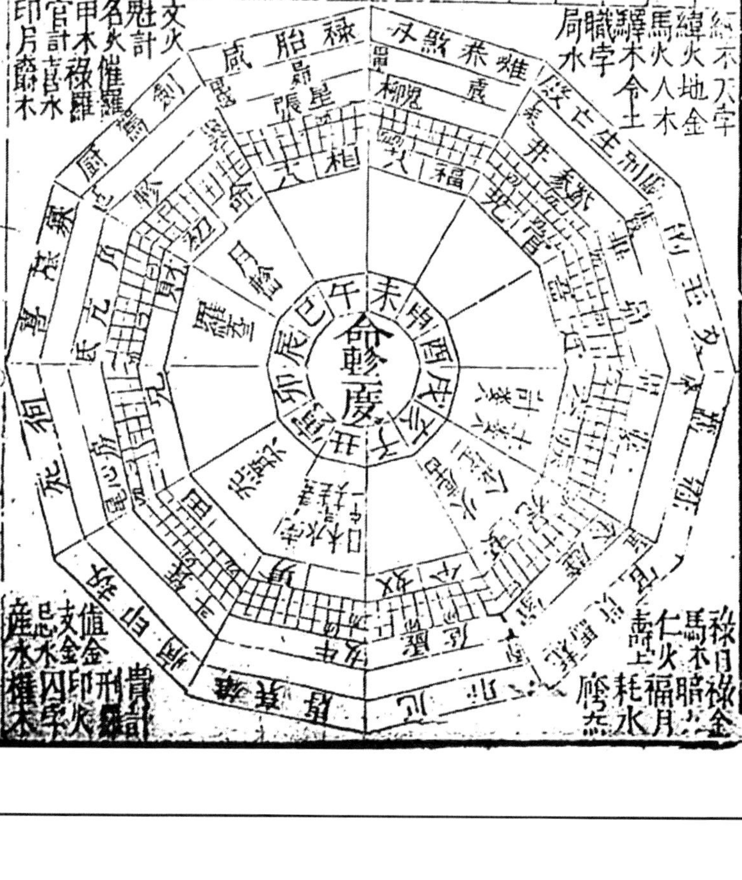

命軫度

祿日　祿金
馬木　暗月
仁火　福月
壽土　耗水
傳杰

貴計
刑羅
值金　刑火
支金　印四
忌木　字
產水　權木

太僕少卿

喜格
日月並明
金水會垣
木羅會舍
土孛太常

忌格
月居日後
炁犯太陽

六月三十日　孺文所
戊申　江西臨川人
庚申　壬午壬辰科
癸酉　庚申任北京
甲寅
乾造夜生
周日度

經驗
木羅會合青雲
太陽金水會垣
發身有發科名
見貴學問過人
財主財旺者富

年限
火羅冒未陞
奎度壬午壬辰
正行廿二度者名
發

經土　天月
緯土　地木
馬水　人土
驛金　命金
職字
局木

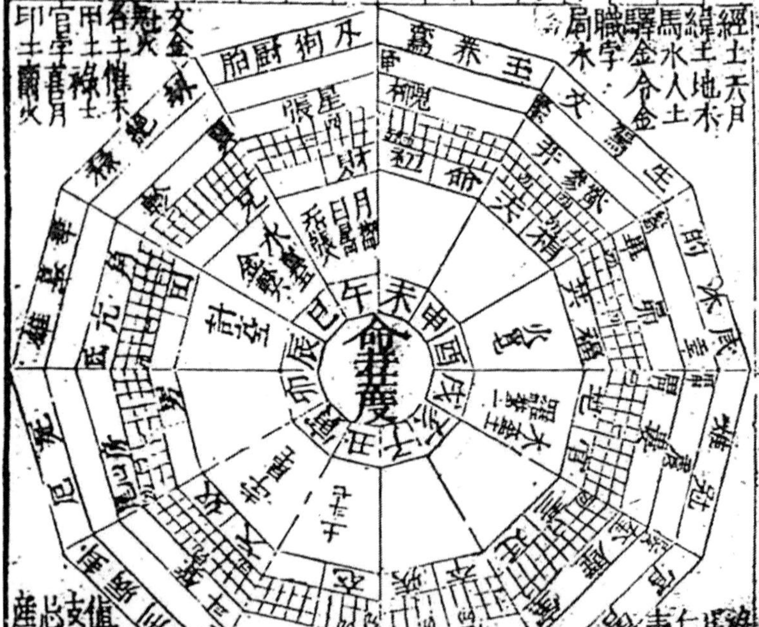

太僕少卿

喜格
四角有星
金水會垣
官福得位
田財起強
星布均停

忌格
陰陽無輔
日月背宮
月嗣失輝

士月廿四日生

號懷野

吳炯

南直華亭人

己卯己丑科

庚申任南都

乾造晝生

庚戌

己丑

癸丑

丁巳

經證
官曜顯而福星木火文明水金
明官高福厚富年會垣且坐祿馬
而壽者榮乃官於卯丑科者正
福高而毋令徤限行斗箕二度
月嗣失輝子覬

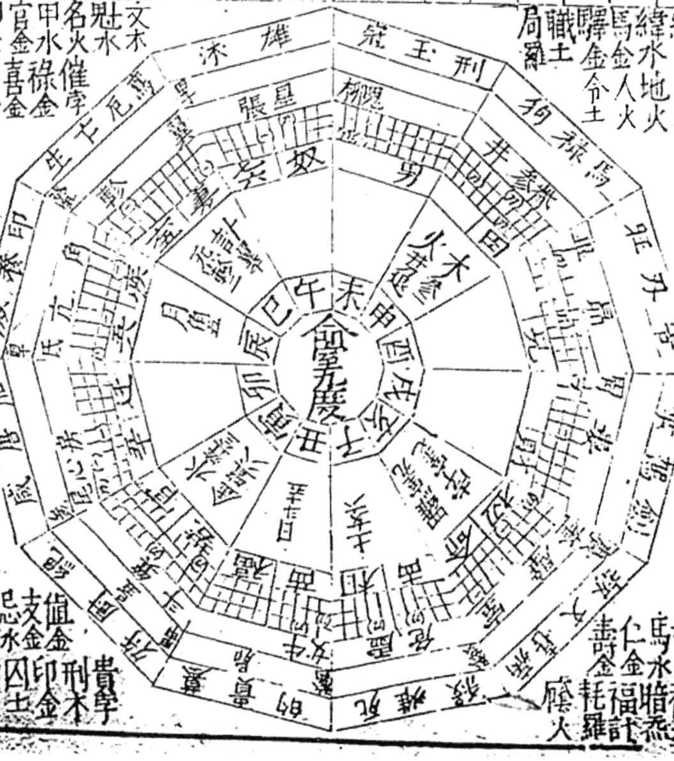

文木 魁水 名火 催孛 中水 祿金 官金 喜金 印金 壽金

經火 天金 緯水 地火 馬金 人火 驛金 命土 職土 局羅

值金 貴孛 支金 刑木 忌水 印金 囚土 產木 權月

祿水 祿水 馬水 暗炁 仁金 福計 壽金 耗羅 廢火

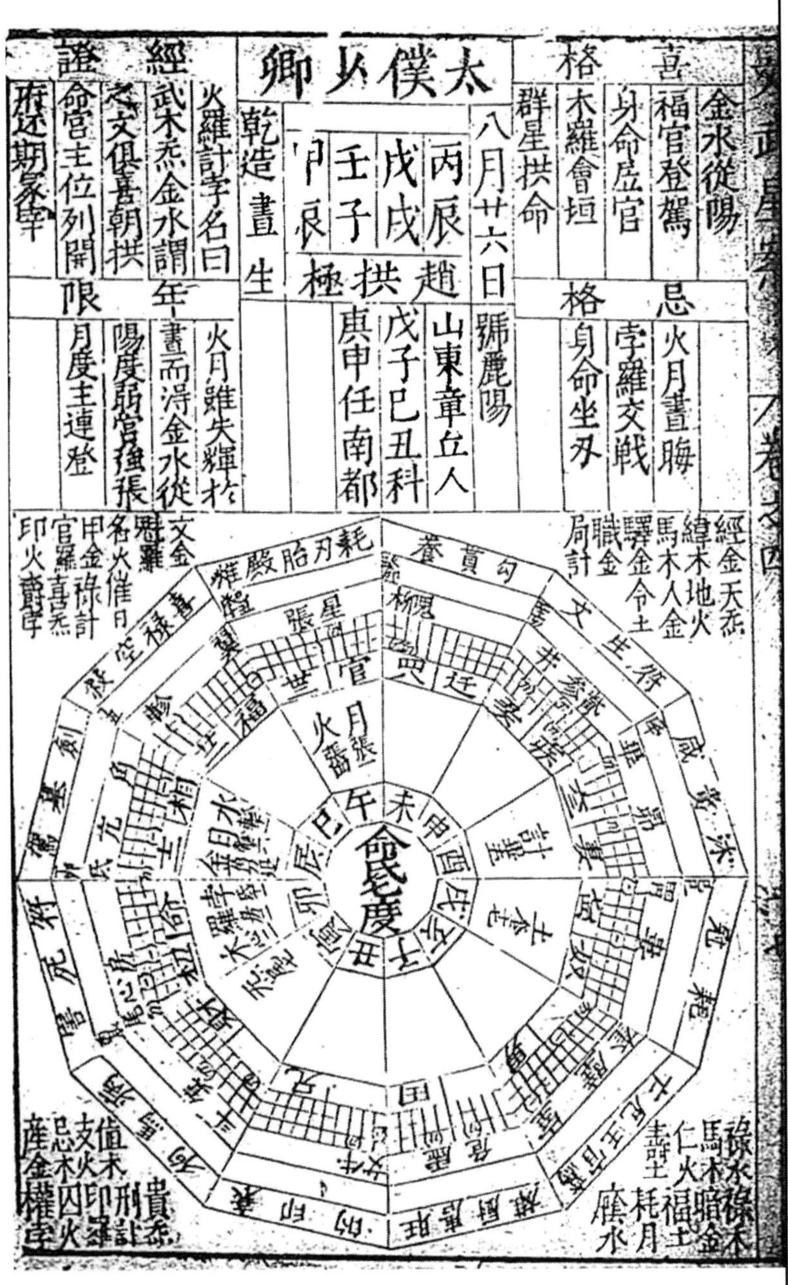

喜格

金水從陽
福官登駕
身命居官
木羅會垣
群星拱命

忌格

火月晝晦
孛羅交戰
身命坐刃

太僕少卿

八月廿六日
乾造 晝生
丙辰
戊戌
壬子
甲辰

趙拱極
獅麗陽
山東章丘人
戊子巳丑科
庚申任南都

經證

火羅計孛名曰
武木炁金水謂
之文俱喜朝拱
命宮主位列開
府遠期象宰

年限

火月雖失輝於
晝而得金水從
陽度弱宮強張
月度主連登

經金 天炁
緯木 地火
馬木 人金
驛金 令土
職金
局計

文金
魁羅
名火 催月
甲金 祿計
官羅 喜炁
印火 爵孛

祿水 祿木
馬木 暗金
仁火 福土
壽土 耗月
廉水

貴炁
值木 刑計
支火 印羅
忌木 囚火
產金 權孛

太僕少卿

喜格

日月得位
官福垣殿
水清寶瓶
金歷衛分
土臨艮山

忌格

土孛交戰
木土對傷
諸曜稍背

正月初九日　號等軒

乙亥　商　浙江會稽人
戊寅　周　丁酉辛丑科
己酉　祚　庚申提督中路
丙寅　年少科第

乾造夜生　辛酉福建巡撫

經證

文人才士惟喜
木炁金水官曜
顯而福星明官
高福厚水如守
命曜巧心聰

年限

斗木中舉巳喜
木星升殿尾火
登第奎婁火到
奎婁格合嶽天
履地國家左右

經土　天土
緯火　地水
馬火　人木
驛火　合木
職月
局火

文計
魁月
名木　催水
甲土　祿水
官水　喜計
印日　爵水

命寅五度

祿火　祿孛
馬水　暗木
仁木　福金
壽火　耗土
廉月

貴水　刑炁
值月　印計
支火　囚羅
忌木
產火　權火

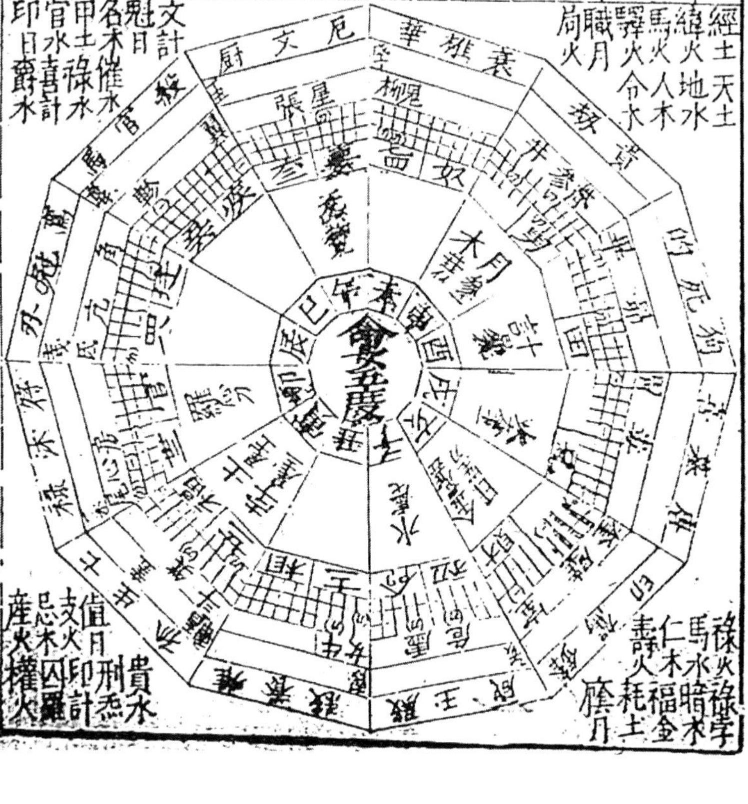

太僕少卿

十一月十九日
號中湛

丙寅　辛丑　乙亥　乙酉
乾造夜生

陳千庭

南直宜興人
甲午乙未科
少年聯第
庚申任北畿

喜格
一月陛殿
玄武持旌
官福登駕
身星清吉
福祿拱身

忌格
寒月单行
火金臨奴
月南日北

經遂
火金羅月是陰
星遇夜生逢貴
顯名福官登駕
近明君月陞月
殿貴非輕

年限
午未鄉會巳喜
限行卯日而得
貴祿拱日水孛
從陽

經木天學
緯土地水
馬木八金
驛金合土
職炁
局木

文金
魁羅
名火催日
甲土祿計
官羅喜炁
印火爵木

命井廿度

子　丑　寅　卯　辰　巳　午　未　申　酉　戌　亥

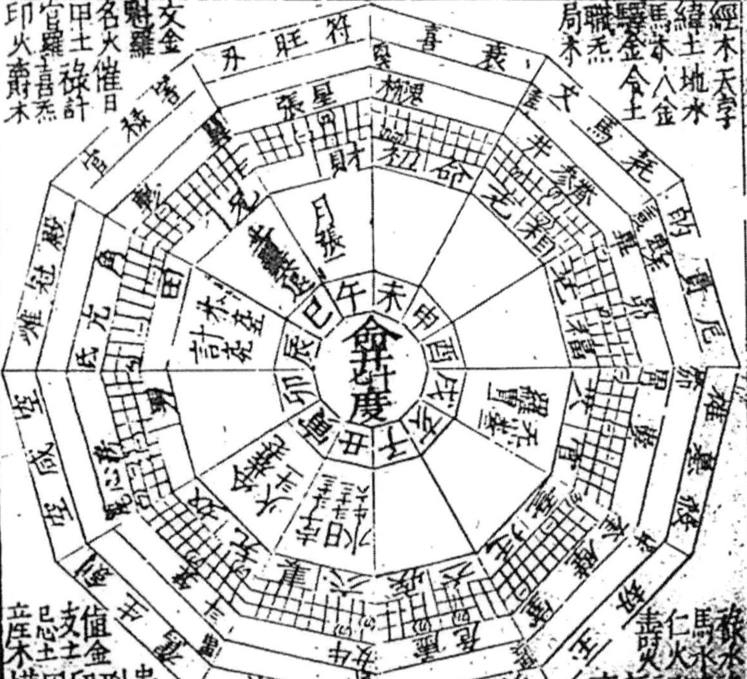

祿水
馬水
仁火
壽火
祿木
暗金
福上
耗月
蔭水

值金
支土
忌土
産木
貴炁
刑計
印羅
囚火
權學

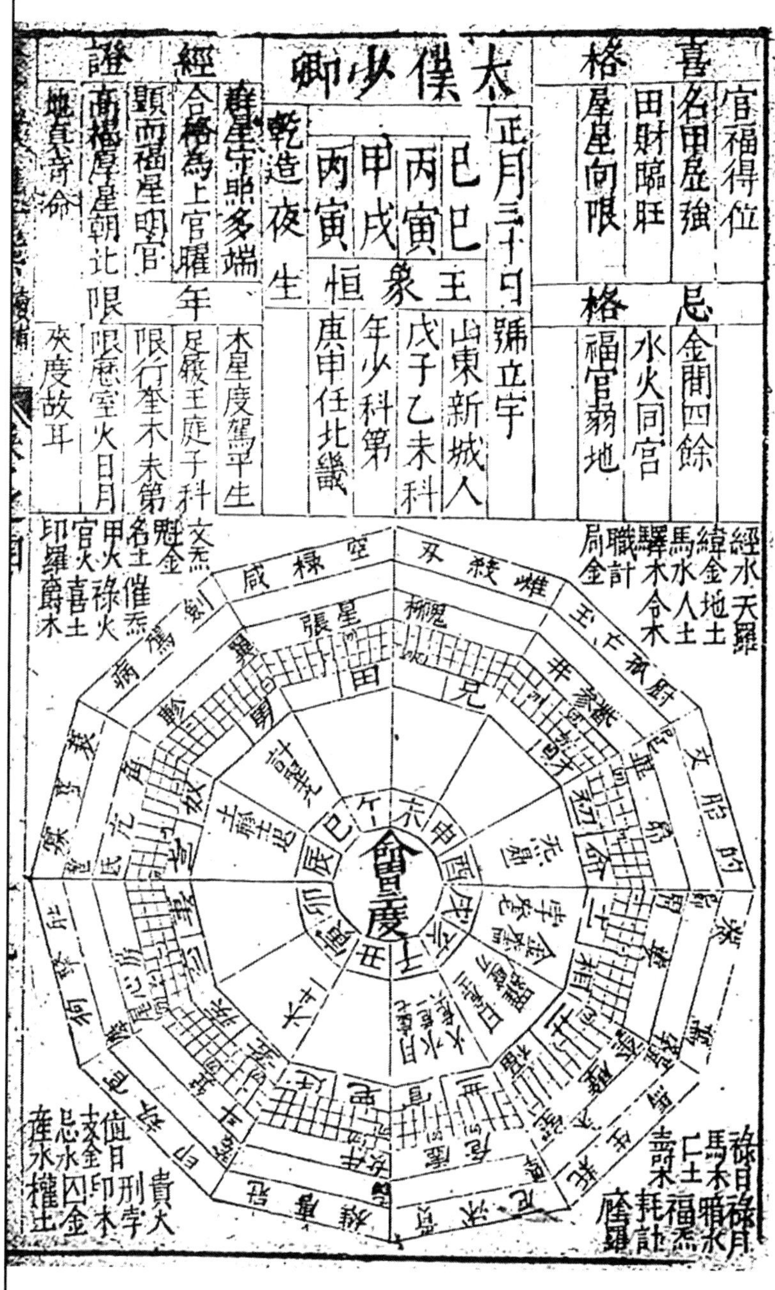
太僕少卿
喜格
官福得位
名田星強
田財臨旺
屋星向限
忌格
金閒四餘
水火同宮
福官弱地
正月三十日
號立宇
山東新城人
戊子乙未科
年少科第
庚申任北識
己巳
丙寅
甲戌
丙寅
王象恒
乾造夜生
經
證
舂星守照多端
木星度駕平生
合格為上官曜
年
足躡王庭子科
顯而福星朝官
限
限行奎木未第
高樓屋星朝比限
限歷室火日月
地貴奇命
夾度故耳
文炁
魁金
名土
催炁
甲火
祿火
官火
喜土
印羅
爵木
經水
天羅
緯金
地土
馬水
人土
驛木
合木
職計
局金
祿日
祿月
馬木
暗水
亡土
福炁
壽木
耗計
蔭羅
貴大
刑孛
值日
印木
支金
囚金
忌水
權土
産水

太僕少卿

喜格

日月著明
官福起垣
名甲居高
福官登駕
身命得地

忌格

刃鋒壓福
火月晝晦

十二月初十日號碧筠

壬子　壬子　戊午　戊午

乾造晝生

李本固

河南固始人
丙子庚辰科
年少科第
庚申任北畿

經證

貴合日月要分明官福高強位至尊木炁拱照身命主有壽而聰明

年限

丙子丁丑限行危虛以日月高明高棟無疑

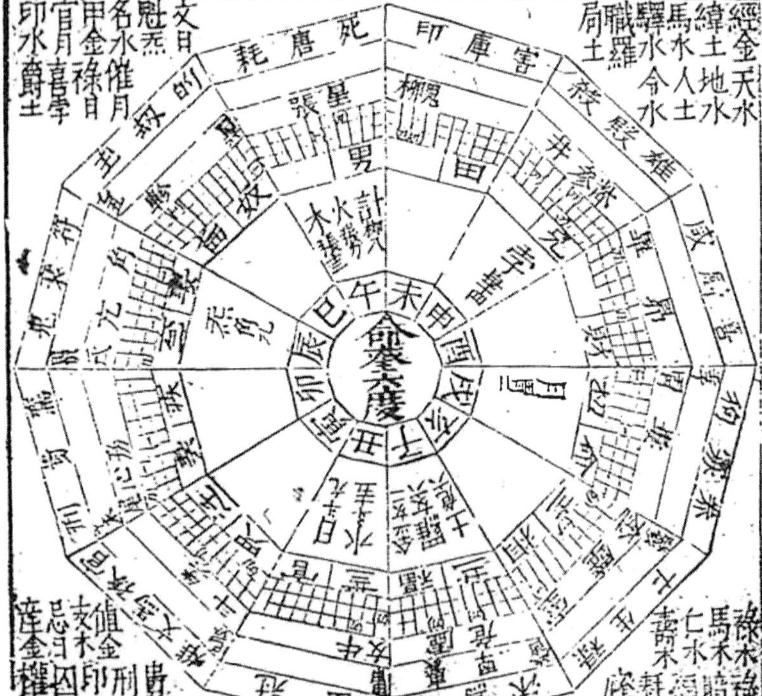

經金　緯土　馬水　驛水　職羅　局土
天水　地水　人土　令水

文日　魁炁　名水　甲金　官月　印水
催月　祿日　喜孛　尊土

祿木　馬木　仁水　壽木
祿計　暗羅　福火　耗孛　蔭木

值金　支木　忌日　産金
貴令　刑土　印月　囚水　權孛

午　未　申　酉　戌　亥　子　丑　寅　卯　辰　巳

命奎六度

太傅少卿

喜格	忌格
羅月文輝	日月無光
玄武持旌	火孛同宮
命官朝陽	衆曜背官
身福登駕	
四角有星	

十二月廿八日

[illegible]寅　丙子　乙丑　丁亥

乾造夜生

張泮

號文溪
山西忻州人
壬午丙戌科
庚申任北畿

經證

命官若是朝君
位定作當朝顯
貴人所喜者四
角之有星身福
登駕近朝君

限

木觸金龍限到
年木度者不美茲
午戌高科而得
限宮坐貴向貴
月水待用

經土　天月
緯火　地金
馬水　人土
驛木　令水
職水
局孛

文羅
魁月
名木　催金
甲木　祿木
官炁　喜羅
印木　爵木

命
張十度

祿木　穢火
馬水　暗孛
仁木　福木
壽水　耗金
座土

貴月
刑水　值金
印炁　支土
囚計　忌土
權羅　產木

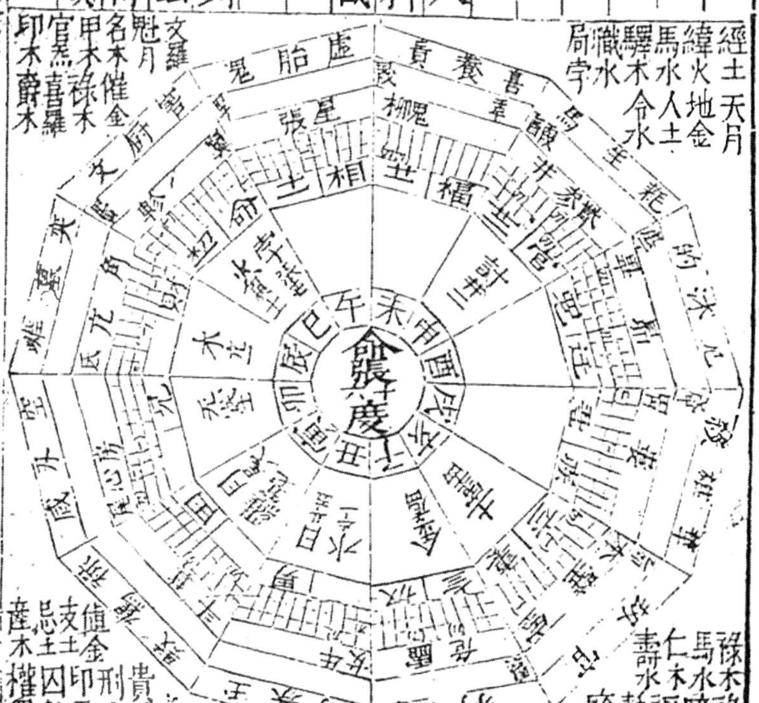

喜格

火月同宫
官星貫日
命度朝陽
身星傍毋
孛着朱衣

忌格

日月無光
火孛交戰
計羅攔截
諸星背行

太僕少卿

五月初三日
號正宇
江西豐城人
甲午辛丑科
庚申任北畿

徐鑒

壬戌
丙午
丙戌
戊戌

乾造夜生

經證

七政逆如西餘
列外因間孛星半
文藝武備尊
權重都憲可期

限

氐土亢金午丑
科分所取土金
朝陽主名遂功
成妙在計羅攔
斷諸曜於西北

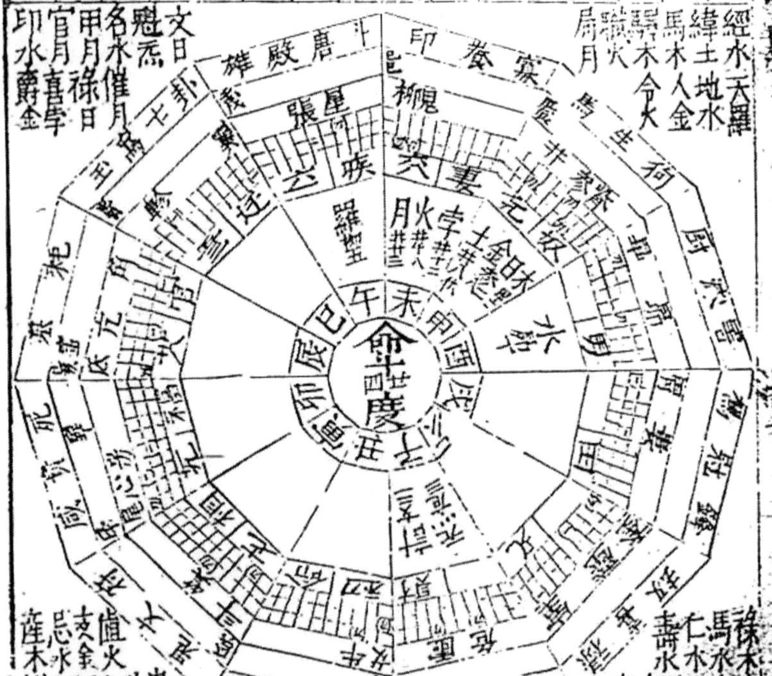

經水　天羅
緯土　地水
馬木　人金
驛木　令火
職火
局月

文日
魁炁
名水　催月
甲月　祿日
官月　喜孛
印水　爵金

午　未　申　酉　戌　亥　子　丑　寅　卯　辰　巳

祿木　孫計
馬水　貼羅
仁木　福火
壽水　壽孛
廕木

貴金
刑土
催火　印月
支金　囚木
忌水
産木　權炁

鴻臚正卿

八月十九日

乾造夜生

癸卯
辛酉
辛卯
己亥

余啟元

號大障
南直婺源人
庚午甲戌科
庚申任北鐵

格
五曜從陽
四餘拱陰
太乙抱蟾
主恩同垣
日月得體

忌格
木觸金龍
水火交戰
計暹女土

經
計羅中分格合
五曜從陽於南
四餘拱月於西

證
是皆棟梁之材
廟堂之器

年
庚午秋試甲戌
春闈咸屬壁室

限
司垣西喜水火
朝陽主名遂功
成

經金 天元
緯金 地木
馬木 人金
驛木 命金
職火
局月

文月
魁木
名水 催計
甲火 祿月
官土 喜火
印孛 爵炁

祿土 祿羅
馬木 暗火
仁水 福孛
壽金 耗木
蔭金

貴上
值孛 刑月
支木 印水
忌月 囚炁
產火 權計

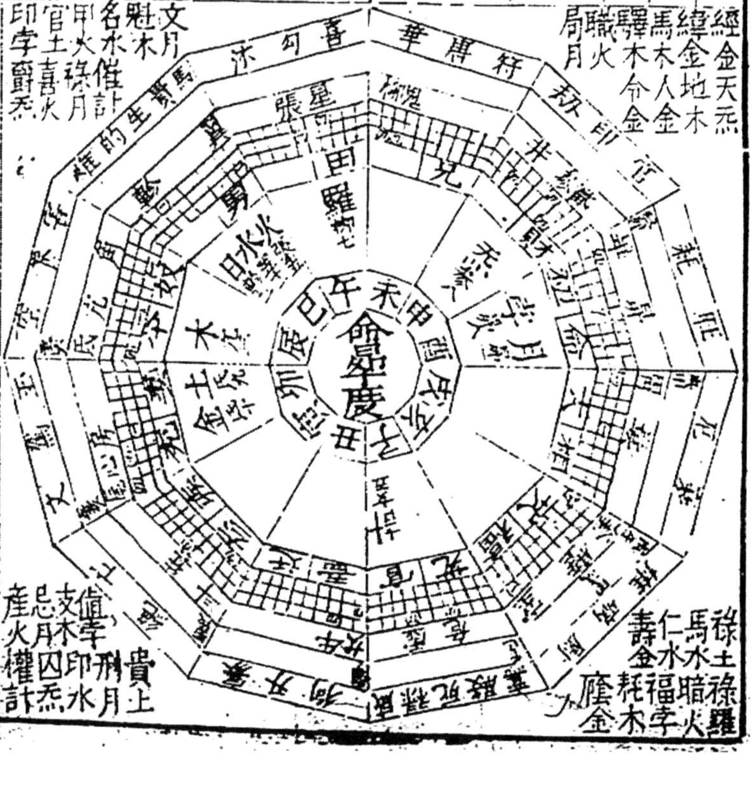

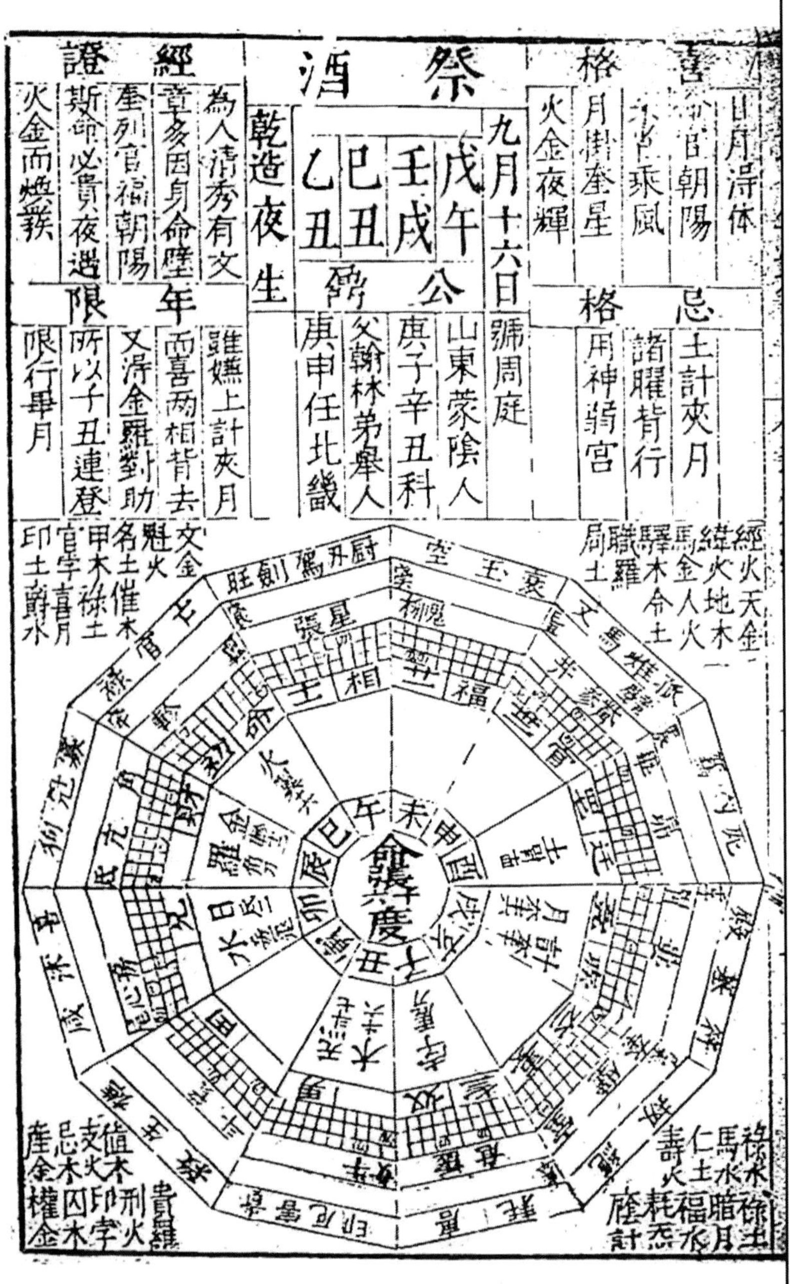

喜格

日月得体
旭日朝陽
水孛乘風
月掛奎星
火金夜輝

忌格

土計夾月
諸曜背行
用神弱宮

祭酒

九月十六日
號周庭

戊午
壬戌
己丑
乙丑

乾造夜生

公

山東蒙陰人
庚子辛丑科
父翰林弟舉人
庚申任北畿

經證

為人清秀有文
章多因身命躔
奎列官福朝陽
斯命必貴夜遇
火金而煥發

年限

雖嫌土計夾月
而喜兩相背去
又得金羅對助
所以子丑連登
限行畢月

經火天金一
緯火地木一
馬金人火
驛木命土
職羅
局土

文金
魁火
名土催木
甲木祿土
官字喜月
印土蔚水

祿水祿土
馬水暗月
仁土福水
壽火耗炁
蔭計

貴羅
值木刑火
支火印字
忌木囚木
產金權金

喜格

計羅攔截
滆出官福
群星拱命
日月夾命
太乙抱蟾

忌格

金木對傷
土埋雙女
羅犯火殿
計奴同主

訂業

五月廿五日獅容菴
己巳　汪　湖廣黃岡人
庚午　元　辛卯解甲辰科
戊辰　極　翰林庶吉士
甲寅
乾造夜生

經驗

羅計紫羅拱命滆出官福者貴且日月福祿咸夾拱命宮誠為元輔股肱也
然木對金傷火年燒牛角土埋雙女文女經遍跋跋此限後一路功名到白頭

經水　天羅
緯金　地土
馬火　人水
驛水　合火
職計
局金

甲火　孫火
名土　催炁
官火　喜土
印羅　爵木

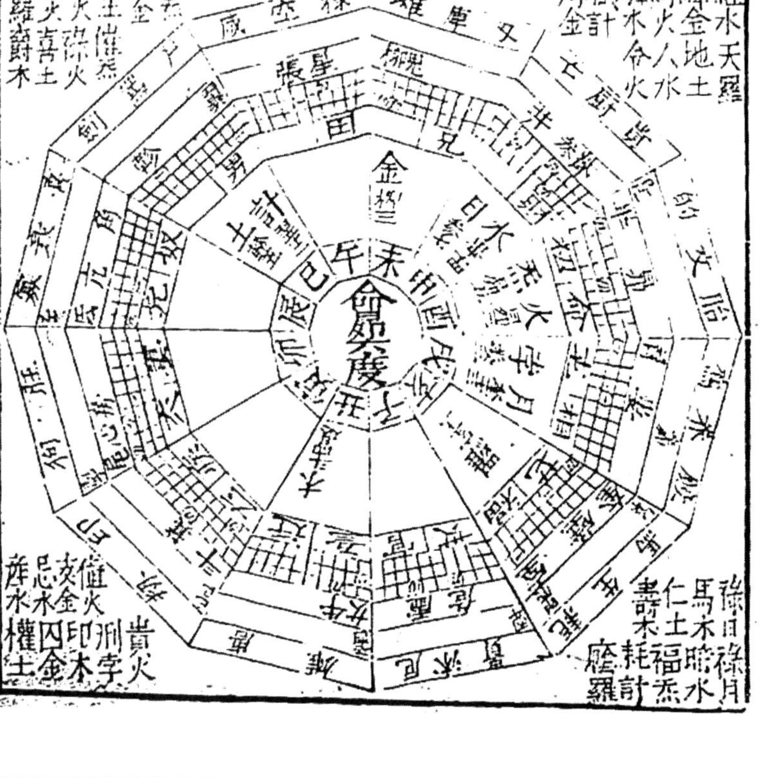

貴火　刑孛
催火　印木
炎金　囚金
忌水　權土
産水

祿日　祿月
馬木　貼水
仁土　福炁
壽木　耗計
蔭羅

喜格

大月當斗
水陽朝天
龍虎對照
火到南離
官福夾主

忌格

羅間太陽
金木相刑
日月無光

祭酒

正月廿六日號芝軒
庚午 己卯 庚午 甲申
乾造書生
孟時芳
山西蒲州人
辛卯戊戌科
庚申任南都

經證

一愈生之辰月宿
於斗文章冠天年
下金木龍虎對限
照水金官福夾
陽巳是國家柱樑

辛卯限行井木
木旺宜金戊戌
度張參水水殿
朝陽理當應捷

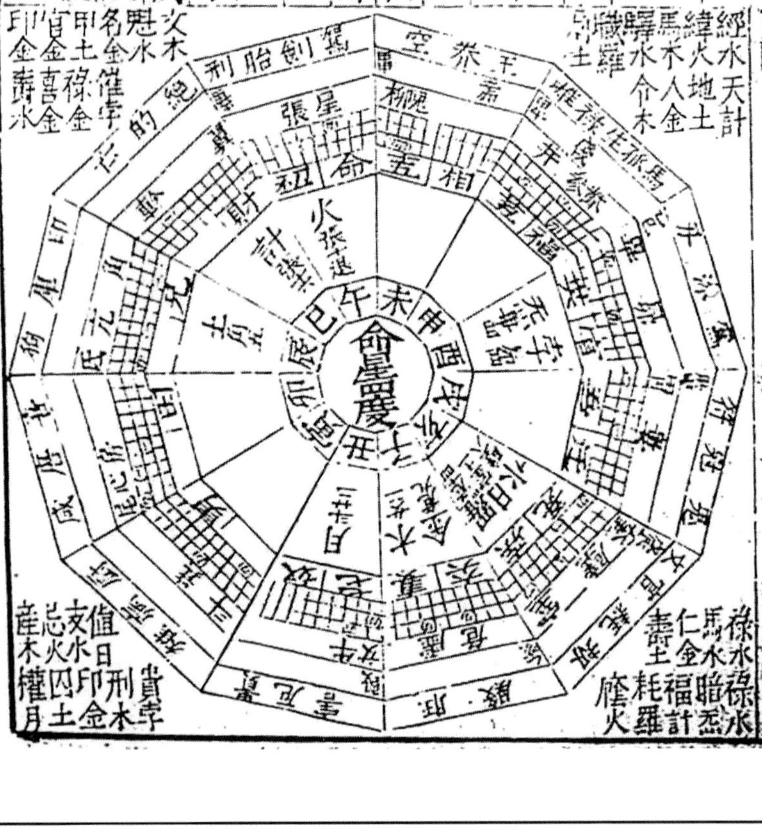

經水天計
緯火地土
馬木人金
驛水介木
職羅
宗土

文木
恩水
名金催
印土祿金
官金喜金
印金壽水

祿水祿水
馬水暗炁
仁金福計
壽土耗羅
蔭火

貴孛
值日刑木
支水印金
忌火囚土
產木權月

命星度

午 未 申 酉 戌 亥 子 丑 寅 卯 辰 巳

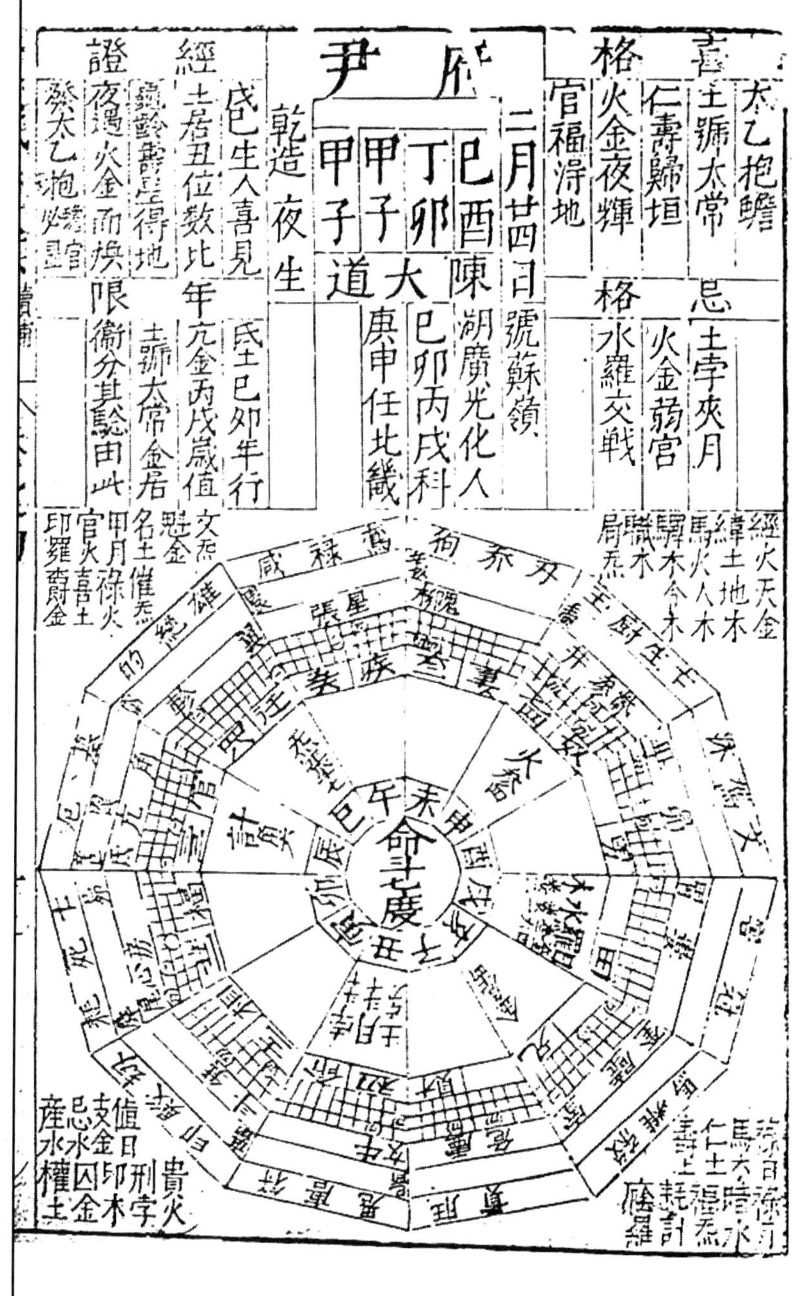

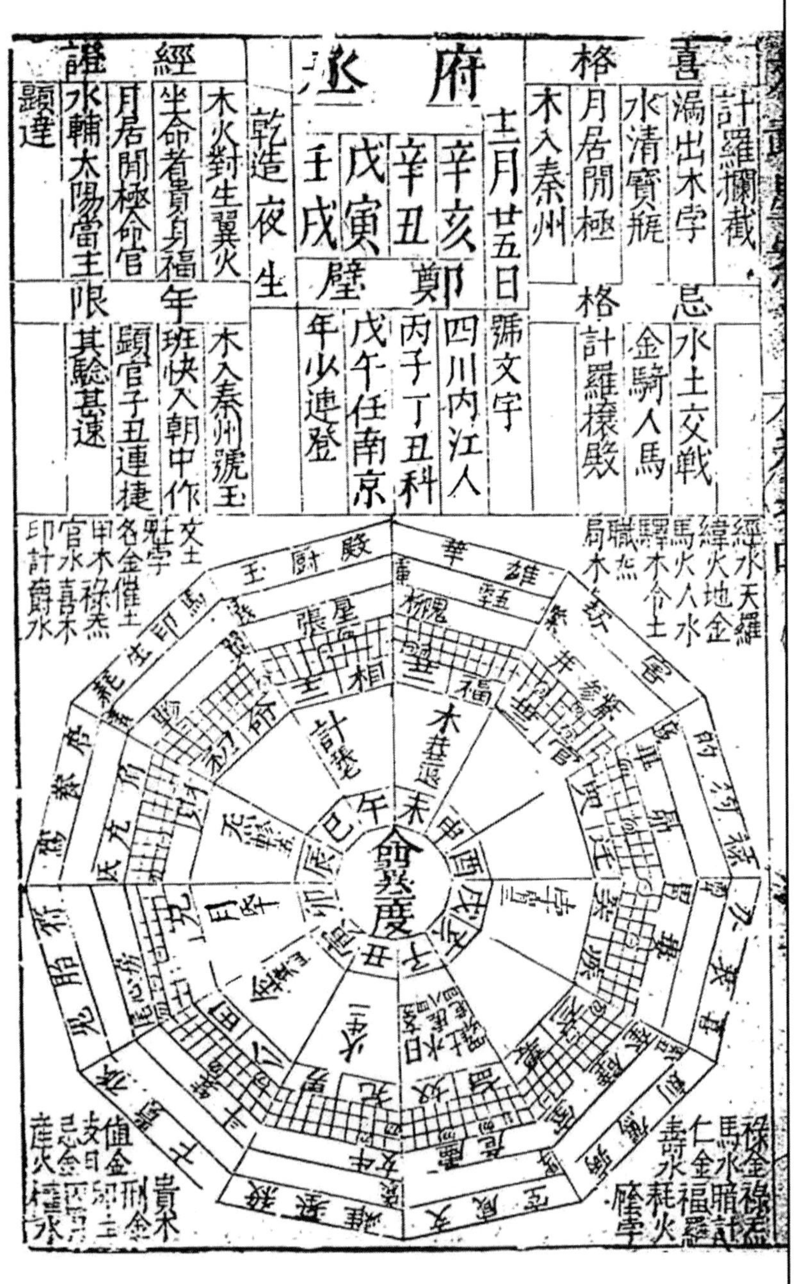

喜格
計羅攔截
渇出木宇
水清寶瓶
月居開極
木入秦州
忌格
水土交戰
金騎人馬
府丞
十二月廿五日
辛亥
辛丑
戊寅
壬戌
乾造夜生
鄭壁
號文宇
四川内江人
丙子丁丑科
戊午任南京
年少連登
經證
木火對生翼火
坐命者貴身福
月居開極命宮
水輔太陽當主
顯達
年限
木入秦州號玉
班快入朝中作
顯官子丑連捷
其驗甚速
命
度

府丞

四月廿七日號東郊

辛未 畢 南直歙縣人

癸巳 懋 甲午戊戌科

戊午 兄懋良進士

庚申 康 年少科第

乾造晝生

喜格

計羅攔截

滿出壽恩

長庚伴月

四令環日月

四餘拱季土

忌格

火刃犯陽

金乘火位

經證

格合四餘拱季 日月最宜拱夾

土四令環日月 年干火星行翼火

且長庚伴月 度者午戌年捷

掛金星開府指限 可驗度矣切不

日象宰目前 可以難度論也

經水 天計 緯土 地水 馬木 人金 驛火 合火 職計 局金

文土 魁孛 名金 催土 甲火 祿炁 官水 喜木 印計 貴火

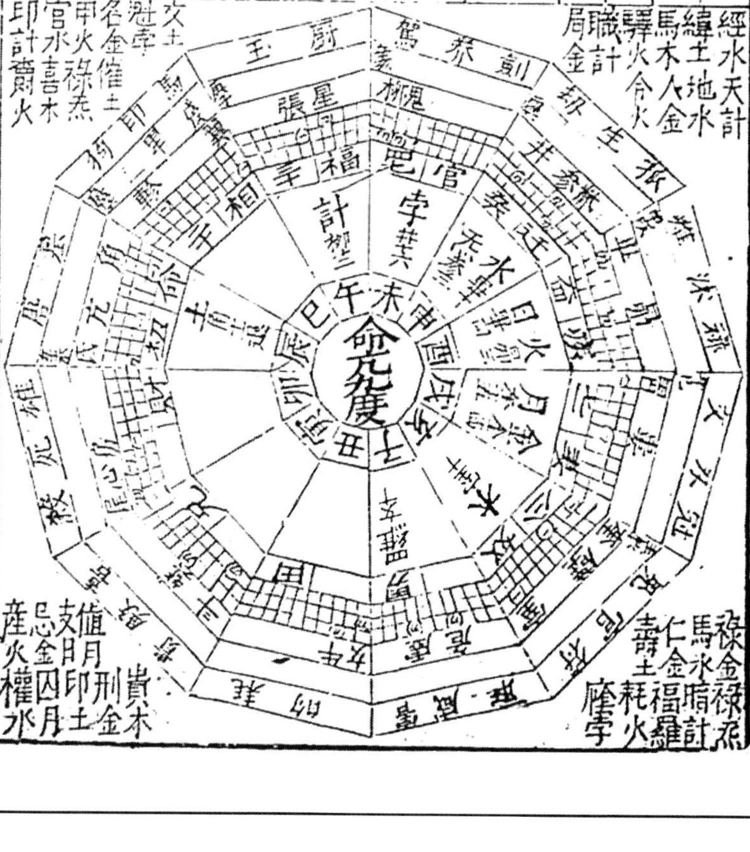

祿金 祿炁 馬水 暗計 仁金 福羅 壽土 耗火 蔭孛

貴木 值月 刑金 支日 印土 忌金 囚月 產火 權水

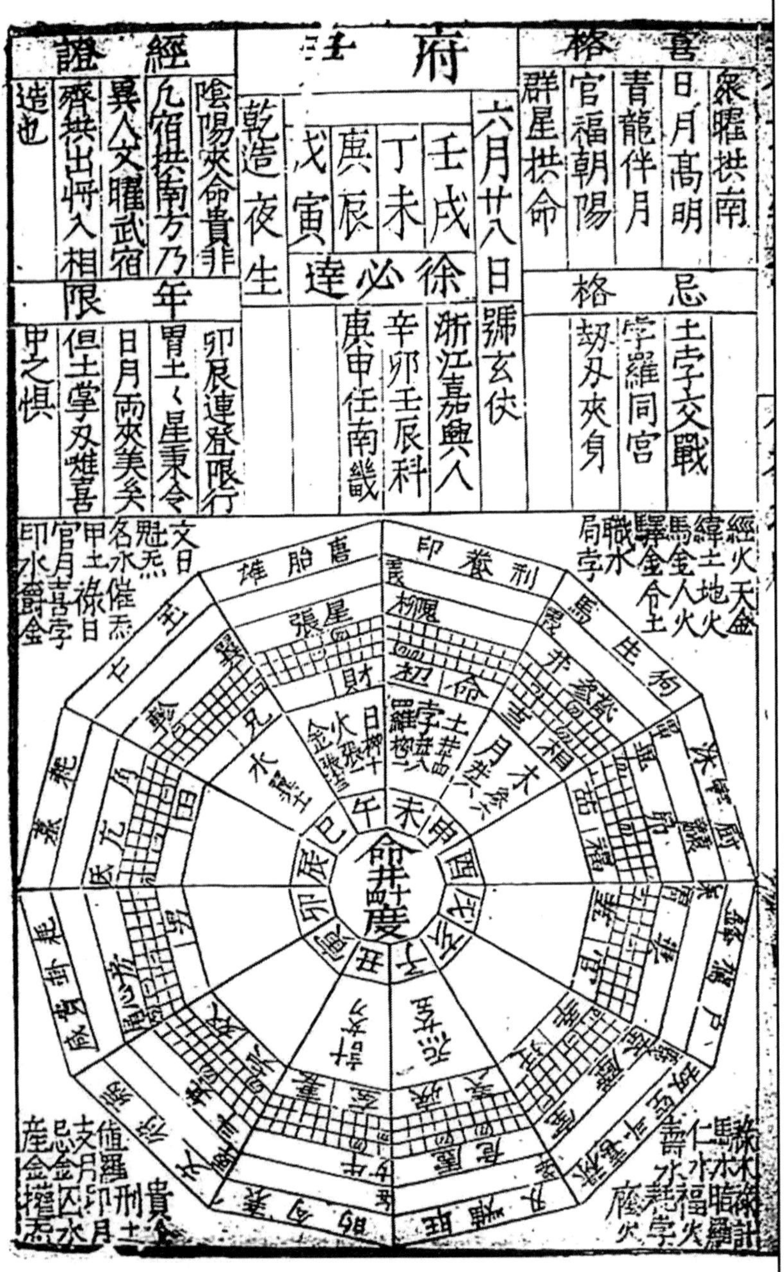

喜格

衆曜拱南
日月高明
青龍伴月
官福朝陽
群星拱命

忌格

土孛交戰
孛羅同宮
刼刃夾身

府主

六月廿八日

壬戌
丁未
庚辰
戊寅

乾造夜生

徐必達

號玄伏
浙江嘉興人
辛卯壬辰科
庚申任南畿

經證

陰陽夾命貴非
凡宿拱南方乃
異人文曜武宿
齊拱出將入相
造也

年限

卯辰連登限行
胃土〻星秉令
日月兩夾美矣
但土孛刄難喜
中之惧

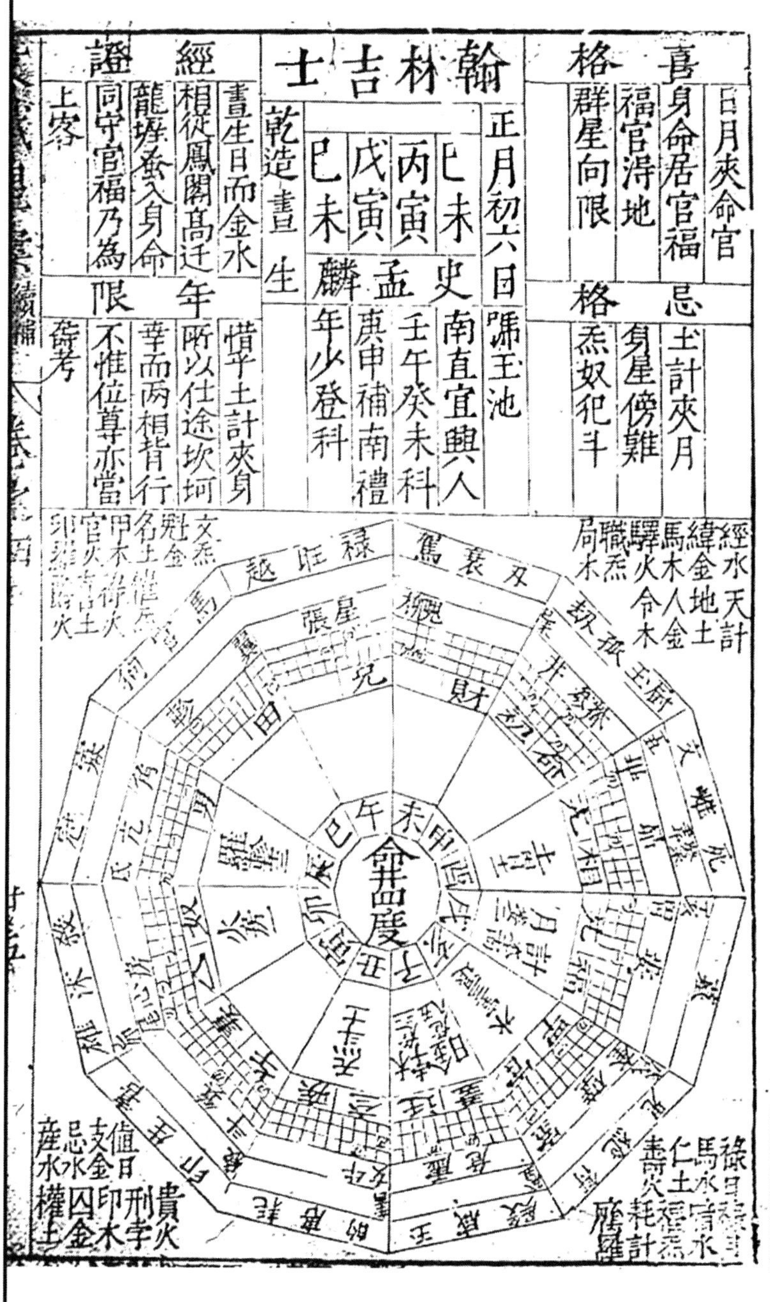
翰林吉士
喜格
日月夾命官
身命居官福
福官得地
群星向限
忌格
土計夾月
身星傍難
炁奴犯斗
正月初六日
號玉池
已未
丙寅
戊寅
已未
乾造晝生
史孟麟
南直宜興人
壬午癸未科
庚申補南禮
年少登科
經證
晝生日而金水
相從鳳閣高遷
龍埰奎入身命
同守官福乃為
上客
年限
惜乎土計夾身
所以仕途坎坷
幸而兩相背行
不惟位尊亦當
壽考
經水天計
緯金地土
馬木人金
驛火令木
職炁
局木
命井四度
值日
支金
忌水
產水
貴火
刑孛
印木
囚金
權土

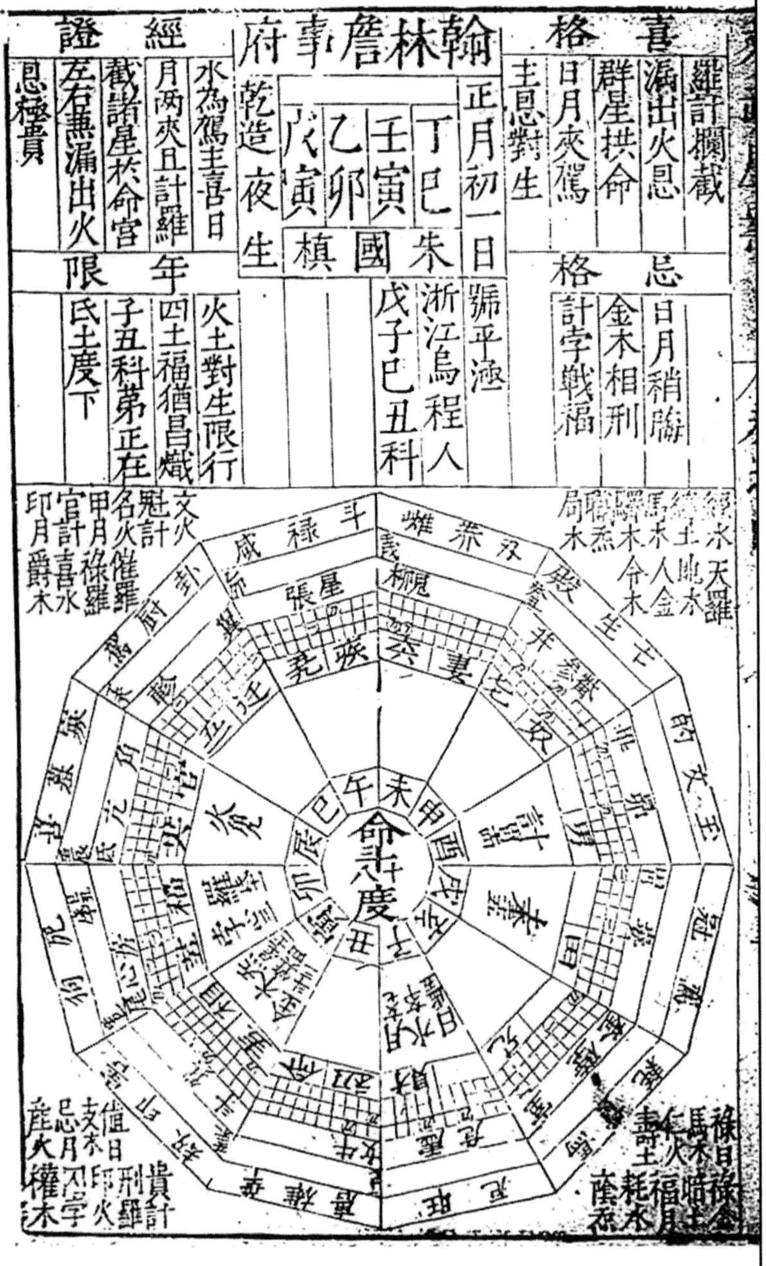

喜格
羅計攔截
漏出火忌
群星拱命
日月夾駕
主忌對生
翰林詹事府
正月初一日
丁巳
壬寅
乙卯
戊寅
乾造夜生
朱國楨
號平涵
浙江烏程人
戊子巳丑科
忌格
日月稍嫌
金木相刑
計孛戰福
經證
水為駕主喜日
月兩夾丑計羅
截諸星於命宮
左右無漏出火
忌極貴
年限
火土對生限行
四土福猶昌熾
子丑科第正在
氐土度下
命計八度

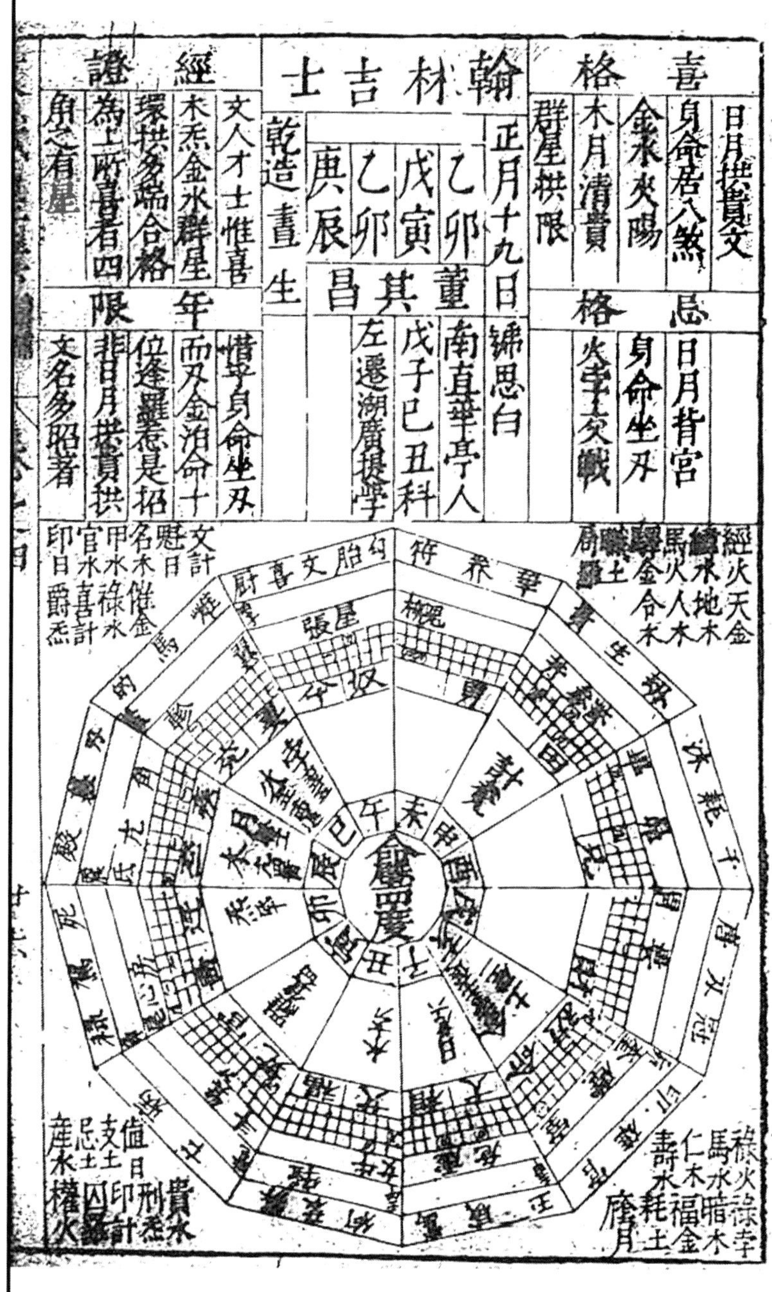

翰林吉士

正月十九日
號思白

乾造
乙卯
戊寅
乙卯
庚辰
壹生

董其昌

南直華亭人
戊子己丑科
左遷湖廣提學

喜格

日月拱貴文
身命居八煞
金木夾陽
木月清貴
群星拱限

忌格

日月背宮
身命坐刃
火孛土交戰

經證

文人才士惟喜
木炁金水群星
環拱多端合格
為上所喜者四
角之有星

年限

惜乎身命坐刃
而又金泊命十
位逢羅炁是招
非日月拱貴拱
文名多昭著

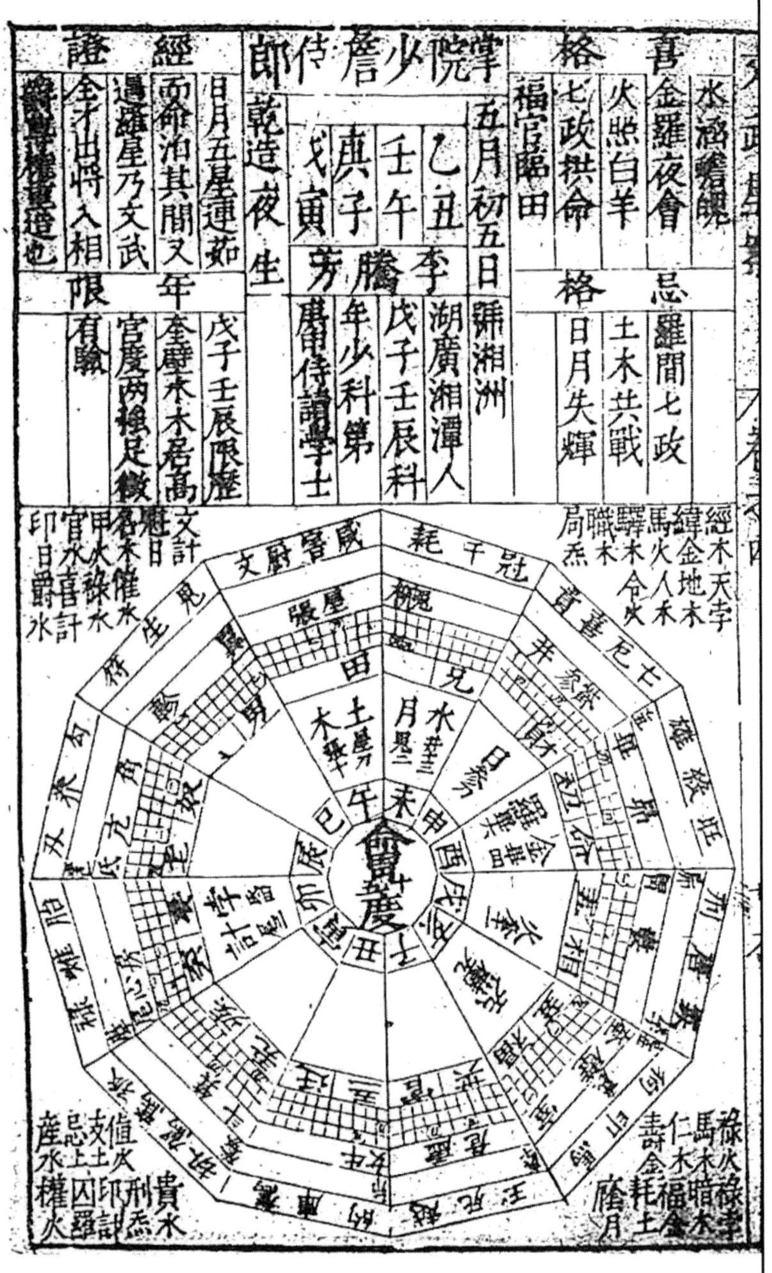

喜格
水孛會晦
金羅夜會
火照白羊
七政拱命
福官臨田
忌格
羅間七政
土木共戰
日月失輝
掌院少詹侍郎
五月初五日
乾造夜生
乙丑
壬午
庚子
戊寅
李騰芳
湖廣湘潭人
戊子壬辰科
年少科第
詹事侍講學士
經證
日月五星連茹
而命泊其間又
過羅星乃文武
全才出將入相
總皆權重造也
年限
戊子壬辰限歷
奎壁木木居高
宮度兩緣足徵
有驗
會慶

喜格

太乙抱蟾
金水夾陽
日月夾貴
木炁加關
殺前主後

忌格

日月背官
土木對傷
諸曜稍背

掌院詹事侍郎

五月廿六日號□菴

甲寅	南直崑山人
庚午	己卯乙未科
乙巳	歷官侍讀學士
丁丑	

顧秉謙

乾造夜生

經讚

為人清秀主文
章多因身命坐
壁列日月拱夾
尊貴以為榮太
乙抱蟾官必顯

年限

巳卯危度抱蟾
流年坐貴向祿
乙未斗木掌祿
限官单羅獨計

經木 天火
緯土 地木
馬火 人水
驛水 命火
職孛
局水

文羅
魁月
名木 權金
甲金 祿木
官炁 喜羅
印木 爵木

祿木 祿火
馬水 暗孛
仁木 福木
壽水 耗金
蔭土

值火
支木 貴月
忌日 刑水
產金 印炁
囚計
權羅

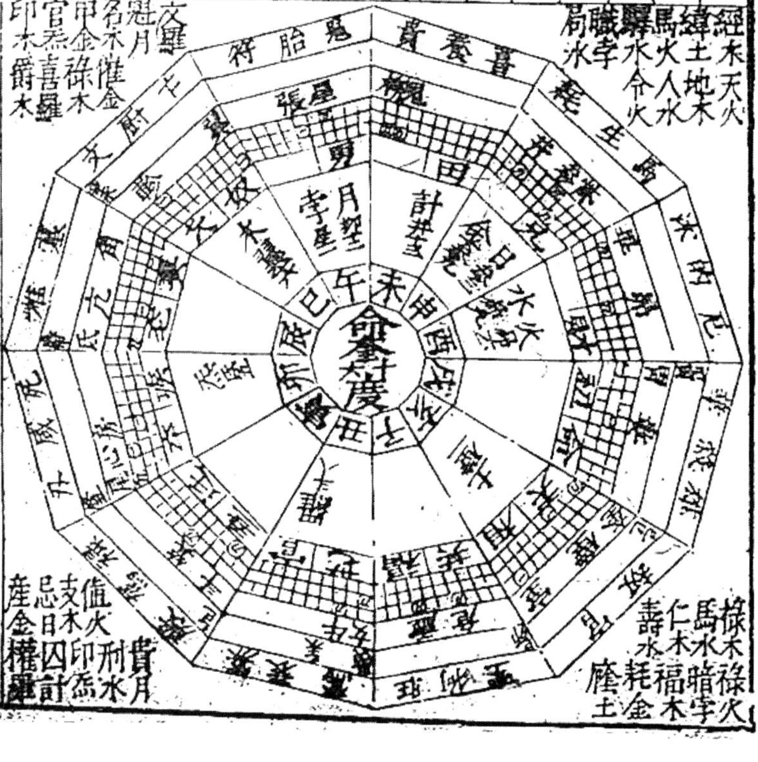

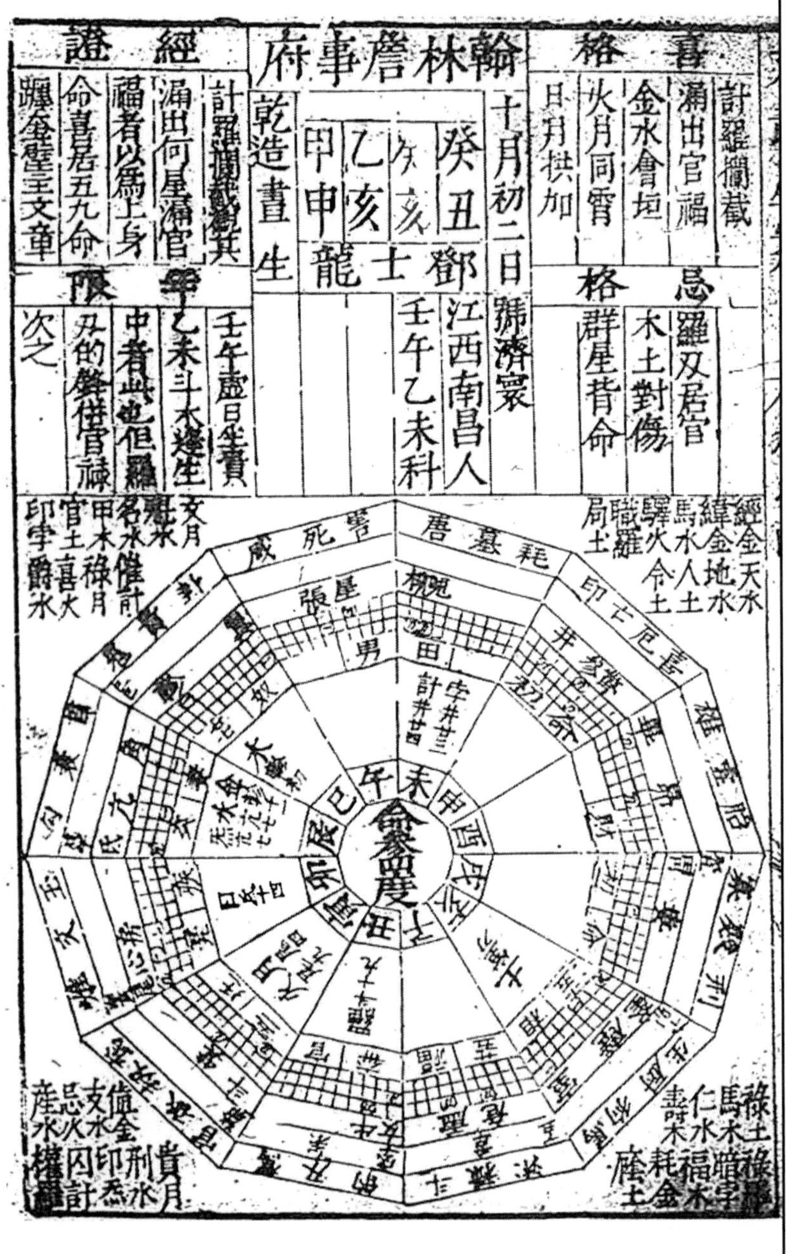
書格
計羅攔截
漏出官福
金水會垣
火月同宮
日月拱加
忌格
羅叉居官
木土對傷
群星背命
翰林詹事府
十月初二日時濟寰
癸丑
癸亥
乙亥
甲申
乾造晝生
鄧士龍
江西南昌人
壬午乙未科
經證
計羅攔截爲其
漏出何星瀾官
福者以爲上身
命喜居五九命
躔金璧主文章
年限
壬午虛日坐貴
乙未斗木逢生
中者此也但羅
孛的發借官祿
次之

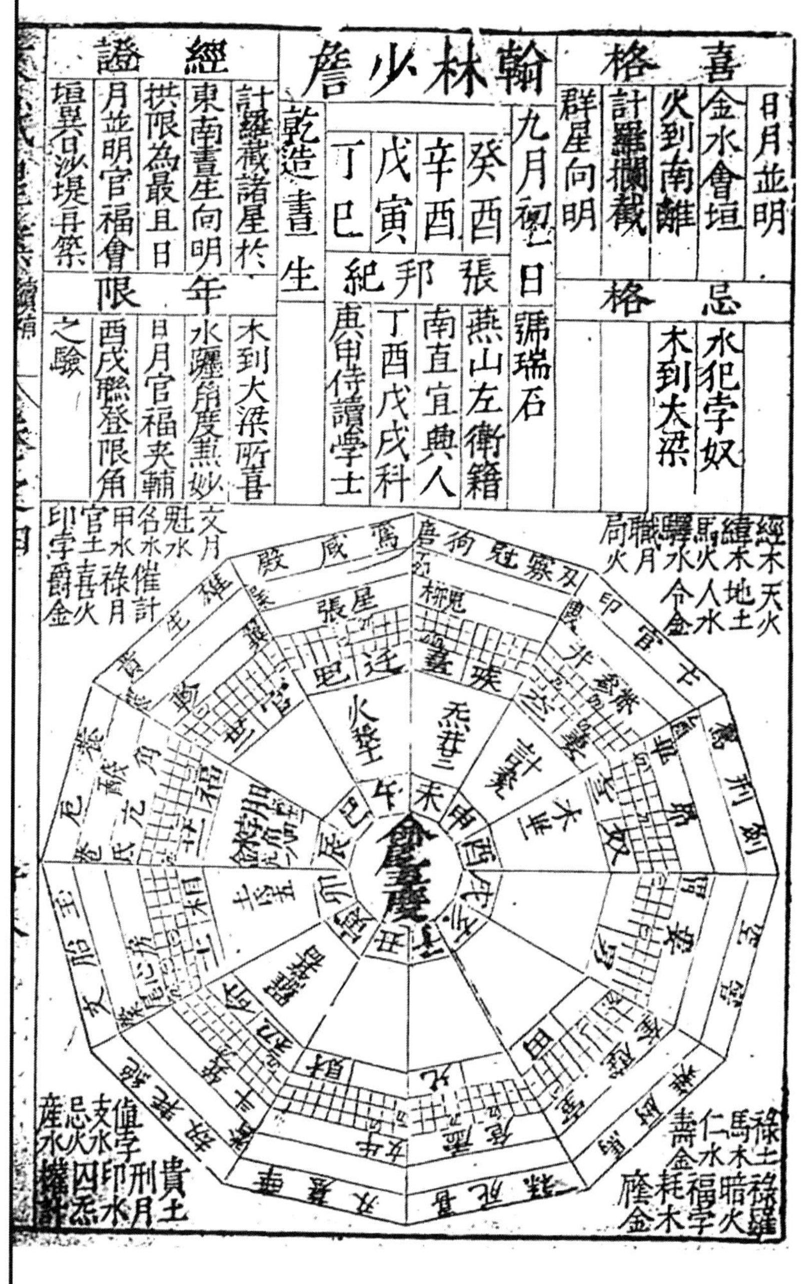
翰林少詹
喜格
日月並明
金水會垣
火到南離
計羅攔截
群星向明
忌格
水犯孛奴
木到大梁
九月初七日
霈瑞石
癸酉
辛酉
戊寅
丁巳
乾造晝生
張邦紀
燕山左衛籍
南直宜興人
丁酉戊戌科
庚申侍讀學士
經驗
計羅截諸星於
東南晝生向明
拱限為最且日
月並明官福會
年限
木到大梁所喜
水羅角度無妙
日月官福夾輔
酉戌聯登限角
之驗
經木 天火
緯木 地土
馬火 人水
驛水 令金
職月
局火
文月
魁水 催計
名水 祿月
甲水 喜火
官土 爵金
印孛
祿土 祿羅
馬木 暗火
仁水 福孛
壽金 耗木
蔭金
貴土
刑月
印水
四炁
值孛
支水
忌火
產水
命

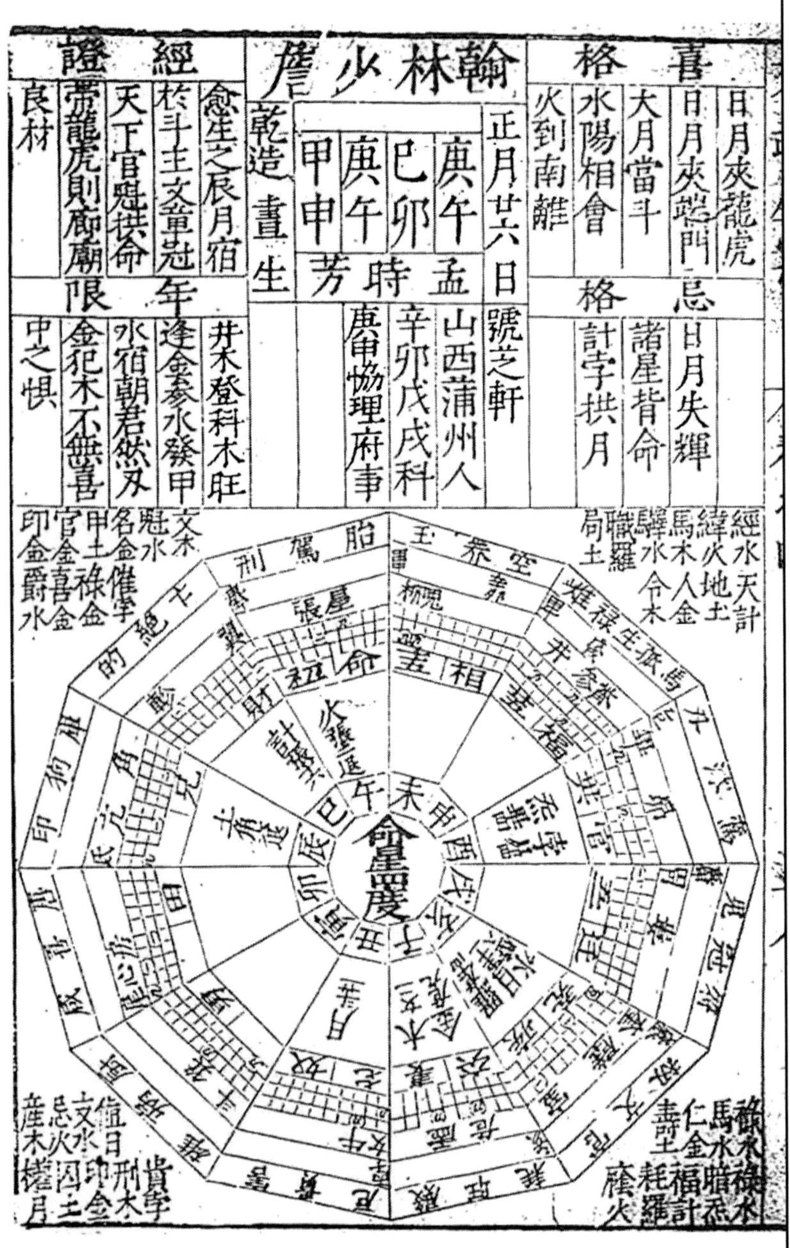

翰林少詹

正月廿六日

庚午	己卯	庚午	甲申

乾造 畫生

孟時芳

號芝軒

山西蒲州人

辛卯戊戌科

庚申協理府事

喜格

日月夾龍虎

日月夾[illegible]門

太月當斗

水陽相會

火到南離

忌格

日月失輝

諸星背命

計孛拱月

經證

僉生之辰月宿

於斗主文章魁

天下官魁拱命

帶龍虎則廊廟

良材

年限

井木登科木旺

逢金參水發甲

水宿朝君然及

金犯木不無喜

中之惧

喜格

金水夾陽
官福夾主
身命登駕
日月拱斗
田財夾命

忌格

忌水冷月寒
計羅截斷
衆曜背行

翰林少詹

十一月廿八日　號存菴
丙寅　周　福建蒲田人
辛丑　如　甲午戊戌科
甲申　盤　庚申侍讀學士
甲戌
乾造夜生

經證

貴賤先須明拱　水清寶瓶太陰
夾賢愚更要辨年　登駕以應甲午
陰陽崇勳嵗駕　戊戌兩榜限行
湘閣攝日月朝限　參水畢月二度
允定出倫

經木天火
緯火地木
馬水人水
驛水合土
職水
局亭

文金
魁羅
名火催日
甲木科計
官羅
印火
財木

午 未 申 酉 戌 亥 子 丑 寅 卯 辰 巳

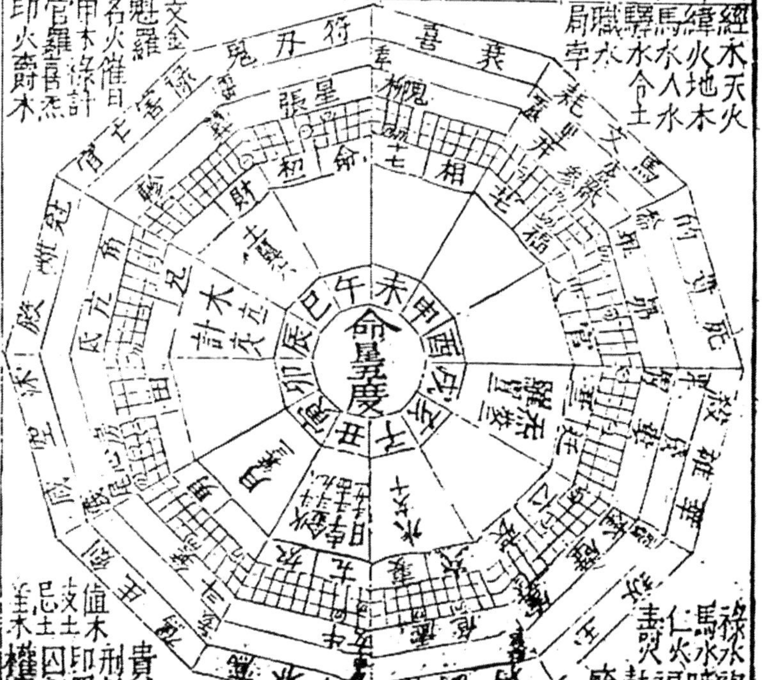

祿水
馬水
仁火
壽火
孫木
暗金
福土
耗月
蔭水

值木
文土
忌土
主木
貴炁
刑計
印羅
囚火
權孛

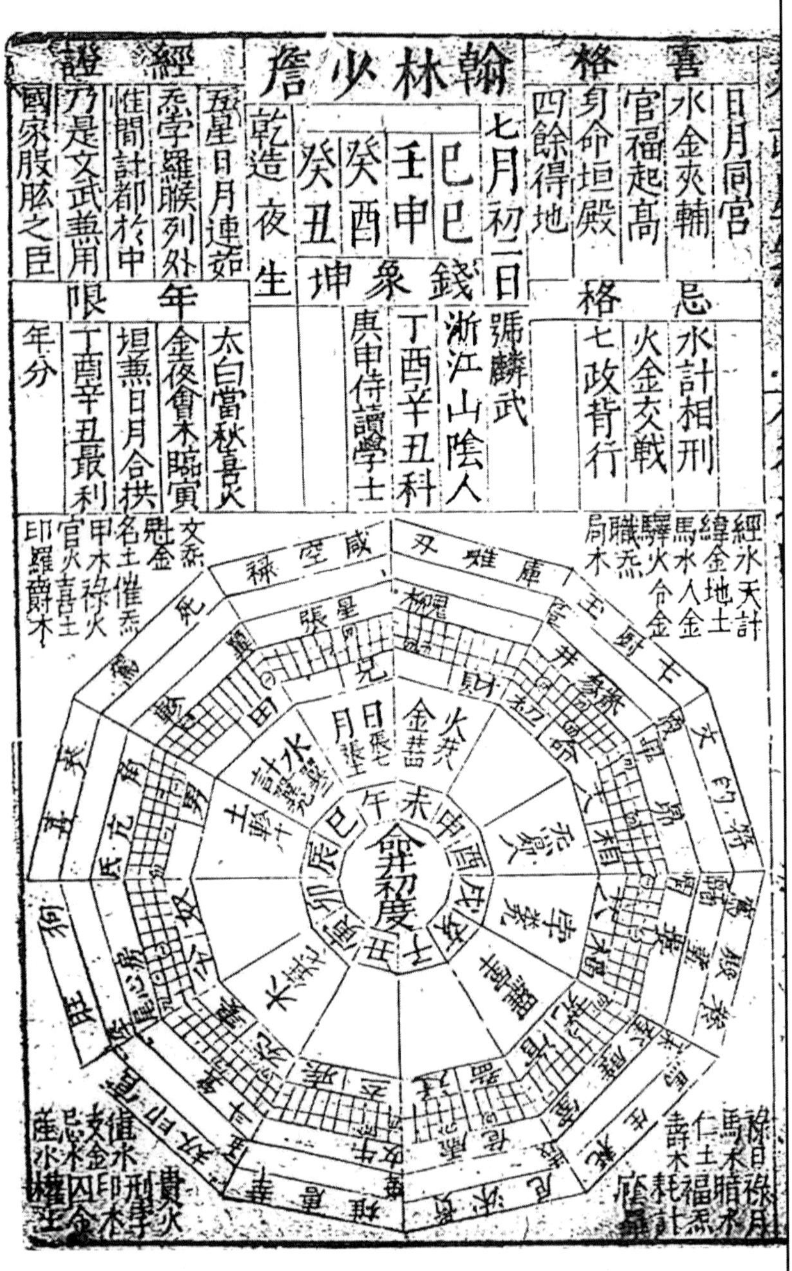
翰林少詹
書格
日月同宮
水金夾輔
官福起高
身命垣殿
四餘得地
忌格
水計相刑
火金交戰
七政背行
七月初一日
巳巳
壬申
癸酉
癸丑
乾造夜生
錢象坤
號麟武
浙江山陰人
丁酉辛丑科
庚申侍讀學士
經證
五星日月連茹
天學羅睺列外
惟閒計都於中
乃是文武兼用
國家股肱之臣
年限
太白當秋喜火
金夜會木臨寅
坦兼日月合拱
丁酉辛丑最利
年分
經水 天計
緯金 地土
馬水 人金
驛火 合金
職炁 局木
文炁
魁金
名土 催炁
甲木 祿火
官火 喜土
印羅 爵木
命昇初度

翰林少詹

喜：日帶居陽　水涵蟾魄　土金豪富

格：慶主居官　水居坤地

忌：木觸金龍　土埋雙女

格：孤陽獨立

七月初二日號方水

丁卯　鄭　江西上饒人

戊申　以　甲午辛丑科

乙卯　偉　癸未時更驗

甲申　庚申侍讀學士

乾造晝生

七政連茹四餘　後以未時推之

經：列外兇閙計都年午丑甲第亮金

文全武備不若　參水度司事水

證：寅宮坐命格局　限臨雙女日月又

史勝多矣　次爵苑無疑

經水天羅　緯土地木　馬木人金　驛木介金　職炁　局計

文火魁計　名火催羅　甲月祿羅　官計吉水　印月爵炁

命 十九度

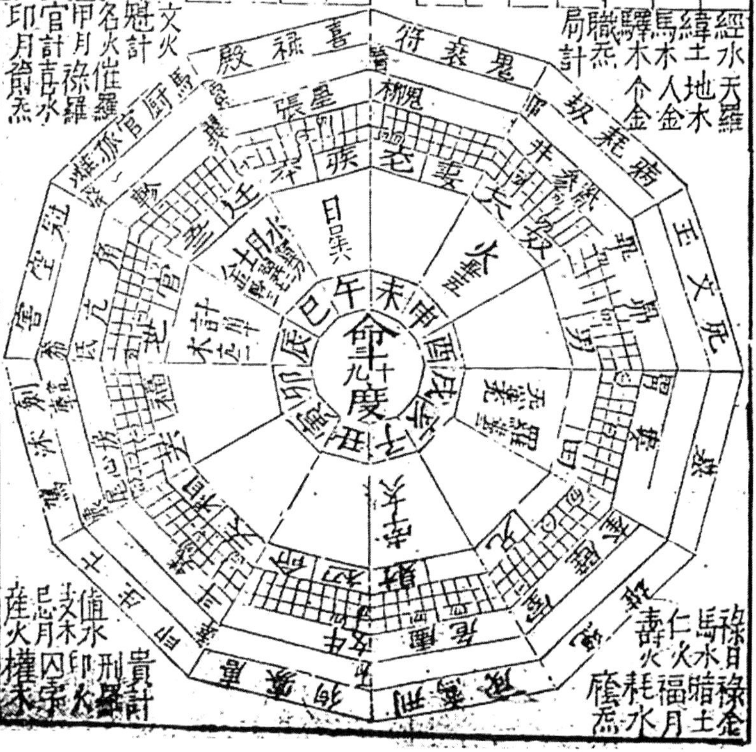

祿日祿金　馬水暗土　仁火福月　壽火耗水　蔭炁

貴計　刑火　值水　支木　忌月　產火權木

翰林春坊

十月初三日號路然

辛未	來	浙江蕭山人
戊戌	宗	癸卯甲辰科
壬辰	道	庚申石論德
辛丑		

乾造夜生

喜格

水逢蟾魄
白虎從駕
句陳鎮殿
火到南離
官福夾主

忌格

火孛同宮
日月無光
水躔氐土

經證

格合二曜雙清
五星得經官福
夾主日月夾福
所謂左右有情
坊名莫比鳴珂之器

年限捷

土命生人不忌
水躔土度且紫
癸天祿臨限日
金拱助宜其照

經木 天火
緯火 地水
馬火 人水
驛水 命土
職計
局金

文土
魁孛
名金 催土
甲土 祿炁
官水 喜木
印計 爵火

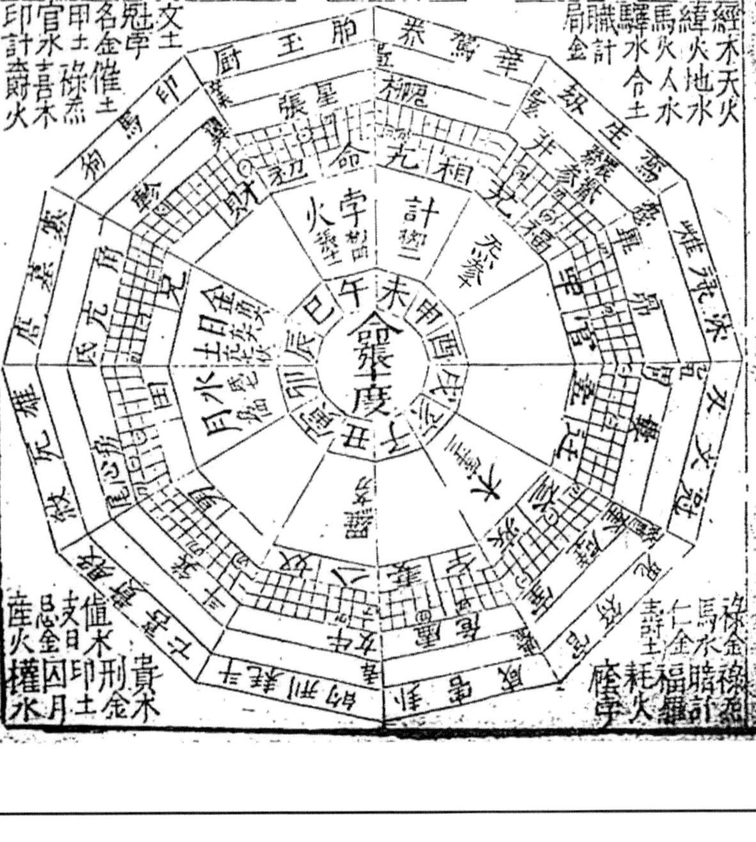

祿金 祿炁
馬水 暗計
仁金 福羅
壽土 耗火
蔭孛

貴木 刑金
值木 印土
支日 囚月
忌金 權水
産火

翰林春坊

喜格

陰陽得位
日月拱福
木孛符印
計羅截土
群星向限

忌格

計孛交戰
漏出夜土
火躔箕水

八月初十日踊見南
江西豐城人
丁酉甲辰科
庚申左諭德

乾造 夜生

己未	癸酉	己酉	癸酉
位	土	殺	

經證

貴人日月要分明，官福高強貴必真，為官須要福星厚，日月拱福福尤深。

年限

計羅截斷諸星，咸列東北而行，限次第相逢為最。

經木 天孛
緯水 地火
馬火 人水
驛金 合金
職火
局月

文炁
魁金
名土 催炁
甲水 祿火
官火 喜土
印羅 賁火

命 壹度

午 未 申 酉 戌 亥 子 丑 寅 卯 辰 巳

祿日 祿月
馬水 晴水
仁土 福炁
壽火 耗計
蔭羅

貴火
值孛 刑孛
文金 印木
忌水 囚金
產水 權土

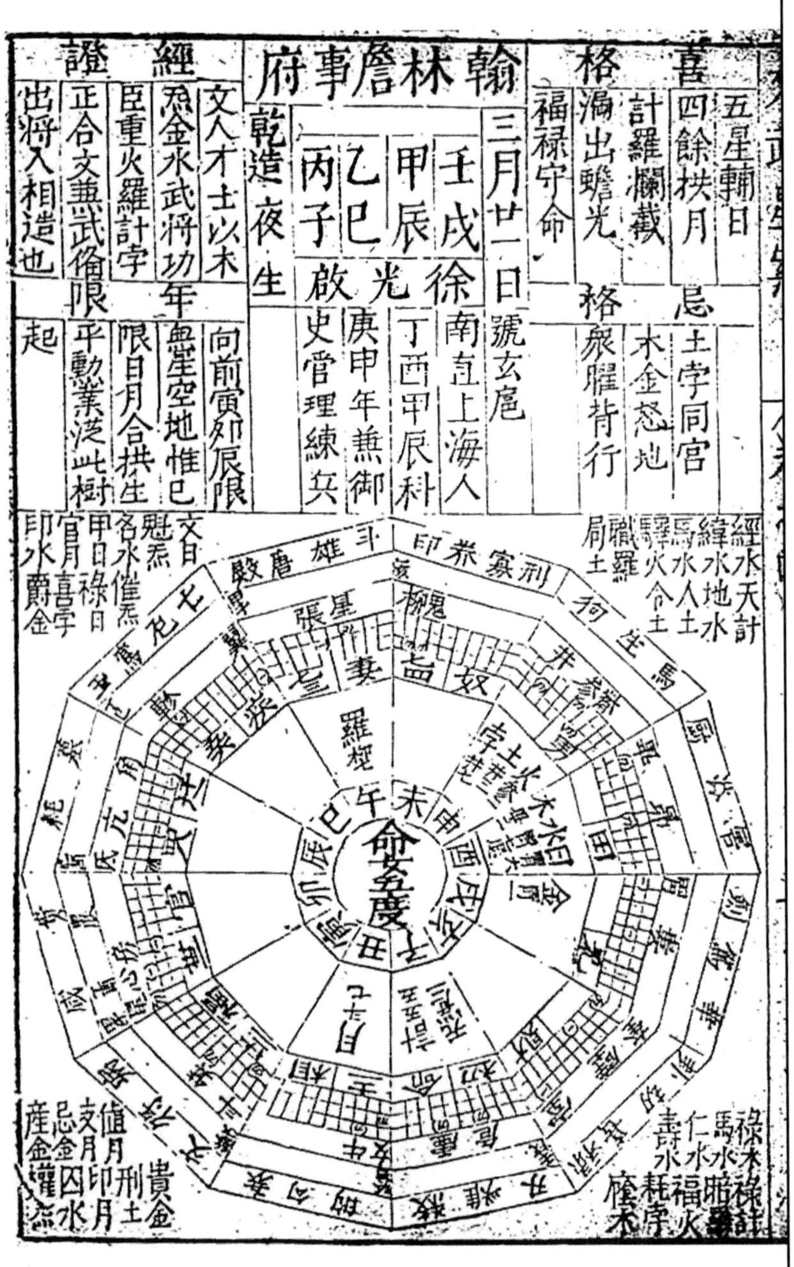

喜格

五星輔日
四餘拱月
計羅攔截
渦出蟾光
福祿守命

忌格

土孛同宮
木金怒地
衆曜背行

翰林詹事府

三月廿一日
壬戌
甲辰
乙巳
丙子
乾造夜生

徐光啟 號玄扈
南直上海人
丁酉甲辰科
庚申年兼御
史管理練兵

經證

文人才士以木
炁金水武將功
臣重火羅計孛
正合文兼武備
出將入相造也

年限

向前寅卯辰限
盤星空地惟巳
限日月合拱生
平勳業從此樹
起

翰林春坊

喜格

金水會垣
日月夾命
官福夾命
計羅攔截
群星拱命

忌格

木對金傷
漏出木星
火月晝晦

八月初六日酉時侗初

壬申　南直華亭人
己酉　張　癸卯甲辰科
己未　庚申右諭德
戊辰　曾如召同命

乾造晝生　登發跡翰林

經

計羅攔截群星　卯辰高提限行
環拱經云相天年　星日：晝若明
子理陰陽必星　井木失經浮泛

證

緊淘班而朝命　限　奴敎主中酉限
名殘金甌可待　調羹出將入矣

經木　天火
緯土　地土
馬火　人水
驛火　命金
職金
局計

文日
魁炁
名水
催炁
甲火
祿日
官月
喜字
印水
爵火

命乙度

祿木　祿計
馬木　暗曜
仁水　福火
壽金　耗字
蔭木

貴金
刑土
值字
支月　卯月
總月　囚水
產金　權炁

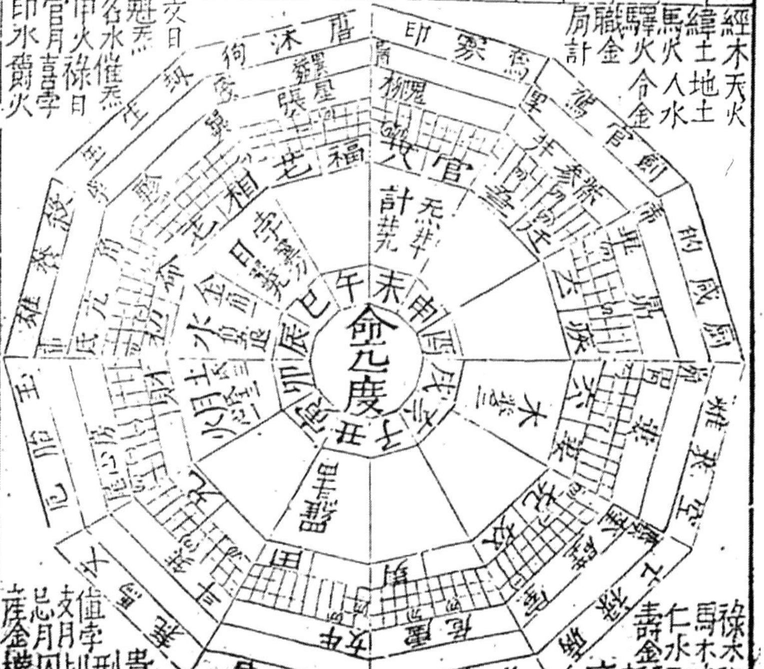

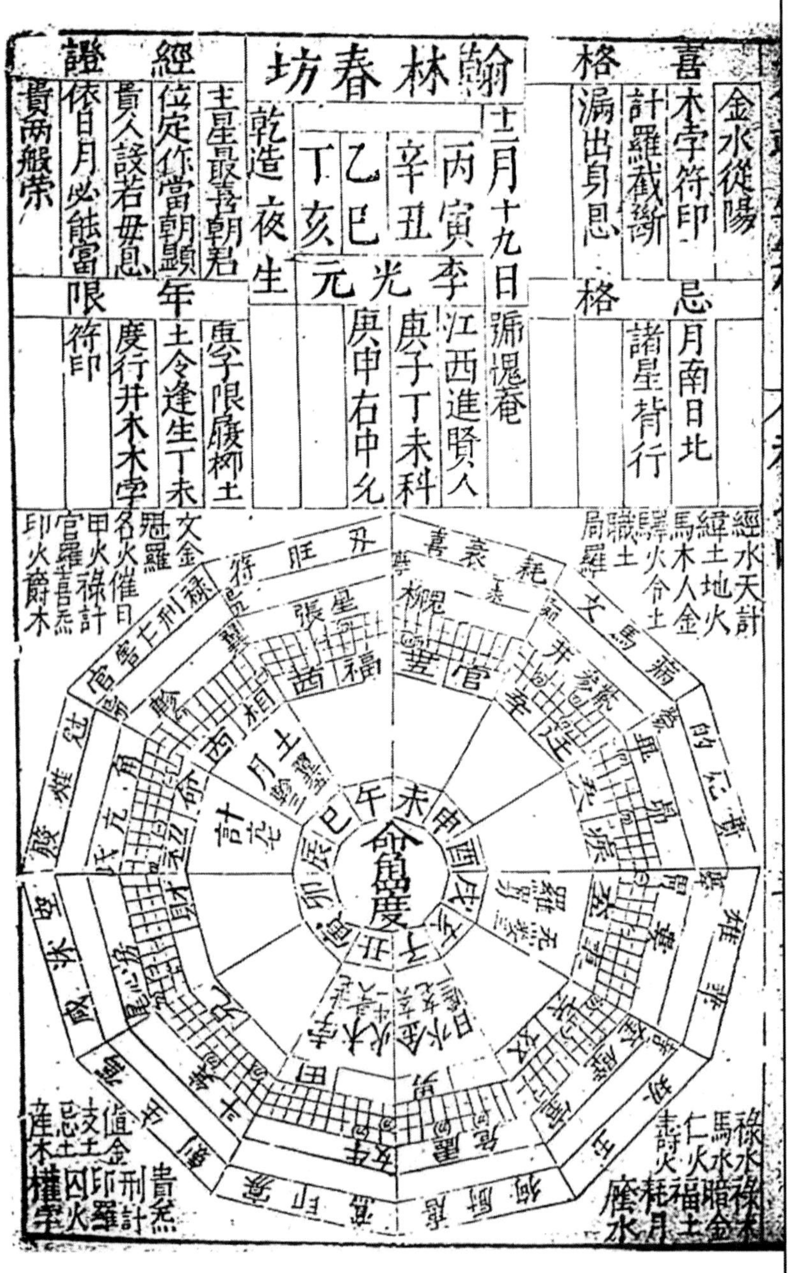

翰林春坊
喜格
金水從陽
木孛符印
計羅截斷
漏出身恩
忌格
月南日北
諸星背行
經證
主星最喜朝君
位定作當朝顯
貴人設若毋恩
傍日月必能富
貴兩般榮
十二月十九日
號滉菴
乾造夜生
丙寅
辛丑
乙巳
丁亥
李光元
江西進賢人
庚子丁未科
庚申右中允
年限
庚子限躔柳土
土令逢生丁未
度行井木木孛
符印
命

計羅攔截
喜
漏出命王
官福守命
格
日月並明
陰陽居官

忌
木犯炁奴
火入金鄉
格
金乘火位

翰林春坊

十月三十日號元樸
丙辰　唐江西豐城人
辛丑　辛卯丁未科
乙酉　大庚申左中允
壬午　章
乾造晝生

經
祿計羅截斷漏年方之地中末年
日月並明居官　然而衆曜居東
主星且官福守　閒方繞行着諸

證
命誠為元輔氣限般遂意
象

經土天土
緯土地金
馬金人火
驛水命土
職火
局月

文金
魁羅
名火催日
甲金祿計
官羅喜炁
印火爵孛

祿水祿木
歸木暗金
仁火福土
壽土耗月
蔭水

貴炁
刑計
卯羅
四火
權孛

貴
刑
印
囚
權

命奎度

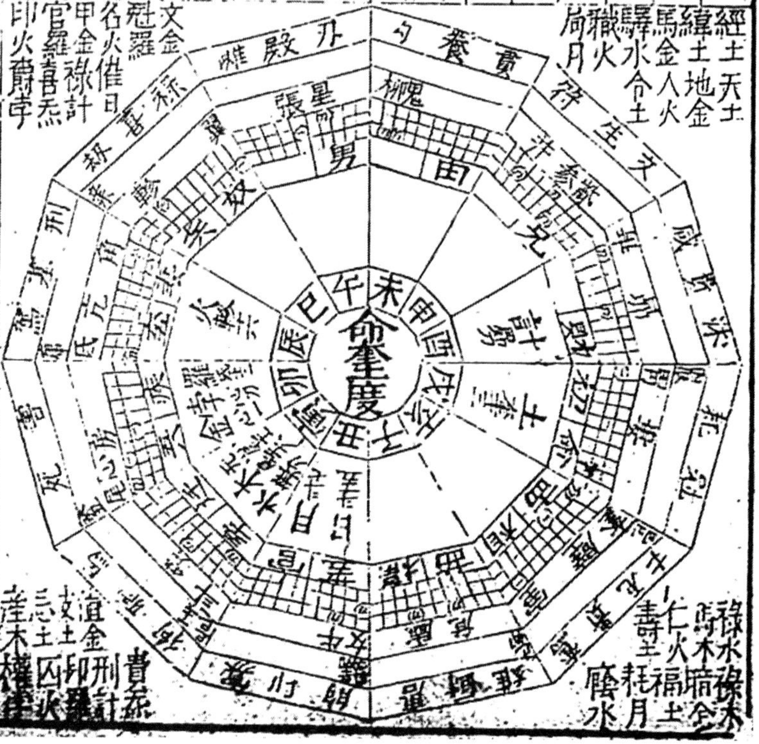

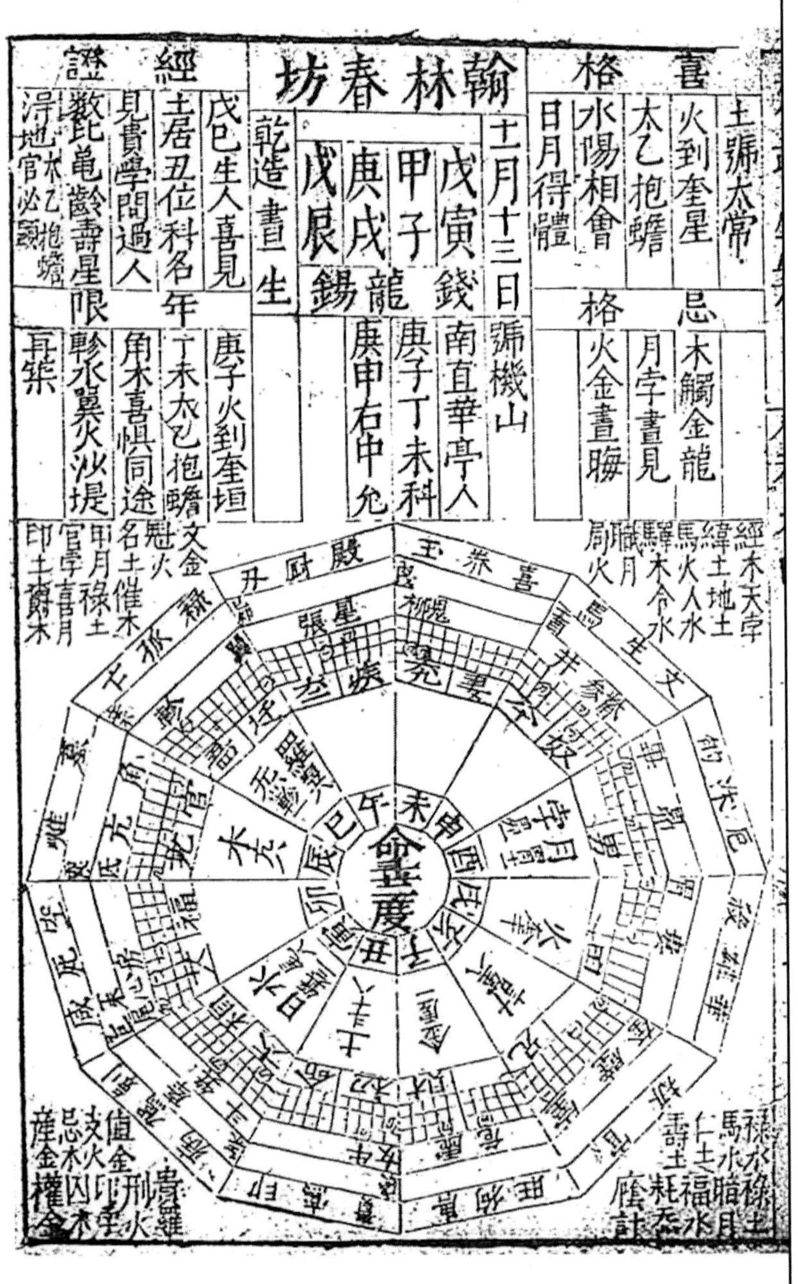
翰林春坊
喜格
土踽太常
火到奎星
太乙抱蟾
水陽相會
日月得體
忌格
木觸金龍
月孛晝見
火金晝晦
十一月十三日
乾造晝生
戊寅
甲子
庚戌
戊辰
錢龍錫
南直華亭人
庚子丁未科
庚申右中允
經證
戊巳生人喜見
土居丑位科名
見貴學問過人
數比龜齡壽星
年限
庚子火到奎垣
丁未太乙抱蟾
角木喜懼同途
軫水翼火沁提
命度

翰林檢討

喜格

孤月獨明
金水夾陽
官曜居官
群星向限
水宿歸經

忌格

寒月单行
土埋双女
火燒牛角

十二月十三日號張鷺

乙未
己丑
辛亥
丙申

馮銓

乾造晝生

順天涿州人
己酉癸丑科
年少科第
以進士兩司

經

水宿歸經處世　日月得宮行日
身居翰苑三學年　月之度所以應
士者身居清吉　己酉癸丑限履

證

官曜居官作顯限　[illegible]度上
官台為可期

次計
魁日
名木催
甲土祿
官水喜
印日尊

經水天羅
緯土地火
馬火人水
驛金合土
職木
局烈

祿火祿孛
馬木暗木
仁木福金
壽金耗土
蔭月

貴水
刑炁
印計
囚羅
權火
值金
文土
忌土
產水

命參度

翰林編修

舊格

五曜環陽
衆星拱命
官福夾垣
計都朝斗
身命歸垣

忌格

水計相刑
刼雄併命
火刃犯陽

十一月十六日號侗核

楊　福建晉江人
景　壬子癸丑科
辰　儒士中

辛巳
庚子
丙子
壬辰

乾造晝生

經證

四餘列外五星拱命因間計都雖非大魁而大拜可期乃元輔股肱臣也

限

壬子癸丑限步年氐土土好夘甁火殿朝陽名曰宮度兩強且王堂填限尤奇

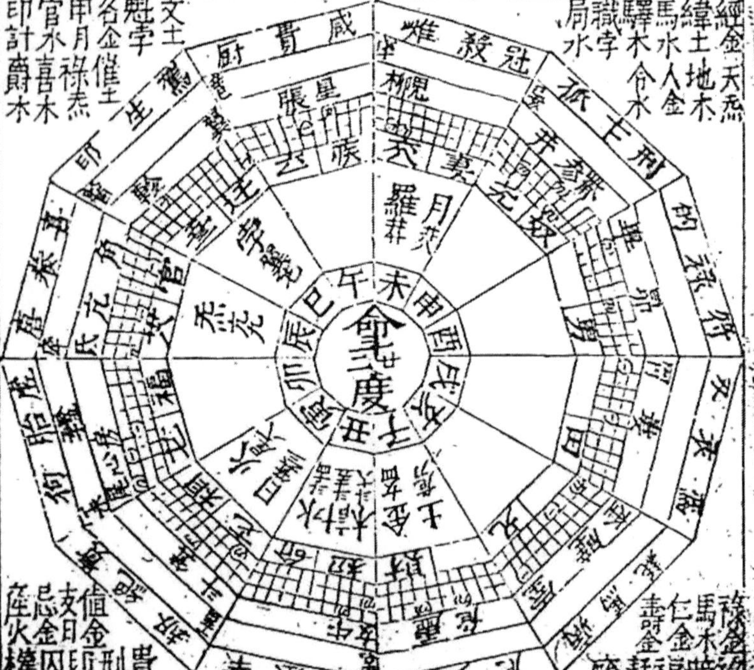

經金　天杰
緯土　地木
馬水　人金
驛木　合水
職李
局水

文土
魁李
名金　催土
甲月　祿杰
官水　喜木
印計　爵木

祿金　祿杰
馬木　暗計
仁金　福旦
壽金　耗火
蔭李

貴木
値金　刑土
支日　印土
忌金　囚月
産火　權水

命度

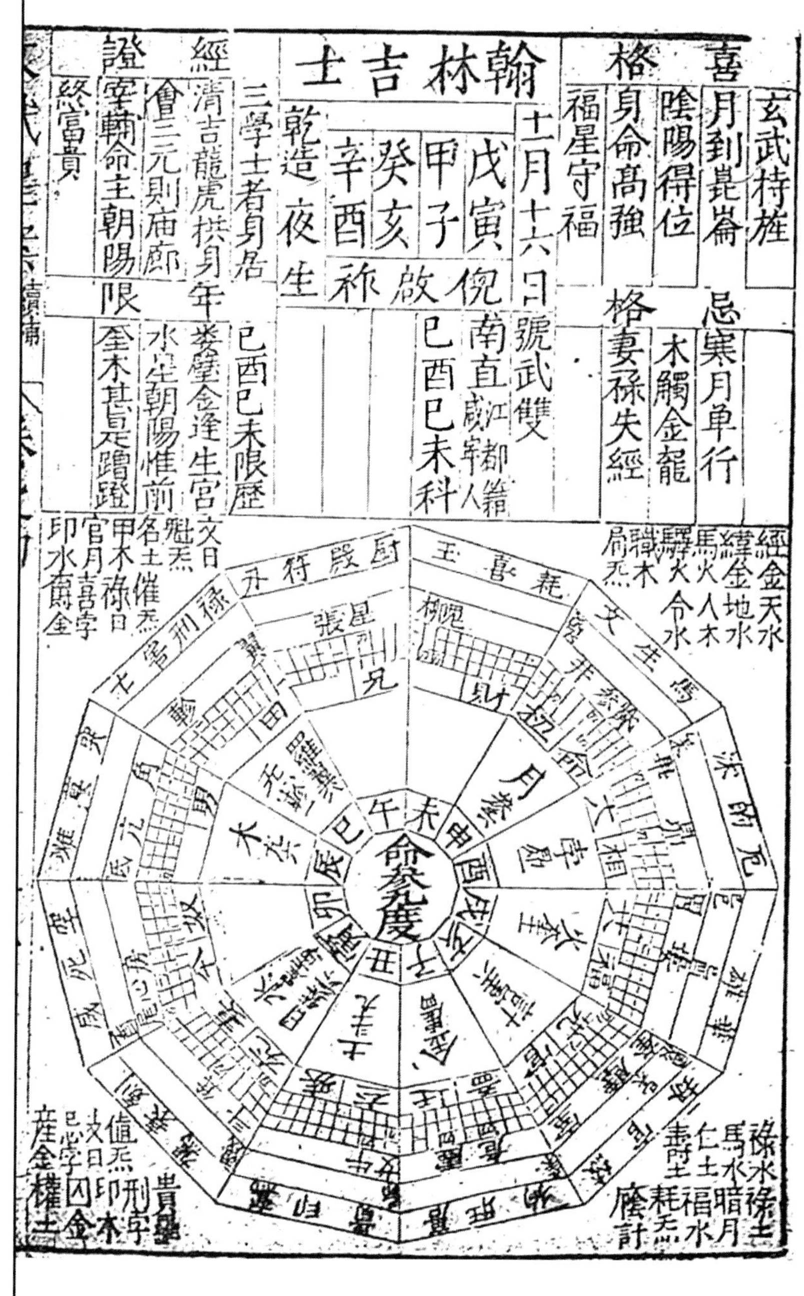
喜
玄武持旌
月到昆崙
陰陽得位
格
身命高強
福星守福
忌
寒月单行
木觸金龍
格
妻孫失經
翰林吉士
十一月十六日 號武雙
戊寅 倪 南直江都籍咸寧人
甲子 啟
癸亥 祢
辛酉
乾造夜生
巳酉巳未科
三學士者身居
巳酉巳未限歷
經
消吉龍虎拱身年
會三元則廟廊
婁壁金逢生宮
水星朝陽惟前
證
安輔命主朝陽
終富貴
限
金木甚是蹭蹬
經金天水
緯金地水
馬火人木
驛火命水
職木
局炁
文日
魁炁
名土催炁
甲木祿日
官月喜孛
印水蔭金
祿水祿土
馬水暗月
仁土福水
壽土耗炁
蔭計
命參九度

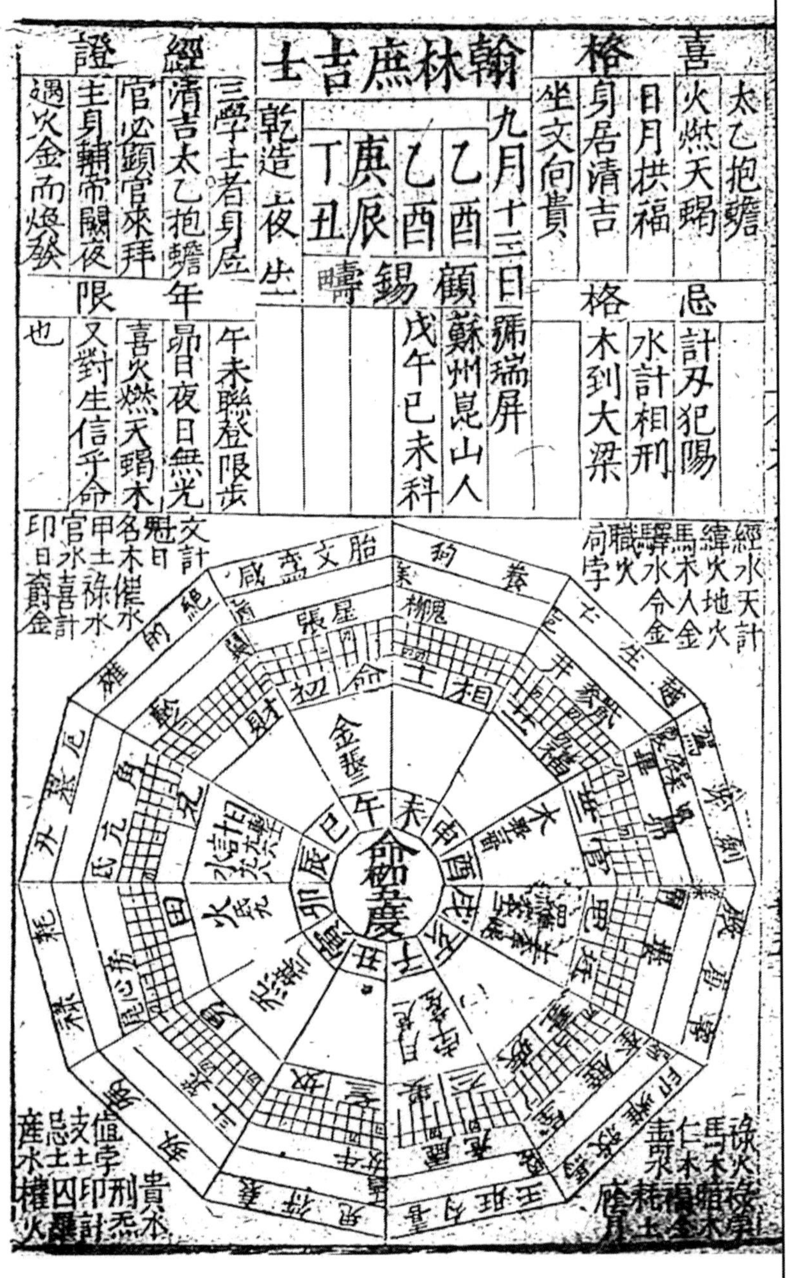
翰林庶吉士
喜格
太乙抱蟾
火燃天蝎
日月拱福
身居清吉
坐文向貴
忌格
計刃犯陽
水計相刑
木到大梁
九月十三日寅瑞屏
乙酉 顧 蘇州崑山人
乙酉 錫 戊午巳未科
庚辰 疇
丁丑
乾造夜生
經證
三學士者身居午未聯登限步
清吉太乙抱蟾年昴日夜日無光
官必顯官來拜 喜火燃天蝎木
主身輔帝闕夜 又對生信乎命
遇火金而煥發也
限
經水天計
緯火地火
馬木人金
驛水令金
職火
向孛
文計
魁日
名木催水
甲土祿水
官水喜計
印日爵金
命

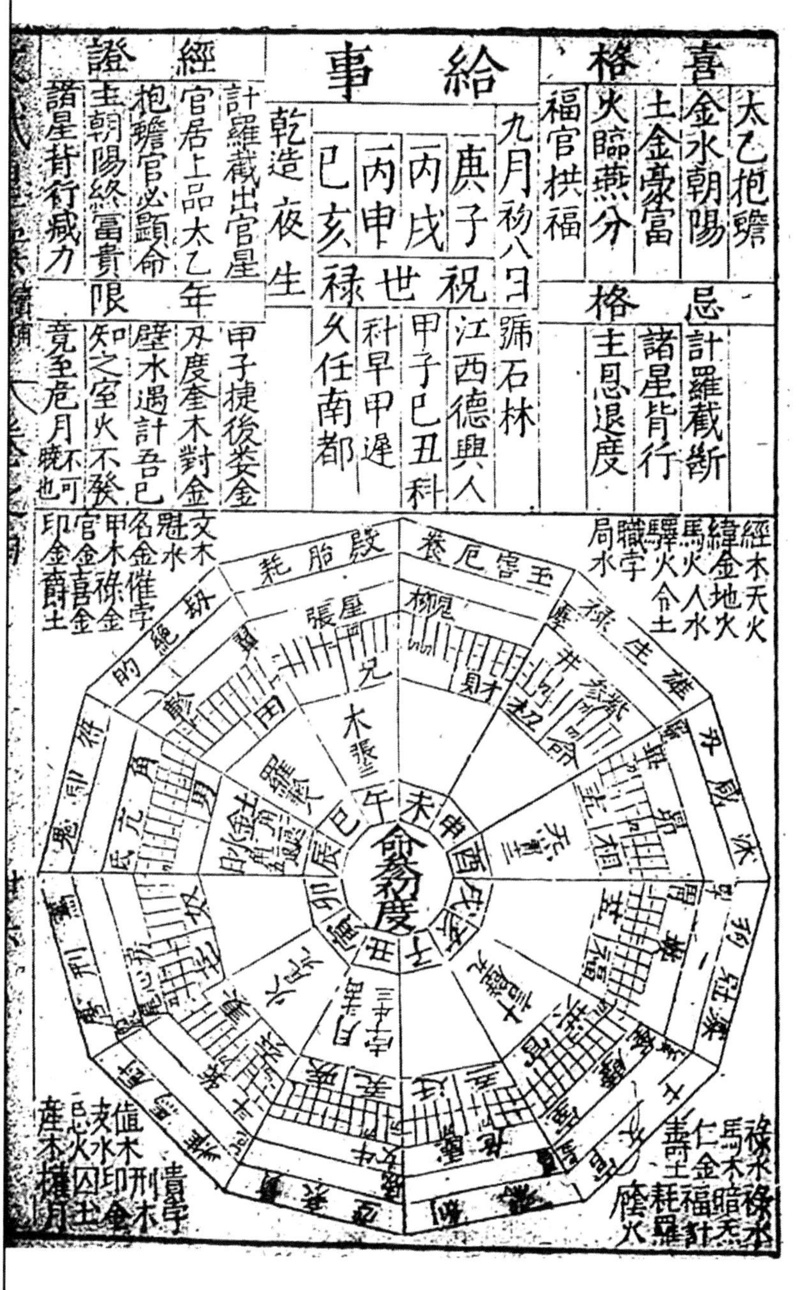

喜格

太乙抱蟾
金水朝陽
土金豪富
火臨燕分
福官拱福

忌格

計羅截斷
諸星背行
主忌退度

給事

九月初八日 號石林
庚子 江西德興人
丙戌 甲子己丑科
丙申 科早甲遲
己亥 久任南都

祝世祿

乾造夜生

經證

計羅截出官星
官居上品太乙
抱蟾官必顯命
主朝陽終富貴
諸星背行截力

年限

甲子捷後癸金
及度奎木對金
壁水遇計吾己
知之室火不發
竟至危月晚不可也

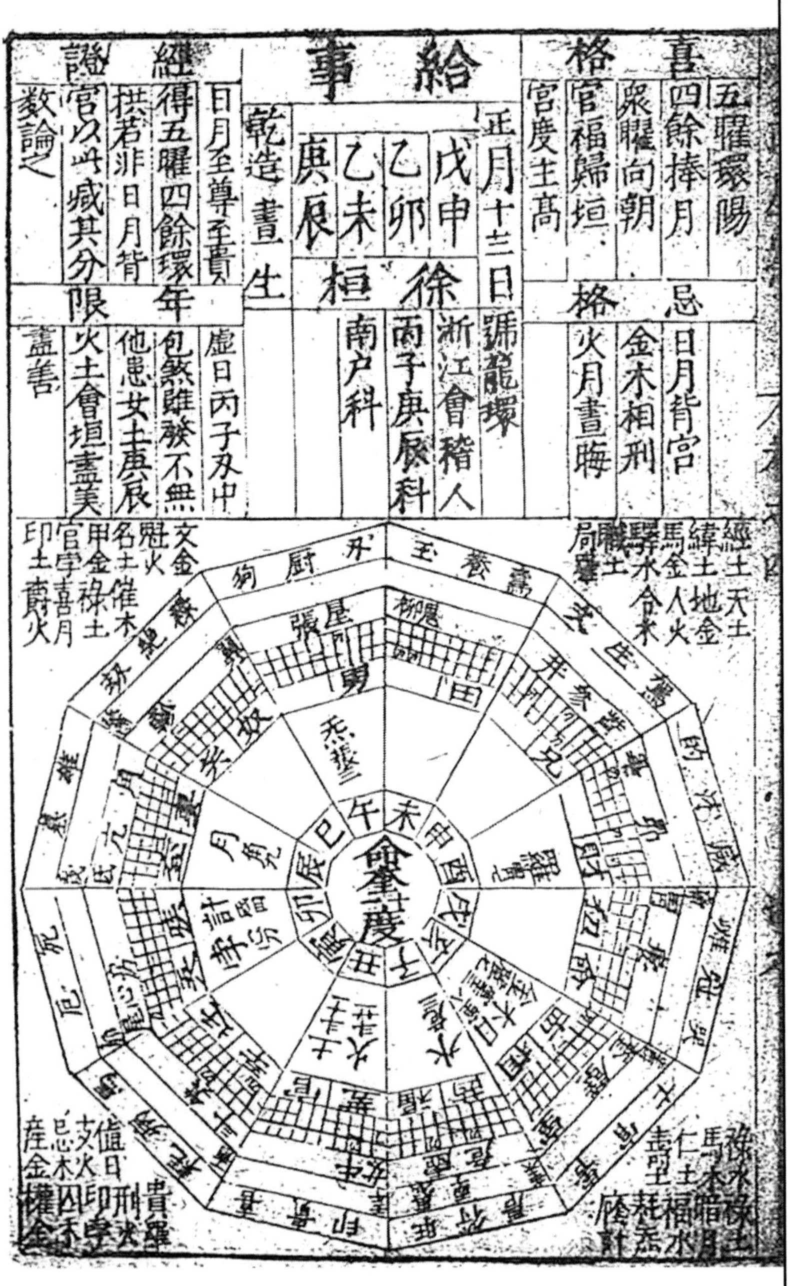

喜格

五曜聚陽
四餘捧月
衆曜向朝
官福歸垣
宮度主高

忌格

日月背宮
金木相刑
火月晝晦

給事

正月十三日 踞龍環
戊申
乙卯
乙未
庚辰
乾造晝生

徐桓

浙江會稽人
丙子庚辰科
南户科

經讖

日月至尊至貴
得五曜四餘環
拱若非日月背
宮以此藏其分
數論之

年限

虛日丙子及中
包煞雖殺不無
他患女土庚辰
火土會垣盡美
盡善

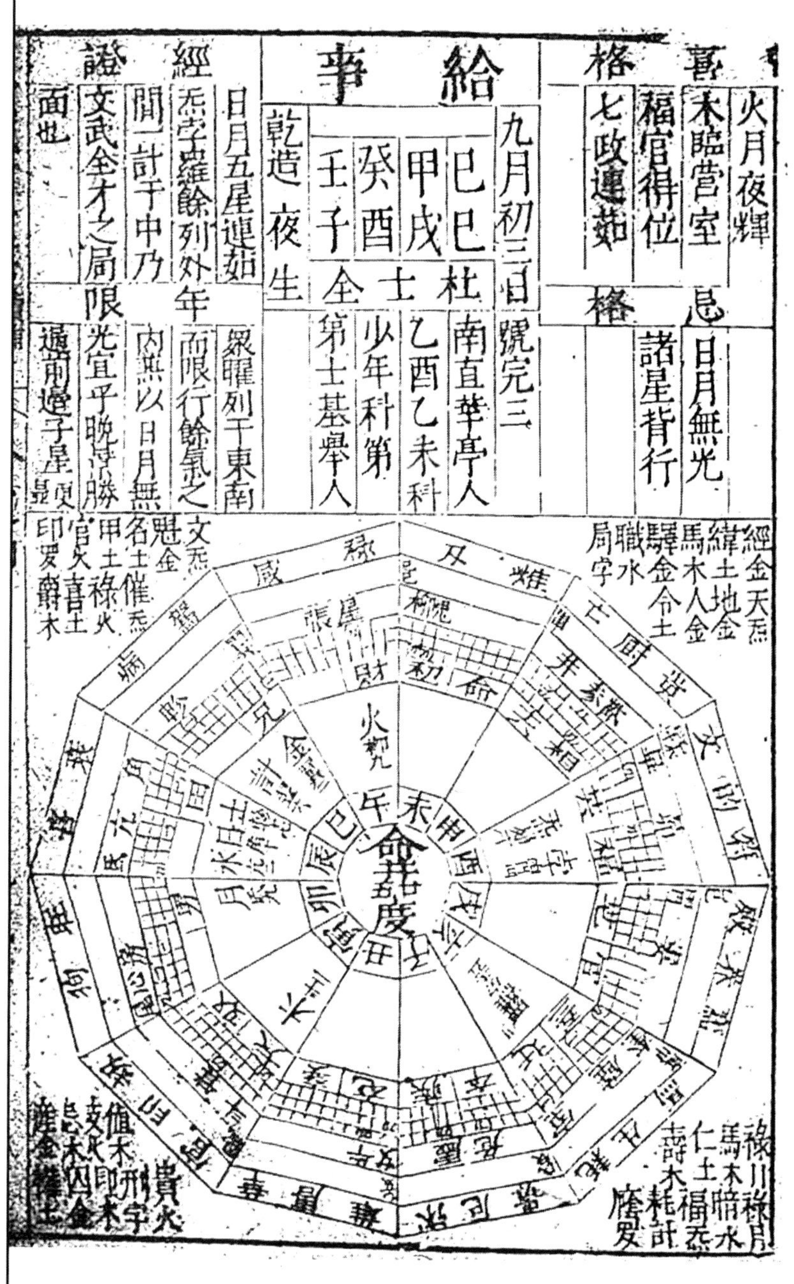

給事
九月初三日號完三
己巳 杜 南直華亭人
甲戌 士 乙酉乙未科
癸酉 全 少年科第
壬子 弟士基舉人
乾造夜生
喜格
火月夜輝
木臨營室
福官得位
七政連茹
忌格
日月無光
諸星背行
經
日月五星連茹
炁孛羅餘列外
間一討于中乃
證
文武全才之局
面也
年
衆曜列于東南
而限行餘氣之
内照以日月無
限
光宜乎晚得勝
遇甬遇子星最
經金天炁
緯土地金
馬木人金
驛金令土
職水
局字
文炁
恩金
名土催炁
甲土祿火
官火喜土
印孛爵木
祿月
馬木暗水
仁土福炁
壽木耗計
蔭孛
貴火
刑字
印木
囚金

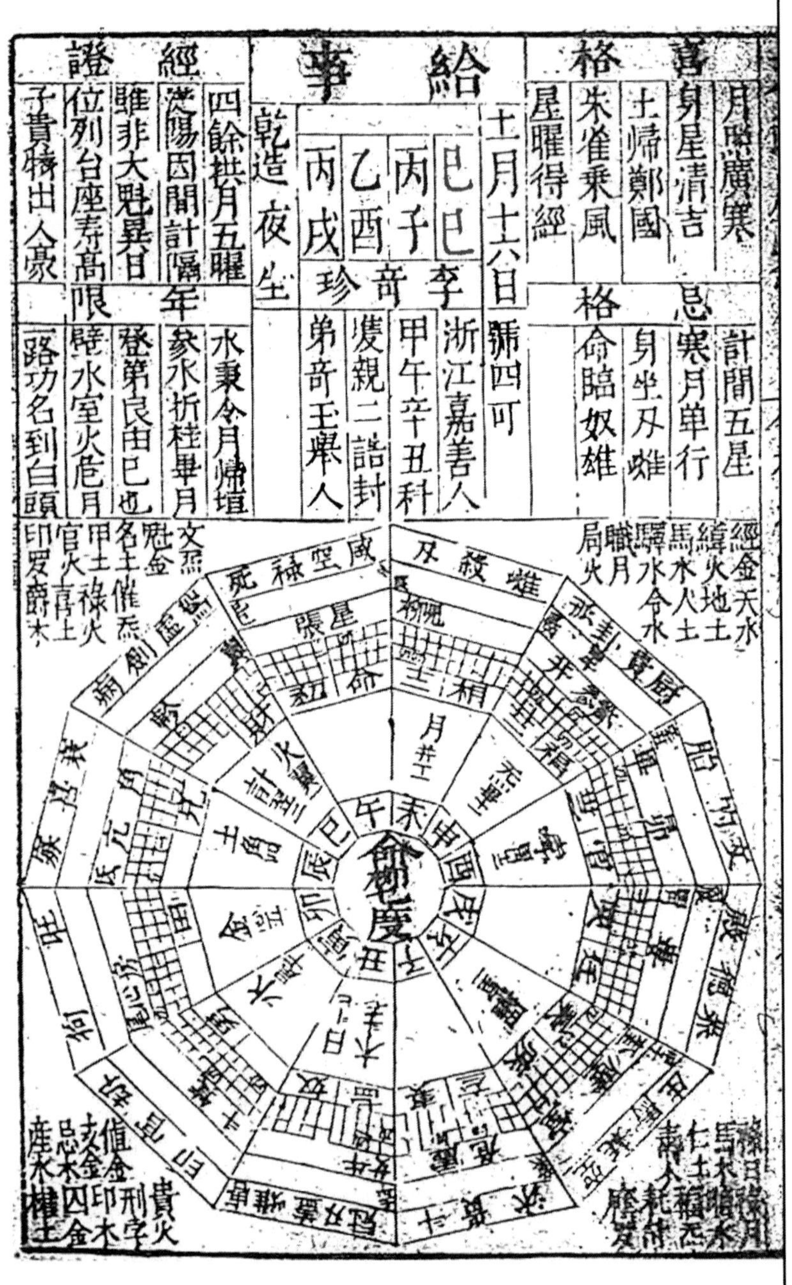

喜格	給事	經證
月照廣寒 身星清吉 土歸鄭國 朱雀乘風 星曜得經	十一月十六日號四可	四餘拱月五曜 從陽因間計隔 雖非大魁異日 位列台座壽高 子貴祿出人豪
忌格	巳巳 丙子 乙酉 丙戌 乾造夜生	年限
計間五星 寒月单行 身坐殀雌 命臨奴雄	李奇珍 浙江嘉善人 甲午辛丑科 叟親二誥封 弟奇玉舉人	水秉令月歸垣 參水折桂畢月 登第艮由巳也 壁水室火危月 一路功名到白頭

給事

熊德陽，八月十一日，號青嶼，江西建昌人，庚子丁未科，庚申北刑科

乾造夜生

年	月	日	時
癸亥	辛酉	丁巳	庚子

喜格

水金會垣

木羅會舍

太月當斗

日月拱福

官福夾命

忌格

孤陽失輝

計月坐夕

諸星背行

經證

愈生之辰月宿于斗主文章冠年天下木羅會合青雲大器日月拱福祿夾命諸

限

計月相迎卯月坐命又臨丑厄恐幼年非妨于毋則主隱晦如不驗時之有差

經金 天水 緯金 地水 馬水 人土 驛火 命木 職罗 局土

文月 冠水 名水 催計 甲木 祿月 官土 喜火 印孛 爵水

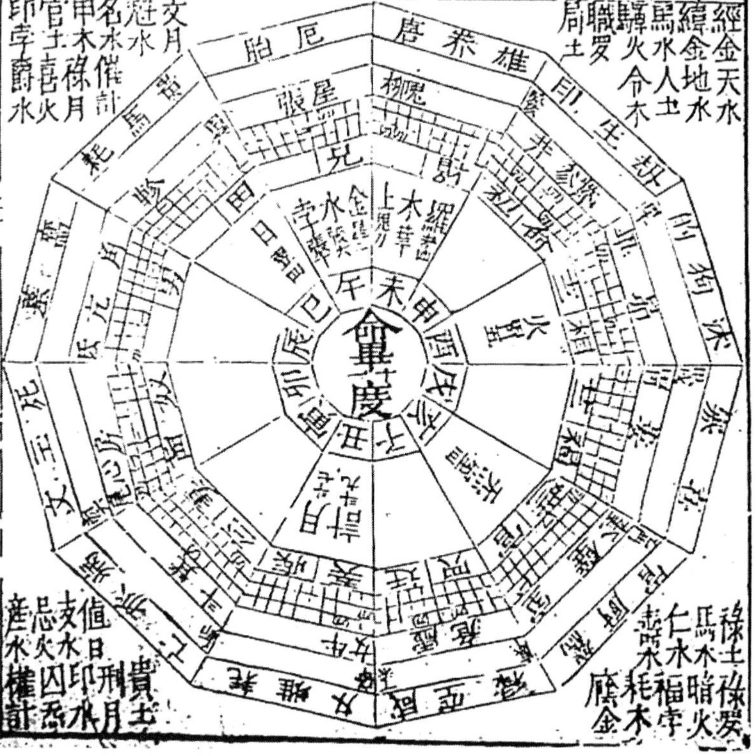

祿土 馬木 仁水 壽炁 祿孛 暗火 福孛 耗木 廕金

貴土 刑月 值日 印水 支水 囚炁 忌火 產水 權計

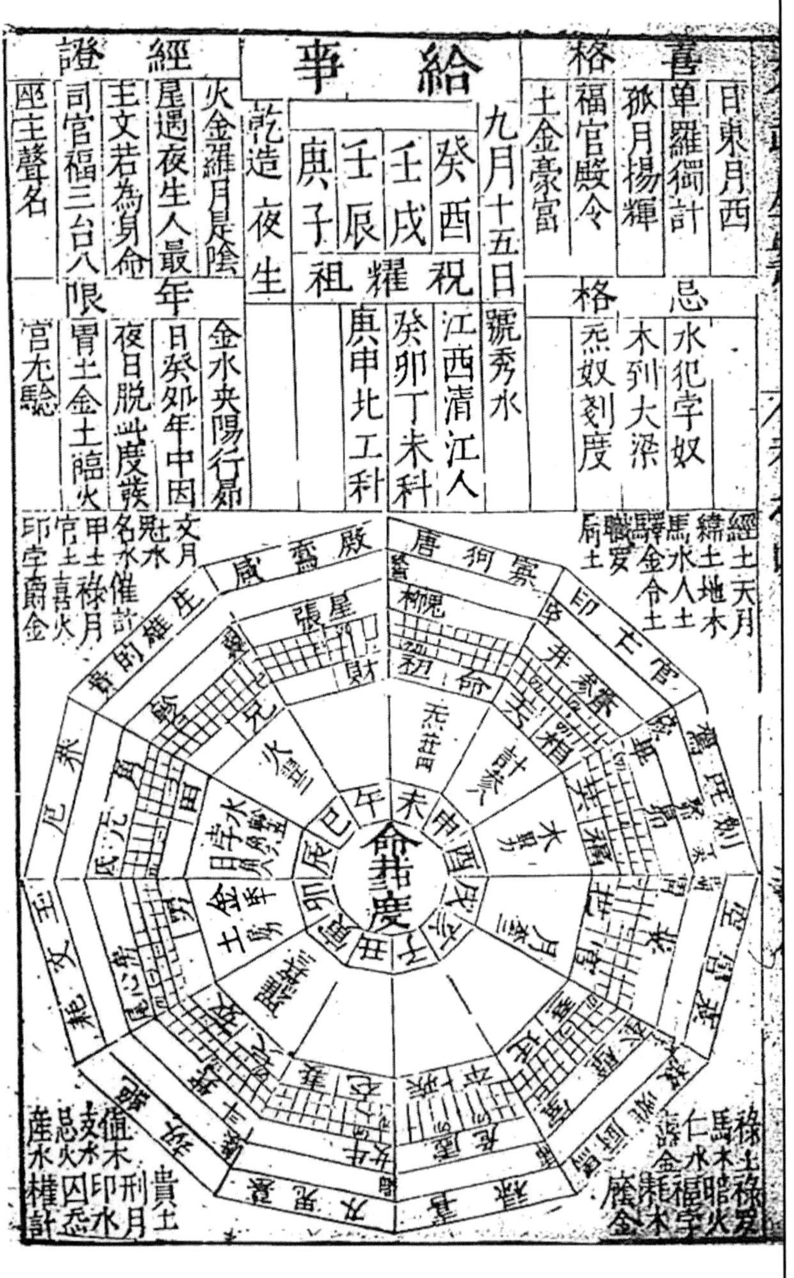

舊格
日東月西
単羅獨計
孤月揚輝
福官殿令
土金豪富
忌格
水犯孛奴
木刑大滎
炁奴刻度
給事
九月十五日
癸酉
壬戌
壬辰
庚子
乾造夜生
祝耀祖
號秀水
江西清江人
癸卯丁未科
庚申北工科
經證
火金羅月是陰
星遇夜生人最
主文若為身命
司官福三台八
座主聲名
年限
金水夾陽行局
月癸卯年中因
夜日脫此度發
胃土金土臨火
宮尤驗
命度

喜格

計羅攔截
群星環拱
日月夾輔
金水會垣
官福夾命

忌格

木星漏出
火月晝晦
孛犯太陽

給事

八月初六日 歸崇野

江西龍南人
丁酉辛丑科
庚申北兵科
翰林張衞同命

曾汝召

壬申
己酉
己未
戊辰

乾造晝生

經證

群星守照多端
合格為上相天年
子理陰陽必是
聚兩班而朝命
誠為國家偉器

限

辰酉坐命土犯
月而左值丁酉
辛丑鄉會屬張
月又坐玉堂

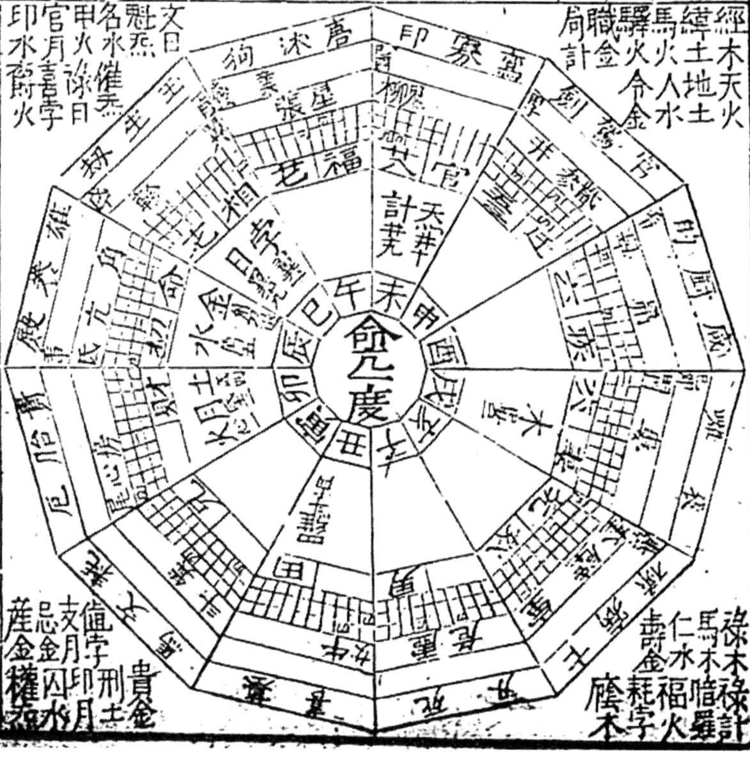

經木 天火
緯土 地土
馬火 人水
驛火 命金
職金
局計

文日
魁炁
名水 催炁
甲火 祿日
官月 喜孛
印水 爵火

命乙度

祿木 祿計
馬木 暗羅
仁水 福火
壽金 耗孛
蔭木

貴金
刑土
值孛 印月
支月 囚水
忌金 權炁
產金

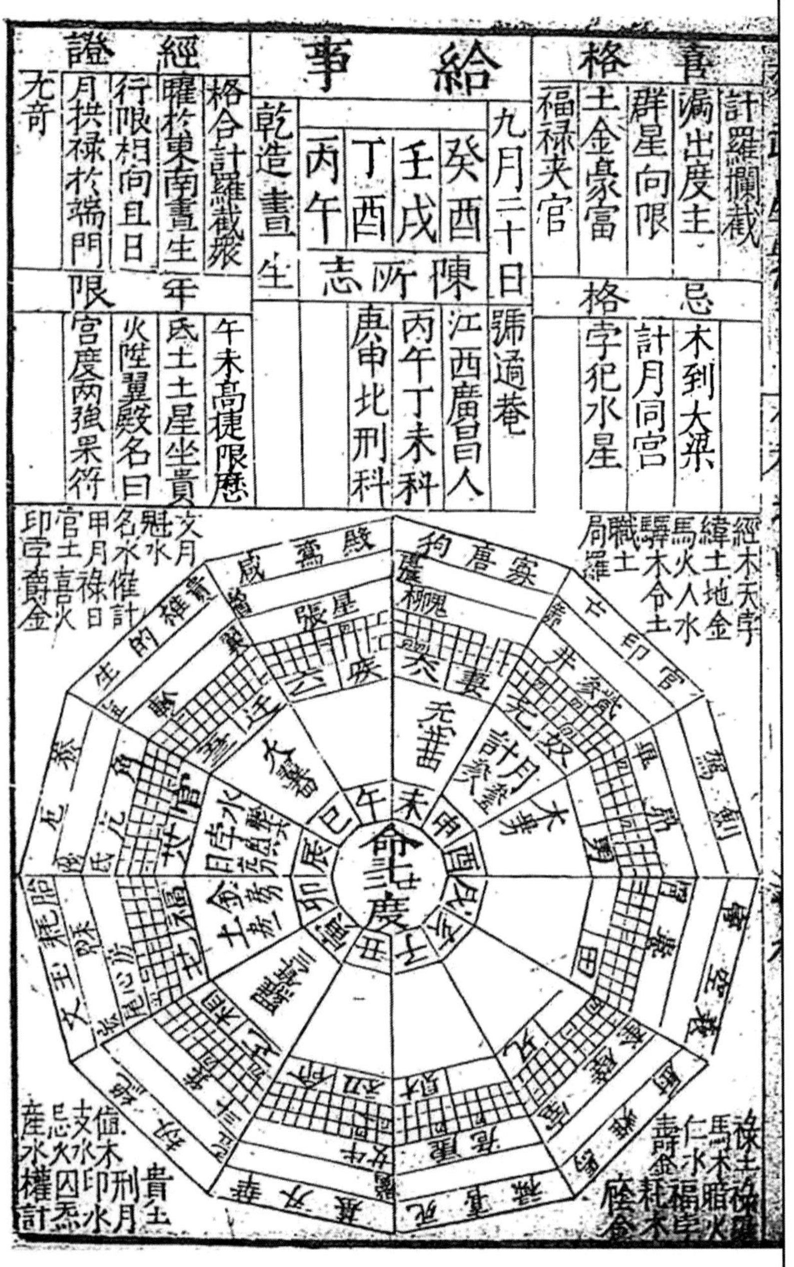

貴格
計羅攔截
漏出度主
群星向限
土金象富
福祿夾官
忌格
木到大梁
計月同宮
字犯水星
給事
九月二十日
癸酉
壬戌
丁酉
丙午
乾造晝生
陳所志
歸適菴
江西廣昌人
丙午丁未科
庚申北刑科
經證
格合計羅截爽
曜於東南晝生
行限相向且日
月拱祿於端門
无奇
年限
午未高捷限應
氐土土星坐貴
火陛翼殿名曰
宮度兩強果符
經木天孛
緯土地金
馬火人水
驛木命土
職土
局羅
文月
魁水
名水催計
甲月祿日
官土喜火
印孛蔭金

給事

喜格

日帝居陽
月出艮方
丑歸鄭國
木臨營室
福官照命

忌格

日月拱夾
計犯太陽
火孛交戰

七月十二日
辛未
丙申
壬午
甲申
乾造晝生

史孔吉 號亦安 南直溧陽人 己酉庚戌科 戊午北户科

經證

宮度土木得經
身星孤月東升
兼以日月拱田
官福照命巳亥
真崇巨富之造

年限

木臨亥上稱中
台滿腹當為翰
死不因戌聯登
巳驗角木之度

經金 天炁 緯土 地木 馬水 人土 驛木 合金 職月 局火

文土 魁孛 名金 催土 甲月 祿炁 官水 喜木 印計 爵火

命十五度

祿金 祿炁 馬水 暗計 仁金 福羅 壽土 耗火 蔭孛

貴木 刑金 印土 囚月 權水 催水 支日 忌金 產火

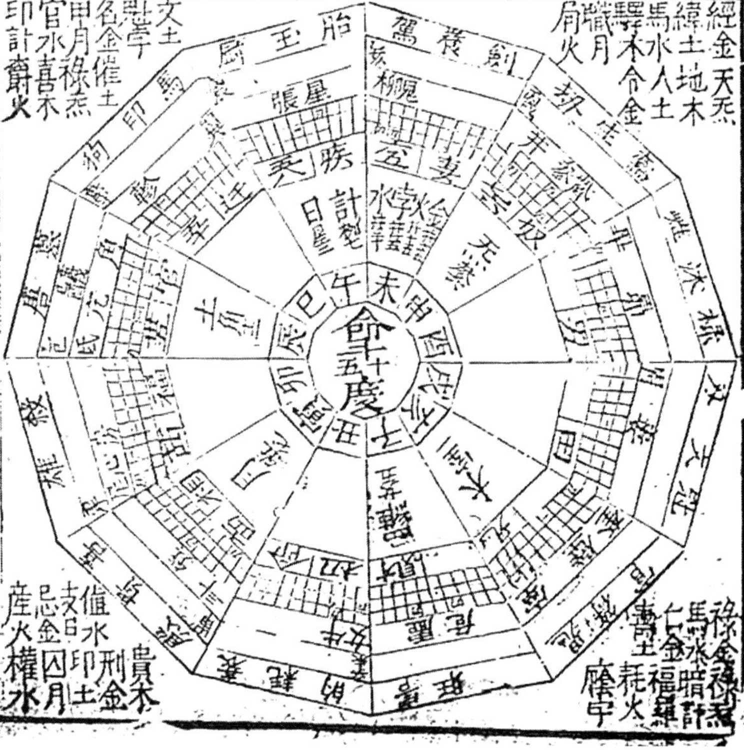

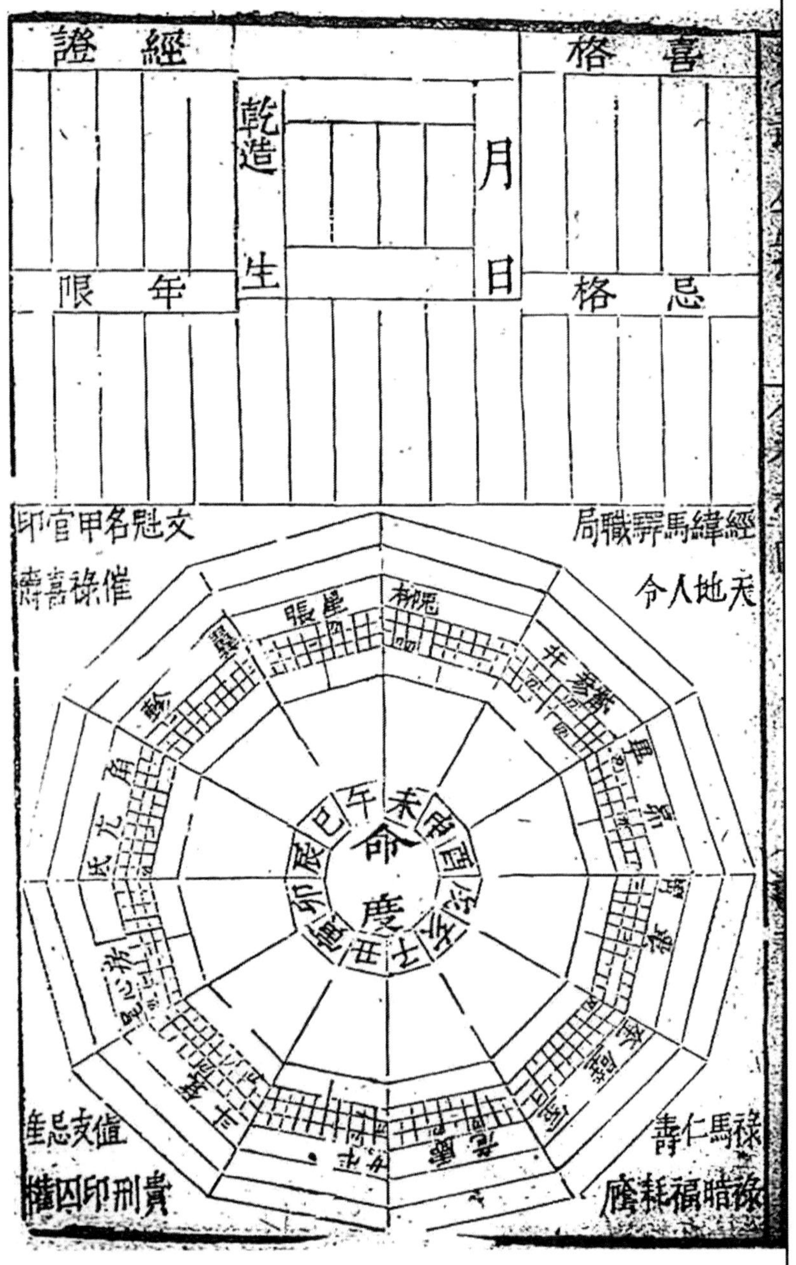
經證
喜格
乾造
月
日
生
年限
忌格
文魁名甲官印
經緯馬驛職局
催祿喜壽
天地人令
命度
午
未
申
酉
戌
亥
子
丑
寅
卯
辰
巳
張
星
柳
井
角
亢
氐
值支忌生
祿馬仁壽
貴刑印囚權
祿暗福耗蔭

喜格

火照天門
金星朝斗
孛着朱衣
福官拱命
玉兎東昇

忌格

土月同宮
七政背行

御史

十二月廿八日號復吾
甲辰 李南直鎮江人
丙子 一 丙子丁丑科
癸亥 優游林下
壬戌 陽 向前南道
乾造夜生

經證

火金羅月是明 限行四土火羅
星遇夜生逢最年 臨旺福猶昌熾
光明若為身命 子丑連科正歷
司官福三台八限 胃土度行
㘴主聲名

經金 天炁
緯土 地土
馬木 人金
驛金 命水
職計
局金

文曌
魁月
名木 催金
甲土 祿木
官炁 喜炁
印木 爵孛

祿木 祿炁
馬水 暗孛
仁木 福木
壽火 耗金
曆

貴月
刑水
值金 印炁
支木 囚計
忌日 權羅
産金

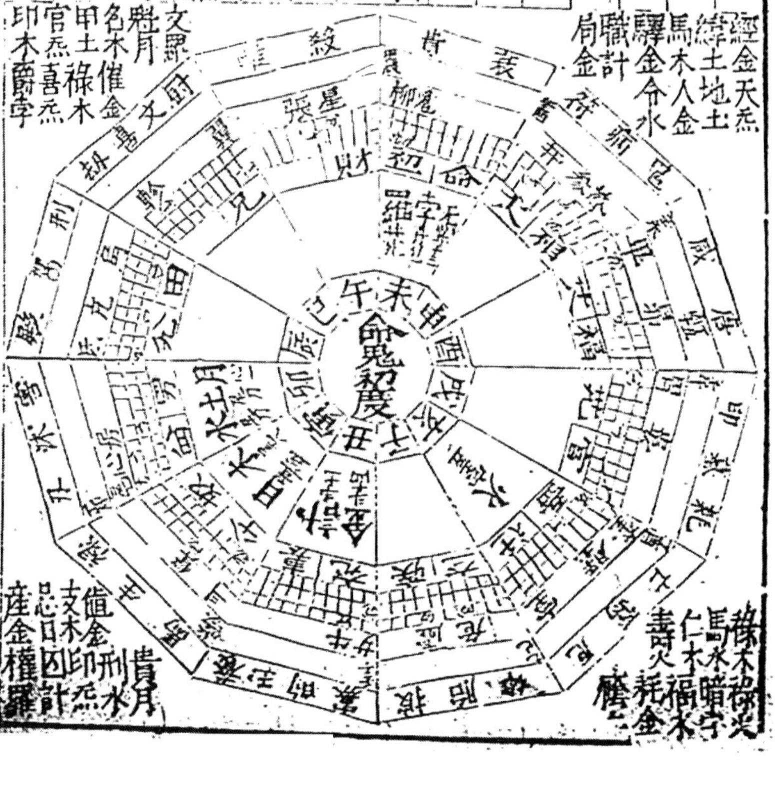

御史

喜格

日月高明
官福起垣
命朝君駕
度主陞殿
駟星居高

忌格

土羅持刃
刃犯官福
金傷土木
羅計犯殿

經金 天水
緯土 地水
馬水 人土
驛水 命木
職羅 局土

正月初七日號劍雲

壬子	謝	福建甌寧人
壬寅	朝	壬午丙戌科
庚寅	佐	癸巳年卒
辛巳		子絕男已酉舉

乾造晝生

經證

福星守福為真福官臞居官作顯官命主朝陽終當貴木入秦州知福厚

年限

惜乎官福坐刃金躔斗木謂之命限兩傷癸巳刃雄併限尤驗虛女度美當癸

文日
魁炁
名水 催炁
甲金 祿日
官月 喜孛
印水 貴土

午 未 申 酉 戌 亥 子 丑 寅 卯 辰 巳

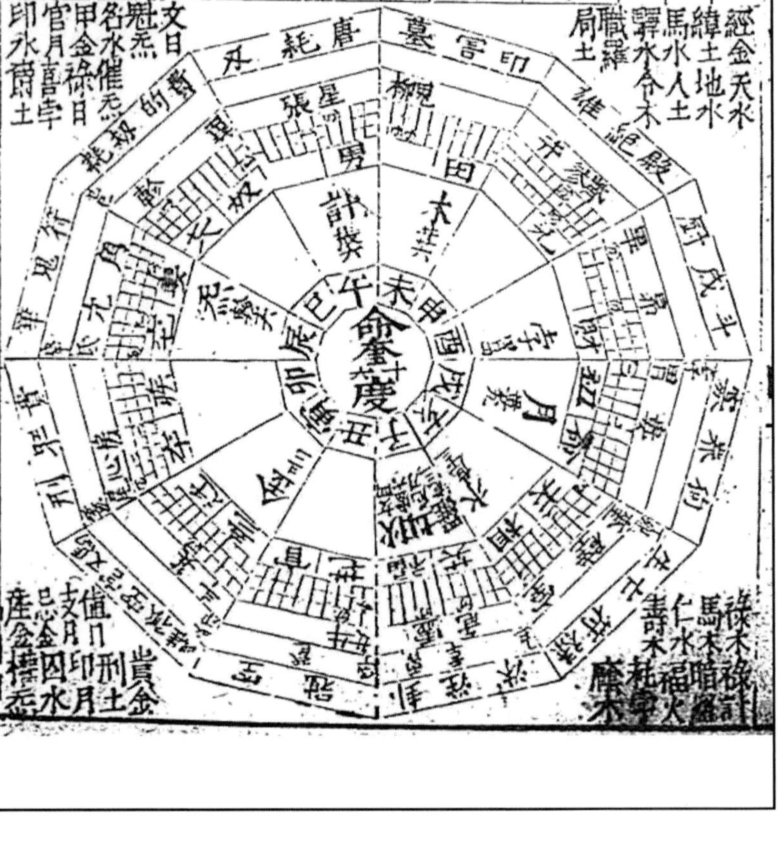

祿木 祿計
馬木 暗金
仁水 福火
壽木 耗孛
魔木

貴金
刑土
值囚 刑月
支月 印月
忌金 囚水
產金 權炁

御史

喜格

木臨熒室
孛計朝天
水陽相會
火到奎婁
群星拱命

忌格

身福坐刃
孛計同戰

正月初十日躔少原

庚申　余南京婺源人
戊寅　辛卯壬辰科
丙子　懋　兄懋學侍郎
壬辰　衡　弟懋孳進士

乾造　晝生

經證

格合星聚天門
泉曜拱命日月
高明官福得所
田財夾輔巳是
尊恭巨當造化

年限

木臨亥上躔中
台滿腹當為翰
死才雖嬿刃金
犯斗文得烝奴
敵殺所以斷吉斗度

經火　天金
緯水　地木
馬火　人木
驛木　令木
熾土
局孛

文木
魁木
名金
催孛
甲水
祿金
官金
喜金
印金
爵火

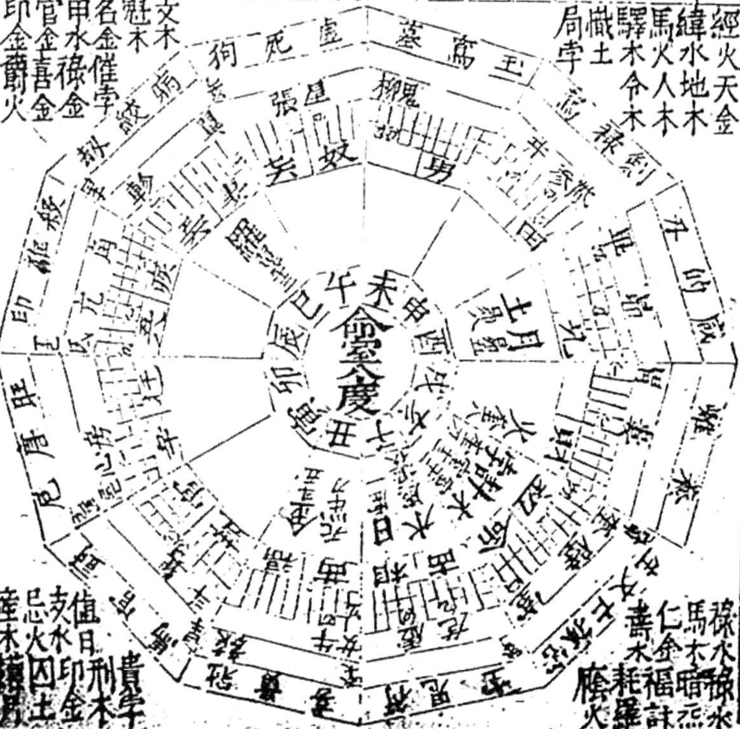

祿水　暗祿水
馬木　暗忌
仁金　福計
壽木　耗羅
廕火

值月
支水
忌火
產木
貴孛
刑木
印金
因土
權月

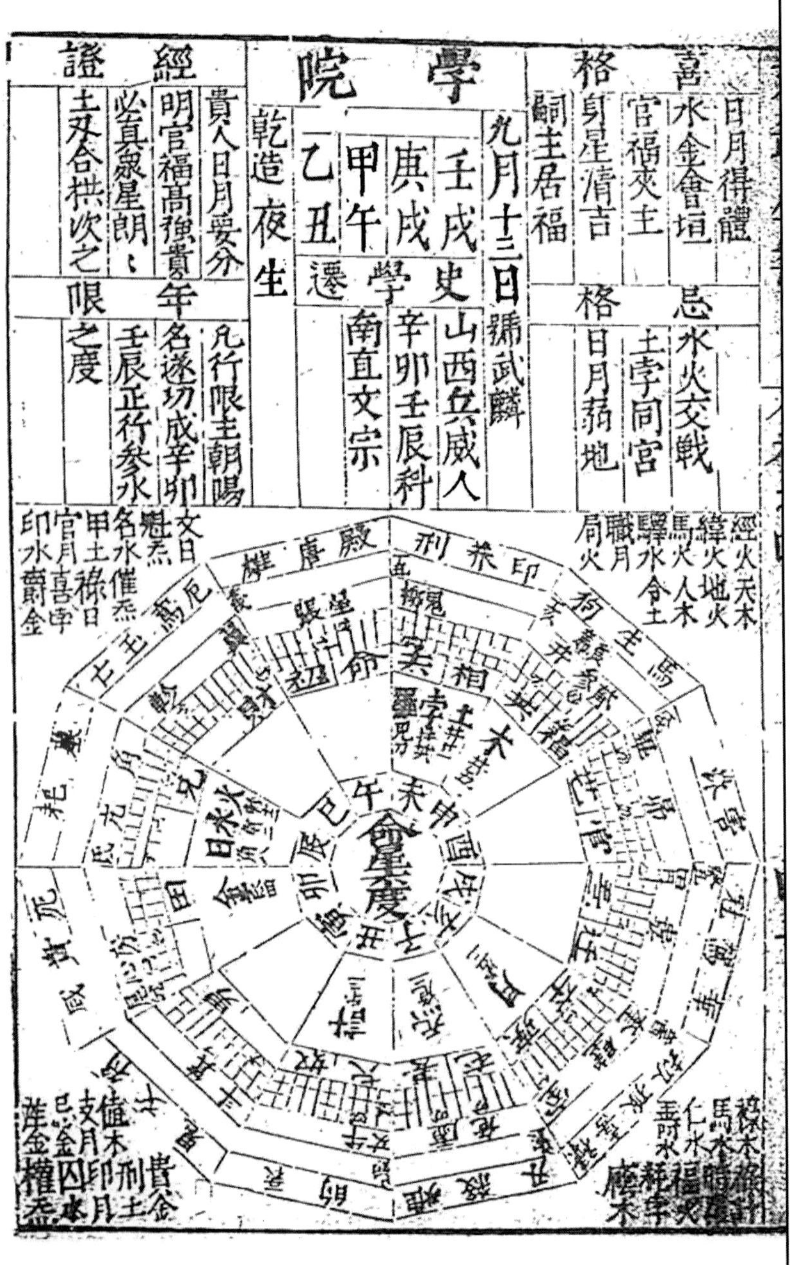

喜格
日月得體
水金會垣
宮福夾主
身星清吉
嗣主居福

忌格
水火交戰
土孛同宮
日月藉地

學院
九月十三日號武麟
山西兵威人
辛卯壬辰科
南直文宗
壬戌
庚戌
甲午
乙丑
史學遷
乾造夜生

經證
貴人日月要分
明官福高強貴
必其衆星朗朗
土孛合拱次之

限年
凡行限主朝陽
名遂功成辛卯
壬辰正行參水
之度

經火 天木
緯火 地火
馬火 人木
驛水 合土
職月
局火

文日
魁炁
名水 催炁
甲土 祿日
官月 喜孛
印水 爵金

喜格

命主朝君　忌火入金鄉

身星傍母

日月夾命　刼木掌福

月月夾官　格

官福陞殿

學院

五月廿四日歸洪圀

丁巳　楊　浙江仁和人

丙午　廷　巳卯壬辰科

丙子　南直宗師

庚寅　鋐

乾造夜生

命主朝陽終當　巳卯癸金朝旧

經證

貴身星傍母必年　壬辰堂火夜輝

悼嶸左右吉星　大柢命臨畢月

最喜拱主章羅　限土計有嫌疑之

獨計能為福　論

經土天月
緣金地火
馬水人土
驛木令火
職金
局計

文火
魁計
名火催羅
甲火祿羅
官計喜水
印月爵木

祿日祿金
馬木晴土
仁火福月
壽土耗水
蔭炁

貴計
值火刑羅
支木印火
忌月囚字
產火權木

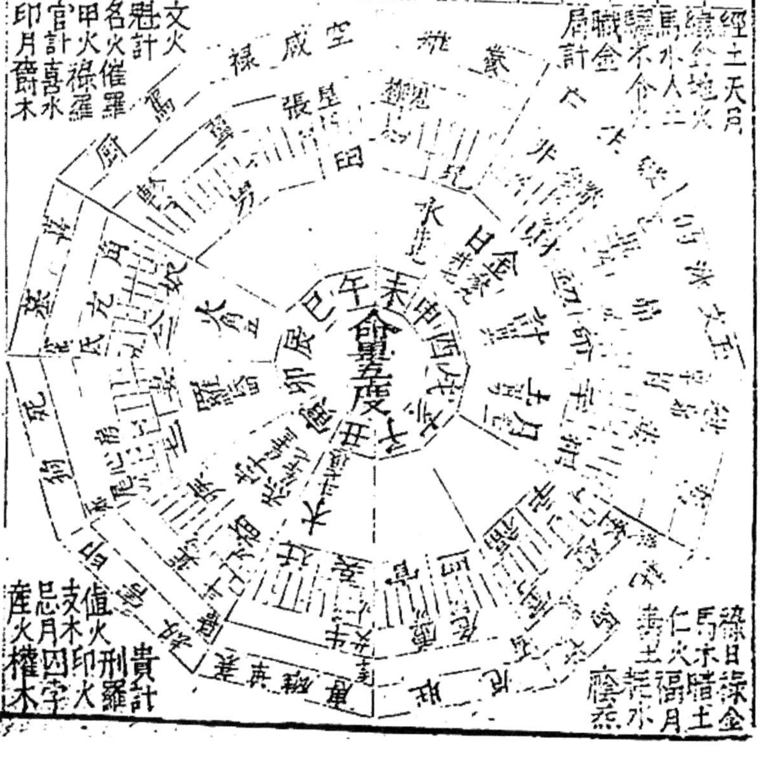

喜格	忌格
四令環日月 四餘拱奎土 福田居福 祠祿朝陽 四令環日	水計相刑 金木共戰 月火晝晦

御史

四月廿五日號十洲

癸酉 丁巳 甲戌 戊辰

徐縉芳

福建晉江人

丁酉辛丑科

南直鹽法

乾造晝生

經證

四令環陽晝生

命日胃土宮度

着貴官星若去年兩煞酉丑必然

朝君位定作當　高捷但奎壁金

朝顯貴人福星限　計相犯盡美未

守福為真福　盡善也

經土 天計
緯土 地木
馬水 人金
驛金 令火
職火
局月

文月 魁水
名水 催計
甲土 祿月
官土 喜火
印孛 爵金

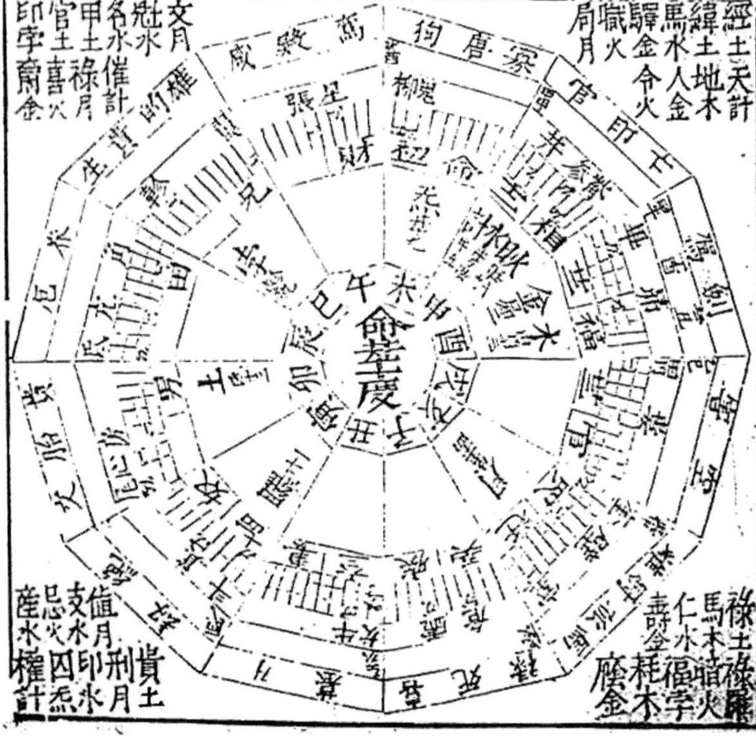

祿土 祿羅
馬木 暗火
仁水 福孛
壽金 耗木
廕金

貴土
值月 刑月
支水 印水
忌火 囚炁
產水 權計

喜格　御史　經證

日月拱帝座
火金拱福從　忌日月拱夾
孫月獨明　陰陽背行
金居衛分　格金孛泄氣
房星清吉

三月十八日歸莫談
戊辰　南直長洲人
丙辰　毛　辛卯戊戌科
戊辰　湛　雲南北直巡按
壬子　庚申年轉京堂
乾造夜生

陰陽拱帝座當　火金羅月是陰
為朝省正郎官年　星遇夜生逢主
蟲頭而福星明　文明辛卯戊戌
官高福厚一主限　限歷尾火心月
專權除掌當朝大宰　其驗有自來矣

經木　天孛
緯土　地土
馬火　人水
驛木　命土
職月
局火

文金　魁火
名土　催木
甲月　祿土
官孛　喜月
印土　爵火

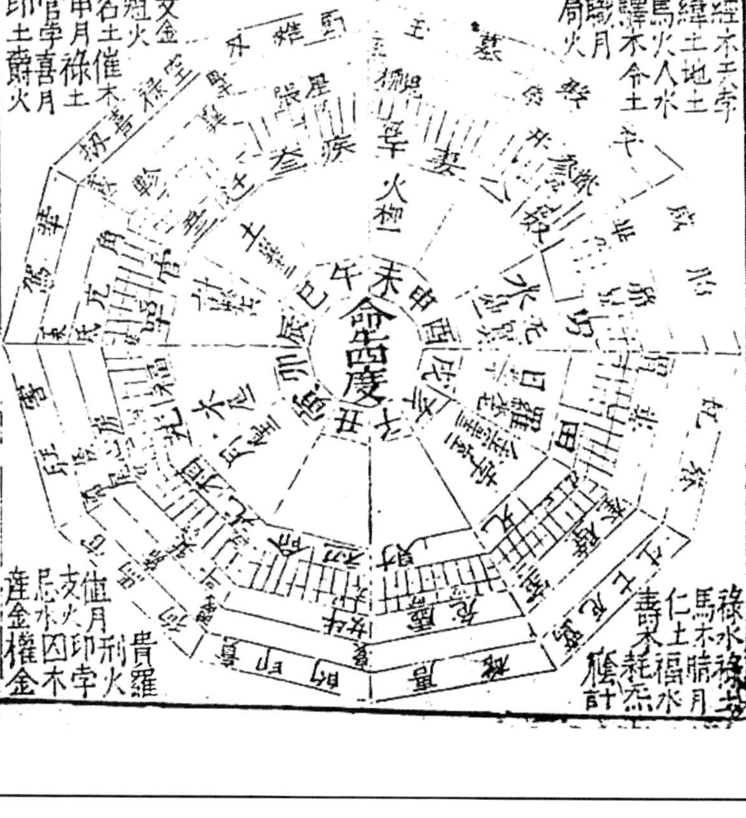

命在酉度

祿水　祿土
馬木　晴月
仁土　福水
壽木　耗炁
蔭計

貴羅
值月　刑火
支火　印孛
忌水　因木
産金　權金

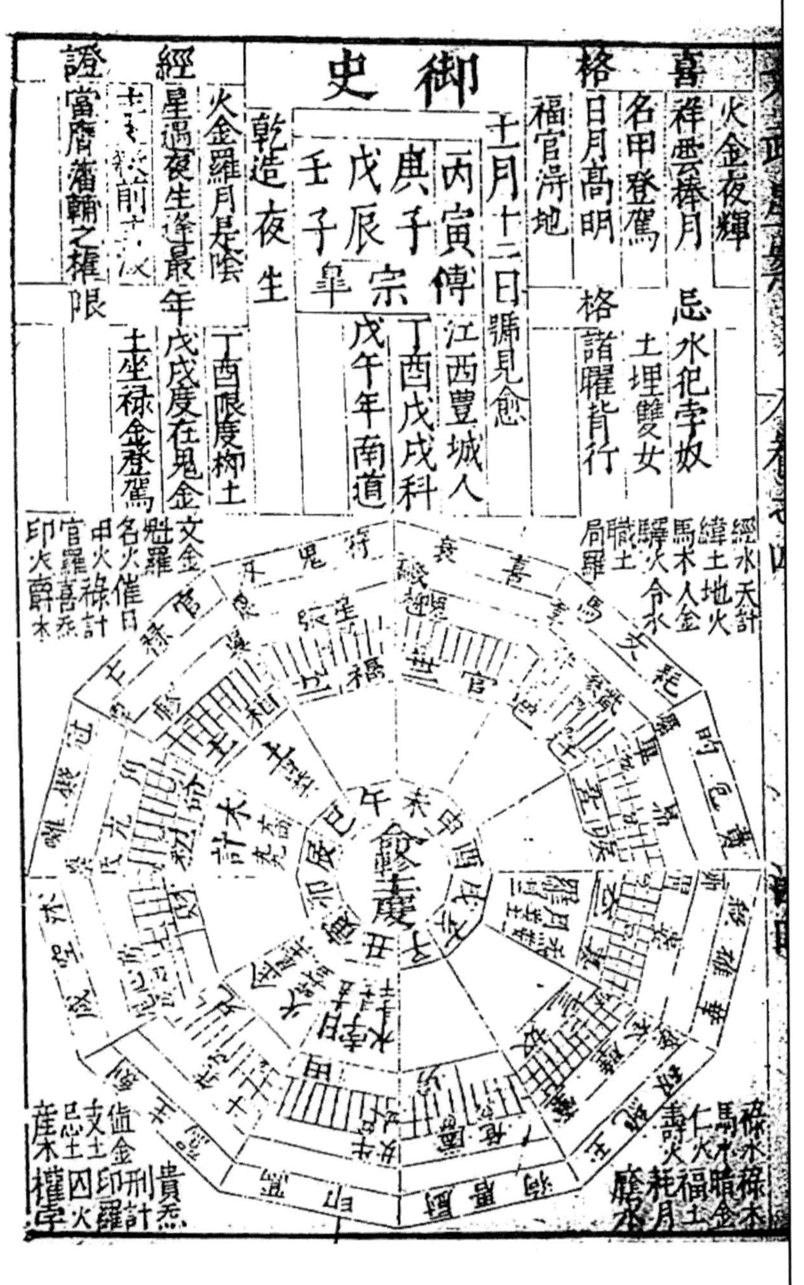
御史
喜格
火金夜輝
祥雲捧月
名甲登鴛
日月高明
福官濡地
忌格
水他孛奴
土埋雙女
諸曜背行
十一月十二日歸見愈
丙寅 庚子 戊辰 壬子
傅宗皐
江西豐城人
丁酉戊戌科
戊午年南道
乾造夜生
火金羅月是陰
丁酉限度柳土
經星遇夜生逢最年戊戌度在鬼金
土坐祿金登鴛
證當齊藩輔之權限
經水天計
緯土地火
馬木人金
驛火令水
職土
局羅
文金
魁羅
名火
催日
中火
祿計
官羅
喜炁
印火
爵木
貴炁
刑計
印羅
囚火
權孛
值金
支土
忌土
產木

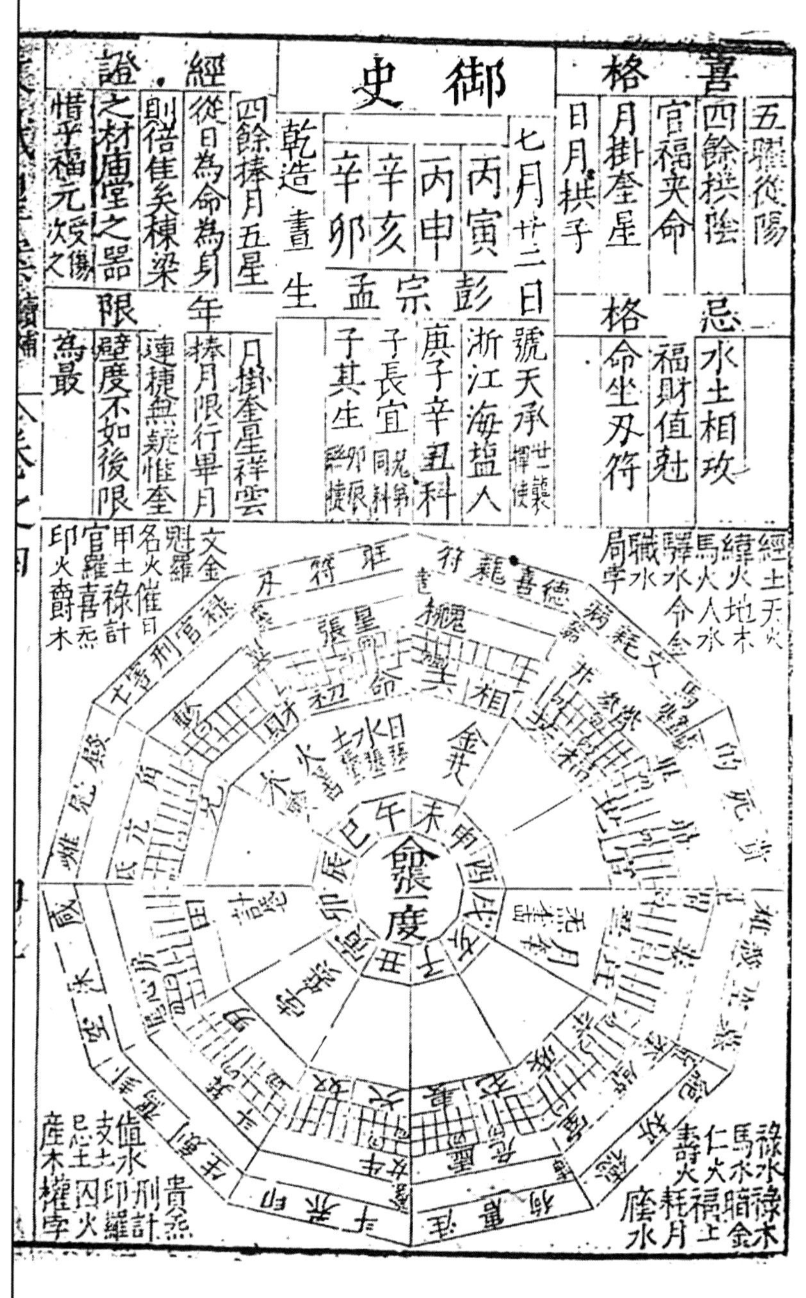
喜格
五曜從陽
四餘拱陰
官福夾命
月掛奎星
日月拱子
忌格
水土相攻
福財值魁
命坐刃符
御史
七月廿二日
丙寅
丙申
辛亥
辛卯
乾造晝生
彭宗孟生
號天承
浙江海鹽人
庚子辛丑科
子長宜
兄弟同科
子其生
經證
四餘捧月五星
從日為命為身
則偕隹矣棟梁
之材廊堂之器
惜乎福元受傷次之
限
月掛奎星祥雲
年捧月限行畢月
連棟無疑惟奎
壁度不如後限
為最
命度

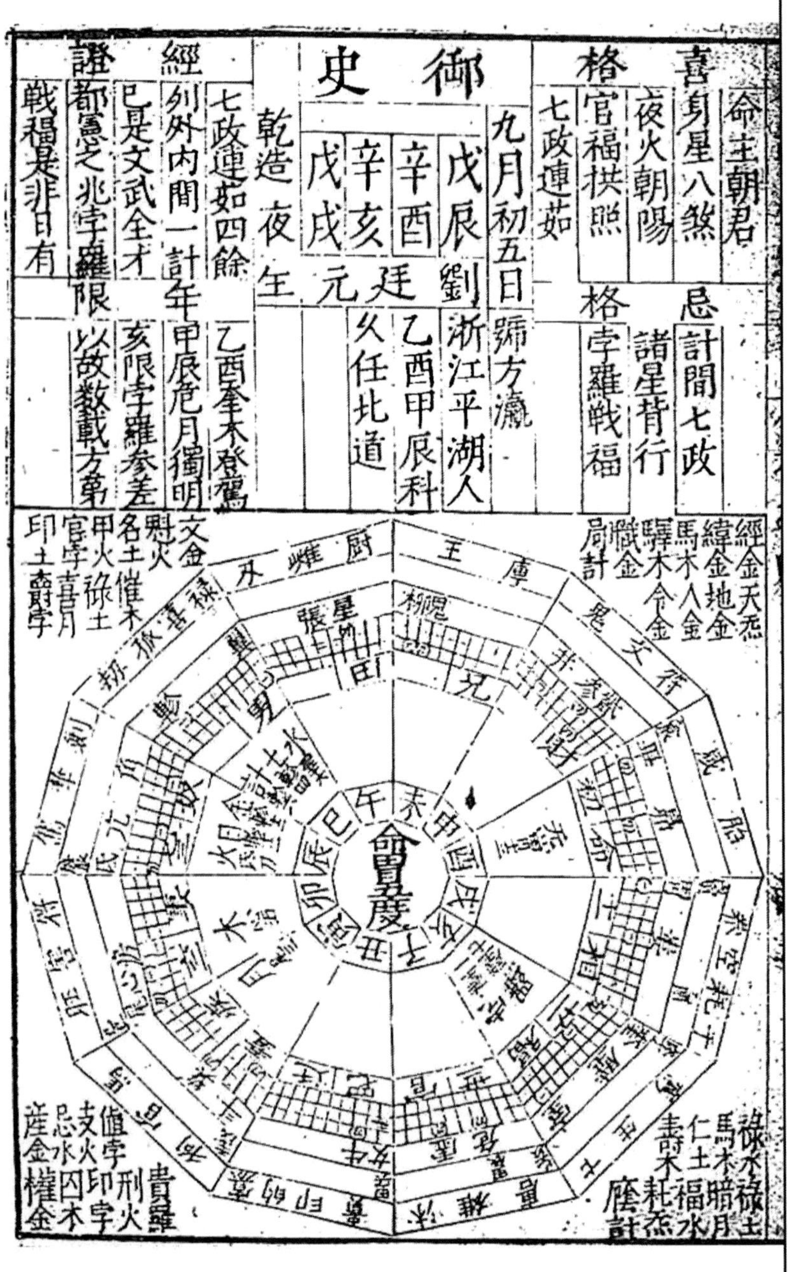

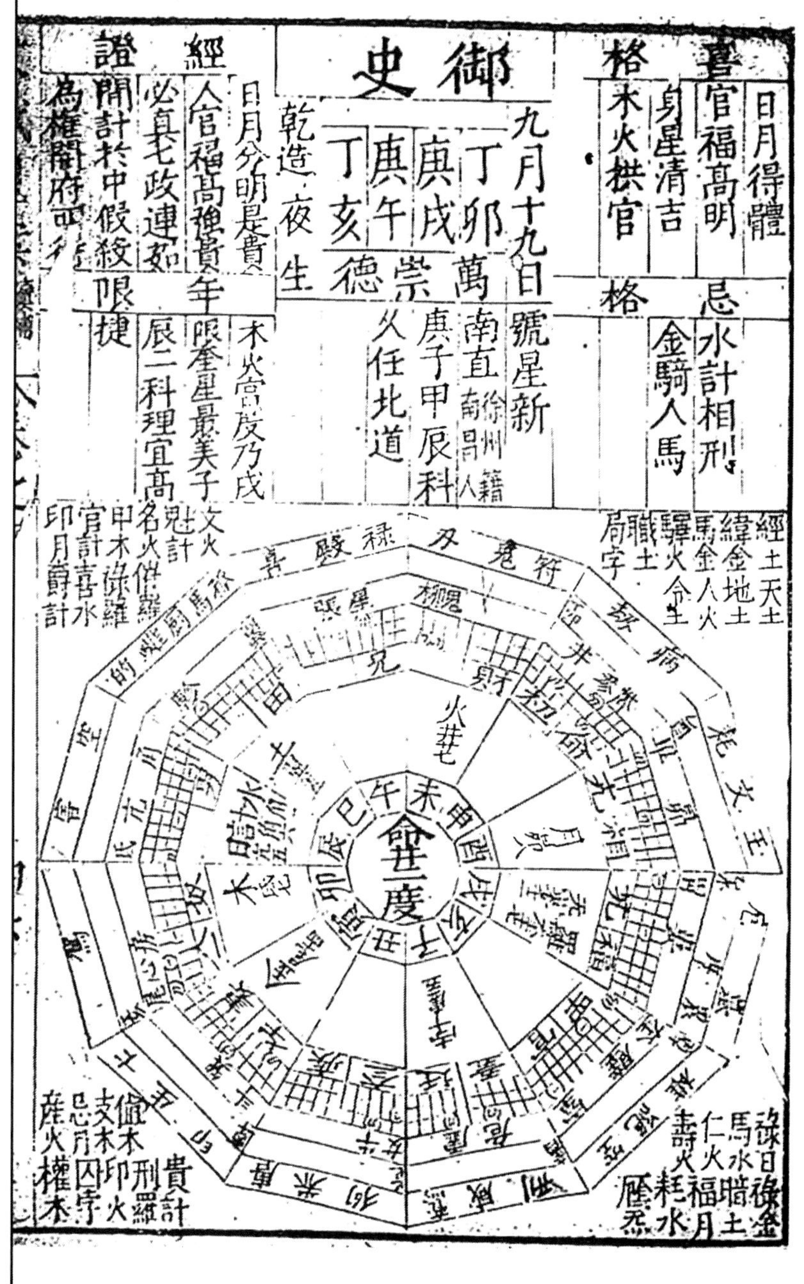

喜格

日月得體
官福高明
身星清吉
木火拱官

忌格

水計相刑
金騎人馬

御史

九月十九日
丁卯
庚戌
庚午
丁亥
乾造夜生

萬崇德

號星新
南直徐州籍南昌人
庚子甲辰科
久任北道

經證

日月分明是貴人
官福高強貴
必真七政連如
閒計於中假紱
為權閒府可

年限

木火官度乃戌
限奎星最美子
辰二科理宜高
捷

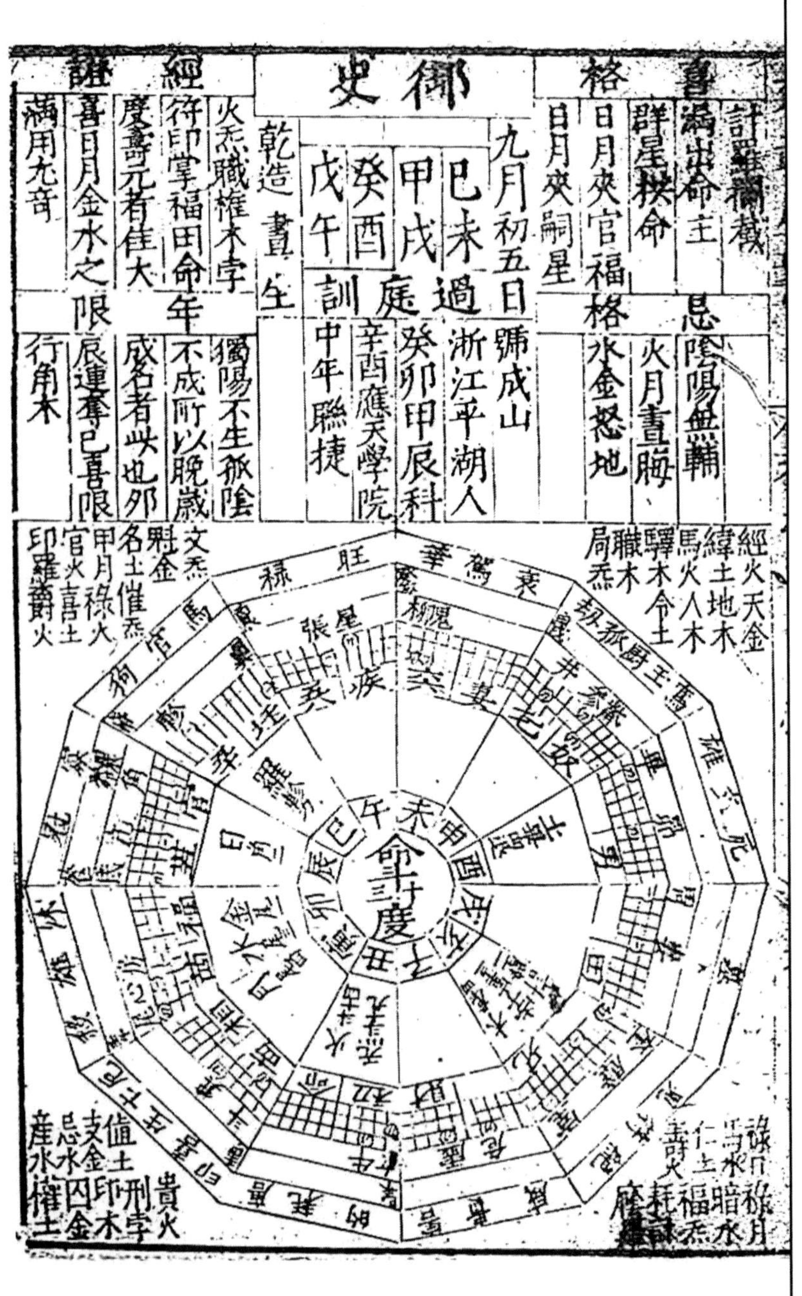
書格
御史
經譜
計羅橫截
禍出命主
群星拱命
日月夾官福格
日月夾嗣星
忌陰陽無輔
火月晝晦
水金怒地
九月初五日
己未
甲戌
癸酉
戊午
乾造書生
過庭訓
歸成山
浙江平湖人
癸卯甲辰科
辛酉應天學院
中年聯捷
火炁職權木字
符印掌福田命
度壽元者佳大
喜日月金水之限
滿用尤奇
年
獨陽不生孤陰
不成所以晚歲
成名者此也夘
辰運奪巳喜限
行角木
經火天金
緯土地木
馬火人木
驛木命土
職木
局炁
文炁
財金
名土催炁
甲月祿火
官火喜土
印羅爵火
命
計三十度
貴火
刑字
印木
囚金
權土
值土
支金
忌水
產水
祿月
馬水
暗水
仁土
福炁
壽火

御史

喜格
日月得體
官福守照
水金互垣
身命起高
田財得地

忌格
孤陽失輝
土計拱月
孛羅交戰

乾造夜生
九月十八日
庚辰
丙戌
乙酉
丙戌

郭如楚
號復菴
福建晉江人
丙午丁未科
年少聯捷

經證
貴人日月要分明
官福高強貴年垣
精神百倍午
木臨寅亥是真
必直坐祿向馬
騰踏功名之士
太白當秋子必賢

限
未年少聯捷者
正行奎木之度

文木 魁水 名金 催字 甲木 祿金 官金 喜金 印金 裔財字

經木 天火 綬金 地火 馬火 人水 驛火 令土 職字 局水

貴字 刑木 值木 印金 支水 囚土 忌火 權月 産木

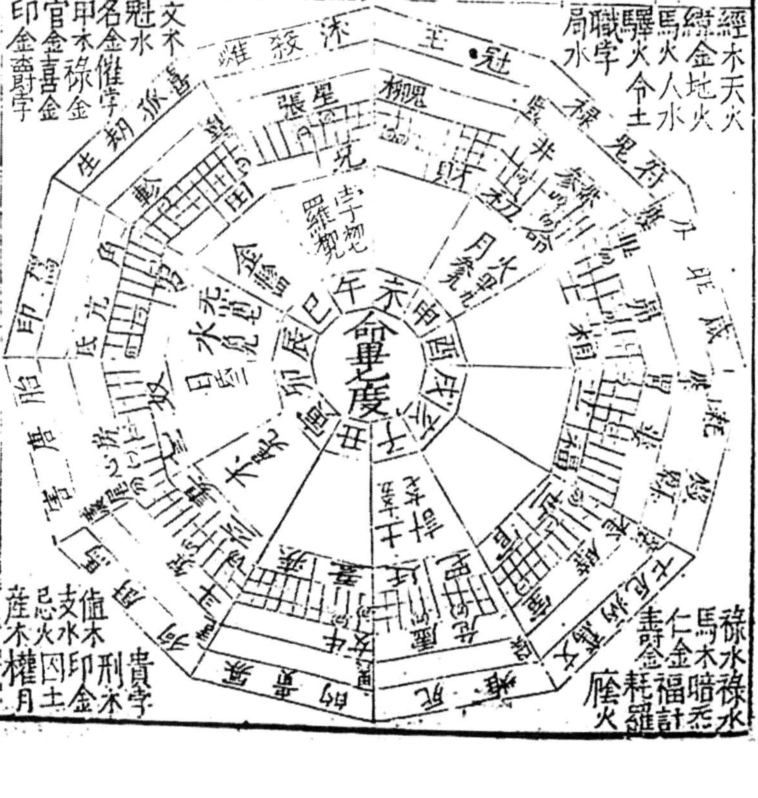

祿水 祿水 馬木 暗炁 仁金 福計 壽金 耗羅 蔭火

命畢度

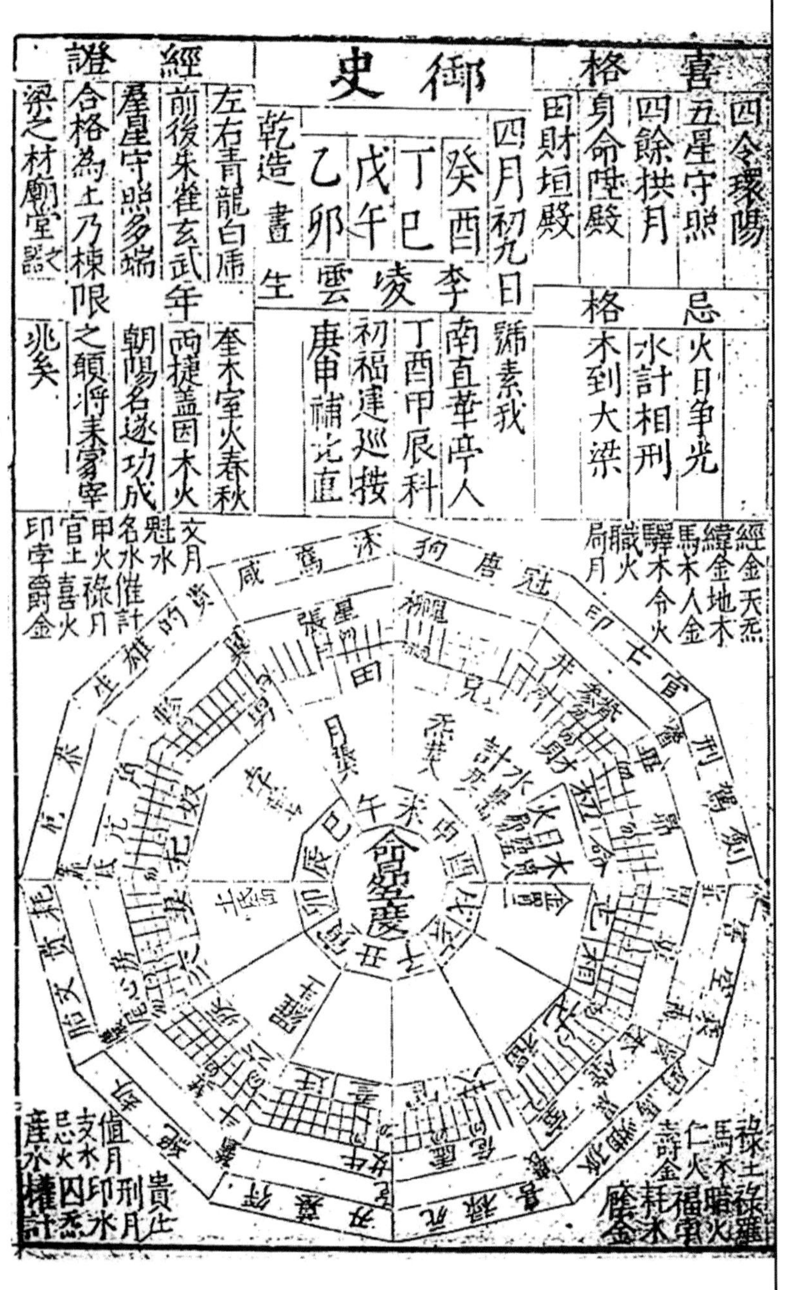

喜格
四令環陽
五星守照
四餘拱月
身命陞殿
田財垣殿
忌格
火日爭光
水計相刑
木到大梁
御史
四月初九日
癸酉
丁巳
戊午
乙卯
乾造　晝生
李陵雲
歸素我
南直華亭人
丁酉甲辰科
初福建巡按
庚申補江直
經證
左右青龍白虎
奎木室火春秋
前後朱雀玄武
年
西捷蓋因木火
羣星守照多端
朝陽名遂功成
合格為上乃棟
限之顛將來冢宰
梁之材廟堂器之
兆矣
經金天炁
緯金地木
馬木人金
驛木命火
職火
局月
文月
魁水
名水催計
甲火祿月
官土喜火
印孛爵金
祿土祿羅
馬木暗火
仁火福孛
壽金耗木
廉金
值月貴土
支水刑月
忌火印水
四炁
產水權計

御史

喜格	忌格
日月高明	水計相刑
官福居垣	金木交戰
身命得地	火犯太陽
羣星向限	
田財夾主	

五月初三日

癸酉
戊午
壬午
乙巳

乾造晝生

陳一元

號四游

福建侯官人

甲午辛丑科

辛酉年復起

經證

福星守福為真
福官曜居官作
顯官福祿相隨
田財值旺富言
無比田連阡陌

年限

甲午炁奴救主
辛丑限主朝陽
以應春秋之榜
將來癸金奎木
更勝前邊壁水

經土 緯火 馬金 學水 職羅 局土
天土 地木 人火 令火

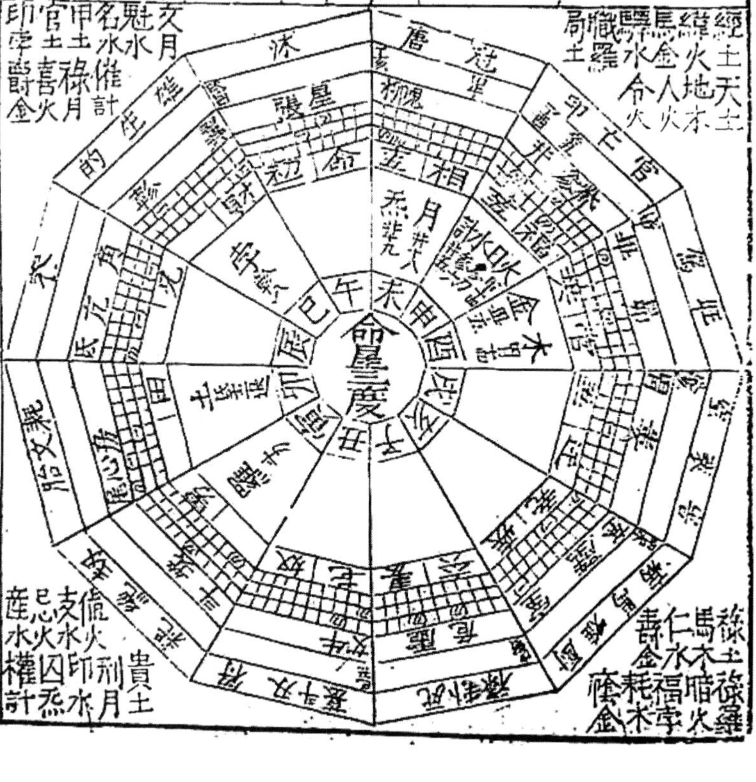

文月 魁水 名水 甲土 官土 印孛
催計 祿月 喜火 爵金

命星度

午 未 申 酉 戌 亥 子 丑 寅 卯 辰 巳

傷火 支水 忌火 產水
貴土 刑月 印水 囚炁 權計

祿土 馬木 仁水 壽金
祿羅 暗火 福孛 耗木 蔭金

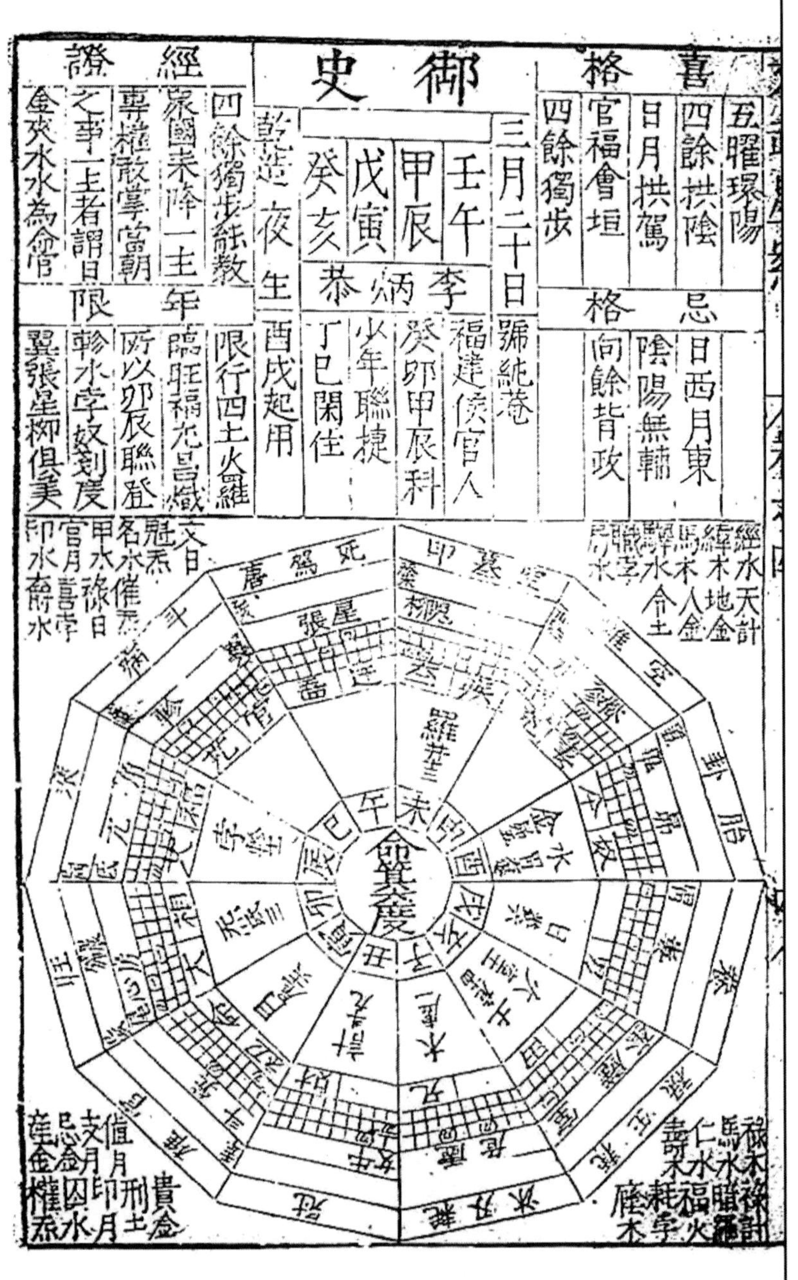

喜格
五曜環陽
四餘拱陰
日月拱駕
官福會垣
四餘獨步
忌格
日酉月東
陰陽無輔
向餘背政
御史
三月二十日
壬午
甲辰
戊寅
癸亥
乾造 夜生
李炳恭
福建侯官人
癸卯甲辰科
少年聯捷
丁巳閑住
號純菴
酉戌起用
經證
四餘獨步紙數
家國未降一主年
專權敵掌當朝
之事一主者謂日
限
限行四土火羅
臨旺福充昌熾
所以卯辰聯登
翼張星柳俱美

御史

喜格

日月得位
福官互垣
白虎從駕
太乙抱曜
群星拱命

忌格

木炁同躔
火月晝臨
羽曜散誕

八月十四日號
丙子
丁酉
甲戌
己巳
乾造晝生
曾然炳
福建閩縣人
丁酉科
庚申年南道
吳慶下三子

經證

貴人日月晏分
明官福高强胄
必直單羅獨計
能爲福太乙抱
曉官必顯

限

丁酉限歷角軫
年水木司半咸居
官祿復行星柳
鬼金奎土晝逢
盡美盡善

經金天炁
緯木地火
馬木人火
驛金命金
職金
局計

文金魁羅
名火催日
甲金祿計
官羅喜炁
印火奇土

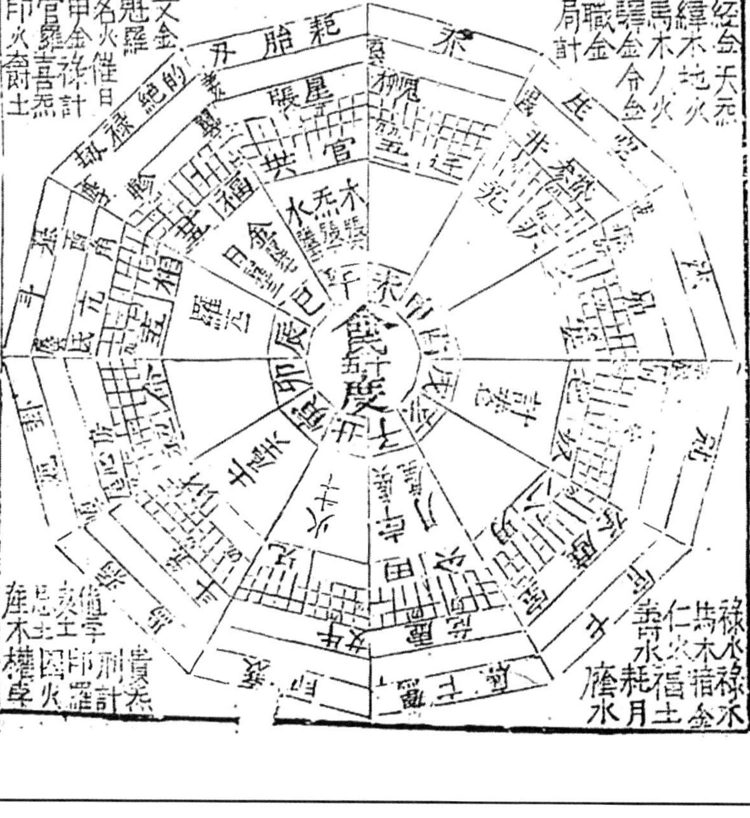

祿水祿木
馬木暗金
仁火福土
壽水耗月
蔭水

貴炁
刑計
印羅
囚火
亭土
忌土
產木
權孛

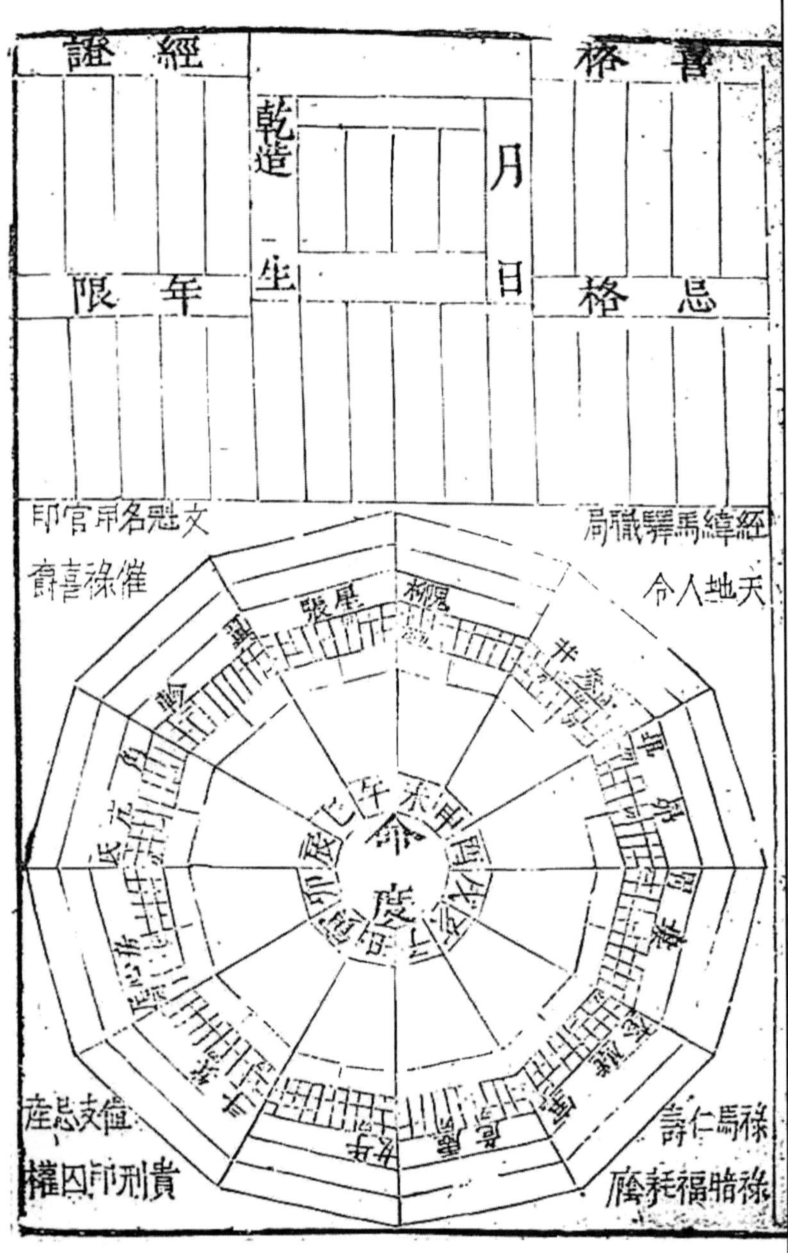
經緯
乾造
月
日
生
書格
年限
總格
文魁名吊官印
催祿喜爵
經緯馬驛職局
天地人命
權囚印刑貴
禄暗福耗蔭
命
度

喜格	忌格
日月得位	土孛交戰
金水互垣	木到大梁
命官朝陽	羅計犯殿
身福朝天	
月金對助	

御史

劉思誨生

九月十二日號毘梅

江西贛縣人

丁酉丁未科

庚申年北道

辛酉	戊戌	己亥	丙寅

乾造夜生

經證

毋顧子子顧毋

井木失次宮主

祿必豐盈日月年高明故於丁酉

分明是貴人官年捷參水朝陽

祿高強格尤具限宮度兩強丁未之中無疑

經水天羅

緯火地金

馬火人水

驛不合土

職炁

局木

文土

魁孛

名金催土

甲木祿炁

官水喜木

印計爵計

命 軫四度

子 丑 寅 卯 辰 巳 午 未 申 酉 戌 亥

祿金蔭炁

馬木貼計

仁金福羅

壽木耗火

蔭孛

貴木

刑金

值木印土

支几囚月

巳忌金

產火權水

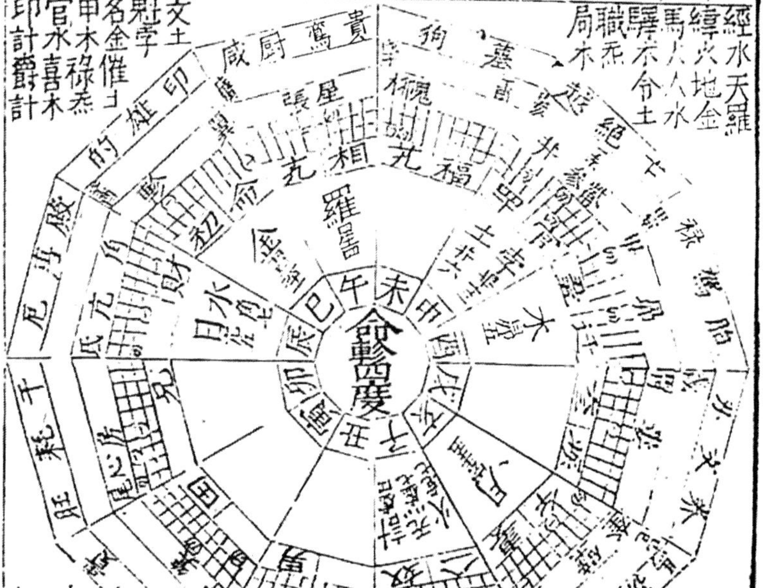

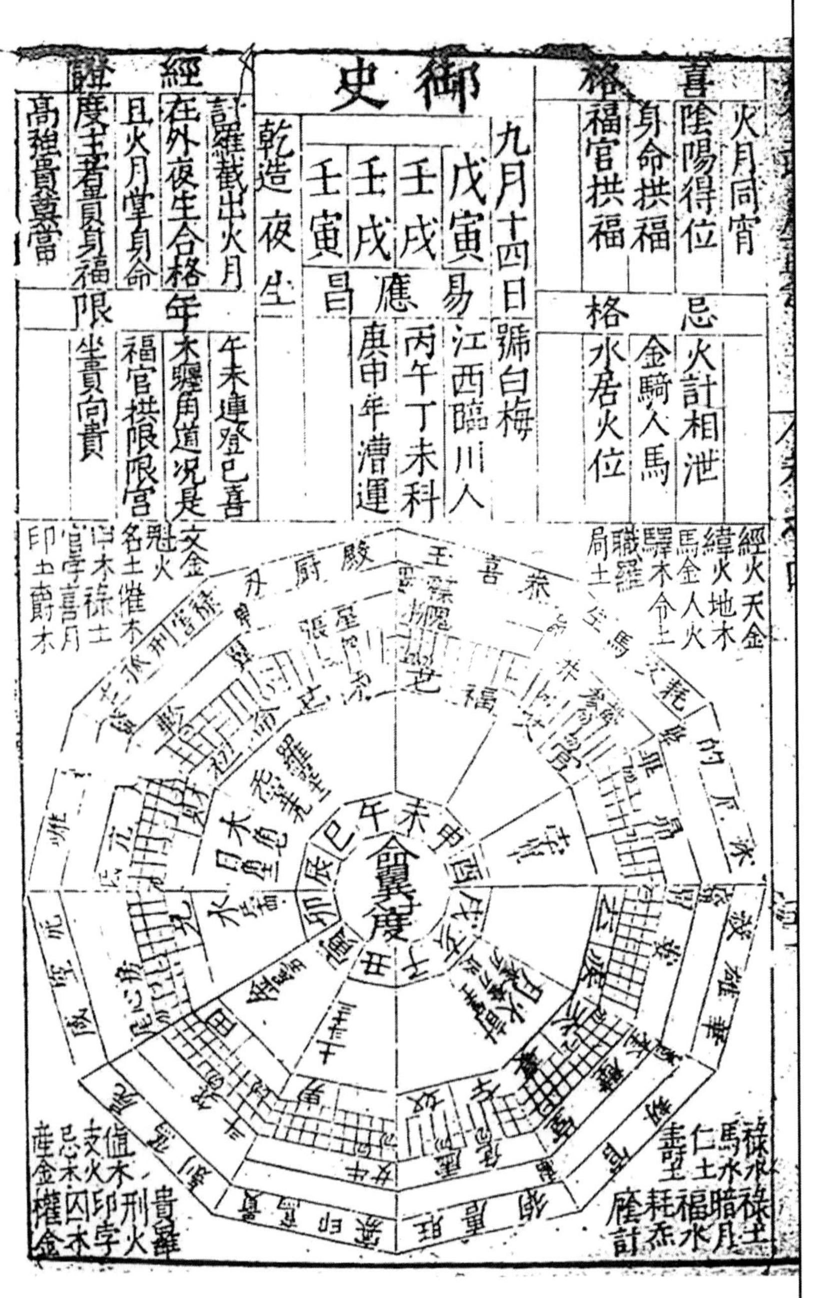

喜格
火月同宮
陰陽得位
身命拱福
福官拱福
忌格
火計相泄
金騎人馬
水居火位
御史
九月十四日號白梅
江西臨川人
戊寅
壬戌
壬戌
壬寅
易應昌
丙午丁未科
庚申年遭運
乾造夜生
經論
計羅截出火月
在外夜生合格
且火月掌身命
度主者皆身福
高強貴莫當
年限
午未連登已喜
福官拱限限宮
尚貴向貴

御史

計羅截斷

喜　太乙抱蟾　　忌　孤陽臨奴

木陞井殿　　水泛白羊

格　金居衛分　　格　諸曜背行

四月初八日獅百治

癸亥　江西南豐人

丁巳　諱　庚子丁未科

乙卯　諧　庚申年南道

丙戌

乾造夜生

太乙抱蟾夜誕　　火星向祿夜生

經　學息者乃住所年著明夏時秉令

謂群龍　背身　子未科第乃四

證　星有用則獨步限歷翼火度也

暫印之士

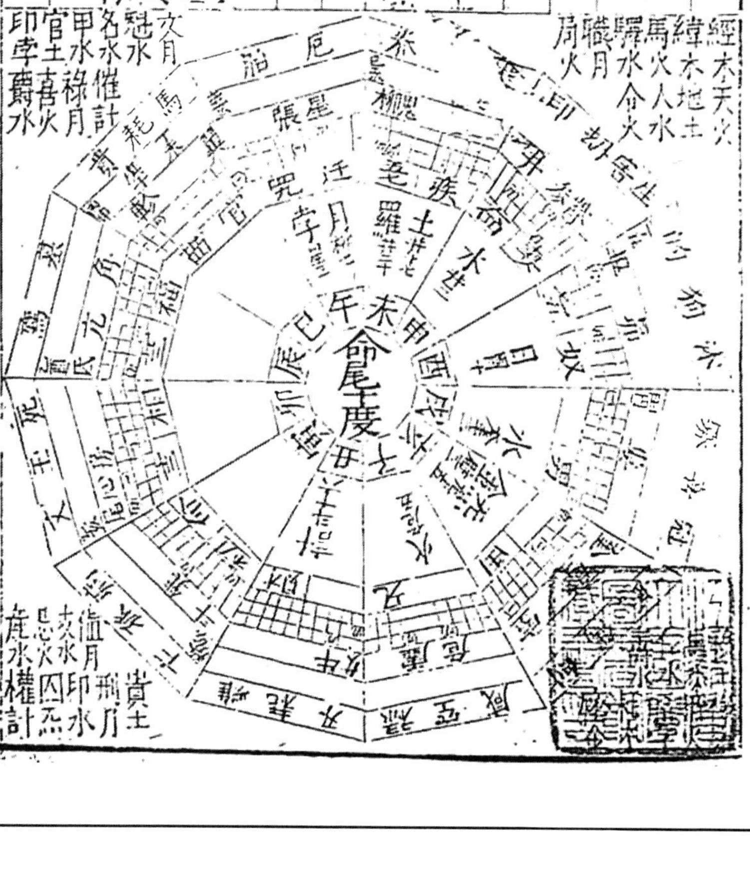

經太天火　緯木地土　馬火人水　驛水命火　職月　局火

文月　魁水　名水催計　甲水祿月　官土喜火　印孛爵水

命尾十度

貴土　刑月　血月印水　天水囚炁　忌火　庇水權計

御史

喜格

木月清貴
火金夜輝
日月夾官祿
日月夾田宅
七政拱天門

忌格

火金交戰
計間七政
衆曜背行

三月廿五日 錦古岡 又云癸酉年生

戊午 南直上海人
丙辰 巳酉庚戌科
癸酉 庚申年南道
癸亥 弟時英進士

喬時敏

乾造 夜生

經證

格合群星朝北 火月夜輝夜逢
又謂七政連茹年 酉戌連科限行
日月夾官祿於 翼張度驗
田宅間計於中限
恐應將來可待

經木 天火
緯木 地土
馬木 人金
驛金 令土
職水
局孛

文金
囮火
名土 催
甲水 祿
官孛 喜
印土 蔭

命宮
度

祿水 祿土
馬水 暗月
上土 福水
壽火 耗炁
廕計

值月 貴雜
文火 刑火
忌木 囚孛
產金 權金

喜格　御史　經證

命躔壁府　忌計月同宮
月掛奎星　日月失輝
土獅太常
水陽相會　格諸星稍背
太乙朝天

四月廿八日號貞復

丁丑　羅　江西南昌人
乙巳　汝　壬子癸丑科
乙酉　元　庚申年北道
丁丑

乾造夜生

為人清秀主文　木星坐祿於午
章多因身命壁年土獅太常臨限
奎列官曜顯而　子丑連捷限躔
福星明官高福限　斗之妙
厚

經金天元
緯水地火
馬水人土
暗金合火
職月
局火

文火
魁計
名火催羅
甲水祿羅
官計喜水
印月爵水

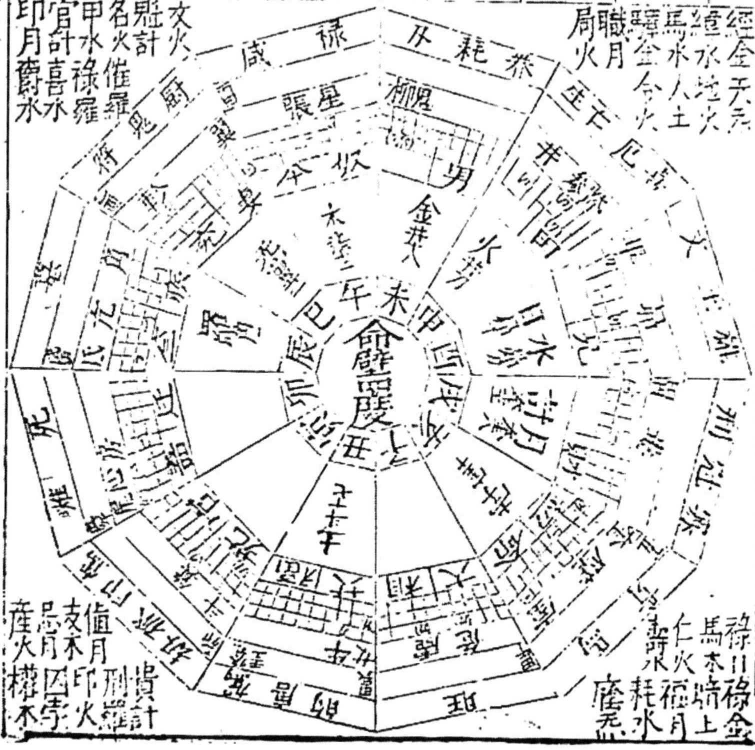

命壁躔

祿日祿金
馬木暗上
仁火福月
壽水耗水
產忌

貴計
刑羅
印火
值月
支木
忌月囚孛
產火樽木

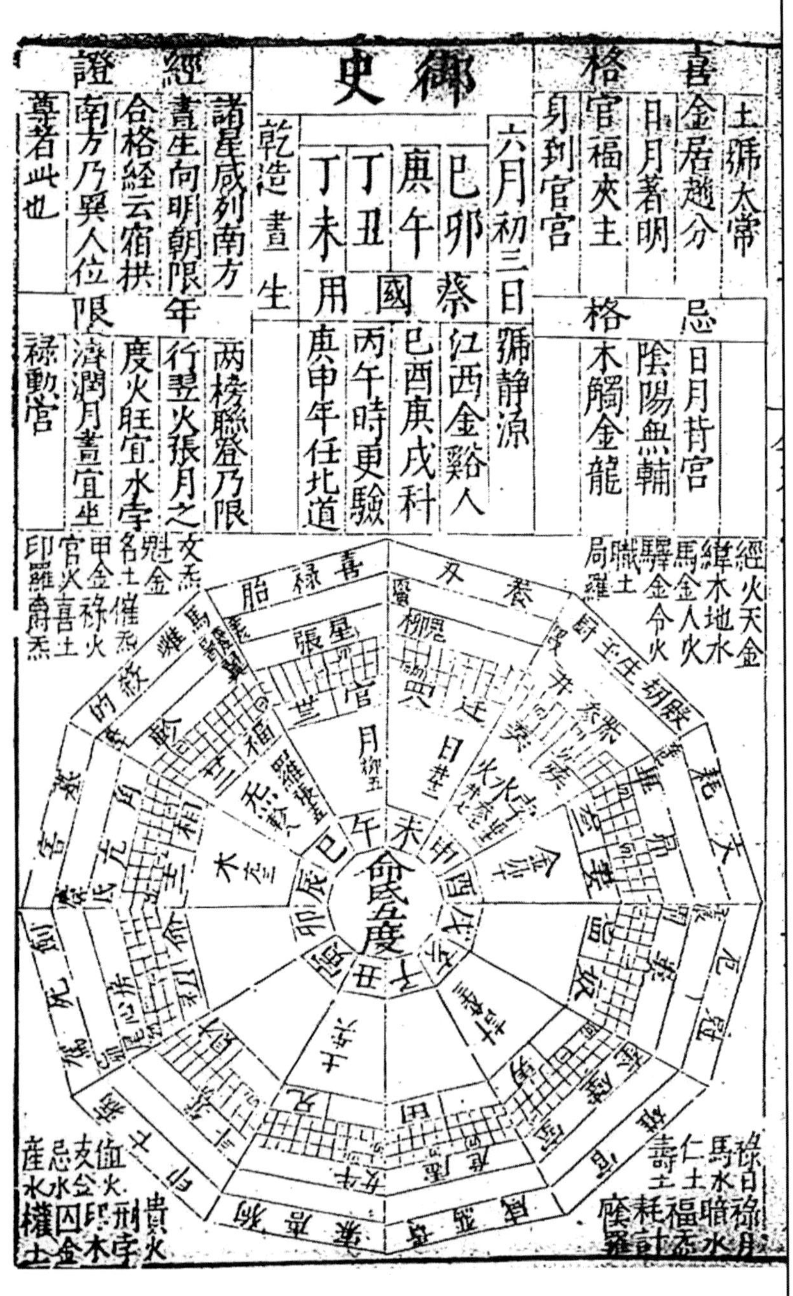

貴格

土獮太常
金居趙分
日月著明
官福夾主
身到官宮

忌格

日月背宮
陰陽無輔
木觸金龍

御史

六月初三日獮静源
巳卯　蔡　江西金谿人
庚午　巳酉庚戌科
丁丑　國　丙午時更驗
丁未　用　庚申年任北道
乾造晝生

經證

諸星咸列南方
晝生向明朝限
合格經云宿拱
南方乃巽人位
尊者此也

年限

兩榜聯登乃限
行昰火張月之
度火旺宜水孛
濟潤月晝宜坐
祿勳宮

吏主政

喜格

日月夾命
官福起垣
木羅會合
水陽度楚
孤月獨明

忌格

日月夾刃
孤无守命
火燒牛角

七月廿六日犻道星
戊申 賀 浙江海鹽人
辛酉 燦 甲午乙未科
巳亥 然 甲寅年卒
丙寅 子癸丑生
乾造夜生

經證

陰陽拱帝座當
為朝省正郎官
曜頭而福星明
官高祿厚孤尅
首木无羅脈守照

年限

科名見貴學開
過入命限行胃土
土號太帝文學
名甲午未聯登
以此

經土 天土
緯火 地木
馬金 人火
驛水 命金
胎火
局月

文金
魁火
名土 催木
甲土 祿土
官字 喜月
印土 蔭火

命 柳 度

祿水 祿土
馬木 晴月
仁土 福水
壽土 耗炁
蔭計

貴炁
學 刑火
值 印字
文火 囚木
忌木 權金
差金

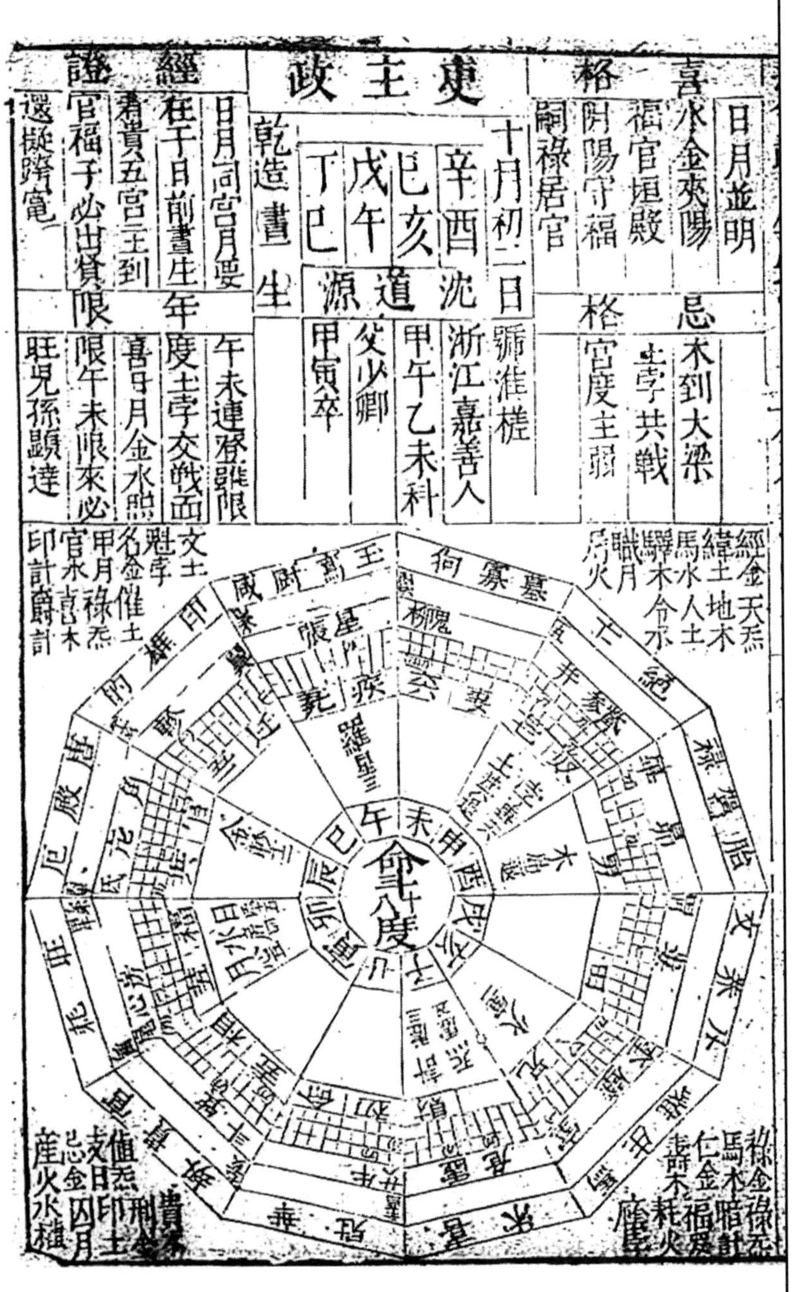
喜格
日月並明
水金夾陽
福官垣殿
陰陽守福
嗣祿居官
忌格
木到大梁
土孛共戰
官度主弱
度主政
十月初二日
辛酉
己亥
戊午
丁巳
乾造晝生
沈道源
獅淮槎
浙江嘉善人
甲午乙未科
癸少卿
甲寅卒
經證
日月同宮月要
在于日前晝生
看貴五宮主到
官福子必出貴
年限
午未連登雖限
度主孛交戰面
喜日月金水照
限午未限來必
旺見孫顯達
經金 天炁
緯土 地木
馬水 人土
驛木 命水
職月
刃火
文土
魁孛
名金 催土
甲月 祿炁
官水 喜木
印計 爵計
命十八度

吏主政

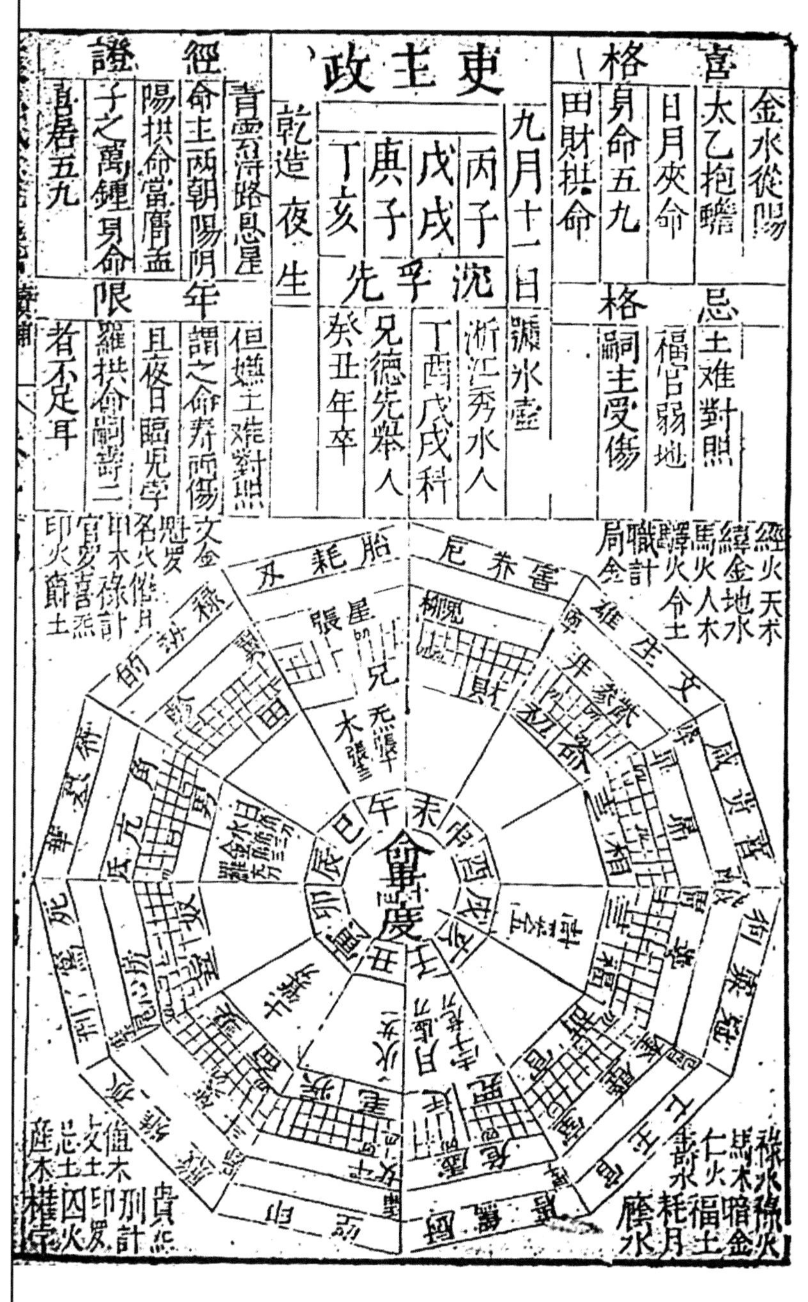

喜格：金水從陽　太乙抱蟾　日月夾命　身命五九　田財拱命

忌格：忌土難對照　福官弱地　嗣主受傷

九月十一日

丙子　戊戌　庚子　丁亥

乾造　夜生

沈孚先　號冰壺　浙江秀水人　丁酉戊戌科　兄德先舉人　癸丑年卒

經證：青雲得路忌星命主兩朝陽明年陽拱命當膺孟子之爵鍾身命宮居五九

年限：但嫌土難對照謂之命奔而傷且夜日臨兒孛羅拱命嗣寄二者不足耳

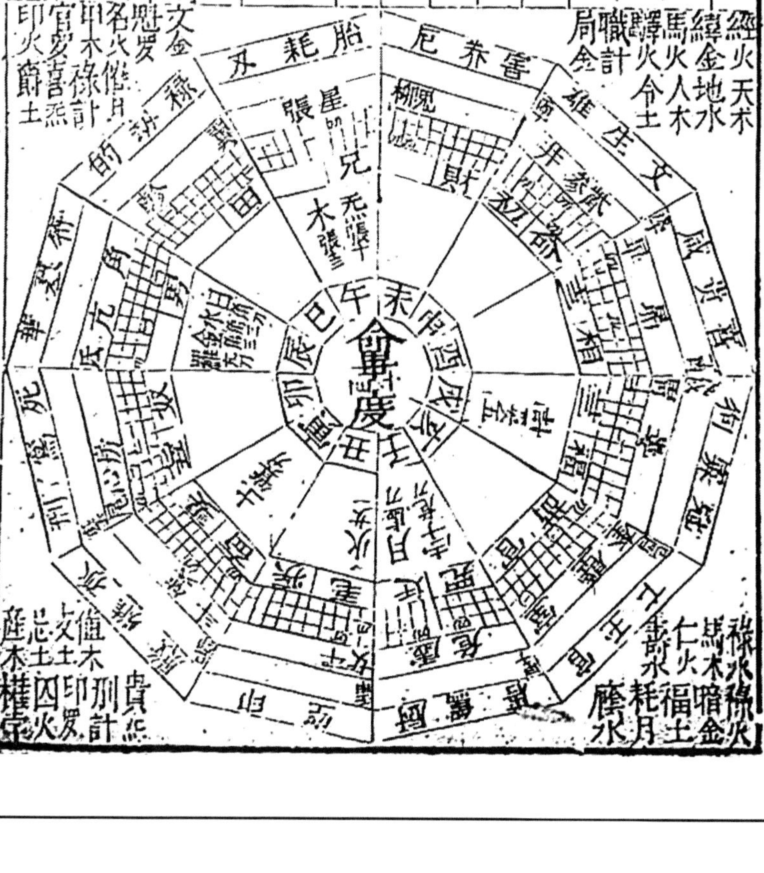

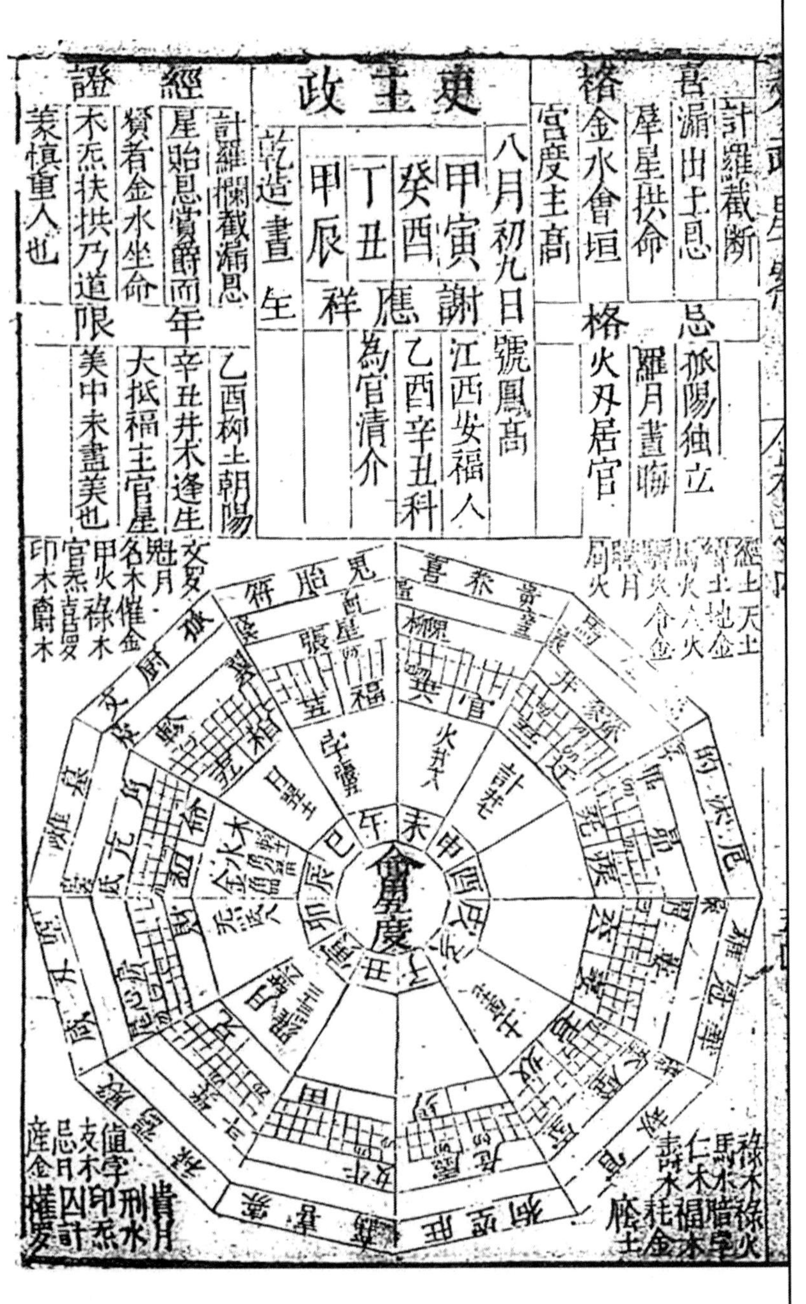

喜 計羅截斷 漏出于恩 暈星拱命
格 金水會垣 宮度主高
忌 孤陽独立 羅月晝晦
格 火刃居官

吏主政

八月初九日號鳳高
甲寅 謝 江西安福人
癸酉 應 乙酉辛丑科
丁丑 祥 為官清介
甲辰
乾造晝生

經 計羅攔截漏恩 星貽恩貴爵而 賴着金水坐命
年 乙酉柳土朝陽 辛丑井木逢生 大抵福主官星
證 木炁扶拱乃道 兼慎重人也
限 美中未盡美也

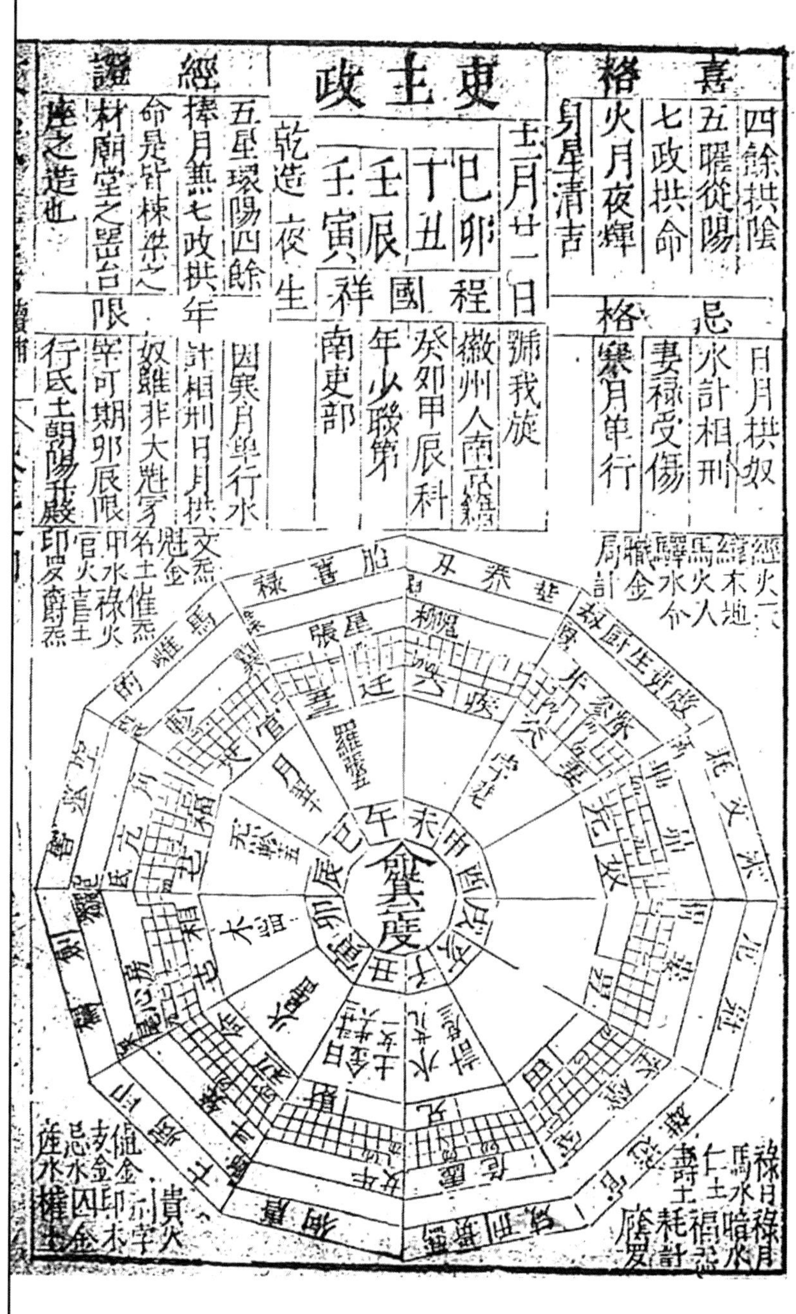
喜格
四餘拱陰
五曜從陽
七政拱命
火月夜輝
身星清吉
忌格
日月拱奴
水計相刑
妻祿受傷
暴月單行
吏主政
五月廿一日
己卯
丁丑
壬辰
壬寅
乾造夜生
程國祥
號我旋
徽州人南京籍
癸卯甲辰科
年少聯第
南吏部
經讖
五星環陽四餘
捧月無七政拱
命是皆棟梁之
材廟堂之器台
座之造也
限
因寅月單行水
計相刑日月拱
奴雖非大魁家
畢可期卯辰限
行氏土朝陽五殿
貪度

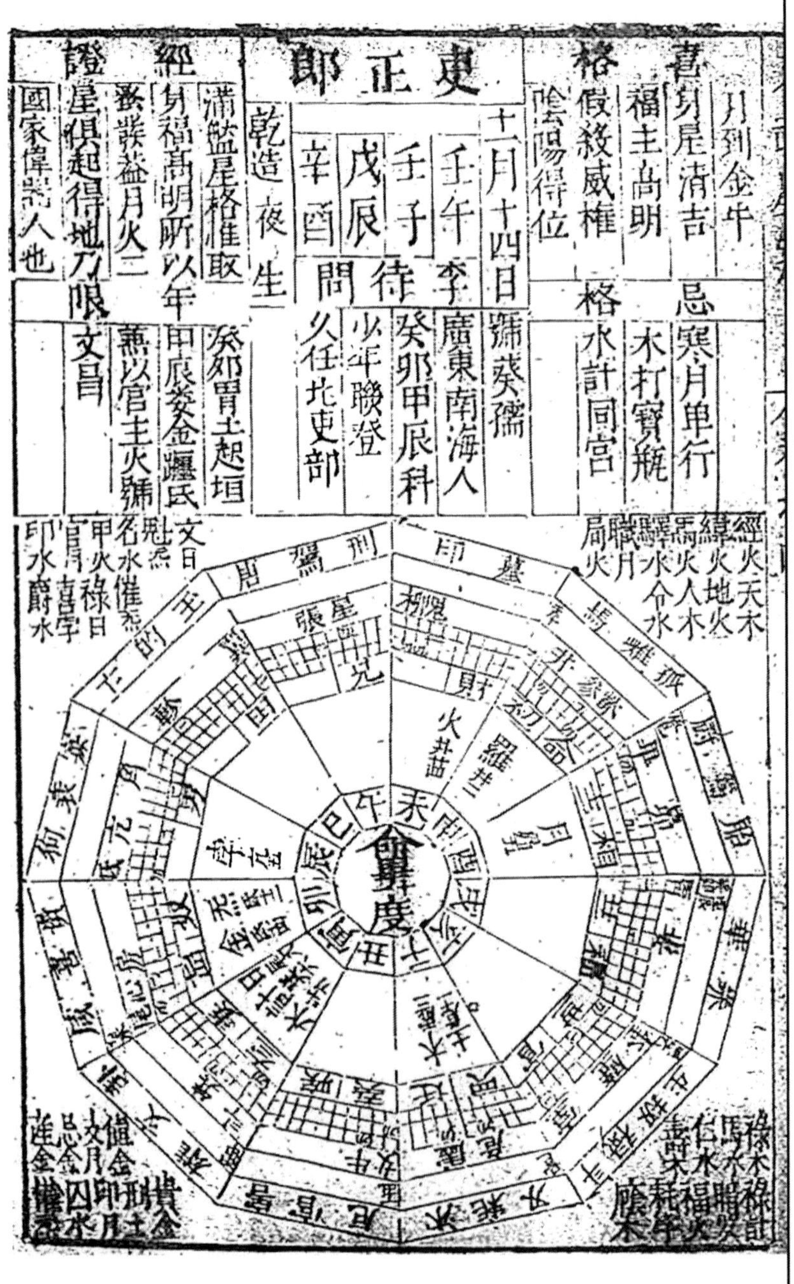

書格
月到金牛
身是清吉
福主尚明
假殺威權
陰陽得位
忌格
寒月单行
木打寶瓶
水計同宮
吏正郎
十一月十四日
壬午
壬子
戊辰
辛酉
乾造夜生
李待問
號葵孺
廣東南海人
癸卯甲辰科
少年聯登
久任北吏部
經證
满盤星格推取
癸卯胃土起垣
身福高明所以年
星俱起得地乃限
文昌
國家偉器人也

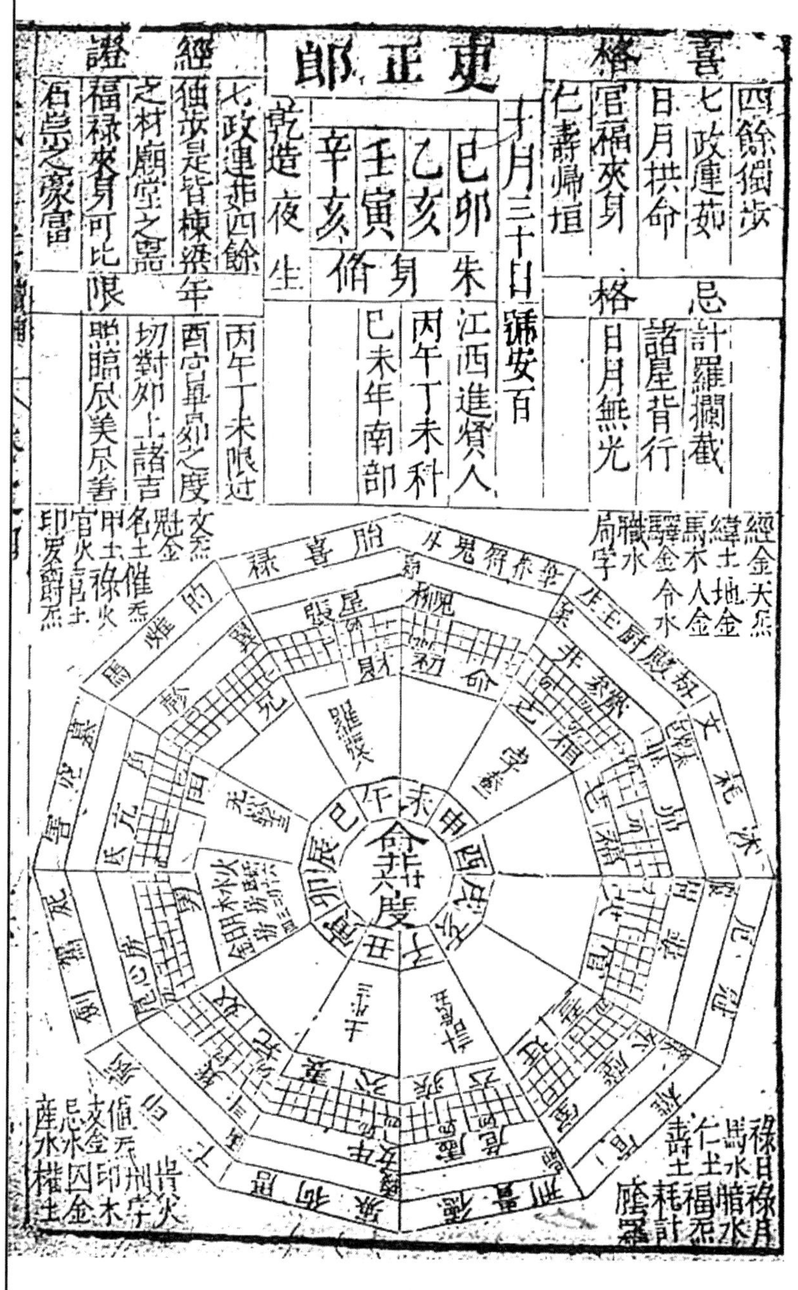

吏正郎

十月三十日號安百

己卯	朱	江西進賢人
乙亥	身	丙午丁未科
壬寅	俯	己未年南部
辛亥		

乾造 夜 生

喜格

四餘獨旋
七政連茹
日月拱命
官福夾身
仁壽歸垣

忌格

計羅攔截
諸星背行
日月無光

經

七政連茹四餘獨旋是皆棟梁之材廟堂之器

謠

福祿夾身可比石崇之豪富

年限

丙午丁未限过酉宮畢昴之度切對卯上諸吉照臨尽美尽善

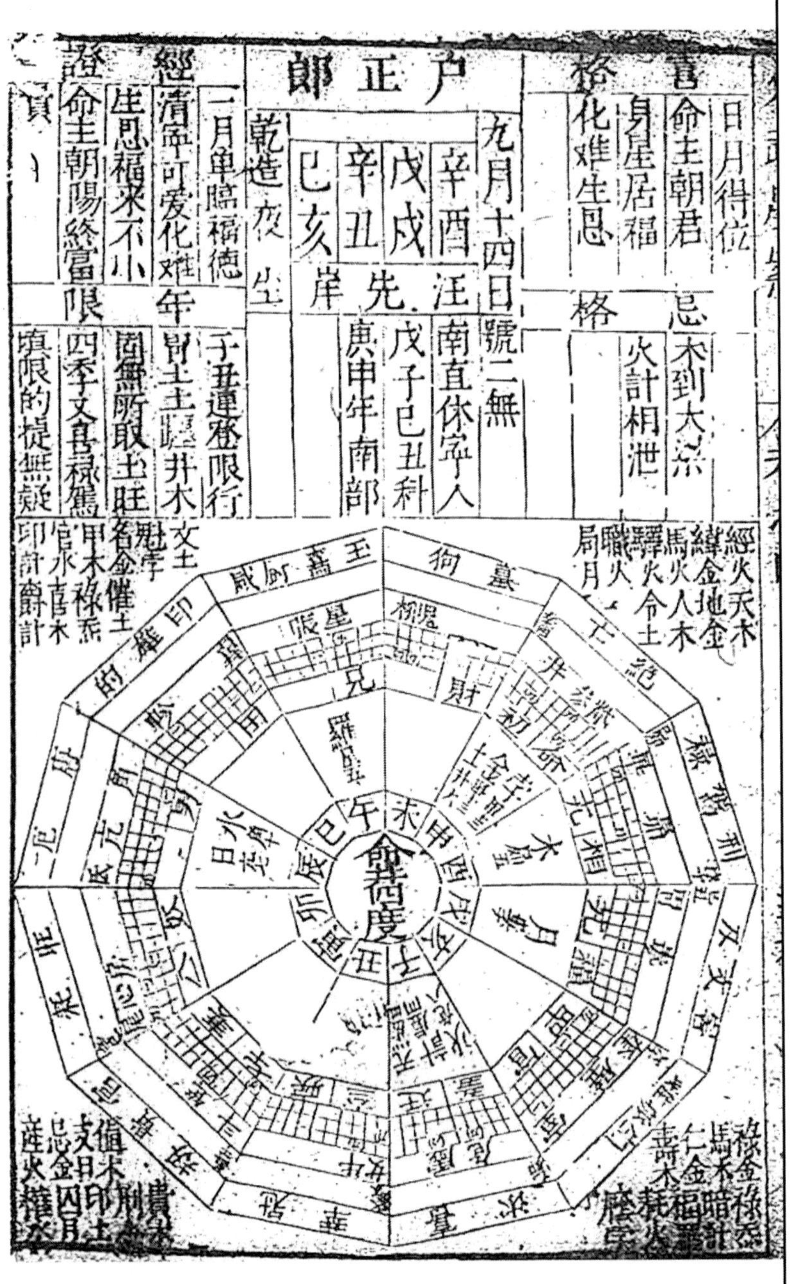
日月得位
命主朝君
身星居福
化难生恩
書格
忌木到大宗
火計相泄
戶正郎
九月十四日號二無
辛酉
戊戌
辛丑
己亥
乾造夜生
汪先岸
南直休寧人
戊子巳丑科
庚申年南部
一月單臨福德
清奇可爱化难
生恩福來不小
命主朝陽終富
經年限證
子丑運登限行
胃土土躔井木
團無所取土旺
四季文昌祿駕
填限的提無疑

喜格

四餘列外
七政在內
文武兩班
群星拱命
月居閑極

忌格

火金交戰
日月無光

戶員外

十二月初六日獅玉臺
戊辰 徐 南直宣城人
甲子 騰 丙午庚戌科
庚辰 芳 庚申年北部
戊寅 生
乾造夜

經證

計羅截斷格合
文武兩班而命年
安於七政之內
巳是高居顯達限
命座可擬

夜火朝陽限行
翼火度者發經文
云凡行限主朝
君名遂功成卒
戌二年皆是

經木 天火
緯木 地土
馬火 人水
驛水 命水
職水
局学

文金 屍火
名土 催木
甲水 祿七
官学 喜月
印土 奇学

命尾度

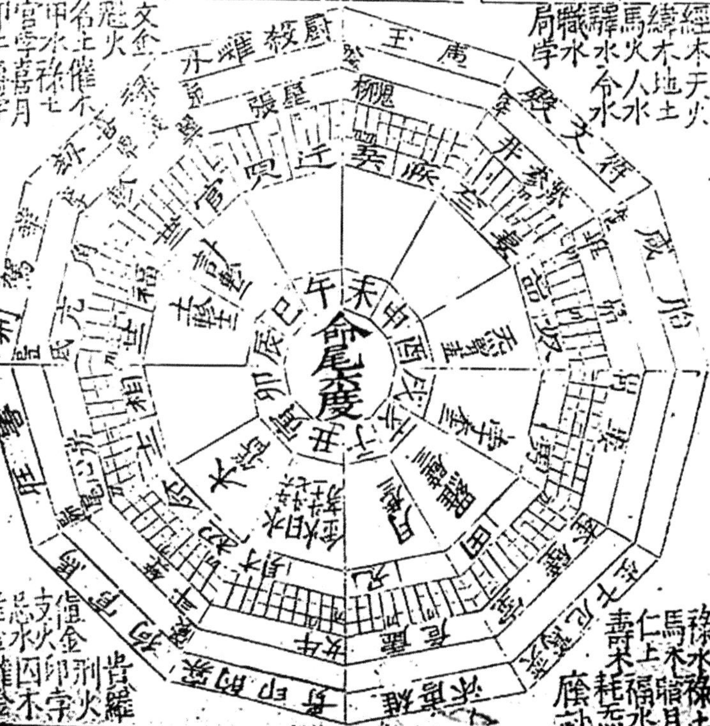

祿水 祿土
馬木 暗月
仁上 福水
壽木 耗炁
蔭計

官金 貴羅
文火 刑火
忌水 印孛
產金 囚木
權金

户主政

喜格

祥雲捧月
土好齊瓶
火到南離
官福歸垣

忌格

劫金犯陽
水羅交戰

六月初八日　歸惠風
庚辰　白　南直武進人
癸未　貽　壬子巳未科
庚子　清　庚申年北部
丙子
乾造夜　生

經證

本宮拱照身命
主有壽而聰明
官耀顯而福星
明官高福厚身
星傍妥必崢嶸

年限

土好齊瓶壬子
科限行女土金
星朝陽巳未第
限度牛金

經火天木
緯土地木
馬火人木
驛水令土
職金
局計

文木
魁水
名金催字
甲金祿金
官金喜金
印金爵字

命宴慶

午　未　申　酉　戌　亥　子　丑　寅　卯　辰　巳

祿水祿水
馬木暗炁
仁金福計
壽金耗羅
蔭火

貴字
刑木
值羅印金
支水囚土
忌火權月
產木

喜格
日月拱貴
日月拱恩
木火文明
四令環陽
羣星向限

忌格
陰陽無輔
羅計犯殿

戶主政
十月初八日孫參予
戊子　湯南直丹陽人
癸亥　道　壬子丙辰科
戊子　衡　年少登第
己未　庚申年北部
乾造晝生

經
四令環陽晝生　女土晝逢牛金
者貴日月最宜年起垣壬子癸丑
拱夾拱夾包貴　亚行此度所以

證
以為榮星布均限青年中遇
停台座之象

經水　天羅
緯水　地土
馬木　人金
驛金　令水
職月
局火

文炁
魁火
各土　催木
甲水　祿土
官字　喜月
印土　爵土

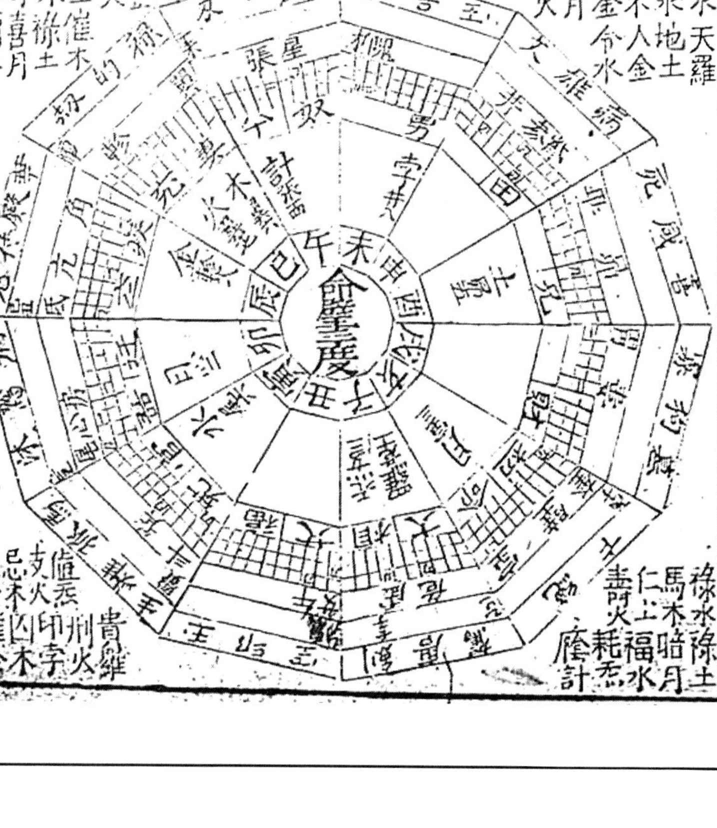

祿水　祿土
馬木　暗月
仁土　福水
壽火　耗炁
蔭計

貴羅
值炁　刑火
支火　印孛
巳木　囚木
産金　權金

喜格	忌格
日月並明	火孛交戰
日月夾魁	水土相攻
日月居官	羅犯日刃
羣星向限	

土居艮山

經金天炁 緯土地火 馬水人土 驛木介土 職金 局計

九月廿九日 歸忠孕

户主政

乾造 晝生

丙子	戊戌	戊午	戊午

劉萬春

南直泰州人

己酉丙辰科

庚申任北部

經	證
月月並明晝生	星傍毋必崢嶸
着貴日月夾魁	羣星向限尤奇
星名彰昭著身	

年	限
土本怕木寅宮	白當秋宜居炎
艮土反長生巳	位丙辰限度金九
酉限寢氏土太	

文金 魁羅 名火催日 甲月祿計 官羅喜炁 印火爵土

福木 支土 忌土 産木
貴炁 刑計 印孛 囚火 權孛

孫水 馬木 仁火 壽水
祿木 爵金 福土 耗月 蔭水

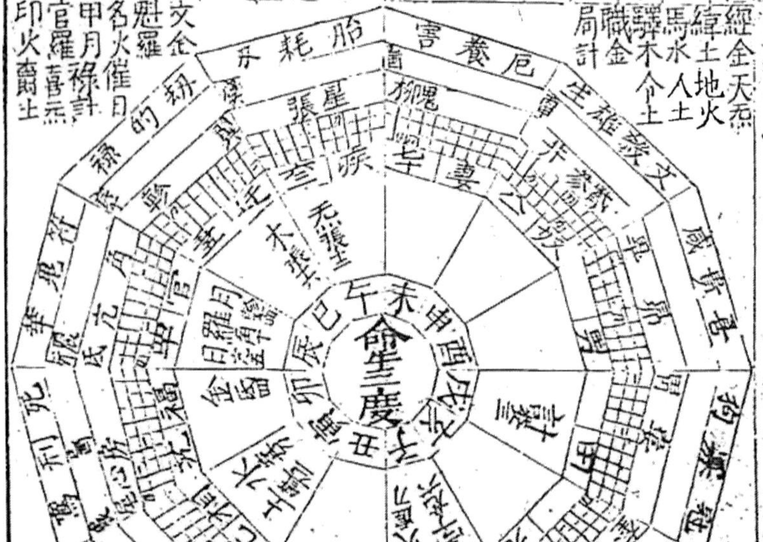

四餘拱月

喜 五星從日

日月得位

格 福官高明

毋依太陽

忌 水孛字奴

七政背行

格 四餘向限

九月初八日瑞鶴坡

户主政

乙丑 汪 直隸休寧人

丙戌 辛卯癸丑科

辛丑 康 庚申年北部

己亥 謡

乾造夜生

格合文武兩班

經 孤月獨明乃棟年

梁之材廟堂之

證 器因背七政登限

第故遲

辛卯晏金朝陽

炁孛奎木不利

壁水室火咸非

佳境直抵危月

自此利祀

文計 魁日 各木 催水 甲木 祿水 官水 喜計 印日 蔭水

經木 天火 緯金 拉木 馬火 人水 驛火 命土 職孛 局水

命度

祿火 祿孛 馬木 時木 仁木 福金 壽金 耗土 曆月

貴木 刑炁 儀木 印計 支土 囚羅 忌土 權火 產木

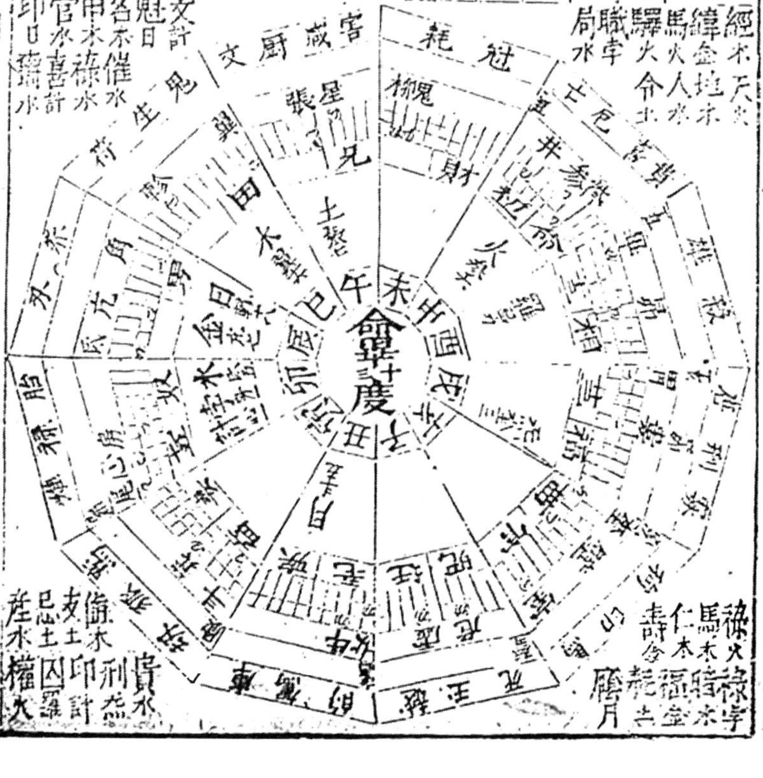

喜

日月並明

水金夾輔

陰陽守巽

忌

水計相刑

火計泄氣

格

泉曜拱限

木恩對照

格

月居日後

戶主政

八月廿九日獅廳愚

乙酉　陸　南直武進人

乙酉　卿　壬子巳未科

丁卯　任　庚申年北部

乙巳

乾造晝生

經

陰陽守巽到老　壬子年軫水不

耳目聰明日月　年宜祀計得限宮

同宮晝生居福　坐貴向祿巳未

證

德者尤奇月恩限　春闈日月夾限

月殿性靈

經土　天月

緯木　地金

馬水　人土

驛金　令金

職計

局金

文計

魁日

名木　催木

甲金　祿水

官水　喜計

印日　爵金

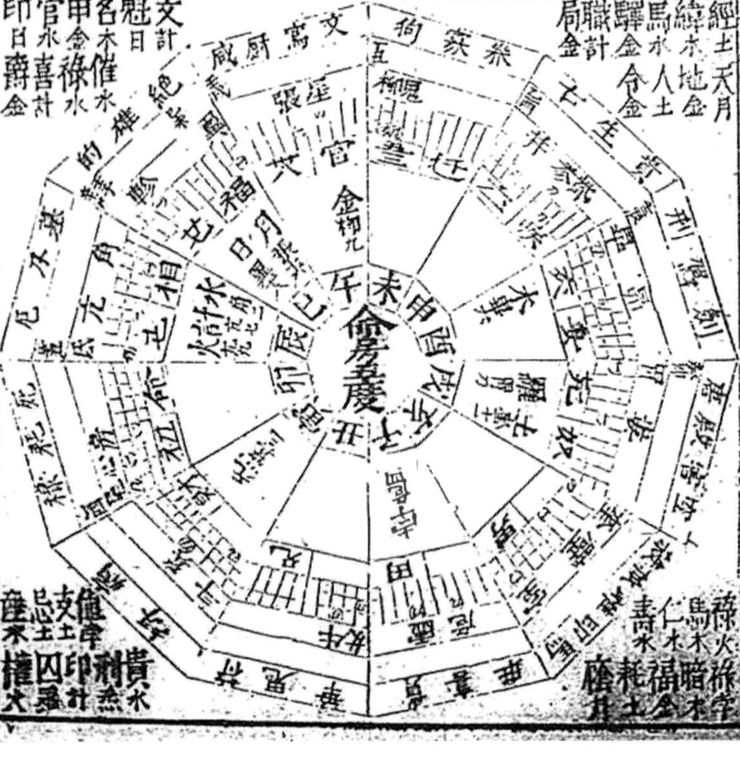

祿火　孛

馬木　暗木

仁木　福金

壽水　耗土

蔭月

催孛　貴水

支土　刺炁

忌土　印計

蔭水　權火

壽格

祥雲捧月
木字符印
火臨燕分
官福垣殿
玉堂坐命

格

呂瀕陽守命
諸星散詭
水金失令

禮主政

五月十六日 緣王宿

己未
庚午
丁亥
癸卯

鄧良知

江西新建人
丙午癸丑科
庚申年北部

乾造晝生

經諸

命生之辰月宿
於斗土文章魁年
天下所喜西角
之有星官躔居限
官作顯官

丙午限官坐貴
向祿室火臨殿
癸丑月斗府宮
主歸垣

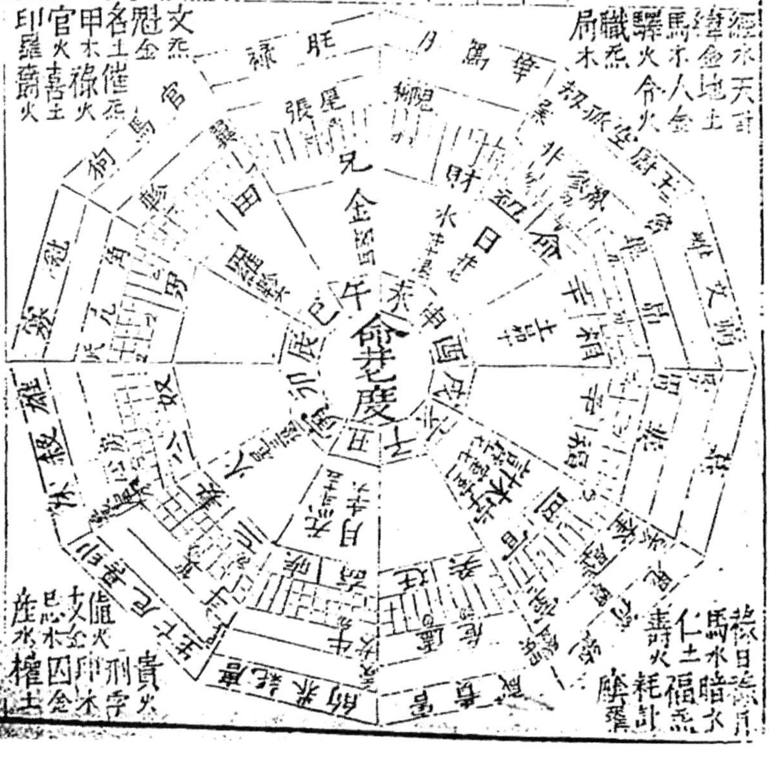

文炁 魁金 名土 甲木 官火 印羅
催炁 祿火 喜土 爵火

經水 天哉 鑾金 地土 馬木 人金 驛火 命火 職炁 局木

貴火 刑孛 印木 囚金 文金 忌木 權土 產水

殺日 馬水 暗木 仁土 福炁 壽火 耗計 麟羅

命在井宿度

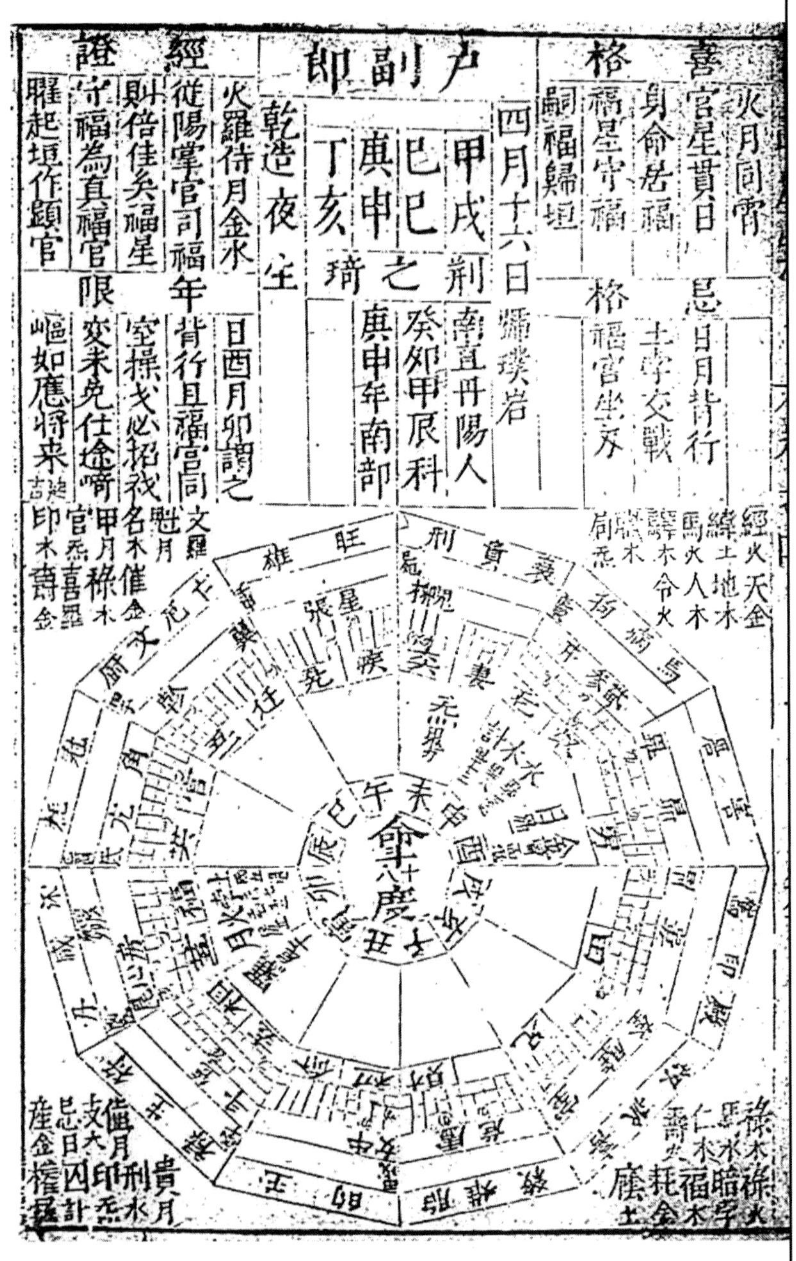
喜格
火月同宵
官星貫日
身命居福
福星守福
嗣福歸垣
忌
日月背行
土字交戰
格
福宮坐夯
户副郎
四月十六日婦撲岩
甲戌　剤　南直丹陽人
己巳　之　癸卯甲辰科
庚申　琦　庚申年南部
丁亥
乾造夜子
經證
火羅侍月金水　日酉月卯謂之
從陽掌官司福　年背行且福宮同
財倍佳矣福星　限
守福為真福官　交來免仕途崎
曜起垣作顯官　嶇如應將來
經火天金
緯土地木
馬火人木
驛木令火
刑木
刃炁
文羅
魁月
催金
名木
祿木
甲月
喜羅
官炁
印木
尊金
祿木
祿火
暗孛
福木
耗金
廢土
貴月
刑水
印炁
因計
權孛
產金
值月
支大
忌日
命
十八度

禮正郎

喜格

火躔文昌
月掛奎星
日遇白羊
計羅攔截
漏出炁土

忌格

日月俱晦
諸曜背行
水犯孛奴

二月三十日　號瑞亭
沽[illegible]耒陽人

辛亥　曾
壬辰　鳳
戊子　儀
壬戌

癸酉癸未科
戊午年補南
宗禪持齋

乾造夜生

經

火金羅月是陰
星遇夜生逢最年
主文若為身命

大抵日月無光
諸星背行於官
途未免蹭蹬多

證

座主著名
司官福三台八限
主好善礼佛有
之

經金天炁
緯木地水
馬水人金
驛金命土
職炁
局木

文土
魁孛
名金催土
甲金祿炁
官水喜木
印計蔭水

貴木
刑金
印土
囚月
權水
值月
支日
忌金
產火

綠炁
馬木暗計
仁金福孫
壽金耗火
應孛

命度

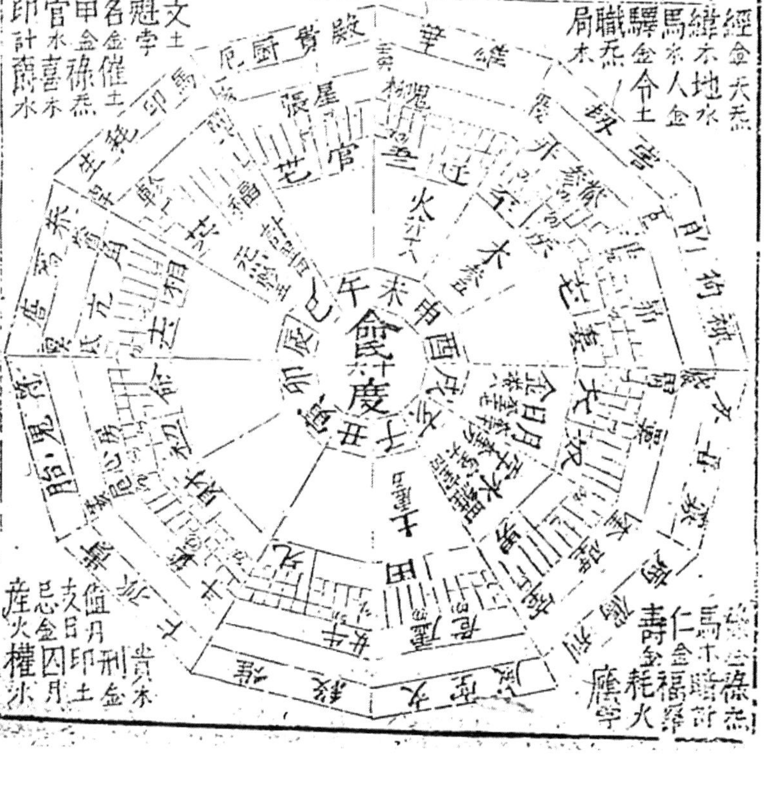

火臨燕分
木到奎躔
斗牛秀氣

格

乾坤定位
福官高明

忌

孤陽失輔
諸星背行

格

官祿剋命

禮正郎

十一月初十日歸玄蔭

辛酉
丙寅
庚子
丁丑

楊廷槐

浙江錢塘人
戊子乙未科
庚申年南部
又云寅時

乾造夜生

經

口亥月申謂之
乾坤定位木到年
奎星須列爵文

年

戊子限行氐土
土火對生乙未
度犯亢金金居

證

章錦綉佐王侯

限

乾位

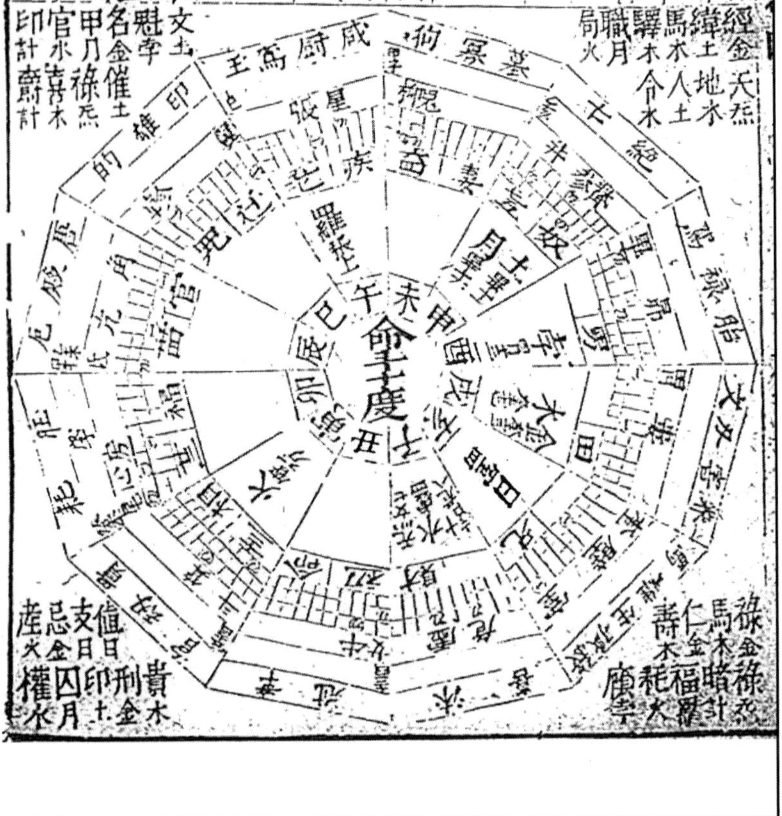

經金　天炁
緯土　地水
馬木　人土
驛木　命水
職月
局火

文土
魁孛
名金　催土
甲乃　祿炁
官水　壽木
印計　爵計

祿金　祿炁
馬木　暗計
仁金　福羅
壽木　耗火
廣孛

值日　貴木
支日　刑金
忌金　印土
產火　囚月
權水

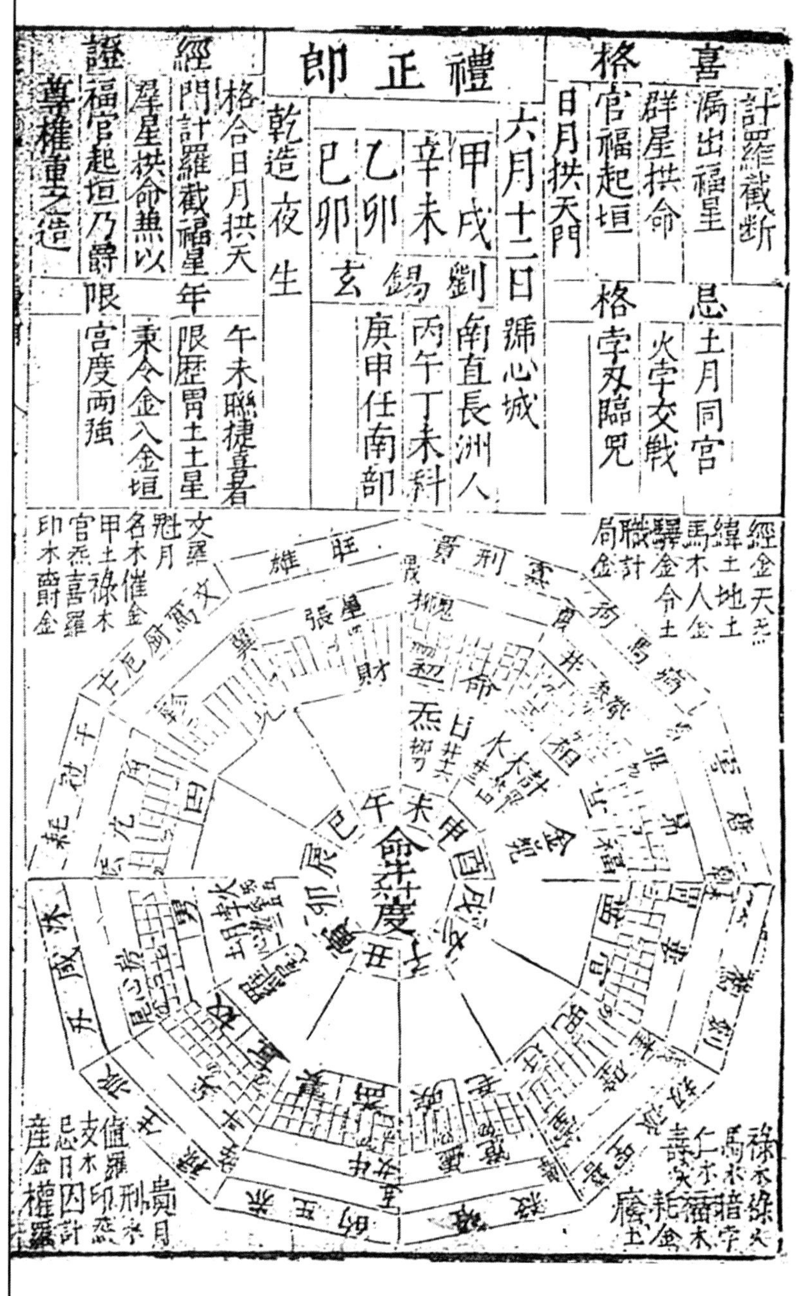

禮正郎

喜格

計羅截斷
漏出福星
群星拱命
官福起垣
日月拱天門

忌格

土月同宮
火孛交戰
孛殺臨兒

六月十二日踽心城

甲戌 劉 南直長洲人
辛未 錫 丙午丁未科
乙卯 玄 庚申任南部
己卯

乾造夜生

經證

格合日月拱天門計羅截福星羣星拱命兼以福官起垣乃爵尊權重之造
午未聯捷喜者年限歷胃土土星秉令金入金垣限宮度兩強

禮主政

九月初十日歸亢虛

巳巳　桂
甲戌　紹
庚辰　龍
丙子

乾造夜生

江西金谿人安仁籍
丁酉丁未科
庚申任比部

喜
月明寶瓶
火金夜輝
日月拱貴

格
官福高明

忌
計間七政
水居火位

格
限背七政

經
七政連茹四餘
列外間計於中
巳是文燕武備

證
由開府而擢守
宰信非虛譽

丁酉丁未限行
年畢胃以月土司
事俱起得地燿
限室火犯羅喜慎
同途

經緯 水天羅 土地金
馬 火人水
驛 金合土
職 水
局 孛

文 炁
魁 金
名 土催 炁
甲 土祿 火
官 火喜 土
印 羅爵 木

祿 日祿 月
馬 木暗 水
仁 土福 炁
壽 木耗 計
蔭 羅

貴 火
刑 孛

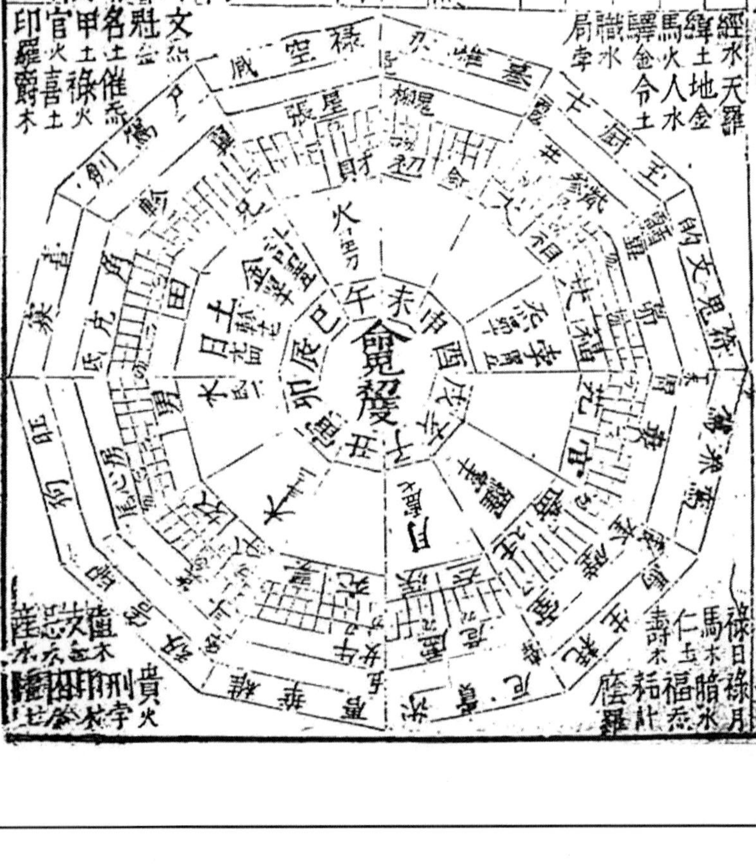

喜格	忌格
日月得体	計開七政
金水歸垣	炁羅同月
官曜居官	木觸金能
福星守福	
星聚強宮	

禮主政

七月二十ㄇ 號含澤 彝捷

萬 江西南昌人

建 戊子巳丑科

鼎 庚申任南部

祖父甲科

丁卯 戊申 癸酉 戊午

乾造晝生

經諱	年限
陰陽得地官福	金到辰宮曰太
居垣辰丙金鈙	常品秩荣遷輔
十二門前珠履	聖王戊子巳丑
三千計開七政	限步亢金果應
文武全才之造	其斷

經火 天金 緯木 地木 馬木 人金 驛水 令金 職計 局金

文火 魁計 名火 催 甲水 祿 官計 喜 印月 爵

命星度

祿日 祿金 馬水 貴土 仁火 福月 壽炁 耗水 蔭炁

催水 刑火 文木 印孛 忌月 囚孛 産火 權木 貴計 殺炁

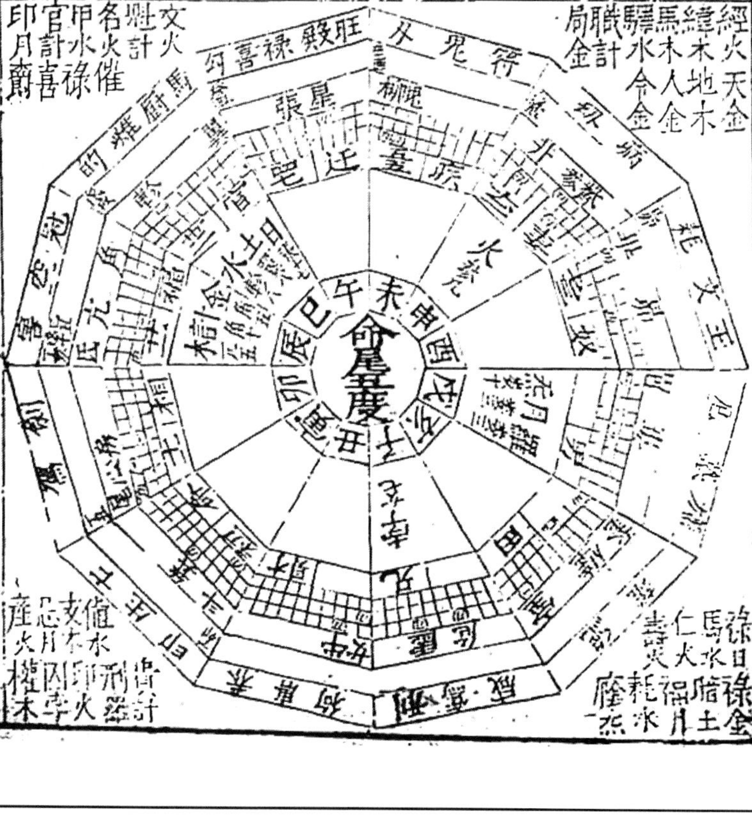

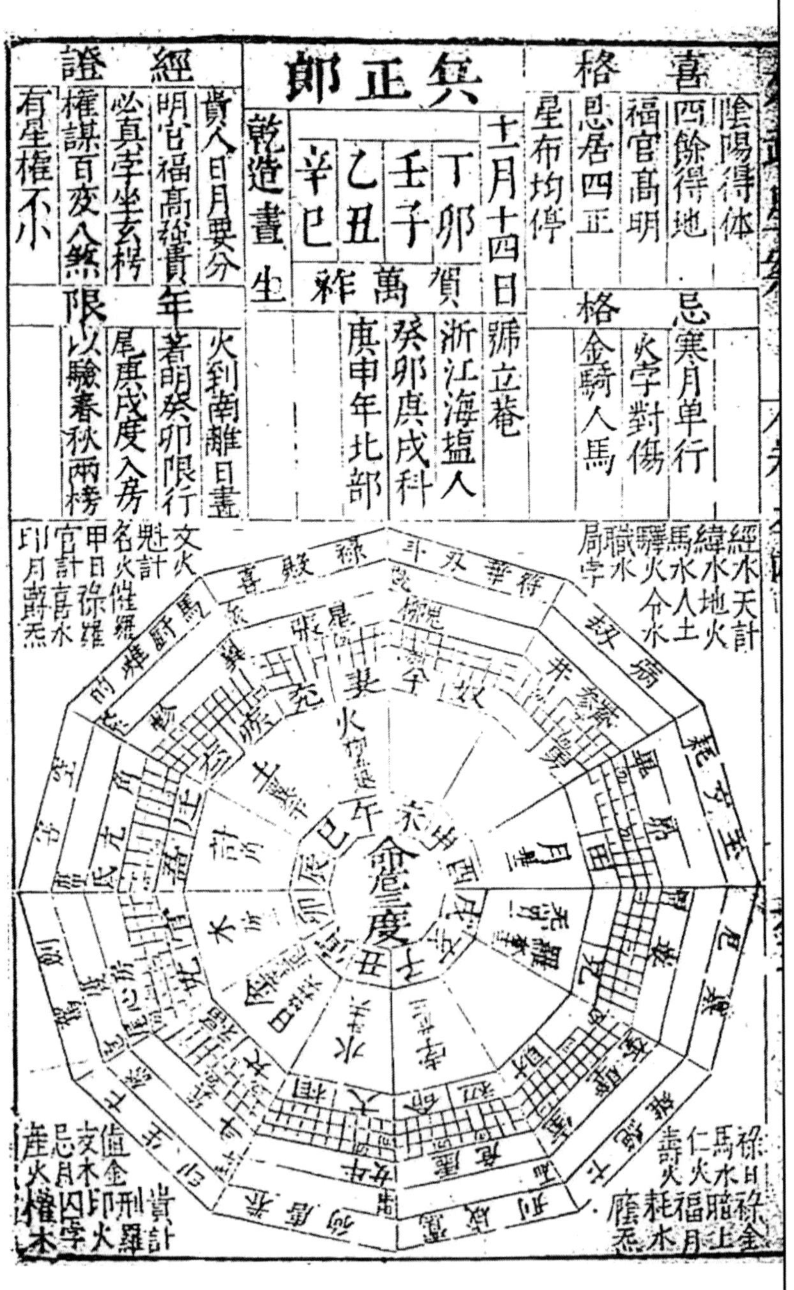

喜格	忌格
白虎從駕	日月失輝
水涵蟾魄	諸星背行
日月夾官恩	
日月夾名甲	
木火高明	

兵主政

十月初三日號瞻原

辛未	戊戌	壬辰	辛丑

乾造夜生

惲厥初

南直武進人
甲午甲辰科
庚申年北部

經證

金從陽水伴月名曰二曜双清且金掌官恩水為財福則倍佳矣

年限

木臨寅亥是真福精神百倍以應甲午秋闈水涵蟾魄甲辰限應畢月之驗

經木天火
緯火地水
馬火人水
驛水木土
職計
局金

文土
魁孛
名金催土
甲土祿炁
官水喜木
印計
猾火

命
度

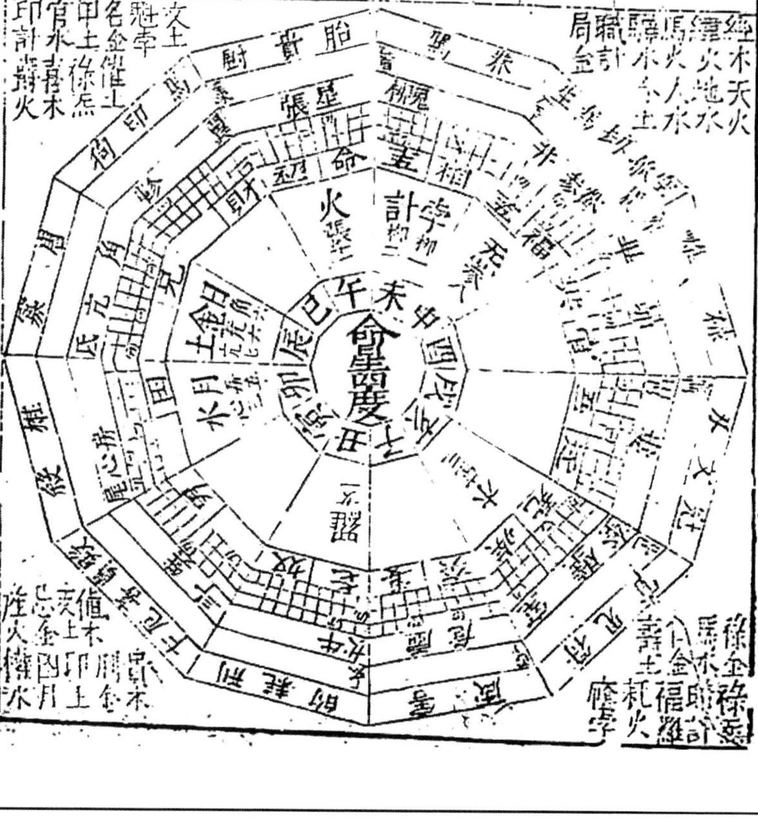

兵主政

喜格：木入秦州　月明楚地　戴天履地　官福高明　日月拱福

忌格：日月背宮　陰陽無輔　水計相刑

四月初十日

丙子　癸巳　癸酉　癸丑

乾造夜生

鄒中衞

獅森回　直隸武進人　壬子癸丑科　庚申年南部

經證：包涵萬象身居楚智過千夫命守垣官曜顯而福星明官高福厚

年限：木入秦州獅王班快入朝中作顯官壬子癸丑正行斗木無以祿貴拱限

經土　緯水　馬金　驛木　職孛　局水

天月　地土　人火　令火

文金　魁羅　名火　甲水　官𥩟　印火

催月　祿計　喜忌　爵土

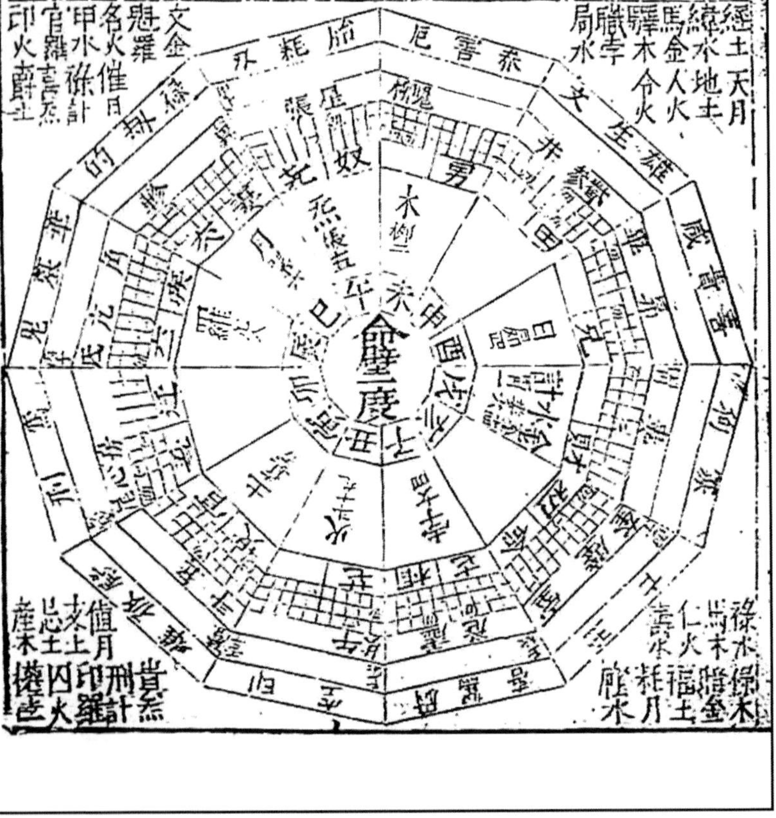

祿水　馬木　仁火　壽水

祿木　催金　福土　耗月　催水

貴炁　值月　才土　忌土　產木

刑計　印羅　囚火　權孛

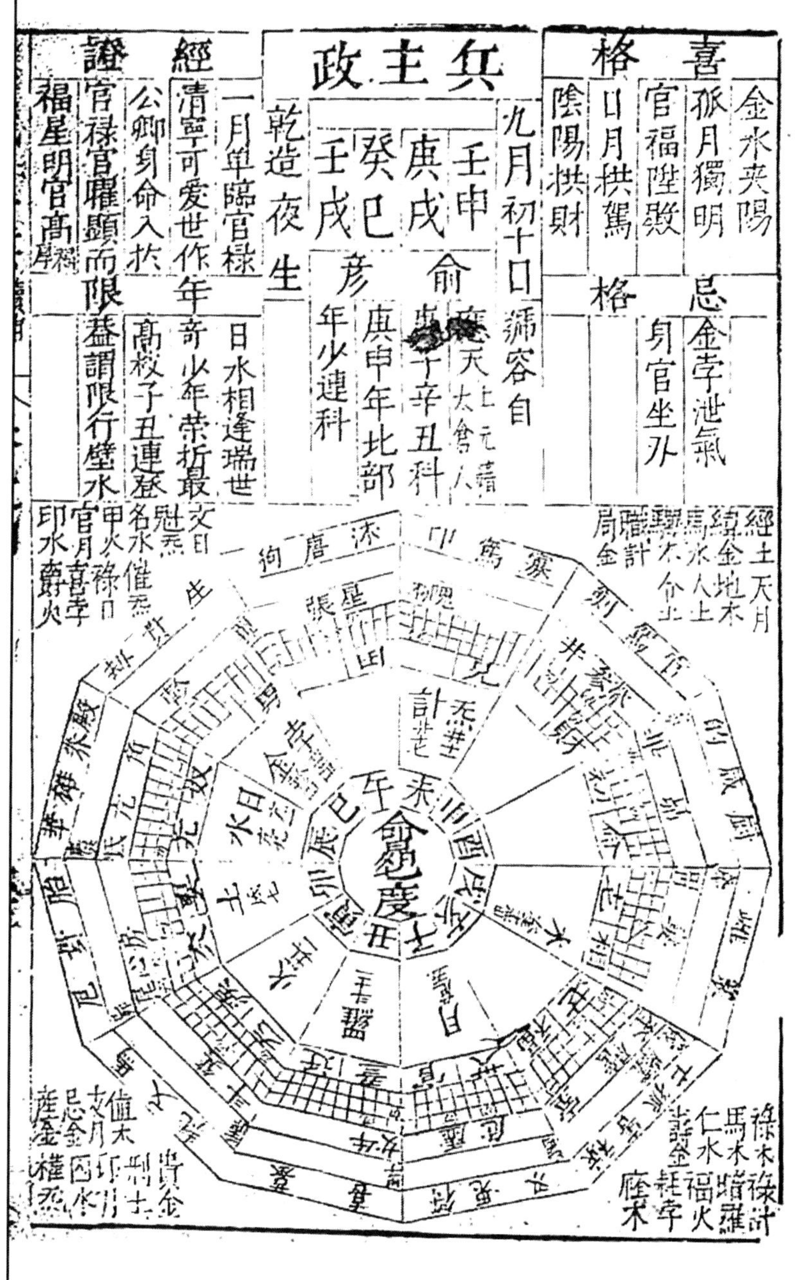
喜格
金水夾陽
孤月獨明
官福陞殿
日月拱鴐
陰陽拱財
忌格
金孛泄氣
身官坐外
兵主政
九月初十日
壬申
庚戌
癸巳
壬戌
乾造夜生
庚申年北部
年少連科
經證
一月單臨官祿
日水相逢瑞世
公卿身命入於
官祿官曜顯而限
福星明官高

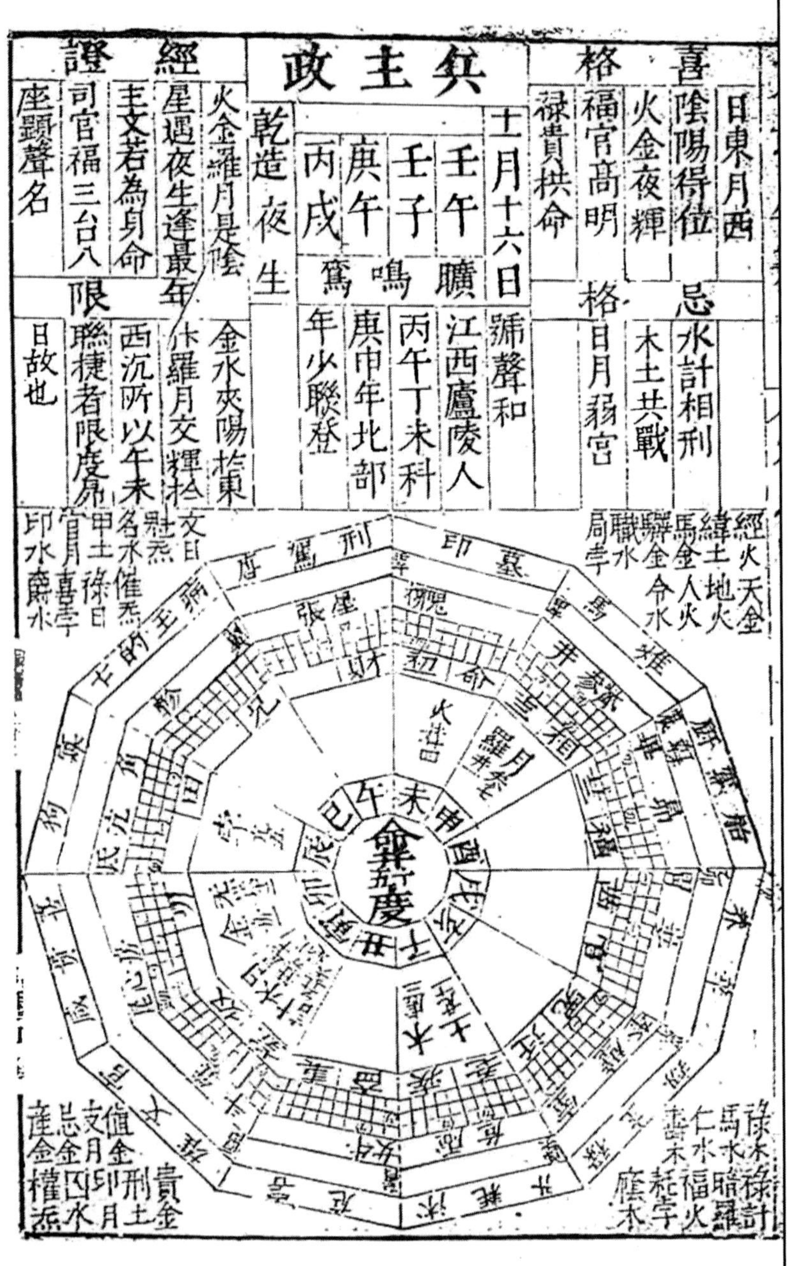
喜格
日東月西
陰陽得位
火金夜輝
福官高明
祿貴拱命
忌格
水計相刑
木土共戰
日月弱宮
與主政
十一月十六日
壬午
壬子
庚午
丙戌
乾造夜生
鵬鳴鷰
號聲和
江西廬陵人
丙午丁未科
庚申年北部
年少聯登
經證
火金羅月是陰
星遇夜生逢最年
主文若為身命
司官福三台八
座顯聲名
限
金水夾陽拱東
休羅月交輝拱
西沉所以午未
聯捷者限度房
日故也

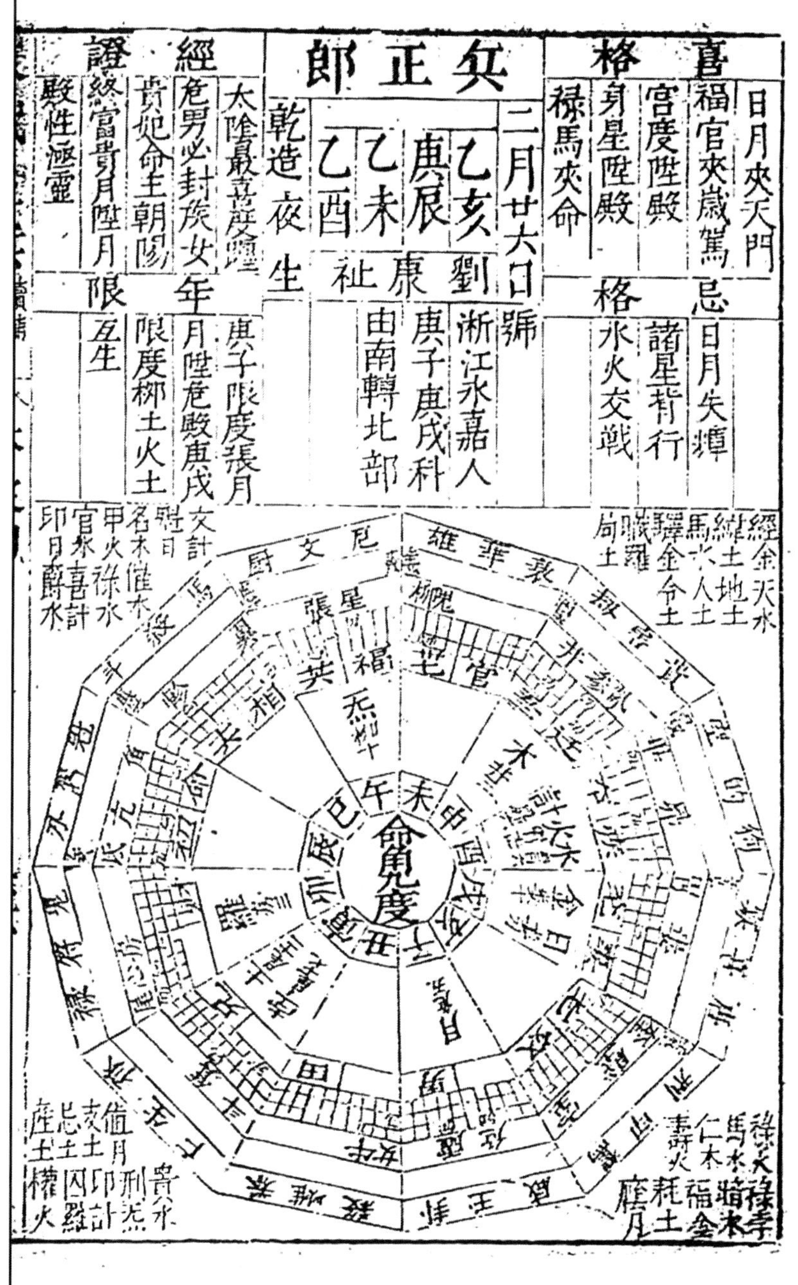

喜格
日月夾天門
福官夾歲駕
宮度陞殿
身星陞殿
祿馬夾命
忌格
日月失輝
諸星背行
水火交戰
奐正郎
二月廿六日號
乙亥
庚辰
乙未
乙酉
乾造夜生
劉康祉
浙江永嘉人
庚子庚戌科
由南轉北部
經證
太陰最喜旺陞
危男必封族女
貴妃命主朝陽
終富貴月陞月
殿性極靈
年限
庚子限度張月
月陞危殿庚戌
限度柳土火土
互生
經金天水
緯土地土
馬火人土
驛金令土
喉羅
局土
文計
科日
名木催木
甲火祿水
官水喜計
印月爵水
命角九度
祿火祿孛
馬水暗木
仁木福金
壽火耗土
蔭月
貴水
值月刑炁
刃土印計
忌土囚羅
產土權火

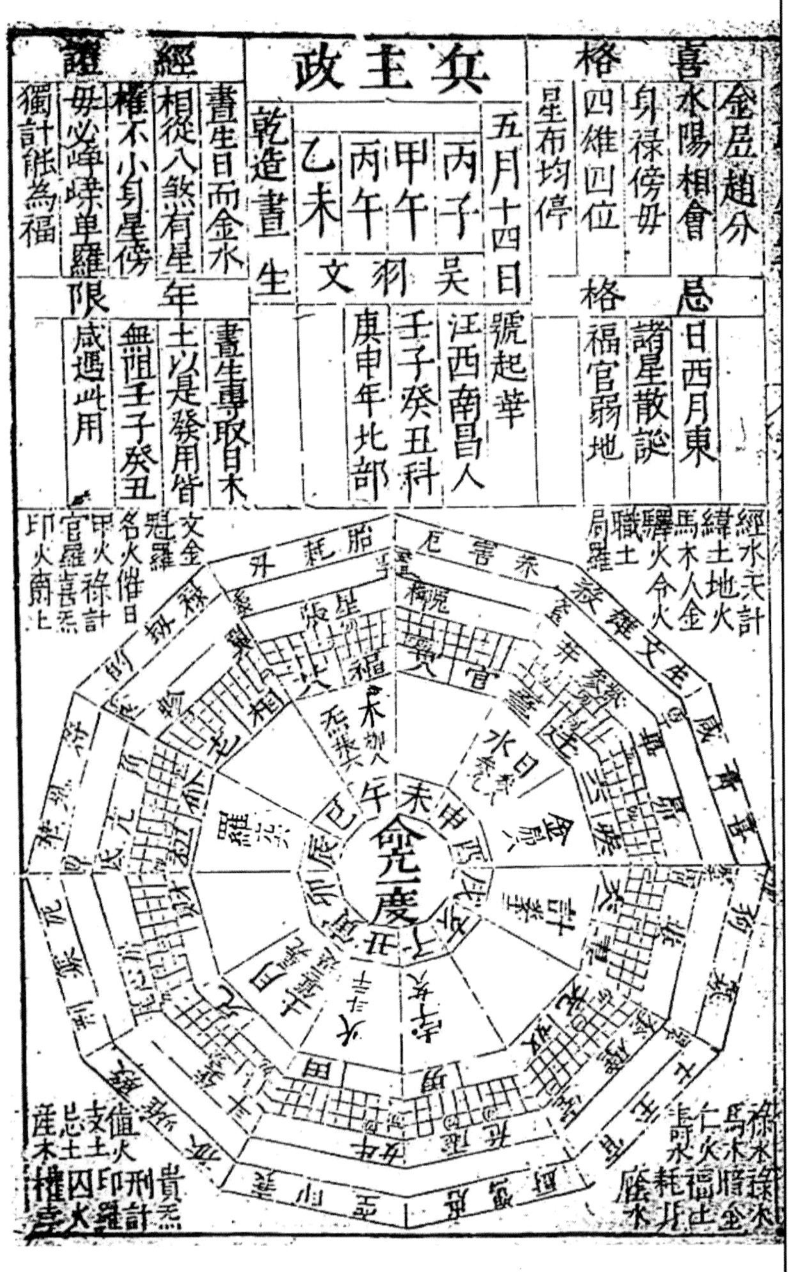

兵主政

五月十四日
丙子
甲午
丙午
乙未
乾造晝生

號起華
汪西南昌人
吳羽文
壬子癸丑科
庚申年北部

喜格

金居趨分
水陽相會
身祿傍毋
四維回位
星布均停

忌格

日西月東
諸星散誕
福官弱地

經證

晝生日而金水
相從八煞有星
權不小身星傍
毋必嗶嗶單羅
獨計能為福

年限

晝生專取日木
土以是發用皆
無阻壬子癸丑
咸遇此用

兵主政

喜格

日月坐祿
戴天履地
福宮高明
身命得地
命躔壁府

忌格

日月無光
陰陽失輔
計犯土主

五月初一日
酉集生

庚辰	壬午	己巳	甲子

乾造夜生

余大成

南直江寧人
丙午丁未科
庚申年北部

經

人命稟天而命
土在奇宮難夜
居之人身履地
年生而福元昌熾
而身守之謂之
午未逆奪恭毅

證

戴天履地至貴
之局也

限

限行女土遇計
美中不足

經火 天金
緯水 地木
馬火 人木
驛金 命火
職土
局羅

文木
暗水
名金 催孛
田水 祿金
官金 喜金
印金 尉孛

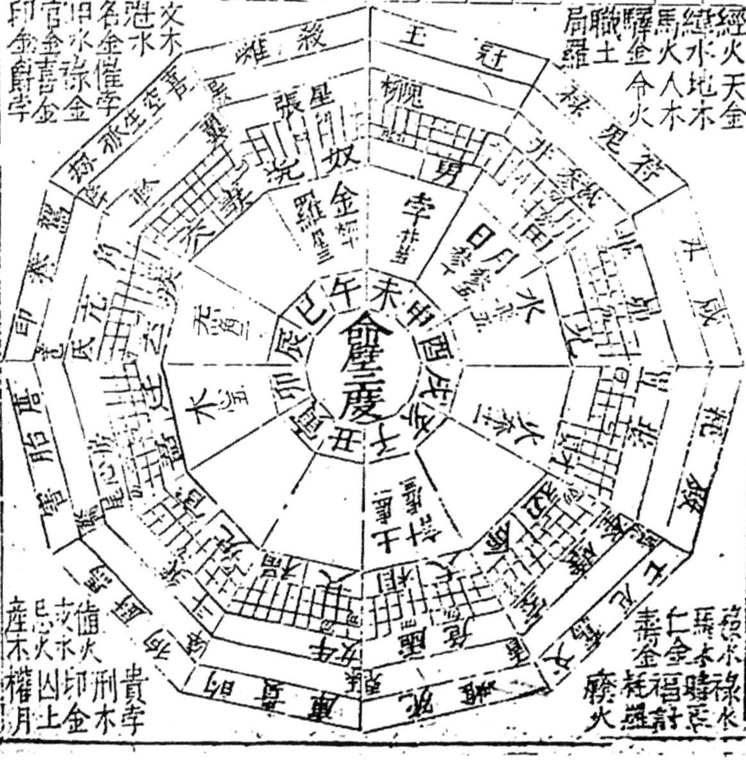

殺水 祿水
刑木 暗孛
仁金 福計
壽金 耗羅
廢火

貴孛
刑木
囚火 印金
文水 囚上
忌火
産木 權月

兵正郎

喜 日月滑体 官福交命 天首周邦 忌 羅犯太陽 土木失經

格 火炁職權 木孛符印 格 身坐兩岐

六月十九日 號青峒

辛酉 丙申 丁丑 癸卯 乾造 晝生

方應祥 浙江西安人 丙午丙辰科 選貢南監中

名題雁塔天首 因羅計參差日

經 周邦貴人日月 年金土木戰爭所 要分明官福高 以大器晩成而

證 強貴必眞兵政餘 限 爵尊位重可知 咸用文武全才 矣

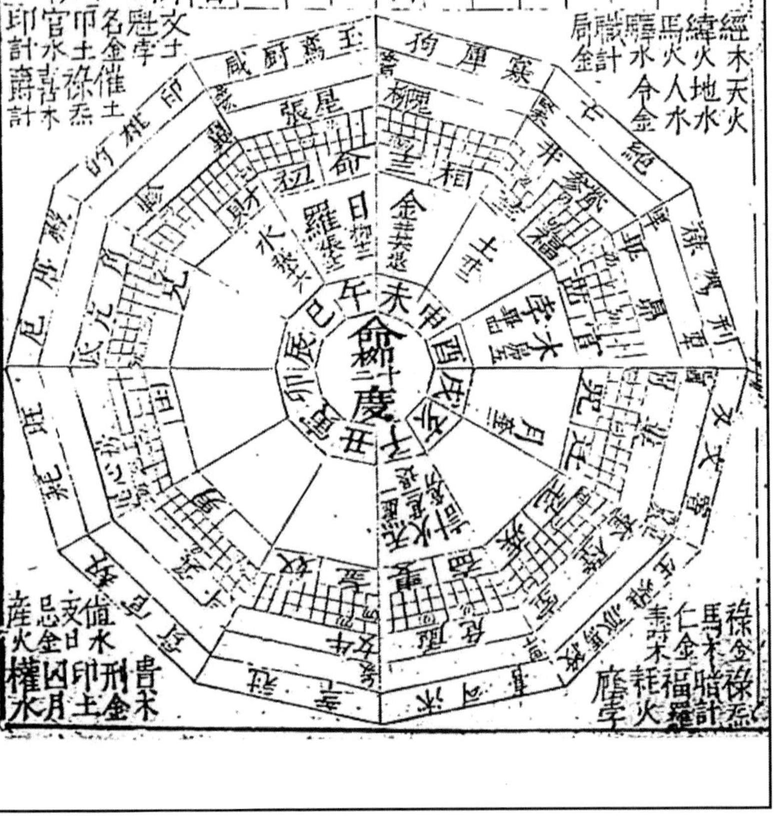

經木天火 緯火地水 馬火人水 驛水 命金 職計 局金

文孛 魁孛 名金 催土 印土 祿炁 官水 喜孛 印計 壽木 爵計

祿金 祿炁 馬木 暗計 仁金 福羅 壽木 耗火 魔孛

貴木 刑金 值水 印土 文日 囚月 忌金 權水 產火

命 翼十度

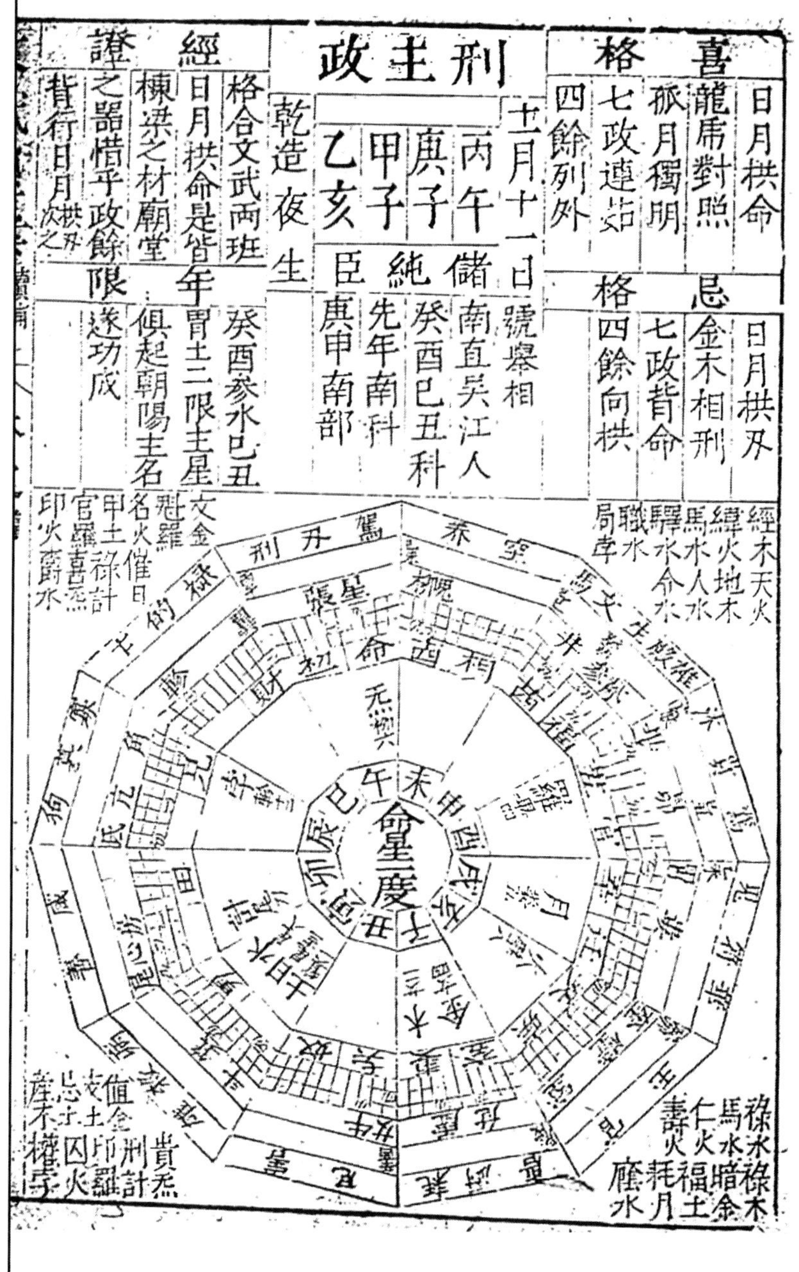
喜格
日月拱命
龍馬對照
孤月獨明
七政連珠
四餘列外
忌格
日月拱夾
金木相刑
七政背命
四餘向拱
刑主政
十二月十一日
丙午
庚子
甲子
乙亥
乾造夜生
儲純臣
號皋相
南直吳江人
癸酉巳丑科
先年南科
庚申南部
經證
格合文武兩班
日月拱命是皆
棟梁之材廟堂
之器惜乎政餘
背行日月拱夾之
年限
癸酉參水巳丑
胃土二限主星
俱起朝陽主名
遂功成
經木 天火
緯火 地木
馬水 人水
驛水 命水
職水
局孛
文金
飛羅
名火 催日
甲土 祿計
官羅 喜炁
印火 爵水
祿水 祿木
馬水 暗金
仁火 福土
壽火 耗月
塵水
貴炁
刑計
值金 印羅
支土 因火
忌土 權孛
產木
命星度

喜格

計羅欄截
滿出命官
火炁職權
太乙抱蟾
金水從陽

忌格

日月背行
木土對傷
泉曜背宮

刑主政

七月初七日
癸酉
庚申
乙酉
丙戌
乾造夜生

董繼周

鍒八際
江西玉山人
癸卯庚戌科
庚申年南部

經證

火逢紫炁最蕪
平龍鳳叢中第
一人計羅截斷
官星官居上品
身星傍毋必㖷

年限

癸卯斗木登鴛
乃有二夘併限
吉凶相繼庚戌
箕水朝陽盡美
盡善

經木　天羅
緯水　地水
馬木　人水
驛木　命金
職木
局炁

文月
魁水
名水　催計
甲土　祿月
官土　喜火
印孛　貴金

祿土　遊羅
馬木　暗火
仁水　福孛
壽金　耗木
廢金

貴土
値水　刑月
支木　印水
忌火　囚炁
産水　權計

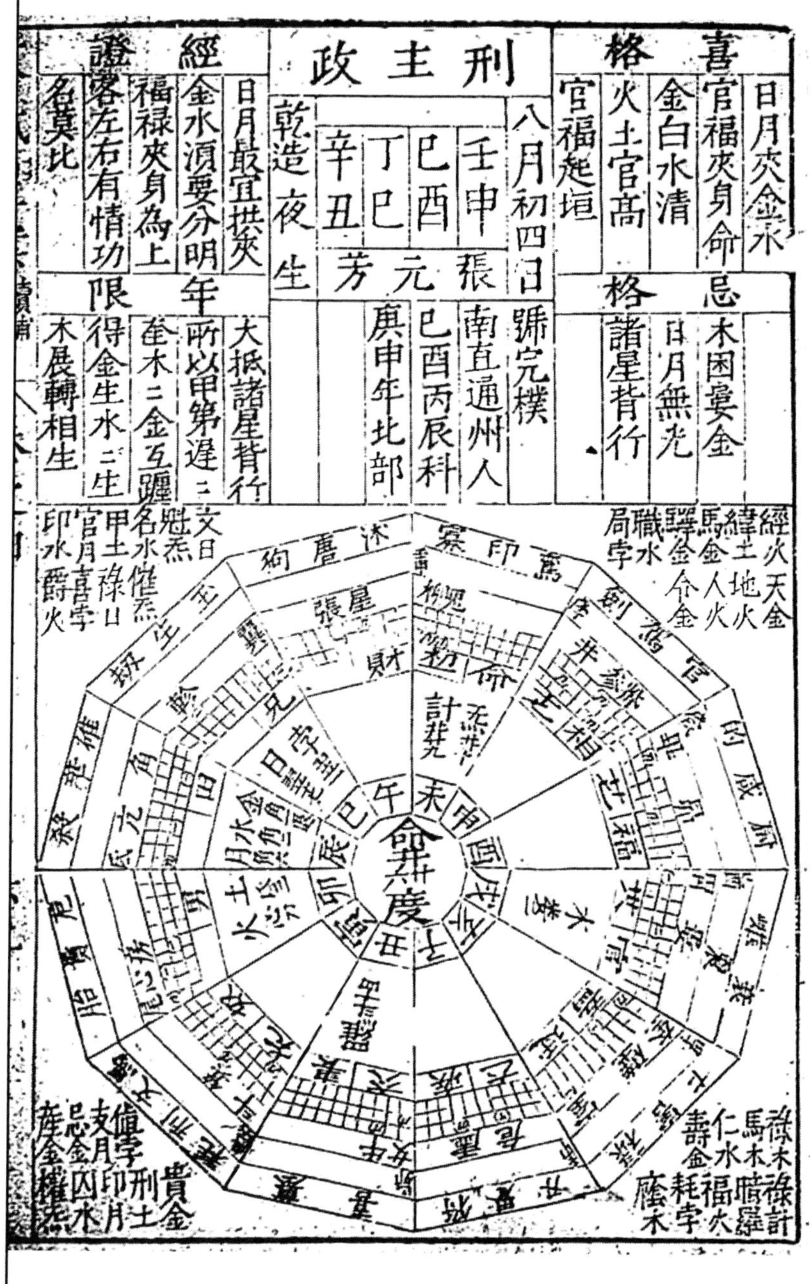
喜格
日月夾金水
官福夾身命
金白水清
火土官高
官福起垣
忌格
木囚宴金
日月無光
諸星背行
刑主政
八月初四日
壬申
巳酉
丁巳
辛丑
乾造夜生
張元芳
號完樸
南直通州人
巳酉丙辰科
庚申年北部
經讚
日月最宜拱夾
金水須要分明
福祿夾身為上
客左右有情功
名莫比
年限
大抵諸星背行
所以甲第遲ニ
奎木ニ金互躔
得金生水ニ生
木辰轉相生
經火 天金
緯土 地火
馬金 人火
驛金 命金
職水
局孛
文日
魁炁
名水
催炁
甲土
祿日
官月
喜孛
印水
爵火
祿木 祿計
馬木 暗羅
仁水 福火
壽金 耗孛
蔭木
貴金
刑土
值孛
印月
支月
囚水
忌金
權炁
產金
命井六度

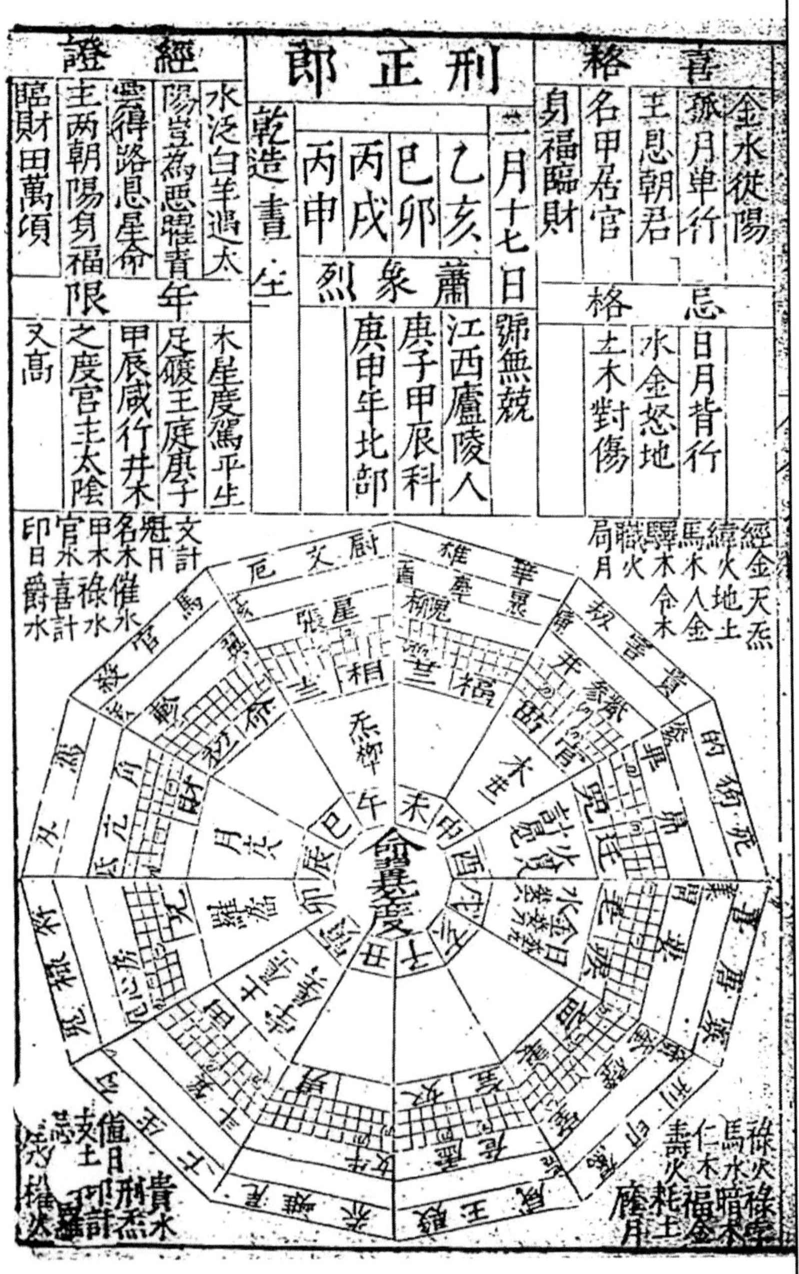

刑正郎

喜格

金水從陽
孤月單行
主忌朝君
名甲居官
身福臨財

忌格

日月背行
水金怒地
土木對傷

二月十七日
鄧無兢

乙亥
巳卯
丙戌
丙申

蕭象烈

江西廬陵人
庚子甲辰科
庚申年北部

乾造晝生

經證

水泛白羊遇太陽豈爲惡曜青雲得路忌星命主兩朝陽身福臨財田萬頃

年限

木星度篤平生足展王庭庚子甲辰咸行井木之度官主太陰又高

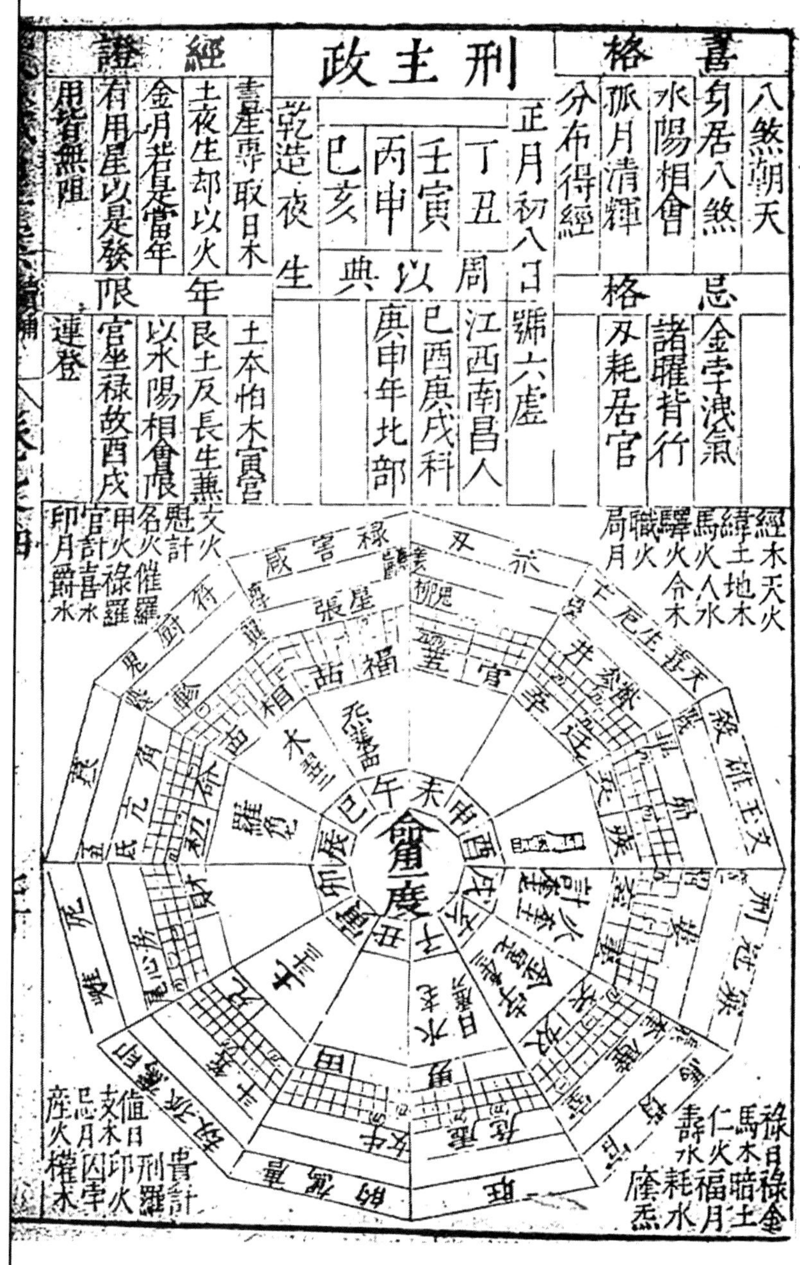
書格
八煞朝天
身居八煞
水陽相會
孤月清輝
分布得經
忌格
金孛洩氣
諸曜背行
及耗居官
刑主政
正月初八日號六虛
丁丑 周 江西南昌人
壬寅 以 己酉庚戌科
丙申 典 庚申年北部
己亥
乾造夜生
經證
書星專取日木
土夜生却以火
金月若是當年
有用星以是發
用皆無阻
年限
土本怕木寅宮
艮土反長生兼
以水陽相會限
官坐祿故酉戌
連登
經木天火
緯土地木
馬火八水
驛火合木
職火
局月
文火
魁計
名火催羅
甲火祿羅
官計喜水
印月爵水
祿日祿金
馬木暗土
仁火福月
壽水耗水
貴計
刑羅
值日
印火
支木
囚孛
忌月
產火
權木
午
未
申
酉
戌
亥
子
丑
寅
卯
辰
巳
命
度

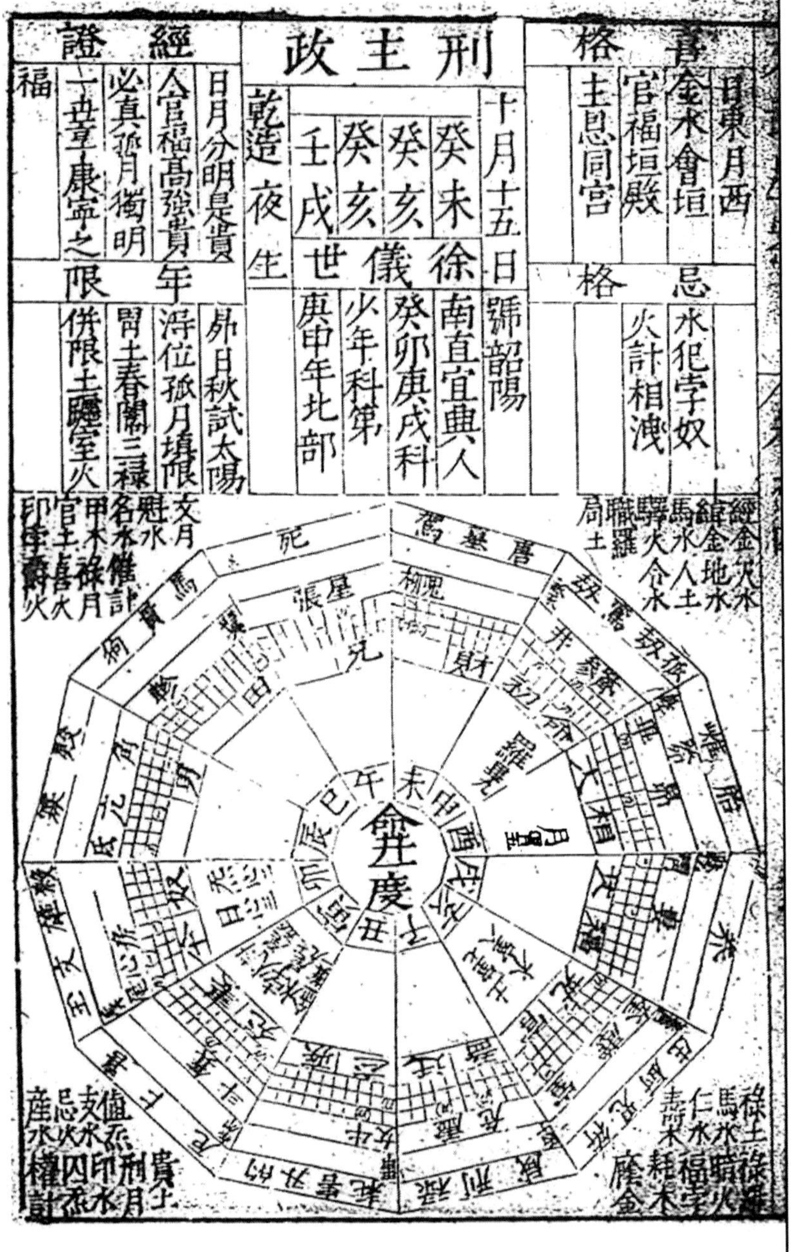

刑主政
十月十五日
癸未
癸亥
癸亥
壬戌
乾造夜生
徐儀世
號韶陽
南直宜興人
癸卯庚戌科
少年科第
庚申年北部
青格
日東月西
金木會垣
官福垣殿
土忌同宮
忌格
水犯孛奴
火計相洩
經證
日月分明是貴
今官福高強貴
必真孫月獨明
一世享康寧之
福
年限
昴日秋試太陽
浮位孤月填限
胃土春闈三祿
併限土躔室火

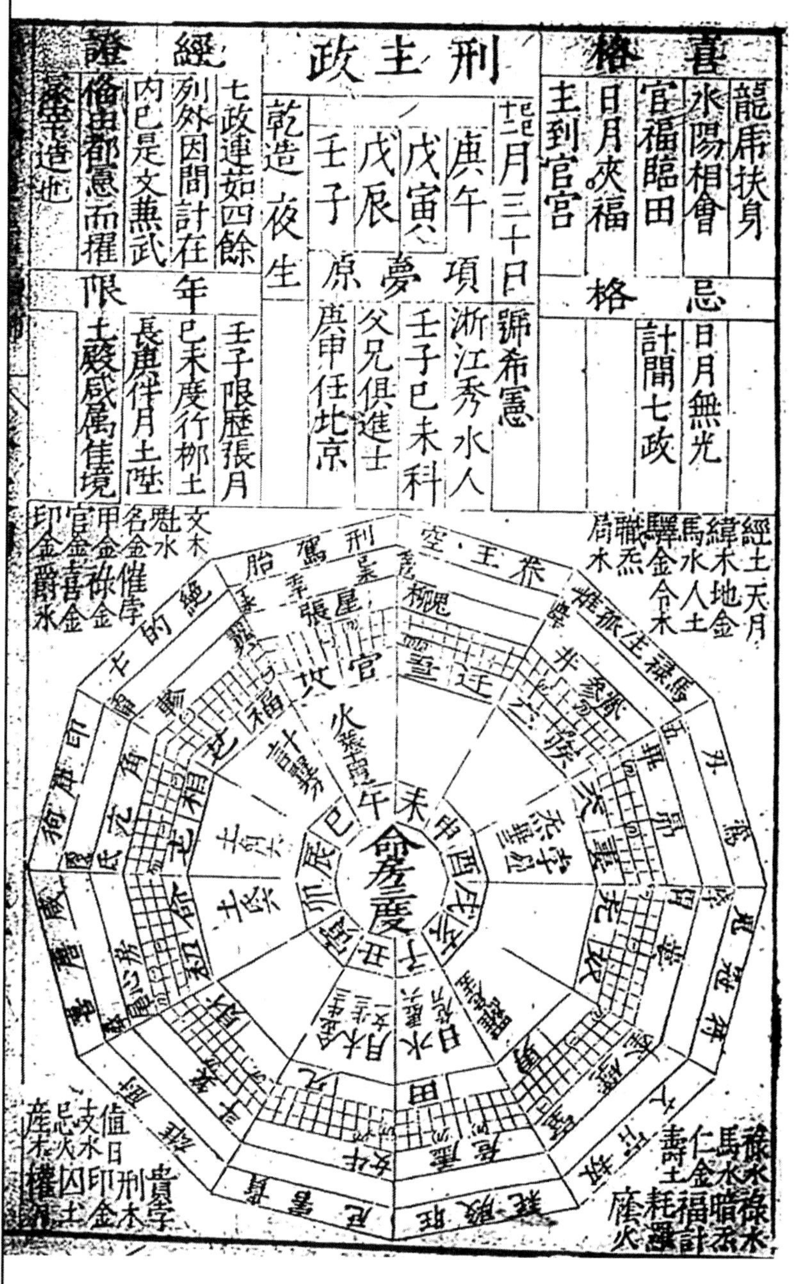

喜格
龍虎扶身
水陽相會
官福臨田
日月夾福
主到官宮
忌格
日月無光
計間七政
刑主政
巳月三十日酉時
鄒希憲
庚午
浙江秀水人
戊寅
壬子巳未科
戊辰
夢
父兄俱進士
壬子
原
庚申任北京
乾造夜生
經論
七政連茹四餘
列外因間計在
內巳是文兼武
格由都憲而擢
登壬午進士
年限
壬子限歷張月
巳未度行柳土
長庚伴月土陞
土殿威屬佳境
命度

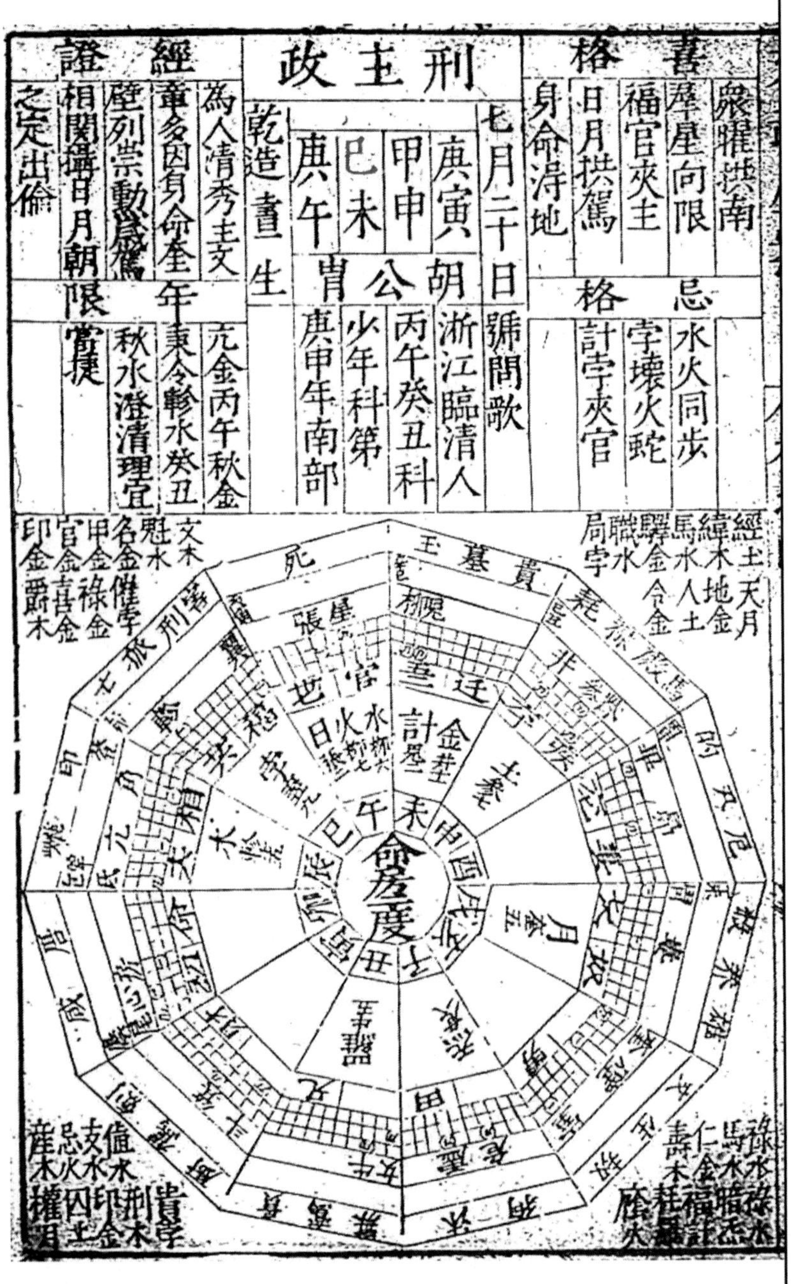

喜格

衆曜拱南
孛星向限
福官夾主
日月拱鴐
身命得地

忌格

水火同歩
孛壞火蛇
計孛夾官

刑主政

七月二十日
庚寅　甲申　己未　庚午
胡公胄
號問歌
浙江臨清人
丙午癸丑科
少年科第
庚申年南部
乾造晝生

經證

為人清秀主文章多因身命坐壁列崇動威權相聞播日月朝之定出倫

年限

元金丙午秋金東令軫水癸丑秋水澄清理宜當捷

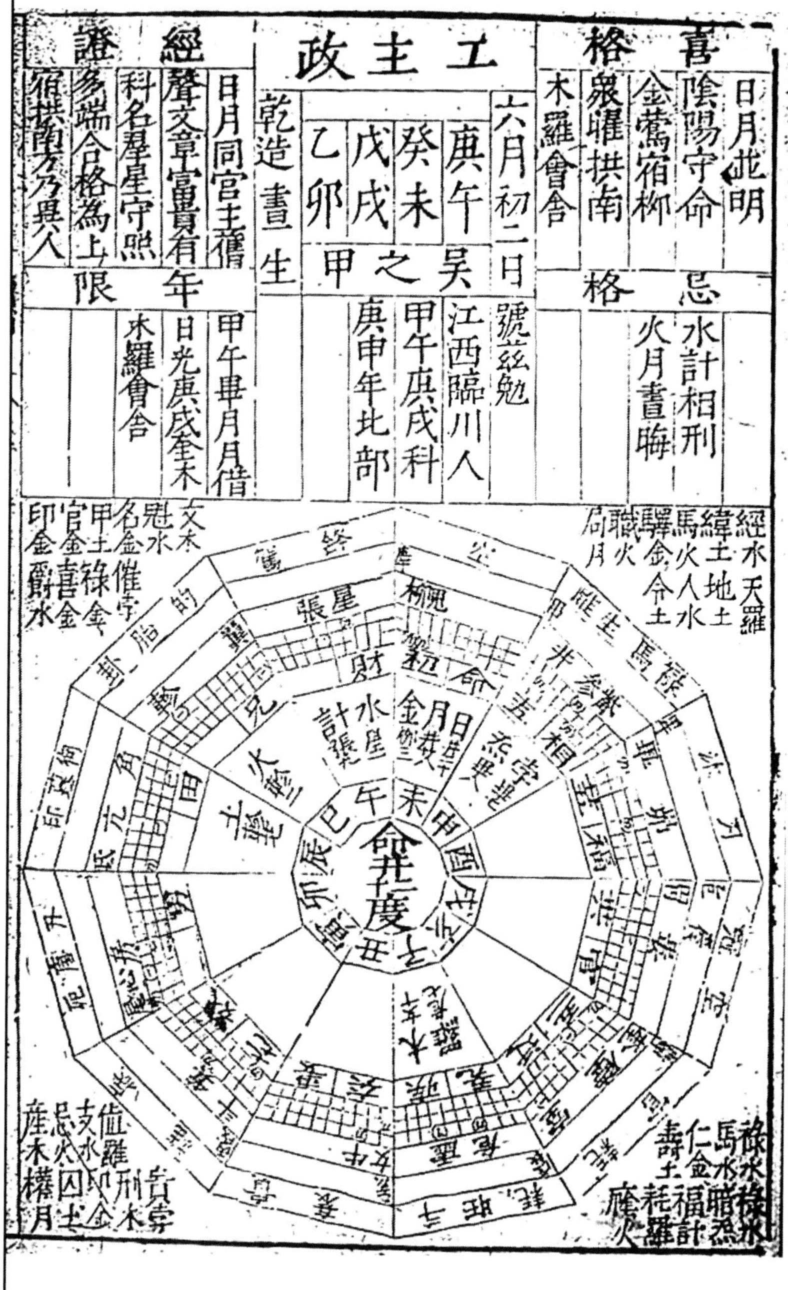

經證	工主政	喜格
日月同宮主禧 聲文章富貴有 科名星守照 多端合格為上 宿拱陶乃異人	六月初二日 庚午 癸未 戊戌 乙卯 乾造晝生	日月並明 陰陽守命 金鸞宿柳 衆曜拱南 木羅會合
年限	吳之甲	忌格
甲午畢月月借 日光庚戌奎木 木羅會合	號玆勉 江西臨川人 甲午庚戌科 庚申年北部	水計相刑 火月晝晦

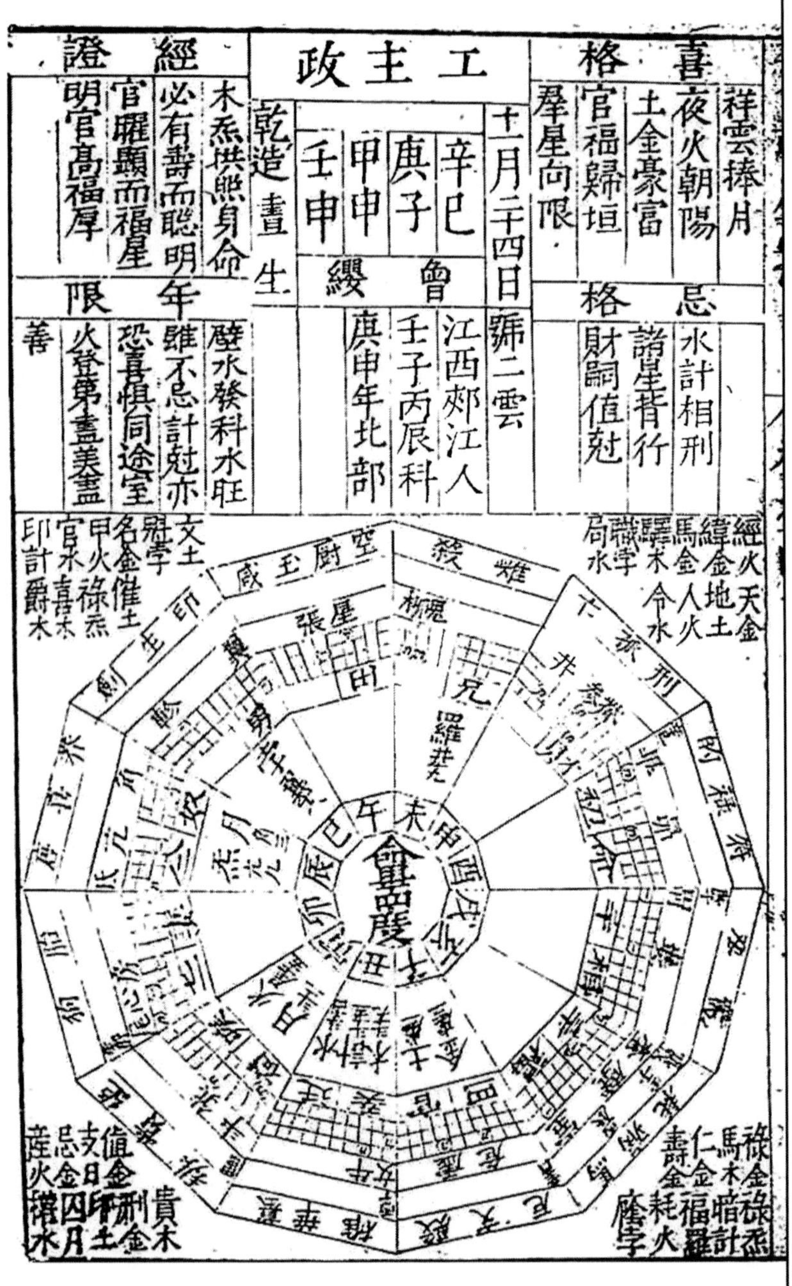

工主政

喜格

祥雲捧月
夜火朝陽
土金豪富
官福歸垣
羣星向限。

忌格

水計相刑、
諸星背行
財嗣值尅

十二月二十四日㸃二雲

乾造晝生

辛巳
庚子
甲申
壬申

曾纓

江西郟江人
壬子丙辰科
庚申年北部

經證

木炁拱照身命
必有壽而聰明
官曜顯而福星
明官高福厚

年限

壁水發科水旺
雖不忌計尅亦
恐喜慎同途室
火登第盡美盡
善

喜格

日月得位
土金豪富
孤月清輝
朱雀乘風

忌格

五星失次
日月单行

工主政

九月廿一日歸園客

乙亥 丙戌 丙辰 巳亥

乾造夜生

戴九玄

江西新昌人
癸卯甲辰科
庚申年北部
酉時生更驗

經證

羣曜皆衰身星有用則獨步軒昴之士身命入財乚入垣富貴兩全

限年

癸卯甲辰限行胃土乚躔尾火圓美不宜計奴犯度不無喜中之惧

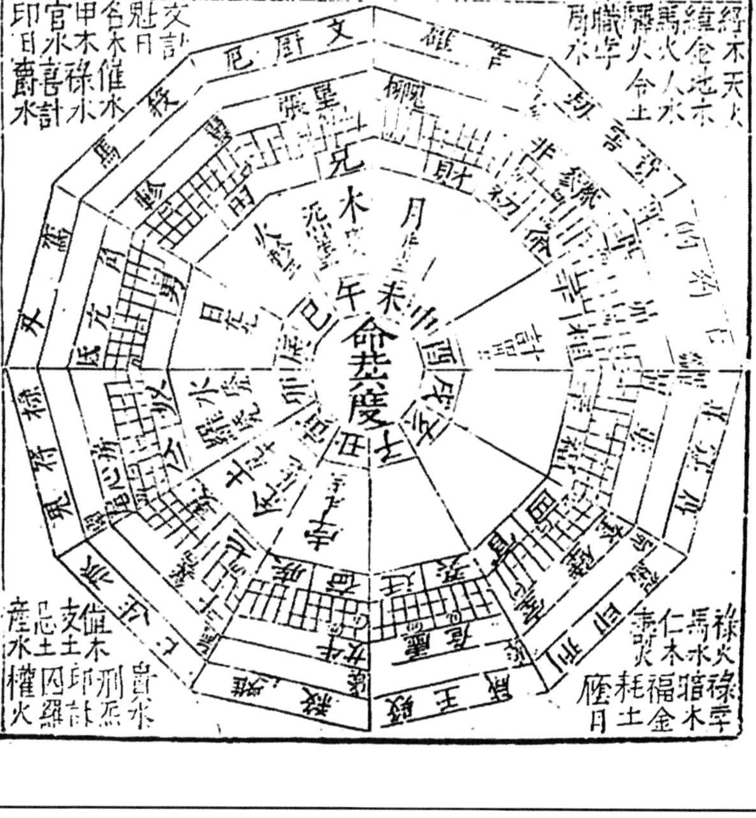

文計 魁月 名木 甲木 官水 印日
催木 祿水 喜計 爵水

紅木 天火 煌金 法木 馬火 人水 驛火 命土 職孛 刃水

祿火 馬水 仁木 帝火
祿孛 暗木 福金 耗土 蔭月

値木 支土 忌土 產水
貴水 刑炁 印計 囚羅 權火

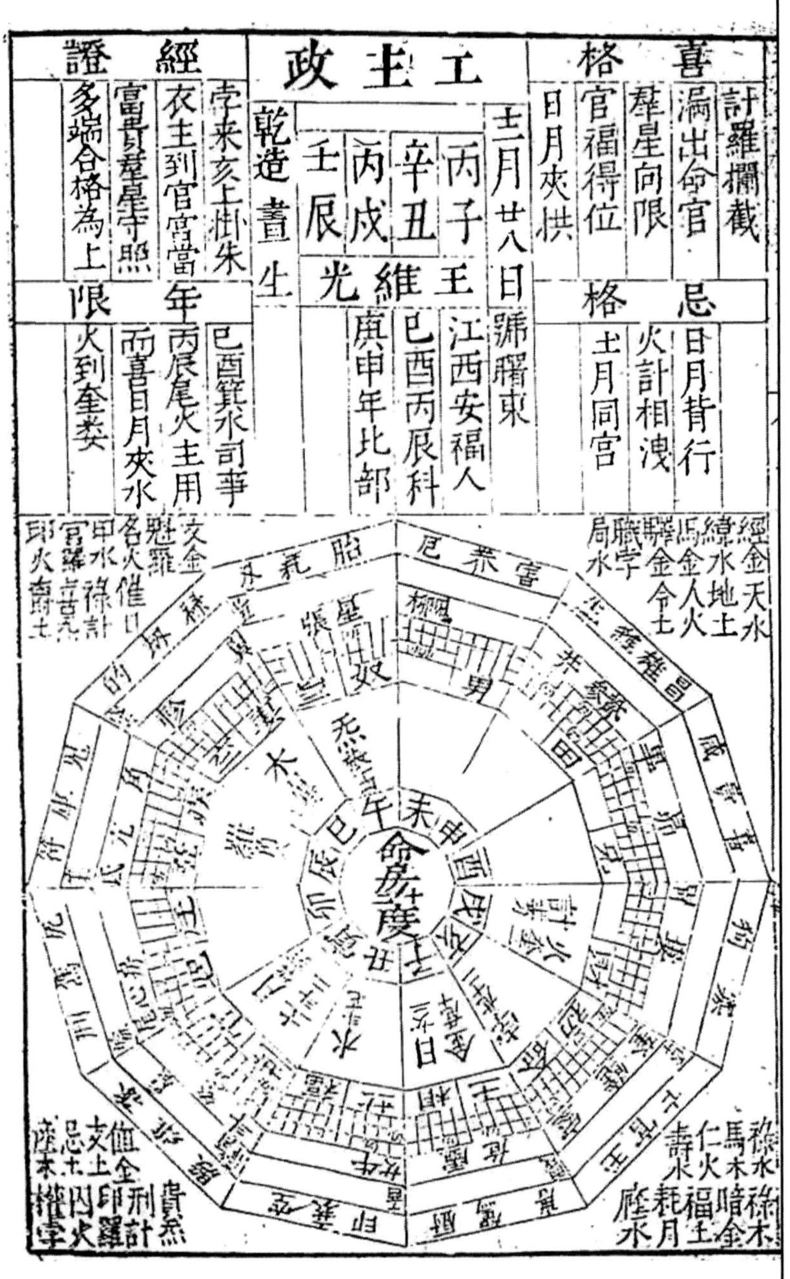
喜格
計羅攔截
漏出命官
羣星向限
官福得位
日月夾拱
忌格
日月背行
火計相洩
土月同宮
工主政
十二月廿八日
乾造
丙子
辛丑
丙戌
壬辰
晝生
王維光
江西安福人
巳酉丙辰科
庚申年比部
經證
亭来亥上掛朱
衣主到官宮當
富貴羣星守照
多端合格為上
年限
巳酉箕水司事
丙辰尾火主用
丙喜日月夾水
火到奎婁
命房度

工副郎

喜格

月朝天門
君祿登駕
木入秦州
日月夾官
坐貴向祿

忌格

日月無光
日月夾刄
諸星背行

正月初二日號清宇
江西豐城人
癸卯丁未科
庚申年北部

壬子
壬寅
乙酉
丙戌

家良翰
乾造夜生

經證

坐貴向祿騰路
功名之士崇勳
相關攝日月之定
出倫木入秦州
知福厚

年限

畢月度登科已
喜月陞危殿留
土度癸甲乃始名
土好疹痕

經木天孛
緯火地土
馬火人木
驛木命木
職土
局雜

文日
魁炁
名水催炁
印水祿月
官月喜金
印水蔭土

命翼十度

祿木祿計
馬木暗羅
仁水福火
壽水耗孛
座木

官金
刑土
吉金
刑月
印月
因水
忌金
產金
暗孛

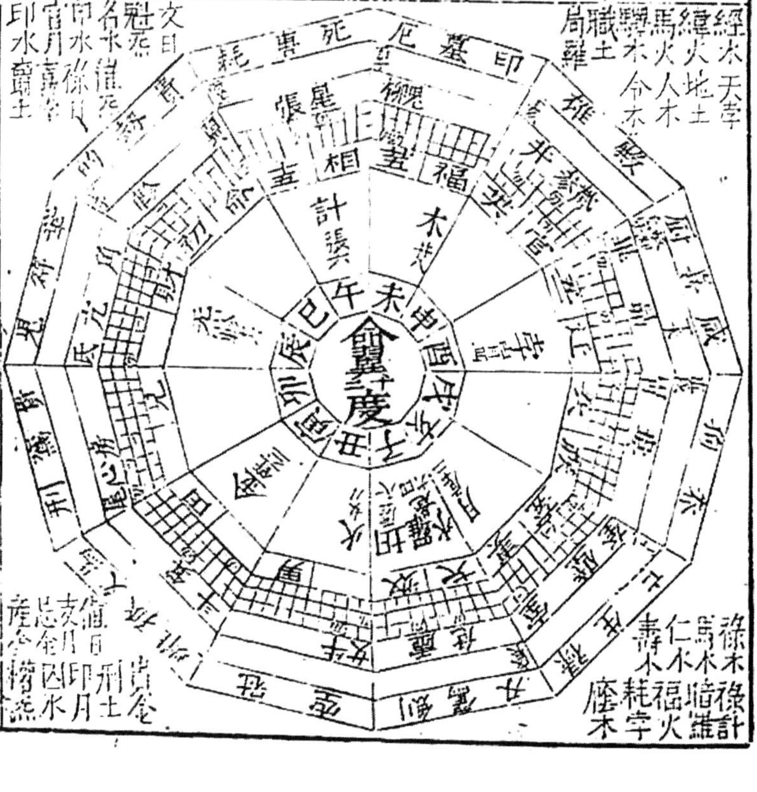

喜格

火到奎星
太乙抱蟾
金水會垣
官福隨身
群星拱命

忌格

炁計犯陽
土孛夾月
劫刃臨命

工主政

十二月十三日
獅如表

乾造晝生

辛酉
辛丑
戊辰
丁巳

黎民表

江西南昌人
辛卯二名魁
庚申南營繕

經證

火居宋魯縁日
誕而祿自盈餘
群星守照多端
合格為上官曜
顯而福星照官福高福厚

年限

土躔井木而得
計奴救主所以
辛卯高捷經云
紫炁若來當發
解掌祿崇天祿

經土 天上
緯土 地土
馬金 人火
驛水 命土
職木
局炁

文土
魁孛
名金 催土
甲金 祿炁
官水 喜木
印計 爵計

命 奎 度

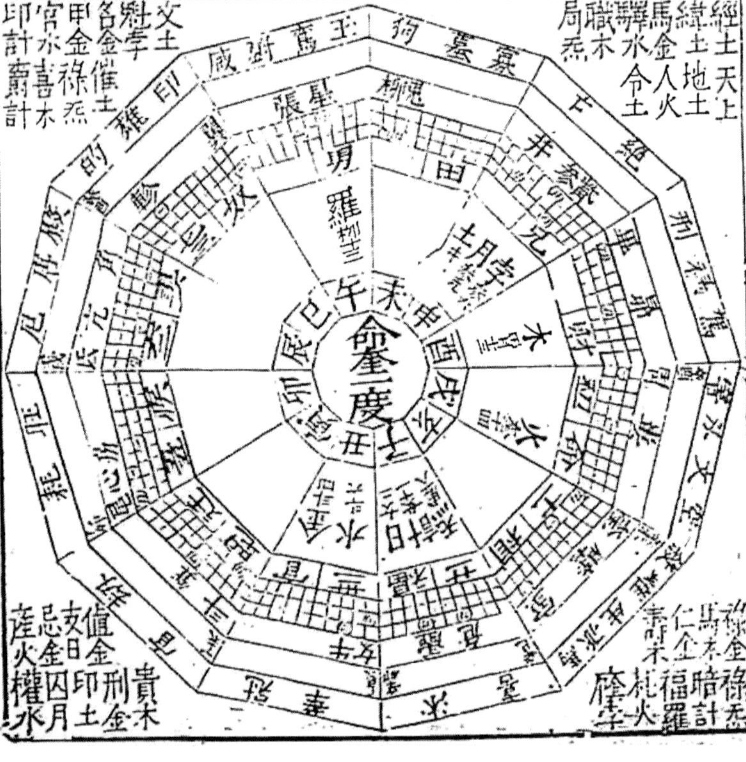

祿金 祿炁
馬木 暗計
仁金 福羅
壽木 杖火
瘴孛

貴木
刑金
值金 印土
支日 囚月
忌金 權水
産火

喜格

計都朝斗
月掛奎星
木羅會舍
日月得位
官星秉令

忌格

陰陽無轄
土木共躔
炁羅背行

工主政

八月十八日號五虛
癸亥 但 江西星子人
辛酉 調 丁酉科
甲子 元 庚申南屯田
辛未

乾造晝生

經證

斗牛奎壁乃文武大人之位命身泊此皆主賢哲之士且日月官祿得地必主位崇尚明

年限

因以陰陽無轄炁羅背行雖非甲第而腰金精日蓋謂限歷諸星環拱之妙

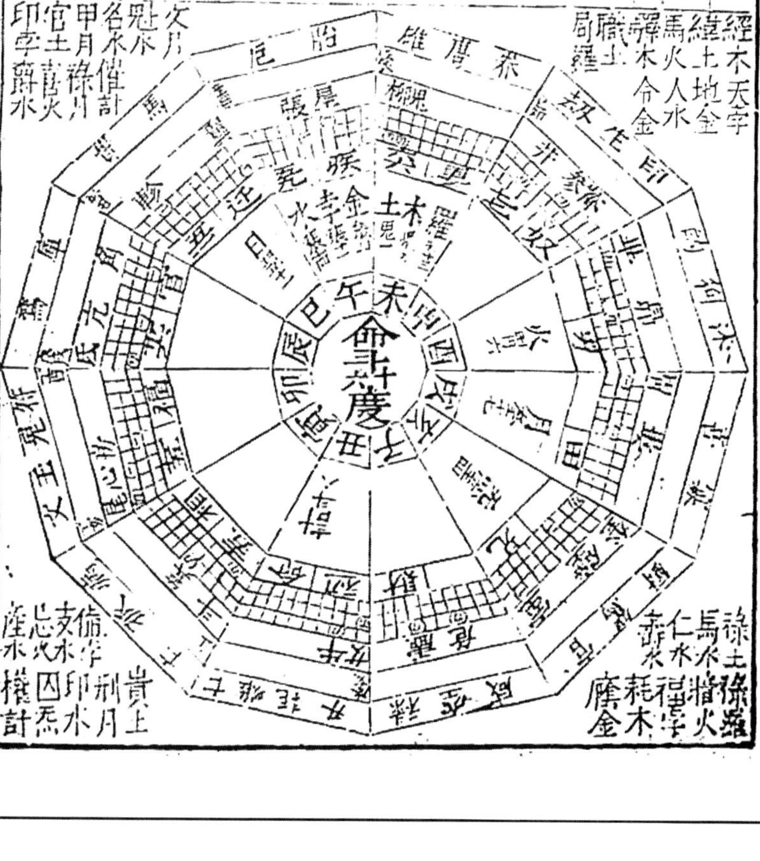

經木 天字
緯土 地金
馬火 人水
驛木 命金
職土
局羅

次月
魁水
名水 僧計
甲月 祿月
官土 喜火
印字 孫水

命十六度

祿土 孫羅
馬水 暗火
仁水 福字
壽水 耗木
臟金

貴土 刑月
備字 印水
支水 因炁
忌火
產水 權計

喜格

土居艮山
月到金牛
金居衛分
火到奎婁
水陽相會

忌格

日月失輝
諸星散誕
金火泄氣

中書

正月初十日
號銘石
丁丑
壬寅
戊戌
甲寅
乾造夜生
曹師稷
南直宜興人
巳酉丙辰科
乙卯時更驗

經證

火金羅月是陰
星遇夜生逢最
主文若為身命
司官福三台八
座主聲名

年 限

若謂卯時水輔
陽光在命木火
官福垣令鄉會
高捷尤驗於寅
時也請詳之

經水 天羅
緯土 地金
馬木 人金
驛火 命木
職元
局木

文火
魁計
名火 借羅
甲月 祿羅
官計 喜木
印月 財水

值日
支木
忌月
產火
貴計
刑羅
印火
囚孛
權木

祿月
馬木
仁火
壽水
祿金
暗土
福月
耗水
蔭孛

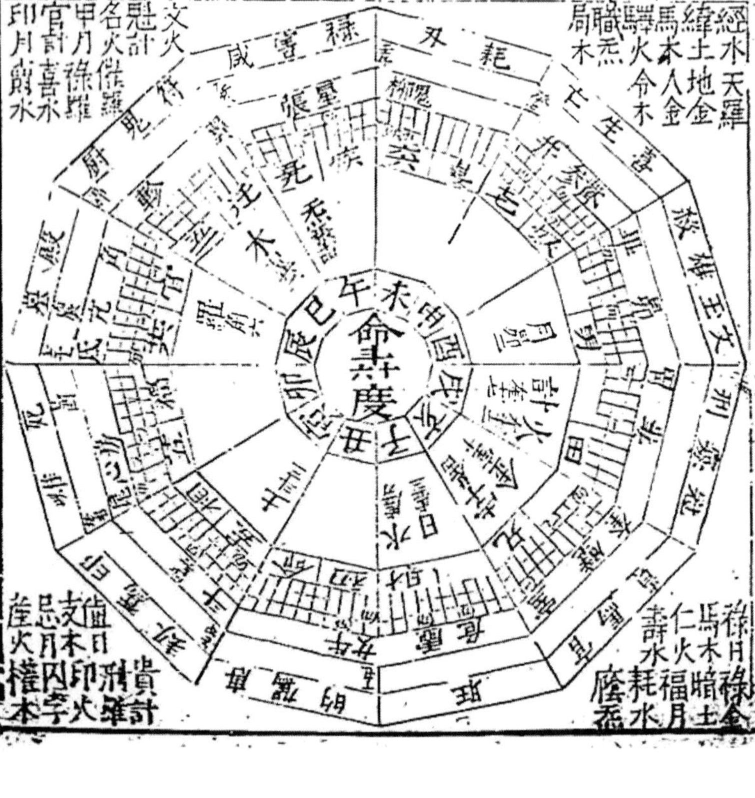

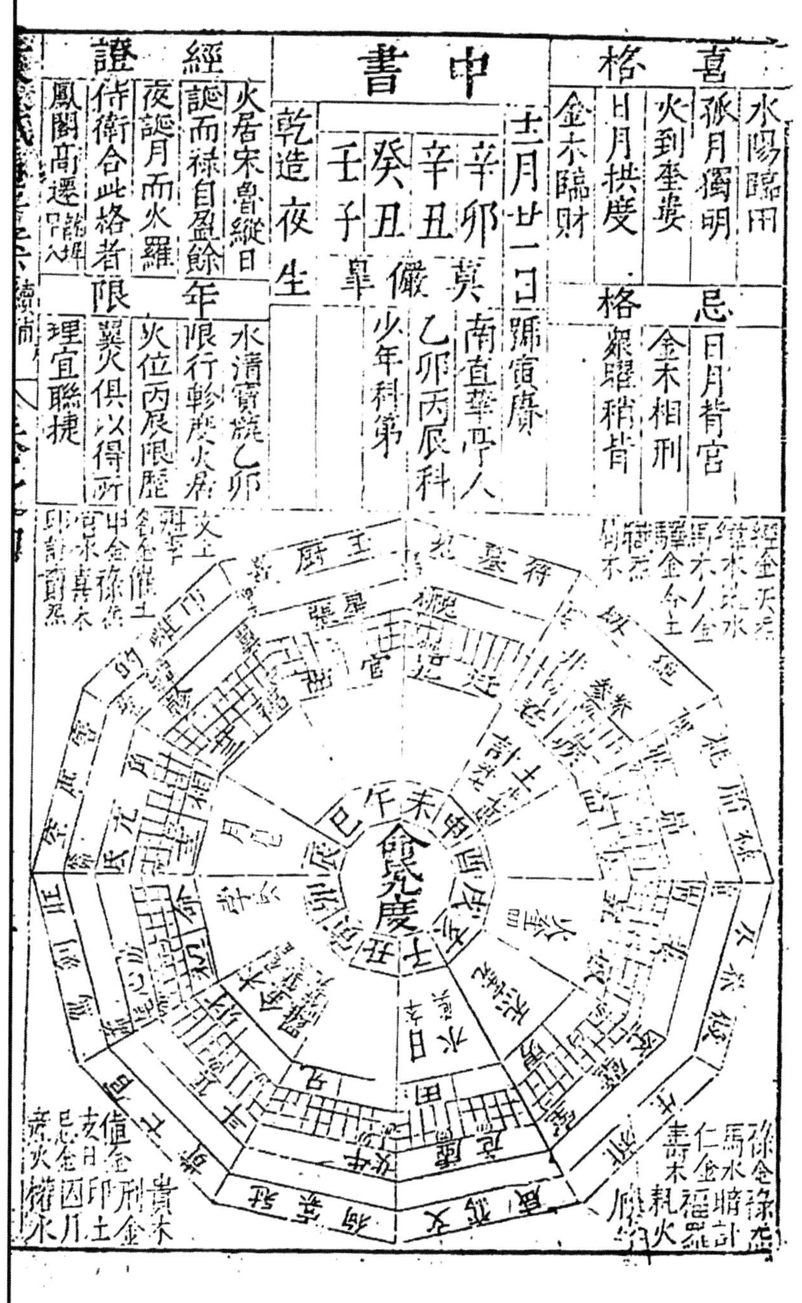

喜格

水陽臨田
孫月獨明
火到奎婁
日月拱度
金木臨財

忌格

日月背宮
金木相刑
衆曜稍背

中書

十二月廿一日躔宿房
辛卯　莫　南直華亭人
辛丑　儼　乙卯丙辰科
癸丑　少年科第
壬子　皐
乾造夜生

經

火居宋魯縱日
誕而祿自盈餘
夜誕月而火羅
侍衛合此格者
鳳閣高遷

年限

水清寶燒乙卯
限行軫度火居
火位丙辰限臨
翼火俱以得所
理宜聯捷

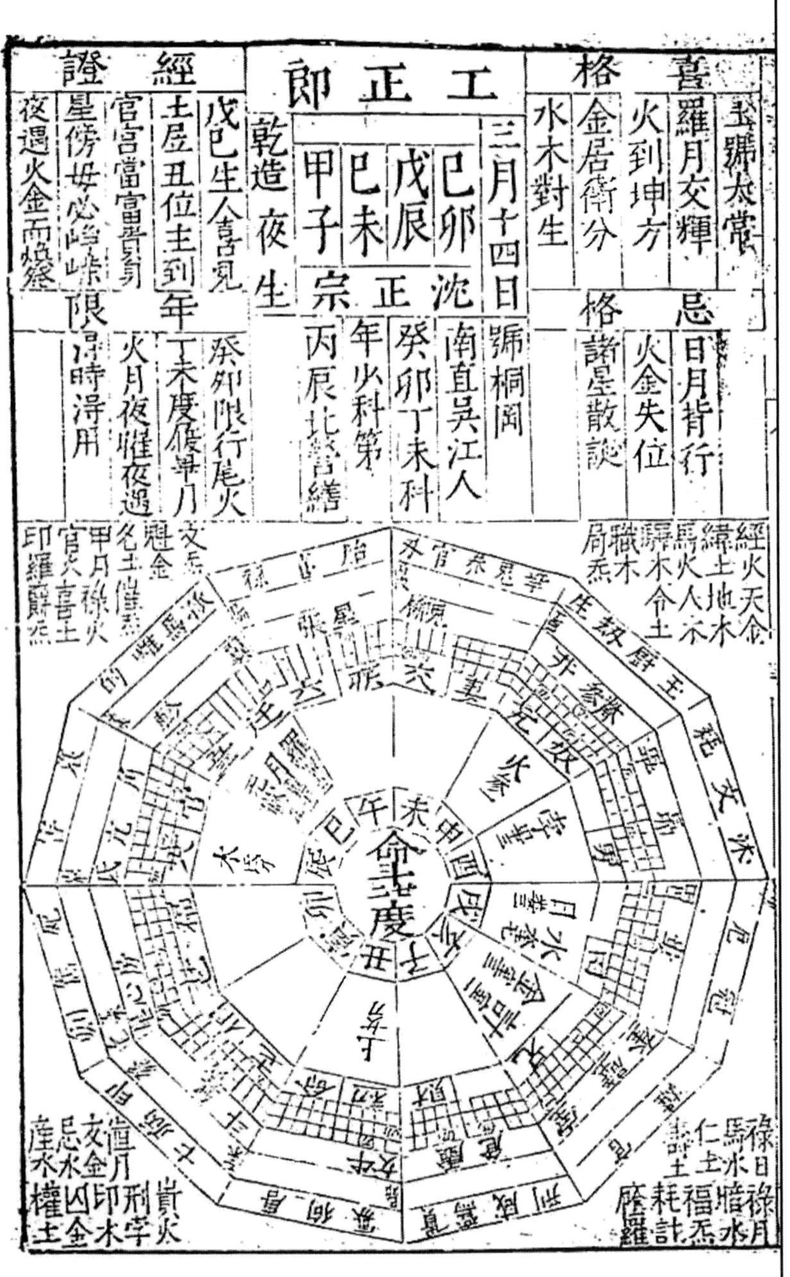
工正郎
喜格
玉獬太常
羅月交輝
火到坤方
金居衛分
水木對生
忌格
日月背行
火金失位
諸星散誕
三月十四日
巳卯
戊辰
巳未
甲子
乾造夜生
沈正宗
南直吳江人
癸卯丁未科
年少科第
丙辰北
經證
戊巳生人喜見
土居丑位主到年
官宮當富貴躬
星傍母必
夜遇火金而焰
癸卯限行尾火
丁未度展畢月
火月夜雖夜遇
限尋時得用
命土度

喜格

火金朝天
官福氣令
月火陞殿
諸星向朝
福祿臨財

忌格

陰陽獨立
冠月水宮
火金共度

行人

十一月十三日 號雙南
己丑金 浙江秀水人
丁丑羸 壬子丙辰科
丙戌兼 年少科第
甲午
乾造晝生

經證

晝生專取日木
土以是發用皆年
無阻官權顯而
福星明官高祿限
厚官福臨財富

壬子限宮坐祿
向貴度主火陞
官殿丙辰限度
在月月上帶高

文炁 金 名上 甲金祿火 官火貴土 印羅 暗水

經木天火
緯土地火
馬火人水
驛水命土
職羅
局土

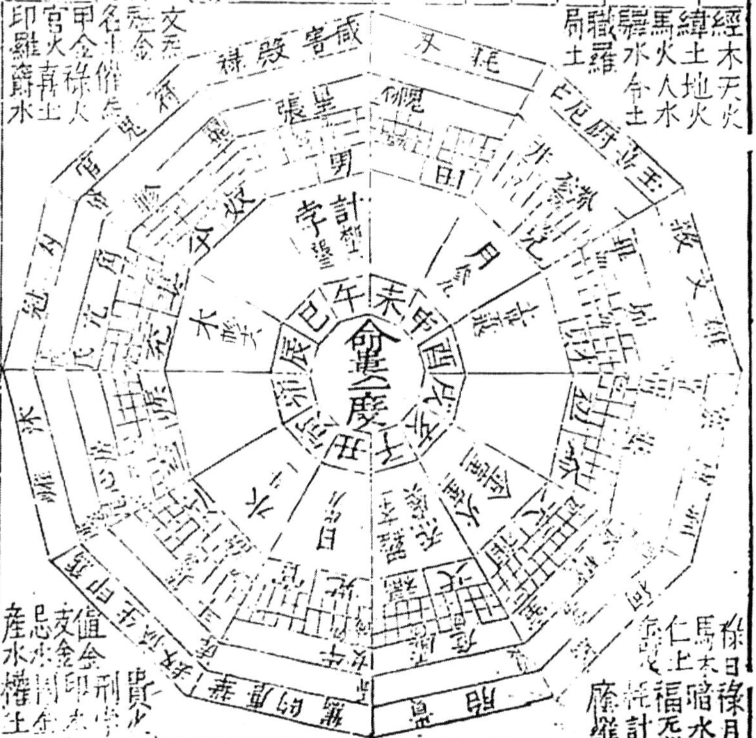

祿日 祿月
馬木 暗水
仁上 福炁
[illegible] 計
廢羅

貴火 刑[illegible]
值金 印木
支金 [illegible]
忌水 [illegible]
產水 權土

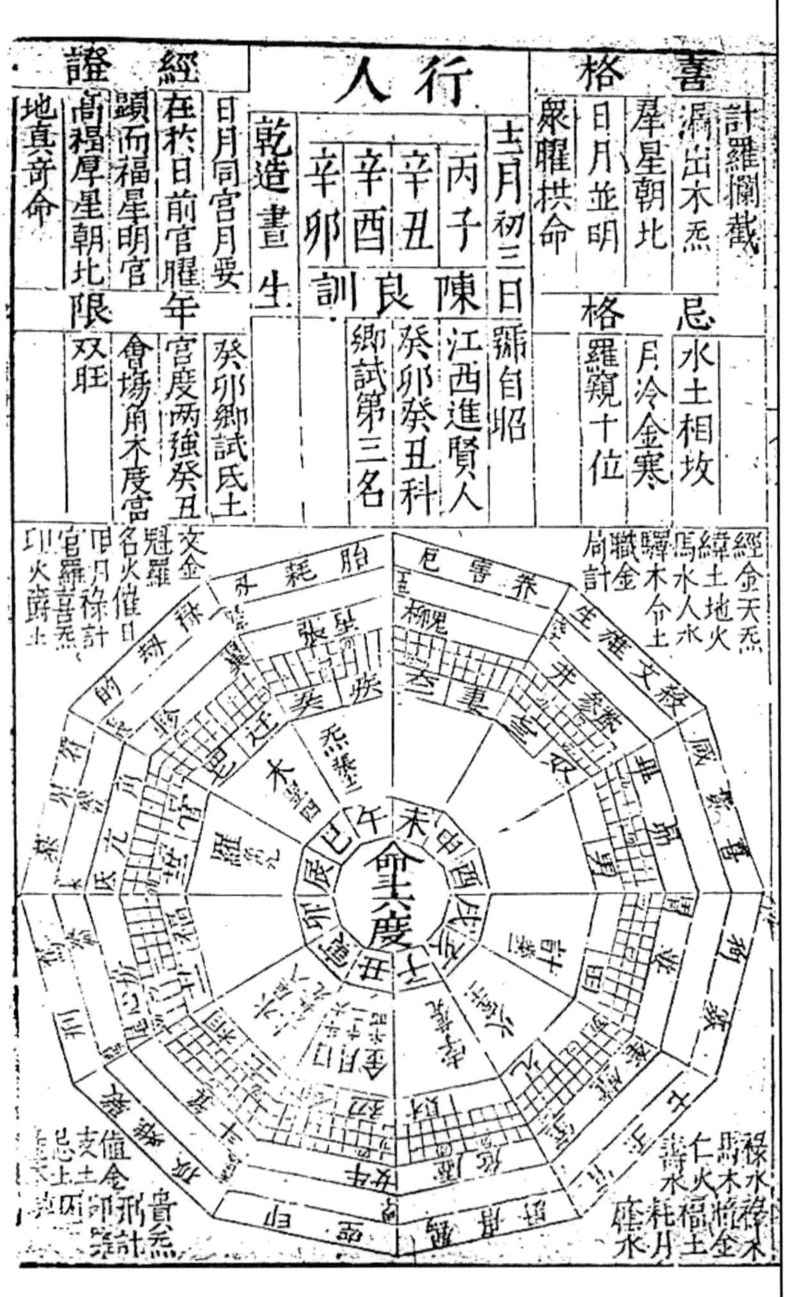

喜格

計羅攔截
漏出木炁
群星朝北
日月並明
衆曜拱命

忌格

水土相坆
月冷金寒
羅窺十位

行人

十一月初三日寅自昭

丙子
辛丑
辛酉
辛卯

陳良訓

江西進賢人
癸卯癸丑科
鄉試第三名

乾造晝生

經證

日月同宮月要
在於日前官曜
顯而福星明宮
高福厚星朝北
地真奇命

年限

癸卯鄉試氐土
宮度兩強癸丑
會場角木度高
双旺

喜格

金水從陽
月掛柳梢
木火文明
日月拱命財
日月拱雷門

忌格

計月同宮
炁蔽太陽

評事

二月十一日歸集處
辛卯 庚寅 戊寅 癸亥
黃大綬
江西永豐人
乙卯巳未科
庚申年比大理
乾造夜生

經證

賢者金水臨垣 秋拭柳土兼太
木炁拱命更妙年 陽春闈柳土同
日月拱命財於 月起垣此後一
雷門丑困財得限 路功名到白頭
地乃富貴造也

經土天月
緯水地火
馬金人火
驛金令木
職金
局計

文土
魁孛
名金催土
用水祿炁
官水喜木
印計爵火

祿金祿炁
馬木暗計
仁金福羅
壽土殺火
命孛

貴木
值月刑金
支日印土
忌金囚月
產火權水

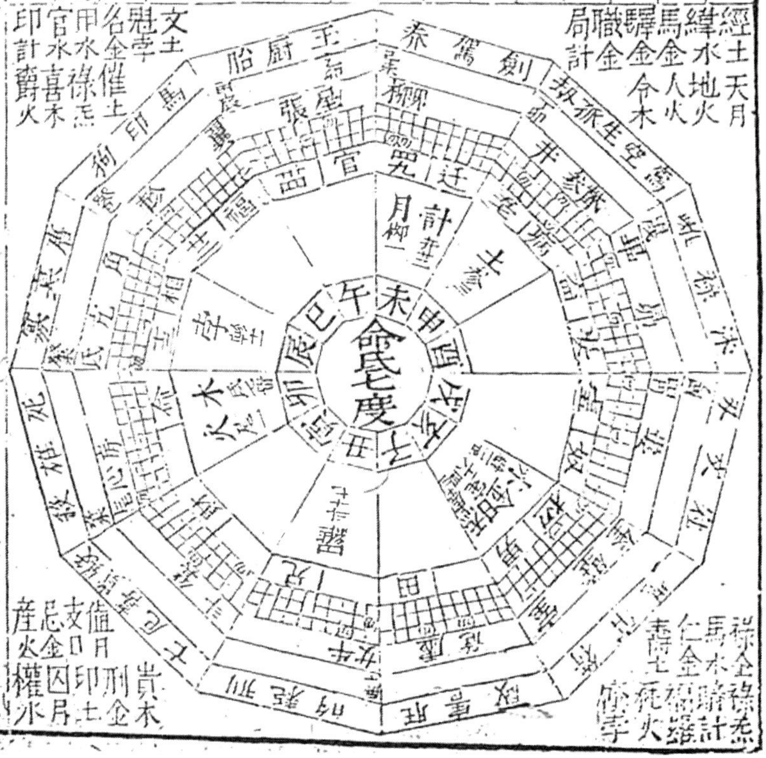

喜格	忌格
日月並明	月居日後
陰陽夾度	日躔月度
木火文明	
星朝北闕	福官弱地
官福高明	

評事

正月廿九日號自明

辛卯　庚寅　丙寅　癸巳

詹以晉

江西永豐人　巳酉丙辰科　庚申年北大理　少年科甲

乾造晝生

經

日月最宜拱夾　夾命度名甲者年　尤奇星朝北地

巳酉壁水水湊　天池丙辰室火　火燃天蝎将来

證

真奇命入殺有限後限貴至極矣　星權不小

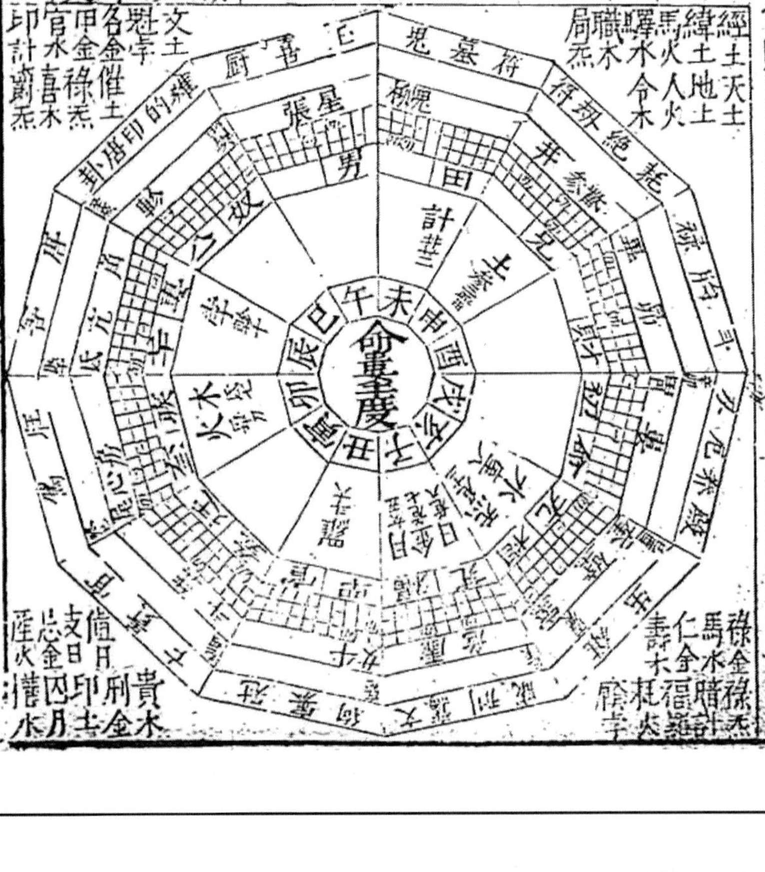

經土　天土　緯土　地土　馬火　人火　驛水　命木　職木　局炁

文土　魁孛　名金　催土　甲金　祿炁　官水　喜木　印計　爵炁

祿金　祿炁　馬水　暗計　仁金　福羅　壽木　耗炁　蔭孛

僊月　支日　忌金　産火　貴木　刑金　印土　因月　擅水

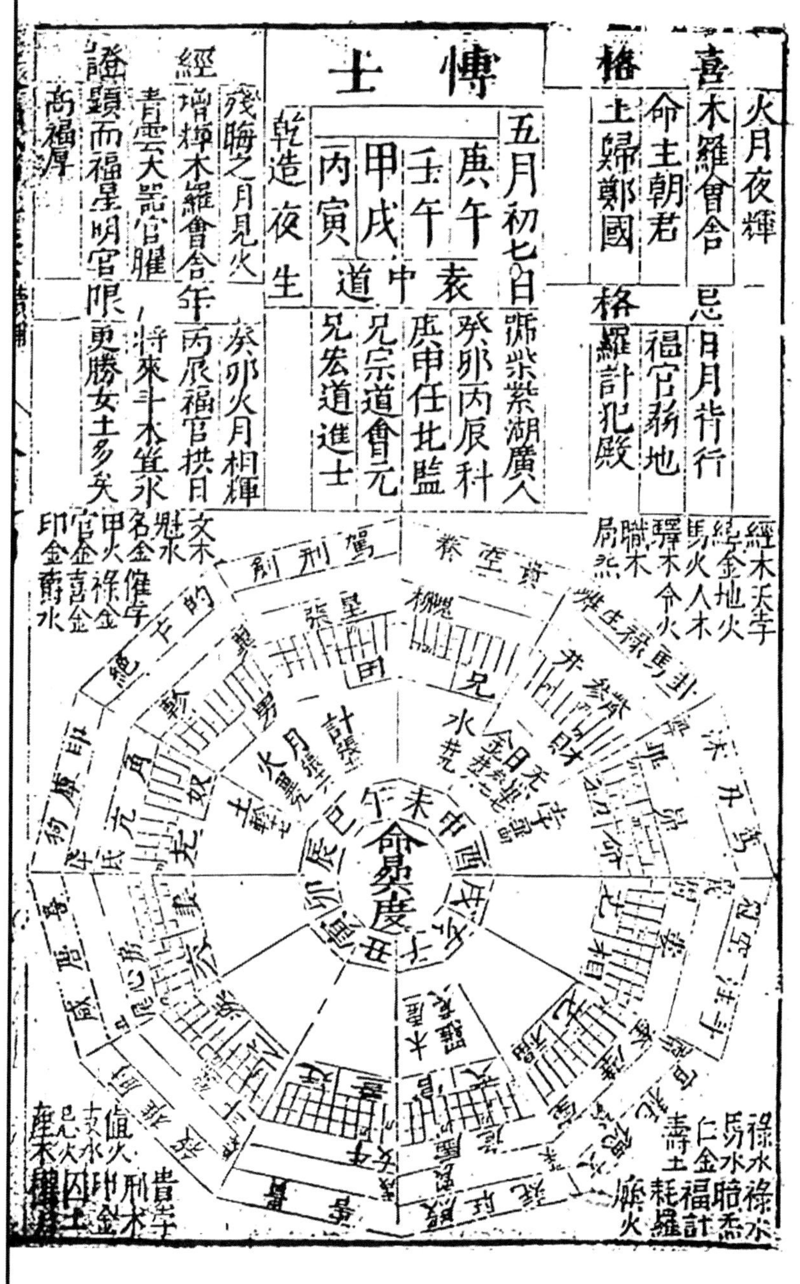

喜格
慱士
火月夜輝
木羅會合
命主朝君
土歸鄭國
忌月月背行
福官務地
羅計犯殿
五月初七日
浙紫紫湖廣人
庚午
壬午
甲戌
丙寅
表中道
癸卯丙辰科
庚申任北監
兄宗道會元
兄宏道進士
乾造夜生
殘晦之月見火
癸卯火月相輝
增輝木羅會合午
丙辰福官拱日
青雲大器官膗
將來未可量
顯而福星明官限
更勝女土多矣
高福厚
命安度

喜格

大月當斗
水金對月
木照會合
釆登來風
福官照身

忌格

陰陽獨立
水金失令
土木失躔

傅士

五月十七日
乙酉　壬午　丁亥　己酉
乾造夜生
沈榮

歸彥威烏程人
壬子癸丑科
祖侍郎父同知
叔淮閣老
叔濱方伯
庚申轉北部

經證

大月當斗最宜
金水對照掌官年
福主者尤奇木
羅乃科甲之宿
青雲大器

壬子癸丑亢金
陞駁宮庚戌兩強
最利連捷惟是
恨及綱之位不無
喜懼同途

經土　天土
緯木　地金
馬金　人金
驛水　令火
職炁
局木

文計
魁日
名木　催水
甲日　祿水
官木　喜計
印日　爵金

祿火　催木
馬木　職金
仁木　福金
壽水　耗土
蔭月

貴才
刑炁
值火　印計
支土　囚羅
忌土
產水　擇火

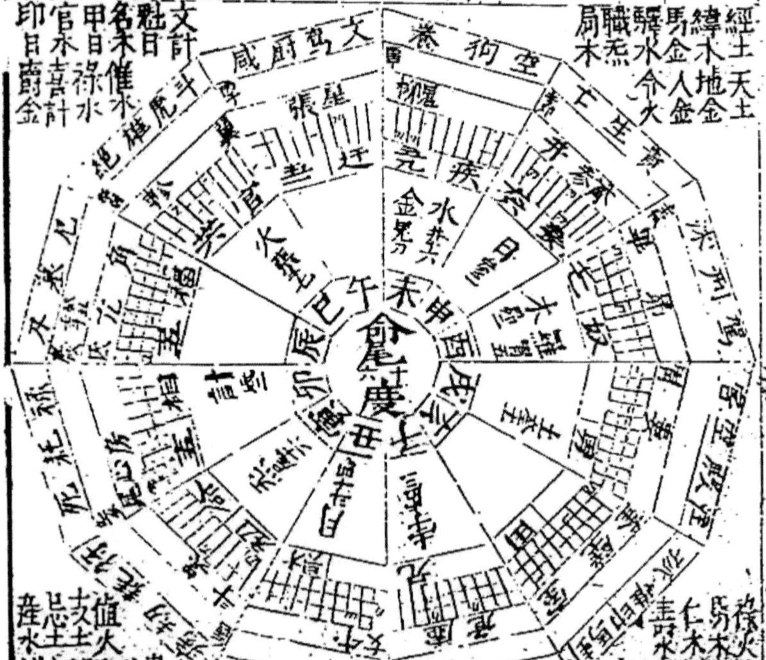

喜格

陰陽得體
乾坤定位
金水會垣
官福得所
名甲高明

忌陰陽無輔
計犯土星
格衆曜背行

年少聯登

七月廿四日雞旦心
庚辰
乙酉
辛卯
丁酉
乾造夜生

方應明
河南光州人
癸卯甲辰科
初任山西尹

經證

亥為天門申為地戶身命臨此年牛金金土兩垣謂之乾坤定位官度皆強高提且官福名甲居限無疑
卯辰聯捷限行高必主發

經火天金
緯水地木
馬火八木
驛金个金
職土
局羅

文木
魁水
名金催孛
甲水祿金
官金吉炁
卯金蔚孛

祿水福水
馬木暗炁
仁金福計
壽金杖羅
廈火

貴孛
刑木
值孛
支水印金
忌火囚土
產木權月

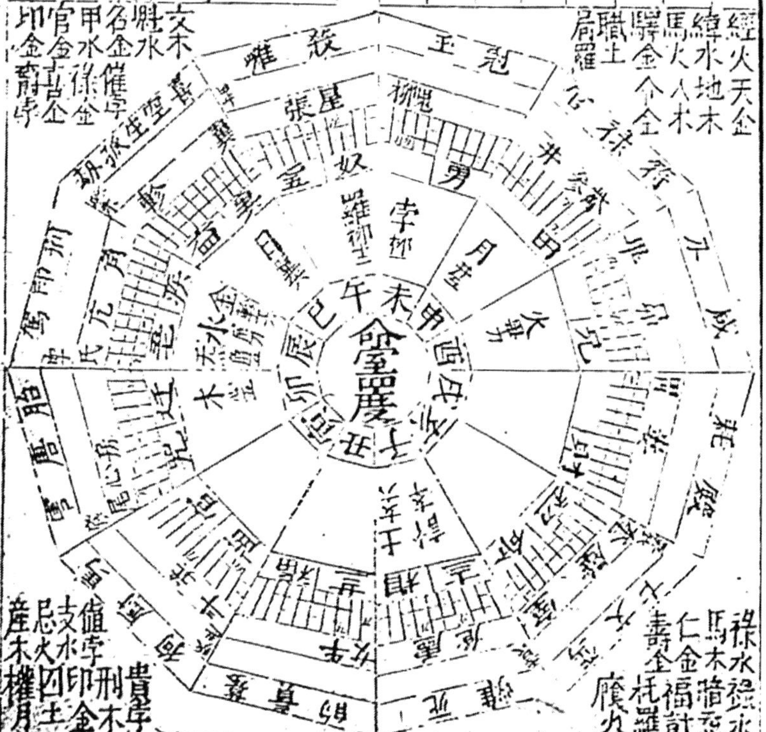

少年科第

喜格	忌格
計羅中擱	火燒牛角
華星拱命	日月無輔
日月得位	計犯土星
金水坐命	

八月初八日孫偃紅

庚辰	乙酉	乙巳	庚辰

乾造夜生

孫穀

湖廣華容籍

江西進賢人

庚子丁未科

父庶吉士

經證	年限
賢者金水坐命	稍疾日月無輔
日月分明官曜	計羅截出垒星
顯而福星明官	以減格局分數
高福厚金水會	未申限俱佳胃
垣終身蚤發	土次之

文木 魁水 名金 催字 甲火 祿金 官金 喜金 印金 爵字

經金 天木 緯土 地金 馬水 人土 驛火 合金 職炁 局木

貴字 值字 刑不 支水 印金 忌火 囚土 產木 權月

祿水 祿木 馬木 暗炁 仁金 福計 壽金 耗羅 產火

命 乙 屢

巳 午 未 申 酉 戌 亥 子 丑 寅 卯 辰

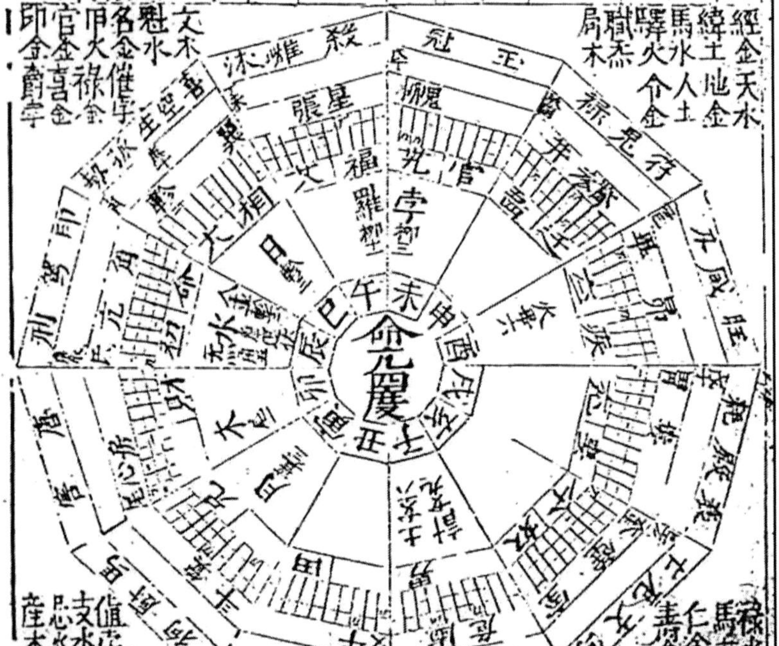

喜		格		年少登科					經		論
太乙抱蟾	日月夾命	天首周邪	金水會垣	衆曜拱南	七月廿六日	庚辰 乙酉 癸巳 甲寅	乾造 夜生	日月拱夾帝座	便是廟廊宰輔	孛羅閒於其中	乃是文兼武備
	忌日月無輔	金水背馳	格火孛居官		孫九宗	浙江嘉善人 庚子科 二十一歲發		庚子科限行井	年末宫度丙強酉	限登第及計犯	限度喜慎同途 造也

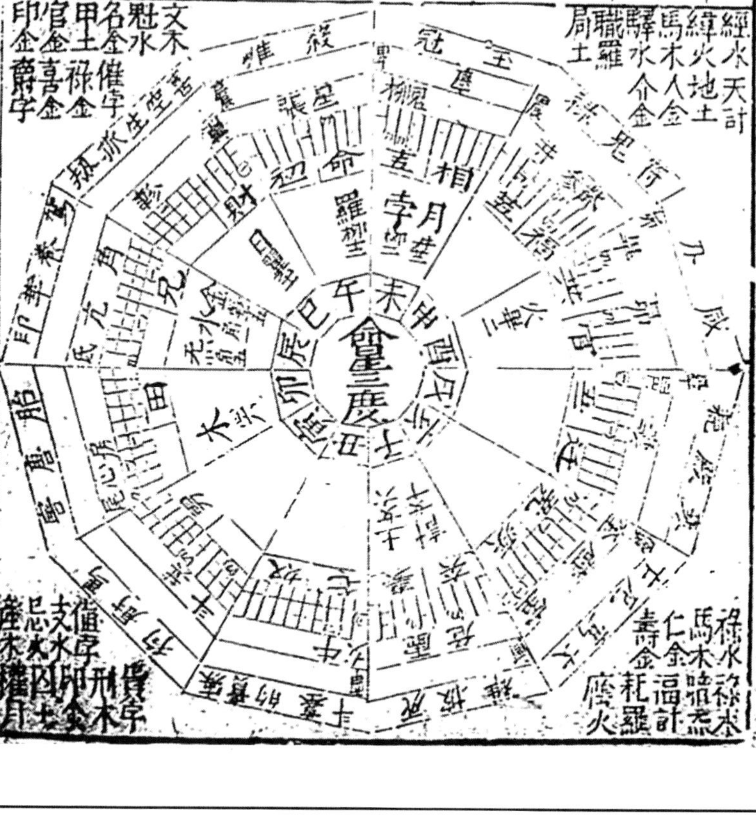

經水 天計
緯火 地土
馬木 人金
驛水 介金
職羅
局土

文木
魁水
名金 催字
甲土 祿金
官金 喜金
印金 爵字

祿水 詒木
馬木 暗炁
仁金 福計
壽金 耗羅
催火

貴字
刑木
印金 卯
囚土 支水
權月 忌水
產木 催字

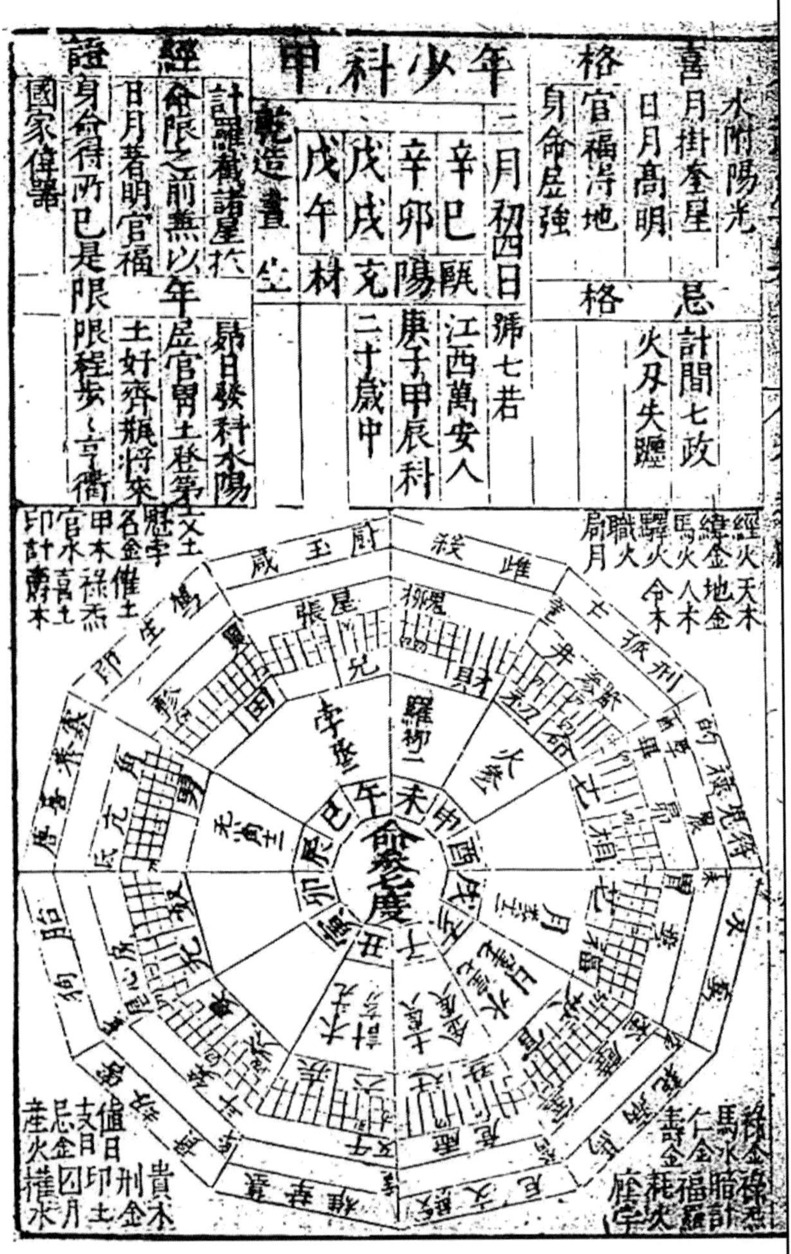

喜
大附陽光
月掛奎星
日月高明
官福得地
身命居強
格
忌
計間七政
火刃失躔
格
年少科甲
二月初四日
辛巳
辛卯
戊戌
戊午
江西萬安人
庚子甲辰科
二十歲中
乾造
經
計羅截諸星於
命限之前無以年
日月著明官福
證
身命得所已是限
限程步步亨衢
國家偉器

少年聯捷

喜格	
日月夾羅	
水陽相會	
火到南離	
官福高明	

忌格
日月無光
土木共躔
七政背行

四月廿八日躔參九

癸未	戊午	己卯	乙亥

周 㷀

乾造夜生

福建蒲田人

丙午丁未科

二十四歲

經

七政連茹四餘列外間羅孛中年甚以殺前主後

證

當膺藩翰之權限

前者午未聯登

限歷斗木〻臨

亥上孛中台滿

腰當為翰苑才

如此符合

文月 魁水 名水 甲日 官土 印学

催計 祿月 喜火 爵火

經木 緯水 馬火 驛火 職金 局計

天火 地火 人水 仝火

祿土 馬水 仁水 壽木

祿土羅 廳火 福孛 耗木 㕓金

值火 支水 忌火 産水

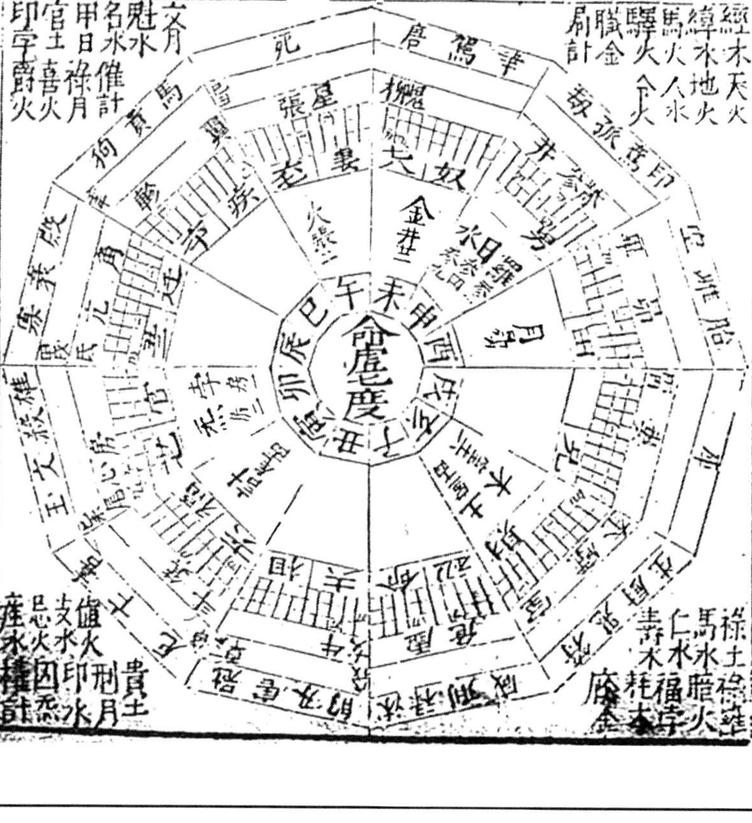

貴土 刑月 印水 囚炁 權計

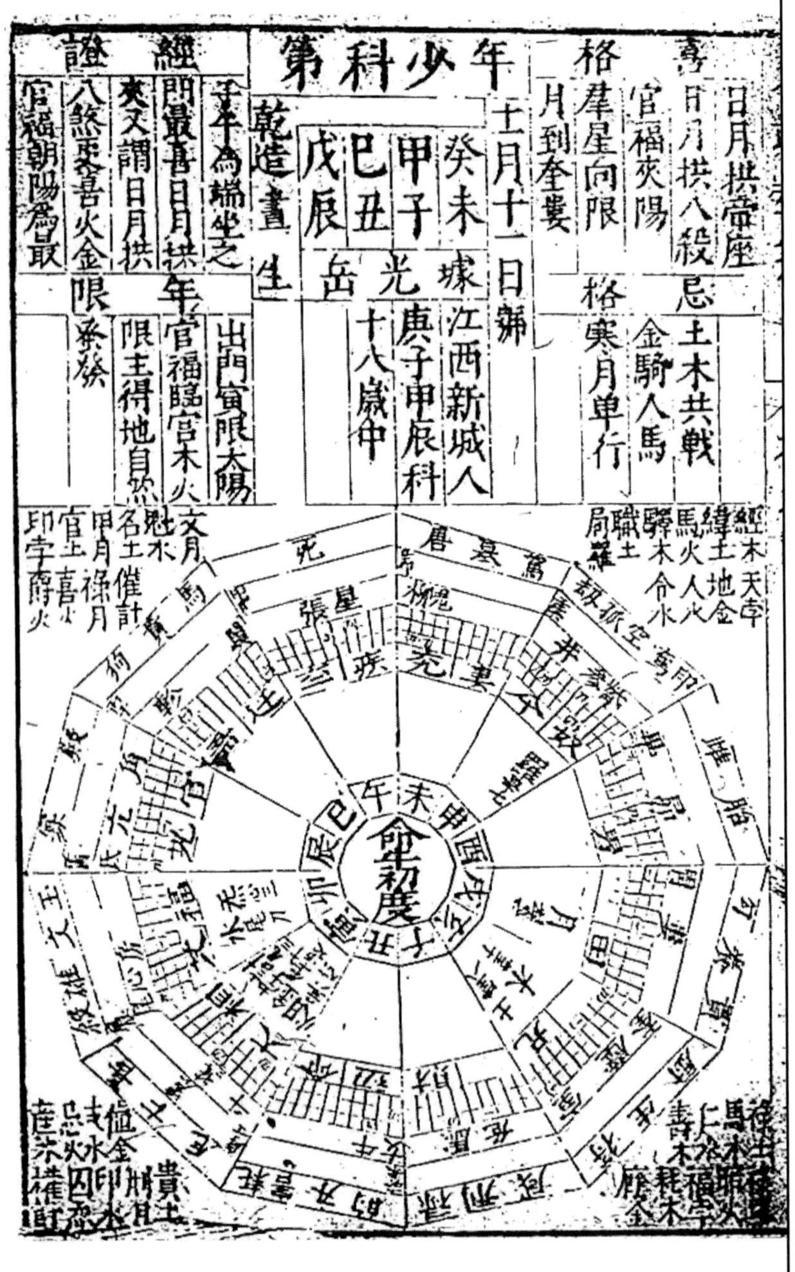

年少科第
壽
日月拱帝座
日月拱八殺
官福夾陽
格
羣星向限
月到奎婁
忌
土木共戰
金騎人馬
格
寅月单行
乾造書生
癸未
甲子
己丑
戊辰
據光岳
江西新城人
庚子甲辰科
十八歲中
經證
壬午為端坐之
門最喜日月拱
交又謂日月拱
八煞要喜火金
官福朝陽為最
年限
出門寅限太陽
官福臨宮木火
限主得地自然
命

年少科第

喜格

四餘拱月
五星轄日
群星朝命
官來拜主
命度朝陽

忌格

水土相攻
官祿剋命
身妻坐夘

正月二十日孺遞白

甲申
丙寅
庚子
丁丑

乾造夜生

賀娘

南直丹陽人
丙午庚戌科
二十三中
初任北部

經證

計羅獨截漏出
孛光同命泊共年
問命度朝陽官
來拜主貴則貴
奚無加於此

經云官祿剋命
年以名立身以名
敗身又天雄居
限官若是招非如
應將未位尋

經火天金
緯土魁木
馬火人木
驛木仁木
職木
㫚炁

文緯
魁月
名木催金
甲月祿木
官炁喜羅
印木蔭火

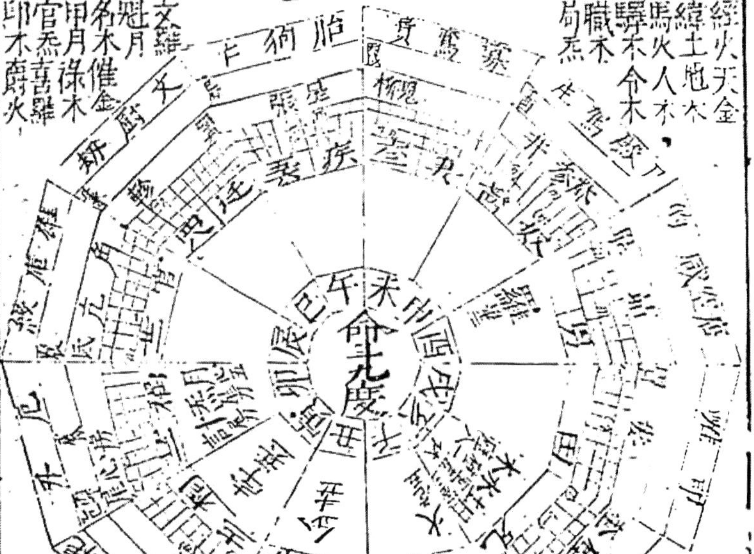

命七度

祿木祿火
馬火暗孛
仁木福木
壽水耗金
蔭土

貴月
刑水
俱金印炁
文木囚計
忌日
產金

儒士聯捷

喜格	忌格
祥雲捧月	五星失次
火居坤地	日月背宮
木恩守命	
度主朝陽	
官福東令	

六月十四日[illegible]定寺

甲申	辛未	己未	甲子
許	昌	臣	

[illegible]遷夜生

南直武進人
丙午丁未科
儒士入場
二十三歲中

經證

不忌拱照身命
主有壽而聰明
格合五曜環陽
四餘列外闇羅
於中文兼武備

年限

午未連捷限
行室火火炁對
生倍增福祉中
末年間更勝前
過

經木天火
緯土地木
馬火人水
爵水命土
職字
刷木

魁月
文纈
名木傑金
甲金祿木
官炁喜羅
印木爵火

祿木
馬木暗字
仁木福木
壽水耗金
蔭

貴月
刑木
文木羅
忌日印孫
產金四

命 慶

喜　水陽相會　太乙抱曜　命主居官

忌　土羅對照　火計臨垣

格　官福得位　度主朝君　格命坐夘厄

年少聯捷

八月十三日𠈑戌池

乙酉	張　南直上海人
甲申	肇　丙午下未科
辛亥	初任萬安尹
壬辰	林　又云巳時的

乾造晝生

日南月北孚官　午未科第而限

經　福主者合格水年行婁月而得日文計

陽度是為命度　月高明限官坐

證　主者為最主到限　文向貴佳恐并

官宮富貴　木過金次之

經金天水　緯土地土　馬水人土　驛火仐金　職羅　局土

文計　魁日　名木　健木　甲火　祿水　官水　喜計　印日　爵金

祿火　祿字　馬木　暗木　仁木　福金　壽水　耗土　𢈔月

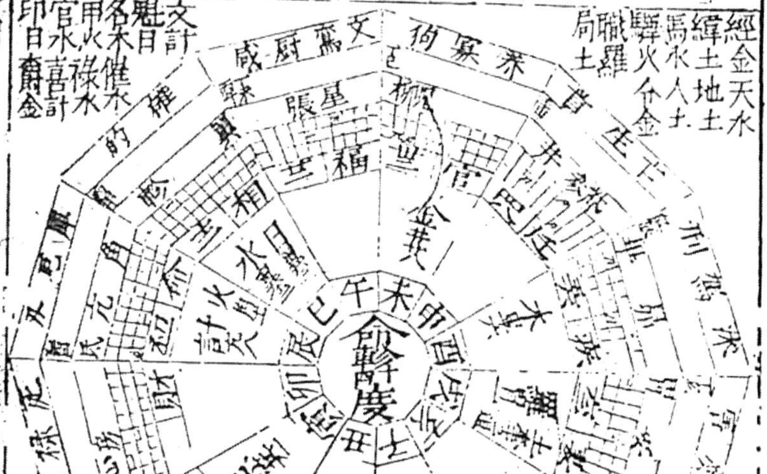

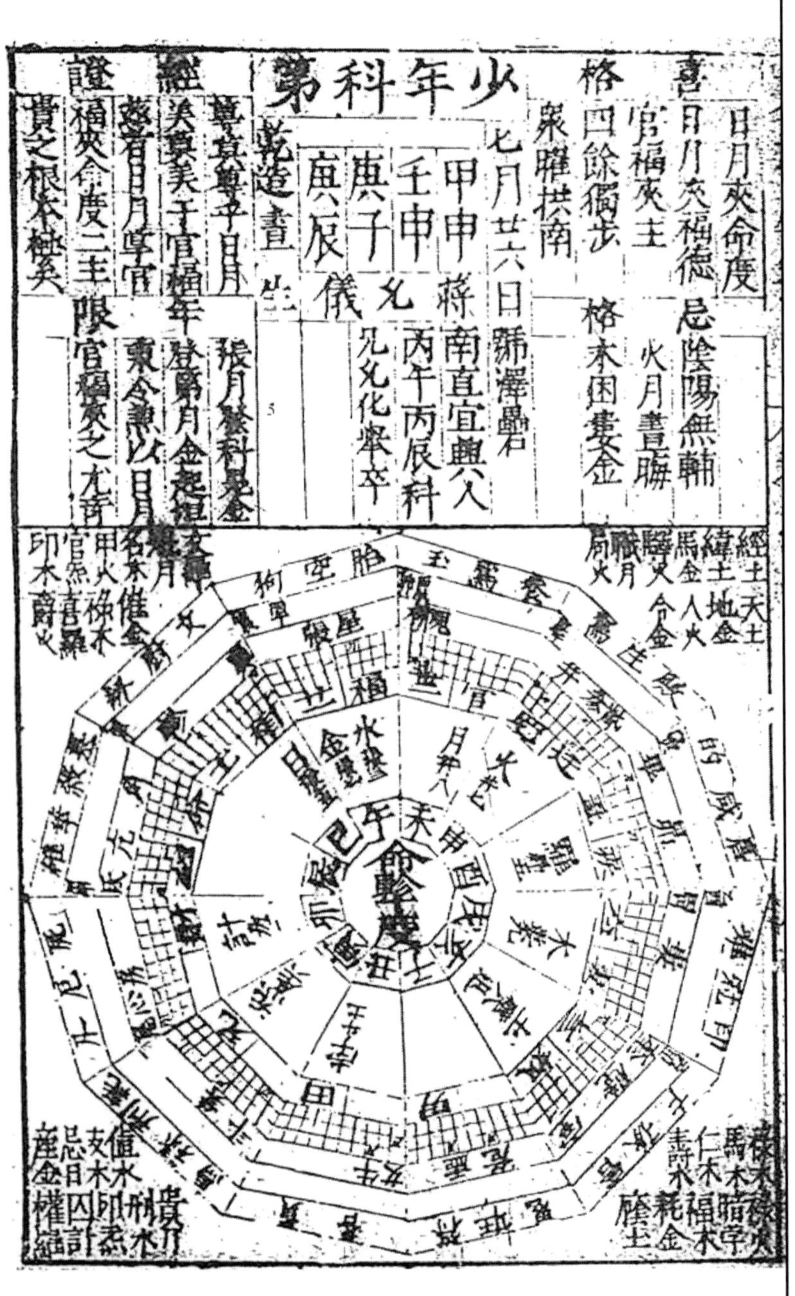
少年科第
日月夾命度
喜日月夾福德
官福夾主
格四餘獨步
泉曜拱南
忌陰陽無輔
火月晝晦
格木囷晝金
七月廿六日酉時
甲申 蔣南直宜興人
壬申 丙午丙辰科
庚子
庚辰
乾造晝生
尊宿尊辛日月
經美宿美于官福年
證福夾命度二主
貴之根本極矣
張月登科是金
登鸞月金起祖
限官福夾之尤奇

年少科第

喜格
陰陽得位
火炁職權
木月清貴
土羅相生
官裘拜主

忌格
水計相刑
孤陽守命
福元受傷

閩九月十八日踹獅玄
乙酉　濟
丁亥　雲
乙卯　翼
己卯
乾造書生
山西籍
丙午癸丑科
父進士

經證
火炁職權官未
拜主身星傍毋年而得金助其度
日月得躔巳是翼火、炁相生
高星顯擢之造限不言可知其利
奈福元受傷減力矣

經土天月
緯木地金
馬水人土
驛金个水
職計
局金

文計
魁日
名木催水
甲金祿水
官水壽計
印日爵金

將火祿孛
馬木暗木
仁木福金
壽水耗土
蔭月

貴水
刑炁
印計
囚羅
權木

値炁
支土
忌土
産水

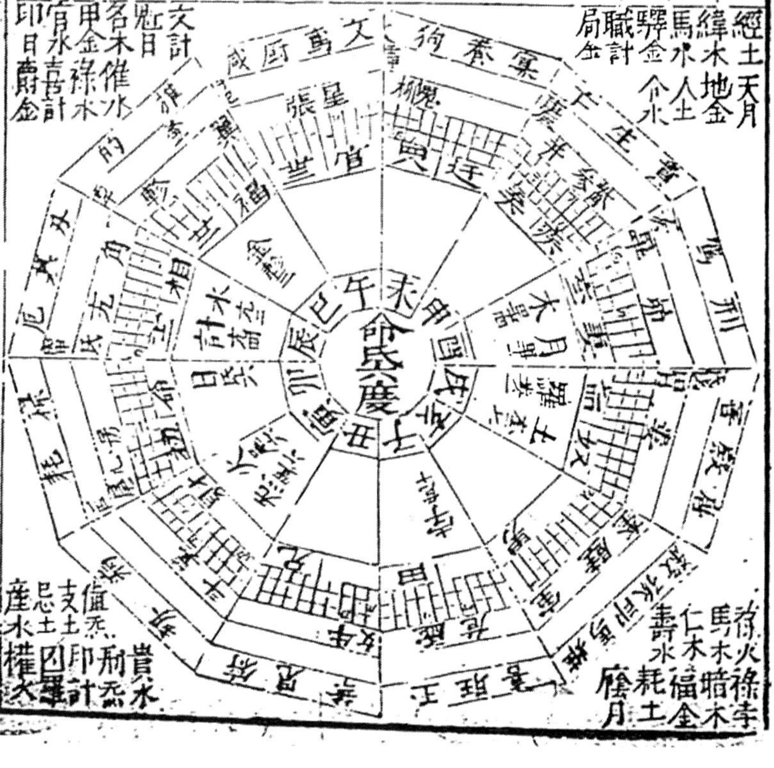

年少聯捷

喜格

七政在內
四餘列外
月明楚地
福主起垣
孛掛朱衣

忌格

七政背行
四餘向拱
火燒牛角

五月初六日　歸禹門

丙戌　南直宜興人
甲午　壬子癸丑科
庚子　初任杭州節推
甲申

乾造　晝　生

毛士龍

經證

計羅截出四餘
七政格合文武
兩班稍兩政餘
背行雖非大魁
位可致於台座

年限

水宿歸經處世
身居翰苑子丑
連登限行軫度
且限宮坐祿向
貴

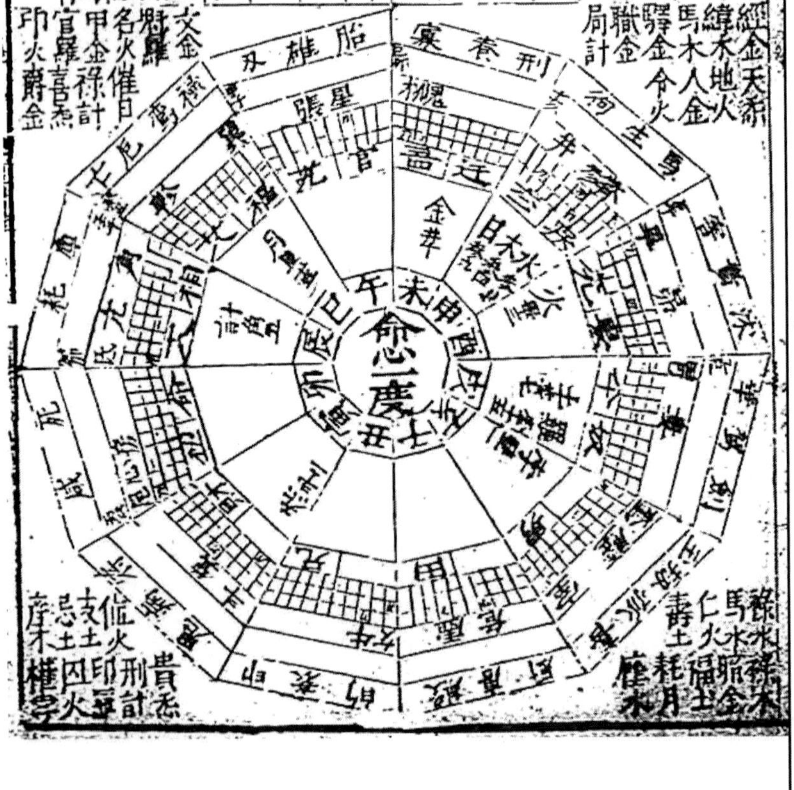

經金　天禄
緯木　地火
馬木　人金
驛金　命火
職金
局計

文金
魁羅
名火　催官
甲金　祿計
官羅　喜炁
印火　爵金

祿水　祿木
馬水　貼金
仁火　福土
壽土　耗月
　　　權木

貴炁
伭火　刑計
支土　印炁
忌土　囚火
彦木　權孛

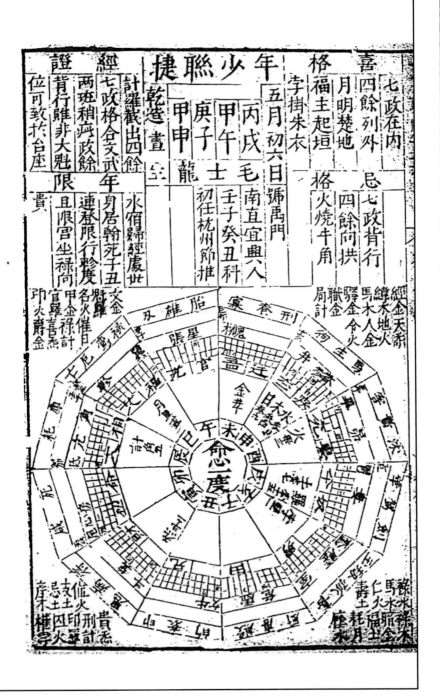

喜格	忌格
大月當斗	水計相刑
身居官祿	金孛湊氣
火燃天蝎	炁羅居福
官福秉令	
金鸞宿柳	

少年聯捷

六月十六日

己丑　張　南直丹陽人

辛未　壬子癸丑科

辛卯　捷　初任浙紹尹

戊子

乾造夜生

經證

火居宋魯縱日詭而祿自盈餘年一月单臨官祿清寧可愛官曜限顯而福星萌禧官高厚

火居卯上名天乙年少成名登桂籍壬子登丑正在室火度下

經木 緯土 馬火 驛水 職羅

天火 地火 人水 令土

魁金 名土 甲金 官火 印羅

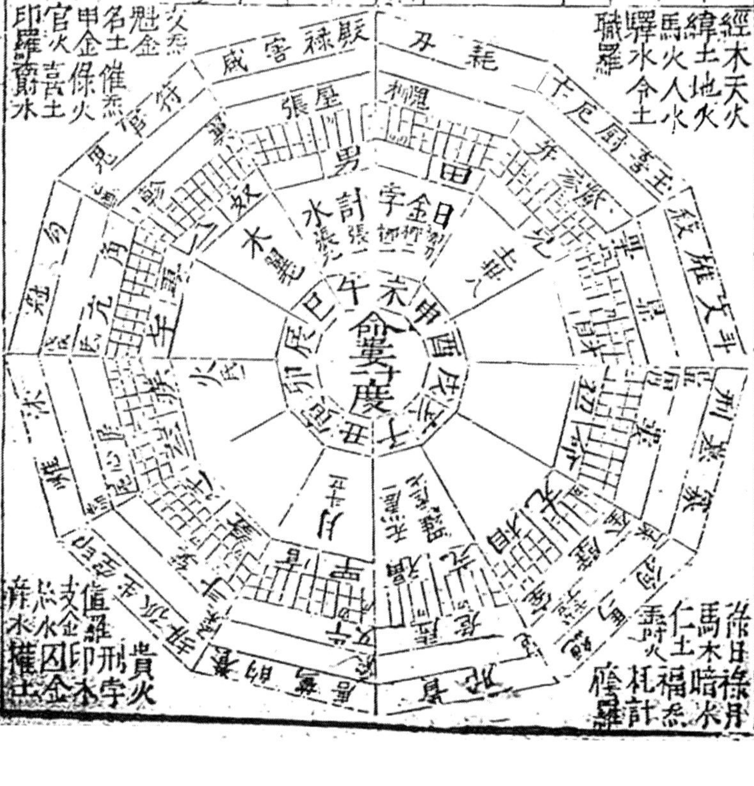

催炁 保火 喜土 爵水

祿日 馬木 仁土 孛火 杖計 蔭羅

貴火 刑孛 印木 囚金 權土

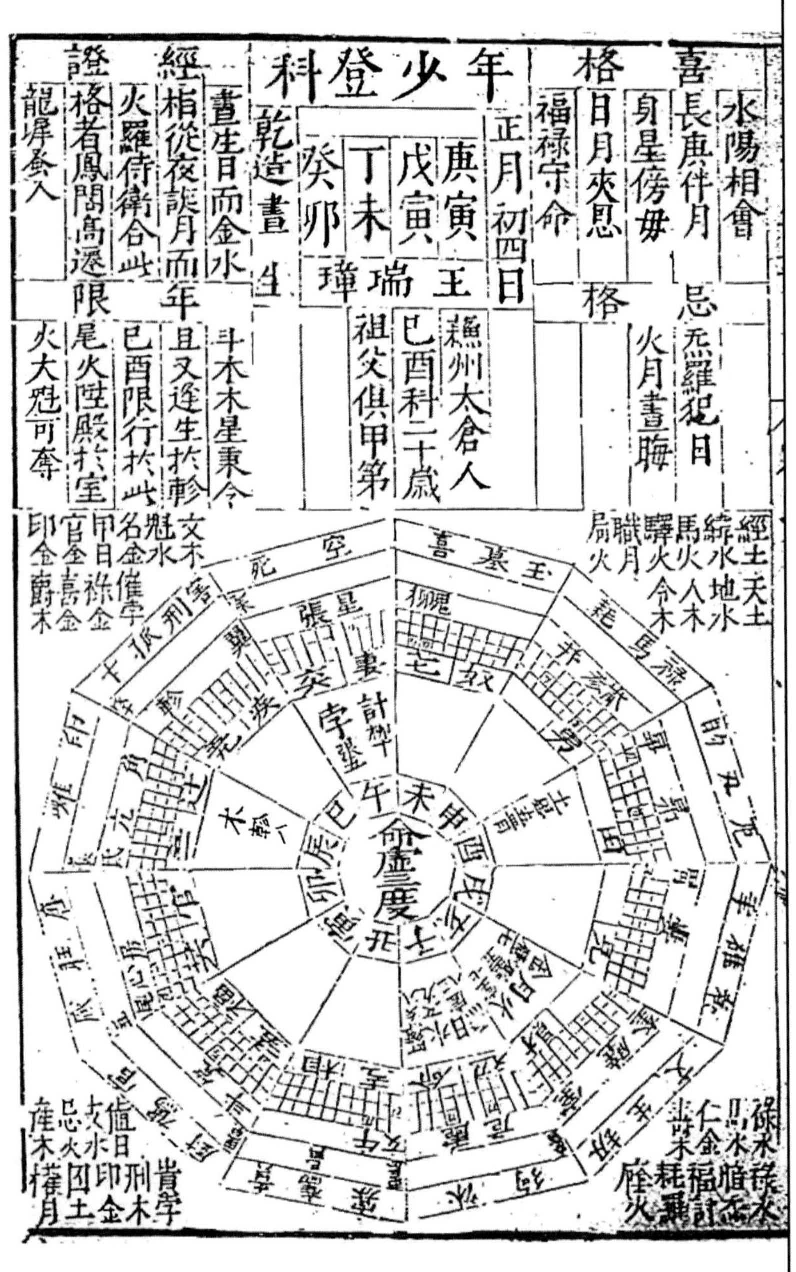
年少登科
喜
水陽相會
長庚伴月
身星傍毋
格
日月夾恩
福祿守命
忌
炁羅犯日
火月晝晦
正月初四日
乾造
庚寅
戊寅
丁未
癸卯
王瑞璋
晝生
蘇州太倉人
巳酉科二十歲
祖父俱甲第
晝生日而金水
斗木木星秉令
經
柏從夜誤月而年
且又逢生於軫
火羅侍衛合此
巳酉限行於此
證
格者鳳閣高遷限
尾火陞殿於室
龍牙參入
火大煞可奪
命 虛 度

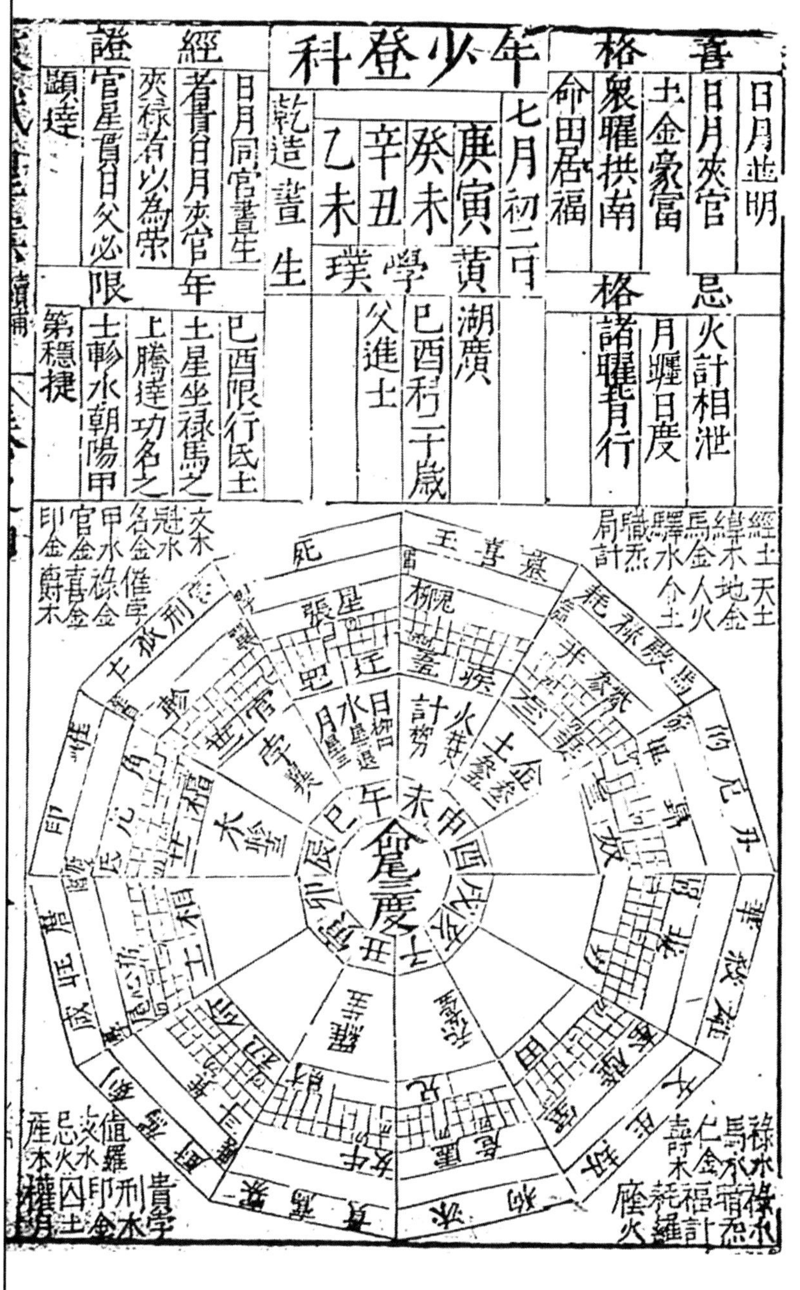

年少登科

喜格

日月並明

日月夾官

土金豪富

衆曜拱南

命田居福

忌格

火計相泄

月遲日度

諸曜背行

七月初二日

庚寅　黄　湖廣

癸未　學　己酉科二十歲

辛丑　璞　父進士

乙未

乾造　晝生

經證

日月同宮晝生者貴日月夾官夾祿者以為榮官星貴日父必顯達

年限

己酉限行氐土土星坐祿馬之上騰達功名之土軫水朝陽甲第穩捷

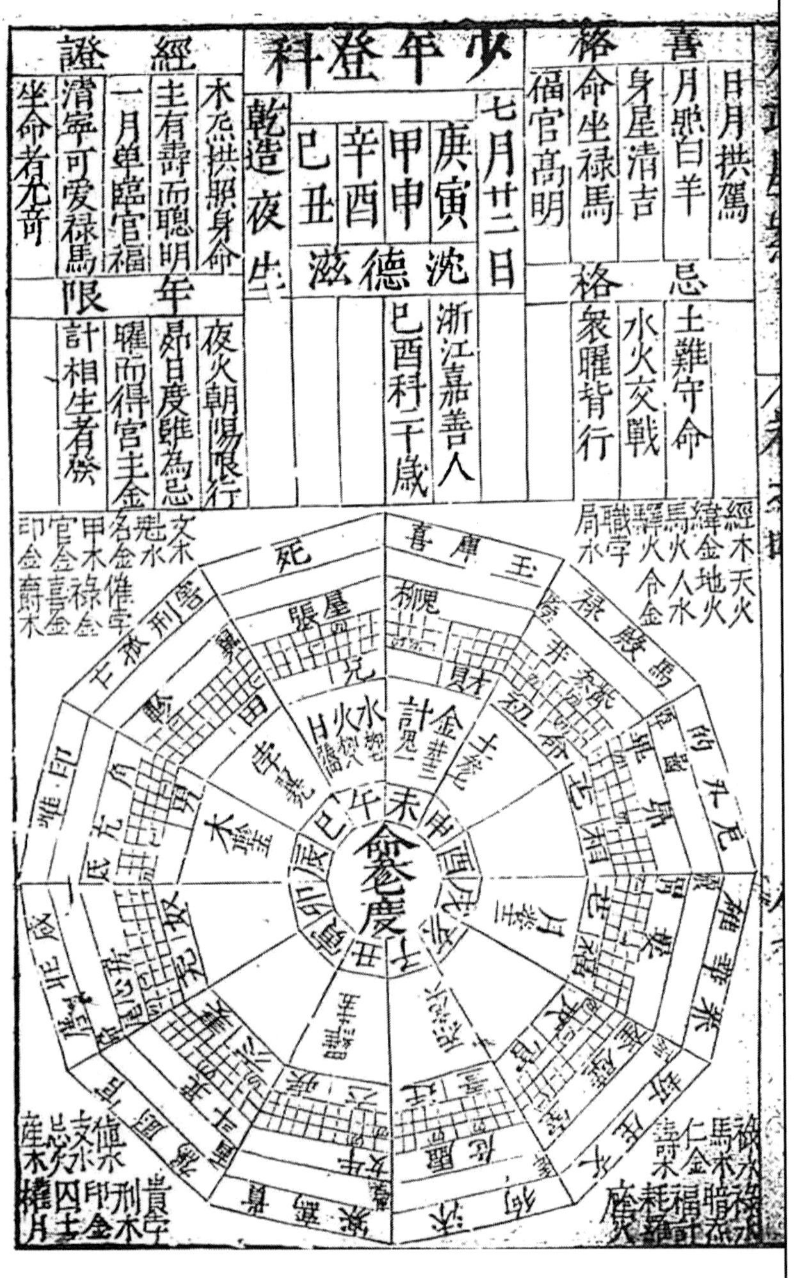

少年登科

喜格	
日月拱駕	
月照白羊	
身星清吉	
命坐祿馬	
福官高明	

忌格
土難守命
水火交戰
象曜背行

七月廿二日

庚寅 沈
甲申 德
辛酉 滋
巳丑

乾造夜生

浙江嘉善人
巳酉科二十歲

經證

木為拱照身命
主有壽而聰明
一月单臨官福
清寧可愛祿馬
坐命者尤奇

年限

夜火朝陽限行
昴日度雖為忌
曜而得宮主金
計相生者發

喜格

四令環日月
四令拱季土
官福夾主
日月夾福
田財夾主

忌格

刼刃犯陽
火孛交戰
諸星背行

年少聯捷

十月初六日
庚寅
丙戌
甲戌
乙丑
王三重
乾造夜生
江西大庾人
壬子癸丑科

經證

日月最宜拱夾
金水須要分明
茲者日月夾福
官福夾主乃名
高利達造也

年限

木觸金能金木
相刑限行井木
固無所取得金
躔軫水乙能生
木木無吉凶繼相

經水　天計
緯火　地土
馬木　人金
驛水　金土
職羅
局土

文木
恩水
名金　僅孛
甲土　祿金
官金　壽金
印金　爵木

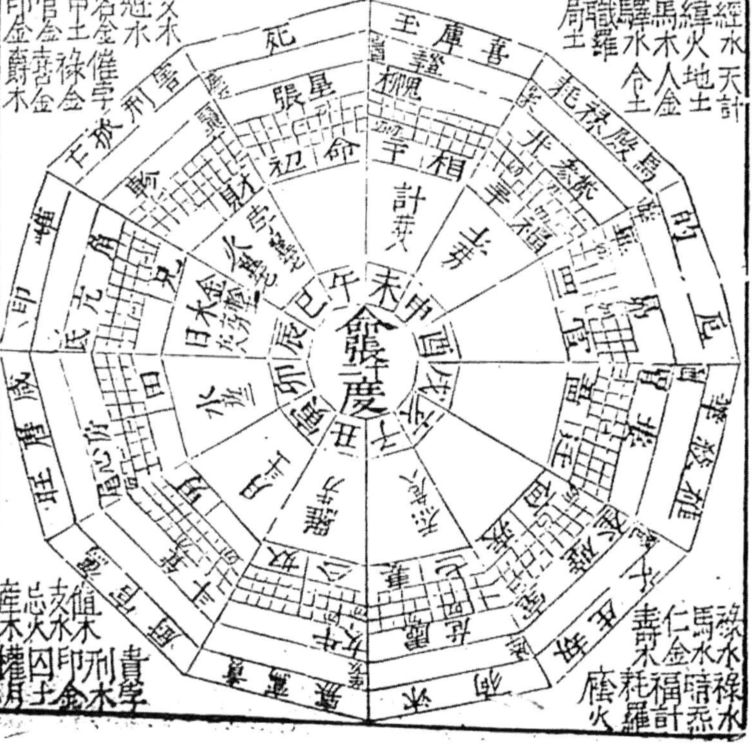

命度
張

祿水　祿水
馬水　晴炁
仁金　福計
壽木　耗羅
蔭火

貴學
值木　刑木
吏水　印金
忌火　囚土
產木　權月

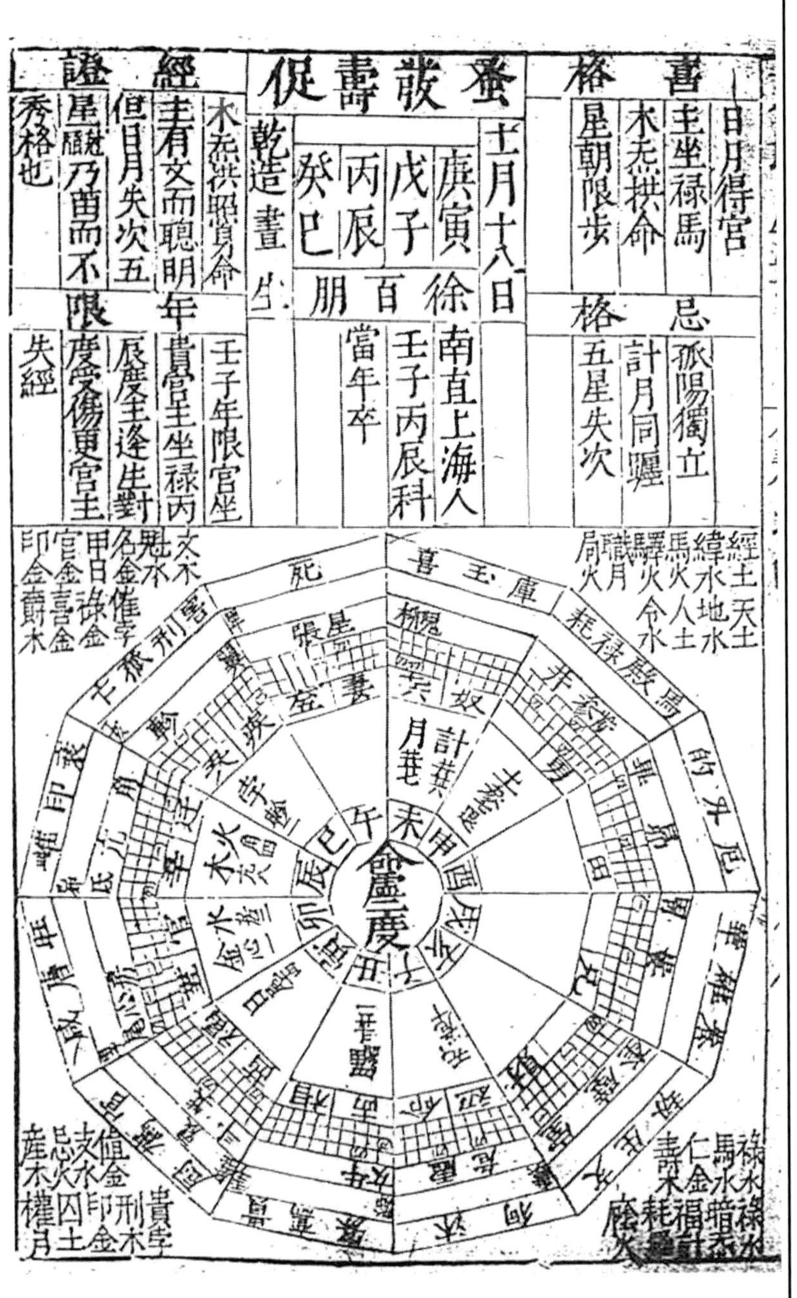

經證
木炁拱照身命
主有文而聰明
但日月失次五
星離乃酉而不
秀格也
年限
壬子年限宮坐
貴宮主坐祿丙
辰歲羊逢生對
慶度傷更宮主
失經
蚕叢壽促
十一月十八日
庚寅
戊子
丙辰
癸巳
乾造晝生
徐百朋
南直上海人
壬子丙辰科
當年卒
貴格
日月得宮
主坐祿馬
木炁拱命
星朝限步
忌格
孤陽獨立
計月同躔
五星失次
經土 天土
緯水 地水
馬火 人土
驛火 命水
職月
局火
文木
魁水
名金
甲日
官金
印金
祿水 祿水
馬水
仁金
壽木
值金
支水
忌火
產木
貴木
刑金
印金
囚土
權月

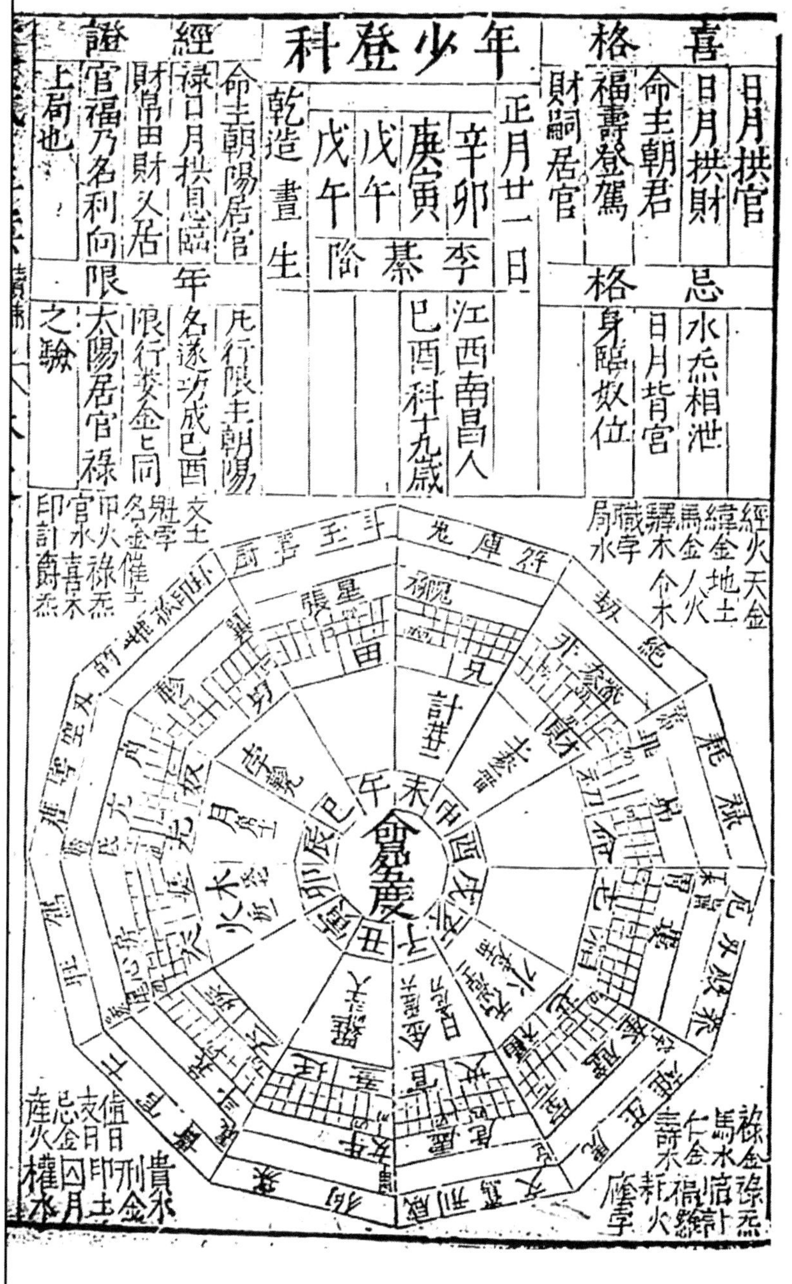
喜格
日月拱官
日月拱財
命主朝君
財祠居官
忌格
水炁相泄
日月背官
身臨殺位
年少登科
正月廿一日
辛卯
庚寅
戊午
戊午
李綦階
江西南昌人
己酉科十九歲
乾造晝生
經證
命主朝陽居官
祿日月拱臨
財帛田財乆居
官福乃名利向
上局也
年限
凡行限主朝陽
名遂夯成己酉
限行姿金已同
太陽居官祿
之驗
命度

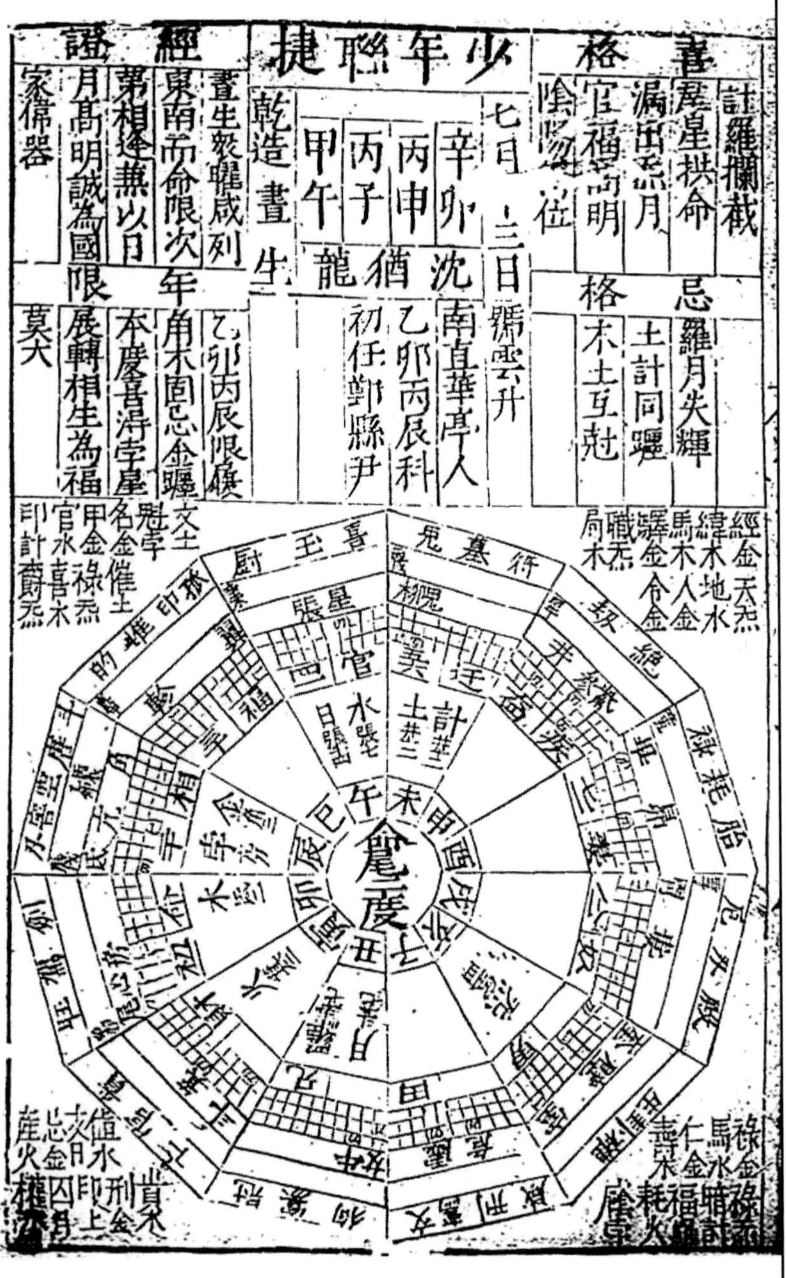

書格
計羅攔截
星皇拱命
漏盡云月
官福司明
陰陽從
忌格
羅月失輝
土計同躔
木土互剋
少年聰捷
七月三日時雲升
辛卯
丙申
丙子
甲午
乾造晝生
沈循龍
南直華亭人
乙卯丙辰科
初任鄞縣尹
經謠
晝生殺曜咸列
東南而命限次
第相逢無以日
月高明誠為國
家偉器
年限
乙卯丙辰限度
角木同忌金躔
本度喜得孛星
展轉相生為福
莫大

年少登科

貴格

日月拱雷門
日月拱八煞
木羅會合
月掛柳梢

忌格

福官臨弱
火燒牛角
金水泄氣
月火晝晦

二月初二日

壬辰
癸卯
癸巳
丙辰

劉學冲

江西彭澤人
壬子科二十歲
乙卯時更高

乾造晝生

經證

月掛柳梢亦是
身日歸垣火燒
年前乃請命主
臨財大振奮勝
拔貴

年限

壬子年限宮坐
元流祿而躔度
水金會垣太陽
紫炁填限利中
之利也

經金　天水
緯土　地水
馬水　人土
驛水　合木
職羅
局土

文日
魁炁
名水　僕炁
甲金　祿日
官月　貴字
用水　爵字

貴金
刑土
值日　印月
支月　囚水
忌金　權炁
產金

祿木　孫計
馬木　暗羅
仁水　福火
壽水　耗字
蔭木

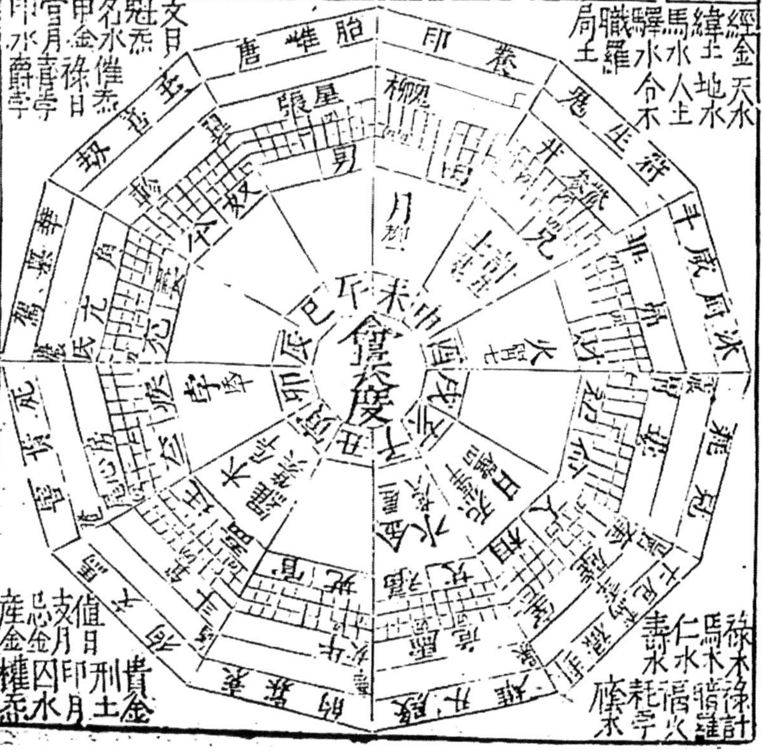

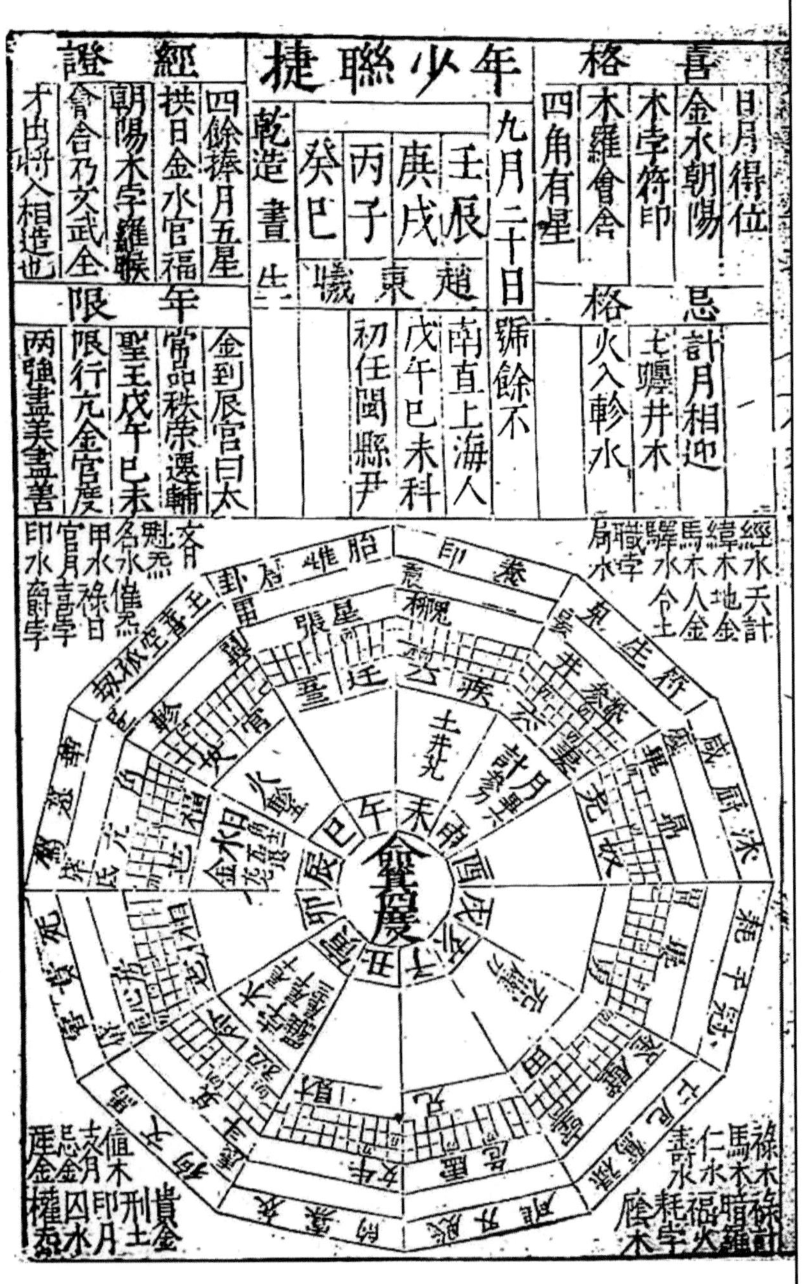

喜格

日月得位
金水朝陽
木孛符印
木羅會合
四角有星

忌格

計月相迎
火入軫水

年少聯捷

九月二十日

壬辰
庚戌
丙子
癸巳

乾造書生

趙東巘

鄉餘不
南直上海人
戊午巳未科
初任閩縣尹

經證

四餘捧月五星
拱日金水官福
朝陽木孛羅睺
會合乃文武全
才出將入相造也

年限

金到辰宮曰太
常品秩宗遷輔
聖主戊午巳未
限行亢金官度
兩強盡美盡善

喜格

日月得位
官福高明
身命得地
名甲陞殿
土金豪富

忌格

計月相迎
身命傍難
炁奴犯奎
刼木為災

少年聯捷

九月十九日號世臣

李喬

癸巳　應天句容籍
壬戌　戊午巳未科
庚午　兄長華亞魁
丁亥　曾祖春芳閣老

乾造夜生

經

日月分明是貴　娟月色土計
命官福高强貴年　為防畢月坐命

證

必是命主朝陽　計掌殳雄深為
終富貴土金豪限　切忌限至奎度
富格尤真　不可不慎之耳

經金天水
緯金地水
馬水人土
驛火命土
職羅
局土

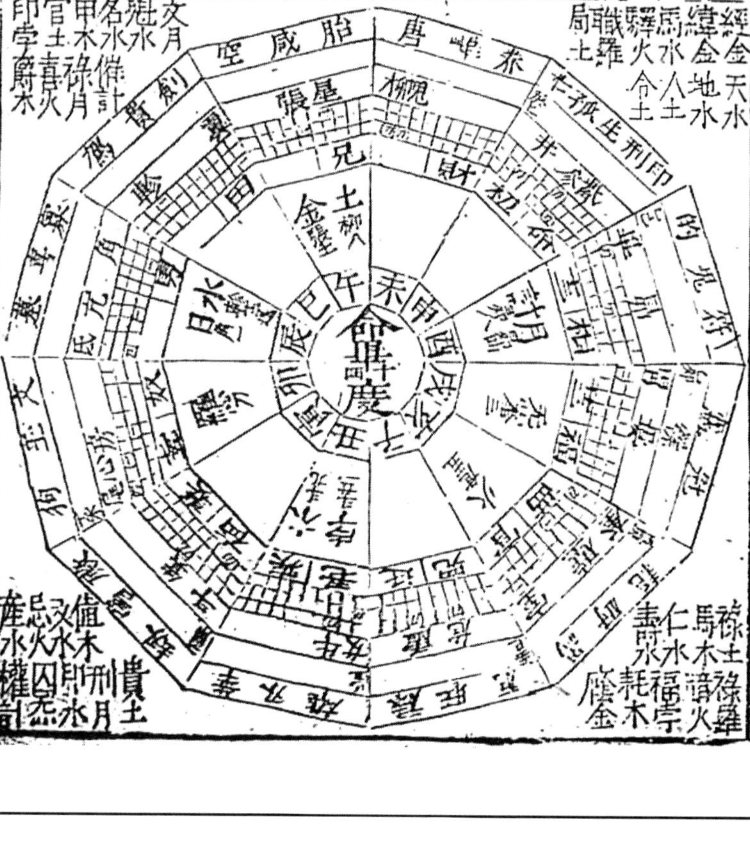

文月
魁水　佛計
名水　祿月
甲木　喜火
官土
印孛　蔚木

午　未　申　酉　戌　亥　子　丑　寅　卯　辰　巳

命宮畢十度

祿土　祿羅
馬木　暗火
仁水　福孛
壽水　耗木
蔭金

值木　貴土
殳水　刑月
忌火　印水
産水　囚炁
權計

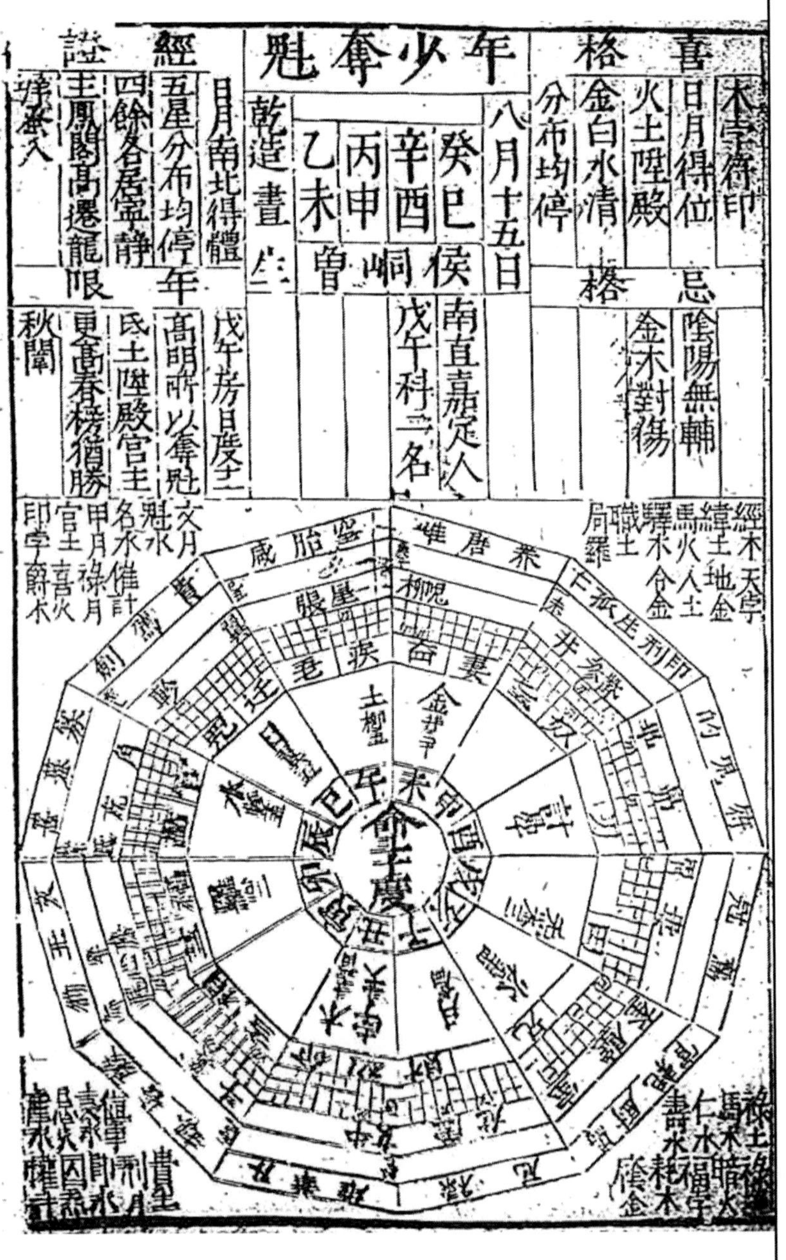
年少奪魁
喜格
木字得印
日月得位
火土陞殿
金白水清
分布均停
忌格
陰陽無轄
金木對傷
八月十五日
南直嘉定人
戊午科二名
癸巳　侯
辛酉　峒
丙申　曾
乙未
乾造晝生
經
月南北得體
戊午房且歷全
五星分布均停
年高明所以奪魁
四餘各居寧靜
氐土陞殿官主
證
主鳳閣高遷
龍限更高春榜猶勝
逢癸入秋闈

喜格

日月得體
水陽相會
木字符印
土金豪富
四餘得用

忌格

月火晝晦
陰陽臨弱
及雄居官

年少登科

九月廿三日

癸巳
壬戌
甲戌
戊辰

乾造晝生

王肇對

江西東鄉人
壬子科二十歲

經證

日水相逢慶瑞
盈間世有才播
大名単羅獨計
誠為美五星得
度貴非輕

年限

木星若也會挽
搶少年荣折桂
枝香壬子限行
角木ヒ字符印
陛殿尤奇

文月
雖水
名水　催計
甲金　祿月
官土　喜火
印字　爵木

經木　天字
緯木　地金
馬火　人木
驛金　合土
職水
局字

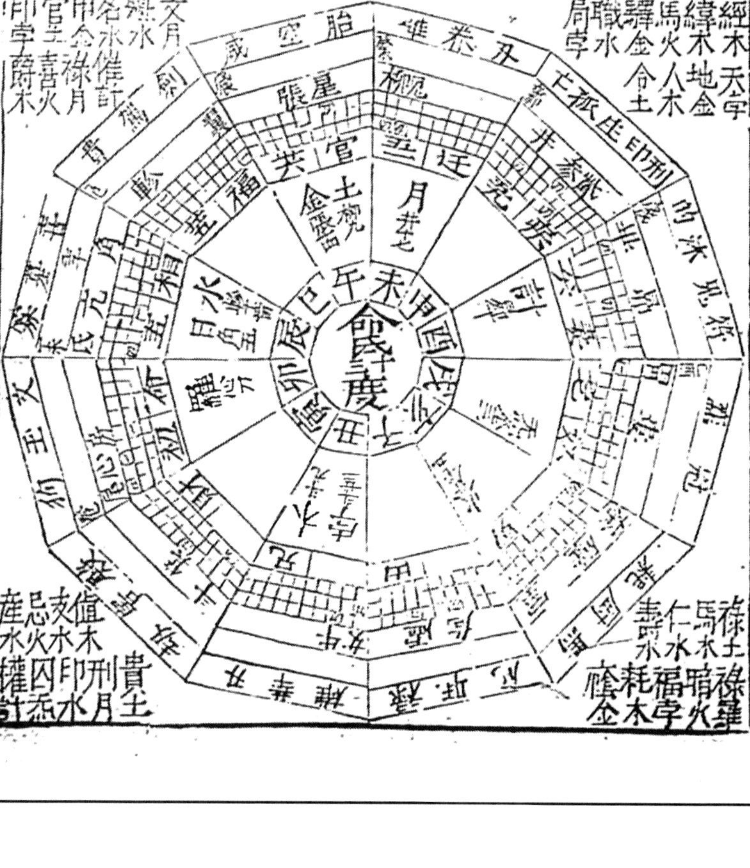

貴土
值木　刑月
支木　印水
忌火　囚炁
產水　權計

祿土　祿羅
馬木　暗火
仁水　福字
壽水　耗木
蔭金

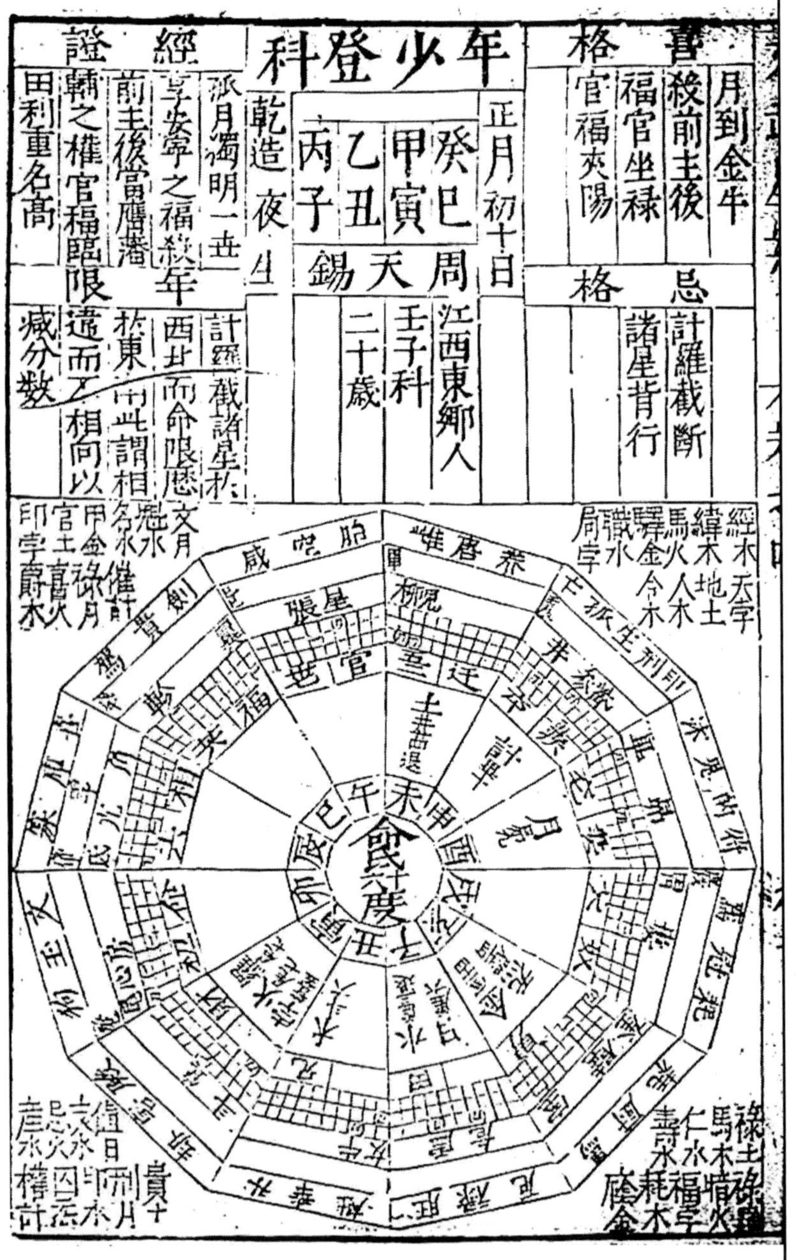
書格
月到金牛
殺前主後
福官坐祿
官福夾陽
忌格
計羅截斷
諸星背行
年少登科
正月初十日
癸巳
甲寅
乙丑
丙子
乾造夜生
周天錫
江西東鄉人
壬子科
二十歲
經證

年少聯捷

喜格

計羅攔截
孛星朝北
漏出官福
火炁職權
木孛符印

忌格

日月背行
木土對傷

癸巳十二月二十日時共比

甲午
丙寅
己巳
己巳

蔣 南京宜興人 戊午己未科
覲 初任趙州首

乾造 晝生

經

太陰一宿最嘉 戊午己未聯行
平龍馬叢中覓 年 危月月借日光
一人星朝北地

證

喜奇命官耀顯
而福星明 官高福厚

限

兩強
土陞柳殿宮慶

經木天火
緯土地水
馬火人水
驛水令木
職孛
局水

文羅
魁月
名木催金
甲金祿木
官炁喜羅
印木尊水

祿木
馬水
仁木
壽金
祿火
驛孛
福木
耗金
魔木

貴月
值日
刑水
支木
印炁
忌日
四計
產金
權羅

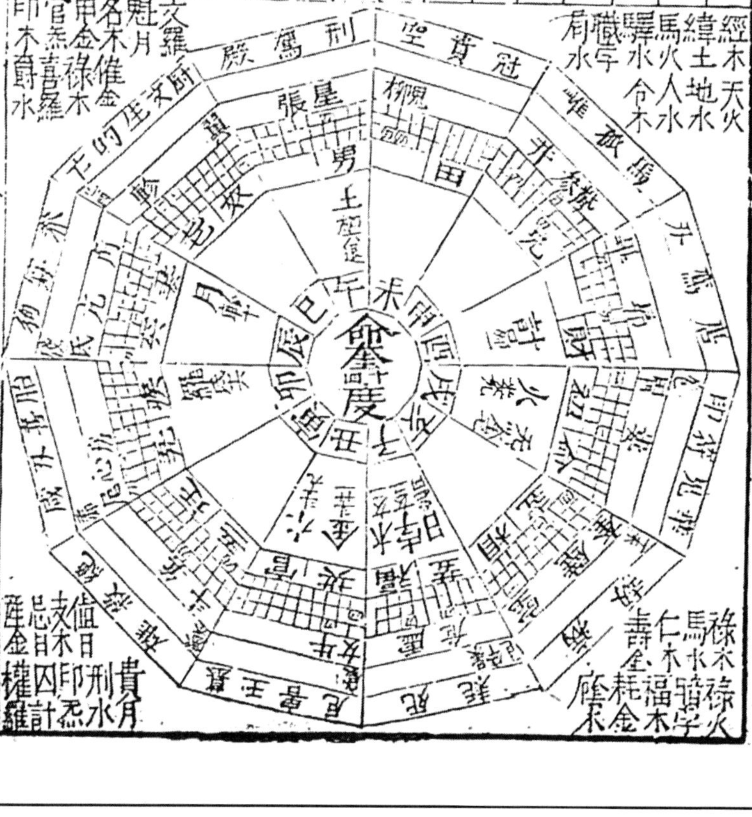

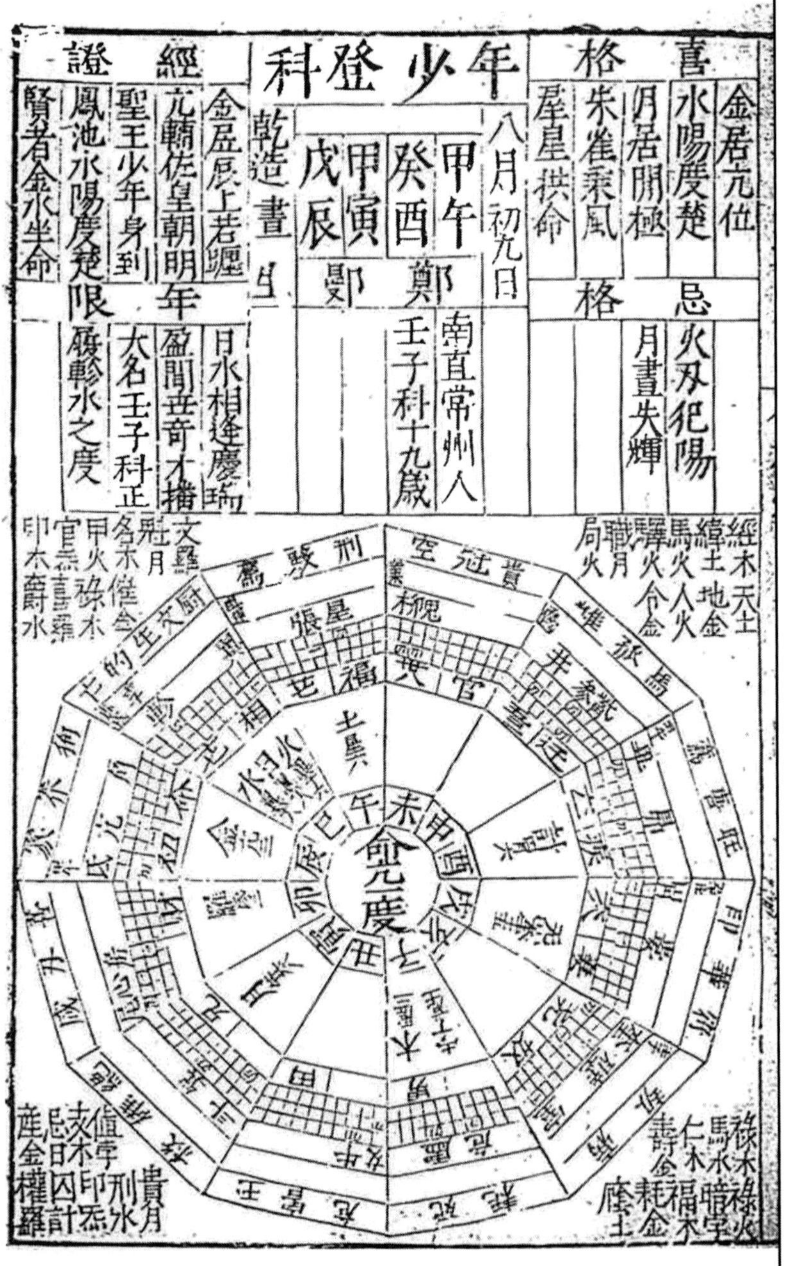

年少登科

喜格

金居亢位
水陽度楚
月居開極
朱雀乘風
羣星拱命

忌格

火刃犯陽
月晝失輝

八月初九日

甲午
癸酉
甲寅
戊辰

乾造晝生

鄭鄖

南直常州人
壬子科十九歲

經驗

金屋辰上若逢
亢轄佐皇朝明
聖王少年身到
鳳池水陽度楚
賢者金水坐命

年限

日水相逢慶臨
盈間再奇木播
大名壬子科正
翼軫水之度

喜格
日月居官福
身命居官祿
日月夾主
日月夾福

忌格
日月犯刃
木土對傷
火水失次
金騎人馬

蚤發先萎
九月廿八日
甲午 潘南直松江人
乙亥 戊午科二十五
癸卯 傅己未臘月卒
丁巳 美或曰戌時
乾造晝生

經證
日月夾命主於一戊午限行心月
官福同為美矣年而得命亦太陽
但陰陽犯刃五夾限已未限交
星失次格高星限房日木傷太陽
困苗而不秀秀而不實 坐刃宮卒

經火天金
緯土地木
馬金人火
驛木合水
職木
局炁

文孛
科月
名火催金
甲月祿木
官炁喜羅
印木爵水

祿木祿火
馬水暗孛
仁木福木
壽金耗金
廕土

貴月
刑炁水
印木
因計
權羅
值炁
克木
忌日
產金

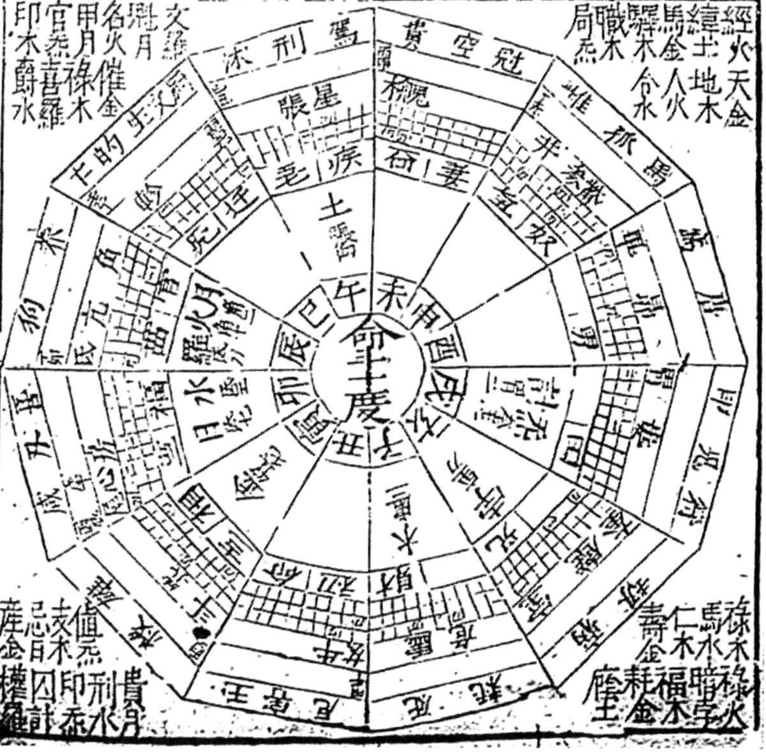

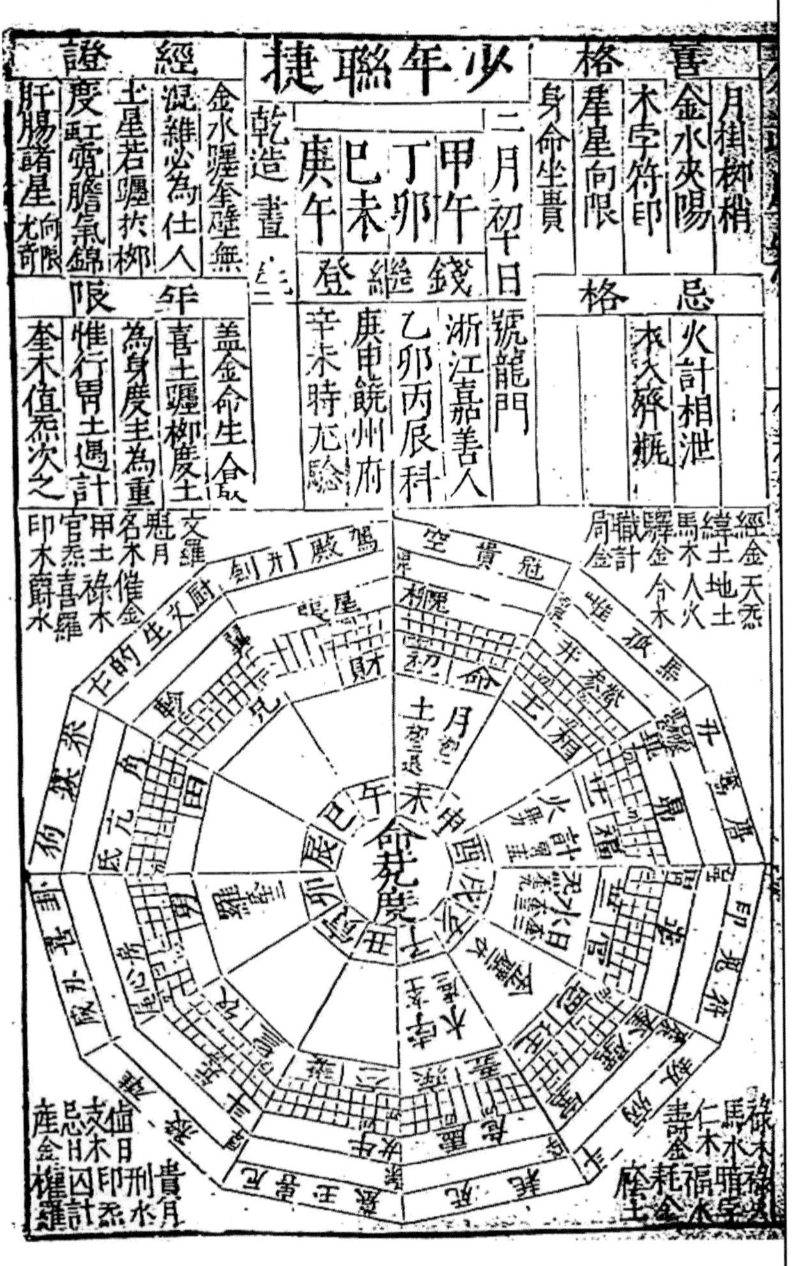

少年聯捷

乾造　書生

二月初七日

甲午　丁卯　己未　庚午

錢繼登

號龍門

浙江嘉善人

乙卯丙辰科

庚申饒州府

辛未時尤驗

舊格

月掛柳梢

金水夾陽

木字符印

羣星向限

身命坐貴

忌格

火計相泄

木火孫旡

經證

金水纏命逢無

混雜必為仕人

土星若纏於柳

度虹霓膽氣錦

肝腸諸星向限尤奇

年限

蓋金命生翕

喜土纏柳度土

為身度主為重

惟行胃土遇計

奎木值炁次之

經金　天炁

緯土　地土

馬木　人火

驛金　合木

職計

局金

文羅

魁月

名木　催金

甲土　祿木

官炁　喜羅

印木　爵水

值日　支木　忌日　產金

貴月　刑水　印炁　囚計　權羅

祿木　馬水　仁木　壽金

祿火　暗水　福水　耗金　蔭土

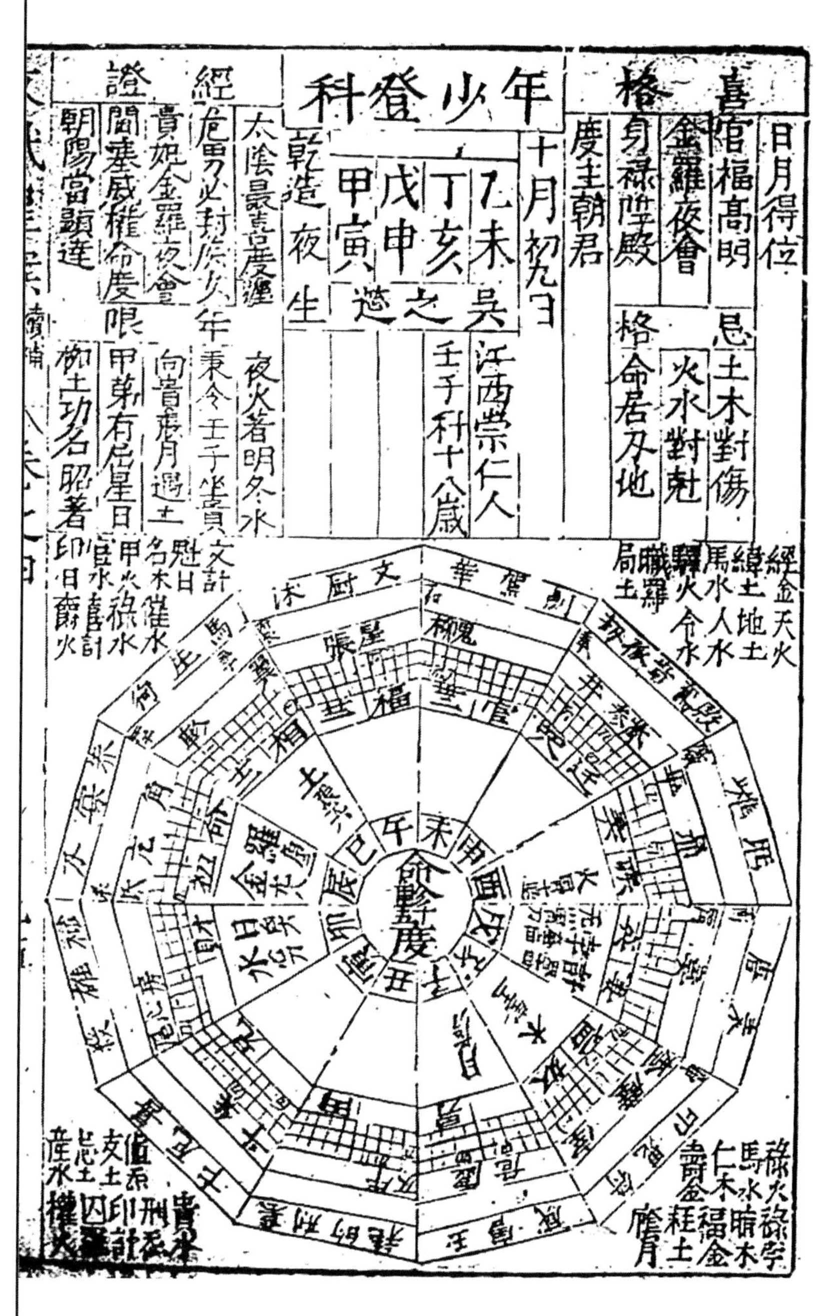

喜格
日月得位
官福高明
金羅夜會
慶主朝君
忌土木對傷
火水對射
年少登科
十月初九日
乙未
丁亥
戊申
甲寅
吳之遴
乾造夜生
江西崇仁人
壬子科十八歲
經證
太陰最喜慶纏
夜火著明冬水
貴加金羅夜會
朝陽當顯達
柳土功名昭著

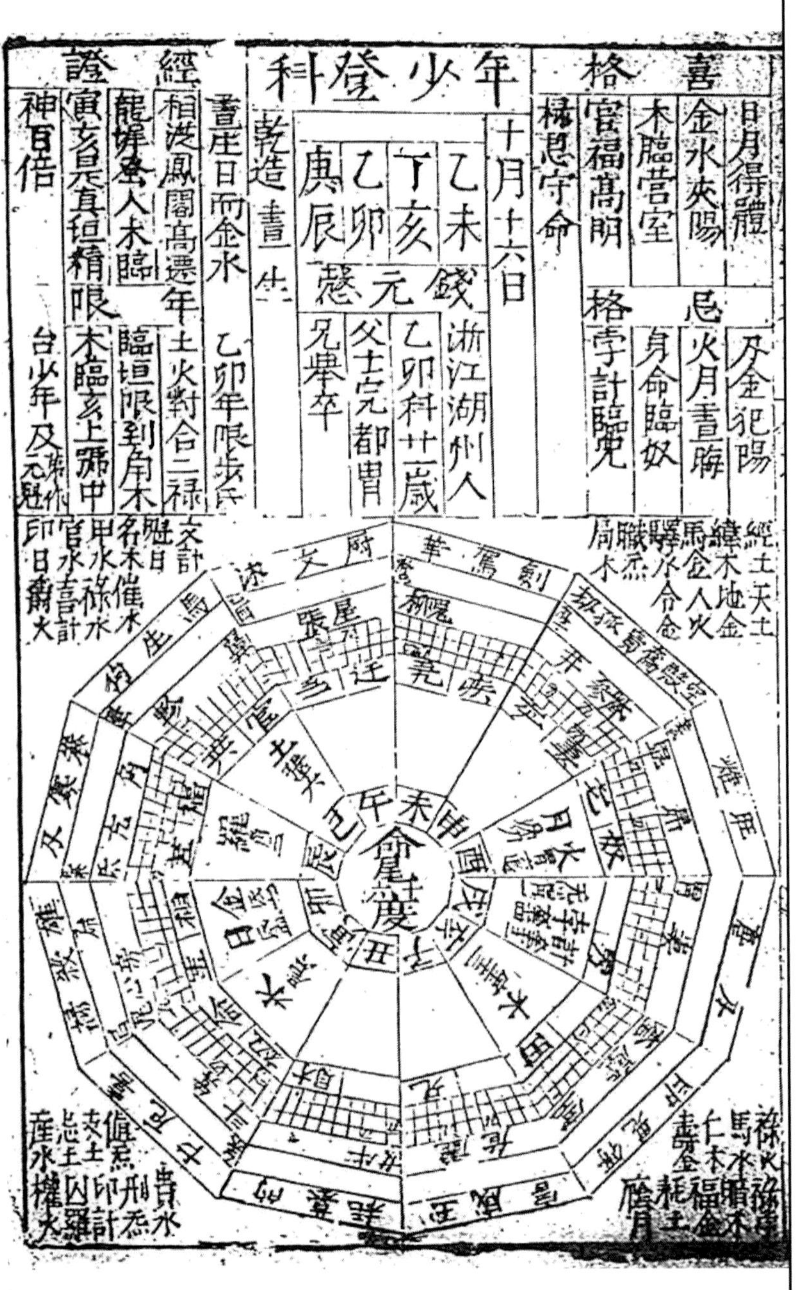
喜格
日月得體
金水夾陽
木臨營室
官福高明
福恩守命
忌格
孕金犯陽
火月晝晦
身命臨奴
年少登科
十月廿六日
乙未
丁亥
乙卯
庚辰
錢元懋
浙江湖州人
乙卯科廿一歲
兄畢卒
乾造晝生
經證
晝生日而金水
乙卯年限步氐
相逢鳳閣高遷年
土火對合二祿
臨垣限到角木
木臨亥上
神百倍
少年及第作元魁

喜格

五曜環陽
一月居官
身命得地
官福高明
計羅藏忌

忌格

火羅犯日
月晝失輝
金木對傷

年少登科

八月廿三日
丙申
丁酉
戊午
乙卯

吳國華
南直宜興人
戊午科廿三
年命蔭祿同
又云寅時

乾造晝生

經謠

日為衆曜之主
最宜諸星環繞
月乃身福后毋
獨喜一月居官
惟斯貴之極矣

土星限主朝陽
年宮度兩掩二火
供隔木石應何
限事故未限中第
高登無疑

經水 天羅
緯水 地木
馬火 人水
驛木 令金
職月
局火

文金
魁羅
名火 催日
甲木 祿計
官羅 喜炁
印火 蔭火

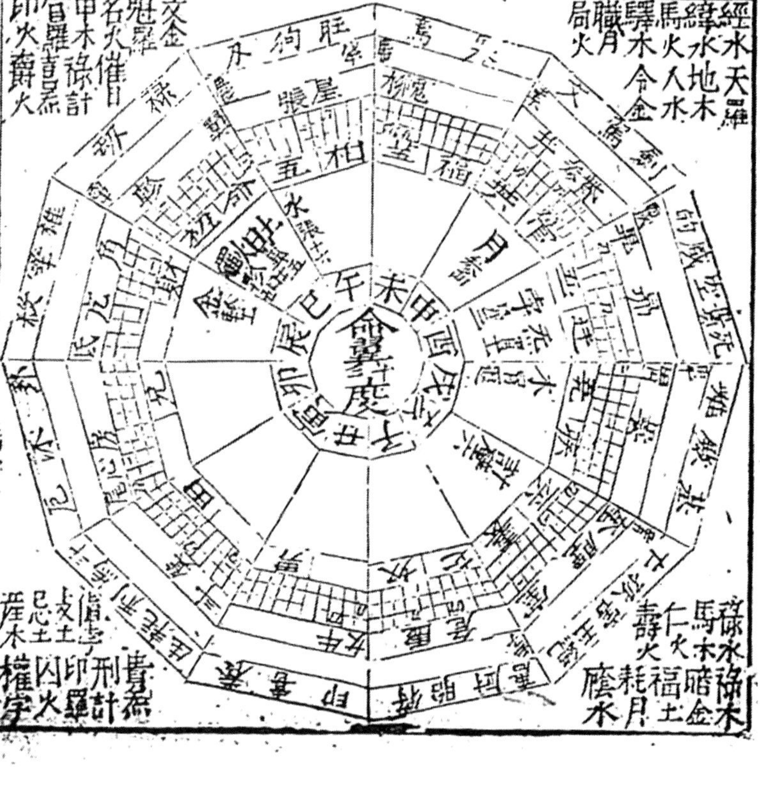

祿水 祿木
馬木 暗金
仁火 福土
壽火 耗月
蔭水

催孛 貴炁
文土 刑計
忌土 印羅
産木 囚火
權孛

年少聯捷

喜格

計羅攔截
孕星拱命
日月得位
命主朝君
官祿隨身

忌格

土裡雙女
金羅相刑

七月廿二日 號臣桀

丙申 董南直華亭人
丙申 象 戊午巳未科
丁亥 恒 初任開州首
辛丑

乾造夜生

經證

水星適日號天 工愛暖而不受
中錦綉文章遊年 寅戊午巳未限
聖聰日月分明 歷胃土坐祿限
是貴人官福高 限 宮玉堂木炁而
發貴必真 夾火命倍佳

經火 天木
綸金 地水
馬火 人木
驛火 令金
職計
局金

文金
魁羅
名火 催日
甲水 祿計
官羅 喜炁
印火 貴火

命 參 度

祿水 祿木
馬木 暗金
仁火 福土
壽火 耗月
庭木

值木 刑炁
支土 印計
忌土 囚羅
產木 權火

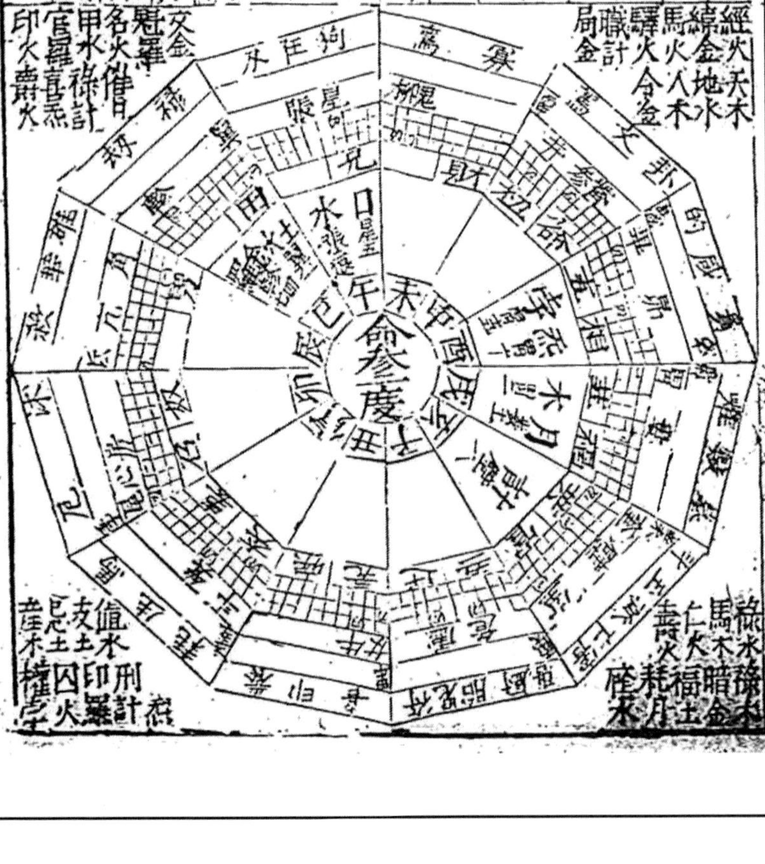

年少奪魁

乾造晝生　王之瑞

丙申　丁酉　癸亥　戊午

八月廿八日

南直應天人
戊午科廿三歲
又云巳時

喜格

五曜環陽
孤月陞殿
官福居官
日月夾祿
日月夾財

忌格

火羅同宮
金火相刑
水土共位

經證

少年身到鳳池
水陽度楚金水
會蛇掌官福始
為合格日月夾
財平地致富

年限

凡行限主朝陽
名遂功成戊午
限行氐土宮度
二主朝君所以
奪魁

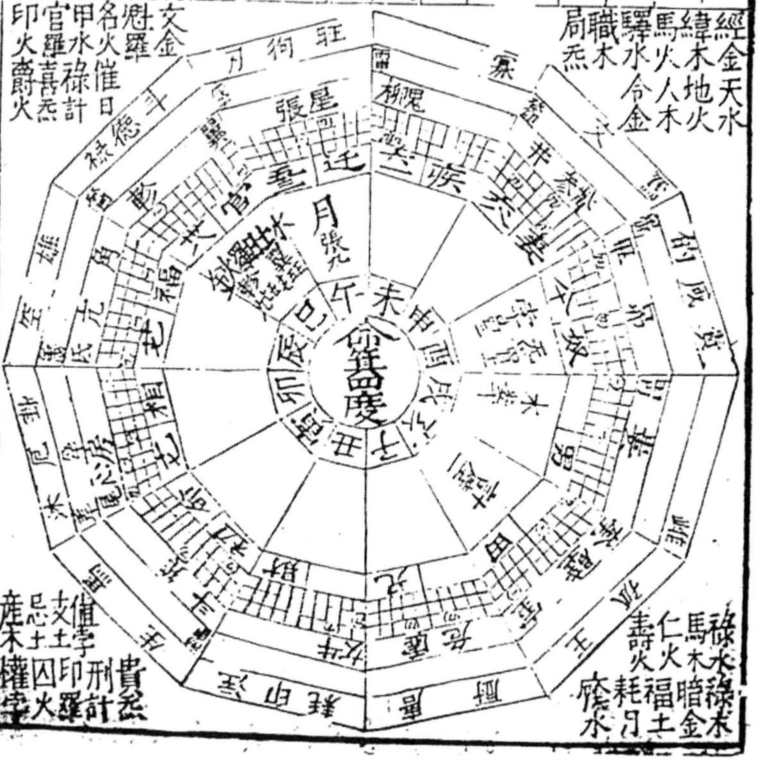

文金　魁羅　名火催　甲水祿計　官羅喜炁　印火爵火

經金天水　緯木地火　馬火人木　驛水合金　職木　局炁

祿水祿木　馬木暗金　仁火福土　壽火耗孛　蔭水

僅學　文土刑羅　忌土印計　産木權孛　貴炁　囚火

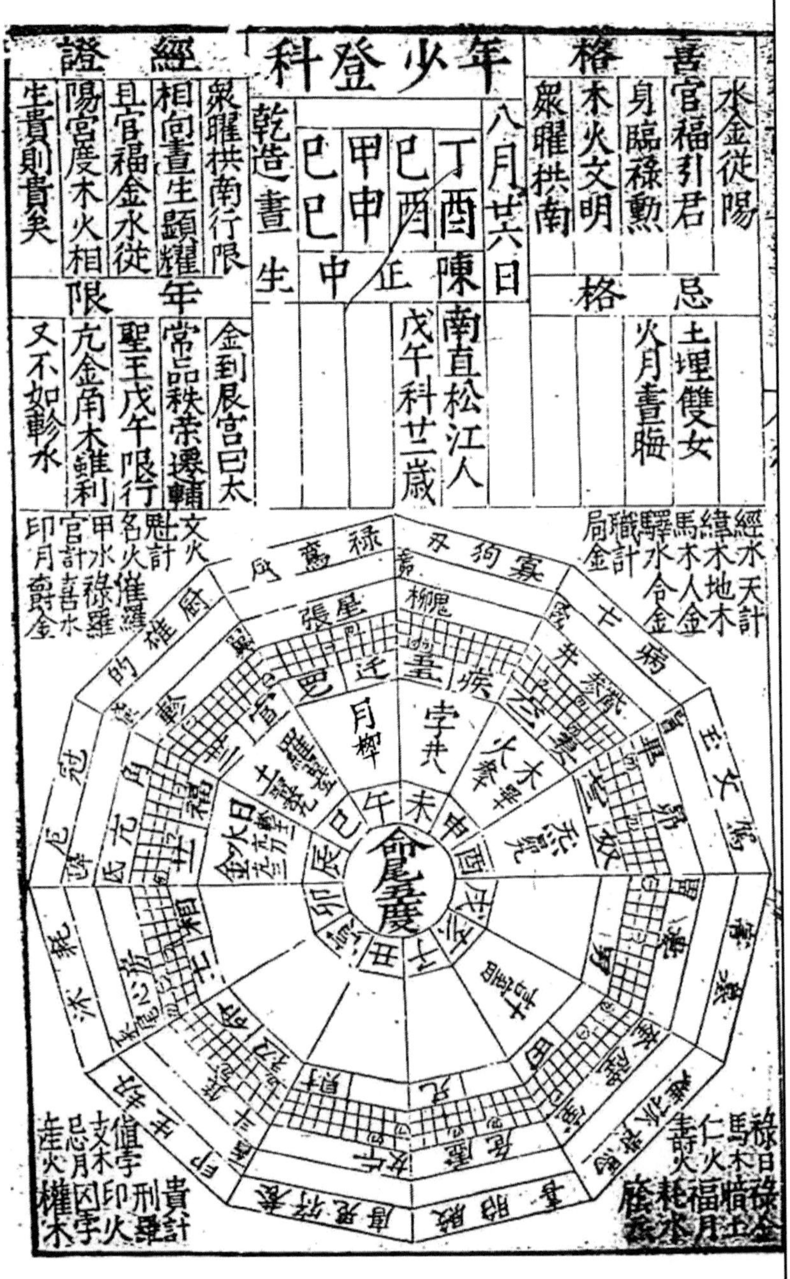

喜格
水金從陽
官福引君
身臨祿勳
木火文明
衆曜拱南
忌格
土埋雙女
火月晝臨
少年登科
八月廿六日
丁酉
己酉
甲申
己巳
乾造晝生
陳正中
南直松江人
戊午科廿二歲
經證
衆曜拱南行限
相向晝生顯耀
旦官福金水從
陽宮度木火相
生貴則貴矣
年限
金到辰宮曰太
常品秩崇遷轉
聖王戊午限行
亢金角木雖利
又不如軫水
命居亢度

喜格

月掛奎星
水輔太陽
金木居酉
官星貫日
日月夾命田官福

忌格

日月無光
衆曜皆行

年少登科

正月初六日
戊戌
甲寅
壬辰
辛丑
乾造夜生

高汝誠
南直清浦人
戊午科廿二歲

經證

壯歲名題雁塔
金木居酉日月
最宜拱夾官福
命田者巨富
富

年限

限行四土火羅
臨旺福猶昌熾
氐土雖高亢金
倍之

經木 天火
緯木 地土
馬火 人水
驛水 令木
職水
局孛

文金
魁火
名土 催不
甲水 祿土
官孛 喜月
印土 爵金

祿水 祿土
馬水 暗月
仁土 福水
壽木 耗炁
蔭計

貴羅
刑火
印孛
囚木
權金
值日
支火
忌木
產金

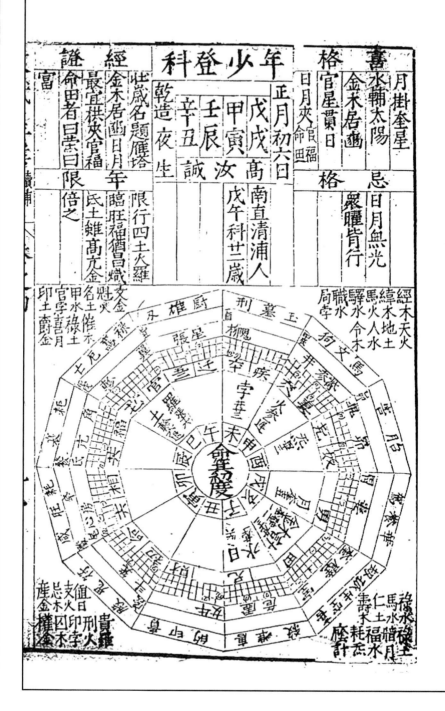

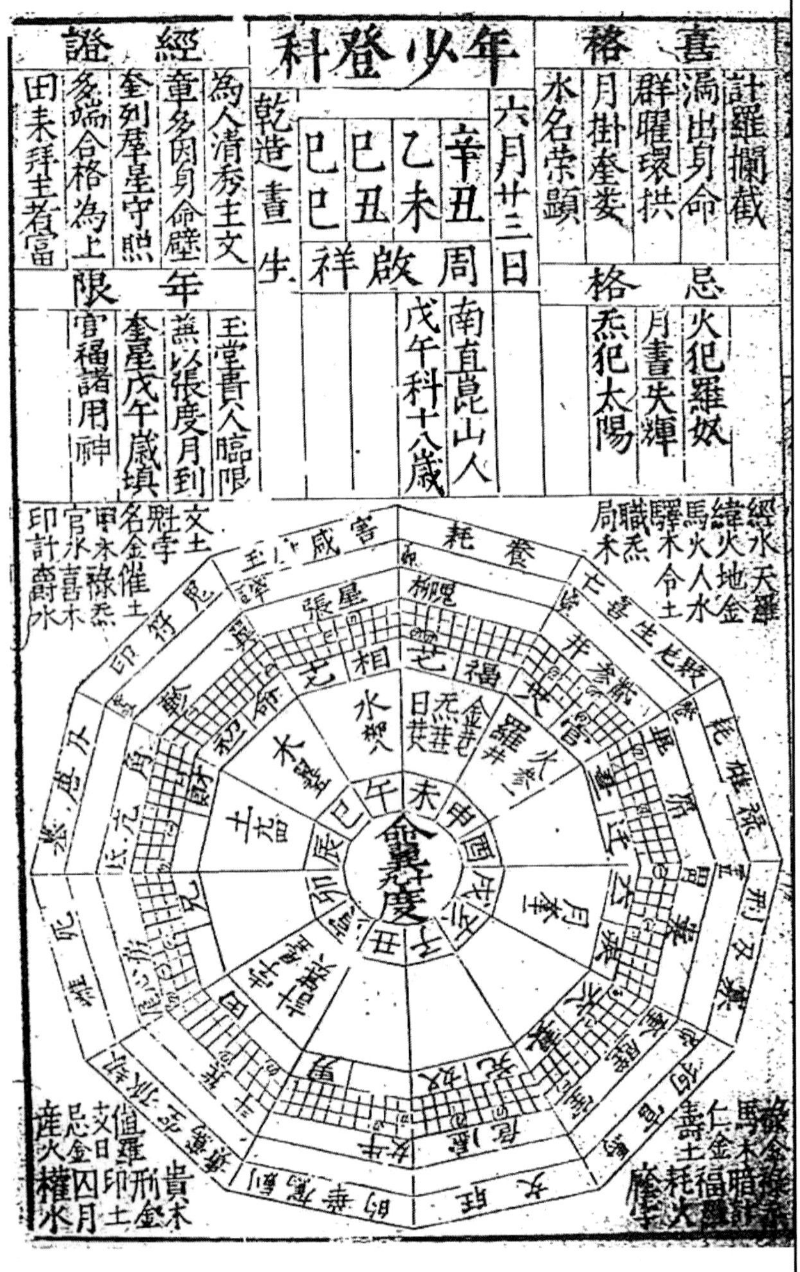
年少登科
喜格
計羅攔截
濕出身命
群曜環拱
月掛奎婁
水名榮顯
忌格
火犯羅奴
月晝失輝
炁犯太陽
六月廿三日
辛丑
乙未
巳丑
巳巳
乾造晝生
周啟祥
南直崑山人
戊午科十八歲
經證
為人清秀主文
章多因身命壁
奎列羣星守照
多端合格為上
田宅拜主者富
年限
玉堂貴人臨限
燕從張度月到
奎星戊午歲填
官福諸用神

喜格

月明官祿
身居楚地
官來拜主
身到官宮
名甲守命

忌格

陰陽無輔
日月稍背
火孛同宮

經水天計
綿木地金
馬木人金
驛火命水
職孛
局水

少登科

十一月廿二日
壬寅
壬子
己卯
丙寅
乾造夜生

祁彪佳
浙江山陰人
戊午科十七歲
父承爜進士

經證

官來拜主身輔
帝闕身到官宮
富富貴包涵萬
象身居楚三學
士者身是清吉

年限

土計同行又喜
木星來制此謂
餘奴救主月坐
玉堂宮九奇將
來翰苑可必

文曰
魁炁
名火催炁
甲水祿日
官月喜孛
印水爵木

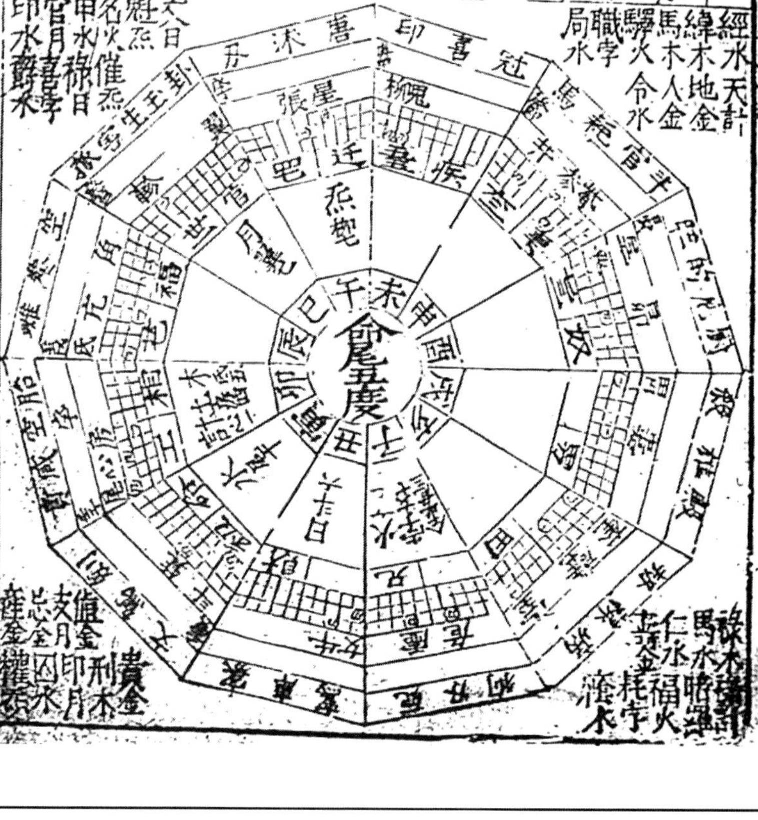

命
尾
五度

子 丑 寅 卯 辰 巳 午 未 申 酉 戌 亥

祿木
馬水
仁水 福火
孛 耗孛
蔭木

貴金
值金 刑木
支月 印月
忌金 囚水
孽金 權炁